社会科学研究部门和政法工作部门，要加强对青少年违法犯罪的研究，探求青少年违法犯罪的规律，更好地指导预防违法犯罪的工作。

——中共中央关于进一步加强青少年教育，预防青少年违法犯罪的通知（一九八五年十月四日）

中国青少年犯罪研究年鉴

〔1987·首卷〕

中国青少年犯罪研究学会编

春 秋 出 版 社

1988年· 北 京

装帧设计：宁成春

中国青少年犯罪研究年鉴

〔1987·首卷〕

*

中国青少年犯罪研究学会编

春秋出版社出版发行

新 华 书 店 经 销

*

北京新华印刷厂印刷

787×1092毫米 16开 67.125印张 1500千字

1988年8月北京第1版 1988年8月第1次印刷

*

印数 20200 册

ISBN 7-5069-0029-7／G·12

精装定价：18.00 元

编辑说明

为了推动我国青少年犯罪研究工作的发展，适应社会主义精神文明建设和社会治安综合治理的需要，中国青少年犯罪研究学会决定编辑出版《中国青少年犯罪研究年鉴》。它的主要任务，是把1979年以来我国青少年犯罪研究的重要成果和学术活动资料汇集起来，载入史册。

《中国青少年犯罪研究年鉴》是一部具有权威性、学术性、资料性的大型专业工具书，共分八大部分，总计 150 万字。主要内容有：特载——党和国家及其领导人关于加强青少年教育、治理青少年违法犯罪的指示、法规和讲话摘要；公安部、最高人民检察院、最高法院、司法部、共青团中央、国家教育委员会及省、直辖市、自治区有关部门提供的专稿；1986年12月以前发表的调查报告和研究论文精选；全国和地方青少年犯罪研究学术团体介绍；有关教学与研究机构介绍；全国和地方性的学术会议和学术活动资料；学术刊物和1986年12月以前出版的专业书籍介绍；对外学术交流活动情况；全书资料丰富，信息量大，学术性强，对于研究工作和实际工作都具有重要的参考价值。

编辑出版《中国青少年犯罪研究年鉴》是我国青少年犯罪研究领域的一件大事，也是这一方面广大研究工作者和实际工作者的共同愿望。中国青少年犯罪研究学会高度重视《年鉴》的编辑出版工作，组成了包括有关部门负责同志、学会理事、专家、学者和热心从事青少年犯罪研究的同志在内的编委会，特聘我国法学界、理论界知名人士、社会活动家和中央有关部门的领导同志为编委会顾问。在编委会领导下，由《青少年犯罪研究》编辑部和中国政法大学青少年犯罪研究室的同志具体负责组稿和编辑工作。在中国青少年犯罪研究学会和《中国青少年犯罪研究年鉴》编委会的领导之下，在中央和地方有关部门的大力支持下，在广大热心青少年犯罪研究的理论工作者和实际工作者的关心之下，在编辑人员的努力之下，我国第一部《青少年犯罪研究年鉴》终于编纂完毕。它的问世，不仅丰富了我国社会科学研究成果的知识宝库，而且必将促进我国青少年犯罪研究工作与治理工作的进一步发展。

《中国青少年犯罪研究年鉴》编辑部在组稿过程中，由于受到条件的限制，可能遗漏某些已经发表的水平较高的文章；出于编辑工作的需要和版面限制，编辑部对部分收入《年鉴》的文章作了某些必要的删改或技术处理，因时间关系未及同作者商量。在此一并说明，敬请原谅。

《中国青少年犯罪研究年鉴》的编辑出版，得到了许多同志的关心与支持。我国著名法学家、全国人大法律委员会副主任、中国法学会名誉会长、中国青少年犯罪研究学会名誉会长张友渔为《年鉴》写了序，春秋出版社的同志对《年鉴》的出版给予很大帮助。在此，我们表示衷心的感谢。

编辑《中国青少年犯罪研究年鉴》是一件浩繁的工作。由于这是第一部《年鉴》，编辑部的同志缺乏经验，加之水平和时间所限，在编辑工作中一定存在不少缺点错误，祈望读者批评指正。

《中国青少年犯罪研究年鉴》编辑部

1987年10月15日

目　录

第四部分：青少年犯罪研究论文

一、总 论

二、原因论

三、治理论

第七部分　教学与研究机构简介

第八部分　学术刊物和专业书籍

《中国青少年犯罪研究年鉴》编委会

《中国青少年犯罪研究年鉴》编辑部

序

张友渔

《中国青少年犯罪研究年鉴》出版了。这是我国青少年犯罪研究领域里又一重要成果。我和法学界的同志们感到由衷地高兴，并表示祝贺！

青少年犯罪研究是法学研究一个重要方面。中华人民共和国成立后的30年间，我国青少年犯罪研究几乎是一个空白。“文化大革命”10年内乱后，我国青少年犯罪大幅度上升，成为一个突出的社会问题。随着改革、开放、搞活的深入发展，我国青少年犯罪也出现了一些新情况、新特点。预防和治理青少年犯罪，关系到社会秩序稳步好转和社会主义精神文明建设，关系到青少年一代的健康成长。因而引起了党、政府和社会各界的密切关注。1979年以来，党中央一再发出指示，提请全党重视解决青少年违法犯罪问题，要求“社会科学研究部门和政法工作部门，要加强对青少年违法犯罪问题的研究，探求青少年违法犯罪的规律，更好地指导预防违法犯罪的工作”。我国许多实际工作者和研究工作者，积极响应党中央的号召，在马克思主义指导之下，从我国的实际情况出发，坚持理论与实际相结合的原则，综合运用哲学、政治学、法学、社会学、教育学、伦理学、心理学、生理学及其他现代科学知识，对我国青少年犯罪的历史、现状、特点、趋势、原因及治理对策，进行了广泛而深入的研究，撰写许多有价值的调查报告和科学论文。《中国青少年犯罪研究年鉴》把1979年以来我国关于青少年犯罪研究成果和重要学术活动资料汇集起来，是一件很有意义的事情，不仅填补了我国法学研究的一个空白，而且为形成具有我国特色的青少年犯罪学的理论体系奠定了初步基础，无论是对研究工作还是对实际工作都具有重要的参考价值。

犯罪学的研究，在西方国家已经有100多年的历史了。我国的青少年犯罪研究起步较晚，但发展很快，在犯罪学的研究中起了首领的作用。当前，在我国社会科学包括法学研究，青少年犯罪的研究不仅是一个重要的研究领域，而且是一个很活跃的研究领域。这是和1982年6月成立的中国青少年犯罪研究学会分不开的。学会成立以来，在团结、组织、联络全国的青少年犯罪研究力量，开展学科建设，参与社会治安的综合治理，组织对外学术交流，培养我国青少年犯罪研究的专家、学者等方面，都做出了卓越的成绩。《中国青少年犯罪研究年鉴》的出版，既是对这个学会工作的总结和评价，又是这个学会对我国青少年犯罪研究工作和治理工作的新贡献。

我国正处于社会主义初级阶段。预防和治理青少年犯罪是一项长期而艰巨的任务。党中央提出领导决策要民主化、科学化。我国预防和治理青少年犯罪的一切决策，必须进一步建筑在更加科学的基础之上。我国青少年犯罪研究工作尽管取得了很大的成绩，但距离党和人民的要求还有相当的差距。我们决不可自满，决不可固步自封，决不可思想僵化。科学是老老实实的学问。在青少年犯罪研究领域里还有不少重大课题需要突破。例如关于社会主义社会的犯罪根源问题，关于青少年犯罪的原因问题，关于青少年犯罪的低龄化问题，关于今后我国青少年犯罪趋势问题，关于犯罪预防战略和综合治理社会治安的系统社会工程问题，关于青少年立法和建立少年司法制度问题，等等，都需要组织力量进行专题攻关研究，力争有新的突破，力争对我国青少年违法犯罪规律的认识更加深刻清晰，力争完善我国预防和控制犯罪的社会机制。希望中国青少年犯罪研究学会和全国的青少年犯罪研究力量，在已经取得的研究成果的基础上，做出新的贡献。

当前，青少年犯罪已经不是一国的问题，而是一个世界性的问题。适应对外开放的需要，在青少年犯罪研究领域也应进一步扩大对外学术交流。我们不仅要借鉴与参考外国学者的研究成果，而且要积极向国际社会介绍我国青少年犯罪的研究成果。比较研究是一个重要的科学研究方法。我们的眼界必须开阔，批判地吸收一切对我们有价值的学术成果。我们要在深入探讨我国青少年违法犯罪规律的基础上，真正形成我国青少年犯罪学的科学理论体系和防治青少年犯罪的社会机制体系，从而把我国的青少年犯罪控制在一个较小的幅度内，保障我国社会主义现代化建设的顺利进行！

1987年10月

加强青少年犯罪研究促进社会长治久安

中国法学会会长　王仲方

最近几年，随着我国社会主义民主和法制建设的发展，法学园地里出现了一门以青少年犯罪问题为研究对象的新兴学科——青少年犯罪学。在法学理论工作者和政法实际工作者的共同努力下，青少年犯罪研究获得了一批理论与实际相结合的有价值的学术研究成果。创办了专门的学术刊物，出版了一些学术专著，召开过多次全国性或地区性的专题学术讨论会；还成立了专门研究这门学问的学术团体，涌现了一大批有志于此的研究工作者。同时在有的大学法律系开设了有关青少年犯罪问题的课程。青少年犯罪学这门新兴学科正适应着社会生活的实际需要而成长。

以青少年犯罪问题为研究对象，运用马克思主义的立场、观点、方法，去探索它产生的原因，发展变化的规律，寻求预防和根治的对策，这对于社会治安的综合治理，对于建设社会主义的物质文明和精神文明，对于建设具有中国特色的马克思主义法学体系，都有重要的意义。

加强青少年犯罪研究，是
搞好社会治安综合治理的重要环节

青少年犯罪是不同社会制度的国家普遍存在的社会现象，有某些共同的规律；但是，社会制度和国家情况的不同，又在很大程度上决定着不同国家、不同时期的青少年犯罪有它自己的特殊情况和特殊规律。我国是发展中的社会主义国家，各方面都有我们中国自己的特点。同世界各国相比，我国的刑事发案率是低的，社会治安情况是好的。但是青少年犯罪在刑事案件中所占的比例也是很大的，成为我国社会治安中一个突出的问题。早在一九七九年八月，党中央就转发了《关于提请全党重视青少年违法犯罪问题的报告》，要求全党关心青少年教育、重视青少年违法犯罪问题。此后，经有关主管部门批准，把青少年犯罪研究作为哲学社会科学的一项重点项目，列入了我国社会与经济发展的“六五”计划之中。这就很明确地向法学研究工作者、法学教学工作者和政法实际工作者提出了深入研究青少年犯罪的迫切任务。几年来，在中央关于综合治理社会治安的正确方针的指引下，依靠全党全社会的力量，我国对青少年违法犯罪的治理工作一直在有成效地进行着，社会治安有了明显的好转。但是对青少年犯罪的治理还没有从根本上得到解决，大力加强青少年犯罪研究，仍然是搞好社会治安综合治理的重要环节。

第一，青少年犯罪研究，事关社会治安的全局。社会治安的现实是，在各种违法犯罪案件中，青少年作的案占很大的比例；在各种犯罪中，青少年犯罪占相当大的比重；劳改释放、解除劳教的青少年，在重新违法犯罪的人当中也占很大数量。据有关部门统

计，一九八五年第一季度，青少年作案人数占全部案件的66.9%；在重大案件中，青少年案犯又占了58%，比一九八四年同期增加了7%。青少年违法犯罪还出现了低龄化、手段成人化、性质严重化的发展趋势。所以，青少年犯罪研究是实现社会治安综合治理的一项带根本性的基础工作，解决青少年犯罪问题是使社会治安根本好转的一个重要前提和基本条件。

青少年犯罪这一社会现象是怎样产生的？在社会主义社会条件下为什么有些青少年会走上违法犯罪的道路？青少年犯罪的规律性是什么？如何教育、改造、挽救违法犯罪青少年？如何预防和减少青少年犯罪的发生？怎样从根本上解决青少年犯罪问题？等等。这些青少年犯罪研究中的课题，恰恰也是社会治安综合治理中首先要注重解决的课题，不解决这些课题，社会治安综合治理就难以从整体上收到最佳效果。

第二，青少年犯罪研究工作要依靠大家来做。社会治安综合治理包含的内容是多方面和多层次的，它需要政法部门和社会各界共同参加，需要社会科学研究工作者进行多学科的、协调一致的研究。青少年犯罪研究作为社会治安综合治理的一个重要方面，更要大家群策群力，共同来做。几年来，从事青少年犯罪研究工作的，除了法学、法律工作者之外，还有其他一些学科和部门的理论工作者和实际工作者参加。比如，社会学、教育学、心理学、精神病学、伦理学、统计学等，这些学科都用自己的成果，从各自不同的角度来研究青少年犯罪问题，使青少年犯罪学成为一门综合性的新学科，带有边缘学科的特征。充分调动各相关学科的研究力量，综合运用各相关学科的研究成果、研究方法和手段，这是青少年犯罪研究工作的一个特征，很好地体现了综合治理对全社会的要求。搞好青少年犯罪的研究，对推动各有关学科的综合研究，对于社会治安综合治理的实施与贯彻都是非常必要的，很有好处的。

加强青少年犯罪研究，是建设有中国特色的马克思主义法学体系的需要

我们把青少年犯罪研究提到这个高度，是有以下根据的。

第一，党的十一届三中全会以来，通过拨乱反正，法学战线突破了很多禁区，开辟了一些从未涉及过的新的研究领域，为建设有中国特色的马克思主义法学体系带来了生气勃勃的局面，在这些新领域中，青少年犯罪学的研究是比较突出的。在当今世界，青少年犯罪已成为普遍存在的一个严重的社会问题。世界各国都在开展研究，寻求对策。我们研究青少年犯罪问题的宗旨是从中国的实际情况出发，运用马克思主义的基本原理和理论密切联系实际的科学方法，找出解决这一问题的最佳方案。研究如何运用具有中国特色的、有效的方式解决中国的青少年犯罪问题，这本身就是带有鲜明中国特色的法学理论。我们相信，一门崭新的、具有中国特色的青少年犯罪学，将会日臻完备，成为具有中国特色的马克思主义法学体系里一个有机的组成部分。

第二，加强研究青少年犯罪问题，可以促进相关学科的有机结合和同步发展，从而推动某些与法学有关的新的科学理论的出现。比如，青少年犯罪心理学，就是青少年犯罪学和心理学这两门学科的若干理论与方法彼此渗透、相互结合的产物；青少年犯罪改造心理学，则是劳改法学、青少年犯罪学和心理学交融结合的结果。这些新兴边缘学科

的出现，既适应了解决青少年犯罪问题的需要，又促进了相关学科的研究工作向广度和深度发展。今后随着青少年犯罪的研究不断深入，还可能出现更多的新的边缘学科，这对于建立具有中国特色的马克思主义法学体系至关重要，对于繁荣发展我国整个社会科学事业，其影响和作用也是不能忽视的。

第三，青少年犯罪研究有利于促进立法工作和司法工作。我们在研究青少年违法犯罪的过程中，可以看到由于多种原因，目前社会中仍然存在着一些诱发青少年违法犯罪的客观因素，如封建主义遗毒、资本主义思想作风的腐蚀，以及有些地方的不良环境毒化着青少年的健康成长，一些有害于青少年身心健康的东西未能得到有力的禁止，青少年的一些正当、合法的权益得不到有力的保护，已经受到处理的一些青少年得不到家庭、学校或单位的正确对待，等等。这就向我们提出了一个问题：如何运用法律武器，去有效地预防、减少青少年犯罪。党中央在1985年10月发出的20号文件中，明确提出要抓紧制定青少年保护法，用法律保护青少年健康成长，保障青少年的合法权益，抵制剥削阶级腐朽思想的影响，预防和减少青少年犯罪。这是很正确的。1980年3月，团中央就曾发起制定青少年保护法的座谈会，并在全国人大常委会法制委员及有关部门的支持下，组成青少年保护法起草小组，开展了青少年保护法的起草工作。此项工作，虽然未能正式进入立法程序，但却有了个良好的开端。现在，随着研究工作的深入，随着法制建设的发展，有必要把制定青少年法规的工作提到立法日程上。通过加强立法工作和改进司法工作，切实保护青少年的合法权益，保护青少年的健康成长，科学地预防、正确地处理青少年犯罪问题。现在是到了应该花大气力、下苦功夫的时候了。青少年犯罪研究工作者，在自己的研究取得一定成果时，可以向国家立法机关提出积极的立法建议，在预防、控制、治理青少年犯罪方面，在教育、改造、挽救违法犯罪青少年方面，充分发挥法律手段的作用。这个工作的成果取决于青少年犯罪学的研究质量和发展速度。这个事情做好了，将会充实我国的法律体系，有利于促进法制建设和政法实际工作的发展。

加强青少年犯罪研究，对建设社会主义精神文明具有重大意义

青少年犯罪学是从整体角度考虑青少年违法犯罪问题的，它的着眼点是要从根本上治理青少年犯罪问题，不只是惩罚犯罪，更重要的是要预防青少年犯罪。青少年在我国总人口中占有相当大的比重，目前仅在校的中小学生就有近两亿人。他们的健康成长是国家长治久安和建设社会主义现代化事业的保证。青少年犯罪问题的研究成果，有助于促进全社会同心协力来预防青少年犯罪，杜绝不健康的东西对青少年的腐蚀，加强对青少年的法制教育，使他们知法、懂法、守法，真正成为有理想、有文化、有道德、有纪律的社会主义一代新人，既当社会主义精神文明的建设者，又当社会主义精神文明的保卫者。在一定意义上说，解决青少年犯罪问题是社会主义精神文明建设成功的一个重要标志。

总之，青少年犯罪的研究是一项很有意义、很有价值的科学工作。在这项工作开展以来的短短几年里，研究水平日益提高，学术成果日益丰富，并且在政法实践乃至综合

治理实践中收到了一定成效。青少年犯罪学是很有前途的研究领域，是法学研究的一个重要方面。自然科学研究成果的重大突破，能促使社会生产力得到飞跃发展；在社会主义国家里，社会科学也应该有与自然科学相同的突破。在法学领域里，能不能也有所突破，更好地保护和促进社会生产力的发展，切实地维护和巩固社会的长治久安，有效地为社会主义两个文明的建设，为社会主义民主和法制建设服务，有待于包括从事青少年犯罪学研究在内的广大法学、法律工作者的不懈努力。

点和着眼其发展”。他说：“战争情况的不同，决定着不同的战争指导规律，有时间、地域和性质的差别。”这些思想，对我们研究青少年违法犯罪的规律，同样有着指导意义。

探求青少年违法犯罪的规律，不仅具有必要性，而且具有现实的可能性。我们历来认为凡规律都是可以认识的。我们既不同意那些漠视客观规律的莽汉的盲目做法，也反对那种在客观规律面前无能为力的不可知论。我们现在具备了探求青少年违法犯罪规律的许多有利条件。党的十一届三中全会以来，我国社会科学园地里涌现出一门新的学科，即青少年犯罪学。在党中央和各级党委领导下，在中国青少年犯罪研究学会的推动、组织之下，在公安政法部门、社会科学研究部门、政法院校和共青团组织的关怀与支持之下，在国内广大研究工作者和实际工作者的努力之下，对我国青少年违法犯罪问题进行了空前广泛而深入的调查研究，对外国关于青少年犯罪的学说和治理对策进行了大量的研究与介绍，许多同志出了许多科研成果。大家公认，青少年犯罪研究不仅是一个重要的社会科学研究领域，而且是一个非常活跃的研究领域。这些年的学术活动和学术成就都是很喜人的。这是我们探求我国青少年违法犯罪规律的有利条件，在一定意义可以说是基础和前提。特别难能可贵的，是涌现出一支理论工作者与实际工作者相结合的、包括多学科专家、学者在内的研究队伍。这支队伍已经从不同角度孜孜不倦的探求青少年违法犯罪的规律，并提出许多颇有价值的见解。在党中央的指引下，经过反复地研究、探讨，我们是能够掌握我国青少年违法犯罪规律的。任何悲观的、无所作为的观点都是不对的。

当然，不可否认，在对青少年犯罪的研究中，还存在一定的困难。主要是，在中央和地方尚未建立起具有相当规模的专门研究机构；对重大的研究课题尚缺乏必要的规划；对全国的研究队伍特别是较高水平的专家，尚缺乏必要的组织协调；国家和地方用于研究工作（包括应用研究和基础理论研究）的拨款尚与实际需要有较大的差距，等等，这些就不能不影响研究工作的深入开展。如果不从领导上给以重视和加强，党中央提出的探求青少年违法犯罪的规律的战略任务就难以胜利完成。我们必须明白，探求青少年违法犯罪规律是一项重大的社会科学研究工程，不是少数同志搞点调查、写点文章所能解决得了的。必须开展有组织、有领导、有计划的攻关性的研究，必须有人力、物力、财力的保证，必须采用先进的手段，掌握大量的各种有关的资料、信息，才能找出规律性的东西。为此，应考虑成立国家一级和区域性或省、直辖市、自治区一级的专门研究机构，配备多方面的专家，并组织、协调多方面的研究力量，努力完成党中央提出的探求青少年违法犯罪规律的任务。

我们党由于认识了新民主主义革命的规律，从而指导新民主主义革命取得了胜利；现在，我们党由于对社会主义建设的规律有了进一步的认识（当然，这种认识尚未完结，而且随着客观情况的发展变化，社会主义建设的规律也必然会有某种变化），我们的社会主义现代化建设事业正在迅猛发展。可以断言，随着我们对青少年违法犯罪的规律的认识加深，就一定能切实把握住解决青少年违法犯罪的主动权，从而为预防与控制犯罪，保护下一代健康成长，保障社会主义物质文明和精神文明建设做出应有的贡献！

第一部分

特　　载

中共中央有关加强青少年教育，预防和治理青少年违法犯罪的指示摘编

青少年是我们的希望，是我们的未来。十年树木，百年树人。按照德育、智育、体育全面发展的要求，把我国青少年培养成为有社会主义觉悟的有文化的劳动者，这是全党和全国各族人民的共同任务。这一工作的好坏，不仅关系到安定团结政治局面的长期巩固，关系到社会主义现代化建设的加速发展，而且直接影响着新的一代人的成长，关系到我们党和国家的前途，关系到我们民族的兴衰。对此，全党必须高度重视。每个共产党员、国家职工和人民群众，都要为培养教育好我们的下一代，尽到自己应尽的责任。

应当指出，建国以来，在一个相当长的时期内，我们的社会秩序和社会风气，青少年的精神面貌和道德品质，本来是很好的。我们的国家曾经引以为骄傲，并得到众多国际友人的赞颂。但是，近十多年来，由于林彪、“四人帮”极左路线的严重干扰，由于他们种种反动思想及谬论的影响，把我们的国民经济破坏了，也把我们良好的党风、民风和社会风气破坏了，使我们广大青少年深受其害，深受其毒。这是当前青少年违法犯罪情况如此严重的根本原因。因此，对青少年犯罪问题，绝不能就事论事，孤立地去对待它。而应当同彻底肃清林彪、“四人帮”的流毒，同加快国民经济的发展，加强思想政治工作，健全民主和法制，积极搞好党风、民风，狠抓对青少年的培养教育等工作联系起来去考虑，去解决。也就是说，要从大处着眼，从小处着手，采取有力措施，抓紧解决好这个问题。

从现在起，各级党委都要把加强对青少年的培养教育，包括解决其中极少数人的违法犯罪问题，放到重要议事日程上来。主要领导同志要亲自过问，党委分管青年工作的同志，要督促、帮助共青团组织把这一工作认真抓起来。还要统一组织宣教、政法、财经等部门和工会、妇联等人民团体齐心协力，有计划有目的地进行调查研究，及时交流情况，总结经验，按照各自的职责范围，努力做好工作，切切实实抓出成效来。

对于违法犯罪的青少年，我们的方针应着眼于教育、挽救和改造。但对极少数犯有严重罪行的反革命分子和其他犯罪分子，则必须依法惩办。不这样办，就难以加强民主和法制，也不利于教育和挽救绝大多数。当然，惩办的目的，也是为了教育和改造。对于有一般违法行为的在校学生和青年职工，应该坚持留在学校、工厂等有关单位教育改造。对于极少数必须劳动教养，甚至判刑的青少年罪犯，也要根据他们的特点，改进管教方法，提高改造效果，避免简单粗暴的做法。在任何时候、任何情况下，都要严禁以辱骂、殴打、体罚或变相体罚等非法手段对待违法犯罪的青少年。要力求通过艰苦细致

的思想政治工作，卓有成效地化消极因素为积极因素。

我们的党员和干部，特别是领导干部，受党的教育多，经验阅历丰富，有条件、有义务以身作则，带头搞好党风、民风和社会风气，尤其要自觉地加强对自己子女的思想教育工作。我们的干部子弟绝大多数是好的和比较好的，我们要教育他们艰苦朴素，勤奋学习，模范地遵纪守法，积极地献身于社会主义现代化建设事业。但也有极少数人表现不好，甚至违法乱纪。对这些人，应给予批评教育，个别触犯刑律的，应依法处理，绝不可姑息迁就。对于那些怂恿、包庇自己子女犯罪的人，有关党政领导机关绝不能不闻不问，而应严肃地给以批评教育，以至党纪国法的处理。

——以上摘自《中共中央转发中央宣传部等八个单位〈关于提请全党重视解决青少年违法犯罪问题的报告〉的通知》(一九七九年八月十七日)

青少年是国家的希望和未来，是各条战线的生力军和后备军。能否把青少年培养成为有理想、有道德、有文化、有纪律的一代共产主义新人，是关系到我们的事业是否后继有人，关系到党和国家的前途，关系到民族兴衰的大事。党的十一届三中全会以来，全党、全社会为培养、教育下一代做了大量工作，五亿青少年正在健康成长。当前，从总的情况看，我国青少年精神面貌和道德风尚的主流是很好的，他们是可以信赖的一代，是大有希望的一代。

但是，青少年违法犯罪仍然是一个不容忽视的问题。开展严厉打击严重刑事犯罪活动以来，青少年犯罪率曾有明显下降，今年以来又逐渐回升，并出现了罪犯低龄化、犯罪手段成人化、犯罪性质严重化的趋势……出现这些情况有其复杂的原因，主要是我们对青少年的思想教育工作薄弱，而诱发青少年犯罪的因素不断增多。资产阶级和其他剥削阶级思想的侵蚀，淫秽录像和不健康小报、刊物的泛滥，社会上以至党内刮起的新的不正之风，都对青少年产生了极坏影响。对此，中央认为，有必要提醒全党充分重视这个问题，进一步加强对青少年的思想教育工作。把青少年培养成为有理想、有道德、有文化、有纪律的新人，需要经过长期、艰苦、细致的工作，这是全社会的任务。一个人从呱呱坠地到“三十而立”，是在家庭、学校和社会的教育影响下成长的。家庭教育、学校教育、社会教育这三个方面必须密切配合，共同担负起培育年轻一代的任务。

家庭教育是促使青少年健康成长的重要一环。父母是孩子的启蒙老师，父母的举止言行和对子女的教育方法，对孩子的成长有重大影响。父母的行为不检点，或者采取溺爱、打骂等不正确的教育方法，都会给青少年的身心健康带来不良后果。由于独生子女越来越多，更需要注意正确的教育方法。要多办和办好各类托儿所、幼儿园，改变“入托难”的状况，使幼儿教育与家庭教育密切配合起来，从小培养孩子讲公德、懂礼貌、热爱集体的良好习惯。教育部门和妇联要加强对家庭教育和幼儿教育的研究与指导。

学校教育是青少年教育的决定性环节。全党全社会都要重视教育事业，认真贯彻执行《中共中央关于教育体制改革的决定》(中发〔1985〕12号)以及最近发出的《中共中央关于改革学校思想品德和政治理论课程教学的通知》(中发〔1985〕18号)，加强和改善学校的思想政治工作，努力办好各类学校。要扭转当前学校教育工作中存在的片面追求升学率，只重视智育，忽视德育；只重视重点学校，忽视一般学校；只重视少数“尖子”学生，忽视大多数学生的倾向，促进学生德育、智育、体育的全面发展。对学校和教师工作的考核，必须以全面贯彻党的教育方针为标准，不能只看升学率的高低。

社会教育是青少年教育必不可少的环节。全社会都要关心青少年，积极承担培养教育下一代的任务，使广大青少年能够在良好的社会环境中健康成长。

应当看到，目前青少年中缺乏理想、不讲公德、不守纪律、不懂法律常识的现象相当普遍。我们必须采取适合青少年特点的各种办法，通过多种渠道、多种形式加强思想教育工作。

（1）进行爱国主义、国际主义和革命传统教育，激发青少年的爱国热情和民族自尊心、民族自豪感，鼓励他们立志为振兴中华、实现“四化”而刻苦学习、勤奋劳动。要使青少年懂得，我们的国家是伟大的社会主义国家，我们的民族是勤劳勇敢的民族。我们干的是社会主义事业，最终目的是实现共产主义。建设社会主义的首要任务是发展社会生产力，我们当前所采取的一切开放、搞活、改革的措施，都是为了发展社会生产力。四化建设需要和平的国际环境和广泛的国际交流，要加强同一切对我国实行平等互利政策的国家的合作，加强同全世界一切爱好和平的人民的团结。我们不能搞资产阶级自由化，不能走西方资本主义道路。越是对外开放、搞活经济，越要重视抵制和反对资本主义、封建主义腐朽思想的侵蚀。

（2）进行形势政策教育，使青少年正确认识新时期的形势和任务，模范执行党的政策。对青少年进行形势政策教育，要按照不同年龄段安排不同的内容；要结合工作实际和思想实际，既讲清楚取得的成绩，又讲清楚存在的问题和解决的办法；既讲清楚提倡什么，允许什么，又讲清楚反对什么，禁止什么。有关部门的同志要自觉地承担起对青少年进行形势政策教育的任务，各地方、部门、单位的领导都要把这项工作当做经常性工作，有计划有步骤地进行。

（3）进行系统的思想理论教育，使青少年逐步树立马克思主义的科学信念。学校的思想理论课，包括高等学校的马克思主义理论课、中学的思想政治课和小学的思想品德课，是对青少年进行系统思想理论教育的主要阵地。要改变灌输式和教条式的教育方法，对青少年进行生动活泼的、密切联系实际的、完全适合他们特点的教育。要按照青少年不同年龄阶段的思想、智力、心理发展特点和认识规律，循序渐进，由浅入深，从具体到抽象，从现象到本质，统筹安排好每一阶段的思想理论课和思想品德课的内容。使学生不仅掌握现代科学文化知识，而且具有正确的政治方向和为人民服务的献身精神。

（4）大力普及法律常识，使青少年养成遵纪守法的良好习惯。中央要求从现在起到1990年，用5年左右的时间在公民中基本普及法律常识，干部和青少年是重点教育对象。在目前的违法犯罪青少年中，不少是犯法不知法的“法盲”。各级党委、政府，特别是共青团、工会、妇联和教育、司法行政等部门，要把青少年的法制教育切实抓起来。小学从低年级起就要结合思想品德课进行法制观念的启蒙教育，小学高年级和中学、大学要开设不同层次的法制教育课。教育和司法行政等部门要尽快解决课程设置和编写教材等问题。在职青年的法制教育，要在基层党政组织的统一领导下，由党委宣传部门和共青团、工会具体负责实施。

（5）进行共产主义人生观、婚姻观和职业道德教育，使青少年正确对待学习、劳动和生活，正确处理各种社会关系。广泛宣传战斗英雄、劳动模范特别是同代人中英雄模范人物的先进事迹，引导青少年积极进取，奋发向上，自觉遵守社会公德，抵制一切落后、愚昧、腐朽的生活方式，把追求美好生活的愿望同为社会多作贡献的行动结合起来。

青少年精力充沛，爱好广泛，求知欲强，需要因势利导，把他们的精力引导到有益于社会、有益于自身健康成长的各种活动中去。共青团、工会、妇联和学生会要根据青少年的爱好和兴趣，积极开展各种健康有益的、丰富多彩的活动；围绕青年所关心的问题举办报告会、讲演会、专题讨论会；发动青少年参加植树造林、修桥铺路、尊师敬老、为烈军属做好事等各种社会公益活动；关心大龄青年的恋爱婚姻，为开展正当社交活动创造条件；等等。要善于通过各种活动把青少年吸引到组织的周围，寓教育于各种活动之中。任何活动都要讲究实效，切忌搞形式主义。

目前，青少年活动场所太少。各级党委、政府要重视加强青少年活动场所的建设。现有的青年宫、少年宫和青年、儿童剧院等，不能为了追求经济利益而移作他用，凡是被其他单位占用的要限期退出。文化馆、俱乐部要为青少年活动提供方便条件。图书馆、博物馆要采取多种办法，吸引和提高青少年掌握知识的兴趣。各地在城乡建设规划中，要注意安排增建、扩建青少年活动场所。

一切宣传、文化、出版部门，包括报刊、书籍、电视、广播和电影、戏曲、音乐、美术等创造精神产品的单位，都要首先考虑把青少年往哪里引的问题。要加强社会主义精神文明的建设，精神产品不能以盈利为目的，更不能见利忘义，向青少年散布有害作品以换取个人或小团体的私利。作家、艺术家、理论家、记者、编辑、出版工作者，要以高度的政治责任感，以极大的热情去宣传爱国主义、社会主义和共产主义，帮助青少年树立远大的理想，提高道德水平和知识水平，为青少年创造一个好的精神环境。

电影、电视、音像等形象化的宣传教育工具，对青少年的思想、品德、情操的形成具有潜移默化的作用。有关部门一定要努力创作，生产出更多的能够激励青少年奋发向上的电影、电视片和录音、录像。决不能不顾社会效果去宣扬低级趣味的东西，甚至搞精神污染，腐蚀毒害青少年。要在青少年中开展文艺评论活动，提高他们的欣赏鉴别能力。

近年来，一些地方播放淫秽录像成风，内容不健康的小报、刊物充塞街头。我们决不能听任这些有害的东西去毒害青少年的身心，诱使意志薄弱者走上犯罪道路。各地要在党委、政府的统一领导下，在各有关部门的协同配合下，坚决遵照中共中央和国务院的有关指示和规定，依法查禁和收缴淫秽物品，整顿内容不健康的报刊；要明令禁止营业性录像放映，对非营业性录像放映也要严格控制，一律不得放映未经审查批准的录像；要严惩违法犯罪分子，坚决刹住这股歪风，保护青少年的健康成长。

现在有些学校校风不正，学生纪律松弛，生活散漫，出现早恋现象，严重影响教学秩序和教学质量。要根据大、中、小学生的特点，整顿校风校纪，明确规定应当遵守什么，提倡什么，反对什么，严禁什么。学校和教师要敢于抓校风校纪；家长要协助学校维护校风校纪；学校共青团组织、学生会要发动学生自己管理自己，提高遵守纪律的自觉性。青年职工多的企事业单位应针对当前遵守纪律方面存在的问题，制订或修订青年职工守则，并作出一些具体规定。

目前中、小学生因各种非正常原因而中途辍学的为数不少……中、小学生中途辍学，不仅影响全民族文化思想素质的提高，而且会增加社会的不安定因素。这些未成年的中、小学生漂泊在社会上，极易受到不良习气的影响，受到不法分子的引诱。产生这个问题的原因，主要是由于有的家长贪图近利，不让孩子继续上学；有的学校和教师对学习和思想较差的学生，采取厌恶和歧视的错误态度，使这些学生丧失进取心而逃学弃学，或者被学校勒令退学，开除出校。

逐步推行九年制义务教育，是提高我国全民族文化素质的重要战略措施。让每个孩子接受义务教育，是家长、教师和全社会应尽的义务。家长要支持和鼓励孩子上学，不应让孩子过早辍学就业；教师要热诚帮助那些学习和思想较差的学生进步，决不能把他们推出校门，流散在社会上；各企事业单位都不允许招收在校的中、小学生。建议立法机关抓紧义务教育的立法工作，用法律保障我国义务教育的实施。对于已经辍学的中、小学生，各级教育部门、劳动部门、企事业单位要采取多种形式，举办各种文化、技术补习班，帮助他们继续学文化、学技术，为他们创造升学和就业的条件。

对于有轻微违法犯罪行为的青少年，要热情耐心地帮助他们进步，把他们教育挽救过来，而不能歧视和嫌弃他们。学校、工矿企业、街道、乡村要和公安部门密切配合，建立和健全帮教小组，制订帮教计划，落实帮教措施，认真做好思想转化工作。在城市要继续办好工读学校，并逐步创造条件办成具有中专水平的职业学校，对有轻微违法犯罪行为的青少年进行职业训练，使他们掌握就业本领。教育部门要加强对工读学校的领导，选派优秀教师、干部去担负学校的领导和班主任工作。

对于刑满释放和解除劳教的青少年，有关方面要切实做好安置工作，帮助他们升学或就业，鼓励他们弃旧图新。

社会科学研究部门和政法工作部门，要加强对青少年违法犯罪问题的研究，探求青少年违法犯罪的规律，更好地指导预防违法犯罪的工作。

把青少年教育培养好，是老一辈人所共同关心的问题。现在，各地已经有不少老干部、老工人、老教师在离休退休以后，主动承担起教育青少年的责任。他们用自己的亲身经历，给青少年讲革命传统，帮助青少年树立革命的人生观，指导青少年刻苦学习文化和科学知识。有的地方还成立了“关心下一代协会”，有领导、有计划地开展这项工作。各级党组织应当把千百万离休退休的老干部、老工人、老教师组织起来，通过言传身教，共同做好这项有意义的工作。

宪法第四十六条明确规定："中华人民共和国公民有受教育的权利和义务。国家培养青年、少年、儿童在品德、智力、体质等方面全面发展。"目前，保护青少年的有关法律还不完备。建议立法机关会同有关部门，根据宪法的精神，加紧制订保护青少年的有关法律，用法律手段来保障青少年的合法权利不受侵犯，防止资本主义、封建主义腐朽思想对青少年的引诱和腐蚀，保护青少年的健康成长。各级妇联、工会、共青团组织和教育部门，要勇于维护儿童、妇女的正当权益，敢于为儿童、妇女说话，同各种凌辱妇女、残害儿童的现象作斗争。

关心和教育青少年，预防和减少青少年违法犯罪，是一项综合治理的"系统工程"，必须依靠全党，组织各条战线、各个部门的力量，从各个方面做大量的工作，作长期不懈的努力。中央要求各级党组织就如何加强对青少年教育的工作认真进行研究，作出通盘考虑和全面规划，并提出具体贯彻落实的措施，扎扎实实地做好这项工作。

——以上摘自《中共中央关于进一步加强青少年教育，预防青少年违法犯罪的通知》

（1985年10月4日）

社会主义道德建设的基本要求，是爱祖国、爱人民、爱劳动、爱科学、爱社会主义。要使"五爱"在社会生活的各个方面体现出来，在全国各民族之间，工人农民知识分子之间，军民之间，干部群众之间，家庭内部和邻里之间，以至人民内部的一切相互关系上，建立和发展平等、团结、友爱、互助的社会主义新型关系。

道德是经济基础的反映，而不是脱离历史发展的抽象观念。我国还处在社会主义的初级阶段，不但必须实行按劳分配，发展社会主义的商品经济和竞争，而且在相当长历史时期内，还要在公有制为主体的前提下发展多种经济成份，在共同富裕的目标下鼓励一部分人先富裕起来。在这样的历史条件下，全民范围的道德建设，就应当肯定由此而来的人们在分配方面的合理差别，同时鼓励人们发扬国家利益、集体利益、个人利益相结合的社会主义集体主义精神，发扬顾全大局、诚实守信、互助友爱和扶贫济困的精神。社会主义道德所要反对的，是一切损人利己、损公肥私、金钱至上、以权谋私、欺诈勒索的思想和行为，而决不是否定按劳分配和商品经济，决不能把平均主义当作我们社会的道德准则。同时必须指出，社会主义是向共产主义高级阶段前进的历史运动。我们社会的先进分子，为了人民的利益和幸福，为了共产主义理想，站在时代潮流前面，奋力开拓，公而忘私，勇于献身，必要时不惜牺牲自己的生命，这种崇高的共产主义道德，应当在全社会认真提倡。共产党员首先是领导干部，尤其要坚定不移地身体力行。总之，在道德建设上，一定要从实际出发，鼓励先进，照顾多数，把先进性的要求同广泛性的要求结合起来，这样才能连结和引导不同觉悟程度的人们一起向上，形成凝聚亿万人民的强大精神力量。

在我们社会的各行各业，都要大力加强职业道德建设。首先是党和国家机关的干部，要公正廉洁，忠诚积极，全心全意为人民服务，反对官僚主义、弄虚作假、利用职权谋取私利。还要加强那些直接为广大群众日常生活服务的部门的职业道德建设，反对和纠正带有行业特点的不正之风。在我们社会里，人人都是服务对象，人人又都为他人服务。我们社会对人的关心，社会的安宁和人们之间关系的和谐，是同各个岗位上的服务态度、服务质量密切相关的。

在社会公共生活中，要大力发扬社会主义人道主义精神，尊重人，关心人，特别要注意保护儿童，尊重妇女，尊敬老人，尊敬烈军属和荣誉军人，关心帮助鳏寡孤独和残疾人。要遵守公共秩序，讲文明礼貌。要提倡人人爱护公共财物，保护环境和资源，自觉履行对国家和社会的义务。在国家安全受到威胁，社会公共安全受到危害的时候，要挺身而出，英勇斗争。

在广大城乡要积极开展移风易俗的活动，提倡文明健康科学的生活方式，克服社会风俗习惯中还存在的愚昧落后的东西。婚嫁丧葬中的陋习要改革，封建迷信要破除。这种改革，要在尊重健康民俗的前提下，在自愿基础上，由群众自己来进行，共产党员、共青团员要率先倡导。

社会主义道德作为人类文明中道德发展的新境界，它必然要批判地继承人类历史上一切优良道德传统，并要同各种腐朽思想道德作斗争。封建道德在我国影响很深，今天我们社会关系中残存的宗法观念、特权思想、专制作风、拉帮结伙、男尊女卑等，本质上都是封建遗毒的反映。由于半殖民地社会历史条件而产生的奴化思想，以及资本主义的腐朽思想，在我国也有很深影响，并且往往同封建腐朽思想相结合。因此，从社会生活各方面克服这些腐朽思想道德的影响，是艰巨的长期的工作。

民主和法制、纪律不可分。社会主义法制，体现人民意志，保障人民的合法权利和利益，调节人们之间的关系，规范和约束人们的行动，制裁和打击各种危害社会的不法行为。不要社会主义民主的法制，决不是社会主义法制；不要社会主义法制的民主，决不是社会主义民主。只有大力加强以宪法为根本的社会主义法制，加强劳动纪律和工作纪律，同实际生活中种种压制和破坏民主的行为作斗争，才能推进并保证经济建设和全面改革的顺利发展，维护国家的长治久安。搞资产阶级自由化，即否定社会主义制度、主张资本主义制度，是根本违背人民利益和历史潮流，为广大人民所坚决反对的。

加强社会主义民主和法制的建设，根本问题是教育人。要从小学开始，在进行理想、道德、文明礼貌等教育的同时，进行民主、法制和纪律的教育。要在全体人民中坚持不懈地普及法律常识，增强社会主义的公民意识，使人们懂得公民的基本权利和义务，懂得与自己工作和生活直接有关的法律和纪律，养成守法遵纪的良好习惯。公民都要遵守宪法，党员还要遵守党章。在法纪面前人人平等，绝不允许有任何超越法律和纪律的特殊人物，这应当成为我国政治和社会生活中不可动摇的准则。

人民民主专政是保护人民、保卫四化的强有力武器。要依法打击一切破坏我国社会主义制度的敌对分子，依法惩处经济罪犯和其他刑事罪犯，依法禁止和取缔卖淫、吸毒、赌博、传播淫秽录像书刊等危害人民的违法犯罪行为。

——以上摘自《中共中央关于社会主义精神文明建设指导方针的决议》(1986年9月28日)

中共中央关于严厉打击刑事犯罪活动的决定(节选)

(一九八三年八月二十五日)

(一)

为了迅速扭转社会治安的不正常状况，最近中央召开了全国政法工作会议，赵紫阳同志作了重要讲话。中央决定以三年为期，组织一次、两次、三次战役，按照依法“从重从快，一网打尽”的精神，对刑事犯罪分子予以坚决打击。

严厉打击刑事犯罪活动，是政治领域中一场严重的敌我斗争。它对于搞好社会治安，推动社会风气的根本好转，巩固和发展安定团结的政治局面，保障社会主义建设的顺利进行，对于提高全党、全军和全国各族人民的敌情观念和政治警惕性，加强党纪、政纪、军纪，加强社会主义法制，坚持人民民主专政，都有极其重大的意义。不经过这场重大的斗争，社会治安不可能搞好，社会风气的根本好转不可能实现，社会主义建设也不可能顺利进行。同时，也只有这样，才能使我们在实行对外开放、对内搞活经济政策，把经济逐步繁荣起来以后，避免资本主义国家那种犯罪活动泛滥、社会很不安宁、道德风尚败坏的不治之症，使我们的党保持良好的精神风貌和思想作风，使我们的国家保持良好的社会风气。因此，一定要把这场斗争作为全党、全军和全国各族人民的一件大事来认真抓好。

(二)

党的十一届三中全会以来，全国政治、经济形势很好。社会治安经过几年来的不断整顿，虽然有所好转，但总的来说，还没有根本解决问题，还没有根本好转。在我国剥削阶级作为阶级消灭以后，阶级斗争还将在一定范围内长期存在，在某种条件下还有可能激化。“十年内乱”，林彪、江青反革命集团严重破坏了我们的党风和社会风气，一些人特别是一些青年人受他们散布的无政府主义、极端个人主义思想毒害很深；加上我们实行对外开放、对内搞活经济政策以后，党的思想政治工作和一些必要的管理制度没有跟上去，外来资本主义思想的渗透，国内新老社会渣滓的乘机捣乱，使一些早已绝迹的社会丑恶现象重新出现。这种种因素，不但严重扰乱了社会治安，败坏了社会风气，而且使危害人民安全、破坏社会主义建设的犯罪活动得以滋生和蔓延。目前许多地方社会治安的情况还很不好，特别是不断发生一些骇人听闻的重大恶性案件，犯罪分子的气焰在许多地方还很嚣张，有的已经发展到无所顾忌、无所畏惧的地步；一部分群众包括一些干部、民警在内，都怕犯罪分子行凶报复。因而出现了“坏人神气，好人受气，积极分子憋气，基层干部泄气”的不正常状况。如果我们对这种状况不迅速加以制止，任其蔓延发展，必将严重危害人民生命财产的安全，破坏社会的安定，妨害社会主义物质文明和精神文明的建设，引起广大人民群众的不安和不满。

造成这种不正常状况的原因，从主观上来说，主要是我们没有能够强有力地行使专政职能，对犯罪分子打击不力。对严重刑事犯罪分子实行依法从重从快惩处的方针虽已提了多年，但是没有很好的贯彻执行。近几年的实践充分证明，只有下决心组织几个战役，按照依法“从重从快，一网打尽”的精神，对犯罪分子毫不留情地予以坚决打击，才能震慑犯罪分子，教育挽救一大批失足青少年，更好地贯彻执行对社会治安进行综合治理的方针，扭转目前的不正常状况。当然，我们说治安情况很不好，处于非正常状况，是按照我们社会主义社会应有的标准来衡量的。资本主义国家的社会治安问题要比我们严重得多，但我们不应当同他们比。在我国，犯罪分子毕竟只占人口的极少数，我们是完全能够惩治他们的。我们所说的“一网打尽”，是指对已经判明的各类刑事犯罪分子一个也不能姑息放任，而不是说今后不会再出现犯罪分子。对于目前尚未查出的犯罪分子，对于今后再出现的犯罪分子，仍然采取一网打尽的办法。只要坚决这样做下去，社会治安和社会风气的根本好转是完全能够实现的。全党、全军和全国各族人民一定要充分认识当前刑事犯罪活动的严重性，一定要充分认识严厉打击犯罪分子的必要性和紧迫性，自觉地投入到这场斗争中去。

（五）

这次严厉打击刑事犯罪活动，关键在于全党全军统一认识，政法公安部门统一认识，要讲清楚这样一些问题：

讲清楚严厉打击犯罪分子与综合治理的关系。运用专政手段，依法严惩犯罪分子，是综合治理的首要一条。首先要有政法公安机关的威慑力量，然后说服教育和其他手段才能起更有效的作用。特别是在犯罪分子活动猖獗的时候，不加强专政的威力，不严厉打击罪犯的气焰，其他措施就无法奏效。采取坚决打击的办法，再辅之以其他办法，才能收到综合治理的效果。

讲清楚从重从快惩处与加强法制的关系。法律本身，就包含了宽与严的内容，体现了宽严结合。我们审时度势，强调坚决惩治犯罪分子，正是依法办事的体现。对法律，我们必须严格遵守。但是决不能把法律条文的含义和量刑的幅度硬往有利于罪犯而不利于人民的方面去解释。我们的法律要真正成为人民群众、政法部门、公安干警同犯罪分子斗争的锐利武器，使人民感到法律是保护自己的，使犯罪分子害怕触犯国家的法律；决不能使犯法的人无所顾忌，而群众、干警同罪犯的斗争则困难重重。只有这样，才能伸张正气，压倒邪气，充分显示出人民民主专政的威力。

讲清楚强有力地行使专政职能与保障人民民主权利的关系。民主与专政不可分。只有绝大多数人民享有高度的民主，才能够对极少数敌人实行有效的专政；只有真正对极少数人专政，才能充分保障绝大多数人的民主权利。对危及人民生命安全的罪大恶极的犯罪分子坚决进行镇压，这才是革命的人道主义。如果姑息、放纵这些坏人，就是对人民的“不人道”。

讲清楚严厉打击刑事犯罪活动与社会主义物质文明和精神文明建设的关系。刑事犯罪活动，坑害青少年，毒化社会风气，污染精神生活，破坏社会安定，扰乱正常的生产秩序、生活秩序和社会秩序，是两个文明建设的重大障碍。只有严厉打击刑事犯罪活动，才能改变社会风气，促进社会安定，使人民群众有安全感，解除后顾之忧，一心一意地搞生产、搞建设。

中央宣传部等八单位关于提请全党重视解决青少年违法犯罪问题的报告(节录)

(一九七九年六月)

遵照中央负责同志的意见，最近，我们就青少年违法犯罪问题，进行了专门讨论研究。大家认为，粉碎“四人帮”以来，各级党委和有关部门对于青少年的教育培养是重视的，做了许多工作。广大青少年在党的十一大确定的总路线和三中全会精神的鼓舞下，意气风发，积极向上，勤奋学习，努力工作，决心把青春献给四化，涌现出许多青少年先进集体和先进人物，主流是很好的。但是，在青少年中问题仍然不少，青少年违法犯罪的情况仍相当严重，成为影响社会安定的一个突出问题。

据各地反映，在当前刑事案件的作案人员中，青少年占很大比重，大、中城市一般占百分之七、八十，农村占百分之六、七十。这些违法犯罪青少年，从偷摸扒窃、打架斗殴、耍流氓，发展到拦路抢劫、强奸妇女、行凶杀人。有些结成“团伙”，为非作歹。有的已成为刑事惯犯。

青少年违法犯罪问题为什么如此严重呢？从根本上说，是林彪、“四人帮”连续十多年的破坏造成的恶果。林彪、“四人帮”推行极左路线，大搞无政府主义，践踏社会主义法制，煽动打砸抢，把是非善恶都颠倒了，把整个社会风气搞坏了，严重毒害了年轻的一代，粉碎“四人帮”虽然已经两年多了，但是这种内伤远未消除。同时，由于林彪、“四人帮”把我国的经济搞到了崩溃的边缘，造成了目前大批青年升学和就业的严重困难，有些人认不清前途，悲观失望，精神空虚，生活困难，走上了犯罪道路。从我们的工作上来说，对林彪、“四人帮”毒害青少年的严重性认识不足，没有把它当作一个社会问题摆在应有的位置上积极做工作，许多事情为青少年想得不够，关心不够。还有一些同志，对于犯了错误的青少年，不愿意做耐心细致的教育挽救工作，而是采取厌恶态度，动辄开除，简单惩办，有些家长也没有负起教育子女的责任，致使这些青少年得不到有效的教育改造。至于极少数青少年违法犯罪的具体原因，情况是错综复杂的，各地区各部门应当有计划有组织地做一些专门的调查研究，抓住典型，解剖麻雀，作出切合实际的科学分析。

在讨论中，我们深深感到，对于当前青少年犯罪问题的严重性要有充分的估计。问题不仅在于极少数青少年已经走上了犯罪道路，危害社会治安，影响社会安定；而且还要看到，如果党风不搞好，社会风气不搞好，教育管理不加强，青年就业问题不统筹安排妥善解决，还会有更多的青少年走到邪路上去，造成极其严重的社会问题。对于这样一件直接关系到整整一代人成长的大事，应当引起我们全党特别是各级党委领导同志的高度重视和深切关注。必须实行党委领导，全党动员，书记动手，依靠学校、工厂、机关、部队、街道、农村社队等城乡基层组织以及全社会的力量，来加强对青少年的教育。对于违法犯罪的青少年，也应当按照毛泽东同志的指示，主要不是依靠法庭，而是依靠社会组织来进行教育。全党都要来关心、重视做青少年的工作，把它作为一项迫切的政治任务，抓紧抓好。

一、大力加强对青少年的思想政治工作。着重正面教育，积极引导，教育部门要通过学校加强对学生的思想品德教育，既教书，又教人，促进学生德、智、体全面发展。宣传、文化部门和工、青、妇等群众团体要广泛运用报刊、广播、电视等各种工具，以及电影、戏剧等各种文艺形式，对青少年进行坚持社会主义道路，坚持无产阶级专政，坚持党的领导，坚持马列主义、毛泽东思想的教育，进行一心奔向四个现代化、争当新长征突击手的教育，进行社会主义法制教育，包括刑法和治安法规教育，培养热爱祖国，热爱集体，热爱劳动，勤奋学习，遵守纪律，助人为乐，艰苦奋斗，英勇对敌的品德风尚。使青少年充分认识社会主义制度的优越性，正确理解民主与法制、自由与纪律、权利与义务的关系。树立起一个新时代的中国青年献身社会主义现代化建设的责任感和光荣感。

各级党、政组织，宣传、教育、文化部门和工、青、妇等群众团体，要定期研究青少年的思想动向，有的放矢地做好思想政治工作，经常表彰好人好事，大力宣扬先进典型，特别要重视深入细致的思想工作，一把钥匙开一把锁，积极引导思想行为不正的青少年向好的方面转化。同时，要重视和加强对青少年校外教育的领导，组织好青少年的课余、工余活动，大力恢复和办好文化馆、青少年宫、夜校、科技讲座等。凡是其他单位占用了的青少年活动场所均应积极退回。各地还应每年拨些专款，用以修整和逐步扩充这些场所，活跃青少年的文化、体育生活，促进广大青少年的身心健康成长。

要通过各种渠道，教育家长正确爱护子女，切实担负起家庭教育的责任。

在积极加强思想政治工作的同时，机关、学校、工厂、部队等单位，都要从以往发生问题的经验教训中，建立健全必要的规章制度，有针对性地加强遵纪守法教育，防患于未然。

二、积极解决按政策留城回城青年、社会待业青年的就业问题。在各地党委领导下，劳动部门、知青办和城市街道组织，要实行统筹兼顾，全面安排，采取多种形式，积极安置就业。城市的生产和生活服务事业，特别是集体所有制的企事业用人潜力很大，要广开就业门路，把大批青年组织到市政工程、房屋修缮、短途运输、手工编织、生活服务等各种行业里去。并且结合就业，组织他们学业务，学技术，学科学，进行必要的思想政治教育。安置就业，要优先照顾那些家庭经济条件较差的青年，帮助他们解决生活困难。还要注意解决那些政治思想后进青年的工作安置问题，充分依靠集体的力量，在劳动生产中促进他们的思想改造，防止他们走上违法犯罪道路。

对按政策应下乡而未下乡的知识青年和倒流回城的知识青年，应在党委领导下，积极做好工作，动员他们尽快下乡和返回农村。农村要欢迎他们，并切实安排好他们的生产、生活。

三、对于有一般违法行为的在校学生和青年职工，应当坚持留在学校、工厂、单位教育改造。学校、工厂、单位要管，家庭要管，街道也要管。几个方面结合起来，认真分析他们违法的原因，因人施教。对于其中少数“尖子”，公安机关应当将他们进行不正当活动的情况和材料及时告诉他们所在的学校、单位和街道组织，对他们进行认真严肃的批评教育，必要时可由公安机关出面责令其限期改过，促使他们改邪归正。决不要轻易开除。

四、工读学校是一种教育挽救违法犯罪学生的学校，要认真办好。北京市去年十一月以来，教育部门分区举办了九所工读学校，第一批招收了一千一百多名学生。区委给学校调配了强有力的领导班子和教师队伍，坚持正面教育的原则，满腔热情地做思想转化工作，组织他们学文化、学生产技能，加强纪律和集体观念教育，实行民主管理，取得了显著成效。各地应在党委领导下，以教育部门为主，共青团、公安部门积极配合，有关方面大力支持，举办一批这样的学校。对去工读学校的学生，要经区以上教育部门、团组织和公安机关联合组织招生委员会审批，并征得家长同意。在工读学校改造好了的学生，应送回原学校或适当调换学校继续上学，不应影响其升学和分配。为了办好工读学校，教育部、团中央、公安部拟在适当时候，召开工读学校负责人座谈会，总结交流经验，研究解决办学的实际问题。

五、公安机关对少年犯管教所和劳动教养场所，要加强领导，调进一批懂得教育而又热心此项工作的干部，采取适应青少年特点的教育措施，改进管教方法，提高改造效果。少年犯解除管教后，要安排好他们的就学就业；解除劳教的，原工作单位要负责接收安置。只要他们改造好了，不再重犯，就不能因为“进过公安机关的门”而歧视他们，影响升学和就业，这要作为一个制度定下来。

六、至于违法犯罪青少年中极少数犯有严重罪行的反革命分子和其他犯罪分子，则必须依法惩办，目的也是为了教育挽救绝大多数。但应注意尽可能缩小打击面，扩大教育面。对于引诱青少年犯罪的教唆犯，要依法严惩。

鉴于做好对青少年的教育和对违法犯罪青少年的改造工作，是涉及许多方面的一项长期而艰巨的任务，各地应在党委领导下，把宣传、教育、劳动、公安、文化部门以及工、青、妇等各方面的力量组织起来，认真研究，通力合作，下决心解决好这个问题。拟于今年适当时候，在调查研究的基础上，由中宣部牵头，联合召开青少年教育工作会议，交流情况，研究制订具体措施，集中力量狠狠抓一下青少年教育工作。明年适当时候，再开一次类似的会议，总结经验，以利再战，力争在一、二年之内抓出一个好的结果来。

中央宣传部　教育部
文化部　公安部
国家劳动总局　全国总工会
共青团中央　全国妇联

国家有关教育保护青少年、处理青少年违法犯罪案件的法规条款摘编

一、总　类

第十九条　国家发展社会主义的教育事业，提高全国人民的科学文化水平。

国家举办各种学校，普及初等义务教育，发展中等教育、职业教育和高等教育，并且发展学前教育。

国家发展各种教育设施，扫除文盲，对工人、农民、国家工作人员和其他劳动者进行政治、文化、科学、技术、业务的教育，鼓励自学成才。

国家鼓励集体经济组织、国家企业事业组织和其他社会力量按照法律规定举办各种教育事业。

……

第二十四条　国家通过普及理想教育、道德教育、文化教育、纪律和法制教育，通过在城乡不同范围的群众中制定和执行各种守则、公约，加强社会主义精神文明的建设。

国家提倡爱祖国、爱人民、爱劳动、爱科学、爱社会主义的公德，在人民中进行爱国主义、集体主义和国际主义、共产主义的教育，进行辩证唯物主义和历史唯物主义的教育，反对资本主义的、封建主义的和其他的腐朽思想。

……

第二十八条　国家维护社会秩序，镇压叛国和其他反革命活动，制裁危害社会治安、破坏社会主义经济和其他犯罪活动，惩办和改造犯罪分子。

……

第三十四条　中华人民共和国年满十八周岁的公民，不分民族、种族、性别、职业、家庭出身、宗教信仰、教育程度、财产状况、居住期限，都有选举权和被选举权；但是依照法律被剥夺政治权利的人除外。

……

第四十六条　中华人民共和国公民有受教育的权利和义务。

国家培养青年、少年、儿童在品德、智力、体质等方面全面发展。

……

第四十九条　婚姻、家庭、母亲和儿童受国家的保护。

……

父母有抚养教育未成年子女的义务，成年子女有赡养扶助父母的义务。

禁止破坏婚姻自由，禁止虐待老人、妇女和儿童。

——《中华人民共和国宪法》（一九八二年十二月四日）

第十一条　十八周岁以上的公民是成年人，具有完全民事行为能力，可以独立进行民事活动，是完全民事行为能力人。

十六周岁以上不满十八周岁的公民，以自己的劳动收入为主要生活来源的，视为完全民事行为能力人。

……

第十二条　十周岁以上的未成年人是限制民事行为能力人，可以进行与他的年龄、智力相适应的民事活动；其他民事活动由他的法定代理人代理，或者征得他的法定代理人的同意。

不满十周岁的未成年人是无民事行为能力人，由他的法定代理人代理民事活动。

——《中华人民共和国民法通则》（一九八六年四月十二日）

二、教育、保护

第二条　国家实行九年制义务教育。……

第三条　义务教育必须贯彻国家的教育方针，努力提高教育质量，使儿童、少年在品德、智力、体质等方面全面发展，为提高全民族的素质，培养有理想、有道德、有文化、有纪律的社会主义建设人才奠定基础。

第四条　国家、社会、学校和家庭依法保障适龄儿童、少年接受义务教育的权利。

第五条　凡年满六周岁的儿童，不分性别、民族、种族，应当入学接受规定年限的义务教育。条件不具备的地区，可以推迟到七周岁入学。

……

第九条　地方各级人民政府应当合理设置小学、初级中等学校，使儿童、少年就近入学。

……

第十条　国家对接受义务教育的学生免收学费。

国家设立助学金，帮助贫困学生就学。

第十一条　父母或者其他监护人必须使适龄的子女或者被监护人按时入学，接受规定年限的义务教育。

适龄儿童、少年因疾病或者特殊情况，需要延缓入学或者免予入学的，由儿童、少年的父母或者其他监护人提出申请，经当地人民政府批准。

禁止任何组织或者个人招用应接受义务教育的适龄儿童、少年就业。

……

第十六条　任何组织或者个人不得侵占、克扣、挪用义务教育经费，不得扰乱教学秩序，不得侵占、破坏学校的场地、房屋和设备。

禁止侮辱、殴打教师，禁止体罚学生。

不得利用宗教进行妨碍义务教育实施的活动。

——《中华人民共和国义务教育法》（一九八六年四月十二日）

第十五条　父母对子女有抚养教育的义务，子女对父母有赡养扶助的义务。父母不履行抚养义务时，未成年的或不能独立生活的子女有要求父母付给抚养费的权利。

……

第十七条　父母有管教和保护未成年子女的权利和义务。

第十八条　父母和子女有相互继承遗产的权利。

第十九条　非婚生子女享有与婚生子女同等的权利，任何人不得加以危害和歧视。非婚生子女的生父，应负担必要的生活费和教育费的一部或全部，直至子女能独立生活为止。

第二十条　国家保护合法的收养关系。养父母和养子女间的权利和义务，适用本法对父母子女关系的有关规定。

第二十一条　继父母与继子女间不得虐待或歧视。继父母和受抚养教育的继子女间的权利和义务，适用本法对父母子女关系的有关规定。

第二十二条　有负担能力的祖父母、外祖父母，对于父母已经死亡的孙子女、外孙子女，有抚养的义务。……

第二十三条　有负担能力的兄、姊，对于父母已经死亡或父母无力抚养的未成年的弟、妹，有抚养的义务。

——《中华人民共和国婚姻法》（一九八四年九月十日）

第二十六条　教唆他人犯罪的，应当按照他在共同犯罪中所起的作用处罚。教唆不满十八岁的人犯罪的，应当从重处罚。

……

第一百三十九条　……

奸淫不满十四岁幼女的，以强奸论，从重处罚。

……

第一百八十四条　拐骗不满十四岁的男、女，脱离家庭或者监护人的，处五年以下有期徒刑或者拘役。

——《中华人民共和国刑法》（一九七九年七月一日）

二、传授犯罪方法，情节较轻的，处五年以下有期徒刑；情节严重的，处五年以上有期徒刑；情节特别严重的，处无期徒刑或者死刑。

——全国人民代表大会常务委员会《关于严惩严重危害社会治安的犯罪分子的决定》（一九八三年九月二日）

第十七条　违反治安管理有下列情形之一的，可以从重处罚：

……

（二）胁迫、诱骗他人或者教唆不满十八岁的人违反治安管理的；

……

第二十二条 有下列侵犯他人人身权利行为之一，尚不够刑事处罚的，处十五日以下拘留、二百元以下罚款或者警告：

……

（六）胁迫或者诱骗不满十八岁的人表演恐怖、残忍节目，摧残其身心健康的；

……

第三十条 ……

嫖宿不满十四岁幼女的，依照刑法第一百三十九条的规定，以强奸论处。

——《中华人民共和国治安管理处罚条例》（一九八六年九月五日）

淫秽物品，毒害人们的思想，诱发犯罪，危害极大。为了保护广大人民特别是青少年的身心健康，维护社会治安，保证社会主义现代化建设的顺利进行，对各种淫秽物品必须严格查禁。为此，作如下规定：

一、对各种淫秽物品，不论是否以营利为目的，都必须严格禁止进口、制作（包括复制）、贩卖和传播。

二、查禁淫秽物品的范围是：具体描写性行为或暴露宣扬淫荡形象的录像带、录音带、影片、电视片、幻灯片、照片、图画、书籍、报刊、抄本，印有这类图片的玩具、用品，以及淫药、淫具。

……

九、对于走私、制作、贩卖、组织传播淫秽物品，构成犯罪的，由司法机关依法惩处；未构成犯罪的，由主管部门根据情节轻重给予行政处分。

对向不满十八岁未成年人传播淫秽物品的，利用工作职务便利将没收的淫秽物品传播的，以及利用职权和所管理的设备复制或传播淫秽物品的，应依法从严惩处。

——国务院《关于严禁淫秽物品的规定》（一九八五年四月十七日）

三、 未成年人案件的审理

第十条 人民法院、人民检察院和公安机关应当保障诉讼参与人依法享有的诉讼权利。

对于不满十八岁的未成年人犯罪的案件，在讯问和审判时，可以通知被告人的法定代理人到场。

诉讼参与人对于审判人员、检察人员和侦查人员侵犯公民诉讼权利和人身侮辱的行为，有权提出控告。

……

第二十七条 公诉人出庭公诉的案件，被告人没有委托辩护人的，人民法院可以为他指定辩护人。

被告人是聋、哑或者未成年人而没有委托辩护人的，人民法院应当为他指定辩护人。

……

第一百一十一条 ……

十四岁以上不满十六岁未成年人犯罪的案件，一律不公开审理。十六岁以上不满十八岁未成年犯罪的案件，一般也不公开审理。

——《中华人民共和国刑事诉讼法》(一九七九年七月一日)

四、处 罚

第十四条 已满十六岁的人犯罪，应负刑事责任。

已满十四岁不满十六岁的人，犯杀人、重伤、抢劫、放火、惯窃罪或者其他严重破坏社会秩序罪，应当负刑事责任。

已满十四岁不满十八岁的人犯罪，应当从轻或者减轻处罚。

因不满十六岁不处罚的，责令他的家长或者监护人加以管教；在必要的时候，也可以由政府收容教养。

……

第四十四条 犯罪的时候不满十八岁的人和审判的时候怀孕的妇女，不适用死刑。已满十六岁不满十八岁的，如果所犯罪行为特别严重，可以判处死刑缓期二年执行。

——《中华人民共和国刑法》(一九七九年七月一日)

第九条 已满十四岁不满十八岁的人违反治安管理的，从轻处罚；不满十四岁的人违反治安管理的，免于处罚，但是可以予以训诫，并责令其监护人严加管教。

——《中华人民共和国治安管理处罚条例》(一九八六年九月五日)

五、改造、挽救

第二条 中华人民共和国的劳动改造机关，是人民民主专政的工具之一，是对一切反革命犯和其他刑事犯实施惩罚和改造的机关。

第三条 ……

对少年犯应当设置少年犯管教所进行教育改造。

第四条 劳动改造机关对于一切反革命犯和其他刑事犯，所施行的劳动改造，应当贯彻惩罚管制与思想改造相结合、劳动生产与政治教育相结合的方针。

……

第二十一条 少年犯管教所，管教十六周岁以上未满十八周岁的少年犯。

第二十二条 少年犯管教所，应当对少年犯着重进行政治教育、新道德教育和基本的文化与生产技术教育，并且照顾他们生理发育的情况下，使他们从事轻微劳动。

第二十三条 少管犯管教所，以省、市为单位根据需要设置，由省、市人民公安机关管辖。

第二十四条 少年犯管教所，设所长一人，副所长一至二人，可以根据工作需要配备管教人员若干人。

——《中华人民共和国劳动改造条例》(一九五四年八月)

党和国家领导人有关加强青少年教育，预防青少年犯罪的论述

要树立好的风气。讲风气，无非是党风、军风、民风、学风，最重要的是党风。好的党风也要体现在教育中，这才能培养出好的学风。现在我们的青少年中，有些人有些坏的风气。改变这种风气，要从小学教育开始。建国以后相当一段时间，整个社会的风气、秩序和纪律是好的。学生自觉地遵守纪律，可以经常看到红领巾拿着喇叭，维持交通秩序。后来由于“四人帮”的破坏，风气不好了。要数罪状，把一些青少年带坏，是“四人帮”的一条很大的罪状。我们现在要把风气扭转过来，这就要求学校培养好的风气。要有爱劳动、守纪律、求进步等好风气、好习惯。教师有责任把这些好风气带动起来。

——邓小平：关于科学和教育工作的几点意见（一九七七年八月八日），《邓小平文选》第51页。

我们要有计划、有选择地引进资本主义国家的先进技术和其他对我们有益的东西，但是我们决不学习和引进资本主义制度，决不学习和引进各种丑恶颓废的东西。如果发达的资本主义国家摆脱了资本主义制度，它们的经济文化肯定还会有更大的进步。所以资本主义国家中一切要求社会进步的政治力量也在努力研究和宣传社会主义，努力为消灭资本主义社会的各种不公道、不合理现象直至实现社会主义革命而斗争。我们要向人民特别是青年介绍资本主义国家中进步和有益的东西，批判资本主义国家中反动和腐朽的东西。

——邓小平：坚持四项基本原则（一九七九年三月三十日），《邓小平文选》第154页。

我们反对把阶级斗争扩大化，不认为党内有一个资产阶级，也不认为在社会主义制度下，在确已消灭了剥削阶级和剥削条件之后还会产生一个资产阶级或其他剥削阶级。但是我们必须看到，在社会主义社会，仍然有反革命分子，有敌特分子，有各种破坏社会主义秩序的刑事犯罪分子和其他坏分子，有贪污盗窃、投机倒把的新剥削分子，并且这种现象在长时期内不可能完全消灭。

——邓小平：坚持四项基本原则（一九七九年三月三十日），《邓小平文选》第155页。

这里还要提出一个社会风气问题。我们建国以后的十多年中，由于党和政府的正确领导，社会风气是健康的。在党的教育下成长起来的青少年，绝大多数怀抱崇高理想，热爱社会主义祖国，积极响应党和政府的号召，捍卫人民利益，维护社会秩序，处处表现良好的献身精神和守纪律精神。青少年的这种风气和整个社会的风气互相影响，互相

促进，受到全国人民和各国人士的赞许。但是过去的十来年中，林彪、“四人帮”把我们的党和政府搞乱了，把我们的社会搞乱了，也把不少青少年毒害了，社会主义的道德风尚受到了严重的损害。粉碎“四人帮”以后，情况有了很大的好转，但是他们的流毒在某些范围内还不能低估。这种情况，同全党工作着重点转移的需要极端不相适应。我们提倡中国人和外国人发展正常交往，这对于加强我国和各国人民的了解和友谊是必要的，对于引进国外技术和资金也是必要的，今后这种交往还会日益增多。但是由于对少数青少年的教育和管理不够，也出现了一些不健康的现象。一些青年男女盲目地羡慕资本主义国家，有些人在同外国人交往中甚至不顾自己的国格和人格。这种情况必须引起我们的认真注意。我们一定要教育好我们的后一代，一定要从各方面采取有效的措施，搞好我们的社会风气，打击那些严重败坏社会风气的恶劣行为。

——邓小平：坚持四项基本原则（一九七九年三月三十日）《邓小平文选》第163—164页。

我们一定要在全党和全国范围内有领导、有计划地大力提倡社会主义道德风尚，热爱社会主义祖国，提高民族自尊心，还要进行坚持社会主义道路、反对资本主义腐蚀的革命品质教育。现在有一部分青年有忽视政治的倾向，全党必须看到这个问题的严重性，一定要分析原因，找出办法，认真有效地加以解决。

——邓小平：目前的形势和任务（一九八〇年一月十六日），《邓小平文选》第226页。

现在有些青年，有些干部子女，甚至有些干部本人，为了出国，为了搞钱，违法乱纪，走私受贿，投机倒把，不惜丧失人格，丧失国格，丧失民族自尊心，这是非常可耻的。近一两年内，通过不同渠道运进了一些黄色、下流、淫秽、丑恶的照片、影片、书刊等，败坏我们社会的风气，腐蚀我们的一些青年和干部。如果听任这种瘟疫传布，将诱使许多意志不坚定的人道德败坏，精神堕落。各级组织都要严肃地注意这个问题，采取坚决有效的措施，予以查禁、销毁，坚决不允许继续流入。在国内经济工作中，歪曲现行经济政策，利用经济管理工作中的漏洞而进行各种违法活动的个人、小集团甚至企业、单位，也有所增加。对于这种反社会主义的违法活动和犯罪分子，也必须严重警惕，坚决斗争。

——邓小平：党和国家领导制度的改革（一九八〇年八月十八日），《邓小平文选》第297—298页。

要继续发展社会主义民主，健全社会主义法制。这是三中全会以来中央坚定不移的基本方针，今后也决不允许有任何动摇。我们的民主制度还有不完善的地方，要制定一系列的法律、法令和条例，使民主制度化、法律化。社会主义民主和社会主义法制是不可分的。不要社会主义法制的民主，不要党的领导的民主，不要纪律和秩序的民主，决不是社会主义民主。相反，这只能使我们的国家再一次陷入无政府状态，使国家更难民主化，使国民经济更难发展，使人民生活更难改善。

——邓小平：贯彻调整方针，保证安定团结（一九八〇年十二月二十五日），《邓小平文选》第318—319页。

在党政机关、军队、企业、学校和全体人民中，都必须加强纪律教育和法制教育。

没有规定纪律或规定得不完善不合理的，要迅速规定和改善。大中小学的学生从入学起，工人从入厂起，战士从入伍起，工作人员从到职起，就要学习和服从各自所必须遵守的纪律。对一切无纪律、无政府、违反法制的现象，都必须坚决反对和纠正。否则我们就决不能建设社会主义，也决不能实现现代化。合理的纪律同社会主义民主不但不是互相对立的，而且是互相保证的。

——邓小平：贯彻调整方针，保证安定团结（一九八〇年十二月二十五日），《邓小平文选》第319页。

要继续批判和反对封建主义在党内外思想政治方面的种种残余影响，并继续制定和完善各种符合于社会主义原则的制度和法律来清除这些影响。同时，要批判和反对崇拜资本主义、主张资产阶级自由化的倾向，批判和反对资产阶级损人利己、唯利是图、“一切向钱看”的腐朽思想，批判和反对无政府主义、极端个人主义。我们继续坚持同对我们友好的西方国家交往，继续坚持学习资本主义国家一切对我们有用的东西，但是必须在思想政治领域把上述的斗争进行到底。必须发扬爱国主义精神，提高民族自尊心和民族自信心。否则我们就不可能建设社会主义，就会被种种资本主义势力所侵蚀腐化。

——邓小平：贯彻调整方针，保证安定团结（一九八〇年十二月二十五日），《邓小平文选》第328页。

要加强各级学校的政治教育、形势教育、思想教育，包括人生观教育、道德教育。要大力加强工会工作和妇联工作，大力加强共青团工作、少先队工作和学生会工作。要努力使我们的青少年成为有理想、有道德、有知识、有体力的人，使他们立志为人民作贡献，为祖国作贡献，为人类作贡献，从小养成守纪律、讲礼貌、维护公共利益的良好习惯。

要提高全党同志建设社会主义现代化强国的信心，通过各个岗位的党员的模范行动影响和吸引群众，振奋精神，团结一致，专心致志，稳步前进，实现我们的宏伟目标。我们一定要宣传、恢复和发扬延安精神，解放初期的精神，以及六十年代初期克服困难的精神。我们首先要自己坚定信心，然后才能教育和团结群众提高信心。

——邓小平：贯彻调整方针，保证安定团结（一九八〇年十二月二十五日），《邓小平文选》第328—329页。

现在有些地方已经发现，一小撮唯恐天下不乱的人正在用“文化大革命”中的办法进行煽动和闹事，有些人甚至叫嚷什么要进行第二次“文化大革命”。个别地方在坏人煽动下少数支边青年的闹事，极少数坏头头操纵的非法组织、非法刊物的积极串连，反党反社会主义言论的公开发表，反动传单的散发，政治谣言的传播，“四人帮”残余势力的活动，杀人放火、制造爆炸、抢劫偷窃、强奸轮奸等各种恶性案件的发生，走私漏税、投机倒把、行贿受贿、贪赃枉法等犯罪活动的滋长泛滥，泄露和出卖国家机密、违反规定滥发奖金、抬高物价、扰乱市场等严重违法乱纪行为的不断出现，对这一切现象，我们决不能掉以轻心。这种种情况，有的属于反革命分子的活动，有的属于林彪、“四人帮”残余势力的反扑，有的属于唯恐天下不乱者的破坏，有的属于剥削阶级残余分子的故态复萌，有的是由于封建主义、资本主义思想作风的严重腐蚀。按性质来说，一种是敌我矛盾，一种是阶级斗争在人民内部的不同程度上的反映。这说明，阶级斗争虽然已经不是我们社会中的主要矛盾，但是它确实仍然存在，不可小看。如果不及时地、有区别地给以坚决处理，而听任上述各种不同性质的问题蔓延汇合起来，就会对安定团结的局面造成很大的危害。对于这种种活动的严重性，我们有些同志还没有足够的认识，因而打击不力，有时甚至放纵不管。

因此，必须加强人民民主专政的国家机器，坚决打击和分化瓦解上述各种破坏安定团结的势力，坚决打击和分化瓦解林彪、江青反革命集团的残余势力，坚决打击和防范制止各种刑事犯罪活动。

——邓小平：贯彻调整方针，保证安定团结（一九八〇年十二月二十五日），《邓小平文选》第329—330页。

在社会主义国家，一个真正的马克思主义政党在执政以后，一定要致力于发展生产力，并在这个基础上逐步提高人民的生活水平。这就是建设物质文明。过去很长一段时间，我们忽视了发展生产力，所以现在我们要特别注意建设物质文明。与此同时，还要建设社会主义的精神文明，最根本的是要使广大人民有共产主义的理想，有道德，有文化，守纪律。国际主义、爱国主义都属于精神文明的范畴。

——邓小平：会见印度共产党（马克思主义）中央代表团时的讲话（一九八三年四月二十九日）《建设有中国特色的社会主义》（增订本）第15页。

翻两番的意义很大。这意味着到本世纪末，年国民生产总值达到一万亿美元。那时不按人口平均而按国民生产总值来说，就居于世界前列了。这一万亿美元，反映到人民生活上，我们就叫小康水平；反映到国力上，就是较强的国家。因为到那时，如果我们有一万亿美元的国民生产总值，拿百分之一来搞国防，就是一百亿，如果拿百分之五，就是五百亿。一百亿美元，能够办很多事情，要改善一点装备容易得很。如果我们拿百分之一用于科学教育，就可以开办好多大学，消灭文盲这些事情就可以用更多的力量来办了。智力投资应该绝不止百分之一。现在我们是捉襟见肘，要增加一点教育经费、科研经费，困难得很。到本世纪末人民生活是小康水平，小康水平也比现在好得多。去年我到苏州，苏州地区的工农业年总产值已接近人均八百美元，如果按国民生产总值来说，大约人均四百美元。我了解了一下苏州的生活水平。在苏州，第一是人不往上海、北京跑，恐怕江苏大部分地方的人都不往外地跑，乐于当地的生活；第二，每个人平均二十多平方米的住房；第三，教育普及了，自己拿钱办教育；第四，人民不但吃穿问题解决了，用的问题，什么电视机，新的几大件，很多人也大都解决了；第五，人们的精神面貌有了很大的变化，什么违法乱纪、犯罪行为大大减少。还有别的，我也记不清了。这几条就了不起呀！现在还要不断地打击刑事犯罪分子，真正到了那个时候，人的精神面貌就不同了。物质是基础，人民的物质生活好起来，文化水平提高了，精神面貌会有大变化。我们对刑事犯罪活动的打击是必要的，今后还要继续打击下去，但是，只靠打击并不能解决根本的问题，真正解决根本问题要翻两番。那时，当然我们总还要做教育工作，人的工作，那是永远不能少的。但这是个基础，在这个基础上做工作就好做了。我们可以勇敢地说翻两番能够实现。如果实现了翻两番，那时会是个什么样的政治局面？我看真正的安定团结是肯定的，现在是说日益巩固。那时，中国在国际上的影响也会大大不同了，国家的力量真正是强大起来了。所以这二十年要埋头苦干，艰苦奋斗。从现在到二〇〇〇年，还有十六年，好好地干，一心一意地干。

——邓小平：在中央顾问委员会第三次全体会议上的讲话（一九八四年十月二十二日），《建设有中国特色的社会主义》（增订本）第74—76页。

现在我们国内形势很好。有一点要提醒大家，就是我们在建设具有中国特色的社会主义社会时，一定要坚持发展物质文明和精神文明，坚持五讲四美三热爱，教育全国人民做到有理想、有道德、有文化、有纪律。这四条里面，理想和纪律特别重要。我们一定要经常教育我们的人民，尤其是我们的青年，要有理想。为什么我们过去能在非常困难的情况下奋斗出来，战胜千难万险使革命胜利呢？就是因为我们有理想，有马克思主义信念，有共产主义信念。我们干的是社会主义事业，最终目的是实现共产主义。这一点，我希望宣传方面任何时候都不要忽略。现在我们搞四个现代化，是搞社会主义的四个现代化，不是搞别的现代化。我们采取的所有开放、搞活、改革等方面的政策，目的都是为了发展社会主义经济。我们允许个体经济发展，还允许中外合资经营和外资独营的企业发展，但是始终以社会主义公有制为主体。社会主义的目的就是要全国人民共同富裕，不是两极分化。如果我们的政策导致两极分化，我们就失败了；如果产生了什么新的资产阶级，那我们就真是走了邪路了。我们提倡一部分地区先富裕起来，是为了使先富裕起来的地区帮助落后的地区更好地发展起来，提倡人民中有一部分人先富裕起来，也是同样的道理，要一部分先富裕的人帮助没有富裕的人，共同富裕，而不是两极分化。对一部分先富裕起来的个人，也要有一些限制，例如，征收所得税。还有，提倡有的人富裕起来以后，自愿拿出钱来办教育、修路。当然，决不能搞摊派，现在也不宜过多宣传这样的例子，但是应该鼓励。

——邓小平：一靠理想二靠纪律才能团结起来（一九八五年三月七日），《建设有中国特色的社会主义》（增订本）第98—99页。

总之，一个公有制占主体，一个共同富裕，这是我们所必须坚持的社会主义的根本原则。我们就是要坚决执行和实现这些社会主义的原则。从长远说，最终是过渡到共产主义。现在有人担心中国会不会变成资本主义。这个担心不能说没有一点道理。我们不能拿空话而是要拿事实来解除他们的这个忧虑，并且回答那些希望我们变成资本主义的人。我们的报刊、电视和所有的宣传工作都要注意这个问题。我们这些人的脑子里是有共产主义理想和信念的。要特别教育我们的下一代下两代，一定要树立共产主义的远大理想。一定不能让我们的青少年作资本主义腐朽思想的俘虏，那绝对不行。

——邓小平：一靠理想二靠纪律才能团结起来（一九八五年三月七日），《建设有中国特色的社会主义》（增订本）第99—100页。

有了理想，还要有纪律才能实现。纪律和自由是对立统一的关系，两者是不可分的，缺一不可。我们这么大一个国家，怎样才能团结起来、组织起来呢？一靠理想，二靠纪律。组织起来就有力量。没有理想，没有纪律，就会象旧中国那样一盘散沙，那我们的革命怎么能够成功？我们的建设怎么能够成功？现在有一些值得注意的现象，就是没有理想的表现，比如说，一切向钱看。对这种现象的批评当然要准确，不要不适当，但是这种现象确实存在。有的单位设了许多公司，把国家拨的经费拿去做生意了。还有其他的种种不正之风。对于这些，群众很不满意。我们要提醒人们，尤其是共产党员们，不能这样做。不是在整党吗？应该首先把这些不正之风整一整。

——邓小平：一靠理想二靠纪律才能团结起来（一九八五年三月七日），《建设有中国特色的社会主义》（增订本）第100页。

当前的精神文明建设，首先要着眼于党风和社会风气的根本好转。

端正党风，是端正社会风气的关键。整党要遵照十二届二中全会的决定，统一思想，整顿作风，加强纪律，纯洁组织，四者缺一不可。党章对这些都有明确的规定，每个党组织应该要求每个党员逐条对照，开展自我批评和相互批评，必要的时候要采取纪律措施。每个党员都能以身作则，我们的一切事情就都好办了。

改善社会风气要从教育入手。教育一定要联系实际。对一部分干部和群众中流行的影响社会风气的重要思想问题，要经过充分调查研究，由适当的人进行周到细致、有充分说服力的教育，简单片面武断的说法是不行的。群众关心的实际生活问题和时事政策问题，各级领导一定要经常据实讲解，告诉大家客观的情况以及党和政府所作的努力，并且对群众所反映的不合理现象及时纠正。群众从事实上感觉到党和社会主义好，这样，理想纪律教育，共产主义思想教育和爱国主义教育，才会有效。

思想政治工作和思想政治工作队伍都必须大大加强，决不能削弱。同样，对严重犯罪活动的防范和打击，也必须继续加强。对一些严重危害社会风气的腐败现象，要坚决制止和取缔。一切企业事业单位，一切经济活动和行政司法工作，都必须实行信誉高于一切，严格禁止坑害勒索群众。

思想文化教育卫生部门，都要以社会效益为一切活动的唯一准则，它们所展的企业也要以社会效益为最高准则。思想文化界要多出好的精神产品，要坚决制止坏产品的生产、进口和流传。资产阶级自由化的宣传，也就是走资本主义道路的宣传，一定要坚决反对。毫无疑问，我们仍然坚持“双百”方针，坚持宪法和法律所保障的各项自由，坚持对思想上的不正确倾向以说服教育为主的方针，不搞任何运动和“大批判”。对坚持错误拒绝改正的党员要执行党纪，但是不允许重犯任何简单化、扩大化的“左”的错误。

做好以上几方面的工作，社会风气的根本好转也就有了保证。

——邓小平：在中国共产党全国代表会议上的讲话（一九八五年九月二十三日），《建设有中国特色的社会主义》（增订本）第124—125页

抓精神文明建设，抓党风、社会风气好转，就是要从具体事件抓起。经济犯罪的案件，在国外严重丧失国格人格的事件，还有搞特务的案件，都要抓紧处理。高级干部及其子女绝大多数是好的。但是现在确有个别干部子弟泄露经济情报，卷入了情报网，出卖消息，出卖文件。越是高级干部子弟，越是高级干部，越是名人，他们的违法事件越

要抓紧查处，抓住典型。因为这些人犯罪危害大，抓了、处理了，效果也大，表明我们下决心克服一切阻力抓精神文明建设。那些小萝卜头漏掉一点关系不大，当然不是说就可以放松。我看，真正抓紧大有希望，不抓紧就没有希望。高级干部在对待家属、子女违法犯罪的问题上必须有坚决、明确、毫不含糊的态度，坚决支持查办部门。不管牵涉到谁，都要按照党纪、国法查处。要真正抓紧实干，不能手软。青海省杨小民那个案子拖了多年，几任省委书记没有解决，现在处理了，处理得好。就是查处这样的案子才会有震动。

死刑不能废除，有些罪犯就是要判死刑。我最近看了一些材料，屡教屡犯的多得很，劳改几年放出来以后继续犯罪，而且更熟练、更会对付公安司法机关了。对这样的累犯为什么不依法杀一些？还有贩卖妇女、儿童，搞迷信职业活动和反动会道门，屡教不改的，为什么不依法加重判处？当然，杀人要慎重，但总得要杀一些。（陈云同志：杀一些可以挽救一大批干部。）涉及政治领域、思想领域的问题，只要不触犯刑律，就不受刑事惩处，不涉及死刑问题。但是对严重的经济犯罪、刑事犯罪，总要依法杀一些人。现在总的表现是手软。判死刑也是一种必不可少的教育手段。（陈云同志：杀一儆百。）现在杀人一般只是杀那些犯杀人罪的人，其他的严重犯罪活动呢？广东卖淫罪犯那么猖獗，为什么不严惩几个最恶劣的？老鸨，抓了几次不改，一律依法从重判处。经济犯罪特别严重的，使国家损失几百万、上千万的国家工作人员，为什么不可以按刑法规定判死刑？一九五二年杀了两个人，一个刘青山，一个张子善，起了很大的作用。现在只杀两个起不了那么大作用了，要多杀几个，这才能真正表现我们的决心。

——邓小平：在中央政治局常委会上的讲话（一九八六年一月十七日），《建设有中国特色的社会主义》（增订本）第128—130页。

纠正不正之风怎么划分的问题就解决了。我们现在的重点是端正党风，但从全局来说，是加强法制。我们国家缺少执法和守法的传统，从党的十一届三中全会以后，我们就开始抓法制，没有法制不行。法制观念与人们的文化素质有关。现在这么多青年人犯罪，同文化素质太低有关。所以，加强法制重要的是要进行教育，根本问题是教育人。法制教育要从娃娃开始，我们的小学、中学都要进行这个教育。现在有些年轻人犯罪没有顾忌，娃娃犯罪无法无天。总之，法律范围的事由党来管，把一些犯罪问题也放进端正党风的范围，由中纪委这个口来管，这不利于在全体人民中树立法制观念。打击犯罪、纠正不正之风中属于法律范围、社会范围的问题，应当靠加强法制和社会教育来解决。我们要把这方面的经验总结一下，使它来一个改善。

——邓小平：改革政治体制，增强法制观念（一九八六年六月二十八日），《建设有中国特色的社会主义》（增订本）第135—136页。

第三，物质文明和精神文明要一起抓。

关于改革的决定中说："竞争中可能出现某些消极现象和违法行为"，这句话在文件里提一下很必要。什么是消极现象？例如，大吃大喝，送很贵重的礼品，以及其他种种为谋取小公和个人利益而损害国家利益的不正当手段，这些就是消极现象。有的地方总结“经验”，叫做“二菜一汤，生意跑光；四菜一汤，生意平常；六菜一汤，生意兴旺；八菜一汤，独霸一方”。据说，现在八菜一汤也不大灵光了。还有的厂子，选两个二十多岁的漂亮姑娘当外勤人员，跑材料，推销产品，男外勤人员办不到的事，她们能办到。对这些现象，不必大惊小怪。因为，一方面许多企业的产品要自销出去；另一方面绝大多数的社队企业的原材料没有列入国家计划，没有指标，需要自己去找。这两方面合在一起，必然会出现这些现象，这是不奇怪的。但也要看到，如果我们不注意这个问题，不进行必要的管理和教育，这些现象就有可能泛滥成灾，败坏我们的党风和社会风气。因此，我们在抓物质文明建设的同时，必须抓精神文明建设，两个文明一起抓。只要我们的头脑是清醒的，看到这些现象，并加强精神文明的建设，这些消极方面是可以受到一定限制的。我们是社会主义国家，我们既要有高度的物质文明，也要有高度的社会主义精神文明，这是我们永远要坚持的奋斗方向。

——陈云：在党的十二届三中全会上的书面发言（一九八四年十月二十日），《坚持四项基本原则，反对资产阶级自由化》第293—294页。

社会主义建设，包含物质文明建设和精神文明建设，两者是不能分离的。社会主义事业不可能是单纯的物质文明建设，又不可能是单纯的精神文明建设。社会主义事业也不可能先进行物质文明建设，然后再来进行精神文明建设。现在大家致力于物质文明建设，是完全必要的。但是应当看到，现在确有忽视精神文明建设的现象，而且相当普遍。

在党内，忽视精神文明建设，忽视思想政治工作，就不可能有好的党风；在社会上，忽视精神文明建设，忽视共产主义思想教育，就不可能有好的社会风气。总之，忽视社会主义精神文明建设，我们的整个事业就可能偏离马克思主义，偏离社会主义道路。那种“人不为己、天诛地灭”的资本主义哲学，那种不顾国格人格的奴才思想，就是危害社会主义事业的因素。

——陈云：必须纠正忽视精神文明建设的现象（一九八五年九月二十四日），《坚持四项基本原则，反对资产阶级自由化》第322—323页。

对外开放，引进国外先进技术和经营管理经验，为我国社会主义建设所用，是完全正确的，要坚持。

但同时要看到，对外开放，不可避免地会有资本主义腐朽思想和作风的侵入。这对我们社会主义事业，是直接的危害。

如果我们各级党委，我们的党员特别是老干部，对此有清醒的认识，高度的警惕，有针对性地进行以共产主义思想为核心的教育，那么资本主义思想的侵入并不可怕。我们相信，马克思主义、共产主义的真理，一定会战胜资本主义腐朽思想和作风的侵蚀。

值得严重注意的是，目前许多党委和党员干部，对此没有警惕。例如，一说对外开放，对内搞活，有些党政军机关、党政军干部和干部子女，就蜂拥经商。仅据十几个省市的调查，从去年第四季度以来一下子就办起了两万多个这样那样的公司。其中相当一部分，同一些违法分子、不法外商互相勾结，互相利用。钻改革的空子，买空卖空，倒买倒卖，行贿受贿，走私贩私，弄虚作假，敲诈勒索，逃避关税，制造和销售假药、假酒，谋财害命，以至贩卖、放映淫秽下流录像，引诱妇女卖淫等等丑事坏事，都出现了。“一切向钱看”的资本主义腐朽思想，正在严重地腐蚀我们的党风和社会风气。

我们搞社会主义，一定要抵制和清除这些丑恶的思想和行为，要动员和组织全党和社会的力量，以除恶务尽的精神，同这种现象进行坚决的斗争。中央纪委和地方各级纪委的工作是：无论是谁违反党纪、政纪，都要坚决按党纪、政纪处理；违反法律的，要建议依法处理。各级纪委必须按此原则办事，否则就是失职。

不加强思想政治工作，不严格执行党纪、政纪，党风、社会风气无法根本好转。

——陈云：必须纠正忽视精神文明建设的现象（一九八五年九月二十四日），《坚持四项基本原则，反对资产阶级自由化》第323—324页。

（六）坚持“两个文明”一起抓。第七个五年计划，应该是社会主义物质文明建设和社会主义精神文明建设同时并进的计划。我们一定要坚决做到：一、任何时候都要坚定地、鲜明地坚持四项基本原则，反对和抵制资本主义、封建主义和其他腐朽思想的侵蚀，反对和抵制资产阶级自由化；二、进一步健全社会主义法制，对于一切严重破坏社会主义经济秩序和社会秩序、危害人民利益的犯罪分子，必须绳之以法，对于一切严重败坏社会风气的丑恶现象，必须予以制止和取缔；三、切实加强和改进思想政治工作，在全体人民中坚持不懈地深入进行有理想、有道德、有文化、有纪律的教育。解决思想领域的问题，必须始终坚持以疏导即说服教育为主的方针，不能重犯过去“左”的错误。在经济领域中，要大力提倡良好的职业道德，树立企业信誉，实行文明经商，文明办厂，为人民服务，遵纪守法，勤劳致富，抵制各种歪门邪道和腐朽的经营作风。各级党政领导机关和领导干部都要坚决贯彻“两个文明”一起抓的方针，充分重视和认真抓好社会主义精神文明的建设，推动社会主义物质文明建设的顺利发展。

——赵紫阳：关于制定“七五”计划建设的说明（一九八五年九月十八日），《坚持四项基本原则，反对资产阶级自由化》第308页。

第二部分

文 献 与 专 稿

我国青少年*犯罪的趋势和预防

中华人民共和国公安部

从70年代以来，我国青少年犯罪一直持续上升，在大中城市尤为突出，已发展成为危害社会治安的严重问题，引起各级人民政府和有关部门及社会各界的普遍重视，并进行了多方面的研究和探讨，采取了一些措施，取得了一定的效果。

一、我国青少年犯罪的概况及其发展趋势

综观新中国成立以来的38年，我国青少年犯罪作为刑事犯罪的重要组成部分，其总的情况是随着整个刑事犯罪的发展而发展的。1950年至1959年的10年间，全国刑事犯罪发案年均占总人口的5‱，犯罪青少年约占整个刑事犯罪作案成员总数的20％左右；1960年至1965年的6年间，我国刑事犯罪发案年均占总人口的4‱，犯罪青少年约占整个刑事犯罪作案成员总数的30％左右，处于上升趋势；1966年至1976年的"文化大革命"期间，根据当时的不完全统计，全国刑事犯罪发案年均占总人口的4‱，犯罪青少年由于没有确切的统计数字，仅从一些地区的典型调查来看，约占整个刑事犯罪作案成员总数的60％左右，与60年代前5年相比，有了明显的上升。1976年以后，特别是党的十一届三中全会以来，党和国家进行了一系列的拨乱反正工作，扭转了"文化大革命"给国家带来的严重混乱局面。但是，由于十年动乱给国家政治，经济和整个社会所造成的灾难不可能在短时期内完全消除，像整个刑事犯罪在十年动乱后并没有下降反而逐年上升一样，青少年犯罪也出现了持续上升的趋势，1978、1979和1980年，青少年犯罪达到新中国成立以来的最高峰，犯罪青少年占整个刑事犯罪作案成员总数的百分比，大中城市为70％至80％，农村约为60％至70％。

鉴于青少年犯罪已发展成为危害社会治安的严重问题，1979年8月，党中央发出文件，提醒全党、全国及社会各界重视和解决青少年犯罪问题，并制定了一系列的政策和措施，对违法犯罪青少年分别采取社会帮教、劳教、少管、送工读学校教育等措施，坚持教育、挽救、改造和感化的方针，加强对广大青少年的政治思想教育、道德教育、法制教育，切实解决他们的升学、就业、婚姻、恋爱、文体活动、生活困难等实际问题。经过几年的工作，不仅有效地遏止了青少年犯罪高峰期的发展，而且也使部分城市的青少年犯罪开始出现了下降的趋势。但是，由于造成青少年犯罪高峰的原因和条件在短期内不可能完全消除，所以青少年犯罪的发案率从总的来说仍然是起伏不定的，处于相对

* 本文所说的"青年"是指已满18周岁未满25周岁的人；"少年"是指已满14周岁未满18周岁的人。

均衡的状态。1981年全国查获的刑事犯罪作案成员占总人口的8.9‱，其中犯罪青少年占刑事犯罪作案成员总数的64%；1982年全国查获刑事犯罪作案成员占总人口的7.4‱，其中犯罪青少年占刑事案件作案成员总数的58.8%；1983年至1985年，全国查获刑事犯罪作案成员占总人口的比率连续3年稳定在5‱左右，其中犯罪青少年占刑事犯罪作案成员总数的百分之比，1983年为60.2%；1984年为63.3%；1985年为71.24%。1986年全国查获刑事犯罪作案成员占总人口的5.2‱，其中犯罪青少年占刑事犯罪作案成员总数的72.47%。

在新的历史条件下，如同刑事犯罪一样，青少年犯罪也出现了一些新情况新问题，使预防和控制青少年犯罪的工作面临着许多新课题。虽然说从总体上来看，全国社会治安稳定，但是刑事犯罪问题是政治生活、经济生活和社会生活各方面情况的综合反映，要预防和控制犯罪，保持社会治安的持续稳定，也有赖于政治、思想、文化、教育、科学等各方面工作的加强。随着改革、开放搞活方针的进一步贯彻以及经济体制改革的深化和政治体制改革的进行，必将促进社会生产力的进一步发展和人民生活的逐步改善；社会主义精神文明建设的不断加强，社会主义民主的不断健全，社会主义法制的不断完备，人民群众的法制观念和公民意识不断增强，都会给预防和控制犯罪创造更为有利的前提条件。所有这些，对预防和控制犯罪都是起着主导和长远作用的因素。但是，由于当前社会治安面临的情况仍然是复杂的，社会治安综合治理的各项措施一时难以完全落实，刑事犯罪也不可能在近期内有明显的下降。尤其是随着待业人员、辍学学生增加，社会闲散人员增多；劳动制度的改革，辞退、开除的职工人数还会增多。这些人流散在社会上，如果工作跟不上去，容易进行违法犯罪活动，加之赌博、传播淫秽录像、书刊等社会丑恶现象，一有机会就沉渣泛起，也会诱发青少年犯罪。因此，从总体上来看，作为刑事犯罪重要组成部分的青少年犯罪，在近期内不可能出现明显的下降。在某个时期，某些方面，还可能上升。事实也是如此。1982年以来，青少年犯罪虽然处于相对均衡的状态，但青少年作案成员占整个刑事犯罪作案成员的比率仍然呈上升的趋势：1983年比1982年上升1.1%；1984年比1983年虽然下降3.7%，但1985年比1983年上升4.3%，比1984年上升8%，1986年比1985年又上升1.2%，比1982年上升6.6%。

二、我国青少年犯罪的基本特点

作为一个具有国际性的社会问题，各国青少年犯罪都具有一些共同的基本特征，这就是盲目性大，纠合性强，诱发快、蔓延广，可塑性和反复性大，反社会倾向性强。但是，由于各国社会制度不同，经济发展、文化教育发展不平衡，生活方式、道德观念、风俗习惯不同，青少年犯罪在不同国家的表现又具有各自的特殊性，这种特殊性即使在同一国家的不同时期也会表现出一些新的特点。那么，近一时期，尤其是进入八十年代以来，我国青少年犯罪有那些基本特点呢？

（一）低龄化趋势比较明显。

低龄化趋势比较明显的突出表现是：未满十八岁的少年犯罪呈逐年上升的趋势。由于五、六十年代少年犯罪的全国性统计资料不全，因此，在进行比较时只能引用一些典型调查的统计数字。某省五十年代初查获的未满18岁的少年罪犯，占刑事犯罪作案成员总数的5％，1961年上升到9％，而进入80年代以后上升到17％。从全国的情况看，1981年公安机关查获的刑事犯罪作案成员中，青少年占64％，其中18岁以下的未成年人占刑事犯罪作案成员总数的21％，16岁至18岁的少年比1980年增加22.1％，16岁以下的少年比1980年增加31.5％，18岁以下的未成年人占青少年犯罪作案成员总数的30％多。从大中城市的情况看，据京、津、沪等22个城市的统计，1981年查获的青少年作案成员中，16岁至18岁的占21.6％；未满16岁的占11.6％，两项合计未成年人占青少年犯罪成员总数的33.2％，其中16岁以下的少年犯比1980年上升26.4％。1982年全国未满18岁的少年作案成员占青少年作案成员总数的29.8％；1983年为26％，百分比虽然下降了3.8％，但绝对数上升12.6％；1984年为32.3％，上升6.3％；1985年为43.4％，上升1.1％；1986年为30.8％，虽比1985年略有下降，但比1983年上升4.8％。在流氓犯罪团伙成员中少年成员的比例更高，据武汉市公安局1985年对100个流氓犯罪团伙的780名成员调查分析，其中未满18岁的少年426名，占团伙成员总数的54.6％，而1983年前流氓犯罪团伙中未满18岁的少年仅占20％。

上述情况表明，近年来，青少年犯罪平均年龄越来越小，未成年人作案逐年增加，青少年犯罪低龄化的趋势越来越明显。

（二）在校学生和流失生犯罪增多。

在校学生和流失生犯罪增多，既是导致青少年犯罪上升的一个重要因素，也是青少年犯罪低龄化的一个重要表现。据统计，1982年在校学生犯罪占全国刑事犯罪作案成员总数的6.55％，占青少年作案成员总数的11.23％；1983年分别为5.55％和9.22％，略有下降；1984年分别为7.6％和14.1％；1985年为8.6％和12.01％；1986年为7.8％和10.79％虽然比上一年略有下降，但比1983年分别增加2.25％和1.57％。

值得注意的是，在查获的青少年作案成员中，被开除学籍、退学或升不了学的所谓“流失生”所占比重迅速增长。据调查，全国每年小学毕业升不了初中、初中毕业升不了高中的以及中途退学、辍学的学生有11—12万人，而且失学率在不断上升。这么多的失学少年，就业不到年龄，生活不能自力，家庭管不了，社会上又无人管，极易受不良影响，走上违法犯罪的道路。据典型调查，1984年第3季度，全国查获的少年作案成员中，流失生所占比率高达78％。广州市1985年失学少年违法犯罪的，比1983年上升了48％。

（三）青少年团伙犯罪突出。

青少年团伙犯罪对社会治安危害极大。1983年8月以来开展的严厉打击严重危害社会治安的犯罪分子的斗争中，摧毁了一大批犯罪团伙，对稳定社会治安起了很大作用。但是，近一、二年，一些新的犯罪团伙又在不断滋生。这些犯罪团伙成员大多数是青少年。他们纠合成群，共同作案，并且胆大妄为，不计后果，成为严重危害社会治安的一股黑社会势力。据调查，某市1986年上半年共查获228个各类犯罪团伙的成员中，青少年占93.3％，18岁以下的少年占43.3％。值得注意的是，近几年全国各地发现不少由在校中学生组成的带有浓厚封建行帮和黑社会组织色彩的犯罪团伙。这些青少年模仿武侠小说、影视中封建行帮的活动情节，磕头歃血盟誓，结拜兄弟、姐妹，排座次、印标记、定帮规，打架斗殴、寻衅滋事、侮辱妇女、欺行霸市、称霸一方，严重影响社会治安。

（四）青少年暴力犯罪活动增加。

与成年人犯罪相比，一般来说，青少年犯罪以盗窃犯罪为最多，而成年人的犯罪则遍及各种罪。但是近年来，我国青少年犯罪虽然说仍以盗窃罪为多，但已逐渐向杀人、抢劫、强奸等暴力犯罪发展，而且与五、六十年代相比，近几年的青少年犯罪，由过去单一的暴力型犯罪，趋向混合的暴力型犯罪，特别是过去少见的因盗窃、抢劫、强奸等犯罪而杀人灭迹等一案多罪的混合暴力型案件，在青少年犯罪中所占比率明显上升。据统计，1985年全国杀人、抢劫、强奸三类案件作案成员中，青少年占41。16%；1986年占41。01%，虽然说百分比有所下降，但绝对数却上升了10%。青少年暴力犯罪活动的突出特点是，14岁至未满18岁的少年进行暴力犯罪的增多。1986年全国14岁至18岁的少年进行杀人、抢劫、放火、爆炸、强奸等严重暴力犯罪活动的绝对人数，比1985年增加了一倍。

（五）犯罪手段成人化。

过去青少年犯罪手段幼稚简单，主要是进行一般的扒窃和流氓滋扰活动。现在，不少青少年犯罪手段正趋向成人化。例如，跨地区流窜作案；伪造证件、印章，冒领支票、诈骗钱财的智能犯罪；拦路抢劫、持刀强奸和行凶杀人等暴力犯罪；使用电击、麻醉、爆炸等技术作案手段进行犯罪，等等。许多青少年案犯进行犯罪活动时，有目标、有预谋、有分工，作案后伪造现场，消除痕迹，逃避打击。广州市171名少年犯所作的42起盗窃案中，使用技术手段作案的有16起，占38。1%。

（六）女青少年犯罪上升。

女性特别是少女的犯罪率，从一定程度上讲，是衡量全社会道德水准的标志。近几年随着青少年犯罪增多，尤其是青少年犯罪低龄化趋势明显增强，少女违法犯罪的情况显得很突出。据不完全统计，1983年以前，全国查获的犯罪青少年中，女性占10%左右，而1985年全国查获的女犯罪青少年，占刑事案件作案成员总数的13.3%；占青少年作案成员总数的18。64%；占女作案成员总数的54.8%。

三、我国公安机关预防和控制青少年犯罪采取的基本原则和主要措施

我国公安机关在预防和控制青少年犯罪的工作中主要采取以下原则：

第一，公安机关的专门工作与依靠社会各方面的工作相结合，预防和控制青少年犯罪必须实行综合治理。预防和控制青少年犯罪是公安机关的重要职责。但是，青少年犯罪是一种复杂的社会现象，是由各方面的因素综合形成的，单靠公安机关的作用还是不够的。从根本上说，必须在各级政府的统一领导下，依靠宣传、教育、文化、政法等有关部门，工会、共产主义青年团、妇女联合会等群众团体，以及社会各方面的力量，采取经济的、文化的、教育的、行政的、法律的多种手段和措施，按照各自管辖的范围，分工负责，相互配合，针对产生青少年犯罪的原因来进行综合治理，才能收到好的效果。综合治理青少年犯罪的重点工作，是提高广大青少年的道德观念和法制观念，减少各种纠纷，防止矛盾激化，教育、挽救有轻微违法犯罪的人，特别是在教育挽救违法少

年上下功夫。

第二，坚持预防为主，预防和惩罚相结合，严格依照法律办事。公安机关工作的出发点，首先是教育人，特别是对有轻微违法行为或是有犯罪可能的青少年，更要做好帮助教育工作，尽一切可能预防和制止犯罪，做到防患于未然。当犯罪行为发生以后，则依照法律规定的诉讼程序，准确、及时地查明犯罪事实，严格依法进行处理。

第三，对有轻微违法犯罪行为的青少年实行教育、感化、挽救的方针。我国根据自己的经验和历史传统，创造出多种形式的非刑事处罚性质的社会教育手段，既能有效地帮助他们矫正错误和不良行为，又有利于他们身心的健康发展，有利于他们今后的前途和进步。

在以上基本原则的指导下，我国公安机关在预防和控制青少年犯罪中采取的主要措施是：

（一）进行法制宣传和法制教育，使广大青少年知法、守法，这是预防和控制青少年犯罪的一项最重要的措施。

近几年来，我国法制建设有了很大的加强。我国立法机关已经颁布了刑法、刑事诉讼法等一系列基本刑事法律，同时于1986年9月5日颁布了《中华人民共和国治安管理处罚条例》这一重要的治安行政法规。今年6月上海市制定了《上海市青少年保护条例》，这是我国第一部有关青少年保护的法律。这些法律，不仅执法人员要知道，而且要使广大群众和青少年都知道，这就需要加强法制宣传和法制教育。公安机关主要通过治安行政管理和侦查破案、处理违法犯罪人员，选择一些有普遍教育意义的典型案例，提供给新闻广播、电影电视部门，经常向广大群众尤其是青少年进行法制宣传教育。在向广大群众和青少年进行普及法律知识的宣传教育中，我们各级公安机关运用本地区刑事犯罪活动的具体案例，搞图片、罪证和赃物展览；在严厉打击刑事犯罪活动中，公安部举办了"全国打击刑事犯罪展览"，到各地巡回展出。通过法制宣传教育，使越来越多的人知道什么行为是合法的，什么行为是违法的。这样，广大群众和青少年不仅能养成遵守法律的良好习惯，而且能自觉反对和抵制各种违法犯罪行为。我国还从小学起，在各级各类学校逐步开设了不同层次的法制教育课，各级公安机关也派人到学校里去讲课。实践证明，法制宣传教育做得好的地方，犯罪就大大减少。例如广东省潮州市有100多所中学和480多所小学，在校生共18万多人。1981年以来，这些学校都开设了法制教育课程，有效地预防了少年违法犯罪。1985年，我国政府决定用5年左右的时间在全体公民中基本普及法律常识。这是一件具有战略意义的大事，对于预防和控制青少年犯罪必将产生重大作用。我国公安机关要在普及法律常识的工作中继续作出应有的努力。

（二）对有可能违法犯罪和已有轻微违法犯罪行为的青少年，加强和防范管理，认真做好帮助教育工作。

对这些人，主要是由城乡公安派出所和街道、厂矿、企业保卫组织，依靠其所在单位、学校、家长和治安保卫委员会，共同组成帮助教育小组。1986年山东共有43000多个帮教小组，参加帮教工作的有113000人。天津市共有7000多个帮教小组，参加帮教工作的人员8500余人。帮教小组采取教育、感化、挽救的方针，对他们象父母对待子女、教师对待学生、医生对待病人那样，满腔热忱地帮助他们提高思想觉悟，同时在生活上关心体贴他们，帮助他们解决一些实际问题。经过一段时间的艰苦工作，他们当中的绝大多数人都有了不同程度的转变。在城市，对中小学生中极少数有犯罪行为的少年，公安机关配合教育部门举办工读学校，经征得这些少年家长的同意，把他们送到工读学校进行为期一至二年的教育，而不采取惩罚措施。现在全国共建有工读学校98个，分布在24个省、市的50个城市中。教师职工1300余人。工读学校的指导思想是：立足教育，挽救孩子，科学育人，造就人才。这类学校由教育部门配备一些优秀的教师，一方面向学生进行理想、纪律、法制教育和文化、技术教育，另一方面组织他们从事力所能及的劳动。毕业后，仍让他们回到原来的学校里去上学。这样做的效果很好。例如辽宁省锦州市工读学校172名毕业生中，除9名重新犯罪外，其余都被教育好了。对此社会各界人士很支持，家长也很满意。

（三）认真做好对刑满释放人员的安置、教育工作，防止他们重新犯罪。

对于依法被判了刑的青少年罪犯，除了司法行政部门在他们服刑期间加强教育改造外，当他们刑满释放回社会以后，公安机关一方面对他们加强思想教育，随时掌握动态，督促他们好好记取过去的教训，重新做人；另一方面联系有关部门，帮助他们谋取生活出路。原来有职业的，尽可能让他们回原单位工作；原来没有职业的，请劳动部门安置他们就业；原来家在农村务农的，则分给他们责任田。从全国来说，刑满释放人员中重新犯罪的约占7％左右，青少年重新犯罪率高达20％左右。但工作做得好的地方，重新犯罪率就低一些。北京市近几年来已安置刑满释放人员和解除劳教人员12000多人，占该市这两类人员总数的82％。据对六个地区的抽样调查，从1983年以来，刑满释放和解除劳教人员中重新犯罪的，占1.6％。具体办法就是广开门路，多渠道进行安置：一是单位内部安置；二是向招工单位推荐；三是为刑满释放和解除劳教人从事个体经营提供方便；四是举办集体所有制企业予以安置。辽宁省沈阳市机电厂从1981年以来先后安置了一批劳改释放、解除劳教人员，无一人重新犯罪。1986年这个厂同沈阳市公安局和平分局联合成立了“帮教之家”，签订了1986年到1990年每年接收10名劳改释放、解除劳教人员入厂就业的合同。6年来这个厂接收的34名刑满释放、解教人员中，有4人被提拔为车间主任、6人被评为先进工作者或劳动模范。实践证明，搞好刑满释放、解除劳教人员的就业安置和接茬帮教，是预防、控制犯罪，稳定社会治安的有效措施。

（四）严格查禁淫秽物品，取缔赌博活动，清除各种诱发犯罪的因素。

从当前刑事犯罪的情况看，淫秽物品和赌博这类腐败丑恶的东西，尤其是具体描写性行为或露骨宣扬色情淫荡形象的录像制品，严重腐蚀人们思想，败坏社会风气，毒害青少年心灵，已成为诱发犯罪的突出问题。这些淫秽物品，主要是从国外和港澳走私贩运进来的，也有一些是入境人员夹带进来的，被一些犯罪分子复制、贩卖和传播，造成了很大的危害。赌博是旧社会的恶习，这几年在我国农村和一些城市有所蔓延，有些人赌输了钱就进行盗窃、抢劫、凶杀等犯罪活动。因此，公安机关为了预防和控制犯罪，已采取了强有力的措施，严格查禁淫秽物品，取缔赌博活动。公安机关对于传看淫秽物品和参与一般赌博活动的人，主要是给予批评教育，促使他们自觉改正。只是对极少数走私、制作、贩卖传播淫秽物品，以及抽头聚赌、以赌为业的严重犯罪分子，才依法给予必要的惩罚。此外，公安机关还与海关、工商行政管理部门密切协作，严格查堵走私渠道，防止淫秽物品尤其是淫秽录音、录像制品的继续流入。由于采取了坚决果断的措施，目前传播淫秽物品和赌博活动已有很大收敛，这对于预防和控制青少年犯罪起到了积极的作用。

（五）在坚持以预防为主的同时，依法惩罚少数触犯刑律的严重犯罪分子。

我国公安机关对于刑事犯罪尤其是青少年犯罪，历来采取预防为主、惩罚为辅的方针。当刑事案件发生以后，公安机关就要积极侦破。对待犯了罪的青少年，尤其是轻微违法犯罪的青少年，凡是可以教育的，我们都采取教育的办法，尽力挽救，一般不动用刑法。但是对于少数屡教不改、罪行严重的累犯、惯犯，犯罪集团和团伙的首犯、主犯，教唆指使青少年犯罪的幕后组织者和策划者，以及其他严重危害社会治安的犯罪分子，则必须依法给予应得的惩罚。公安机关依法惩罚这些严重犯罪分子，是预防和控制犯罪的一种辅助手段。惩罚少数是为了教育多数。惩罚不是我们的目的，我们的目的是为了教育人，挽救人，改造人们的心灵。1983年8月以来开展的严厉打击严重刑事犯罪活动的斗争，是在改革、开放、搞活的新形势下，维护社会秩序和经济秩序的一个重大行动，也是发展社会主义民主，健全社会主义法制，严格依法办事的一项有力措施。通过这场斗争，打击了犯罪分子的嚣张气焰；摧毁了一批严重危害社会治安的流氓集团和犯罪团伙，大大增强了人民群众的安全感；赌博、传播淫秽物品等社会丑恶现象得到了抑制；社会治安综合治理的措施进一步落实，对于预防犯罪和遏止犯罪起到了积极的作用。

当前，我国青少年犯罪仍然是影响社会治安的严重问题。公安机关在预防和控制犯罪方面，针对刑事犯罪和青少年犯罪的特点和规律，除了继续采取过去一些行之有效的措施外，正在研究采取相应的对策，以利于更有效地对付犯罪。我们深信，随着我国政治、经济和文化教育科学事业的发展以及社会主义法制建设的逐步完善，必将为预防和控制青少年犯罪创造更为有利的条件，青少年犯罪问题也一定能得到有效的控制。

（执笔人：罗锋、高绪文）

附：

1981—1986年全国刑事案件与治安案件统计资料

1981—1986年刑事案件

单位：起

项目	1981年	1982年	1983年	1984年	1985年	1986年
立案总数	890,261	748,476	610,478	514,369	542,005	547,115
破案率（%）	73.1	77.4	—	76.9	78.8	79.2
每万人案件数	8.9	7.4	6.0	5.0	5.2	5.2
凶杀	9,576	9,324	—	9,021	10,440	11,510
伤害	21,499	20,298	—	14,526	15,586	18,364
抢劫	22,266	16,518	—	7,273	8,801	12,124
强奸	30,808	35,361	—	44,630	37,712	39,121
盗窃	744,374	609,481	—	395,319	431,323	425,245
其中：严重盗窃	16,873	15,462	—	16,340	34,643	42,192
诈骗	18,665	17,707	—	13,479	13,157	14,668
伪造货币票证	1,649	1,763	—	707	491	497

注：表列各项数字刊登于1987年《中国法律年鉴》。

1981—1986年刑事案件每十万人立案数

单位1起/10万人

项目	1981年	1982年	1983年	1984年	1985年	1986年
立案总数	89.37	74.02	59.81	49.91	52.06	51.91
凶杀	0.96	0.92	—	0.88	1.00	1.09
伤害	2.16	2.01	—	1.41	1.50	1.74
抢劫	2.24	1.63	—	0.71	0.86	1.15
强奸	3.09	3.50	—	4.33	3.62	3.71
盗窃	74.72	60.27	—	38.36	41.43	40.40
其中：严重盗窃	1.69	1.53	—	1.59	3.33	4.00
诈骗	1.87	1.75	—	1.31	1.26	1.39
伪造货币票证	0.17	0.17	—	0.07	0.05	0.05

注：本表系根据《1981—1986年刑事案件》表整理。

1985年治安案件及查处情况

	发　生（起）	查　处（起）	给予处罚人次（人次）
合　计	1,025,440	921,004	1,475,169
1.扰乱公共秩序	73,177	71,854	98,851
2.流氓滋扰	62,015	59,983	73,406
（1）调戏侮辱妇女	44,773	43,026	49,420
（2）流氓奸宿	17,242	16,957	23,986
3.殴打伤害他人	225,003	214,562	299,231
4.偷窃财物	329,339	250,638	302,277
5.诈骗财物	17,537	15,610	17,849
6.抢夺财物	6,904	6,089	9,004
7.哄抢财物	4,763	4,465	15,025
8.毁坏公私财物	13,997	12,874	18,225
9.赌　博	140,466	137,979	439,700
10.利用迷信骗取财物	4,897	4,702	5,280
11.妨害公务	11,220	11,071	15,066
12.违反危险物品管理	8,181	7,926	10,826
13.违反户口管理	17,815	17,609	32,681
14.其　他	110,117	105,642	137,748

注：表列数字刊登于中国统计出版社1986年出版的《中国社会统计资料》。

1986年治安案件及查处情况

项目	发生（起）	查处（起）	处罚人次
合计	1,112,068	1,000,421	1,685,263
1.扰乱公共秩序	68,314	67,047	105,514
2.流氓滋扰	71,735	70,009	91,683
（1）调戏侮辱妇女	47,655	49,162	56,436
（2）流氓奸宿	24,080	23,847	35,247
3.殴打伤害他人	267,015	253,443	372,338
4.偷窃财物	359,778	275,610	350,070
5.诈骗财物	21,558	19,215	23,473
9.抢夺财物	7,714	6,869	10,168
7.哄抢财物	4,625	1,306	14,415
8.毁坏公私财物	14,844	13,675	19,739
9.赌博	146,386	139,448	472,787
10.利用迷信骗取财物	4,510	4,444	5,871
11.妨害公务	14,241	14,090	19,432
12.违反危险物品管理	3,101	7,801	11,531
13.违反户口管理	15,969	15,835	34,301
14.伪造证件票券	9,694	9,644	9,916
15.违反枪支刀具管理	2,843	2,754	3,510
16.妨害公共安全	11,085	10,315	14,425
17.其他	39,137	35,107	125,790

注：表列数字刊登于1987年《中国法律年鉴》，发表时因时间要求，尚缺部分地、市、县的报表，经补充核对1986年共发生各类治安案件1,115,858起，查处1,004,203起、处罚1,951,992人次。

1985—1986年治安案件每十万人发生数和每十万人受处罚人次

项目	每十万人发生案件数（1/10万）		每十万人中受处罚人次万（1/10万）	
	1985年	1986年	1985年	198 年
合计	98.50	105.51	141.70	159.90
扰乱公共秩序	7.03	6.48	9.50	10.01
流氓滋扰	5.96	6.81	7.05	8.70
殴打伤害他人	21.61	25.33	28.74	36.33
偷窃少量财物	31.63	34.14	29.03	33.21
诈骗少量财物	1.68	2.05	1.71	2.23
抢夺少量财物	0.66	0.73	0.86	0.99
哄抢财物	0.46	0.44	1.41	1.37
毁坏公私财物	1.34	1.41	1.75	1.87
赌博	13.49	13.36	42.24	44.8
利用迷信骗取财物	0.47	0.43	0.51	0.56
妨害公务	1.08	1.35	1.45	1.86
违反危险物品管理	0.79	0.77	1.04	1.09
违反户口管理	1.71	1.52	3.14	3.25
伪造证件票券	—	0.92	—	0.94
违反枪支刀具管理	—	0.27	—	0.33
妨害公共安全	—	1.05	—	1.37
其他	10.58	8.46	13.23	11.93

注：表列数字系根据1985、1986年《治安案件收查处情况》表计算出的。

充分发挥人民检察院在综合治理青少年犯罪中的重要作用

最高人民检察院

为了保障社会主义现代化事业的顺利进行，为了促进社会治安的根本好转，党中央及时提出了“全党动员，全民动手，综合治理”社会治安的方针。这个方针是在新的历史条件下，把马克思列宁主义同我国治安实践经验相结合的一项重要的战略方针。人民检察院是人民民主专政的重要工具，是国家的法律监督机关，在打击犯罪、维护社会治安、保卫四化建设中坚定不移地贯彻了综合治理的方针。人民检察院通过依法行使检察权，实施各项检察职能，紧紧抓住“打、改、防、教、建”五个环节，充分发挥了检察机关在综合治理青少年犯罪中的重要作用，为预防、控制青少年犯罪作出了贡献。

一、运用法律武器，严厉打击严重刑事犯罪

我国是人民民主专政的社会主义国家，我国的法律充分体现了广大人民的意志，是受国家强制力保证的行为准则。人民检察院是国家的法律监督机关，其任务是保护人民，打击敌人，惩罚犯罪，保卫社会主义现代化建设事业。人民检察院依法行使检察权，对严重破坏社会秩序、严重危害人民生命财产安全的流氓集团的首犯、主犯以及杀人、放火、爆炸、抢劫、强奸、重伤害等严重刑事犯罪分子在查清犯罪事实的基础上，及时批捕、起诉、依法严惩。实践证明，专政机关发挥法律的震慑作用，及时严惩极少数严重刑事犯罪分子，打击犯罪分子的嚣张气焰，从而挽救了多数濒临犯罪边缘的失足青少年；保护、教育、动员了人民，积极同违法犯罪作斗争，为预防、减少青少年犯罪创造了有利条件。因此，严厉打击严重刑事犯罪分子是人民检察院参加综合治理工作的首要一环。

人民检察院在同刑事犯罪的斗争中，坚持“以事实为依据，以法律为准绳”的原则，严格依法办事，在办理刑事案件中做到依法该批准逮捕的坚决批准逮捕，该起诉的坚决起诉，出席法庭支持公诉，以国家公诉人的身份发表公诉词，揭露犯罪事实，宣传社会主义法制，促使罪犯认罪服法。人民检案院积极开展对侦查活动和审判活动的监督，做到稳、准、狠地打击犯罪分子，不枉不纵，执法必严，违法必究。

人民检察院在办理青少年犯罪的案件中，要严格掌握法律政策界限，体现“教育为主，惩办为辅”的方针。首先要严格执行《刑法》中关于刑事责任年令的规定，即不满14岁的人，对任何犯罪都不负刑事责任；满14岁不满16岁的人，犯杀人、重伤、抢劫、放火、惯窃罪或者其他严重破坏社会秩序罪的负刑事责任。不满18岁的未成年人，不适

用死刑。已满16岁不满18岁的，如果所犯罪行特别严重，可以判处死刑、缓期二年执行。检察机关在办案中认真调查，依法取证，严格把关，确保办案质量。第二，对于可捕可不捕的有违法犯罪行为的青少年，坚决不捕，建议有关部门给予必要的行政处罚，给他们改过自新的机会。对于可诉可不诉的犯罪青少年不要起诉，运用免予起诉的法律武器，进行帮教，促其重新作人。对于确有自首立功或其他依法应予从轻、减轻或免除处罚的青少年罪犯，在起诉时，建议法院依法从轻、减轻或免除刑罚。充分体现“教育为主、惩办为辅”的方针。第三，办理青少年流氓集团的案件中要缩小打击面，扩大教育面，做到宽严结合，严中有宽，政策兑现。严惩流氓集团的首要分子、主犯，对参加流氓集团的一般成员，要分清罪责，区别对待，促其分化瓦解，深挖隐蔽较深的罪犯和教唆犯，教育、挽救、改造失足青少年。

二、加强监所检察工作，协助监管部门提高改造质量

监所检察是法律赋予检察机关的一项重要职责。人民检察院要依法对于刑事案件的判决、裁定的执行和监狱、看守所、劳动改造机关和劳动教养机关的活动是否合法实行监督，保障监狱、看守所、劳动改造机关正确执行法律和政策，贯彻“改造第一、生产第二”的方针，协助监管部门为青少年犯和青少年劳教人员加强教育、挽救、改造工作，提高改造质量。这是搞好综合治理的又一重要一环。

现在，被监管犯人、被劳动改造犯人和劳教人员中，大多数是25岁以下的青少年，少年犯日趋上升。犯罪青少年中大多数是犯有流氓、盗窃、强奸、抢劫、杀人、重伤害等刑事犯罪。这些犯罪青少年愚昧无知、文盲加法盲而走上了犯罪道路。他们既有危害社会治安、危害人民生命财产的“害人者”一面，又是“十年浩劫”、封建主义、资产阶级腐朽思想和生活方式毒害的“受害者”。他们在改造上既有可塑性的一面，又有反复性大的特点。因此，人民检察院在行使监所检察职能中必须认真贯彻党对违法犯罪青少年的“教育、挽救、改造”的方针。

人民检察院在监所检察中是如何执行法律政策，协助监管部门提高改造质量的呢？具体有以下几点做法：第一，坚持把青少年犯和成年犯、重刑犯和轻刑犯、已决犯和未决犯、同案犯、男犯和女犯实行分管分押，防止青少年犯在成年犯、惯犯、教唆犯的毒害下由作案手段的“一面手”变成“多面手”。严禁罪犯传习犯罪方法，坚决打击“牢头”、“狱霸”的逞凶作恶行为，严厉打击反改造分子的哄监闹事、违犯监规等破坏行为。第二，保障切实贯彻“改造第一、生产第二”的方针。在严格管理的同时，要实行社会主义的人道主义精神，提高改造质量，降低重新犯罪率。特别是对违法、轻微犯罪青少年要采取“象父母对待患传染病的孩子一样，老师对待犯了错误的学生一样，医生对待病人一样”的态度，从劳动、思想、学习、生活等各方面关心他们，进行法制教育、道德品质教育、文化技术教育，使其认罪服法，成为自食其力的新人。第三，维护监管场所的正常的改造秩序，防止罪犯串供，行凶、脱逃、暴狱。受理监狱、劳改队或主管看守所、拘役所及县级公安机关侦查终结移送的案子，查明犯罪事实，对重新犯罪者依法追究刑事责任，向人民法院提起公诉。第四，人民检察院要保护犯人的正当申诉权。

凡属定案正确量刑得当的，应对青少年犯进行认罪服法教育；凡属错案、冤案要依法予以纠正。严禁在监管场所对青少年犯和青少年劳教人员实行逼、供、信，严禁肉刑和非法酷刑。对于监所干警渎职行为，构成犯罪的要立案侦查，依法提起公诉。第五，加强监管场所的政治攻势，实行政策兑现。青少年罪犯进入监所后大致有三种心理：一是悲观失望，对前途丧失信心。二是破罐破摔、不认罪服法，抗拒劳动改造。三是矛盾心理，既有想学好，愿改造，争取宽大处理的心理，又经不住反改造分子的拉拢、诱惑、威胁，表现时好时坏、反复无常的心理。因此，要分类指导、对症下药。根据每个人的特点，有针对性地做好思想教育工作。要鼓励青少年犯痛改前非"告别昨天"，重新做人。对其中有立功表现或确有改造表现好的青少年犯和青少年教养人员，要及时依法给予减刑或免除刑罪，分化瓦解犯罪集团，号召犯人坦白交待余罪、捡举揭发隐藏深的犯罪分子、教唆犯。第六，支持监所运用社会力量促进青少年犯、青少年劳教人员改造自新。如请犯人亲属探视规劝。请社会各界派代表视察，以示组织上的关怀。请那些刑满释放或解除劳教后遵纪守法、世界观改造得较好、在四化建设中作出贡献的"回头浪子"回监所"现身说法"谈思想转变过程，使在押罪犯通过活生生的事例看到光明、看到前途，树立重新生活的信心。对改造表现好的青少年犯、劳教、少管人员按有关规定在服刑期或劳教期批准回家探望病重亲人、料理丧事等，社会反映良好。总之，人民检察院在依法行使对监所的检察权时，发挥社会主义制度的无比优越性，积极主动地协助监管场所依法改造违法犯罪的青少年，既要防止他们在监所内重新犯罪，又要使他们在刑满释放和解除劳教后检察督促有关单位做好安置、教育工作，巩固改造成果，使他们成为对"四化"建设的有用新人。

三、做好对免诉青少年的回访考察，化消极因素为积极因素

人民检察院坚决贯彻党对违法犯罪青少年的"教育、挽救、改造"的方针，在办理青少年的刑事案件中依照刑法、刑事诉讼法的规定，正确运用免予起诉这个法律武器，有效地分化瓦解犯罪分子，对于那些已构成犯罪，罪行较轻，确有悔罪表现的，或罪行较重，自首后有立功表现的青少年决定免予起诉，不予追究刑事责任。并协助有关部门落实帮教措施，检察机关进行定期回访考察，促其悔罪自新，化消极因素为积极因素。

近几年来，各级人民检察院在开展帮教免诉青少年的这项工作中，开创了不少好的经验和方法，收到了较好的效果。第一，对于免予起诉被告人的选择，必须具备被告人已构成犯罪的，依照刑法规定不需要判处刑罚或免除刑罚的条件。第二，做好被告人工作单位、住地、案发单位以及被害人、被告人家庭的工作，宣传法制，讲明党的政策，做好深入细致的思想政治工作，求得各方面的支持。并且协助有关部门建立帮教小组，落实帮教措施，使免诉人员释放后有一个有利于改造的良好环境。第三，针对免诉人员犯罪的性质，主客观原因，犯罪心理等有针对性地进行法制教育、前途教育，促使他们认罪服法，树立改造决心。第四，采取适当的形式，当众宣读免予起诉决定书，宣传法制，教育群众。宣布后立即释放免诉人员，请被告人所在单位、亲属将其领回，体现政府对他们的宽大、挽救，以利于他们悔过自新，加快转化进程。第五，定期对免诉人员

进行回访考察，听取免诉人员的思想汇报，了解、关心免诉人员的学习、工作、生活情况，解决他们的实际困难，化消极因素为积极因素。免予起诉工作是政法部门专门工作与群众路线相结合在新的历史条件下的发展，也是综合治理工作的一项重要工作。如内蒙古自治区五原县人民检察院对两名未成年盗窃犯决定免予起诉，思想对头，处理得当，效果显著。该县医院护士孙××（16岁）同待业青年李×（17岁）于1981年2月19日晚，盗窃了县土产公司门市部录音机两台，价值560元。5月22日县人民检察院批准逮捕，如果依照法律及政策界限，孙、刘二犯盗窃数额较大，已达到盗窃罪的起刑点，可起诉法院予以追究刑事责任。但是，在认真调查犯罪事实和原因后，反复进行研究，认为孙、李二被告系偶尔失足犯罪的少年，作案动机简单，他们进入犯罪现场后，对于大量的现金、手表、衣物等不予理采，只是将朝思暮想的出于好奇的两台录音机偷走。经公安机关破案后赃物已被缴获，并退给该门市部，社会危害性不大。孙、李二犯被捕后，能真诚坦白罪行，有悔改之意，通过讨论案情，统一了思想，一致认为对孙、李二被告给予免予起诉的决定，是符合法律规定的，有利于贯彻对偶尔失足、初次犯罪青少年的“教育、挽救、改造”的方针，体现了“惩办与宽大相结合”的政策。在宣布对孙、李二犯免予起诉决定后，五原县人民检察院多次对孙、李二人进行回访考察，认真听取他们的思想汇报，鼓励改造自新，协助有关部门落实帮教措施，孙、李二人十分感激政府的宽大处理，亲自体会到组织上和同志们给予的关怀和温暖，决心遵纪守法，为四化作贡献。人民群众通过人民检察院办理孙、李的案件，增强了法制观念，一致称赞并支持检察院的工作，社会效果很好。实践证明，检察机关在行使专政职能时，根据综合治理的要求，正确运用免予起诉这个法律武器，有利于孤立那些屡教不改的严重犯罪分子，有利于分化瓦解罪犯，改造罪犯，从而有效地减少犯罪，预防犯罪。当然，人民检察院不是无条件地对罪犯使用免予起诉决定的，而是有条件的，有前提的，并且依据法律权衡利弊才使用的。实践证明，人民检察院正确运用免予起诉这一法律武器同犯罪分子作斗争，是对社会治安进行综合治理的一项行之有效的重要工作。

四、建立综合治理联系点，积极开展检察建议

人民检察院为了协助基层组织搞好社会治安的综合治理，落实对失足青少年的帮教措施，在一些社会治安问题较复杂，刑事案件发案较多的基层建立综合治理联系点，促进了这些基层社会治安的稳定好转，减少、预防犯罪，教育、挽救了失足青少年。人民检察院在联系点通过多种形式宣传法制，调解民事纠纷，为群众提供法律谘询；对在社会上服刑的五种人（被判管制、剥夺政治权利、缓刑、假释、监外执行），以及对构成犯罪检察机关作了免予起诉决定的人员，对构成犯罪人民法院作了免予刑事处分的人员进行考察，发现有不安定因素，及时处理。并协助基层解决刑满释放和解除劳教人员的生活出路等实际困难，巩固改造成果，教育不再重新犯罪。落实对失足青少年的帮教措施。通过社会调查和群众来信、来访及时发现治安中的问题，疏导矛盾，防止人民内部矛盾激化为刑事犯罪……从而，取得了明显的社会效果。例如，河南省修武县人民检察院于1983年底在该县城关镇×村建立了综合治理联系点，×村是全县有名的“难治村”，全

村2000多人，仅1983年就有9人被捕判刑（其中8人为25岁以下的青少年），15人受行政拘留等治安处罚，占总人口的1.2%。自修武县人民检察院把该村作为综合治理联系点起，由于他们坚持不懈地、脚踏实地地努力开展综合治理工作，到1986年止，全村没有发生一起治安案件。群众普遍反映有安全感了，法制观念增强了，与坏人斗争的自觉性大大加强了。当然，建立综合治理联系点的工作由于检察机关自身的力量和条件，不可能一下子全面展开，目前通过试点在不断总结经验，但我们坚信这是一项行之有效的综合治理的工作。其次，我们通过办理经济案件，针对一些部门单位在制度上、管理上出现的漏洞，发送“检察建议书”，指出有关部门由于经营管理、财政审批、岗位责任等制度的不健全，法制观念淡薄，给犯罪分子造成了可乘之机，大肆进行贪污、受贿、私自开拆、隐匿、毁弃邮件、电报等犯罪活动，给国家和集体个人造成严重经济损失。人民检察院主动协助发案单位加强法制教育，堵漏洞、除隐患，建立健全各项管理制度，预防和减少犯罪，推动了综合治理工作。

五、广泛开展法制宣传，积极开展调研活动，促进综合治理工作向广度、深度发展

人民检察院自1978年重建以来，认真贯彻党的十一届三中全会发出的要加强社会主义法制和民主的号召，充分认识到法制宣传不单是学校和宣传部门的事，而且是司法部门应尽的职责，是预防和减少犯罪的重要手段，是综合治理的重要组成部分。人民检察院通过办理刑事案件、司法实践，认识到不少青少年犯罪的一条主要原因是他们不学法，不懂法，法制观念淡薄，因此，在办案中选择典型案例进行法制宣传，让人们通过发生在身边的活生生的案例提高警惕，认清犯罪分子对社会的危害性，增强法制观念，并积极揭发出一些犯罪线索。人民检察院大力宣传各项检察业务，开展形式多样、内容丰富、积极生动的法制宣传，如撰写文章，上法制课，办展览、宣传栏、法制培训班。还有不少检察院把典型案例画成图画或拍成法制教育录像片，广泛向青少年、人民群众宣传什么是违法，什么是犯罪，犯了什么罪要受什么样的刑罚，罪犯为什么会走上犯罪道路，怎样预防犯罪，人们怎样同犯罪作斗争。人民检察院利用一切机会，只要有群众的地方都搞法制宣传，向被告人、被害人及其亲属宣传法制；在出席法庭提起公诉，发表公诉词时宣传法制；参加公开宣判大会时宣传法制；在监管场所向劳改犯人，向劳动教养人员宣传法制……总之，通过各种形式，利用一切机会，只要有群众的地方都要搞法制宣传，把宣传法制作为打击犯罪与教育群众的重要手段。

人民检察院积极开展调查研究，给党委领导、总结工作当好参谋、助手。人民检察院在对内搞活经济、对外实行开放政策的新形势下，经常深入基层和发案多的单位、地方进行调查，分析研究犯罪的新动向、新特点、犯罪原因和犯罪规律，及时报告党委，为党委决策提供依据。近几年各级人民检察院在参加业务会议和学术讨论中，在调查研究的基础上撰写了不少有价值的调查报告、论文，在这些材料文章中认真地剖析了青少年犯罪的特点和原因，不断总结了“教育、挽救、改造”违法犯罪青少年的措施和方法，及时交流了检察机关开展综合治理工作的经验，分析研究各类刑事犯罪的性质、危

害及应采取的预防措施，制定相应的刑事政策界限，惩罚犯罪、保护人民，保障四化建设的顺利进行，有力地协助党委推动综合治理各项工作向广度、深度开展。

总之，人民检察院在各级党委的领导下，积极参加社会治安的综合治理工作，充分发挥检察机关的职能和作用，紧紧抓住“打、改、防、教、建”五个环节，为预防和控制青少年犯罪作贡献，更好地为社会主义精神文明和物质文明建设服务。

（执笔人：王然冀、荣礼瑾）

人民法院审理青少年犯罪案件的原则

最高人民法院研究室

（一）

当前，青少年犯罪问题，仍是一个不容忽视的亟待解决的重大问题。1983年8月开展严厉打击严重刑事犯罪活动以来，青少年犯罪率虽有明显下降，但从1986年看，又有所回升，并出现了罪犯低龄化、犯罪手段成人化、犯罪性质严重化的情况。

1.青少年罪犯在刑事罪犯中所占比例增大。在1986年人民法院判决发生法律效力的刑事罪犯总数中，25岁以下的青少年罪犯占52%左右，比“严打”开始的1983年所占的比例还略有上升。

2.罪犯低龄化。不满18岁的未成年罪犯在青少年罪犯中所占比例越来越大。1984年不满18岁的未成年罪犯只占青少年罪犯总数的11%左右，1985年就上升占到13%左右，1986年继续上升占到16%左右。

3.犯罪性质严重化。数量的增加只是青少年犯罪的社会严重性的一个方面，另一方面不少未成年罪犯的犯罪手段成人化，重大犯罪的数量日益增多。由过去主要是进行一般盗窃和流氓滋扰，发展到拦路抢劫、暴力强奸和行凶杀人，由犯一种罪到犯数种罪，对人民的生命财产威胁更大，对社会的危害更严重。1986年的抢劫罪犯中的未成年罪犯数比1985年增加80%左右；1986年的故意杀人罪犯中的未成年罪犯数比1985年增加20%左右；1986年的强奸罪犯中的未成年罪犯数比1985年增加10%左右。

从以上简单列举的几组数据的对比中，可以看出当前青少年犯罪的社会严重性。但是，我们必须清醒地认识到，这里所说的严重性，是从我国的情况来讲的，是从增长趋势来讲的，从绝对数来说并不是很大的。在1986年的抢劫罪犯中的未成年罪犯只有3000多人，在未成年人中所占的比例很小。而在许多资本主义国家，青少年犯罪的情况要比我国严重的多。同时，他们的社会制度，决定了他们那里的青少年犯罪越来越严重，成了又一令他们头痛的不治之症。

面对青少年犯罪的严重情况，需要全党全社会重视这个问题，关心青少年的健康成长，从各个不同的方面研究和改进如何进一步加强对青少年的思想教育工作。我们认为，其中一个重要的方面，就是要认真做好预防和减少青少年违法犯罪的工作。这也是一项综合治理的“系统工程”，必须在党的领导下，组织各有关部门，有关单位，动员各方面的力量，来做好这项工作。

在这项综合治理的“系统工程”中，人民法院作为国家的审判机关，负有义不容辞的责任。人民法院要通过充分发挥审判机关职能作用，同公安、检察等部门密切配合，正确、合法、及时审理青少年犯罪案件。审理和惩罚是一种特殊的教育，不是为了审判而审判，也不是为了惩罚而惩罚。不仅要使已经违法犯罪的青少年认罪服法，自愿接受教育改造，重新做人的工作，更要使其他青少年知法懂法，使他们不但自己不进行违法犯罪活动，并且还要敢于同各种违法犯罪进行坚决的斗争，挽救、教育更多的青少年。

人民法院正确、合法、及时地审理青少年犯罪案件，不仅仅是关系到人民法院能否全面完成国家所赋于的审判任务的问题，而且是直接关系到无产阶级的历史使命能否完成的大问题。无产阶级要改造社会，解放全人类，不改造罪犯，特别是不把青少年罪犯改造好是不行的。青少年刚刚走上社会，迈开人生的第一步，由于受了坏的思想影响，迷失了方向，走错了道路，他们今后还要走很长的路，如果这部分人的工作做好了，不仅能大大减少社会不安定因素，同时，把他们引向了正路，就把破坏力量变成了建设力量，变阻力为动力，我们革命和建设的队伍里就多了一份力量，我们的事业就会兴旺发达，进展的更快！

（二）

审判实践的大量事实证明，只要人民法院在审判活动中，在严格依法办案的同时，把党和国家的教育、挽救和改造的方针贯穿审判工作的全过程，在审理案件的不同阶段，根据青少年的生理、心理、思想和性格特点，针对各个罪犯的不同犯罪原因，犯罪后的思想活动，采取相应的措施和方法，摆事实讲道理，结合其所犯罪行，讲解法律规定，讲社会危害，讲被害人受害后的情况，讲亲人们对他的期望，讲如不悬崖勒马，发展下去的危险性，满腔热情地进行细致深入的思想教育工作，并不怕他们思想反复，像父母对待患了病的孩子，医生对待病人，老师对待犯了错误的学生那样，绝大多数青少年罪犯就能认罪服法，幡然悔悟，积极改造，成为建设社会主义“四个现代化”的有用之才。如有一市法院对判处后的1292名少年罪犯进行了考查，其中认罪服法，接受改造，表现较好的占48%；能遵纪守法，表现一般的占44.3%；情绪抵触，表现较差的占7.4%；重新犯罪的只有4人，占0.3%，就是最好的证明。

从一些人民法院的审判实践看，审理青少年犯罪案件，主要应紧紧抓住刑事审判工作的以下几个环节，认真细致地做好青少年罪犯的教育、挽救和感化的工作。

（一）认真阅卷。这是了解案情，掌握案件全貌的重要一环。人民法院对决定受理的青少年犯罪案件，合议庭的每个成员都要客观、全面、仔细地审阅案卷材料，吃透案情。首先，要对青少年被告的犯罪事实，进行认真分析和研究，看是否构成犯罪，如不构成犯罪的，就不能交付审判；如果认为构成犯罪的，除核实证据是否扎实可靠外，更多的是应该注意了解他们犯罪的原因，认罪的态度，思想状况等。然后，审判长应当组织合议庭的成员共同研究，针对青少年犯罪的原因，思想活动，讨论商定如何共同配合，审理案件，特别是应采取什么方法，有步骤地做好对青少年被告人的思想教育感化工作，促使他们转化。

为了有针对性地做好教育感化工作，有的人民法院在仔细阅卷的基础上，除了对青少年被告的犯罪事实及其认定的证据作必要的补充调查外，还对青少年被告的成长过程，道德品质，智力结构，身心状况，家庭结构，他们在家中的地位和遭遇，家长的管教方法与家庭成员的感情和关系，以及与老师、同学等的交往关系，进行全面和具体的了解。研究他们生理上和心理上的缺陷，各自不同的犯罪原因，为整个审判进程奠定良好基础。这样在审判过程的每个环节中，便能针对每个人的情况有的放矢地对他们进行思想教育工作，帮助他们提高认识，讲明应吸取的教训，促使他们认罪悔改。

（二）送达起诉书副本。经过精心阅卷和讨论研究，对青少年被告的犯罪事实、原因、证据、思想状况、认罪态度等情况初步已有了了解。同时被告人在公安、检察机关已受到了一定的认罪服法教育，为下一步工作的开展，创造了有利的条件。审判人员要利用向青少年被告人送达起诉书的机会，直接接触被告，进一步了解和掌握他们的思想活动和认罪态度。认真听取他们对起诉书的意见，让他们把话讲完。有的被告人知道案子到了人民法院，就要开庭审判，作出判决，要受到处罚了，就极力为自己辩解，以减轻罪责，有的甚至会推翻原供。对此，我们要认真分析，辨明真假。对被告人试探性的问话不要急于表态，更不能因为被告人一翻供就批评，就说态度不老实。事实上，在审判前的阶段也确有个别认定错了的。如有一青年罪犯王××，在一次随同伙与一流氓团伙械斗中，亲眼看见其团伙头子李×用匕首将对方一青年刺死，而考虑到李×的爱人已怀孕，就主动到公安局自首，说那个青年是他打死的，代李受罚。到法院以后知道要予以严惩才讲出真情。这是我们必须注意的。同时，利用送达起诉书机会，直接接触被告，不仅可以了解被告人的心理，还是进行法制教育的一次好机会。青少年被告人不少都是"法盲"，不学法，不知法，不守法。有的接到起诉书以后，听说法院要开庭审判，精神很紧张、害怕，不知道该怎样办好。有的被告人连自己应享有的辩护权都不知道。当问他要不要请辩护人时，他回答说，你问我父母去吧！这时，我们就要向他们讲清诉讼法的有关规定，告诉他们应享有的诉讼权利。人民法院应切实保护青少年被告人的合法权益。在审判不满18岁的未成年人犯罪案件时，当有的未成年被告人不请辩护人时，人民法院应当为他们指定辩护人，还可以通知被告人的法定代理人到场。这样做，就可以使他们感到自己虽然犯了法，人民法院还在挽救他们，促使其尽快解决思想顾虑，消除对立情绪，认罪服法。

（三）法庭审判。这是审判阶段全部活动的中心环节，人民法院通过开庭的形式，在公诉人、当事人以及其他诉讼参与人的参加下，查对、核实据证，弄清案件事实，主持法庭辩论，依法确定被告人是否有罪，应否受到惩罚，并作出公正判决或者裁定的诉讼活动。青少年被告人绝大多数都是第一次受到法庭的审判，他们在庭审中注意力会很集中，思想斗争最激烈，法庭的审判活动会给他们留下终生难忘的印象。我们必须抓住这一中心环节主持好审判活动的进行。

审理青少年犯罪案件，特别是审理未成年犯罪案件时，在审讯方法上要适应他们的心理特点和思维规律，要注重启发式、疏导式的教育方法，要有步骤地进行。不能就案办案。就是说：不仅要注意查清犯罪事实，还要更多地注意结合案件审理的情况，针对他们的思想变化，主持好法庭调查和法庭辨论，着重剖析他们走上犯罪道路的原因，给社会造成的危害，指出继续发展下去的危险性，根据案件情况进行政策、法律、道德教育，指明前途，动之以情，晓之以理，使他认清走上犯罪道路的根源，认清犯罪的危害，彻底交待罪行，揭发同伙，从而树立正确的人生观和道德观，增加法制观念，坚定改造的信心。

有的人民法院对青少年犯罪进行了分析，认识到大部分少年犯被捕前，在家庭、学校、社会上是遭受冷遇，处境孤立，自我意识、自我评价很低，不少人对理想、未来的憧憬悲观失望，失去了上进的勇气，以致产生强烈的逆反心理。他们针对这一情况，在审理少年犯案件时改进了审讯方法。在审讯提问时，注意措词适当，不用刺激性的语言，语气平和，进行启发、疏导、逐步消除少年犯的种种惧怕，疑虑，以至对立情绪，促使他们自觉讲清犯罪事实，接受人民法院的审判和教育。

有的人民法院针对少年犯可塑性大，易动感情的特点，在审理中注意寻找教育的"感化点"，以做好他们的思想转化工作。就是避开他们最忌讳，最讨厌的话题，选择最能激发他们对美好往事回忆，引起他们感情共鸣，感动、唤醒他们尚未泯灭的良知的事例，采用他们较能接受的方式教育感化他们。选择感化点时，应根据少年犯的不同经历和不同个性特点，因人而异。对原来功课较好，曾有一定志向的少年犯，就把他们失足以前的"闪光"表现作为感化点，引导他们回忆往昔，对照今朝，唤起他们对美好理想的憧憬和对所犯罪行的悔恨，以启发他们的荣辱感；对与家庭关系破裂，父母歧视，从小辍学，缺少温暖的少年犯，就把同情他们的不幸遭遇，作为教育感化的起点，先与之沟通感情，然后再开导他们明白，家庭环境虽然不能选择，但自己走什么样的路是可以选择的，以唤起其自尊自重和对社会的责任感；对一些家庭中的长辈或兄姐有因公牺牲或其他先进事迹的人物的少年犯，就选择亲属中能打动他们心灵的先进事例作为感化点，引导他们用亲人的先进思想同自己损人利己的思想行为相对照，以激发他们的羞耻感，使之痛心疾首，决心悔改；对倍受家庭关怀的少年犯，则把父爱或母爱作为感化点，促使他们回忆父母的养育之恩，以唤起他们的内疚感。

在审理青少年犯罪案件时，要严格执行刑诉法的规定，对14岁以上不满16岁未成年人犯罪的案件，一律不公开审理。16岁以上不满18岁未成年人犯罪的案件，一般也不公开审理。特别要注意在庭审阶段即法庭调查和法庭辩论阶段（不包括宣判阶段）不得以任何借口，把所谓的有关人员，包括单位的党、政、工、团、妇的负责人员，兄弟单位的办案人员，教学和科研单位的实习人员，教学和科研单位的实习人员，上级机关的指导人员等等，统统邀集到审判庭，如这样，这已不是"不公开审理"，而是"公开审理了"，这是违法的。不公开审理是除诉讼当事人外不得有旁听群众参加。一字之差，关系很大。更不能以所谓造声势，发挥"震慑"作用，而把未成年人犯罪案件进行公开审理。这是不利于对未成年人犯的教育、感化、挽救、改造的。

（四）送达判决书。这是人民法院对青少年罪犯进行法制教育，认罪服法教育的重要一环。庭审结束了，罪犯也依法判决了，但我们的工作并没有完。我们还要在他们走的认罪服法的道路上再送一程。在庭审中，由于他们精神紧张，有些证据和法律规定不一定全听清楚了。因此，我们在送达判决书时，要向他们讲明判决书认定的犯罪事实的根据是什么，引用的是哪些法律条文，为什么要引用这些条文的道理，以及从轻从重判处的理由，此罪彼罪的界限，针对他们的思想问题进行讲解，使他们进一步认识自己所犯的罪行和处刑的法律根据，做到口服心服，真正认罪服法和投入劳动改造机关以后安心改造。

（五）送达执行通知书。这是人民法院在审理阶段对青少年罪犯进行最后一次法制教育的机会，我们一定要抓好。除了继续进行法制教育外，更多的应向他们进行前途、出路和人生观的教育，坚定他们悔罪自新，安心改造的信心。有的法院让罪犯的家属参加一起做工作，收到了较好的效果。

（六）加强审判监督，重视对青少年犯罪案件的申诉的处理。由于青少年罪犯，特别是不满十八岁的未成年罪犯，有其生理、心理与智力上发育还不成熟的特点，有的在哥们义气思想的支配下，大包大揽，有的为争取宽大处理而作了不实事求是的供述，甚至有的为了迎合审判人员心理，顺竿爬，乱咬乱供，以致使案件的事实失真，也有极少数是由于审判人员不懂青少年的生理、心理特点，以致对某些案件的处理有不妥之处，所以人民法院的领导以及上级法院对这类案件更应加强审判监督。同时，要重视对青少年犯罪案件的申诉处理。这是由于他们在成长中各方面逐渐成熟，接受了法制教育，对事物有了正确的认识，会如实地向人民法院或亲友陈述犯罪事实真相。因此不论是对罪犯本人的申诉，还是家长、亲友的申诉，都应予以重视。对人民法院来说难免没有缺点和失误，尽管错案很少，哪怕是万分之一，而对青少年罪犯本人来说则是百分之百！因此，对这类案件的申诉必须重视，对申诉有理的，要一件一件地查证落实，依法处理。对申诉无理的，应耐心向申诉人讲清驳回的理由、法律依据，使其口服心服，不再纠缠。如果发现有必须追究的漏罪或者有遗漏的罪犯，又不超过追诉期限的，应该及时加以追诉。

（七）在审理青少年犯罪案件时，还应积极主动同有关机关、单位、学校配合，为"综合治理"青少年犯罪多做贡献。不少人民法院对判处有期徒刑缓刑、拘役、管制、免予刑事处分的青少年罪犯，不是一判了事，而是与公安机关、街道以及所属单位、学校、家长配合，建立和健全帮教小组，制订帮教计划，认真落实帮教措施，做好思想转化工作。有的人民法院建立了定期回访的制度，以巩固教育、改造成果，使之不再重新犯罪。有的人民法院还对了解到青少年罪犯生活、工作方面的实际困难问题，向有关单位反映帮助解决，促进了青少年罪犯的改造，受到了社会的好评。人民法院进行定期回访，不仅是使这个案件得到了妥善处理，而且还有利于总结审理青少年犯罪案件的经验，改进审判工作。

（三）

人民法院在对青少年罪犯定罪量刑予以处罚时，除要特别注意区别罪与非罪，此罪与彼罪的界限外，一定要正确贯彻执行党和国家对违法犯罪青少年的政策和法律的规定，既要严厉打击极少数严重危害社会治安的刑事犯罪分子，又要教育、感化、挽救大多数失足的青少年。全面分析，综合考虑，正确量刑。

（一）坚持打击少数，教育挽救多数的原则。惩办与宽大相结合，是我国长期以来同各种刑事犯罪作斗争，行之有效的基本政策。我们审理青少年犯罪案件时，必须认真贯彻执行。在前面我们着重分析了青少年罪犯可以改造好的一面，但是我们还要看到在青少年罪犯中，确有极少数恶性很深，屡教不改，心狠手毒，穷凶极恶的犯罪分子。人民法院对这些犯罪分子必须坚决打击，依法从重从快予以惩处。对其中情节特别恶劣，危害特别严重，又年满十八岁，不杀不足以平民愤的要坚决依法判处死刑，绝不能因为年轻，就心慈手软。姑息养奸，是对人民、对社会的失职。不杀一就不能儆百，就不能维护社会治安，保护人民生命财产的安全。同时，惩罚也是一种特殊的教育。严肃执法，才能有效地惩罚和制止犯罪，教育和激励群众敢于同犯罪分子作斗争，并使一些罪行轻微以及准备进行犯罪的分子，悬崖勒马，不敢以身试法，从而教育、挽救一大批失足青少年，达到预防和减少犯罪的目的。三年“严打”所取得的巨大胜利就充分地证明了这一点。当然，对这些严重危害社会治安的犯罪分子，也不能一刀切，一律从重，还是要具体案件具体分析，区别对待。对依法有从轻情节的如预备犯、未遂犯、中止犯、自首犯、协从犯等应坚决依法从轻判处。对青少年犯罪案件要特别注意认真执行刑法中关于“已满十四岁不满十六岁的人，犯杀人、重伤、抢劫、放火、惯窃罪或者其他严重破坏社会秩序罪，应当负刑事责任”；“已满十四岁不满十八岁的人犯罪，应当从轻或者减轻处罚”；“犯罪的时候不满十八岁的人，……不适用死刑”的规定。为此，我们一定要仔细核实年龄。对不满十四岁的以及已满14岁不满16岁，但未犯杀人、重伤、抢劫、放火、惯窃罪或者其他严重破坏社会秩序罪的人一律不能判刑，对不满18岁的一定不能适用死刑，要严格依法办事，保证法律的严肃性！

对于绝大多数的一般违法犯罪的青少年，凡是可捕可不捕的，一律不捕；可诉可不诉的，一律不诉；可判可不判的，一律不判；可判轻刑的，一律不判重刑；对不捕、不诉、不判的违法犯罪青少年也不是放任不管。应根据不同情况，区别对待，依法分别处理。有的可交由家庭、学校、单位、街道管教，尽可能动员社会的力量，把他们教育挽救过来。对有的大法不犯，小法常犯屡教不改犯罪情节轻微的分子，社会的确管不了的，可送到劳教、少管所进行强制性的教育、感化、挽救和改造。总之要多做挽救工作，扩大教育面，缩小打击面。

（二）根据青少年犯罪的特点，定罪量刑要适当。青少年犯罪特别是不满18岁的未成年犯罪，与二十五岁以上成年人犯罪相比有许多不同的特点。如前面所分析的有许多青少年犯罪动机比较简单，主观恶性不大，有的为了一包香烟或想看一场电影而进行抢劫；有的为一句话或相互看了一眼，就争吵对骂，一时冲动而动武杀、伤人；有的只是为了哥们义气，被人拉去，鼓噪助威，罪责不大，甚至无共同犯罪的故意等等。对此，我们要具体案件具体分析，要结合其一贯表现，进行犯罪活动的具体情况，认罪悔过的态度等，作历史的、全面的分析，然后作出适当处理，总之要拉不要推，立足于挽救。

（三）对青少年团伙犯罪要具体分析，区别对待。由于青少年思想简单又有容易动感情纠合性强的特点，所以青少年团伙犯罪案件较多。在处理这类案件时，不能把它与集团犯罪案件混为一谈。其特点往往是临时凑合，一哄而起，一哄而散，时合时分，其成员、为首者并不固定，在一案数罪的情况下，有的罪有共同故意，有的罪没有共同故意，罪责只属个别或部分成员。对此要有充分的认识，要具体分析，区别对待，切不可采取人人有份，一律判刑，造成打击面过宽、量刑偏重的现象，不利于打击少数，分化瓦解教育改造多数。对于团伙犯罪中罪行严重，屡次纠集、操纵他人共同犯罪，恶习很深的为首分子，应予坚决打击，依法从重判处。对其他成员则不判刑或可判轻刑，但一定要他们揭发同伙的罪行，老实交待自己的问题，缴交赃款赃物、作案凶器。对其中释放回家的，要交家长、单位、街道加强教育，落实帮教措施，定期检查其表现和改造情况。已经构成集团犯罪的，必须按刑法中有关处理集团犯罪的规定处罚。

（四）及时做好减刑假释工作，鼓励青少年罪犯好好改造。对青少年罪犯的减刑、假释在法定的幅度内，可以酌情从宽掌握。这样可以让他们尽快回到社会上去，由所在单位或基层组织，由群众以及他们的亲属教育、监督、改造，充分依靠社会的力量来进行教育、挽救、感化的工作。又由于不在监所及劳改场所执行，可以减少犯罪分子的对立心理，有利于他们接受教育、改造。

（四）

在审判工作中，我们深深体会到党和国家对青少年一代无微不至的关怀和照顾，为了保护青少年健康成长，保障青少年的合法权益，教育、挽救、改造违法犯罪的青少年，预防和减少青少年违法犯罪，制定了一系列的正确方针政策和法律制度。据有关部门统计，有关保护青少年合法权益和处理青少年违法犯罪的法律条文就有一百多条。人民法院在审理青少年犯罪案件中，正是依据这些法律条文的规定来保护青少年合法权益，来正确审理青少年的违法犯罪案件，在“综合治理”青少年犯罪中充分发挥了人民法院的审判职能作用。

但是，同时也感到保护青少年的法律规定很不系统，很不完备。为了适应当前工作的需要和我国社会主义法制日臻完备的要求，立法机关应会同有关部门，根据我国宪法和司法实践经验以及最近几年来对青少年犯罪的理论研究工作的最新成果，尽快制定一套符合我国实际情况的青少年法规，运用法律手段，保障青少年的合法权益不受侵犯，防止资本主义、封建主义腐朽思想对青少年的引诱和腐蚀，预防和正确解决青少年犯罪，保护青少年的健康成长。

人民法院在审理青少年犯罪案件中，越来越认识到青少年犯罪，特别是不满十八岁的未成年人犯罪有其自身的特点。对此，不少人民法院专门进行了调查研究，进行了总结和探索。如上海市长宁区人民法院在一九八四年底成立了“少年犯合议庭”。专门审理未成年人的犯罪案件，经过二年多来的工作，他们从理论与实践相结合上进行了比较深入的研讨，积累了经验，取得了可喜的成绩。他们对前段已判决的二十五名少年犯进行了了解，尚未发现有人重新犯罪。

我深信，随着我国经济和政治体制改革深入发展，社会主义的法制体系的进一步健全和完善，人民法院各方面工作的加强，审理青少年犯罪案件的经验会不断丰富和发展，人民法院在"综合治理"青少年犯罪这一宏大的系统工程中，会做出更大的贡献。

（执笔人：孙世光）

我国对犯罪青少年的改造工作

司法部劳改局

近年来，我国罪犯结构发生了重大变化，青少年罪犯增多，而且年龄趋于低龄化。据统计，30岁以下的罪犯占押犯总数的70％以上，25岁以下的占50％左右，不满18岁的少年犯和犯罪少年占10％点多。这些青少年罪犯在改造中一般表现出两重性：既有破坏性大，易反复，难管教的一面，又有可塑性强，易改造的一面。

针对这些变化和特点，劳动改造机关认真贯彻了"改造第一，生产第二"的方针和"三个象"、"六个字"的政策方法。即对青少年罪犯"要象父母对患了传染病的孩子，医生对待病人，老师对待犯了错误的学生那样"，做好耐心细致的"教育、感化、挽救"工作。几年来，在正确的方针政策指导下，经过全国劳改工作干警的共同努力，对青少年罪犯的改造工作取得了可喜的成绩。

1986年，在改造青少年罪犯方面，我国的劳动改造机关主要做了以下工作：

一、实行严格、科学、文明管理，为青少年罪犯创造了良好的改造条件和环境

在管理和教育方法上，坚持实行严格管理与教育、感化、挽救相结合的政策，防止和纠正了把严格管理与教育、感化、挽救对立起来的倾向。在严格管理的前提下，认真做好教育、感化、挽救工作。建立和健全了监管法规、制度和措施，对青少年罪犯实行行动军事化、生活制度化、劳动集体化。根据我国法律规定，对青少年罪犯实行严格考核和奖惩，对那些确有悔改或立功表现的罪犯，分别不同情况及时给以减刑、假释、记功、评选积极分子或给予物质奖励。据统计，1986年减刑、假释的占押犯总数的10％以上。对抗拒改造、继续进行犯罪活动的罪犯依法给予惩处。通过严明奖惩，使罪犯认识到只有认罪服法，接受改造，才有光明的前途。

对青少年罪犯进行劳动改造，以教育改造为主，不搞单纯的惩办主义。对少年犯实行半天学习、半天劳动制度。在劳动生产中，使他们逐步树立劳动观念，养成劳动习惯，矫正恶习。同时，有组织、有计划地进行思想政治教育，使罪犯逐步树立正确的人生观、道德观，懂得如何做一个遵纪守法的公民，从根本上铲除犯罪思想根源。

对青少年罪犯实行社会主义的人道主义原则。在执行刑罚期间，尊重他们的人格，不侮辱，不打骂体罚，保障他们的合法权利。同时注意搞好生活卫生，调整伙食标准，不少地区和单位还建立了犯人副食基地。青少年罪犯的居住条件和医疗保健工作也不断得到改善。劳改场所大都建立了阅览室，订购大量书刊杂志，并组织青少年罪犯开展丰富多彩的文体娱乐活动。犯人每月可以会见家属一次或二次，遇有亲属病危、死亡或其

署。为提高教育改造质量曾召开两次理论研讨会，交流了工作经验，研究探讨了办特殊学校中的一些问题。由于各级司法行政部门的重视和有关部门的支持，劳动教养场所办特殊学校的工作进展顺利。这项改革在1985年试点的基础上，1986年又有了新的发展。为指导办学工作，截至1986年底，全国2/3的省、自治区、直辖市司法厅（局）劳教局（处）设立了教育科，85％的劳动教养场所建立了教育科（股），24％的劳动教养单位被正式命名为劳动教养学校。这些特殊学校一般都建造了教室，配置了教具和必要的教学、实习设备，有的还有电化教学器材。各校都配备了教员，开设了政治、文化、技术三门课程，并且大都能按照教学计划、教育方案授课。在教学中，坚持以政治教育为主，以转变违法犯罪思想，矫正恶习，将劳教人员改造成为新人为目的。据统计，劳教人员政治教育入学率达到92％，文化教育的入学率达到60％以上，技术教育入学率已由1985年的8％左右提高到1986年的14％。这些劳教人员分别在扫盲班、小学班、初中班学习。一部分人自学高中课程，学校给予辅导；有的接受电视大学、函授大学、刊授大学等成人高等教育。一年来，他们中间获得当地教育部门颁发的中、小学文化补习合格证书的有20000多人；获得当地劳动部门颁发的职业技术合格证书和技术等级证书的有2000多人；获得函授大学、刊授大学等单科结业证书的有200多人。通过办特殊学校，摸索改革劳动教养工作的新路子，深化了思想改造，提高了教育改造的质量。

二、认真抓好三个阶段的教育，有效地转变劳教人员的思想，矫正他们的恶习。我国劳动教养场所的教育改造工作，一般分为三个阶段：一是入所教育；二是常规教育；三是出所教育。这三个阶段的教育是一个统一的整体，它们紧密相联，互相补充，互相促进，形成一个教育改造劳教人员的系统，哪一个环节的工作都必须抓好。每一个阶段都有其丰富的内容。入所教育的主要内容是：对劳教人员进行文化程度、职业技术等情况的摸底考核；了解他们的思想状况、家庭关系、个人经历、性格特点等；对其进行初步的社会主义法制教育和所纪所规教育，使他们认识到自己的罪错，稳定思想，接受改造。常规教育的主要内容是：针对劳教人员的不同情况和违法犯罪的原因，对其进行人生观、道德观、法制观的教育，组织他们学政治、学文化、学技术。通过思想教育和劳动技能的教育，使劳教人员逐步改变放荡不羁和好逸恶劳的恶习，增强走向新生活的信心和勇气。出所教育的主要内容是：针对常规教育中存在的差距和薄弱环节，进一步对劳教人员进行形势教育、前途教育、理想教育、法制和社会公德的再教育，以巩固常规教育的成果，使劳教人员返回社会后，能够成为一名遵纪守法、勤劳致富、对社会有益的公民。

各个劳动教养场所在实行上述教育改造工作中，都认真贯彻了“教育、感化、挽救”的方针，寓教育、感化于严格管理、文明管理和科学管理之中，使绝大多数劳教人员感到政府确实是为了他们改过学好，从而愿意接受教育，促进思想转化。同时，各地劳教场所普遍因地制宜地开辟生产门路，组织适合劳教人员特点的生产劳动。这样既有利于加深他们的思想转化，又能为社会创造一定的财富，减少国家的负担。近年来，各劳动教养场所都实行了管教、生产双承包责任制，既包管教，又包生产，从而加强了管教工作，促进了生产的发展，提高了经济效益。

三、动员社会力量，加强教育改造工作的综合治理。为了进一步促进劳教人员的思想转化，各地劳教场所积极加强与社会各界的联系，共同开展对违法犯罪青少年的帮教活动。一是许多党政机关领导干部、先进模范人物和社会知名人士到劳教场所视察访问，向劳教人员赠书、题词，鼓励他们认真改造；二是邀请工厂、学校、部队等各条战线的先进人物向劳教人员讲解"人生价值"、"理想与追求"，"自由与纪律"等问题，启发和激励他们自尊、自爱、自重、自强；三是与军队和有关单位联系，开展军民、警民共建特殊学校活动，深化对劳教人员的教育、感化、挽救工作；四是与劳教人员的原所在单位、街道及家庭签定"帮教合同"和"合力帮教定向培养"协议书；五是对已解除了劳动教养的人，开展"再送一程"活动，不歧视、给出路，协同当地政府帮助解决他们的就业升学问题，进一步落实接茬帮教的具体措施，巩固他们在劳教期间的改造成果，使他们彻底告别昨天，奔向明天，不致重蹈复辙。六是不少省、区、市成立了"社会治安综合治理办公室"、"关心青少年协会"、"挽救失足青少年基金会"等组织，动员社会力量做好违法犯罪青少年的教育改造工作。

几年来，我国的劳动教养工作取得了显著成绩，涌现出了一批年内无逃跑、无重大事故的先进单位，教育改造质量逐步提高。经过劳动教养，一大批违法犯罪青少年得到了改造，他们利用在劳教期间学到的文化知识和劳动技能为社会服务，为群众服务，走上了新生之路。有的成了先进工作者，有的入了团、提了干，成为企业单位的骨干力量。据一个省的调查，在七千多名解教人员中，绝大部分学习努力，工作积极，受到了领导和群众的好评，其中74人加入了中国共产主义青年团，184人被评为先进生产者，44人被录用为干部，有的还担任了一定的职务。

我国的工读教育

国家教委中学司政教处

党和政府重视工读学校

一、1957年9月，中共中央副主席刘少奇在关于劳动教养问题的讲话时引用毛泽东主席的话说："……对那些不好的孩子也用这个办法，要办学校，如工读学校。"①

二、1978年10月，中共中央批转北京市委关于解决当前首都治安的一个文件中指出："为了把那些有违法犯罪行为，一般学校难以管理，但又不够打击处理的学生，集中起来进行管理教育，建议市教育局（指北京市）恢复过去的3所工读学校，这3所工读学校，原来的教学、管理力量配备较强，办得很有成效。各区有条件的也可以办。"②

三、1979年6月，中共中央转发中央宣传部、教育部、公安部、共青团中央等8

①②《中国教育年鉴》（1949—1981）中国大百科全书出版社1984年9月版第177页。

个单位《关于提请全党重视解决青少年违法犯罪问题的报告》中指出："工读学校是一种教育挽救违法犯罪学生的学校，要认真办好。……各地应在党委领导下，以教育部门为主，共青团、公安部门积极配合，有关方面大力支持，举办一批这样的学校。"①

四、1980年4月，彭真副委员长在政法委员会第四次委员会上讲话指出："工读学校，收那些调皮捣蛋，社会、家庭都管不了的娃娃，有的才八九岁，有的十二三岁，要象对待自己的子女一样，耐心地抓紧对他们教育改造。对劳改、劳教、工读学校不同对待，搞些条条。工读学校由教育部门主管，从学校调一批有经验的教师作骨干，政法部门要从各方面大力协助。"②

五、1980年8月，彭真同志在五届人大三次会议上的全国人大常委工作报告指出："由于林彪、四人帮煽动、操纵的打砸抢和各种破坏、捣乱、为非作歹行为的毒害影响，不少青少年有较轻微的违法犯罪行为。对这些青少年，许多家庭管不了，所在单位也管不了，需要采取劳动教养或工读学校的办法，进行强制性或半强制性的教育改造。法制委员会专门召开了有教育部、共青团中央等部门和一些工读学校的负责人、教师参加的工读学校座谈会，认为工读学校是教育、改造有轻微违法犯罪行为的青少年的一种好形式。工读学校要坚持耐心教育、挽救的方针，把学员看成'受了病虫害的花朵'，以高度的耐心治病救人，坚持反对任何粗暴体罚和其它违法乱纪的作法。"③

六、1980年10月，教育部蒋南翔部长在全国工读学校座谈会上讲话指出："工读学校是不可缺少的一种办学形式，省市各级领导要加以重视，象办好重点中学那样去办好工读学校。"④

七、1981年4月，国务院批转教育部、公安部、共青团中央关于办好工读学校的试行方案的通知指出："工读学校是教育、改造违法和轻微犯罪青少年学生的一种好形式，办好工读学校不仅有利于预防和减少青少年犯罪，维护社会治安，而且对于树立良好的社会风气，培养和造就社会主义新人具有重要意义。各级人民政府、特别是青少年犯罪较为严重的大中城市，要把工读学校办好。"⑤

八、1981年6月，《京、津、沪、穗、汉五大城市治安座谈会纪要》中指出："对于有轻微犯罪行为，屡教不改，家庭、社会管不了而又不够判刑的少数青少年，年龄小的，送工读学校，年龄大的，送劳动教养。工读学校有很好的经验，各大城市要普遍办，而且要扩大。工读学校在'文化大革命'以前就有，实验是成功的，有很好的经验。现在，要认真推广，普遍办，真正当作学校来办。要教育、感化学员，使他们学政治、学文化、学技术。对经过工读和劳教改好的人，不要嫌弃、歧视，要安排他们就学、就业。在他们中间是会有一大批有用的公民和人才的。这也是把消极因素变为积极因素。"⑥

九、1982年4月中共中央书记处书记胡乔木同志视察北京市朝阳工读学校，作了重要指示："工读学校不仅要让学生转变思想，还要让他们学会一门技术，使他们将来能自立于社会，这叫做救人要救到底。"他还对学生们提出三点希望："第一，要牢记自

---

①②③《中国教育年鉴》(1949—1981)中国大百科全书出版社1984年9月版第177页。
④⑤⑥《中国教育年鉴》(1949—1981)中国大百科全书出版社1984年9月第177、178页。

己的进步来之不易，应归功于党、社会、家庭的帮助和自己的努力；第二，要坚持下去，不走回头路；第三，不怕困难，充满信心，跟党走到底。”①

十、1985年《中共中央关于进一步加强青少年教育、预防青少年违法犯罪的通知》〔中发（1985）20号文件〕指出：“对于有轻微违法犯罪行为的青少年，要热情耐心地帮助他们进步，把他们教育挽救过来，而不能歧视和嫌弃他们。”“在城市要继续办好工读学校，并逐步创造条件办成具有中专水平的职业学校，对有轻微违法犯罪行为的青少年进行职业训练，使他们掌握就业本领。教育部门要加强对工读学校的领导，选派优秀教师、干部去担负学校的领导和班主任工作。”

十一、1986年8月国家教育委员会副主任王明达同志在全国工读教育工作会议上的总结讲话中指出：“青少年犯罪问题，是一个复杂的社会问题，在相当长的历史时期内，这个问题都将存在，全世界也都十分关注这个社会问题。”“我们的工读学校这些年取得的成就充分说明，办好工读学校是挽救教育这类青少年的一种特殊学校。”

“在实行义务教育法以后，举办工读学校加强对这部分学生的教育就更为迫切。”

“要办好工读教育，还需要政府加强领导，需要公安、政法、共青团、财政、劳动人事等部门及社会有关方面与教育部门密切结合。我们也希望社会各界更多地关心工读教育事业。”

工读学校的创办与发展

1955年7月，根据中共北京市委第一书记彭真的意见，参照苏联马卡连柯的教育理论和实践经验，在北京市创办了第一所工读学校。这所学校在“文化大革命”中被迫停办，但是，它积累了丰富的办学经验，教育挽救了不少失足青少年。11年中，共招收学生1028名，绝大多数学生改正了错误，成为社会的有用之材，1959年被评为北京市教育系统的先进单位。在此期间，全国一些大城市，如天津、沈阳、西安、重庆、上海、武汉等地陆续办起了工读学校。到“文化大革命”之前，北京市共有工读学校3所，儿童工读学校1所，全国有工读学校十几所。

十年动乱，青少年受害最深，中学生犯罪情况严重。为了进行教育挽救，1978年开始恢复工读学校。1980年10月，教育部在北京召开了全国工读学校座谈会。会议总结交流了各地举办工读学校的经验，讨论了《关于办好工读学校的试行方案》，研究了进一步办好工读学校的措施，对发展和办好工读学校起了推动作用。②

1986年8月国家教育委员会在上海召开了全国工读教育工作会议，会议在总结交流经验、讨论研究进一步办好工读学校措施的同时，对《关于办好工读学校的试行方案》进行了认真的修改，并拟定了《关于办好工读学校的几点意见》上报国务院审批下发。

目前，全国共有工读学校96所，在校学生6,400多人。工读学校自恢复以来，共招

①《胡乔木同志看望北京市朝阳工读学校学生，勉励工读学生充满信心跟党走到底》，《人民日报》1982年4月10日第一版。

②《中国教育年鉴》(1949—1981)，中国大百科全书出版社1984年9月版第178页。

收学生30,000余人，已结业的学生24,000多人，教育的成功率在85%—95%之间。象上海市的有些学校，挽救教育成功率达95%左右，离校后表现较差或重新犯罪的占不到5%。

工读学校办学的试行方案

1981年4月国务院批转的教育部、公安部、共青团中央《关于办好工读学校的试行方案》提出了有关办好工读学校的几个问题，其内容如下：

为了进一步贯彻中共中央中发〔1979〕58号文件关于办好工读学校的精神，加强对有违法和轻微犯罪行为学生的教育挽救工作，各地教育部门应该在地方党委、人民政府的领导和各有关部门积极协助下，从实际出发，采取多种形式，办好工读学校。现对有关办好工读学校的几个问题，提出如下意见：

一、工读学校的性质、任务和办学指导思想

工读学校是对有违法和轻微犯罪行为的中学生进行特殊教育的半工半读学校。有条件的，尽可能办成职业技术性质的学校。

工读学校的任务是全面贯彻执行党的教育方针，把有违法和轻微犯罪行为的学生，教育改造成为有社会主义觉悟、有一定科学文化知识和生产技能、遵纪守法、身体健康的劳动者。

正确认识和对待有违法犯罪行为的中学生，是办好工读学校的关键。工读学校要坚持“挽救孩子，造就人材，立足教育，科学育人”的指导思想，要关心、爱护、尊重学生，不要歧视，厌弃他们。

二、思想政治教育工作

工读学校以转变学生思想为主。要把思想政治教育贯彻到学校的各项工作中去。每个教职工都负有教育学生的责任。

要紧密结合学生思想实际，切实加强坚持四项基本原则的教育、共产主义道德教育、法制教育，同时要进行社会主义理想前途和革命人生观教育，认真贯彻学生守则，帮助学生认识并改正错误，割断与社会上坏人的联系，抵制资产阶级思想腐蚀，克服封建主义思想遗毒的影响，养成良好的行为、习惯，成为对四个现代化建设有用的人。

要坚持正面教育为主的原则。深入了解学生违法犯罪的原因，掌握他们的思想动态和心理特点，做艰苦、细致的思想转化工作。对学生要热情关怀，严格要求，启发诱导，耐心教育。要注意调动学生的积极因素，表扬和鼓励先进，防止简单粗暴，严禁体罚和变相体罚。学生交代了违法犯罪行为，应从宽或免予处理；揭发检举了坏人坏事，应给予鼓励和保护。

要对学生进行集体主义思想教育，逐步建立起有正确舆论、良好作风和共同奋斗目标的班集体和校集体。要根据青少年特点开展多种形式的教育活动，把思想品德教育寓于集体活动之中。

要有严格的管理制度。工读学生应集中食宿，集中管理。对学生要提出严格的要求，组织学生过有纪律的生活，使学生在集体生活中受到教育，转变思想，养成良好的行为、习惯，减少犯错误的外界诱因。对极少数经教育仍不服从管教继续犯罪的学生，应提请公安、司法部门依法处理。

工读学校一般实行男、女生分别编班或男女分别建校。每班配备一至二名得力的班主任。

学生中应建立共青团、少先队、学生会和班委会等群众组织，并充分发挥他们的作用。

三、教学工作

提高工读学校学生的文化科学知识水平，是学校的一项重要任务，也是促使学生明辨是非，转变思想的重要途径。各校要加强文化课教学，努力提高教学质量。

工读学校主要开设政治、语文、数学、历史、地理、体育、音乐和职业技术教育课。其它学科课程可从实际出发酌情开设，也可通过讲座方式进行。每周授课时数24小时。

政治课应以道德修养和法制教育为主。文化课根据学生的实际程度安排教学计划和进度，选用普通中学的教材或自编补充教材。语文、数学等主要课程应该达到初中毕业或初中毕业以上水平。对于少数文化程度较高的学生，可以开办提高班。职业技术教育课可结合生产劳动的项目进行。

学生升级、毕业均要进行考试，合格者方可升级。

四、生产劳动

要组织学生定期参加生产劳动，并将生产劳动纳入教学计划。学校要办好校办工厂、农场，为学生提供必要的劳动场所。要加强劳动中的思想教育和技术教育。通过生产劳动，促使学生改造思想，培养劳动观点，养成劳动习惯，掌握一门生产劳动技术，为毕业后劳动就业打下基础。

每周参加劳动的时间不少于12小时，劳动强度要适当。切实注意安全。对年幼体弱的学生应给予照顾。

校办工厂、农场或勤工俭学的纯收入，除扩大再生产外，主要用于改善办学条件，补贴师生的生活。

各级人民政府、经委要切实帮助工读学校办好校办工厂，从多方面予以扶植，帮助解决好校办工厂的供、产、销问题。校办工厂的经济收入不上交利润，不缴纳所得税。校办工厂、农场缴纳工商税、农业税有困难的，可按财政部和教育部联合发出的文件精神，经过批准，予以免税。已经办起来的校办工厂，各地不得任意收并。

五、工读学校的招生

工读学校的招生对象是：13周岁至18周岁有违法或轻微犯罪行为，不适宜留在原校学习，但又不够劳动教养或少年管教条件的中学生（包括那些被学校开除或自动退学，飘流在社会上的18周岁以下的青少年）。学生入学须经当地区、县教育局和公安局共同审批。学校和街道要共同做好家长及学生的思想工作。经过审批应入工读学校而拒不报到的，或虽去报到，中途擅自逃离，经过工作仍不到校的，原校应取消其学籍，由公安部门协助学校动员其入学。

工读学校学生在校期间的生活、学习费用由家长负担。确有困难的，可以申请助学金。工读学校招收的有轻微犯罪行为的孤儿，原由民政部门发给生活费的，仍由民政部门负责发给。

工读学校的学制暂定二年。凡在学校坚持学习，能接受教育，改正错误，遵纪守法，文化、技术课考核合格者，应准予毕业，并由工读学校或原校发给毕业或结业证书。

六、工读学校学生的出路

工读学校学生毕业后，同普通中学毕业生一样，可以升学、参军或劳动就业，不得歧视。凡年龄在16岁以下，入学后进步显著，学习成绩良好，经教育部门批准，可准其回普通中学继续学习。对于暂时未能安置就业的学生，学校要会同街道做好思想工作。如学生自愿留在学校继续学习等待安置的，学校在可能的条件下应予同意。

工读学校学生在校期间的思想品德表现，由班主任和学校负责写出评语，毕业时随同本人转走。其犯错误的档案材料由原工读学校保存。

七、教师队伍

工读学校的教师应该是：能够贯彻执行党的路线、方针、政策，热爱工读教育，品德优良，作风正派，具有一定的业务水平和较强的组织能力，身体健康，能够胜任特殊教育工作。各地教育部门要认真选调具备上述条件的教师到工读学校工作，切实保证教师队伍的质量。要有计划地配备一定的骨干教师，并保持相对的稳定性，一般不要采取短期轮换制。

要大力加强教师队伍的思想政治工作，不断提高教师的思想水平和业务水平，努力建设一个具有正确的教育思想，团结一致，朝气蓬勃，善于组织各方面的教育力量，带领学生前进的教师集体。

对工读学校全体教职工（包括公安部门派到工读学校工作的人员），应给予一定的岗位津贴。津贴标准由省、市、自治区教育部门汇同劳动、财政部门，从本地区实际情况出发提出意见，报请省、市、自治区人民政府批准。担任班主任工作的，另发班主任津贴。其它待遇和普通中学一样对待。教职工的业务考核，应考虑工读教育的特点。评模选优时应有工读学校的名额。对在教育改造犯罪青少年方面做出贡献的教职工，应大力表彰，予以奖励。

八、领导管理

工读学校由所在地教育部门领导管理，公安部门和共青团大力协助。教育部门负责调配工读学校的领导班子和教师，领导日常的教育、教学和行政业务。根据需要，公安部门可选派一名符合条件的干部参加学校的领导班子，也可选派少数公安干警到工读学校，在党支部统一领导下，调查核实案件，负责学校的安全保卫，协助进行法制教育等工作。派到学校工作的公安干警，其人事工资关系及在原部门担任的职务不变。

各地教育部门要选派能够贯彻执行党的路线、方针，政策水平较高，懂得教学业务，并具有一定教育工作经验的干部担任工读学校的领导工作。工读学校校长、副校长由当地教育局提请地方人民政府任命。

九、机构设置和人员编制

工读学校的规模不宜过大，也不宜过小。一般不少于100人，最多不超过400人。每个教学班以25人为宜。

工读学校一般设教导处、总务处、办公室。规模较大的学校，可设生产处，负责管理校办工厂和校办农场。要注意精简机构，各地可从实际出发确定。

十、经费

工读学校的经费和人员津贴，由省、市、自治区人民政府在地方财政中解决。开支标准由省、市、自治区教育、财政部门根据实际情况研究制定。对工读学校所需要的特殊教育经费，如工作人员津贴、学生助学金、职业技术教育经费以及生活设备方面的必要开支，均应统筹安排，予以保证。

十一、教育科学研究

对违法犯罪青少年的教育，是当前中学生思想教育中的一个重要课题。研究、总结青少年学生犯罪的思想规律具有重要意义。各地工读学校应紧密结合教育改造违法犯罪学生的实践，开展教育科学研究。建议北京、上海两市教育部门各选定一所工读学校作为重点，建立教育科研机构，负责同全国各工读学校交流教育情况和经验，有计划地开展工读教育的科研活动。

十二、工读学校担负着教育、挽救违法和轻微犯罪青少年的任务，应该受到社会各方面的重视、关心和支持。共青团、工会、妇联、街道办事处、派出所要共同配合做好家长工作，搞好校外管理教育。宣传、文化、经济、财政、劳动、商业等有关部门均应积极配合。地方人民政府应定期了解、检查工读学校的情况，及时帮助学校解决办学中的问题。

（执笔人：李树海）

做好后进、失足青少年的转化工作，预防和控制青少年违法犯罪

共青团中央宣传部

解决青少年违法犯罪问题，需要进行综合治理，实行预防与惩治相结合的方针。从1978年冬团中央恢复工作以来，共青团组织就把教育、挽救后进和失足青少年作为自己的一项重要任务。对于那些有劣迹行为的后进青少年，团组织立足于教育，从抓好思想道德、法制教育入手，筑起预防违法犯罪的防线；对于那些已经有违法犯罪行为的失足青少年，团组织则立足于挽救，从精神上、学习上、生活上多方面给予关心、帮助，鼓励后进和失足青少年弃旧图新，树立起走向新岸的信心。十年来，共青团为预防青少年违法犯罪作了不懈努力，做了大量富有成效的工作。

帮　　教

1979年10月，团中央和公安部、教育部联合成立专门办公室，负责对后进、失足青

少年进行教育、感化、挽救工作。团组织提出了“在新长征的道路上，不让一个青年伙伴掉队”的口号，各地团组织、团干部和千千万万共青团员把这个口号变成“一帮一”、“群帮一”的行动，向后进、失足青少年伸出了温暖的手，帮助他们改邪归正。这种采用综合治理的手段，把家庭、单位（学校）、社会教育连成一个相互补充的教育网络，帮助后进和失足青少年向有益于社会、有益于人民的方面转化，以预防青少年违法犯罪，并挽救失足青少年，使他们获得新生，是具有中国特色的青少年教育工作的重要组成部分。习惯上，我们把这项工作简称作帮教。

帮教小组是由基层居委会、有关单位和家庭、学校，为帮助有一般违法犯罪行为的青少年向有益于社会和人民的方向转化，教育他们做对人民有用的人而组织起来的，是防治和控制青少年违法犯罪发展的群众性组织。它最先在武汉兴起，逐渐扩展到全国。到1986年，全国已发展到几十万个，帮教对象的转好率约为70—80％。

帮教小组部分是基层团组织管理的，也有部分由基层团组织协助当地公安派出所管理。帮教小组对后进和失足青少年坚持正面教育的原则，动之以情，晓之以理，导之以行。十年来，帮教小组的工作形式不断创新发展。山西、湖北等省一些基层团组织采取“进步奖”、“骏马赛”等形式激励后进、失足青少年弃旧图新；辽宁一些基层团委组织“回头浪子”返监现身帮教；黑龙江省基层团委与工读学校开展联谊共建活动；上海的同龄人帮教活动，等等，都取得了比较显著的效果。

近年来，有两种帮教形式特别引起社会的关注。一是团组织在取得公安部门的同意、支持后，把部分刑期较短、有明显悔改表现、对社会不会带来危害的劳教、劳改青少年，在单位、家庭具保的条件下“保外帮教”，放在原地区、原单位，由专门帮教小组负责帮教。辽宁省抚顺市试验的结果，345名保外帮教人员中，表现好的和比较好的占86.4％，重新犯罪的只有1.7％，低于在劳改、劳教单位的重新犯罪率。二是实行对刑满释放和解除劳教人员的接力帮教，即使社会帮教和劳改、劳教场所教育相衔接，以防止劳改、劳教人员重新犯罪。接力帮教所采取的主要方式是签订合同，即安置单位的有关组织与“两劳”部门签订接力帮教合同，以提高改造效率。

送　暖

各地团组织在教育、挽救失足青少年的过程中，注意给他们以关心和温暖，使他们愿意接受教育和改造，复苏心灵。送温暖活动是把监内教育和社会教育结合起来，加快劳教、劳改步伐的行之有效的办法。

送温暖活动首先在辽宁省兴起，后普及到部分省市，现在全国基本上都开展了这项活动。送温暖活动的主要内容是：(1)请当地党、政领导同志、社会名人、有关人士到劳教、劳改场所看望失足青少年，鼓励他们“好好改造，重新做人。”社会闻名的费路路等“五大姐”、模范共青团员张海迪等都为此做了大量工作，赢得了全社会的赞扬和尊重。(2)组织青年“新长征突击手”和英雄模范人物，以及共青团干部担任失足青少年的教育辅导员（有的称他们是“引路之友”），以他们的先进思想和先进事迹教育失足青少年。团中央与教育部（后为国家教委）、公安部等部门联合签发的《关于办好工读教育的意见》以及在劳改、劳教的有关文件材料中，都强调要协助有关部门搞好劳改、劳教和思想教育工作，许多地方团组织的负责人都兼管这项工作或亲自去“两劳”场所和工读学校做这项工作。(3)发动失足青少年的父母、亲友、同学、同事给劳教、劳改青少年写去充满希望的书信，鼓励他们尽快走自新之路。(4)发动青少年为劳改、劳教青少年赠送图书、文体用品，帮助建立图书室和娱乐室，改善他们的学习和生活条件。团中央就曾向北京等地的少管、工读场所赠送过《向昨天告别》等书籍和文体用品。各地的基层组织也定期或不定期地开展这项活动。(5)在劳改、劳教部门的同意下，挑选劳改、劳教表现特别好的失足青少年回到原单位汇报他们接受改造、取得进步的情况。

送温暖活动既是对失足青少年的鼓励，又能改变失足青少年的自卑与失望感，使他们早日悔过自新，有利于对失足青少年的教育与改造。

安　置

预防和控制青少年犯罪，要合理满足和适当解决青少年在升学、就业、婚恋、社交等方面所遇到的实际问题，特别是在做好教育挽救工作的同时，要十分重视对后进、失足青少年的安置工作，以避免他们因某些正当需求和愿望未能通过正常途径达到满足而采取非法手段，或有些问题未及时妥善解决导致矛盾激化而产生严重后果。

不可否认，青少年犯罪与青少年的就业问题有一定联系。从1979年到1983年待业青年犯罪率的变化情况中，我们可以得到这样的结论。1979年，全国待业青年犯罪占青少年犯罪人数的43%；1980年占30.4%；1981年占18.1%；1982年占16.6%；1983年又比1982年减少5.1%。经济体制改革以来，我国基本实现了无待业人员。在安置待业青年的工作中，团组织配合有关部门，积极创办各种业余职业学校、学习班和青年服务公司、青年实业公司，发展个体户，帮助青年联合办集体事业等，使青年人尽其才，各得其所。一些原来有不同程度违法犯罪行为的青年就业后，很快停止了犯罪活动。

失足青少年的就业、升学问题往往要比一般青少年难办得多，解决不好，也很容易使他们对前途失去信心，重操违法犯罪的旧业。共青团在自己的职权范围内汇同有关部门，为解决这部分青少年的就业、升学问题做了大量工作。深圳团市委积极做好失足青少年的归队工作，曾为失足青年朱伟忠的重新就业问题派专人到劳教所、派出所、朱伟忠原单位等部门进行调查和协助工作，使朱伟忠的重新就业问题得到妥善安排。辽宁省的团组织积极协助劳改劳教部门安置刑满和解除劳教人员的就业、升学工作，他们为了解决一位失足青年的升大学问题所做的努力，得到了公安部门的热情赞扬；一位失足青年安排就业后，由于表现突出，当了厂长，被评为全国优秀青年厂长（经理）。

团组织在关心青少年的生活、社交等方面，也做了积极的努力。如举办各种类型的文化辅导站，兴办婚姻介绍所、青年联谊社，兴建青少年活动场地等。这些切切实实的工作，在预防和控制青少年犯罪方面起到了积极的作用。

共青团是预防和控制青少年犯罪一个重要工作部门。但许多工作还需要全社会的力量共同协作，共青团正是在社会各部门的协作下做了自己应该做的工作。这几年，青少年违法犯罪状况时有起伏，原因是多方面的。共青团所面临的任务更为艰巨。但我们相信，经过全党、全社会的努力，我国的青少年犯罪率一定会在起伏中下降，大部分失足青少年经过教育、感化、挽救，一定会走上自新之路，成为社会主义新人。

（执笔人：章晨）

第三部分

青少年犯罪的调查分析

关于我国青少年违法犯罪问题

（1980年3月20日）

魏久明

对青少年违法犯罪情况、原因及其对策，我们未作系统的调查研究。去年10月，团中央、公安部、教育部青少年教育联合办公小组成立后，我们经常接触、收集这方面的情况。现综合汇报如下：

一、对现在青年的基本看法

现在的青年，生在50年代末和60年代初，长在60年代末和70年代，是新中国成立后成长的第二代青年。他们出生在新社会，旧社会的苦难对他们来说是生疏的，和前几代青年比较他们是幸福的。但是他们成长在我国一段特殊的历史曲折时期，林彪、“四人帮”的破坏和社会的动乱，使他们的精神和心灵受到伤害，在德育、智育方面发展受到影响。另一方面也应看到，由于他们受到社会复杂斗争的冲击，许多青年磨炼得不那么单纯、幼稚和盲目，比较能独立地思考问题，强烈地关心社会主义祖国的前途和命运，这就是广大青年在“四五”运动中那样敢于斗争，在建设四化、保卫四化中有献身精神的重要原因。当然也有极少数青年走到另一个极端，堕落成为害群之马和违法犯罪分子，十年浩劫在这方面所造成的恶果，在粉碎“四人帮”三年多来，依然严重地存在着。

对现在一代青年应该怎么看，对他们的基本面貌如何估计？近三年来，党中央有关文件和中央领导同志讲话中都作了正确评价，都肯定“我国这一代青年是大有希望，大有作为，完全可以信赖的”。1979年8月，中央转发中宣部等8个单位《关于提请全党重视解决青少年违法犯罪问题的报告》（即58号文件）中，也明确指出：广大青少年的主流是好的。

粉碎“四人帮”三年多来，我国青年是进步了，还是后退了？青年中的问题是比过去多了，还是正在逐步解决？应该肯定，粉碎“四人帮”三年多来，我国青年有很大的进步，青年中的问题，正在逐步解决。首先表现在，党在新时期的总路线、总任务，在青年中深入人心，大多数青年热爱四化，学习四化，积极干四化，在本世纪末把我国建设成为社会主义现代化强国的愿望，正在变为我国现在一代青年的实际行动。粉碎“四人帮”后，青年人就提出“把被耽误的时间夺回来，把造成的损失补上去”，“我为祖国出力量，我为四化献青春”，“四化从我做起，从现在做起”等等。这反映了青年们的心声和意志。“争当新长征突击手”，日益成为广大青年前进的目标，光荣的标志。其次是，广大青年学习热情不断高涨，学文化，学技术，向现代科学技术进军的风气正在兴起。拿现在青年勤于学习的情景，与“四人帮”横行时期青年不学无术的情况相比，可以说发生了根本性的变化。3月18日《中国青年报》发表的“耽误不了的青春”一文，就反映了这样一个生动的事例。22岁的青年任海沧，文化革命开始时才读小学三年级。由于教师的热心帮助和他自己刻苦自学，今年1月他考上了美国哥伦比亚大学研究生，成绩名列第一。再就是，我国大多数青年是热爱祖国，关心政治，追求真理，向往未来的。当前青年思想很活跃，他们关心政治和国家前途问题，虽然在认识上有差别，但共同点都是希望祖国繁荣富强。还有，我国青年的道德面貌在向好的方向转化，“四人帮”散布的无政府主义、极端个人主义和派性的影响，在青年中日益缩小。

青年中的问题仍然很多，有的很严重。有少数青年对坚持四项基本原则认识不清，有些人甚至怀疑和动摇，盲目崇拜和追求西方的所谓自由、民主、“人权”。有些青年受资产阶级思想和封建思想的腐蚀，存在极端个人主义，损害他人、集体和国家利益。有少数青少年道德堕落，走上违法犯罪的道路，这是当前影响社会安定的一个突出问题。

二、青少年违法犯罪的情况

对青少年违法犯罪问题，正如党中央〔79〕58号文件中指出的：“是当前广大人民群众极为关心，切望解决的重大问题。”这个问题的现状究竟如何？

第一、犯罪情况的历史变化。

新中国诞生31年来，伟大祖国从政治、经济、思想上都发生了翻天覆地的深刻变化。我们已经消灭了封建剥削制度和资本主义剥削制度，改造了小生产者，社会主义制度在严峻的考验中日趋完善，无产阶级已经确立了自己稳定的统治地位。作为敌对阶级的地主阶级、富农阶级、资本家阶级已不再存在，他们当中有劳动能力的绝大多数人已经改造成为自食其力的劳动者。阶级斗争虽然还存在，但已经不是我国社会当前的主要矛盾。在我国阶级状况和阶级斗争发生了深刻变化的情况下，社会上违法犯罪的情况也起了历史性的变化。

1.犯罪类型的变化。政治犯减少，刑事犯增多。据辽宁抚顺监狱反映：文化大革命前他们那里关押的历史和现行的反革命罪犯占绝大多数。现在，情况发生了根本的变化。去年年底统计：历史反革命犯仅占在押犯的3.1%，现行反革命犯占9%，两项合计占12.1%；而其他各类刑事犯占87.9%。从重庆少管所对在押的206名少年犯的案情性质分析看：政治案犯只有8人，占3.8%；刑事案犯198人，占96.2%。河北省少管所在押的428名少年犯中，政治案犯有8人，占1.8%；刑事案犯420人，占98.2%。

2.犯罪对象的变化。罪犯中旧社会遗留下来的渣滓少，新生的犯罪分子多，其中青少年占很大比重。50年代，刑事案作案成分，多数是旧社会遗留下来的渣滓，如土匪、流氓、兵痞、扒手、赌棍、巫婆神汉和国民党军政警宪人员以及被推翻的剥削阶级分子，青少年作案很少。北京市统计的材料表明，50年代青少年作案，占犯罪总数的20—30%；1964、1965年，青少年犯占40—60%；1979年占79%。上海市1965年青少年犯占犯罪总人数的34.5%，1979年占70.4%。天津市1965年青少年犯占犯罪总人数的24.8%，1979年占83.5%。以上变化说明，现在刑事案件中作案的成员，绝大部分是青少年。

3.犯罪成员家庭出身的变化。剥削阶级家庭出身的少，劳动人民家庭出身的多。据重庆少管所对206名少年犯的家庭出身情况统计，劳动人民家庭出身的子女有199人，占96.6%。天津市对120名少年犯情况的调查表明：工人家庭出身的有93名，占77.5%；干部家庭出身的有20名，占16.7%；知识分子家庭出身的有3名，占2.6%；农民家庭出身的有2名，占1.6%；其它2名，占1.6%。

第二、青少年犯罪的现状。

50年代、60年代，我国青少年犯罪人数是很少的。文化大革命以来，由于林彪“四人帮”的毒害，青少年犯罪人数大量增加。我们根据南、北、中地域分布，分别对北京、上海、天津、沈阳、福州、郑州等6城市青少年犯罪的历史和现实情况做了调查，其综合统计数字如下：

1965年，6城市青少年犯罪人数2257名，占犯罪总人数的30%，占青少年总人数的1.99‰。

1979年，6城市青少年犯罪人数28902名，占犯罪总人数的72%，占青少年总人数的2.06‰。

15年来，6城市青少年犯罪绝对人数，1979年是1965年的12.8倍；青少年犯罪人数占青少年总人数的比例，1979年是1965年的10.08倍。而青少年总人数，1979年比1965年只增加24.1%。

目前青少年违法犯罪人数占青少年总人数的比例有多大？据12城市调查统计：去年违法犯罪青少年共51494人，占青少年总人数的2.57‰。

必须指出，青少年犯罪人数虽有很大增加，但从去年8月党中央下达58号文件以来，不少地区加强了对青少年的教育，特别是去年全国城市治安工作会议以后，狠狠地打击了严重刑事犯罪分子，加强了对违法犯罪青少年的管教，许多城市刑事案件发案率和青少年犯罪人数，都有所下降。今年1月份，北京、上海、沈阳、杭州、广州、西安等六城市统计，青少年刑事犯罪共2135人，与去年12月相比下降48.9%。12城市2月份青少年刑事犯罪2816人，比1月份下降了16.1%。

70年代，我国青少年犯罪虽有大量增加，但和资本主义国家比较，犯罪率还是比较低的。日本1978年少年罪犯（日本犯罪少年指14岁至20岁）为122283人，占同龄青少年总数的1.2%。而我国部分城市调查，青少年犯只占青少年总人数2‰左右。从全国范围的平均值（包括农村）来看，青少年犯罪可能还要小于此数。西方资本主义国家青少年犯罪数还大大超过日本。我国发生的刑事案件按人口比例，与欧美等许多国家比较，也是很低的。他们的犯罪率比我国高达十几倍，甚至40、50倍。

第三，青少年犯罪的类型。

据今年元月12城市青少年犯罪情况调查，青少年犯罪的类型是：

犯罪类别	百分比
盗窃	76.2
抢劫	6.4
伤害	5
流氓、强奸	4.5
枪杀	2.3

杀人、放火	1.1
诈骗	1.3
其他	3.2

从以上犯罪分类情况看，盗窃犯罪最多，其次是拦路抢劫和伤害罪，共占87.6%。就每个城市来看，也是盗窃犯罪居多，占80—86%的有太原、上海，西安、杭州、重庆等5市；占70%多的有哈尔滨、沈阳、武汉、南京、北京等5市；占50—60%以上的有广州和天津。

第四，犯罪青少年的成份

1979年12城市青少年作案人员中，其本人成份情况是：

犯罪成员	百分比
学生	34 1
待业青年	28.1
青年工人	21.5
下乡知青	7.9
其他青年(包括青年农民等)	8.4

据1979年河北省、武汉市等地典型调查，青少年犯罪成员中，也是学生居首位。河北少管所428名少年犯中，在校学生占48%。武汉市武昌区调查，去年11月343名青少年犯中，在校学生有135人，占39.4%；初中、高中毕业而未升学的知青有69人，占17.2%，共占青少年犯罪总人数的56.6%。

第五，青少年犯罪年龄。

青少年犯罪年龄，总的趋势是越来越小，少年犯的人数在不断增多。

据武汉市武昌区去年11月对343名青少年犯罪年龄调查，情况是：

年龄	犯罪人数	百分比
14	4	1.2
15	23	6.7
16	76	22.2
17	83	24.2
18	57	16.6
19	29	8.5
20	20	5.8
21	12	3.5
22	13	3.8
23	11	3.2
24	8	2.3
25	7	2
合计	343	100

以上情况可以看出，从14岁开始，犯罪人数逐渐增加，15、16、17、18岁四个年龄是犯罪的高峰，占犯罪青少年总人数的69.7%。20至25岁的犯罪人数又逐渐下降。据武昌区反映，近几年来，犯罪年龄一般平均下降2、3岁。

又据天津市对120名青少年犯罪年龄的统计，情况是：

年龄	犯罪人数	百分比
13	2	1.7
14	3	2.5
15	14	11.7
16	50	41.7
17	40	33.3
18	9	7.5
19	2	1.6
合计	120	100

天津的情况也说明，15至18岁是犯罪的高峰年龄，这四个年龄犯罪占94.2%。武汉和天津的情况说明，16、17岁又是犯罪最多的年龄。

青少年犯罪的年龄越来越小，从北京市的情况，也可以反映出来。17岁以下的少年罪犯，1977年占青少年犯罪总人数的31.9%；1978年上升到33.4%；1979年又上升到35.8%，平均每年递增2%左右。增加比较快的，如北京西城区，去年17岁以下的青少年犯罪，比前年增加了10.6%。

第六，青少年犯罪的主要特点。

1.偶发性多。不少青少年犯罪，一般事前无预谋策划，常常是走到那里，遇到偶然事件，想干就干，干了再说。比如，看到居民家中无人就偷，遇见单身行人或谈恋爱的男女青年就抢劫、侮辱。北京市西城区工读学校有个学生，把三棱刮刀磨得很快，出门遇见第一个人就捅了一刀。他被警察带到派出所后说："叔叔放了我吧，我没有别的目的，就是想试试刀子快不快。"

2.团伙犯罪。在犯罪青少年中，多是三、五成群，结成团伙，危害甚大。团伙作案，一般都造成严重的后果。去年武汉市统计，全市各种违法团伙1400多个，成员有7800多人。天津市去年5月查获结伙集团84人，成员251人，大都是被开除、自退和在校学生，还有青工、知青和待业青年。据他们对10个团伙成员的年龄统计，78个成员都是25以下的青少年。这些人在一年多的时间里，作案139起，其中重大案件37起，造成死亡53人，轮奸妇女5人，抢手表10块，军帽60余顶，还有其它大量财物。

3.恶性作案。一些青少年犯罪心狠手毒，不计后果，许多要案和恶性案件都是他们干的。天津市去年第一季度查获的77名抢劫、强奸案犯中，有76名是青少年，占98.7%。北京市1979年犯罪案件中，凶杀案青少年占67%；抢劫案青少年占88%；流氓案青少年占87%。北京市今年春节期间发生的三起大案，均是青少年干的。如1月17日，北京某厂青工沈杨，看见邻居女青年张××一个人在家里，就提出要和她发生两性关系。遭到拒绝后，沈杨就将女方掐死，奸尸后用剪刀、烧热铁通条毁尸，然后将尸体放入壁橱内锁上，逃跑。另一起是在大白天持枪抢劫银行。再一起是窜入故宫珍宝馆，盗窃珍妃金印。

4.腐蚀性大。一些青少年不仅自己犯罪，而且象毒菌一样，感染腐蚀其他一些青少年变坏，带出一批新罪犯。上海长乐路某弄，住着三户人家，有青少年8人，最大的23

岁，最小的16岁。其中有个流氓阿飞陈永民，他一人将其他7人全部带坏。结果，有5人被送去强劳，1人送少年管教所。上海虹桥弄33号"黑窝"流氓首犯张志春，就带坏了105名在校学生。4个月时间，作案242起。据有关部门反映，文化大革命以来，已有三茬青少年犯罪，天津是四茬青少年犯罪。

三、青少年犯罪的原因

对造成青少年违法犯罪的原因，党中央〔79〕58号文件作了正确的分析。文件中指出："近十多年来，由于林彪、'四人帮'极左路线的严重干扰，由于他们种种反动思想及谬论的影响，把我们的国民经济破坏了，也把我们良好的党风、民风和社会风气破坏了，使我们广大青年深受其害，深受其毒，这是当前青少年违法犯罪如此严重的根本原因。因此，对青少年犯罪问题，绝不能就事论事，孤立地对待它。"林彪、"四人帮"对我国社会各个方面的破坏是十分严重的，但最大的受害者莫过于青年。有的青年讲："我们生在困难时期，长在（懂事）动乱时期，工作在调整时期。"这批青年处在长身体、长知识、世界观形成的时候，正是林彪、"四人帮"危害最严重的年月，极大地破坏了他们正常的学习、工作和生活，使不少青年没有很好地树立起科学信仰，没有学到真才实学，没有掌握做人的基本原则，一些违法犯罪的青少年处于"无理想、无知识、无道德"的"三无"状态。

造成青少年违法犯罪的原因是多方面的，除了林彪、"四人帮"毒害这个根本原因以外，其它客观和主观因素还有：

第一，旧思想意识的影响。剥削阶级虽然消灭了，大规模的急风暴雨式的群众阶级斗争基本结束了，但资产阶级和封建阶级的意识形态对青少年的影响，还严重存在，仍然是造成青少年违法犯罪的重要的思想和社会、阶级根源。剥削阶级的残余和封建迷信、旧风俗习惯、反动淫秽的戏曲、书刊、手抄本以及社会上坏人的教唆都会腐蚀、引诱青少年堕落、犯罪。如贵州省六盘水市破获一起反革命集团案，有58个成员，分布在3个县。这些成员中除一名成年人外，其余都是25岁以下的青少年。首犯倪抨因听算命先生说他是"文中状元，武当将军"的人才，是"上应天命，金龙降世"的人物，于是组织反革命集团，阴谋叛乱。又如手抄本《少女之心》，仍在许多省、市流传，对青少年腐蚀毒害极大。旅大市某中学，不少学生看了手抄本后，男女学生乱搞两性关系。全校66个劣迹生中，就有31人是看了《少女之心》学坏的。各地调查还反映，违法犯罪青少年有两大精神支柱：一是封建主义"哥们够意思"讲究义气的行帮思想；二是资产阶级"吃喝玩乐"的享乐主义。天津团市委对55名违法犯罪青少年思想进行剖析，发现这部分人把流氓头子当成"英雄"，把哥们义气看成"友谊"，把胡作非为看作"自由"，把吃喝玩乐说成"幸福"。在他们的世界观里，完全是剥削阶级的思想在作祟。

第二，国外资产阶级意识形态的腐蚀。随着我国对外开放，同资本主义国家交往增多，旅游事业的发展，西方腐朽的思想文化也跟着渗透进来，在一些青少年中产生不良影响。一是外国和香港电影的消极影响。一些青少年看了外国和香港影片中某些不健康的情节以后，模仿西方的某些不良的生活方式，学习影片中殴斗、抢劫、杀人、侮辱妇女等犯罪的手法。如北京市56中17岁学生范学斌，学《水晶鸟》《尼罗河惨案》等影片的手法杀人，被判死缓。上海、杭州有些青少年模仿电影《佐罗》中的佐罗蒙面手法进行抢劫，等等。其次是，通过各种渠道将一些反动的淫秽的书刊、裸体画、春宫图片传入我国，腐蚀毒害青少年。再就是利用宗教腐蚀拉拢青少年。据反映，国际一些宗教组织大量印刷宗教书籍、宣传品输入我国，并专设电台，定时向我国进行诱惑性宣传。此外台湾电台进行策反宣传，使一些青少年中毒受骗。福建省去年发生的对敌挂钩案件，青少年犯占58.1%。

第三，家庭教育不力。林彪、"四人帮"的浩劫，也使家庭对子女的正常教育受到破坏。家庭教育不力，方法不当，或者家长对子女的不良影响，也是青少年违法犯罪的一个重要因素。在文化革命动乱的年代，一些家庭不幸，如父母受林彪、"四人帮"的迫害，子女因无人教管，或受坏人引诱，或因生活所迫而堕落犯罪。抚顺监狱五中队90名青年犯中，有12人犯罪是这种遭遇所造成的。有的父母双亡，子女无人抚养，被迫走上邪路。抚顺监狱五中队 90 名青年犯中，有 17 名是这种情况。也有的是因父母离婚、再婚后子女被遗弃而促成犯罪的。上海徐汇区女子强劳队，有10%的女青年犯罪是因为父母离婚、再婚、关系恶化因素所致。

家庭教育不力的另一个因素是父母是双职工，对子女无时间、无精力管教。河北省少管所428名青少年犯中，父母是双职工的有275人，占64.2%。

再就是家庭的教育方法不当，一般是一娇惯，二打骂，三不管，四踢开。独子、末子犯罪是一个突出现象。上海市南市区工读学校140名学生中，有独子、末子120人，占86%。

还有一些家庭父母行为不轨，直接影响或教唆子女犯罪。如武汉市武昌区徐安街某退休工人，只要家中无酒、无好菜，就大发雷霆，纵容子女犯罪。他们的1个女儿、7个儿子全都有违法行为。其中有5个儿子已经受到刑事处分，最小的儿子只有10 岁，也是见什么就偷什么。

第四，学校教育的问题。前一时期学生犯罪人数多，和学校教育中存在的问题是分不开的。主要是有些学校把强调以教学为中心，片面理解为以智育为中心，放松对学生的思想政治教育工作。为了单纯追求升学率，把注意力放在少数成绩较好的学生身上，忽视对大多数学生的培养教育，在德育和智育、少数和多数、教书和育人的关系上处理得不好。

不少地方反映，慢班的副作用大。有些学生称慢班为"烂班"、"渣滓班"，是"差老师，烂学生，破教室，坏名声"。有些学生分到慢班后，失去自信心、上进心、自尊心，"破罐子破摔"，自暴自弃。有些学校对慢班放任自流，造成学生互相学坏，结伙犯罪。上海市对27所中学调查，慢班的"双差生"（学习差、品德差）中，有 1/4 处于犯罪的边缘。

有些学校教学水平低，教师对"双差生"不是束手无策，就是教育方法简单粗暴。北京市反映，有60%的老师教学水平低于文化革命以前的水平。有些老师教育方法简单，用一训、二批、三开除的方法对待一些后进生。北京市少管所一个中队118 名犯罪学生中，挨过老师打的有57人，占近50%。西安市某中学一个班主任，在一天之内，以请家长为名，把十几名学生赶出教室，不让听课。目前带普遍性的问题是，学校的流失生、长旷生和开除的学生数量不少，这是学生违法犯罪的主要“后备军”。据吉林省十城市统计，去年中、小学流失生、长旷生有43000多人。长春市城区中学，流失生有11600多人，占学生总数的8%。贵州省兴义地区安龙县龙山区小学，入学时有1900名学生，毕业时只有600多学生。2/3的学生中途离校。

校内校外教育脱节，学校不管校外教育，这个问题也很普遍。文化革命前许多省、市学校都配有专职的校外辅导员，现在不少地方没有了。加上许多学校实行二部制，学生大部分时间在校外，因无人管教，容易受到坏的影响，导致一些青少年学生犯罪。吉林省城市中学二部制的班级占46.3%，小学二部制的班级占51.6%。抚顺市二部制的中学占71%，二部制的小学占94%。

第五，社会教育很薄弱。过去街道居民工作很健全，青少年的业余教育有人管，文化大革命中把街道居民工作冲掉了，目前不少城市街道居民工作尚未很好恢复和健全起来。现在一些违法犯罪青少年，按街道、里弄结帮成伙，各划势力范围，称王称霸，这和街道居民工作削弱有很大关系。据北京市少管所反映，1300多名青少年犯中，真正是坏人教唆的不到10%，大多数青少年犯，都是同街、同院、同校互相带坏的。

社会教育薄弱的一个突出表现，是青少年的业余活动阵地很少。据去年5月份统计，文化大革命前全国县以上青年宫、青年之家有196座，少年宫、少年之家等活动阵地有6850座，到今年2月为止，青少年宫、少年之家只恢复1320座，不到20%。一些地方的青少年处于“业余学习无地方，文体活动无场所，日常生活无乐趣”的状态。上海徐汇区一个犯罪女青年说：“我们的生活象喝白开水一样无味。”

青少年业余生活贫乏，也是一些地方赌博成风的重要原因之一。象上海这样大的城市，也发生这种情况。市某机械厂有58人参加赌博，占全厂职工3.2%，因赌博自杀1人，判刑2人，强劳4人，劳教3人，拘留2人。内蒙公安部门审讯一个外逃罪犯，他供认外逃的动机之一就是生活太枯燥。他在农村7年，只看过四部半电影，其中一次是骑马跑了80里路，赶上看了半场电影。

第六，青年就业不足，生活困难。全国待业青年有1216万，去年共安置707万，占58.1%，加上去年初、高中毕业生未升学而转入待业的，待业青年仍有1000万以上。一些待业青年因对前途悲观失望，精神空虚，生活困难，有的走上犯罪道路。据12城市统计，待业青年犯罪由去年占第二位，今年1月份上升占第一位。湖南省13个城市元月份统计，犯罪青年中，待业青年占48%。宁夏一个待业青年编了《新拉兹之歌》：“父母供养18年，今日变成流浪汉。一天到晚没事干，大街游逛小街转。自己想吃喝，就是没有钱，同伙一商量，就把坏事干。”据武汉市江岸区调查，该区待业青年未安排前有215人有违法犯罪行为，安排后，只有17人犯罪。

第七，一些政策不落实和某些政策的消极影响。目前有关青年的一些政策，缺乏统一性、连贯性和稳定性，这对青年的安定和上进都有一定的影响。如对知青的政策，就不统一，不稳定。对中学生实行顶替政策，不择优招工，在青年中产生消极的影响。对犯有错误青年的政策，包括对已经悔改自新的违法犯罪青少年和释放的“三劳一少”人员的政策，目前普遍不落实。他们在社会上受到歧视，不让升学，不安置就业，表现好的不能评为先进，没有出路。这样就影响一批青少年的安定和成长。北京市公安局调查，去年释放的青年犯100人中，已安置29人，重复犯罪的只有4人；未安置的71人中，重复犯罪的达39人。对知青的政策、招工政策和对待犯错误青年的政策，都是涉及到青年的成长、前途和调动青年积极性的大政策，这些问题目前均未解决好。

第八，社会对一些青少年缺乏保护性的措施。目前由于我国社会福利事业的发展跟不上需要，对一些孤儿、流浪儿、少数种种原因没有生活保障的青少年、病残青少年和家庭影响健康成长的青少年，社会对他们缺乏保护性措施，也就不能很好防止他们当中一些人堕落犯罪。据哈尔滨市去年1至9月份统计，全市收容流浪儿873人，占自流人员的25％。哈尔滨市这几年收容的流浪儿比例逐年上升。在自流人员中，流浪儿从1976年占13.9％，1977年、1978年上升到占20％，去年达25％。

除此以外，一些地方党风不正，对严重违法犯罪分子打击不力，宣传上的片面性和我们工作没有做好，也是青少年违法犯罪助成的部分因素。

除了上述原因以外，青少年犯罪的主观原因，各地反映有以下几点：

一，愚昧无知。犯罪的青少年中，不少是文盲或文化水平很低的人，无知和野蛮常常是他们共同的特点。如上海市卢湾区工读学校最近招收的高二程度的一个班，共17名学生，进校后文化考核，相当小学一年级文化水平的1人，二年级文化水平的5人，三年级文化水平的5人，初一文化水平的3人，初二文化水平的3人。抚顺市监狱五中队有42名高中、大学文化程度的青年犯罪分子，他们实际文化水平低得惊人，有的人不会看尺寸，看钟表只会认点不会认分，数学只会加减不会乘除，不知中国历史上有“唐、宋、元、明、清”。

二，缺乏道德。不少违法犯罪的青少年中，连做人的道理、起码的道德标准都不知道。吉林市西安矿一区青工陈家祥，长得丑陋，找不到对象，竟怨恨父母，提出要把他妹妹给他做老婆，结果将其17岁的妹妹强奸后，还企图奸污自己的生母，后被其父打死。山西口泉县知青高明，找到一个对象，因担心自己有个傻妹妹引起女方反感，竟将妹妹引到野外，活活掐死。

三，贪图享受。违法犯罪青少年作案动机多数是为了私利和享受。什么“人生在世，吃喝二字”，“不吃不喝，青春白过”等等。上海静安区某地段医院团支部书记，1978年被评为区新长征突击手。因结婚要三、四千元，自己积蓄有困难，于是起歹心，今年元月8日晚上，拦路抢劫被抓获。抚顺市青年杀人犯高玉国，为了和女流氓鬼混享乐，竟大白天闯进医院将一患者砍倒，抢去手表等物。

四，目无法纪。违法犯罪的青少年，多数缺乏法纪观念。大同市互助里青年郅小兵，与人下棋，旁观一人说他“臭棋”。他即跳起来用刀子将此人捅死。该市南关有个13岁的小孩，杀死二个6岁的女孩。审讯时问他为什么杀人，他说：好玩。关押期间，能吃能睡，若无其事。

此外，还有极少数青少年侵害他人，有精神、生理、病态、遗传等方面的因素。据北京安定医院统计，在安定医院就医的52名伤害他人和自伤的青年中，患精神分裂症、精神不正常的36人，癫痫患者3人，抑郁症、妄想、轻狂、紧张等患者5人，智力低下2人，其他6人。

四，解决青少年违法犯罪问题的建议

一、青少年问题涉及千家万户和社会各个方面，要在党中央和各级党委的统一领导下，社会各方面通力合作，对青少年问题要实行“综合治理”，打好青少年教育的“总体战”。按照党中央〔79〕58号文件规定，教育、文化、公安、劳动和共青团等有关部门，要研究订出“综合治理”的方案，按照各自的职责范围做好工作，协同作战，抓好青少年的教育。

二，要抓好坚持四项基本原则的教育，特别是理想教育和热爱社会主义祖国的教育，要坚决抵制国内外资产阶级意识形态和封建思想对青少年的腐蚀。对国外文化、电影、广播、歌曲、宗教等方面中的那些反动、色情、颓废、凶杀的内容，要严格禁止或限制。

三、加强学校教育工作，搞好学生的思想教育特别是双差生的教育。要禁止随便开除学生，大力动员长流生和长旷生回校学习，把教育后进学生当作学校的一项重要任务。要把工读学校办成半工半读的职业学校，相当中专学制，把学习、改造、就业结合起来。争取在三、五年内，把20—30％的普通中学，改造成为中等职业、技工学校，使不能升高中和大学的青少年学生，在18岁以前受到一定的生产技能和职业的训练。

四，除了对严重违法犯罪分子依法惩办以外，采取政府收容和群众帮教相结合的方法，对一般违法犯罪青少年做好教育、改造和挽救工作。除大力办好少管所外，恢复、健全居民、家庭、学校三结合的社会教育网，配备专职校外教育辅导员。加强街道团的工作，配好配齐团的专职干部。

五，加强家庭教育。儿童保卫委员会，不仅要抓好儿童的保健工作，还要做好家庭教育的指导工作，促使儿童德、智、体全面发展。

六，青少年活动阵地的建设，应列入国家建设计划，作为全面教育的组成部分。

七，建立青少年保护条例或保护法。

八，建议人大常委设立青年组，政府设立青少年教育领导机构，各级人民政府设立青少年教育办公室；社会科学院设立青少年研究机构。

我国1980年青少年犯罪情况分析

（1981年6月）

魏　久　明

恩格斯在1895年临终时，留下一句光辉的遗言，他说：“我没有什么挂牵的，我们的事业会作得更好的！人，是一代比一代更坚强的呵！！”（引自《学习马恩列斯工作作风》）作为唯物主义者，从历史发展的规律来看，应该说是一代胜似一代的。“长江后浪推前浪，世上后人超前人”。我国是发展中的社会主义国家，情况更应是这样。

粉碎“四人帮”以来，特别是党的十一届三中全会以来，我们党的工作实现了历史性的根本转变，学四化、干四化、为四化作贡献，成为这一代青年的主导方面。可以说，95%以上的青年已经进入四化建设的轨道，他们是奋发向上的。和主导方面相比，目前青少年的违法犯罪现象自然是次要的。但是，它的危害和重严性，不容忽视。

潜在的严重社会问题

去年一年来，在各级党委和政府的重视、领导下，各地在教育、挽救和改造违法犯罪青少年方面，做了许多工作，部分城市、地区青少年犯罪率有所下降。如京、津、沪等12城市中，1980年比1979年青少年犯罪率下降的有天津、南京、武汉、北京等市，天津市下降了20%，南京市下降了10.7%。犯罪的青少年的人员结构也有一些变化。12城市中，在校学生犯罪1980年比1979年下降了35.1%。1979年学生犯罪比例占第一位，1980年下降为第三位，学生犯罪人数占青少年犯罪总人数的比例也由占33%下降至占21.6%。待业青年犯罪人数，1980年也比1979年减少6.4%。

但是，从总的趋势来看，青少年犯罪人数1980年比1979年有显著增加。据有关部门统计，全国增加了26%，1980年青少年刑事犯罪人数占刑事犯罪总人数的61.2%（12城市占71.5%）。青少年犯罪人数占全国青少年总人数的0.9‰。12城市情况好些，青少年犯罪人数1980年比1979年只增加2.38%。

从全国来看，值得注意的动向是：

打架斗殴、盗窃少量财物等一般性的犯罪有所减少，恶性案件增加很多，给人民群众和社会所造成的损失很大。如北京火车站爆炸事件，造成9人死亡，81人受伤。辽宁省丹东市2名青年盗窃枪支，行凶杀人，打死无辜群众26人，伤38人，损坏机器70多台，烧毁材料库一座。象这样的案件，都是建国以来罕见的。

纠合性的团伙犯罪有所增加，这种犯罪所造成的后果，一般也比较严重。甘肃省嘉峪关市调查，参加团伙的占全市违法犯罪青少年的71.2%。山东省济南市一流氓犯罪团伙，成员70多人，均是青少年。他们每人编有代号，用暗号联络，有严格的“纪律”，违者施以酷刑，近似黑社会犯罪组织。吉林省浑江市破获的一起犯罪团伙，有113人，其中男59人，女54人，青少年占96%。他们大肆进行流氓、强奸、抢劫、凶杀等犯罪活动，后果极为严重。

青少年犯罪人数中，少年犯罪比数增加很快，去年12城市少年犯罪人数逐季增加：第一季度为912人，第二季度为1058人，第三季度为1180人。北京市少管所对157名少年犯调查，其中初次犯罪的有93名，占59.2%。据有关部门统计，去年全国查获的14岁至18岁少年犯，比1979年增加了93.6%；而1980年下半年又比上半年增加了28%。这是一个严重的发展趋势。河南省洛阳市14岁的初中学生张晓坊，因学习成绩不好，受到家长批评而心怀不满，一天中午，趁父母午睡，用菜刀将双亲砍死。

去年以来，一些新的犯罪方式在青少年中发展。如卖淫、吸毒，在我国解放后一段时期，已经绝迹。现在卖淫在一些大城市、吸毒在一些边远省份地区有所发生。去年仅北京、上海、广州、杭州、沈阳、长沙六城市处理的卖淫妇女就有900人。上海市处理的卖淫妇女中，25岁以下的占90％。走私活动，在沿海省市一些地区也比较严重。去年仅广东省查获的走私活动就有5664起，其中手表100多万只，黄金5120两，电视机、录音机、电子计算机10万多部，加上其他物资价值1亿多元。

青少年犯罪的发展，不仅影响青少年的健康成长，而且也影响社会的政治安定和经济建设。青少年犯罪问题，是潜在的严重的社会问题。

社会进步和青少年健康成长的平衡发展

粉碎“四人帮”5年了，为什么犯罪现象、特别是青少年犯罪问题，还有增无减？这个问题是很复杂的。

犯罪是属于一定历史范畴的现象。目前青少年犯罪较多，和这一代青少年是在特殊的历史条件下成长起来有关，林彪、“四人帮”对青少年毒害所造成的严重后果，不是短期内可以完全消除的。北京市政法机关调查组，在市少管所对70名少年犯罪原因调查的结果是：“除极个别以外，绝大多数是在张铁生名噪一时，学校的教学秩序遭到严重破坏的情况下，开始染上了各种恶习，进而走上犯罪道路的。”目前社会上青少年犯罪团伙的骨干分子，大多数是这批人。这些人的共同特点是愚昧无知、粗野下流、胆大妄为。他们还像传染病一样，带坏一批又一批青少年。

犯罪是私有制形成后出现的私有观念以及阶级利益不可调和的产物。我国已经消灭了剥削制度，剥削阶级也不存在了，阶级斗争已经不是我国社会的主要矛盾，这为逐步控制和消除犯罪的现象创造了有利的条件。但是由于阶级斗争还存在，国内剥削阶级的残余思想、旧习惯势力和国际上的阶级敌人，还会影响、腐蚀和引诱青少年犯罪。资产阶级腐朽的享乐思想和封建主义的“哥们义气”等行帮思想，仍然是导致一些青少年犯罪的重要思想和社会原因。不少青年在“一切向钱看”的思想影响下，为追求力所不能及的物质生活享受，走上了犯罪道路。我国对外开放政策带来的积极成果是主要的，但随之渗透进来的国外腐朽的思想文化和生活方式对青少年的影响也不可低估。去年，仅国外进口的印刷品中，没收的淫秽色情印刷品，就有19000多件，比1979年增加4.1倍。这方面的“污染”，今后可能还会增大。广州市在预防和控制青少年违法犯罪方面，做了不少工作，但由于外来的不良影响，去年青少年犯罪增加很多。1980年全市青少年犯罪人数比1979年增加12.9％，是12城市中青少年犯罪增加比例最大的一个市。特别值得注意的是，台湾和国外一些敌对势力，对我进行“心战”，诱骗一些无知的青少年与敌挂钩联系，从事反革命活动。去年全国与敌挂钩的案件，比前年增加一倍多，其中青少年作案占70％左右。这方面问题值得严重注意。

青少年犯罪与经济的发展、青少年切身利益是否合理解决有着密切的关系。由于林彪、“四人帮”在十年动乱期间所造成的恶果，我国目前经济处于调整时期，青少年的升学、就业、住房、娱乐以及抚养教育等许多实际问题，不能及时地很好地解决，这不能不影响青少年的健康成长。就是说，经济发展和关心解决青少年切身利益问题，也有个比例失调的问题。这些问题党和政府虽然很重视，也正在着手解决，但还有个过程。因升学（高等学校）机会不多，待业时间长或找不到合适的工作，城市住房紧张生活起居不方便，活动阵地少、缺乏丰富的业余文化生活，以及找对象难、结婚要花大量的钱财等等，这些问题都会招致部分青少年不满，一些青少年以有害于社会的方式设法满足自己的要求，或者发泄不满情绪，造成违法犯罪的后果。一些青少年因某些实际问题没有及时解决，矛盾激化，以致铤而走险，不计后果，制造恶性案件。如某城市几名青年因未买到电影票，一气之下，往电影院扔炸药包，结果炸死炸伤数十人。

目前青少年中，有三种人犯罪数量比例大：一是在文化大革命中搞过“打、砸、抢”的，染上劣习，现在这批人多数已进入工人队伍，使青工犯罪数量增多；二是因长期待业，对前途和生活价值失去信心，游手好闲，堕落犯罪；三是部分中学生，因“四人帮”横行时在小学未读到书，现在学习跟不上，变成长流生（有学不上）、常旷生（经常旷课）和劣迹生，这些人长期在社会上游荡，被腐蚀拉拢而走上犯罪道路。去年12城市青少年刑事犯罪中，第一位是青工，占26.6%；第二位是待业青年，占25.7%；第三位是学生，占21.6%。这三种人加起来，占73.9%。如果对青少年的培养教育能够和青少年的成长相适应，如果社会进步、经济上升和青少年从抚养、保健到受教育，以及升学、就业、婚姻、住房、娱乐等切身利益问题的解决能够得到平衡的发展，那么上述问题和三种人犯罪就有可能大大减少，或者可能得到控制，不会象现在这样犯罪率大幅度上升。

此外，我们青少年教育工作没有跟上形势发展的需要，对青少年的合法权益缺乏完善的制度和法律来保护等，也都可能影响青少年犯罪的增加。部分地区对违法犯罪青少年帮教工作抓得不实，对经过教育悔改自新和劳教劳改等释放的违法犯罪青少年未妥善安置，这都致使青少年重复犯罪的情况有所发展。如吉林省四平市，1979年青少年重复犯罪的占28%，1980年达到41%。社会上一批流浪儿和街道闲散青年无人管教，成了犯罪的“后备军”。

搞好青少年犯罪的预防和教育工作

1980年各地普遍健全和发展了教育改造违法犯罪青少年的组织机构，采取依靠广大群众、社会各方面力量进行帮教和政法部门收容管教相结合的方法，对违法犯罪青少年进行教育改造、充分发挥各有关部门、群众组织和学校、家庭的积极作用，使一大批违法犯罪青少年走上了新生的道路。这些适合我国特点的行之有效的体制和方法，去年九月在联合国第六届预防犯罪及罪犯待遇大会上，受到与会许多国家代表的赞扬。

去年以来，在全国广大城镇街道，普遍建立了由居委会干部、民警、家长和退休老干部、老工人、老教师组成的群众性的“帮教小组”或“关心小组”。这是依靠群众，调动各方面的积极因素，预防和控制青少年犯罪及教育改造违法青少年的好形式、好方法。“帮教小组”或“关心小组”的成员，都是街坊邻居，了解情况，便于进行帮教。他们不仅对有违法行为的青少年进行思想教育，辅导学习文化技术，而且还帮助搞好生活安排，对于到了就业年龄的，有的还帮助联系安排就业。这就比较容易消除造成一些青少年堕落犯罪的消极因素和条件，失足青少年也易于接受教育和帮助。据去年全国55个地区和城市的统计，建立“帮教小组”、“关心小组”有41323个，有20多万人参加帮教工作，有6万多有违法行为的青少年受到教育和帮助。应当提到的是，我国各地都有一批热心青少年教育的老爷爷、老妈妈、退休老干部，教育工作者、街道积极分子和解放军战士，他们甚至拿出自己的退休金、工资、津贴，来为青少年办好事，为下一代成长付出了心血。如河南省郑州市街道干部邹玉华，先后帮助了49名有违法行为的青少年，其中有42人有显著的进步。这42人中，有11人被评为新长征突击手，10人被评为三八红旗手，3人加入了共青团。

工读学校对于教育和改造学生中有违法和轻微犯罪行为、不适宜留原校读书的青少年，在“挽救孩子、造就人材”方面效果显著。工读学校和普通中学一样，按学生原有学历和实际文化水平，编班学习。除学习文化科学知识外，还进行道德修养和法制教育，帮助学生提高觉悟，明辨是非，认识错误，转变思想。工读学校学制二年。学校建立共青团、少先队和学生会等组织，同样评“三好学生”，鼓励他们进步。学生毕业后，同普通中学毕业生一样，可以升学、参军或劳动就业。去年以来，全国工读学校发展很快，已由原来北京、上海20多所，发展到111所，在校学生27000多人。部分办得好的工读学校，一些家长主动把自己有劣迹的孩子送去学习。

对于少数不满18周岁的犯罪情节严重、社会上无法教管的犯罪少年，由公安部门审批、收容到少年管教所里进行管教。少年管教所是对犯罪少年实行强制教育改造的场所。在贯彻以教育为主的方针下，实行半耕（工）半读的制度。在生活上实行供给制。福建省少管所针对少年犯的实际，采取抓住主要矛盾、进行正面教育，因人施教、对症下药，加强文化学习，活跃文体生活，改进干部作风、言教身教结合等方法，收到很好的效果。经过教育，该所193名犯罪少年中，表现好和比较好的占66.4%；表现一般的占25.8%；表现差的占7.8%。目前全国有少管所33个，收容管教的犯罪少年20000多人。

各地共青团的组织在帮助教育有违法犯罪行为的青少年中，做了大量的工作。通过团员与他们“交朋友”、“群帮一”和吸收他们参加团组织的社会活动、公益劳动，组织他们进行自我教育、现身说法、举办“浪子回头报告团”、展览会等形式和方法，以及配合家庭、学校和社会组织，对有违法犯罪行为的青少年进行教育帮助。在团的组织中，还涌现出了许多善于打开心灵“锈锁”的能工巧匠，使教育改造违法犯罪青少年的工作逐步深入发展。据辽宁省反映，去年全省团的组织通过各种形式教育帮助了有违法犯罪行为的青少年30000多人，其中有15000多人有了转变。

为了维护社会治安，有利于教育、挽救和改造违法犯罪的青少年，对于极少数杀人犯、放火犯、抢劫犯、强奸犯、爆炸犯以及其他严重危害社会的现行犯罪分子，政法部门依据法律，从重从快进行了打击和惩处。1980年，各级人民法院审理的青少年犯，占全国青少年刑事犯罪人数的23.4%。其中不满18岁的未成年犯16155人。这说明对犯罪青少年，交人民法院审理惩办的是少数，多数是依靠社会群众组织和家庭、学校进行教育改造。

加强对青少年问题的“综合治理”

1979年党中央批转有关部门《关于提请全党重视解决青少年违法犯罪问题的报告》的文件中指出：“各级党委都要把加强对青少年的培养教育，包括解决其中极少数人的违法犯罪问题，放到重要议事日程上来。主要领导同志要亲自过问，党委分管青年工作的同志，要督促、帮助共青团组织把这一工作认真抓起来。还要统一宣教、政法、财经等部门和工会、妇联等人民团体齐心协力，有计划有目的地进行调查研究，及时交流情况，总结经验，按照各自的职责范围，努力做好工作，切切实实抓出成效来。”党中央这一指示，主要强调：（一）要把青少年培养教育，包括解决青少年违法犯罪问题，放到党委议事日程上来，党委主要领导同志要亲自抓；(二)各有关部门要按照各自职责范围，努力做好青少年教育工作，要督促、帮助共青团把这一工作认真抓起来；(三)要有计划有目的地进行调查研究，统筹研究解决青少年中各项实际问题；(四)要及时交流情况，总结经验，切切实实抓出成果来。党中央这些指示，就是对青少年问题、包括解决青少年违法犯罪问题“综合治理”的根本措施。根据党中央这个指示，去年7月15日，中宣部、教育部、文化部、公安部、国家劳动总局、国务院知青办和全国总工会、全国妇联、共青团中央共同颁发了《在青少年教育工作中，各有关部门的职责和分工试行意见》。这个《意见》，已经在部分地区试行。宣传部门运用各种工具，加强对青少年的宣传教育和青年问题的宣传报道，表彰青少年中的英雄模范人物，供青少年学习；学校教育坚持既教书，又教人，注意加强对后进学生的教育帮助；文艺部门创作好的作品、歌曲、电影、戏剧，来丰富青少年的文化生活；政法部门加强对青少年的法制教育，做好违法犯罪青少年的教育改造工作；劳动部门积极为青年就业广开门路，使青年人尽其材，各得其所；工会组织动员老工人加强对青年工人的教育，搞好“传、帮、带”；妇联组织加强对家庭教育的指导，把子女教育好作为开展“五好家庭”活动的一项重要内容；共青团组织全面加强对青少年教育，从各方面培养教育青少年全面成长。

在“综合治理”的原则指导下，有些地区还实行“四包”，即：工厂企业包职工，学校包学生，街道包社会青年，家长包子女教育，把青少年教育工作落实到基层，落实到家庭。除条条分工抓好青少年教育外，重庆、武汉等城市，还实行块块统一指挥，打好青少年教育的“总体战”。沈阳、哈尔滨、长春等市，还建立和健全了社会教育网。凡是按照“综合治理”原则，对青少年教育打“总体战”做得好的地方，在预防和控制青少年犯罪方面，都取得了积极的成果。

青少年教育涉及千家万户，是全党一项重要工作。去年以来，全国有26个省、市、自治区党委召开了青少年教育工作会议，有20个省、市、自治区党委建立了青少年教育领导小组，并设立办事机构——青少年教育办公室。在党委统一领导下，负责研究制定加强青少年教育计划措施，统筹和协调各有关部门的青少年教育工作，及时解决青少年教育工作中的实际问题。辽宁省各级青少年教育办公室，配备了专职干部463人，专职青少年教育辅导员2050名，义务辅导员16000多名，全省上下，基本上形成了抓好青少年教育工作的体系。

1980年全国在预防和控制青少年违法犯罪方面做了许多工作，有了一个良好的开端。但各地工作发展很不平衡，从全面来看，青少年的状况还未根本改善，控制青少年犯罪问题还没有很好解决，仍然是影响目前社会治理、安定团结和青少年健康成长的大问题。我国社会主义经济建设正在整顿改革中前进，青少年问题的解决，看来还有一个过程。我们要积极努力把这方面工作做好。

江苏省1953年以来青少年犯罪概况

（1986年）

江苏省社会科学院政法研究所
青少年犯罪研究课题组

根据我省司法统计资料，青少年犯罪自1953年建省以来是逐步上升的，现分别对以下几个阶段作一概述。

（一）50年代前期

这一时期，青少年犯罪的不多，特别是未成年的少年犯更少，1953年全年共判处16岁以下的少年犯只有11名，占同年判处罪犯总数的3.5‰。这11名少年中犯盗窃罪的4名，强奸罪的2名，过失杀人罪的2名，其他3名。1954年全省全年判处16岁以下的少年犯是88名，占同年判刑罪犯总数的0.21%，1954年的88名少年犯中有奸淫幼女犯8名，盗窃犯73名，少年犯中盗窃占83%。

这一时期青少年犯罪的较少，我们认为，这与当时的政治、经济形势有密切关系。解放以后，经过土改、镇反运动，三反、五反运动，思想改造运动，资产阶级的思想、作风、生活方式等那一套都被搞得臭臭的，艰苦为荣、朴素为荣、助人为乐、为人民服务等共产主义道德风尚大大发扬。党风正、民风好，政治思想工作强而扎实，生产发展，政治经济形势大好，这些对每一个人，也对青少年都有直接影响。

（二）50年代后期

根据统计资料，这一时期中，青少年犯罪的绝对人数和所占罪犯总数的比例都有所上升。1958年判刑的青少年犯占判刑罪犯总数的41.79%，其中少年犯占1.5%，青年犯占40.29%（1958年有扫残肃反、改造落后社队等运动，情况较特殊）。1959年全年被判刑的18岁以下的少年犯151名，占全年判罪的罪犯的0.35%。这151名未成年犯中，反革命罪的20名，杀人罪的1名，纵火罪的5名，抢劫的1名，强奸的3名，奸淫幼女的22名，盗窃的79名，未成年犯在同类罪犯中所占的比例是微小的，反革命、杀人、抢劫、强奸等都低于1%，在盗窃犯中占1.5%。奸淫幼女犯中，少年犯虽较多，也只占同类罪犯的4.7%。

（三）60年代前期

在这段时期内18岁以下的未成年犯罪的绝对人数比50年代末期略有上升。1963年是这一时期中最多的，少年犯人数超过100人。（1963年前后每年都低于百名，1962年至1965年的年平均数为85名）。由于判刑罪犯总数的逐年减少，因此，未成年犯占罪犯总数中的比例较之第二时期末的0.35%有所上升。1962年为0.58%。1963年为0.84%，1964年为0.57%，1965年为0.74%，比1959年的0.35%上升0.5倍至1.5倍。

但是，从这一时期的统计表中反映出18至25岁，18至30岁的青年犯罪分子较为突出。1963年判刑的罪犯中18至30岁的占42.45%。1964年判刑的罪犯中，18至30 岁的 占判刑总数的37%。

这一时期青少年犯罪在各种犯罪中占的比例较前上升。

如表：

青少年犯占同类罪犯的比例

	1958 (25岁以下)	1963 (30岁以下)	1964 (30岁以下)
杀　人	13%	38%	31%
强　奸	17%	46%	43%
奸淫幼女	35%	60%	57%
盗　窃	19%	53%	44%

从上表可看出，60年代前，青少年犯在各种犯罪中都是少数，即使比例较高的奸淫幼女罪也只占1/3左右，而自60年代后，青少年犯的比例逐渐增加，有的已占 多 数。但在当时，对这一新情况注意不够。

（四）70年代中期（1974年—1976年）

1973年下半年，我省撤销公检法军管会，恢复了法院系统的正常工作。在此之前，缺乏系统正确统计资料，根据法院恢复后的统计资料，这一时期18岁以下的 少 年 犯 人数，每年都未超过100名，年平均数为72，低于前阶段。但如以少年犯占判刑罪犯的比例来看，1974年占1.04%，1975年占0.65%，1976年占1.43%，则比前阶段上升40%。在这3年中，1976年的少年犯人数比1975年下降41%，18岁以上青年的犯罪也有所下降。青少年犯占整个判刑罪犯的比例由1974年的36.56%，到1975年的34.6%，到1976年的24.5%。这与当时邓小平同志主持工作，狠抓铁路治安整顿和各项工作的整顿，注意和加强了对青少年的教育工作有关，与我省公、检、法部门和各地、市公、检、法部门都抓了青少年犯罪的调查研究工作，开展了帮教工作有关。

这一时期青少年犯罪在各项犯罪所占的比例如表：

	1974 (28岁以下)	1975 (28岁以下)	1976 (25岁以下)
反革命	40%	35.8%	34.3%
杀　人	40.6%	33%	29.4%
盗　窃	41.5%	40.6%	25.9%
强　奸	27%	43%	35.3%
流　氓	37%	35.3%	27.3%
抢　劫	75%	66%	58.5%
杀　人	40.6%	33%	29.4%

这一时期，青少年犯所犯的罪行中，盗窃占第一位，其次是强奸、流氓，仅此三项，占青少年犯罪的60%左右（1974年为62.5%，1975年为61.4%，1976年为57.4%）。

（五）1977年至1983年

这一阶段青少年犯罪最为突出，这是10年“文化革命”对青少年一代的毒害，经过一段潜伏期后爆发出来的恶果。这主要表现在三个方面：

1.青少年犯罪人数占整个判刑罪犯人数的比例由1977年的24.4%到1978年的25.23%，到1979年的27.76%，到1980年的35%，到1981年的40.6%，到1982年的37.5%，到1983年的48.7%。我省历史上超过40%的只有1958年的41.79%和1963年43.29%。1963年的青少年犯是指30岁以下的。因此，如按25岁以下的统计，实际上要低于40%。1983年判刑的青少年无论从人数上或其占整个刑事犯罪分子的比例上都是最高的，达到了历史上的最高点。

2.未成年的少年犯更为突出。如1977年、1978年被判刑的18岁以下的少年犯的年平均数为1，那么，1979年为2.49，1980年是6.35，1981年为14，1982年为9.8，1983年为36.3，绝对数上升了36倍。未成年的少年犯占整个判刑罪犯的比例由1977年的1.43%，1978年的1.23%，到1979年的3.32%，到1980年的5.9%，到1981年的8.6%，1982年的6.5%，1983年的9.3%。这是就全省情况而言，各地、市情况不平衡，有的地、市少年犯占判刑罪犯的比例高达百分之十几。再以全省平均数而言，1983年的少年犯占判刑罪犯的比例较之60年代前期的年平均率0.68%，上升了13.6倍。

3.青少年犯罪在杀人、强奸、盗窃、抢劫、伤害等犯罪中占相当大数量。列表如下：

	1977	1978	1979	1980	1981	1982	1983
杀人	32%	30%	33%	30%	32%	38.6%	39%
强奸	33.5%	32%	34%	40%	48%	45.7%	42.8%
盗窃	31%	25%	36%	40%	45.8%	45.5%	50.7%
抢劫	45%	73%	59%	70%	73.7%	69.2%	66.6%
伤害	50%	33%	40%	36%	42.4%	38.3%	43.5%
流氓	（当时未有此统计项目）						70.1%
奸淫幼女	（当时未有此统计项目）						59.1%

青少年犯不仅已占40—50%左右，而且犯罪情节恶劣，危害严重，许多大案、要案、恶性案件是青少年犯干的，特别是严重危害社会治安的流氓团伙犯罪案件，青少年犯更占了绝对多数。

（六）“严打”以来

1983年8月开始严厉打击严重刑事犯罪活动后，经过3年多的集中严厉打击，青少年犯罪已出现了下降的趋势。1984年判刑的少年犯总数比1983年下降38%，1985年又比1984年下降61%；1984年少年犯占整个判刑罪犯的比例也比1983年的9.3%下降较多，

1984年为5.4%，1985年为6%。至于18至25岁的青年犯的人数1984年和1983年相比未有下降，还稍有上升。但1985年则比1984年下降了72%。18至25岁的青年犯占判刑罪犯的比例1984年为39.9%，1985年为37%，也有下降。但在几个主要的严重危害社会治安的刑事犯罪中下降的比例不大。1986年又普遍上升。而且在杀人、流氓、奸幼、抢劫、盗窃犯中青少年犯人数也都比 1985 增多。抢劫增多 140 %，盗窃增多 41.5 %，杀人增多7.5%，流氓增多47%，奸幼增多4%。（见下表）

青少年犯在各种严重犯罪中占的比例

	1983	1984	1985	1986
杀　人	39%	30.16%	25.1%	29%
流　氓	70.1%	64.8%	50.7%	70.4%
强　奸	42.8%	42.72%	35.8%	36.5%
奸　幼	59.1%	59.2%	52.5%	61.7%
抢　劫	66.6%	61.06%	63.9%	80.2%
盗　窃	50.7%	42.76%	47.2%	57.7%

从上表中可看出，经过三年多来的严厉打击严重危害社会治安的犯罪活动后，当前青少年犯罪的绝对数较之1983年已有较大幅度下降，但青少年犯罪的危害性仍未有根本上的扭转。正如最近全国政法工作会议所指出的：严重刑事犯罪分子的嚣张气焰被打下去了，流氓团伙的骚扰破坏大幅度减少，群众安全感大大增强，社会治安有明显好转。但在经济改革、开放、搞活的新形势下，面临的新问题不少，青少年犯罪下降的趋势还时有波动，尚不稳定。

从建省以来刑事犯罪和青少年犯罪的统计资料看，有三条曲线：

一条是整个刑事犯罪的曲线。从建省初期的每年四、五万件逐步降到万件以下。其中虽有起伏，但总的趋势是下降的，而且下降的幅度很大。1979年后逐年上升，这是多种原因造成的非正常情况。（美国1980年刑事犯罪比1960年增多3倍，资本主义世界犯罪案件不断增多。）这充分说明社会主义制度的优越性。资本主义制度是产生犯罪的根源，而社会主义制度则能改造犯罪，预防犯罪，控制犯罪，减少犯罪。

另一条曲线是青少年犯罪的曲线。根据现有统计资料，自1958年后，青少年犯罪已开始占整个刑事犯罪总数的30%左右。并且在60年代末期实际上就开始突出了。唯当时青少年犯罪虽然数量上已经较多，但在大案、恶性案件中青少年作案的还是较少，远不如现在突出。

再一条是，未成年少年犯罪的曲线。未成年的少年犯占整个判刑罪犯的比例不断上升，特特是1978年至1983年更是直线上升。这一现象是近几年特有的现象，这就必须加强对青少年犯罪情况、犯罪原因、规律以及教育改造、预防措施、立法保护等问题的综合研究。

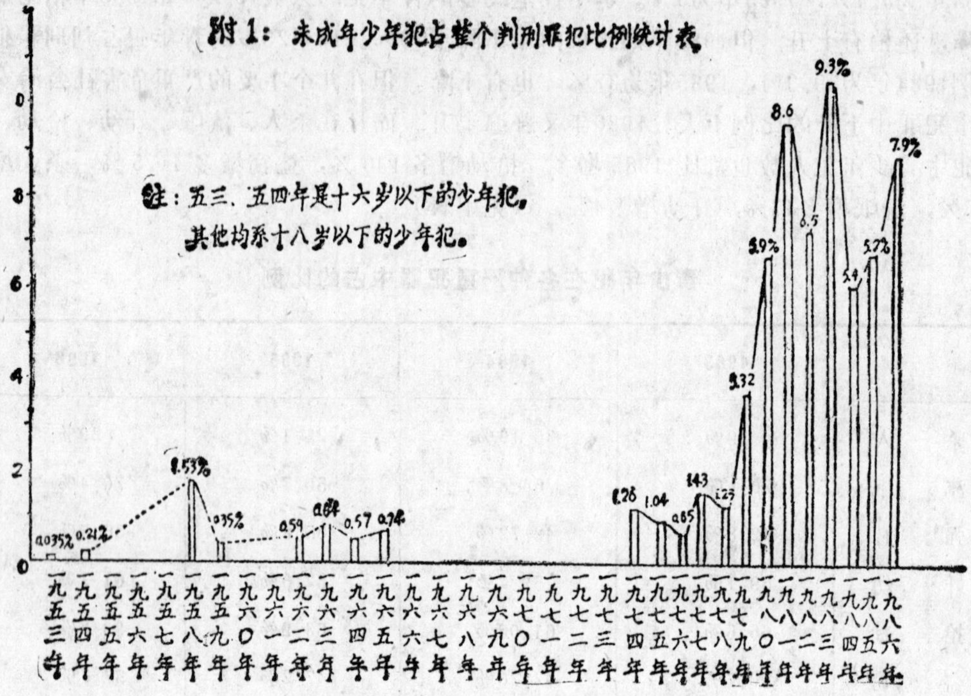
附1：未成年少年犯占整个判刑罪犯比例统计表
注：五三、五四年是十六岁以下的少年犯。
其他均系十八岁以下的少年犯。
0
2
4
6
8
0
0.0352
0.212
1.53%
0.35%
0.59
0.84
0.57
0.74
1.28
1.04
0.85
1.43
1.25
3.32
5.9%
8.6
6.5
9.3%
5.9
5.7%
7.9%
一九五三年
一九五四年
一九五五年
一九五六年
一九五七年
一九五八年
一九五九年
一九六〇年
一九六一年
一九六二年
一九六三年
一九六四年
一九六五年
一九六六年
一九六七年
一九六八年
一九六九年
一九七〇年
一九七一年
一九七二年
一九七三年
一九七四年
一九七五年
一九七六年
一九七七年
一九七八年
一九七九年
一九八〇年
一九八一年
一九八二年
一九八三年
一九八四年
一九八五年
一九八六年

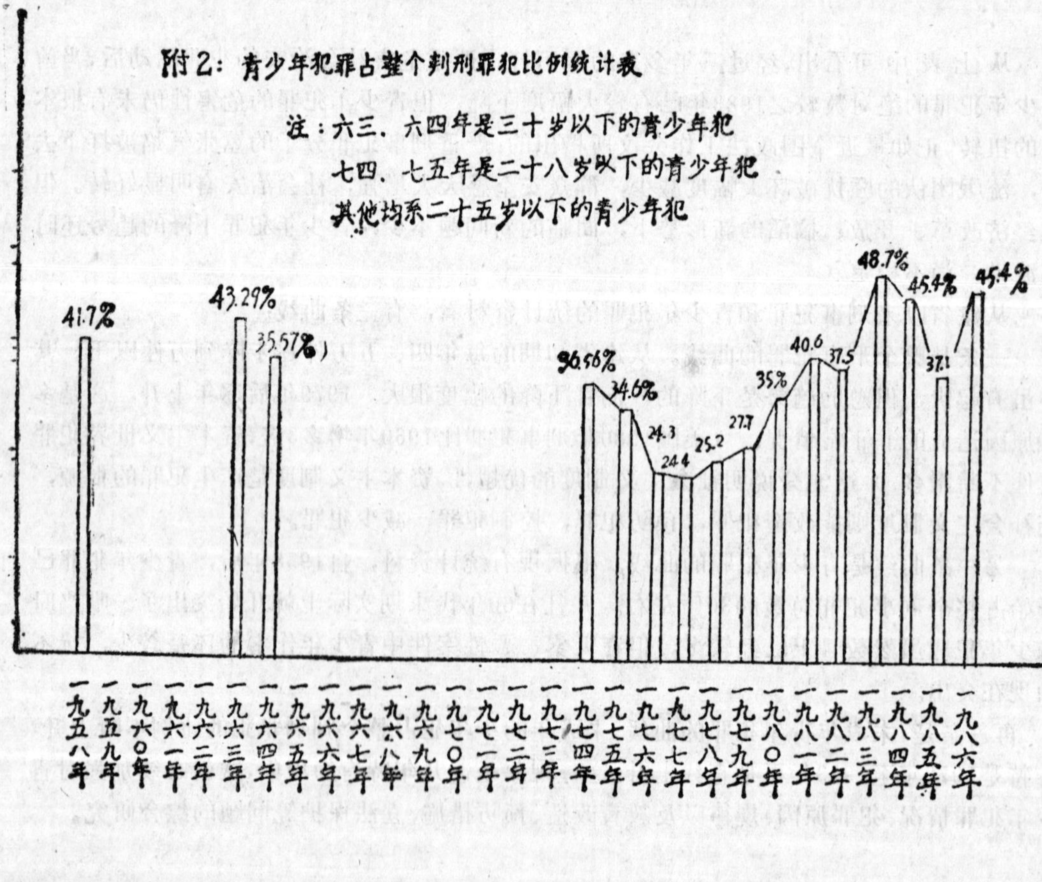
附2：青少年犯罪占整个判刑罪犯比例统计表
注：六三、六四年是三十岁以下的青少年犯
七四、七五年是二十八岁以下的青少年犯
其他均系二十五岁以下的青少年犯
41.7%
43.29%
35.57%
36.56%
34.6%
24.3
24.4
25.2
27.7
35%
40.6
37.5
48.7%
45.4%
37.1
45.4%
一九五八年
一九五九年
一九六〇年
一九六一年
一九六二年
一九六三年
一九六四年
一九六五年
一九六六年
一九六七年
一九六八年
一九六九年
一九七〇年
一九七一年
一九七二年
一九七三年
一九七四年
一九七五年
一九七六年
一九七七年
一九七八年
一九七九年
一九八〇年
一九八一年
一九八二年
一九八三年
一九八四年
一九八五年
一九八六年

天津市31年来青少年犯罪的变化
（1986年）

天津市公安局 孙崧山

为剖析青少年犯罪的规律、特点，原因，加强综合治理，我们整理了天津市31年来青少年犯罪的情况和今后的发展趋势，供研究参考。

一、不同时期青少年犯罪的各种不同变化

解放以来，市公安机关破获的各种刑事案件中，青少年罪犯所占的比重、职业、作案性质、犯罪手段都在变化着。在发案的规律、特点和作案的手段、性质上，这些变化大致分四个阶段，即：1950年至1958年；1959年至1962年；1963年至1966年；1973年至1981年（1967年至1972年未统计）。这四个阶段突出的有以下几种变化：

（一）犯罪比重

1950年至1958年：青少年犯罪很少，占整个刑事犯罪成员的比重也小，每年变化不明显，波动也不大，少时占8%左右，多时占18%左右。

1959年至1962年：青少年犯罪突然增多。1959、1960两年犯罪青少年占整个刑事犯罪分子的比重上升到64%。1961年、1962年虽然有所下降，但比重仍在40%以上。

1963年到1966年：这四年中青少年犯罪又明显减少，1966年已减到22.1%。

1973年到1981年：青少年犯罪变得非常严重，其比重始终占整个刑事犯罪分子的80%左右。

（二）犯罪成员职业

1958年以前：青少年犯罪的主要成员是社会闲散、流浪无职业人员，其次是做小商小贩和临时工的青年，也有一些学生、工人和贫民。

1959年至1962年：闲散无业青少年犯罪有所减少，青年工人犯罪显著增加。同时，干部、职员、家庭妇女中的青年犯罪占一定比例，不满十六岁的少年、流浪儿、失学儿童犯罪突出。

1963年至1966年：青少年犯罪成员中的干部、职员、家庭妇女、不满十六岁的少年儿童已明显减少，在四年的时间内查获还不到100名，青年工人和无业人员犯罪仍很突出。

1973年至1977年，青少年犯罪成员职业变化分两种情况，一是在1977年以前，青少年犯罪成员主要是以学校学生为主，其次是青年工人、知识青年和青年农民。二是在1978年以后，青少年犯罪成员主要是以青年工人、待业青年为主，在校学生犯罪大幅度减少。

（三）案件性质

解放初期，青少年犯罪主要是进行盗窃活动。抢劫、杀人案很少发生。1950年至1958年总发案件中盗窃案件占88.9%。抢劫、杀人案件中属青少年作案的只有九起。

1959年到1966年：青少年犯罪仍以盗窃案为主。只是在3年自然灾害期间，青少年犯罪出现了一股大抓、明抢的趋势，但很快又平静下来（这类案件占当时青少年犯罪的21%）。

1973年以来，青少年作案性质发生了明显变化。抢劫、杀人、伤害、流氓、强奸案件大部分都是青少年所为。

最近两年中，案件性质又有新的变化。诈骗、走私贩私、投机倒把、盗窃枪支弹药明显增加。据1981年统计，诈骗案件比1980年上升13.8%；走私贩私案件上升16.7%；盗窃枪支弹药案件上升66.7%。

（四）犯罪特点和手段

青少年犯罪的特点，在文化大革命前，主要是沿袭旧的作案形式，在电车、汽车上，繁华场所进行盗窃（扒窃），或者是入户盗窃等进行一般的盗窃活动。对金库、银行、商场、供销社等部门的要害部位很少下手。做案时，案犯一般都有预谋、有选择，很少采取结帮成伙，或持械行抢的犯罪形式。即使发生杀人、伤害案件，也都往往是关系明显，手段也较隐蔽。

目前青少年犯罪的特点则是明目张胆，心狠手毒，肆意横行，不计后果，说偷就偷，说抢就抢。归纳其特点和手段有几种：一是做大案、要案多。近几年发生的重大案件中青少年做案占85.5%；1979年查获的抢劫犯中，青少年占96.5%。1980年发生的重大拦路抢劫案件，均是青少年所为。二是暴力作案的多。1979年对抓获的3786名青少年犯罪成员调查，携带凶器使用暴力的占86.8%。1979年市政府颁布了“关于收缴犯罪凶器的通告”后收缴的匕首、火枪、军刺等作案凶器中有95.4%是从青少年手中缴上来的。三是团伙犯罪的多。团伙犯罪是当前青少年犯罪的最大特点之一。他们或是同学，或是在少管、劳教场所相识，为称王称霸，助威壮胆，互相勾结在一起进行各种犯罪活动。1980年，共查获团伙623个，成员达1729人，团伙大的成员在30人左右；小的也有3至5人。

二、青少年犯罪的几种趋势

根据对天津市31年来青少年犯罪发生变化情况的分析，说明青少年的犯罪行为是和经济、政治、教育等方面的变化相关联的。甚至可以说是受经济、政治、教育诸方面变化的支配。今后的青少年犯罪仍要受这种变化的支配。

（一）青少年犯罪的绝对数，通过全党重视综合治理可以肯定绝对数将会下降，但从整个刑事犯罪的比重看，今后青少年犯罪率将保持在70%左右，不会出现明显下降。1.从旧社会遗留下来的不法分子，目前已为数不多，并都已失去犯罪能力；2.成熟的青、壮年都已建立家庭，担负生活和工作两付担子，这些人有社会和生活经验，一般不易犯罪。严重的是当前青少年中的一部分人，无知、野蛮、目无法纪。今后变成犯罪成员的将主要是这些对象。

（二）从青少年犯罪成员的职业上看，今后青少年犯罪仍是以青年工人、待业青年、青年农民为主。当前我们的某些经济政策和措施仍有不完善之处。如当前实行的招工顶替制度不凭全面考核，不采取择优录用的做法，使一些品学双差的青年一变而成工人，进厂后又忽视思想教育，很难使他们中一些人的思想品质有好的转变。因此青工犯罪就难减少。一些待业青年看到自己升学入厂无门，便感到没前途，没奔头，由意志的颓废渐渐变坏。致使一些待业青年犯罪多。农村青年犯罪也是逐年增多的趋势。1977年以前农村青年犯罪只占青少年犯罪的8%左右。目前已上升到20%左右。

（三）从犯罪行为和方式看，今后的青少年犯罪行为和方式将出现新的变化：

1.一般案件将会逐年减少，杀人、抢劫、强奸、盗窃枪支弹药等重大案件会出现上升趋势。据统计，1981年的重大案件比1980年上升13.6%；今年1月份在刑事案件大幅度下降的同时，重大案件却上升了12%。2月份又比1月份上升17.9%。原因是现在的青少年犯罪，改变了过去的只进行一般的盗窃活动，而是对金库、电视机、录音机、衣料等高档商品下手。其次是现在青少年中的一部分人道德水平低下，法制观念差，心狠手黑，不考虑后果，使杀人、伤害、抢劫案件不断发生。再就是过去青少年犯罪的因果关系比较明显，现在情况有很大不同，往往在人们引不起重视的情况下，却常常发生杀人、伤害等后果极为严重的重大案件。比如去年发生的杀人案件中，84%是因为一些不引人注目的小事而造成的。今年3月2日，我市小海地楼群发生了一起连杀四命的惨案，凶手刘德喜仅因对象家长反对他们的婚事，一怒之下杀了对象家中的四个人，并学着武松的样子在墙上写下"杀人者刘德喜也"。

2.旧的和一般性犯罪方式将继续存在，但暴力犯罪或粗野的、更加不确定的各种犯罪方式将会更多出现。这种犯罪形式出现是同社会因素与人类生活条件的关系相联系。随着我国利用外资、引进技术的不断扩大和发展，西方一些腐朽的东西也随之而来，其中以色情、暴力影响最大。如果我们教育工作跟不上，一些青少年便会中毒，这是发生暴力犯罪的潜在危险。今年我市发生的两起特大杀人案件，都是受暴力的影响而采取连杀多命的粗野犯罪方式的。另据1981年统计，青少年盗窃枪支、弹药用于杀人行凶作案的，比1980年增加了67%，给社会带来了极大的危害。

3.当前的青少年犯罪，在做案时，采用的手段比较狡猾，也开始注意了隐蔽，企图逃脱打击。前几年，一些青少年为"称王称霸"比"英雄"、比"能耐"，一群一伙公开在大街上拦劫行人、肆意行凶的案件正在消失，但其中有些人的犯罪活动并没有终止，只是改变得更加狡猾和隐蔽。青少年犯罪改变做案手段后却有更大的威胁性和危险性。1981年统计，青少年使用暴力拦路抢劫案件比1980年上升16.6%。暴力轮奸妇女案件上升24%。

据以上趋势，我们认为除了青少年犯罪占整个刑事犯罪的比重将保持在70%左右外，其它趋势并不是持久的。只要切实搞好综合治理，加强教育青少年的工作，这些犯罪趋势会得到不同程度改变的。

江西省近几年来青少年犯罪概况

（1986年）

治　林

近几年，江西省各级党委，政府和政法部门为预防、减少青少年违法犯罪做了大量工作，取得了一定的成效。基于斗争的长期性，复杂性和艰巨性，在当前刑事案件中，青少年犯罪案件仍占相当的比例。1980年以来，江西省青少年犯罪案件时起时伏，1983年“严打”之后，1984年有较大幅度的下降。1985年起又有较大幅度的回升。据统计，1985年全省查获的青少年犯罪分子占当年全部刑事犯罪分子的70%，比1984年上升7.6%，比1983年上升4%。1986年全省查获的青少年案犯比1985年增加1626名，在全部案犯中的比例也增长了1.5%。（见图一）

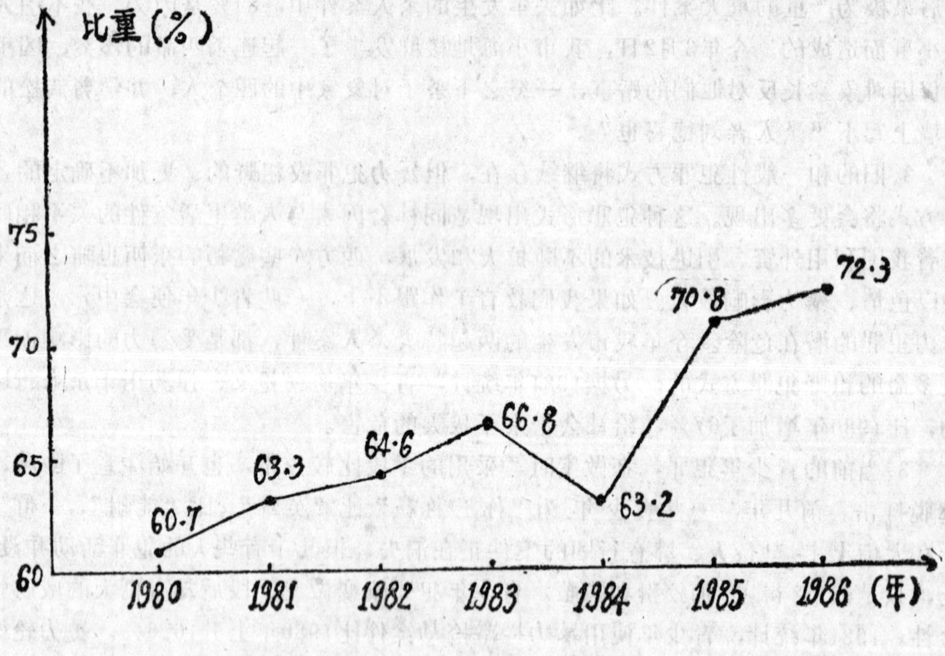

图一：青少年犯罪成员在全部案犯中的比例变化表

从青少年犯罪成员在全部青少年人口的比例变化中也可看出，1981年达到一个高峰，此后逐年下降，至1984年降到最低点后，1985年又开始回升，1986年仍呈上升趋势。（见图二）

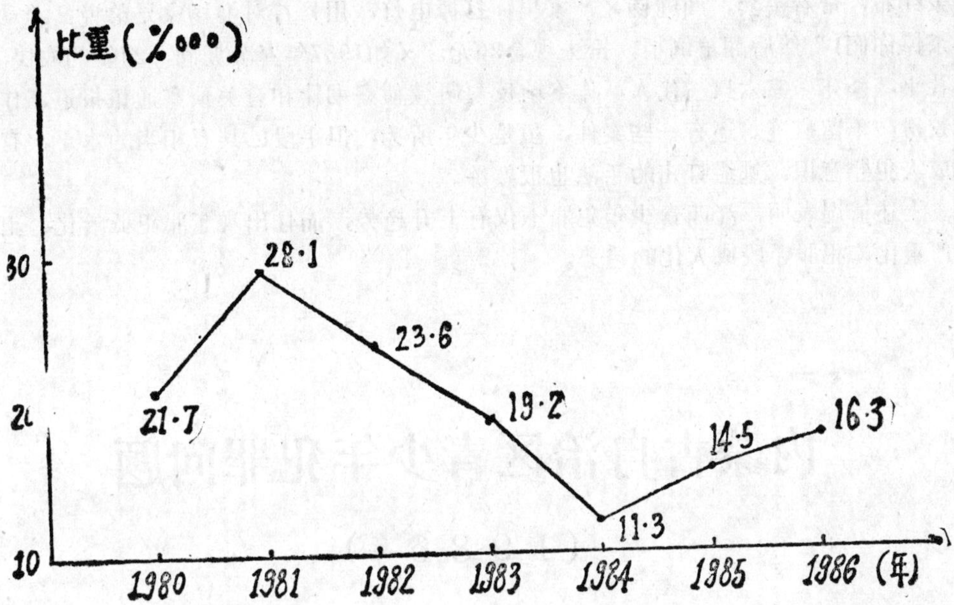

图二：青少年犯罪成员在全省青少年人口的比例变化表

从青少年犯罪成员来看，有四个增多：一是少年犯增多。在1985年全省查获的青少年犯成员中，不满18岁的占34%。1986年一季度比1985年同期上升13.1%。二是初犯增多。1985年青少年初犯占青少年犯总数的84.7%。1986年查获初犯绝对数比1985年又有增加。三是农村青少年犯增多。1985年农村青少年犯占青少年犯总数的50%。1986年全省查获的农村青少年犯比1985年增加481名。四是学生犯增多。1985年查获犯罪学生占青少年犯总数的12.3%，1986年占11%，大大超过往年5%至7%的比例。

从犯罪性质看，重大恶性案件突出，突发性暴力案件增多。1980年以来，江西省的突发性暴力案件日益增多，实施暴力性犯罪的案犯以青少年为主。在年龄结构上，越来越集中于18至25岁的青年。1985年查获青少年重大案犯占全部重大案犯的62%。1986年11月，南康县圹江镇电影院爆炸事件，造成13人死亡，50多人受伤，作案者名叫古××，年仅19岁。轰动全国的南昌市熊南平等五名犯罪分子组织“冲锋敢死队”，抢枪杀人、抢劫，逃窜到浙江衢州继续作案时被歼灭，5犯年龄均在25岁以下。近几年来，先后发生在南城县的盗枪杀人案、九江市的持枪报复杀人案，宜春市和横峰县的盗窃枪支弹药案，乐平县的抢夺公安干警枪支案，南昌市的预谋劫机案等，作案者均是青少年。

从作案手段上看，随着现代化科学技术的推广和各种信息的传播，青少年犯罪分子适应性和模仿能力很强，不断变换作案手段，向成人化，智能化发展。他们中有的蒙面作案，掩盖真象；有的各地流窜，快速逃离现场；有的掩人耳目，声东击西；有的不留痕迹，破坏现场；有的甲地作案，乙地销赃；有的则利用电子技术，药物麻醉和现代通讯技术作案。如铜鼓县有三个不满18岁的少年，1985年11月6日晚上，窜到湖南省浏阳县白沙乡，脸蒙红布，带着手套，闯进杨××家里，打掉电灯，用匕首对准杨家兄弟说："动一动就杀掉你们!"然后翻箱倒柜，抢去现金20元。又如1987年春节期间，24岁的农民罪犯黄礼平，杀死一家六口三代人，作案前反复研读侦察书籍和有关侦察通讯报道，作案手法狡猾，不留痕迹。还有一些案件，虽是少年所为，但手段已具有相当的水平，有较强的成人犯罪意识，逃避打击的手法也很熟练。

上述情况表明，江西青少年犯罪不仅有上升趋势，而且出现了罪犯低龄化，犯罪性质严重化，犯罪手段成人化的趋势。

内蒙古自治区青少年犯罪问题

（1986年）

内蒙古自治区政法委员会　玉　梅

（一）

经过三年严厉打击严重刑事犯罪的斗争，我区刑事发案率总的来说是下降了，广大城乡牧区的治安秩序有了明显的好转。但是，青少年犯罪问题仍然十分突出，应引起社会的关注。

"严打"之前，由于"文化大革命"十年动乱造成的恶果，我区青少年犯罪出现了高峰期，据1982年底统计，青少年犯罪率高达24.3‰，青少年犯罪在全部刑事犯罪中所占的比重达68.2%。"严打"之后，随着整个刑事案件的大幅度下降，青少年犯罪绝对数也呈下降趋势，但所占的比重上升，1984年青少年犯罪率是13.9‰，所占犯罪比重是62.8%；1985年青少年犯罪率是12.3‰，所占犯罪比重是71.2%；1986年青少年犯罪占71.7%。青少年犯罪现象有增多趋势。

近年以来，一些地区中小学生违法犯罪也增多。大兴安岭林区，1986年1至10月份学生犯罪占作案成员的27.2%，占学生总数的7.1‰，并出现了带有封建行帮色彩的帮伙等。

总之，青少年犯罪占社会刑事犯罪的比例，有逐渐增加的趋势，一些地区特别是城镇，青少年罪犯已成为犯罪的主体。

（二）

近年来，青少年犯罪越来越显露出犯罪年龄低龄化，犯罪手段成人化，犯罪性质严重化等特点。

1．犯罪年龄提前，向低龄化发展，是青少年犯罪的明显趋势。近年来，违法犯罪青少年的犯罪年龄，比“文化大革命”前提前2至3岁，一般是从10至12岁开始有劣迹，13、14岁走上社会犯罪，14至17岁成为犯罪的高峰年龄。1985年自治区直属少管所少管人员中，犯罪时年龄在14至15岁的就占87.3％。呼盟1986年1至10月，18岁以下的青少年犯占全部作案成员的23.6％，比去年同期增长13.5％。呼市查获一个11至17岁的犯罪团伙，四人轮奸了1名15岁的女孩；包头抓获1个11岁的少年，3个月就溜门撬锁作案8起；乌盟抓获四个盗窃团伙，长期盗窃作案60余起，窃得物品价值数千元；在这4个团伙43名成员中，最大的17岁，最小的11岁。

2．犯罪手段“成人化”、“现代化”，也是青少年犯罪的一个趋势。这主要来源于国际犯罪对国内犯罪的影响及国内一些影视、书刊的影响，反映了信息社会的特点。青少年多是从侦探书籍、刊物和电影电视中学到犯罪手段、经验。乌兰浩特市一个由14名学生组成的盗窃团伙，模仿一些影片中的犯罪手段，竟在光天化日之下到商店行窃；通辽市永青派出所，抓获一个九岁的盗窃商店的少年，作案时，戴手套、穿大鞋；赤峰市一个学生模仿录像片中的强盗，两次蒙面入室抢劫；呼盟鄂伦春旗大杨树镇17岁的周××模仿小说、影视中的犯罪情节，将邻居12岁的小女孩强奸后解肢碎尸；赤峰市一个由15、16岁的少年组成的犯罪团伙，盗窃作案时都戴着手套，作案后擦掉足迹，破坏现场。

3．犯罪性质向严重化发展，是青少年犯罪的又一个显著趋势。从近年来的情况看，青少年违法犯罪已由前几年的打架斗殴、盗窃财物等一般性犯罪，逐步发展到杀人、抢劫、强奸、轮奸、重大盗窃等重大犯罪。据统计，1986年我区查获的重大案犯中，青少年案犯1745人，比1985年的1423人上升22.6％，占全部重大案犯的65％。包头市1984年和1985年杀人案犯中青少年竟占80％。不少青少年犯罪动机简单，事前很少预谋策划，往往在外界的影响下突然犯罪。呼市某中学一个未满14岁的学生张××，因对本校1名学生不满，在一些同学的起哄、挑唆下，顿起歹念，持刀杀人。有的青少年犯罪，不计后果，为所欲为。呼市中学生冯×伙同3人，拦截女学生进行轮奸，后冯掏出刺刀威胁被害人说：“敢去报告，就捅死你”；乌兰浩特14岁女学生孙××，因家长之间有隔阂，将其叔伯弟妹2人乱棒打死；1986年11月，包头市22岁的何××，竟在光天化日之下，将一女青年衣服剥光，暴力强奸；锡盟多伦县3个小学生，他们平均年龄还不到14岁，趁该县农机厂休息，将该厂车间40000余元的机器设备及电缆、电丝、仪表等接线全部剪断拆走、变卖，造成该厂停工停产。

4．性犯罪呈上升趋势。性犯罪是作为青少年思春期以至青年期的一种越轨行为而产生的犯罪，它的主要类型是流氓、强奸。据我区直属少管所统计，“严打”前1982年少年犯中的性犯罪占30.7％；1983年占31％；1984年占47.3％；1985年上升到56％。青少年性犯罪的原因是多方面的，而社会不良影响往往是犯罪的直接诱因。西方资产阶级的“性解放”、“性自由”等腐朽思想，国内外电影、电视、录音、录像、书刊中有诱惑性的内容，常常激起青少年的性冲动，加之青少年善于模仿，出于好奇、好玩，无视道德规范，易受诱因驱使，走上犯罪。扎鲁特旗16岁的张××强奸了7岁的小女孩，审讯时供认，是看了不健康的录像，抱着猎奇、试试的态度，结果走上了犯罪的道路。包头市17岁的句××，将1名9岁的小女孩骗到自家凉房内，奸污4次，并向受害者说：“闭路电视中就是这样干的”。乌海市15岁的李×拦截1名7岁的女孩，进行猥亵，李交待是从录像上学来的。锡盟苏右旗15岁的王××，趁其邻居夫妇不在家之机，跳墙入室，将邻居两个女孩（1个8岁，1个5岁）强奸。青少年性犯罪的突出特点是，以诱骗和入室等为手段，强奸幼女、少女、精神病和呆傻妇女。

5．团伙犯罪比较突出。这与青少年生理、心理特点有着密切的联系，一般地说他们智力发育都还不够成熟，理智性差，依附性强，容易结成自发性群体在社会上活动。1986年上半年，包头市打掉流氓团伙35个，团伙成员大都是青少年。满洲里市查获一个流氓团伙，成员136名，全部是青少年。呼市查获一个由4名少女组成的盗窃团伙，先后作案八起，盗窃自行车八辆。一些“两劳”期满释放解教人员在青少年犯罪团伙的形成、稳定和实施犯罪等方面起着重要作用。他们纠集在一起，寻衅滋事，胆大妄为，无恶不做，危害极大。乌海市抓获1个以刑满释放犯赵××（男、22岁）为首的流氓盗窃团伙，成员58人，均是男女青少年，其中曾被判刑、劳教、少管的有7人，被收审过的有9人。这个团伙纠合快，人数多，经常结伙械斗，流氓奸宿，偷盗绺窃，作案60余起，严重扰乱了社会治安。

6．在校学生犯罪中，帮伙活动突出。这两年，我区不少地区的中、小学校出现了学生帮伙活动，1986年以来，发现帮伙56个，成员451人。他们模仿武侠小说、武打影片中封建帮会的结拜方式结成帮伙，推举头目，制定帮规帮法，发展成员。这些帮伙大都冠有江湖、帮会性质的名称，如“十六金刚”“菜刀帮”“飞车团”“飞鹰帮”“斧头帮”等等。结成帮伙的都是些思想落后，不守纪律，学业不良的“三差生”。他们结成帮伙后进行偷窃、流氓殴斗等违法犯罪活动，个别的很快发展成为危害一方的犯罪团伙。如呼盟图里河镇的“手枪队”，自制手枪、步枪等凶器，多次携枪行窃；呼盟大杨树镇的“八兄弟”，连续在居民区和学校、机关等内部单位盗窃作案，并用窃得的赃款赃物引诱女学生鬼混。有的帮伙在社会上和学校里互相寻衅闹事，聚众斗殴。由于帮伙具有腐蚀性大的特点，家长担心，学校受扰，教师负担加重，教育质量下降，严重扰乱了学校和社会的安全。

（三）

青少年犯罪的原因，是个很复杂的问题。社会生产力的发展，科技文化的进步，物质、精神生活的提高，促使青少年成熟期提前，这就为青少年向好坏两个方面发展提供了可能性。

从青少年主观原因分析，这个时期的青少年在生理、心理上发生很大的变化，特别是性机能的变化，导致青少年各种矛盾的产生，诸如自主的要求与家长、教师依附关系的矛盾，生理发育与心理发展的矛盾，感情冲动与意志行为的矛盾，日益增长的物质欲望与现有的经济条件的矛盾，性活动要求的生理性与道德法律的社会性的矛盾，辨别是非能力与不良外界影响的矛盾，自我意识与未来发展的矛盾，现代意识与传统思想的矛盾等等，如果这一系列的矛盾得不到正确的引导和解决，就很容易使青少年步入歧途。从一些调查材料看，青少年犯罪动机多系出于“吃喝玩乐”和“哥们义气”，他们的享受欲望过分膨胀，又不顾社会道德和国家法律的约束，去从事犯罪活动。

从客观原因分析，家庭、学校、社会都在历史发展的进程中发生变化，不断出现新的问题，影响青少年的健康成长。

目前，我国在一定范围内还存在阶级斗争和剥削阶级的意识形态，国际上还存在着敌视社会主义的各种反动势力，这些反动势力的存在及其渗透和影响，是导致青少年犯罪的重要因素。社会风气与党风还尚未根本好转，也影响着青少年的健康成长，使青少年在不良风气的影响下，藐视道德、纪律和法律而走上犯罪道路。随着对外交往的增多，国外资产阶级腐朽思想和低下文化乘机渗透，特别是近几年来，文化思想阵地资产阶级自由化思潮滋生蔓延，对青少年毒害甚大，这不能不说是个严重的教训。

大量的待业青年成为社会问题，也是青少年犯罪的一个重要因素。我区每年的初中毕业生仅有45%左右可以升入高中，高中毕业生仅有百分之十几能升入大学。由于历史的原因，我区新增生产项目少，第三产业发展慢，待业问题尤为突出。大量青年滞留社会，成为闲散人员，其中一部分正值犯罪高峰年龄。加之社会上对待业青年缺乏有力的教育和管理，有的角落成了死角死面，一些待业青少年聚在一起，抽烟、酗酒、赌博、打架斗殴，不文明、不道德的行为得不到及时的制止和纠正。在不良的人际关系中，劣迹互相感染，一人变坏感染一片。

现代的家庭结构也发生了很大的变化。双职工家庭占绝大多数，夫妻关系破裂的增多，影视等现代化宣传工具的普及，家庭教育职能实际在逐渐减弱。传统的伦理道德观念日益不为人们所重视，“核心式”家庭普遍出现，独生子女越来越多，孩子在家庭中的地位升高，易造成青少年以“我”为核心的自私心理，任性、粗暴、没有责任心；家庭溺爱、娇纵、加之疏于管教，或是管教方法不当，都是导致青少年犯罪的直接原因。

不少学校重智育，轻德育。片面追求升学率，从而忽视了对学生道德品质的培养，影响了大面积的提高教学质量，造成了一些学校教育质量过低，后进生比重增多。有些学校教师，往往把那些犯过错误的学生视为异端，教育方法简单粗暴，有的干脆以除名、开除了事。使这些青少年容易形成对正确事物的抵触心理和对学习的厌恶感，有的旷课逃学，在校外与不良分子交往。政治、道德、纪律、法制教育没有纳入日常教育轨道。有的虽已设立了法制课程，也仅仅是一种形式，不讲求实际效果。这样的结果，不但学习差的学生，就连成绩好的学生，思想往往也是空虚的，经不起资产阶级思想的引诱和腐蚀，从而导致在校学生犯罪增多。

（四）

青少年犯罪问题已成为当前比较严重的社会问题，必须引起全社会的重视和关心，采取全方位的治理对策，持之以恒地抓下去，方能奏效。我们有无比优越的社会主义制度，有中央关于两个文明建设一起抓的正确方针的指导，对解决青少年犯罪问题，我们是充满信心的。

1．在党委的领导下，依靠全社会的力量，实行“综合治理”。犯罪的发生和变化，犯罪的存在和后果，无不具有社会性、“综合性”。因而，必须在党委和政府的领导下，依靠全社会的力量，实行"综合治理"，切实加强对青少年的培养教育工作。主要领导亲自过问，统一组织宣传、教育、政法、财政等部门和工、青、妇等人民团体协调配合，有计划，有目的的按照各自的职责范围，努力做好工作，抓出效果。

2．预防为主的原则。要在加强物质文明建设的同时，加强精神文明建设。在广大青少年中，要特别加强以共产主义思想为核心的理想、信念、道德的教育，加强社会主义民主与法制的宣传和教育，加速实现党风和社会风气的好转，旗帜鲜明地反对资产阶级自由化，提高青少年辨别是非的能力和拒腐能力。具体的防范措施是：

一、严厉查禁、收缴淫秽录像和淫书、淫画以及低级下流的录音、书刊、黄色手抄本，减少腐蚀青少年灵魂的污染源。

二、动员全社会关心青少年的成长，妥善解决有关青少年切身利益的婚姻、恋爱、就业、升学、文化娱乐等问题。为青少年广泛开辟健康的文化活动阵地。

三、大抓教育，国家和地方投资，兴办学校，培养师资，力争在短期内城市普及高中教育，农村牧区普及初中教育。当前要重点解决城市初中升不了高中的问题，改善学校教育，解决好双差生、"流失生"的问题。最大限度地把处在犯罪年龄高峰期的青少年放在学校内给予良好的教育。

四、提高家庭教育质量，特别是对14周岁以下的少年儿童，要充分发挥家长的监护、教育作用。

五、尽快制定青少年保护法规，使青少年工作制度化、法律化、经常化，保护青少年的健康成长。

3．惩罚与教育挽救相结合原则。劳改、劳教机关对违法犯罪青少年要贯彻教育挽救的原则，并加强文化、技术教育，为他们回到社会上升学、就业创造条件。对轻微违法犯罪青少年，政法部门要和工、青、妇、教育等部门密切配合，切实做好帮教、挽救工作。

4．加强青少年犯罪的研究工作。要运用法学、社会学、心理学、教育学等多种学科知识，对青少年违法犯罪的原因、特点、变化规律，以及综合治理战略进行系统的调查研究，提供决策依据，指导工作实践。

宁夏青少年犯罪的新特点

（1986年）

宁夏社会科学院法学研究所 李 温

宁夏的青少年犯罪同全国一样，经过十年浩劫这个特定的历史阶段，违法犯罪现象日益增多，已成为一个严重的社会问题。

我区的刑事犯罪和青少年犯罪从1971年后是逐年增长的，到1974年超过了自治区成立以来最高的1961年；1975年开始有所下降，1977年又一次急剧上升，形成了自治区成立以来犯罪发案率的第二个高峰期，一直延续到1983年的“严打”斗争，刑事犯罪和青少年犯罪猛增的势头，才被遏止。随着“严打”斗争的深入，浮在面上的一批违法犯罪分子被打掉了，还挖掉了一批隐藏的犯罪分子，我区的社会治安秩序有了明显好转。但1985年以来，又逐渐回升，而且出现了一些与严打前不同的新特点和新趋向：

一、青少年犯罪趋向回升。“严打”后青少年犯罪分子明显下降，全区1984年抓获的青少年犯罪分子绝对数比1983年下降54.16%，刑事犯罪分子总数也比1983年下降49.2%，成为1973年以来12年来抓获犯罪分子最少的一年，这不能不归功于“严打”斗争。但1985年以来，青少年犯罪又趋向回升，青少年犯罪分子的绝对数比1984年增加13%，青少年犯罪分子在刑事犯罪分子总数中所占的比重由1984年70.33%，上升为75.34%，增加5%还多一点；1986年青少年犯罪分子的绝对数虽然比1985年减少5%，但在犯罪分子总数中所占的比重则上升为78.32%，比1985年增加3%。

治安案件1985年比1984年上升28%，1986年又比1985年上升了7.96%，作案成员中57—60%的是青少年。

二、罪犯趋向低龄化。由于“严打”斗争，1984年青少年犯罪分子明显下降，但未满18岁少年犯罪分子占青少年罪犯的比重却由1983年的36.11%，上升为43.25%，增加了7.14%；少年犯罪分子占整个刑事犯罪分子的比例也由1983年的28.18%上升为30.42%，上升了2.24%。我区少管所每年收容管教的少年犯和少年教养人员也发生了相应的变化。1983年，由于开展“严打”斗争，当年收容管教的少年犯和少年教养人员比“严打”前的1982年增加1.59倍；1984年收容的虽然比1983年有所减少，仍比1982年增加41%；1985年仅比1982年少收容了2名；1986年收容的比1985年增加56.62%，比1982年增加54.76%。这些统计说明，我区“严打”后的少年违法犯罪分子在刑事犯罪分子中所占的比重呈逐年增加的趋势，这不能不引起人们的关注和不安。

三、犯罪性质严重化，恶性案件不断增加。过去青少年违法犯罪大多是一般的偷摸、打架斗殴、流氓滋扰。近三年来，已发展为重大盗窃、流氓殴斗、杀人、抢劫、强奸、轮奸等重大恶性案件。据自治区少管所统计“严打”后收容管教的盗窃犯罪分子比“严打”前增加11.5%，达49.8%；流氓斗殴犯罪分子增加6.8%，达16%；强奸犯罪分子减少0.3%，仍占案件总数的12.8%。1986年发生的39起杀人案件，86%是青年罪犯所为。

四、犯罪手段智能化。“严打”前，我区的青少年罪犯大多数是“文盲加流氓”；“严打”后，随着广大青少年科学文化水平的普及和提高，以及他们从电影、电视和一些侦探小说中，学到了不少犯罪手段，如作案时戴手套、蒙面孔，有的还在现场浇汽油、撒石灰，千方百计地利用现代科学技术进行犯罪，如用玻璃刀和橡胶吸盘，割开玻璃窗，入室盗窃。贺兰县十三岁的郝××用绳爪攀高翻墙入院盗窃，脚上缠布，手戴手套，不留痕迹，为案件侦破制造了困难。有的还学习法律常识，学习刑事侦查知识，对付公安人员。这些都给同刑事犯罪斗争带来了复杂性和艰巨性。

五、在校学生犯罪增多。据统计，宁夏在校学生犯罪在1980年、1981年占犯罪分子总数的10%多一点，以后由于开展“五讲四美三热爱”、“学雷锋，树新风”等活动和学校加强政治思想工作后，学生犯罪情况有所好转，1982年下降为8.94%。尤其是经过1983年的“严打”，在校学生犯罪分子占整个刑事犯罪分子的比例又下降为8.89%。“严打”把社会上的犯罪分子的嚣张气焰压了下去，相对来说对在校学生打击得不力，在校学生犯罪活动又缓慢回升；1984年上升到占犯罪分子总数的11.95%；1985年比例也是逐年上升的。“严打”前的1982年、1983年分别占11.29%与11.39%，1984年却猛增到17%，比1982年高出了5.71%；1986年所占比例仍比1982年高出3.11%。最严重的某市1986年在校学生违法犯罪分子竟占到青少年犯罪分子的22.37%。

“严打”以来山东省青少年犯罪的趋势

（1986年）

山东省公安厅　戴衍庭

经过“严打”斗争和综合治理，我省社会治安有了明显好转，总的看治安形势是好的，没有出现大的反复，整个形势比较稳定。但是，由于有些综合治理的措施不够落实，政治思想工作薄弱，诱发犯罪的各种因素增多，所以当前社会治安和青少年犯罪问题仍然很突出，从去年以来又出现了一些值得我们十分注意的新情况、新问题。

一、刑事案件和治安案件仍然上升，而且幅度较大。1985年全省发生各类刑事案件11844起，比1984年上升6.22%，其中重大、特大案件上升13.77%；今年上半年发生各类刑事案件6141起，比去年同期上升24%，其中重大、特大案件上升38.9%。尤其是城市发案数上升更为突出，有的上升60%至90%以上。特别值得注意的是，暴力性案件越来越多，犯罪分子的作案手段和侵害对象也发生了一些新的变化。一是杀人案件今年上半年比去年同期上升22.2%，其中政治性的报复杀人案件明显增多，被杀害的对象有省人大代表、公安干警、治保人员、基层干部及其家属。由此可见，阶级斗争在一定范围内有时还是很激烈的。二是抢劫案件1986年上半年比1985年同期上升63.7%，犯罪分子的作案目标越来越多地指向银行和到银行提、送款的人员以及外出经商的人员。五、六月份连续发生三起劫持旅游出租汽车、杀害汽车司机的案件，这是一个新的动向。三是盗窃枪支弹药的案件不断发生，犯罪分子绝大多数都有其政治目的。另外，还连续发生了四起博物馆珍贵文物被盗案件，这也是我省以前所没有的。这些犯罪分子绝大多数是青少年，并且犯罪活动非常猖獗。

城乡社会治安秩序仍存在许多不安定的苗头，各类治安案件继续增多。1985年全省共发生各类治安案件17831起，比1984年上升14.5%。1986年上半年发生9704起，比1985年同期又上升27.7%。特别在城市，有些青少年流浪社会，进行抢夺、扒窃、滋事生非、打群架、追逐污辱妇女的情况比较严重。城乡农贸市场欺行霸市、强买强卖、坑害群众的不法行为又有新的抬头。在车站、码头倒卖车船票的强拉、强运的“票霸”、“运霸”的违法活动，还没有完全刹住。在城乡、工矿区因各种纠纷引起的聚众殴斗事件也有增多；在城乡卖淫的社会丑恶现象增多；在城乡和工矿区复制、放映、传播淫秽录像、物品的违法犯罪活动又有新的抬头。

二、近年来，青少年犯罪又出现上升的趋势，在各类犯罪中，青少年犯罪占绝对多数。全省统计，1985年占犯罪总数的61.86%，比1984年上升6.71%。1986年上半年占64.27%，比1985年同期上升4.45%。青少年犯罪的绝对数1985年比1984年上升36.3%，1986年上半年又比1985年同期上升29.89%。1985年在治安处罚的人数中青少年占58.34%，比1984上升13.44%。1986年上半年又比1985年同期上升5.14%。绝对数1985年比1984年上升63.4%，1986年上半年比1985年同期上升41.58%。以上分析说明刑事案件、治安案件和青少年违法犯罪都出现了较大幅度的上升，必须引起各级公安机关的高度重视。青少年犯罪中，内部青年职工和在校学生又出现了上升的趋势。1985年比1984年内部青年职工犯罪的绝对数上升60.6%，在校学生犯罪的绝对数上升43.7%，1986年上半年比1985年同期内部青年职工犯罪上升27.85%，在校生犯罪上升21.18%。济南市槐荫区分局最近调查两所中学、1783名学生，其中有违法犯罪行为的168人（女生34人），占学生总数的9.4%。另外，女青少年违法犯罪的问题也比较突出，她们犯罪性质多是流氓、卖淫和偷盗。

三、出现犯罪年龄低龄化，犯罪手段成人化，犯罪性质严重化。据统计，1985年全省共抓获17岁以下的少年犯比1984年上升29.57%。1986年上半年抓获17岁以下的作案人员，又比去年同期上升17%。1985年6月，淄博市张店区公安分局破获7个少年犯罪团伙，成员39名，全是17岁以下的少年，最小的仅12岁。临沂地区1985年1至5月查获犯罪团伙12个，成员67名（男63名、女4名），11至17岁的45名，占67%。1986年第一季度，济南历下区共查获各类违法犯罪分子231名，其中在校学生就有50名，占21.6%，年龄最大的19岁，最小的仅13岁。

犯罪性质严重化。按犯罪类别与成人相比，过去青少年犯罪多是集中于偷盗、流氓和抢夺方面，而近两年来，青少年犯罪开始由较集中的偷盗等方面向外扩散，强奸、凶杀、抢劫、爆炸、诈骗、赌博等犯罪活动越来越多。据统计，1980年青少年犯罪人数占各类犯罪人数的百分比分别是：盗窃占52.77%、强奸占48.5%、凶杀占36.07%、诈骗占34%。而1985年仅重大案犯的比重则分别是：盗窃占67.6%；强奸占54.7%；凶杀占51.1%；诈骗占54.3%。1986年上半年盗窃占71.45%、强奸占53%、凶杀占40.27%、诈骗占54%、抢劫占80.33%。济宁市1985年逮捕的277名重大案犯中，青少年犯157名，占54.9%，其中重大杀人犯占37.8%，并且胆大妄为、无所顾忌。上面说的3起抢劫旅游汽车案件和盗窃枪支弹药案件，作案成员都是青年。

四、团伙犯罪又出现新的抬头趋势。“严打”给予团伙犯罪以沉重打击，犯罪活动的嚣张气焰大大收敛，但近年来由于淫秽和不健康腐朽物品的影响，加上团伙成员生理、心理方面的特点，1985年以来，又出现了新的发展趋势。1985年全省共查获各类犯罪团伙561个，成员2489人，占作案成员的21.62%。1986年上半年查获398个，成员1620人，占作案成员的26.68%。团伙犯罪仍然是危害社会治安的严重方面。他们有恃无恐、胆大妄为、无恶不作。禹城县在公路两侧的3个乡，挖出盗窃团伙10个、共55人，作案200多起，盗窃物资价值30000多元。内部或内外勾结的盗窃团伙也较突出，且各类犯罪团伙中绝大多数是青少年。临沂市今年6月查获一个由126人(男64、女62人)组成的流氓犯罪团伙中25岁以下的122名，占96%。这些团伙都学着武侠电影、淫秽录像、书刊及小报上的内容起了名称，诸如“十八罗汉”、“十三豹”、“九凤”(女的)等等。他们在一起经常乱搞两性关系、群奸群宿，进行盗窃、抢劫和强奸妇女等犯罪活动。

五、卖淫的丑恶社会现象有新的发展。过去仅在沿海开放城市和大中城市有这种现象，而近年来从沿海到内地，从城市到农村都出现了青年妇女卖淫活动。据不完全统计，1985年查获卖淫嫖宿的比1984年上升55.5%，1986年上半年又比1985年同期上升3.67倍。他(她)们多活动在车站、码头、旅馆、饭店、舞厅和高级宾馆等。有的不顾国格、人格专向外国人卖淫。青岛市1985年1至7月就查获25名，其中25岁以下的23名。

六、盗窃犯罪仍然突出，并且目标发生了变化。面对城市经济体制改革和搞活、开放政策的实施，有些青少年利欲之心占了绝对优势，在一切向钱看和崇洋媚外思想的支配下，他们把人生的价值完全归于吃、喝、玩、乐以及为此而任意攫取。据统计，1984年全省发生的盗窃案件占全部案件的51.45%，1985年占60.94%，比1984年上升9.49%，1986年上半年又比1985年同期上升24.4%。盗窃犯罪由过去盗窃一般物资转向盗窃巨款、高档商品、金银财宝和古文物。侵害的部位主要是会计室、银行营业所、商店、古玩店及“两户一体”、外出经商人员。

七、动刀伤人，滋事生非情况严重。受社会不良因素的影响，在武打、武侠影、录像、小报等引诱下，一些青少年愚昧野蛮的个人英雄观严重膨胀，动不动就捅刀子。这些人为了能“称雄”，常常是“横着膀子走路”，“斜着眼睛看人”，稍不顺眼就大打出手，刀子相见。据统计，1985年全省共发生流氓滋扰、殴打伤害他人的案件占全部治安案件的42%，1986年上半年又比去年同期上升28.35%。

八、利用淫秽录相进行犯罪活动又有新的抬头。在严打斗争中，我省对淫秽物品进行了两次集中查禁，特别是去年7月份统一发动，集中打击了一批这方面的严重犯罪分子，有效地刹住了利用淫秽物品进行流氓活动的恶风。但是，事隔半年又重新泛滥起来，有些甚至越来越猖獗。济南市1986年5月份挖出三伙贩卖、复制、传播具体描写性行为淫秽录像的违法犯罪分子共169人，其中有干部53人、工人55人、个体户12人、新闻工作者3人、军队干部3人，其他行业的43人。涉及省、市、区的党、政、军、新闻机关和企业、学校等83个单位。已查获淫秽录像带57盘。烟台市最近查获六伙播放淫秽录像的不法分子涉及到四县一区。

北京市青少年犯罪现状和趋势

（1986年）

北京市公安局　王洛生

北京市青少年犯罪同全国一样，仍然是一个严重的不容忽视的问题。经过开展严厉打击严重刑事犯罪的斗争，青少年犯罪曾有明显下降，但1985年以来又逐渐回升，并出现了一些新的特点和新的趋向。

“严打”以后的1984年，全市抓获的青少年犯占刑事犯罪总数的69.4%。与1983年比较，绝对数下降56%，占刑事罪犯总数的比重下降6.6%。社会治安状况也是近十年来最好的年份。这无疑是开展“严打”斗争和保卫建国35周年各方面工作大力加强的结果。但是刚进入1985年情况就起了变化，刑事案件发案逐月增多，尤其是重大案件大幅度上升。1985年全市刑事案件发案比1984年上升36.8%，其中重大案件比1984年上升57.9%。

青少年犯罪仍然是刑事犯罪的主体。1985年抓获的青少年犯占刑事罪犯总数的73.4%，与1984年比较，绝对数上升60%，占刑事罪犯总数的比重上升4%。在杀人、抢劫、强奸、重大盗窃等几类重大罪犯中，青少年犯占68.5%。其中抢劫犯为82.6%，重大盗窃犯为73.5%，强奸犯为65.2%，杀人犯为50%。

以上数据表明，青少年犯罪仍然是社会治安的主要标志，左右着整个社会治安形势。

一、当前青少年犯罪的主要特点

（一）暴力型犯罪对社会危害甚大。当前我们的社会正处于一个伟大的变革时期。由于某些矛盾的积累、激化，部分青少年的逆反心理，个别人的反社会情绪以及国际上各种暴力犯罪的影响，使我国暴力型犯罪日益增多。北京从1984年以来已发现多起，主要是阴谋爆炸、抢枪、劫机、劫车、驾车行凶等。由于我们对这种案件强调“先发制敌”，多数破获在预谋阶段，没有造成大的危害。但有的危险性很大，罪犯阴谋一旦得逞，后果将不堪设想。

暴力犯罪的重要特征是它侵害的客体往往不仅是特定的个人，而且是随便什么人，甚至整个社会。暴力犯罪的成员大多是青年人中个人主义恶性膨胀，感到自己的私欲或野心在现实社会得不到满足铤而走险的亡命之徒，一般具有冷酷、鲁莽、暴躁、凶狠、残忍的个性心理特征。他们的犯罪活动往往带有向社会进行报复的强烈政治色彩。这类案件虽然数量不多，但罪犯阴谋一旦得逞，就会给社会造成极大危害。因此，同暴力犯罪的斗争仍然是政法部门，尤其是公安部门的一项十分重要的任务。

（二）经济型犯罪日益严重。在当前“对外开放、对内搞活”当中，西方资产阶级的物质享乐主义和我们国内部分人“一切向钱看”的思想，对青少年有很大的腐蚀性。因此，追求金钱，追求利欲，侵犯财产型的犯罪日益突出。1985年重大案件中上升幅度最大的就是重大盗窃、重大诈骗和重大抢劫案件。1985年公安机关立案侦察的重大诈骗案比1984年上升一倍半，犯罪分子多是一些“皮包公司”的“采购员”、“推销员”和“经理”等。他们大多是有关单位聘请的所谓“有开拓精神的能人”。其中有相当数量过去因犯罪受过打击处理的四类人员。他们以帮助买紧俏物资、高档商品，签定“合同”索要预付款的方式进行诈骗，一骗就是几万元，甚至几十万，上百万元。

1985年全市千元以上的重大盗窃案比1984年上升两倍多，大多发生在机关、厂矿、企事业内部。有的是监守自盗，有的是内外勾结，有的是利用内部制度不严，外部罪犯潜入内部作案。盗窃目标：一是大量现金，二是紧俏商品，三是贵重原材料。

1985年全市重大抢劫案比1984年上升2.3倍。光天化日之下公然持械打伤事主抢劫巨款案不断发生。如1985年7月2日上午10时，东四四条毛织加工组出纳员赵××到东四人民银行分理处领取加工费，在返回途中被犯罪分子猛击颈部晕倒在地，将其装有11000元人民币的手提包抢走。

经济型犯罪不仅直接造成了国家、集体和个人财产的重大损失，干扰了国家的经济生活，更为严重的是这类犯罪分子攫取大量财物后，则大肆挥霍，过着花天酒地的腐朽生活，毒化社会，贻害青年。

（三）淫乱型犯罪仍继续蔓延。我国对外开放以后，西方资产阶级腐朽的意识形态和生活方式通过各种渠道渗透到我们社会。特别是“性解放”、“性自由”的反动思潮对部分青少年有很大冲击，使他们误认为，“家庭解体”、“性自由”是“社会发展的必然规律”。而我国由于历史原因，长时期以来对青少年缺乏系统、科学的性知识、性道德教育，以致许多男女青少年挣脱了几千年来在男女关系上封建的伦理观念的束缚以后，又做了西方资产阶级“性解放”思潮的俘虏。有的女青年竟无耻地表示，把自己的身体贡献给无数的男人是“幸福”。还有些女青年不顾人格、国格，专门向外国人和港澳来宾出卖肉体，沦为娼妓。许多男青少年则走上了强奸犯罪道路。1985年全市公安机关接报立案的强奸案件就达数百起，占重大案件的一半以上。而由于各种原因，许多被害妇女并不及时报案。所以，实际发生的强奸案件比公安机关接报立案的要多得多。“严打”斗争以后各类案件都曾有所下降，唯有强奸案件始终没显著减少。因此，对与性犯罪、性淫乱的斗争要有长期的精神准备。

（四）政治型犯罪有值得注意的新动向。当前社会上的矛盾很多。有的是在“开放、搞活、改革”中难以避免的矛盾（也可以说是不得不付出代价）；有的则是我们工作中的缺陷或失误；有的是党内外不正之风。各种矛盾互相交织，错综复杂，在青年当中，特别是大学生中反映十分强烈。许多人由于认识上的局限性，分不清主流、支流，现象、本质；或是由于不了解实际情况，盲目听信流言蜚语，而对党的现行政策产生怀疑、不满。其中大多数人是出于关心党和国家的前途而在认识上有失偏颇；但也确有一些人是受了资产阶级自由化思潮的影响，产生对党、对社会主义的“离心”倾向。而国内外的反动势力和一些政治上别有用心的人正是利用青少年的单纯、幼稚、偏颇进行蛊惑煽动，阴谋制造混乱，破坏安定团结的政治局面。1985年下半年以来反动标语、传单、信件增多。有个反革命分子连续给北师大、中央党校等处投寄了十几封反动信，内容大多是直接攻击党的现行政策和党和国家领导人。诬蔑“体制改革是骗人的把戏”、“七五计划是全面资本主义复辟的纲领”、“对外开放是引狼入室、卖国投敌”。煽动大学生起来“做保党保国的先锋队”。1985年下半年大学生几次酝酿上街游行，都有坏人在幕后煽动。工人中也有些人由于对调资、奖金、物价政策不满而怠工、罢工。这种潜在的不安定因素极易导致群体的政治性破坏事件，在国内外造成极坏的政治影响，甚至干扰“搞活、开放、改革”的顺利进行。

二、近年来青少年犯罪回升的原因

经过“严打”斗争，刑事犯罪，包括青少年犯罪大幅度上升的趋势本已被遏止，发案有所下降，为什么去年以来又有回升呢？我们应该把这一问题放在正在进行的“体制改革”这一“历史范围”之中去研究。

去年以来，城市体制改革深入进行，引起了人们的政治、经济生活、价值观念、人际关系等一系列变化，从而在诱发青少年犯罪因素和社会控制犯罪的能力方面出现了一些新情况、新问题：

（一）随着经济体制改革的深入开展，商品经济活跃，和允许一部分人先富起来的政策的坚持执行，在社会成员之间出现了新的经济不平衡，个人收入出现了较大差距。这种新的不平衡又来得十分迅速，我们的工作准备（如法制、税制建设、金融管理、市场调节等）和人们的精神准备（宣传教育）都不够。许多人对突然出现的这种新的经济不平衡不能正确理解和对待。以追求营利为重要特征的商品经济的发展，本来就容易滋生“一切向钱看”的思想，而我们的舆论部门在宣传上又有某种片面性，例如宣传“恭喜发财”，而又不讲发什么财，怎样发财；宣传万元户，有的只讲他们致了富，而不讲如何致的富；甚至宣传“能挣会花”、“高收入、高消费”等等，在客观上就更助长了拜金主义、利己主义、享乐主义思想以致在一部分人头脑中恶性膨胀，并腐蚀着一些青少年的心灵。强烈的物质欲求和利己欲望的驱使，必然导致在金钱方面的犯罪。使犯罪的目标集中到商品货币上。这就是去年以来经济型犯罪大幅度上升的重要原因。

（二）在经济结构的变革中人们在政治领域的某些矛盾冲突也随之加剧，集中地表现在对党的现行政策的态度上。经济体制改革直接波及到权力和利益的调整，必然会遇到来自各方面的阻力。如上所述，有些青年人出于单纯、幼稚、偏颇或是听信坏人的蛊惑煽动，对党埋怨不满。此外还有极少数人由于政治上的敌视或经济利益的冲突，走向政治型犯罪或铤而走险进行暴力犯罪的道路。至于国内外的敌人千方百计地对我们的“改革”进行破坏，则是必然的。这就是去年以来产生政治型犯罪和暴力型犯罪突出的原因。

（三）随着人们物质生活水平的提高，青少年对精神生活的要求也越来越高。有些青少年在物质生活水平提高以后，由于缺乏高尚的理想、道德、情操，缺乏健康的精神生活，就追求低级趣味，甚至用违法犯罪的手段去寻求精神刺激。这就是酗酒、赌博、卖淫嫖宿、传播淫秽物品等性犯罪继续蔓延发展的原因。

（四）在体制改革中，人际关系上有两类矛盾比较突出：一是随着经济发展，人们富裕程度提高，经济纠纷增加；二是由于在家庭关系和男女关系上传统的伦理道德观念的变化，在恋爱、婚姻、家庭方面的矛盾突出。这些矛盾对于个人主义、利己主义严重、心理结构异常、自控能力低下和法制观念薄弱的人，极易激化导致恶性报复型犯罪。

（五）在"搞活、开放、改革"的新形势下，随着商品经济的发展，人、财、物向城市大流动，大集中，社会上诱发犯罪的因素增多。犯罪活动范围增大，侵犯目标也日益增多。而公安政法机关，无论在业务指导思想、业务建设和队伍建设上都落后于形势的需要。譬如，对社会面控制不严密；内部安全保卫制度不落实；治安防范存在漏洞；破案率降低等等，都给犯罪分子以可乘之机。

三、关于今后青少年犯罪的趋势

我们认为，影响青少年犯罪发展变化，除人口基数这一自然因素以外，主要是两大因素：一是促使犯罪的因素，即引发因素；二是促使犯罪下降的因素，即遏止因素。这两大类因素互相制约，互相促变，双方消长的结果决定青少年犯罪的发展趋势。

当前这两大因素的实际状况：

（一）促使犯罪上升的因素（引发因素）：

1. 在一定的范围内存在着阶级斗争。在当前经济体制改革这一巨大社会变革中，带有阶级斗争性质的犯罪有可能增加。

2. 外来的资产阶级腐朽意识形态和生活方式的渗透和影响，在坚持对外开放的情况下，还有可能强化。

3. 经济体制改革中出现的新的经济不平衡和商品经济发展中的竞争与反竞争将会持续下去。其积极方面将促进经济的繁荣与发展，其消极方面会对违法犯罪发生影响。

4. 在经济体制改革中，人、财、物向城市大流动、大集中增加了对社会控制的难度，政法公安机关防范犯罪的能力相对降低。

5. 政治、经济、文化、教育等各方面工作的缺陷和党内外的不正之风使犯罪分子有机可乘。

6、"严打"以来被劳动教养和判处轻刑的犯罪分子陆续回到社会上来（近两三年来每年大约有近万人）。由于不可避免地存在某种程度的社会歧视，有些人还会遇到就业的困难，以及其它原因，少数人可能要重新犯罪，社会上大量流失生的存在从某种意义上说也是一种犯罪的后备军。

（二）促使犯罪下降的因素，即遏止因素：

1. 继续贯彻依法"从重从快、严厉打击"的方针，深入开展打击经济犯罪的斗争，对青少年犯罪将起重要的震慑作用。

2. 社会治安综合治理逐步落实，社会防范犯罪的能力将逐步增强。

3. 党中央大抓精神文明建设，改善和加强思想政治工作，家庭、学校、社会教育将有所改善，宣传舆论界某些片面宣扬“经济效益”忽视社会效果的现象将有所扭转。

4. 端正党风、纠正不正之风将带动整个社会风气好转。

5. 党中央决定五年内在群众中普及法制宣传教育，可以起到预防犯罪的作用。

6. 经济管理工作进一步加强，犯罪分子可利用的空隙和漏洞将会减少。

上述两类因素仅是择其要点加以列举，远不完备。

从以上两类因素互相制约、彼此消长的关系来看：

（1）引发因素中的阶级斗争、外来影响、新的经济不平衡都是长期起作用的因素，而且近期内某些方面有强化的趋势；人、财、物向城市大流动、大集中和青少年受过打击处理的人陆续回城及大量流失生的存在都是在近期内引发青少年犯罪的现实的、直接的因素。

（2）遏止因素中“从重从快”严厉打击刑事犯罪和当前深入开展打击经济犯罪可以快速收到效果；其它精神文明建设、综合治理、家庭、学校、社会教育的改善以及端正党风等治本措施，则需要一个较长的过程才能奏效。

由以上两点可以看出，引发犯罪的因素大多是快速地起作用，而遏止犯罪的因素除“严打”以外则大多是缓慢地起作用。因此，可以预计在近期（三、五年内）青少年犯罪不会有明显的大幅度的下降，相反，如果我们的工作跟不上，或者出现某些失误，青少年犯罪还有可能有一定程度的上升，但也不会达到引起社会安全感出现危机那样的程度。因为，一方面“严打”斗争可以快速收到效果；另一方面随着时间的推移，精神文明建设、综合治理等治本措施的作用将逐步加强。因此，我们既不要松懈麻痹，也不要因刑事案件上升而惊惶失措。

至于较长时间的预测，则应该看到，社会主义制度的优越性决定了我们可以把社会犯罪包括青少年犯罪逐步减少到最低限度。去年以来青少年犯罪的回升是在开始实行经济体制改革这一特定的历史条件下发生的，任何社会在经济结构开始变革时期，社会犯罪都会增多。随着经济体制改革取得重大胜利，各种经济关系基本理顺，新的经济体系基本建立起来以后，精神文明建设，综合治理，这些只有社会主义社会才有的治本措施的作用也将充分显示出来，青少年犯罪就会大幅度下降，直至接近社会主义制度要求的社会治安的理想境界。这大约需要十至十五年时间，我们应当为此而奋发努力。

天津市青少年犯罪趋势分析

（1986年）

孔令志　张敏　张瑞

（一）

三年为期，三个战役，依法从重从快，严厉打击严重刑事犯罪，实现社会治安根本好转，这是党中央治理社会治安的正确决策。遵照党中央的统一部署，天津市从1983年8月起，经过1984、1985两年多的时间，先后开展了第一、第二两个战役，采取集中统一行动和经常的治安管理相结合的方法，拘捕了大批犯罪分子，狠狠打击了犯罪分子的嚣张气焰，扭转了对严重刑事犯罪分子打击不力的倾向，各类刑事案件大幅度下降，城乡治安秩序有了明显好转，广大群众同犯罪分子斗争的积极性空前高涨，有力地促进了各项生产和工作的完成，促进了党风的好转，这充分证明党中央关于严厉打击严重刑事犯罪的决策和部署是完全正确的。

"严打"之前，我市正处在"文革"以来持续达十多年之久的青少年犯罪的第二个高峰期。据1983年底统计，当年青少年犯罪率高达1.94‰，这是天津市解放以来青少年犯罪率最高的一年，可称之为高峰期的顶点。当年青少年犯罪在全部刑事犯罪中所占比重达73.9%，虽然不是历史最高的，也是比重相当大的一年。"严打"之后，情况有了明显变化，青少年犯罪率显著下降，犯罪比重也有减少。据1984年统计，青少年犯罪率降到1.02‰，犯罪比重降到62.2%。

据历史资料记载，我市"文革"前的几年是治安秩序较好的一个时期。当时刚刚度过了1960年前后的国民经济暂时困难时期青少年犯罪的第一个高峰期，青少年犯罪率由1961年的1.74‰，降到1962年的1.3‰，到1963年的0.77‰，到1964年的0.49‰。"严打"之后，为什么没有恢复到这个水平呢？经过三个战役是否能达到这个水平呢？我们必须遵照唯物辩证法的观点，对社会发展中的矛盾运动及其对犯罪成因的影响进行深入分析。"十年浩劫"作为一个历史时期是结束了，党的十一届三中全会之后，全党为拨乱反正做了巨大的努力，但是要彻底清除"文革"给各方面所造成的严重后果，还需要坚持不懈地做大量的工作。特别是人口政策上的失误，人口再生产猛增，青少年急剧增加，造成一系列的失调现象，这是难以在短时期内调整过来的。在经济领域，实行对内搞活经济、对外开放政策和经济体制的改革，给我国国民经济发展带来了巨大的活力。但是，随着对外交往增多，西方资产阶级腐朽思想的侵蚀，资产阶级腐朽生活方式的影响则乘隙而入，随着商品经济的发展，商品、货币、人口大量流动，城乡交流频繁，而犯罪活动范围则迅速增大，侵犯目标日益增多，销赃渠道极为广泛，藏身落脚更为方便。在思想文化领域，前一个时期，有忽视精神文明建设、忽视思想政治工作的现象。

有些单位只重物质奖励，不抓思想政治教育。有些小报、期刊、文艺演出片面追求“经济效益”不顾社会效果，在党内、在社会上，都存在一些消极的东西，党风、社会风气还没有根本好转。在治安管理工作中，综合治理的组织和措施不完全落实，基础工作比较薄弱，治安防范还有漏洞。“严打”中捕拘的犯罪分子1985年开始陆续大量返回社会，其中一部分重新犯罪和教唆犯罪，带来了新的不安定因素。所有这些，都在青少年社会化过程中产生消极的影响。当代社会的复杂性、多变性、随机性和竞争性，比任何历史时期都加剧了，发生变化的节奏越来越快，周期越来越短，给人们的生产、生活带来的影响越来越大，如此复杂的社会条件必然给社会治安带来许多新情况、新问题，任何以静止的观点做简单的历史对比的做法都是不切合实际的。据此，我们认为，经过严厉打击严重刑事犯罪斗争的三个战役，预计社会治安将以目前的水平为基础，在小波动中保持基本稳定，社会治安的非正常状况逐步得到改变，短期内一般不会再有大起大落。青少年犯罪从第二个高峰期的顶点跌落下来，犯罪率将稳定在1‰至1.5‰之间，犯罪比重将稳定在60％至70％之间，随着党风、社会风气的根本好转，社会治安也将实现根本好转，这就是总的趋势。

（二）

当前青少年犯罪的另一个显著趋势是，犯罪性质向严重化发展，犯罪手段向“现代化”发展。这主要来源于国际犯罪对国内犯罪的影响，反映了信息社会的特点。根据事物发展的连续性原理，从近年来的情况判断，未来一个时期，重大案件不会显著下降，而金钱犯罪、性犯罪、暴力型犯罪则有上升的趋势。

（一）货币拜物教、金钱万能产生于以私有制为基础的商品生产的社会中，资本主义社会发展到了顶点。我国随着商品经济的迅速发展，拜金主义、利己主义、享乐主义等等腐朽思想意识又在一部分人的头脑中恶性膨胀起来，腐蚀着青少年的健康肌体。强烈的金钱物质的追求和利己欲望的驱使，必然导致金钱犯罪，使犯罪侵犯的目标集中到商品货币流通领域。近一个时期，金钱犯罪中比较突出的是盗窃犯罪和诈骗犯罪。

盗窃。“严打”之前的1982年，在全部盗窃犯中，青少年占70.9％，“严打”之后的1984年降到65.6％，1985年上半年又升到占68.3％。同期，在全部青少年案犯中，重大盗窃占38％，比1982年全年上升12.7％；比1984年全年上升20.2％。其特点是：盗窃乡镇企业的案件增多，国营企业原料和产品被盗严重，市郊结合部发案突出，撬盗保险柜案件上升。随着物质生活水平的提高和价值观念的改变，盗窃目标也由手表、自行车、收音机等低档商品转向彩电、摩托车、收录机等高档商品及贵重文物。特别是轻骑摩托车被盗案件今年上半年比去年全年上升30.8％。盗窃分子盗窃目标有逐渐转向机动车辆的趋势。

诈骗。“严打”之前的1982年，在全部诈骗犯中，青少年占32％，去年一至九月份上升到43.9％。去年上半年在全部青少年案犯中，重大诈骗占5.7％，比1982年全年上升5.3％，比1984年上升4％。其表现形式有：冒充华侨、港商、厂长、经理和公安司法、工商管理等部门的工作人员招摇撞骗；以代销代购为名，骗取大量财物；伪造支票、提货单、合同纸、介绍信，骗取商品和物资，然后转手倒卖。随着经济市场的进一步搞活，私人货币持有量增加，货币流通周期延长，现金支付力升高，某些原材料，商品一时短缺，有关制度一时不够完善，未来诈骗案必然呈增多的趋势。

（二）性犯罪，是作为青少年思春期以至青年期的一种超社会规范（道德规范、法律规范）行为而产生的犯罪。性犯罪的主要类型是流氓、强奸。“严打”之前的1982年，青少年犯流氓罪的占60.6%；经过“严打”之后，1984年降到52.1%，而今年上半年又上升到62.1%，同一时期，青少年犯重大强奸罪的占54.8%，比1984年全年增长6.6%，其突出特点是：以诱骗和入户等为手段，强奸幼女、少女、精神病和呆傻妇女。

女性青少年犯罪，近两年来也有上升的趋势。今年上半年女性青少年犯罪占全部女犯的64.2%，占全部案犯的3.9%，比“严打”前的1982年分别上升17.3%和1.1%。女性的犯罪类型主要是性犯罪，而且有女性犯罪向男性化发展的趋势。

青少年性犯罪的原因是多方面的，而社会不良影响往往是犯罪的直接诱因。西方资产阶级“性解放”、“性自由”的腐朽思想，国内外电影、电视、录音、录像、书刊、杂志中有诱惑性的内容，常常内化为青少年的性冲动。从发展的角度看，我市是北方的重要港口和交通运输枢纽，又是重要的对外贸易口岸，未来将建成为华北经济中心和对外贸易中心，外来影响的途径是多样的、广泛的、立体的，非常复杂。形形色色的消极的东西会随着对外交往的过程渗透过来，毒化我们的社会风气，侵袭和腐蚀着青少年，使青少年的思想、心理状态和生活习惯发生着变化。我们对青少年的教育管理，虽然做了大量的工作，但在许多方面还很不适应，很不完善，这就很容易使性犯罪在识别和抵制能力弱的青少年中传播、蔓延开来，形成发展之势。

（三）暴力型犯罪具有极大的攻击性、破坏性、残暴性，对社会危害极大。在全部凶杀案中，青少年犯罪所占的比重，1983年为45.6%，1984年为42.5%，今年1至9月份为45%，这说明经过“严打”并没有明显减少。在全部伤害案件中青少年所占比重，1983年为89.8%，1984年为81.9%，去年1至9月份为75.4%，也没有大幅度减少。如果从青少年的犯罪类型看，凶杀则是上升之势。在全部青少年重大犯罪中，犯杀人罪的，1982年占6.9%，1983年占4.7%，1984年占9.3%，去年上半年占9.5%，比1982年上升2.6%，比1984年上升0.2%。在这些案件中，抢劫杀人、强奸杀人占一定比重，但仍以民间纠纷激化而引起的杀人犯罪比较突出。有些恶性的杀人案件多发生在郊县农村。由于农民长期受小生产意识的影响，从事分散的小生产劳动，很容易滋长个人主义、利己主义思想，加之受教育的程度较低，法制观念淡薄，一遇民间矛盾就易于激化，导致恶性杀人犯罪。

在未来的暴力型犯罪中，除多发性杀人案件之外，还要注意到，经济体制的改革是一场伟大的变革，必然会遇到来自各方面的阻力，极少数由于政治上的敌视或者经济利益的冲突，很可能铤而走险进行暴力犯罪。随着社会保险事业的发展，还有可能发生以转嫁经济危机和非法取得保险金为目的的纵火案件，在治安防范工作中应引起高度重视。

（三）

犯罪年龄提前，向低龄化方向发展，是青少年犯罪的又一个明显趋势。近年来，违法犯罪青少年的犯罪年龄，比“文革”前提前2至3岁。一般是从10至12岁开始有劣迹，13、14岁走上社会犯罪，14至17岁成为犯罪的高峰年龄。据对“严打”前后抓获的青少年案犯统计，18岁到25岁的，1982年占79.6%，1983年占79.4%，1984年占71.6%，去年1至9月份占67%，是逐年下降的趋势；而17岁以下的，1982年占20.4%，1983年占20.6%，1984年占28.4%，去年1至9月份占33%，是逐年上升的趋势。

社会生产力的发展，科学技术文化的进步，物质、精神生活的提高，促使青少年成熟期提前，这就为青少年早期向好坏两个方面发展提供了可能性。

从青少年的主观原因分析，这个时期青少年在生理、心理上发生很大变化，特别是性机能变化，导致青少年各种矛盾的产生，诸如自主的要求与家长、教师依附关系的矛盾；生理发育与心理发展的矛盾；性感与意志行为的矛盾；日益增长的物质欲望与现有经济条件的矛盾；性活动要求的动物性与道德法律的社会性的矛盾；辨别是非能力与不良外界影响的矛盾；自我意识与未来发展的矛盾等等。

从客观原因分析，家庭、学校、社会都在历史发展的进程中发生着变化，不断出现新的问题，影响着青少年的成长。

当代社会的家庭结构发生了巨大变化，双职工家庭比重增大，夫妻关系破裂的增多，家庭的教育职能在逐渐减弱，家庭的伦理观、道德观也在发生变化，传统的伦理道德观念日益崩溃。“核心式”家庭普遍出现，独生子女将会越来越多，孩子在家庭中的地位升高，容易造成青少年以我为核心的自私心理，任性、粗暴、没有责任心。居住条件的城市化使每个单元住宅家庭的孩子离群索居，电影、电视、录音、录像、广播、书刊占据了青少年的精神世界，许多不文明、不健康甚至淫乱、荒诞的内容在腐蚀着一些青少年的灵魂。

一些学校仍在片面追求智育教育，从而忽视了对学生道德品质的培养，片面追求升学率，影响了大面积地提高教学质量，造成了一些学校教育质量过低，后进生比重增多，给青少年的违法犯罪活动带来一定的影响。在“金钱万能”思想毒害下，“读书无用论”又有抬头，部分家长、学生认为现在小商贩发了大财，而干这一行不需要多高的文化知识，“能识几个字，找不错钱”就行了，在这种思想支配下，一些学生弃学经商。据市教育局统计，1984年全市有6400多名学生弃学，其中初中生5722人，高中生685人，他们盲目走向社会，很容易受不法分子的引诱，走上违法犯罪道路。

社区管理薄弱是城市管理体制上的一个缺陷。青少年大部分时间生活在街道，而街道的管理组织很不适应，对青少年的教育工作很少有人过问，有些角落成了藏污纳垢的地方。一些青少年聚集一起，抽烟、酗酒、赌博、打架，不文明、不道德的行为得不到及时的制止和纠正，在不良的人际关系中，劣迹互相感染，一人变坏，感染一片，往往刚刚进入青春期就盲目地越过道德和法律的堤防，跌入犯罪的泥坑。

上海市青少年犯罪的新情况和新特点
（1986年）

上海市公安局　杨星华

党的十一届三中全会以来，在中共上海市委和各级党委领导下，各方面通力合作，加强对青少年的思想教育和综合治理措施，上海的社会治安有了明显好转，青少年犯罪明显减少。但值得注意的是，从1985年开始，青少年犯罪出现了“稳中有升”的现象，特别是在改革、开放、搞活的新形势下，社会治安方面出现了许多新情况、新问题，对青少年犯罪产生了一定的影响。

从持续下降到开始回升

1979年以来，党中央为了解决青少年犯罪不断上升的问题，多次做出指示，明确提出解决青少年犯罪问题必须实行综合治理和教育、感化、挽救的方针，并制定了一系列正确的政策。市委市政府加强了对青少年的思想教育，大抓综合治理措施；公安机关会同各有关方面做了大量工作，取得了明显成效，有力地扭转了十年内乱期间青少年犯罪逐年递增的局面，使青少年犯罪人员在抓获的刑事犯罪作案成员总数中所占的比例，以平均每年递减百分之五的幅度连续五年不断下降。1979年抓获的青少年犯罪人员，占犯罪人员总数的78%，至1984年下降为51.4%，减少了26.6%。不仅如此，青少年犯罪的绝对人数也连年大幅度下降。1984年抓获青少年犯罪人员，比1979年抓获的下降78%。

但是，由于各种因素，青少年犯罪从1985年开始回升。1985年共抓获青少年犯罪人员占抓获刑事犯罪人员总数的58%，比1984上升6.6%；绝对人数也比1984年增加39%。

当前青少年犯罪的一些新特点

一、年龄趋小，初犯、偶犯增多，有些青少年犯罪已经“断茬”的学校，又重新出现了“接茬”的苗子。据统计，1984年，全市共抓获未满18岁的少年犯占抓获青少年犯罪人员总数的26%；1985年，抓获少年犯占抓获青少年犯罪人员总数的29%，比1984年绝对人数增加56.8%，比重上升3%，平均每6个犯罪分子中就有1个少年犯。由于犯罪年龄趋小，因此初犯、偶犯也逐渐增多。1985年抓获的初犯、偶犯竟占犯罪人员总数的66.8%，绝大部分是青少年。

值得注意的是，在校学生犯罪。过去大幅度下降，现在又开始回升，一些青少年犯罪已基本“断茬”的学校，现在又出现了重新“接茬”的苗子。据统计，1979年在校学生犯罪人数曾占全市刑事犯罪人数的37.1%，到1983年下降为8.1%，而到1985年，又回升到12.5%。"接茬"苗子较多出现在小学六年级和中学初一、初二这几个年龄段。

二、作案手段趋向智能化、技术化。近年来，科学、文化、教育事业有了很大发展，许多青少年犯罪的文化结构也发生了变化，前几年那种"流氓"、"法盲"加"文盲"的"三盲（氓）一体"的犯罪情况已起了变化。随着文化程度的提高，代之而起的是青少年犯罪出现了利用智能、研究技术、用心作案的新情况。1985年，青少年撬窃保险柜的案件比1984年上升了62.5%，比1983年上升了37.5%。

三、青少年犯罪多循"色"、"财"两个圆圈的轨迹进行。1985年，青少年犯罪中围绕"财"字进行抢劫、盗窃、诈骗、抢夺、杀人的案件，占青少年犯罪案件总数的81.3%；1986年第一季度，谋财害命、抢劫杀人的恶性案件竟比1985年第一季度猛增3倍，而且情节更加严重。

同时，青少年犯罪中性犯罪的比例也逐渐增多。学生犯罪中，男性性犯罪由1979年的10.3%上升到1985年的47.6%。

四、女性犯罪由"依附型"向"独立型"发展。近年来，女性犯罪呈增长趋势。1984、1985两年查获的女性青少年犯罪成员在全部作案成员中所占的比例比前两年上升。不仅如此，女性犯罪的方式、方法也较前两年发生了新的变化，出现了由"依附型"向"独立型"发展的新情况。1985年，25岁以下的女性偷窃人员占全部女性犯罪数的47.4%。她们往往利用女性不易引人怀疑的社会心理，衣着入时，花枝招展，混迹于公共场所、学生宿舍，佯装购物、找友、问路，乘隙进行偷、扒活动，有的已发展成为严重危害社会治安的惯犯。过去在两性合伙作案中，女性罪犯往往处于帮助男性、提供地点、望风掩护等依附地位，现在已开始出现转向由女性实施犯罪，男性帮助掩护的新情况。据三个闹市中心派出所的调查，在抓获的现行女扒窃犯中，独立或为主作案的，已由过去的20%发展为48%。

当前，女性青少年犯罪作案手段已不局限于偷摸扒拿，或出卖色相。有的区、县竟出现了打群架捅刀子和结伙抢劫的新情况。如号称"东方五怪"的持刀抢劫团伙，五个成员都是未成年的少女，她们各以"小燕子"、"小白鸽"、"小黄莺"等自称，互相发誓要"一人遭欺，四人相帮"，抢劫时"一个目标二人上，二个目标四人上"。万一被抓，则"口子要紧，谁也不准讲"。从1984年以来，她们先后在南市溜冰场、淮海公园门口等处结伙持刀拦路抢劫七次，影响极坏。

武汉市青少年犯罪特点调查

（1984年）

武汉市青少年犯罪调查组

同全国加以比较，我市青少年犯罪情况既带有普遍性，又有自己的特点。据统计，我国近几年青少年犯罪不断增多（见表一）。

表一　全国青少年犯罪情况统计表

年　份	青少年罪犯与整个刑事案犯的百分比	青少年罪犯与青少年总人口数的千分比
1979年	47.6%	0.84‰
1980年	61.2%	1.4‰
1981年	64.0%	1.8‰
1982年	65.8%	1.6‰

另据我国一些主要城市统计，青少年犯罪较文化大革命前增长几十倍，约占全部犯罪的70—80%。我市这次调查统计的情况如表（二）。

表二　武汉市青少年犯罪情况统计表

项目 数 额 / 年 份	青少年人数与总人口数比率%	青少年罪犯与总人口数‰	青少年罪犯与青少年人数‰	青少年罪犯占全部罪犯的%
1979年	29.3%	0.25‰	0.86‰	70.5%
1980年	27.7%	0.47‰	1.69‰	77.4%
1981年	26.7%	0.57‰	2.12‰	77.6%
1982年	26.3%	0.47‰	1.70‰	71.8%
1983年	25.2%	1.2‰	4.75‰	72.6%

把全国情况与我市情况作个粗略的统计并加以比较，有助于找出我市青少年犯罪的特点。

全国总的情况是：

（1）1979年—1983年5年中，青少年罪犯数量随形势的变化呈波状，但波幅不大，占青少年人口的比率为（0.84‰—1.8‰）；

（2）青少年总人口数增减曲线与青少年犯罪起伏趋势曲线较一致；

（3）犯罪青少年在整个案犯中的比例逐年增多，是刑事犯罪中被打击的主体；

（4）青少年犯罪比文化革命前成倍增长。

我市的特点是：

（1）青少年人口在全部人口中所占比率呈递减趋势（29%—25%），但青少年罪犯人数在全部人口中所占比率则呈递增趋势（0.25‰—1.2‰），呈反向关系；

（2）青少年罪犯数量随形势变化呈波状，但波幅较大（0.86‰—4.75‰）；

（3）犯罪青少年在刑事案犯总数中的比例逐年增多，增长速度较快；

（4）青少年罪犯成倍增长，比文化革命前的1965年113名增长44.3倍。

从以上可以看出，我市青少年犯罪现象与全国青少年犯罪状况的异同点。我市青少年犯罪情况同全国一样处于上升趋势，但又高于全国的统计值，是青少年罪犯比较严重的地区之一。

根据大量的调查资料和我们的初步分析，我市青少年犯罪具体有以下几方面特点：

（一）青少年犯罪低龄化趋势明显

青少年犯罪的低龄化趋势主要表现在：从纵向方面看，即从发展趋势看，青少年犯中的少年犯的比率在上升。从横向方面来看，这一特点也很明显。犯罪青少年的年龄阶段，从15岁到25岁，共11个年龄，由低到高，各个年龄的犯罪人数在整个青少年罪犯中所占比率呈抛物线状。21岁前，比率逐步上升，由2％左右上升到19％。从21岁开始下降。17岁到22岁是高峰年龄段，每个年龄的犯罪比率都超过10％，其中比率最高的是21岁。这说明这个年龄阶段是一个“危险的年龄段”，应作为我们预防工作的重点。这一特点在犯罪青少年第一次犯罪年龄的分布中得到了印证：14—17岁是青少年罪犯第一次违法年龄的高峰期，占44.7％，18—21岁略有衰减。如绘成图，可看到两头低、中间高、峰谷分明的曲线。同各个年龄犯罪青少年在整个犯罪青少年中所占比率的分布情况比较，高峰年龄段由17岁至21岁前移到14岁至17岁。这说明，在17岁至21岁的青少年罪犯中，有很大一部分是累犯了。这一分布情况，固然与这个年龄段的青少年身心发育特点不无关系，但从客观方面来说，则反映了他们成长的社会环境和所受教育的一些缺陷，同时也反映了青少年犯罪防治工作的效果还不是十分理想。根据调查资料统计，17—19岁是违法青少年第一次被拘捕年龄的高峰期，占42.5％。值得注意的是，在17岁前违法的少年却占44.7％，而其中被拘捕的人数只占22％，即有一半以上的违法少年逍遥法外，未得到应有的惩处教育，反而使其犯罪心理被成功的体验所强化，以至在违法犯罪的道路上越滑越远。这一情况应引起重视。抓好初次违法青少年的教育感化，对阻止犯罪年龄向低龄方向发展具有重要意义。

（二）犯罪青少年文化素质普遍很差

犯罪青少年文化水平普遍偏低。具有大学学历的犯罪青年所占比率很小，仅占0.4％；高中稍大一些，占18.7％；初中所占比率最大，为68.4％。大学生中也未能杜绝犯罪，这无疑是应该引起重视的。但从整个情况来看，受教育程度低、粗野愚昧、缺乏文化知识是犯罪青少年的一个显著特点。如果进一步考察他们的实际文化水平，把他们的学历同他们的实际文化水平加以比较，那就更能说明问题了。根据我们的抽样调查，具有小学学历的犯罪青少年占12％，但实际上具有小学文化水平的占42％，就是说，有30％的犯罪青少年虽然有初中以上学历，但实际上只具有小学文化水平，基本处于半文盲状态。而具有高中学历的虽然占19％，却有近半数的实际文化水平在初中以下。根据我们的实际观察和交谈了解，这一数字还没有完全反映出真实情况。实际上，实际文化水平低于学历的真实数字还要高于统计数字。我们接触了一些青少年犯，虽然有高中学历，却连初中的语文和数学知识都没有掌握。犯罪青少年不论其犯罪时的职业如何，在校学习期间大多数是思想品德和学习成绩都不好的“双差生”。据调查统计，其中在校期间学习成绩较差的近80％。他们大多数对学习缺乏兴趣。犯罪青少年中自动退学和因成绩较差只能取得肄业资格的达45.3％。缺乏学习兴趣经常逃学旷课往往是思想开岔、行为越轨的先兆。事实证明，“双差生”、“流失生”是一支违法犯罪的后备军。

犯罪青少年在所受教育方面的缺陷还表现在他们的学前教育或早期教育普遍比较缺乏。在我们实施抽样调查的犯罪青少年中，没有上过幼儿园的占67.1%。调查表明，早期教育差是青少年犯罪的显著特征之一。在这一关键的人生阶段缺乏教育，最容易养成不良习气以致形成不良品德。这一事实应引起有关部门高度重视。

（三）职业构成方面青工犯罪比率最大

在犯罪青少年中，青工犯罪所占比率十分突出，在各种职业的犯罪青少年中，居于首位，占52.5%；待业青年犯罪处第二位，占19.6%；干部犯罪极少，只占0.2%，根据历年来的资料统计，自1980年以来，连续四年，青工犯罪发案率均居首位；青年农民和待业青年则交替居于第二位。

据调查，我市有些局系统青工犯罪人数在整个刑事犯罪人数中所占比率高达60%以上。某局系统自1979年至1983年5年间，职工人数增加不到一倍，而青工犯罪人数却增长了13倍。某局系统打击的犯罪青工涉及全局单位总数的85.6%。根据调查分析，我市青工犯罪有“十多”：①刑事案件多，其中以流氓、盗窃、赌博、抢劫四类案件为主；②团伙作案多并逐步上升，如某局系统处理的案件中有80%以上是团伙作案；③重复犯罪的多；④近几年进厂的青工多；⑤内招顶职的青工多；⑥文化水平低的多；⑦集体企业或全民企业中附属的大集体单位的青工多；⑧从事重体力劳动的多；⑨业余时间作案的多；⑩在本单位以外范围作案的多。这“十多”基本上反映了全市青少年犯罪的主要特点，有些则反映了青工犯罪所独具的特点（如④、⑤、⑦、⑧、⑩）。

（四）犯罪类型方面：盗窃、流氓犯罪居多，大案要案比重大，重复犯罪突出

在青少年犯罪中盗窃罪最多，占36.3%；流氓犯罪处第二位，占31.5%；其他犯罪类型所占比例大小依次为斗殴伤害、强奸、抢劫凶杀。如将流氓与强奸罪合并则占39.5%，处第一位；而将流氓与盗窃罪这两类主要犯罪类型加起来则占70.1%。

这次抽样调查的青少年罪犯中初犯多于累犯，占70.3%，但被拘捕两次以上的所占比率也有近30%。而初犯中判处重刑的高达68.5%，轻刑的只占31.5%。这表明初犯中相当一部分人（38.8%）不犯罪则已，一作案就是大案。这从一个侧面反映了青少年犯罪具有突发性、胆大妄为、不计后果等特点。根据调查统计，在青少年罪犯中，判处3年以下轻刑的占31.5%，4—12年的占52.7%，13年以上的占15.6%，较重刑和重刑的罪犯共占68.3%。这反映了青少年犯罪大案要案多的特点。近年来，全国劫机劫船等重大恶性案件时有发生，武汉市也发生了劫车、劫款的重大恶性案件。

（五）团伙犯罪成为青少年犯罪的主要形式

团伙犯罪发案率突出，是近年来青少年犯罪的一个显著特点。根据我们抽样调查的资料统计，结伙作案的占70.6%，单独个人作案的只占29.4%。显然，团伙犯罪是青少年犯罪的一种主要的活动形式和组织形式。

（六）市区青少年犯罪发案率高于郊县

从总体上看，青少年犯罪中居住市区的为多，占66%，这与都市人口稠密、环境复杂、犯罪诱发因素比城郊乡村多有关。具体看来，市区青少年犯罪率较高的主要原因有：（1）人口多，空间小，交通发达，信息畅通，各种精神污染影响面大，传播蔓延快；（2）商业经济发达，物质诱惑力强，而且单位多、财物集中，加之管理上存在漏洞，容易造成犯罪动因和提供可乘之机；（3）市区家庭结构和职工工作方式的特性造成家庭对子女管教困难或失教（特别是双职工家庭和父母工作流动性大的家庭）；（4）活动空间小，闲暇时间多，青少年又特别集中，其剩余精力无通畅而又正当的渲泄渠道，易出现不良的社交活动，相互影响导致犯罪；（5）社会上存在的某些历来风气就不正的社区和棚户区成为犯罪的滋生地。如果按照犯罪青少年家庭主要成员的职业划分，工人居住区青少年犯罪率居首位，其次是混杂院式的杂住区，而学校科研单位所在地知识分子比较集中的文化区，青少年犯罪最低。按照家长职业来比较，工人子弟犯罪的居首位，占58.8%；干部子弟其次，占23.7%；知识分子子弟再次，占2.7%；工人和干部子弟犯罪率明显高于知识分子子弟。

据调查获悉，青少年罪犯直接生活于其中的微社会环境街道状况不大好的占53.1%，显然社区环境与青少年犯罪很有关系。调查表明，作为生态单位的住宅综合社区（街道）居民成分不纯、各种病态社会现象较多，该社区的青少年犯罪率也就比较高。在犯罪青少年居住或经常游玩娱乐的居民区中，被拘留或判过刑的人往往较多，而熟悉这类人员的青少年犯在整个抽样对象中占74%，其中70%的犯罪青少年的邻居或朋友中有几个甚至较多曾被拘留判刑的人。没有与这类人接触和交往的只占26%。由此看出，青少年直接生活于其中的微社会环境，如果旧痕迹多、坏人坏事多、社区风气不好、社区秩序紊乱，青少年犯罪的机会就大。显然，这种环境对青少年成长十分不利。在"两个文明"建设中，必须抓紧对历史上居住人员复杂、风气不好的社区环境的改造。这一类社区是城市综合治理的重点。

据调查统计，城区犯罪分子的分布情况也不是均衡的。六城区中，青少年犯在总人口中的比率依次是：（一）汉阳区，为2.12‰；（二）江汉区，为1.66‰；（三）青山区，为1.42‰；（四）硚口区，为1.3‰；（五）江岸区，为1.28‰；（六）武昌区，为1.08‰。青少年犯在全部犯罪人数中所占比率依次是：（一）青山区，为84%；（二）汉阳区，为82%；（三）江岸区，为79%；（四）武昌区，为78%；（五）硚口区，为70%；（六）江汉区，为66%。

（七）作案时间多集中于文娱活动时间和上下班时间

作为作案环境的一个重要方面，是同作案地区相联系的作案时间。犯罪青少年作案时间大多集中在文娱活动和社会交往时间。如果从作案时间在不同的个人生活和社会活动领域的分布来看，文娱活动时间、社会交往时间、游逛散步时间、上下班高峰时间及夜晚人们睡眠时间最为集中。以上诸项时间的作案率在各种时间中占75.7%，其中在文娱活动时间中作案的比率居于首位，占20.7%。

如果从作案的具体时刻来看，主要集中在11点—14点（中午）、15点—18点（下午）、19点—23点（晚上）这三段。三段时间的发案加起来为80%，即五分之四。三段时间中，又以晚上19点—23点为高峰期，发案率在全部青少年犯罪中几乎占了一半。就是说，有将近一半的青少年犯罪案件发生在夜晚19点—23点这段时间内。

（八）刑事犯罪表现出相当浓厚的政治色彩

全市青少年犯罪不仅有一定数量的反革命犯罪（其人数在青少年犯中所占比率为77‰），而且大量的刑事犯罪表现出浓厚的政治色彩。具体表现在以下几个方面：

第一，反动的政治倾向。不少青少年罪犯表现出仇视社会主义、仇视党和人民、仇视人民民主专政的反动政治倾向。根据抽样调查统计，有12％的罪犯直言不讳地表白他们认为在资本主义、封建制度下生活得“舒服”、“自由”。还有一部分由于慑于无产阶级专政的强大威力而不敢如实表明他们的政治态度。但大量事实证明，他们犯罪行为的恶劣程度往往同他们的政治态度直接有关。例如江岸区光明电影院一带以屡教不改的犯罪分子万润生（25岁）为头子的流氓团伙，有的犯罪分子明目张胆叫嚷“共产党领导不自由”、“社会主义不好”，他们公开扬言要杀共产党员、杀人民警察。万润生甚至叫嚣：“派出所的人总是盯着我们，总有一天要杀他个把。”万的邻居是个共产党员，万威胁说：“共产党给了你什么好处？你总是为他们说话！搞烦了，我要杀光你这个共产党员全家。”这个犯罪团伙的两名成员作案时被抓获，这个团伙的其他成员就一拥而上将罪犯劫走。他们自1981年以来共打伤同他们的犯罪行为作斗争的群众、居委会干部和人民警察共63人。江岸区花楼街的流氓团伙头子梁镇洲也扬言过要“炸毁派出所，搞掉管段民警”、“哪个抓我们就跟哪个同归于尽！”

第二，明显的反社会心理。他们的作案动机，多数并不是由于客观条件所迫而出于改善个人生活条件。相当一部分犯罪分子，家庭的社会地位和经济条件都比较优越。有些青工本身又有固定的工资收入，生活安逸。他们违法犯罪主要出于一种反社会心理。有的犯罪分子攻击的目标、伤害的对象选择性很强，主要是对他们进行过教育和斗争的群众、干部以及司法部门工作人员。从受到惩处后的态度来看，不少人不服不满。东西湖区流氓犯罪分子张贺民被判死刑后，气焰一直很嚣张。他公然表示崇拜杀人犯“两王”，要效法“两王”，表示要与无产阶级专政作对到底。张犯对调查人员说：“‘两王’和我都输了……如果我不被抓，不被判死刑，那事情还没有完。”张犯的这些话明显地表明了他的反社会心理和政治态度上的敌对性质。

第三，从犯罪情节来看，手段凶残、性质恶劣，无论是抢劫盗窃或流氓强奸犯罪往往是通过施行暴力，对受害人和整个社会危害极大。从犯罪形式上看，纠集团伙形成势力明显的同社会对抗的特征。在严厉打击刑事犯罪的强大声势下，仍然有部分犯罪分子丧心病狂地“顶风上”，以身试法。他们的作案心理，有的是心存侥幸错误地估计形势，同党和人民斗法，有的则是胆大妄为不顾后果，顽固地与党和人民为敌。

（执笔：刘学顺　许德琦　鲁长春）

南京市青少年犯罪的现状、趋势
（1986年）

南京市法学会 韩学保

一、青少年犯罪的现状

经过严厉打击刑事犯罪分子，我市青少年犯罪的最严重的状况已经有了明显改变，刑事案件发案率大幅度下降，青少年犯罪也明显减少。但是，青少年犯罪问题尚未得到控制。据调查情况表明，当前，我市的刑事犯罪活动仍是严重的，各种刑事犯罪案件的发案率都呈上升趋势，青少年犯罪在整个刑事案件中占据着突出的位置。从1986年查获的刑事犯罪案件中，发现青少年犯罪的数量虽有减少，但在整个刑事犯罪的比重却上升到67%。其中，未成年犯罪占犯罪总数的22.3%，在校学生又占未成年犯罪的42.8%。

当前，下述几个方面必须引起重视：

1．青少年犯罪率下降的趋势不够稳定，诱发犯罪的潜在因素增多。

“严打”后，我市青少年犯罪率下降是比较大的。但是，这种下降主要靠采取多种特殊手段控制下来的。从综合治理的角度考虑，需要标本兼治，以治本为主，减少诱发犯罪的因素，才能有效的控制犯罪。当前，诱发犯罪的因素：一是消费观念变化后，使一些追求奢侈物质欲望的谋财犯罪案件增多；二是精神生活发展后，资本主义的精神垃圾会乘机而入，使流氓淫乱活动增多；三是生产关系变革后，个体经济迅速发展、流动大、管理松，各种犯罪也明显增多；四是经济开放、搞活后，由于利益再分配、人际关系矛盾而诱发和激化导致刑事犯罪日益增多；五是国际恐怖活动的渗透，国内一些亡命之徒效法的暴力犯罪也在增多；六是今后几年“两劳”人员大批放回，其中重新犯罪的绝对数也会随之增多。这些客观现实，提醒我们必须对青少年犯罪的严重性、长期性要有足够估计，绝不能掉以轻心，放松各项工作，而是要充分利用当前的大好时机，积极开展多层次的社会治安综合治理工作，减少和预防青少年犯罪。

2．在实施犯罪的青少年后面还有一批违法的青少年，危害社会的安定团结。

青少年犯罪的严重性，不能仅看已经实施犯罪的青少年数量，还要看可能实施犯罪和惩处以后可能重新犯罪的青少年数量。根据调查情况，当前在社会上还存在一定数量的违法青少年和有明显犯罪征兆的青少年，其数量超过实施犯罪青少年的数倍。这些青少年深受资产阶级自由化思潮的毒害，极容易接受消极的东西，或从消极方面去理解新事物、新观念，从而形成不良心理。当然，这部分青少年不一定都将成为罪犯，不过其中总有少数人随着时间的推移，或者在某种条件促成下，可能成为实施犯罪行为的罪犯。因此，我们研究青少年犯罪，这是不可忽视的一个重要问题。

青少年犯罪的严重性，还表现在已受处理的青少年罪犯和刑满释放或解除劳教以后又重新犯罪的数量比过去增加。我市每年都有一批青少年罪犯受到惩处。同时，也有一批刑满或解教人员恢复自由，在这部分人员中总有些人未改造好又重新犯罪，许多大案、恶性案件往往都是这些人所为。

3. 青少年犯罪的性质和手段也发生变化，危害性越来越大。

青少年犯罪的现状和严重性除了量的表现外，还有其质的表现。其具体表现在以下几个方面：一是向低龄发展。18岁以下案犯占犯罪总数的比例上升。1986年比1985年上升了6.8%。二是在校学生犯罪比例上升，由1985年的5.5%，上升为10.5%。三是初犯比重有所增加，占青少年犯罪总数的67%。四是女性青少年犯罪增加。五是团伙作案突出，这些人模仿封建帮会形式，纠合起来，打架斗殴，盗窃抢劫，危害甚大。

二、青少年犯罪的趋势

当前，我市青少年犯罪的明显趋势是：犯罪性质向严重化发展，犯罪手段向成人化发展，犯罪年龄向低龄化发展，这主要来源于国际犯罪和国内犯罪的影响，反映了信息社会的特点。从我市情况看，虽然重大刑事案件发案数有所上升，但主要是重大盗窃案件。象“严打”以前那些直接威胁人民群众人身安全的案件已经大幅度下降。这就说明，目前有些案件增多，并不是“严打”前那些问题的延续和发展，而是新形势下新的治安问题的反映，因而在今后一段时间内，各种刑事犯罪活动将仍然可能是一个多发期，社会治安将面临许多新的复杂情况。

1. 盗窃案件发案率有上升趋势。盗窃犯在全部刑事案件中占67%，青少年案犯占盗窃案件总数的68.3%。盗窃案件增多，究其原因：一是在开放、搞活的新形势下，商品和货币流通领域扩大，刺激和助长了一部分欲壑难填的人走上犯罪道路；二是在改革过程中，不可避免地会在某些环节上造成暂时的漏洞，使犯罪分子有机可乘；三是随着经济的发展，社会财富急剧增多，人们物质生活水平有了提高，犯罪分子盗窃所构成的机会增多；四是犯罪分子狂热追求享受，因而出现了流氓、盗窃两种犯罪紧密勾联的趋向，流氓犯罪诱发盗窃犯罪，盗窃犯罪为流氓犯罪提供物质条件。

2. 在校学生犯罪比例呈上升趋势。近年来，在校学生犯罪逐年增多，在抓获的犯罪分子总数中所占比例为：1983年占4.3%，1984年为7.6%，1985年为9.3%，1986年为15.7%。在作案人员中占第三位。而参与重大案件作案的越来越多，在1986年1～5月抓获的153名犯罪的学生中，参与大案犯罪的就有22人，比1985年增加1.2倍。据调查，在校学生中有部分学生，精神空虚，追求享受，在经济条件得不到满足时就铤而走险，参与盗窃作案，已成为影响社会治安的潜在因素，应引起社会各方面的重视。

3.流氓犯罪呈发展趋势。据调查情况表明，经过两年多的“严打”斗争，流氓犯罪活动的气焰已经有了很大收敛，过去那种团伙横行、恣意扰乱社会治安情况有了很大改变，拦路强奸妇女的案件有所减少。但是，流氓犯罪活动出现了一些值得注意的新动向：一是流氓犯罪的形式趋于隐蔽。一些流氓犯罪分子，从过去明目张胆地拦路强奸妇女转为到咖啡馆、酒吧间、跳舞厅、影剧院等公共场所“钓鱼”搭讪，引诱女青年，然后到流氓窝点淫乱；二是暗娼卖淫活动重新泛起，卖淫活动，在解放后早已绝迹，但由于社会开放之后来自各方面的影响增加，人员流动量增大，卖淫活动重新泛起。在已经收容的65名暗娼和进行卖淫活动的女流氓中，16岁至18岁的占22.2％，19岁至25岁占53.4％，26岁至35岁占24.4％。在这些人员中多数原来是良家妇女，近年来在资产阶级腐朽思想和社会上流传各种淫秽物品的毒害下，逐步堕入歧途。

深圳经济特区的青少年违法犯罪问题

（1985年）

苗　利　洲

未必多余的忧虑

无须隐讳，深圳的青少年违法犯罪之严重与全国其它城市一样，都成为突出的社会问题之一。

据我们在深圳市公安局调查获悉：从1980年开办特区以来，刑事案件基本处于逐年上升趋势。1979年以前，深圳平均每年发案不到200宗，发案率为总人口5‰左右；1980年经济特区开建的当年即发案623宗，发案率为总人口1.5‰，比1979年上升139％；1981年发案986宗，发案率为总人口2.1‰，比1980年上升58.3％；1982年发案1407宗，发案率为总人口2.7‰，比1981年上升42.7％；1983年发案1473宗，发案率为总人口2.4‰，比1982年上升4.7％；1984年由于"严打"的威慑作用，发案1374宗，比1983年下降了6.7％；但是，1985年以来又开始猖獗起来，截止6月底已发案782宗，比1984年同期明显有所增长。

尤其令人不安的是特大案件一直有增无减，甚至成倍增长。1979年发大案9宗。1980年发大案26宗，比1979年上升189％；1981年发大案95宗，比1980年上升265.4％；1982年发大案175宗，比1981年上升84.2％；1983年发大案231宗，比1982年上升32％；1984年发大案299宗，比1983年上升29.4％；1985年截止6月底，仅半年时间已发大案264宗，其上升幅度是惊人的。

在这些刑事犯罪中，其主体绝大多数是青少年。深圳市司法局有关同志前不久抽样调查了845名违法和犯罪分子，从其年龄结构看，28岁以下的青少年共计690名，占被调查总数的81.9％，比内地一般城市青少年违法犯罪的比例似乎要高些。而且，犯罪低龄化的倾向也较为突出。1984年6月份，一宗盗窃价值人民币16000余元的大案，作案分子就是两个小学生。1个14岁，1个年仅12岁。

1983年"严打"前夕，青少年违法犯罪活动在深圳市曾嚣张一时。如轰动全市的"七一〇"抢劫案就是一例：1983年7月10日下午3时50分，地处闹市中心的友谊商场四楼财务室，突然闯进4名黑布蒙面、手持匕首的强盗，他们以暴力手段将3名正在盘点货款的出纳员捆绑起来，抢走外汇券28000余元，人民币6000余元。4名直接行凶抢劫的案犯平均年龄20.5岁。另外，还有两个参与策划、联络、放哨的同案犯。其中1个17岁，另一个年仅14岁，系深圳市一中初二年级学生。流氓团伙犯罪一度在个别地段搞得人心惶惶。有一合作经营的表链厂，由于几名流氓经常结伙出没，滋扰生事，吓得女工们不敢去上班。该厂98名女工，有96名竟不得不忍痛辞工离去。据统计，1983年8月至1984年4月"严打"第一战役期间，即摧毁青少年违法犯罪团伙109个，抓获其成员510人，占同期全市抓获案犯总数的44%。

上述一系列数据和案例，说明了特区青少年违法犯罪情况的严重性。人们不无感慨地忧虑：深圳青少年违法犯罪是否会与特区财富同步增长？

不要为现象捉弄

我们没有理由回避经济特区目前青少年违法犯罪严重的事实。问题在于如何正确地认识这种现象。

深圳是一座富有现代化气息的新兴城市，在人们眼中它有着诱人的神秘色彩。它西起蛇口东至沙头角，与香港接壤八十多公里，有的地方是共饮一条河，有的地方则共用一条街。不少人来这里都想隔界远眺一下香港的风光，领略一些花花世界的新奇。整个深圳市座落于山水环抱中，崭新的楼房栉比鳞次，第一流水平的宾馆、酒家，比比皆是。琳琅满目的大型超级市场，繁星般的摊贩贸易点，穿梭来往的出租汽车，衣着华丽的人流，刺激奔狂的迪斯科音乐，以及这里特殊的经济政策，先进科学的管理方式，高效率的工作和快节奏的生活，等等。这一切令人眼花缭乱，心驰神往。1980年开办经济特区以来，深圳的职工收入比1979年增长1.7倍，一般职工月工资都可拿到150元左右，较高一些的可拿到250元以上。在深圳市没有所谓待业青年的苦恼，只要肯出力，挣钱的路子很多。大部分家庭都有彩电、电冰箱、收录机、高级组合家俱。啤酒和"百事可乐"已是许多家庭的日常饮料，不少青年夫妇都有二房一厅。农民家庭的变化尤其显著，万元户占到总农户的20%。一般农民收入比1979年都增长了2.5倍。不少农家庭院修饰得象别墅似的，比城里人还要阔气得多。

改革开放的深圳特区像磁石一样吸引来巨额的外资，先进的知识、技术、设备和管理方法，招引来数以万计的人才。同时也招来了一小批害群之马。苍蝇蚊虫混夹在清新的空气里，从开放的大门一齐涌了进来。深圳特区在有识之士看来是大展才华的舞台，而在不法之徒看来却是肥得流油的猎物。后一种人也在千方百计通过各种非法的或合法的渠道挤进来捞油水，这就为深圳特区的社会治安带来了极大的麻烦。据深圳市公安局不完全统计，外地不法分子流窜深圳作案的，1983年占39.1%，1984年占到52.2%。有些违法犯罪活动，如倒卖外汇、偷盗、扒窃、诈骗、卖淫等，外地来人所占数字比例更大。据深圳市委《特区简报》第15期材料反映：1985年第一季度罗湖公安分局共抓获非法倒卖外汇的违法犯罪分子286人，其中外地218人，占76.3%。

财富并不必然产生犯罪，但它却诱得不法分子的黑手发痒。各种形式的经济犯罪，在特区近年刑事案件中占有相当大比重：

一是盗窃案件遥遥领先。1982年发盗窃案1286宗，占发案总数的94%；1983年发盗窃案1285宗，占发案总数的87％。

二是经济诈骗犯罪突出。1984年发这类案113起，占发案总数8.2％；1985年上半年发这类案63宗，占同期发案总数8％。

三是走私贩毒与倒卖外汇为特区两大毒瘤。1985年第一季度，深圳市公安局治安民警巡逻队一共抓获违法、犯罪分子2238人。其中，非法倒卖外汇者445人，占19.9％；走私分子491人，占21.9％。

从某种角度看，以上现象是因特区经济与其它地区经济发展出现较大差距而产生的畸形滋生物。正如城乡差距，造成城市一时犯罪增多的情况一样。我们认为，只要外地与特区在经济上还存在着较大差距，那么，特区中大量的青少年违法犯罪在短时期内就很难降得下来。

还有一种情况是值得注意的。这就是：深圳所实行的特殊的经济管理制度，使靠吃大锅饭而生长起来的年轻一代面临严重的挑战，其习惯的生活方式及传统观念受到极大的冲击。

应当承认：严格的管理，激烈的竞争，新的价值观念，对于长期习惯于松散管理，没受过严格业务训练，吃大锅饭养成了惰性固疾的人们来说，一下子是很难适应的。这个从不适应到适应有一个痛苦的转变过程。对于大多数青年来说，这个关口已经冲过来了。然而，有少部人还在留恋旧的生活方式。极少数脊梁骨不太硬，却嘴馋、眼馋的青少年，在高档物质和高消费的刺激下，想入非非，以至采取非法手段，铤而走险，以获取其物质与精神的奢侈享受。毫无疑问，犯罪蠹虫的产生，与改革中的消极面，与资产阶级享乐思想及其腐朽的生活方式的影响，与西方文化的渗透、侵袭，都有关系。但是，就特区青少年违法犯罪的本质原因来说，追根溯源，"大锅饭"的后果作为一个因素是很明显的。这是一个过去一直被人们所忽视的潜在因素。因为大锅饭产生或强化惰性，而惰性正是不劳而获污流的源头。因此，从这个意义上讲，可以说，特区青少年违法犯罪是旧的传统生活方式的回光返照，是改革与保守、开放与闭锁、新观念与传统观念斗争必然产生的废渣，是改革开放这个新生儿分娩的阵痛。江河奔流，泥沙俱下。这是事物两重性的表现。用不着为一时上升的违法犯罪现象而神经过敏，大惊小怪，更用不着"瞻念前途，不寒而慄"。

外患与内忧

违法犯罪是一种社会现象。按照系统论的观点，它是社会相互作用的诸要素的复合体。就深圳特区这一特定社会环境而言，其违法犯罪的产生，不但有来自港澳以至西方世界敌对势力侵袭干扰的外患，而且存在着错综复杂的现实矛盾的内忧。

所谓外患，主要来自四个方面：

一是香港少数不法分子（多系70年代偷渡去港人员），利用地理条件和亲朋在圳之便，勾结境内不法分子，大量走私贩毒，倒卖外汇，或进行诈骗、流氓等其它刑事犯罪活动。在走私与倒卖外汇案件中，港客入境作案占到20％；在已判处的案犯总数中，1983年港客占14％；1984年占到16％。

二是淫秽物品的带入与传播。这是深圳市一个不可小视的公害。1980年以来，全市即查获各种从港带入的淫秽读物、画报、照片、录相、淫具等63810多件。这些东西对青少年的诱惑性、腐蚀性很大。

三是香港黑社会组织的渗透。他们用金钱美女为诱饵，拉青少年下水入伙。这些由黑社会组织成员结成的团伙，具有暴力犯罪的恶念和能量，有浓厚的政治色彩和疯狂的反社会倾向，实质上就是反革命的干扰破坏。在黑社会组织活动较为猖獗的1982年，公安部门共查出参加黑社会组织的成员有144名。其中，“水房”85名；“和胜和”29名；“十四K”30名（注：“水房”、“和胜和”、“十四K”均系香港黑社会组织名称）。

四是台湾当局反动派以至国际间谍组织，派遣特务进行勾联策反活动。截止1983年共抓获特务分子12名。反革命挂勾案件亦时有发生。1981年发生8宗；1982年发23宗；1983年发22宗。

事实说明，国内新滋生的反社会主义敌对分子和新的历史条件下产生的社会渣滓，与港、澳、台敌对势力以及国际上的反动派，狼狈为奸，内外勾结，利用各种卑劣手段进行反社会主义的罪恶活动。这是阶级斗争在深圳的反映，是刑事犯罪的阶级根源，决不可掉以轻心。我们应当坚持奉行“有所引进，有所抵制”和“排污不排外”的方针。但是，仅仅“抵制”和“排污”是不够的，还应当主动积极地进行有力的反击。1983年在“严打”中深圳市公安局严令黑社会组织成员进行自首登记，处决了五个作恶多端的香港黑社会骨干分子，使嚣张一时的黑社会组织活动顿时销声匿迹，至今再没有掀起大浪头。对淫秽读物也搞了一次大的收缴行动，处理措施比较严厉，之后，深圳文化空气即为之一新。这是值得借鉴的经验。

外患与内忧往往是一对孪生的怪胎。但外患并不足为虑，而内忧才是致命的祸灾。在深圳所谓内忧，主要有五大问题：

一是以权谋私、裙带关系等党内不正之风，在外地有，在深圳特区也程度不同的存在着。据有关方面披露：有极少数党政领导干部（北京、上海、广州的“大人物”都有）借用职权把自己的子女调到特区，在经济上、职位上给以方便。这种带有封建色彩的作法，以及这些干部的个别子弟不能令人满意的表现，在群众中影响很坏。另外，少数国家工作人员参与走私活动的情况令人不安：这些人在走私案犯中，1980年占7％；1981年占7.2％；1982年占7.5％；1983年占2％；1984年占4.1％。这其中有民警，有一般干部，还有处级以至市委个别领导同志。当然，这仅仅是少数干部的个人行为，但其在政治上、心理上所造成的社会后果是十分恶劣的。它极易挫伤群众的积极性和对党的信念，特别会使一部分青少年产生错误的政治偏激情绪，以至在某种气候下形成反社会倾向或发生违法犯罪行为。正如中央领导同志所说的，这是关系社会治安能否根本好转的大问题。

二是制度不严，管理不善，以及官僚主义作风，为违法犯罪造成可乘之隙。譬如，对入境的外地人员的管理问题，就是深圳特区当前火烧眉毛的一件大事。据统计，由外地、香港以及国外进入特区的游人、客商，每天可达31000多人次；经常流动人口有20万之多；全年进圳人数有1000万人次以上。在去特区的外地人员中，有少数人没有签证。在广州火车站，“深圳一日游”的出租车很多，乘这种车去深圳根本无需签证，只要有钱就成。加之，出深圳也不验证。一些招待所登记住宿时检查签证不严。为数更多的私人旅舍，只认钱，不认人，这就为无证人员留住特区造成空档。据统计，1985年5月份1个月内，就有775人没有签证或签证过期而留住深圳。该市湖贝村，常住人口仅452人，但外地人员住在该村的人数却有7000多人，为该村常住人口的16倍。这些地方，人员复杂，往往是违法犯罪活动的多发点。另外，财务管理方面也有不少漏洞。譬如，有些商店从进货、售货、收款、交款都是一个人进行“一条龙”作业，结果使一些职工得以监守自盗；有些行业自由经营，无人管理，以致个别人可以无法无天。有一段时间，对小汽车和个人承包集体的汽车，没有实行统一管理，有些司机就利令智昏，或者为走私分子拉运违禁货物，或者运送偷渡分子出境。据统计，在走私和偷渡这类案件中，汽车司机占到近10％。1983年6月，陈增龙、谢辉走私集团案犯共20人，其中深圳市小车司机就有10人之多。他们从1980年底到1983年7月，先后走私进口手表20900余块，电子计算器4073部，白银2200多斤，连同其它物资总值人民币270.4万余元。再如货币管理制度方面不应有的疏忽，使人民币受到巨大冲击，导致倒卖外汇现象泛滥成灾。

三是法制不健全，政法队伍力量薄弱，对违法犯罪打击不力，缺乏严密的防范措施。据有关领导同志讲，全市刑警只有200多人，而且其中70％都是新手，素质较差。下属五个分局至今科室不全，人员欠缺。基层治保会组织虽有，但多数不太起作用。加之立法和执法方面的种种问题，致使老鼠作乱的口子太多，而抓老鼠的手却太少。另外，以罚代刑或处罚过轻的问题也在客观上起了助长违法犯罪气焰的作用。譬如，以罚代刑，在走私分子看来，只要不坐牢，十次走私，有一二次侥幸得逞仍然有钱可图。于是，走私活动在法律的空子中便得以蔓延滋长。据说，在沿海少数村镇，有一度曾出现过“全民性”走私的情况。

四是思想政治工作苍白无力。主要表现有两点：（一）党团组织，尤其是团组织不健全。在数以千计的独资、合资企业中，相当数量的单位没有团组织。一些单位虽有，也是聋子耳朵而已。团组织活动在外联企业中遇到不少麻烦。首先是这些企业的工作密度一般都很高，管理人员精打细算，时间卡得很紧，团组织活动无空可插。其次，企业采用合同工和临时工制，工人人数随企业生产需求的变化而经常增减，工人转调自由，不少青工和团员以至团干部经常变换工作单位，有的一年一变，有的甚至一年几变。团组织没有专职干部，团干部队伍不稳定，青年教育工作开展不起来。少数力量较强的团组织，即使搞些活动，也只能忙中偷闲。深圳青年讽刺说，团组织已转入“地下活动”了。（二）没有专门机构，也很少有专门人才去研究改革开放过程中青少年出现的新情况、新问题。譬如，不少青年政治观念淡薄，对入党入团不感兴趣。一些青年甚至开诚布公地讲，资本主义比社会主义好。我们去一家国营的电子公司搞调查，那里的团干部说，该公司大多数青年十分拥护改革开放政策，但他们中不少人认为，这是资本主义的搞法。团委明知这种说法不妥，却又无言以对。在青年们通过开放的窗口看到了一些资本主义的表面的繁荣与文明之后，我们如何在新的情况下向青少年进行共产主义的理想教育，这是一个迫在眉睫的现实问题。遗憾的是，特区党的思想政治工作并没有对这个问题真正给以足够的重视。思想政治工作一般化，方法陈旧，力量不足，效果不大。

事情很清楚：在上述外患内忧这些消极因素的作用下，极少数青少年发生问题，走入邪道，以至犯罪沉伦是不可避免的。

斩 草 须 除 根

人常说：斩草须除根。如何从根子上治理青少年违法犯罪？我们在深圳调查所得的启示，主要有两点：

(一)净化改革开放的土壤，清除封建主义余毒。中国是一个有2000多年封建历史的国家，我们的国民性根植于小农经济的土壤中。所以，封建主义的文化及其观念道德，至今还有不小的市场，还在顽固的、几乎是无孔不入的、或多或少的影响着现时的政治、经济、思想、法律，以及生活方式、思维方式等各个方面。譬如，前面提到的官僚主义、裙带关系，以权谋私，以言代法，走后门、拉关系等党内不正之风，以及改革开放中所出现的一些不正常现象，我们都可以在封建主义的墓窟里找到其幽灵，在小农经济的家谱中寻出其祖籍。封建主义余毒是产生现行统治中消极现象和违法犯罪现象共同的重要社会条件。因而我们认为，解决改革遇到的内忧外患与治理青少年违法犯罪是同一件事情的两个侧面，是相辅相成，互为表里的。解决与治理的关键是要下决心整好党风，彻底铲除侵害党的肌体的封建主义余毒，使政通人和，上下一心。民心顺畅，怨气自消，何愁国家不昌盛？何忧违法犯罪不减少?!

(二)改变人治状态，坚持以法治国。生活的现实表明，法制问题在今日的中国具有十分的紧迫性。只要稍加留意观察，就不难发现，法律在我们社会上还没有获得它应当占有的地位，这表现于在社会生活领域中和各种社会关系中，法律所起的规范作用是极其有限的。许许多多本来应由法律来制约、干预调节的事情，法律实际管不着，管不了，管不好。在各种部门之间和部门内部，法律意义上的权利和义务很不明确，因此，在社会经济活动中经常大量地发生没完没了的“扯皮”碰撞和磨擦，许多错综复杂的矛盾和纠纷长期得不到解决。这种状况不能不严重地影响到整个社会生活的效率，影响到经济体制改革的深入程度和前进速度。也影响到对青少年违法犯罪的治理。如果我们正视现实就不能不承认，在我国缺乏最起码的法律意识的人太多了，不承认法律的尊严和权威的人太多了，即使在领导层里也不乏其人。因而我们认为：改革前进中的中国社会亟需一种启蒙——法律思想的启蒙。让亿万人民摆脱对法律无知无识的蒙昧状态，社会就有了同违法犯罪现象作斗争的巨大力量。以法治国是社会文明进步的标志。我们社会主义国家理应在这方面搞得更好些。

中国经济体制改革的洪流正在以万马奔腾之势向前推进着，历史的车轮已不可逆转。我们应当清醒地估计形势。不能盲目乐观，也勿需杞人忧天。在治理青少年违法犯罪问题上，我们要有长期作战的思想准备，也务必坚定必胜的信心。我们相信：改革开放在全国范围内取得决定性胜利之日，也就是青少年违法犯罪得以成功治理之时。

江苏省农村经济体制改革中的青少年犯罪动向

（1986年）

戴 福 康

我省农村经济体制的改革，使农村地区农、副、工、贸发展较大，为农村青年展示了广阔的前景和勤劳致富的途径；严厉打击严重危害社会治安的刑事犯罪分子，使一些游手好闲、违法犯罪、有劣迹的青少年在经过帮助教育之后，迷途知返，从事正当劳动。因此，治安情况好转，青少年犯罪总的来说是减少的。但地区之间犯罪类型之间是不平衡的。多数地区犯罪活动下降，有些地区下降较少；有些犯罪活动下降较多，有些则下降不大，或未有下降。在各类犯罪活动中也出现一些新情况。为探索这一时期农村地区青少年犯罪的变化和动向，对丹阳、扬中、宜兴等县判处的刑事犯罪情况作了一些调查，就当前农村地区青少年犯罪的动向作一粗浅的剖析。

（一）

从1980年到1984年法院判处的刑事犯罪分子的情况看，农村地区青少年犯罪增加较多，其增长率高于25岁以上的罪犯。丹阳县1984年判处的刑事罪犯的绝对数是1980年判处的4.5倍，其中25岁以下的青少年犯罪增多5倍，25岁以上的罪犯增多3.2倍。严打之后，情况有所好转，特别是未满18岁的少年犯在前一阶段猛增之后，1984年回降较多。全省1984年判刑的少年犯的绝对数比1983年减少38%，少年犯在整个刑事犯罪中所占的比例由1983年的9.3%下降至1984年的5.4%。

据宜兴县统计，该县自1983年9月开展严打以来至1985年2月判处的罪犯中：盗窃占33%；流氓犯占32%，强奸犯占15%，诈骗犯占5%，抢劫犯占1.2%，这五类罪犯合占总数的86.2%，其中未满18岁的少年犯占5.9%，18～25岁的青年犯占44%，青少年犯占49.9%，全省判刑的犯罪分子中，青少年犯占45.28%。

从判处罪犯的情况反映出，近二年来农村地区青少年犯罪和整个刑事犯罪一样，盗窃、强奸、诈骗这三种犯罪较为突出。盗窃、强奸犯罪经严打以后，总的有所下降，但下降幅度不大，有些地区仍降不下来。

流氓犯罪，从1983、1984年法院判处的罪犯中看，为数甚多，且主要是青少年犯，严打中，从重从严惩处了一批流氓犯，严打后加强了对公共场所治安的管理；也由于这二年农村经济搞活后，一部分有流氓习气的青少年转向个体经营，着眼于搞钱。因此，结帮成群，游荡于文化馆、影剧院、体育场等公共场所，大街小巷聚众斗殴拦袭侮辱妇女，寻衅滋事，严重扰乱社会治安的犯罪活动已大为减少。据宜兴县对1984年审结的流氓案作案时间（按最后一次流氓罪行时间为界）排队：1983年1～8月作案占58%，平均每月12.26件；9～12月作案的占21%，平均每月8.76件；1984年上半年作案的占11%，平均每月3.17件；1984年下半年作案的4件，平均每月0.67件。这项数字虽是同期发案数中较严重的一部分，但也反映出这类犯罪确实比前少了。抢劫犯罪在法院判刑的罪犯中前几年较突出，严打后呈下降趋势，且下降较多。而诈骗犯罪近几年来却是逐年增多，呈上升趋势，1984年全省判处的诈骗犯是1982年的1倍。诈骗犯罪活动增多是农村地区刑事犯罪活动中的一个新动向。

（二）

农村经济搞活，乡镇企业增多，个体户、专业户生产经营的发展，流通渠道增多，流动人口增多，信息增多，财富增多，人民生活提高，对消费的讲究，所有这一切带来物质生活和精神生活条件的改善，对大多数青少年来说，成了激励他们勤奋向上的动力，但也有些青少年却好逸恶劳，又不能正确对待周围发生的一切，他们不是力求通过自身正当的劳动来逐步满足其物质的需求，而是"财迷心窍"、"唯财是图"，为追求钱财享受走上了犯罪道路，这是当前农村青少年盗窃诈骗犯罪较前突出的一个重要因素。

农村经济形势的发展，情况的变化，盗窃诈骗犯罪的成员结构，作案对象、作案的目标、作案的手段与农村经济体制改革前有所不同。从扬中县1984年判处的19名青少年盗窃犯的情况看，判刑时的年龄是；20岁4名，21岁4名，22岁5名，23岁1名，24岁3名，26岁2名(作案时未过25岁)，22岁以下的13名，占63%；这19名的文化情况是：绝大部分是高小和初中文化程度，高中文化的只有1名。大年龄、高文化的青少年犯贪欲大，盗窃的目标的价值相应也高，作案手段也多，有预谋的作案多。盗窃作案的对象：过去偷社员家庭、工地集体宿舍或单门独户的五保户较多，现在乡镇企业、单位、学校、代销店、专业户、个体户成了主要盗窃对象。盗窃的目标：过去偷钱、粮食、衣服、杂物及家畜等消费品多。现在除偷钱、消费品外，还偷生产工具、机器、设备、另配件、半成品和原材料，有偷人家的拖拉机轮胎和另配件用作自己拖拉机上的备品，有偷电动机等设备进行倒卖，有偷半成品和原材料作为采购物资行骗。扬中县农村青少年盗窃犯罪的情况，从年龄上反映出小年龄的青少年犯很少，19名中没有未满18岁的，20岁前后这一层次犯罪的最多。他们刚踏入社会，处于独立生活的初期，但各方面都很不足，他们易受社会上各种思潮、倾向的影响，思想很不稳定，特别当前农村中几乎村村有电视，接触外界信息多，尤其对"高消费"的镜头极为响往，对社会需求很多，而法制观念极差，前一时期对严重刑事犯罪从重从严惩处的有力打击，对他们影响不大，有的还盲然无知，再加经济体制改革后，管理工作、思想工作组织措施未相应跟上，有的企业、单位在经营管理上存在很多漏洞，为他们提供了可乘之隙。

这一时期作案手段上的变化一个较明显的反映是，暴力手段减少，智力型作案增多。前二年农村抢劫案件较突出。这二年抢劫案件下降较多。这与严打中对抢劫犯罪活动的严厉打击有一定的关系，与前述这一时期农村形势盗窃作案目标的变化有一定关系，又与犯罪心理的变化也有联系。严打后有一些刑事犯罪分子认为，强抢暗偷都没有诈骗得利大，盗窃、抢劫判刑重，风险大，一旦失手就要被捉判刑，而诈骗风险小，骗不到手也不会出事，骗到手就能痛快一阵子，即使判罪也轻些。由于种种因素，严打后诈骗犯罪未有减少，且有上升的趋势。丹阳县1983、1984年共判处诈骗犯46名，宜兴县1983年9月～1985年2月共判处诈骗犯60名，扬中县1984年判处诈骗犯17名，实际上，据各地反映，不少被害受骗的一方往往出于对诈骗犯还抱有幻想，不报案，以后还能追回一点，报了案判了刑钱就追不回来了；有的受了骗还不愿承认受骗等种种原因未去揭发报案。因此，现在立案处理的诈骗犯罪案件只是诈骗犯犯罪中的一部分。也由于有的诈骗犯罪分子没有被及时揭露和惩处，仍然逍遥法外，用骗来的钱财进行吃喝玩乐，从某种程度上也滋长了这一犯罪活动。

当前农村地区诈骗犯罪活动的动向是：

一、青少年诈骗犯逐渐露头，有上升趋势。丹阳县1983年判处的25名诈骗犯中青少年犯1名，1984年判处21名诈骗犯中青少年有3名，宜兴县1983年9月～1985年2月判处的60名诈骗犯中有青少年12名，扬中县1984年判处的36名诈骗犯中有青少年6名。青少年诈骗犯的年龄情况是大年龄的多。扬中县6名诈骗犯判刑时的年龄是26岁的4名，22岁的1名，21岁的1名，上述6人中，高中文化的1人，初中文化的3人，初小文化的1人。由此可见，青少年诈骗犯一般的要比青少年盗窃犯年龄大些，文化高些。就当前农村地区诈骗犯罪分子的情况看，25岁以下的青少年犯罪还是少数，约占诈骗犯的10％到20％，人们对处理过的老诈骗犯警惕较高，而对新诈骗犯则警惕性较差，此外，搞诈骗犯罪活动需要有流通渠道，信息灵通，并需掌握受骗对象心理等等，做假还需要一定文化知识，这些一般又是老诈骗犯不及大年龄青少年诈骗犯之处。

二、诈骗手段增多。农村经济搞活后，农村多数乡镇村办企业心切，但对办企业中的产、供、销等问题缺乏经验，一些诈骗分子往往以承包企业代订业务，推销产品等方式，采用伪造假合同，假货单等手段骗取资金和贷款。此外，有以代购紧俏物资骗取钱财的，还有私刻乡镇企业负责人印章，伪造借条，冒充负责人家属持假借条去单位“借钱”行骗。也有结伙作案的。如有的三、五成群，串通一气，玩弄骗术，兜售假药，诈骗钱财。更为恶劣的有的还串通一起“放鸽子”，将女的带去与人为妻，索取财礼酬金后，人跑掉。诈骗犯罪对社会风气、社会治安、对四化建设的危害性不容低估。

三、诈骗犯有一些又是盗窃犯流窜犯，有些犯罪分子流窜于各大城市，偷得企业外出采购人员的介绍信、合同、工作证后冒名顶替，伪造合同进行诈骗。有的原是盗窃犯后转为诈骗犯，或双料货，他们往往偷不到就骗，骗不到就偷，到处流窜作案，危害极大。

（三）

从这一时期农村地区盗窃、诈骗等犯罪案件中暴露的问题看，有以下几个问题须注意：

一、乡、镇、村办企业发展快，但缺乏办企业的干部力量。现有乡、镇干部的知识结构和当前农村改革形势很不适应，他们对搞农副业有些经验，但对办企业一般都缺乏必要的知识和信息。已办的一些乡镇企业，管理水平低，没有严格的会计制度，很多人对经济合同法等经济法规了解甚少，以致有一些明显的假合同、假提货单、假单据都识别不出来。目前农村诈骗案件，不是诈骗的手段高明，而是被骗者对法律知识、办企业知识的无知，法盲给诈骗犯钻了空子。整顿村办企业加强法制教育，特别是有关经济合同等经济法规宣传教育，建立、健全各项制度实是当务之急，这既是经济发展的需要，为经济体制改革和经济建设服务的需要，也是和经济犯罪斗争的需要。

二、对搞活经济缺乏正确理解。有些人把搞活经济理解为就是搞钱，只要能搞到钱，什么都可以干。不少诈骗犯正是在为集体搞钱的幌子下进行犯罪勾当的。

三、村办企业、市场信息不灵，产、供、销环节上的脱节，有的短缺原材料，有的产品质量不高，销不出去。诈骗犯投其所急，得售其诈。

四、青少年诈骗犯中，有一部分是长期游荡在外，不务农业，有的还是管制、帮教对象。扬中县唐××（20岁、高小学生）曾因赌博偷盗被帮教过，1984年8月到1985年1月5个月时间，先后与上海、徐州等7个单位、5个个人签订合同进行办厂，诈骗2800多元。诈骗犯丁德生（20岁）农民，1982年2月因犯诈骗罪被判管制二年，管制期间，先后流窜于苏州、吴县、扬中，以代购物资、代订供销业务，伪造合同，吹牛说谎等方法诈骗现金和物资共8000多元，本人实得4600多元，均被其吃喝玩乐一空。以上两人继续作案与农村经济搞活后，基层治安保卫组织不严密，管制、帮教工作放松，综合治理工作未落实有关。

五、农村经济搞活后，流动人口剧增。扬中县地处扬子江中，面积只228平方公里，人口26万，300多家旅馆，几乎天天客满，流动人口平均每天4000人次。本县在外地跑外勤的也多，一个乡有千把人，流动人口多，盗窃、诈骗犯罪活动的空隙也多。

当前浙江省农村少年犯罪的发展趋势

（1986年）

浙江省劳改局　戴子红　张纹邦

我们对浙江省少管所关押的未满18周岁的少年刑事犯进行了调查研究，试图对当前农村少年犯罪情况及其发展趋势作一些探讨。

（一）

70年代以来，我国青少年犯罪以其前所未有的势头急剧增多，给社会治安造成严重危害。进入80年代，这种情况虽然得到了控制，但远远没有根治。农村少年的犯罪也是如此。

农村少年由于体力、智力不足，阅历浅、社会经验少以及所处的社会地位等原因，犯罪类型比较单一，不具有成年犯中的贪污、索贿受贿、拐卖儿童、容留卖淫等罪种，而主要集中在偷窃、奸幼、强奸、杀人等犯罪。而且同类犯罪中，农村少年大大超出城市。

项目＼案情	偷盗	奸幼	强奸	杀人
城市少年所占比例	39.2	24.4	30.2	26.1
农村少年所占比例	60.8	75.6	69.8	73.9
合计	100	100	100	100

在案情结构上，也与城市少年犯罪有差别：农村少年犯罪利欲性的偷盗、抢劫诈骗占第一位，性欲性的强奸、奸幼居第二位，流氓犯罪居第三位，而城市少年犯罪以流氓罪最多，其二是利欲性的犯罪，其三是性欲性的强奸、奸幼。

项目＼案情		流氓	强奸	奸幼	偷盗	抢劫	诈骗	杀人	伤害	其他	合计
城镇	人数	279	58	33	132	64	5	6	22	11	603
	比例	46.3	9.6	5.4	21.9	10.6	0.8	1	3.6	1.8	100
农村	人数	165	123	102	205	57	8	17	19	12	708
	比例	23.3	17.4	14.4	29.0	8.1	1.1	2.4	2.7	1.7	100

农村犯罪少年的年龄分布比城市少年要略高一些，从少年犯入监年龄的分布平均年龄中可以得到反映：

年龄	12	13	14	15	16	17	18	总人数	平均年龄
城镇	1	2	26	44	51	26	3	153	15.35
农村		3	17	26	48	25	2	121	15.95

农村特殊的政治经济、文化教育、地理环境、人口密度等因素还使得他们犯罪的危害，带有不可忽视的方面。主要表现在以下几点：

一、犯罪绝对人数大于城市。从相对数来说，农村少年犯罪率没有城市高。正是这一原因，使得人们长期来对农村少年犯罪的严重性认识不足。事实上，在农村散落着我国的近4／5的人口，庞大的人口基数，使得农村犯罪的绝对数超过了城市，农村少年犯罪情况也是如此。如浙江省少管所的少年犯，农村少年就占54％。

二、危害极其严重的杀人犯罪在农村犯罪中所占比例是城市少年杀人犯罪的近3倍。他们的手段也更原始，其野蛮和残忍骇人听闻。

三、农村少年的奸淫幼女和强奸犯罪十分突出，使人触目惊心。农村地域广阔、地形复杂、人口居住分散，使得农村少年实施性犯罪具有较为便利的情境条件。因而他们大多数在光天化日之下作案，侵害的对象以幼女为多。有时作案后又不能被及时发现或是被家长私下了结，逃出了法律制裁，故而有的能够一犯再犯。

四、农村少年"顶风"犯罪的为数不少。少管所的调查中发现，有79名（1984年12月份后没作统计）农村少年是"严打"开始后作案犯罪的，占同期收押的农村少年犯的13.86％，而城镇少年顶风犯罪仅9.2％，而且绝大多数是初次作案。这一情况表明，农村少年法制观念十分淡薄，盲动性大，往往会不计后果地去犯罪，反映出农村少年犯罪的综合治理工作还不能适应形势需要。它也提醒我们，对农村少年的犯罪决不可掉以轻心。如果农村少年的犯罪不能得到及时有力的打击和有效的治理，那不仅使成年犯罪有了大批的“后备军”，影响到社会的长治久安，而且会严重地影响到中央治理犯罪的战略部署，3年内实现社会治安根本好转可能因此成为空话。

（二）

我们正处于一个伟大的变革时代，改革已成为社会的历史潮流，城乡经济体制改革、严厉打击刑事犯罪的斗争正在深入开展，这些不仅使社会的意识形态、人们的生活方式及风俗民情发生了相应的变化，也对社会的犯罪及其治理产生重大的影响。现实已经表明，农村少年犯罪在性质、类型、数量等方面已发生了一些变化，出现了一些值得人们注意的动向。这些动向是一时性的现象还是与形势发展密切相关，今后会朝什么方向发展，有无规律可寻等等，都需要我们给以客观的分析，并根据所掌握的信息，对发展趋势作出认真的推断。这是一项十分有意义的工作，它不仅可以帮助人们在实践中避免盲目性，提高工作的自觉性，掌握斗争的主动权，还可使农村青少年犯罪的综合治理更具针对性。

我们认为，农村少年犯罪有以下四个动向值得重视。

一、农村少年犯罪的总人数会得到控制并减少。

大家知道，农村少年犯罪很大程度与犯罪团伙大量出现、犯罪活动猖獗一时有关。通过几年来的治理和斗争，特别是1983年8月严厉打击刑事犯罪分子以来，摧毁了犯罪团伙，严惩了一批作恶多端的流氓团伙头子和骨干，大批犯罪分子也不同程度地被依法制裁。犯罪严重的情况得到很大扭转，社会治安形势不断好转，整个社会的形势对团伙的存在和实施犯罪十分不利。在这种情况下，农村少年受犯罪团伙的引诱、拉拢会明显减少，不良的环境刺激也会大量减少，就是说，导致农村少年犯罪的情境和环境污染首先得到了一定的改善。而且，“严打”的震慑作用也会引起人们新的刑罚效应，家庭加强对孩子的约束，部分少年因增强对法律的畏惧感而抑制其犯罪冲动都是客观的必然。

我们深切感到，法制观念的淡薄与农村少年犯罪的关系尤为密切。这不仅表现在农村少年因不懂法而犯法，还表现在有的少年犯罪后，大人往往知道了也不去报案，只是轻描淡写地私下了结，放纵了犯罪，在客观上造成这些少年几乎没有负罪感和对法律的畏惧感。更有甚者，有的落后群众还因不懂法而唆使少年去犯罪。邹瑜部长在去年六月法制宣传现场会上提出，要在今后五年内逐步向全国公民普及法律常识，这不仅是当前农村经济活动新形势的迫切要求，也是治理农村少年犯罪的一项重要决策。随着社会主义法制的健全和完善，法律常识在农村的深入和增强，将对农村少年犯罪的治理产生积极的影响。

近几年来，农村的社会主义精神文明建设有所加强，有些农村的村民委员会制定“村民公约”、“乡规民约”，对提倡什么反对什么发扬什么禁止什么等作了一些具体明确的规定，在制裁偷盗、赌博、打架斗殴等农村多发性违法行为和民事纠纷的调解处理上起着积极作用。

同时，各地大力提倡“五讲四美三热爱”，开展创“五好家庭”、“文明村”活动，净化了环境，减少了污染。今后农村精神文明建设的进一步开展，必定会有效地促进农村少年的健康成长，减少犯罪。

同时，农村经济的发展，农民生活的提高，使人们对于社会的安定和治安的好转更为关注，人心思治，人心盼富是大势所趋，今后会有越来越多的地区、越来越多的农民集中时间和精力发展生产，在客观上失去了闲居无聊、无事生非的条件，少年因无所事事而落入农村落后或违法群体的外因在逐步削弱。

农村经济政策的进一步放宽，生产经营门路广为扩大，解放了农村的生产力。一些不适于或不习惯在田间劳动的也可以“八仙过海，各显神通”，用其他劳动手段谋生致富。昔日游手好闲、偷鸡摸狗的“二流子”成为万元户、专业户的事例，时有所闻。这样，因生活无着犯罪的也可减少。

随着农业劳动经济效益的提高，单位劳动时间价值的增长，使得过去难以实现的某些欲望变成了现实。因此，在以前可能导致犯罪的物质享受欲望，现在却可能转化为勤劳致富的动力。

所以，农村少年犯罪在今后一个时期内将被控制，并逐步减少到一小数目范围内。

二、利欲性犯罪会相对突出，犯罪目的和手段会有所改变。

马克思主义哲学原理告诉我们，社会存在决定社会意识。我国经济建设的迅速发展，对外开放后资产阶级的生活方式和腐朽思想的渗透，必然要冲击旧的生活方式和价值观念，不可避免地导致人们的心理变化。人们对于舒适的生活条件以及享乐活动的感受，可能使对于财产价值的评价高于对精神价值的评价，一部分人可能会更加重视物质享受和金钱的作用，而忽视了道德。目前，社会上出现的一些不顾职业道德、不顾消费者利益，单纯追求经济利益的做法就反映了这种价值观，因做“金钱梦”而犯罪的更是不乏其例。这些不可避免地对农村少年产生消极影响。

在农村，部分农民“先富起来”后，涌现出一批“万元户”、“专业户”，他们的生活方式也发生了很大的变化，住的是小楼房，穿的是高档衣，实现了“电器化”，有的甚至携妻儿外出旅游。这对部分农村少年，特别是一些从小养成好吃懒做、小偷小摸或沾染上抽烟喝酒、赌博享乐等恶习的少年刺激十分强烈，他们羡慕那些人的生活条件，渴望能和他人一样尽情享受。因此，势必还会出现一些因家庭经济条件满足不了个人物质欲望而去偷、盗、抢、骗的农村少年，也会出现因家庭发财受挫而用非法手段来满足个人利欲的农村少年犯罪者。他们主要不是为了谋生，而是被其非份欲望的冲动所支配，它是新的社会条件下人们价值观念、生活方式及其少年不良个性的综合反映。

农村少年的利欲性犯罪主要是盗窃，也有少数抢劫和诈骗。就作案的手段、场所及严重程度来看，与70年代发生了较大变化，这些变化还将持续下去。过去农村少年大多是偷摸农作物或是少量钱财，作案的范围一般也比较狭窄，现在农村少年利欲性犯罪的作案不仅数量大、价值高、范围广，而且频率也较高，有的是爬窗撬锁入室作案，有的是乘人不备顺手牵羊，还有的是见财生心，犯意突起，活动范围将由农村向集镇、城市扩展，作案目标也将由一般农作物，扩大到现金、拎包、高档商品、贵重紧俏物资，经常外流作案的也占一定比例。

三、农村少年性犯罪在整个犯罪中所占的比例将会上升。

调查中的统计数字表明，性犯罪在整个农村少年犯罪中的比例正在上升，强奸和奸淫犯罪十分突出，1983年占27.3%，1984年占31.8%，1985年占54.6%，不到3年增加1倍。

任何行为，包括犯罪，要有两个先决条件，一是需要，二是能满足这种需要的情境。少年阶段，由于其生理上的急剧变化，引起了他们心理上的深刻反映，性意识开始萌发，但还只是处于朦胧状态。我国农村，长期来教育事业一直比较落后，科学文化知识也不普及，少年几乎接触不到有关性生理卫生的科学知识，而某些地区男女之间，言谈举止粗俗，有些成年人不分场合和对象，随意赤裸裸地谈论两性关系，使这些处于青春发动期的少年接受了一些极不健康的性知识、性道德，产生了畸形的性心理。他们的兴趣就发生偏倾，对电影、电视等文艺作品以及淫秽物品中的一些不健康的东西发生兴趣，形成不良的需要结构。再加上农村地理环境的特殊性，使强奸和奸淫幼女等性罪错较易得逞。所以今后农村在其他犯罪减少的情况下，性犯罪比例将上升。

四、农村少年犯罪的“城市化”倾向加强。这里有三层意思，第一是指犯罪的类型结构与城市趋于接近，第二是城市少年的犯罪情况很快在农村少年犯罪中表现出来；第三是犯罪场所趋向城镇及其边缘。

这主要有三方面的因素在起作用。

首先，农村经济体制的改革，打破了农村往日的封闭，打破了农民以土地为唯一劳动对象的单一性，出现了经营工业、商业、建筑、运输等各行各业的现象，有不少的农民到城镇承包建筑、运输等劳动。部分有劣迹的少年由于处于失管失教状态，就可能在城镇犯罪作案。

其二是受暗示的心理效应。一般地说，社会地位愈低，他接受暗示的能力愈大。作为社会经验不足、经济地位相对较低的农村少年，往往会把城市青少年作为认同对象，加以模仿，一些道德修养低，个性品质有缺陷的少年，特别容易良莠不分，把城市青少年一些不良言行作为模仿的榜样。

其三，科学技术的发展，使得通讯手段和交通工具日趋先进，城乡的商品流通、人员流动、文化交流、信息来往等日益便利和频繁，在今天，城市的各种信息（包括犯罪情况）往往很快就会传播到农村，并对农村少年发生作用。如原来农村几乎没有少年流氓团伙犯罪，但这几年却在逐年增加。

河北省廊坊地区青少年犯罪现状及其趋势

（1986年）

河北省检察院廊坊分院　李广善

廊坊地区位居京津走廊，地理位置优势决定了它的经济建设的模式是“双轨式城郊型”的。其特点是外向性，与京津联系十分密切，大部分农村居民既是农业生产者，又是村、乡、联合体和个体工商业者。这种亦贸、亦工、亦农的劳动人口约占全区总人口的90%以上。这些特点在社会犯罪中也有突出的反映，尤以青少年犯罪反映更为明显。农村的犯罪人数约占全区犯罪人数的80%以上，而农村青少年犯罪者占青少年犯罪的比例也大体如此。分析全区青少年犯罪的现状及其发展趋势如下：

一、青少年犯罪处于回升的状态

1986年犯罪人数低于1983年和1984年，而高于1985年，超过1982年犯罪绝对人数。在“严打”中，1983年青少年犯罪曾占刑事犯罪总人数的55.12%，1984年青少年犯罪人数占总犯罪人数的46.3%。经过“严打”，青少年犯罪人数明显下降，社会治安明显好转。但1985年以后，青少年犯罪的比重在逐渐增大，1985年占43.8%，1986年则占53.88%，均超过1982年的42.45%。

青少年犯罪在某些犯罪类型中对社会的危害也更为明显。1986年青少年犯罪在各类犯罪中分别为：凶杀案占52%，伤害案占74.28%，抢劫案占90.9%，盗窃案占66.1%，流氓案件占71.87%，爆炸案的100%。这类严重案件大都发生在农村，对农村治安产生了极坏的影响，是一支不容忽视的破坏性力量。

二、青少年犯罪的新特点

1. 暴力型犯罪对社会构成极大的威胁。

暴力型犯罪的分类不是《刑法》中的分类，是法学研究中的一种分类方法。这里所说暴力型犯罪包括爆炸、杀人、伤害、强奸及抢劫等犯罪。

青少年暴力型犯罪在廊坊地区以1983年达最高，1986年则又上升到几年来的次高比例，其变化：1982年为45.08%，1983年为55.1%，1984年为38.29%，1985年为42.67%，1986年则为51.35%。1986年青少年暴力型犯罪比1985年上升8.68%，比1982年上升6.27%。1986年绝对人数比1985年增长15.79%，比1982年增加11.4%。青少年暴力型犯罪总比例和犯罪人数都在增加。

青少年在暴力型的某些类别中所占的比重也是很大的，爆炸犯罪中居100%，杀人罪中占52%，抢劫罪中则居90%以上。

青少年暴力型犯罪的增加，严重地威胁着社会治安。1985年这个地区发生两起爆炸案件，均为青年所为，尤以22岁的李××爆炸案为最甚。李××系永清县人，1983年在经营照相生意时以假警服招徕顾客，受到派出所批评并没收了假警服。他认为派出所砸了他的饭碗，从而怀恨在心。1985年底开业修理摩托车，因开车撞伤了陈××，经调解由李给陈100元医疗费，后陈多次索要，李极为不满。案发前李又索得武警服装着装外出，再次受到派出所民警查问。李犯的反社会心理达到极点，于是在1986年3月16日凌晨盗得某军用弹药库手榴弹一箱，然后前往北辛溜派出所和陈××家，分别投掷手榴弹，因民警外出和陈××夫妇处于炕内死角，陈××长女受重伤。李犯又于凌晨五时闯进永清县城新型繁华市场的明德楼，企图居高临下制造更大的流血事件。公安干警及时赶到，李犯终被击毙，才幸免严重暴力案件的发生。

凶杀案在1986年有52%为青少年所为，所不同的是前几年凶犯中不少是18岁以下的，而1986年则多是20到25周岁的青年。在凶杀案中亲杀、恋杀、财产和邻里纠纷引起的杀害案件等，无论手段还是后果都很严重。如霸县孙××曾与其母合伙杀死生父，掩埋院内，谎称其父出走；3年后为了得到个体户祁××购买汽车款，将祁骗至泊头市郊杀害，抢得祁款1950元。又如永清县的孔××与金××恋爱中，金因与孔感情淡薄提出解除婚约，孔即持刀杀金，后经抢救金脱险；固安县现年20岁的张××向青年女教师求婚遭拒绝后，将女教师贺××杀害。再如霸县21岁的刘××因其嫂向他索还借用的写字台、冰棍车，刘由怀恨引起杀心，将其嫂、嫂母、8岁侄女、10岁侄子4人杀死。

重伤害全区有74.29%为青少年所为。

暴力型犯罪案件的多少也是衡量社会治安秩序、治安状况好坏的一个重要标准。因此，我们不能掉以轻心，必须认真对待。

2. 经济、财产型犯罪严重破坏社会主义四化建设。

经济财产型犯罪也是1986年我区的重要犯罪之一。仅青少年人犯即占该类型总人犯的51.37%，其中抢劫罪占90.9%，盗窃占66.1%。抢劫、盗窃中青少年已成为犯罪主体，他们贪欲膨胀，手段狠毒，对国家、集体和公民财产安全威胁极大。如大厂县24岁抢劫、盗窃犯王××，自1984年冬以来4次拦路抢劫女青年财物、12次潜入服装厂、百货公司库房及职工宿舍，抢、盗手表、电视机、自行车、缝纫机、现金等，数额巨大，情节恶劣，被依法判处无期徒刑。

在经济财产型青少年犯罪中，团伙作案又有上升趋势，对社会治安造成新的威胁。如廊坊地区冷冻厂青年工人王×，勾结20岁的个体劳动者兰××，于1985年8月30日中午，以王×为内线，2人伪装潜入厂，将年老的出纳员刘××捆绑后威胁刘交出保险柜钥匙、号码，抢走现金25599元，后在现场撒了汽油。兰携款潜逃游山玩水，1986年终被抓获归案。又如廊坊市高××抢劫盗窃团伙五人，除一人18岁外，其余四人都是16岁到17岁的未成年人，1986年4月连续几天晚上手持九节鞭、菜刀等凶器拦路殴打过路人，抢劫财物；并且，自1985年以来盗窃现金数千元，自行车五辆，活动极为嚣张。

在经济犯罪中，虽然青年作案所占比例不大，然而在年青会计中发现和查出的贪污犯、在青年中发现的受贿、投机、诈骗等案犯在增加，这是值得引起重视的青少年犯罪新趋势。

3. 淫乱型犯罪仍在蔓延。性犯罪和性淫乱，与我国长期的封建、半封建社会影响有关，且又受到西方的“性自由”、“性解放”的思潮冲击，并已通过种种渠道波及农村，城郊型的廊坊地区近几年青少年淫乱型犯罪一直在蔓延，占同类型犯罪的54%。其中强奸犯罪占同类型的37%，流氓犯罪占同类型的71.9%，流氓罪中又主要是性淫乱。这种淫乱型犯罪不仅侵犯妇女的性意志和人身，而且有伤风化，腐蚀了青少年的思想。

青少年性犯罪，特别是强奸犯罪，1986年似乎有所减少，但实际并没减少，而且出现了新变化。其一，女性被强奸后忍辱而不报案，实际发生的案件比公安机关侦破的要多；其二，在农村为保护被害女性的“清名”，而取“私了”的方法，更有索要高额钱财而“私了”的；其三，不少青少年慑于法律对强奸重判，而以较温和的方式或给钱财，使女方“自愿”或“半推半就”而达到奸淫目的。这些新情况的出现值得侦察机关注意。

三、当前青少年犯罪的新动向

1. 罪犯低龄增多。1986年经检察院批捕的17岁以下的未成年人犯在绝对人数上低于“严打”开始的1983年，与1984年持平，却比1985年增加了33.3%，比“严打”以前的1982年还增加了14%。青少年罪犯低龄化动向还在继续发展。明显表现为犯罪的始发年龄提前，1986年农村发生12岁男少年奸淫幼女的案例，及小学生结伙盗窃、初中学生结伙抢劫的案例。

2.犯罪性质严重。青少年犯罪已从一般偷摸、打架斗殴等行为向抢、杀、奸、掠、贪、诈等转化，他们横行乡里，造成四邻不安。前例高××5人抢劫盗窃团伙，年龄都在18岁以下，到处行凶抢劫；又如永清县20岁的陈××为发泄其兽欲，将仅六岁的亲侄女奸淫、杀害后埋在其住室的写字台下，犯罪性质十分严重。

3.犯罪团伙数量增多，危害严重。“严打”前团伙犯罪极为突出，近几年曾一度有所收敛，但1986年又有所抬头。青少年团伙作案以流氓活动、抢劫、盗窃居多。文安县左各庄破获一起流氓团伙，成员涉及70余人，多是20岁左右的青少年，不满18岁的3名，公安机关对其中流氓成性、罪行严重的19名犯罪分子（男14名，女5名）依法捕办。主要罪行是流氓鬼混、集体奸宿，败坏社会风气。廊坊市、三河县等地发生了在公路、铁路沿线纠集所谓“游击队”，专事盗抢汽车、火车货运物资，这是前些年所罕见的。

为什么青少年犯罪又出现回升？通过观察社会的、人的意识、价值观念和人际关系的变化，可以察知其原因。

1. 随着改革的深入，生产和收入出现了新的不平衡。乡镇企业发展迅猛，贸、工、农商品经济活跃，为大城市送去品种繁多的商品，从大城市换回大量资金，广大农民富起来了，其中一部分人先富了起来，物质生活和精神生活都得到了提高；同时经济发展的不平衡、不富裕的农家仍占一定数量。社会经济的日益发展，对于收入高和收入低的家庭青少年都有刺激，他们中绝大多数心想致富，勤奋劳动，争取更好的收入；可是在客观上由于社会宣传的片面性，西方资产阶级腐朽思想和生活方式的诱惑，少数青少年主观上也追求“高收入、高消费”，但不靠勤劳，而采取不轨的方式非法占有国家的、集体的或他人的财物，结果走上了犯罪道路。

资产阶级自由化思潮，淫秽低级精神产品及西方的“性解放”都在毒害着青少年的思想。目前出现的第三者插足，非法占有别人妻子、情杀、玩弄女性和强奸妇女等淫乱行为仍在社会上蔓延。

2. 人际关系在发生变化，经济财产纠纷增加了，家庭关系、婚恋关系、伦理道德观念的矛盾突出。这些对那些个人主义、利己主义严重、心理异常又不能自控的青年极易激化而产生报复型犯罪。

3. 在城乡商品经济发展，基建规模扩大、社会功能分化的形势下，存在着人、财、物大流动，企业、建筑等部门对物资管理制度又不健全、治安管理有漏洞及社会整合工作跟不上，都给罪犯作案以机会。

预计，青少年犯罪在今后两、三年内不会有明显的下降，相反，如果我们出现工作失误，还可能有一定程度的上升。对于这种回升的趋势，我们政法部门必须保持清醒的头脑，作好思想和业务素质准备，制定斗争策略；同时依靠党委和政府动员全社会力量作好预防工作，尽量减少青少年犯罪。

山东省济宁地区农村青少年犯罪的主要类型

（1985年）

山东社会科学院　王军　陈箭

一、当前农村青少年犯罪的主要类型

近年山东省济宁地区农村青少年犯罪类型虽然较为复杂，但当前最主要的类型有两个方面：一是财产犯罪，二是性犯罪。前者以盗窃为主，后者以强奸为主。

在农村普通刑事案件中，上述两种形式的犯罪极为突出和普遍。这两种案件一般要占全部案件的60％左右。据我们对邹县的典型调查，该县1984年发生法律效力的案件共295起，案犯489人，其中70％以上是农民，盗窃案共127起，占发案总数的43％，案犯中有175人是农民，内中又有81％以上是16岁至25岁的青少年，强奸案（包括奸淫幼女案）共45起，占案件总数的15％，其中农民案犯43人，青少年即有35人，占81％。另外了解的其他几个县情况也大致如此。

济宁地区发生的重大恶性案件，也证实了当前农村青少年犯罪的主要类型是盗窃和强奸。1983年和1984年，该地区共处决86名罪犯，其中农民69名，占80％；农民中18岁至25岁的青少年占50％，共有34名；在这34名青少年罪犯中，以强奸罪为主的即有18名，而有盗窃罪的则达26人（详见表一、表二）。

表一：济宁地区86名被处决罪犯概况

分类／年龄／年份	城镇			农村		
	18—25岁	25岁以上	小计	18—25岁	25岁以上	小计
1983年	9	4	13	26	27	53
1984年	2	2	4	8	8	16
合计	11	6	17	34	35	69

表二：其中34名25岁以下的农村处决犯简况

年份 \ 项目	文化程度					罪名				
	文盲	初小	高小	初中	高中	抢劫、盗窃	盗窃(兼)强奸、流氓	盗窃(兼)流氓、抢劫	故意伤害	故意杀人
1983年	2	5	2	15	2	1	13	6	1	5
1984年		4	1	3		1	5			2

注：表中所列罪名，多数案件是兼有数罪，排在前边的是主要罪行。

上表说明在农村青少年恶性案件中，强奸行为和盗窃行为具有更大的普遍性和危险性。一般来说，单纯因犯盗窃罪而被判处极刑的为数尚不多。但是盗窃作为一种最大量的犯罪行为，常常与其他罪行结合在一起。它在农村青少年身上所体现的严重性与腐蚀性决不容忽视。因此，只有重点抓好对农村青少年盗窃和强奸两类犯罪的打击和预防工作，才能有力地遏制犯罪。

二、主要犯罪类型的行为特点

1. 盗窃罪的行为特点

随着农村生产经营方式的改变和农民生活的不断提高，农村青少年的盗窃行为与过去相比发生了很大变化。

一是盗窃目标多样化。

生产责任制全面实行以前，农民共同参加集体劳动，但以求得温饱为足，绝大多数人没有多少现金。那时的盗窃行为一般是以集体的粮、棉、菜、瓜果等为主要对象，盗粮案件在一般农村地区往往占案件总数的40%左右。同时，偷盗数量也较有限，多数为一般的小偷小摸行为，构不成盗窃罪。现在，农民都以个体或家庭为单位从事多种经营，且大部分地区温饱已经不成问题，农民手头不仅有余粮，而且有余钱，户存款额数百至数千元者并不罕见。同时，农贸市场开放，农民需求结构改变，许多商品进入农村，农民生活已从传统的自给自足方式开始逐步向交换型的消费方式转化。在农民眼中，粮、棉、菜等基本生活物资已再不象过去那么值钱了，在农村里虽然仍不乏小偷小摸之类的行为，但在构成盗窃罪的案件中，这些东西一般已很少有人问津。从盗窃案件中的侵犯目标上，出现了从集体财产向个人财产转移，从生活向生产资料转移的趋向。现在不仅盗窃范围很广，而且在数量和质量上远非昔比。首先是现金、贵重日用品及高档商品，成了那些企图不劳而获，一夜发财的犯罪分子所热衷的猎物。如济宁郊区1984年共发生盗窃案73起，其中高档品及现金被盗即达32起，占案件总数的44%。贵重物品如自行车、手表、缝纫机、电视机等，除了为盗窃犯个人享用外，还被转手倒卖。另外，近年来农村中订婚要彩礼、结婚摆宴席的封建陋习较为流行。不少男青年为此而走上盗窃犯罪道路，结果未入洞房先进班房。其次，是农业生产资料，也成了盗窃分子的主要目标。如电动机、水泵、柴油机、拖拉机、车辆等，过去很少丢失。现在则经常被犯罪分子盗走或拆卸；农户的小型农机具及机械配套零件经常丢失，大牲畜马、牛、驴、骡等不时失踪。再次是集体和农户的一般财物家俱以至家畜家禽等等，也经常受到盗窃分子的威胁。总之，农村可被盗窃的物品范围大为扩展，数额日益增多，这使青少年犯罪分子的贪欲也愈为膨胀。

二是盗窃手段复杂化。

随着盗窃范围的扩大及目标的增多，盗窃的手法也更复杂、狡猾。过去农村中的盗窃分子大多数采取顺手牵羊，偷摸结合的办法，捞一把就走，而且多数是在夜间单独作案，不出本队或本公社。现在则有种种不同的方式，从作案时间上看，不仅在夜间行窃，而且在光天化日之下也敢下手，尤其是乘农民外出劳动时入室行窃的案件日渐增多；从作案地点上看，往往不限于本村本社，而是甲地作案，乙地销赃，有许多是流窜作案，行踪诡密；从作案手法上看，有的蹓门撬锁，有的打洞入室，有的窥测时机，预先潜入，还有的采用盗窃与抢劫相结合的办法，身带凶器，行窃时如被发现，则以威逼甚至伤害的办法强抢财物钱款，也有的盗窃与敲诈勒索交相使用，对那些“有油水”的人家，首先去偷盗，如不成功则写匿名信去威胁或伪名信去威胁要钱，从作案人数上看，既有单独行动，也有结伙大干，多数案犯是兼而有之，或自已独干独“吃”，或与同伙合作分赃。

三是盗窃行为连续化。

下表（表三）是对某县1984年46名农村青少年盗窃犯行为累计次数与年龄关系的分析：

表三：

项目/分类 年龄	盗窃累计次数			判处刑期			合计
	1次	2—10次	10次以上	1—3年	4—10年	10年以上	
16—18岁	1	1	1	3			3
18—25岁	7	14	22	24	14	5	43
小计	8	15	23	27	14	5	46

注：表内所列罪犯只是在县法院审判范围内的普通盗窃犯。

从表中我们可以看出：农村青少年盗窃犯罪次数是随其年龄的增长而增长的。上列46名盗窃犯中，18岁以下的只有3名，其中作案10次以上的仅1人，而在18岁以上至25岁的43人中，作案10次以上的达22人，占一半还多，如果加上作案二次以上的14人，则多次作案的人数占到80％以上。这说明，年龄越大，作案愈频，形成了连续的态势，而多次得手又会促使其犯罪趋向进一步强化。

盗窃行为的连续化还表现在累犯的增多。在上列盗窃罪中，就有14人是曾被判过徒刑的释放犯（还有8人是不同程度受过处理的劣迹青少年），少数人虽经多次打击仍不改悔，表现出惯盗的顽癖。这些人盗窃经验丰富，手段更为狡猾，往往成为青少年盗窃犯罪的教唆犯，具有较强的破坏能量，必须采取有效措施认真对付。

2. 强奸罪的行为特点

第一，作案时间。农村青少年强奸犯罪多为突发性的，在时间上往往无明显规律。当前比较突出的是发生在光天化日之下的强奸、流氓案件增多，这与城市里此类案件大多在黑夜发生的情形有所不同。尤其是强奸幼女案件，大多数发生在白天。这是因为实行生产责任制以后可供个人支配的时间大大增加，无论是出工劳动，还是社会交往与文化娱乐，个人单独行动的机会多了，而集体统一行动的时间相对减少，从而使一些青少年强奸犯罪有机可乘。

第二，作案地点。由于农村居住比较分散，单门独院较多，而且有大片的土地，纵横的沟渠，再加树木、庄稼的遮蔽，所以农村的强奸作案较易得逞。其作案地点也纷杂不一，但应当提出的是近年来在野外发生的比例增高不少。过去一般是由犯罪分子将幼女、妇女引诱、欺骗或威逼胁迫到其住所，乘无人之机进行强奸，或者犯罪分子深夜潜入妇女住屋强奸；现在则公然大白天在外拦截强奸或闯入室内强奸。这与近几年单家独户经营，妇女单独外出干活多不无关系。

第三，侵害对象。农村青少年强奸犯罪的侵害对象范围较广，既有幼女、少女，也有青年及老年妇女。农村幼女与城市幼女相比较，更易受到性的侵犯。这一方面是因为农村环境条件的便利，另一方面是由于农村幼女的文化教育及智力发展水平，一般落后于城市幼女。她们辨别是非能力更弱，再加上有些地方的不良社会风气影响，因而使一些幼女很容易在劣迹男青少年的几枚硬币、几块糖果引诱下同意发生性关系，有的甚至把这种行为当做“游戏”、“闹玩”一样看待。

还有一种情况尤应注意，即当前农村青少年之间早恋早婚的风气在一些地区较为盛行。有不少尚不到结婚年龄甚至还不满14岁的幼女，因此被人贩子或社会不良分子欺骗、贩卖而遭受蹂躏。也有不少14岁以下的幼女在所谓“谈恋爱”中受骗失身，有相当数量的青少年犯罪分子正是利用这种借口及机会进行流氓强奸活动的。

第四，方式手段。下表是对某县1984年强奸案中的32名农村青少年罪犯的简要剖析：

表四：

总人数	分类 项目 年龄	犯罪手段			犯罪方式		作案次数	
		暴力	胁迫	其他	单独	合伙（轮奸）	一次	多次
9	16—18岁	2	2	5	7	2	6	3
23	18—25岁	14	4	5	17	6	7	16

从上表可以看出：第一，暴力型强奸犯罪是随着年龄增长而增长的，这符合青少年的成长特点。在18岁以下的少年犯中，多以诱骗手段强奸幼女和少女，这时候他们作案的胆量尚小、体力不足，故使用暴力不多。18岁以后的青年，由于身体的成熟，体力的健壮，更多地趋向于使用暴力手段。第二，青少年强奸犯罪以单独作案居于多数，这也符合强奸案的特点。这类案件一般总是隐蔽进行的，罪犯千方百计避免暴露自己。他们

自以为一人作案更保险，对认识自己的受害人，或以甜言蜜语和小恩小惠欺骗拉拢，或以暴力威胁手段不准其告发；对不认识自己的受害人，则以名誉毁坏、对象难找等相挟，使其不敢控告，应当引起重视。因为这样一来不仅使不少犯罪分子逃脱了惩罚，而且更进一步助长了其犯罪的侥幸心理和邪恶胆量。这也说明在广大农村妇女中普及法律知识，使她们懂得如何及时运用法律手段维护自己的人身权利是十分必要的。第三，年龄越大的青少年连续作案次数越多。他们经过多次犯罪以后，道德观念和法制意识愈益崩溃，由追求一时刺激而变为一种定势的需要，越陷越深不能自拔。同时，在农村青少年的强奸犯罪中，大年龄未婚者占有相当的比例，这也是值得注意和研究的一个问题。

湖北荆州地区农村"土流子"犯罪调查

（1984年）

许　前　程

农村流氓团伙严重危害农村社会治安，根据六届人大二次会议的精神对其必须给予严厉打击。

"天上暴徒劫飞机，地下'土流子'横行乡里"，这是湖北农村群众对青少年违法犯罪的反映。"土流子"就是农村青少年流氓犯罪团伙。他们少则三五人，多则数十人，横行霸道，残害群众，违法犯罪，无恶不作。有"土流子"为害的地方，每到晚上商店不敢营业，电影院不敢放电影，妇女不敢出门，甚至"人在家中坐，祸从天上来"，闹得人心惶惶，社会不得安宁。1983年6月荆州地区公安机关对全区"土流子"活动的情况，作了一次调查，据初步统计，荆州地区各县共有"土流子"×××××名，其中：男性占97.7%，女性占2.3%；青年农民占72.1%，农村职工占20%，学生占4.4%，其他成份的人占3.4%；年龄在15岁以下的占7.4%，16至25岁的占74.1%，26至28岁的占18.5%。这些"土流子"的头子，大多是20至25岁游手好闲的青年，有的是称霸一方的所谓"武师"，有的是当地大姓或大族的"司令"，还有少数是劳改释放或解除劳教的人员。1983年上半年，全地区抓获的抢劫犯中，"土流子"占89.9%；抓获的强奸犯中，"土流子"占71.4%；抓获的流氓犯罪分子中，"土流子"占89.5%，发生打架斗殴事件2141起，打伤1301人，其中重伤135人，死亡6人，大多是"土流子"寻衅滋事所致。

由上可见，农村"土流子"的犯罪活动已经成为当前破坏农村社会治安的主要因素。从荆州地区的情况看，农村"土流子"对社会治安的严重危害，主要表现在：

（1）横行乡里，欺压群众。

天门县黄潭公社徐柏大队以王××为首的一伙共10名"土流子"，从1982年10月以来，经常在当地寻衅闹事，先后打闹了五场，殴打无辜干部和群众14人。该县九真公社新河食品营业组青年职工彭××，为卖肉和一女社员发生口角'便纠集了"十八兄弟"，带着斧头、点红刀等凶器，找到那个社员家里进行报复，纠缠闹腾了好几天，直到把那个社员的头部和膝盖砍成重伤，方扬长而去。

（2）流氓斗殴，扰乱公共秩序。

1983年3月18日，公安县五州公社沿江大队“土流子”胡××等3人，拿了铁锹、菜刀等与人拚杀，围观群众上千人。大队民兵连长闻讯赶来制止，也被铲了一锹。

一些公共场所，更是这些“土流子”恣意践踏的地方，尤其是电影院，常常被闹得无法正常放映。松滋县南海公社新增管理区露天电影院，1983年1至4月放映了30多场电影，蹇××等一伙“土流子”场场必到，从不买票。管理人员稍加干涉，他们就寻衅报复，并毁坏公物。这个电影院被这伙“土流子”砸烂门锁11把，打破灯泡5个，推倒院墙三次，有5名放映人员先后11次遭毒打，其中3人被打得头破血流。群众敢怒而不敢言，背后骂他们是土匪。

（3）肆无忌惮，攻击公安干警。

1982年正月初二，肖××等一伙“土流子”在松滋县射家嘴码头引诱过路群众赌博骗钱，有两个青年出面干涉，他们便向其中一青年颈部捅了一刀，该青年颈部鲜血直流，被送医院急救。1983年四月六日晚上，石首县绣林镇十多名“土流子”聚赌，派出所闻讯后，所长和指导员带领二名民警前去抓赌。这伙“土流子”竟对公安干警进行谩骂围攻。

（4）强拿硬要，敲诈勒索。

松滋县拉家渡十几家餐馆和商店，经常遭到“土流子”的骚扰。如供销社的两家餐馆，1983年1月至4月被他们白吃过五次。3月18日，“土流子”孔××等六人闯进餐馆，强迫厨师给他们炒菜和烧母鸡，然后又在本街一家合作商店强拿一瓶白兰地酒，大吃大喝后分文未给。街上有一家新开设的餐馆，开业不到7天，他们就去了4天，白吃了六餐，稍不如意，就指着服务员的鼻子进行威胁说：“你们知道不知道爷们的厉害？”

（5）拦路抢劫，行凶伤人。

1983年5月17日至23日，在公安县的孟溪、甘厂、章田寺3个公社的30多公里的一段公路上，一伙歹徒手持凶器连续抢劫作案九起，抢劫了经销店六个，行人2名，被抢财物折款共计1600多元，并杀伤一人，打伤2人，破案后查明，十多名犯罪分子均是当地的“土流子”。

（6）寻欢作乐，侮辱强奸妇女。

松滋县八宝公社保兴院以李××为首的21名“土流子”，在4月14日晚上，手持棍棒、匕首，窜到保兴院的12、13、14等生产队，挨家挨户拍门砸窗户，齐声高喊：“我们要抢东西，我们要嫖姑娘。”不到两个小时，他们袭扰38户社员家，砸坏31户的门窗，11人被打，两名女青年遭蹂躏。4月10日晚上，八宝公社礼堂放电影，龚××等一伙“土流子”把一名看电影的女青年围住调戏侮辱，逼出礼堂后拉到湖棚里强行奸污了。然后又带到一个“土流子”家里过夜。次日晚上，他们又将女青年挟持到一个仓库轮奸多次后，才放她回家。有的“土流子”在电影院公开狂叫：“我们不是来看电影的，是来玩姑娘的。”

（7）猖狂反扑，报复基层干部。

有些“土流子”，对处理过他们的基层干部，猖狂反扑，进行报复。1983年3月22日晚上，公安县玉湖公社违法青年雷××纠集了8名“土流子”，明火执杖地闯进民兵连长罗先贵家中，气势汹汹地说："你以前整了我，今天老子来找你算总帐。"说罢掏出小刀朝罗的头部连刺数刀，其同伙也对罗拳打脚踢。罗的妹夫在一旁相护，被雷一伙砍掉一个手指和砍伤三个手指。钟祥县柴湖公社某生产队队长平时敢管敢说，结果连续三次遭人暗算。第一次被毒死一头猪，第二次被人放火烧了两堆柴草，第三次两分田的蒜苗被人毁掉。大队党支部书记在社员大会上对暗中搞报复的人提出警告，结果当天晚上他家一头价值千元的耕牛被人毒死。此后，这个大队再无人敢管"土流子"了。

从荆州地区的情况看，农村青少年违法犯罪活动，在1980年以前主要形式是单个活动作案，行动比较诡密，互相间联系极少；1980年团伙犯罪开始冒头；1981年有所发展，但数量不大，对社会治安危害不明显，尚未形成一股严重扰乱农村治安的破坏势力；1982年以来，"土流子"违法犯罪迅速蔓延，犯罪团伙的数量猛增，其表现形式为"土流子"犯罪活动，成为破坏农村社会治安的主要因素，逐渐引起了各方面的严重关注。农村"土流子"违法犯罪活动主要有如下特点：

（1）"土流子"犯罪成员的特点。

"土流子"绝大多数有工不做、有田不种、有学不上、有业不从，贪图享受，追求吃喝玩乐的资产阶级生活方式，是一伙文盲加流氓式的愚昧野蛮之徒。他们的外貌特征一般是：留长发、蓄胡须、嘴刁烟、喇叭裤、怪头怪脑。群众形容他们是：吃喝玩乐讲派头，奇装异服讲行头，游山玩水逛马路，无事生非打开头。

（2）"土流子"犯罪团伙的组织特点。

"土流子"犯罪团伙的发展过程一般都经历了从小到大，从隐蔽到公开，从轻微违法到严重犯罪，从畏首畏尾到横行无忌的发展过程。一个团伙的形成，大致有以下三个阶段：一是萌芽阶段，开始是个别作案，相互摸底；二是发展阶段，以强凌弱，互相并吞；三是形成阶段，抱成一团，无恶不作。

"土流子"犯罪团伙的组织形式有四种：（一）临时纠合性团伙。团伙成员一般不固定，作案前没有预谋，往往一哄而起，一哄而散，带有很大的盲目性和偶发性。（二）首犯与骨干分子比较固定，其他成员时合时分。因为骨干固定，在犯罪时往往有预谋与分工。（三）定型团伙。这类团伙成员固定，组织较严密，多是由惯犯、累犯组成，不少骨干是曾经受过打击处理有前科的犯罪分子。他们在结成团伙时烧香拜把，血酒盟誓，有的还纹身为记。犯罪作案时有较为周密的预谋和具体分工。（四）"母子团伙"（群众称之为"母狗子"团伙）。一个大团伙下面再分成若干小团伙，团伙之间盘根错节，呈连环状。他们时而聚集滋事，时而分伙作案，有个团伙头子自称为"中心县委书记"。

（3）"土流子"犯罪团伙的思想特点。

团伙成员思想极端腐朽，个人主义恶性膨胀，聚集在一起时，看的是淫秽书刊，讲的是下流故事，听的是黄色音乐，跳的是摇摆舞和裸体舞。有个团伙头子竟然狂叫："我只打算活30年，要搞100个姑娘。"他们疯狂追求资产阶级生活方式，为了满足自己资产阶级极端个人主义欲望，铤而走险，偷摸扒，打砸抢，强奸轮奸妇女，杀人放火什么事都干。在他们中流传着这样一种谬论："软的不如硬的，硬的不如横（蛮）的，横的不如玩命的。"这些人心毒手狠，十分凶残，完全是一伙亡命之徒，许多团伙头子已经成了五毒俱全的"东霸天"或"西霸天"。例如江陵县郝穴镇付××一伙，在本地作威嫌不够，还要向外“扩充势力范围”，先后骑自行车到本县白马公社和乘轮船到石首县新厂公社，采取突然袭击的办法，把这两个地方的团伙头子制服，使之拜倒在他们脚下。

农村“土流子”活动如此猖獗，原因固然很多，但是有一条很重要的原因，就是专政职能没有得到充分发挥，犯罪分子没有得到应有的打击。过去在工作上对综合治理的方针缺乏全面辩证的理解，片面强调了帮教工作的作用，在办理案件时，对犯罪分子心慈手软，很多犯罪分子虽然犯下了严重的罪行，不是没有受到应得的法律制裁，就是仅作了轻微的处理，出现了许多“捉放曹”或“数进宫”的不正常现象。这样一来，犯罪分子的反动气焰更为嚣张。这就是为什么在短时间内农村“土流子”违法犯罪得以如此迅速蔓延的主要原因。当然，对违法犯罪青少年实行帮教是完全必要的。但是，如果没有依法从快从重严厉打击犯罪分子作为前提，一些违法青少年处于视违法犯罪为儿戏的无所顾忌的心理状态，看不到悔过自新的光明前途或者继续往下滑的可耻下场，帮教工作也是很难收到好的效果的，就算帮教对象有时有所转变，也很容易出现反复，帮教效果难以巩固。

最近，荆州地区遵照党中央的指示和全国人大六届二次常委会关于严厉打击刑事犯罪活动的决定，以打击“土流子”为重点，大力整顿农村社会治安，依法从快从重严厉打击“土流子”的犯罪活动，该拘留的拘留，该劳教的劳教，该判刑的判刑劳改，极少数罪大恶极不杀不足以平民愤的坚决杀掉。在这样很短时间内已收到明显效果。各县刑事案件的发案普遍大幅度下降。社会治安基本稳定，群众的安全感普遍增加。为了进一步扩大战果，我们必须继续认真贯彻党中央的指示和全国人大六届二次常委会的决定，继续抓好严厉打击刑事犯罪活动的斗争，依法从快从重打击犯罪分子活动，同时全面贯彻落实综合治理的方针，以获得好的效果。

广西都安县少数民族地区青少年犯罪问题

（1982年）

广西政法干校都安工作组

都安瑶族自治县，地处“九分石头一分地”的大石山区，主要以农或林为业，交通不大方便，经济不发达，教育较落后，科学知识不普及，青少年与外来接触少一些，受外来影响比一些交通便利的地区差一些，思想较为单纯，因而这些地区的违法犯罪活动不能不带有某些特点，犯罪的原因也有所不同。

一　关于犯罪的特点问题

（一）从发案数量看，少数民族聚居（瑶、苗族）的县和公社，发案较少，有的甚至没有。如金秀瑶族自治县，一年内只发生几起案件；都安县瑶族聚居的七百弄公社，

1980、1981年内没有刑事案件发生；该县的三只羊公社1980年也没发生过案件，1981年只发生2起，其他非聚居地区发案较多，有时甚至成倍、几倍的增长。但是同本民族人口总数相比，占的比重仍然很小。如都安县青少年作案数和案犯数占刑事案件总数的53.84%，占案犯总数的53.33%。1980年比1979年上升了3倍多。1981年又比1980上升了1—2倍。1981年的126名青少年罪犯（均系男性）占全县青少年（131394人）总数的9.5‰。其中壮族114名，占青少年罪犯总数的90.47%，占壮族人口的1.88‰；瑶族5名，占青少年罪犯总数的3.96%，占瑶族人口的0.13‰；汉族7名，占青少年罪犯总数的5.55%，占汉族人口的2.37‰。

从1981年9月份以来，由于正确地贯彻中央21号文件和全区政法三长会议精神，认真整顿社会治安，依法从重从快地惩办了严重危害社会治安的犯罪分子，狠抓综合治理，发案率有了明显的下降。1981年9月至12月与1980年同期相比，案件下降了22.9%。以上情况说明少数民族地区青少年犯罪率一段时间内成倍上升，和我们的工作有密切关系。只要我们认真抓好综合治理，青少年的犯罪问题是可以解决的。其他金秀、融水、三江少数民族自治县的情况，也大体类似。

（二）从作案的手段、情节看，大致有下列特点：

1.利用群众的封建迷信落后思想，进行迷信诈骗活动较为突出。如都安县拉烈公社瑶族少女黄××在其姐姐的教唆下，装扮神仙，吹嘘自己能治百病，致使数万人受骗上当，被骗取财物价值达1万余元。又如该县壮族青年石××宣扬“五公经”、“烧饼歌”，造谣说：将有大灾大难，加入他组织的“仙龙王党”并缴纳阳间和阴间的党费，就可以避免灾难，保证全家安全，骗取了不少财物。还有一些道公巫婆，教唆青少年利用封建迷信，进行迷信活动也较突出。

2.利用“赶歌圩”、“赶坡”、“坐妹”的机会或以此为手段奸淫妇女，甚至进行强奸、轮奸犯罪活动。如壮族青年盘××，以唱风流歌勾引女青年，受到冷遇后，即与同伙拦劫女青年一名进行轮奸。又如苗族青年王××、王××等，也是利用“赶坡”机会，勾引女青年乱搞两性关系，先后奸污妇女达10余人，还扬言要搞上妇女百名才罢休。侗族的“坐妹”也有类似情况。

3.团伙作案有增多的趋势。据都安县人民法院于1981年受理的青少年团伙案有23起，占团伙案数的51.11%；案犯95人，占团伙案犯总数的71.96%，都安县大兴公社百拉大队有10名8—15岁的少年结帮成伙，爬上一辆汽车上盗走滚珠轴承57套，价值300余元。凡是结帮成伙作案的，活动都比较猖狂。如都安县板岭公社永顺大队，以马××、邓××为首，伙同11名青少年（均在25岁以下），先后在板岭、下坳两个公社、6个大队、14个生产队、一个公路道班，连续作案达32次之多，所到之处，能抢则抢，可偷即偷，有啥抢啥，搞光为止。三江侗族自治县一些青少年也多是三五成群，结成帮伙，进行偷盗扒窃活动。

4.思想狭隘，报复心强，动辄行凶杀人，手段残忍，不计后果。如瑶族青年兰××，跟妻子离婚后不久，见妻子当了邮电职工，又要求复婚，遭到岳母拒绝，于是怀恨在心，多次扬言要杀人报复，未引起重视，使其有机可趁，于1981年8月19日晚上，手持长尖刀闯进岳母家中，把在家的5口（岳母、内弟、内妹和亲生女儿）全部杀死。行凶后他到公社投案，说他杀了人，当时在场的人不相信，直到派人到现场察看时才大吃一惊，把他抓起来。

（三）从盗窃案来看，选择的部位，多是交通沿线、边远结合部和圩镇，因为在这些地方作案，既容易盗得赃款、赃物，又易于转移或销赃，容易躲避公安机关的侦察、追捕。如盗窃案件一度发生较多的都安县板岭公社永顺大队，就是一个小圩镇，有商店、物资仓库和供销社，又处于县与县交界的结合部。三江县的盗窃案也多发生在广西、贵州、湖南三省（自治区）的结合部，往往是在内地作案，外地销赃或外地作案，内地销赃。

（四）流窜作案也比过去明显增多。一是利用外出搞副业的机会，进行盗窃。如都安县一些壮族青年外出到金城江搞副业，见到建筑工地东西多，无人管，就大肆盗窃建筑材料，还开拖拉机去搬运。一是专门流窜到外地作案，如都安县瑶族青年兰××，冒充我解放军，流窜到金城江、南宁市、玉林镇、梧州市等地方，以“住旅社”为手段，混入旅社、招待所，专门盗窃旅客的财物。

（五）侵犯的客体，主要是公私财产的所有权。都安县人民法院1981年上半年受理的32名青少年罪犯中，犯盗窃和抢劫罪的达25名，占青少年罪犯总数的78.1%，其他几个自治县也与此相似。从盗窃的财物看，除现金外，主要是贵重物品如自行车、衣车、手表、收录音机、电视机等以及市场供不应求的商品，如耕牛、名牌自行车等。都安县1981年耕牛被盗达82头之多。

除上述主要特点外，少数民族青少年还具有易犯罪也易认罪的特点。如有的青年想花钱没有，就马上出门去偷牛，拿到食品店销赃，问他耕牛怎么卖，他说可以当菜牛卖，再一追问就马上认罪；又如兰××杀人后自动持刀去公社投案。这些罪犯被审问时，一般的不会转弯抹角，隐瞒罪责，比较容易坦白自己作案手段和过程(惯犯另外)，不象城市的青少年罪犯那样狡猾抵赖刁顽。

犯罪原因的初步分析

少数民族地区青少年犯罪的原因，既有和其它地区共同的一面，也有其特殊的原因。

共性的一般原因主要有：

一是林彪、“四人帮”的毒害，混淆了是非，搅乱了人们的思想，造成了严重的后遗症，不仅给成年人留下严重的内伤和外伤，而且害了青少年一代。

二是资产阶级思想的影响。

另外，我们的工作出现的某些缺点和错误，如对罪犯打击不力，宣传教育工作的片面性，就业问题未妥善解决，等等，也是促使一些青少年走上犯罪道路的重要原因。

特殊原因主要有：

1.从都安县某些地区封建迷信活动比较猖狂的情况看，主要是因为这些地区交通不便，文化教育和科学不发达，群众思想落后，封建迷信思想严重，实行生产责任制以后，有相当一部分基层组织处于瘫痪和半瘫痪状态，一些过去处理过的道公巫婆，又死灰复燃，进行迷信活动，欺骗群众。

2.从强奸、轮奸妇女案件较突出看，与“赶歌圩”、“赶坡”、“坐妹”等少数民族特有的风俗有很大关系，不少奸情案件都发生在这些场合。因此，对“赶歌圩”、“赶坡”、“坐妹”等群众性的风俗习惯不能不闻不问，必须加以正确指导，移风易俗，引导它向精神文明，“五讲四美”的方向发展。

3.从团伙作案较多的情况看，封建思想、江湖义气思想，在一些青少年头脑里中毒较深。这些人讲交情，讲义气，敢于以身试法。如安阳镇少年石××为了出气，拉拢一帮青少年，组成团伙，打伤我公安人员。有些青少年为了搞报复，也拉帮结伙，打群架。这些与近年来滥发行《七侠五义》等小说影响也有关。

4.近年来贯彻“双百”方针和对外实行开放政策，促进了文学艺术的发展和科学文化的交流，这是好的，应当肯定。但也出现了一些消极的不健康的东西，一些资产阶级低级趣味的东西也泛滥起来和趁虚而入。如国产电影片的黄色镜头，美国的《加里森敢死队》电视片，日本的《望乡》影片等，有的镜头，对青少年毒害很深，一些青少年学加里森如何进行盗窃；学“望乡”如何调戏侮辱奸污妇女。他们认为：学习电影的行为不犯法。当审问他们为什么犯罪时，他们承认是看了电影受影响的。电影是一种直观的形象教育，一看就懂，一学就会。由于青少年缺乏辨别能力，很容易接受其中的消极因素，因此，不健康的电影、电视，实际上起到了一定的教唆作用。

5.党风不正，基层组织不健全，政治思想工作无人抓，也是一个重要原因。有的领导干部、党员不大重视思想工作，软弱涣散，对歪风邪气无人抓，任其泛滥。基层组织不大管事，调解、治保组织不健全，人民内部纠纷处理不及时，致使矛盾激化，发展成为恶性案件。某些干部对子女教育不严，犯罪占一定数量，有些家长不带头执法，反而为犯罪子女开脱罪责，影响到执法的严肃性。

其他诸如家长无暇管教或管教方法不当，也是不可忽视的原因。

四川省南充市青少年盗窃违法犯罪情况

（1985年）

南充地区公安处政研室

一、青少年盗窃犯罪的严重性

南充市是川北的重镇，是南充地区政治、经济、文化的中心，市内有14万多人。不容忽视的是：全市现有14至25岁的违法犯罪青少年840人，占青少年总数的1.78%，其中有盗窃违法犯罪行为的青少年540人，占违法青少年总数64.3%，而且他们作案占的比重相当大。从实施“两法”后的1981年以来的统计看：

列为刑事案件的盗窃案及其作案成员情况

年　度	盗窃案数	占刑事案总数%	盗窃成员数	占作案成员总数%	其中青少年盗窃成员数	占总盗窃成员数%
1981	520	92	240	81	190	79
1982	440	88.7	280	66	250	89
1983	350	84	170	65	140	82
1984年1月至8月	209	91.3	51	78.5	50	98

列为治安案件的盗窃案及其作案成员情况

年　度	盗窃案数	占治安案总数%	盗窃成员数	占作案成员总数%	其中青少年盗窃成员数	占盗窃成员总数%
1981	636	39.8	1052	28.2	801	63.8
1982	779	32.4	935	25.3	713	76.2
1983	318	32.3	419	18.3	292	69.6
1984年1～8月	244	36.2	327	26.1	206	62.9

由此可见有"两个"突出，即一是无论刑事或治安案件中，盗窃案居多。二是作案成员中，特别是盗窃作案成员中，青少年居多。他们有的结成团伙，身带凶器进行盗窃，有的成了盗窃"狂徒"，一次又一次盗得几百元数千元，这既侵犯了国家和人民的财产，又危害了社会的安定。仅据刑侦、治安部门1981年以来的统计，每年盗窃案件经济损失都达10万元左右，人平均损失0.70元，南充市皮革厂有职工100多人，在几名违法青工的影响下，偷窃成风，如在1981至1982年内仅制鞋用的原料一项，就被盗损失3000多元，造成该厂在一段时间里秩序混乱，产量下降，亏损严重，发不起工资，据地区纺机厂、地区自行车厂、石油汽修厂、南充炼油厂、西南石油学院、地建材公司等6个单位的统计，自1981年以来，先后发生盗窃铜、铝、铅、钢等重要工业材料的案件30多起，合计损失折款20000多元。破案查获的作案成员中，青少年占80%以上，据西城区的新生街、东南区的孙迹街、北城的和平西路等街巷的调查，违法青少年占总人口数的8‰。他们中的不少人，既偷窃，又赌博，又搞流氓等活动，真可谓"五毒俱全"，他们臭味相投，结伙活动，闹得四邻不安，败坏社会风气。农贸市场、商场等复杂场所，时有青少年进行扒窃活动，有的农村老太婆、老大爷进城买卖或治病，钱被扒光后，气得捶胸顿足，甚至哭得昏迷不醒、痛不欲生。

二、青少年盗窃违法犯罪的特点

青少年盗窃不同于其他类型的违法犯罪活动，有着它自己的特点，而且愈来愈明显。

（一）盗窃违法犯罪成员结构的特点：

1．年龄向低龄段发展趋向明显。

我们通过对有盗窃行为的540名青少年调查结果，从他们盗窃的起点年龄看，15岁以下57人，占10.5%，16岁至17岁217人，占40.1%，18岁至25岁267人，占49.4%，幼年和少年时期即开始盗窃的占50%以上。再从1981年以来刑侦部门破案查获的盗窃成员看：

盗窃作案成员的年龄段情况

年龄 \ 百分数 \ 年度		1981	%	1982	%	1983	%	1984 1～8月	%
盗窃成员总数		238		276		167		116	
年龄	15岁以下	42	17.6	59	21.4	32	19.2	31	26.1
	16～17岁	50	21	67	24.3	77	46.1	47	39.5
	18～25岁	102	42.8	120	43.4	33	19.8	26	24.3
	26岁以上	44	18.6	30	10.9	25	14.9	12	10.1

以上情况均说明，青少年盗窃违法犯罪已出现了向低年龄发展的明显趋势，平均起点年龄逐步提前，低年龄段违法犯罪的青少年增多。在儿童年龄段中，一般说来是不易犯其他罪的，但沾染小偷小摸，甚至犯盗窃罪却是常见之事。

2． 文化程度低下：

盗窃违法犯罪青少年的文化情况

文化程度	小　学	初　中	高　中	大　学	总　计
人　数	298	221	20	1	540
百分数	55.1	41	3.7	2.2	100

以上文化程度是按学历统计的，事实上，他们的实际文化程度都远远低于他们学历应达到的水平。其中，多数都是逃学、中途退学或被开除学籍的，许多人连写信写检讨都感到困难，他们中出现一个趋向，就是青少年盗窃违法犯罪的这一层次，文化程度较之其他类型违法犯罪的更为低下，他们以“偷得到、吃得好”为幸事，显得十分愚昧，所以他们相互间称呼什么“笨猪”、“佛爷”、“累子”、“大傻”、“二傻”、“米豆”等一类绰号。

3． 待业青少年及集体所有制青工突出。

盗窃违法犯罪青少年的职业情况

职　　业	合　计	闲散无业	集体所有制青工	全民所有制青工	在校学生
人　　数	540	265	163	81	31
百　分　数	100	49	30.2	15	5.8

闲散无业青少年及集体所有制青工盗窃突出，除了有的本身就一惯表现差外，往往是与他们不能正确对待所处的环境条件分不开的。据市建司、针织厂和制鞋厂等三个集体所有制单位统计，所招的青工中，有86名原来就有盗窃等违法行为，占青工总数6%，招进后有的认为条件差而不安心上班，以至又去搞偷扒等违法犯罪活动。

（二）盗窃目标、部位的特点

盗窃犯罪基于经济目的，他们以“金钱万能”为精神支柱，不择手段地去追求金钱和物质享受，所以，他们的盗窃目标和部位，是受社会生活所刺激和制约的，当前所表现出的特点是：

（1）目标：主要针对一是巨额现金；二是电视机、收录机、自行车等高档物品，以价值100元以上的盗窃案为例：

盗窃的几类主要物品情况

物品 / 案发起数 / 年度	现金	自行车	电视机	收音机	收录机	手表	电子计算机	照像机	高级衣料	高级鞋类	合计	占盗窃案总数%
1982	22	159		8	8	16	1	1	8	2	225	50.7
1983	32	145	4	6	6	7	1	1	13	2	217	61.5
1984年1～8月	42	84	2	6	3	10	1	1	3	3	155	74.2

以上数字说明，盗窃分子为追求和满足生活享受，除盗窃现金案历来突出外，偷高档物资的案件日趋增多。

（2）部位：入室盗窃主要选择在营业门市部、财会室、库房及职工宿舍等处，他们认为，在这些地方作成一件案子，不是搞到巨款，就是高档物品到手，吃喝玩乐都不成问题。偷盗自行车主要选择停放有自行车的机关楼房巷道、车棚以及市场街口散在停车处，据他们交待说：这些地方的自行车，只要自己胆子大，像骑自己的一样，可随便偷走。扒窃主要在商场、农贸市场、车站及公园等人群集中活动之处。

（三）盗窃手段的特点

随着社会的影响和斗争形势的发展，青少年盗窃作案的手段也变得更加狡猾了，危害也更大了。主要特点是：

1．纠合性，搭帮结伙盗窃，是当前青少年违法犯罪的一种主要方式，据刑侦部门的统计：

青少年团伙盗窃情况

年　度	团伙作案起数	占盗窃案总数的%	青少年团伙成员数	占团伙成员数的%
1982	91	23.8	226	91.6
1983	42	13.4	102	87.2
1984年1～8月	43	31.2	103	93

他们多是以有劣迹或有前科的，年龄比较大的人为骨干，纠集有坏习气的同学、同厂工人、邻居等合伙盗窃，倚仗人多势众，互相壮胆，活动嚣张。东南区惯窃犯林××（21岁），多次被拘留，仍恶性不改，竟纠集六七名少年儿童结成扒窃团伙，由林教唆扒窃伎俩，指使作案犯罪，坐地掌红吃黑，作案时倾巢出动，互相“扎墻子”，如遇被抓，蜂拥而上，制造混乱，将团伙强行解脱逃走。

2．疯狂性。青少年盗窃犯罪中，滋生着一种恐怖的危险倾向，他们作案时，胆大妄为，肆无忌惮，不计后果，他们说：“人生在世，吃穿二字，偷到了，该享受，抓到了该倒霉，死了犹如做梦。”扒窃犯王开明（19岁），有一套对付失主的办法，每当行窃被抓时，一是矢口否认，声色俱厉，蛮横相抗；二是反咬一口，先发制人，诬良为盗，推脱罪责；三是挥拳舞掌，殴打失主，因而多次从失主手中溜掉。盗窃犯张××（20岁）爬上汽修厂七层楼上作案，被失主发觉时，为了不让被捉住，竟从七层楼的阳台上飞身跳了下去。

3．狡诈性。青少年在盗窃犯罪中大多诡谲狡诈，欺骗性、应变性很强，偷自行车的罪犯多活动于机关、工厂里，趁午休和晚上看电影、电视时，盯准目标，用改刀等工具一瞬间将锁撬坏，骑上车扬长而去，并以低价或改装或运往异地迅速销赃。进屋盗窃犯中，有的戴上手套，穿袜不穿鞋，用剪刀、钢锯等工具拔门，破窗入室盗窃，将赃物迅速藏窝户家，或寄存旅馆、车站、医院住院病房里，打听风声后，再行取赃、销赃，扒窃犯则大多打扮时髦，以混杂在人群中，佯装买这看那的，靠近被扒对象，当前特别是选择那些用手提包携带巨款做生意或购买高档商品的人为对象，采取扒包、换包等方式进行作案，对窃到的赃款迅速瓜分、藏匿。

对416名青少年凶杀、伤害犯罪的调查

（1985年）

汪　新　盘

青少年凶杀、伤害犯罪，属于以残暴手段侵害他人，危害社会，从而满足自己的欲望，触犯法律的暴力犯罪的范畴，危害性相当严重。

我们在湖北对416名罪犯进行了调查，其中凶杀犯有59名，占14.18%，伤害犯18名，占4.32%，二者合计为77名，占18.51%；其中男犯51名，占66.23%，女犯26名，占37.27%。

一、基　本　特　点

1．和其他犯罪一样，凶杀、伤害犯罪更趋低龄。

青少年凶杀、伤害犯罪分子的年龄构成（见表一）：

表一

年　　龄	14岁		15岁		16—17岁		18—24岁		25岁		合
项　　目	人数	%	人数	%	人数	%	人数	%	人数	%	计
	2	2.63	1	1.32	12	15.79	59	77.63	2	2.63	76

从表一可见，凶杀、杀害犯罪分子更趋低龄，只14岁就有2人进行凶杀犯罪，15岁亦有1人故意伤害他人，16—17岁竟有12人，达15.79%。这不能不引起人们足够的注意。这充分说明这些青少年犯罪分子的心灵受到严重的污染，在错误的思想支配下，加之缺乏修养及自控能力，不懂法、不守法、不畏法，胆大妄为，手段残忍，成了社会上的破坏因素。

2. 凶杀、伤害案青少年犯罪分子，以农村为多。

对青少年凶杀、伤害案犯的捕前所在地的统计表明，这类暴力案件中，农村为最多，如果把农村、小城镇、市郊三者相加，就有54人，占71.05%；大中城市有22人，占28.95%。这就说明广大的农村，以及星罗棋布在其间的小城镇的人们所受的教育，特别是法制教育，所受的纪律约束，所处的环境和人民民主专政的力量等尚不及大中城市。相反，封建主义残余却比大中城市强。这些都是农村在此类案件中多发的原因。

3. 青少年凶杀、伤害犯罪分子以农民、临时工、工人、待业青年为多。

从青少年凶杀、伤害犯罪分子捕前职业构成来看，以农民为最多，占31.08%；临时工次之，占21.62%；国营企业工人为第三，占10.81%；占第四位的是待业青年及集体制工人，各为9.46%；个体商贩居第五，占4.05%。这个系列数字表明：（1）工人中的新成分急骤增多（不少是顶替父母的）为工人队伍增加了新的力量，但也带进一些无政府主义及非无产阶级思想和各种恶习，增加了不少扰乱滋事的因素。（2）青年农民的成分亦发生了变化，一批批考不上高中、高考落第的学生回乡务农，大多数作出了贡献，然而有相当数量的人从此情绪颓废、意志消沉，而逐步走上异端，一遇机会就发泄自己的积怨。如罪犯向××没考取高中，在家务农，多次向黄××求婚，受到黄家冷待，引起向的不满情绪，用斧将黄砍死。（3）上述职业的犯罪分子，长期处于一种无人辖制的无拘无束、自由散漫的境地，我行我素，有的则长期无所事事，养成劣迹，浪迹街头，打架闹事，最后无政府主义、极端个人主义恶性膨胀而犯罪。（4）长期无人组织学习法纪知识，或他们自己根本不愿学习，处于法盲状态。遇到纠纷，不是请求有关部门调解解决，而是诉诸武力，酿成恶果。如女犯金××，在天门××器材厂做临时工，原与洪××交往，发生过两性关系，后又嫌洪年纪大，家境穷，不愿与洪保持关系。但洪纠缠不休，而金不找组织解决，却乘洪不备，用铁锤将洪打死。

4. 青少年凶杀、伤害罪犯，多数是受过中等文化教育的。

由于我国教育事业的飞速发展，我国青少年的受教育程度，普遍有了提高，凶杀、伤害犯罪的青少年犯罪分子也是这样。如表二：

表二

	凶杀		伤害		合计	
	人数	%	人数	%	人数	%
文盲	8	10.66	3	4.0	11	14.66
小学	13	17.33	1	1.33	14	18.66
初中	20	26.67	10	13.33	30	40.0
高中	16	21.33	4	5.33	20	26.66
合计	57		18		75	

从表中看出，此类案件的青少年罪犯，文化程度构成的排列顺序是初中、高中、小学、文盲。由于“文化大革命”的影响和破坏，教育质量的大幅度下降，他们实际文化水平远远达不到学历水平，但毕竟大多数是在中等学校泡过的。从他们在校学习情况来看，除8.7%的人学习成绩差以外，成绩优秀的占15.94%，成绩良好的占31.88%，成绩中等的占43.48%。尤其是有10.77%的人曾获优秀团员称号，有53.85%人次曾被评为三好学生。从以上数据说明，这类罪犯与“文盲加流氓”的流氓犯罪分子是有区别的，他们在校读书时，大多数还是有上进心的，并非从小就光知道杀人、伤害人的。而是在成长过程中，由于缺乏一些必要的教育，逐步蜕变，走上犯罪道路的。

5. 青少年凶杀、伤害犯罪单个作案的多。

在77份有效答卷中统计，青少年凶杀、伤害罪的作案形式以单个作案为最多，有38人，占49.35%；2人作案次之，有16人，占20.78%。这是因为凶杀、伤害中以谋财害命、仇杀、气愤而丧失理智而杀人、伤害人为主，其隐蔽性、突发性强，所以以单个作案较多。如女犯鄢××，对分家时公婆有偏心不满，但无杀害之意，只是在找公社批了几颗树修房后，其公公抢先砍了树，引起争吵，激发鄢犯用柴棒将其公公打伤致死。

6. 凶杀、伤害案中，未婚单身的犯罪分子居多。

在被调查的75份凶杀、伤害的犯罪分子答卷中，未婚者有67人，占89.33%，加上已离婚的共有69人，占92%，有家室者仅占8%。说明这些缺乏教养，道德水平低下，易怒易躁，缺乏自控能力的青少年，或因孤身演变的变态心理，自以为在没有家庭的拖累和羁绊的情况下，作案无后顾之忧，因而胆大妄为，其危害社会的程度往往很大，这是一个要急待研究和解决的课题。

7. 青少年凶杀案发，多是大案要案。

青少年凶杀案、伤害案发，由于作案人的“莽撞性”、反动性，手段之野蛮、残忍都是令人发指的。我们可从表三所列数据推断，见表三：

表三

	5年		6—10年		11年以上		无期		死缓		合计
	人数	%	人数	%	人数	%	人数	%	人数	%	
凶杀	4	7.27	5	9.09	17	30.91	11	20	18	32.73	55
伤害	5	27.78	5	27.78	5	27.78	3	16.66	0	0	18

常识告诉我们，犯罪对社会、对人民的危害程度与所判处的刑期是成正比的。除因罪大恶极处以死刑者外，表三中表明，凶杀犯罪中，判处死缓刑占第一位，有32.73%，判处无期徒刑的占第二位，有20%（11年至20年的徒刑因有九级跨度，虽有30.91%，但不能同一个刑期级别相比）。这些，说明了凶杀犯罪的危害极其严重。

二、青少年凶杀、伤害犯罪的原因和对策

不论什么性质的犯罪，都有其犯罪原因。那么，青少年凶杀、伤害罪的原因是什么呢？试就我们调查的结果，概述如下。

一、主观原因

1．资产阶级的极端利己主义

当问道：“你认为人生最主要的东西是什么？”有52.26%的人回答“地位、金钱、义气、权势”，重要；在回答“理想是什么”中，有7.89%的人回答是“多赚钱”，有30.26%的人说是“为成名服务”，有11.84%的人“为了过舒服生活”，又有11.84%的人为过“自由生活”。这四项相加占61.83%。显而易见，他们主宰自己行为的思想就是极端利己主义，一切为了自己的“舒服、幸福、自由”，世界观的核心就是为我。

2．不良性格倾向

不良的性格形成是人缺乏自我修养的结果。在调查青少年凶杀、伤害犯罪分子的犯罪原因时，有44%的罪犯回答：冲动。这种“冲动”是因为犯罪分子长期放松世界观的改造，没有法的观念，不守法纪，行为放荡，在外界特定事物的刺激下，使之神情亢奋，在行动上采取愈越法制界限，以残暴手段加害客体的行为。因此，对所犯罪恶是有责任的。又据调查，性格外露与性格内向的犯罪分子约各占50%。不论外露或内向，凶杀和伤害都是犯罪分子对人、对事的态度和行为方式上所表现出来的不良心理特点。性格外露所表现的是粗暴、胆大妄为，容易犯罪；性格内向者，往往不露锋芒脾气倔强，遇到不顺心的事虽埋在心中，若一旦外界刺激超出忍耐的限度，也会干出人们所预料不到的事来。如女犯薛××，性格内向，有事爱闷在心中，父亲早亡，家庭势单力薄，常受人欺侮，平时都忍受了。在其爷爷为借工具与邻居争吵发展到打架时，她发泄出多日的愤懑，拿起刀子，杀死1人，杀伤1人。

3、　狭隘的复仇观念

青少年凶杀、伤害犯罪分子中相当部分人吸收了不少旧的思想意识，把同志间的相处，对看问题、行事等方面的不一致认为是与自己过不去，造成隔阂，结下怨仇；有的则是受骗、受害不是诉诸法律寻求解决，而是耿耿于怀，伺机报复，一遇机会就铤而走险。还有的施恩图报，当对方不能满足自己要求时，就进行报复。如罪犯黄××，在其对象家中困难时曾给予较大帮助，后恋爱关系破裂后，黄就采取报复手段，伙同其弟到女方家中，用削笔刀将女方鼻子割掉，构成故意伤害罪。

二、青少年凶杀、伤害犯罪的客观原因

1．　矛盾激化

据调查，青少年凶杀、伤害罪中因矛盾激化而犯罪的占24.66%。有的因与领导意

见不一致，有的因领导照章处罚了自己而心怀不满。他们不是检查自己，改正错误，或者向上级反映，争取合理合法的解决，而是采取极端手段，加害对方来发泄自己的不满，构成故意杀人或伤害罪。如罪犯胡××因偷稻谷，队长柯××决定令其检讨并保证以后不犯，胡犯怀恨在心，先放火烧柯家大门，后杀死柯××，又把柯的爱人杀成重伤。

邻里纠纷是常见的一种社会现象。只要严以律己，宽以待人，矛盾是不难解决的。较大或裂痕很深的问题，也可通过组织或者政府解决。然而在犯罪分子不良的思想意识支配下，往往用暴力手段试图“解决”问题，结果酿成更大的问题，成为杀人或伤害他人的罪犯。

因婚姻问题而发展成凶杀、伤害案件大多发生在农村。这是封建意识加上经济条件和当事人对自己婚姻不能自主，又欲急于摆脱，他（她）们不以刘巧儿那样的方式来处理，而是对阻碍自己的主要对象下毒手，结果构成犯罪。如女犯方××，家中要她出嫁给其哥哥换亲，结果与一比她大十多岁的男人结婚，心中非常不悦，多次逃走均被抓回，以后就佯装笑脸，乘机把男的毒死。

2. 充裕的时空给犯罪提供了条件

据调查，罪犯的作案时间处在闲暇时间、待业时间的共有38人，占55.88%。犯罪分子系青少年，正是长身体，精力充沛时期，在无人管束的待业时期，闲暇时间单调的业余生活是不能满足青少年的需要的。他们体内能量长期积蓄过剩，总想找机会发泄，加上有57.89%的人有酗酒、赌博、打架等恶习，必然寻衅滋事，促使这类暴力案件的发生。如罪犯杨××，在待业期间与曾××、唐××打架结仇，与田××策划，纠结20余人，待唐××等人经过时，杨犯即指挥人分两路包围截打。杨犯朝刘××猛拍一锹，致使刘头部受重伤，杨犯同伙将唐××打死。

3. 社会主义法制教育不深入

青少年凶杀、伤害犯罪分子中有75.71%没有受过法制教育，其余虽然在初中学了一些法律常识，也只是皮毛。他们不懂法、不知法、不畏法。因此，不能判断自己的行为是否合法，对自己的暴行没有罪责感，只顾当时，不考虑后果。他们在回答对犯罪后果的认识时，仅有6.71%的人当时想到后果严重，93.29%的人则以为“抓不着我”和“无所谓”。显然，存有这种心理状态的人，什么坏事都有可能干出来的。

4. 缺乏教养

据调查，青少年凶杀、伤害犯罪分子的父母职业中，有130人（占91.55%）是工人、农民，以及退休工人和家庭妇女。他们的文化属低结构，其中有61.97%是文盲，25.35%是初小，2.82%是高小。其中有81.58%的家中是多子女。由此可见，这些家长在教育他们的子女的时间、能力、水平、精力等诸方面都是不能胜任的。同时，又有63.01%的家长是采取打骂、护短、纵容、不管等方式对待他们子女的越轨行为的。所以说，这些犯罪分子在受教养方面是患严重营养不良症的。这是其犯罪诸因素中很重要的一种。

河南省200件重大民转刑案件的抽样调查分析（1986年）

河南省司法厅基层处

为进一步掌握民事纠纷激化转为刑事案件的原因、特点和规律，更深刻地认识民转刑问题的社会危害性，我们抽样调查了全省1985年上半年和1986年上半年审理判决的重大刑事案件200例，有关分析调查结果如下：

一、重大民转刑案件的特点及规律

1． 从所占比例和后果看：重大民转刑案件所占比例相当大，且凶杀、重伤害案件突出，直接威胁人民群众的生命和财产安全，危害后果严重。（见表一）

表一

总目	民转刑%			凶杀案%			重伤害案%			危害后果		
项目	刑事案件总数	民转刑总案数	%	杀人案总数	民转刑案数	%	重伤害案数	民转刑案数	%	民转刑案数	杀死	杀伤
数字	200	94	47%	108	80	74.1%	92	14	15.2%	94	108	31

表一统计表明：200起重大刑事案件中，因民间纠纷激化而引起的刑事案件94起，占47%。其中，杀人案件80起，占85.2%；重伤害案件14起，占14.8%。94起重大民转刑案件全部是凶杀和重伤害案件。而这些暴力型的重大民转刑案件，直接侵犯了公民的人身权利，干扰了人民群众的正常生产和生活秩序，给社会带来了不良后果。94起重大民转刑案件共造成108人死亡，31人重伤。有的凶杀案连杀几口人，景况之惨，不忍睹目。

2． 从发案地区看：一是农村重大民转刑案件发案率较高。94起重大民转刑案件，发生在农村的有72起，占7.66%；二是集中在边远、闭塞、落后地区，发生在这类地区的重大民转刑案件有49起，占农村民转刑案件72起的68.1%。

3． 从发案时间看：重大民转刑案件具有季节性、突发性的特点。季节性，就是说在不同的季节里，民间纠纷激化具有不同的特点。如夏、秋两季，争田、争水、争农机具纠纷转化多，占这类纠纷转化为重大刑事案件的76%；冬季婚姻、家庭纠纷转化多，占这类纠纷导致重大刑事案件的58%。突发性，就是说绝大部分重大民转刑案件往往是因为一点小事引起纠纷，矛盾很快激化，在很短时间里即酿成血案。

4．从作案成员看：重大民转刑案件的犯罪分子具有男性多，青壮年多、农民多、文化程度偏低，处极刑多的特点。（见表二）

表二

项目	案犯总数	性别		文化				年龄			职业		
		男犯	女犯	文盲	小学	初中	高中以上	18岁以下	19岁—40岁	41岁以上	农民	工人	其它
数字	102	90	12	12	22	51	17	8	85	9	79	15	8

从重大民转刑案件案犯统计表中可以看出：一是男性犯罪较女性突出，102名犯罪分子中，男犯90名，占88％；二是青壮年多，19岁至40岁的案犯85名，占83％；三是文化程度普遍偏低，初中文化程度的案犯51名，占50％。小学文化程度和文盲34名，占33％。四是农民犯罪多，102名罪犯中，农民犯罪的79人，占78％。

5．从民间纠纷激化类型看：一是婚姻、家庭、邻里纠纷激化为重大刑事案件的数量大。（见表三）

表三

总目	婚姻纠纷激化						家庭纠纷激化				邻里纠纷激化		
项目	恋爱、婚约	包办买卖婚姻	换亲、转亲	离婚	通奸	合计	争钱财	赡养	夫妻争平等	合计	琐事	争宅基、树木	合计
数字	13	3	2	5	16	39	4	3	6	13	7	5	12

从表三分析：94起重大民转刑案件中因婚姻、家庭、邻里纠纷激化而导致的重大刑事案件共64起，占68％。其中，婚姻纠纷激化而导致的刑事案件39起，占整个民转刑案件的41％，在民间纠纷激化类型中处于首位。这些纠纷普遍具有复杂化、多样化矛盾潜藏久，激化前有先兆的特点。二是生产经营性纠纷以及与此相关的债务纠纷激化有增加的趋势。94起重大民转刑案件中，这类纠纷激化的案件11起，占12％。而1985年49起民转刑案件中，这类纠纷激化只有2起。1986年45起民转刑案件中这类纠纷激化却上升到9起，比1985年增加了四点五倍。

二、重大民转刑案件预防对策

研究重大民转刑案件特点的目的就是预防和控制民间纠纷的激化，减少犯罪。调查认为，目前预防民间纠纷激化而引起的重大刑事犯罪，应着重抓好四道防线：

1. 思想教育防线。思想教育预防应着眼于正确、积极、上进的因素消除在新形势下一些消极有害的因素。要针对农村和城市的不同特点，开展多种形式的思想教育活动，加强社会主义精神文明建设。

2. 法制防线：加强社会主义法制对预防民间纠纷激化起着积极作用。它包括两个方面的内容：一是要进一步在公民中普及法律常识教育。各级宣传部门、司法部门要制定切实可行的措施，采取广播、专栏、文艺等多种形式宣传有关法律、法令，尤其是对最新颁布的《民法通则》、《中华人民共和国治安管理处罚条例》、《婚姻登记办法》等法律、法令要广泛宣传，提高和加强广大人民群众遵纪守法的自觉性。二是对那些因民间纠纷激化而杀人、伤害的严重刑事犯罪分子要依法严历打击，公捕公判。这样既起到了警戒犯罪的作用，又张扬了社会主义法制，也是法制预防的一个有效手段。

3. 调解防线。各级调解组织，要坚持“调防结合、以防为主”的方针，在调处民间纠纷的同时，积极抓好预防工作，充分发挥第一道防线的作用。

（1）强化网络。预防民间纠纷激化要有一支强有力的司法、调解队伍。各地要在当地党政组织的支持下，配足配好司法助理员，建立、健全调解组织。各级司法机关的调解管理部门，要加强对基层人民调委会的指导管理，积极推行各种形式的民调承包责任制，建全人民调解各项制度，强化三级调解网络。

（2）捕捉信息。基层调解人员要加强自身的思想建设和业务建设，要富有献身精神，积极排查纠纷苗头，捕捉纠纷激化信息，把可能激化的民间纠纷消灭在萌芽状态。对那些箭拔弩张、处于激化状态的民间纠纷要闻风而动息事宁人，缓解矛盾，控制激化。然后做耐心细致的思想工作，配合有关组织或民调管理部门，调处解决。

（3）分类指导：各级民调管理部门要因地、因时、因事、因人进行分类指导、管理。如在地域上，山村文化落后，但山林资源丰富，因此要侧重指导预防山林纠纷。不同季节，民间纠纷具有不同的规律和特点，农忙季节争田、争水、争农机具的纠纷多，春节前后婚姻、家庭纠纷多。针对这些特点，民调管理部门要有针对性的宣传有关法律、法令，搞好民调人员的业务培训，掌握指导预防民间纠纷激化的主动权。

4. 综合治理防线。综合治理预防就是动员社会各部门的力量，实行“谁主管、谁负责”的办法，各把其口，分工负责，都来做民间纠纷激化的预防工作。预防和控制民间纠纷激化防止重大民转刑案件的发生是社会治安、综合治理的一个方面的重要工作，全社会各方面都有责任，都应当行动起来，做好工作，不能单靠政法部门，只有如此，方能取得成效。因此各个部门的党政领导都要把这项工作列入议事日程，放到一定位置，安排落实，加强领导。对在自己辖区出现的重大民间纠纷，要及时控制，或由本单位调解处理，或归口处理，防止进一步激化。

北京市朝阳区重新犯罪情况的调查
（1986年）

北京市朝阳区人民检察院　王松涛

随着“严打”不断深入发展，我区劳改、劳教人员获释后重新犯罪现象，在前几年出现了下降趋势。以审查批捕人犯情况为例：1983年8月至12月份共批准逮捕人犯×××人，其中重新犯罪的×××人，占批捕总数的23.1%；1984年批捕×××人，其中重新犯罪的××人，占13.2%；1985年批捕×××人，其中重新犯罪的××人，占9.2%；1986年1月至7月批捕×××人，其中重新犯罪的××人，占10.4%。由此不难看出，“严打”对相当数量的刑事犯罪的发案起到了很大的扼制作用。

但从“严打”开始至今年7月止，就重新犯罪的整体情况来看，仍不可掉以轻心。因为自“严打”以来共批准逮捕××××名人犯，其中重新犯罪的×××人，占15.5%。同时以今年1至7月份重新犯罪率10.4%，与去年同期的9.6%相比，虽然仅上升0.8%，但从绝对人数来看，今年比去年同期却上升82.3%。这的确是一个值得引起我们注意的动向。

正当“严打”以来被劳动教养和判处轻刑的犯罪分子即将陆续回到社会之即，对重新犯罪情况进一步认真研究分析，总结前段治理犯罪的经验，对指导今后预防、减少重新犯罪，具有很重要的现实意义。

“严打”以来我区重新犯罪分子的基本情况是：一，青年犯比重大，占总数的72.3%，犯罪高峰年龄是19岁至25岁；二，城市人员所占比重突出，占93.1%，农民仅占6.9%；三，释放后无业人员犯罪严重，占62.6%；四，盗窃犯罪在各类刑事犯罪中居首位，占53.9%；五，在×××名团伙罪犯中，重新犯罪的×××人，占团伙罪犯总数的41.3%，占重新犯罪人员的73.3%；六，在重新犯罪分子中，历史上因盗窃、抢劫、诈骗等侵犯财产所有权违法犯罪被处理的为多数，占63%，而其中尤以盗窃者占绝对多数，其他多因流氓打架等违法犯罪被惩处；七，在这些重新犯罪分子中，受过劳动教养处分的占78.2%，而被判处徒刑处罚的仅占21.8%。

根据调查：“两劳人员”之所以重新犯罪，是由他们没有改造彻底的恶性主观因素起着决定作用的。因此这些人，又比其他初犯、偶犯更容易受社会上可能诱发犯罪的各种因素影响而重新犯罪。任何犯罪都不是孤立的个别现象，是同犯罪者所处的社会生活环境有着密切联系的，而重新犯罪现象更是如此。现就调查中发现的几个值得注意和研究的问题分析如下：

一、“两劳人员”的恶性习惯，是其重新犯罪中起决定作用的主观因素

犯罪作为一种社会现象，它是一定社会阶段中各种消极因素的综合反映。尤其在重新犯罪分子中，在他们原来具有的犯罪恶习没有得到彻底改造而获释，就必然会比其他

人更容易受消极因素影响，而重新犯罪。因为这种恶习已成为他们认识社会，判断现实的主观意识，并成为其是否重新犯罪的决定因素。

仅“严打”以来的×××名重新犯罪人员的情况而言，尽管释放后，他们重新犯罪的原因多种多样，但深究起来，全部都和其劳改、劳动教养的改造不彻底，在主观上留有不同程度恶习相关。

重新犯罪分子不同于一般初犯、偶犯。一是，他们在劳改，劳动教养中反复多次地学习法律知识，对犯罪行为产生的法律后果有着更具体的认识。因此，他们在重新犯罪时，不属违法不知法，犯罪不知罪的“法盲”，而实属明知故犯。其二，他们有逃避打击的犯罪经验，作案手段狡猾，又往往具有反侦查的特点，给侦查机关破案工作增加一定困难。第三，他们还普遍具有对付审讯的抗拒对策，使我掌握扩大犯罪线索难度增大。第四，由于上述几点，他们又容易成为我们防不胜防的隐蔽性目标，因此，其对社会治安的潜在危险性大。

二、“两劳人员”释放后长期待业，是其重新犯罪的重要原因

“严打”以来，我区批准逮捕的初犯中，待业人员为×××人，占批捕人犯总数人的23.2%。但在×××名重新犯罪分子中，捕前待业的×××人，占62.6%，其所占比重之差，后者是前者的2.7倍。

“严打”以来，在重新犯罪分子中，无业人员犯罪之所以严重，一个很重要原因是他们比其他人就业面窄，机会少，待业时间长。因为这些人，在刑满释放、解除劳教后，首先遇到的就是自谋职业的重大难题。目前在经济体制改革中，用人标准日趋知识化，专业化的要求更高，多年来积攒的就业难的社会问题，由于这部分人的“回归”进一步扩大了待业人员的队伍，加大了就业的难度。同时在我国长期以来，用人单位都仍沿用“政审”制度。在这种形势下，这些确也有些毛病，“底子潮”的人，自然被录用的机会更少。就业难的问题，对这部分人来说，就更突出的了。

“严打”以来，逮捕的重新犯罪分子，除少数判刑、劳教前有工作，获释后极少数被单位收回外，对绝大部分人来说，实际上是获释即失业。而在×××名重犯中，捕前系工人的××名，占22.5%；捕前系个体经商的××名，占4.8%。这些在获释后，几乎百分之百地在经历过一年以上周折后才得以安置。在捕前无业的×××名重新犯罪分子中，从释放到被捕时的间隔，最短的二个月，最长的达五年之久。而在间隔二年以上的重犯中，其第一次作案的时间，同其获释后的时间相距，又多在半年之后就开始重新出现不同程度的违法犯罪活动了

如曾因盗窃罪被判刑的犯罪分子林×，其1981年11月刑满释放后，直至1986年7月因多次抢劫被查获逮捕止，其在5年多的时间里，一直待业。经捕后审查，他是从1982年底开始参予赌博和偷窃等违法犯罪活动的。另据林犯交待：“被释放后，一年多都找不到工作，真让人又烦、又腻，都老大不小的了，老向父母伸手要吃要喝，也太没脸了。所以，就开始经常不回家，跟过去在狱中认识的‘哥儿们’相聚在一起，靠赌博赢钱维持生活。大家对劳改、劳教中产生的重新作人的热情就慢慢没了。后为筹集赌本干起小偷小摸勾当，终因输的太多，就开始结伙抢赌场。有时一次可抢八九百元……”

事实上，这些人获释后几天内就重新犯罪的毕竟是极少数。而大部分人是在一定外

界因素影响下，旧病复发。特别是待业时间长，对诱发其重新犯罪是很重要的因素。因为他们回到社会后，立即失去了原劳改或劳教机关的管束，而成为“自由”人。当他们恳求就业的正当要求得不到及时满足时，很容易产生逆反心理，进而抵消在劳改或劳教期间已经培养起来的重新作人的信念和信心。此时，他们极易重新走上犯罪的道路。虽然，全社会就业问题将会逐步改善，但待业现象不会消失。而被释放的“两劳人员”的就业问题，因种种原因更不会很快有明显变化。因此，“两劳人员”中待业者重新犯罪的严重状况，应当引起我们极大重视。

三、出现被注销城市户口人员在外重新犯罪的新动向

在“严打”中，经常从一些罪犯口中获知部分被注销城市户口人员的违法犯罪活动的情况。除已被批准逮捕的9名被注销城市户口的犯罪人员外，据不完全统计：目前在外不归场、藏匿家中或散布在社会自谋生计、有违法犯罪嫌疑的约在30人以上。该二项人员相加按39人计算，约占我区注销城市户口人员总数的17%。其中除少数逃跑者外，多数人属请假不归。

据被逮捕的此类人员交待：不管东北双河农场、还是新疆库尔勒建设兵团的被注销城市户口人员，都不准擅自返回城市落户和长期请假不归。但目前在农场里似乎形成了一条对逃跑回城或请假不归的，只要不再“惹事”一般就不再追查的不成文做法。而在这部分人中，有的在自家派出所报上临时户口后，一般也无人查问。还有的根本不申报。更有甚者，改名换姓，长期隐匿在临时工作单位，直至犯罪被查获后，才真相大白。在被逮捕的该类人员中，不仅有犯盗窃罪的，也有酒后持刀无辜伤人的，还有强奸妇女和抢劫他人财物的。从目前已被揭露的案件看，犯罪的毕竟还是极少数。但这些人因被注销户口后的思想状况，必然使他们成为长期不安定的因素。而他们走上重新犯罪的潜在危险性，应引起我们的足够重视。不仅对目前他们回到社会后的松散脆弱的管理控制能力需要改进和加强。而且从长远观点看，在场内对他们的管教、外出，解除注销户口决定等政策办法，也应在有利于争取、挽救，化消极因素为积极因素方面做相应的调整。

四、赌博已成为各类人员违法犯罪的孳生地

几千年以来，在我国就流传着“奸出人命赌出贼”的说法。这一说法既说明赌博的劣根，在我国历史上的深长，又告诫人们这种陋习的危害是严重的。

我们是世界上为数不多的禁赌国家。在法律上明确规定赌博是要受法律惩治的。但由于十年动乱的影响，对赌博的打击一直跟不上形势，长期以来的屡禁尤赌的状况，没有多大改变。诸如盗窃、抢劫、诈骗等犯罪案件，同赌博陋习有牵连的日益增多。

“严打”以来，共批准逮捕盗窃犯×××人，其中因赌博输钱而偷的人，占38%；抢劫犯257人，其中因输钱而抢赌场的42人，占16.3%。经审查，凡参予赌博的人，大部分都有非偷即抢的劣迹。尤其值得我们注意的是，在所有抢劫赌场的案件中，都具有结伙犯罪意识强，都以两劳人员为骨干，都有参予赌博半年以上经历的三大特点。无论从预防、减少犯罪，还是从制止重新犯罪的蔓延等方面考虑，应尽快扭转对赌博打击不力的局面，这是铲除这块犯罪孳生地的根本途径。

五、城市重新犯罪的“两劳人员”，已成为我区犯罪恶性循环的主体

“严打”以来，我区城市两劳释放人员重新犯罪严重。在×××名重犯中，农民仅有××人，而且多是单独作案，占6.9%；而城市居民中重新犯罪的占93.1%，其中无业人员占重新犯罪总数的62.6%；工人占22.5%；个体经营者占4.8%；被注销城市户口的占3.1%。“严打”以来，我区共摧毁了130个犯罪团伙，其中以两劳人员为骨干78个，占60%；而在批准逮捕的513名各类团伙犯罪行中，重新犯罪的212人，占41.3%。

从犯罪性质上看，既有暴力型的杀人、抢劫、强奸、伤害，流氓械斗等犯罪；也有占多数的盗窃、诈骗、敲诈、勒索等犯罪。由于他们作案手段狡猾、隐蔽、凶狠，不少大要案、恶性案件均属这些人所为。“严打”以来，仅重新犯罪分子给国家造成的直接经济损失高达50万元以上，造成群众人身死亡的5人，重伤的9人，被其强奸、侮辱的妇女36人，给社会治安造成严重的危害。

另外，由于他们的恶性不改，在社会上散布的犯罪意识，诱发其他青少年步入犯罪行列的腐蚀作用，更是不容忽视的。

六、基层治安管理不力，是“两劳人员”重新犯罪的重要原因之一

我区治安管理同全市一样，主要靠以公安派出所为主，街道居委会为辅开展的。“严打”以来，虽然对基层组织力量有所加强，但对社会治安的控制能力，仍然与当前复杂的社会状况不相适应，直接影响着治安成效。特别对社会重点对象中的“两劳人员”的掌握控制上，由于种种条件的限制，控制难度更大。其主要表现：1.两劳人员回到社会之后，由于缺乏具体的管理规定，派出所、居委会、监所检察部门对这部分人的数字和名单虽然都掌握，但对他们如何加强管理，负责帮教，解决安置，却往往无能为力。2.对长达半年甚至几年不能安置工作的日常活动情况更不掌握，根本无法控制。在×××名重犯中，约有×××名是在居住地以外犯罪的，占56.4%。3.对被注销城市户口人员回城逾假不归的，也无人干预、查问，任其自流，其漏洞更大。4.对在农贸自由市场无照经营的两劳人员，留场就业人员，外出不归的劳教人员，既不审查，也不清理。市场管理人员也仅向其收管理费而已。致使在集市贸易地区的重大犯罪案件时有发生。

造成以上情况，既有规章制度不健全的问题，也同管理体制的缺陷、各个有关部门之间缺乏联合管理，协同作战能力有着很大关系。

累犯、惯犯在青少年犯罪团伙中的作用

——对100个青少年犯罪团伙的调查分析

（1984年）

张仲绛　黄文俊

近几年来我国青少年犯罪团伙激增，这些犯罪团伙活动猖獗，有的明火执仗，在公共场所行凶抢劫；有的入屋行窃，大肆盗窃国家和人民的财产；有的流氓成性，独霸一方，欺压群众，强奸妇女，横行无忌，成为“东霸天”、“南霸天”，严重危害社会秩序，损害国家和人民的利益，破坏社会主义四个现代化建设的顺利进行。因此，青少年犯罪团伙的问题已引起人们高度重视，并从各种不同的角度来研究这个问题。这里我们想就累犯、惯犯在青少年犯罪团伙中的作用问题作一初步的探讨。

一、基本情况

在叙述我们调查的100个青少年犯罪团伙的基本情况以前，先应对累犯、惯犯的概念有个了解。

什么叫累犯、惯犯，一般说来，累犯是指因犯罪而受到刑罚执行后再行犯罪的罪犯。这类犯人既已受到刑之执行，仍不知悔改，再行犯罪，恶性严重，须从重处罚。各国刑法对于累犯制度的规定不尽相同，有的规定累犯须是曾犯特定之罪而再犯特定之罪的或同类之罪的，才能构成累犯，有的规定凡犯罪后再犯就是累犯，不一而足，我国刑法第61条对于累犯作了明确的规定："被判处有期徒刑以上刑罚的犯罪分子，刑罚执行完毕或赦免以后，在三年以内再犯应当判处有期徒刑以上刑罚之罪的，是累犯，应当从重处罚；但是过失犯罪除外。第62条规定："刑罚执行完毕或者赦免以后的反革命分子，在任何时候再犯反革命罪的，都以累犯论处。"

惯犯是指以某种犯罪为常业，或以犯罪所得为主要生活来源或腐化生活来源，在较长的时间内反复实施同一或同类性质的危害社会行为的犯罪，又称为惯行犯、或常业犯。我国刑法对惯犯的概念虽无专条规定，但在刑法分则第118条的"以走私、投机倒把为常业"、第168条的"以赌博为业"，都是属于这种情况。刑法分则第152条的"惯窃、惯骗"以及第171条第二款的规定则是惯犯中的又一类型。这类犯罪危害性大，法定刑亦较重。可见累犯、惯犯都不是一次犯罪，而是一犯再犯，或连续反复多次实施犯罪行为，两者有共同的本质特点，就是累犯、惯犯实施犯罪的次数都具有多发性和反复性，同时都有作奸犯科的经验和技术而故意实施犯罪行为，其人格特征都属于品格败坏型，主观恶性深，犯罪成习，较难改造。因此，凡由累犯、惯犯组织或参与的青少年团伙，就具有特别严重的危害性。

为了弄清累犯、惯犯在青少年团伙中的作用，最近我们在广州市以及市属区、县的一些司法机关作了初步的调查，对100个青少年犯罪团伙作了分析。其基本情况如下：在被调查的100个青少年犯罪团伙中，团伙成员共625人，其中属于累犯的76人，占团伙成员总数的12.1%；属于惯犯的56人，占团伙成员总数的9%。累犯、惯犯合计132人，占团伙成员总数的21.1%。此外，还有185名团伙成员，虽然不能构成在刑法意义上的累犯，但已因盗窃、抢夺或流氓行为受过行政拘留，劳教，强劳，他们都是一再违法犯罪的"二进宫""四进士"的青少年犯，亦占团伙成员的28%。

在上述累犯、惯犯中，有的受过两次有期徒刑的执行，有的受过二、三次强劳或劳教，有的是从劳改、劳教场所逃跑的，他们都是恶习极深，屡教不改、思想顽固的犯罪分子。如惯窃分子张××，25岁从1972年至1982年间因盗窃先后送少管2年，强劳3年，劳教3年，每次从劳教场所解除劳教回家后都重操旧业。1982年释放后又为首组织盗窃团伙，作案30次，盗窃公私财物价值1万5千元。又如流氓、抢劫、强奸犯司徒××在1979年5月年仅15岁时，即因扒窃被公安机关行政拘留15天，因在拘留期间逃跑而被送少管3年；后又因在少管所逃跑和违反所规被加期一年半，并被转送劳教场劳教；到了劳教场，他又与其他劳教人员打架被加期半年。1983年1月因病保外就医回广州，他恶性不改，很快纠合其他在逃劳教人员、解除劳教人员12人组成犯罪团伙，公然在广州街上行凶抢劫。他们竟敢利用出租汽车，挟持女青年回黑窝强奸；肆意偷、扒，公然持械拦路抢劫，无恶不作，广大群众对他们早已深恶痛绝，这个集团成员大都不满20岁，几乎都是“几进宫”的人物。

二、累犯、惯犯的危害性和在犯罪团伙中所起的作用

我们通过调查发现，这些由累犯、惯犯组成或参与的犯罪团伙，其社会危害性比一般犯罪团伙要大得多，其活动特点也与一般团伙不同。这种团伙组织较为严密，团伙成员间的联系较紧，有的甚至订有“帮规”，作案较有目的、有计划，而一般违法青少年组成的团伙，作案往往带有突发性，团伙成员易合易散。由累犯惯犯集成的团伙作案方式狡猾，行踪诡秘。如有司徒××（19岁）、陆××（18岁）、钱××（19岁）、王××（19岁）组织的12人抢劫、强奸、盗窃犯罪团伙，其成员大部分没有固定住处，行踪飘忽，作一个案换一个窝点。有时全体成员倾巢出动，有时则分散为几个小团伙进行作案。这种团伙作案方法残忍，欲达目的，不择手段，不计后果。在作案中团伙成员多带凶器，事主稍有反抗，必遭其害。如惯犯黄××组织的盗窃团伙，仅在1983年4月份作案中就先后用刀捅伤事主6人。这种团伙犯罪活动十分狂獗，不少大案要案多是他们干的，他们作案往往带连续性，有时一个晚上连续作案多次。

累犯、惯犯都有作奸犯科的犯罪经验和技能，他们在青少年犯罪团伙犯罪过程中都是骨干分子，起着极坏的作用：（1）他们是犯罪团伙的组织者和作案的策划者、指挥者。他们懂得结成团伙作案比“单干”好，作案“成功率高”、“成果大”，累犯陈××交代时说：“单独去抢劫往往会遭到事主的反抗，有被事主制服的危险；而结伙抢劫，一般都容易成功。”这道出了大部份累犯、惯犯要结伙犯罪的目的。这就不难理解为什么大多数不接受改造、屡教不改的累犯、惯犯要组织团伙来进行犯罪活动。在我们所调查的犯罪团伙中，大都是由累犯、惯犯为首组织的。如上述惯犯司徒××为首组成犯罪团伙后就带领其他成员进行抢劫活动，于1983年3月至6月间先后在闹市马路拦路抢劫行人财物共45次，其中司徒××亲自参与抢劫17次。每次作案时他们都充当组织指挥角色，定出作案计划，寻找作案目标，视察作案现场，制定作案后的逃匿路线和地点，如何藏匿赃物和销售等等。（2）他们在犯罪团伙中又是教唆者。累犯、惯犯都是一再违法犯罪屡教不改之徒，他们犯罪恶习根深蒂固，不但自己犯罪，还在犯罪团伙中充当教唆犯的角色。他们利用青少年喜爱参加群体活动，盲目推崇“哥们义气”等特点和弱点，用吃、喝、玩乐等手段拉拢一些幼稚无知的少年，在他们中间散布极端自私自利的个人主义思想和吃喝玩乐的生活方式和颓废没落思想，引诱少年儿童参加犯罪团伙。比如惯窃张××有一次碰见一个小学生李××与另外二个小学生打架，他立即上去帮李打败了那二个学生。李××对张犯感激不尽，认为“够朋友”，于是常与张犯来往并且带

动他的二个同学（都是14岁的小学生）与张犯认识。此后，张犯就多次请三个小学生上茶馆吃喝，不断向他们灌输腐朽思想，对他们说："要想花钱如流水，偷抢最容易"。就这样，三个小学生与张犯结成团伙，参加抢劫、盗窃多次，陷入了犯罪深渊。（3）他们也是犯罪方法的传授者。累犯、惯犯一般都有犯罪历史和作案技能，是作奸犯科的老手。他们在青少年犯罪团伙中对一些失足误入歧途的偶犯或初犯，对一些过去作过案但作案技术不高明的团伙成员传授犯罪方法、犯罪技术以及逃避打击的伎俩。如累犯陈××过去因盗窃被强劳和判处有期徒刑，刑满释放后仅二个月就为首组织盗窃团伙。陈犯有较长的作案历史，有一套偷扒、盗窃的犯罪经验。凡参加他的团伙的青少年都须先向陈犯学习破锁入屋盗窃和扒窃的技术。另一扒窃团伙首犯李××年仅15岁，已是屡抓屡逃的惯窃，他纠合了一个全部由15岁以下少年组成的五人团伙，专在公共汽车上扒窃。李犯对没有扒窃经验的成员就手把手地教他们如何扒窃，当他们已达到"胆子大，出手快"的时候，李犯便带他们出去"实习"，让他们观察李犯作案数次以后，再在李犯掩护下开始扒窃。由此可见，向其团伙成员传授犯罪技术是累犯、惯犯在青少年犯罪团伙中起作用的又一特征。（4）制造、滋生新的累犯、惯犯。由累犯、惯犯参加并起骨干作用的犯罪团伙，在他们指挥带动下，必然会经常作案，因而导致其他成员也成为累犯惯犯，有些青少年犯罪团伙本身就是惯犯累犯的制造所。由于惯犯增加，造成犯罪恶性循环，严重地危害了社会治安和威胁人民的生命财产安全。广大群众对于青少年犯罪团伙都恨之入骨，希望把他们一网打尽，连根拔除，以促使社会治安的根本好转。

三、严厉打击防止再犯

累犯、惯犯在青少年犯罪团伙整个犯伙过程中扮演了卑鄙可耻的重要角色，是犯罪团伙中的骨干分子、罪魁祸首。因此，在严厉打击刑事犯罪分子的破坏活动中，应把累犯惯犯作为打击的重点。可以说，哪里有累犯、惯犯存在，那里就会有青少年犯罪团伙。近年来青少年犯罪团伙大量增加的原因之一，就是因为过去我们对累犯、惯犯的危害性估计不足，造成打击不力。譬如，在破获青少年犯罪团伙时，没有挖出团伙中的累犯、惯犯，没有从犯罪团伙的一贯犯罪活动中来分析累犯、惯犯在其中所起的作用，往往是就事论事，结果就会出现这样的情况：即某个犯罪团伙被摧毁了，但不久又会死灰复燃。可见运用法律手段，严厉打击累犯、惯犯是防止青少年犯罪团伙的产生，防止失足青少年重新犯罪"恶性循环"的必要前提。我们认为，在当前应特别注意做好下列几方面的工作：

1． 必须依法从重从快打击团伙中的累犯、惯犯，拔除祸根，彻底摧毁犯罪团伙。这里要注意的是，有些累犯、惯犯，虽然在具体实施犯罪中没有出头露面和直接参与现场作案，但他们可能是幕后的指挥者，也可能是犯罪的教唆者和传授犯罪方法者。司法机关在处理犯罪团伙案件时不能单凭团伙成员在作案的具体情节（如谁动手抢，谁杀了人等具体情节），而要从整个团伙的犯罪过程出发，即从团伙成员在共同犯罪中所起的作用（包括犯罪的预备阶段是否有累犯、惯犯的教唆行为和传授犯罪方法的行为）出发来作综合和全面的分析，区别情况进行处理，对那些虽没有参与具体作案，但对团伙成员有教唆犯罪方法的累犯、惯犯仍然要从重判刑，要坚决执行全国人民代表大会常务委员会《关于处理逃跑或者重新犯罪的劳改犯或劳教人员的决定》和《关于从重从快严惩严重危害社会治安的犯罪分子的决定》，对那些屡教不改，罪恶贯盈的累犯、惯犯要坚决判处死刑。不能判处死刑的则要判处长期徒刑并注销城市户口，送往适当地区劳动改造。

2. 必须加强对在服刑中的累犯、惯犯改造工作。劳改部门要把这项工作做为重点工作来抓。我们对犯罪分子采取惩办与教育相结合的刑事政策，惩罚少数，改造多数；宽严相济，区别对待。这种区别对待不仅表现在判刑上，而且在改造方法和措施上对待累犯、惯犯也要与普通刑事犯和违法青少年有所不同。首先，要针对累犯、惯犯罪恶重、恶性深、思想反动顽固的特点，把他们集中起来进行管教，不要和一般刑事犯罪分子编组在一起，以免"传染"；并在对他们管紧、管严的前提下，认真做好耐心细致的思想教育工作，促使他们认罪服法，接受改造。其次，要针对他们恶习深，好逸恶劳，不务正业或没有劳动技能的情况，加强对他们的劳动技能训练，使他们学得一技之长，以便释放后能适应社会。鉴于累犯、惯犯都有犯罪历史，具有一套反改造的伎俩的特点，要做好对他们的考核工作，不能单凭一时一事的积极表现而轻易减轻他们的刑罚。只有经过长期考验，真正悔改的才给予减刑，使他们看到光明前途。对刑期已满但改造不好的，可以考虑留场就业或改换工作地点。

3. 巩固改造成果，防止再犯。苏联及一些东欧社会主义国家在法律上规定，累犯、惯犯刑满释放后在一段的时间内还要对他们进行社会监护或把他们送到"社会适应中心"进行监督改造。这些保护社会安全措施值得研究借鉴。目前我国刑法虽然没有类似的规定，但是我们早已注意到这个问题。为了帮助解除劳教、劳改犯罪青少年重新适应社会，各基层组织，各企业、事业单位在当地党委领导下纷纷组织各种形式不同的帮教小组，对上述违法犯罪青少年进行帮教，有些地区还试行"保外帮教"，效果较好，这些都是防止犯罪的有效措施，同样可以适用于已经改造好、释放出来的累犯、惯犯人员。我们必须动员社会各方面的力量来做好这方面的工作，从而达到预防犯罪的目的。

关于团伙犯罪与青少年不良交往的调查分析

（1984年）

许德琦　吴再德

团伙犯罪基本情况及特点

武汉市自去年8月贯彻《关于严惩严重危害社会治安犯罪分子的决定》以来，在市委和各级有关党委领导下，把团伙犯罪列为打击的重点对象，并坚决执行"依法从重从快，一网打尽"的方针，摧毁了近千个刑事犯罪团伙和一大批团伙犯罪份子。从已捕判的团伙犯罪份子的情况来看，有如下十个值得注意的特点：

1. 团伙作案数占作案总数的60.8%，非团伙作案数占作案总数的39.2%。即约2/3的案件（包括绝大多数的大案、要案）系犯罪团伙所为。团伙犯罪是刑事案件的主体，对社会治安危害极大。

2. 在捕判犯罪团伙中，松散团伙或雏形团伙（指临时纠合作案团伙）占团伙总数的30.8%，定型团伙或犯罪集团（指长期较固定地联合作案）占团伙总数的69.2%。即有2/3强的团伙是有一段结伙作案历史的，团伙有一定的牢固性。这与以前大多数团伙是松散的、临时组合性的团伙犯罪状况有了较大的变化，是一种趋势性的新动向。

3. 从团伙作案的人数来看，加入团伙作案的罪犯占51.74%，没有加入团伙作案的罪犯人数占48.20%，加入团伙的罪犯多于没加入团伙的犯罪分子。这里要说明的是：此数据只是审判认定数，事实上有一些所谓没加入团伙作案的罪犯实际上是隶属于某个团伙的，但在捕前作案是单干的，因此未予于统计。

4. 从各类团伙成员年龄构成情况来看，团伙中青少年犯占79.74%，团伙中其它年龄罪犯占20.20%。这表明青少年团伙罪犯是犯罪团伙中的主要力量。（青少年罪犯是指28岁以下案犯）

5. 加入团伙的青少年犯占整个青少年罪犯总数的57.03%，没加入团伙作案的青少年罪犯占总数的42.97%（这一统计数据同样存在第3点说明所述的问题），这反映青少年犯中多数是团伙犯罪分子。

6. 从团伙分子居住社区情况来看，文化社区（主要指大专院校，科研部门集中居住街区）的犯罪团伙占团伙总数的5.1%；行政社区的犯罪团伙（主要指党政机关、行政事业单位集中居住街区）占团伙犯罪总数的12%；工矿社区的犯罪团伙（主要指工矿企事业单位集中居住的社区）占团伙犯罪总数的57.4%。商业社区的犯罪团伙（主要指居住成份杂，人口密度高的商业闹市附近的街区）占团伙总数的14.1%；郊区县的犯罪团伙（主要指武汉市2郊区2县）占团伙总数的10.9%。由上可见，工矿社区团伙占一半以上，犯罪团伙较容易在那里滋生形成。同时城市团伙比郊区、县犯罪团伙要多，这反映微社会环境状况与团伙犯罪密切相关。

7.从团伙犯罪分子的职业构成来看，在职职工占52.2%；农民占22.2%；学生占2.4%；待业人员占19.6%；其它占3.6%。团伙犯罪分子有职业的占一半以上。从调查情况来看，以后男女杂混的、以青工为核心的犯罪团伙还将日趋增多。

8. 从各类犯罪团伙的年龄构成情况来看；少年犯罪团伙占5.9%；青年犯罪团伙占30.9%；青少年杂混犯罪团伙占36.5%；中、青、少年犯罪团伙占18.6%；老、青、少，犯罪团伙占1.5%；老、中、青、少年犯罪团伙占0.6%。由上可见犯罪团伙中以青少年犯罪团伙，青年犯团伙，中、青少年团伙居多。纯少年犯罪团伙还不算太多。

为将团伙犯罪情况作历史比较，我们可发现青少年杂混团伙比79年增加了9.88倍，而青年犯只增加3.37倍，这反映了青少年团伙犯相互纠合，老带新、新带老、新老结合的特点。显然团伙中的“老带新”情况较普遍存在，是促使犯罪低龄化，并使团伙具有很强“再生性”的原因之一。这一事实应引起我们高度的重视。（这里所说少年犯是指18岁以下；青年犯是指18—28岁；中年犯是指29—49岁；老犯是指50岁以上。）

9．从犯罪团伙作案类型来看；流氓犯罪占45.6%，居第一位；抢劫犯罪占16.9%，居第二位；盗窃犯罪占13.9%，居第三位；其它类型犯罪占12.5%，居第四位；强奸犯罪占9.0%，居第五位；赌博犯罪占1.7%；经济犯罪占0.3%。以流氓犯罪与抢劫犯罪为最多，如将上述主要犯罪类型与79年相比较，盗窃增多5.3倍，抢劫增多2.13倍，强奸增多16.8倍，流氓犯罪增多9.69倍，以强奸及流氓犯罪增长最为突出，这表明性犯罪是团伙犯罪主要内容，也是我们预防、惩治团伙犯罪的工作重点。同时调查还表明团伙犯罪有由单一犯罪向多项犯罪发展的趋向。

由上可见，团伙犯罪在当前刑事犯罪案件中最为突出，而青少年罪犯则是团伙犯罪的主要力量，因此青少年团伙犯罪既是打击刑事犯罪斗争中的重点对象，又是进行团伙犯罪研究的重点对象。

上述简介可使我们对团伙犯罪的一般概况有较具体的了解；有助于我们从总体上了解团伙犯罪的一般特点，并在此基础上对青少年团伙犯罪原因进行分析。

调查表明，青少年团伙犯罪也是多种不良客观因素与主观因素相互作用的产物，具有相当的复杂性。而在诸因素中，不良社交的有害作用最为显著，与青少年团伙犯罪的形成、发展都有紧密联系。如果我们对青少年团伙犯罪的形成、发展轨迹进行考察，就可以发现，绝大多数团伙都是在不良交往的作用过程中由一些落后群体逐步演变而来的。各类有某种不良习气或不良品德的青少年（以下简称问题青少年）正是通过不良交往，特别是不良的社交娱乐活动结成不良游戏型群体，并在不良交往互动过程中转为劣迹群体。调查表明，劣迹群体是问题青少年集聚地，也是他们的恶习交流集散地，是犯罪团伙的“胚胎”；而问题青少年却是劣迹群体的细胞。犯罪团伙与劣迹群体之间没有不可逾越的“鸿沟”，相反却有不良交往作“桥梁”。“问题青少年”在劣迹群体内频繁不良交往的深化过程中，逐步在思想价值观、需要结构、生活情趣、行为模式等方面发生变化，进一步转化为“犯意群体”。这种犯意群体往往一经与某种不良条件诱因接触，就很容易质变为违法犯罪团伙，甚至逐步演变为犯罪集团。我们认为，不良交往为团伙形成提供对象、提供媒介、提供机会、提供条件、提供途径，而任何团伙的形成、发展既是不良交往的产物，又是不良交往的恶果。不良交往作为他们的一种基本社会互动方式，像一条黑线贯穿于青少年犯罪团伙形成、演变的轨迹之中。

失足青少年不良交往的特点

从调查情况来看，失足青少年不良交往的特点主要有：

（1）不良欲求是不良交往的基础。青少年罪犯正是通过结成劣迹小群体，开展种种不良的交往活动，使自己的不良欲求无压抑地得到充分满足。他们在社交活动中通过相互传习、模仿、暗示、交流、强化等作用来巩固和发展受到社会钳制的不良欲求，形成顽固的恶习和更强烈的反社会心理。

（2）缺乏良好的社交环境，与家庭和集体关系不融洽是形成不良交往的起始原因。青少年罪犯开始不良社交活动、结成恶劣小群体往往是因为自己有种种缺点受到家庭和集体的批评，因而逐渐与家庭和集体产生离心倾向，心理归属转移，到社会上寻求“情投意合”的新交往对像。于是物以类聚，他们在具有相似消极心理品质或不良习气的基础上，使不良交往就逐渐形成了。

（3）有错误的社交观及种种思想价值观是不良交往的内在原因。所谓社交观是指怎样交往、对交往抱什么态度。它指导人如何去交往，如何评价交往关系和社交活动。犯罪青少年正是因为有错误社交观，以个人利益和小集团利益为最高价值标准来衡量和选择交往对像，进行交往活动。这就使他们对不良交往产生浓厚的兴趣，也使他们选择社交伙伴带浓厚的情绪色彩，把对自己表示“同情”和“友好”引为知已，而不管这个人是个什么人，从而使自己加入劣迹群体，向犯罪方向迈出了第一步。

（4）不健康的思想共鸣是不良交往的粘合剂。失足青少年进行不良交往，首先是他们有比较相似的思想情感，而且这种情感往往又是不健康的，受到社会、家庭、学校的舆论批评。他们处于这种情境中，是十分期待出现理解自己的人的。特别是在生活或工作中因自己的缺点错误而遭受挫折、处分时，如果有人来同情、支持而不是斥责、批评他们，与他们思想行为很合拍，那他们就可以与之一见如故，引为“知己”。

（5）青少年罪犯不良社交往往受情感（义气）左右，带有盲目性、偏激性、可变性等特点。这是因为无论不良社交形式及内容如何，青少年一般心理特征（如情绪性强、易冲动、情意波动性大、自控力差；独立意向增强，想更自由地摆脱任何管束；评价能力不成熟，带有表面性、片面性等等。）必然会反映在这一特殊的社会心理现象中去。调查表明，不良社交是很多青少年犯罪的中介原因，各种可能促使青少年犯罪的原因与条件往往是通过不良社交这一中介环节发生作用，导致青少年犯罪。而且有很多青少年罪犯正是在不良交往中逐渐埋下犯罪的种子，一旦时机和条件“成熟”，就滋生危害社会的违法犯罪行为。

（6）违法青少年在不良交往活动中普遍形成反社会团伙。调查表明：一个人涉入某一犯罪团伙，绝大多数不是朝夕之功，从不良个体到结为劣迹群体，从劣迹群体成为犯意群体，从犯意群体到犯罪团伙直至犯罪集团是有一个渐进过程的，考察其发展轨迹，我们可以发现不良交往在其中每一阶段所发挥的关键作用。这种建立在不良交往基础上的非正式组织，往往在不良交往的作用下，逐渐形成一套特殊的舆论、习惯、活动、联系方式、方法。群体的这些不良特征促使着他们的不良交往不断巩固、发展，并将成员牢牢地吸引在不良交往的泥坑中不能自拔。

（7）在不良交往中形成犯罪团伙，共同作案主要原因上的特点有：①为形成犯罪力量的优势，使犯罪容易得逞而结伙犯罪；②为讲江湖义气相互帮忙或互相逞能而结伙犯罪；③为相互壮胆或减轻罪责而结伙犯罪；④因在进行社交活动时偶遇突发事件，一哄而上而形成结伙犯罪；⑤模仿某些文艺作品情节和文艺形像而结伙犯罪；⑥因出于反社会势力的威胁、被迫卷入结伙犯罪。显然，我们在研究预防和矫治青少年犯罪的对策时注重在阻止青少年不良社交活动上下功夫。

不良交往产生的原因及基础

下面进一步探讨产生不良交往的契机与原因；形成劣迹群体和犯罪团伙的心理基

础；由劣迹群体发展到犯罪团伙的心理基础等有关问题。

青少年随着年龄的增长，生理心理的变化（如独立意识增强、能量代谢迅猛、各种需求发展等）不仅对异性表现出新的兴趣，而且对同性、同龄人也表现出较大的交往热情。他们在成长发育过程中，一步一步地扩大自己的社会活动范围、人际交往圈层；愈来愈多地结识新的交往对像，并在这种过程中逐渐改变原来有的人际关系系统，组结新的“交际网”。他们这种改变首先是依附对象的转换，并充满着自主意愿。他们交往的主要对象逐渐从家庭转换到学校、社会；从家长转换到同学及游戏伙伴身上，形成新的交往关系，具有新的依附与从属性质。这种转换实质上是将原来上下人际交往关系转向平行人际交往关系；从以亲缘交往为主转向以社会交往为主。显然这种转换是自然合理的、有利于青少年成长。但是这种转换又潜伏着危机，往往是产生不良交往、形成有害交际系统的契机，特别是他们转换的交往依附对像是“不良份子”，那么不良交往互动的出现就是势在必然的。因此研究青少年交往对像转换的特性，是很有必要的。

调查表明青少年生理心理的变化发展使他们的交往与以前的依附交往有很大的不同。青少年交往重点转移既反映了其心理上从依附到独立的一种过渡，也反映了其需求多样化，兴趣更广泛，不再满足被动授予，而是渴求主动的索取。这就使他们在转换交往依附对象时具有一系列鲜明的特性。

（1）选择性：他们结交依附对像已开始注意有所选择，有一定自立性。可由自己决定与谁交往，不与谁交往。交往对像的性格、性趣、爱好、追求如与之不同，感到不称心就互斥，并随意更换，交往依附对象而不像以前与家长、老师交往那样具有某种不可选择性，是由“老天爷”或社会关系安排好了的。不管喜欢不喜欢，非得进行这种依附性交往。

（2）互尊性：他们结交依附对象为是同龄伙伴，在交往活动中相互依附，能力互补，相互从属，又各有相对独立性。而不象以前，主要交往对像是至尊的（如家长、老师），要绝对从属听话，否则不是批评就是打屁股。

（3）有功利性：他们选择交往对像要好玩，有利，能满足自己在精神或物质上不断发展的要求，具有代偿性，相互调节，相互满足。

（4）心理相容性：他们选择交往伙伴要求合得来，趣味相投，并在交往活动中相互影响，渗透，相互传递信息，模仿言行，形成共同的行为体验。

（5）情绪性：他们转换交往对像很易受情绪左右，往往依一时的好感或恶感来选择伙伴，决定与交往对像关系的深浅。特别是他们一旦形成社交性游戏群体，总是以一时好恶，对不称心意的人（主要是同龄人）采取强烈的排斥行为。同时这种“一致对外”又加强游戏小群体内部集聚力，使他们心心相印，好得恨不得“穿一条裤子”，胜似亲兄弟。

青少年上述转换交往五特性使问题复杂起来。如果不能创造良好的交往环境，合理引导开展交往活动，他们上述转换交往对像的特性一旦与青少年思想不稳定，是非辨别力还不强，情绪易变，自控力差，需求不断发展，自主意识强烈等特点相结合就极易发生不良交往。而不良交往又往往能无抑制地满足其需求，迎合其心理特点，使之尝到甜头，强化进行不良交往的意愿。调查表明，引起一些失足青少年在人生道上走下坡路的一个极关键的因素是他们在扩大交往圈层、转换交往，依附对像时遇到坏朋友，进行不良交往，并在不良交往活动中沾染恶习，形成或强化不良品质。一般来说，他们之所以交上坏朋友是有其类聚的心理基础的，他们之所以能萍水相逢，一见如故是自有其心理上的联系的，是彼此间相互作用、相互依附而形成的。观其特征主要有：

（1）仪表性吸引：他们总是喜欢根据外貌的某些文化特征来形成好或不好的印像，作出肯定或否定的评价。这是因为仪表对初次交往的人来说是一个重要的吸引因素，第一印象如何，往往影响以后相互关系的发展，这是人际交往的一种首要效应。具有不良审美观和心理品质的失足青少年往往在看到奇装异服、留怪发、显然是具有负文化特征的人时，就感到特别可亲，相互之间有一种自然的吸引力，以至萍水相逢，一见如故，一拍即合，很快就结合在一起产生不良交往互动。

（2）相似性吸引：物以类聚，人以群分。失足青少年往往具有相似的价值观念和处世态度，相似的情趣、爱好和习惯，相似的需求结构和追逐目标。这种相似性是一种强大的吸引力，他们之间相似性愈大，相互的吸引力往往也愈大，不良交往也愈易发生，交往互动恶化也愈迅速，相互组结的也愈紧密。显然他们之间相似状况如何决定他们之间思想情感交流的深度，不良互动的频繁度，以及思想语言共鸣，行为体验共感的程度。

（3）报偿性吸引：不良欲求是产生不良交往的基础，不良交往的吸引力正在于可以比较无抑制地满足失足青少年的不良欲求。这一事实从反面说明报偿在人际吸引力中的重要地位。显然人们在交往中双方都要达到一定的目的，满足一定的需要。特别是失足青少年，交往的功利动机更强烈而明显。因之他们的相互间不良交往的频率及深度往往受到报偿的支配。他们如在劣迹群体或团伙中常常不需花什么大的代价就能获得一系列适合胃口的物质和精神上的“报偿”，那么不良交往对他们的吸引力就大。他们所付出代价与所获取的报偿之间的心理平衡状况，决定主客体相互之间吸引力的大小或强弱。他们付出的代价愈小，获得的报偿愈高，吸引力就愈大。劣迹群体及犯罪团伙的易结性及凝聚力正在于有这种变态的报偿吸引力，能满足失足青少年非份的畸形的需求。

（4）缘性吸引：人们的交往活动都是在一定的时间、地点、与一定的对像进行的，我们可称之为时缘、地缘、人缘（包括学缘、业缘）与机缘。不良交往也是在一定的时间、空间内和一定的对像彼此由陌生到熟识。如果“天时”“地利”提供频繁接触的便利条件与机会，则可以使失足青少年之间交往更密切，不良交往迅速深化。调查表明，犯罪团伙成员有的是同一学校、同一班级的同学（学缘关系）；有的是同一班组、同一单位的同事（业缘关系）；有的是同一条街道、同一座院落的邻居（地缘关系）；有的是同一家族、同一家庭的兄弟姐妹（亲缘关系）；有的则是在少管所和劳教农场、拘留所结识的难兄难弟（特殊机缘关系）。总之时间和空间距离愈近，相互接触愈方便，则吸引力愈大，交往也极频繁。

青少年不良交往与团伙形成、演变轨迹分析

失足青少年在不良交往过程中逐步涉入犯罪团伙是有轨迹可循的。是循看问题青少

年—→不良游戏群体—→劣迹群体—→犯意群体—→犯罪团伙—→犯罪集团的轨迹发展的。调查表明，失足青少年在社会化过程中往往因早期教育有缺陷等因素，受到负社会化，以至形成好逸恶劳、自私自利、低级趣味等不良习气与不良品德，在思想、行为上向偏离社会规范要求的方向发展，成为“问题”青少年。他们的这一变化为进行不良交往奠定了基础。另一方面，问题青少年种种偏离规范行为势必要受到家长、老师、社会的批评矫治；而他们对种种批评、矫治又有对立情绪、抗拒心理，这就易使之浪迹社会寻找“贴心人”、“好朋友”，转换交往依附对像，寻找自己的心理归属，满足自己各方面的要求。如前所述，这种转换会产生不良交往的契机，而转换交往对像五个特性，就会在转化过程中与其心身特点相结合，发挥不良作用。事实表明青少年不良社交的出现，往往是因为他们自身有某种不良习气或劣迹，而我们在教育上又有种种缺陷，同时在他们生活环境中也存在种种不良诱因。在上述主、客观因素的相互作用下就会产生不良交往。调查表明，有不良习气和畸形欲求的问题青少年，在不良品行受到批评，畸形欲求得不到满足时，心理上的不稳定感将更为强烈。因之他们极为渴求在交际活动中使人格得到尊重，欲求得到“满足”。这样思想意识有毛病，需求结构呈畸形的问题青少年，就很容易进行同类聚合，尽管他们萍水相逢，但能一见如故，称兄道弟，不几天就打得火热，形成一个小圈子，结成落后群体。因为非正式群体的组合形式能迎合个体不正当需求，便于获取种种物质、精神上的满足。同时又削弱了社会对个体的抑制力，使他们在一种封闭性的非正式异常小群体内自成一个负文化环境，并在小圈子内形成排斥性定势心理：越是规劝和帮助意见越反感，有抗拒心理；越是怂恿教唆之言越能入耳，心理是相容的。总之排斥健康社会信息的影响，是问题青少年心理缺陷的主要特征之一。而他们协调内部思想行为，则主要是通过需求的共同情趣、习惯的相似、追求的一致来完成的。在问题青少年向不良游戏群体靠拢时，不良交往的作用主要是提供结伙途径、媒介、对象等。而不良交往主要表现是一般性的不健康娱乐、打闹、游荡、交谈等。在由不良游戏群体变为劣迹群体过程中，不良交往的作用主要是提供转化条件及更紧密联结纽带。这时交往互动内容已趋复杂化。而主要表现则是：经常纠合在一起寻衅闹事，群游群宴，广泛互通各类不良信息，在社交性文娱活动中情趣低级，追求庸俗无耻的刺激。而劣迹群体一旦形成，个体就会在不良交往互动的作用下发生一系列变化。在行动上拒绝社会道德、法律规范的约束，在思想上泛起积淀在心底的观念沉渣，排斥社会上占主导地位的种种价值观念，并通过不健康的社交性娱乐渲泄过剩精力，寻求低级趣味的刺激。同时探寻各种可能满足非份欲望的渠道、途径，如通过打架斗欧求得称霸欲的满足；通过偷盗求得物质欲的满足；通过调戏、玩弄异性求得性欲的满足等等。他们在这种不良的探寻过程中相互鼓励、帮助、赞赏，推动不良行径恶性发展，并极力躲避成年人和家庭、学校及有关单位的控制、约束。显然，种种不良探寻得到的所谓“快感”，强化其不良心理品质，使他们不良习气更为严重，非份欲求更为强烈。这时他们就可能产生“犯意”，由劣迹群体向犯意群体转化，这种转化可能在行为上还看不出明显的特征，而“犯意”与犯罪的预备也有根本的不同，只是一种犯罪意图的萌发和积累，并具有两种演变可能。但产生“犯意”却具有极大的危险性，这标志着这些问题青少年思想行为以及需要等等，已从具有违反社会道德规范倾向朝着反社会法律规范的方向发展，并开始在群体内形成产生犯罪动机的心理环境。在劣迹群体向犯意群体过渡中，不良交往的作用又进一步恶化。其主要表现形式除包括前述种种特征外，相互间交往更频繁，交往互动内容更恶劣，甚至出现犯罪传习，相互帮助干坏事……他们就是在劣迹群体内部的这种交往活动中使需要结构进一步畸化，情趣构成更趋低级，思想价值观产生质变，不良习惯逐步定型。当一个劣迹群体向犯意群体的过渡完成，其成员也就完成了一次心理的质变。它意味着劣迹群体已不知不觉地向犯罪团伙方向发展迈出关键的第一步。显然，犯意群体可视为劣迹群体向犯罪团伙演进的一个中介性群体，其虽与劣迹群体同属为落后群体，如何发展也具有某种不确定性。但若不能及时地控制犯意群体内不良交往互动的恶性发展，在一定条件或诱因刺激下，其成员就有可能把主观的犯罪意图转变为违法犯罪行为的预备；由一般违规行为变成违法犯罪行为，以至成为犯罪团伙。由上可见，正是不良交往的恶劣的作用促使若干问题青少年组成恶劣群体逐步向犯意群体转化，进而纽结成犯罪团伙。当然，上述不良交往作用不是单个发生作用的，而是与诸项不良客观因素、主观因素相结合，综合性地发生作用的。但是，应明确不良交往在其中起了极为显著的关键性作用。

在犯意群体向犯罪团伙转化过程中，不良交往作用主要是提供诱因，并使成员心理品质进一步恶化。而主要表现形式除包含前三阶段内容外，往往还在交往活动中产生违法犯罪行为。调查表明，失足青少年形成犯罪团伙后，群体内频繁交往互动的一个重要结果就是成员非个性化。显然，人际交往互动过程是有“整合”、“类化”性质的。特别是犯罪群体内部交往互动的“整合”、“类化”效果更明显。因为犯罪团伙形成本身就意味着又形成了一个负文化环境，他们置身于这个小环境中思想、情绪交叉感染，相互传递不良信息（包括处世态度、行为模式、价值标准、情趣爱好等等），并各自把触角伸向社会各个阴暗角落、探寻、开发不良信息源，传递各种污染性信息，相互毒化。在这种经常性巨量不良信息交叉感染的作用下，使成员不良意识行为相互“整合”、“类化”、非个性化。在群体内部出现一种“恶的和谐”，并通过恶劣的交往互动确立团伙成员的价值定向，追求目标，滋蔓出团伙的意志，团伙的情感、团伙的需要、团伙的利益、团伙的趣味、团伙的“逻辑”、团伙的评价，以及团伙的道德、纪律等行为规范，加固团伙的凝聚力，调节团伙内部成员的相互关系，统一团伙成员的行为，形成一种团伙意识和一套团伙行为规范。当犯罪群体中的成员把个人意识熔于团伙意识后，成员在交往互动作用下往往进一步“自我扫荡”残存的理智，泯灭其“天良”，思想行为进一步恶化，使不良“动力定型”形成。所谓的“动力定型”是指一个人在自我行为和外部刺激物反复强化作用下，形成较稳重的暂时神经联系，能比较稳定地从事某一活动。因为大脑皮层有系统性活动的机能，能够把种种刺激有规律地协调成为一个条件反射链索系统。团伙犯罪份子在经常性不良思想行为的积累刺激中，心理上往往产生一种“恶的”条件反射链索系统，“见钱就想偷”、“见异性想玩弄”。特别是他们在意识行为整合，类化过程中，通过不断共同体验、“经验总结”，逐步形成一套其邪恶性高于团伙任何成员的团伙意识及行为规范体系后，团伙成员就出现一种胶合状态，构成一种完整负文化环境，并极力排斥和抗拒与团伙意识及行为规范体系相抵触的任何观念和力量。显然团伙意识及行为规范体系结晶化、系统化，标志的犯罪团伙负文化体系的形成，以及团伙向职业化犯罪集团过渡的完成，是一次恶性“癌变”。这类团伙意识及行为规范体系是团伙不轨思想行为及犯罪实践的经验结晶，既是联结成员思想的精神网，又是约束成员行为的控制网。

总的说来，不良交往在落后个体结成劣迹群体，转化为犯意群体，形成犯罪团伙和进一步演变为犯罪集团的全过程中起着十分关键的作用。在团伙形成、发展轨迹的每一阶段中都可看到不良交往深刻的作用印痕。

附：不良交往在青少年犯罪团伙形成、发展过程中的作用图

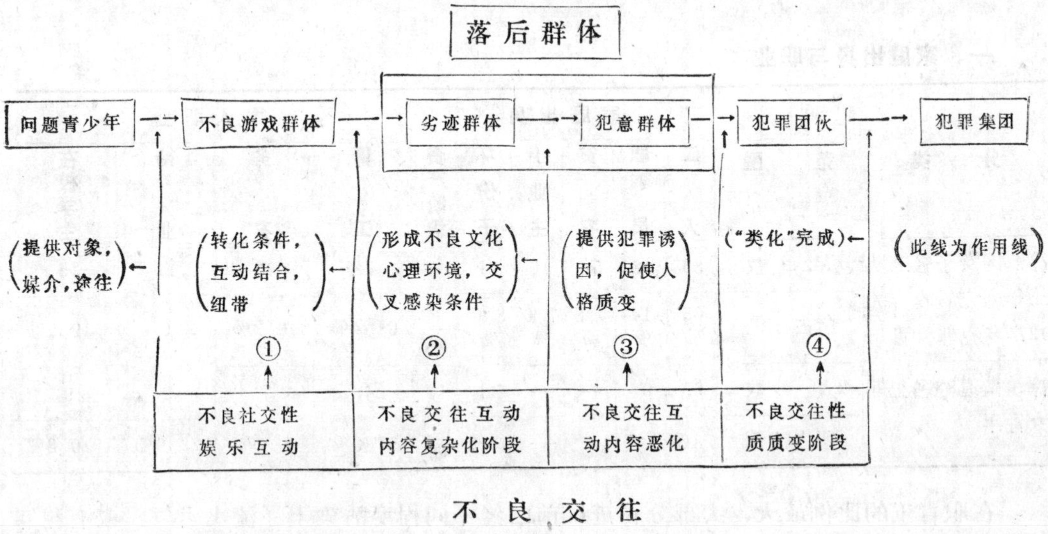

注：第一阶段不良交往互动主要表现形式：一般性不健康娱乐、打闹、游荡等。

第二阶段不良交往互动主要表现形式：经常纠合寻衅闹事、广泛互通各类不良信息，群宴群游等。

第三阶段不良交往互动主要表现形式：固定进行频繁交往，胶合一起，互帮互助，甚至进行犯罪传习等。

第四阶段不良交往互动主要表现形式：除上述种种表现外，在交往中、进行犯罪活动。

上述四个阶段的表现之间的关系是：后阶段包含前阶段新有内容、并有新的发展。

上海市徐汇区
女青年违法犯罪情况调查
（1979年）

陈　惠　玉

青少年犯罪是当前一个严重的社会问题，女青年犯罪是其中一个重要的组成部分。据市公安局统计：在上海市青少年刑事犯罪案件中，女青年约占总数的10％左右。数量虽比男青年少一些，但就其能量和危害性来说，是决不能低估的。她们到处乱搞两性关系，伤风败俗，腐蚀性极强；她们与社会上的男流飞互相勾结，往往是男流飞偷窃、赌博、打群架的重要祸根。

我们在上海市徐汇区女子强劳队和徐镇街道妇联配合下，进行了女青年犯罪问题的专题调查。在调查中，我们与公安人员、里委干部座谈，与犯罪女青年和她们的家长个别谈话，走访街道、学校、工厂以及家庭，查阅了有关的档案材料，重点探讨女青年堕落的规律，分析造成女青年犯罪的各种原因，了解犯罪女青年的自身特点。

（一）

一、家庭出身与职业

分类	范围	家庭出身						本人职业			
		工人	职员	贫农	小业主	坏份子	资产阶级	青工	务农	待业	在校学生
徐汇区女子强劳队三年来先后收容的127名犯罪女青年	人数	83	18	5	10	11	—	78	13	11	25
	所占比例	65%	14%	3.8%	7.6%	8.6%	—	61.4%	10.2%	8.6%	19.6%
徐镇街道83名犯罪女青年	人数	65	6	—	—	11	1	48	7	9	9
	所占比例	78%	7.2%	—	—	13%	1.2%	57.8%	8.4%	22.9%	10.8%

在职青工的比例最大，大部分在进厂前已经不同程度沾染上了流飞习气，或有犯罪历史。进厂后初犯者极少。

其中待业青年，由于闲散、无聊，经济来源有限，发案率较高，犯罪的性质也较严重。

二、犯罪的类型

乱搞两性关系达90％以上，是女青年犯罪的基本类型；

兼有其他各种犯罪行为主要是：诈骗占30％，大部分是通过两性关系来诈取钱财的；

偷窃占20.5％；

扒窃占9％；

贪污公款占5％，都是在菜场、商店等商业系统工作的；

直接参与打群架者较少，而是在幕后煽动指使别人打。一般情况下，女流飞一挑是非，男流飞马上会大打出手，许多群架是为女流飞打的；

赌博参与者较少，往往处于陪客地位，女赌棍尚未发现；

尚未发现如凶杀、拦劫或撬窃等严重案件的制造、参与者。

三、犯罪年龄特征

14岁至16岁：初次犯罪大多在这段年龄，约占51％。这段年龄是少年到青年过渡阶段，在教育学上叫“转变期”，在医学上称“青春期”，是一生中可塑性最大的时期。

这时期人的体力和智力增长很快，有广泛的兴趣和强烈的求知欲望。但是尚未成熟，情绪不稳定，容易受外界的影响。调查的这些女青年，在这个阶段喜欢看小人书，听奇怪的故事，贪吃贪玩，走东串西，想入非非，向往各种各样新事物。“嫩枝易弯也易直”，在这时期可以培养正当的兴趣特长、良好的习惯和高尚的道德品质；也可能受骗上当，沾染不良习气，走上歪门邪道。这批女青年大多数是在这个阶段失足、堕落，滑进犯罪的深渊的。

值得注意的是，她们最初都是受害者，是被人奸污后走上犯罪道路的。这种情况占总数的46％。少女被奸不仅生理上受摧残，更严重的是思想意识完全被腐蚀，使她们伦理观念混乱，简直不知天下有羞耻二字。强劳队鲍××竟在大庭广众前大声讲叙她父亲第一次是怎样强奸她的。一般在这种年龄，这种情况下走上犯罪道路的，生活作风最糜烂，毫无控制能力，他们要求很低，无论老的少的，美的丑的什么人都要。

17岁至18岁：在这阶段开始犯罪的约占35％。这个时期是人的世界观和性格形成的重要阶段，她们已具有一定的思考和分析能力，体力和活动能力也大大增强。女青年发育成熟，有接近异性的愿望，也会产生爱情等。这些女青年在这阶段的心理状态是觉得自己年龄差不多了，可以谈谈朋友白相相（玩玩）了。促使她们产生早恋愿望还有两个原因，其一是希望丰富生活，增添乐趣。这些女青年在四害横行时不读书不劳动，加上业余生活枯燥，使她们感到空虚无聊，无所用心，希望通过男女交往来填补空虚。其二是家庭环境不好，不少人对父母没感情，厌恶家庭，想早点成立小家庭，以摆脱现状，因此急于寻找朋友。大部分犯罪的就是因为交了坏朋友，被一些流飞言传身教带坏的。

24岁以后：女青年犯罪趋于平稳，世界观基本定型，控制能力也增强了，是一个人成家立业的重要阶段。即使头脑再简单，行为再粗野的人，在这转折当口也要考虑一下何去何从。特别是在结婚前后一段时期，必定有所收敛，相当一部分女青年就此结束了犯罪生涯。但也有故态复萌的。原因不外三条：一是寻找对象遇到挫折，她们往往主动向对方谈明情况，如果对方不嫌弃，那她就一定会好转；如果对方因此断绝关系，那必然出现横竖横。二是婚后生了孩子，经济困难突出，就可能老病重犯以卖淫来增加收入。三是夫妻分居两地，或丈夫有病，生理要求得不到满足，也可能再度犯罪。

四、极点

女青年初次失足时，一般与对方是有点感情的，主要是道德观念差，一时冲动而丧失理智。当时思想有一番斗争，也有顾虑，事后也很后悔，又无法与人商量，心情很乱，很痛苦。她们对第一次的记忆是深刻的，也是最憎恨的。有一女青年说，贞洁只能失去一次，以后再也不会失去什么了。这种思想是有代表性的。渐渐地胆子越来越大，顾虑越来越小。直至达到这样程度：或是怀孕了，或是事情公开了，或是被男流飞“过桥”给别人，防线完全崩溃。这好象是一个极点，冲破后就一落千丈。她们变得自暴自弃，甘心堕落，为所欲为，犯罪情节之严重、性质之恶劣，是正常人所无法理解的。

五、悔改艰难

犯罪女青年经过公安人员、老师、领导或家长教育，对自己错误有一定认识，有悔改之心；或是受了流氓欺侮，吃了亏，不愿再干下去了。但是，回头路上的阻力还是很大的。阻力来自三个方面：第一方面的阻力来自社会上的流氓恶势力，真是所谓“上贼船容易下贼船难”，流氓是不轻易放过她们的，利诱、威胁等什么事都干得出。女青年是知道他们厉害的。徐镇街道一个女青年，现在就担心，那个与她有关系的男流飞劳教释放回来后，自己日子怎么过。第二方面的阻力来自周围人对其态度，如果她已有改好的愿望和行动，大家对她还有反感，给予冷眼和歧视，她就会因为孤独无味而丧失悔改信心，再往老路上走下去。其三是生理原因，由于长期放荡，造成生理异常，劣性很深改也难，要培养新的习惯需要坚强的意志和毅力。

六、流氓哲学

犯罪实践本身有一种腐蚀作用，会使犯罪青年产生一种似是而非的满足。这些犯罪女青年对犯罪生活并不是深恶痛绝的，相反倒觉得这种生活很自由自在，很实惠，大多数非常迷恋于犯罪生活，还经常炫耀自己犯罪的手段和魄力。在这样的生活圈子里，她们自有一套“拉三哲学”（即流氓哲学）。综合起来有四个方面。一是道德观念混乱：如，男朋友越多越光荣，“敲定”越多路愈粗；“敲定”了就可以发生性关系；男的可以玩弄女性，女的有魄力也可以玩弄男性；女的是给男的白相相的，早晚一个样，不拿人家钱就算是高尚的了。二是没有法制观念：如，女的犯法不要紧，女的受法律保护；两相情愿搞关系，不犯法；搞关系是个人自由，不影响社会治安。三是及时行乐思想：如，谈朋友有吃有穿有白相，趁年轻多玩玩，年老了就不值钱了；发生关系是青年人最大的幸福；和男青年白相又开心，身体也会好的；人活在世界上就是吃好穿好玩得开心，玩痛快死了也值得。四是不劳而获思想：如，女的谈“敲定”是无本万利的事情；谈男朋友只进不出，不吃亏的；你们劳动一天几角钱，我一夜就几元钱。

（二）

犯罪是由于一系列社会条件凑合起来，在某个人身上产生的反常的结果，有个长期复杂的过程。女青年犯罪与社会、学校、家庭、地区影响有着密切的关系。她们是通过这些渠道来汲取道德观念，训练道德行为和培养文明习惯的，如果这些渠道存在缺陷，那就不可避免在她们的思想和行为上造成恶果。从目前女青年犯罪情况来看，主要是由于在道德观念混乱，文化知识水平低下的情况下，受到流氓哲学的毒素感染后，引起的一种迸发症。女青年犯罪文革以来突然严重，并且持续上升，是有深刻的社会原因的。初步分析成因有四方面：

一、整个社会道德标准混乱和道德水平下降

“文化大革命”十年动乱，确实是一场骇人听闻的浩劫，林彪、“四人帮”颠倒是非，混淆黑白，竭力煽动无政府主义和个人主义，赤裸裸地宣传流氓政治，把许多打砸抢，侮辱人格、交白卷等等不道德行为捧为“革命行动”，而一些文明道德行为被指责成大逆不道。诽谤努力学习、积极工作的人是“奴隶”，尊师守纪、服从命令听指挥成了“小绵羊”，讲卫生懂礼貌的好习惯却成了资产阶级虚伪作风。林彪、“四人帮”用反动的剥削阶级思想毒害青年，助长各种歪风邪气，使优良的社会风气遭到极大的败坏。现在这些犯罪青年当时正处在世界观形成的重要阶段，社会上道德标准混乱和道德水平下降，不能不给他们很大的影响，在他们头脑中是非、善恶、荣辱等道德观念是颠倒的。譬如，这些女青年把遵纪守法、不拿公物的人称为“有错不错的猪头三”。强劳队一女青年看到别人东西被窃，不怪偷者缺德，反怪被偷者东西不放好。在她看来偷是必然，不偷才是怪事。

另外，在上海，束缚女子的封建道德观念被否定了，新女性的道德标准尚未完全确立。中国封建社会的女子道德，如贞洁、节烈观、三从四德等，这些封建礼教是残害窒息妇女的刀子，是吃人的，经过了一段时间的批判，这些条规在生活中被废除了。但社会主义新女性的道德是什么，妇女解放的标志是什么，这些仍然是亟待解决要加强教育的问题。现在出现了相反情况，这些女青年否认旧道德，彻底地反其道而行之，走上了另一个极端，实际上是用资产阶级道德来代替封建道德。她们不要贞洁，不受约束，放荡不羁。在调查中发现这样的情况：如果你劝她谈朋友不要朝三暮四，七勾八搭，她回答你：“你不要这么封建，轧朋友不是一个能成功的，用不着一本正经的！”如果父母管她们，她们说：“现在是新社会婚姻自主、恋爱自由，又不是旧社会父母之命，媒妁之言的包办婚姻，用不到你们多管闲事。”你告诉她说女同志要稳重，不要疯疯癫癫轻飘飘的，她会回答你：“我不是旧女子，被关在闺房里，笑不露齿，目不斜视，现在妇女解放了，爱怎样就怎样。”这些女青年对于新道德新风尚一无所知，有的甚至认为自己的违法犯罪是正当的行为。

二、学校教育方面的缺陷

学校是传授知识的场所，但文化革命中，教育界出现了空前的惨状：教育秩序被打乱，教师不能教学，学生不能学习，学校成了战场，完全丧失了向青年传授知识的职能。林彪、“四人帮”大规模毁灭文化，宣传“读书无用论”、“知识越多越反动”等奇谈怪论，给青年一代带来深重的灾难。

这些女青年在长知识时期，没有吸收到精神食粮，一个个都成了无知无识的“新文盲”。20岁左右的人，名义上还是高中毕业生，可是她们写信写检查白字连篇，文理不通，一部分人对强劳队的纪律一条也记不出来，有的自己名字也写错，缺乏起码的语言和文字的表达能力。现在强劳队给她们上三年级的算术课，她们也不能理解。据科学杂志介绍，一只驯服的狗，如果放回原始森林，仍会变成凶狠狂暴的野狗；一棵精心培育成的良种蔷薇，如果种在贫瘠的沙漠中，仍会变为开小花的野蔷薇。同样，人在成长中缺少文化知识——精神食粮，也会发生可悲的退化。她们的发展极不平衡，一方面体魄健壮、四肢发达，而另一方面思想贫乏、精神空虚，成了畸形人。她们共同的特点是脾气粗野，头脑简单，控制力极差，个人主义倾向和自私自利严重。从目前大部分女青年违法犯罪的情节来看是原始的、野蛮的。

由于知识水平低下，知识面的狭窄，使这些女青年目光短浅，趣味低级。如，与她们交谈中发现，她们对我们的祖国有悠久的历史，有辽阔的土地，丰富的自然资源，勤劳勇敢的人民，有实现四化的灿烂前途等等，一概不知道。思想水准如此之低的人，是不可能有高尚的情操和良好的道德品质的。对她们谈不上爱国，也谈不上为四化出力。她们的情趣是很低级的，她们不懂爱情是建立在共同思想基础上的男女双方的崇高感情，是忠贞的纯洁的，而错误地认为爱情就是发生两性关系，是寻求刺激和一时冲动；她们不懂恋爱生活是男女双方思想感情交流，存在互相了解和考察的必要阶段，对她们来说没什么恋爱生活可言，至多是混在一起吃喝玩乐；这些女青年把发生关系看作是最大的幸福，此外不知还有其他快乐事。其中许多女青年并不是为吃为穿为钞票，甚至肯送烟给钱、请客吃饭，希求获得这种“幸福”。

还发现一些女青年连起码的生理常识也没有，对生理现象充满好奇和神秘感，跃跃欲试，竟而走上违法犯罪道路。她们也不知道这样干是摧残和糟踏自己，会引起严重的后果，因而在泥坑里越陷越深，不能自拔。真是无知到了可怜的地步。

三、家庭缺乏正确教育方法和吸引力

家庭是社会的细胞，是社会的基本单位。家庭教育在青少年成长中占着重要的地位，对青少年思想的形成和性格习惯的培养起着特殊的作用。调查中发现违法犯罪女青年的家庭有“三个多”，一是悲剧家庭（父亡、母死、离婚、改嫁、关系恶化等）多，占10%；二是劳动人民家庭多，占71%；三是双职工家庭多，占47%。发现这些女青年一个共同点：由于家庭缺乏正确教育方法，精神上物质上都缺乏吸引力，使她们对家庭和父母产生离心力。中国的传统习惯是女儿出嫁，结婚是改变现状最有效的方法，她们早就迫不及待要找对象，谈恋爱，自己成立小家庭。这是女青年早恋以至违法犯罪的重要原因之一。

不少家庭父母双职工，每天能顾上孩子吃穿已忙得不可开交，往往忽略了对子女的教育。许多劳动人民家庭，父母的文化知识水平低，没能力教育子女，方法上简单粗暴，往往收效甚微。一些悲剧家庭，父母不和，经常争斗，给孩子心灵带来创伤，父母自顾不暇，根本无心教育子女。这几类家庭，父母和子女之间思想不勾通，互相关系疏远，更谈不上教育。这些女青年说：“我对家里没什么感情，对父母从来不讲一句真心话，做什么事也不告诉父母，父母也从没教育我懂得一个道理。”总之，家庭没吸引力，使她们到外界去寻找思想上感情上的满足。值得注意的是，这些女青年由于从来缺少抚爱，感情上易于满足，总觉得外面人好，稍给一些温暖和感情，就会受宠若惊，以至一失足成千古恨。

女青年直接由于经济问题犯罪的极少，在我们社会主义国家吃饱穿暖的要求是能够达到的，但是无可否认这些女青年家庭经济状况一般是比较差的。一个人，特别是一个青年不是以吃饱穿暖为满足的，还需要丰富多采的文化生活。精神文明与物质文明是有一定联系的，不少人住在棚户区，家中除了床、桌子、炉子、水缸等起码生活用品外，没有其他陈设，不能为青年的文化生活提供条件，她们没有条件看看书，看看电视，打打羽毛球，或拉拉小提琴，无法培养各种兴趣爱好，家庭对她们没有吸引，她们反映，“这个家一刻也不想呆，”“不出去谈‘敲定’，生活象杯白开水一样无味。”这些女青年野在社会上，填补空白的文化生活。她们之所以对一些低级黄色的东西感兴趣，实在是因为接触不到高尚的娱乐，饥不择食所致。我们可以作一些比较，在一些经济条件好、文化生活充裕的家庭中，女青年的犯罪现象大大减少，即使违法犯罪，在手段上目的上是完全不同的。

值得指出的是，有些家庭的重男轻女的思想是很有害的。对男孩子宠爱，把他看作是传宗接代的希望所在；把女孩子看得低人一等，总有一天变为“外头人”。家务事压在女孩子身上，认为是理所当然；发生争吵时偏护男孩，指责女孩；有些家长也会给女孩做漂亮衣服，这并不是对女孩子本身的宠爱，而是为了取悦于他人，实际上是把其当作是一种商品……诸如此类，长期潜移默化，会在女青年心灵中发生两个作用。一方面产生自卑感，而自卑是易于堕落的。另一作用是对父母、兄弟心怀不满，产生对立情绪，要求早日摆脱现状，搞不好也易走上邪道。

四、附近社会环境渣滓泛起，毒素传播

良好的地区风气、社会环境是女青年健康成长的必要条件，而地区风气败坏，人口密度高，居住条件差，是导致青年犯罪的重要因素。据了解，徐汇区天平街道中，有严重流飞行为和违法犯罪的女青年仅3人，而徐汇区徐镇街道有83人，差距很大。天平街道相对居住条件好一些，人口密度稀一些，居民中干部和知识分子的比例高，文化知识水平高一些，地区风气也就好一些。而徐镇街道是市郊结合，人口密集的棚户区，解放前是安徽、江苏一带逃荒难民的集中地，许多人无正当职业，以拉黄包车、理发、拾垃圾、投机倒把、卖淫、小商小贩为生，或多或少带有流氓无产阶级的色彩，恶习较深，破坏性大，解放前曾经是地痞横行、流氓出没的地方。解放后，党花了很大力气对这个地区进行改造，在一定程度上提高了居民的生活水平，改善了居住环境，镇压了反革命和罪大恶极的地痞流氓，并改造挽救了一大批由于生活逼迫铤而走险的暗娼、惯窃犯、赌棍等，使这地区面貌大改，良好风尚大大普及，一九六五年刑事发案率降到历史最低水平。但文革中，林彪、“四人帮”宣扬流氓政治，依靠一小撮野心分子、冒险分子、投机分子和社会渣滓，好人挨斗，坏人神气，使这个地区的社会渣滓以为时机已到，蠢蠢欲动，重新泛起，毒素广为传播，坑害了年轻的一代。

女青年违法犯罪是诱发性的，绝大部分是受了淫乱意识和行为的教唆。一般情况下，知识和道德水平低，会导致她们成为平庸的追求实惠的人。徐镇街道的马××，原是暗娼，劳改8年释放回沪，劣性不改。乘社会上混乱，又老病复发，公开勾搭男性，叫孩子望风，还无耻地说：“我上一天班拿几角，我一夜就有几元。”她把几十个青少年引到家中，散布黄色毒素。经她教唆后走上犯罪道路已判刑的就有10余人，她的3个子女在她言传身教下，各自犯有严重罪行。另有“老阿姨”董××，原也是妓女，她把学生和知青叫到家里，打牌吃酒，一直闹到半夜，她讲下流话，做下流动作。她公开对女学生说：“你们没魄力，我年轻时比你们狠，照样没什么，不出事外快（意指占便宜），出事顶多写份检查。”象这样的教唆犯徐镇街道还有好几个，如姚××，翟××等，他们不单教唆犯罪，而且开地下旅馆，还帮助女青年堕胎。这类社会渣滓害人子弟，罪恶非浅。

年轻的一代中了毒，腐蚀性很强，自己又教唆别人，蔓延很快。以徐镇街道周××为例，在她23岁判处劳教时，已带出了七代人，她不仅自己放肆进行流飞活动，还拉拢教唆其他女学生，直接被她拉下水的有15名。周叫女学生不要去上课，把她们带到自己家中，给她们讲黄色故事，教她们唱黄色歌曲，并讲自己犯罪活动情节，然后帮她们介绍男流氓朋友，一步步地把她们引上危险的道路。周还用恶劣方法威逼年仅12岁的女少年犯罪，严重摧残了这个少年的身心健康。这样的“烂苹果”在徐镇街道有近10名，这批“害群之马”不单自己做，还喜欢讲，有意无意地带坏一批人，如果让她们散在社会上，危害极大。

（三）

女青年违法犯罪是一个非常复杂的过程，外部的原因、条件和情况并不是机械地发生作用的，而是要通过个人性格、习惯、气质等曲折地发生作用的。我们不承认有“天生的犯罪性格”，认为人的性格、习惯不是娘胎里带来的，而是在长期社会实践中培养成的。具有这类性格的人，比较容易走上邪道。在调查中我们发现这些女青年具有这些特点：

一、生理

精力充沛体力强：这些女青年生在新社会，不愁吃不愁穿，又出身于劳动人民家庭，一般体质较好。她们中有些人能爬高接电线，搬运重物，其灵活性和负重力并不低于男同志。强劳队张×，溜冰一、二场不过瘾，不溜则已，一溜就是半天、一天。其中许多人打胎三次以上，但仍无明显后遗症，精力体力不减当初。为了对抗管教，强劳队不少人自杀自伤，吃锈钉子、碎玻璃、剪头颈、开水烫手，还故意用脏物涂在伤口，希望感染，但一切无效，她们的抵抗能力和恢复速度都是惊人的。

接受能力强：这些女青年在长知识时期，没学到科学文化知识，她们的智力被引上了邪路。对她们感兴趣的东西接受很快，反应很灵敏。她们看了《流浪者》后，马上把“拉兹之歌”、“丽达之歌”的词偷偷写在本子上，看管师傅很吃惊，以为她们原来就会。后来发现她们总是把爱情歌曲的词抄上本子，仔细看一下，与原歌词相差无几。强劳队女青年，在劳动中表现较好，技术学得快，手脚很利索。

活动能力强：他们都是能说会道的，善于交朋友，几乎找不出一个呆头呆脑的人。强劳队的柳××，不仅在本地区有一大批小兄弟小姐妹，而且在整个区，甚至几个区都结识了大量人，打群架时她可以叫出几百个人，她组织能力、活动能力很强，男女流飞对她很服贴。犯罪女青年接触面都很广，少则几十人，多则几百人。

二、性格

虚荣：这些人爱出风头，喜欢打扮，而且总想打扮得奇形怪状，引人注目，有些简直是丑人多作怪，缺乏自知之明。姜××进了强劳队还念念不忘漂亮，她自己把头发剪光，并对看管师傅说：“我剪头发是表示改造的决心，我不会逃跑了，你们放心吧！”可私下对人说：“我听人讲剃了光头后，新头发会又黑又亮，还有可能变卷毛。”这些女青年还喜欢听吹捧话，如你真好看、真聪明、真活络等，许多男流飞也掌握和利用她们的这一致命弱点。

轻浮：她们的轻浮主要表现在男女交往上，一方面平时一举手一投足不检点，有的坐不定站不定，大姆指翘，无法无天，出口骂人，动手打人，流气十足。也有的娇滴滴，故作姿态，主动与男的搭讪，还动手动脚，不知羞耻死皮赖脸的。另一方面是轻举妄动，头脑发热，不考虑后果，大多数人为了眼前的“利益”“幸福”，不要名誉，不要前途，实际上也预料不到问题的严重性。

外向：这些女青年对一般女青年所喜爱的绣花、钩线、打毛线等活动是不喜爱的，她们一刻也坐不住。徐镇街道的陆××的母亲，为了使女儿收心，买了枕片让陆绣。陆才绣了二、三针，就恨不得要把枕片剪掉。这些女青年习惯于热闹，而害怕安静；喜欢合群，而憎恨孤独。她们从来不会冷静下来考虑问题，什么前途理想，影响后果，计划打算，一概不想。她们对一些带刺激性活动是感兴趣的，如交通事故、邻居纠纷、围观外宾等等，其中有不少人会抽烟喝酒。

三、习惯

好逸恶劳：这些女青年贪图享乐，吃好穿好的要求强烈，她们的特点是怕苦怕累不怕死。她们身体强壮，但不爱劳动；精力充沛，但不肯学习；整天懒懒散散的。流飞扒手朱××屡教不改，公安局几进几出，她对公安人员说："我被你们捉住最怕是劳动，捉不住就是享受，我吃得玩得痛快，就是死了也是情愿的"。这些人在进行流飞活动阶段，工人旷工，学生逃学，待业的逃夜，总是千方百计要摆脱劳动、学习。

不诚实：吹牛撒谎是这些人的拿手好戏，无一例外。看管师傅说："这批人讲话，十句顶多听两句，吹牛不打草稿已成了习惯。"她们进强劳队，没一个肯坦白罪行，都经再三讯问，内查外调，在事实面前无法抵赖，才认罪服罪的。有一些女青年甚至编造罪行，与公安人员恶作剧。这些女青年不仅对公安人员、领导、家长不诚实，对流氓同伙也是弄虚作假，骗骗捞捞。上海电影制片厂周××在强劳队中，还大吹自己是演员，进强劳后电影停拍，损失很大，还说某演员是她的朋友，什么父亲是东海舰队高干，母亲是医院院长，家里全套红木家俱，吹得活龙活现。问她为什么这样，她讲已习惯，不吹难过。

自由散漫：这些人从小没受过纪律的约束，长期游手好闲、自由散漫、为所欲为，一般人觉得很平常的纪律，对她们来说简直无法忍受。她们初到强劳队，还未开始劳动，伙食费每月十六元，各种条件也不差，就是六条纪律使她们望而生畏。许多人都因纪律严明而找逃路，哭哭闹闹，自杀自伤，装神经病的样样有。强劳队季××说："这里的纪律管头管脚实在吃不消，我情愿去劳改，劳改还自由点。"对她们来说最难适应的就是对纪律的适应。

江湖义气：江湖义气是犯罪青年互相间感情的纽带，也是一种被歪曲的道法。她们愿意把罪名一个人来承担，不到万不得已是不会"咬狗"的。强劳队的许多女青年因讲江湖义气而罪上加罪的。有的为了"义气""交情"帮男流飞介绍朋友，不惜拖人落水，使好端端女孩子卷入犯罪的旋涡。在强劳队只要领导批评谁，她们就同情谁；领导惩罚谁，她们就帮助谁、钦佩谁。许多人不顾违纪受罚，给同伙带条子、藏赃物、搞串联，义气高于是非。

浙江省邮电青工渎职犯罪的调查

（1985年）

倪集华

一、邮电青工渎职犯罪情况的严重性

“渎职罪”，指的是国家工作人员利用职务上的便利或玩忽职守，侵害国家机关的正常活动，以致国家和人民利益遭受重大损失的行为。邮电职工渎职犯罪，根据我国《刑法》规定要惩处的主要有三种情况：（1）“邮电工作人员私自开拆或者隐匿、毁弃邮件、电报的”，作破坏邮电通讯罪处理；（2）“犯前款罪而窃取财物的”，按贪污罪从重处罚；（3）因过失而遗失、积压邮件、电报，情节恶劣，后果严重需要追究刑事责任的，按玩忽职守罪论处。

广大邮电职工历来有遵纪守法，忠于职守，维护邮电信誉，努力为人民服务的优良传统。但也有少数职工目无法纪，利用职务上的便利进行犯罪。据统计，1980年至1983年中渎职犯罪的邮电职工的年龄比例分别是：20岁以下占19.2%；21—25岁占29.5%；26—30岁占20.5%；31—35岁占15.4%；36岁以上的占15.4%。

从上可以看到，36岁以上的仅占很小一部分；21—30岁之间的最多，占50%；再是20岁以下的也不少，而且年龄最小的只有16、17岁。

值得注意的是，邮电青工渎职犯罪情况近年来有增无减。1981年比1980年增加33%；1982年比1981年增加19%；1983年与1982年持平。以上数字虽然与当地邮电部门和司法机关的查处工作有一定关系，但问题的严重性是客观存在的。这些人作案手段无奇不有，破坏邮电通讯正常运转，对国家对广大用户造成严重危害。如使异地亲友不能及时互通信息、工作受阻、病人误医、招工失效、恋人反目、朋友误会、各种证券和生产合同作废、财物损失等等，有的还破坏了国际间的通信往来，损害了我国人民邮政信誉，造成极坏的政治影响。

二、邮电青工渎职犯罪的几个特点

（1）在职务（工种）上以投递员和分发员为多。××名渎职犯罪邮电青工中，投递员占66.7%；邮件分发员（包括邮包封发员）占19.7%；营业员占6%；其他工种占7.6%。在这些人中，有18.2%还不是正式工，只是学徒工或是临时工。

（2）在渎职犯罪青工的单位上以邮电支局和邮电所等基层的为多。统计表明，邮电所一级的占28.8%；支局一级的占43.9%；县邮电局一级的占10.6%；市邮电局一级的占16.7%。可见，邮电所和邮电支局两项合计占总数的72.7%；另外，以前认为市级邮电局制度严格，不会有什么大问题，现在看来漏洞也不少，发案率不低。

（3）在方式上以单独作案的为多，占总数的83.3%。因邮电部门中许多工作都是单独作业的，互相之间缺乏监督，而且大多数作案人都知道私拆信件、窃取财物是工作纪律所不允许的，便不能不采用隐蔽的手段，单干的方式，力求不为人知。

（4）在目的上以获取经济利益的为多，占总数的78%。这些人资产阶级思想严重，追求物质享受，企望不劳而获，财迷心窍，利欲熏心，不择手段满足贪欲；有些是见制度松弛，有机可乘，顺手牵羊，不偷手痒。很多人一上手尝到“甜头”后，就随时伺机作案，不到案发不会停止。

三、邮电青工渎职犯罪的几种类型

1. 贪图财物。此类型中，有些人对猎取对象较为专一，多数人是数种作案手段和目标兼而有之。主要有以下几种：

（1）私拆国际信件和包裹，窃取财物。如温州市邮电局16岁的临时投递员周×，在1981年1月至3月的短短时间内，就私拆、毁弃国际信件6封，窃取信内夹带的法国币、荷兰币、瑞典币等上千元及画片数十张。诸暨县邮电局23岁的分发员葛××，自1979年8月至1981年5月，专门私拆香港进口印刷品五次和包裹10余只，窃取挂历年画10余本和各式衣裤30余件。葛除将这些衣裤自己穿外，还送给几个朋友穿。

（2）私拆业务合同、联系信件等，转手倒卖，从中牟利。如平阳县邮电局23岁的分拣员何××，自1980年9月至11月的两个月中，私拆平信30余封，窃得外地寄往本地10多个社队企业的订货合同20份，先后交给朋友、亲戚出卖，获利4000余元，何自得3000余元。又如苍南县某邮电支局33岁的分拣员金××，自1980年10月至1982年4月，先后私拆邮件11件，窃取合同及业务联系信10份，转手倒卖牟利1000余元。

（3）私拆包裹、信件，窃取现金、高档物品及画片等物。这种情况较多。如杭州市邮政局21岁的分拣员郦××，自1981年7月至1982年2月，先后私拆包裹31次，日标瞄准高档物品。计窃得照相机3架、电子计算器2只、手表1只、羊皮茄克衫、全毛华达呢、彩色胶卷、尼龙蚊帐等价值1000余元的物品。又如温岭县某邮电支局封发员狄××、张××和投递员陈××，时而单独行窃，时而合伙作案，共私拆包裹40余只，窃取笋干40余斤及蛋糕、水果、香烟等食品，除自吃外，还拿到市场去卖。尤其是张××，单独私拆六人包裹，得银元130余枚、金戒指一枚及现金1000元等等。

（4）利用收订报刊，代寄信件等机会，涂改凭证，伪造单据，贪污、挪用、侵吞报刊款、营业款等邮资。温州市某邮电支局29岁的投递员周××，除隐匿企业合同信件转卖牟利外，还采用假单据，收费不上缴，多收少订等手段，共贪污报刊费500余元。温岭县某邮电支局21岁的乡邮员张××，除隐匿报刊书信、冒领汇款外，还乘收订用户报刊款时，用空白发票等当作用户预订报刊的收据，捏造报刊名称，乱定收费标准，共骗取1400余元。

（5）偷刻私章、窃取空白汇票、伪造文件，冒领汇款。如温州市邮电局31岁的分拣员张××，冒充某厂供销员去江苏某市，窃取了当地两个邮电支局的空白邮政汇票十余张和日戳一枚，回温后伪造假汇票2份，骗取现金近千元。又如青田县某邮电支局31岁的投递员徐××，于1982年12月在投递国外汇给归国华侨刘××的退休金440余万里拉（意大利币，折合人民币6000余元）时，由于国内银行误译收件人姓名而查无此人。徐不但不退回信件，反而私拆偷看后透露给某公社副主任吴××等4人，密谋策划，编造收件人已死的谎言，提出要"死者"之妻领取邮件。徐授意吴等开出假证明，私刻收件人私章，从银行冒领出现金后，徐分脏得近2000元和其他证券。

（6）内外勾结，非法收寄走私邮件，索取或收受贿赂。如瓯海县某邮电支局27岁的投递员黄××，于1981年4月间私拆外省某公司寄给本地某厂的业务信后，得知本地陈××等3人有销售假黄连素之事，便强要搭股或收款1000元，否则要揭发对方。陈××等人被迫送黄100元及桂圆、麦乳精等物求情，后又同意让黄搭股，通过黄邮寄假药。黄付股金40元，却非法牟利500元。

2. 报复。有些邮电青工因对某人某事存有私愤，就利用职务之便实施报复。如苍南县邮电局26岁的分拣员张××，在工作中曾与某厂几个职工多次口角，便怀恨在心，伺机报复。张先后私拆他们的业务平信九封，窃取订货合同及联系信九份，倒卖得近百元。又如苍南县某邮电支局27岁的包裹封发员梁××，因窃取某厂业务平信被县邮局行政处理后心怀不满，不思改悔，又将本地某厂职工寄往外地的四件包裹用元珠笔头刺出小洞，倒进黑色化学油墨进行破坏，污染了其中两个包裹，以致对方拒收。

3. 懒惰。有些青工工作不安心，消极怠工，好逸恶劳，玩忽职守，毫无责任心。如绍兴市邮电局20岁的投递员董××，自1981年5月担任投递员以来，怕苦怕累，不安心工作，以小病为由，在9个月中就请病假100多天，旷工20多天。1982年初他重新上班后，又在春节期间几天内只顾自己游玩享乐，将大量邮件隐匿、毁弃。仅从其住处就查获信件840余封，各种报刊近400份和杂志50余本，以及其他明信片、到货通知单、港澳来信等数十件，造成极坏的影响。22岁的投递员刘××积压信件近2000封之多。

4. 讲"义气"，被拉拢。这些人被社会上的不法分子拉拢、腐蚀，目无组织纪律性，"朋友义气"重于工作纪律。如莱溪县某邮电所23岁的投递员阮××，受其朋友之托，扣押他人对其朋友的控告信共同私拆窥阅，并积极出谋划策，共同伪造信件，以假乱真。又如温州市邮电局21岁的封发员管××，与某厂工人王××结识。王为邮寄走私物品方便，经常将一些鞋料业务交管加工，付给优厚报酬，在经济上拉拢管。因而管不仅为王等人收寄走私品，还为王等人非法扣押已寄出的价值1400余元的6个邮包，与他们一起将垃圾塞入邮包寄给收件人，调换出物品并偷运出邮电局。

河北省干部子女犯罪问题的调查

（1983年）

河北省公安厅　黄　福　路

在严厉打击刑事犯罪斗争中，河北省抓获了一批犯了罪的干部子女，约占全省抓获犯罪分子总数的7%。其中国家党政机关科级、部队营级以上干部的子女约占38%。

从抓获的这批犯罪干部子女来分析，他们有以下三个特点：

一是参与流氓犯罪团伙、充当头子或骨干。这些犯罪的干部子女有着强烈的优越感或特殊感，在他们周围往往集拢起一些青少年。他们受社会上不正之风的影响，自以为父母担负领导职务，手中有权，手下有人，犯了罪也处理不了，因而行为放荡，肆无忌惮，组织流氓犯罪团伙，滋扰社会治安。被抓获的这些犯罪干部子女中，有45%是流氓团伙成员，其中充当团伙头子或骨干分子的就占42%。据典型调查，承德市抓获犯罪干部子女×××名，其中有90人参与团伙犯罪，充当头子和骨干分子的就有42名。邯郸市的丛台区和复兴区抓获的犯罪干部子女参与团伙犯罪的比例分别为79%和100%。盐山、海兴两个县各抓获了8名犯罪干部子女，盐山有7人参与流氓团伙活动，海兴有6人是流氓团伙成员。

二是犯罪干部子女活动嚣张，惯作大案，主要是搞杀人、抢劫、流氓械斗、强奸轮奸等犯罪活动。全省抓获的这批犯罪干部子女，搞上述几类案件的就占80%多。邯郸市抓获的犯罪干部子女×××名，其中犯有杀人、抢劫、强奸轮奸、流氓械斗等严重罪行的就有86人，其中7人已被依法处决。盐山县抓获的8名犯罪干部子女，其中7人参与强奸轮奸犯罪，被残害的妇女达50人之多；流氓团伙头子王×，自去年夏天以来，就侮辱、轮奸妇女11名；另一个流氓团伙骨干分子苏××，今年6、7两个月就强奸、轮奸妇女9名。邯郸市流氓团伙首犯袁××、刘××伙同李××，在该市繁华的十字街口将一名少女劫持到一座空楼内肆意凌辱，而后又两易场所、将该女轮奸（袁、刘二犯已被处决）。从全省审判情况看，约有75%的犯罪干部子女要判处有期徒刑以上惩罚，其中有5%要被杀掉。

三是这些犯罪干部子女的年龄较小，一般是20岁左右的少年。海兴县抓获的8名犯罪干部子女，最大的23岁，最小的才17岁。盐山县抓获的8名犯罪干部子女，最大的25岁，其中20岁以下的6人。

分析这些犯罪干部子女走上犯罪道路的原因，主要有以下几点：

其一，有的干部的特权思想，为子女犯罪埋下了祸根。有的干部把人民给予的权力，变成了为子女谋私利的工具，利用职权拉关系，走后门，为子女挑学校，换工作，要房子，使一些干部子女的“优越感”变得十分强烈，以至发展到依仗父母的保护伞进行违法犯罪活动。当子女犯罪后，有的领导干部又利用手中权力进行袒护包庇，进一步助长了他们继续犯罪。张家口市流氓伤害犯王××（其父是电镀厂负责人），在17岁时因流氓、偷盗，被判处少管，其父偷偷将其送回乡下老家，又通过关系说情使其免于少管。这样王犯以为法律管不了他，活动更加嚣张，又多次进行流氓犯罪活动，以致发展到捅刀子伤人。这次严厉打击刑事犯罪斗争中才将其捕获。

其二，优越的生活条件，加上家教不严，使干部子女产生了吃喝玩乐的思想和追求腐朽生活的欲望。这些犯罪的干部子女，大部分在家是最小的，生活条件十分优越。这些干部对子女又过分溺爱，孩子要什么给什么，当其欲望得不到满足时，就去偷去抢。有的父母对自己的子女过分溺爱、偏袒，任其所为，导致犯罪。滦平县一位干部之子孙××，从小娇生惯养，无所不为，有一次他将邻居刚发的工资偷回家，其姥姥不但不斥责，反而替他将钱藏在炕席底下。当失主追上门要时才不得不交出。其父得知此事教育他时，其母又从中阻拦，其姥姥又为之开脱，此后其胆子更大，连续进行犯罪活动，由小偷小摸发展到流氓、强奸、盗窃，1979年被判刑二年，刑满释放后本应改恶从善，但又因流氓罪被判刑一年半，放出后不思悔改，又伙同县民政局一位副局长之子牛××勾结犯罪，抢劫、强奸轮奸、寻衅打架、滋事生非，成为滦平县城一霸（孙犯、牛犯已被处决）。

其三，家庭地位的优越使有的干部子女养成专横、娇纵的恶习，发展到无法无天，触犯刑律。有些干部子女，从小在家地位优越，父母宠，兄姊爱，亲朋娇，逐渐养成一种娇纵的恶习，事事爱出风头，要强好胜，高人一头，从无视家规父命，到无视组织纪律，发展到藐视国家法律，进行违法犯罪活动。张家口市犯罪分子张××，其父是局级干部，从小被父母宠爱，在家是"少爷"，出门是"霸王"，无法无天，无人敢惹，成了流氓团伙首犯，最近被依法处决。

其四，有的干部的不正之风，为子女进行违法犯罪创造了条件。如有的领导干部为未婚子女要房子，让他们独居一处，脱离家庭管教，为他们进行犯罪活动提供了方便。有些干部子女的住处就成了犯罪分子的窝子。犯罪分子在那里集结、强奸轮奸妇女、存藏赃物等。张家口地区供销社一名领导干部的未婚儿子李××，曾因持械斗殴，行凶伤人三次被公安机关处理，其父不但不严加管教，反让其独居一处，李更加肆意妄为，经常领男、女流氓来住处跳舞、喝酒、奸宿，走上犯罪道路。

其五，个别司法工作者不秉公执法，也贻害一些干部子女。有的领导干部为违法犯罪的子女隐瞒罪行、开脱罪责，走后门托人情；有的司法干部为了讨好领导，对领导干部的违法犯罪子女的问题，大事化小，小事化了，或久拖不处理，听任这些害群之马逍遥于法律之外。这样不仅不能及时挽救这些失足的青少年，使其迷途知返，反而使其产生"特殊公民"感，越陷越深。邯郸市在抓获的161名犯罪干部子女中，有30人曾受过司法机关处理。这些人有恃无恐，一再犯罪，有的"二进宫"、"三进宫"，最后不得不被依法严惩。

天津市工读学生罪错原因调查

（1984年9月）

天津市工读学校教育研究室

市工读学校自1980年5月恢复建校以来，从五个市区内（除河东区），招收了三批违法和轻微犯罪的男学生共计343名。第一批学生194人、第二批学生96人（1981年6月入学）、第三批65人（1983年1月入学）。

目前第一、二批学生已经结业，结业的学生80%没重犯过去的错误，成为自食其力的劳动者。有的学生被评为先进生产者，有的担任生产班组长，还有的加入了共青团。

现在校的第三批学生，经一年多的教育、挽救，大多数有了进步，恶习有所改造，二分之一的学生受到班校级的表扬。但这批学生与前两批学生相比，思想意识上的缺欠比较严重，因此这就加大了教育的难度。其中有10%的学生恶习很深，教育挽救十分困难。

现仅就第三批学生罪错原因及教育对策，做简要的分析：

一、学生基本情况

1．学生所犯错误性质。按53人统计，都属于刑事犯罪行为，其中以偷窃、抢劫者为多。如表：

类　别	打　架	偷　窃	抢　劫	流　氓	扰乱社会治安
人　数	12人	29人	16人	12人	8人
%	22.7	54.7	30.3	22.7	15.1

他们所犯罪错的程度不同，犯一种罪错的38人，占71.7%；犯两种罪错的9人，占17%；犯三种、四种罪错的各3人，各占5.7%。

2．入工读学校前受处分情况。据对53人统计，83%的学生曾受原校或公安机关处分。如表：

类　别	受原校处分	受公安机关拘留	警告　受双重处分
人　数	16人	28人	6人
%	30.2	52.8	11.3

3．学生文化程度。据对53人统计，学生入工读学校前，文化程度是：

类　别	初中一年级	初中二年级	初中三年级
人　数	15人	27人	11人
%	26.3	47.4	19.3

其中以初中二年级的学生为多。这些学生的实际文化水平与现有的文化程度相差很大，初中二、三年级学生的实际水平不如小学三、四年级学生。

4．学生年龄状况。据对53人的统计，学生年龄小者13岁，大者17岁，15—16岁为高峰。如表：

年　龄	13岁	14岁	15岁	16岁	17岁
人　数	3人	4人	22人	19人	5人
%	5.7	7.5	41.5	35.8	9.4

二、原因分析

这些学生违法和轻微犯罪行为，同人的一切自觉行为一样，都有其主观和客观的原因，是这两种原因互相作用的结果。从教育实践及学生实际情况分析，我们认为学生之所以失足除他们自身原因外，还是取决于一定的社会环境和教育。也正是这种环境与教育中的消极因素，从学生的自身弱点上打开了缺口，导致了他们违法和犯罪。现就这方面做以下分析：

1. 社会方面的消极影响。

这些学生生长在动乱的十年中，从他们懂事开始就受到林彪"四人帮"流毒的严重污染，其主要的特点是，失去了远大的理想、思想空虚，在社会道德遭到严重破坏下，形成了一种畸形的道德心理。他们是非不明、荣辱不分，再加之他们年幼无知、精力旺盛、逞强好胜以及生理日趋成熟等自身特点，因此被扭歪的思想愈演愈烈。

粉碎"四人帮"以后，全党的工作中心转移到社会主义经济建设的轨道上来，有些地区和单位对青少年的教育有所忽视。随之对外开放、对内搞活经济等政策的实行，资产阶级和其它剥削阶级思想，从不同渠道渗透，使得这些缺乏抵抗力的学生受到腐蚀，因此在他们身上反映出"先天不足"、"后天失调"的特点。

从三批学生罪错类型的变化，反映出当前青少年犯罪有向"钱"与"性"发展的趋势。如表：

届　别	入学时间	偷窃抢劫%	流氓　%
第一届	80年4月	26.3	17.9
第二届	81年6月	55.2	21.3
第三届	83年1月	84.9	22.7

学生罪错类型的变化，原因是错综复杂的，是同社会上存在的问题往往是一致的。这批学生普遍讲究"实惠"，他们认为"理想"是句空话，"只有傻子才信那玩艺""真格的是钱，有了钱就什么都有了"、"什么叫真本事？能来大钱才叫真本事呢！""什么是幸福？吃喝玩乐才是幸福。"在这种思想的唆使下，使他们对物质生活的享受，产生了更加强烈的欲望。

随着对外开放政策，国外资产阶级思想的浸入、及国内文艺、出版等方面一度自由化的倾向，所带来的形形色色的污染，使这些学生目不暇接，他们感到眼花瞭乱。他们说："八十年代是花花世界"。他们的结论是："青春不乐，一生白过，青春不美，死了白给。"再加之他们具有青春萌发期的特点，在这种多信息的刺激下，使他们性激素的分泌与生长需要失去了平衡，这种失调作用于两性欲望上，使他们缠绵于对异性的好奇、追求、以致难以抑制。他们热衷于黄色手抄本，即使是一些健康作品，由于他们强烈的性欲和超低级的文化水平，往往总是把兴趣集中在性的问题上。

上述情况充分反映出，在我们社会主义制度下，仍然存在着形形色色的资产阶级思想影响和旧社会的痕迹，这些正像瘟疫一样，侵蚀着我们青少年一代，成为犯罪的社会诱因，而这种因素在不断地蔓延，从工读学校三批招收学生的年龄分析，反映出青少年违法和轻微犯罪日趋低龄化。如表：

届　别	14岁以下学生占全体学生的%
第一届	2.1
第二届	9.4
第三届	14.3

1983年9月—12月入学的新生，14岁以下的学生占50%。

2．学校教育的弊端：

从工读学生的演变史分析，他们都曾有过美好向上的童年，他们违法和轻微犯罪不是偶然的，有其必然因素和发展过程，即由小到大、由轻到重、由少到多、由量变到质变的过程。这一发展过程又有多种原因，受多方面影响，多层次刺激逐渐形成的。虽然每个学生的具体情况不同，但又有许多相似之处，表现出带有某些规律性的特征。

工读学生从始犯到送入工读学校是有一段过程的，据对53名学生统计：

类　别	始犯至违犯1年	始犯至违犯2年	始犯至违犯3年	始犯至违犯4年	始犯至违犯5年
人　数	24人	20人	5人	3人	1人
%	45.3	37.7	9.4	5.7	1.9

这个阶段，他们大部分是在学校学习，他们在学校（尤其是基础较差的学校）学生生活中，已表露出来的征兆十分明显。如：对学习不感兴趣、失去信心，染有吸烟恶习；结交一些坏朋友、漂流社会；追求异性等等。他们染有不良恶习是十分严重的，据对53名学生统计情况是：

种　类	吸烟	喝酒	说谎	赌博	团伙	看黄书	搭伴	有凶器	其它
人　数	46人	7人	47人	3人	19人	2人	9人	2人	3人
%	86.8	13.2	88.7	5.7	35.8	3.8	17	3.8	5.7

他们染有恶习的程度不同，其中染有一种的19人，占35.8%；染有两种的12人，占22.6%；染有三种的11人，占20.8%；染有四种以上的11人，占20.8%。

这些征兆及恶习，在学校教育上往往被忽视，因此没能在萌芽阶段得以教育转化。从工读学生失足过程来看，学校教育的主要弊端是：

（1）学校对后进生的思想转化工作不够有力，缺乏针对性和科学性。这些品德染有劣迹的学生，往往影响正常的教育秩序，有的教师将其视为“集体的祸害”因此在教育方法上，常常是简单粗暴。这些学生基本上经历了学校的轰、辱、打、罚、推等做法。如赵×因在课堂上捣乱被轰出教室，该生不敢上学，在社会上漂流半年，最后发展到偷窃，送入我校。刘×因学习成绩不好，老师让请家长，学生请不来，不让上课。该生怕回家挨打不敢说，终日背着书包大街闲逛，后在别人指使下偷表，被送入我校。

据对我校53名学生统计，其中有33人是流失生，占62.3%，他们流失的时间是；

流失时间	1—3个月	半 年	一 年	二 年
人数(33人)	14人	14人	3人	2人
%	42.4	42.4	9	6

流失的原因是：

流失原因	捣乱被轰出学校	双差生长旷	双差生学	被学校开除
人数(33)	5人	22人	4人	2人
%	15.1	66.6	12.1	6

这些学生长期流失在社会上，不仅得不到正当的教育，反而为恶习的发展提供了条件，以致最后走向犯罪边缘。

（2）在追求升学率的同时，对搞好初中生的思想教育有所忽视。从我校三批学生分析，除第一批学生中有13.7%的是高中生外，其它皆为初中学生。做为一般学校在招生中由于只能做到“吐优纳劣”？因此不能不集中教师的力量确保高中毕业班，因此严重地影响了初中的教育质量，使得初中留级生、双差生比例增大。如我校第一批学生年级高峰是初三，占80%（因当时我市各校举办初三补习班，绝大多数是升不了高中的留级生），第二批学生初二、初三学生接近平衡。现第三批学生年级高峰则是初中二年级。其中绝大多数是学校为保证升高中的比例，而在初二卡下了一批留级生。

此外，由于学校对政治思想工作有所忽视，在教学中忙于抓考试、抓分数、抓升学，一些成绩较差的学生，在学校的“几抓”中被淘汰。

（3）中等教育结构不合理，劳动就业存在问题。目前普通教育与职业教育、技术教育的比例不够协调，大部分初中毕业生毕业后只能升入高中，而高中毕业后只有少数人能考上大学。学生认为毕业也是待业、“学了没有”。再加之前一段社会顶替招工存在的问题。学生们认为：“不如不学，等够条件，顶替上班、挣钱。”因此一些学生失去了学习的信心，很快转化为学业不良、以致发展为品德较差。

3． 家庭教育的缺欠。

父母是孩子最早的启蒙教师，家庭的每个成员，尤其是父母的思想状况、文化修养、生活习惯、嗜好、特长及其教育经验等都对孩子有着潜移默化的影响。而消极、错误的东西，影响更为深刻。

从工读学生家庭教育情况分析，绝大多数学生是“病态家庭”，存在着严重的缺欠。学生失足的重要原因是家庭教育这第一道防线的“崩溃”。

工读学生在家庭中又存在其特殊的地位，如对53人统计，他们在兄弟姐妹的排行情况是：

类 别	老儿子	长 子	独生子
人 数	28人	20人	5人
%	52.8	37.7	9.4

这些学生基本上历经了家庭对他们的溺爱——棍棒——放弃三个变化过程。

犯罪少年人际关系调查研究

（1985年9月）

张潘仕

人际关系是个人或团体彼此寻求满足需要的心理状态。由于相互满足各自的需要而形成的良好人际关系，能使人们心情舒畅，生活愉快。人际关系一旦出现障碍，个人的需要不能满足，人们就会产生孤立感、无助感和忧伤情绪，影响身心健康，有的甚至会离开正常的人际交往范围，建立不良的人际关系，并因此而走上犯罪道路。最近，我们到北京市少年犯管教所对部分少管人员和少年犯人所前的人际关系进行了调查，参加问卷调查的共165人（少管人员105人，少年犯60人），其中参加谈话调查的57人，查阅案卷55份。通过调查，我们发现，这些少年之所以失足犯罪，大多是由于他们在家庭、学校和交友等人际关系范围内存在许多问题，正常的人际（如父母子女、师生）关系"稳态"遭到破坏，因而建立不正常的人际关系（如结交坏朋友），寻求新的情感支持的结果。

165名少管人员和少年犯的罪错性质表

项别	盗窃	流氓	强(轮)奸	盗窃、抢劫、流氓	抢劫	盗窃、抢劫流氓、强奸	伤害	盗窃、抢劫、诈骗	杀人
顺序	一	二	三	四	五	六	七	八	九
人数	48	39	33	15	13	9	5	2	1
%	29.1	23.6	20.0	9.0	7.9	5.4	3.0	1.2	0.6

当然，我们持上述观点，并非是要把少年犯罪的全部原因归结为不良人际关系。但可肯定，人际关系作为社会与个人联系的媒介，作为人们参加日常生活和各种社会活动不可缺少的内容，作为生产关系、阶级关系、政治关系等深刻的社会关系直接作用于人的中介因素，一般说来，不良人际关系无疑是导致一些少年违法犯罪的重要因素。

兹将调查研究结果分述如下。

一、违法犯罪少年的人际关系状况

参加问卷调查的犯罪少年第一次犯罪错时的年龄分别为9～17岁（详见表一），除1人文盲外，其余都是中小学在校生或已退学的少年。鉴于他们生活的环境，我们主要调查了他们的父（母）子（女）、师生、同学、朋友这四类人际关系状况。

表一 你第一次犯罪错时的年龄 (答卷：165人)

年龄(岁)	9	10	11	12	13	14	15	16	17
人 数	1	10	6	14	31	41	40	21	1
%	0.6	6.0	3.6	8.5	18.8	24.8	24.2	12.7	0.6

(一) 与父母的关系

家庭是人们生活的第一个小团体。由于父母和子女存在着血缘上的联系和直接的经济联系以及伦理关系，因此一般说来，这些犯罪少年的父母对子女是喜欢的（见表二），“很喜欢”和“喜欢”两项相加达86%；同时，子女对父母的喜欢程度虽然不如父母对子女的喜欢程度高，但也仍有62.2%的人喜欢他们的父母，80.8%的人喜欢他们的母亲。但必须看到，这些犯罪少年喜欢他们的父母，并不全是与他们的父母在心理上具有相容关系，而是或认为“父母生养自己一场，不容易”，或“我年纪小，不喜欢父母，父母不管我吃喝怎么办？”

表二 父母是否喜欢你 (答卷：158人)

项 别	很喜欢	喜 欢	不喜欢	很讨厌	答卷人数
人 数	68	68	20	2	158
%	43.0	43.0	12.7	1.3	100

实际上，这些少年在心理上、情感上跟父母有着很远的距离。从表三可以看出，58.6%的少年不跟家庭中任何人说心里话，居第一位。向母亲说心里话的几项加起来也不过占21.6%。向父亲说心里话的就更少了，5、7两位相加只占7.6%。从这些数据可以看到，大多数犯罪少年的父母对子女在人际情感上的吸引力出现了危机，他们听不到子女的心里话，因而也就很难把握子女心灵深处的奥秘。

表三 你的心里话向家里谁说 (答卷：157人)

项 别	不向任何人说	向母亲说	向姐姐说	向哥哥说	向父母亲说	向奶奶说	向父亲说	向哥姐说	向母亲姐姐说	向爷爷奶奶说
位 次	1	2	3	4	5	6	7	8	9	9
人 数	92	25	10	9	8	5	4	2	1	1
%	58.6	15.9	6.4	5.7	5.1	3.2	2.5	1.3	0.6	0.6

照常理来说，由于父母对少年子女无微不至的关怀，少年子女在经济上、生活上对父母的依赖，以及家庭伦理观念的影响，使父母对少年子女具有相当高的权威性，也使少年子女对父母怀着一种特殊的亲切感和信任感，愿意向父母诉说心里话。而犯罪少年对父母却缺乏这种应有的感情和信任，原因何在？除了这些少年开始青春期后生理、心理发生急剧变化，出现成人感，社会交往增多，对父母的依附性逐渐减少，以及出现闭

锁性心理，开始对自己的“隐私”保密之外，从父母方面来说，主要还有下述原因造成了与子女关系的障碍。

（1）只关心子女的物质生活，缺乏深入的情感交流。这165名违法犯罪少年，在兄弟姐妹中排行第一的占24.2%，排行最小的占48.5%，独生子女占4.8%，三项相加合计为77.5%。他们绝大多数从小深得父母的宠爱，被视若掌上明珠，在家庭里享受着优厚的待遇。不仅在排行上处于优势的少年如此，在排行上居于中间的少年，有的在父母心目中的地位也不容忽视。从表四可以看出，被父母“很重视”和“重视”的违法犯罪少年达87.4%，比排行第一、最小和独生子女三项相加的75.5%高出近10%。这表明，有的处于排行中间的违法犯罪少年也是被父母相当重视的。应该说，父母重视子女是完全正常的，也是做父母者的责任。但重视子女并不等于只关心子女的物质生活，只关心子女身体的成长。家庭作为孩子成长的第一个环境，父母作为孩子的第一任教师，更重要的应该通过特殊的情感因素，重视子女的心灵健康。但从谈话调查中得知，这些少年的父母对子女从小在物质生活上大都能尽最大努力给予满足，而不大重视也不大懂得与子女进行情感交流。有的父母在和孩子的接触中，特别是在孩子十来岁时，总认为孩子长大了，该懂事了，因此在孩子面前严肃有余，活泼、亲切不足，使孩子过早地认识到父母同子女的角色距离，从而失却对父母的亲切感，也就失却了情感交流的基础。

表四　父母对你是否重视　（答卷：159人）

项　　别	很　重　视	重　　视	不　重　视
人　　数	81	58	20
%	50.9	36.5	12.5

（2）家庭教育方法简单、生硬，内容单调、乏味。俗话说，“子不教，父之过”。教育子女是父母的职责。怎样履行这一职责，是导致父母子女关系融合与否的重要因素。循循善诱，“随风潜入夜，润物细无声”的引导式教育，必然形成融合的父母子女关系；而不讲究方法和内容的家庭教育，必然造成父母子女关系的紧张。据调查，这165名违法犯罪少年中的相当一部分人，其父母教育子女的方法是简单、生硬甚至粗暴的。对于子女出现的缺点、错误，有的是唠唠叨叨，没完没了；有的动辄训斥、打骂，引起子女的反感、不满甚至敌对情绪，导致了人际关系的隔膜和恶化。在回答“父母教育你的方法是否得当”时，152人中有74人（占48.7%）回答“不得当”，其中包括唠叨、训斥、打骂、饿饭、锁在屋里、赶出家门等做法。从家庭教育的内容来看，这些少年的父母只会从反复的唠叨或训斥中讲一点零散的道理，不知道寓教育于娱乐之中，于日常生活的启发、暗示、诱导之中，从而使孩子觉得枯燥、乏味，不爱听。还有的家长对犯错误的子女先是进行一番打骂式的“严管”，不见效果后则放任不管，使孩子得不到家庭温暖。这些做法，无疑也是导致父母子女关系出现障碍的因素之一。

（3）孩子学龄前未同父母生活在一起。人的感情是在互相接触和满足需要的过程中培养起来的。孩子从呱呱坠地起同父母生活在一起，父母总是及时地满足孩子的精神和物质需求，因此，孩子一般对父母的感情最深厚，关系最密切。但是，由于工作繁忙或工作单位在远郊区、外地，或图清闲而不愿意看孩子，有的违法犯罪少年的父母把刚出生不久的婴儿交给其奶奶或姥姥照看，一直到7、8岁孩子上学才同其生活在一起。焉知学龄前儿童正是感情急剧发展的时期，已经有了“谁对我好”，“谁对我不好”的人际认识水平。有的父母看不到学前期是同孩子建立感情基础的黄金时期，而轻易放弃在这段时间里同孩子生活在一起，因而导致了父母与子女感情的疏远。在以后的共同生活中，要把这种疏远变为亲近是很不容易的。一些少管人员和少年犯坦率地对我们说：“我对父母没感情，我从小跟奶奶（姥姥）长大，我喜欢奶奶（姥姥）”。在回答“家庭成员中你最喜欢谁”时，有18.6%的人最喜欢爷爷奶奶（姥姥），有19.2%的不喜欢母亲，37.8%的人不喜欢父亲。

（二）与教师的关系

孩子从家庭走向社会的第一个环境是学校。在学校里，与教师的关系是他们求学期间最重要的人际关系之一。一般说来，良好的师生关系能促进孩子的身心成长，不良的师生关系则影响孩子的健康成长。

在中、小学期间，同孩子接触最多、对孩子影响最大的是班主任老师。他们既负担一定的智育课程，又负责对学生的思想品德教育，对学生的成长起着特殊、重要的作用。犯罪少年与班主任老师的关系如何？回答“你是否喜欢班主任老师”的结果（表五）说明，大多数犯罪少年与班主任老师的关系是不好的（“不喜欢”和“非常讨厌”两项相加占70.9%）。

表五　你是否喜欢班主任老师　　　（答卷：155人）

项　别	很喜欢	喜　欢	不喜欢	非常讨厌
人　数	11	34	83	27
%	7.1	21.9	53.5	17.4

学生与班主任老师关系出现障碍的原因是多方面的。这些学生平时或调皮捣乱，或有缺点、错误，是原因之一。但班主任老师作为施教者，居于教学的主导地位，他们自身的素质和教育工作中的失误，不能不成为我们探寻师生人际关系障碍原因的主要方面。

班主任老师是学生的政治工作者和日常生活管理者，对学生应有一颗火热的心，用诚挚的爱去关心爱护学生，寓教育于管理之中。但有的班主任老师并不十分热爱教育工作，对学生缺乏深厚的感情。在156人回答“班主任老师是否关心你的思想和学习情况”时，回答“很关心”和“关心”的分别只占12.8%和23.1%，回答“不关心”的却占64.1%。另外，班主任老师和学生接触最多，应当平易近人，能与学生打成一片。但又不然，这些违法犯罪少年所曾接触到的班主任，有相应一部分人缺乏这种素质，使学生觉得难于接近（见表六）。在教师与学生这一人际关系领域里，教师是建立良好人际关系的主导因素。如果教师并不从心目中热爱自己的学生，与学生融为教与学之一体，自然就失去了建立良好人际关系的基础。

表六　你觉得班主任老师待人　（答卷：157人）

项　别	和蔼可亲	待人和气	不冷不热	冷冷冰冰
人　数	22	30	76	29
%	14.0	19.1	48.4	18.5

班主任工作方法简单、生硬，也是难与学生建立良好人际关系的重要原因。主要表现在当学生出现缺点、错误时，容易感情冲动，不善于做深入细致的思想工作，循循善诱地启发学生认识和改正缺点、错误。据对153人调查，在他们犯有缺点或错误时，班主任老师通常同他们"和颜悦色讲道理"的只占23.5%，而在批评他们的缺点时"表情冷淡，生气"和"大发脾气，高声训斥"的却分别占50.3%和26.1%。中小学生年幼无知，认识水平低，出现缺点或错误在所难免。教师的责任就在于耐心地反复向他们讲道理，采取多种形式的教育方法，使他们感觉到老师确实是在关心自己，而形成心理相容的师生关系，乐于接受老师的批评。相反，经常过于严厉和训斥式的批评，会使有的孩子认为老师是"小题大作"，"和我过不去"，从而不仅不接受批评，师生关系也会日趋紧张。其次，有的教师在学生犯有缺点和错误时，不是将学校教育和家庭教育有机地结合起来，而是单纯地推给家庭教育，或采取其他不当的教育方式（见表七）。

表七　你犯有缺点（错误）时，班主任老师常常采取　（答卷：155人）

项　别	A①	B②	C③	D④	E⑤	F①②	G①③	H①②③	I②③
人　数	65	15	34	2	5	11	13	8	2
%	41.9	9.7	21.9	1.3	3.2	7.1	8.4	5.2	1.3

①向家长反映；②在班上批评；③找我个别谈话；④讽刺挖苦；⑤不过问

从表七可以看出，对有缺点或错误的学生的最佳教育方式应当是③，同时辅之以①和②。但大多数班主任老师不是如此（A、B、D、E、F项相加为63.2%），他们都不去找犯有缺点、错误的学生个别谈话，做深入、细致、耐心的思想工作，而是或只向家长反映，或只在班会上当众批评一通了事，或干脆不予理睬，任其自然。据被调查的违法犯罪少年说，班主任这种或亲自登门或托人捎话"向家长反映"的做法，无异于"告状"，学生迎来的往往轻则是家长的训斥，重则是暴怒和打骂，或其他惩罚。单纯在班会上批评而不辅之以及时的个别谈话，也只会使认识水平低的孩子认为老师是当众给自己"扬丑"。这些，无疑都会使学生加深对教师的不信任感，甚至产生一种怨恨情绪。

还有的教师轻易不让学生上课，也易致使人际关系出现障碍。例如，少年犯杨某在上初二时的一次课外活动中，被安排在教室看书包。他闲着没事，便到一个女生的书包里找书看，正巧被班主任老师发现，说他是"偷"，是"流氓行为"。他不承认，与老师争，老师就停他的课。后来他写了三次检查，要求上课，均未获得准许。他说："我非常恨这个老师，是她逼我退了学。"在调查中，许多违法犯罪少年都谈到班主任或其他老师随便就让他们罚站、停课、降级和退学的遭遇，造成了师生关系的紧张。如少年犯高某，小学三年级时被老师停课，遭父母痛打。于是他怨恨老师，在暑假时，带领一帮孩子将学校所有教室窗户上的玻璃砸碎。

（三）与同学的关系

同学，是少年又一个重要的人际关系领域。它与上述两类人际关系不同，不是抚养与被抚养、教育与受教育的上下级关系，而是一种平行的关系。在这种平行关系的生活环境中，人际关系的亲疏状况能反映出少年思想的发展趋向。从表八可以看出犯罪少年在班级和学校同学中的人际关系情况，他们在同学中均有人数不等的亲近者。而且亲近者对他们的吸引力是相当大的（见表九），希望“天天见面”和“经常见面”的达到83.6%。值得注意的是，同他们谈得来的同学在学校里大多是表现“不好”或“很差”的，只有极少数表现是好的（详见表十）。同时，与他们谈得来的同学绝大多数均有打架、流氓等不轨行为（详见表十一）。这些少年经常被这样的同学所吸引，与他们在心理上处于相容的关系，必然不会受到好的影响。这一点，从调查结果里也能得到证实，他们在一起经常谈论的话题是吃穿玩乐、男女关系和国外生活，而极少谈论功课、时事和其他有益身心健康的事。

表八　本班级和外班级同你说得来的同学有多少人　（答卷：158人）

项　别	1—2人	3—4	5—10	11人以上
人　数	24	39	37	58
%	15.2	24.7	23.4	36.7

表九　你希望与说得来的同学见面否　（答卷：158人）

项　别	天天见面	经常见面	见不见无所谓
人　数	75	57	26
%	47.5	36.1	16.4

表十　与你说得来的同学在校表现如何　（答卷：156人）

项　别	很好	好	一般	不好	很差
人　数	1	5	29	102	19
%	0.6	3.2	18.6	65.4	12.2

由于这些少年在班级或学校中同表现不好的同学形成了一个小圈子，因此在班集体里，他们大都难以受到欢迎。在回答“除了说得来的同学，班里其他同学是否喜欢同你玩”的问题时，156人中有102人回答“不喜欢”，占65.4%；在回答“班上大多数同学平时对你的态度如何”时，158人中回答“热情、友好”的只有58人，占36.7%，而回答“不冷不热”和“冷淡、歧视”的有100人，占63.3%。这种在正常集体中遭到“冷遇”的境况，使他们所形成的落后小圈子更加牢固，不良群体中的人际关系更加亲密。

表十一　与你说得来的同学有无这些行为　（答卷：153人）

项　别	无	打架	流氓	偷窃	看黄色手抄本	谈恋爱	唱黄歌	逃学、旷课	刷夜
人　数	5	124	75	97	71	105	80	136	97
%	3.3	81.0	49.0	63.4	46.4	68.0	51.0	88.9	63.4

无疑，造成违法犯罪少年这种人际关系状况跟家长和教师的关系极大。他们因为难以同家长和老师进行感情的交流，就必然要到同学中寻找自己的“知音”，以求得感情上的温暖和慰藉。又因为他们的缺点或错误明显，表现好的同学不愿与他们接近，他们也就自然地同那些表现不好的同学形成人际交流的圈子。在这种圈子中交流得越久，他们求学上进的欲求就越小，不健康的生活内容就会很快占据他们生活的时间和空间。

（四）与朋友的关系

寻求友谊，是少年儿童的一大特点。对于犯罪少年来说，他们在得不到家庭和学校温暖的情况下，结交朋友的欲求就更加强烈。除了那些被学校开除、停课、“劝退”的犯罪少年，竭力在社会上结交朋友之外，就是那些仍然在校的犯罪少年，他们也不满足学校里那几个谈得来的同学，也在社会上交朋友。据对163名违法犯罪少年调查，他们交友的数量是相当可观的，有4—15个朋友的占72.4%，有16个以上的朋友的占25.1%，有些少年交友达50人以上，最多的竟达200多人。

这些少年交友的特点之一是范围广泛。从他们朋友的职业结构和年龄结构可以看出（表十二、十三），他们交朋的目标瞄准了社会上的各色人物，有的还结识了军人、演员、运动员、干部、知识分子甚至外国驻华工作人员等。有些少年的成人感极强，不屑与同龄人为伍，而专结交青年、中年甚至老年人做朋友；有个女少年在懂得性生活后，断交女友，专交男友。这批少年中，有115人（占70.6%）结交了异性朋友。

表十二　你的好朋友中有……

（答卷：162人）

项别	同学	待业青年	个体户	工人	农民
人数	141	122	48	78	29
%	87.0	75.3	30.0	48.1	17.9

表十三　你的好朋友中有……

（答卷：163人）

项别	同龄人	青年人	中年人	老年人
人数	154	127	21	9
%	94.5	77.9	12.9	5.5

这些少年交友的特点之二是朋友中有相当一部分人在社会上表现不好。由162人回答“你的朋友在社会上表现如何？”回答“表现好”的只有7人，占4.3%；回答“表现一般”的65人，占40.1%；而回答“表现不好”的达90人，占55.6%。在对139人的朋友是否犯过罪错或受过处罚的调查中，只有9个人的朋友未犯过罪错，仅占6.5%；而

有130人的朋友曾犯过罪错，比例高达93.5%，其中又有96人的朋友曾被劳教、判刑和受过其他处罚，占130人中的73.8%。

我们说，真正的友谊是人们生活中美好而高尚的感情的交流，是智慧与力量的结合，它鼓励人们积极向上。而犯罪少年交朋友的目的大多不是如此，他们主要是为了"寻找乐趣"、"办事方便"、"有靠山，别人不敢欺侮"。因此，他们这种低层次的交友目的，以及分不清良莠的认识水平，往往易被社会上的坏人利用，从而逐渐被拉拢腐蚀，最后堕入落后或违法犯罪小群体。例如，女少管人员高某10岁时发育得象15、16岁的姑娘，非常贪玩。一次单独去紫竹院公园滑旱冰时，被几个小流氓劫持。这时，一个高个头男青年过来帮她解了围，并领她看节目，然后送她回家，还邀她到他家去玩。高某为了在外不被别人欺侮，认为这个男青年对自己好，决定同这个男青年交朋友。谁知这个男青年是刚刚刑满释放的，不久即将高某奸污，并向高某灌输黄色、淫秽思想，使高某走上流氓犯罪道路。

犯罪少年与他们所结交的朋友的关系大多是和谐的。他们很少有不愿同朋友见面的。表十四中"见不见都行"的只占6.2%，而希望见面的三项相加占93.8%。这说明朋友对他们吸引力是相当大的。少年犯高某说："我每天晚上都要和他们（好朋友）见上一面，一个人在家呆着闷得慌。有时候，我们6、7个人骑着车毫无目的地在城里乱转。"这也证明了少年的合群倾向在他们的人际吸引上起着极大的作用。

表十四 你是否希望同朋友见面 （答卷：162人）

项　别	希望天天见面	希望经常见面	希望间常见面	见不见都行
人　数	71	62	19	10
%	43.8	38.3	11.7	6.2

犯罪少年与其朋友关系和谐还表现在他们相互之间大多愿意倾吐内心的秘密。由162人回答的"你是否愿向朋友诉说心中的秘密"的问题。其中"非常愿意"的21人，"愿意"的106人，两项相加占78.4%。其实，这一数据还应当更大些。在我们的谈话调查中，有的回答"不愿意"的少年是就他（她）们现在少管所经过学习后的认识回答的，询问他们当时是否同朋友说心里话，他们都承认是说的。必须指出，违法犯罪少年的所谓"心中的秘密"，无非是不愿意上学、找谁打架、到哪里去偷东西、如何搞流氓活动等等，这样的"秘密"，当然只能在他们特有的群体中进行交流。

调查中，我们还进一步考察了违法犯罪少年与其朋友关系融合的原因。社会心理学告诉我们，在小团体中个人与他人之间相容还是不相容，是融合还是冲突的人际心理状态，是具有动机作用的。违法犯罪少年之所以同他的朋友们在心理上是相容的，亦有着明显的动机作用。请看表十五和表十六，他们普遍感觉朋友对自己"有一些帮助"和"有很大帮助"，认为朋友对自己"没有帮助"的只是极少数人；同时，他们也大都认为自己能从朋友那里得到温暖。这种人际心理上的平衡状态，是他们与父母及老师之间难于建立起来的。

表十五　你认为朋友对你有帮助吗？

（答卷：161人）

项　别	有很大帮助	有些帮助	没有帮助
人　数	58	110	2
%	36.0	62.7	1.2

表十六　你能从朋友那里得到温暖吗？

（答卷：160人）

项　别	经常能得到	有时能得到	不能得到
人　数	48	106	6
%	30.0	66.2	3.8

二、少年与父母、老师的关系出现障碍之危害

人际的情感关系是个人在社会中生存和发展的基本条件之一。少年由于思想不成熟，意志力量不强大，对人际情感的需求就更强烈、更迫切。这种人际情感的需求指向，首先应当是父母，其次是老师。一般说，正常少年与父母有着亲密的关系，其生活的内容和形式能及时得到父母的指导；这时，即使与其他人（如老师、同学等）的关系出现障碍，他们也难于因此而犯错误，因为与父母的亲密关系使他们的情感需要得到较大的满足，父母及时、正确的帮助又能使他们较快地克服与其他人的关系中的障碍。如果少年因为种种原因不幸同父母的关系发生障碍，那么他与教师的亲密关系就是至关重要的。教师（特别是班主任）的职业，要求他们与每一个学生建立起亲密的人际关系。有了这种关系，少年从父母那里满足不了的情感需要能从教师这里得到一定程度的补偿，并通过教师的帮助改善与父母的关系，以免在生活上走弯路。

但是，犯罪少年的情况不是这样，他们大多既不能从父母身上得到情感需要的满足和及时而正确的生活引导，也不能从教师身上获得这种补偿和帮助。同时，由于父母、老师及少年本身均认识不到他们相互之间建立正常人际关系的重要性和必要性，所以，要使少年同老师和父母重建融合、平衡的人际关系是非常困难的。如上所述，少年对人际情感的需要强烈而迫切。犯罪少年亦然，他们不可能长时间地在一种没有情感交流的状况中生活，他们需要找到新的对象建立起一种新的融合、平衡的人际关系，以求得人际的温暖和感情的交流。

违法犯罪少年中79.4%的人不向母亲说心里话，92.4%的人不向父亲说心里话（均见表三）；71.9%的人觉得班主任老师不值得信任，75.5%的人不愿向班主任和其他教师说心里话（均见表十七、十八）。然而，他们几乎人人都有与自己谈得来的同学和朋友，有78.4%的人愿意向朋友说心里话。这说明，在与家长和老师的关系出现障碍以后，大多数犯罪少年在家长和教师面前的情感是冷漠的，内心世界是封闭的；而当他们

表十七　你认为班主任值得信任吗？

（答卷：153人）

项　别	值得信任	不值得信任
人　数	43	110
%	28.1	71.9

表十八　你愿向班主任和其他老师谈心里话吗？（答卷：153人）

项　别	愿　意	有时愿意	不愿意
人　数	5	33	117
%	3.2	21.3	75.5

出现在说得来的同学和朋友中间时，其情感就热烈起来，内心世界也敞开了。由此可见，违法犯罪少年与父母、教师人际关系的障碍，必然促使他们的人际关系迅速向横向发展，与同学、朋友建立一种新的人际关系，获取新的情感支持。

必须指出，少年在失去同父母与老师的亲密关系的情况下，在缺乏父母和老师的指导下急剧扩大交往范围，广泛结交"朋友"，是危险的。因为少年正处于身心成长时期，由于缺乏社会知识，生活经验不足，道德认识水平低，鉴别能力差，难于分清是非界限，如果在交友过程中缺乏必要的指导，往往容易出问题，或同表现不好的孩子混在一起，或被所谓"朋友"利用去做坏事，最终被坏朋友带坏。

从犯罪少年的情况看，由于缺乏父母和教师的正确指导，他们交友的途径就多是不当的，或被人强迫，或舞会上冰场中一次见面，或一场殴斗、一次起哄相识，或一起淫乱之后，皆可以成为所谓"朋友"。少女高某被一男青年强奸后，又被威吓，拉拢，二人居然成"朋友"，多次乱搞两性关系。此外，犯罪少年还通过"朋友"介绍"朋友"，交友的人数越来越多，"朋友"的圈子越来越大。

表十九　你和朋友们经常谈论的话题　　（答卷：163人）

人生、理想	社会新闻	吃、穿、玩、乐	男女关系	外国生活
27	21	148	115	58
16.6	12.9	90.8	70.6	35.6

由于缺乏父母和教师的正确指导，犯罪少年结交的所谓"朋友"，绝大多数都是在社会上表现不好的少年、青年和中、老年人。他们相互之间谈论的话题大多是如何吃喝玩乐，如何搞男女关系（见表十九）。犯罪少年被这样的环境熏染，灵魂必然变得越来越肮脏。更值得重视的是，犯罪少年的这些所谓"朋友"，不仅向他们口传身授违法犯罪的经验、伎俩，还往往为他们提供进行违法犯罪活动的条件，有的提供作案信息，有的帮助窝赃销赃，有的为他们作案提供车辆，有的腾出房间让他们搞淫乱活动。如少年管教人员刘某，在初二时结识了同学的伯父迟某（一道德败坏者）。刘某第一次到迟家时迟显得文质彬彬，极有修养，热情款待刘某，深得刘的好感以后，他经常去迟处，认他为"大朋友"。但迟很快就抓住刘某好奇心强的特点，向刘灌输淫乱思想，并暗示刘带女朋友到他家玩。一次，刘带一少女到迟某处，迟借故走开，示意刘某玩弄少女。从此，刘某在性罪错泥坑里越陷越深。

上述分析告诉我们，缺乏必要的指导的少年，在追求建立平行级人际关系的过程中，往往容易遇到行为和品性不良的所谓"朋友"。"近朱者赤，近墨者黑"，长期同这样

表二十　你犯罪错是否同交朋友有关系　　（答卷：163人）

项　别	有很大关系	有一定关系	毫无关系
人　数	56	92	15
%	34.4	56.4	9.2

的"朋友"混在一起，便会逐渐形成错误的是非荣辱观念，最终走上违法犯罪道路。我们调查的这批犯罪少年，有90.8%的人认为自己犯罪错与交朋友有关系（见表二十）。这就告诫人们，上下级人际关系的障碍，将在相当大的程度上导致少年走入歧途。做父母的和做老师的必须在思想上敲响教子育人的警钟。

至此，我们可以把一些少年走上违法犯罪道路的过程用一个公式表示：

上下级人际关系发生障碍⟶建立平行级不良人际关系⟶形成违法犯罪思想⟶实施违法犯罪行为

关于早恋与中学生违法犯罪的调查

（1985年）

李　国　芳

一、引　言

中学阶段的青少年，由于性激素分泌量逐渐增多，性意识开始觉醒，并且相应地产生了对异性的爱慕感。然而，这一年龄阶段的青少年性机能还没有完全成熟，他们对性知识和性道德的认识也很浮浅，如果这时产生追求异性的心理倾向，必然会使个体生理发育、心理社会化进程及行为发展的方向都受到不良影响。据此，本文把青少年性成熟前追求异性的心理倾向称为早恋，把这种心理倾向的外化表现称为早恋行为。

下文将以33名有早恋行为的中学生为主要研究对象，对早恋与中学生违法犯罪之间几个有关问题进行探讨。

二、早恋是中学生违法犯罪的重要因素之一

表一是33名有早恋行为的中学生中有违法犯罪行为人数的统计。

33名有早恋行为的中学生违法犯罪人数统计表（表一）

项　目	有违法犯罪行为者		无违法犯罪行为者	
人数及百分比	人数	占总人数	人数	占总人数
	31	94%	2	6%

表二为对照组，是300名无早恋行为的中学生有违法犯罪行为人数的统计。

300名无早恋行为的中学生违法犯罪人数统计表（表二）

项　目	有违法犯罪行为者		无违法犯罪行为者	
人数及百分比	人数	占总人数	人数	占总人数
	2	0.7%	298	99.3%

表三是31名有早恋行为的中学生违法犯罪类型的统计。

31名有早恋行为的中学生违法犯罪类型统计表（表三）

违法犯罪类型	盗窃	抢劫	殴斗	流氓	强奸
人数	16	4	14	22	2

说明：其中有单项违法犯罪行为者9人，兼有两项违法犯罪行为者17人，兼有三项违法犯罪行为者5人。

从统计数字中可以看出，有早恋行为的中学生违法犯罪率比无早恋行为的中学生违法犯罪率大得多，并且大多兼有几类违法犯罪行为。

有早恋行为的中学生违法犯罪率为什么这样高呢？在对31名有早恋行为的中学生的考察中发现了下列直接原因：

1．这一年龄阶段的青少年还不能真正懂得什么是爱情，他们对异性的追求没有坚实的基础，在很大程度上出于满足个体生物性的需要。有些女学生同时向几个男孩子表钟情，也有些男学生同时给几个女孩子写情书。弄得争风吃醋，相互猜忌，拉帮结伙打群架。还有些男学生为了使女孩子能向自己靠拢，在同学中间“树棍”、“立副”。也有些男学生甚至用恐吓、威胁等粗野手段来追求女孩子。

2．有早恋行为的中学生在与异性交往的过程中，经济往来是一条重要纽带。但是，他们却没有独立的经济来源，经济方面的事情要完全依靠家长。而家长对子女早恋大多抱反对态度。因此，这些中学生的早恋行为大多瞒着家长，更谈不上去向家长要钱来满足自己交际的需要了。为了得到钱，许多学生或是哄骗家长，或是偷盗抢劫。那些有违法犯罪行为的中学生出现早恋行为后，随之在违法犯罪的泥潭中也越陷越深。

3．中学生出现早恋行为后，对学习和正当活动的兴趣越来越淡薄，把同异性在一起厮混作为最大的快乐，甚至逃学旷课、夜不归宿。

4．有早恋行为的中学生腐蚀性很大，他们常在伙伴中宣传自己追求异性的经过和体验，介绍追求异性的方法。有些中学生不但勾引异性，而且还把自己的对象“过桥”介绍给别人。那些过早发生过两性关系的学生，都患有不同程度的性亢进症。好多学生（特别是女学生）性生活间隔时间稍长，性欲便难以自我控制。他们周围常有一些异性孩子。结果，一个人就带坏一群人，有意无意地起着教唆作用。

三、早恋原因的分析

意识的心理活动取决于经验因素和现实因素的相互作用。青少年的中学阶段，正是他们长知识、长身体的时期。这一年龄阶段的青少年，经验不足，辨别是非的能力差，对外界不良影响的抵抗力也较弱。他们常用简单的经验去认识和处理复杂的社会现象。在现实生活中，对他们施以不同的教育和影响，就很容易使他们的心理和行为以不同的速度朝不同的方向发展。在性这一方面，因为性激素分泌量逐渐增多，中学阶段青少年性的感觉与体验也逐步增强。如果在心理社会化过程中出现相应的缺陷或主体受到强烈的性刺激，他们就容易产生对异性追求的心理倾向，进而外化为相应的行为表现出来。

在对33名有早恋行为的中学生的考察中，发现下列因素对中学生早恋有相当重要的影响：

1. 不良伙伴引诱和教唆。心理社会化大体是沿着社会依恋、社会交往、社会行为规范化的顺序进行的。个体通过社会交往和学习，逐渐地将道德、法律等行为规范内化为主体意识。交往中的缺陷，必然地影响着个体的心理和行为。对中学生来说，社会交往的作用显得尤为突出。他们结群性强，如果没有伙伴便会感到孤独和苦恼。伙伴的言行对他们的影响效果也很大，有时要超过老师、家长对他们教育和影响的效果。若是交结了有早恋行为的伙伴，他们就很容易在这些伙伴的影响下产生对异性追求的心理倾向。尤其是男孩子与男孩子之间，女孩子与女孩子之间，因为没有性别的差异，有意或无意的引诱和教唆，一般不会引起对方警觉，起着潜移默化的作用。

2. 缺乏性道德教育。人是在角色心理和社会意识的双重作用下形成个性心理的。由于多种原因的限制，中学生对性知识和性道德的认识和理解还很朦胧、很片面。如果缺乏社会主义性道德教育，其符合社会主义性道德规范的个性心理特质的形成必然受到抑制，不符合社会主义性道德规范的个性心理特质的形成必然得到激发。在考察的样本中看到，有早恋行为的中学生性道德水平都比较低，他们在异性面前语言低级、动作下流。

3. 中学生有违法犯罪行为。早恋不但能导致中学生违法犯罪，有违法犯罪行为的中学生更容易早恋。有违法犯罪行为的中学生大多精神空虚，缺乏正确的人生观和道德观，低级欲望强烈，容易被资产阶级淫乱思想所腐蚀。

4. 家庭成员性生活作风不正。家庭是青少年接受启蒙教育的课堂，家庭成员性生活作风不正，对中学生过早地产生追求异性的心理倾向有很大影响。他们的有关行为不但激发了中学生的性冲动，而且也模糊了中学生的性道德观念。

5. 过早地发生两性关系。研究表明，在性萌发期和性成熟中期，如果发生了两性关系，在生理上很容易引起内分泌失调，使性的生理冲动猛烈，形成性亢进症，在心理上也会引起相应的变化。某工读学校的女学生中，被强奸、诱奸后开始性乱生活的占67％。

6. 缺乏正当兴趣。各种心理机能之间能够互相激发、互相抑制。一种信息传入大脑皮层后引起的相应中枢的兴奋，必将导致其它中枢的抑制。如果无正当兴趣，热衷于低级趣味的追求，必然会使以满足生物性需要为原动力的心理活动得到激发。反之，有正当而广阔的兴趣，主要精力都放在对美好理想的追求上，必然会使性的心理活动受到相应的抑制和暂缓。

7. 某些文艺作品的不良影响。文艺作品是依其艺术形象，通过美感功用、认识功用和教育功用作用于欣赏主体，从而影响欣赏主体心理发展的。但是，由于欣赏主体之间经验因素的差异，文艺作品对不同欣赏主体产生的影响效果也不同。文艺作品有关性恋的情节或细节，对中学生性的心理活动有相当大的刺激作用。这类情节或细节，直接强化中学生对性感觉的注意力，激化中学生性冲动的程度。尤其是暗中流传的淫书、淫歌，这些“副文化”的产物对中学生的性感刺激更强烈。

四、结论和建议

综上所述，早恋不但是中学生个体生理正常发育的一个重要障碍，也是影响他们心理社会化进程的一个重要因素。预防和矫正中学生早恋，不但有生理学意义，也有其心理学意义和社会学意义。

结合工作实践、上述例证及分析，对如何预防和矫正中学生早恋的问题提几点建议：

1. 预防为主，矫正为辅。从中学生年龄特点上来看，矫正他们的早恋行为还是有可能的。然而，"以满足本能的欲望为中心建立起来的动力系统，它只能加强条件反射的力量，使低级欲望更加狂妄。而且这种动力系统建立起来后很难改造。"因此，应当在预防方面狠下工夫。社会、学校、家庭都应予以重视，以争取工作的主动性。

2. 努力提高中学生的性意识水平。意识对其它心理活动有统驭、定向作用，对主体的实践活动有制约作用。提高性意识水平，对提高性活动的自觉性是不可缺少的。在提高中学生性意识水平的工作中，有三个方面的问题应引起特别重视：一是性道德教育，二是使中学生认清早恋的危害性，三是使中学生分清正常的男女交往和非正常男女关系的界限。

3. 努力培养中学生正当而广阔的兴趣。培养中学生的兴趣，首先是培养他们学习文化知识的兴趣。中学生的"正业"是学习，他们活动的主要内容是学习文化知识。如果对学习文化知识不感兴趣，其主要精力必然向其它方向分散，甚至向追求低级趣味方面转移。平均学习成绩低的学生与平均学习成绩高的学生比较，早恋人数概率前者比后者大得多。第二是培养他们对正当的文体活动和社会活动的兴趣。中学生如果缺乏这些兴趣，学习之余的时间就容易被那些"副文化"和非正当的社会活动所占有。

4. 帮助中学生有选择地欣赏文艺作品。某些对欣赏能力高的成年人能起到较好社会作用的文艺作品（如小说、电影、电视剧及这些作品中的某些情节、细节等等），对中学生来说不一定起相应的作用，甚至起相反的作用。老师、家长都应帮助中学生有选择地欣赏文艺作品，并教育他们不要欣赏那些不适合中学生欣赏的和内容不健康的文艺作品。文艺界也应当适当地多创作一些适合中学生特点的文艺作品，来满足中学生课外文化生活的需要。

5. 引导中学生进行正当交往，限制与不良伙伴的非正当往来；对有违法犯罪行为的中学生除加强教育外，要配合一定的监管措施；在生理上对患有性亢进症的学生施以有效的治疗。

中小学生辍学后违法犯罪情况调查
（1986年）

冯文高　袁定华

在开展对青少年犯罪问题的研究过程中，我们发现，当前相当数量的青少年犯罪与他们的中途辍学有着直接的关系。为此，我们对1985年6月至11月这6个月内入上海市少管所的362名违法犯罪青少青进行了调查，据初步统计，45.6%的青少年计165人是在他们中途辍学后违法犯罪的。其中被教养的104人、被判刑的61人。这一严峻现实提醒我们：青少年辍学后的违法犯罪已成为严重的社会问题，不仅应引起社会和有关部门的严重关注，也应成为我们研究青少年违法犯罪的一个重要课题。

一、退学原因

从165名辍学的犯罪青少年中发现，他们退学主要有三个原因：一是学生贪玩、不想读书；二是表现不好，有的还是“双差生”，被学校开除；三是想早日工作，早得益。这三者占总退学学生的85.4%。

（一）学生贪玩、不想读书的占57%。在退学学生中，成绩差的占大多数。曾留过级的，就占退学学生的76.3%。而在小学阶段留过级的占总留级人数的88%。所以，当他们勉强进入初中后，学习更感到吃力，因而对学习产生畏难厌烦情绪。这些退学学生退学时大都在初中一、二年级阶段，占退学学生的54%（见表一）；而他们在学校时无违法、严重违反校规的占59.9%，违法、严重违反校规的占40.1%（见表二）。

退学时所在年级　（表一）

人数	小学一年级	二年级	三年级	四年级	五年级	六年级	初中一年级	二年级	三年级	高中一年级	拔校
165	2	14	18	21	19	2	52	23	6	2	6

退学前违校规情况　（表二）

人数	正常	拘留	工读	违反校规	盗窃	奸污	学校处分
165	98	3	8	15	21	5	15

他们所在学校的地区，属城市（大镇）的占56.3%，农村（乡、小镇）中小学占43.7%。由此可见，虽然城市学校条件比农村好，城市学生的家长大多不要在学的子女参加劳动，但是退学的比率还是高于农村12.6%。这个情况应引起城市教育部门的重视。

（二）学生表现不好，被学校开除劝退的占23%。学生贪玩，不想读书固然是他们退学的主要原因，但是学校方面思想政治教育薄弱，教书不育人，教育方法不当和缺乏良好校风，视这些“双差生”为“包袱”，希望他们退学，则是促使他们辍学的重要外部原因。某些教师责任感差，没有很好履行教育职能，对这些功课差，表现不好的学生冷言冷语，流露出厌恶情绪，有甩包袱思想，给学生以很大的精神压力。

（三）想早日工作得益的占15%。这就是说，有些学生的退学与经济因素有关。而这种经济因素又与学生的家庭教育密切相关，有些家长认为就业容易了，可以早工作早得益，自觉不自觉地向子女灌输“实惠思想”。有的学生退学是在家长的支持下发生的，因而子女不想读书了。这恐怕与一度出现的顶替风、经商风、招工风不无关系。

二、违法犯罪的客观因素

这些辍学学生所以违法犯罪，有其客观因素，除了其本身不良的心理品质起作用外，也与他们辍学后处于学校、家庭（父母双职工，白天无人管教）、地区三不管状态密切相关。某些学校对学生的退学并未引起足够的重视，更没有意识到学生退学后会给社会带来严重的恶果。据统计，除21名被开除的学生外，在其余退学学生中，学校不问不闻的97人，规劝过的30人，而被家访过的仅17人。就是这些被家访的学生，教师也只是就事论事的关照一下，没有做艰苦细致的思想政治工作。至于离校后，与学校脱离组织关系，则更是无人过问了。

辍学学生违法犯罪主要有以下几个客观因素：

一、学生辍学之后，他们普遍有一种获得“自由”的轻松感。因而行为放肆，无所顾忌。这是青少年走上违法犯罪道路的重要因素。这些辍学学生回家后，既不读书，又无所事事，他们只有以闲逛消磨时间。即使家在农村的，也因年龄较小，很少让参加农田劳动，当然更无单位去管理教育他们。因此，除了24名有工作单位，尚可受到管束外，85.4%的退学学生游荡在外，任其自游，听其沉浮，而家长大多忙于工作，尽管有心管教，也是鞭长莫及。如华××，原系某中学初三学生，在校时从无违法犯罪行为，1984年12月为顶替其母工作而主动退学，学校未加过问，家长又放松管教，以致终日游荡在外，于1985年因参与斗殴，被判刑一年半。

二、退学后，被社会遗弃的自卑感很容易发展为反社会心理。学生被学校退学后，往往会产生“没有前途”的苦闷之感，影响了他们心理的正常发展，使他们对社会疏远，缺乏责任感，产生一种不适应心理。这种不适应心理容易成为反社会的潜在意识，从而走上犯罪道路。如詹×，原系某中学高一学生，成绩尚好，无违法行为。退学后，流落社会强烈的自卑感驱使他与一些退学同学一起鬼混，于1985年6月因伙同退学同学抢劫手表，被处教养2年。

三、学生辍学后，缺乏正面教育，往往抵制不住腐朽思想的侵蚀而堕入泥坑。由于退学学生知识贫乏，思想空虚，却有很充裕的时间和空间，在社会上游荡，接触社会阴暗面，结识酒肉朋友，很容易沾染上恶习。如仇××，原系上海某技校学生，辍学后，游荡社会，结识了坏人，滋生出淫乱思想，先后污奸少女6名，于1985年被判刑3年。

四、伙伴间相互影响，交叉感染，不断强化了反社会意识和违法犯罪行为。在龙山中学高一班的28名学生中，被开除的就有7名学生经常在一起吃喝玩乐，惹事生非，扰乱社会治安。他们或结伙盗窃，或聚众斗殴，或结伙抢劫，或是数人或单独勾引少女，奸淫少女、幼女，终于走上违法犯罪道路。

退学学生所犯罪错的类型分别为：盗窃72人、流氓15人、奸淫幼女13人、强奸7人、抢劫2人、斗殴7人、赌博1人、诈骗2人。从罪错分布来看，以盗窃、抢劫诈骗等财产型犯罪和流氓、强奸等性犯罪为主。这同退学学生无稳定生活来源以及青春期生理发育快、心理活动不稳定有密切关系。

这次调查表明，学生退学后犯罪的人数在逐年增长，只是“严打”后才有所下降。

这就是说，如不抓好这一环节，青少年辍学后的违法犯罪率有继续增长的趋势，分别为：1978年4人、1979年7人、1980年12人、1981年13人、1982年29人、1983年37人、1984年41人、1985年上半年22人。应引起有关方面的重视。

三、减少和预防学生辍学后犯罪的对策

综上所述，中、小学学生辍学后的违法犯罪已成为一个严重的社会问题。这一问题不解决好，不能及时预防和采取必要措施，势必增加青少年犯罪率。为此，能提出以下几点不成熟的设想：

（一）青少年进行思想品德教育，包括理想教育、法制教育、道德教育及性道德教育，改变违法青少年的反社会的意识和道德观念。这是积极解决青少年问题的关键，也是从根本上预防青少年违法犯罪的重要途径。

（二）学校领导要经常教育教师认真做好学生的思想工作，把好中途退学关。学校对开除处分学生要从严控制，从严掌握。学生自动退学，基本上应做到：没有达到公民义务教育制规定的，不予退学；对已符合公民义务教育制规定的，也应走访家长、里弄，查明情况，设法劝阻其退学。

（三）对必须开除的学生，学校除了从严掌握，对被开除的学生应采取补救措施，不能让他们流落社会。学生一旦被开除，也应让他们有悔改的机会和完成义务教育制的权利。因此，对被开除的学生，应由教育部门安排到另一所学校或本学校旁听，被安排单位要热情接待，使这些学生有温暖感。旁听应作为考验期，对有所悔改的学生，可准其能继续入学；对毫无悔改的，则应在修业期满后会同地区有关部门落实帮教措施。

（四）对智能低下，成绩差，学习跟不上的，不宜采取退学办法。其方法可用：1.继续让其随班听课，直至结业。其成绩可在结业证书上如实写明，并注明：智力低下。但管理、教育应同其他学生一样。2.可举办初、中级职业训练班。这样，不仅可使这部分学生不脱离学校的管理教育，而且又学习了简单的职业知识和技能，使其具备从事简单工作的条件。

（五）对严重违法而又不符合处理条件的，可送工读学校学习。如离校前仍未达到公民义务教育制，或其水平和年龄仍有条件继续求学的，则应准其入学，不应歧视；如已超过入学规定，应由原工读学校同地区落实帮教措施，直至就业。对个体户，原工读学校与地区仍应坚持帮教3年。

（六）加强公民义务教育制的宣传。对那些尚未达到义务教育制规定的少年，一律不准退学，不准予安排或吸收为社员，不准发给个体户营业执照。

（七）对现有闲散在家的辍学青少年作一次调查摸底。由原学校与地区抽调一定力量联合调查，查清情况，区别对待。凡符合入学条件的，应继续求学；不符合入学条件的，应会同当地落实管理、教育措施。力求做到每一闲散在家的青少年都有单位或专人帮教。

对年龄较大，既不能继续上学，暂时又不能安排工作的，调查组应与学生家长单位协商，请他们安排做临时工，并责成家长负责帮教。

（八）对因违法犯罪而入少管所的少年，在其出所后，符合继续入学条件的，应准其求学；超过年龄的，应由地区会同原学校、少管所落实帮教措施，并定期考察。原中途

退学入少管所的少年出所后亦应照此办理。如超过年龄，不能入学的，少管所应会同原退学学校、所在地区共同负责帮教，直到其有正式工作为止。我们深信这些措施对教育挽救青少年，化消极为积极，减少重新犯罪促进社会治安是大有裨益的。

天津市流失生与违法犯罪的调查
（1983年）

张荆 邵道生 杨树风 杨若何 张含英 周路

我国青少年犯罪"低龄化"的原因是什么呢？我们在天津作了两个月的调查，就学生流失与青少年违法犯罪问题进行专题研究。调查结果表明，学生的大量流失是我国近几年来出现的一个新的严重的社会问题，是青少年犯罪"低龄化"的重要原因之一。

一、问题的严重性

经调查，天津市9个城区265所普通中学，1979年初至1981年底近3年内共流失初中学生××××人，平均年流失量为95‰。据抽样调查，今年天津市初、高中生的流失率①仍在40‰，按照这一比率计算，目前仍有××××余名在校学生失学流落在社会上。

我们对472名违法犯罪流失生的"失学时的文化程度"进行调查，发现在初一失学的占24.6%；初二失学的占24.4%；初三失学的占19.9%；高中失学的占1.3%；其中还有141名小学流失生，占29.9%。

表一 天津市少管所在校学生结构的变化

年度	%
1974	88.18
1975	88.11
1976	90.27
1977	90.59
1978	86.75
1979	66.04
1980	51.06
1981	42.92
1982.10	34.3

大量初中学生失学流入社会，带来了低龄犯罪人数的增加，威胁着社会的治安。近几年来，天津市少年违法犯罪人数有所上升，16岁以下的少年犯1981年比1980年增加了11.2%。流失生违法犯罪的严重性在天津市少管所收容对象的结构中得到了敏感的反映。（见表一和表二）

表一、表二说明了两个问题，第一，流失生作为一个社会问题而存生是近几年来的事。1979年以前，学生的流失率并不很高，1978年流失率仅为0.6%②，因而流失生的违法犯罪并不十分严重，少管所内流失生违法犯罪人数

① $流失率=\frac{\Sigma 某年某地区初中流失人数}{\Sigma 该某年某地区初中在校生人数+该某年某地区初中流失人数}$

②1978年"市初中生流失率"天津市教育局没有原始数据，0.6%是天津市李公楼地区的数字，特此说明。

只占 13.25%，在校学生占 86.75%。第二，1979 年以后初中生流失率逐年增加，1981年达到 11.9%，为历年最高，而少管所中流失生违法犯罪人数也增加到 50.22%，亦为历年最高。

我们还对天津市 114724 名初中在校生和 9764 名初中流失生的违法犯罪情况作了普查。结果表明，前者犯罪率为0.43‰。后者为6.7‰，流失生的犯罪率比在校学生的犯罪率高15.6倍。比全国青少年违法犯罪率高5倍之多。流失生容易犯罪的原因有以下几个方面：

表二　天津市少管所收容的流失生比例与全市初中生流失率的对比

项目 \ 数字 \ 时间	1979年①	1979年	1980年	1981年
市初中生流失率（%）	0.6	8.3	8.4	11.9
少管所内流失生（%）	13.25	33.96	48.4	50.22

第一，违法犯罪流失生失学时的平均年龄为14岁，这正是青少年心理发展的“关键期”。一个人的道德观、世界观形成如何，在很大程度上取决于这一时期的发展水平，取决于这一阶段社会对他们的教育和引导。其中，更为重要的是学校的教育作用。伟大的物理学家爱因斯坦这样高度评价学校的作用：“由于经济生活现代化的发展，作为传统和教育者的家庭已经削弱了。因此，比起以前来，人类社会的延续和健康，要在更高程度上依靠学校。”正常的学校教育无疑地对青少年的身心健康发展具有明显的积极意义，我们对463名流失生进行“失学以后的感觉”的问卷调查：“感到自由了”的占31.8%，他们大多是学校里学习不好，纪律不好的“双差生”，失学以后普遍有一种轻松感，行为放肆，无所顾忌，容易走上犯罪道路。15.8%的流失生感到“没有前途非常苦恼”，他们大多是学习不好的“单差生”，这种被社会遗弃的自卑感容易发展为反社会心理。18.1%的流失生“啥也没想，活一天算一天”。他们盲目性极大，稍微放松教育就容易走上犯罪道路。只有29.6%的流失生愿意“在家中老老实实等待分配工作”。这就是说，有70%多的流失学生处在一种“殊特发展”环境中。他们有的犹如一匹野马，在社会上乱闯；有的苦闷、自卑，对前途缺乏信心；有的则抱着“做一天和尚撞一天钟”的态度。总之，由于失去学校教育的环节，消极因素在这批少年身上占主导地位，使他们心理的正常发展受到阻碍，对社会产生一种“不适应症”，其中一部分人容易违法犯罪。

第二，交际是人类社会的基本特征，也是人的基本需要、基本活动之一。少年时期良好的交往是青少年健康成长不可缺少的环节。在校学生失学以后其人际交往发生了何种变化呢？据对444名违法犯罪的流失生调查统计，失学以后有 59.9% 的人结识了与犯罪活动有联系的“新朋友”。这些“新朋友”大多是流失生和待业青年，甚至有的还是多次进过公安局、少管所，被劳教、劳改的释放人员。天津少管所少教人员×××叙述自己的犯罪发展过程时说：“刚退学时，觉得生活很无聊，每天早上睡到10点多钟才起床，为此曾到学校要求复学，被拒绝。慢慢地在社会上认识了许多‘哥儿们’，其中有一名曾被少年管教。‘哥儿们’一起下馆子，打群架，再也不觉得无聊了。最后终因伤害罪被少管了。”流失生或是由于这种不良的伙伴交往，被拖进了犯罪的团伙之中；或是由于在不良伙伴交往之中，彼此“情投意合”，形成新的违法犯罪团伙。

第三，不少流失生处于一种特殊的家庭环境之中，其中父母病故、离婚，有劣迹等有问题的家庭比例较大，约占37.2%，与在校违法犯罪学生家庭有问题者（23.5%）和未犯罪的在校生家庭有问题者（8.1%）相比差异显著。这种家庭的家长缺乏或没有管教子女的能力。如天津少管所女少教人员×××，父亲被判刑，母亲有神经病，未退学前表现一般，失去学校教育后，变化非常明显，又耍流氓又偷窃。

对331名违法犯罪流失生的父母职业进行调查统计，其中双职工家庭占68%。学生失学以后，父母白天上班，无法管理，只好任其“自由”，以致犯罪。

第四，除上述客观原因外流失生本身还有一个致命的弱点：那就是文化素质、思想素质差。比如，348名违法犯罪的流失生，在校时受过各种纪律处分的占39.9%，被公安机关拘留过的，占24.3%。因此，上述内外因素结合在一起，使流失生非常容易走上违法犯罪的道路。这也就是流失生的犯罪率高于在校生的犯罪率之原因所在。

流失生在犯罪性质、悔改程度等方面有着不同于在校生犯罪的特点：

第一，流失生违法犯罪的恶性案件明显高于在校学生。他们目无国法，明目张胆地胡作非为，平常日作案和白天作案的比率都比在校生高（如强奸案，见表三）。流失生违法犯罪人数不断增加。他们有充分的作案时间，作案手段残忍，性质恶劣，构成了对整个社会治安的威胁。

表三　流失生与在校生强奸案的特点差异

	流失生	在校生
平常日作案	96.7%	72.4%
白天作案	73.3%	58.6%
团伙作案	51.7%	24.1%

第二，违法犯罪的流失生的道德、思想基础要比在校犯罪学生的道德思想基础差。365名违法犯罪流失生回答“你怎样看待人生”（见表四），认为“人生在世吃喝玩乐”和“人生在世更多地应是为个人享乐”的占42.4%，高于在校犯罪学生和在校没犯罪学生，不少违法犯罪的流失生把调查表中关于“善于思考和分析问题的人”错误地理解成“有主意”、“点高”的团伙头目。这些都说明他们是非观念混乱，把腐朽的人生观、道德观当成自己生活的准则。

表四　“你怎样看待人生”

项目 / 数字（%） / 类型	人生在世吃喝玩乐人不为己天诛地灭	人生在世更多地应是为个人享乐	人生在世更多的时间应为人民服务，少数时间为个人谋利益	一个人应该毫不利己专门利人	没想过
违法犯罪流失生	26	16.4	6.3	4.9	46.3
违法犯罪在校生	24.7	14.8	6.6	4.9	49.1
未违法犯罪在校生	0	4.8	27.9	50	17.4

第三，违法犯罪的流失生认罪态度差，犯罪后悔改表现差。从366名违法犯罪的流失生与272名违法犯罪的在校生犯罪后悔改程度对比调查中（表五）可以清楚地看到：

流失生犯罪后"天不怕，地不怕，从不考虑后果"的约占28.7%，高于在校犯罪学生。由于流失生人际交往复杂，反面的社会经验丰富，在少管所内30.8%的违法犯罪流失生具有一定的煽动性和"组织能力"，甚至被少教人员称作"点高，有主意的人"。管教干部普遍反映这种类型的人较难改造。

表五　流失生与在校生犯罪后悔改态度对比表

项目 / 占% / 类型	天不怕地不怕从未考虑后果的	害怕被公安局抓住，抓不住继续干	有点可怜被害者	很后悔觉得对不起父母	很后悔觉得对不起老师
违法犯罪流失生	28.7%	22.1%	7.1%	38.3%	1.6%
违法犯罪在校生	24.6%	19.5%	12.1%	39%	2.6%

二、学生大量流失生的社会原因

第一，工厂实行招工"顶替"制度的影响

1978年6月，国务院（104）号文件规定：企业职工年老退休后可以招收其子女就业。这项措施对贯彻劳动保险，防止某些领导干部利用招工之便"走后门"等不正之风有一定的积极作用。但是，这项措施也带来了明显的消极影响，忽视了对劳动力质量——职工的文化、思想素质的要求，使"读书无用论"重新泛滥起来。流失生中有57%的人认为"学习无用"。他们上学时大多抱着"升学无望早晚'顶替'"或"晚就业不如早就业"的态度，对学习不感兴趣，一有机会便想离开学校去就业，给学校教学和政治思想工作造成了很大困难。加之一些工厂违反招工政策，在办卫星厂、家属车间时，招收了一批低龄流失生，助长了一些在校生退学。有的教师劝阻学生退学，家长就亲自登门磕头求退。

第二，学校办学中的错误指导思想的影响

近几年来，天津市的教育部门在拨乱反正提高教学质量，整顿学校纪律，消除乱班乱课等方面取得了显著的成绩。但也存在着不足，教育部门和一些学校"重智轻德"，单纯追求升学率，积极推行"重点校和快慢班制度"，慢班和"兜底"学校中，师资差、条件差，思想政治工作无人过问。对纪律差，学习成绩差的"双差生"采取罚站、停课、劝退等简单办法。有些教师甚至当着学生说"功课跟不上，退学算了，否则还要影响教师长工资"。据我们对368名违法犯罪流失生的调查，其中"老师劝我退学"和"学校劝我退学"的共132名，占38%。

三、天津市教育局控制在校学生流失的几条"紧急措施"

对流失生问题，近几年来天津市有关部门已经予以注意并采取了一些措施。这一次调查使天津市有关部门进一步认识到解决流失生问题的迫切性。调查刚结束，天津市教育局立即召开了中学系统紧急会议。会上介绍了这次调查的情况，并宣布了以下"四条”紧急措施：

（1）暂停执行《中小学管理教育工作的几项暂行规定》中关于“连续旷课2个月、累计旷课超过3个月者作自动退学处理”的规定，准备在新规定中改为“留级”或“试读”。（2）修改了原“工读学校只准招收有学籍学生”的规定，对16岁以下的有违法或轻微犯罪行为的失学学生“在工读学校可容纳的范围内，按条件临时适当招收”。（3）年龄在16岁以下者，由于学校没有及时做工作造成退学的学生，由原校收回，安排相应年级。由其他原因造成退学者家长或本人要求复学的，仍可由原校安排相应的年级就读。（4）针对部分学校存在的对后进学生进行体罚和劝退等错误作法，市教育局准备在1983年上半年召开全市普通中学关于端正办学思想，调动不同类型学校的积极性，全面提高教学质量的大会。制订切实可行的帮助和转变后进生的措施和办法。

最近，中共天津市委在对天津市教育系统提出开创新局面的要求中，还将在校学生的巩固率和防止学生的流失作为衡量的标准之一。更进一步地提高了人们对这一个问题的认识。

天津市教育局的紧急措施和市委的指示，在天津市反响很大，市公安局一位副局长说：“收回流失的学生，体现了‘学校包学生’，是落实中央‘综合治理’的有效措施。”在天津市派出所干部座谈会上，与会者一致认为“这些措施很好，如果切实落实了，社会治安一定会有很大的起色”。目前，天津市工读学校新招收了×××名学生，比去年同期增加了2.3倍，其中流失生×××名，占52.4%，在全社会综合治理青少年犯罪工作方面迈出了可喜的一步。

对少年“逃夜”现象的调查

（1985年9月）

张潘仕

最近，笔者到某市少年犯管教所对52名少管人员和少年犯进行谈话调查和案卷调查，发现其中有41人在入所前均有“逃夜”（也称“刷夜”，即不在家中过夜）行为，占被调查总人数的78.9%。

一、少年“逃夜”的几种主要形式

（一）单独“逃夜”：即一人深更半夜在街头、车站等处逗留，困了找个角落睡一会；或上同学家或熟识的成年人家过夜。

（二）共同“逃夜”：几个少年一伙，或在街头，或在车站，或在其他场所过夜；也有一起到其中一个没有家长或家长临时外出的少年家里过夜的。

（三）男女一起“逃夜”：大多是搞流氓鬼混活动。

二、少年“逃夜”的危害

（一）对家庭产生离心倾向。少年的衣、食、住、行是由家长保障的。少年与家长的关系应当是亲密的、融洽的。但是，少年一经“逃夜”，就对家庭产生了离心倾向，渐渐对家长的依附心理减弱，独立性增强，变得不大愿意听家长的指教，与家长关系的亲密度也随之降低。这主要是因为少年实践了“逃夜”行为以后，萌生出一种“我离了你们（指家长）也能生活”的心理。一个男少年犯说：“我连续3天刷夜以后，觉得很好玩，伙伴们在一起，无拘无束，比在家里有趣多了。”

（二）互相传染不良言行。少年“逃夜”，大多是一些趣味相投的少年聚在一起。他们脱离了家长的监护，无所顾忌，海阔天空，什么低级趣味的话都谈，甚至互相摆谈自己搞违法犯罪活动的经过和体会。有个少年管教人员就是因为第一次“逃夜”被一个要好的同学领到一帮坏孩子那里，听他们吹嘘猥亵女生的经过和感受而学坏，走上猥亵女同学的违法道路的。

（三）被具有不良品行的成年人教唆、利用。有个少年“逃夜”，无处歇宿，深夜在街头转悠，一个素不相识的中年男人假装关心他，领他到自己家中歇息，给他灌输腐朽淫乱思想，看黄色手抄本，并让他领女孩子到其家中玩。一次，这个少年领了一个女同学到中年男子家，中年男人将他俩反锁在室内，任其搞淫乱活动。然后中年男人趁他俩行为不轨时，突然打开室门，威胁女学生同他发生两性关系。一个女少年“逃夜”，深更半夜在火车站广场上蹓跶时，一个男青年自称是便衣民警，询问该女少年为何这么晚还不回家，女少年说了缘由，这个男青年让她搭他的自行车，送她回家。谁知这个男青年把她带到一个非常生疏的楼内，将她强奸后溜之大吉。

（四）进行流氓、抢劫、盗窃等违法犯罪活动。有的男女少年在一起“逃夜”，大搞流氓活动。如有伙少年4男2女，夏季深夜经常在一处存放蜂窝煤的棚子内搞淫乱活动。有伙少年5人结拜为“兄弟”，经常逃夜，在马路上拦劫女青少年。有2个少年藏着刮刀，于一天深夜背着家长悄悄出来，到一座立交桥下，将2个进城做买卖、正在水泥地上熟睡的外地老农叫醒，拔出刮刀威胁：“谁口袋里有钱快拿出来，慢了别怪老子不客气！”抢劫一百多元现金后扬长而去。还有一伙初中学生“逃夜”，夏季经常去一家啤酒厂偷啤酒喝。

三、少年“逃夜”的原因

从调查看，少年“逃夜”的主要原因是家庭教育方法不当，一是简单粗暴，二是放任迁就。有的少年在学校功课不好，或是犯有缺点、错误，老师通知家长。家长不是对他们和风细雨地讲道理，想办法帮助他们学好功课和改正缺点或错误，而总是认为自己的孩子不争气，家长脸上无光。有的家长每当接到这样的通知，或得到这样的信息，总是大为恼火，气不打一处来，动辄对孩子进行训斥、打骂，使孩子畏惧不已。如少年犯杨某说：“我在学校只要有一点小毛病，让爸爸知道了，准得狠狠凑我一顿。所以，只要老师一到我家告状，我就刷夜，宁愿冻一夜也不回家。”有的少年在家中犯下点毛病，或是做错了事情，家长也不分青红皂白，以一顿打骂了事。如少管人员张某14岁时，一次骑自行车带人，被民警罚款10元，张某身上无钱，自行车被民警扣住。张某回家向其父要钱，其父问明情由，将张某一顿臭打，皮带都抽断了一根，说是让张某“好好接受教训。”可是张某并未接受教训，不久又重犯前错。这次他怕再受皮肉之苦，从此开始逃夜，滑向违法犯罪泥坑。还有的家长对子女“逃夜”采取放任、迁就的态度。这其中有两种情况，一是家长本身夫妻关系不好，经常吵嘴打架，成天沉浸在夫妻感情不好的危机之中没有心思管孩子的事情，孩子“逃夜”之后撒个谎就能蒙混过关。二是有的家长认为孩子与其他孩子一块通宵玩一玩，是正常的，没有必要大惊小怪，还有的甚至认为这是孩子“寻求友谊的需要”，殊不知满足了孩子的这种“需要”，会有使孩子走上歧途的危险。有个少年犯，就是在第一次“逃夜”以后，他的家长并没有仔细盘问他，从而使他胆子越来越大，经常“逃夜”，在一帮“哥们姐们”的影响下逐渐变坏，走上犯罪道路的。

少年“逃夜”的又一原因是已有“逃夜”行为的少年的怂恿。一般13、14岁的少年对家庭的依赖心理是较强烈的，以往形成的与父母或其他家庭成员一起过夜的传统心理习惯是难于由本人自觉地突破的。但是，由于已有“逃夜”行为的孩子的怂恿、诱惑，没有“逃夜”行为的少年的这种心理习惯会被很快突破。特别是当他们在一起“逃夜”时，相互之间毫无拘束，从未听说过的“新闻秘事”引起他们情绪的高度兴奋，从未做过的违法犯罪的（如猥亵女生或男女少年一起淫乱）行为使他们体验了不曾体验过的生理快感，从而立即强化了他们“逃夜”的心理和行为，日后就成为经常的“逃夜”者。例如少管人员王某原本是一个老实、听话的孩子，学习和品德都不错。一次，邻居家一有“逃夜”行为的少年赵某傍晚邀他一道出去玩。他告诉母亲，母亲允许他去玩，但嘱咐他早点回家睡觉，第二天早起好去上学，他答应了，和赵某来到一个没有父母的青年小伙子李某家玩扑克牌。3男1女，开始还真玩牌，但没玩上三盘，李某和赵某就同那个女孩子调笑开了，粗言俗语，动手动脚，王某听着看着，既不好意思，又觉得新鲜，这是他第一次看到男女之间这么随便。玩了一会牌，王某提出要回家，李某赵某不让，说：“还早呢，再玩一会。”女孩子也亲热地对他说：“我看你比他们俩都好，我们初次见面，再呆一会吧！”这几句话，使王某感到心里甜丝丝的，情不自禁地又坐下来和他们玩牌。玩着玩着，不知不觉过了午夜，王某也不敢回家了，便3男1女同宿一床。从此，王某彻底变了样，经常“逃夜”，最后沦为一个淫乱团伙的成员而被少年管教。

气候适宜，也是少年“逃夜”行为增多的重要原因。据调查，少年“逃夜”行为的高发期在夏、秋两个季节。这两个季节天气较热，黑夜时间短，少年随便找个地方便能睡上一觉，即使不睡觉，到某个场所蹓跶一番，一夜时光也很快能消磨完。因此，夏秋季，一些少年成群结队地“逃夜”。有的甚至骑着自行车，跑到很远的地方去搞违法犯罪活动。有两个少年犯，自制长把叉子，在夏天晚上骑着自行车，到远离自己居住区的居民楼群中，用叉子将人家晾在阳台上的衣服盗走（用他们的话说这是“兔子不吃窝边草”）。有一伙男女少年，在夏天的晚上，经常到一些较僻静的街头公园里搞流氓淫乱活动。

以上只是少年“逃夜”的主要原因。其次还有诸如家庭矛盾激化，不良品性成年人的唆使，以及少年的“从众”心理等。例如有个少管人员就是由于原来经常到一个同学的姑父方某家里玩（方某是一个道德品质败坏的人，常以讲黄色下流故事为由将该少年留宿家中），而被方某教唆使之发生“逃夜”行为的。

四、防治少年发生“逃夜”行为的几点意见

（一）首先，社会要注重提高家长的文化修养水平，使他们懂得教育子女的重要社会意义，具备教育子女的科学方法。目前少年家长的年龄大多在40至50岁上下，大多文化水平不高，缺乏教育子女的正确方法。社会可通过多种途径，特别是通过大众传播媒介，如电视、广播、报刊等，用具体、形象、生动的形式和内容，从正面、侧面以致反面，向广大家长普及科学教育子女的知识和方法。尤其要利用当前全社会普及法律知识的良机，让广大家长了解少年“逃夜”所带来的严重危害。只有每个家庭都将自己的子女教育好管理好，才能从根本上防治少年“逃夜”这一不良现象。

（二）广大家长要提高社会责任感，要认识到教育好子女，不仅是对家庭和子女负责，也是对社会负责，少年由“逃夜”开始，沾染上不良习气，走上违法犯罪道路，不仅害了少年本人和家庭，也给社会增加不安定因素。家长一旦发现子女的“逃夜”行为，就要及早进行科学的矫正。同时，要与子女搞好人际关系，从思想上、品德上、生活上关心子女的健康成长，加深父母同子女的感情，增强家庭的吸引力。少年的家庭温暖感和亲切感浓了，就会更加自觉地听从父母的教诲，拒绝外界的不良影响。

（三）学校和街道要加强对少年的社会主义法制教育和道德教育，使他们懂得少年的主要任务是学习建设社会主义现代化的知识和本领，帮助他们认识哪些事情是社会提倡的，哪些事情是社会禁止的，提高他们的道德认识水平和遵纪守法的自觉性。学校、街道还应当联合家长安排好学生的暑期活动，避免“家长双职工，学生自由兵”，少年在假期无人管理的现象发生。要在尽可能的情况下，安排少年参加一些有益于身心健康的集体活动，如文娱、体育活动，公益劳动活动，智力竞赛活动，夏令营等等，把活泼好动、精力充沛的少年吸引到丰富多彩的活动中来。

有关部门还要注意教育和严厉打击那些唆使少年“逃夜”甚至教唆少年违法犯罪的成年人。

关于黄色手抄本毒害中学生的调查

复旦大学哲学系78级调查小组

1982年4月，上海市各工读学校根据中央文件精神，开始进行黄色淫秽物的收缴和追查工作。为配合这一工作的进行，我们调查小组在市公安局调研科和治安处等部门的大力支持和协助下，于5月份对全市24所工读学校进行了调查。我们走访了市公安局、

闸北、长宁区教育局，有关工厂、公司、商店等八个单位，和十几名失足青年（包括已转化的）谈了话。为了获得具体的数据，我们还印发了调查问卷，让工读学生填答。

调查发现，黄色手抄本、黄色录音磁带、黄色裸体照片、裸体圆珠笔、扑克和画报等黄色淫秽物中，以黄色手抄本在中学生中流传最广、毒害也最深。因此，我们的调查和分析以黄色手抄本为主。

一、中学生的地位和黄色手抄本的特点

为什么中学生中流传的黄色物品主要是黄色手抄本呢？我们认为这与中学生的地位和黄色手抄本的特点有关。

就中学生的地位来说，他们尚未成熟，“长胡子”的人或青工对他们不屑一顾，也怕与学生打交道自己变成教唆犯。另一方面，中学生没有经济收入，而黄色画报、照片、扑克等黄色物品的黑市价格又很昂贵。据公安局的同志反映，一页裸体女人画报要几元钱，多至十几元，一付裸体扑克要50多元，一支裸体圆珠笔要20多元，一本解放前出版的淫书《奇中奇》要40元。这样的价格，学生中除了极少数扒手外，绝大多部分是难以支付的。

那么，黄色手抄本有什么特点呢？首先是篇幅短。黄色手抄本一般只有十几页报告纸，传抄的简便，许多学生白天看、晚上抄，没多久黄色手抄本就象瘟疫一样迅速蔓延开来。其次是毒害剧烈。黄色手抄本都是以赤裸裸描写两性怎样发生关系为主要内容的。这在某种程度上迎合了正处在性成熟时期的青少年的心理特点，致使许多青年爱不释手、“废寝忘食”地阅读、传抄。

目前在中学生中流传的黄色手抄本主要有以下几种：

《少女之心》、《新婚之夜》、《海棠花盛开的时候》、《金瓶梅》（非古典文学作品《金瓶梅》）、《一个工读生的自述》（一些工读学生根据自己的经历编造的、有不同的“自述”，内容则大同小异）

根据调查问卷的统计，《少女之心》流传最广，占了这些手抄本流传量的88.97%。见表1。

表1　　传阅黄色手抄本的情况

	《少女之心》	其他手抄本	小计
填答人数	363	45	408
百分比	88.97	11.03	100

注：有的学生传阅了多种手抄本，统计时作2项统计，因此填答人数含少量的人次。

值得注意的是，有的学生还制做了《少女之心》的朗读录音，为集体流传提供了现代化的手段。

二、黄色手抄本在中学生中的流传情况

至1982年4月底止，上海市12个区24所工读学校共有工读学生1445人，其中男1139人，占78.82%，女生306人，占21.18%。填答问卷722人，占全市工读生的49.49%，其中某工读学校男生填的33份问卷未及统计，由该工读学校要去。因此，以下实际统计分析的是689人的情况。

根据689份问卷统计，传阅过黄色手抄本的有454人，占65.89%，没有传阅过黄色手抄本的有235人，占34.11%。传阅过黄色手抄本的454人中，男生232人，占51.10%，女生222人，占48.9%。

传阅黄色手抄本的方式有看、听、（听他人介绍和讲解，听朗读录音）抄或兼而有之。其中以看、听或又看又听的居多，有360人，占总人数的79.77%。抄或兼看、听的人有122人，占总数的20.73%。黄色手抄本流传之广泛，这些"复制"者起了很大作用。各种传阅方式的人数统计见表2。

必须指出的是：工读学校的学生原来都是普通中学的学生，，他们是在普通中学传阅黄色手抄本的，并且只是因为出了问题才进工读学校的。因而，从工读学生的情况可以窥视一般中学生中黄色手抄本的流传情况。

据12所工读学校提供的线索，黄色手抄本流传共涉及普通中学241所。如普陀区第三工读学校学生提供的线索涉及该校招生范围25所中学中的19所；长宁区第一工读学校学生提供的线索涉及14所挂钩中学中的13所，包括一些重点中学，如果把全市所有工读学校提供的线索所涉及的中学汇总起来，其情况要严重得多。

表2　　男、女生传阅黄色手抄本的情况

	看		听		抄		又听又看		看听抄		小计
	人数	%	人数	%	人数	%	人数	%	人数	%	
男生	87	37.5	67	28.88	32	13.29	30	12.93	16	6.9	232
女生	80	36.04	43	19.37	23	10.36	53	23.87	23	10.36	222
	167	36.78	110	24.23	55	12.12	83	18.28	39	8.59	454

综上所述，我们认为黄色手抄本象病毒一样正在普通中学传播和蔓延，影响了很大一批学生。如长宁区有一所中学涉及高二毕业班4个班级，其中文科班49人中有23人全部看过《少女之心》，全班6名团员有3人看了此书（包括班长）。情况之严重，叫人触目惊心。

三、黄色手抄本对中学生的毒害

1.精神颓唐、缺乏美的理想

调查中发现，学生传阅黄色手抄本后，精神状况急剧变化，爱打扮、讲下流话，精

神萎靡不振、追求异性等等。其情况见表3。

表3　接触过黄色手抄本的男女生的精神状态

	"正常"		萎靡不振		追求异性		谈敲定		想模仿书中情节		
	人数	%	人数	%	人数	%	人数	%	人数	%	小计
男　生	85	38.12	20	8.97	25	11.21	48	21.52	45	20.08	223
女　生	38	19.29	33	16.78	12	6.09	72	36.55	42	21.32	197
合　计	123	28.70	53	12.86	37	8.65	120	29.04	87	20.79	420

此项统计说明：接触黄色手抄本后有71.30％的学生出现了不正常的精神状况；而自填"正常"的学生只占28.70％。这个正常所以打上引号，因为据工读学校的教师和公安人员反映，在中学生那样的年龄，接触过黄色手抄本后的短时间内，精神状况不可能是正常的。一些本来感到生活充实、想发奋学习的学生在接触黄色手抄本后，很快就感到生活单调、精神空虚，迷恋于"男女之情"。普陀区第三工读学校学生K在思想体会中写道："这些书真毒啊！它能使我把吃饭、睡觉的时间都忘掉，甚至使我忘掉自己的美好前途而干出一些蠢事，整天陶醉在手抄本中那些荒淫无度的糜烂生活中，迷恋于资产阶级的生活方式"。这段话很能说明黄色手抄本对学生毒害的一般情况。

无论是普通中学还是重点中学，只要班级出现了传阅黄色手抄本的现象，就会影响一部分人。例如卢湾区一个重点中学，有6名女生传阅黄色手抄本后，在班级里与男生眉来眼去，使一些男生心神不宁，成绩迅速下降。至于那些迷恋于黄色手抄本、热中于"谈敲定"(上海话，意为和异性朋友肯定恋爱关系)乱搞两性关系的学生就更是如此了。他们追求"今朝有酒今朝醉"，"及时行乐"，忘记了人生的意义和美好的理想，很快堕落下去。

2. "谈敲定"、乱搞两性关系

据工读学校的领导和教师反映，"文革"前的工读学校几乎没有发现黄色手抄本(书刊等)的流传；同样，因学生之间乱搞男女关系或卖淫而进工读学校的学生也很少。恢复工读学校的前几年，学生中偷、扒、打、闹的占绝大多数。但近几年来，因乱搞两性关系或卖淫而进工读学校的学生明显增加。其原因与黄色手抄本的流传密切相关。

我们先来看一看这些工读生"谈敲定"的情况

表4　男、女生"谈敲定"的情况

	学生人数	谈1个		谈2—4个		谈5个以上		小　计	
		人数	%	人数	%	人数	%	人数	%
男　生	232	44	18.97	69	29.74	27	11.64	140	60.35
女　生	222	36	16.21	85	38.29	81	36.49	202	90.99
合　计	454	80	17.62	154	33.92	108	23.79	342	75.33

由表上可以看到，男生232人中，有140人谈过“敲定”，占60.35%，其中谈2个以上的96人，占“谈敲定”人数的66.67%。女生的情况更为严重，有202人“谈敲定”，占222人的90.99%，其中谈2—4个的有85人，谈5个以上的有81人，两项相加为166人，占“谈敲定”人数的82.18%。男、女生454人中，有342人“谈敲定”，占75.33%，其中谈5个以上的就有108人，占“谈 敲 定”总人数的31.58%。虽然，这里有的人是在传阅黄色手抄本之前就“谈敲定”了，不能完全归因于黄色手抄本的流传。但这些人在看了黄色手抄本以后，“谈敲定”的情况更加变本加厉了。据工读学校的教师讲，这些学生“谈敲定”，多数是在一起鬼混，动手动脚，并非人们通常所理解的早恋。这个严重性，还可以通过有些学生乱搞两性关系的情况来说明。这里我们作一个对比分析，先看看男生犯性错误的对比分析。见表5。

表5　男生犯性错误的对比分析

	总人数	1 个		2 个		3 个		4个以上		小 计	
	／	人数	%	人数	%	人数	%	人数	%	人数	%
男 A	232	36	15.52	20	8.62	9	3.88	8	3.45	73	31.47
男 B	161	11	6.83	2	1.74	／	／	／	／	13	8.08

注：男A代表接触过黄色手抄本的学生　　男B代表未接触过黄色手抄本的学生

表5很清楚地告诉我们，接触过黄色手抄本的学生犯性错误比未接触过的学生比例要高得多，而且后者没有与3个或4个以上的人发生过性关系。这一情况说明那些没有传阅黄色手抄本的人搞两性关系还是有所顾忌的，而传阅过黄色手抄本的人已 无 所 谓 了。我们可以通过分析对比女生的情况更清楚地看到这一点。它同样说明了黄色手抄本对学生的毒害是多么严重。

例了之一：闸北区工读学校有个学生原是一所中学的团委委员、校学生会主席，表现一贯很好。他在一个极偶然的机会看到了《少女之心》等几本黄色手抄本，一下子陷于其中不能自拔，每本都看了十遍以上。结果，他利用搞学生工作之便，采取恶劣手段先后与3个女生发生了两性关系，致使其中一个怀了孕。为了 掩 盖 丑态，他 让 一 个 学生的母亲扮成自己的母亲与该女生的母亲“谈判”，演了一幕叫人啼笑皆非的闹剧。学校领导至此才发现了这个学生的问题。

例子之二：长宁区工读学校有个学生A，其父是某大厂党委书记兼厂长，母亲是小学学区的党支部书记，本人在小学时是红小兵排长，刚上初中时表现也 不 错。初2时看了几遍《少女之心》，并抄了几份在学生中传阅，结果是“一看、二传、三议论、四尝试”，以自己家为据点，先后与7个女生发生了两性关系，与其中的一个女生保 持 两性关系达3年之久。他的哥哥（技校学生）也受到影响而失足。

有的学生几乎到了“流氓成性”的地步。如闸北区工读学校有个工读生“谈敲定”多少已记不清，与其中发生过两性关系的据他回忆有30多人。他是主动要求进 工 读 学 校的。因为工读学校的规定是：只要不犯新错，就既往不咎。

这样的例子还可以举出很多很多。许多学生只是由于黄色手抄本的腐蚀毒害而脱离了正常的生活轨道。在这方面，女生的情况更加骇人听闻。见表6。

表6　女生犯性错误的对比分析

	总人数	1个		2个		3个		4个以上		小计	
		人数	%	人数	%	人数	%	人数	%	人数	%
女　A	222	84	37.84	34	15.32	22	9.90	44	19.82	184	82.88
女　B	74	28	37.84	9	12.16	1	1.35	5	6.76	43	58.11

注：女A表示接触过黄色手抄本的女生。　女B代表未接触过黄色手抄本的女生。

由表中可见，两类女生犯性错误的情况都比男生严重。但也不难看出，接触过黄色手抄本的女生较之未接触过黄色手抄本的女生犯性错误的量和质更严重得多。总体上的百分比高24.77%，而与2人以上发生关系的，前者比后者更为严重。不少女生看了黄色书刊后，对男性产生了不可抑制的追求感。如徐汇区工读学校有个女生说："一个星期不接触男的就难过得很"。她乘机逃跑后，短短几天中就与好几个人发生了两性关系。长宁区第三工读学校有个女生，本人是独苗，原先表现较好，但自从别人给她看了黄色书画后，很快堕落下去。进工读学校前，她几乎天天要与男生鬼混，有一次竟让6、7个男生排了队与她发生两性关系。有的女生从追求"性刺激"而走上了卖淫的道路，既害了自己，也害了别人，又败坏了社会风气。如徐汇区工读学校一个女生逃跑离校一个月，先后与13个人乱搞关系几十次，其中有军队干部，社办厂采购员，中学教师以及青工等，拿到淫费五十余元（此案已由徐汇分局受理）。

3.道德观念和贞操观念淡薄

调查中我们发现绝大部分工读学生，特别是女生进工读学校前或刚进工读学校时，对失去童贞并不感到痛心，甚至还相互间比谁"谈敲定"多，谁的"敲定"吃得开、"够刺激"，毫无羞耻之心。如南市区第一工读学校有个女生U谈到她看了黄色手抄本《少女之心》后，干模仿、尝试，从此对男同学另眼相看，开始缺课、说谎、逃夜，她说："过去晚上11点回家就害怕，以后逃夜也无所谓了"。又如卢湾区工读学校一女生，1981年还被评为学校的积极分子。看了黄色手抄本后，乱搞男女关系，经常成天成夜与人鬼混。父母教育她，她就大吵大闹，有意让邻居知道自己的行为，还要拿刀杀父母亲。其父母亲在忍无可忍的情况下，主动将她送进工读学校学习。

这种状况带来的直接影响是他（她）们的价值观下降。特别是女生，对自己的前途悲观失望，表现在（1）到工作单位去以后转变成先进的人数极少，这是工读学校教师普遍反映的问题；（2）旧"病"复发的多，当然其中原因是多种多样的；（3）与原来的坏关系保持联系的多；（4）搞"小圈子"，不关心集体活动，是传阅黄色手抄本后的明显恶果之一。他们喜欢在自己的"小圈子"内活动，而活动的内容往往就是传阅黄色手抄本，议论书中情节、讲下流故事，传授避孕知识，直至乱搞两性关系。工读学校的学生进校前一般都有自己的"小圈子"，这个"小圈子"对外是封闭的，其他人在没有取得相当的信任之前是不能加入的，这些人热衷于“小圈子”，念念不忘小兄弟、小姐妹，很自然的就脱离了集体。

关于黄色录像毒害青少年的调查

（1984年）

许宜辉

随着我国对外政策的放宽，一些不健康的、低级下流的东西也通过各种各样的渠道，乘虚而入，毒害我国人民的思想，其中，黄色录像对我国青少年的毒害最大。

黄色录像的传播有如下特点：

一、范围广。我国沿海各省市几乎都受到黄色录像的冲击，并且有不断向内地扩散的趋势，这是因为内地和沿海的一些不法商人、唯利是图的投机分子，看到贩运、放映这些黄色录像有厚利可图，主动起沟通的作用。

二、密度大。往往一个地区发现有放映黄色录像的问题，就不是一、二个放映点，而是一大批。这是因为门票很贵，“利润”很高。请看下表：

广东省一些地区黄色录像点的密度

	三亚市	穗郊新滘区	揭阳县	东莞
放映点总数（个）	55	35	42	80
播放过黄色录像的放映点（个）	49	29	23	16
占总数的百分比	89%	70%	54%	20%

三、危害性大。这些内容荒诞、色情、下流的录像，是杀人不见血的精神鸦片。它污染了社会风气，严重地腐蚀青少年的灵魂，是诱发青少年犯罪的重要原因。从对某县少管所的27名受管青少年的调查可略见一斑，请看下表：

青年看录像后的精神状况

受管人数	看过黄色录像	占总数百分率		萎靡不振	寻找刺激	模仿下流动作	总数
男（19）	11	58%	人数	3	6	8	16
女（8）	5	62%	占总数百分比	19%	38%	50%	100%

从以上情况可看出，大多数青少年的堕落是由于受黄色录像的毒害而想入非非。据调查，我省其它县市也有类似情况。如，龙川县某中学学生吴××，年仅15岁，看了黄色录像后，模仿录像中的下流情节，一丝不挂地闯入女教师宿舍，企图强奸未遂。化州县

抓获的一个流氓集团，共11人，年龄在15—18岁之间，据调查，他们都不同程度地受到淫秽书籍和录像的毒害。

黄色录像之所以对青少年危害大，除了我们一些管理制度的漏洞之外，还有更重要的原因。

十年内乱结束后，人民的审美器官得到了解放，他们迫切需要各种各样的美来供他们欣赏，特别是青少年们，他们在紧张的工作学习之余，要求绚丽多彩的业余生活。但我们的工厂、学校和社会往往不能满足他们的要求。一些工厂、学校和基层团组织的宣传阵地主要是墙报，但大多是政治说教性的东西，引不起青少年的兴趣；而郊游、舞会等青年感兴趣的各种文娱活动却很少组织。至于农村的区、乡团组织的活动更单调，青年们一年到头最多只有在讨论青年入团、学习文件时才集中聚会几次，这怎么能适应青少年的需要呢？怎么能团结、教育青年呢？青少年在自己的组织里找不到美的享受，感到生活空虚无聊，必然到社会上去寻求乐趣，而青少年的审美能力又非常有限，常常良莠不分，如果我们不及时加以引导，一些坏人就会利用我们工作中的漏洞，引诱青少年看黄色录像，不健康小报，从而使青少年堕落，走上犯罪道路。综上所述，利用各种美的形式，来丰富青年的生活，并在活动中渗透审美教育，是十分迫切的任务。

六省市青少年犯罪原因调查

（1985年）

六省市青少年犯罪原因调查组　执笔　赤光

为了深入探索青少年犯罪的原因，搞好综合治理，中国社会科学院原青少年研究所青少年犯罪研究室在1984年6月，与司法部政研室、国家统计局社会司合作，会同辽宁、天津、山东、陕西、四川、广东等六个省市有关单位，进行了青少年犯罪原因的问卷调查。最后又与北京大学概率统计系合作进行了数理统计。

根据罪与非罪的界限，我们按照随机抽样成数公式，在六省市的监狱、劳改农场和少年犯管教所的在押犯中，抽取5350名青少年犯进行了调查。

这次调查主要采取了问卷调查和个案分析相结合的方法。在编制问卷调查表前，我们先在北京市作了青少年犯罪的个案调查，后又在湖北省武汉监狱进行了问卷试点调查，了解情况，取得经验，然后编制测验题；初稿出来后，征求了有关专家和政法工作者的意见；在反复推敲、修改、建题的基础上，才正式付印，在被试者中施测。

抽样的方法，采取了分层等量整群抽样法。在全国六个大区中，各抽一个省（或市）；再把抽中省市的监狱、劳改农场和少管所按中队编制抽样框，分别抽出男女青少年犯人。

问卷回收率为100％。与全国统计数据比较，性别抽样误差，按85％的把握程度，允许误差是2％，青少年犯的性别比率，与全国统计数是吻合的。同样，刑期的抽样误差推算全面数据与全国统计数据基本上是吻合的。可见，这次问卷调查基本上是成功的，可以推及全体。

一、青少年犯罪呈上升趋势的原因

从辽宁省33年来青少年犯罪的发展趋势看，总的说来，是呈现起伏中上升的状态，1951到1960年青少年犯罪增长2倍，占全体罪犯的比重由20.9%上升到34.4%。1961年到1965年青少年犯罪却呈下降的趋势，1965年比1961年下降了88.4%，从1773人下降到206人，这是历史上犯罪率最低、治安状况最好的年代。但是，青少年犯罪在全体罪犯中的比重却没有下降，仍占34.2%，这就是说成老年犯在减少，青少年犯所占比重相对地上升。1966年到1976年是“文革”动乱的十年，这期间的统计数字难以精确。从1977年到1982年的六年间，是青少年犯罪最严重的几年，1982年比1977年上升了99.6%，但1983年由于严厉打击刑事犯罪活动，把以前未逮捕的逮捕了，犯罪统计数字有所增多，尽管去掉这些因素青少年犯罪还是上升得很快。从青少年犯占全体罪犯的比重上看，1977年占59.7%，1978年占63.4%，1979年占78.7%，1980年占80.1%，达到了历史上最高的水平。1981年以后，由于加强了青少年的教育工作，所以青少年犯罪比重略有下降。1981年占78.9%，1982年占76.2%，1983年占77.7%。

青少年犯罪现象出现这种上升状态的原因，是我国历史情况变化的必然产物。50年代青少年犯罪率较低，是因为我国刚刚解放，当时与共和国为敌者多是旧社会的残渣余孽，他们作为阶级已被消灭了，但人还在，心不死，虽不能作为阶级对人民政权进行反扑，但他们作为个人却以犯罪形式同人民共和国相对抗。青少年在党和人民的关怀下幸福、健康成长，人民专政机关采取一切有力措施，保护“祖国花朵”不受没落、腐朽文化、思想、政治等方面的毒害，从而使他们有着较高的政治思想、较好的道德品质、较强的自控力，所以青少年犯罪者不多。

70年代到80年代初，青少年犯罪猛增，是和十年动乱所造成的恶果分不开的。这种恶果既是一种直接的因素，又是一种潜在的因素。在整整十年间，造反、武斗、夺权、打砸抢抄抓，犯罪不知罪，多少青少年为“四人帮”所毒害，使一些青少年精神空虚，情趣低下，愚昧无知，性格狂暴，野蛮好斗，庸俗腐朽，不可能在短时期内消除。1979年到1983年间违法犯罪的青少年在十年动乱时期正值幼少年时代，他们的早期教育的缺陷是无法弥补的。这批青少年是在国家、人民遭受空前浩劫、国民经济面临崩溃边缘、社会风气很坏的环境中成长起来的。当时，他们的社会化必修课是空白的，因而对美与丑、真与假、善与恶、是与非，缺乏应有的辨别能力，从而养成了庸俗的坏习气和不良的品德。这在实质上是潜伏了犯罪的内在因素，当他们遇到社会上存在的不良因素的诱发时，很容易走上犯罪道路。

党的十一届三中全会以后，我国实行了对内搞活、对外开放的正确政策，给我国社会主义建设事业带来生机。但无需否认，伴随着经济的活跃，“重实惠”、“向钱看”的思想也在一些人的头脑中活跃起来；随着外国先进技术的引进，资本主义腐朽的生活方式和黄色的文化，也渗透进来。这就使诱发青少年犯罪的因素与条件较“文革”前的任何时期都多。那些受了内伤的青少年如果不能抵制这些诱因，其中有些人就会成为违法犯罪分子。这就是近几年来青少年犯罪现象激增的主要原因。

二、青少年犯罪行为发生的原因

首先，我们用相关分析来探索青少年犯罪行为与犯罪意识之间的关系。人们的社会行为是由人们的思想意识支配的。罪犯本人的主观因素是他犯罪行为的直接原因。探索青少年犯罪行为发生的原因，首先必须考查犯罪行为与主观意识的相关状态，它包括是否相关、相关程度以及相关的性质。

我们把犯罪行为确定九个指标，这就是第二部分第三点指出的九个特征。经调查得到的数据是：①狡猾性为1.0399；②反抗性为1.05325；③敌对性为1.3603；④危害性为1.8588；⑤顽固性为2.0899；⑥犯罪经验积累性为6.4305；⑦成熟性为9.8394；⑧犯罪意识发展阶段性为10.6039；⑨连续性为10.9922。把这九个特征的总分数作为犯罪行为的综合指标。

犯罪的主观意识，也确定九个指标，其名称与数据是：即①侥幸心理为3.0088；②精神异常为4.1740；③犯罪意识状态为5.3119；④对挫折反应为8.4476；⑤犯罪能力和条件为9.0218；⑥欲求与恶习为13.0492；⑦道德观为13.4251；⑧自制力为14.8358；⑨人生观为18.9076等方面进行考查。

我们把犯罪行为作为因变量，其符号为Y，把犯罪的主观意识作为自变量，代表符号为X，经过统计分析，结果为：

(1) 青少年犯罪行为与主观意识的相关系数r＝0.93，大于相关系数检验表a/n－2＝＞0.001＝0.8982，充分说明两者之间是高度相关的。

(2) 当自变量主观意识（X）发生数量上变化时，因变量罪犯行为（Y）亦随之相应地发生数量上的波动。

(3) 从相关点散布状态看，呈现扇形，属于高度正相关的情况。也就是说，犯罪主观意识的数量增加，犯罪行为的数量也会增加。

由此可见，青少年犯罪行为在很大程度上是受其本人的主观意识支配的，在其他条件不变的情况下，有99.9%的把握可以这样认定，只有0.1%可能出现偏离情况。

其次，我们用回归分析方法验证青少年犯罪行为与主观意识这种高度相关是否是依存关系。经过统计分析，得出如下结论：

青少年犯罪行为与主观意识在数量变化关系上的定向关系呈现正态分布的数量变化趋势。当自变量（X）——主观意识的数量程度愈高，呈上升趋势时，因变量（Y）——犯罪行为的数量程度亦愈高，呈上升趋势。如因侥幸心理而发生犯罪行为的数量率是－0.32，因精神异常而发生犯罪行为的也只是0.57，因犯罪意识影响而发生犯罪行为是1.44，因对挫折态度和具有一定的犯罪能力条件而发生犯罪行为分别为3.83和4.27左右；因欲求和恶习、道德观和自制力上的问题而发生犯罪行为都是7.34—8.70左右，而因人生观上的问题而发生犯罪行为的数量率高达11.81以上。可见，只有抓好人生观、道德观，改变人生目的，提高自制力，才能有效地逐步减少和预防犯罪行为的发生。

再次用回归的方差分析，检验一下回归的效果和直线方程所揭示的规律性是否强。

用回归分析公式所得到的依存关系和直线方程数量所显示的规律性究竟是否可靠，是需要加以检验的。

影响因变量(Y)之间的差异有两种因素，一是自变量取值不同；二是其他因素（包括测验误差）。为了检验这两种因素哪一个影响是主要的，就要用回归线性方程的方差分析。

表1　5350名青年少犯的自变量线性回归的方差分析

变差来源	平方和	自由度	均方	F比	显著性
回归	134.9029	1		45.5967	a<0.01
剩余	20.7103	7	2.9586		
总计	155.6130	8			

经验证得出表1的数据，查F分布表，F（1.7）$.0_1$ = 12.2，而本表的F比为45.5967，F = 45.5967>F（1.7）$.0_1$ = 12.2。说明原假设“β = O”在显著性水平为.01时不成立，这意味着线性回归模型中的一次项是不可少的。因此，我们可以说，所得的线性回归方程是高度显著的。

根据剩余均方的平方根看随机因素的作用，公式为：

$$S=\sqrt{\frac{Q}{N-2}}=1.7021$$

也就是说所有随机因素为Y（犯罪行为）的一次观测值的平均变差不到1.7021，影响不大。

以上统计表明，犯罪主观意识的综合指标的确对犯罪行为起着支配作用，两者存在着高度相关关系，其依存性也是显著的。由此得出的结论是：青少年犯罪行为是由他们九种犯罪主观意识的综合作用造成的，而人生观、自制力、道德观、个人私欲和恶习起着主要的制约作用，而人生观上的偏差则是决定因素。

三、青少年犯罪意识形成的原因

青少年犯主观上的犯罪意识并不是生而有之，也不是从天上掉下来的，而是社会环境，特别是教育、培养、熏陶、引导的结果。

首先用相关分析检验青少年犯的主观意识和本人的客观环境之间是否相关。我们把犯罪的主观意识作为因变量（Y），把本人的客观环境因素作为自变量（X），其名称与数据是：①气质性格特征为2.7563；②学校教育状况为5.4025；③居住环境为7.7188；④个人挫折状况为8.5626；⑤好友影响为8.9702；⑥社会文化影响为9.2995；⑦工作环境、单位为13.7670；⑧本人的基本情况为22.7796；⑨家庭为23.8804。经过相关统计分析，其结果如下：

（1）青少年犯的主观意识和他们的客观环境的相关系数r = 0.91，大于相关系数检验表 a/n－2＝＞0.001＝0.8982；充分说明两者之间是高度相关。

（2）当自变量——客观环境（X）发生数量上变化时，因变量——主观意识（Y）亦随之相应地发生数量上的波动。

（3）从相关点散布状态看，基本上是直线性的属于高度相关的情况。也就是说，罪犯的客观环境数量增加，犯罪的主观意识的数量也会增加。

可见，青少年犯的主观意识，在很大程度上是其本人的客观环境造成的。在其他条件不变的情况下，有99.9%的把握可以这样认定，只有0.1%的可能出现偏离现象。

其次，用回归分析方法验证青少年犯的主观意识与客观环境这样高度相关是否是依存关系。经过计算分析，结论为：

青少年犯的主观意识和客观环境在数量变化关系上的定向关系呈现正常分布的数量变化趋势。当自变量（X）——客观环境的数量程度愈高，呈上升趋势时，因变量（Y）——主观意识的数量变化程度愈高，呈上升趋势。如因居住条件而形成犯罪主观意识的数量率是4.25，因个人性格而形成犯罪意识的数量率是6.01，因学校教育形成犯罪意识的是7.54，因个人挫折和交友不慎而形成犯罪意识是8.09和8.37，因社会文化影响而形成犯罪意识是8.59，因工作环境而形成犯罪意识的是11.55，因本人的基本情况和家庭影响而形成犯罪意识的是17.52和18.25。因此，必须调整家庭结构，改善本人的基本情况，才能有效地逐步减少和预防犯罪的发生。

再次，用回归的方差分析，检验一下回归的效果和直线方程所揭示的规律是否强。

表2　　5350名青少年犯的客观环境线性回归的方差分析

变差来源	平方和	自由度	均方	F比	显著性
回归	190.4526	1		32.72	a＜0.01
剩余	40.7465	7	5.8209		
总计	231.1991				

根据表2的结果，查F分布表，$F(1.7)_{.01}=12.2$而本表的F比为32.72。$F=32.72>F(1.7)_{.01}=12.2$，说明原假设"β＝O"在显著性水平为.01时不成立，这意味着线性回归模型中的一次项是不可少的。因此，我们可以说，所得的线性回归方程是高度显著的。

根据剩余均方的平方根看随机因素的作用，其公式和结果是：

$$S=\sqrt{\frac{Q}{N-2}}=2.4127$$

也就是说所有随机因素对主观意识（Y）的一次观测值的平均变差为2.4127，影响不大。

（注：参加全国六省市青少年犯罪原因调查组的成员主要有：赤光、张意修、竺平、张荆、荣礼瑾、马结、方波、杨若河、王建强、孙明道、谢文广、翁澜前、王进江、张少侠、苗利州、刘成根、刘述哲、南山等；另外，袁天雄、卢崇飞、陈世龙、史希来、蔡善铎等参加了综合统计工作。全文由赤光执笔定稿）

第四部分

青少年犯罪研究论文

一、总论

我国青少年犯罪原因及其治理

（1983年12月）

中国青少年犯罪研究学会会长　张黎群

（一）

青少年是我们国家的希望和未来。按照德智体全面发展的要求，把广大青少年培养成为有理想、有道德、有文化、守纪律的共产主义新人，是全党和全国各族人民的共同任务。

近几年来，在党的教育关怀下，我国青少年一代正在努力为光辉的社会主义现代化建设事业而积极工作和学习。但是，事物的发展是不平衡的，由于种种原因，青少年当中还存在着一些犯罪现象，有的地区的青少年犯罪活动还相当严重，成为一个亟待解决的社会问题。

许多调查材料表明，这几年我国的青少年犯罪主要表现出这样一些特点：一是青少年罪犯在整个刑事案犯中占的比例越来越大；二是青少年犯罪团伙增多，特别是流氓犯罪团伙作案猖獗；三是杀人，抢劫、强奸、轮奸等大案、要案、恶性案件多系青少年罪犯所为；四是青少年惯犯、累犯增多，作案能量大，腐蚀教唆性强；五是青少年犯罪由大城市向中小城市（镇）和农村地区发展；六是五十年代业已绝迹的某些丑恶现象又在一些违法犯罪的青少年中沉渣泛起，严重地毒化社会风气，损害国家和民族的尊严；七是违法犯罪青少年的无知性（不知法，不畏法）以及他们作案常具有突发性、残酷性，更为严重的是，近些年青少年犯罪趋于低龄化。这些特点表明，我国的青少年犯罪问题是不容忽视的。

经过最近几年的社会治安综合治理，特别是严厉打击刑事犯罪活动，社会治安状况明显好转，青少年犯罪数量有所下降。但是，我们必须清醒地认识到，我国的青少年犯罪问题还没有彻底获得解决。我们必须在探讨清楚青少年犯罪的原因的基础上，进一步对青少年犯罪进行综合治理，争取更好地解决青少年犯罪这个社会问题。

（二）

青少年犯罪产生的原因是复杂的，但我们只要具体地分析一下我国青少年犯罪的实际情况，就不难看出它产生的原因主要有下面几点。

第一，阶级斗争在一定的范围内长期存在，这是产生青少年犯罪的一个主要原因。

在生产资料私有制的社会主义改造基本完成以成，剥削阶级作为一个阶级虽然已经消灭了，阶级斗争已经不是主要矛盾，但由于国际的影响和国内的因素，阶级斗争还将在一定的范围内长期存在，在某种条件下还可能激化。

如，剥削阶级的残余还在同我们争夺青少年一代。我国伟大的社会主义改造运动使绝大多数从旧社会过来的剥削阶级分子成了自食其力的劳动者，但也还有极少数没有改造好的顽固分子仍然坚持反对人民民主专政、反对社会主义的立场。他们除了自己直接进行破坏活动外，还采取各种卑劣手段，利用青少年的弱点，腐蚀、教唆一些青少年进行犯罪活动。他们从散布吃喝玩乐、荒淫无耻的资产阶级生活方式和人生哲学入手，引诱青少年走上违法犯罪的道路，破坏社会主义制度，损害广大人民群众的利益。有的剥削阶级的残余分子还藏在背后教唆自己的子女进行违法犯罪活动。

又如，国外和台湾、香港的反动势力不断对我国进行颠复破坏活动，勾引一些青少年犯罪。一方面，国外和台湾的特务机关派遣的间谍、特务潜入大陆后，除了直接进行反革命破坏活动外，他们还千方百计勾引我国青少年，特别是干部子女，收买腐蚀他们当中的一些人，搜集情报，建立反革命组织，进行造谣破坏活动；另一方面，这些反动势力还利用反动电台的广播或空投、海飘反动宣传品，对我国青少年进行“心战”，教唆青少年写反革命挂勾信，进行反革命破坏活动。

再如，少数青少年在各种腐朽、反动的剥削阶级思想的毒害下，对人民犯下严重罪行，成为新滋生出来的反社会主义的敌对分子。少数青少年，由于资产阶级极端个人主义和无政府主义在头脑中恶性膨胀，形成了反动世界观，走上了杀人、放火、抢劫、强奸、轮奸的严重犯罪道路，成为人民的敌人。一些流氓团伙，敌视和反对社会主义制度，同无辜群众为敌，以凶残的手段向社会报复，以杀人抢劫、强奸妇女、放火爆炸等残暴手段来发泄他们对社会主义制度的仇恨。这种流氓团伙带有浓厚的反动政治色彩，有的就是反革命小集团。他们是在新的历史条件下产生的新的社会渣滓。

当然，阶级斗争在一定范围内长期存在的表现远不止于此。但是，仅此几点，就基本上可以说明我国青少年犯罪同阶级斗争之间的关系。正如邓小平同志所指出的：我们“不认为在社会主义制度下，在确已消灭了剥削阶级和剥削条件之后还会产生一个资产阶级或其他剥削阶级。但是我们必须看到，在社会主义社会，仍然有反革命分子，有敌特分子，有各种破坏社会主义秩序的刑事犯罪分子和其他坏分子，有贪污盗窃、投机倒把的新剥削分子，……”我们“同他们的斗争不同于过去历史上的阶级对阶级的斗争（他们不可能形成一个公开的完整的阶级），但仍然是一种特殊形式的阶级斗争，或者说是历史上的阶级斗争在社会主义条件下的特殊形式的遗留。”①由此可见，社会主义条件下的犯罪问题，包括青少年犯罪问题，都是在一定范围里存在着的阶级斗争的直接或间接的具体反映。因此，在全党和全国人民努力加速社会主义现代化建设的今天，绝对不能忽视在一定范围内存在着的阶级斗争。只有高度重视这场斗争的长期性、复杂性和严重性，对一切反对社会主义的分子实行专政和采取其他各种必要措施，才能逐步堵塞这条导致青少年犯罪的渠道。

第二，十年动乱及其留下的后遗症，是产生青少年犯罪的重要原因。

犯罪，作为一个历史的范畴，是阶级社会的产物，是阶级斗争的一种表现。我国在一定范围内还长期存在着阶级斗争，决定了青少年犯罪现象难以在短期内彻底消灭。十年动乱这一恶劣的社会环境就是导致我国青少年犯罪增多的一个非常重要的因素。

十年动乱对青少年一代的影响是不能低估的。首先，它使许多青少年没有树立起崇高的共产主义理想。当代青少年虽然生长在红旗下，但正当他们的人生观和世界观还处于形成过程中，对党对社会主义的优越性缺乏认识的时候，他们就陷入这场历史的大灾难之中。在这场被林彪、"四人帮"企图用来篡党窃国的动乱中，我们伟大的党、社会主义制度、老一辈无产阶级革命家、热心为社会主义建设服务的知识分子均遭到丑化；"没有共产党就没有新中国"、"只有社会主义才能救中国"等无庸置疑的真理、信仰被歪曲了。近年来，很多青少年就是因为缺乏崇高的信仰和正确的政治方向而走上了犯罪道路。其次，十年动乱耽误了青少年一代的最宝贵的学习时光，制造了一批愚昧者。林彪、"四人帮"鼓吹"知识越多越反动"，推行愚民政策，吹捧"交白卷英雄"，造"师道尊严"的反，结果使许多青少年不学无术，分不清是非、美丑、真伪、善恶。有的青少年连什么是违法犯罪都弄不清，就是这种悲剧的一种反映。再次，十年动乱毁灭了青少年的良好的道德观念和公正的行为标准。什么社会公德、职业道德，什么劳动纪律、学生守则，什么集体主义和为人民服务思想，在十年动乱中都遭到了粗暴的践踏。时兴的是极端个人主义的"唯我观"，无政府主义的"自由观"，杯水主义的"恋爱观"，低级庸俗的"享乐观"，哥们义气的"友谊观"，亡命称霸的"英雄观"。这些腐朽的思想意识在一些青少年的头脑中恶性膨胀，以至逐步走上犯罪道路，与人民为敌。一些流氓团伙及其他歹徒所干的无法无天的坏事，实际上是打砸抢分子的"借尸还魂"。总之，十年动乱及其遗留下来的后遗症，使我国青少年一代蒙受的毒害是十分深重的，它直接导致了我国青少年犯罪的严重恶果。

第三，资产阶级自由化思潮泛滥也是产生青少年犯罪的一个不可忽视的因素。

近几年来，我国实行对外开放、对内搞活经济的政策，这是完全必要的、完全正确的。但由于我们的思想政治工作和一些必要的管理制度、措施没有及时跟上，以致资本主义社会的腐朽意识形态和各种精神糟粕通过各种渠道，也随之渗透进来，严重地腐蚀我国青少年。

必须指出，近年来在西方资本主义思想意识的影响下，我国理论界和文艺界的极少数人，离开马列主义毛泽东思想，在自己的文章、作品、讲演中，宣扬资产阶级的自由民主、个性解放、个人奋斗，甚至宣扬宗教，传播色情，造成了一定的不良影响。不管这些同志传播资产阶级自由化的主观动机如何，其客观效果都是在腐蚀青少年，使许多青少年深受其害，使有些青少年背离"四项基本原则"，向往资本主义社会，追求资产阶级生活方式，直至逐步走上犯罪道路。导致青少年犯罪虽然还有其他种种复杂的原因，但极少数人宣扬资产阶级自由化所造成的不良影响，无疑是起了推波助澜的作用。

第四，前一段时间，一部分同志对刑事犯罪活动的严重性认识不清，对犯罪分子打击不力，也是我国青少年犯罪增多的一个因素。

在我们党宣布把工作着重点转移到社会主义现代化建设上来和剥削阶级作为阶级已

① 《邓小平文选》第155页。

经消灭，阶级斗争已经不是主要矛盾以后，一些从事实际工作的同志和从事青少年犯罪研究工作的同志忽略了阶级斗争还将在一定范围内长期存在，在某种条件下还有可能激化这一马克思主义的基本常识，对新的历史条件下阶级斗争的表现形态认识不清，因此，对近几年来的刑事犯罪活动的严重性缺乏足够的认识；对各种类型的青少年严重犯罪活动究竟是属于敌我矛盾还是属于人民内部矛盾这个矛盾的性质问题认识上模糊不清；对违法犯罪青少年是十年动乱的受害者这一面注意较多，而对他们首先是害人者这一面认识不够；对党提出的综合治理社会治安的方针理解不全面，过份强调教育感化，忽视了依法从重从快严厉打击刑事犯罪活动是综合治理方针的首要一环；……这些糊涂认识，导致了一些同志对青少年犯罪分子心慈手软，打击不力，或顾虑重重，下不了手，使青少年犯罪活动不能及时得到有效的打击和制止。因此，青少年犯罪的人数在某些地区不断增多，犯罪活动也越来越猖狂。

以上，我们只是从社会政治的角度探讨了我国产生青少年犯罪问题的几点客观原因。马克思主义的常识告诉我们，人的本质是一切社会关系的总和。我国社会主义条件下阶级斗争还将在一定范围里长期存在，我国历史发展过程中出现的曲折和遭受的挫折，以及我们某些单位、某些个人在工作中的一些缺点和失误，等等因素综合在一起，决定了我国在短期内还不能完全根绝犯罪现象，正如邓小平同志在分析了社会主义社会仍存在各种犯罪分子后所指出的那样，“这种现象在长时期内不可能完全消失。”①这是将犯罪作为一种社会现象从整体上来研究而得出的结论，无疑是正确的。但是这些因素同犯罪个体的犯罪活动并没有必然的联系，决不能成为他们犯罪和开脱罪责的根据。指出这一点是十分必要的。

毛泽东同志指出：“事物发展的根本原因，不是在事物的外部而是在事物的内部，在于事物内部的矛盾性，……事物内部的这种矛盾性是事物发展的根本原因，一事物和他事物的互相联系和互相影响则是事物发展的第二位的原因。”②无须否认，社会中的某些消极因素是使有的青少年走上犯罪道路的一个原因。然而，只是“第二位的原因”。根本的原因是他们有的已经在头脑中形成了一个反动世界观，蓄意与人民为敌；有的虽还没有形成反动世界观，但因灵魂已被腐朽、反动、没落的思想意识所严重污染，而成为犯罪分子。那种忽视或否认犯罪的主观原因，把犯罪原因完全归之于客观因素的说法，是十分错误的。试问，同是经历了十年动乱的磨难，为什么绝大多数青少年能听从党的召唤，从总结历史的教训中重新认识自己，积极为重振祖国的现代化建设事业而工作、学习，而只有极少数青少年违法犯罪？为什么同是处在对外开放、对内搞活经济的社会环境中，绝大多数青少年能够遵纪守法，而只有极少数人堕落成犯罪分子？人的行为是由人的意识支配的。在同样的历史条件下，在共同的社会生活中，一个人究竟选择什么样的行为，主要是由他的世界观决定的。因此，那种“犯罪有理”、“罪归客观”的论调是大错特错的。

综上所述，我国的一定范围的阶级斗争与存在的某些消极因素是产生青少年犯罪的

---

① 《邓小平文选》第156页。

② 《毛泽东选集》第二卷1952年版，第768页。

重要原因，少数青少年的反动世界观或被腐朽、反动、没落的思想意识所污染了的灵魂是产生青少年犯罪的内在根据。我们党正是基于对这两方面的原因的分析，提出了“综合治理”青少年犯罪的正确方针。

（三）

社会性的矛盾，必须由社会来解决。对青少年犯罪问题实行“综合治理”的基本出发点就是社会问题依靠社会力量来解决。它要求全党全民动员起来，通过各种途径，采取有效措施，同各种违法犯罪行为作斗争，以达到社会治安根本好转的目的。这就是说，在党和政府的统一领导下，把各条战线、各个部门、各个单位和各个方面的力量都组织起来，实行政法专门机关工作同依靠广大群众相结合，打击犯罪与预防犯罪相结合，惩办与教育相结合，全面运用政治的、思想的、经济的、行政的、文化的、教育的和法律的各种手段，来搞好社会治安。

对我国的青少年犯罪实行“综合治理”，首要的一条就是依法从重从快严厉打击严重刑事犯罪分子。法律，是统治阶级意志的表现。我国新时期的法律，必须为社会主义现代化建设事业服务。各级专政机关必须严格按照法律办事，运用专政的手段，依法严惩严重刑事犯罪分子。要依法从重从快打击那些杀人犯、放火犯、爆炸犯、投毒犯、强奸犯、抢劫犯、流氓团伙犯、流窜犯和重大盗窃犯；打击那些拐卖妇女、儿童的人贩子和强迫、引诱、容留妇女卖淫的分子；打击那些有现行破坏活动的反动会道门骨干分子；打击那些劳改逃跑犯、重新犯罪的刑满释放分子和解除劳教人员，以及其他通缉在案的人犯；打击那些书写反革命标语、传单、挂钩信、匿名信的现行反革命分子和有现行破坏活动的林彪“四人帮”残余分子。这些人都是社会主义的敌对分子，按敌我性质的问题来处理、狠狠打击他们，是巩固人民民主专政，发展现代化建设事业的需要。也只有这样，“综合治理”的其他手段才能达到预期的目的。正如邓小平同志指出的那样：“对这类分子的法律措施要从严，从严了才可以教育过来一批青年。”①使那些处于犯罪边缘的青少年迷途知返；也只有这样，使广大群众有了安全感，才能广泛深入地教育发动群众更加自觉地同各种违法犯罪的人和事作斗争，才能真正动员起全社会的力量落实好“综合治理”的各项措施。

对青少年犯罪实行“综合治理”的另一个重要任务，就是要把绝大多数违法犯罪的青少年教育改造成为社会主义现代化建设的有用之材。无产阶级的伟大历史任务，就是要改造社会，改造人类。彻底消灭犯罪现象，是完成这个伟大历史任务的一个重要方面。但这里所说的消灭犯罪，并不意味着把所有的犯罪分子都从肉体上加以消灭。除了对极少数罪大恶极、非杀不可的犯罪分子必须依法判处死刑立即执行以外，对于其他绝大多数的违法犯罪分子（包括青少年违法犯罪分子）都要根据他们违法犯罪的性质、情节和对社会的危害程度，在依法分别惩处的同时，给他们以认罪改过、重新做人的改造机会，努力把劳改场所办成特殊的改造人、培养人的学校。对劳改犯要坚决贯彻“惩罚

①《邓小平文选》第218页。

管制与思想改造相结合”、“劳动生产与政治教育相结合”、“改造第一，生产第二”的方针，通过强制劳动、政治思想教育以及文化技术教育，把他们当中的绝大多数人改造成为遵纪守法、自食其力的劳动者。

对于有轻微违法犯罪行为的失足青少年，则应“象父母对待孩子，医生对待病人，老师对待学生”一样，满腔热情、耐心细致地教育、感化、挽救他们。如果家庭和所在单位管不了，可以送劳动教养或者送工读学校，使他们在劳动和学习中改造思想，告别昨天，走向新岸。

近年来，我国许多地区出现的在各级党委领导下的群众性帮教活动，是综合治理青少年犯罪的一个重要方面。目前，在有的地区，这种活动已发展成为具有独创性的“帮教制度”。

群众性帮教工作是在有关党委的领导下，由街道、学校、工会、共青团、妇联以及劳动、保卫等部门分工负责，协同配合，成立青少年教育领导小组或“综合治理”领导小组，发动广大群众积极参加的一种综合治理形式。帮教的对象是那些已有轻微违法行为的，或刚刚误入歧途、沾染了不良习气的失足青少年。这就是说，我们党组织发动社会上广大群众，随时关注这些青少年的成长，稍一不正，即加扶植，把青少年中存在的各种不良因素消灭在萌芽状态。

当前，群众性帮教工作在实践中不断得到发展。许多单位从实际出发，创造了多种多样的新形式、新做法。有的采取“责任制”的办法：工厂包青工，学校包学生，街道包待业青年，大队（村）包青年农民，家长包子女等。有的单位订立“师徒帮教合同”或开展“一帮一”、“一对红”活动。有的街道之间还开展“三无”竞赛活动（无闲散待业青年，无流失中、小学生，无违法犯罪青少年），等等。

群众性的帮教工作虽然是近年来出现的新事物，可是它却以显著的成效，显示了旺盛的生命力。尽管它还需要在实践中不断完善，但它对综合治理青少年犯罪所起的作用是应给予充分肯定的。例如抚顺市，光共青团组织就建立了14762个“共青团帮教青少年小组”，帮教了16044名有劣迹行为的青少年；向工读学校、劳改、劳教单位赠书15000册；仅半年时间，全市有6538名失足青少年有明显进步，其中600人加入了共青团组织。

总之，对青少年犯罪实行“综合治理”的方式是多种多样的，任务也是艰巨的。但是，我们坚信，随着我国社会主义物质文明和精神文明建设的不断发展，随着党风和社会风气的日益好转，“综合治理”的目标是一定能实现的。

青少年犯罪初探

（1979年）

罗　耀　培

一、当前青少年犯罪情况是严重的

据有关部门的不完全统计，今年1至2月青少年犯罪人数曾有下降。3月以后迅猛上升，几乎为2月的4倍。其中"反革命犯"3月为2月的4倍多，4月为2月的将近6倍，5月为5倍多，6月为4倍多。

据北京市的不完全统计：

年　度	青少年刑事犯罪人数	占犯罪总人数的比例	其中中学生犯罪人数	犯罪中学生在中学生总数中所占的比例
1965年	796人	61.5%	198人	0.43‰
1978年	5540人	78.8%	2578人	2.37‰

据天津市的不完全统计：

年　度	青少年犯罪人数	占犯罪总人数的比例	其中中学生犯罪人数	占青年犯罪人数的比例
1974年	3173人	73.4%	1735人	54.7%
1975年	2740人	72.9%	1246人	45.5%
1976年	2789人	71.0%	1325人	47.6%
1977年	3355人	75.9%	1526人	45.8%
1978年	2927人	77.8%	1193人	45.4%
1979年（1—5月）	984人	81.9%	410人	41.7%
总　计	15968人	74.6%	7435人	46.7%

注：5年平均中学生犯罪人数占全市中学生76万人的10‰，青少年犯罪人数占全市青年总数190万人的1.5%。

据上海市静安区延安中路街道调查：

项目＼分类	街道居民	青工艺徒（16—28岁）	中学生	待业青年	闲散劳力	中老年职工干部	退休职工干部	刑满释放和解除劳教人员
人　数	49527	9061	3919	1495	151	18520	5795	423
违法犯罪人数	623（1976—1979.6）	288	106	57	15	89	1	67
占同类人口的比例	1.26%	3.2%	2.7%	3.8%	10%	0.48%	0.02%	15.9%

从最近的统计材料，我们可以看出以下几个问题：

1. 青少年犯罪人数比文化大革命前有急剧增加。北京市中学生1978年为1965年的2.5倍，但犯罪人数却增加了12.51倍。

2. 青少年犯罪人数占犯罪总人数的比例增大了。天津1977年占75.9%，1979年占77.8%，1979年1至5月占81%。

3. 青少年犯罪人数占青年总人数的比例增加了。北京青少年犯罪率由1965年的0.43‰上升到1978年的2.37‰，为1965年的5.5倍。上海市区青年犯罪率竟高达4%。

二、必须有正确全面的估计

总的看来，这个问题仍然是前进中的问题，犯罪率在日趋下降，不是不可收拾，而是大有希望。

1. 粉碎"四人帮"以后，我国的刑事案件已开始下降。从今年年初的不完全的发案统计看，2月份比1月份下降50%左右；3月份各省市纷纷发出"通告"后，才又回升，尤其是"反革命案件"增长最快。

2. 与国外的粗略比较看来，我们青年犯罪率还是比较低的。据日本1978年《犯罪白皮书》记载，他们14岁到20岁的青少年犯罪率，在1970年曾达17.9‰（191002人）。以后陆续下降，1977年仍有162819人，犯罪率为17‰。英国伦敦有个工人区青少年犯罪率曾高达30%。而在我国，天津只占1.5‰，中学生犯罪也只有9‰。北京的中学生犯罪率也比较低，只有2.37‰。当然他们统计的标准不一样，有的把犯罪未遂也作为不诚实的违法，统计进去了。再就作案情节来说，象欧美那样，在光天化日之下偷车、抢劫、凶杀的案件，在我国还是比较少的。

3. 是下降中的上升。全国刑事案件的绝对数，在粉碎"四人帮"后逐年下降了。青少年犯罪案件也在下降，只是速度不及其他人口中刑事案件下降得快。因此就出现了象天津市那样的奇特现象，1979年1至5月犯罪人数只有984人，只及1978年全年的1/3，但青少年犯罪人数却占了全部犯罪人数1202人的81.9%。

4. 并非不可救药。只要我们全面贯彻三中全会精神，落实党和国家的政策，全党、全民动手，就会迅速扭转局面。今年6月以后，由于党委重视，团委和各部门配合，抓了道德教育，11个城市的青少年犯罪人数已大幅度下降（下降率约为14.3%）。贵州省委处理"启蒙社"、"解冻社"的事例，也充分说明，只要方针正确，不是人为地激化矛盾，而是转化矛盾，青少年包括一些惯犯是完全可以教育转变过来的。贵州省委和政法部门，遵照中央精神，克服惩办情绪，立足于拉，对收容教育的六个家庭出身、思想倾向都有严重问题的头头，进行说理教育，在教育的同时，还落实了对他们的政策，纠正了文化大革命中和以前对他们的错误处理，使他们提高了认识，回到了原工作单位，表示要为"四化"做贡献。如果今年3月以后逮捕的"反革命犯"，能参照贵阳处理"启蒙社"、"解冻社"的经验办理，矛盾性质可能不会不逐步转化，人数也不会有那么多了。

三、青少年犯罪的根源

关于犯罪的原因，从来的封建阶级资产阶级学者众说纷纭，莫衷一是。他们的共同特点，是把犯罪看成为与生具来，掩饰真正的社会原因。唐朝的长孙无忌在公元653年编制的《唐律疏义》中说：“人禀气之清者则见识高明，禀气之浊者见识沉滞，不加澄汰之功，则其识愈下，所为必陷于罪戾矣。”一言以蔽之，犯罪的人都是天生的“禀气之浊者”。国外宗教家更变本加厉地鼓吹人人有罪的原罪论。他们胡说什么，自从人类的老祖宗亚当在伊甸园中吃下了罪恶之树的罪恶之果，人类就与犯罪结下了不解之缘。奥古斯汀（353—430）更加以理论化系统化，他说：“亚当之犯罪不仅是先例，而且是遗传的犯罪。其结果，使全体人类具属有罪，除了依赖神之恩惠与慈悲之外，不能赎之。”

机械唯物论的意大利法学家龙布罗梭（Lombroso，1836—1906）则试图从人的生理特点来寻找犯罪的原因。他说：杀人犯的特征是冷酷地目不转睛地看人，颧骨高，牙齿长，嘴唇薄；小偷的特征是嘴唇厚，头发长，皮肤细腻。资产阶级刑法学家胡顿也认为，儿童犯罪的基本原因是遗传的要素（其中不应忽略酒精中毒和梅毒）。因此得出了灭绝人性的种族主义谬论，胡说什么：“如果生产这个犯罪的最新的原生质是肮脏的渣滓的话，那末，为他祈祷便是完全多余的事了。”

林彪、“四人帮”集中外古今唯心主义、形而上学的大成，极力宣扬反动的“血统论”，胡诌什么：“龙生龙，凤生凤”，“老子反动儿混蛋！”他们就是妄图用先天论、遗传论、血统论、种族论，来掩盖产生犯罪的社会根源——生产资料的私有制和建立在其上的阶级压迫和剥削制度。在马克思主义看来，犯罪这一社会问题，从来不是个人的孤立的偶然的行动。马克思、恩格斯在《德意志意识形态》一文中曾说：“犯罪——孤立的个人反对统治关系的斗争，和法一样，也不是随心所欲地产生的。相对地，犯罪和现行的统治却产生于相同的条件。”即“个人的物质生活方式。”（《马克思恩格斯全集》第3卷，第379页）

在原始社会，没有阶级，没有国家，也就没有犯罪。大多数的情况下，历来的风俗习惯就把一切关系调整好了。只有随着生产力的发展，私有制的产生，建立了人剥削人的制度，才会产生犯罪。在阶级社会里，罪犯大多数是失去土地、工作机会的农民、手工业者、他们的衣食无着，只好铤而走险。马克思说：“由于封建家臣的解散和土地断断续续遭到暴力剥夺而被驱逐的人，这个不受法律保护的无产阶级，不可能象它诞生那样快地被新兴的工场手工业所吸收。另一方面，这些突然被抛出惯常生活轨道的人，也不可能一下子就适应新状态的纪律。他们大批地变成了乞丐、盗贼、流浪者，其中一部分人是由于习性，但大多数是为环境所迫。”（《马克思恩格斯全集》第23卷，第802页）

工人对资产阶级的反抗，在产业革命初期就已经表现出来了。最早、最原始、最没有效果的表现形式就是犯罪。随着资本家利润的增加，犯罪案件也在不断上升，经常成正比例。“穷困让工人在几条道路中进行选择：慢慢地饿死，立刻自杀，或者随便在什么地方见到他们所需要的东西，只要可能就拿走，干脆说，就是偷。如果大多数的人宁愿偷东西而不愿饿死或自杀，那我们是不应该奇怪的。当然，工人中间也有许多人很讲道德，即使弄得山穷水尽也不愿去偷，而这些也就是饿死或自杀的人。”（《马克思恩格斯全集》第2卷，第401页）

一般来说，在经济危机和政治动荡时期，犯罪率就上升，在生产发展处于上升时期，犯罪率就下降，青少年犯罪尤其如此。在美国，从1960年以来，青少年犯罪的增长率已达成人的2倍。而且女孩的暴力犯罪增多，从1970年至1975年，18岁以下的女孩因严重罪行而被捕的比例增加了40％，男孩只增加了24％。

在日本我们看到经济状况与犯罪率的客观联系：

年　　度	国民生产总值（亿美元）	青少年犯罪人数（14—20岁）	犯　罪　率
1970年	1976.2	191002人	17.9％
1971年	2196.6	181446人	17.8％
1972年	2960	162723人	16.3％

我国现在青少年犯罪增加，与十年动乱及其影响没有完全消除，有很大的关系。

四、当前青少年犯罪的主要原因

在我们社会主义社会，为什么还存在着青少年犯罪？

1．我们新中国是在旧中国的废墟上建立起来的。因此，在经济、政治、道德和精神方面都不免带有旧社会的痕迹。即使在我们现在的社会主义社会，青少年犯罪的情形与资本主义社会也会有某些共同特征，如主要的案件以偷窃为主。以内蒙古为例，1978年统计的1018名青少年犯罪分子中，犯盗窃罪618名，占60％。日本1977年统计的16万2千8百19名青少年犯中，盗窃犯为8万9千4百72名，占55％。

解放后，我们在全国范围内进行了一系列民主改革和社会主义改造工作，但旧社会的痕迹和流毒，尤其是封建主义的遗毒还未彻底肃清。当前，作为阶级的地主、富农和资本家已经不复存在了。但也还有反革命分子、敌特分子、各种严重破坏社会主义秩序的犯罪分子、蜕化变质分子、贪污盗窃投机倒把的新剥削分子、“四人帮”的某些残余、没有改造好的地主富农分子和其他旧剥削阶级的残余，也还会继续坚持反动立场，进行反社会主义的经济、政治活动。

2．林彪、“四人帮”对政治、经济、思想等各方面的破坏所造成的影响远没有消除，造成了青少年犯罪增加的社会原因。

由于他们的破坏，把整个国民经济拖到了崩溃的边缘，人民生活极端困苦，不少青年铤而走险，堕入了犯罪泥坑。粉碎“四人帮”以后，经济战线出现了好的形势，但就人口平均来说，我国个人粮食占有量和国民收入还是比较低的。我们还有2000多万待业人口，一部分适龄青少年还进不了学校，这都是社会不安定的因素。

天津市今年第一季度的统计表明：青少年犯罪人数共392名，占犯罪总人数的77%。其中在校学生占43%，青工占16%，闲散无业社会青年占15%，农业社员占14%，倒流青年占12%。1977名强夺、抢劫案犯中，76名是青少年，其中学生占54%，社会青年占17%，青工占20%。据武汉市同期统计，在刑事犯罪分子1120名中，青少年731名，占犯罪总数的62.5%；待业青年罪犯200名，占青少年刑事犯的27%，占待业青年总数的3.6%。

据北京市少管所反映，由于没有安排就业，许多解除少管后重新犯罪的青少年，现在增至70%（文化大革命前的重新犯罪率是30%）。有一个外号"大洋马"的女青年，有悔改表现。解除少管后回到街道做了不少工作，检举了坏人，但两年多一直没有分配工作，以后就绝望自杀了。

太原市待业青年有3.5万人，西安市有5.76万人，武汉市有5.5万多人。加上今年高中毕业生的留城数字，这三个城市的待业青年就多达19万余人。如按武汉市第一季度的犯罪率3.6%计算，犯罪人数将达684人。如以全国数百万待业知青计算，犯罪人数将在万名以上，就业问题值得我们重视。

林彪、"四人帮"极力散布唯心主义的形而上学，把封建主义当成马列主义、毛泽东思想，把极左思潮当成社会主义，蛊惑天真无邪的青少年。特别是他们贩卖的流氓政治哲学，鼓吹无政府主义和"暴力论"，公开号召打砸抢是革命行动，践踏了社会主义道德，破坏了新中国的风尚，在幼小的心灵里，播下了犯罪因子。以上海为例，当张春桥鼓吹流氓杀人犯"是多么勇敢的人"的时候，1974年全市凶杀斗殴的发案数，比1965年猛增30多倍。林彪、"四人帮"是全国青少年犯罪的最大教唆犯。为解决青少年犯罪问题，我们还要花很大的力气肃清林彪、"四人帮"的流毒。

3. 我国目前生产关系和上层建筑中还存在妨碍实现四化的部分，社会上也存在不利于实现四化的旧习惯势力。解决这些问题是我国现阶段主要的矛盾。作为这个矛盾的反映，譬如现在某些教育、劳动等方面的某项政策，可能不利于青年的成长。如分快慢班造成了一些不良后果。又譬如官僚主义作风与封建家长式的教育思想，往往使青少年中的某些矛盾更加激化。这也是引起青少年犯罪的又一个因素。正如中央58号文件中指出的"对青少年犯罪问题，绝不能就事论事，孤立地去对待它。而应当同彻底肃清林彪、'四人帮'的流毒，同加快国民经济的发展、加强思想政治工作，健全民主和法制，积极搞好党风、民风，狠抓对青少年的培养教育等工作联系起来去考虑，去解决。"要肃清旧社会的残余和林彪、"四人帮"的流毒，还需要时间。旧的意识形态，我们制度中的某些缺陷，有的也一时难于纠正，这就给我们带来了不少矛盾。但是，在大量的人民内部矛盾面前，只要我们采取正确的政策，具有良好的作风，正确对待，消极因素也是可以转化为积极因素的。在这方面，来不得半点主观主义和官僚主义。要亲自出马，弄清情况，确定性质，采取实事求是的态度。可惜的是，有些领导（包括有些教师和家长），往往不严于解剖自己的工作，不以身作则，反而自以为是，甚至将正确的东西看成为错误而加以批评指责，动辄打骂，赶出家门、校门。有的甚至搞林彪、"四人帮"那一套无限上纲，批判斗争。这样做只能激化矛盾，引起严重后果。

据辽宁省公安局、锦州市、县公安局的调查，锦西县7名中小学生结伙盗枪预谋杀人案件，17、18岁的小青年，犯罪动机一是因被停学、转学，产生报复心理，一是因听不懂课程，长期旷课，学校不管，家长打骂，对前途失去信心，对老师和家长产生不满情绪。案件的发生反映了林彪、“四人帮”对青少年的毒害之深，同时也暴露了目前学校、家庭和社会对青少年教育上存在的种种问题。又如四川省西昌县新华公社原来一个进步的女青年、民兵副连长、团支部副书记叶天珍（贫农出身，22岁），因坚持晚婚，受到无法忍耐的欺压，引起一场恶性杀人案。1978年9月，年仅23岁的新疆石河子医院党支部委员蒋爱珍，因受人诬陷侮辱，不仅得不到领导的正确处理，反而受到更重的歧视和斗争，也引起了一件恶性杀人案。这种情况已经不是少见。大多是因为领导无视法纪，随意处置，枉法诬陷，以致矛盾激化，受害者走投无路，不按法定程序申诉，采取直接暴力报复行动，造成重大的人身伤亡，付出血的代价。这是很值得我们严肃对待的一个现实问题，应该在改革中认真加以考虑。

论我国青少年犯罪高峰期
（1985年）

郭　翔　马晶淼

从70年代以来，我国的青少年犯罪出现了一个高峰期。其来势之猛、波及之广、持续时间之长，都是空前的。1983年8月开展严厉打击严重刑事犯罪活动以来，青少年犯罪率曾有明显下降，但从1985年开始又逐渐回升，并出现了犯罪低龄化、犯罪手段成人化、犯罪性质严重化的趋势。现实生活表明，青少年犯罪已经成为我国一个严重的社会问题，成为干扰四化进行、影响社会治安、危害人民生命财产安全的重要因素，引起了全党全国人民和社会各界的密切关注。那么，我国青少年犯罪的这个高峰期是在什么样的社会背景下出现的？它有哪些主要的特点？为什么迄今为止还不能说这个高峰期已经过去？我们应该如何认识和把握这个高峰期的规律，采取什么样的对策？这些都是需要认真加以探讨的问题。本文试图对这次青少年犯罪高峰期的若干问题进行粗浅的分析。

一、我国青少年犯罪高峰期的出现及其发展演变过程

大家知道，中华人民共和国成立以后的十几年间，我国的青少年犯罪率一直是很低的。在50年代，全国大多数地方的青少年犯罪只占整个社会刑事犯罪的20%左右。到了60年代青少年犯罪率虽略有增加，但一般也不过占整个社会刑事犯罪的30%左右；个别城市虽然曾一度接近50%，但也有不少城市低于30%，那时就全国来说，青少年犯罪者还不到同龄青少年的万分之一。据对北京、上海、天津、沈阳、福州、郑州六城市的调查统计，1965年青少年犯罪人数有2257人，才占同龄青少年的万分之一点九九。所以在50年代和60年代上半期，青少年犯罪虽然有起有伏，但始终没有成为我国一个严重的社会

问题。这是当时人们有目共睹、交口称赞的事实。

但是在十年内乱中，由于各种社会矛盾、各种社会问题的积累、集聚和爆发，导致青少年犯罪的不断增长。到了70年代中期，我国的青少年犯罪出现了一个前所未有的高峰期。这个高峰期的主要标志是：（1）青少年犯罪占整个社会刑事犯罪的60—70%，有的地方甚至高过80%以上。（2）青少年犯罪的绝对人数大大增加。据对北京、上海、天津、沈阳、福州、郑州六城市调查统计，1979年青少年犯罪人数达到28902人，占同龄青少年的万分之二十点六，青少年犯罪绝对人数比1965年增加了12.8倍，除去人口增加的因素以外，相对比较青少年犯罪人数增加了8.6倍。在1983年，全国查获的青少年刑事犯罪人数占全国青少年总数的万分之十五，而在“文革”前，青少年犯罪人数在同龄青少年中一般不到万分之一。（3）各地发生的大案、恶性案件也大都是犯罪青少年干的。（4）在青少年犯罪者当中已经滋生了一批惯犯、累犯、教唆犯和团伙犯的头子。这些情况表明，我国青少年犯罪确实进入了一个高峰期，犯罪青少年已经成为我国当前社会刑事犯罪的主体。

人们的认识往往落后于现实。我们对这次青少年犯罪高峰期的认识也是这样。当这次青少年犯罪高峰期出现以后，我们并没有马上就认识到这是一次高峰期，而是当作青少年犯罪的通常的上升或增加来看的，并以为很快就会下降，趋于正常。然而，当这次高峰期以它固有的特点和规律性存在、运动、发展和持续的时候，人们才逐渐感到我国从70年代以来出现的青少年犯罪严重情况不是一般的、偶然的增加或上升，而是一个高峰期。于是一些实际工作者和研究工作者也都开始使用“高峰”、“高峰期”来概括这些年来的青少年犯罪情况。这说明我们对这次青少年犯罪高峰期的认识前进了一步。当然，用“高峰”来概括这次青少年犯罪情况是可以的，它比“增加”、“上升”都更接近于现实。但是，严格说来，我们认为用“高峰期”来概括这些年来的青少年犯罪，比用“高峰”更确切。因为“高峰”可以是短暂的，而我国当前的青少年犯罪其高峰持续的时间较长，所以用“高峰期”来概括更为恰当，更加符合实际情况。

我国这次青少年犯罪高峰期，大体可以分为四个阶段，即：初发阶段；持续上升阶段；相对均衡阶段；跌落、下降阶段。

初发阶段：从一些地方的粗略统计来看，这次高峰期大体上是从1973年或1974年开始出现的。（这里要说明一点，就是我们没有把“文化大革命”初期的打、砸、抢、抄、抓、武斗、诬陷、非法拘禁、逼供信、侮辱人格、诽谤、暗害、破坏生产等名为“革命行动”而实质上是违法犯罪行为包括在内，那时有多少天真的青少年及有落后思想或有劣迹的青少年受到欺骗、煽动而在这场社会大浩劫中扮演了“冲锋陷阵”的角色。）由于“文化大革命”鼓动起来的“革命狂热”、“个人崇拜”开始破产，被“斗争哲学”所掩盖下来的社会矛盾和社会问题逐渐暴露出来；我们的党，我们的人民民主专政的国家机构，我们良好的社会风气，整个社会的秩序等等，统统遭到破坏，而且还处在继续被破坏的情势中。人为制造的城镇青年“上山下乡”已经到了困境，许多青年倒流回城。而广大青少年的就学、就业又得不到合理的解决，一些人逐渐滋长了对社会的不满情绪，有些人精神空虚，无所事事。正是在这种情况下，首先从全国各大中城市开始，出现了青少年犯罪大幅度上升的情况，不少地方青少年犯罪占到整个社会刑事犯罪的60—70%。以天津市为例，1974年青少年犯罪人数占到全市社会刑事犯罪总人数的73.4%。所以这时可以说是青少年犯罪高峰期的始发阶段。

持续上升阶段：粉碎“四人帮”以后，特别是十一届三中全会以来，我们党做了一系列拨乱反正的工作，扭转了林彪“四人帮”在十年内乱中给国家带来的严重危机。但是，由于十年浩劫给全社会所造成的灾难不可能在短时期内消除，再加上西方资产阶级思想及其生活方式的渗透和影响，我国的青少年犯罪在粉碎“四人帮”以后并没有迅速下降和恢复到“文化大革命”以前的正常情况，相反，却出现了持续上升的趋势。据北京市统计：1977年，青少年犯罪占整个社会刑事犯罪的78.8%，1978年占到79.8%，1981年占到79.9%。天津市1977年青少年犯罪人数占全市社会刑事犯罪总人数的75.9%，1978年上升到78.8%，1979年又上升到81.9%。全国多数的大中城市的青少年犯罪，在粉碎“四人帮”以后，一直到1982年也都是持续上升趋势，大约从占整个社会刑事犯罪人数的60—70%上升到70—80%。当然有的地方，有的时候有所下降，但不稳定，是上升趋势中的下降。从总体上来说，这一阶段可以称为持续上升段阶。

相对均衡阶段：任何事物都有一定的“度”，我国这次青少年犯罪高峰期也是如此。如果说从70年代中期我国青少年犯罪进入一个高峰期的话，那么经过几年的持续上升，到了1978年、1979年和1980年直至1981年，青少年犯罪达到了最高峰。当然，从1981年开始，全国一些城市出现了下降的趋势，有的城市从1980年开始出现了下降的情况。这是全国人民努力的结果。鉴于青少年犯罪的严重形势，1979年8月党中央发出58号文件，提醒全党重视和解决青少年违法犯罪问题，并规定了一系列政策措施，中央发出这样的专门文件，新中国成立以来是第一次。接着，1979年10月，中央召开了城市治安会议，对打击刑事犯罪、维护城市治安作了工作布署。1981年5月，经中央书记处批准，中央政法委员会召开了五大城市治安座谈会，提出五大城市的治安要有一个决定性的好转。在各级党委的统一领导下，社会各个方面通力合作，实行“综合治理”，依法从重从快打击严重的刑事犯罪分子，分别对违法犯罪青少年采取社会帮教、工读、劳教、少管和判刑劳改等项处理措施，坚持教育、挽救、改造和感化的方针，加强对广大青少年政治思想教育、道德教育、法纪教育，切实解决他们的升学、就业、婚姻恋爱、文体活动、生活困难等实际问题。这样一些城市就不仅遏止住了青少年犯罪高峰期的发展，而且使青少年犯罪不断下降。但是，就全国范围来看，尚未出现全局性的下降趋势。由于造成青少年犯罪高峰期的原因和条件还没有完全清除，所以一些地方的犯罪率下降并不稳定，也就是说，还不能认为是稳定的、大幅度的下降，而是处于一种相对均衡的状态。这个阶段的特点表现为：多数城市的青少年犯罪明显下降，少数城市还在上升；学生犯罪明显下降，但有不少地方的青年工人，待业青年、青年农民犯罪在上升；城市总的来说在下降，农村相对来说在上升。在粉碎“四人帮”后的头几年，学生犯罪占第一位，待业青年犯罪占第二位。从1981年逐渐发生变化，到1983年，农村青年犯罪占第一位，青年工人犯罪占第二位；社会青年和学生分别占第三位和第四位。就全国范围来讲，1981年，青少年犯罪的高峰期已达到顶峰，一些地方的发展趋势已被遏止，开始出现跌落的迹象，但是高峰期还没有完全消退。因此，这一阶段可以称做为相对均衡的阶段。

跌落、下降阶段：从1983年夏季开始，在全国范围内进行了严厉打击严重刑事犯罪的斗争，犯罪率出现较大幅度的下降，社会治安明显好转。但是发展并不平衡，也不很稳定。我国青少年犯罪高峰期，当前就全国范围来看，其发展趋势已被遏止，并正在由相对均衡阶段向跌落消退阶段逐步过渡。据有关部门统计，我国发生的刑事案件，1980年为75万多起，1981年为89万多起，1982年74万多起，1983年为63万多起，此后每年为50多万起。这就说明，经过我们的努力，在严厉打击严重刑事犯罪的同时，加强和落实各项综合治理工作，就可以使跌落、下降阶段全面到来。那时，青少年犯罪将不是一般的下降，而是大幅度的下降，即出现跌落的趋势，高峰期逐渐消退。当然，此后青少年犯罪还会发生和存在，还会时起时伏，有多有少，但总的来说，青少年犯罪已不是我国一个严重的社会问题。我们能不能做到这一点呢？我们认为这是完全可以的。高峰期的发展趋势被遏止和城市青少年犯罪下降的情况表明，只要我们坚信党的领导，充分发挥社会主义制度的优越性，认真贯彻党中央制定的正确方针、政策、措施，政治上安定团结，经济上发展、繁荣，人民的生活不断改善，社会的道德风尚逐步好转，青少年的各种实际问题得到合理的解决，继续清除林彪“四人帮”给社会造成的严重恶果，抵制封建主义和资本主义腐朽思想和生活方式的影响，就完全有可能使这次青少年犯罪的高峰期跌落、消退下去，并且把握住预防、减少青少年犯罪和教育、挽救、改造违法犯罪青少年的主动权，使青少年犯罪的高峰期不致重新在我国出现。

以上我们对我国青少年犯罪高峰期的出现和演变过程作了概括的分析和预测。任何事物都有一个发生、发展和消亡的过程，我国这次青少年犯罪高峰期也是一样。如果说经过十年内乱和社会大破坏，它的出现是必然的、合乎规律的现象，那么随着拨乱反正和社会主义事业逐步走上正规，它的发展和消退也是不可避免的，也是一种必然的、合乎规律的现象。当然我们对这次青少年犯罪高峰期的出现、发展和消退的规律性是逐步才能认识的。因此，我们对这次青少年犯罪高峰期划分为四个阶段还是初步的、尝试性的。随着时间的推移，随着研究工作的进展和人们认识的加深，我们相信对青少年高峰期的出现、演变及消退的规律会认识得更准确，论述的更科学。下面，我们着重谈谈这次青少年犯罪高峰期的主要特点。

二、我国青少年犯罪高峰期的主要特点

为了更好地研究和认识我国这次青少年犯罪高峰期及其特点，我们不妨先看看外国青少年犯罪的严重情况，特别是日本在二次世界大战后出现的三次青少年犯罪高峰的情况。

众所周知，二十世纪以来，随着资本主义社会固有矛盾的加深，在一些主要的资本主义国家，青少年犯罪日趋严重。有的学者曾经估计，随着工业的发展和社会公众生活的日益现代化，他们国家的青少年犯罪会下降，然而事实却恰好相反，青少年犯罪不但没有下降，反而上升了。现在青少年犯罪率最高的国家是美国。1960年美国青少年的犯罪率为成年人的两倍，1980年美国发生的青少年犯罪达到150万起。一位美国学者感慨地说，在美国“许多年轻人，把抢劫、强奸、谋杀、伤害视为家常便饭，就象去观看一

场电影或参加一场即兴凑合的球赛一样。一代新的冷酷无情的变态的青少年似乎已经诞生。在今天的美国，没有比这更可怕的情景了。”

第二次世界大战后，日本的青少年犯罪出现过三次高峰。第一次是50年代初期，那时，因为战争给日本造成了经济破产，失业、饥饿波及全国，青少年犯罪出现了战后的第一个高峰，犯罪率达到青少年人数的12.1‰。第二次高峰是60年代中期出现的。按照一些人的说法，由于经济起飞，社会结构变动，教育跟不上，青少年犯罪率急剧增加，达到青少年人数的11‰。第三次高峰期是从1974年开始出现的，1978年，1979年，直至80年代的头几年，成为一个高峰期，犯罪率达到青少年人数的14‰左右。现在一些日本学者还没有认为第三次青少年犯罪高峰已经过去。

在其他资本主义国家，青少年犯罪也是日趋严重。当前，国外法学界一致认为："青少年犯罪将随着工业化和都市化的发展而增长，即使成年人犯罪可能下降，青少年犯罪也会上升"。不管他们叫做高峰期也好，不叫做高峰期也好，总的趋势青少年犯罪是上升的。可以说，犯罪特别是青少年犯罪将是资本主义社会的不治之症。这是勿庸置疑的。

然而，我国的情况却不同。我国这次青少年犯罪高峰期是特殊历史条件下的产物。虽然青少年犯罪已经成为我国当前一个严重的社会问题，但是同主要资本主义国家相比较，我国的青少年犯罪率仍然是较低的。美国青少年犯罪率高达5%左右，西欧一些国家为4%左右，日本1980年青少年犯罪率达到1.5%，而我国青少年犯罪率却低得多。所以我国虽然处在青少年犯罪的高峰期，但是比起美国、日本和其他资本主义国家来说，我国的青少年犯罪还不算是严重的。更重要的是，我们能够对青少年犯罪加以治理，不仅做到控制和减少犯罪，而且可以把违法犯罪的青少年教育、挽救和改造成为有用之材。这是我们优越的社会主义制度所决定的，而资本主义国家是难以从总体上做到这一点的。所以，我们不能简单地用国外青少年犯罪的严重情况和高峰期来硬套我国的青少年犯罪高峰期。换句话说，如果把我国青少年犯罪的高峰期和外国青少年犯罪高峰期相提并论，显然是不妥的。这是我们研究我国青少年犯罪高峰期的特点时应该特别加以注意的。

那么，为什么说我国当前的青少年犯罪处在一个高峰期呢？这是同我国解放以后青少年犯罪的历史情况相比较而言的。正如我们在前面所提到的，中华人民共和国成立以后，我国青少年犯罪率一直是很低的，只是经过“十年内乱”，我国青少年犯罪才大幅度上升，成为一个严重的社会问题。正是在这个意义上说，我国的青少年犯罪出现了前所未有的高峰期。

有的同志认为，建国以后我国的青少年犯罪，曾经出现过三次“高峰”或“高峰期”。我们不大同意这种看法。不错，我国青少年犯罪在1958年前后和60年代初期都有所增长。那时，由于工作指导上一些严重的“左”的错误，在国家和社会的政治生活和经济生活中出现了一些混乱，特别是由于大跃进造成的经济困难，引起了青少年犯罪的增加，有的城市青少年犯罪一度达到社会刑事犯罪的50%。但是这两次青少年犯罪的上升、增加，无论从发案数量上或危害性上均未构成严重的社会问题，未成为危害社会治安的重要因素，并且这种上升和增加很快被扭转过来。因此，把这两次青少年犯罪的上升和增加视为两次青少年犯罪的“高峰”或“高峰期”是值得研究的，这样就势必过分估计了这两次青少年犯罪情况的严重性。我们认为所谓“高峰”应该有它特定的含意和标志，正如同长江、黄河水的流量有高有低一样，在一般情况下，青少年犯罪也是有高有低的。长江、黄河的流量在某些季节的增加，并不等于洪峰的出现，只是这种流量达到了一定的标志，威胁着两岸堤坊的安全的时候，才能认为出现了洪峰。如果这种洪峰达到危险的标志，那就叫做出现了特大洪峰。青少年犯罪有时增加、有时减少乃是正常现象，那怕一时增加的较多，但如果尚未成为严重的社会问题，尚未构成危害社会治安的主要因素，那就不能视为出现了高峰或高峰期。正是基于这种看法，我们认为建国以来，我国青少年犯罪不是出现过三次“高峰”或“高峰期”，而是只出现过一次“高峰期”，那就是这次从70年代中期开始到现在还未完全消退的持续多年的“高峰期”。

我国这次青少年犯罪的高峰期有哪些特点呢？我们认为主要有以下几点。

第一个特点是：来势猛，波及广，持续时间长。

我国这次青少年犯罪高峰期的最突出的特点是来势猛，波及广，持续时间长。

所谓来势猛，就是这次高峰期不是由小到大、缓慢的、逐渐的演变成的，而是从1973年、1974年开始，青少年犯罪突然增多，一下子上升到占整个社会刑事犯罪的半数以上。而且它也不是从某一个地方首先爆发、逐渐蔓延，而是全国各大中城市几乎在同一时期都出现了青少年犯罪的严重形势。由于当时“四人帮”还在台上横行，广大人民同“四人帮”的矛盾、斗争和对抗，尚是国家社会生活中的主要问题，所以那时青少年犯罪“高峰期”虽然已经出现，虽然来势很猛，但相对来说，它是暂时被掩盖着，没有突出的显示为社会的严重问题。而“四人帮”的横行才是最尖锐的国家和社会的严重问题。粉碎“四人帮”后，青少年犯罪的严重性很快就显露出来，并且出现了持续上升的局面。

这次青少年犯罪高峰期不是局部的、地方性的，而是全国性的，波及的范围很广。它首先在大中城市出现，迅速地波及到小城镇，然后又波及到许多地方的乡村。所以从城市到乡村，从内地到边远省份，青少年犯罪都是一个很突出的问题。

所谓持续时间长，就是这次青少年犯罪高峰期不是一年、两年很快就消退下去，而是从70年代中期以来，直到现在，高峰期还在持续当中，没有完全跌落消失。正如我们前边所提到的这次高峰期的跌落消失是必然的，只不过是高峰期持续的过程较长罢了。如果认为青少年犯罪高峰期只是短暂现象或者希冀迅速消失，实践证明那是不切实际的。

第二个特点是：犯罪性质和犯罪类型的复杂性和多样性。

在50年代和60年代上半期，青少年犯罪不仅数量较少，而且案件性质和类别也比较简单，多数是小偷小摸，也有少量的是耍流氓、侮辱妇女、奸淫幼女等；杀人、抢劫、强奸虽然也有，但很少。然而在这次青少年犯罪高峰期中，一个重要的特点是犯罪案件不是局限于一种性质，也不是局限在单一的或某种类型的犯罪，而是表现为犯罪性质和犯罪类型的多样性和复杂性。

从犯罪性质上来看，政治性的即反革命的犯罪案件和一般的普通刑事案件，同时存在。前者数少，后者数多。

政治性案件是指以推翻人民民主专政的政权和社会主义制度为目的犯罪案件。在这次青少年犯罪高峰期中这类案件虽然数量不多，占的比例不大，但是各地仍然不断发生。据有关材料看，这类案件主要类型有：（1）同敌台挂勾，向敌特出卖国家情报的犯罪案件；（2）参加特务组织，接受敌特机关指派的任务，从事反革命破坏活动的犯罪案件；（3）组织反革命集团，阴谋推翻共产党领导的人民政府和社会主义制度的犯罪案件；（4）抢夺枪枝、弹药，秘密制造武器，阴谋进行反革命武装暴乱、"上山打游击"的犯罪案件；（5）进行反革命宣传和煽动的犯罪案件；（6）基于对党对社会主义制度的不满而实施的爆炸、放火、投毒、劫持飞机等犯罪案件；（7）组织利用封建迷信会道门进行反革命活动的犯罪案件，等等。上述各种类型的案件，从性质上来说都属于政治性的反革命犯罪案件。由于这类案件具有明显的反革命目的，直接危害着国家的根本制度和人民民主专政的政权，因而比其他刑事犯罪具有更大的危害性。决不能因为这类案件数量不多，而麻痹了我们的警惕性。

从这类案件的青少年案犯来看，有些是出身于剥削阶级家庭，思想没有得到改造，对党对社会主义有着阶级仇恨。但也有相当数量的是出身于劳动人民和干部家庭，从阶级根源上他们并没有阶级仇恨，只是由于受到敌人反动宣传的影响，中毒很深，盲目地崇拜资本主义制度，对党和社会主义十分不满，甚至发展到仇恨党、仇恨社会主义的地步；还有的出于贪财，或迷恋于腐朽的资产阶级生活方式而走上了反革命的道路；当然也有少数青少年由于无知，轻信敌人的谣言，而误入反革命的歧途。所以这次青少年犯罪高峰期中政治性的青少年案犯，其成员和思想是很复杂的，从事反革命犯罪活动的原因也是多种多样的。因此，我们对待这类青少年案犯必须采取分析的态度，坚决打击那些思想十分反动、极端仇视党、仇视社会主义制度的反革命犯罪分子，而对于那些由于各种原因误入歧途或偶而失足的青少年反革命案犯应采取分化瓦解的策略，对他们的犯罪活动在依法制裁的同时，还要对他们实行教育、挽救的政策，从而最大限度地孤立最顽固的犯罪分子。

近两年来，一些地方政治性案件有增加的趋势，有少数刑事案件的犯罪分子也在转化为政治犯罪。但是从总体上来说，在这次青少年犯罪高峰期中，政治性的案件毕竟是少数。据有关部门调查材料，绝大多数是普通刑事案件，即以危害公共安全、破坏社会主义经济秩序、侵犯公共财产如公民合法的个人财产、侵犯公民的人身权利和民主权利以及妨害婚姻和家庭为主要活动内容的犯罪案件，例如盗窃、诈骗、抢夺、抢劫、聚众斗殴、侮辱妇女、强奸、轮奸、伤害、杀人、走私、投机倒把、聚赌、贩毒、组织妇女卖淫、制作和贩卖淫秽品等等，犯罪类型之繁多，侵害的客体之广泛都是空前的，同50年代和60年代前期相比，这种变化确实是惊人的。为了进一步认识这种变化，应该着重指出以下几点。

1. 根据各地调查材料表明，在各类刑事犯罪案件中，最多的是盗窃、强奸、抢劫、伤害等几种犯罪。1979年全国查获青少年刑事犯罪案件中，盗窃罪占79.92%，抢劫罪占5.5%，强奸流氓罪占5.9%。某省1980年统计，在青少年犯罪案件中盗窃罪占77.99%，抢劫罪占6.3%，伤害罪占6%，强奸罪占5.6%。1983年全国查获的青少年犯罪人数中，盗窃占67.4%，强奸占8.3%，抢劫占7.1%，流氓占5.2%，诈骗占1.7%，凶杀占1.3%。这种情况反映了青少年犯罪者在犯罪动机和目的上大都是为了满足自己的荒淫无度的吃喝玩乐的欲望。在“文化大革命”前，青少年犯罪，除了一部分为了过腐化的生活外，相当数量是以非法手段为了获取基本的生活来源。因此，那时严重的犯罪较少。而现在的青少年犯罪者，他们在抢劫、盗窃财物之后就大吃大喝，大肆挥霍，或者奸污妇女、发泄兽欲，所以犯罪手段及造成的后果比过去要严重的多。

据某市的统计，1957年判处犯盗窃、抢劫罪的青少年案犯只有1人，1958年也是1人，而到了1981年，判处的犯盗窃、抢劫罪的青少年案犯高达519人，比1957年和1958年增加519倍。1957年判处杀人和伤害罪的青少年案犯1人，1958年也是1人，而1981年则判处这类青少年案犯159人，绝对数字比1957年和1958年上升159倍。1957年判处犯强奸流氓罪的青少年案犯2人，1958年是1人，而1981年判处这类青少年案犯131人，绝对人数比1957年上升了65.5倍，比1958年上升了131倍。当然，其他地方这几类案件上升变化不一定象某市这样突出，但是也是几倍、十几倍、甚至几十倍的增长。从这里可以明显的看出，这次青少年犯罪高峰期中的犯罪类型上的特点。

值得注意的是，近几年来，青少年犯罪中的抢劫案件、强奸流氓案件、杀人案件和伤害案件仍在不断上升。即便在“严打”以后，据一些地方的统计，凶杀犯罪、强奸犯罪未能出现下降的趋势，不少地方此类案件还在增多。同时，诈骗犯罪明显上升。据天津市统计，1984年凶杀案件比1983年在重大案件中所占的比例上升了4.31%，强奸，流氓犯罪1984年比1983年在重大案件中所占的比例上升了5.7%。由于这些案件直接侵害人民群众的生命财产和人身权利，所以认真查处、预防这类案件，对于控制、减少青少年犯罪有重要作用。

2. 随着整个社会刑事犯罪情况的变化，随着青少年犯罪意识的变化，青少年犯罪类型也处在不断变化当中。这种变化可以表现为两个方面。一方面原有的犯罪类型在数量上有的增加，有的在减少。另一方面，有些新的犯罪类型在不断出现。也有的犯罪类型在逐渐消失。比如前几年青少年中大规模的打架斗殴时常发生；近两年来却不多见了。前几年在城市的繁华街道、公共场所、大庭广众之中、光天化日之下，犯罪分子聚众侮辱、蹂躏妇女，搞流氓活动、抢劫活动，一度十分猖狂；近两年来，这类犯罪案件也不多见了。现在，卖淫、贩毒、吸毒、聚赌、走私、诈骗、流氓等违法犯罪活动有增加的趋势。有些地方赌博成风，由赌博直接引起的犯罪案件大大增加；有些地方破获了贩运毒品的犯罪分子和犯罪组织；有些地方暗娼活动比较猖獗，如上海一个区查处的卖淫妇女就有100多人。有的城市破获了地下妓院。解放以后，我们废除了娼妓制度，颁布了禁止贩毒、吸毒和聚赌的法律、法令，认真清理，查处了这类旧社会遗留下来的渣滓。在社会主义的新中国，贩毒、吸毒、卖淫这类违法犯罪现象几乎绝迹。但是，在这次青少年犯罪高峰期中，这类案件又重新出现，并在不断增加。这是需要我们认真加以警惕和防范的。

在犯罪类型的变化中，新出现了一种危险的犯罪类型，这就是劫持飞机的事件。1981年广州就有几个青少年犯罪分子阴谋策划劫持飞机，但因发现的早，计划破产。而1982年夏发生西安至上海的航次的劫机事件，由于我们民航机组人员的机智、勇敢，在旅客的配合下粉碎了这一事件，公安政法部门将劫机的五名犯罪分子全部抓获，并依法予以处决。1983年终于发生了“五五”劫机事件。在此前后，也发生一些劫机未遂事件。这说明青少年犯罪在类型上出现了新的升级。同时，也向我们提出了一个问题，就是我们过去所没有的、而在国际上已经存在的犯罪类型，在我国青少年犯罪高峰期中还会不会再发生呢？这是我们应该认真加以研究、预测和防范的。

3. 在“文化大革命”前，青少年犯罪者通常一人实施一种犯罪，或者说是实施着单一类型的犯罪。如盗窃犯，只是实施盗窃罪行，一般不犯其他类型的犯罪。在这次青少年犯罪高峰期中，有相当数量的青少年犯罪人员不只是实施一种类型的犯罪，而是常常实施多种类型的犯罪。有的犯罪分子既实施抢劫犯罪，也实施盗窃犯罪和流氓犯罪。有些流氓犯罪分子又实施抢劫犯罪和盗窃犯罪。并且，他们实施的犯罪类型也在变化当中，有的此时主要实施盗窃犯罪，后来又变为主要实施抢劫犯罪。由于青少年犯罪者身上通常带有凶器，在实施犯罪活动时，有时兼犯伤害，杀人罪。这些情况从另一个角度表明青少年犯罪类型的复杂性和多样性。针对这个特点，我们在查处青少年犯罪案犯时，就要考虑既要找出其主要的犯罪罪行，又要考虑是否实施其他类型的犯罪活动。有时可能被我们首先发现的是次要的犯罪活动，而实际上另一种或几种更为严重的类型的犯罪活动，他们已经实施并且造成了严重的后果，但是尚未被我们侦破。因此，在清查全部犯罪活动的基础上，如果是实施多种类型的犯罪，那就根据刑法的规定，相应地确定有关罪名，并按照数罪并罚的原则予以处理。

第三个特点是：大案、恶性案件不断出现。

在“文化大革命”前，社会上发生的大案、恶性案件极少，而属于青少年作案的则更为罕见。那时，如果哪里发生一件青少年杀人案件，强奸、轮奸案件，人们都会感到震惊。但是，在这次青少年犯罪高峰期中，大案、恶性案件不断出现，而且大都是青少年作的案。这是此次青少年犯罪高峰期的另一个重要特点。

1979年9月9日，上海市发生了震惊全市的流氓聚众扰乱公共秩序和侮辱妇女的“控江路事件”。他们围攻、辱骂人民警察，破坏交通，拦截车辆，殴打侮辱行人，以致发展到扒掉一位女青年的衣服，肆意催残、侮辱达数十分钟之久，围观群众达一、两千人，造成了极坏的影响。象这样的案件，上海市人民说是“解放以来所未有，解放以前所罕见”。在此前后，全国一些省市和地方都陆续发生了流氓聚众侮辱妇女的事件。有的甚至在大街上当众强奸妇女，可谓猖獗之极。

在伤害案件中，用镪水毁人面容者有之；伤人重要器官、肢体致人伤残者有之；以伤害他人取乐者有之。河南有一个犯罪分子专门用刮脸刀毁伤女青年的面容，有多人受伤害，一度闹的人心慌慌；贵阳、广州都发生了犯罪分子乘卡车用绳子套路旁的女青年的恶作剧事件。这种性质恶劣的伤害罪，也为过去所少见。

在凶杀案件中有的手段之残忍，后果之严重也是前所未有的。例如有的抢夺枪支射杀干部群众数十人，有的在公共场所进行爆炸，造成几十人，甚至上百人的伤亡。北京市首都汽车公司23岁的女司机姚锦云，1982年初驾驶汽车在天安门前撞死群众5人、伤17人，其中重伤11人，在天安门前发生这样大的恶性案件，建国以来还是第一次。有的犯罪分子强奸妇女之后把受害人杀死；还有的恋爱破裂后，进行报复杀人，广东省一个25岁的犯罪分子因失恋，一连杀死女方3人，重伤6人。有的犯罪分子，把妇女杀死后又进行奸尸，还有的犯罪分子强奸妇女后把受害人杀死割下乳头抛着玩。至于杀人后分尸、碎尸更是屡见不鲜。这些极端残忍、极端野蛮的犯罪行为确实令人触目惊心。特别需要提出的是，近几年来，青少年犯罪中亲杀犯罪的不断发生。我们知道，尊敬父母、关心子女，这是中国家庭的历史传统。在中国历代刑法条文中都把亲杀，特别是把杀死尊亲属作为最严重的犯罪，给予最严历的处罚。解放以后，我国的家庭成员之间建立了新型的关系。互相爱护、互相帮助、互相关心、尊老爱幼，是处理家庭成员间关系的重要原则。所以在“文化大革命”前，极少发生亲杀现象。但是在这次青少年犯罪高峰期中，亲杀犯罪，特别是子女杀死父母这种极端野蛮的犯罪屡有发生。某市有两个犯罪分子把当过红军的父亲杀死；河南洛阳一个14岁的孩子用斧头把自己的亲生父母砍死，政法部门把他关起来后问他“后悔不后悔？”他居然回答说：“不后悔!”江苏医学院镇江分院一个大学生，要和原来农村的对象告吹，遭到父母的反对，他竟趁其父母患病需要打针之机，把毒药注射到父母身上，害死了自己的亲生父母，等等。亲杀犯罪这种恶性犯罪案件的出现，使我国传统的伦理道德遭到了严重的挑战。虽然在整个凶杀案件中，亲杀还是极少数，但因其性质恶劣，后果严重，影响极坏，不能不引起我们的高度注意。

大案、恶性案件对社会造成的危害比其他犯罪案件要严重的多。哪个地方发生了这类案件，那里的群众就会惶惶不安，在工作、学习、生活中就缺乏一种安全感，给人们的心理上造成一种恐惧和压力，并且在社会上引起某种程度的混乱。所以在一定意义上说，大案、恶性案件的发生率是衡量社会治安情况的标志。正如我们前边所说的，在50年代和60年代上半期我国的社会秩序和社会治安状况是良好的，那时极少发生大案和恶性案件，只是伴随着这次青少年犯罪高峰期的出现，大案、恶性案件，甚至特大恶性案件不断发生，这在一定尺度上讲可以反映出这次青少年犯罪高峰期的严重程度。应当指出，这些年在许多地方青少年犯罪出现下降的情况下，有些地方的大案和恶性案件不但没有减少，反而上升了，特别是由于内部矛盾导致激化而发生的凶杀案件增加较多，这是需要我们认真加以研究和解决的。

第四个特点是：团伙犯罪成为我国青少年犯罪的主要活动形式和组织形式。

在“文化大革命”前的青少年犯罪中，团伙性的犯罪极少，特别是以“哥们义气”为精神支柱和思想纽带的团伙犯罪更为少见。别说是团伙犯罪，就是一般的落后群体和违法群体也是不多的。那时我们的党团组织、少先队组织及其他群众团体坚强有力，把广大青少年吸引和组织到正常的活动之中，并且培养着他们革命的组织性和纪律性。在青少年当中，任何非组织的、小集团性的落后活动或违法活动都会遭到坚决的制止，在这种情况下，团伙犯罪也自然难以滋生。

然而，由于“文化大革命”当中允许各单位、各部门、各地区、各系统的群众自行串连，结成各种形式的“群众组织”，这就使拉帮结派的思想和风气泛滥起来。各种落后群体、违法群体、甚至犯罪团伙应运而生，并且一茬又一茬地蔓延，从而成为我国这次青少年犯罪高峰期中的又一个突出的特点。据有关材料统计，全国各大中城市，甚至一些小城镇都有一批大小不一的犯罪团伙，有的几人、十几人，有的甚至多达几十人、上百人。他们或争霸一方，或流动作案，成群结伙的进行流氓、盗窃、抢劫、强奸、轮奸、打架斗殴、扰乱公共秩序、行凶杀人等犯罪活动，严重地危害社会治安，腐蚀广大青少年。群众称它们为“社会的恶势力”、“社会的癌细胞”、痛恶至极。

团伙犯罪实际上是共同犯罪的一种形式，是集团犯罪在新的条件下的表现。因而，它既具有刑法所规定的共同犯罪和集团犯罪的特征，又具有其自身的特点。这主要是以“哥们义气”作为精神支柱和思想纽带，在组织形态上表现为多样性、复杂性和不稳定性，并且通常实施多种犯罪活动。当前的青少年犯罪团伙，除了那些一哄而起、一哄而散的临时纠合性的团伙以外，在其内部结构上，一般都由头子和骨干分子、一般成员、受蒙蔽或胁从成员所组成，而在犯罪团伙中起主导作用、组织作用、指挥作用、核心作用的则是犯罪团伙的主要头子和主要骨干，他们的地位和作用决定着犯罪团伙的性质和犯罪能量，因此，他们比其他犯罪团伙成员具有更大的危害性。

犯罪团伙的头子和主要骨干，不管有没有名目，他们对于犯罪团伙来说，都具有相当的“权威性”。这种“权威性”是在犯罪实践活动中形成的。从犯罪团伙的实际情况来看，成为头子和骨干的，大体上有以下几种情况：（1）有犯罪经验。往往谁犯的罪越多，谁被政法部门抓捕、处罚的次数越多，谁在犯罪团伙中的地位就越高。（2）有一定的犯罪组织能力和指挥能力，能为犯罪团伙出谋划策者。（3）在犯罪活动中，出力最多，在行凶、杀人、打架斗殴犯罪活动中，不怕死的亡命之徒。

此外，极少数犯罪团伙的头子和主要骨干是女流氓，这种人具有很大的腐蚀性，他们像“蜂王后”一样吸引、聚集着一批男女犯罪分子，进行猖狂的犯罪活动。

从“严打”情况来看，犯罪团伙、特别是那些严重的犯罪团伙的头子和主要骨干，多数是惯犯、累犯或由少管、劳教、劳改场所逃跑的人员组成。这些人过去就参加过犯罪团伙，甚至是犯罪团伙的头子或骨干分子；有的是作恶多端的犯罪分子。这些人虽被政法部门抓获、惩处，但是他们没有真正认罪服法，没有彻底揭发、交代自己和同伙的罪行。他们在少管、劳教或劳改场所不是老老实实的接受改造，而是钻我们的空子，互相传习犯罪的“经验”。这些人出生在世界上不过一、二十年的光景，但在他们脑子里却充满着腐朽的人生哲学和混世哲学，存在着浓厚的犯罪意识。这些人期满放回或者中途逃跑以后，就很快投入新的犯罪活动，或者继续参加原来的犯罪团伙，或者重新组织新的犯罪团伙，教唆、引诱、煽动、蒙蔽、腐蚀、拉拢一些具有违法落后行为或者无知的青少年走向犯罪的道路，使之成为团伙犯罪的成员及后备军。这些人是青少年犯罪和青少年团伙犯罪中最危险的成份，因而是我们在同犯罪团伙斗争中应该重点加以打击的对象。

团伙犯罪的类型和社会刑事犯罪的类型是一致的，是成正比的。从性质上说，当前政治性的犯罪团伙是少数，大量的是普通刑事犯罪团伙。而在普通刑事犯罪中，又以盗窃犯罪团伙、抢劫犯罪团伙、流氓强奸、轮奸犯罪团伙、伤害犯罪团伙、赌博和卖淫犯罪团伙居多。

当前的青少年团伙犯罪既然是伴随着青少年犯罪高峰期间出现的，两者都是特定社会条件下的产物，因而也都处在不断变化之中。不仅团伙犯罪的类型处在不断变化当中，而且犯罪团伙的组织形态也处在变化当中。1983年夏季开展“严打”以来，我们查获、摧垮了十几万流氓团伙，给团伙犯罪以沉重的打击。现在许多团伙趋于瓦解；有些团伙向犯罪集团演变，有可能成为职业性的犯罪团伙；有些新的犯罪团伙还在不断的滋生出现。近两年来，一些新出现的犯罪团伙，组织严密，有名称、有分工、有盟约，什么“东方五怪”、“群花会”、“十字架军团”、“神幻党”、“红色造反旅”、“十大罗汉”、“斧头帮”等等，进行猖獗的犯罪活动。根据各地的情况表明，团伙犯罪作为青少年犯罪的主要组织形式和活动形式，不会在短时间内消失，有人估计即便这次青少年犯罪高峰期已经跌落消退，那么团伙犯罪还可能是那时的青少年犯罪的重要形式。

第五个特点是：在青少年犯罪者中滋生出一批惯犯、累犯、教唆犯。

在“文化大革命”前，社会上的惯犯、累犯、教唆犯大都是成年犯罪分子；青少年犯罪者中多数属于偶犯，并且经过查处和教育改造，一般都能悔过自新，改邪归正。所以那时在青少年犯罪者中惯犯，累犯和教唆犯比较少见。然而，随着这次青少年犯罪高峰期的出现，除了少数没有改造好的旧社会的渣滓和刑事犯罪分子又趁机进行各种犯罪活动，并教唆一些青少年违法犯罪之外，特别值得注意的是在当前的青少年犯罪者中已经滋生出一批新的惯犯、累犯和教唆犯。这是这次青少年犯罪高峰期的又一个特点。

在青少年犯罪者当中，滋生出一批惯犯、累犯和教唆犯，也是一种合乎规律的现象。由于青少年犯罪高峰期持续的时间较长，由于社会上存在着各种矛盾和问题，在青少年犯罪人员中出现分化、演变是必然的。在强大的人民民主专政面前，在实行综合治理和政法部门加强了对刑事犯罪打击的情况下，在党的正确政策的感召下，大多数青少年犯罪分子经过依法处理和教育、挽救、改造之后，他们便由危害社会的消极因素转化为社会的有用的积极因素；其中有一部分人还跨进了建设社会主义的先进行列，这是一方面的变化。另一方面，有少数青少年犯罪分子虽然不再进行犯罪活动，但是比较消极，还没有完全转化为建设社会主义的积极力量；有的还是在走向新生或者是继续犯罪的道路上徘徊。除此以外也有极少数青少年犯罪分子，他们恶习很深，犯罪意识浓厚，虽经多次查处和教育改造，但没有认罪悔过之意，却在犯罪的道路上越滑越远，成了惯犯、累犯和教唆犯。由于他们是几进“宫”的人物，从反面积累了对付政法部门侦破、审讯和进行反改造的“经验”，而且这些人有作案的经历，有的是“多面手”，他们阴险狡猾，作起案来往往心狠手毒，有些大案和恶性案件多是这些人干的。特别需要提出的是，其中有些惯犯、累犯兼为教唆犯，他们对违法犯罪青少年起的教唆作用比老的教唆犯要大的多，快的多。这是由于他们的年龄、生理、心理、志趣等自身的特点，使得他们最容易腐蚀、拉拢、引诱、教唆有劣迹的或无知的青少年下水。正因为如此，他们对社会的危害性要比一般的犯罪分子，甚至在一定程度上也比老的惯犯、累犯和教唆犯大的多。这些人是青少年犯罪中最危险的成分，是我们同刑事犯罪作斗争的重点打击的对象。正如我们前边所提到的，由于这次青少年犯罪高峰期的持续时间较长，产生一批新的年轻的惯犯、累犯和教唆犯是不奇怪的。反过来，他们的存在，他们的犯罪活动，他们对社会的危害能量，他们对一些青少年的腐蚀教唆作用，又不断使一些青少年初犯加入犯罪者的队伍。因而他们在一定意义上又是这次青少年犯罪高峰期持续的因素。所以解决好青少年犯罪者中的惯犯、累犯和教唆犯问题，是促使这次青少年犯罪高峰期跌落和消失的不可忽视的方面。

应当看到，这些新生的惯犯、累犯和教唆犯并不是铁板一块的和永远一成不变的，他们也是处在分化和变化之中。随着这次青少年犯罪高峰期的消退，青少年犯罪者中的惯犯、累犯和教唆犯的数量将会大大减少。在社会主义的中国，想以犯罪为职业、终生从事犯罪活动是绝对行不通的，人民不允许，国家的法律不允许，社会的发展不允许。所以经过我们反复的工作，青少年犯罪者中的一些惯犯、累犯和教唆犯还是可以转化的。至死不变、决心危害社会、危害人民到底的只是极少数，而且由于他们自己的罪恶行径终究逃脱不了国家法律的严厉惩罚，将在社会上陷于极端孤立的地位。

第六个特点是：青少年初犯不断补充犯罪的队伍。

“文化大革命”前，由于青少年犯罪率很低，所以青少年初犯数量不大，每年加入犯罪队伍的青少年数量也不大。但是在这次青少年犯罪高峰期中，一个重要的特点就是不断有相当数量的青少年初犯加入到犯罪者的队伍。这也是此次高峰期持续时间较长的一个重要表现。

在“文化大革命”前，不仅青少年初犯数量较少，而且走向犯罪道路的过程也较长，青少年初犯一开始就作大案的极少。而现在青少年初犯不仅数量多，而且进入犯罪的过程较快，有些青少年初犯一开始就作起大案或恶性案件，带有盲目性，突发性的特点。由于青少年初犯一批又一批、一茬又一茬地不断出现，于是就出现了这样一种情况：一方面经过我们的工作，一批青少年犯罪分子不断被教育、挽救过来，特别是那些偶然失足的初次违法犯罪人员和已经20多岁、有了工作、有了家庭或者正在面临着就业，恋爱婚姻问题的违法犯罪分子，经过我们的工作，较易于改恶从善，这样原来的犯罪者不断转化为社会主义的建设者；然而另一方面，又不断有相当数量的青少年初犯加入到犯罪队伍，这就形成了青少年犯罪率没有出现大幅度下降的局面。

为什么青少年初犯一批又一批，一茬又一茬的出现呢？这主要是社会各种矛盾和各种问题的综合产物。除此之外，从我们工作上来讲，就是我们对青少年犯罪高峰期的特点缺乏清晰的认识，各种防范工作没有做好。在社会各种不良因素的引诱下，在青少年犯罪处于高峰期的历史条件下，在一些惯犯、累犯和教唆犯、团伙犯头子的腐蚀、勾引下，一些鉴别能力差、天真幼稚，或者品德不良的青少年易于走上犯罪的道路。从近几年的情况看，未成年初犯有不断增长的趋势，初犯者有低年龄化的趋势，如某大城市查获的未满十八岁的少年案犯，1981年占青少年犯罪总数的18.9%，1982年为25.2%，1983年为27%，1984年上升到34%。这种动向应当引起社会各界的注意。所以认真预防和解决好青少年初犯的问题，也是促使青少年犯罪高峰期跌落消退的一个重要方面。

我们除了做好预防工作，尽量减少青少年初犯的发生以外，对已经出现的青少年初犯，由于他们是第一次犯罪，犯罪意识还没有深化，一般恶习不深，而且作案后有害怕、悔恨的心理，被抓获后一般又具有悔过、服罪的心理，存在着教育、转化的有利因素。针对这种特点，既要依法惩处，又要立足于对大多数进行教育、挽救和改造工作，一方面促使他们重新做人，另一方面不致使他们变为惯犯和累犯。从这个意义上来讲，对于遏止青年犯罪高峰期的持续发展，使之逐渐减退也有着一定的作用。

此外，我国这次青少年犯罪高峰期中还有些别的特点，比如犯罪者绝大多数都是劳动人民家庭出身的子弟；犯罪呈现低龄化趋势；犯罪形态和犯罪类型现代化、国际化的趋势；女青少年犯罪占有一定比例，而且还有增加的趋势，其犯罪类型多是性乱方面的流氓犯罪，她们不仅具有腐蚀性，而且往往是造成其他犯罪如抢劫、盗窃、伤害杀人等犯罪的祸根。这些都是以往的青少年犯罪中所少见的。至于其他的特点，这里不再一一赘述。

综上所述，这次青少年犯罪高峰期和50年代、60年代上半期的青少年犯罪有着明显的不同。这些特点，充分反映出在这次高峰期中，青少年犯罪的严重性、复杂性和对社会的危害性，反映出各种社会矛盾和问题对青少年成长影响的深刻性；同时也反映出解决青少年犯罪的艰巨性和长期性。认真地分析和研究这些特点，对于我们认识这次青少年犯罪高峰期的规律，采取正确的对策具有重要意义。

三、青少年犯罪高峰期出现的主要原因

犯罪作为一种社会现象，它的产生和存在都有一定的社会原因的。我国这次青少年犯罪高峰期的出现也不是偶然的，而是有着它深刻的社会原因和历史条件的。

我们的国家现在是工人阶级为领导的以工农联盟为基础的人民民主专政的国家，我们的社会是以生产资料公有制为基础的社会主义社会。社会主义制度不同于历史上存在的以私有制为基础的一切人剥削人的社会制度。我国社会主义制度本身从根本上来说，不产生犯罪，相反，它最终要杜绝和消灭犯罪。但是社会主义制度的确立，并不等于完全消灭了社会上的丑恶现象，也不可能一下子完全铲除犯罪产生的社会条件。因为社会主义社会不是从天上掉下来的，而是从旧的社会脱胎而来的，正如马克思经典作家所强调指出的，它不可避免地在政治上、经济上、文化上、道德上等各个方面带有旧社会的痕迹。旧的剥削阶级虽被推翻，但是阶级的消灭和各种剥削阶级分子的改造将有一个过程。即使在剥削阶级作为一个阶级被消灭以后，社会上还会有没有改造好的剥削阶级分子，还会有各色各样的反社会主义的残余势力，而剥削阶级的意识形态则将长期存在。我国是一个具有漫长的封建专制统治历史的国家，封建主义的思想道德观念，传统习惯根深蒂固，影响深远。它在现实生活中还在影响人们的思想和行为。由于国际上还存在资本主义制度，它必然向社会主义社会进行渗透，用它的金钱和物质以及意识形态、生活方式来腐蚀和影响我们的社会，毒害我们的青少年一代。因此在社会主义社会的一个相当长的历史阶段，阶级斗争将在一定范围内存在。在这种情况下，少数人受到剥削阶级思想的腐蚀和影响而走上危害社会的道路，甚至陷入违法犯罪的泥坑将是不可避免的。由于青少年正处在长身体、长知识、逐步形成人生观、世界观的重要时期，在生理和心理上存在着与儿童和成年人显然不同的一系列特点，并且由于他们缺乏鉴别力和抵抗能力，又具有很大的可塑性，因此，容易接受外界的影响。由于社会主义的积极因素在社会上占有主导的地位和巨大的优势，这就使得广大青少年能够健康成长；但又由于社会主义社会还存在着反社会主义的分子、剥削阶级的思想影响和各种丑恶现象即所谓旧社会的痕迹，少数青少年受到腐蚀、影响，尤其是不可避免的。因此，在社会主义社会里还会发生犯罪现象，还会出现青少年犯罪。这一点也不奇怪。如果认为社会主义制度一经建立就可以立即消灭犯罪，不再出现青少年犯罪，那只是一种不切合实际的幻想。所以问题不在于

社会主义社会产生不产生犯罪，而在于如何充分发挥社会主义制度的优越性，逐渐减少犯罪，控制犯罪的蔓延以致最后杜绝、消灭犯罪。

我们知道，社会主义社会是一个很长的历史阶段，在社会主义社会不仅存在着犯罪现象，而且在某种条件下，在某些时候，还会出现犯罪增长的现象，还会出现曲线，并且恰恰是在起伏中不断减少和消灭犯罪的。这也可以说是社会主义社会里的犯罪从产生、变化到消灭的一种规律性的东西。如果认为社会主义社会里的犯罪现象只有直线下降，没有起伏，那才是奇怪的。因为，如同任何事物一样，社会主义社会也是在矛盾斗争中运动发展的。在社会主义社会里，促进社会发展的积极的进步的健健的因素和力量，不断同阻碍、影响社会发展的消极的落后的丑恶的因素和力量在斗争着。社会主义制度确立后，正是在这种曲折的、复杂的斗争中不断完善、巩固和强大起来的。社会主义社会的这种矛盾斗争过程是不依人们的意志为转移的，而这种矛盾斗争的状况和形势，必然对犯罪发生直接的的或间接的影响。我们建国以后的历史表明，当社会主义事业顺利发展的时候，犯罪率就低（包括青少年犯罪），而当社会主义事业遇到挫折的时候，犯罪率就升高。这就是说，在我们社会主义社会里不仅存在着产生犯罪的因素，而且孕育着在某种条件下犯罪增长的因素。

还有，既然社会主义社会是从旧社会脱胎而来的，那末社会主义制度自身必然有一个不断完善的过程；某些具体制度不可避免地还有弊端、弊病。这种弊端、弊病不仅影响社会主义制度的优越性的发挥，而且直接或间接对社会主义社会里犯罪发生影响，这种影响或者可以助长犯罪的发生，或者减弱同犯罪作斗争的力量，并且在一定条件下，成为促使犯罪增长的一种因素。

但是，这并不是说，在社会主义社会必然要出现青少年犯罪的高峰期。我国这次青少年犯罪高峰期的出现，是特殊历史条件下的产物。在这里我们不要把青少年犯罪产生及有时增长的原因同青少年犯罪高峰期出现的特定原因完全等同起来。两者既有联系又有区别。我们既要分析在社会主义条件下青少年犯罪产生的一般原因，也要探讨青少年犯罪高峰期出现的特殊原因。只有这样，才能使我们的认识建筑在科学的基础之上。

世界上任何事物的因果关系都是错综复杂的，特别是重大的社会现象更是这样。科学的任务就在于揭示出决定事物存在和发展的主要的、根本性的原因。我国这次青少年犯罪高峰期的出现，原因当然是多方面的，但是根本的决定性的原因就是十年内乱给社会造成的大破坏。

党的十一届六中全会《关于建国以来党的若干历史问题的决议》中指出：“‘文化大革命’不是也不可能是任何意义上的革命或社会进步”，“历史已经判明：‘文化大革命’是一场由领导者错误发动的、被反革命集团利用，给党、国家和各族人民带来严重灾难的内乱”。很明显，这种灾难的突出表现之一就是青少年犯罪高峰期的出现。

1979年8月党中央在一个关于提醒全党重视解决青少年违法犯罪问题的文件中，明确指出：“近十多年来，由于林彪、‘四人帮’极左路线的严重干扰，由于他们种种反动思想及谬论的影响，把我们的国民经济破坏了，也把我们良好的党风、民风和社会风气破坏了，使我们广大青少年深受其害，深受其毒。这是当前青少年违法犯罪情况如此严重的根本原因。”党中央的这个正确分析和论断，明白无误地指出了我国这次青少年犯罪高峰期出现的根本原因。

“文化大革命”不仅给我国的政治、经济、文化、教育、思想、道德、法制等各个方面造成了极其严重的破坏，而且极大地摧残和影响了青少年一代的健康成长。在这场长达十年之久的全面内乱和浩劫中，一方面各种危害社会主义事业和青少年心灵的因素泛滥蔓延，另一方面社会主义的积极因素和力量遭到极大的破坏和削弱，整个社会包括青少年抵制“病菌”侵袭的能力大大下降。在这种情况下，一部分青少年走上邪路，甚至违法犯罪是不可避免的。因而青少年犯罪的高峰期的出现。乃成为必然的合乎规律的现象。相反，经过十年内乱给社会造成的全面大破坏，如果不出现青少年犯罪高峰期，那才是奇怪的，不可思议的事情。

当然，青少年犯罪高峰期并不是在“文化大革命”一开始就出现的，“文化大革命”给社会造成的破坏有一个日益发展和严重的过程，人们对这种破坏也有个日益加深体会和认识的过程。由于当时政治动乱席卷全国，所以青少年犯罪的严重情况还没有立即爆发出来，但是已经酝酿着青少年犯罪的严重危机。到了70年代中期，青少年犯罪迅速增加，开始出现了青少年犯罪的高峰期，并且持续到今天还没有完全消退下去。

有的同志提出，粉碎“四人帮”已经好多年了，为什么青少年犯罪还很严重？因此对“十年内乱”是造成这次青少年犯罪高峰期的根本的决定的原因还缺乏足够的认识。应当充分地看到，“文化大革命”给社会造成的破坏不是一般的破坏，也不是局部的破坏，而是长达十年之久的全面大破坏；这种破坏不是仅仅涉及到某些方面、某些领域，而是涉及到政治、经济、思想、道德、文化、教育、法律等各个领域各个方面，从上层建筑到经济基础，从党、国家、社会到各个单位、各个家庭都造成了严重的破坏；而且这种破坏是具有很高威信的中国共产党及其领导者在以“革命”的名义下来发动的。因此其对青少年的毒害和影响的严重性、深刻性、复杂性和持久性是难以估量的。这种破坏、毒害和影响决不是在粉碎“四人帮”以后短短几年所能消除的。特别是政治、经济及人们的理想、信念、道德、法纪观念、人际关系等方面的破坏，更不是在短时间内所能解决的。在这种情况下，粉碎“四人帮”以后，青少年犯罪高峰期持续一段时间是必然的，合乎规律的；如果在粉碎“四人帮”以后，青少年犯罪高峰期随之立即消退，那才是不合逻辑的。

还应该看到，由于我们对这次青少年犯罪高峰期的产生及其规律认识不足，由于在“十年内乱”中，国家和社会对控制和解决犯罪的力量受到很大削弱，由于粉碎“四人帮”以后在政治上、思想上、组织上、经济上面临许多迫切需要拨乱反正的重大课题，由于采取解决青少年犯罪的措施还有一个逐步完善的过程，还由于党风和社会风气没有根本的好转，这样我们就难以在粉碎“四人帮”后立即把青少年犯罪高峰期遏止住。因此从这方面来讲，青少年犯罪高峰期的持续也是不可避免的。

这次青少年犯罪高峰期出现以后的持续发展，除了十年内乱这个根本原因之外，西方资产阶级腐朽思想及其生活方式的冲击和影响也是一个重要原因。并且两者交织在一起，综合在起作用。

为了加速社会主义现代化建设，在粉碎“四人帮”以后不久，党中央果断地结束了“文化大革命”及其以前长期存在的“闭关锁国”状态，这是完全正确的。但是随着对外开放，西方资产阶级腐朽的政治思想及其生活方式也通过各种渠道涌了进来，国际上的敌对势力、敌对分子和台湾反动当局也趁机进行渗透、破坏，这就必然对青少年产生毒害和影响，而且这种毒害和影响是在我们遭受“十年内乱”破坏的情况下发生的，是在我们国家、民族、社会和人民群众的元气还没有完全恢复的情况下发生的。因此，就显得特别突出。我们可以设想，如果不是经过十年内乱的大破坏，如果我们的国家、民族、社会和人民群众的元气没有受到损伤，比如在50年代和60年代上半期那样，即使一些西方资产阶级的腐朽政治思想及其生活方式涌了进来，其毒害和影响决不会达到现在这种程度。正是在这个意义上，“十年内乱”的破坏仍然在起作用，这种作用是和西方资产阶级的影响交织在一起的，从而决定了这次青少年犯罪高峰期延续这样长的时间。

关于“十年内乱”究竟怎样具体地给青少年造成严重的毒害和影响，怎样具体地导致青少年犯罪的剧增，以至出现犯罪的高峰期，不少同志从不同角度作过分析，本文不再赘述。这里着重谈谈西方资产阶级腐朽思想及其生活方式对青少年的腐蚀和影响，从而使青少年犯罪高峰期得以持续较长时间这样一个问题。

首先，是一小部分青少年对理想、信念的动摇。在50年代和60年代上半期，我国广大青少年有着正确的理想，对社会主义和共产主义有着坚强的信念，对祖国的未来和自己的前途充满着信心。那时在极少数青少年中虽然也有落后的思想、落后的行为，也有违法犯罪现象，但是对社会主义发生动摇而崇拜西方资本主义这样的情况比较少见。但是从“十年内乱”度过来的青少年，由于亲眼看到国家、民族、家庭、亲戚、朋友、老师、同学、左邻右舍遭遇的灾难，亲身感受到“十年内乱”带来的种种不幸，而他们对旧社会的黑暗腐败又缺乏体验和了解，这样一小部分青少年就根本没有可能树立起正确的理想信念，有的甚至对社会主义发生了怀疑、动摇，处于迷惘、苦恼悲观之中。粉碎“四人帮”后，正当我们继续进行拨乱反正的时候，正当我们被“十年内乱”所造成的创伤还没有完全愈合的时候，随着对外开放，他们又亲眼看到或听到了高度发展的资本主义物质文明，看到其生产水平和社会成员的物质生活水平都远远高出我们的国家，而对资本主义的固有矛盾和腐朽一面也缺乏了解。在这种情况下，对于过去那种资本主义就是“人间地狱”的宣传不相信了，接踵而来的便是增长了对社会主义怀疑、动摇和不满，而盲目的崇拜西方、崇拜资本主义。当然这样的青少年在整个青少年中是少数，但是这种情况的发生有着深刻的社会原因和历史原因，我们不能只是一味的责怪青少年。随着社会主义现代化建设事业的发展，随着经济文化的繁荣和人民生活富裕程度的提高，随着社会主义精神文明建设的加强，青少年的理想和信念是会从根本上解决的。一部分青少年理想和信念的动摇，不过是暂时的局部的现象，但是要看到，理想、信念的动摇，不仅会导致政治上犯错误，而且会导致到刑事犯罪。因为一个树立了正确理想的人，一个对社会主义、共产主义有着坚定信念的人，一个对祖国的未来和自己的前途充满着信心的人，是绝不会做出危害人民、危害国家、侵害社会的犯罪行为的。

其次，是由于在一部分青少年中发生了人生价值观念的变化。人怎样活着才有价值？这是每个青少年都要遇到的问题，不管你意识到还是意识不到，都要回答这个问题。在一个有觉悟的青少年看来，为社会主义事业和共产主义事业奋斗，为祖国的繁荣富强而拼搏，为了人民的利益而献身，才是最有价值的。当然，不是否认或抹煞个人利益，不是摒弃个人幸福。但是，只有为人民大众谋幸福，自己才能获得个人的幸福。人民的利益和个人的利益是一致的，决不能脱离开人民的利益去孤立地谋取个人的利益，更不能以牺牲人民的利益为代价来换取个人的利益。这就是我们的价值观和幸福观。但是，一小部分青少年由于受了西方资产阶级思想的影响，认为个人不受限制的“吃喝玩乐”才是最有价值的。以“个人为中心”、“个人至上”，一切都是为了实现个人价值。他们不崇尚理想，而崇尚金钱、“实惠”，至于人民的利益、国家的前途统统抛在脑后。讲究“实惠”并不是完全不对，也不是说讲究“实惠”的人都忘记了人民的利益，但是如果把“实惠”当作人生的价值而去追求，甚至抛掉人民和国家利益那就有问题了。有些青少年特别羡慕西方国家的所谓“高消费”，他们的物质欲望和他们的现实收入极不相称，于是形成了“高消费”和低收入的矛盾。这些人不是在发展人民利益的同时求得个人利益的发展，而是为了满足自己不现实的欲望，便不顾道德和法纪的约束，采用非法手段，甚至不惜犯罪来实现自己的“高消费”的目的。

再次，还由于一些青少年伦理道德发生了很大变化。有些人特别欣赏、向往、模仿西方的所谓“性解放”、“性自由”、“性放荡”。“性乱”，这是资产阶级生活方式的核心，它和男女间的正常爱情是完全不同的两回事。一些青少年由于缺乏健康的理想、情操、伦理道德观念，而又处在性成熟、性旺盛的时期，在西方资产阶级黄色、下流、低级的生活方式的渲染、腐蚀之下，极易走上违法犯罪的道路，去强奸、轮奸妇女，以及男女流氓相互鬼混，来发泄自己的兽欲，以填补自己的精神空虚。这类犯罪就是这种影响的突出表现。

应当指出，西方资产阶级腐朽思想及其生活方式对青少年的腐蚀影响也是多方面的，但是突出的是以上三个方面。正如我们在前边所指出的，这种腐蚀和影响是在“十年内乱”之后不久发生的，是在我们的社会和广大青少年抵御“病菌”侵袭的能力受到摧残下发生的，所以这种腐蚀影响的冲击力就显得比较突出。一些青少年就像刚患过重病一样，在身体还完全没有复元的情况下，又遇到了西方资产阶级“病菌”的侵袭，因此，有些人在政治上思想上生活上发生堕落是不可避免的。这样就使“十年内乱”造成的我国青少年犯罪高峰期，在西方资产阶级腐朽思想影响之下，又得以持续和发展。如果说“十年内乱”是我国青少年犯罪高峰期出现的根本原因，那么西方资产阶级腐朽思想的腐蚀影响，则是这个高峰期不能迅速消退的重要原因。

随着时间的推移，随着拨乱反正工作的顺利进行，“十年内乱”所造成的破坏和影响将不断削弱下去。当然这不是一两年、三五年的事情，而是较长时间才能逐步做到的。但是其作为青少年犯罪高峰期出现及其持续的根本原因将逐渐消失下去，这是肯定无疑的。而西方资产阶级腐朽思想及其生活方式的影响将会长期存在，有时还可能显得特别突出，这就决定了我国这次青少年犯罪高峰期即使消退以后，社会上仍然会存在一定数量的青少年犯罪，并且有时候也可能有较大的起伏。这是需要我们保持清醒的头脑，并认真加以注意和防范的。

我国这次青少年犯罪高峰期的出现，是不是社会主义制度本身的产物呢？这个问题需要科学的回答。我们认为社会主义制度之所以比资本主义制度优越，其中一点就是它不仅不应产生犯罪，反而为减少犯罪、控制犯罪和最终杜绝、消灭犯罪创造了前提。在50年代和60年代上半期，我们的社会主义制度刚刚确定不久，在党和政府领导之下，在全体人民的努力之下，就创造了社会安定、秩序良好、犯罪率极低的人间奇迹，这不仅和黑暗的旧中国形成了鲜明的对比，而且也与世界上资本主义国家社会混乱、犯罪日增的情况形成尖锐的对比，这不正是社会主义制度优越性的生动表现吗！由于“十年内乱”，我国青少年犯罪出现了高峰期，这主要不是社会主义制度本身的产物，相反，它正是社会主义制度遭到严重破坏的产物，也可以说是社会主义制度还不很完善、不很巩固、尚难完全排除国内外破坏力量对青少年起腐蚀作用的结果。当然这和社会主义制度在某些具体方面存在某种弊病也有关系。十年内乱实质上是对社会主义制度的一种反动、一种破坏，并且也是对社会主义制度的一种歪曲，因而造成了灾难性的后果。但是应当指出，尽管“十年内乱”对我们的国家带来了巨大的灾难，其中包括青少年犯罪高峰期的出现，但是我们的社会主义制度终究没有被搞垮。相反，破坏社会主义的力量、因素和活动遭到了破产，而且我们在不太长的时间内就遏止住了青少年犯罪高峰期的发展。这从另一方面证明了社会主义制度具有强大的生命力。我们可以设想，像这样的十年大动乱，如果发生在任何一个资本主义国家，比如美国、日本或其他国家，他们青少年犯罪的增加要比我国严重得多，这是肯定无疑的。当然，由于社会主义制度还处于初级阶段，还处在不断完善之中，某些具体的制度还不可避免地存在弊端、弊病，这对社会上的犯罪包括青少年犯罪，都会产生影响。但是，我国这次青少年犯罪高峰期的出现不是社会主义制度本身造成的，而是危害社会主义制度的力量、因素在特定条件下的恶性发展所造成的。对此，我们应当有个清醒的认识，而不至于看到青少年犯罪相当严重就对社会主义根本制度及其优越性发生动摇，得出不正确的结论。

需要指出，尽管青少年犯罪已经成为我国一个严重的社会问题，但是违法犯罪的青少年在全体青少年中毕竟只占极少数。人们或许要问，同样经过“十年内乱”，同样面临西方资产阶级腐朽思想的侵蚀和影响，为什么只有少数人走向违法犯罪呢？这是因为一方面全社会保护青少年健康成长、抵御青少年犯罪的积极力量、积极因素总的来说占到主导地位。另一方面，少数青少年走向违法犯罪又有着具体的特殊的原因、条件、环节和因素，包括生理、心理特点。对这些具体的特殊的原因、条件、环节和因素进行研究、探索，对于预防犯罪，教育和改造违法犯罪的青少年具有重要意义。但我们不能把这些具体的、特殊的原因、条件、环节和因素视为青少年犯罪高峰期产生的根本原因，而且这些具体的特殊的原因、条件、环节和因素是受着根本原因制约和决定的。如果没有“十年内乱”和西方资产阶级腐朽思想及其生活方式的腐蚀影响交互起作用的话，尽管有种种导致青少年违法犯罪的具体原因，但是决不会出现这样持续多年的青少年犯罪高峰期。

综上所述，我国这次青少年犯罪高峰期的出现，不是社会主义制度本身的产物，而是特殊历史条件下的产物。在这种特殊历史条件下，青少年犯罪高峰期的出现是必然的、合乎规律的现象。那么当这种特殊条件逐渐消失或被逐步克服以后，青少年犯罪高峰期的消退也是必然的、合乎规律的。对此我们应该充满信心。只要我们采取正确的对策，认真做好工作，随着我国社会主义物质文明和精神文明建设的发展以及社会各方面对青少年问题的关注，青少年犯罪高峰期就可能较快地消退下去。

下边我们就准备谈谈在青少年犯罪高峰期中应当采取的主要对策原则。

四、在青少年犯罪高峰期中应当采取的主要对策原则

青少年犯罪高峰期的出现，特别是在粉碎“四人帮”以后持续几年的发展，引起了全社会的密切关注，向我们提出了许多重大的理论课题和实际课题。究竟怎样正确地认识和分析这种现象？采取什么样的对策来解决青少年违法犯罪问题？如何有效地预防犯罪、减少犯罪、惩办犯罪，教育、挽救违法犯罪的青少年，把广大的青少年培养成为有理想、有道德、有文化、守纪律的社会主义建设者？这都是需要我们迫切回答的问题。能不能把青少年犯罪的高峰期解决好，也是对社会主义制度的一次考验。

我们的党是一个久经考验的成熟的马克思主义政党；我们的人民民主专政的政权是强有力的国家机器；我们的社会主义制度是具有强大生命力的新生的社会制度；我们的人民是经过各种锻炼考验而具有很高的政治觉悟的人民；我们的民族有着悠久的优良传统和道德风尚；我们的广大青少年是好的和比较好的，违法犯罪的只是极少数；我们还有着长期的丰富的对待犯罪和改造罪犯的经验；并且剥削制度和剥削阶级已被消灭，剥削阶级的腐朽思想和作风多次受过批判，以共产主义为核心的思想和作风在我国人民中间深深扎根。这就决定了我们有能力、有办法解决青少年违法犯罪问题，遏止住青少年犯罪高峰期的发展，并逐步使其消退下去。任何怀疑、悲观的论调都是不对的。当然简单、急躁也是不对的。关键在于：把握青少年犯罪高峰期的规律，并据以采取正确的对策。

几年来，我们的党和政府已经采取了一系列对策，在实践中已经收到了积极的效果。我们认为主要有以下几个对策原则：

1、在党的领导下，依靠全社会的力量，实行“综合治理”的原则

我们知道。青少年犯罪已经成为我国一个严重的社会问题，这也是青少年犯罪高峰期的主要标志。社会问题要靠社会力量来解决。单靠政法部门、单靠抓抓放放是不能从根本上解决问题的。当然对于这一点，我们有一个认识过程。人们从实践中逐步觉察到，仅仅依靠政法部门是难以解决和处理这次青少年犯罪高峰期的。于是才产生了在党的领导下、依靠全社会的力量、实行“综合治理”这样一个正确的对策原则。

所谓依靠全社会的力量，就是在党委领导下，动员国家机关、人民团体、工矿企业、家庭、街道、学校、部队以及全体群众，一齐动手，采取政治的、思想的、组织的、经济的、文化的、教育的、道德的、法律的等各种手段，从各个方面来解决青少年违法犯罪问题。这也是“综合治理”原则的基本含意。这项对策，是我国社会主义制度优越性的体现，是和任何资本主义国家所不同的。

依靠全社会的力量，实行“综合治理”的原则，是党中央根据过去的经验和这次青少年犯罪高峰期的治理经验而提出的。1979年8月17日，中共中央转发中央宣传部等8个单位《关于提请全党重视解决青少年违法犯罪问题的报告》的通知中指出：对于青少年的教育和青少年违法犯罪问题“全党必须高度重视。每个共产党员、国家职工和人民

群众，都要为培养教育好我们的下一代，尽到自己应尽的责任。”“对青少年犯罪问题，绝不能就事论事，孤立地去对待它。而应当同彻底肃清林彪、‘四人帮’的流毒，同加快国民经济的发展，加强思想政治工作，健全民主和法制，积极搞好党风、民风，狠抓对青少年的培养教育等工作联系起来去考虑、去解决。”“各级党委都要把加强对青少年的培养教育，包括解决其中极少数人的违法犯罪问题，放到重要议事日程上来。主要领导同志要亲自过问，党委分管青年工作的同志，要督促、帮助共青团组织把这一工作认真抓起来。还要统一组织宣教、政法、财经等部门和工会、妇联等人民团体齐心协力，有计划有目的地进行调查研究，及时交流情况，总结经验，按照各自的职责范围，努力做好工作，切切实实抓出成效来。”要“加强和改进我们的宣传、新闻、文艺、电影等工作。”“不断提高中小学生及广大青少年的政治思想觉悟，增强自觉抵制国内外资产阶级及其他剥削阶级思想意识和生活作风的腐蚀的能力。”要“积极解决按政策留城回城青年、社会待业青年的就业问题。”在这个文件中，党中央强调指出：我们的党员和干部，特别是领导干部，要“带头搞好党风、民风和社会风气，尤其要自觉地加强对自己子女的思想教育工作。”不得怂恿、包庇子女犯罪。在这个文件中，党中央虽然没有直接用“综合治理”这一提法，但是在党委领导下，依靠全社会的力量，实行“综合治理”的思想和原则已经明确地概括出来了。并且党中央就解决青少年违法犯罪问题发出这样的专门文件，本身就是“综合治理”原则的体现。

1980年6月3日，中共中央在有关加强青少年业余文化生活的文件中明确提出了“全社会都为青少年健康成长着想”的思想。

1981年夏，中央在关于整顿五大城市治安问题发出的21号文件中，明确提出了“全党动手，发动群众，进行‘综合治理’的方针，”提出要在党委的统一领导下，把各方面、各部门的力量组织起来，把任务落实到部门，落实到基层，落实到人去解决青少年违法犯罪问题。并且强调指出：要继续发扬党委领导下，专门机关和依靠群众相结合的优良传统。只有广大群众作政法、公安部门的坚强后盾，才能有效地防范和制止犯罪活动。

至此，在党的领导下，依靠全社会的力量，实行“综合治理”的方针，作为一项主要的对策原则，更加明确地提了出来，并且在实际工作中得到了贯彻执行。这一原则的要点主要有三个方面：

第一、是党的领导，包括党中央和地方各级组织的领导，这是最根本的。实践证明，哪里党委重视，哪里加强了党的领导，那么，那里社会力量动员组织的就比较充分，“综合治理”的方针就贯彻得比较好，那里青少年违法犯罪问题就得到控制和解决。相反，哪里党委不重视，没有加强党的领导，那么，那里的社会力量动员就不充分，或不能协调一致。因此，那里“综合治理”方针也就不可能得到很好的贯彻，那里的青少年违法犯罪问题也就不会得到很好的解决，甚至还会上升。所以，在“综合治理”原则中，党委领导是个关键。

第二、全社会的力量必须进行充分地动员，各有关部门和单位必须各尽其职，各尽其责，并协调一致，通力合作，而不能互相推委，互相扯皮，不负责任。对违法犯罪的青少年，单位、车间、班组、学校、家庭都要包起来，要落实到人，要有具体的措施，要进行具体检查，要一个一个抓出成效，切实解决问题。只有这样，才能把青少年违法犯罪问题进行“各个击破”，从而在整体上达到解决青少年犯罪高峰期之效果。

第三、实行“综合治理”，就是说不是一种手段，而是多种手段，多种办法。既要保护青少年健康成长，又要处理教育和挽救违法犯罪的青少年。这里顺便说一下，“综合治理”有狭义和广义的两种理解，我们在这里指的是狭隘意义上的“综合治理”。从广义上说，“综合治理”包括一整套解决青少年违法犯罪的方针政策和措施。

在党的领导下，依靠全社会的力量，实行“综合治理”的原则，既是这次青少年犯罪高峰期当中新提出的对策原则，也是我们过去在党的领导下，专门机关和广大群众相结合这样一个经验在新条件下的运用和发展。

在党委领导下，依靠全社会的力量，实行“综合治理”的原则，是我国社会主义制度本质所决定的。我们社会主义制度是建筑在生产资料公有制为基础上的社会制度，党和政府代表了广大人民的根本利益。国家机关、人民团体、工矿企业及社会各个方面，在社会上具有不同的分工、不同的职能，但没有根本的利害冲突；它们都有保护青少年健康成长的共同愿望和共同职责。我们社会主义社会不象资本主义社会那样，社会上分为各种利害互相冲突的社会集团、社会部门。在资本主义社会，由于其固有的矛盾，由于资本家唯利是图的本性，由于各个社会集团、社会部门竞争十分激烈，它们不可能协调一致地解决他们社会上的犯罪问题。比如：对青少年身心健康具有严重危害作用的凶杀的、黄色的电影、电视、戏剧，在某种意义上也是在生产犯罪，尽管有些家长、老师、法学界人士呼吁严格控制，但唯利是图的资本家还是变本加厉地生产这些东西。而我们的国家却完全不同。所以在党的领导下，依靠全社会的力量，实行“综合治理”的原则，是我们社会主义制度优越性的体现。只要这一对策贯彻的切实有力，那么我们不仅能解决好这次青少年犯罪高峰期问题，而且对此后的青少年违法犯罪问题也能长久的起作用。

2、预防为主的原则

当青少年犯罪在全国各大中城市迅速蔓延的时候，为了维护社会秩序，保障人民群众的生命财产安全，保障社会主义建设事业的顺利进行，也为了保护青少年的健康成长，有必要对日益猖獗的犯罪活动进行打击，依法从重从快惩处严重犯罪分子。但光靠政法部门的打击还不能从根本上解决问题。实践证明，单靠突击性的打击是对付不了这次青少年犯罪高峰期的。因为打击主要是指那些已经违法犯罪的青少年，虽然它具有震慑犯罪和惩戒犯罪、预防犯罪的作用，但是这种预防还是消极意义上的，是有局限的。从根本上来说，实行预防为主的原则，才是最积极的办法。这是解决这次青少年犯罪高峰期的又一重要的对策原则。

所谓预防为主，主要是采取各种积极的防范措施，预防青少年违法犯罪，也就是防患于未然。正如有的同志比喻的那样，为了预防天花的发生和蔓延，在每个儿童出生后不久都种上牛痘，从而达到预防发病的目的。把预防犯罪放到战略的高度来对待，是这次青少年犯罪高峰期中提出来的新概念、新思想，是一种积极意义上的治本的办法，因而也是遏止青少年犯罪高峰期的发展、并使其逐渐消退的有效方法。如果说处理青少年违法犯罪问题是一种消极意义上的被迫的方法的话，那么提出预防为主的对策则是更加自党和更加主动解决青少年违法犯罪问题一种更具有战略意义的思想。

当然，预防犯罪的思想并不是现在才有的，早在50年代和60年代上半期，我们的党和政府就很重视预防犯罪，并采取了大量的预防犯罪的措施。但是由于那时社会风气和人们精神面貌都很好，客观上有力地预防了犯罪，所以青少年犯罪率比较低。正因为如此，那时没有把预防犯罪为主的思想十分强调地提了出来。只是在"十年内乱"以后，由于青少年犯罪的大量增加，由于青少年犯罪高峰期的出现，由于社会预防犯罪的能力减弱，由于一茬又一茬的失足青少年加入到违法犯罪的队伍，这时提出预防为主的思想不仅显得迫切需要，而且也更为自觉了。

预防犯罪，从根本上来说，是要建设高度的社会主义物质文明和社会主义精神文明，要续续肃清林彪、"四人帮"的流毒，要增强抵制剥削阶级特别是资产阶级腐朽思想侵蚀的能力，要加强以共产主义思想为核心的理想、信念、道德的教育，加强社会主义法制的宣传和教育，加速实现党风和民风的根本好转，并且全面地彻底地贯彻"综合治理"的方针。只有这样，预防为主的原则才有牢靠的基础。除此而外，还有一些具体的防范措施，都体现了预防为主的原则：

第一、严厉查禁、收缴淫书淫画，低级下流的录音带，宣扬凶杀、黄色的录像以及糜烂透顶的手抄本。实践证明，这些东西对青少年的身心健康腐蚀极大，许多违法犯罪的青少年就是接触了这些东西之后受到毒害而直接堕落为违法犯罪的。而这些东西又流传甚广，青少年一旦接触这些东西往往不可自拔。有的同志曾经打个比方：一颗子弹只能打倒一个人，而黄色的东西却能打倒一批人。所以查禁收缴这些东西对于预防犯罪具有重要的直接的意义。党和政府一再发出文件，三令五申查禁收缴这些东西，取得了很大成绩，但是这决不是三、两个回合所能解决问题的。稍一放松，这些东西就又流传起来。所以我们万万不能麻痹大意。只有经常地坚决地不折不扣地贯彻党中央的关于查禁、收缴这些东西的指示，彻底、干净、全部把这些东西收缴毁掉，并堵塞一切漏洞，随时发现，随时解决，就象对付霍乱、温疫那样，杜绝其流传，才能收到预防青少年犯罪的效果。

第二、收缴凶器。这是又一个预防犯罪的重要措施。一些青少年，特别是染有劣迹、具有违法犯罪意识的青少年，他们制造、携带凶器，往往成为作案的工具，并且容易造成严重的犯罪后果。为了预防犯罪，特别是为了预防发生那些带有偶发性的凶杀、伤害犯罪，收缴凶器，禁止制造、携带凶器是十分重要的。许多地方的公安部门，根据党中央的指示和国家的法律、法令，发布了收缴凶器、禁止制造和携带凶器的布告、通令，收到了积极的效果，有效地预防了犯罪。但是这同样是一个长期的斗争过程，也不要以为发一两次通告就了事大吉。今后国家和地方要制订出相应的法规，做到家喻户晓，人人皆知，互相监督，切实执行；并且对制造、携带凶器和拒不上缴凶器的人给予相当的惩罚措施，使预防为主的原则在这个问题上得到更加完善的贯彻。

第三、加强治安联防措施。街道、厂矿、企业、机关、学校、商店、影剧院、公园、居民点、码头、机场、车站、农贸市场等各种场所都要从实际情况出发，组织治安联防队伍，日夜或经常巡逻、检查，对行迹可疑、行为不规、逃学、涮夜、流氓鬼混的青少年，要盘查、处理。特别是违法犯罪活动发生率比较高的地方，更应加强联防、巡逻。治安联防这项工作做好了，就可以有效地预防犯罪，并且会使违法犯罪分子及时落入法网，从而维持社会治安，保障广大群众的正常工作、学习和生活。俗话说“做贼者心虚”，在周密的治安联防措施面前，在具有高度警觉性的治安联防队伍面前，违法犯罪分子是难以作案的，并且一经作案易被察觉抓获，这已经为各地的实践经验所证明。所以加强治安联防工作，也是体现预防为主原则的又一项重要措施。

第四、加强人民调解工作。经验告诉我们，任何一个犯罪都有一个酝酿和发生的过程，当然这个过程有长有短；任何一个导致犯罪和激化了的矛盾也都有一个发生和激化的过程；而不少的刑事案件往往是由民事纠纷发展而成的。为了做到预防犯罪，对于一切可能引起矛盾激化的问题、纠纷，要注意调解工作，要打“主动仗”，千方百计把问题解决在萌芽之中。这项工作做好了，就可以大大预防犯罪。调解工作，是在党的领导下，我国的司法部门和人民群众的一项创造，也是我们的优良传统。要根据党和政府的规定，建立健全基层的调解组织，培训、壮大调解队伍，推广调解经验，及时发现纠纷，及时进行调解；随地发现矛盾，随地加以调解。特别是对那些容易导致犯罪的矛盾、纠纷，要进行重点调解，反复调解，务求在调解中使问题得以解决，而不致矛盾激化，导致犯罪的发生。正是在这个意义上，加强人民调解工作是贯彻预防为主原则的不可忽视的一环。

调解工作不单是调解组织的事情，也不单单是街道和法院的事情，而是党团组织、其他人民团体、公安、检察机关以及单位、家庭、有关人的邻居、亲属朋友的事。要上下左右、四面八方都去做调解工作。调解工作愈周密、愈及时，愈有针对性，矛盾就愈易解决，就会收到增强团结、预防犯罪的效果。

第五、妥善解决有关青少年切身利益的婚姻、恋爱、就业、升学、文化娱乐等问题。这也是预防犯罪不可缺少的方面。现在一些地方的一些学校、班级，中学生恋爱、交朋友成风，对此，我们要加以引导、教育，避免违法犯罪。要教育青年正确地处理婚姻恋爱问题。对于因失恋、多角恋爱而引起的问题，家庭、单位、学校等有关方面及时加以开导。有些凶杀案件往往是由失恋、多角恋爱引起的。如果我们工作做的及时和有成效，就可以预防这类案件的发生。在对待升学问题上，我们既要鼓励学生勤奋学习，努力成才；又要注意防止片面追求升学率的现象。对于没能考上学的青少年也要给予开导，切忌讽刺、挖苦和打击。在就业问题上，党和政府采取了广开门路的办法，安置了大批城镇待业青年就业。许多待业青年按照党和政府的政策自谋职业，应该受到鼓励和保护。就业问题解决好了，就可以大大减少社会不安定因素，就可以取得预防犯罪的积极结果。因为实践证明，如果城镇青年长期待业，无所事事，消极悲观，精神空虚，不仅会产生对社会的不满情绪，而且极易发生反社会行为，走向犯罪道路。在安排就业工作中，还应该注意帮助解决那些曾经失足、违法犯罪的青少年的就业问题。因为这样不仅可以预防他们再次犯罪，也可以预防他们腐蚀拉拢其他青少年违法犯罪。我们是社会主义国家，我们应当做到凡有劳动能力者，人人能劳动，人人有就业的机会，即便是对那些曾经违法犯罪而又不是死不悔改的青少年，社会也应当容纳他们，而不要抛弃他们，不要使他们走上绝路。从这个意义上讲，解决好这些人的就业问题，对于预防犯罪有着特殊的作用。

第六、学校要正确解决好双差生和长旷生问题。这也是预防青少年犯罪不可忽视的方面。由于种种原因，在一些学校，出现一些双差生（品质差、学习差）、长旷生是难免的；有些学生违犯校规，犯这样或那样的错误，也是难免的。问题在于正确地对待这些学生，教师、班主任、校长、党团组织要伸出热情的手，关怀他们，教育他们，吸引他们，帮助他们解决学习、生活中的困难，克服他们的不良思想和行为倾向，提高他们的素质，增强他们上进的自尊心、自信心。当然对他们的错误思想也要进行批评帮助，而不能迁就放任。但是，这种批评、帮助是从爱护出发的。要看到他们的可塑性、可变性，而不要把他们看作是“不可救药的”，不要排斥他们、歧视他们，不要轻易地把他们推出校外，不要轻易地加以开除。动辄就予处理，当然是容易的，但也是无能的表现。高明的教育者，在不到非不得已时是决不会采取这种做法的。因为对这些学生的处理，稍微不慎，就会造成后果。试想一个十几岁的孩子，学校把他推出大门，又不采取补救和收容措施，那末他们就很容易被坏人拉下水去。所以解决好这些学生的问题，不仅对培养人材有着特殊的意义，而且对于预防青少年犯罪也有着特殊的意义。为什么一度中学生犯罪率那样高呢？除了别的原因以外，其中一个重要的原因就是我们没有处理好双差生和长旷生的问题，致使这些学生流浪街头，打架闹事，耍流氓，偷摸扒窃，甚至有的还同敌特挂勾，进行反革命活动。这是一个不小的教训。从思想上和行动上特别是制度上解决好对待双差生和长旷生的问题，对于预防犯罪是至关重要的。

第七、提高家庭教育的质量，充分发挥家庭预防青少年犯罪的职能。

许多同志都正确的指出，家庭是社会的细胞，父母是孩子的第一个、乃至终身的教师。父母的思想品德、行为作风对子女影响极大。家庭的教育质量，包括教育方法，对孩子的健康成长极端重要。无数的经验证明，青少年犯罪都直接、间接与家庭的教育有关。我们国家千千万万个家庭是预防犯罪的基础单位和重要关口，只要把家庭教育搞好了，就可以收到预防犯罪的积极效果。为什么经过“十年内乱”我国青少年犯罪率比起资本主义国家要低得多呢？除了其他原因以外，其中一个重要原因，就是我国传统的家庭结构及其教育在预防犯罪方面发挥了巨大的作用。一些外国学者对此称赞不已，同时哀叹资本主义国家由于家庭解体、家庭教育的削弱，导致了青少年犯罪增加的情景。当然，我们要清醒地看到，我们的家庭教育还存在不少缺陷。有些家长的品德作风不良，给子女以不好的熏染；有些家长不注重管教子女而一味地娇惯放纵，甚至容忍、包庇子女犯罪；有的家长的教育方法不当，简单粗暴，甚至虐待，动不动就把孩子赶出家门；有的家长对独生子女过于溺爱，使孩子养成了不良的品德等等。此外，我们的家庭结构和传统的伦理观念也遭到了挑战和冲击。这些无疑都削弱了家庭教育子女和预防青少年犯罪的职能，应当引起我们的警惕。所以为了贯彻好预防为主的原则，提高家庭教育的质量乃成为不可忽视的问题。

第八、严惩教唆犯，打击和拆散犯罪团伙。青少年走向违法犯罪一个重要特点，往往是受到教唆、腐蚀而被拉下水去。所以打击、严惩教唆犯，打击拆散犯罪团伙是预防青少年犯罪的另一措施。一提起教唆犯，人们往往会以为是那些老年或成年的犯罪分子，其实现在的教唆犯许多是青少年犯罪分子，有些是团伙犯罪的头子和骨干分子，这些人不仅自己作案犯罪，而且千方百计地腐蚀、拉扰、引诱、胁迫、教唆其他青少年违法犯罪；而一些染有劣迹或者天真幼稚缺乏辨别是非能力的青少年，特别是未成年人，极易受到和他们年龄不相上下的教唆犯和团伙犯的腐蚀教唆而走向犯罪。经验告诉我们，要贯彻预防为主的原则，就必须及时惩办那些教唆犯，对于教唆未成年人犯罪的犯罪分子要依法严惩。对于犯罪团伙中的头子和骨干分子要着重打击，并分化瓦解和拆散团伙，铲除腐蚀教唆青少年违法犯罪的条件。这样对于预防犯罪就会起到有益的效用。

第九、禁止赌赙，禁止迷信活动，取缔暗娼，严防敌特、间谍分子的活动。

赌赙和封建迷信活动对青少年健康成长危害甚大。近几年来，有的地方赌赙成风，迷信活动盛行，有些青少年染上赌赙恶习，或者信神信鬼，无心学习工作，思想颓废，情绪消极；有的由此走向违法犯罪道路。特别值得注意的是有些地方出现了暗娼卖淫活动。如不禁止赌赙，禁止迷信活动，取缔暗娼，势必将有越来越多的青少年失足。所以为了预防犯罪，这也是不可忽视的一环。

值得警惕的是，近几年来，敌特、间谍活动在有些地方相当猖獗，他们蛊惑、引诱一些青少年与敌台、敌特机关挂勾，发展特务组织，阴谋进行反革命暴乱。有的唆使青少年为他们提供情报，出卖国家机密，进行政治犯罪活动。当然这在整个刑事犯罪案件中只占少数，但是应当引起我们的高度警惕，特别是在一小部分青少年的理想、信念发生动摇的情况下，为了预防犯罪，就必须及时地揭破敌特和间谍分子的活动，擦亮青少年的眼睛，切勿上当受骗，害国害己。

第十、制定青少年保护法规。

这对于保护青少年健康成长、预防青少年犯罪，将起到法律的保障作用。许多国家都制定了青少年保护法，有的还相当完备。我们国家在各项法律、法令中虽然也有保护青少年和预防青少年犯罪的条款，也有一些专门性的文件，但是，还没有完备意义上的青少年保护法规，这也是我国法制不健全的一个表现。为了保护青少年健康成长，预防青少年犯罪，在调查研究的基础上，从我国的实际情况出发，参照别国的立法经验，制定出行之有效的符合我国国情的青少年保护法规，乃是一件迫切而又重要的事情。

根据宪法规定，各省、市、自治区人民代表大会也有一定的立法权。在制定中华人民共和国青少年保护法的同时，地方也可以、而且应该制定相应的地方性的青少年保护法规，运用法律措施来保护青少年的健康成长，预防青少年犯罪。

当然预防为主的原则，不只体现在以上十个方面，还有其他一些方面，比如要用极大的努力促使党风、社会风气的根本好转，要大力扶植正气、打击邪气，要深入开展法制教育，理想、道德教育等，从根本上创造有利于青少年健康成长的环境，使青少年增长抵制各种违法犯罪诱因的能力，等等。这里不一一赘述。总之，凡是有利于预防青少年犯罪的事情，我们都应当积极去做，而且努力做好。我们不仅要建立自己的预防犯罪的理论，而且要建立一整套预防犯罪的体制和预防犯罪的工作体系。只要我们把各个方面预防犯罪的工作做到家，就可以大大减少青少年犯罪，就可以加速青少年犯罪高峰期的跌落、消退。

3、惩罚与教育挽救相结合的原则

在我们国家，任何人犯了罪，包括青少年犯了罪，都应当依照国家法律，给予相应的惩罚。如果对犯罪者进行放纵，对他们的犯罪行为不予惩罚，那就不能制止这些人继续犯罪，也不能惩戒社会上的不稳定分子走向犯罪道路，也就不能维护社会的正常秩序和人民的正常利益；我们的人民民主专政的国家机器就会变得软弱无力，我们国家的法律就失去了严肃性和权威性，就会助长了反革命分子和其他一切犯罪分子的气焰，人民就会对我们不满，社会主义现代化建设就难以顺利进行，教育改造犯人的目的也不会达到。所以对犯罪行为进行依法相应的惩罚，不仅是必要的，而且是正确的，是教育改造犯罪者，对他们实行社会主义的人道主义所不可缺少的前提条件。任何忽视、轻视惩罚作用都是完全错误的。特别是在这次青少年犯罪高峰期中，给犯罪分子以及时的惩罚更加显得重要。

惩罚犯罪必须依法进行。处理青少年犯罪要严格遵守刑法关于责任年龄的规定，不得违反刑法的规定而无限度地进行惩罚。对于不追究刑事责任的不满十六岁的未成年人以及不满十四岁的犯罪者，应当责令其家长或监护人加以管教；在必要的时候，也可以由政府收容管教，比如劳动教养或者送少管所，这实际上也是一种惩罚措施。对于少数严重破坏社会秩序、严重危害人民生命财产安全的杀人犯、放火犯、抢劫犯、强奸犯、爆炸犯、惯窃犯等严重犯罪分子要依法从重从快惩处，以打击犯罪分子的嚣张气焰，震慑犯罪。对这些犯罪分子的任何怙怜迁就、放纵都是对人民的犯罪。但是，从重从快也要依法进行，也不要违反刑法关于刑事责任年龄的规定，也不要违反刑事诉讼法所规定的各种程序。惩罚犯罪的要求不单纯在于严厉，更主要的是在于准确。只有以事实为根据、以法律为准绳，对犯罪惩罚得准确，才能够惩办的有力，才能有利于教育改造犯罪分子。任何惩罚的畸重畸轻现象都是不利的，都是应当竭力加以避免和纠正的。以往有些地方发生的那种一说打击就越重越好；一阵风过去，又对犯罪该惩罚的不予惩罚，这些教训应当记取。特别是在这次青少年犯罪高峰期中，如果我们的惩罚犯罪运用得当，那就会对这次高峰期的消退起到积极的作用。

但是，我们要清醒地看到，惩罚犯罪虽然是不可少的，但惩罚并不是万能的，也不是我们的目的。我们的立足点在于把违法犯罪的人教育挽救过来，使他们从一个危害社会的人转变成为一个对社会有用的人。这项工作比起惩罚犯罪来讲，更为积极，意义更为深远。因此，在这次青少年犯罪高峰期中就要特别强调教育、感化、挽救的方针。

1979年8月17日党中央发出的关于提请全党重视解决青少年违法犯罪的专门文件中，就明确指出“对于违法犯罪的青少年，我们的方针应着眼于教育、挽救和改造”。以后，中央又提出对违法犯罪青少年要实行教育、感化和挽救的方针。为了贯彻这个方针，又提出对待违法犯罪的青少年，在依法处理的同时，要像父母对待患了传染病的孩子那样，医生对待病人那样，教师对待犯了错误的学生那样，满腔热情地去教育他们，挽救他们，感化他们，改造他们。这个方针既是我们过去改造罪犯经验的丰富和发展，又是在这次青少年犯罪高峰期中一种新的创造。尤其是提出对违法犯罪的青少年立足于教育挽救和改造，提出感化，提出要“三个一样”来对待他们，这些都是新的思想，新的原则。这些思想、原则是建立在对我国的青少年犯罪进行科学分析基础上的，反映出党和国家对青少年一代的关怀和期望，反映出我们对解决青少年犯罪问题充满着胜利的信心。新中国成立以后，我们曾把大多数的剥削阶级分子改造成自食其力的劳动者，把大多数的战争犯罪、反革命分子和其他刑事犯罪分子改造成为新人，创造了人间奇迹，受到了国内外人士的赞许，为什么在社会主义制度牢固确定的今天，在强大的人民民主政权日益巩固的今天，不能对在新中国成长起来的、对社会主义没有阶级仇恨的、绝大多数的违法犯罪的青少年教育改造过来呢？如果真的这样，那岂不是证明我们无能吗？所以党中央提出对违法犯罪的青少年要着眼于教育、感化、挽救的方针是完全正确的。这是一项具有伟大意义的改造人的事业。无产阶级的历史使命在于不仅改造社会，也要改造人类本身，包括那些危害社会的人们。我们应当有这样的气魄和胸怀，应当发扬革命人道主义精神，充满着信心，千方百计地把违法犯罪的青少年教育挽救过来，从而从根本上解决这次青少年犯罪高峰期问题。反之，如果我们预防犯罪工作做不好，不断有新的犯罪分子投入到犯罪队伍；而我们对违法犯罪的青少年教育挽救工作做的不好，这些人在社会上又重新犯罪，那么青少年犯罪的高峰期显然是难以消退的。正因为如此，我们不管是从当前意义上还是从长远意义上，提出和贯彻教育、感化和挽救的方针都是十分必要的。

在教育、感化、挽救方针的指导下，我们的政法部门和社会有关方面创造出了许多新鲜的方式，新鲜的经验，突出的有：

（1）帮教小组。这是此次青少年犯罪高峰期中创造出来的群众性的帮助教育有轻微违法犯罪行为的青少年的好的组织形式。1979年8月，中央曾经指出“对于有一般违法犯罪行为的在校学生和青年职工，应当坚持留在学校、工厂、单位教育改造。学校、工厂、单位要管，家庭要管，街道也要管，几个方面结合起来，认真分析他们违法的原因，因人施教。对于其中少数‘尖子’，公安机关应当将他们进行不正当活动的情况和材料及时告诉他们所在学校、单位和街道组织，对他们进行认真严肃的批评教育，必要时可由公安机关出面责令其限期改过，促使他们改邪归正。决不要轻易开除。”于是，帮教小组便应运而生。这样就把有轻微违法犯罪行为的青少年放在原单位就地进行群众帮教，也就是把他们一个一个地分割包围在群众的帮教之中，这样既可以防范他们犯罪，又可以针对其个人特点和具体情况进行有成效地帮助教育。这些年来，数万个帮教小组活跃在全国各大中城市，帮教对象数十万人。经过帮教，有轻微违法犯罪活动的青少年大多数都有了不同程度的转变，不少人已经被教育挽救过来，这样就有力的预防了犯罪和减少了犯罪，并使失足青少年重新走上健康成长的道路。

（2）工读、少管、劳教和劳改部门把教育改造违法犯罪青少年放到突出的地位。

在“文化大革命”前，一些大中城市就办了工读学校，对教育和挽救失足青年起了积极作用，在这次青少年犯罪高峰期中，为了更好地贯彻教育、挽救的方针，各大城市都恢复和重新办了一大批工读学校，收容教育那些学校管不了、家长也管不了的违法失足的青少年。工读学校不是惩罚机关，而是带有一定强制性的教育机关。工读学生不是犯人，而是受特殊教育的学生。对他们安排适量劳动的同时，着重进行人生观的教育、道德和违纪的教育以及文化技术教育，矫正他们的违法犯罪心理，恢复他们的做人的正确的自尊心和自信心，并且对结业的工读学生的升学、就业、参军，应与一般学生一视同仁，不得歧视。所有这些，全都体现了教育感化、挽救的方针。在“挽救孩子、造就人材”的口号下，我们的工读学校教育挽救了大批违法失足的青少年。他们在离开工读学校之后，有的继续求学，有的就业，有的参军，不少人跨入建设社会主义的先进行列。

劳动教养机构不是执行刑事惩罚的机构，其收容对象一般为十六岁以上的有违法行为或者犯罪行为而不予追究刑事责任的青少年。少管所则是收容未满十八岁的违法犯罪的未成年人，其中一部分是受到刑事处罚的，一部分是属于教养性质的。劳改部门则是关押受到刑事处罚的犯罪人员，其中大部分是犯罪青年。这些机关都有程度不同、性质不同的惩罚性和强制性。其特点是使违法犯罪青少年在一定期间与社会相对隔离开来，剥夺或限制他们的自由，并进行不同程度的强制性的劳动和教育改造。一方面针对其年龄特点，安排不同的劳动，另一方面也要着重进行认罪服法的教育，人生观教育，道德教育，法制教育，爱国主义教育以及文化技术教育，力求转变其犯罪意识，把他们重新挽救过来，成为新人，并使他们学到一定的文化知识和生产技能，为将来的升学就业创造条件。衡量这些场所办得好不好的标志，不仅要看他们管的严不严，生产了多少数量的产品，更重要的看是否把违法犯罪的青少年教育挽救了过来。在这次青少年犯罪高峰期出现不久的时候，这些场所收容关押了不少违法犯罪的青少年，但是有的地方管理方法不当，教育、改造的措施不力，甚至于轻视、忽视教育挽救工作，这样，一些违法犯罪的青少年尽管经过收容、关押，不但没有受到应有的教育改造，从新做人，反而钻了我们的空子，互相传习一些犯罪意识和犯罪经验，出来之后又重新加入到犯罪队伍中来，而且有的由“一面手”变成了“多面手”，并腐蚀其他青少年下水。这是一个严重的教训。这些年来，这些部门的同志吸收了教训，总结了经验，更加自觉地贯彻执行教育、感化、挽救和改造的方针，提高了教育改造质量，降低了重新犯罪率，这是一个很大的成绩。这样也就为青少年犯罪高峰期的消退做出了贡献。

值得指出的是，党和政府针对刑事犯罪的新情况新特点，指出了对违法犯罪青少年实行“教育感化、挽救”的方针，要象父母对待孩子、医生对待病人、教师对待学生那样，满腔热情地、千方百计地去做感化教育工作，把失足青少年挽救过来。这是劳改、劳教、少管工作一个新的发展。实践证明在严格监督管理的同时，进行感化教育，效果是好的。它具体的体现了社会主义人道主义。近几年来，我们的工读学校、少管所、劳教场所和劳改部门为了更加有效地贯彻执行教育、感化、挽救的方针，还走出大门，依靠社会力量，与违法犯罪青少年的单位、学校、家庭和领导、老师、家长相结合，一起对他们进行帮助教育，打破了那种封闭式的与社会完全隔离的办法。有的少管所和劳教部门还实行了放假、探亲制度。全国及各地的一些知名的社会活动家，党政领导同志，英雄模范人物，先进工作者，文艺工作者，知名人士，到工读、少管、劳改、劳教部门，关怀失足青少年，鼓励他们好好接受教育改造，重新做人。所有这些都收到了积极的效果。特别是有些地方创造了保外帮教的形式，即把经过一段劳动教养的违法犯罪的青少年，根据他们的表现和接受教育改造的愿望，经过几个方面的协议，把他们从劳教场所保出来，订立帮教和接受教育改造的“合同”，放到社会上，在有关方面和群众参加之下，对他们进行监督和帮助教育。实验证明，这是教育挽救违法犯罪青少年的一项好方法，是这次青少年犯罪高峰期中的一项新的创造，值得推广。此外，为了鼓励违法犯罪青少年缩短劳改过程，有的劳改场所依法正确的灵活的运用了减刑、假释制度，有的少管所和劳教场所灵活运用了弹性的收容期限，这些虽然还在实验之中，但已经收到了令人满意的教育、挽救违法犯罪青少年的作用。为了使违法犯罪的青少年从根本上改恶从善，切实掌握一定的文化知识和生产技能，我们党和政府提出要把劳改、改教、少管场所办成教育人、改造人、造就人的特殊学校。有些单位积极创造条件，经有关部门批准，挂上了"教工学校"、"职业学校"、"育才学校"的牌子，使政治教育、文化教育、技能训练，逐步走向正规，并主动关心和帮助解决他们的升学就业问题，努力减少重新违法犯罪率。这是了不起的改革，说明我们挽救失足青少年的事业已经开创了一个新的局面。

当然，贯彻教育、感化、挽救的方针，有关方面不只创造了上述这些新的方式和新的经验。而且我们相信今后还会创造出更多地、更加切实有效地教育、挽救违法犯罪青少年的新的措施、新的经验，逐步建立起教育、挽救违法犯罪青少年的中国式的理论体系和工作体系，从而在加速促使青少年犯罪高峰期的消退和实现改造人类这一无产阶级的伟大历史使命方面做出的新的贡献。

4、加强对青少年犯罪的研究工作

在党的领导下，由实际工作者和理论工作者相结合，以马列主义、毛泽东思想为指导，深入实际，调查研究，探索青少年犯罪的规律，使各种治理措施建筑在科学认识的基础上，是解决这次青少年犯罪高峰期的又一个主要的对策原则。

马克思曾经说过："哲学家生产观念，诗人生产诗，牧师生产说教，教授生产讲授提纲，等等。罪犯生产罪行。"还说："罪犯不仅生产罪行，而且还生产刑法，因而还生产讲授刑法的教授"。同时，又指出："罪犯生产印象，有时是道德上有教益的印象，有时是悲惨的印象，""罪犯对生产力的发展影响，可以研究得很细致。如果没有小偷，锁是否能达到今天的完善程度？如果没有伪造钞票的人，银行券的印刷是否能象现在这样完善？""犯罪使侵夺财产的手段不断翻新，从而也促使保护财产的手段日益更新。""难道从亚当的时候起，罪恶树不同时就是知善恶树吗？"马克思不愧为伟大的辩证法大师。如同任何事物都具有两重性一样，对于犯罪，马克思也精辟地论述了其两重性。这里他虽然讲的是资本主义国家的犯罪，但是对我们分析、认识社会主义社会的犯罪和此次我国青少年犯罪高峰期，也有很大的启发作用。

我国这次青少年犯罪高峰期的出现，无疑对社会是一种破坏因素，它给社会造成的危害是人所尽知的。但是，马克思主义者认为，坏事在一定条件下可以转化为好事。这次青少年犯罪高峰期的出现及其持续，不仅促使我国预防犯罪、控制犯罪、减少犯罪和教育、挽救违法犯罪青少年的制度、措施日臻完善，而且势必促使对青少年违法犯罪理论研究的发展。有的同志说的好："青少年犯罪在敲理论的大门。"当前一个研究青少年犯罪的热潮正在全国兴起。其特点是：首先，领导重视。党中央多次提出了加强对青少年犯罪理论的研究；国家已经把研究青少年犯罪问题纳入到社会科学研究规划；中央有关部门分别于1981年和1982年在青岛和南宁召开了全国青少年犯罪研究规划会议和全国青少年犯罪研究讨论会议，并且成立了中国青少年犯罪研究学会，此后，华东、华北、西北、中南、西南等地区相继召开了区域性的青少年犯罪研究学术讨论会，一些省、直辖市、自治区还成立了青少年犯罪研究会，并且开展广泛的调查研究，召开学术讨论会，印发调查报告、专题论文。有的地方党政领导同志根据研究的成果，作出相应的决策，布置在实际工作中加以贯彻。这些都充分表明了领导的重视。其次是群众的关心和实际工作者、社会科学研究工作者的积极参加。不是少数学者关起门来研究，也不单纯是法学工作者或者教育工作者进行单方面的研究，而是互相结合，联系实际，运用法学、心理学、教育学、社会学、犯罪学等多种学科的知识，进行综合性的研究。再次不仅仅是分散的自发的进行研究，更重要的是有组织、有领导、有计划、有重点的进行研究。几年来，对青少年犯罪研究工作已经取得了良好的结果，为党和国家治理青少年犯罪提供了许多有价值的参考意见。形势喜人，正如有的同志所说的那样，是空前的。在50年代和60年代上半期，由于青少年犯罪率很低，所以研究工作也显得不足。由于关于青少年犯罪理论的缺乏，所以，当这次青少年犯罪高峰期出现的时候，我们一些同志感到有些茫然，有些地方、有些时候感到手足无措，甚至于办了一些蠢事。这就迫使我们不得不加强对青少年犯罪的研究。近几年来这种研究更加自觉、更加积极、更加认真。我们相信，这次青少年犯罪高峰期必然大大促进我国的法学、教育学、社会学、犯罪学、犯罪心理学、青年学等科学的丰富和发展，并且建立起自己的社会主义的犯罪学或青少年犯罪学的理论体系，使我们对犯罪，特别是青少年犯罪的认识更加科学、更加深刻。据此采取的治理措施也就更加牢靠有力，更加容易收到明显的效果。正如通过战争学习指导战争一样，通过这次青少年犯罪高峰期及其理论研究，我们一定会掌握社会主义社会的青少年犯罪的规律性，掌握处理青少年犯罪的主动权，不仅使我国这次青少年犯罪高峰期得以消退，而且使今后这样的高峰期不会再现，即使一时出现青少年犯罪增长的情况，也会及时加以解决。从这个意义上说，青少年犯罪高峰期不仅仅对社会起着破坏的作用，而且从另一方面还会曲折的起着另外的作用。如果我们把青少年犯罪高峰期仅仅看作是一种破坏因素，对社会仅仅起着破坏的作用，在它面前哀叹、悲观、丧气，处处消极被动，显然是不正确的。当然也不能把青少年犯罪高峰期简单地看作对社会起着积极的作用。就好象坏事在一定条件下变成好事一样，就如同失败是成功之母一样，只要我们采取正确的态度，就会把它对社会的消极破坏作用转化为积极有益的作用。

1985年10月，党中央在《关于进一步加强青少年教育，预防青少年违法犯罪的通知》中明确提出："社会科学研究部门和政法工作部门，要加强对青少年违法犯罪问题的研究，探求青少年违法犯罪的规律，更好地指导预防违法犯罪的工作"。这就进一步重申了青少年犯罪研究的重要性，并且为此种研究指明了方向。

战争引起了军事的发展，疾病引起了医药学的发展，犯罪也必然引起犯罪学的发展。在资本主义国家，由于他们犯罪的日增，涌现出了不少研究犯罪的学者，可谓学派林立，学说繁多。但是由于他们的立场、世界观和观察问题的方法，由于资本主义社会内部不可克服的矛盾，他们不可能完全正确的认识和正确的解决他们社会的犯罪问题，包括青少年犯罪问题。当然他们采取的某些治理青少年犯罪的措施，他们研究青少年犯罪的某些成果，我们可以参考，有些也可以借鉴。但是从总体上来说，我们不能照抄照搬，而应建立起自己的、符合我国实际情况的治理犯罪的工作体系和研究犯罪的理论体系。而这次青少年犯罪高峰期的出现及其持续，在客观上给我们提供了这样一个机会。

我们要抓住这个时机，认真开展研究工作，使我们的法学、教育学、社会学、犯罪学、犯罪心理学、青年学有个较大的发展，并且达到日益成熟的地步，从而在我国社会科学的宝库中增加一部分新的财富。这是一切有志于研究青少年犯罪的同志肩负的光荣责任，也是党、政府和人民对我们的期望。我们大家决不要辜负这种期望，而应尽到自己的责任。只有采取这样的对策才是正确的，才是有意义的。

以上我们从四个方面分析了这次青少年犯罪高峰期中我们采取的重要对策原则，当然还有其他各种具体对策，这里不再赘述。从这些主要对策中，我们可以毫不夸张的说，社会主义中国尽管出现了青少年犯罪高峰期，但是我们完全有能力、有信心、有办法采取正确的对策来治理青少年违法犯罪问题，使这次青少年犯罪高峰期逐步在我国消退，并且从中创造、总结出许多有益的经验和理论。这也是社会主义制度优越性的具体表现，是任何资本主义社会所无法比拟的。

随着十二大精神的贯彻，随着两个文明建设的发展，我们的党风和社会风气必然会得到根本性的扭转，社会治安状况必然会得到根本性的好转，青少年犯罪高峰期必然会加以跌落、消退，各种犯罪，包括青少年犯罪，将被限制在一个正确的幅度之内。社会安定团结，人民安居乐业，经济繁荣发展，人民的物质生活和精神生活日益丰富健康的局面将会出现。社会主义现代化的强国，将屹立于东方。我们绝不能因为青少年犯罪高峰期在我国一度出现，就悲观失望起来。社会的发展是曲折的。从一个历史阶段来看，此次青少年犯罪高峰期正如同“十年内乱”一样，不过是一个小小的历史插曲，而我们从中学会的东西却具有长远的价值。这是我们认识和对待我国此次青少年犯罪高峰期应当采取的正确态度。

（这是作者1982年10月提交北京政法学院第二次科学讨论会的学术论文．1983年《青少年犯罪研究》编辑部编辑出版之《青少年犯罪研究文集》摘要收录在上册，题为《试论我国青少年犯罪高峰期》．1985 年，作者略作修改，印发给有关部门参考．）

试论我国当前刑事犯罪的主体

（1981年）

西北政法学院　少侠　柏龄

从法学概念上说，所谓犯罪主体是由于实施危害社会的行为依据刑事法律应负刑事责任的人。在我国，作为犯罪主体的只能是达到法定年龄的有责任能力的自然人，这似乎是一个普通常识问题，勿庸赘述。

但是，马列主义告诉我们，犯罪是一种社会现象。随着社会变迁的进程，实施危害社会的犯罪人亦应随之而变。这就是说，作为犯罪主体的自然人在量和质上的变化是随着社会政治、经济生活的变化而变化。从这个意义上来说，研究探讨我国犯罪主体的自然人的变化，对于社会主义的司法实践有着现实的和深远的意义。

回忆解放前的古城西安，乃是蒋胡匪帮长期盘踞的反革命巢穴。那时候，这里是反动军政警宪群体菌集，特务间谍密如蛛网，惯盗惯匪、流氓小偷横行无阻，烟毒娼妓、游民乞丐比目皆是。乃至解放初期，各种刑事犯罪，多为这些社会残渣所为，那时的刑事犯罪主体，可以说是一群成年的旧社会遗留下的残渣余孽。对这些罪犯，只能是加强无产阶级专政，“只许他们规规矩矩，不许他们乱说乱动”。在党中央和上级党委领导下，依靠和发动广大群众，开展了各项群众运动，依靠无产阶级专政的铁拳，比较彻底地肃清了各种反革命残余势力，连续地沉重地打击了特务、反革命、惯盗惯匪、封建把头和流氓恶棍，涤荡了旧社会的污泥浊水，整顿了社会治安秩序，从而出现了路不拾遗，夜不闭户的良好局面，这是历史事实，有口皆碑。

然而，时至今日，在建国30年后的今天，经过十年动乱，社会治安出现了大反复，刑事案件逐年递增，犯罪的主体起了全新的变化。据统计：在50年代我国刑事犯总人数中青少年犯只占30％，60年代青少年犯罪就上升到50％左右，而70年代到近年剧增至70—80％。正如党中央明确的指出的那样：“现在，劳动改造的对象情况，已经发生了很大变化，大多数罪犯是劳动人民家庭出身的青年，是职工的子弟。”事实的确如此。根据北京、上海、天津、沈阳、郑州、福州这六大城市统计，1965年，青少年犯罪只占刑事犯罪总人数的30％；占同龄青少年总人数万分之一点九九，而到1979年，青少年犯罪就占到刑事犯罪总人数的72％，达到同龄青少年总人数的万分之二十点零六，青少年犯罪的绝对数增长了12.8倍，除掉人口增长的因素相对比较，青少年犯罪分子人数增长了8.6倍。

再以陕西为例，1953年青少年犯罪只占刑事犯罪的25％左右，而到了1980年剧增至84.4％，地区虽异，情况略同。青少年犯罪不仅在数量上大有增长，而且涉及的范围和对社会的危害也发展到十分“惊人”的地步。那些危害性大的杀人、抢劫、强奸、轮奸、、爆炸、放火、团伙以及重大恶性案件，大都是青少年罪犯干的。有些案件其犯罪情节的恶劣，手段的残忍，起因之特殊，后果之严重，都是文化大革命前所罕见。尤其值得指出的是，青少年犯罪，特别是女青少年的犯罪具有很大的腐蚀性和传染性，这对青少年的健康成长，产生了极其恶劣的影响。

由此可以看出：在当前，青少年犯罪，不论从发案的数量上来看，或是从其对社会的危害性来看，已经成为我国刑事犯罪的主角，“已经成为一个严重的社会问题”。有的同志这样说：“现在的刑事犯罪分子，多是红旗下出生，红旗下长大，危害红色祖国，被关进红色监狱甚至遭到红色法律最严厉制裁的白丁。”这就十分形象地说明了当前我国刑事犯罪主体的全新变化。

（一）、它是林彪、“四人帮”祸国殃民恶果的必然反映。历史已经证明，在十年动乱中，林彪“四人帮”倡导捅刀子“勇敢”，打、砸、抢、抄、揪、抓“革命”；宣扬“读书无用”，“知识越多越反动”；树立“交白卷英雄”，批判“五分加绵羊”；叫嚷“宁要社会主义的草，不要资本主义的苗”，批判所谓的“唯生产力论”等等。他们还用庸俗的“关系学”，取代了党的组织原则和生活准则，严重的破坏了党的优良传统和社会主义道德风尚。正是由于林彪“四人帮”的反革命行径，诱使一些青少年起而效法，结拜“肝胆兄弟”，“英雄姐妹”，讲究“江湖义气”，“为朋友可以两肋插刀”，结成团伙，为非作歹，走向犯罪；正是由林彪“四人帮”把一些青少年培育成无知，愚昧、野蛮粗暴、以犯罪为荣的“文盲加流氓”式的人物，促使他们变成了刑事犯罪的根苗正是由于林彪“四人帮”对工农业生产的严重破坏，造成了人民生活长期不能改善，致使大批青年长期不能就业，助长了一些青年铤而走险的因素和可能；正是由于林彪“四人帮”大刮不正之风，使一些青少年迷失了正确的政治方向，私欲、情欲恶性膨胀，变成了庸俗的市侩，玩世不恭，尔虞我诈，唯利是图，逐渐堕落，沦入了刑事犯罪预备军。因此，当前青少年犯罪的急剧增加，用历史唯物主义的观点来观察、剖析，正是林彪“四人帮”反革命破坏所造成的严重恶果的必然反映。

（二）、它是我国阶级斗争在一定范围存在的具体表现。马克思主义认为，犯罪是阶级社会的产物，是阶级斗争的表现。当然，犯罪的产生是一个极其复杂的社会现象，阶级斗争虽然不能包括和代替产生犯罪的全部因素，但它确是产生犯罪的一个根本原因。青少年犯罪亦然。《关于建国以来党的若干历史问题的决议》指出：“在剥削阶级作为阶级消灭以后，阶级斗争已经不是主要矛盾。由于国内的因素和国际的影响，阶级斗争还将在一定范围内存在，在某种条件下还有可能激化”。现在，敌对阶级残余分子还存在，旧社会的“渣滓”还存在，“四人帮”的残余势力还存在，虽然他们为数不多，但其能量仍不能小估。他们在千方百计地影响、教唆青少年，企图为他们传宗接代。而剥削阶级思想意识的腐蚀和影响，更是广泛的长期的存在，正如革命导师列宁所指出的：“旧社会灭亡的时候，它的死尸是不能装进棺材，埋入坟墓的。它在我们中间腐烂发臭并且毒害我们。”（《列宁全集》第12卷第407页）。还必须看到，我国是世界历史上封建朝代最长，封建体制最完备的国家，因而封建主义的宗法、行帮、迷信等思想意识根深蒂固、源远流长，鸦片战争后，人民受帝国主义列强的侵略、掠夺，及他们所带来的资产阶级吃喝玩乐、唯利是图的腐蚀思想，影响至深。所有这些封建主义的与资本主义的剥削阶级意识形式，对于某些年轻无知、缺乏鉴别力的青少年，腐蚀尤为严重，这就为青少年提供了两大精神支柱——“吃喝玩乐”和“哥儿义气”。综上所述，不难看出：只要对于广大青少年犯罪现象具有决定性影响的阶级斗争还存在，那么，青少年犯罪就不可能从根本上消除。从某种意义上说，这两种现象是共存共亡的。

（三）、它反映了我国对外实行开放政策后不可避免地出现的一些问题。随着我国对外政策的开放广泛促进了中外经济文化科学技术等方面的交流，这对于推动我国社会主义建设事业，有着有益的借鉴作用，这是开放政策积极的主导的一面。但是不可忽视的还有另外消极的一面，这就是有的敌对国家、集团和势力，借我实行开放政策，乘机直接派遣特务、间谍对我进行破坏。有的就采用欺骗收买的手段，诱使我国青少年犯罪；有的通过各种渠道，把资产阶级腐朽的思想意识和生活方式渗透进来，把有色情毒素的黄色书报、录音、录像等文化垃圾偷运进来，侵蚀和毒害我国青少年，致使一些意志薄弱的青少年腐化堕落、以至犯罪。仅沿海某市查出有害录像带230盘，公开营业和放映点28个，其中11个放映点曾放映黄色录像带1700多场次，放映收入达22万多元。所有这些，不仅直接助长了我国青少年犯罪的增长，而且加剧了国内阶级斗争的长期性和复杂性。对此，我们万万不能掉以轻心，必须在青少年中开展经常的反侵蚀教育和斗争，克服对外开放以后所出现的消极因素。

（四）、它是人民内部矛盾激化的一个重要组成部分。我国现在还处于社会主义社会的低级阶段，还存在着两种社会主义所有制，存在着脑力劳动和体力劳动的差别，因而还不可避免地存在着大量的人民内部矛盾。人们在学习、工作、生产、生活各个方面都还存在着一些具体的一时还难以解决的困难。对待这些矛盾，只能用说服、教育和疏导的方法，做耐心细致的思想政治工作，使之得到逐步妥善解决。然而在实际工作中，由于各种原因，往往出现矛盾激化以至于发展到对抗的地步，甚至引起犯罪，尤其是青少年，年幼无知，处事轻率，初生牛犊不怕虎，每每遇到一些不称心的事，易于冲动，使矛盾激化，甚至大动干戈，伤人害命，触犯刑律。据某市对256名可能铤而走险的危险人物摸底，其中青年就有157人，占61.4%。他们有的因婚姻、恋爱，家庭问题等矛盾激化，扬言要行凶报复；有的因对批评、处理不满，扬言要“白刀子进，红刀子出”；有的因邻里口角、房屋纠纷，引起矛盾激化，准备用炸药制造恶性爆炸事故，还有的因工作调动、工资、户口迁转等问题准备出外闹事等等。司法实践已经证明，许多青少年犯罪，正是人民内部矛盾处理不当，导致激化的恶果，这种现象在婚姻、恋爱等方面表现得尤为突出。

（五）、它是我国人口年轻构成趋向年轻化的另一侧面。早在五十年代，我国曾错误地批判了马寅初先生关于控制人口的理论，导致人口惊人的增长，从1949年至1979年30年间，全国净增人口4.3倍，这一净增数字为鸦片战争至建国前的109年中所增人口1.3亿的三倍半，（《见经济研究》1978年5期第25页）人口与青少年人数的大幅度变化对青少年犯罪绝对数的影响是很明显的。一般说，青少年人口越多，在青少年犯罪率不变的情况下，青少年犯罪的绝对数也大。这是问题的一面。同时，由于人口的猛增，我国人口年龄构成也趋于年轻化，全国平均年龄只有26岁，是世界人口最年轻的国家之一。这样随着我国人口的年轻化而带来的犯罪年龄的年轻化，从一定的意义上说，这也是合乎逻辑的必然。

当前我国青少年犯罪的九个特点

（1981年11月）

张少侠

一、纠合性，即所谓“团伙”。一些青少年结成或大或小的集团，或者结伙成帮，进行刑事犯罪。这种情况比成年人远为常见，已经成为当前刑事犯罪的主要特点。他们少则三五成群，多则百十成帮。有的独占一方，横行霸道；有的聚众斗殴，持械伤人；有的流氓滋扰，侮辱妇女；有的偷盗抢劫，攫取财物；有的投机倒把，行欺诈骗；有的走私倒卖，牟取暴利；有的赌博成瘾，一犯再犯。他们之间虽然多数不象过去犯罪集团那样有较严密的组织和计划，但一般也有头头、骨干和一般成员。其纠合过程比较简单，多数是同学、街坊，互相熏染学坏；有些是臭味相投，一拍即合；有些是打出来的

“交情”，靠“块大”、“拔尖儿”搞起来的；有些是在犯罪过程（如盗窃、窝赃、投机倒把、倒买倒卖等）中结合起来的；也有些是在劳改、劳教、强劳场所结识，未得到改造，释放或逃跑出来又纠集在一起，重新犯罪的。这些“兄弟伙”、“姐妹群”用危害社会的信条聚拢在一起，封建主义的行帮思想和资产阶级吃喝玩乐的意识是他们的两大精神支柱，“同生共死、哥们义气、败坏道德”使他们很快走上了犯罪道路，连续作案，危害很大。即或因罪收监，他们也是同地相亲，同案相聚，互相包庇，改造也难。实践证明，许多大案和恶性案件，往往是“团伙”干的。上海市1980年1至10月发生的610起拦路抢劫、强奸案中，结伙犯罪的就有546起，占80.5%。1981年1至4月破获的万元以上的五起被盗案件，其中4起是犯罪团伙作案。而且，这种“团伙”一旦有女性参加，就注入了催化剂，其危险性和危害更大，要拆散也更难。

二、偶发性，即偶然性。生理学和心理学告诉我们，青少年时期生理机能发育的突出特点是：（1）身体增长速度快；（2）生理能量代谢率大；（3）性的生理冲击力强。而这三者对青少年的心理发展影响颇大。社会实践告诉我们，青少年的道德观念是极不完整的，法律观念非常淡薄，世界观尚未形成，活动能量超过认识水平，其用于活动方面的能量接近于成年人，特别是短暂的暴发性的能量付出，有时还要超过成年人。他们的这些特点，反映在有违法犯罪行为的青少年身上，一般地就表现为犯罪前无预谋策划，往往是没有怎么想，就行动起来了，情感一冲动，法律全不顾，常常是走到那里，遇到偶然事件，想干就干，说打就打，想砍就砍，说杀就杀。他们把犯罪活动看成“英雄”行为，把人命当儿戏，不计后果，不思影响，不知犯罪，正是这种偶发性的具体表现。比如：有的看到居民家中无人，顺手就偷；遇到单身行人或青年情侣就抢劫、就侮辱；为了打乒乓争输赢，吵嘴打架，直到把对方杀死；为了争一顶帽子，双方可以纠集数十人，持械相斗，连续四天，彼此抄家，毁坏家具，砍伤多人。一个小孩，把三角刮刀磨得很快，出门遇见一个素不相识的人，就捅了一刀。被带到派出所后他说：“叔叔，放了我吧，我没有别的目的，就是想试一试刀子快不快。”另一个男孩，杀死了两个六岁小女孩，审问他为什么杀人，他说：“好玩”。关押期间，能吃能睡，若无其事，如此等等。这种偶然性，或者说盲动性，常人难以理解，但这却是客观事实。

三、凶狠性。如前所述，青少年感情易于激动。他们想干什么，总是在易激动的感情支配下，不顾一切地去行动。或者固执偏见的蛮干，或者由其理想支配而做出惊人的事迹。由于他们的观点、兴趣、需要受制于其他社会关系的作用小，因而也就无所顾虑，其自身的主动性显得特别突出，完全可能把自己的全部行动集中于某一事件上去。而这种情况反映在违法犯罪的青少年身上，则表现为犯罪行为野蛮，犯罪手段残忍，心毒手狠。他们不仅随意施行暴力，而且动辄杀人；不仅抢劫财物，还杀人灭口；不仅奸污妇女，还要碎尸灭迹。年龄虽小，却吸取了古今中外不少残暴手段，造成了许多大案和恶性案件。天津市1980年发生的77起抢劫和强奸案件，76起就是25岁以下的青年罪犯干的。一个19岁的中学生，为了帮其“哥儿们”杀一个争风吃醋的所谓“仇人”，竟伙同闯入被害者家中，把被害人连砍二十刀，又将其从三楼窗口扔下，唯恐不死，跑下楼来又补了两刀。一对22岁的孪生兄弟，为报“私仇”，合伙盗枪连续射杀28人，杀伤36

人，毁厂房千余平方米，机器70台。一个青工，又仅因恋爱的女方不同意再保持关系，即杀害了女方，扒光了衣服，把头割下来弃于死者家中。“愚昧伴随着野蛮残忍”，这在当前青少年犯罪中表现得非常明显。

四、腐蚀性，即迁延性。常识告诉我们，青少年由于身体的猛增，活动能力的加强，独立自主意向的发展，自我交结也就必然更加频繁起来。人常说：“少有少朋友”，是有道理的。但是，他们对社会实践的跃跃欲试，与他们有限的思想关系的支配、制约力量是不相付的，动量与智力之间有着明显的差距。加之他们的个人兴趣、希望不稳定，好奇心又强，逞能好胜，这就使得他们易于受骗、上当、受腐蚀，误入歧途。这种情况是使青少年犯罪象细菌一样迅速蔓延的基因之一。实践已经证明，一些犯罪青少年很快可以感染腐蚀其他一些青少年变坏。他们以老带新，以大带小，利诱教唆，带出了一批又一批新的罪犯。特别是那些劳教、劳改逃跑的青年罪犯，其感染力更大，腐蚀性更强。据重庆市对1981年上半年打击处理的56个新老教唆犯的调查分析，被他们教唆、引诱、腐蚀而走上犯罪道路的青少年即达338名。上海市一个流氓阿飞就带坏了105名在校学生，仅四个月的时间，作案242起。据有关部门调查统计，“文化大革命”以来，已有三茬青少年犯罪，第一茬是“文化大革命”时期搞打砸抢的一部份人犯罪；第二茬是当时的儿童、小学生，经历了十年动乱的熏陶渐染，部分走上了犯罪道路；第三茬是“文革”期间出生的一部分小孩子，受“病毒”感染，由“站着看”到“跟着干”到作案犯罪。而天津市和重庆市现在又发现第四茬青少年犯罪分子正在产生。正是这种腐蚀和被腐蚀形成了青少年犯罪的恶性循环。

五、女性增多。女性青少年犯罪是当前青少年犯罪的一个重要组成部分，而且比例在增加。据上海市统计，在青少年犯罪案件中，女性约占10％左右。这些女孩子犯罪多是诱发的、多是依附男性作案。这是因为她们一旦被诱骗失身，不仅生理上受到摧残，更严重的是思想意识完全被腐蚀，伦理观念、道德观念完全混乱，生活作风糜烂，毫无自控能力，要求很低，人尽可夫。一个犯罪女青年说：“贞洁只能失去一次，以后再也不会失去什么了”。这种思想是有代表性的。事实也的确是这样，据统计在违法犯罪的女青少年中，百分之九十以上都是乱搞两性关系，构成了女性青少年犯罪的基本类型。在一般情况下，他们失身堕落之后，又以妓骗为主要伎俩，勾引另外的青少年，其中有些兼搞诈骗的，也多是通过两性关系，达到诈骗钱财的目的。她们往往与社会上的流氓阿飞相互勾结，成为男性偷盗、敲诈、打架斗殴的祸根。常常有这样的情况，女流氓一挑是非，男阿飞即大打出手，破坏社会治安；也有的犯罪集团以女流氓为诱饵，进行诱骗，敲诈勒索财物。他们的腐蚀性、破坏性很大。有一个犯罪女青年，她的组织能力、活动能力都很强，附近几个区的男女流氓阿飞对她很服贴，打群架时她可以一下子叫出几百个人。一个被劳教的23岁的女青年拉拢教唆其他女学生堕落犯罪，被她直接拉下水的就有15名之多。另有一个女学生，八岁时发生两性关系，九、十岁就有了性的体验，十四、五岁时，已经完全不能自控，靠吃男性激素来减弱性冲击力。这些情况说明了女性青少年犯罪的增多，使她们正常的智育发展和体格成长蒙受了严重损害，也直接损害了他们日后履行其做母亲和做儿童培养者的社会职能，必须引起社会的严重关注。

六、复杂性。犯罪是由于一系列社会条件聚集起来，在某个人身上产生的反常的结果。青少年犯罪的原因也是多方面的。它与社会、学校、家庭、地区影响有着密切的关系，有国内因素，也有国外因素；有历史的影响，也有现实的感染，而就犯罪者本人来说，有客观原因，也有主观原因。一般地说，青少年总是从家庭、学校、社会这些渠道来汲取道德观念，训练道德行为和培养文明习惯的。如果这些渠道有了缺陷，那就不可避免的会在他们的思想和行为上造成恶果。从目前我国青少年犯罪的情况来看，主要是十年动乱，林彪、“四人帮”的疯狂破坏，以致社会风气披靡，道德观念混乱，文化教育毁坏，经济濒于崩溃，法制沦丧几尽从而使许多青少年变成了“无理想、无道德、无知识”的蠢人。因此，可以说青少年犯罪的突增，是林彪、“四人帮”十年大破坏恶果的总暴露和延续。也正因如此，就构成了青少年犯罪的复杂性。要把这些违法犯罪青少年教育挽救、改造过来，绝不仅是公安、司法部门的事，也不可能在短期能够完成的，而是要花很大的精力，组织动员社会各个方面共同协作，综合治理，既要治表，更需治内，方能奏效。

七、二重性。青少年犯罪，就其本身来说，主要是由于幼稚无知，缺乏识别事物抵御邪恶的能力。因此，他们首先是受害者，然后又去害人。有人说：“很大一部分年纪较小的孩子在本身作出犯法行为以前，一般说来他们是作为成年人或年纪较大的孩子的犯罪行为的牺牲品。”也是这个道理。这就是说他们在正确的教育引导下，可以变为积极因素，成为推动青少年向上的动力；而在错误的教育影响下，就会转化为消极因素，使其变坏，甚至走上违法犯罪的道路。因此，对违法犯罪的青少年，我们既要看到他们犯罪的一面，更要看到他们受害的一面；既要看到他们的破坏性，更要看到他们的可塑性。只有这样，才能坚持“教育为主，惩罚为辅”的原则，立足于帮、教、拉，把他们的绝大多数改造成为社会主义四化建设的一代新人。

八、反复性。破案实践证明，在青少年犯罪分子中，许多人过去就有不同程度的违法劣迹。有的曾被公安机关教育多次，或受过拘留处分，有的还被判刑劳改和劳教过。甚至有的几进几出，是屡教屡犯的“名人”。据四川省对106名青少年犯罪的调查，其中有逃脱劳改、劳教和刑满释放，解除劳教的占12.2%。

这种反复性还表现在一些被帮助教育的违法犯罪青少年身上。他们时好时坏，反反复复，改好不易。而且就整个青少年犯罪来说，也往往是社会各方面齐心协力抓一下，情况就好一些，犯罪率就下降；放松了，又抬头了。所以对违法犯罪青少年的教育改造和综合治理，必须坚持反复抓，抓反复，持之以恒，一抓到底，才能抓出实效。

九、隐蔽性。一般地说，犯罪者总是要想方设法隐蔽自己，千方百计逃避其可能遭到的打击，因此，经常改变其作案手段，以隐其罪，青少年犯罪亦然。当前，这种隐蔽作案趋向已在青少年犯罪手段中表现得比较明显，诸如作案戴手套，行动捂面罩；只身搞单干，团伙守信条；甲地把案作，乙地销脏物；麻醉搞行劫，杀人用药物；内部相勾结，秘密结成伙等等。而且随着科学技术的普及与发展，青少年犯罪的手段必然会更加多样化，这是一个新的特点。如果我们把青少年犯罪只认为是一群“四肢发达头脑简单”的“莽汉”，那就大错而特错了。

试论我国当前青少年犯罪的特点

（1981年9月）

阴家宝

青少年是我们事业的希望，革命的未来。他们的状况如何，直接关系着国家的前途，民族的兴衰。因此，国内外一切反动势力，无不把在我国复辟的希望，寄托在我国青少年的变坏上。争夺青少年的斗争，始终是社会主义时期阶级斗争的重要组成部分。林彪、“四人帮”的反革命罪恶行径最充分地证明了这一点。

青少年的状况在很大程度上反映了当时社会的状况，就这个意义上讲，青少年是社会的一面镜子。建国30年来，我国青少年的状况，总的说来，是积极向上的，主流是好的，是完全可以信赖的革命新一代。这不仅已为我国实践所证明，而且与资本义国家青少年状况相比，看得尤为清楚。但是，也必须看到，近十几年来，青少年中出现的问题也是严重的。仅就青少年犯罪这一侧面来说，据一些主要城市的统计，较“文化大革命”前有几倍、十几倍的增长，约占整个犯罪的70％—80％，越来越成为一个严重的社会问题。这种严重情况的出现，正是林彪、“四人帮”十年动乱所造成的社会后果。因此，要解决青少年犯罪问题，就必须从这样一个特定的社会历史背景出发，结合青少年成长发育时期的特点，去探索青少年犯罪的特点，分析这些特点形成的原因，以便对症下药，综合治理。

青少年犯罪有其自身的特殊性。这种特殊性是由青少年本身的特点决定的。

青少年时期是人的成长发育时期，也是人生观形成的重要时期。青少年精力充沛，求知欲旺盛，兴趣广泛，好奇心和模仿力很强，什么都想干一干，试一试。但他们德智体都还不成熟，没有定型，缺乏辨别是非、好坏和自觉支配、控制自己行为的能力。经不住挫折，情绪也不稳定，反复性很大，思想和行为往往带有片面性、盲目性和冲动性。他们的可塑性很大，既有接受正确教育和引导，好学上进的一面；又有易受不良影响和腐蚀，颓废变坏的可能。正所谓“嫩枝易弯也易直”。

青少年自身的上述特点，与林彪、“四人帮”十年动乱的社会影响，决定了目前青少年犯罪不仅与其他成年人犯罪有不同之点，而且也与“文化大革命”前的青少年犯罪有所不同。这些特点概括起来有以下几点：

一、受害者和害人者的二重性

辩证唯物主义认为，存在决定意识。人的习性、习惯和气质不是先天带来的，而是后天形成的。马克思主义不承认有什么“天生的犯罪人”。一般说来，任何犯罪者，都有一个受客观环境的影响毒害，到犯罪害人的发展过程。这种特点，在青少年犯罪者身上表现得尤为明显。

犯罪的青少年与其他青少年一样，原本是纯洁无邪的。他们之所以误入歧途，走上犯罪道路，在很大程度上是由外界的客观影响造成的。从认识论角度讲，青少年时期基本上处于形象思维的阶段。他们认识事物、接受知识、了解社会，往往是简单的，直观的，常常是知其然而不知其所以然，对于看到、听到的纷繁复杂的社会现象，缺乏分辨的能力。对于好坏影响往往不能加以识别选择而一起接受。他们幼小纯洁的心田，犹如无遮无挡的原野，受到清澈溪流的浇灌，就会郁郁葱葱，生机盎然；而遇到污流浊水的侵袭，又会荒凉破败，杂草丛生。特别是目前这一代青少年，当他们还在呀呀学语或者刚刚记事时，映入他们眼帘的是生产停顿，学校关门，老师挨斗，父辈挨整，拉帮结派，到处夺权，打砸抢成风，武斗盛行，奉公守法有罪，胡作非为有功……，一片混乱景象；充塞他们耳膜的是"冲冲冲！""杀杀杀！""滚滚滚！""坚决打倒"，"彻底砸烂"，"批倒批臭"，"横扫一切"，"读书无用"，"知识越多越反动"，"白卷零分是英雄"等等。在这种是非荣辱颠倒，真假善恶混淆的社会环境里，使他们那稚弱的心灵受到了极大的创伤，其中受害严重的则堕入犯罪的泥坑，给社会造成了严重的危害，成了人民的罪人。因此，我们在分析青少年犯罪的时候，首先要看到林彪、"四人帮"十年动乱的影响毒害，是我国目前青少年犯罪之所以如此突出的最直接、最根本的原因。犯罪的青少年是受害者，是受伤的幼苗，对他们应着力于教育、挽救、改造；其次要看到他们又是害人者，是染有病菌的苗，对他们若不采取一定的惩罚措施，严加治疗，不仅病毒不能根除，而且还会蔓延扩散，既害自己又害别人。青少年犯罪的这二重性，正是我国刑法规定对未成年犯应从宽发落的客观依据，是我们正确认识和处理犯罪青少年的前提和基础，也是党和国家对违法犯罪青少年实行教育、挽救和改造方针的出发点。

二、起因奇特，动机简单

犯罪动机如何，决定着犯罪人的主观恶性程度，并且影响到对社会的危害程度。与成年人犯罪相比，青少年犯罪的动机比较简单，甚至表现为正常人无法理解的某种奇特心理。他们一般没有经过慎密的考虑，往往在外界的影响和刺激下突然犯罪，事前有预谋的比较少。概括起来，青少年犯罪的起因和动机大致有以下几种情况：

(1) 寻求刺激。由于林彪、"四人帮"的毒害，目前有相当一部分青少年处于一无理想，二无科学文化知识，三无道德法制观念的所谓"三无"状态。他们学习无兴趣，就业年龄小，整天漂在社会上，到处游逛，精神空虚。旺盛的精力得不到正确的支出，往往便从打架斗殴、寻衅滋事、侮辱妇女等方面寻求刺激，消耗精力，追求一种野蛮无耻的快乐。

(2) 不切实际的物质欲望。他们没有独立生活的能力，都又想吃好穿好，而且愈是奇特的和所谓时髦的东西愈想追求，当家庭满足不了他们的欲望时，就自找"门路"，非偷即抢。

(3) 强烈的报复心理。他们虽年幼无知，但渴望独立、自尊，获得别人的平等相待，本能地不愿受管束，希望无拘无束地过所谓自由自在的生活。这种心理特点，随着他们年龄的增长、发育的逐步成熟而越发加强。特别是当他们染有某些劣迹之后，谁如果管教他们或者管教方法失当，或者他们吃了一点“亏”，轻则反感、对抗，重则视若敌人，予以报复。例如辽宁有一个14岁的中学生，因为他逃学、与别人打架，受到他母亲和姥姥的批评，他竟用斧头将母亲和姥姥砍死；有一个姓刘的少年，因家长不让他与有劣迹的孩子来往，他就招来一帮同伙，抄了自己的家；北京发生的打死老师和重残老师的两起案件，作案者都是16岁的中学生，起因就是对老师的管教不满。至于在社会上，某些青少年因为行为不端，被别人投以白眼或者批评几句，就遭到他们的辱骂、毒打甚至杀害的案件，更是屡有发生。

（4）为了显示自己或者称霸一方。青少年的好胜心强，最不愿同伴说自己不行，尤其经不起别人的挑逗和刺激，加上受“文化大革命”期间那种无法无天、拳头棍棒就是真理的恶劣影响，逞强、霸道之风在青少年中颇为盛行。以至有些人就觉得，一个人在社会上要想不受人欺，让人看得起，就得拳头硬，胆子大，不怕死。有的青少年为了在同伴中显示自己不是“浓包”“胆小鬼”，经别人稍加挑逗，就寻衅滋事，侮辱妇女，甚至大打出手，刀兵相见。至于一些流氓团伙，则更以称霸一方，降服对手为宗旨。他们往往为了争夺地盘、较量强弱或者争夺所谓女朋友，而大动干戈，进行大规模的械斗。

（5）好奇心的驱使。青少年时期，好奇心模仿力很强，什么都想亲自看一看、干一干，感情极易冲动而又不能控制，容易误入歧途，走上违法犯罪的道路。例如，有的青少年就是在性成熟的中期和后期，由于对生理常识缺乏应有的了解，对异性产生了神秘感和好奇心，受到外界的刺激和影响，在感情冲动之下，而干出侮辱和强奸妇女的罪行的；有的中学生企图偷越国（边）境，其动机就是想亲自去看看资本主义社会是什么样子；个别青少年行凶作案，仅仅是为了试试刀子快不快，或者是为了模仿某些文艺作品中犯罪人的行动，甚至是为了测验一下侦查机关的破案能力。

三、诱发快，蔓延广，网络性强

青少年时期是人体发育发生突变和心理变化最大的时期。这个时期，他们的是非观往往还停留在笼统的、抽象的、被典型化了的“好人”、“坏蛋”的形象思维阶段。对于外界的具体事物、现象（不论好的还是不好的），常常没有亲疏好恶而一视同仁地予以对待。实践中常常有这样的情况，即青少年对于正面的东西，每天从家庭、学校和社会各方面，都可以听到、看到，对这些，他们已习以为常，不感到新鲜，而对那些平时不易接触到的奇闻逸事、街谈巷议，特别是对一些荒诞、淫秽甚至反动的书刊图画、小说、故事、影片等等，更怀有极大的好奇心和新鲜感，愈离奇古怪愈爱看爱听。即使是对于好的文艺作品，他们的兴趣也往往集中在作品中刻划的某些反面人物的形象、语言上，对这些他们记得最牢，模仿得既快又象。因此，当青少年接触到这些东西，而又得不到及时正确的引导时，就很有受毒变坏的可能。实践证明，一些青少年就是在这种好奇、好玩的心情驱使下，从听一个下流或荒诞的故事，看一本淫秽的书刊图画，观看一件奇特的物品，甚至在一块糖、一支烟、玩一次牌的诱惑下，而逐步走上歧路的。据北京某中学调查，该校三十几个看过传抄的坏书《少女之心》的学生，几乎都开始有了劣迹，有的男女之间乱搞，有的外出耍流氓。而我们知道，青少年犯罪，往往正是从有劣迹行为开始逐步发展起来的。

诱发快，不仅表现在青少年容易受害上当，而且还表现在从受害上当到实施犯罪过程很短暂。也就是说，青少年从中毒到模仿犯罪；从跟着看到下水干；从心虚胆怯、犹豫动摇到无所顾忌、胆大妄为，都比成年人犯罪快得多。长的不过一两年，短的只要几个月。例如有一个少年，小学时是品学兼优的三好生，升入中学后，赶上了"文化大革命"，学校停课，家长挨斗，他即整天游荡，结识了一些不三不四的人，学会了抽烟、喝酒、耍流氓、打群架，15岁就成了一个强奸幼女杀人犯。他变坏的时间也就是一年左右。又例如一个17岁的农村社员，一次看影片《望乡》，电影还未看完即退出场外，将一个 6 岁的幼女强奸。可见，青少年在外界的某种刺激影响下是很容易发生突变的。

乐于合群，渴望友谊，是青少年的又一个特点。只要能玩到一块，说到一处，就是好友。常常有这样的情况，在小伙伴之间可以无话不谈，对家长、老师则存有一定的戒心，不大愿意吐露真情。有时甚至小伙伴的话比老师、家长的话还灵。青少年的这种特点，反映在违法犯罪上，就表现为蔓延广、网络性强。一个青少年堕落下水，往往会象传染病源一样，在他的同伴之间传播蔓延，带坏和影响一批。据北京市安定门街道对60个变坏的青少年（大的16岁，小的13岁）的调查，他们变坏的一个重要原因是受违法犯罪青少年的影响腐蚀，通过在一起打扑克牌、抽烟、赌博、闲聊，谈打架斗殴，讲下流故事等，慢慢就发展到社会上去作案。这种蔓延腐蚀，不仅在同龄人之间，而且还向纵深发展，形成大带小、旧带新，一茬接一茬。调查材料表明：目前青少年犯罪主要是受违法犯罪青少年的影响，真正受老教唆犯（30岁以上的）教唆而走上犯罪的为数极少。这是当前青少年犯罪之所以持续增长的一个重要原因。

蔓延广和网络性强，是密切联系而又互为作用的。蔓延广，是网络性强的基础。只要气味相投，一拍即合，容易形成小跟大、新依旧的团伙。大的作案，小的望风，新手前面干，老手作后盾；网络性强、团伙多，又为蔓延广提供更多的渠道，会使更多的青少年受腐蚀毒害，被拉下水。目前青少年中数目可观的一批在校的差班生，有学不上的常旷生、滞留生以及就业年龄小、家庭管不了的后进层，就是这种蔓延的首当其冲的目标。

网络性强的最突出表现就是团伙多。在上海、北京、天津、武汉、广州等大城市里，犯罪团伙的成员少的有几十人，多的有一百多人，甚至上千人。这些城市中发生的流氓械斗打群架、拦路抢劫、侮辱和强奸妇女，重大的扰乱社会秩序和盗窃案件，绝大多数都是这种犯罪团伙干的。目前这种团伙与旧社会那种团伙不同。它没有九龙一凤之类的封建色彩，通常也没有结成山誓海盟的生死之约，以及形成慢、组织严密等特点。目前这种团伙形成较快，往往在一起玩几次牌，吃一次饭，打一次架就能形成。其组织也不甚严密，而且常常分离组合。团伙之间互有交叉，甚至团伙内部也会因一时一事的矛盾，而彼此反目，大打出手。但也必须看到，网络这种团伙的最高信条是封建行帮式的哥们义气，就凭这个精神支柱，使这种团伙有相当的稳固性，他们即使身陷囹圄，也不"出卖"同伙，有的甚至在劳改中还搞什么同地相亲，同案相聚，互相包庇的勾当。出狱后，只要同伙勾引，有的又会故态复萌，重蹈复辙。这就是为什么目前青少年犯罪中团伙犯罪突出，打掉一批又产生一批，以及青少年犯罪反复性大的一个重要原因。

上述诱发快、蔓延广、网络性强的特点，决定了我们同青少年犯罪作斗争的迫切性、复杂性和艰巨性。不经过社会各方面较长时间的共同努力，要在短时间内把青少年犯罪率降到正常幅度是不可能的。

四、胆大妄为，不计后果

“初生牛犊不怕虎”是人们对青少年看待事物、处理问题那种勇敢纯洁心理特点的形象概括。这种特点得到正确的引导和发扬，就会变成他们积极向上，勇于追求，刻苦好学，敢于战胜困难险阻的前进动力。反之，如果这种特点被用来干坏事和犯罪，就会变为胆大妄为，不计后果的邪劲，给社会带来极大的破坏和危害。我们说青少年辨别是非好坏的能力不完全，并不是说他们连对诸如行凶杀人、强奸妇女、拦路抢劫等行为是坏的、是犯罪的都不知道，恰恰相反，这一点他们是清楚的。问题只在于他们在某种思想支配之下，在感情冲动和某种刺激之下，很难控制自己的行为，也不去考虑行为的后果。因此，作起案来，常常不分深浅，胆大凶狠。甚至为一点不值得的小事而干出杀人害命的事情来。例如北京有一个17岁的姓范的中学生，由于将家长给他交学费的钱花掉了，无钱交学费，又不敢向家长再要，就去向平时与他家关系密切，小时一块长大的同龄女学生借钱。女孩说家长不在，自己也没有钱。范即用随身携带的刀子将女孩刺成重伤，又抄起菜刀连砍十几刀，将女孩当场砍死，其状惨不忍睹，杀后还想毁尸灭迹。还有一个14岁的男孩在强奸一个3岁的女孩时，女孩啼哭，竟将女孩掐死。北京某中学的8个学生（最大的16岁）在公共汽车上起哄捣乱，被一中年乘客批评几句，他们即将该乘客推下车，用火枪、片刀将其打成重伤。至于在流氓械斗中，互不相识就兵戎相见，以至将对方捅伤、捅死，还不知受害者是谁的情况，也是常有发生。凡此种种令人发指的野蛮凶残的行为，充分反映出青少年作案不知深浅、胆大妄为、不计后果的心理特征。

五、女青少年犯罪的特点

据一些城市的调查，女青少年犯罪，除基本具备上述青少年犯罪的共同特点外，与男青少年比较起来，她们的犯罪还有其自身的特点。

首先，她们从受腐蚀到犯罪作案过程比较长，行动也比较隐蔽、谨慎，特别是开始犯罪作案的第一步往往很难跨出，总是经过反复的犹豫动摇和思想斗争，才下决心，不象男孩子那样说干就干，易于冲动和暴露。

其次，从作案类别来看，她们大多数都是发生在流氓乱搞和盗窃财物等方面，暴力作案的极少。而且就流氓乱搞来说，她们最初也往往都是受害者，由被人奸污、玩弄而堕落犯罪。

第三，她们一旦走上犯罪道路，腐蚀性很大，常常同时与几个男的乱搞，跟他们要吃要喝，要这要那，有的男孩往往因此而被拉下水。实际生活中常有一个女孩变坏腐蚀和带坏一批男孩的情况。她们往往还是流氓团伙争风吃醋打群架，或者进行抢劫、盗窃等犯罪活动的起因。

第四，教育改造的难度大。从主观上说，女孩一旦堕落，下滑的速度很快，特别是当她们失去贞洁以后，往往觉得一切都完，于是自暴自弃，破罐破摔，有的甚至发展到不顾羞耻，性生活放荡的变态程度，完全失去自尊和控制自己的能力，有的实际上沦为暗娼。有的女孩子说："贞洁只能失去一次，以后再不存在会失去的问题。与男的乱搞，是无本万利，只进不出。"从客观上说，社会的压力，男流氓的威逼引诱，她们往往承受不了，抵抗不住。因此，要教育改造她们幡然悔悟，弃旧图新，往往比男孩子要难得多。

论青少年犯罪的过程及其特点

(1982年)

张伟春 李玉彪

青少年犯罪是我国目前社会生活中面临的一个突出问题，也是世界各国早就存在的严重问题。因此，研究少年犯罪问题，探索少年犯罪和转化过程，对于发展我国的刑法理论，指导当前司法实践，预防和减少犯罪，整顿社会治安，保障社会主义物质文明和精神文明的建设，都具有重大的意义。

一、关于少年犯罪的过程和特点

少年犯罪的发生发展过程既具有成年人犯罪的一般规律和运动形态，又具有与成年人犯罪不同的特征。

一切犯罪行为都是社会危害性较大而由刑法规定应予刑罚处罚的严重违法行为。它是一种比不道德行为、轻微违法或一般违法行为更为严重的反社会性质的行为。正如恩格斯所说，犯罪是"蔑视社会秩序的最明显最极端的表现。"(见《马克思、恩格斯全集》，第二卷，第416页。)少年的犯罪行为，同成年人犯罪一样，具有社会危害性、违法性和刑罚性，从本质上说，也是一种较严重的反社会行为。

辩证唯物主义认为：一切事物的产生和发展，都可以看作是"以一个否定另一个的方式彼此联系着"的"一系列不同的发展阶段。"(见《马克思、恩格斯全集》，第一卷，第109页。)都需要经过"由事物内部包含的两个矛盾着的因素互相斗争所引起的，"由"相对地静止状态"（即第一种状态）向"显著地变动的状态"（即第二种状态）发展的运动过程。当然，犯罪行为的发生也不会例外。列宁说："轻率行为越过限度，于是就会出现完全不同的东西，即犯罪”。(列宁:《哲学笔记》,1963年北京版,第129页。)这就指明了犯罪行为的发生是一个“轻率”行为的量变质变过程。这种同犯罪行为相区别又相联系的“轻率”行为，当然不可能是合社会性质的行为，只能是反社会性质的行为，如不道德行为、轻微违法或一般违法行为。就是说，犯罪行为是从原来不是犯罪行为的“轻率”行为，因其反社会因素的不断增长和积累，并且“越过”一般违法行为所能容纳的程度，达到了“严重违法”的“限度”，从反社会因素（包括思想、心理因素和行动、动作因素，下同）“量”的变化，引起行为性质的“飞跃”，即质变而来的。根据有关资料和调查事实证明，故意犯罪的发生，是一个由行为人自身存在的反社会因素和合社会因素互相斗争所引起的，在反社会因素成为矛盾的主要方面的情况下，推动原有的违法状态（第一种状态）发展为犯罪状态（第二种状态）；进入犯罪状态后，就从犯罪决意状态、准备状态（第一种状态）到犯罪着手行动状态，实行行动状态（第二种状态）的运动过程。这些不同的、相对的状态，都可视为大小不同的阶段。凡按基本顺序阶段依次发展的过程，可视为犯罪行为发生发展的一般运动形态；反之，可称为特殊运动形态，两者是量变质变的不同“飞跃”形式。

辩证唯物主义认为，“事物的性质，主要地是由取得支配地位的矛盾的主要方面所规定的。”(毛泽东:《矛盾论》,见《毛泽东选集》,第一卷,第297页。)由于思想动机在各种心理因素中所处的重要地位，又由于它对动作、行动因素的支配作用；因此，不同性质的动机斗争即违法犯罪动机同反对违法犯罪动机（如守法动机，简称“反对动机”）的斗争，就成为反社会因素同合社会因素斗争中的主要矛盾。动机斗争是推动犯罪行为发展变化的主要矛盾。动机斗争中矛盾斗争着的两个方面的变化情况，不仅决定了行为过程的性质，而且决定了犯罪发展过程的各种运动形态和特征。

少年故意犯罪的动机斗争的运动形态，可分一般运动形态和特殊运动形态两种。

属于一般运动形态的有：

1． 渐进型。其特征是：违法犯罪动机在动机斗争中一直成为矛盾的主要方面并不断加强，推动反社会因素向严重方向发展。行为人从有不道德行为，发展为违法行为，再发展为犯罪。如从私拿他人的一点食物，到数额不大的小偷小摸，发展为数额较大的盗窃作案行为；一个初犯，从接受外界刺激到产生犯意，再作犯罪准备，进而着手实行，直至作案完毕，接着进行第二次、三次、四次……，成为累犯、惯犯等。基本特征是：犯罪的发生发展具有循序渐进性。

2． 间歇型，也称反复型。违法犯罪动机在斗争中基本成为主要矛盾方面，但有时又处于、甚至反复处于同反对动机“似乎势均力敌”的暂时相持状态，反社会因素的积累和犯罪行为的进展时有停顿。如有些罪犯从一般违法状态到犯罪状态之间，从犯罪决意、预备状态到犯罪着手、实行状态之间，往往有个停顿期，甚至还有某种“悔改”表示。又如“机会犯”，其违法犯罪意图基本上一直存在，当利于作案的时机出现时，刺激强化了犯罪动机，就实施犯罪；而这种时机消失时，犯罪动机减弱，暂时同反对动机呈现相持状态。基本特征是：反复出现犯罪渐进中的间歇期。

3． 中止型，也称逆转型。违法犯罪动机在斗争中从前一段是矛盾的主要方面退居为后一段的矛盾次要方面，合社会因素压倒了反社会因素，反社会行为在一定的发展阶段（状态）上停止下来，甚至发生逆转。这种情况如发生在进入犯罪状态前，行为人就处于不道德或一般违法状态；如在犯罪着手行动前，则是"预备犯"；而在着手行动或实行行动中，就成为"中止犯"。

属于特殊运动形态的有：

1．突发型，也称偶发型。因受犯罪对象的强烈刺激，或是为了摆脱某种困境，或是由于某些偶然的原因等，行为人未经正常的动机斗争，而其违法犯罪动机就从矛盾的非主要方面突然上升为主导方面，反社会因素急剧增长，犯意产生后到实施犯罪毕，时间极短。既无准备、预谋阶段，也难于区分着手行动和实行行动阶段。基本特征是起意突然，动作神速。这种犯罪一般具有明显的暴力性。

2．连续型，实为连续突发型。违法犯罪动机不仅具有"突发型"的特征，而且有连续起意，接连作案，常于同一现场相继造成几种恶果，构成数罪的特点。如，先起意盗窃已遂，后见独处房中的少女熟睡床上，又起意并强奸了她；为了灭口，再杀害了她；遂构成盗窃、强奸、杀人三罪，等等，

少年犯罪中，虽然五种类型都有，但由于他们反社会性的人格素质决定，跟成年人犯罪相比，具有许多特点：

1．犯罪决意的随意性。成年犯在产生犯意前，一般需要经过复杂的心理历程和认真的动机斗争，因而犯意坚决，实行一贯，所以属渐进型、连续型的犯罪多。相反，多数少年在决意前，没有慎重考虑，甚至是临时起意，冒险行动。不少人还出于好奇、试验、自我表现和寻求刺激等。恣意、轻浮，形同儿戏。决意迅速，消退也快。因而犯意多不坚决，易受外界影响；实行时变化大、动摇多。因此属间歇型、中止型的犯罪较多。

2．犯罪准备的缺乏性。成年犯的犯意形成后，一般都有预谋（准备）阶段，经过周密策划、充分准备后才着手实行。少年犯中，不少属于感情冲动而思想简单，自信心强而智能低劣，容易"一呼而应，一约而行"，草草计划，匆促"上阵"甚至毫无准备就急于实行。常常是"不作预谋，不计后果，不择手段"。所以，突发型的犯罪较多。

3．犯罪过程的多阻性。由于成年犯多数犯意坚决，计划周密并有准备，且有经验，必然预见性强，应变力高，有主动权，受阻可能性小。而少年犯则往往相反，受意外抗阻因素影响大，主观排阻能力小，往往陷于被动。或自动中止，或被逼放弃，因而中止型犯罪多，未遂犯也多。而被抓获率、受惩罚率则相对较高。

4．犯罪方式的依赖性。成年犯多数身强力壮，富有经验，行动诡秘，单独作案。少年犯则一般都经验欠缺，体力有限，行动公开，多数需要借助工具、器械，以"江湖义气"为精神支柱，接受他人暗示、教唆、依赖乌合力量，共同结伙作案，行动富于依赖性。因此，共同犯、团伙犯、集团犯、从犯多。

5．反社会程度的局限性。首先表现在作案种类相对较少。一般是扒窃、偷盗、斗殴伤害、强奸、抢劫为多，杀人等罪较少；其余性质的案件极少，比成年犯作案种类相对较少。其次是活动范围相对较窄，主要在人口密集的大城市，并且多在居住的附近地

区；在农村和其它地方活动的较少。再次是作案能量相对较小。现代化、智能化、技术化作案少，原始性、传统性、低能性作案多。

6. 人格类型的可塑性。少年处于心理、生理的发育时期，客观上存在各种矛盾和弱点。如欲望需求多和满足能力小，独立意向明显和智力能力不足，喜欢社会交游和识别能力极差等矛盾，兼有自制力弱，定向力差等弱点。他们经常处于矛盾不安，徬徨游离的状态中，这是一个人一生中的变易期。因而"近朱则赤，近墨则黑"，可塑性大，或好或坏都未定型。由好变坏容易，由坏变好也不难。

7. 条件因素的特殊性。辩证唯物主义认为，外因是变化的条件，内因是变化的根据，外因通过内因而起作用。人格的形成是人向社会学习，社会对人影响，内因同外因相互作用的结果，是一个合社会化和反社会化相互斗争的过程。在社会化过程中，如果合社会性的内在因素和外部条件占主导地位时，就有利于合社会性人格的形成；反之，就利于反社会性人格的形成。在十年内乱期间，一方面，外界的反社会因素异常强烈，主要是林彪、"四人帮"的流毒污染；而合社会性因素又遭到破坏，主要是党政组织、政法机关、教育部门丧失正常机能；因而构成了有利于反社会化，不利于社会化的特殊环境；另一方面，由于少年存在较多的心理、生理弱点，存在社会实践不足（包括生产斗争、阶级斗争、科学试验的实践不足）和社会化程度较低等基本缺陷，又构成了不利于社会化、有利于反社会化的特殊人格素质，而成为社会上的薄弱一层，即"易感染层"。在这种不利于社会化的客观、主观条件和内因、外因的相互作用下，在少年中就出现了相对较多的违法犯罪分子和不良行为者；再通过感染——潜伏——发病——传染——再感染的发展顺序，就形成了最近几年少年犯罪相对增多的趋势。其中，资产阶级意识形态的侵袭和腐蚀，封建地主阶级思想残余的影响，起到了加剧、催化的恶劣作用。总之，我国少年犯罪增多，是特殊条件和特殊素质在特殊时期中相互作用产生的特殊现象，它不是我国社会主义制度的必然产物，而是剥削阶级思想腐蚀、毒害的结果，是我国现阶段阶级斗争在一定范围内依然存在的具体反映。

由上述分析可见，少年犯罪比非少年犯罪具有相对较轻的社会危害性和相对较小的主观责任性，其反社会性的程度相对较浅，因而在相同情况下，对他们的处罚也应该相对较轻。

二、关于少年犯转化过程的分析

从犯罪到不犯罪的转化，也是一个从量变到质变的发展过程，但这是同犯罪发生发展性质不同、内容不同的另一发展过程。它是以反对继续违法犯罪动机（简称为"反对动机"）为主要内容的合社会性的守法向善因素同以继续违法犯罪动机（简称为"继续违法动机"）为主要内容的反社会性的继续作恶因素相互斗争，并在斗争中反对动机成了矛盾的主要方面，推动行为人从犯罪后状态向徘徊状态，又向悔改状态，再向巩固状态运动，最后达到完全改过的一个发展过程。实际是犯罪的转变过程。其中，犯罪后和徘徊状态、相对悔改和巩固状态为"第一种状态"；而后两者为"第二种状态”。而犯罪后状态、相对徘徊状态又可分为“第一”、“第二”种状态；悔改状态相对巩固状态又可分为“第一”、“第二”种状态。整个过程的特点，是各种反社会因素，（包括思想的、行动的）从削弱到消除；各种合社会因素则从再生到确立。其各种状态（阶段）的心理特征和行动特征如下：

犯罪后（包括侦破前后）阶段。在心理方面，由于受犯罪过程和结果，以及犯罪惩罚经验的强烈刺激，既有紧张感、恐惧感和罪责感，又有多疑、敌视、续恶、报复等情绪，多数有心焦、怕受打击惩罚等特征。在行动上，多躲避陌生人，不露具体案情，不讲实话，探听侦查本案情报等，极力避免破获、惩罚。有的仍继续作案。总之，继续违法犯罪动机和其它反社会因素，基本上仍占主导地位。

徘徊阶段，包括判决后和服刑初期。主要特征为彷徨、矛盾加剧，长期徘徊观望。心理方面，紧张感转为危机感，恐惧感转为自卑感，罪责感转为自责感；同时又产生对违法犯罪的“合理”感，对处罚的不满感，对他人的报复感等，构成复杂、矛盾的心理状态。有时还感到“冤枉”，甚至悲观失望，产生自暴自弃、“破罐子破摔”或者自杀等念头。集中表现为继续作恶和改恶从善的矛盾，继续违法动机和反对动机的矛盾。矛盾着的两个方面忽上忽下，有时出现“似乎势均力敌”的相持状态，有的产生苦闷、不安。所谓“在极度的痛苦中度日”，不少人产生“混刑”思想。行动方面的特征是观望、试探、等待，有时出现“痴呆”现象。学习、劳动、守规以及对待管教人员，时好时坏，时近时远，动摇不定，多为中游。并时常装病、“磨洋工”，顶撞干部，无理“申诉”，甚至逃跑作案；好时是高兴一阵，积极一下，玩闹一通。遇到讽刺挖苦，又发生动摇，所谓“改造不好是难，想改造好也难”，表现消极。要经动机斗争并待改过从新的决意形成后，始转入悔改状态。

悔改阶段。悔改阶段是转化的质变阶段。主要特征是反对动机和其他合社会因素从矛盾的次要方面逐步变为主要方面。在心理上，罪责感不断加强，耻辱感初步出现；逐步消除了报复意向、不满情绪和犯罪“合理”的心理；开始产生改恶从善、弃旧图新的意向。情绪稳定，轻松愉快、正确的道德观、法制观、劳动观等从萌芽到树立；节欲力、自制力、识别力等有一定加强。在行动上，生活较有规律，不逃跑、不吵闹、不作案；多数能批判犯罪行为和危害，认识根源和本质；和“反改造尖子”等人决裂；真诚亲近管教人员，主动汇报反映情况；积极学习、劳动，认真遵守监所法规，有的还能主动揭发同伙或交待自己余罪等。

巩固阶段。主要特征是反对动机和其它合社会因素一直成为矛盾的主要方面而不断发展。在思想、行动上比悔改阶段表现更好，决心改过自新，并在行动中努力争取减刑、减期，希望早日出去就学或守法从业。多能自觉地以理智去控制感情，以正确观念去批判错误思想，以合法手段去满足正当需求，调动自身积极因素去克服消极因素；从只重视劳动表现到自觉改造思想；积极参加对反改造、反感化分子的思想斗争。同时，在执行期满后的相当长的时间内，抵制、冲破了各种不良影响、腐蚀、拉拢，各方面表现几乎与常人一样。基本上完成了再社会化的过程，最后达到完全改过自新的境地。

据我们调查，少年犯在犯罪转化过程中，多数要经历上述四个阶段，但每人所经各段的时间长短不一，也有少数不经徘徊阶段或这一阶段极短的。在转化过程中，他们一般有下面几个特点：

1. 转化过程的反复性。由于少年犯的人格尚未定型，同时存在两种性质不同的内在因素和外部影响。动机斗争时隐时现；又由于他们的判别力、自制力、定向力较差，因而容易产生随大流、看风向、“怕冒尖”的心理倾向。行动则富于依附性、动摇性、变易性。转化和逆转，变好和变坏，往往交替出现；有的变化迅速，摇摆很大。这种反复现象，多见于徘徊、悔改两个阶段或它们的交接时期，形成改正过程的曲折性。

2. 接受教育的直观性。少年犯特别是初犯、偶犯，犯罪习性并非根深蒂固。总的来看，接受教育感化较易；但其接受方式却具有直观性。初期，出于对管教人员的怀疑、畏惧心理，不敢“冒然接近”。甚至对周围的人和事，也抱试探、观望的态度。在行动上比较谨慎，并常常“投桃报李”。所谓：“你有多少真情，我有多少实意”；反之，就立即反目。在教育感化过程中，他们讲求实际和亲身体验。所谓：“甜的辣的要亲口尝尝，好的坏的要自己看看”，不肯轻易相信，“怕再上当受骗。”对于教育者的教育，他们一看行动、二看兑现。“兑现一分，相信一分，前进一分”。好、坏典型的处理，生动的现身说法，具体的有益活动，对他们触动大，感受深，效果好。

3. 转化时机的规律性。继续违法动机同反对动机、改造自新因素同继续作恶因素的斗争，贯串于整个教育转化过程。虽然变好、变坏会反复出现，但总能察觉规律性地出现的变好时机。每当恐惧、彷徨、苦闷、沉默、“痴呆”等反常现象出现之日，往往是动机斗争剧烈之时。少年的反映较为明显，如能及时施教和正确引导，就会向好的方向转化。同时，也会规律性地出现好苗头、好思想、好行动。这样，恐惧时机、彷徨时机、弃旧时机、新芽时机往往会依次出现，而分别成为转化过程中的变化点、转折点。这些时机的出现，一般同客观条件、因素的影响和刺激有关，如一定的管教方式、内容，单位领导、家长和同伙的态度等等。一般对他们影响较大。

4. 变化表现的外露性。少年犯头脑比较简单，内控力弱，好动感情，属“外倾型”性格的多。所以其虚伪性、隐晦性比成年犯相对较少。喜怒哀乐多溢于言表，变好变坏易于察觉，施教效果反映迅速，现处阶段比较清楚，因而转化进程较好掌握。他们的变化表现，主要不在语言、文字，而在行动、动作；抽象的少，具体的多。如用逃跑、摔物、怠工、打闹、玩耍等表示不满、抵触；用作案、殴打、诬告、“恶作剧”、破坏工具等表示报复、抗拒；用目光、手势以及脸部变化和其他动作，表示他们的尊敬或鄙视、顺从或不服的心理等等，都是非常具体、明显的。

青少年第一次违法犯罪初探

（1982年）

马 晶 淼

青少年第一次违法犯罪，是指初犯。正确地分析青少年初犯的年龄特点、心理特征，研究青少年初犯的诱发因素，掌握青少年初犯后教育、挽救和改造的规律，不仅有重要的实际意义，而且还有重要的理论意义。从心理学的观点看，青少年第一次做坏事或者犯罪，总是表现出异常的心理状态，处于意志斗争激烈的矛盾中。如果我们抓住这个时机，及时予以警告或制止，就可能避免误入歧途。如果教育者忽视了“第一次”，或者青少年自己没有自制能力，“第一次”打开了缺口，那么,第二次、第三次也就很难制止了。因此，为了解决青少年违法犯罪问题，我们应该重视对青少年第一次违法犯罪的研究。

青少年第一次违法犯罪的年龄特点

青少年第一次违法犯罪最明显的特点是年龄特点，总的趋势是青少年初犯的年龄提前，根据有关部门统计，有的地区提前1、2岁，有的甚至3岁。青少年犯罪中的少年犯人数和比例也明显增加，据北京市调查，17岁以下的少年初犯可占到整个青少年违法犯罪总人数的40％左右，而且从1977年到1979年平均每年递增3％左右，有的城区甚至增加10％还多，违法犯罪的最小年龄是12岁。武汉市对1979年青少年违法犯罪的调查,初犯的最小年龄是11岁。一般从13岁开始,违法犯罪人数逐渐增加。15、16、17、18四个年龄是青少年初犯的高峰年龄，约占整个青少年犯罪人数的80％左右。天津市对部分青少年违法犯罪的年龄调查表明，初犯的最小年龄是12岁，之后也逐年增加，13岁的占1.7％，14岁的占2.5％，15岁的占15％，16岁的占40％，17岁的占33％。16岁和17岁是犯罪的高峰年龄，约占整个青少年违法犯罪的70％多。

从以上的实际调查来看，青少年第一次违法犯罪的年龄（或者叫初犯年龄）一般是从12岁到18岁。这个年龄阶段同其他年龄阶段相比较违法犯罪的比例最大。所以外国的犯罪学家和心理学家称这个年龄阶段为“危险期”，是很有道理的。

青少年在这个年龄阶段，虽然跨度并不大，但生理和心理变化却有着明显的特征：

一、12岁到14岁。这是青少年开始染有劣迹、第一次的违法或轻微犯罪的高峰年龄段。

在这个年龄阶段，生理开始发生重大变化。身高和体重开始猛增，性机能开始萌发，大脑的发育日趋臻善，智力有了一定的发展，自身的活动能量和能力也有了明显的增强。对事物有了广泛的兴趣，产生了一种强烈的好奇心，表现出某种行为的试探性。青少年的第一次违法犯罪往往就是由于这种好奇心的驱使，在外界的引诱下所发生的一种试探行为。这种试探行为多半带有很大的盲目性和盲动性，所以许多第一次违法犯罪的青少年表现出不计后果的特点。

在这个年龄阶段青少年开始对事物有了某种向往，对需要有了一种强烈的欲望。但是又往往不理解自己思想、意识、感情的目的和意义，不懂得行为的道德规范。幼稚、不成熟、意志薄弱、感情冲动、情绪不稳定、易受坏的影响，这种心理特点，正是他们发生第一次犯罪的内在因素。同时，他们又有极大的可塑性，易于接受教育。事实证明，他们可能变好，也可能变坏。如果社会、学校、家庭对他们施以正确的教育和良好的影响，注意培养正当的兴趣和特长，养成良好的习惯和高尚的道德品质，他们就能够健康成长。反之，如果对他们不引导，不发展他们的积极因素，而对他们的弱点又不予克服和遏止，甚至庇护、纵容，他们就可能走上违法犯罪的道路。

二、15岁到17岁。这是青少年第一次违法犯罪最集中的年龄阶段，可占到整个青少年违法犯罪的70％以上，因此，可为青少年第一次违法犯罪的大高峰年龄。

这个时期，青少年在生理上有两个最突出的特点：第一，体力迅速增加，有大量剩余能量等待释放。第二，性机能日趋成熟，有了性的体验和要求。相应的，这个时期在心理上也处于最活跃的阶段，抽象思维能力显著增强，物质和精神欲望开始变得十分强烈，情感易激动。喜欢寻求刺激，喜欢各种交往，喜欢东跑西串，喜欢聚团结伙，喜欢打闹生事。一方面由于心理欲望的强烈、感情的冲动，一方面由于身体上的巨大剩余能量，等待释放，再加上适当的条件和诱发因素，就很容易打破心理平衡，做出异常的举动，甚至违法犯罪，其特点一般表现为偶发性和团伙性的违法犯罪。

在这个时期，也比较容易发生两性关系上的错误行为和违法犯罪行为。一般说，在这个年龄阶段，他们性成熟的时间越短，越集中，性的冲动就越强烈，有的甚至达到难以控制的地步。在这个年龄阶段女青年一旦在这方面失足，情况比男青年更甚一些，有的竟为丢失人家一顶帽子而拿搞一次关系来补偿，最后发展到卖淫。

应当指出，女青少年在她们第一次开始参予性违法犯罪时，常常是受害者，或者是被胁迫者。这是因为，女青少年在这个年龄阶段虽然产生了性的要求和体验，但同时也有了一定的伦理观念、贞节观念，心理上也产生了自尊心和羞耻心，有了相对的控制自已行为的能力。比如她们较多地喜欢跳舞、音乐、美术、体育、学习等等，减少了对性的感觉的注意力。但是这都是比较弱的，防御能力也是很差的，而当她们被强烈的诱发因素吸引，受到性的刺激，被玩弄之后，生理和心理就会发生巨大的变化：乐于堕落下去；或者感到蒙受侮辱，产生了对男性的报复心理。这时，使她们刚刚形成的一点伦理、羞耻观念又模糊、混乱起来，甚至表现出性要求的疯狂性。

由此可见，对于处在这个年龄阶段的青少年，针对其生理、心理特点，加强教育，注意引导，具有极为重要的意义。

三、18岁至20岁左右。这是青少年发生第一次犯罪高潮年龄阶段的末期，初犯的数量虽然比前段年龄减少，但仍有一定数量，而且出现重犯和累犯。

这个年龄阶段是青少年由未成年人向成年人过渡的最后时期。一个孩子，经过6、7年的时间，经历了生理和心理的曲折变化，已经成为成年人了。经过青春期，一个人的身体发育已经基本定型，不仅体力和活动能力大大增强，男女青年有了接近异性的愿望。同时，人生观和世界观也基本形成，已具备一定的思考和分析能力。因此这个时期，初犯较前两个阶段有明显减少。如果开始第一次违法犯罪，常常有了策划和预谋，表现出明显的自觉性和自我意识。北京市监狱调查的材料表明，在这个年龄阶段，青少年第一次犯罪的心理状态是，被迫的约2％，糊涂的约占7％，好奇的约占10％，自觉的约占80％。从这里可以看出：这个年龄阶段，青少年初犯是有明显的意识的。也就是说，在他们第一次违法犯罪之前，心理和思想上已经具有了犯罪行为的念头和“计划”；同时，也会考虑到犯罪的后果。这个年龄阶段的违法犯罪，偶发性、盲目性虽然有，但多数是为了满足自己的物质欲望或发泄性的冲动，经过思想斗争和较复杂的心理活动。如果在这个阶段没有初犯行为，以后再发生违法犯罪就比较少见了。

对于这个年龄阶段走向违法犯罪道路的青少年，不管他们是第一次或再犯，都不要把他们看作定型化了，应当看到他们虽已有了犯罪意识的支配，但他们毕竟还处在成长时期，生理不完全成熟，心理不十分稳定，行动还很幼稚，需要对他们进行教育、挽救和感化工作。既要指出他们违法犯罪行为的危害性，矫正其错误心理，使之树立正确的道德观和人生观；又要指出他们的光明前途，还要十分注意工作态度、工作方式和工作方法。这里有两点需要特别值得注意：

第一，不要伤害他们的自尊心。要公正、公平地对待他们，平等商量问题，切实安排好他们的生活、学习和工作，如果对他们抱漠不关心的态度，或者歧视，他们就很容易产生抵触情绪，形成仇恨心理，进而采取报复行动。一些大案和恶性案件的发生都与此有关。

第二，正确处理他们的理想和现实的矛盾。青少年在这个年龄阶段，一般都有一种追求美好未来的欲望，喜欢学习，钻研、探求，有了个人兴趣和爱好，从而产生了一种“理想”。但是，由于某些理想不现实，或者客观上不能提供实现的条件，他们往往与现实发生矛盾，可能引起思想波动，引起心理反常，丧失信心，情绪低落，精神空虚、彷徨、苦闷、忧虑等等，最后颓废堕落下去。

总的来说，青少年在以上三个年龄阶段，都是生理、心理发生巨大变化的重要时期。这三个年龄阶段有不同点，也有共同点。它们的划分也并不是固定不变的。随着社会不断发展，随着世界各国交往的扩大，人们的思想和眼界也必然随之开阔，青少年的成熟期也会提前。青少年的早熟可以为祖国的建设早出人材，同时也要看到另一方面给家庭、学校、社会的教育带来许多新的问题，是很值得进一步研究的。

青少年第一次犯罪的心理特征

在这个时期，初犯的心理特征主要表现为：

一、强烈的欲望引起的心理冲突。这是青少年第一次违法犯罪的主要心理特征。

任何人的违法犯罪活动都是有一定的动机和目的；没有任何动机和目的违法犯罪活动，可以说不存在。青少年的第一次违法犯罪也不例外。

由于青少年生理上的一系列特点，使他们日渐产生了追求某种物质欲望和精神欲望的要求。这种要求一般都是比较简单的、幼稚的。比如有的为了占有一件小小的物品，有的为了争一口气，有的由于对异性的追求等等，产生了物质上的、精神上的或者生理上的欲望和需求，当这种欲望达到强烈程度时，他们便会采取某种行动。当受到客观因素和主观因素的制约，这种强烈欲望便引起了心理冲突。如果他们不能采取正当的手段来实现这种欲望，而欲望又达到十分强烈、不能自我克制的时候，他们就可能实施某种犯罪行为。突然性、容易变化是这时的心理冲突的基本特征。

二、好奇心理。这是低年龄阶段青少年第一次违法犯罪所常有的心理状态。

青少年对事物都有一种好奇心，这是求知欲的表现。好奇心促使他们追求、探索，但是由于智力发育和社会阅历的限制，以及心理的不稳定状态，好奇心也会使他们做出异常的或者错误的举动，甚至是违法犯罪的行为。他们甚至不知道自己是犯罪，是不道德的，是法律所不允许的。因此，他们并没有多么复杂的心理活动，表现形式也是比较简单、幼稚和可笑。这样他们在第一次实施违法犯罪时，就往往表现出偶发性和盲目性，并且有的不计后果。当然，并不是说好奇心必然促使青少年违法犯罪，但是不可否认好奇心也能成为某些青少年违法犯罪的主要心理特点。当他们第一次违法犯罪后，由于有了某种满足的体验，再次实施同样的违法犯罪行为时，就不单纯的是出于好奇心了。

三、害怕的心理。这是许多高年龄阶段青少年第一次违法犯罪最主要、最普遍的心理状态。特别在犯偷窃罪的时候，表现得尤为明显。因为这些初犯多数都会意识到他们的行为是不合法的，是不光明正大的，总是背着他人偷偷摸摸去干；另一方面，因为没有经验，怕被发现，怕被抓获，怕被惩罚，怕丢人等等。所以在他们犯罪的过程中表现为激烈的心理矛盾，犹豫不定，心慌胆怯。例如一个犯扒窃罪的女青年在叙述她第一次犯罪时说："我看见一个排队买菜的老太太，书包里有一个钱包，我告诉了我的同伙。她说：这是一个好机会，我给你掩护，要有胆量，别害怕"。因为她是第一次掏人家的钱包，心理直跳，手也哆嗦，老太太在前面排队，她在她身后伸了几次手都吓的缩了回来。她说："我伸手的时候，总觉得别人的眼睛在瞅着我，听到别人喊捉小偷的声音，于是我又把手缩回来，我的同伙几次暗示我快下手，要不就偷不成了，我紧张的不得了。这时我想起他们告诉我的要三分技术七分胆量，于是我狠了狠心偷出了钱包。我们俩赶紧跑出商店，连走带跑，还回头看看有人追来了没有。"这就是她的害怕心理状态。

但是，这种害怕的心理，一般是很短暂的，很快会被另一种"鼓励"和"勇气"所代替。第一次违法犯罪的时候，都要经历一个反复的阶段，干和不干的决心，互相交叉，互相战胜，最后哪一方面力量大，哪一方面占了优势，就会产生哪一种行为和结果。在这种情况下，他们的思想、心理状态，在外界条件的引诱下就可能成为犯罪或不犯罪的决定因素。当他们害怕的心理处于劣势时，犯罪的心理机制就会居于主导地位。也就是心理平衡被打破，违法犯罪行为也就随之发生。

四、侥幸的心理。这是在第一次犯罪时，希望达到个人目的，但对犯罪对象不大了解，没有十分把握时，抱着试一试的心理状态。他们自信这种行为不会被人发现，自我"鼓励"，自我安慰，反正不管成功与失败就是这一次，因此在犯罪时表现紧张、匆忙、冒险、盲动，孤注一掷的行为特点。

五、对成功和失败估计的矛盾心理。年龄稍大一点的青少年，在第一次违法犯罪时，几乎都有这种矛盾心理。经过反复的思想斗争及复杂的心理活动，当他们违法犯罪的目的，有成功的把握或者感到失败的可能较小时就会实施违法犯罪行为。在对犯罪的对象和目标有充余的考虑时间，有较多的有利条件时容易产生这种心理活动。比如对时间、地点、环境、地形、手法、工具等等都做一番"周密"的考虑或制定"行动计划"。北京市监狱一个犯盗窃罪的青年说："我在第一次犯罪时，为了有把握不被发现，预先我做了周密的准备，甚至还化了装，进行伪装。"这个犯罪青年后来成了惯犯。另一方面，尽管考虑较多，仍然有思想顾虑，有怕的心理，必然考虑到失败和失策。失败对他们来说是痛苦的。可是往往被他们的"自信"和"侥幸"所代替，去实施他们的犯罪行动。这些初犯者的心理状态和思想特点，正如前边所指出的大多是发生在一个比较成熟的青少年身上，并且作案时多是独立行动。

六、强烈的仇恨、报复、反抗心理。这类青少年的第一次违法犯罪，情况比较复杂，原因也很多，多数表现为暴发性的恶性犯罪，或其他造成严重后果的行为。

一种情况是出自对社会或对他人的极端仇恨，而进行抢劫行凶、强奸杀人、报复杀人、放火放毒甚至爆炸破坏等犯罪。这类犯罪往往手段残酷、情节恶劣、后果严重。他们的心理状态突出地表现为凶狠、残暴、贪婪、没有人性，这是最危险犯罪对象。

还有一种情况，由于受到某种压抑，遭到不应有的打击、迫害、侮辱等而产生一种强烈的反抗、"复仇"的念头而引起犯罪的。例如报纸上刊登的女青年蒋爱珍不堪忍受不白之冤用枪打人就是一例。

也有一些青少年确有些缺点错误，但是处理的方法不对，受到歧视、讽刺，或者侮辱打骂，损害了自尊心，产生了仇恨心理。锦西县7名中小学生结伙盗枪预谋杀人的案件就是这样发生的。由于矛盾激化而引起的类似案件近些年来不断发生。据心理学家估计，一个17、18岁的青少年，可能因为一时的冲动或愤怒产生巨大的力量，这种力量能够超过一般成年人的2、3倍。所以往往因为对他们处理不当而发生许多意想不到的行为，造成严重的后果。应该记取这些教训，注意对青少年教育的方法，不要伤害了他们的自尊心和人格。对他们的处理更应该持十分慎重的态度，决不能简单从事，推出了之。

七、悔过的心理。因为绝大多数初犯都还没有完全丧失理智，心理上总感到会受到一定社会舆论的压力，受到道德的谴责和法制的管束，这反映在他们犯罪时的"思想斗争"和一种犹豫、怯懦、忏悔、怜悯的心理状态，想悔改、制止、约束自己。例如：一个在大街上正在准备扒窃的青年，突然目睹路旁两个一老一少因被别人窃走了钱包而嚎啕大哭的情景，使他产生了怜悯的同情心，便制止了自己的犯罪行为。还有一个行窃的女青年在叙述自己的经历时写到："有一次我在车上作案后，我刚下车要走时，就听到身后一个人的痛哭声，我回了一下头，也是我第一次亲眼看到丢了东西人的心情，我的良心促使我没有勇气继续往前走了，只是不作声的站在那里；同时也感到有些内疚，受到谴责，我没有想过他们会这样痛苦，现在我应该怎样去做呢？思想在斗争，我一直跟在这人的后面，我决心要还给他，不能让他难过着急，我追上他，几回都没有胆量还给他，现在我从内心感到痛苦极了，又怕还给他，得不到他的谅解，反而送我到公安局去，到了那时才叫真的丢人呢？我边走边想主意，这时突然看到那人进胡同了，这是个机会，我看看四处无人，马上快步追上他，我昧着自己的良心说了声：同志这钱包是您的吗？我是从车站那边拾到的，不知是否是您的？我一看那位同志很高兴、还没有等他开口，我已经羞的跑了。回到家里我就好象刚得过了一场大病一样，几天都吃不下饭去，我不敢想自己怎么能成为这样一个不可思议的人。"还有一个犯罪青年，因为被他的女朋友欺骗而产生了报复的心理，但当去伤害她时，却又中止了犯罪行为。他写道："我质问她时，她还不说实话，我实在不能忍耐下去，便拿出锤子照她的头上打了下去，把她打倒后，我又骑在她身上用拳头打她，当我看到她头上的血和惊恐的眼睛时，不由得使自己的手软了下来，我这样一个连小生命都不忍伤害的人，现在怎么竟也动了心，伤害人了呢？一时我又悔恨极了，理智战胜了感情，我马上给她擦了血，拉起来，背她到了医院。"

这类当时就完全悔过的例子是个别的，但这种心理活动却或多或少普遍存在，只是真正悔过而且立即改正的很少。因为已经产生了犯罪的念头，或养成了劣习是很难由于一时的悔恨而改变犯罪的，正如一个惯窃犯说的："有几次在违法犯罪前，我总想，好坏就这一次了，这种缺德的事不能再干了，这样下去太丢人了，干完这一次就洗手不干了。"但是当他第一次犯罪之后，这种"干了这一次再不干了"的思想又消失了，又被下一次的"最后一次"所代替，什么受害者的痛苦，就不考虑了。

以上是青少年第一次违法犯罪时的几种主要的心理活动。由于每个违法犯罪青少年的情况不同，心理活动也有差异，决不会都是一样的，我们应该进行具体的分析，从中发现一些带有规律性的、关键性的东西，从而能够更有效的、有针对性的预防和制止犯罪。

青少年第一次违法犯罪的主观动机和诱发因素

青少年第一次违法犯罪的主观动机和诱发因素是和违法犯罪心理活动密切相关的。所谓"主观动机和诱发因素"，主要是指引起和促使青少年第一次违法犯罪的内在因素和外界条件。概括起来主要是：

一、追求物质欲望。青少年在成长的过程中，接触最多、感受最深的是吃、穿、玩。他们不能或很少参加生产劳动，不直接创造物质财富，所以他们不懂得所享受的物质待遇的根本意义，也不懂得劳动创造财富的道理。有些家庭对子女过分的娇惯溺爱，使他们成了家庭中物质享受的最优惠者，在他们的头脑中开始形成的是"要"与"给"的印象；"我要什么，父母就得给什么"。他们心目中有的只是"我"。上海的一次心理学年会上，有一个对幼儿的调查材料说："有一个5岁的孩子父母都是工人，好吃的都给她吃。好穿的都给她穿。有一次，她母亲买了一块新头巾，她非要不可，母亲不给就去上班了。她在家里哭，不去幼儿园，外婆没办法，打电话叫小孩的母亲请假回来，把头巾给了她，她才不哭，去了幼儿园。""还有一个孩子，奶奶的身体不好，母亲拿了巧克力给奶奶吃，孩子看见了，把放在奶奶嘴里的巧克力掏出来，自己吃"。请看，才几岁的孩子就已经由贪吃到有些自私了。所以从小受到这样家庭教育和环境影响的青少年，其心理上一般往往很狭隘、很自私，也很贪婪，思想很轻浮、不诚实、自由散漫、好逸恶劳。这样的孩子长到十几岁的时候，所需要的东西更多了，而家庭所给予的却相对减少了，他们为了满足自己的欲望就可能去犯罪。这种犯罪的发生，思想上的诱发因素，主要就是已经形成的利己主义、享乐主义的思想意识，也就是剥削阶级所散布的所谓"人生在世，吃穿玩乐"、"人不为己，天诛地灭"等腐朽没落的人生观。在这种思想意识的支配下，对物质欲望的要求十分强烈，甚至达到不可抑制的程度，只要是好吃的，好穿的，好玩的，想得到的好东西，就千方百计地去索取它。据统计，在初犯罪中，70％以上都是犯偷（绺）窃、抢劫罪，就说明了这个问题。

当然犯有这种罪的青少年每人都有不同的因素和条件。所危害的对象，采用的手段和达到的目的也各有不同。这往往跟社会的风气有很大关系。红卫兵风行的时候，他们认为穿军装最神气，一些青少年就偷军装、抢军帽。近两年来，同西方国家交往增多，一些青少年盲目地追求所谓西方生活，穿奇装异服，戴“太阳镜”。开始时市场上买不到，就去抢劫。天津一个青年为了得到一副太阳镜，竟在抢劫时把一个人打死。一个时期在公园里不少人提着录音机放流行歌曲，一些青少年就去盗窃录音机。所以社会风气的影响是重要因素。

二、追求异性欲望。青少年在性方面的初犯，无论是内因和外因的诱发因素，往往会引起无法克制的好奇心，大胆的试探行为。由于这种生理和感情上的冲动，往往会使道德和法制观念失去作用。有时候，一部电影、一本书、一首歌曲、一个故事、一张照片、图画，都可能成为直接诱发因素。黄色小说手抄本《少女之心》曾经在许多地区流传，对男女青少年的腐蚀毒害极大，据了解凡是看过或听讲过这本黄色小说的，大部分都犯错误，或犯罪。上海一个中学，由于流传《少女之心》手抄本，许多男女学生都找了对象，谈朋友“白相相”。甚至平时一些很优秀的学生也无法抵制它的诱发作用。另外，电影对青少年的影响也特别大，有的女青年看了《流浪者》自称丽达。有的男青少年看了《望乡》就去追逐妇女。还有的看了电视《红与黑》就去爬别人的窗户，潜入房内，乘机强奸妇女。

女青少年的犯罪主要是性犯罪。据上海的调查，女青少年初犯中属于性犯罪的达90％以上，扒窃、偷盗的只占8—9％。对于女青少年在这方面的犯罪，情况比较复杂，我们应该具体分析。上海的调查材料表明，女青少年在这方面一开始往往是受胁迫，吃了亏，被玩弄后在其他条件或有劣迹的“女友”的引诱下失足下水，开始第一次违法犯罪的。

在我国，虽然剥削阶级作为阶级已经不存在了，但是资产阶级和一切剥削阶级的意识形态还存在，腐朽没落的思想、人生哲学，都还可能引诱青少年堕落、犯罪。随着对外开放，西方资产阶级的腐朽思想跟着渗透进来。有些青少年追求西方所谓“性”的解放和“自由”，愿意跟谁好就跟谁好，愿意搞几个就搞几个，把自己打扮成贵夫人，出入家庭舞会，甚至不顾国格人格跟外国人胡搞，还说不要钱，这是一种多么腐朽的思想！她所向往的这种“西方生活”和“西方文明”，恰恰是青少年堕落、犯罪的道路。

三、社会条件。一些诱发初犯的条件和因素，不可能不受到社会因素的影响和制约，社会的因素是决定的因素，其他因素要随着社会一些因素的变化而变化，随着社会一些矛盾的激化而激化，随着社会一些矛盾的缓和而缓和，随着社会一些矛盾的解决而解决的。十年动乱，林彪、“四人帮”的严重破坏，使广大青年深受其害，深受其毒，是影响青少年违法犯罪如此严重的决定因素。随着对外开放中浸透进来的西方腐朽思想的影响，又日益成为当前青少年犯罪的社会条件。

因此，继续肃清林彪、“四人帮”的流毒，抵制资产阶级腐朽思想的影响，消除青少年犯罪的诱发因素，是减少和预防、控制青少年犯罪的重要一环。

初犯青少年在改造中的心理分析

青少年第一次犯罪被揭露和抓获以后，跟他们犯罪时的情况一样，其心理活动和思想斗争是很激烈的。他们从一种心理状态又突然转变到另外一种心理状态，也就是从一种得到某种满足欲望的心理状态，突然变到被惩罚、受斥责的心理状态。综合起来主要是：

一、恐惧心理。怕法律制裁，怕拘留、怕审讯、怕劳改、怕判刑；怕社会舆论；怕老师、同学、亲友、家长的斥责；怕羞耻、怕丢人；怕将来没有出路，怕没有前途等等。

二、后悔的心理。由于恐惧，由于社会各方面的压力，由于面临着一切“可怕”的后果，从而产生了后悔的心理。后悔不该违法犯罪，后悔给家庭父母带来的痛苦，后悔葬送了过去的荣誉，后悔违背了过去的誓言等等。

三、颓废沮丧心理。由于悔恨，良心上受到谴责，而深感懊悔，便消极悲观，失去改悔的勇气。

四、自暴自弃的心理。这些青少年第一次违法犯罪后，自卑感很强，自尊心又很弱，感到一切都完了。反正是已经下了水，干脆破罐子破摔。

五、抗拒改造，敌对的心理。这主要是因为他们早有劣迹、思想毒害较深，痛恨自己手段不“高明”，不该被抓获。对受到法律的处罚极为不满，对教育、改造充满了抵触情绪。但这在第一次犯罪的青少年中占少数。

我们在教育、挽救和改造他们的时候，应该针对他们每个人不同的心理状态，采取不同的教育方法和手段，做到因材施教，对症下药，以促使他们的内在因素向好的方面、积极的方向转化，达到教育、挽救、改造他们成为新人的目的。

但是，也必须看到，并不是掌握了他们的一些心理活动，做一、两次工作马上就能见效。因为青少年走上犯罪的道路，都是经过了一个从好逐渐变坏的过程；而把他们再转化过来，也必然要有一个变化过程，而且是更难变化的过程。一般来说，对第一次违法犯罪青少年的教育、挽救和改造主要有三个阶段：

觉醒的心理阶段：这也就是他们内在的积极因素和消极因素互相斗争的矛盾阶段。一方面由于他们第一次犯罪后感到恐惧、悔恨，愿意改过、弃旧图新。另一方面又由于各种压力而没有勇气。这时候，他们最需要的就是指迷引路，消除他们的疑惧心理，消除思想顾虑。用温暖换取信任，用关怀启发觉悟，用耐心的说服教育鼓起他们前进的力量，使他们逐渐认识到自己所犯罪行的严重性和危害性，对他们进行启蒙教育，使他们从浑浑噩噩的状态中苏醒过来，让他们懂得生活的意义和高尚的道德情操。帮助他们增强自信心和自尊心。克服他们长期放荡形成的恶习陋习。在此阶段，要特别耐心细致，切忌简单粗暴、讽刺挖苦、侮辱人格。

反复的心理阶段。在初次违法犯罪后青少年的转变过程中，出现思想反复现象是必然的，正常的。我们应充分地估计到：这些青少年，虽然有了转变的愿望，这种力量还比较脆弱，而消极的因素往往比较强大，这种矛盾的双方有时这一方占主导地位，有时另一方占主导地位，积极因素就是在这种矛盾的反反复复的斗争中逐渐强大的。因此每一次的反复，并不是简单的再重复。我们在教育、挽救和改造他们时，要善于抓住这个时机，有意识地锻炼他们与各种诱因和消极因素作斗争的意志，从而不断增强和巩固他们积极上进的力量。出现反复时既要中肯地给予批评教育，又要注意发现和保护在反复中出现的细小的进步和新的发光点。要注意观察分析出现反复的各种原因，帮助他们排除阻力。并且还要解决他们遇到的实际困难，使其在反复中螺旋式前进。

稳定的心理阶段。这个阶段不仅使他们对自己的行为有了明确的认识，而且主要的对自己的人生有了较为正确看法，不仅改变了过去的那种不正常的心理习惯，而且开始表现出新的高尚的思想觉悟。但是我们一方面要做巩固稳定的工作；一方面还要对他们落实政策，根据他们的悔改、转变的情况，及时地予以提前解除少管或劳动教养；判处徒刑的，应及时予以减刑或提前释放。只要是他们已经回到了学习或工作岗位上，我们就应予信任、大胆使用，不得歧视和打击，堵绝一切使他们有可能重新犯罪的各种条件和诱发因素。

从以上三个阶段看，对第一次犯罪青少年的教育、挽救和改造，关键是正确的教育，转变的根本是他们自身的觉悟。外因通过内因起作用。只要我们掌握了他们思想变化的规律，又掌握了教育、挽救和改造他们的正确方法，在他们逐步觉悟的基础上就能够取得对他们教育、挽救和改造工作的成功。

但是，是不是所有第一次犯罪的青少年转化之后，就不再重新犯罪了呢?当然不是，因为任何事物都不是绝对的。当对他们有了适当的条件和很大的诱发力量的时候，思想上有可能再次动摇，又重新犯罪。但一般地说，这是比较少的。那么为什么当前在青少年违法犯罪中重犯增加了呢?原因虽然是多方面的，但主要的原因是我们没有认真做好第一次犯罪青少年的教育、挽救和改造工作。就是有的做了一些工作，也还存在对此项工作认识不足，工作方法不妥等，所以收效不大，教育、改造的成果不巩固，因此只要稍有反复，就又重新犯罪。

做好教育、挽救和改造犯罪青少年的工作，这是关系到千家万户和社会各方面的事情，仅仅由政法部门或少数几个人来做是不行的，还必须动员整个社会的力量，特别是学校、家庭的积极配合，齐心努力，协同工作，才能完成这一艰巨的任务。

试论青少年犯罪的盲目性、贪婪性、反复性

（1984年9月）

河北省司法厅　厉　田

一、青少年犯罪的盲目性

当前，有的青少年接受了“文革”十年动乱的无政府主义思潮的影响，加之政治上幼稚，思想上单纯，意识形态尚未定型，不善辨别，从犯罪青少年的案例中，多数犯罪行为的发生是偶然的，无目的的，通常称盲目性又称偶发性。对犯罪者来说，并不图谋什么利害。就是几个小青年在街上闲逛时，因为行人看了他们一眼，就会一哄而起，把人

打一通，甚至有时看看某人不顺眼，也会上去打一顿，不过图一时痛快而已，还把胡作非为逞强好斗，认作是“英雄好汉”，感情易于冲动，敢于饮鸩止渴，常常是话不投机，就成了害人的起因。在押的青少年杀人犯中，有很多人并不是因为和被害人有生死攸关的利害矛盾，当时他并没有意识到他的行为将带来严重后果。有一少年，因打扑克输光了，他平时有个要好的伙伴，嘲弄了他几句，突然恼羞成怒地跳起来竟一刀把他的伙伴杀了。

如衡水地区，一个18岁的女知青，嫌她爷爷管得严，就拿钢鞭子打死了爷爷。在予审时她说：“这是我的家务事，公安局还管这个呀？”这说明青少年对法律无知到何种地步，杀了人还嚷着要回家、上学，反问公安局多管闲事。他们不仅认识能力低，对人伦、道德、法制观念都处于愚昧无知，纯属法盲，又是文盲，精神空虚到了顶点。这就是产生行为盲目的总根源。

再拿打群架来说，很容易受同伙的诱发和暗示，常常是随声附合，一哄而起，进行违法活动。1981年4月份，在北京朝阳门发生了百人大战，有拿刀的，有拿匕首的，有拿钢丝弹簧锁的，打得连朝阳门外的交通都堵塞了，甚至连过路人也挨了揍。其中参与打架的一个青年姓谢是个独生子，平时给人印象比较老实受人欺负，“朋友”还经常帮助保护他，这次为了表示自已讲“义气”，他拿了一把西瓜刀不分青红皂白就把一个姓陈的没头没脑的砍了三刀，当时是闻名朝阳门的谢三刀，而被逮捕法办。从动机上看，他是借机表示“义气”，以至到了难以自我控制的程度，于是就成了一个十足的亡命徒。

犯罪常与习惯行为方式有很大联系。犯罪习惯的养成，同样改变着人的心理结构状态，如果犯罪习惯得不到及时和充分制止，这种越轨行为方式就会毫无顾忌放肆下去，这一切，为犯罪的行为埋下了隐患。青少年犯罪有许多实例说明盲目性极大，当他们违法犯罪的手段和违法犯罪行为，受到他的同伙“赏识”或“吹捧”时，他就会产生一种由飘飘然，发展为称王称霸的野心。青少年感情象狂风暴雨，也象雷鸣闪电，来的快，平息起来也快，热情起来，浑身热乎乎的像一团火，冷起来，冷若冰霜，像北冰洋的一块冰。常常是因小事大作，聚众斗殴导致犯罪。如18岁邢××和一个做临时工的女同事乘公共汽车，一个男青年碰了这位女同事，双方争吵谩骂，动手揪打，下车后仍不罢休，邢××回家拿一把菜刀，纠集了街坊王××等人，这个王××一棍打在男青年哥哥的头上，造成重伤。

当前，全国正在开展“五讲四美三热爱”活动，特别对青少年必须加强道德品质教育，这里所说的道德不是靠国家强制力实施，而是靠一定阶级的社会舆论，靠传统力量，靠风俗习惯，靠人们的思想信念，靠教育，因为“蒙童无先入之杂，以正导之而无不顺受，”因此对青少年时期必须灌输完善的教育，使青少年的身体、智力和道德的力量得到广泛的发挥。才能培养千千万万个有理想、有道德、有知识、有体力、有纪律的一代新人，这是我们这个社会和每个家长责无旁贷的历史使命。这个历史使命要靠可行的方法才能付诸实施，这就是要坚持正面教育，肯定和赞扬那些属于“是”和“善”的事物，痛切否定和贬斥那些属于“非”和“恶”的东西，给青少年在灵魂深处印上爱憎分明的界线，以生动的事迹，让青少年在社会现实生活中能够看得见，摸得着的典型道德事例，用健康的感情去熏陶他们，恰当运用表扬与批评、奖励与惩罚等手段，给青少年带来正确的愉快、向往、自豪等内心体验。青少年对错误道德行为造成厌烦、悔恨、羞耻等心理印象，使他们终生难忘。针对这些心理状态一定要坚持晓之以理，动之以情，练之以行，持之以恒，从各个领域里加强教育，引导他们克服盲目性，增长自觉性，激励他们对未来充满希望和追求。

二、青少年在生活上贪婪性

当前，青少年犯罪多数不因贫穷而导致犯罪，贫穷能导致犯罪，但消灭贫穷并不就能消灭或减少犯罪。有些抢钱的人，甚至比被抢的人更富有。归根结底是他们缺乏健康的生活目的，一味追求感官刺激和物质享受，灵魂深处失去了精神支柱，胸无大志，没有正当爱好，没有远大的理想和抱负，对什么是文明，什么是愚昧，什么是犯罪头脑里一无所知，对社会主义美德和革命优良传统了解甚少或不了解，对社会上发生的种种离奇反常现象，陷入彷徨迷茫之中，这样就把自己置身于法律制裁之外，常常横行不法，以身试法，明知违法犯罪，也要闯一闯，最后挺而走险变成罪犯，他们奉行“人活着就是今朝有酒今朝醉，明日无钱明日愁”的处世哲学，厌恶体力劳动，怕脏、怕累、消极怠工，把社会主义合理的规章制度，看成是限制自己自由的“紧箍咒”。他的表现行为就是强烈的占有欲，为了获得物质享受，它不择手段，就采取暴力行为去偷！去抢！年仅17岁的青工王宝强，生活上一味追求吃喝穿戴，对资产阶级奢侈的生活方式垂涎三尺，一心想不劳而获，于是萌生偷盗念头，就在一个晚上，从天窗窜入五七代销店，将抽屉锁撬开，盗走现金680余元。有的生活放荡，爱虚荣。某一个工读女生说：“我常常为没有漂亮的衣装打扮与男朋友约会而发愁，我就想出个办法就是偷东西卖。最后堕落到偷盗、诈骗的泥坑，走上了犯罪的道路。”上海某纱厂女青工，要结婚为了讲排场，买高档装饰品，就不惜以偷盗手段偷厂里的筒管纱，交给男朋友销赃，导致犯罪。更有甚者把淫乱行为看成是“一生不乐；一辈子白活”，他们的生活目的是“人生天地间，为了吃和穿，吃光、喝光身体健康，对得起阎王。”他们把偷盗行为，看成是“马不吃野草不肥，人不找外财不富”的反动哲理，当成驾驭自己的“幸福之舟”，有的盲目欣赏资产阶级“绝对自由”，极力模仿华侨和西方旅游者的衣着、腔调，看了美国电影《车队》，就学打架，故意违犯交通规则等等。有一个少女，经常到北京和平餐厅学外国人的打扮还嫌中国人土里土气，把头发染成黄色，还起了个外国名字“米娜”，最后出卖肉体，毁了人格，伤了国格，一天她父亲去餐厅找她，她嫌父亲不体面，硬是不认。

当前，社会环境对青少年影响很大，如电影、电视、音乐、舞蹈、书刊、娱乐场所、乃至商业广告等等，都直接影响着青少年的思想意识的健康成长，有的低级趣味，制造感官刺激、恐怖、暴力场面，渲染庸俗的书刊电影、电视就像精神鸦片一样，毒害着年幼无知的青少年，在他们尚未定型的世界观罩上了一层阴影，形成了变态心理和恶性膨胀。当受到社会妖风毒雾的催化，很容易上当受骗，势必走向犯罪。俗话说：“小洞不补，大洞吃苦”。又说：“小时偷针，大时偷金。”在青少年犯罪心理中，与成年人显著的差异，就是在生理和心理等方面，最基本的特点是对外在世界、现实表现比成年人有更大的依从关系。今天青少年生活在蜜罐里，没有经历过往日贫困和艰苦奋斗的锤炼，再加十年动乱的流毒影响，造成了人伦道德规范的沦丧。俗话说："外伤好治，内伤难医。"医治心灵的创伤需要耐力和时间，需要思想教育的艺术；需要真挚的情感陶冶；需要一颗火热的赤子之心；需要全社会的关注和教育。应该看到他们既是害人者，也是受害者，允许他们犯错误，允许他们改正错误，是需要社会以满腔热情，精心育人，使受心灵创伤的失足青少年在四化征途中获得新生，实践证明他们并非是铁板一块，他们都是出生在红旗下的花朵，由于经不起酷霜吹打而夭折，在他们身上沾染了馋、懒、贪的恶习，需要进行手术矫正，单靠一般的塑造性教育往往难以克服，必须因人施教，对症下药，也要辅之以适当的强制，迫使他们认识自己的过失行为和恶习的危害性，培养他们"幡然改过"的决心，帮助他们树立新的行为习惯，通过劳动磨炼，养成劳动习惯，如少年犯曹福山说："过去我游手好闲，不愿劳动，现在一天不干活，手就刺痒，呆不住坐不稳。去年冬天不顾寒冷挖土方，光着膀子还汗流夹背，手婉肿了，也不吭声，他说："这就叫用劳动的汗水，来冲刷我们头脑中的污泥浊水"。看来，浇灌蔫茬的花朵，需要用真挚热情去浇灌，用共产主义道德情操去感化培养他们从幼儿的心灵上能划清革命的友谊与封建的"义气"界限。所谓"哥们义气"是一种毒菌腐蚀剂，受了它的毒害，辨不清是非善恶，容易上当受骗，被拉拢腐蚀走上犯罪的邪道。当他们正步入社会大海洋里的重要时刻，激发他们以崇高理想和高尚道德规范为准则，引导他们把榜样同自己日常生活中"小事"结合起来，在行动上加以落实。提高他们判别善恶是非的能力，增强他们对丑恶东西的鄙视和反常的道德情感，告诫他们，人不应当象走兽一般地活着，应当有理想有追求知识和美德的欲望，做一个对社会有用的人

三、青少年犯罪的反复性较大

从青少年犯罪年龄上看，通常从11岁——21岁是青少年危险期，也是犯罪的最高峰。这个时期，正是青春发育的旺盛期，精力过剩，好动，正处在一个由幼稚向成熟转化的起伏的过渡时期。求知欲旺盛，模仿、好奇心盛。感情容易冲破理智，由依附、依赖的被动状态，向着独立、自尊不愿受管束的转化期，是人生道路上的重大转折时期。分辨是非能力的低级阶段，时起时伏，变化无常。有时认错认罪，服管服教，表现积极；有时又拒绝教育寻衅闹事，一旦挫伤了他们的改造信心，就立即陷入了破罐破摔的境地。这种悲剧对挽救失足青少年来说，是失策的，应该清醒地意识到"嫩枝易弯也易直"，教育要讲究方法，严教与身教相结合，"以身教者从，以严教者讼。"身教有了榜样，严教就有力量，青少年反复不是"不可救药"，不要怕反复，反复是正常的，如少年犯张建华，因违犯少管所所规，几次进入少管，多次越墙逃跑，追回后延长管教半年，他在绝望中寻机自杀。吞下二号铁钉五个，经过急救后管教人员和母亲教育，消除了隔阂，使他感动，后因患肾炎保外就医，管教人员经常去看望他，终于打开了他心灵的锈锁，回所后争取立功赎罪，言行归正。

当前，青少年与50年代的青少年则不同，从犯罪情况看，50年代的犯罪，多数是国民党的残渣余孽，而且是"单干户"，现在则是陷入团伙性的青少年，过去的青少年犯

罪多是防御性的，活动范围比较稳定，流窜在社会上较少。自知理亏，能服法。现在的青少年犯罪是攻击型的，敢顶撞，甚至破口大骂管理人员。拉帮结伙，在社会上流窜。十年动乱前，多数没文化，不会讲道理，消极应付。现在的青少年满嘴狡辩。从家庭出身看，多数是劳动人民和干部子弟，有的犯罪本人还是党、团员。犯了罪比较难管。石家庄市青园街派出所，在印染厂宿舍挖出了一个24人的盗窃团伙，其中23人是中小学生，大的15岁，小的11岁。先后盗窃自行车11辆，衣服90余件，很多自行车铃铛及其他财物，价值2000余元。主犯王春华一人即偷盗自行车四辆。在现实生活中，有些青少年以家长、亲友是什么长，具有高人一等的优越感，即使违法犯罪也报有侥幸心理，总觉得自己具有凌驾于法律之上的特殊地位。在新形势下，再用过去的旧框框旧办法，是难以改变他们心灵的创伤的。把他们灵魂深处的是非、善恶、丑美概念，通过疏导矫正过来，需要耐心的启蒙教育。这些犯罪心理是复杂的，当他们初犯作案得逞，会使这种侥幸心理更加膨胀，形成恶性循环，敢于继续作案，从反面积累了犯罪经验，作案手段越来越"高明"，这时他们在心理上不恐惧、不紧张，贪婪成性。也有初犯作案未能得逞者，心理是恐惶不安，也有的产生后悔的心理，而陷入痛苦，并暗下决心，洗手不干，痛改前非。一些犯罪青少年追忆自己第一次偷扒时的心情："我第一次偷衣服时，徘徊在晒衣架周围，伸手又止，心惊胆颤，脸红耳赤，思想斗争激烈……"。"……在汽车上扒皮夹我是第一次，车厢里就象有无数双警惕的眼睛在注视着我，我感到很害怕。"不论初犯或者惯犯，一般都存在着恐惧与侥幸的矛盾心理，终日神情不定，担心暴露，对人回避害怕接触，处于"作贼心虚"状态。既怕拘留、劳改、判刑，又怕父母伤心、同学歧视、亲友冷落。不论初犯和惯犯都有，看不到这种心理形态，一旦工作跟不上极容易使这些人产生自暴自弃的心理，针对青少年犯罪心理活动特点，所出现较大的反复性这是必然的规律，允许他们有反复，有反复才是正常的心理活动状态，有的工读学校以醒目的标语写道：允许同学们犯错误。明确地告诉失足的青少年，不怕他们犯错误。在今天社会、学校、家庭舆论的压力下，他们也想变化，向往上进，他们受到表扬和奖励也会产生激动感情，对别人受到奖励，也会怀有羡慕之情。这一微弱的向上念头，抵不住多年形成的恶习与强烈的享受欲望。他们想好，但又好不起来，决心不犯错误，但还犯错误，在反复过程中，他们也感到自己不争气，常常出现无可奈何的自卑感，甚至反复产生自暴自弃的思想。在这种复杂的关键时刻要从"爱"字上入手，用"爱"字点燃起青少年自尊心的火种，自尊心是青少年克服其缺点的内在动力，如果对失足青少年因长期失去正确的教养和抚爱，精神麻木，缺乏自尊心，又过多受到多方面厉声训斥和冷遇歧视，天长日久，用喋喋不休的粗暴批评，摧残十分薄弱的自尊心的心灵，最后导致教育的失败，把他们又驱赶到犯罪的牢门。

"爱"，能消除青少年的戒心和对立情绪，"要动之以情，晓之以理"，赤诚相待，只有做他们知心的亲人，才能了解到他们的内心世界，掌握他们的喜、怒、哀、乐规律，才能因势利导，用一双敏锐的慧眼，喜于透过消极的现象，发现他们能够转变的积极因素，挖掘他们身上闪光的因素，那怕是滴点之光，也可以明亮一个人的心灵，燃起前进的火炬。俗语说，"一把钥匙开一把锁"，这是因人利导的模式，模清底码，精心选配钥匙，触动心灵，多年沉旧锈锁也能一把把打开。世上没有笔直的路，旧思想、旧习惯在前进中逐渐消亡，新思想、新习惯在新旧交替斗争中发展成长，通过一次反复，产生一次免疫力。让他们醒悟、转变、反复、巩固、稳定，让他们意识到继续坚持错误的危险性，增强他们上进的信心，引导他们在实践中学会运用正确的观点和方法去分析现实生活中是与非、善与恶的界线，提高他们辨别是非能力。让他们学会独立走路的本领，使他们正确认识由量的积累，逐步达到理性认识上的飞跃。

近几年来，无数事实证明，浪子回头金不换，无数的浪子在党的挽救、教育的抚爱政策的感召下，成了社会主义有用之材。我们相信，在我国社会主义条件下，青少年违法犯罪当中，绝大多数是恶习不深的，其中大部分犯罪是可以预防的，尤其我们党把综合治理作为一项治本措施，对青少年犯罪加强预防、综合治理，社会逐步地减少青少年犯罪的发生，社会把许多可能违法犯罪的青少年挽救过来，使他们在为祖国四化建设的大道上重新迸发出青春的火花。

犯罪低龄化研究综述

（1986年）

白 岚 金永华

犯罪低龄化问题，是当前青少年犯罪研究中一个重大课题。十年内乱之后，我国出现了前所未有的青少年犯罪高峰期，在犯罪类型、犯罪形态、犯罪性质、犯罪手段、犯罪主体等方面，有许多新的特点，构成了我国当前青少年犯罪的复杂情况。而犯罪低龄化趋势，则是这次青少年犯罪高峰期中出现的一个突出特点。根据各地调查材料，犯罪低龄化趋势，带有普遍性，并且日趋严重。我们必须加强对犯罪低龄化趋势的研究，探索其演变规律，制定和实施科学的预防和控制措施。

现将有关犯罪低龄化趋势的研究综述如下，供理论工作者和实际工作者参考。

一、犯罪低龄化的情况和特点

中共中央政法委员会1985年4月在一份文件中指出：随着严厉打击严重刑事犯罪斗争的深入开展，我国社会治安秩序已经明显好转。但是少年犯罪仍然十分突出，这是一个值得引起全党和各有关部门、特别是教育部门高度重视的问题。1984年全国查获的刑事犯罪作案成员中，未满18岁的占到20.4%，所占比重比1983年增加2.4%。全国查获的在校学生犯罪人数，占刑事犯罪总数的7.6%，比1983年增加2%。上海市1984年查获的在校学生犯罪人数占该市犯罪成员的10.4%，比1983年上升2.3%。1984年，全国查获的未满16岁的犯罪少年比1983年上升2.4%。北京市1984年查获的13岁以下的少年犯占少年犯总数的10.8%，比1983年所占比重增加1.7%。保定市1980年破获一个盗窃团伙共9人，年龄在7岁至15岁的就占6人。广州市发现有的少年犯罪团伙成员，年龄竟在10岁以下。过去少年犯罪，主要是搞一般盗窃流氓滋事活动，但是近年来逐渐向杀人、抢劫、强奸等严重犯罪活动发展。1984年全国查获的未满18岁的少年强奸犯，占到青少年强奸犯总数的7.2%。

1985年7月北京市公安局在一份关于犯罪低龄化材料中指出，该市近年17岁以下的低龄青少年犯罪情况比较突出。1985年1月至5月，北京市公安局共处理（指少年管教以上）低龄犯罪分子×××人，占打击处理刑事案犯总数的18.7%，所占比重比1984年同期增加7%。有的地区低龄犯罪所占比重，高达40%左右。在这些受打击处理的低龄犯罪分子中，有杀人犯，放火犯，强奸犯，抢劫犯，流氓犯，伤害犯，盗窃犯。这些低龄犯罪分子多数没有前科，是新生的一茬。这些“新一茬”的犯罪特点有三：(1) 犯罪成员中，在校中小学生占相当比重，约占26.8%。退学、开除的流失生也为数不少。(2) 结伙作案突出。西城分局在1985年1月至5月查获的低龄犯罪分子中，属于结伙作案的竟达到64.9%。(3) 作案往往一哄而起，胆大妄为，不少人连续作案。如东城区分局抓获的一个由四名在校中学生和一名流失生组成的持械拦路抢劫团伙，在二十天内，就连续持刀抢劫十八起。

北京市1986年八月在一份调查材料中指出：在破获的青少年案件中，属于17岁以下的低龄犯罪的比例逐年增加。1981年为18.9%，1982年为25.2%，1983年为27%，1984年为34%，1985年为35.6%。

天津市公安局和平分局1985年曾对所属十二个派出所自1984年以来少年违法犯罪情况进行了一次调查分析，说明违法犯罪出现低龄化趋势。该分局在1984年抓获的违法犯罪少年占打击处理的违法犯罪青少年的18.7%。在这些违法犯罪少年中，15—16岁的占76%；11—14岁的占22.9%；10岁以下的占0.96%。据初步统计，在14岁以上的犯罪少年中，80%都参与了团伙犯罪。

天津市公安局办公室樊树云同志在《犯罪低龄化问题初探》一文中指出：犯罪低龄化问题，不仅是我国青少年犯罪研究领域中的一个新课题，而且是当前社会主义精神文明建设中一个急待解决的重要问题。天津市从1982年开始，未成年犯罪呈逐年上升趋势，未满18岁的少年犯在社会刑事犯罪案犯中所占的比例，1982年为14.8%，1983年为15.2%，1984年为17.6%，1985年为21.7%。值得注意的是，1983年开展严厉打击严重刑事犯罪斗争以来，18岁至25岁的青年犯罪出现下降趋势，1984年比1983年下降了14.2%，1985年比1983下降了15.7%；而未成年犯罪却仍呈上升趋势。上述数字并不包括14岁以下少年儿童和虽满14岁但不满16岁的轻微违法犯罪者在内。据了解，当前少年轻微违法犯罪亦呈逐年增长的趋势。

作者指出，现在少年犯罪始发年龄提前，呈越来越小的趋势。我国在五十年代和六十年代，少年犯罪一般从16岁开始，即16岁往往是少年犯罪的始发年龄；而现在一般却从十一、二岁开始有劣迹，从十三、四岁就走上社会实施犯罪。如果将有违法行为、情节轻微和只因未负刑事责任年龄不以犯罪论处的人数计算在内，其违法犯罪的始发年龄将更小。1983年，天津市汉沽区抓获一盗窃小团伙，成员中年龄最大的不过10岁，最少的仅7岁。一些少年往往犯下超常少年的罪，应该引起有关部门的高度重视。

中共辽宁省委政法委员会调研室1985年11月12日在一份材料中指出：该省1985年上

半年查获的18岁以下的案犯比1984年同期增加15%，占全部案犯的20%。抚顺市工读学校当年招收的117名学生，平均12岁开始违法犯罪。

黑龙江省公安厅哈尔滨市公安局组成调查组，在1985年上半年对哈尔滨市南岗和动力公安分局批捕在押的青少年犯罪分子的情况进行了调查，其中15—17岁的少年犯占21.5%。动力分局破获的四人抢劫团伙，最大的16岁，最小的14岁。

山西省太原市公安局1985年对青少年违法犯罪情况进行了调查分析，指出：该市青少年犯罪年龄逐渐趋向低龄化是一个重要特点。1983年查获的青少年违法犯罪案件的作案成员中，18岁以下的占20%，1984年上升到23%，1985年1—6月又升到28%。值得注意的是，在作案成员中，不满14岁的少年儿童在增多。1984年，16岁以下少年案件，属于团伙作案的占66.5%；1985年1—6月份16岁以下的少年案件，团伙作案占到83%。在少年案件中，属在校中、小学生作案的增多。这些学生一般从沾染不良习气开始，抽烟喝酒，打架斗殴，小偷小摸，调逗女生，渐渐发展到旷课逃学，为非作歹，结伙作案。

浙江省公安厅研究室1985年5月对杭州、衢州四千个青少年违法犯罪团伙调查发现，在成员中有“三多二少”的特点，即在校学生多，升不上高中或初中中途退学流在社会上的多，初犯多；有固定职业的少，受过打击处理的少。在年龄上，18岁以下的多。四个团伙的39名成员，平均年龄只有16.6岁，最小的十五岁。其中18岁以下的有35名，占89.79%。这四个团伙的名称是：“十手党”、“四条龙”、“九兄弟”、“采花会”。其中男性36名，女性3名。他们结伙进行打架斗殴、寻衅滋事、侮辱妇女、合伙盗窃等违法犯罪活动。

武汉市公安局调查，学生中违法犯罪逐渐增多。这些违法犯罪的学生，大部分是初中的“双差生”（成绩差、表现差）。1985年4月至6月，黄陂县查获的97名在校违法犯罪学生中，13至16岁的初中生就有83名，占85.6%。在一些留级生、双差生集中的学校、班级，学生违法犯罪更为突出。硚口区某中学共有学生六百余人，其中有偷摸行为和严重流氓习气的学生80余人，占学生总数的12.8%。该校初二有个班有学生44人，全部是双差生，其中11人长期不上学，33人有严重流氓习气。而且，学生中违法犯罪多结成团伙进行。江岸分局在半年之内查获的违法犯罪学生中，属于团伙作案的占66.2%。全市在1985年4—6月查获的以在校学生和流失生为主组成的少年违法犯罪帮伙100个，成员693人，其中有“雄鹰盟”、“虎帮”、“神龙会”、“兰衣队”、“十二太保”、“八兄弟”、“五姐妹”、“夜抹队”等。这些帮伙少则三、五人，多则30余人，结合一起，偷摸盗窃、斗殴赌博、玩弄女性、抢劫杀人。

湖北省沙市公安局统计，1986年1—5月，该市共查获在校学生违法犯罪人数136人，占在校中学、中专、技校学生总数的千分之九左右。这些作案成员，年龄最大的18岁，最少的12岁。其中15岁以下的29名，占22.8%。此外，还有5名小学学生（未统计在内）参与违法活动，最小的年龄仅九岁。在这136名违法犯罪学生中，有95名分属12个团伙或雏形团伙。有个团伙，其17名成员聚集在一餐馆，饮酒盟誓结拜成帮，宣布帮规，按期交纳帮费。有个团伙，九个月内，连续撬盗自行车27辆；有个团伙几个月内连续盗窃作案50余起，犯罪性质趋向严重化，犯罪行为趋向连续化。

山东省人大常委会组织人对青岛、烟台两市的青少年犯罪进行了一次调查，在调查材料中指出：青少年违法犯罪的年龄正在向低龄化发展。青岛市1984年查获的刑事犯罪分子中，不满16岁的案犯占到9.7%，比1983年的比重增加了3.6%。1984年查获的不满16岁的违反治安管理的分子，占同类分子总数的18.5%，比1983年的13.8%增加了4.7%。1985年1—5月查获的刑事犯罪分子和违反社会治安管理分子中，17岁以下的比1984年同期增长了21.8%。烟台市1984年查获的15岁以下的刑事犯罪分子，比1983年增加了36.4%。1985年1—5月查获的15岁以下的少年犯罪分子，比1984年同期增加了33.3%，这些人年龄虽小，但许多重大恶性案件和重大危害社会治安的事件大都是他们干的。荣成县一个13岁男学生，因为常听一些低级下流的话，又看到电影、电视中一些男女拥抱、接吻的镜头，便产生了邪念，利用散电影之机，先后拦路强奸3名幼女。这些犯罪少年，大都称兄道弟，结帮成伙，进行违法犯罪活动。青岛市四方区在查获的团伙中，在校学生和"流失生"占90%以上，最小的只有13岁。青岛市某中学有个初三班，8名学生组成一个掏包、盗窃团伙，该班53名学生中，竟有40人为该团伙销赃或廉价购买他们的赃物。在少年团伙犯罪中，强奸犯罪明显增多。据烟台市公安局提供的材料，1984年学生中犯流氓、强奸罪的，占在校学生犯罪总数的26.6%。

二、犯罪低龄化的原因

关于犯罪低龄化趋势的原因，许多文章和资料主要从少年的生理、心理特点，社会环境因素，家庭，学校教育中的缺陷进行分析。

中共中央政法委员会在一份文件中指出，少年犯罪问题，是一个复杂的社会问题。少年正处在发育、成长时期，思想不定型，缺乏辨别是非的能力，很容易受环境的不良影响。在学校教育方面，许多学校片面追求升学率，普遍忽视德育教育，没有把理想教育、纪律教育、道德教育放到应有的位置来。以致不少学生缺乏理想，不守纪律，不讲道德。为数众多的初中一、二年级和小学高年级的学生，受不到应有的法制教育，以致几乎都成了法盲。现在不少少年犯罪，根本不知道自己是违了法，犯了罪甚至把杀人、抢劫、强奸等严重犯罪行为视同儿戏。学校对后进生简单粗暴，处置失当，动辄训斥处罚、不准上课、勒令退学、开除学籍，致使一些学生流散于社会，成了扰乱社会治安的后备军。

北京市公安局在一份材料中指出，一些少年走向违法犯罪道路的原因是：(1) 厌恶学习，追求享乐。如宣武区公安局查获的一名14岁女孩（抢劫犯）就曾对其父母说过："上学有什么用，大学毕业不才挣五六十块钱吗？做小买卖的一天就能挣一百多块，我以后就做小买卖，能认识钱，能数票子就行了。"(2) 受某些不健康的书刊和影视节目的不良影响。如被查获的一个由七男六女组成的团伙，自称叫"玩女人委员会"，年龄最大的17岁，最小的不满14岁。他们经常聚集在一起，谈论影视节目中不健康的镜头，并模仿其中的情节进行鬼混乱搞。(3) 家庭教育方法不当。西城区一个15岁的盗窃团伙成员说："我父亲特别厉害，一生气就打我。我想：你管得越严，我越犯错误，存心气你。"(4) 有些学校风气不正，管理松懈。学生中"交朋友"、"搞对象"现象比较普遍，有些学生已经发展到乱搞两性关系，渐渐走向违法犯罪道路。(5)法制观念淡薄。有的犯罪少年认为“我年岁小，‘严打’轮不到我们头上”，“法律跟自己没多大关系。”

天津市公安局和平分局对48名14岁以下的低龄犯罪者进行了调查，其中男44名，女4名；13岁至14岁的29名，10岁至12的18名，10岁以下的1名。48人中犯盗窃罪的44名，占92％，其他4人属性犯罪。这些少年儿童犯罪的原因，从主观方面看，低龄少年正处在生理急剧变化、智力迅速发展、个性逐步形成的时期，思维活跃但不成熟，好奇心强而缺自制力，他们意识到自己已经进入社会，逐渐成为“大人”，因而产生独立思考、独立活动的强烈要求。这种意识要独立而实际尚幼稚的矛盾，往往造成了行为的主观随意性，在毫无法制观念的情况下，极易走上犯罪道路。在客观外界影响方面：（1）社会上存在着某些犯罪现象，为低龄少年提供了直观的仿效条件。48名调查对象中，有35.4％的人与社会上的犯罪分子有过接触。（2）文化、艺术中的不健康现象，如荒诞淫秽影视节目，黄色书刊、小报、歌曲、图片、手抄本等，危害了少年儿童的心灵，对少年犯罪产生了直接影响。（3）社会上消费观念的变化，对低龄少年犯罪起一定潜移默化的作用。在低龄盗窃犯罪中，有相当一部人偷钱后把钱花在儿童活动中心、三毛餐厅、中心广场游艺场等处。（4）家庭、学校教育中的缺陷。在低龄犯罪少年中，有旷课行为的约占80％，学习成绩中下等的占90％以上。家长教育方法属粗暴型的占54.1％，放纵溺爱型的占46.1％，同时发现有前科犯罪的家长5名。

浙江省一份材料指出，随着人民生活水平的提高，传播知识的渠道增多。现在青少年生理、心理普遍早熟。学生中的早熟现象普遍，过去谈恋爱大多在初三或高中年级，现在初一就开始了，甚至小学就有。

许多研究文章和调查材料都指出，近几年来在国内流传甚广的黄色、武打录像，对一些少年儿童的身心危害极大，有些少年中毒后很快走向犯罪道路。值得注意的是，这些淫秽录像通过各种渠道，在社会上流传，或明或暗，但呈愈演愈烈之势。而这些东西，由于具有直观的形象感，对正在青春前期的少年，刺激、引诱性甚大。无数的事例，说明它对犯罪低龄化趋势的确起着极坏的作用。

何修猛、何毓同志合写的《浅论青少年犯罪低龄化的原因及对策》一文中指出，由于科学技术的加速发展和物质生活水平不断提高，科学知识普及，交往范围的扩大，孩子们不仅在生理上早熟了（一般女的11—12岁，男13—14岁就进入青春期），而且知识结构提前形成。生理上的早熟，动物本性的要求就会加强，如果得不到及时的引导，就会因为一时的冲动做出越轨的行为，导致与法律发生冲突行为的发生。知识结构的提前形成，对于有不良行为的青少年来说，自然包括提前学会运用有关违法犯罪的技术知识。

北京大学法律系康树华教授指出，出现犯罪低龄化趋势的原因是多方面的，其中主要是由于社会生产力的发展，科学技术文化的进步，物质、文化生活的提高，促使少年、儿童成熟期提前。这种提前，当然有两重性：一方面可以使少年智力早日发展。据美国教育统计中心调查，在过去13年中，美国3岁幼儿受电脑教育的人数增加了1倍，而从4岁起学电脑的，由过去的28％上升到今天的46％，几乎占了4岁儿童的一半。在我国，中国科技大学已设立了少年班，一个十四、五岁的少年，就达到了上大学的文化水平。而其中不少人的智力发展程度，和50年代、60年代的同龄少年相比，简直不可同日而语。但是，另一方面，正因为少年成熟期提前，所以反映在青少年犯罪问题上，就出现了犯罪低龄化的趋势。

四川省社科院刘成根同志在《关于青少年犯罪原因的理性思考》一文中提到，由于物质文明建设的快速发展，人民物质生活水平显著提高，这就使青少年的生理发展大大加速。成都市对7—18岁人口身高变化的调查资料证明，1979年比1958年增高明显，平均每10年身高增长值男子为2.97厘米，女子为2.92厘米，超过世界各地报道的生长加速趋势—每10年平均身高增长1厘米的速度。全国7—17岁的青少年体重1979年与1975年比较，各年龄段均有增长。例如13岁年龄段增加1.3公斤；14岁年龄段增加1.2公斤；15岁年龄段增加1.0公斤。由此不难看出，当代少年生理成熟的确是加速了，提前了。

可是，他们的心理发展却是另一情况。从人的生理、心理发展规律看，人的生理高峰期和心理危险期、转折期均在学生时代。人生的第一个生长高峰期是从成胎到两周岁。短短的两年零九个月的时间，体重足足增加了22亿倍。第二个生长高峰期是9周岁至16周岁左右（女孩比男孩提前两年左右），在上述两个高峰期左右的3岁到7岁为学前期；6—7岁到11—12岁为学龄初期；11—12岁到14—15岁为学龄中期；14—15岁到17—18岁为学龄晚期。这个年龄期既是人生的生理、心理发育的关键时期，又是受教育的最佳年龄。13—16岁年龄段是伴随着人生第二个生长高峰期后出现的又一个心理转折期—"迈向社会"。这是人从依附地位转向自主地位的至关重要的时期，既是青少年成长的最佳年龄，也是国际公认的堕落犯罪的"危险年龄期"。

中国政法大学青少年犯罪研究室主任郭翔同志在《外国青少年犯罪概述》一文中，以大量的材料介绍了外国青少年犯罪严重情况及其演变趋势，指出，在青少年犯罪类型和犯罪活动中，从主体上看，许多国家的青少年犯罪都存在低龄化趋势。由于交通、通讯、广播、电视的发展，以及国际经济、科技、文化联系的加强，旅游事业的发展，犯罪的横向联系也趋于增加。特别是电视和录像的发展，对青少年的成长和青少年犯罪发生多方面的影响。现在美国家家拥有电视机，有三分之一的家庭拥有录像机和有电视系统。据美国全国精神保健研究所1985年5月发表的一份报告说："十八岁的少年每周看电视时间为22小时59分钟；二至十一岁的儿童每周看视时间为25小时10分钟，多数儿童长到16岁总计看了一万至一万五千小时的电视。"我国现在拥有电视机约六千万架，目前正以极快的速度增长。在发达国家，电视已经普及；在发展中国家，电视机也相继走向普及。电视丰富了人们的生活，扩大了人们的知识和眼界，但由于节目内容及收看对象存在问题，对犯罪也有影响。据美国一份对732名儿童进行五年调查后所写的报告中讲："有几种侵犯他人的行为（反对父母、打架斗殴、少年犯罪）是同收看电视的时间每分钟成正比的。"日本学者称电视为"暴力学校"。1985年5月联合国在北京召开的"青少年、犯罪与司法"专题专家会议，专门讨论了电视等大众传播对青少年犯罪的影响问题，指出："现在的电视节目中，反映人类本性和社会生活中原始及肮脏的一面的作品越来越多，特别是有关性、暴力和贪婪或商业营利的内容。"它对青少年的态度和行为产生消极影响，并且由于这些大众传播带有跨国性质，所以产生了跨国文化对青少年犯罪的影响。随着科学技术的发展，卫星电视接收仪已经试制成功，在普通电视机上按上一个小小的仪器，就可直接收到卫星播放的电视节目。所以，世界各国间的犯罪活动及犯罪信息，以及与犯罪相联系的大众传播，必然产生迅速的相互影响，不仅使青少年犯罪日益具有国际化特点，而且将日趋低龄化。

在一些发达国家，家庭解体是导放青少年犯罪低龄化的重要原因。由于都市化、工业化、人口流动，造成家庭分居，家庭成员之间联系减少，感情淡薄，家庭对子女的抚养和教育的传统削弱。同时，由于六十年代以来兴起的所谓“性解放”运动，使“传统的婚姻和家庭价值日渐削弱”，离婚率增多，非婚同居增多，私生子女多，影响了对青少年的教育、保护，使家庭失去“防止少年犯罪方面所起的中心作用”。美国加里福尼亚州洛杉矶市调查材料证明，犯罪青少年平均年龄为16.2岁，其中家庭不和、离婚、分居和私生子占 65.5%；很早就脱离家庭的占 78.7%。所以，许多国家的学者强调指出：“家庭崩溃是造成青少年犯罪的一个首要因素。”同时，由于社会上的消极影响和不良刺激广泛存在，不可避免地使青少年犯罪趋向低龄化。

三、犯罪低龄化的预防

关于低龄犯罪的预防问题，许多同志在研究文章和调查材料中，都给予高度的重视，认为从家庭、学校、社会各方面，实施早期预防，乃是一项根本性的对策。特别是“严打”以来的实践证明，打击的威慑作用对于年幼的违法犯罪者并不十分显著，因而更须强调早期教育、早期预防。

中共中央政法委员会在一份文件中指出，预防和减少少年犯罪行为，从根本上说要靠全面落实综合治理的各项措施，要靠家庭，学校和社会各方面的密切配合。

天津市公安局和平分局建议：一、尽快制定《少年保护法》，以法律形式确保少年的合法权益，明确社会对少年的权利和义务。

二、加强对中、小学学生的法制教育和道德品质教育，把法律常识做为必修内容。

三、以街道为单位建立“家庭教育咨询中心”，具体指导和帮助家长对子女的教育工作。

四、净化社会环境，抵制和取缔一切不健康的书刊，严厉查禁淫秽录像和其他淫秽品的流传。大力提倡和组织为少年儿童创造丰富而健康的精神产品，对某些不适宜少年儿童观看的影视剧应做出限制性规定，以保证孩子身心健康成长。

五、加强对犯罪低龄化趋势研究，认真探索其内在规律，并对今后低龄化的发展演变作出预测，从而使各项治理对策建筑在科学的基础之上。

许多同志在文章中指出，加强青少年犯罪研究，其中包括加强对犯罪低龄化趋势的研究、应当引起有关领导部门和领导同志的高度重视。中央提出，领导决策要科学化、民主化。只有加强研究，才能为领导作出科学决策提供可靠依据。如果我们不舍得在加强青少年犯罪研究方面花更多一些的人力、物力、财力，而把研究工作看成可有可无的东西，那么就永远谈不上领导决策的科学化和民主化，在实际工作中必然造成失误。过去，这样的教训还少吗？所以，从中央到地方建立起强有力的青少年犯罪研究机构，配置专门人员，收集各种有关信息资料，运用多学科知识进行深入而系统的研究工作，实在是刻不容缓。

犯罪“恶性循环”的原因

(1982年2月)

杨文林 严 励 李景学

我们对吉林市昌邑区、辽源市劳教所、长春市第二劳改支队劳改犯和劳教人员重新犯罪的情况作了一次专门调查，走访了一些工厂、学校、街道、以及罪犯的家庭，并就对劳改犯和劳教人员采取综合预防措施，有效地防止重新犯罪的问题，组织公安、检察、法院、司法、劳改、劳教等部门的有关人员进行了座谈，现将调查情况及我们的意见综述如下：

一、重新犯罪的特点和规律

劳改犯和劳教人员重新违法犯罪具有以下几个特点：

第一、犯罪逐步升级，越来越严重。犯罪分子往往铤而走险作大案，具有严重的危害性。这些人有的被判过两次有期徒刑，有的受过二、三次强劳或劳教，有的是从劳改、劳教场所逃跑的。他们恶习极深，屡教不改，在思想上已无所顾虑，越干胆子越大，以致不能自拔，不干则罢，要干就干大的。这样恶性发展，使他们作案的性质越来越严重，对社会的危害也越来越大。这些罪犯中有的由轻罪进而到重罪，由“一手”变成“多面手”。据调查，由绺窃升级到撬门破锁的占56%；由盗窃升级为抢劫的占31%：由犯一种罪升级为犯数罪的占23%。在昌邑区的重新犯罪人员中，进行杀人、抢劫，强奸、爆炸等重大恶性犯罪的就占20%。

第二、作案手段诡秘，又善伪装，具有一定的狡猾性。这些犯罪分子，大都是作案老手，在作案方法、手段上诡计多端。在我们调查的重新违法犯罪的劳改犯和劳教人员中，被当场抓获的廖廖无几，多是被同案或知情人检举揭发，以及有其它迹象被查获的。他们善于伪装、欺骗，常常是表面老实听话，暗中猖狂作案。他们深知自己在当地的窘境，因此就不断变换作案地点进行流窜单独作案。据统计，属于一贯流窜作案的约占重新犯罪总数的38%。他们还善于窥测我公安政法干警的活动规律，如果一旦被抓获，还善于抵赖罪行。

第三、作案连续不断，有机会就干，具有很深的顽固性。重新犯罪分子，尤其是那些恶习很深的惯犯，把进出监所当作常事，不以为然，这些罪犯再次受惩处的间隔时间都不太长。昌邑区四年来重新犯罪的犯罪分子中，属于当年重新犯罪的就占47%。在长春市第二劳改支队劳改释放人员中的重新犯罪者，释放一年内重新犯罪的占百分31.3%；二年内重新犯罪的占27.2%；三年内重新犯罪的占4.5%；三年以上又重新犯罪的占36.6%。

第四、纠集犯罪分子组成犯罪团伙，公开与社会主义对抗，具有极大的反动性。这些重新犯罪的劳改犯和劳教人员劣根性极深，他们对于劳动改造和劳动教养极为不满，有的在监狱和教养所里就因抗拒改造和教养而被多次延长刑期和劳教期限，有的曾多次逃跑作案。他们对于党的现行政策不满，认为对他们的改造是整他们，置他们于死地。因而，一旦逃跑或释放后，有些人就组织犯罪集团公开与无产阶级专政对抗。在他们指挥、带动和教唆下，这些新的犯罪分子经常作案，最后也成了“二进宫”、“四进士”的累犯、惯犯和屡教不改者。重新犯罪的劳改犯和劳教人员组织犯罪团伙的危害性是严重的，而且其数量也是很大的。据统计，在重新犯罪的劳改犯和劳教人员中，属于犯罪团伙组织者、策划者以及成员的占72%。因而要打击犯罪团伙，首先要打击重新犯罪分子。

我们通过对辽源市劳教所中重新犯罪人员的分析，还发现以下规律和特征。

（1）从重新犯罪人员居住区域看，居住郊区的重新犯罪率低于城区，城区高于矿区和郊区，分别为24.3%、15%和9%。

（2）从重新犯罪人员的年龄看，25岁以下的高于26至35岁的，26岁至35岁的又高于36岁以上的。三个年龄阶的重犯率分别为21%、13%、12%。

（3）从重新犯罪人员所犯罪行的性质看：盗窃、绺窃、流氓高于其他类型犯罪，也就是说犯流氓、绺窃、盗窃罪错的劳教人员重新犯罪较多。犯这三种罪行的重犯率分别为16.4%、22.3%、24%和10%。

二、造成“恶性循环”的原因

犯罪分子受过惩处，接受过思想改造，按理说应该改邪归正、重新作人，至少应该有所收敛。可事实上有些人非但丝毫没有悔改，反而变本加厉，继续行凶作恶，走上了重新犯罪的道路。这是为什么呢？究其原因不外乎二个方面，一个是其主观方面的原因。一个是客观方面的原因。从其主观方面来看，突出的是：

第一、出于对社会制度的不满而重新犯罪。一些犯罪分子在改造中对关押改造不满，没有把这看成是教育挽救，从而产生对社会的反抗心理。还有的没有改造原有的反动思想，一出来后继续犯罪，走向极端而成为反革命分子。

第二、服刑后没有树立正确的人生观，旧病复发，重新犯罪。这些罪犯根本就没有正确的理想和志向，认为人生一世，吃喝玩乐，投入劳改或劳教后，他们也没有从思想上吸取教训，痛改前非，更没有真正解决人生观问题，而是依然故我。所以，刑期一满，旧病复发，再次走上犯罪道路。

第三、形成了某种不良行为习惯，一遇时机，又重新犯罪。重新犯罪人员由于长期生活在不良环境中，养成了许多恶劣的习惯。有的盗窃犯，看见别人钱包就心里痒痒，有好东西就想拿到手。他们为了满足物质上的需要，满足心理上的利己欲、占有欲或某种快感的需要，明知又要犯罪，但一有适合的条件，就按捺不住，不顾一切地铤而走险。

第四、有病态的报复心理，劳改释放或解除劳教后寻机犯罪。有些罪犯在判刑后不认为这是罪有应得，反认为是被害人或其他人整他，因而耿耿于怀。抱着“君子报仇，十年不晚”的想法，以极大的耐性在劳改和劳教场所忍耐，出去后便寻机报复。特别是在严厉打击刑事犯罪活动中，一些罪犯和劳教人员，对于处理他们的公安政法干警不满，有的公开扬言要报复，有的在逃跑后，对公安政法干警进行报复，与无产阶级专政相对抗。

第五、思想基础扎得不牢，一受刺激又重新堕落，重新犯罪。经过改造后，他们有的对自己的罪行有了一定的认识，有悔改之念。但如果外界对他们在精神上给予反刺激，就会吹灭他们在心理上燃起的希望之火，使旧的犯意死灰复燃。还有个别犯罪分子，在初次犯罪时有侥幸心理，对自己的前途还抱有希望，一经判刑，他们的希望反而破灭，释放后也就破罐子破摔，重新犯罪。据辽源市统计，解除劳教人员因感情上受挫折，而重新犯罪的占重新犯罪人员的25%。

第六、有些罪犯存在侥幸心理。在劳改期间，一些犯罪分子不但不接受改造，反而总结自己的犯罪经验，甚至学到了一些新的犯罪方法和手段，由“一手”变成“多面手”。由于在改造期间他们的思想没有得到改造，侥幸心理非但没有破除，反而得到了加强。一旦出来后，这种强化了的侥幸心理驱使他们急于尝试学到的犯罪新手法，而重新犯罪。

从客观方面看，主要原因是：

第一、对于刑事犯罪分子，特别是对重新犯罪分子打击不力。据调查，在中央做出严厉打击刑事犯罪活动的决定以前，劳改犯和劳教人员重新犯罪的问题极为突出，大约有40%的案件是这些人员所为，特别是重大恶性案件有80%是这部分人所为。从去年八月开始，按照中央的统一部署，集中打击以后，劳改犯和劳教人员重新犯罪的情况有了好转。但是，我们还应看到，现在还有60%的流窜犯、在逃犯，是被劳改或劳教过的重新犯罪分子。他们一遇机会就要作案，而且大都是重大恶性案件。

第二、对于劳改犯和劳教人员改造不力。近几年来重新犯罪人员迅速增加，原因是多方面的，除了劳改和劳教人员主观上不好好接受改造之外，不能否认同我们的劳改、劳教工作质量有一定的关系。对劳改犯和劳教人员改造不力，其表现是比较明显的。

城市少年释放人员重新犯罪的原因

（1986年5月）

江苏省少年管教所 张建秋

做好犯罪少年的教育改造和挽救、转化工作，其意义不仅在于使过去的消极因素、破坏力量转变为积极因素和建设力量，而且能起到抑制一般青少年走上违法犯罪道路的作用。但是，由于种种原因，少年刑满、释放人员，较之成人“两劳”释放人员的重新犯罪率要高，特别是我省城市少年释放人员的重新犯罪率已达20%以上，有些地区甚至高达到30％。由此可见，研究探讨少年释放人员重新犯罪的原因并寻找相应的治理对策，有着非常重大的现实意义。

重新犯罪是一种特殊的犯罪现象。究其原因，和其他犯罪现象相比显得更为复杂和微妙。正因如此，有些人在探讨其原因时，往往为现象所迷惑，或者归咎于社会，如帮教不落实，就业无门路，婚姻难解决等等；或者责怪改造机关，改造质量不高，片面追求经济效益，释放的罪犯恶习未改等等。应该说以上这些都是导致释放人员重新犯罪的因素或原因。但如此罗列，其原因又何止十条百条！因此，面对这纵横交错、纷繁复杂的原因，我们必须深入分析"重新犯罪"这一客观事物内部的起决定作用的根本原因。而城市少年释放人员重新犯罪的原因，也应该从少年释放人员这一特定的犯罪人和城市这一特定的犯罪人所处的现实环境的相互作用中进行研究。

首先，什么是刑满、释放人员重新犯罪的根本原因？近年来，我们对"两劳"人员调查所得的大量资料表明，他们重新犯罪的根本原因是：在刑满、解教人员的心理特点和特定的社会环境相互作用下，减弱了他们与社会的调适功能，从而在继续社会化过程中不能及时地、积极地、主动地和自觉地适应新的社会生活，最终导致重新犯罪。

所谓调适，是指人对环境的一种调整适应的过程。在人的一生中，随着年龄增长和外界环境（自然的和社会的）的变异，人与环境就始终有一个调适问题。而人的意识的能动性，决定了人在社会化过程中应该积极、主动和自觉地适应社会文化与正常的社会行为的影响。否则，要么就是创新，要么就是越轨，走上歧途。监狱、劳改劳教场所，作为一个国家的专政机关，是一个特殊的社会实体，当一名违法犯罪者离开这一社会实体，踏上社会以后，更需要及时、积极、主动和自觉地适应当前宏观与微观的社会环境，调整与整个社会不协调的行为。但是，有些刑满、解教释放人员在与新环境相调适过程中，表现得消极、被动和不自觉，因而不仅不能及时适应新的社会生活，反而在逐步减弱着他的调适功能，最后因无法适应或者导致自杀，或者悖逆于道德、法律规范的约束，后者表现更为普遍。当然不同类型的释放人员和处于不同社会环境中的释放人员，情况又是各不相同、千差万别的。

显然，掌握了释放人员重新犯罪这一决定性原因，对于我们进一步分析城市少年释放人员重新犯罪的原因是大有裨益的。城市少年释放人员重新犯罪的原因正是在其自身的心理特点和城市的社会环境相互作用下，减弱了他们的调适功能而导致重新犯罪。城市少年释放人员的心理特点从纵向看是他们以往全部社会生活史的沉淀；从横向看，又是他们所处年龄阶段某些心理特征的反映。二者的有机联系，构成了城市少年释放人员与众不同的心理特点。这些特点，就单个人来说，体现在他的个性结构中，就这一类人来说，则表现在：

1．认识上的偏颇心理形成消极的甚至与社会对立的社会态度

犯罪少年，涉世不久，沦为罪犯，对于他们来说无疑是大不幸，但又是自食其果、咎由自取。相当一部分少年罪犯都遇到过这"不幸"，但他们面对这现实，不仅不扪心自问，反而怨天尤人；不仅不奋起直追，重做新人，反而一蹶不振。你要他接受改造，根除恶习，他却阳奉阴违，依然故我（明目张胆地抗拒改造毕竟是极少数）；你要他认罪服法，他表面接受，其实对控告人或原告人怀恨于心，甚至"君子报仇，十年不晚"；

你教育他要树立理想，他认为“人生在世，春梦一场”。诸如此类，不一而足。他们戴着“哈哈镜”来看待社会现实，得到的主观反映必然也就畸形了、变态了。在他们看来，这个社会无真理存在，无法则可依，真、善、美子虚乌有，假、恶、丑充斥一切。这种颠倒黑白、荣辱不分的偏颇认识，在某些不良社会现象的印证下（应该承认，当今社会现实不是完美无瑕的）形成消极的甚至与社会对立的社会态度。据此，他们虽然不一定主动重蹈复辙，但严重地影响着调适功能的自觉发挥。

2．社会人格的差异引起心理的自卑感

虽然，党和政府历来重视、关怀失足青少年，也要求全体公民和全社会都要爱护和关心误入歧途的浪子，尊重他们的人格。但是，我国毕竟是有着几千年封建历史的国家，长期的封建统治和封建等级制度，形成了我国带有浓厚的封建色彩的民族心理和道德观念。在封建社会，统治阶级为了巩固自己的统治，提倡虚伪的“仁义”、“兼爱”，对那些稍有“越轨”者则施以酷刑，称为“乱臣贼子”、“匪徒”、“贱民”，成为牛马不如的人下人。这样的民族心理和道德观念，今天仍然渗透在我们的社会中间，强烈地暗示着那些罪犯形成自卑感，自觉地产生社会人格上的差异感，总觉得低人一等。为了消除自卑感或平衡社会人格上的差异而激发自尊欲。如果自尊欲得不到满足，那就破罐破摔。无锡市一少年教养释放人员，回家后被安排在某塑料厂工作。刚进厂时因生活困难，厂里补助了50元，他拿此钱买了一条牛仔裤，为此厂领导对他进行了批评教育。他感到自己是被劳教过的，要说要骂随人便，起意跳楼自杀（未遂），后旷工在外重新犯罪。这种民族心理和道德观念并非都是糟粕，但又确实给那些少年释放人员产生心理压力，形成自卑感。

3、少年释放人员的年龄特征

据江苏省少管所对1982年—1984年257名城市少年释放人员的调查，年龄在18岁以下的23人，占8.96％；23岁以上的50人，占19.45％；19—22岁共有184人，占71.59％。显然，处于这一年龄阶段的青年，有其独具的心理特征，其中最为明显的是自我实现的需要十分强烈，从而要求获得包括职业、婚姻等方面的社会权力；自我意识中成人感和独立性占居主要地位，对外界事物的评价的主观成份增加，不易受他人的影响，明知是错误的东西，却不肯“服输”，由过去“感情型”的“固执己见”变为“理智型”的“固执己见”。这些心理特征对于普通青年人来说是不足为怪的。但是，对于少年释放人员来说，由于特殊的生活史所形成的社会态度与自卑心理，与此相互作用，往往成为他们继续社会化的心理障碍。例如，为了满足“自我实现”的需要，没有职业，他就会铤而走险；恋人告吹，就要加害对方；基于偏颇的认识，明知错误，却自以为是，将他人的劝告，置若罔闻。

人生活在社会环境中，环境对人的影响是巨大的。城市少年释放人员重新犯罪，与城市的社会环境也有着不可分割的联系。社会学研究表明，城市的社会特点表现在：

交通发达，信息沟通迅速，传播领域广泛；人口高度集中，成份复杂，人际关系相对疏远，并有多种不同的社会团体、种族、阶层，更使城市具有繁复的风俗、制度、语言、信仰等；工业发达，分工精细；社会主次文化都较诸农村高且活跃。……总之，城市是一个十分复杂而又庞大的开放系统，它和农村相比有着显著区别。特别是我国在推行"对外开放、对内搞活"的政策以及进行城市经济体制改革以后，给城市又带来了新的特点，城市经济持续稳定地向前发展，为提高城市居民的生活水平打下了一定的物质基础，居民收入的增加使居民的消费观念由低档、中档变为中档、高档；为满足城市现代化建设的需要，对人的社会化要求也随之提高等。生活在这样社会环境中的城市少年释放人员，他遇到的现实问题远比农村少年释放人员多得多，他的调适功能也应更强。这些问题解决不好，客观上减弱了他的调适功能导致重新犯罪的可能性无疑是较大的。

以上我们简单分析了少年释放人员比较显著的心理特点和城市社会的环境特点。下面进一步分析少年释放人员回到城市后，在其心理基础上与社会环境发生作用的几种典型表现：

1．报复型。少年释放人员回到社会后，看到近年来城市经济速猛发展，城市居民生活的提高，尤其是同龄人中社会地位的确立，有的是全民工人，有的是干部，有的参了军，有的当了经理，有的成了家等等。看到他们的生活优裕美好，心中油然升起一种恼恨、嫉妒心理，认为自己去改造不仅吃了几年苦，而且受到很大损失。因而即使原来认罪认错的，在这种现实环境和主观心理作用下，也不承认自己是罪有应得，倒似乎是社会造成的。因此，或者对整个社会产生报复，或者对过去的控告人、原告人报复，或者以抢劫、盗窃来"补偿"损失。

2．空虚型。相对于农村来说，城市的政治、经济、文化、科学以及人们的日常生活，社会观念，都处于更频繁的变化之中。面对这日新月异、突飞猛进的现实社会和人们紧张的生活节奏，有些少年释放人员由于没有生活目标、缺乏信心，因而百无聊赖，无所事事，到处寻找刺激，以犯罪活动填补内心的空虚。

3． 劣迹群体型。劣迹群体型是少年释放人员的主观因素与城市社会环境相互作用下最显著的特征。少年释放人员回到社会后，由于种种类似因素的人际吸引，对那些"山上下来的人"或者"挂过号的人"则同病相怜、臭味相投。相反，往往很难与家庭成员以及其他社会成员在信任、社会责任感、道德感、理想信念的基础上结成生活上、学习上和工作上的良好群体，在相似的人生经历和心理基础上，他们利用城市人口的聚居、交通方便、信息沟通迅速的特点，结成劣迹群体。在劣迹群体中，没有明确的反社会目的和具体的犯罪目标，很少存在直接的作案对象，群体中消极因素强大，积极因素微弱。其成员的反社会心理、低级的道德趣味、次文化信息暴露无遗、畅通无阻。因此，他们随时有可能不择手段、不分场合地进行多种犯罪活动，产生出人意料的后果。1984年6月8日，常州市少年释放人员蒋××、朱××、于××等6人进行赌博时，双方发生争吵，引起斗殴，蒋××被当场戳死。类似这样的例子，举不胜举。人们必须注意，劣迹群体是团伙犯罪的危险信号。

综上所述，少年释放人员重新犯罪既不是不可控制，也不单纯是他们恶习未改。其中一个相当重要却常为人所忽视的因素是他们的心理特点和现实环境相互作用下，削弱了他们与社会的调适功能，从而使他们不能及时、积极、主动和自觉地适应社会。据调查，在所有重新犯罪少年释放人员中，释放时间为6个月的占44%，6个月以上到一年的占32.1%，一年以上至两年的占17.8%。这一变化趋势不证明了这一点吗？至此，本人认为，由于少年释放人员不同于成人"两劳"释放人员（后者比前者的调适功能要强），城市不同于农村（后者比前者单纯），因此，城市少年释放人员重新犯罪率高是不奇怪的，问题的关键在于我们必须对此提出切实可行的治理对策。

青少年反革命犯罪的心理特征

（1984年10月）

曹 智

一、青少年反革命犯的年龄特征和犯罪类型

（一）年龄特征

青少年反革命犯的心理特点，最明显地体现在他们在青少年时期初次犯反革命罪的年龄特征之中。了解青少年在不同年龄阶段上的心理特征，对于研究青少年犯反命革罪的动机产生、心理机制的形成以及青少年犯与成年罪犯的一般区别，都有十分重要的意义。

以下就当前青少年反革命犯初犯年龄的分布情况，来分析他们在各年龄阶段的犯罪心理的基本特征：

在14岁至18岁的年龄阶段中，初犯年龄出现低龄化

反革命罪作为一种区别于其他刑事犯罪的政治性犯罪，其初犯年龄一般多偏重于青壮年和老年，这是由反革命罪的性质特点所决定的。据我们对某市1981年审理的反革命案件的统计（简称统计，下同），发现初犯年龄出现低龄化倾向，16岁至18岁期间犯反革命罪的占全年反革命案犯总数的15%。1983年还查获了一伙14岁至16岁的中学生多次书写反标的犯罪团伙。情况表明，反革命犯罪的初犯年龄有提前的趋势。这个趋势的出现，同当前青少年犯罪普遍低龄化的特点是一致的。

在14岁至18岁这一年龄阶段中，生理开始发生重大变化，大脑机能的发育日趋完善，智力得到很快发展，开始进入由具体的形象思维向抽象逻辑思维过渡的阶段，思维品质中的独立意向日益强烈，产生多方面的强烈欲求。在对外界产生极大好奇心的同时，也产生了越来越多的怀疑，在不良因素的干扰下，如成年反革命分子的教唆，敌台煽动，无法理解生活中的挫折等因素，开始做出一些试探性的行为。这些试探性的行为，受他们认识能力低下、意志薄弱、情感易冲动等心理特点的制约，带有很大的盲目性。他们既不理解自己情感和意志的意义，也不能充分估计行为的后果，往往任凭感情和欲望的驱使。

在这一年龄阶段，他们进行的反革命活动的动机，集中在发泄内心怨恨情绪和为达到自己浅薄的物质欲望上面。非法活动的类型大都限于进行书写反标、反动大字报、受人唆使张贴反动传单等智能水平低下的活动。

18岁至20岁左右，是反动世界观初见雏型的年龄阶段

这一年龄阶段，是由未成年人向成年人过渡的最后阶段，也是人生观、世界观基本定型成熟阶段。认识能力的增长，使他们抽象逻辑思维能力得到很大发展，对外部世界的认识范围已扩大到更广泛的领域之中，但靠直接经验支持的逻辑思维仍占重要地位，思维中独立意向和批判性的发展尤为明显。他们怀疑一切，盲目自信，在观察和认识世界时，公式化和教条主义的倾向特别严重。在独立意向的驱使下，他们还有意要标新立异，做出些耸人听闻的举动。在道德意识和道德行为上，唯我独尊的利已主义倾向特别突出，不能正确处理自己与他人、自己与社会之间的关系。这些消极因素，都不能不严重影响其人生观和世界观的健康发展，映入他们眼帘的常常是被丑化和曲解的现实社会。他们只是依据直观了解到的所谓“社会阴暗面”和被他们美化了的资本主义的外在形象，便武断地得出社会主义不如资本主义的结论。因此，在这一年龄阶段中，他们的非法活动虽然仍带有偶发性和盲动性的特点，但已经开始有较自觉的自我意识作指导，实施犯罪的隐蔽性和预谋性有很大增强。开始采取刺探情报、出卖情报、与敌特挂钩、投敌叛国等方式进行反革命活动，并有可能被接收为敌特分子或反革命集团成员、充当成年反革命犯的走卒帮凶。

25岁左右是反革命犯罪的年龄高峰

据其他统计，24岁至28岁之间犯反革命罪的占当年反革命案犯总数的42％，这一年龄阶段的比例高于同阶段一般刑事犯罪的年龄高峰，这是由反革命罪的特殊本质所决定的。

这一年龄阶段，已处于青年晚期。经过青春期，人生观和世界观已基本定型，如果青少年犯世界观中的错误和反动的观点没能得到外界强有力的矫正，就可能继续恶化，逐步定型。这一时期的反革命犯与前一年龄阶段的反革命犯相比，野心更大，权势欲和领袖欲急剧膨胀，他们的非法行为所指向的目标，不只是眼前的、暂时的、偏向于物质欲望的目标，而是直接为推翻人民民主专政铤而走险。他们把自己所从事的活动当作实现自我意识中理想和信念的“高尚行动”，是“为真理而斗争”，而不再是为追求新奇和冒险而进行活动。他们虽然还不能完全摆脱青少年前期的心理特点，如认识的片面性、情感的冲动性和行为的盲目性，但已经初步具备和接近成年反革命的水平。他们已能够组织或自觉参加反革命集团，能拟定系统的理论纲领和周密的行动计划，活动方式多样化，应变能力强，活动范围也相当广泛，直至与国际反动势力直接取得联系，具有相当大的活动能量。

（二）犯罪类型

划分犯罪类型有助于我们对青少年反革命犯的客观行为的具体特点进一步地加以了解。根据青少年反革命犯的犯罪种类、犯罪方式手段以及犯罪动机等因素之间的联系，把他们的犯罪划分为以下几类彼此相对应的犯罪类型：

智能型和愚昧型

智能型这类罪犯的犯罪年龄大致在青年晚期，文化程度在高中以上，有较广的阅历和较强的分析能力，生活经历也比较复杂。

在活动方式上以有组织、有计划的集团、团伙活动为特点。在进行犯罪活动之前有较长时间的预谋，活动时行动诡秘，并交替使用合法与非法手段相结合的反革命两手，以合法的外衣为非法的犯罪行为作掩护，有较强的隐蔽性。他们常常把严守机密作为其进行活动的前提，一旦发现危险，宁可暂停活动，“潜伏爪牙忍受”，而不去轻举妄动。力求组织系统的严密，招收的成员大都是与自己经历相近，有一定文化理论基础的人。对于刑事犯罪分子，虽然双方都是异途同归，志同道合，但他们在招收和利用那些社会渣滓时是十分谨慎的，防止他们打乱自己的反革命部署。

这类罪犯在犯罪活动中突出强调理论的系统性，观点有明确的指向性。在炮制反革命纲领时，他们力求自己观点的新颖，以证明自己是发展了原来的历史反革命和老反革命的陈旧理论。如近年来反革命活动中多次出现所谓“第三势力”的主张，即标榜是既不同于共产党，又不同于历史上的老反革命，而是能代表历史潮流的第三种新生势力。突出理论中一个“新”字是青少年反革命犯的一个特点。

此外，在其理论建设中还趋向于“洋化”，即用国外资产阶级政党的观点，及其近年来国外所谓“持不同政见者”的观点来拼凑自己的反动理论体系。这些青年反革命犯为了弥补自己在实践当中的不足，广泛搜集社会制度中的现存弊病和阴暗面，借题发挥，大加渲染，作为推翻人民民主专政的口实。同他们的年龄直接相关，他们的反动理论所联系的实际是同他们亲身经历密切相关的近十几年来的社会变革，最集中地反映在他们对“文化大革命”的研究上面。“文化大革命”中我党所犯的“左”倾错误成为他们要推翻共产党的主要借口。

这类罪犯长期受反动思想的侵蚀，反革命立场顽固，反革命意志坚定，在进行犯罪时能量大，持久性强，被捕后在反审讯反改造中仍然一意孤行。如向海外传递反动文章的反革命犯刘×扬言：“我文章中的观点如果事实说服不了我，我就带到火葬场去。”

愚昧型反革命罪犯的犯罪年龄分布不集中，大小不等，文化程度较低，包括没有上过学的文盲，认识能力低下，在认识事物的方式上偏激、片面，对问题的分析和判断极为粗糙、浅薄，甚至到了幼稚可笑的程度。

与智能型的罪犯相比，这类罪犯从事反革命活动缺乏明确的观点和理论体系，只是从道听途说中和反动宣传中受到煽动，固执地抱着一孔之见，使思想深深陷入一种盲从状态之中。对外来的符合自己意愿的观点和看法，他们生吞活剥，全盘接受，很快变成自己的思想。他们思想上既有反应迟钝、认识能力低下的一面，又有抑制能力薄弱、对政治形势反应敏感的一面。特别是当他们的反动思想初步形成之后，他们对社会的阴暗面，对我党工作的失误，便显得特殊的敏感。并攻击一点不及其余，以此证明自己观点的正确，使反动思想日趋坚决、顽固。

这类罪犯在活动方式上大都单独作案，或是被反革命集团利用当作帮凶或耳目，从事一些简单的联络、刺探情报和暴力性的活动。他们犯罪活动指向的目标是人民民主专政，但在言论中却不能系统地从理论上阐明自己的观点，常常表现为通过书写反动大字报、标语、挂钩信进行恶毒的咒骂，甚至使用十分下流肮脏的语言。主要是借此发泄内心的仇恨。由于内容空洞无物，其煽动性不大。

这类罪犯目光短浅，贪图眼前利益，除政治上的反动之外，还常抱有狭隘的物质利欲方面的动机，甚至比进行反革命活动的冲动要强烈得多。常常因物质欲望不能满足而转向以反革命活动为手段，既要发泄愤恨，又想借此得到物质欲望的满足。因此，其反革命犯罪活动有较大的盲目性，对犯罪的严重后果和将会受到最严厉的惩罚都没有足够的预见性。

预谋型和触发型

根据罪犯的反革命动机的产生到其实施犯罪的时间长短，可以把青少年反革命犯罪分为预谋型和触发型。

预谋型青少年反革命罪犯，其反动思想有较长的酝酿时间，反革命动机产生较早，往往要在理论和组织方面或客观条件方面的时机成熟之后，才开始实施反革命行动（当然在此阶段前的行动也属反革命行为，只是属于预备犯罪阶段的行为）。

他们的反革命活动所指向的目标是长远的、重大的，而不是暂时的、眼前的，同时也是确定的，不轻易更换目标的。他们的反革命犯罪的直接目的是篡夺党和国家的政权，或是实施某一选定目标的反革命破坏。他们在确定反革命目的之后，要进行一系列的准备工作，或是炮制反动理论，拟制反革命行动纲领和行动计划，招兵买马发展反动力量，拉拢中间分子、与敌特机关挂钩，加强与国际反动势力的联系，或是在进行反革命破坏之前选定攻击目标，策划行动的时间、方式、步骤，隐瞒罪证和扩大社会影响的方法，有些反革命破坏活动是直接在敌特机关的授意下进行的。

触发型青少年反革命罪犯是指罪犯在较短的时间内在工作、生活中受到较大的事件的触动，有些是由于罪犯自己的行为不轨，问题暴露后受到批评，有些是由于升学、就业受到阻碍，这些客观上的触发因素极大地触动了他们原来还较为稳定的心境，使他们与周围的社会环境发生激烈冲突，从而使原有的反社会心理恶性膨胀，发展为仇视社会主义制度的反动思想；有些则是收听敌台广播或是受他人煽动、挑唆，这种在短时期内急剧增长起来的激情，驱使这些原来就对社会不满的罪犯，急欲寻求解脱的方法，他们经过动机斗争后决定向社会报复泄恨，希望以反革命活动来满足自己的私欲，并从矛盾中得以解脱。

他们的反革命行为，在形式上有一定突发性，似乎与他们过去的生活经历和思想状况之间联系不很紧密。但实际上，任何一个反革命罪犯的反动思想不会从“空白”中突然产生，总是以一定的思想基础为出发点的。即使青少年犯行为的发生具有极大的冲动性，但在他们过去的思想和行为中，必然已经存在一些可能使之趋向反动的思想意识和种种消极心理因素（如认识偏激、心胸狭隘、狂妄自信），这些思想意识和心理上的种种消极因素，在遇到重大事件或受到外界不良影响等客观因素的触发之后，在短时期内发生急剧的恶性发展。但其反动思想的形成仍然是外界不良影响同内心消极心理倾向长期相互作用的结果。

这类罪犯在行动上没有较为长远的、固定的目标，而总是在激烈心理矛盾作用下，盲目地把对个别事物的仇恨转为对整个社会进行反抗。他们的反动思想和理论很不成熟，行为也不很缜密，缺乏预谋，对前途和后果都估计不足。“情感代替理智”是他们的行动特点。

暴力型和非暴力型

这是根据反革命犯罪的表现形式所划分的犯罪类型。这两种犯罪类型是以不同的犯罪方式给社会带来危害，在社会危害性上没有轻重之分。

暴力型青少年反革命罪犯，实施以恐怖手段危害人身安全、破坏社会主义建设的反革命活动。诸如进行武装偷渡、叛国投敌、策反、武装叛乱，或以反革命为目的而进行的爆炸、杀人、投毒、放火、决水、抢劫国家档案、银行、仓库、劫持运输工具、颠覆列车等反革命行为。

这类罪犯的犯罪具有很大的疯狂性、残忍性，在方式上和其他刑事犯罪相类似，但其社会危害性要比一般刑事犯罪大得多。

这类反革命罪犯把实施暴力既作为反动阶级推翻革命阶级的犯罪手段，同时也当作发泄内心难以抑制的个人怨恨的手段。这类青少年极不善于用理智控制情感，易于激动，也易于因受外界事物的干扰，而产生强烈的对立情绪。他们把冒险当作勇敢，把轻率当作果断，把残忍当作英雄，用对外界进行违法犯罪来确认自我的存在，以对社会所造成的危害性使自己的心理需要和欲求得到满足。

青少年犯在暴力型反革命犯罪中易受成年反革命的挑唆和指使，盲动性很大。同时他们具有很大的模仿性，当一些国内反革命暴力事件或国外的暴力事件发生之后，极易引起他们的同感，使他们发现了志同道合者，使他们的情绪兴奋，情感冲动，从而模仿那些行为实施暴力。

非暴力型青少年反革革罪犯，实施犯罪的方式大致有为敌人刺探情报、出卖情报、参加特务、间谍组织、书写反标和出版非法刊物煽动群众。

这类青少年犯大多数人的犯罪活动隐蔽性大，在行动上谨慎小心，大多数采取比较稳妥的方式进行活动。顾忌后果，善于隐蔽和伪装自己，不凭一时的热情和冲动而轻率采取行动。为达到目的，他们在理智上能控制自己的情感的变化，一方面他们敢于铤而走险，从事反革命犯罪；另一方面他们又慑于人民民主专政的威力，潜伏下来伺机而动。许多非暴力型反革命犯，并非永远放弃使用暴力，在他们中间，许多人向敌特机关索要枪支、炸药，请求交办破坏任务。有的是在其反革命计划中有预谋策划武装暴动、示威、抢劫枪弹、银行，准备上山打游击等内容。许多人是因为考虑时机不成熟、或正与敌特机关联络过程中发案被捕，其实施暴力犯罪的预谋才未得逞。在这些人当中，有一部分人是嗜财如命、利欲熏心的刑事犯罪分子。为了得到金钞和享受，或为出国留洋，他们把充当特务，出卖情报当作生财之道，为了钱，他们可以不顾国家利益、不顾个人前途，“有奶便是娘”，只要有钱，敌特机关或其他老反革命分子交给的什么任务都敢去干，他们基本上具有暴力型犯罪分子的心理特征。

单一型和综合型

单一型是指单纯进行反革命犯罪的青少年。这类罪犯可能采取单一的犯罪手段，如只是投寄挂钩信，或只是书写、张贴“反标”。也可能采取多种犯罪方式，组织集团、煽动群众、与敌特挂钩、进行反革命破坏。显然后者比前者无论在犯罪的能量和社会危害性上都要大得多。

综合型可以从两个角度来分析：一方面是从犯罪的性质来讲，他们在进行反革命犯罪的同时还进行其他刑事犯罪；另一方面他们在反革命活动中不只抱着一种反革命动机，而是有多种动机。如与敌特挂钩的活动中，既为了达到反革命目的，同时也想达到出国享受或为了求得安全感逃避专政机关对他的威胁。

二、青少年反革命犯的心理特征

（一）动机——需要结构

反革命犯罪是一种故意犯罪，不存在过失，因此，必然有其明确的犯罪动机。

从犯罪心理学的研究角度来看，动机是由需要激发的，某种需要一旦产生，便以欲望等形式反映在人的头脑中，并随之产生满足这种欲望的冲动——动机。当一个人企图满足自己的非法欲望或企图用非法手段来满足某种欲望时，就形成了犯罪动机。

人的需要受社会历史条件的制约，需要不仅是个人需求的反映，同时也是社会需求的反映。这些认识偏激、意志力薄弱的青少年犯，在现实社会中的不良因素影响下，在人生观和道德观上受到严重侵蚀，是非观念和审美观也发生严重的倒错现象。在认识社会的过程中，他们采取"为我所需"的态度，把我国社会中正被逐步克服的社会弊病，当作自己反动观点的例证，当作是社会性质的根本标志，而采取否定态度。他们这种"为我所需"的错误态度，必然使他们的需要结构发生日趋消极的蜕变，加速其反革命动机的形成。

需要就其本身来说，是有机体对延续和发展其生命所必需的客观条件，按需要，在人类发展过程中的起源，通常分为生理需要和社会需要两大类。反革命罪犯的需要结构也分为生理需要和社会需要两个方面。

青少年反革命犯在反动没落的人生观驱使下，在需要结构上已大大超越或有意违反社会规范对个人需要的制约，出现个人需求无限制恶性膨胀。一方面，他们所从事的是针对社会主义社会制度和人民民主专政的政治性犯罪，满足政治野心、权势欲、发泄仇恨不满是他们的社会性需要。另一方面，他们在生理需要和物质享受方面的欲求不满，他们的非法的物质欲望无法得到满足，使他们的需要结构发生巨大变化，极易由生理性需要转化或派生出社会性需要，即在满足其追求享乐的物质需要的同时，又满足其对社会发泄怨恨的社会性的需要。

人必须把社会需要转化为个人需要，才能与社会协调一致。反革命犯与人民的对立，归根结底是个人需要与社会需要的对立。反革命分子所实施的犯罪活动的性质，说明了他们的犯罪动机最终是由社会性需要激发和引起的。尽管青少年反革命犯在对外界压抑的反抗报复，追求个性自由，追求金钱享受等动机结构上具有很强的生理性需要的倾向，但是如果他们一旦选择反革命这一犯罪方式来满足他们的欲求，就必然出现对社会发泄不满等社会性需要，生理性需要便转化或派生出新的社会性需要。单纯由于生理性需要而进行反革命活动的人是没有的。以下就以青少年犯的社会性需要为主，同时结合其生理性需要的转化，来分析其不同的犯罪动机。

反动信念和理想的需要

信念和理想是需要结构的高级层次的精神需要。反动信念和理想是一个较为完整、明确的思想体系，它有鲜明的指向性，所指向的目标不是眼前的次要的事物，而是具有较长远的、全局性的目标。这种与现实社会制度相对立的反动信念和理想一旦形成之后，便将成为反革命犯行动的指南和精神支柱。

抱有明确的反动信念和理想的青少年犯，比较那些只图眼前利益、凭一时冲动而盲目实施反革命犯罪的青少年犯，在犯罪活动的隐蔽性、预谋性上更为成熟，在社会危害性上也更为严重。这同这两类罪犯在需要结构层次高低上的差别有直接关系。

发泄和报复的需要

发泄和报复是人感到自身受到损害或压抑时向外界所作出的反射性活动，常常形成带有攻击性的反抗。这是在各种类型青少年反革命犯的心理中普遍存在的一种需要。

青少年时期随着认识能力的增强，他们开始确认自身的社会价值，要求确立自我的独立性，并极力维护本身的尊严，抵制外界的批评和责难。由于认识、解决问题的能力低下，又缺乏正确引导，他们难于靠自身的力量摆脱内心矛盾的困扰，从而使内心的矛盾冲突的性质发生根本性的变化，由对个别事物的不满转化为对现实社会的不满和憎恶。

他们内心矛盾冲突的这一转化过程，是由于青少年犯内心的理想社会与现实社会之间存在的客观差距造成的，当现实社会不象他们想象的样子，他们便把自己所经受的、看到的、听到的一切消极方面的东西都归罪于社会。他们由此产生的愤恨不满的情绪，是他们某种欲望和需求被阻抑而产生出来的。愤恨情绪的产生，使他们随之产生出发泄和报复的新的需要。

青少年犯感受性和兴奋性高，情感易于激动，爱表现，强烈的自我夸张等心理特点，促使他们以粗暴冷酷的态度，向社会发泄心中的积愤，或是投寄内容恶毒的恐吓信，或是张贴反动传单，更有甚者，则实施杀人、放火、破坏等反革命暴力行为，以求得内部紧张情绪的缓解。

满足权势欲的需要

权势欲的产生，是犯罪人的个性中骄傲自负、喜好炫耀自己等心理因素在不良影响下恶性膨胀的结果，最终表现为目空一切、唯我独尊、狂妄自大、为争夺权势而奋斗的统治欲、领袖欲和占有欲。

对历史上横行一世的反动领袖人物的盲目崇拜，资产阶级个人奋斗、生存竞争、弱肉强食等人生哲学的影响，以及“文化大革命”中依靠耍阴谋权术而青云直上的大大小小野心家篡党夺权的兴亡史，都可能成为青少年犯权势欲赖以滋生的诱因。

满足权势欲的需要是大部分反革命犯的一个典型心理因素。而青少年反革命犯政治上的幼稚、不成熟，并不妨碍他们对权势的强烈追求。反之，正是由于他们认识上的偏激、行为上的盲动才使得他们的权势欲越发强烈而难于抑制。他们把对社会的报复、取代革命政权当作确认自我实现的最高形式。

满足权势欲的需要所产生的犯罪冲动，促使犯罪人在实施反革命活动过程中逐步获得对权势欲的体验，如筹建反动组织、在组织内部秘密“组阁”，封官加冕、起草“施政纲领”，在扩大反动势力的同时先做“皇帝梦”，过“官瘾”，这些尝试和体验，产生强烈的刺激，极大地激发他们的反革命的意志力。从而使得权势欲成为反革命活动中持久的内驱力。

追求自由化

在人的行为受到外部客观世界的限制、约束和压抑时，有要求摆脱这种限制、约束和压抑，追求自由的本能要求，这本是人类的一种需要，但由于人是生活在社会中、其本质是“一切社会关系的总和”，人应当使自己的行为自觉接受法律、道德等行为规范的约束，在自觉地遵纪守法的前提下，行使自己的民主自由的权利，这是人的正当的社会性需要。而青少年反革命犯正是把人民民主专政、党纪国法以及社会主义的道德规范当作限制他们“自由”的障碍。他们正是要在破除这些必要的行为规范之后实行他们所谓的“言论自由、行动自由、个性自由”。他们把个人遭遇中的挫折，以及心灵的空虚而感到的生活单调无味，不能在生活中自由竞争、出人头地等等，都归咎为我们社会制度的束缚，从而攻击社会主义是“专制社会”，向往西方“自由世界”。

青少年犯从年龄发育阶段的性格特点来看，他们不善于也不愿自觉约束自己的行为，缺乏理智的束缚，固执自信，为所欲为，常常为争取“个性的独立”和“行动的自由”采取极端行为。书写挂钩信、加入敌特组织以求到海外生活，进行反革命破坏，或是偷越国境叛国投敌等危害人民民主专政和国家主权的行为，都是这类犯罪分子基本的活动方式。

追求“性自由”原本是犯罪人的一种生理性需要，但表现在反革命犯身上就成为一种社会性需要。如有的青少年犯因向往西方社会中所谓的“男女交往自由”和“性解放”，在两性关系上行为放荡而受到社会的谴责，因而产生极大的抵触情绪。他们在此时所反对的不仅是对个别单位的个人或群众，而是对我国现行的婚姻家庭制度和社会主义伦理道德观念的敌视。从本质上看，他们所追求的性自由也是一种社会性需要。

追求物质享受的需要

青少年反革命犯同其他青少年刑事犯罪一样，体现在追求物质享受方面的犯罪动机占有很大的比例。上述统计表明：收审的反革命中抱有这一动机的占54%。

追求物质享受是青少年犯的一种生理需要，也是他们极端利已主义思想的突出表现。在他们看来，一切理想、信念全是空的，前途就是“图钞”，搞社会主义没给自己带来好处，只有追逐个人的既得利益和享受才是最实惠的。他们对国家前途漠不关心，只求得及时行乐，醉生梦死。他们在政治理论上极端无知，道德品质败坏，行为卑下，丧失自尊感和民族尊严感。为了得到金钱，他们是不择手段，不论是从事刑事犯罪，还是干反革命勾当，他们都在所不顾，“只要给钱就干”是他们这一犯罪动机的集中体现。据统计，有21%的罪犯在进行反革命活动的同时，还兼犯有投机倒把、盗窃、强奸等刑事犯罪。在追逐金钱享乐上，他们同其他社会渣滓沆瀣一气，毫无二致。所不同之处，是他们把进行反革命活动当成仇恨社会制度、满足享乐的需要的手段，抱有多种犯罪动机。

应当指出的是，犯罪分子在追求物质享受而进行除反革命活动之外的刑事犯罪活动时，都程度不同地敌视社会主义制度。当他们的非法欲望受到社会的限制而无法满足时，他们的敌对情绪便将发生质的变化，产生犯罪动机的需要结构也会发生相应的变化，由一般刑事犯罪转为反革命犯罪。

追求新奇冒险的需要

青少年犯具有感受性强、兴奋性高的特点，他们对环境中的一些特定的事物表现出强烈的好奇心。所谓特定的事物就是指与他们以后的反革命活动有关的事物，为了探究其中的奥秘，满足自己的好奇心，他们一旦发现了那些在社会的正常生活中难以出现的另一领域或另一世界，就常常会违反社会的行为规范，去打破神秘感。然而，由于他们的认识能力难以分辨那些事物的良莠真伪，便常常由于好奇心的驱使，在反动思想的腐蚀下越陷越深，难以自拔。

如有的青少年犯偶尔收听到敌台广播，觉得“新奇”，那些煽动性的语言对这些思想沉沦的青少年起着极大的诱惑和侵蚀作用，他们自觉、不自觉地把反动宣传和现实社会的不足之处相对比，并和自己的消极情绪相溶合，更增强了其好奇心，使思想毒化日益加深。追求新奇感的需要在资敌叛逃的案件中尤为突出，一些有劣迹的青少年犯不满足在国内所了解的外国而急欲想亲眼看到，因为他们心目中的外国，既是与国内截然不同的花花世界，又是可以满足他们的非法欲望的地方。在他们向国外敌特机关写挂钩信时，起初还是要求到国外居住、上大学、当演员，但是当敌特机关以刺探情报、搞破坏作为出国的交换条件时，这些青少年犯为达到出国目的，就此被拉下水的也为数不少。仿我地下工作者对敌斗争的方式或侦探、反特故事中的神奇人物的行为，而进行犯罪活动，他们越是意识到这种行为的危险性，就越是要置身于这种危险之中，以求得精神上的满足。一些青少年犯向专政机关投寄匿名信，恶毒攻击我政权机关，一方面要发泄私愤，另一方面就是要有意向专政机关挑衅，要亲自体验一下专政机关是不是有那么大本事能查到自己，用以证实自己的行为象个侦探小说中的英雄，在好奇和冒险中得到精神上的满足。

（二）认识特征

青少年反革命犯除了具有一般青少年犯和一般反革命犯的心理之外，更具有区别于一般青少年犯和一般反革命犯的心理特征。

强烈的独立性意向和认识能力的低下，是青少年心理发展不平衡的基本矛盾。青少年走上反革命道路，往往是在不良社会因素的影响下，对政治感兴趣和敏感，对党和社会主义制度的认识，不看本质，只看现象；攻其一点，不及其余，以偏概全；从个人私利和好恶出发，不顾客观事实而发展到思想反动，最后完全站在同党和人民敌对的立场，走上反革命的道路。青少年反革命犯认识的片面偏激主要表现在：

怀疑一切，否定一切

怀疑一切，否定一切，是反革命犯中最顽固最反动的心理，也是一种典型的心理特征，有这种心理的，大部分是25岁左右的青年反革命犯，因为他们正处在青年晚期，思想趋于成熟，特别是经过“文化大革命”以后出现的反革命，对政治表现出强烈的兴趣，有一定的阅历和“理论水平”，他们受反动的思想理论影响很深，反革命思想形成有一个比较长的过程，他们反对四项基本原则，并有所谓的理论根据和事实根据。他们明确地提出要推翻共产党和人民民主专政，用反动的理论替代马列主义和毛泽东思想。

这种反革命，把青年人的朝气变成勃勃的反革命野心，他们以组织反革命集团为手段，有的企图借助国际反动力量或拼凑“第三势力”，或以反动武装，暴力推翻共产党的领导。有的企图走所谓波兰瓦文萨的道路，取代共产党的领导。反革命思想表现得极其顽固，反动立场极为坚定，是青少年反革命犯中最严重最危险的分子。

不看本质，以偏概全

他们看问题，只看现象不看本质，只看支流，不看主流，一孔之见，以点代面，以偏概全，攻其一点，不及其余。这种心理主要表现在刚刚结束少年期，进入青年期的17岁左右的青少年反革命犯身上。他们的社会阅历浅薄，对纷繁复杂的社会现象缺乏综合、分析、比较的能力。他们在评价社会现象时缺乏正确的标准，常常以个人主观臆断为出发点，把局部的、暂时的问题看成是全局性的、永久性的问题，把我们工作中的失误看成是我们党和社会制度的根本缺陷，进而全部否定共产党的领导和社会主义制度。如一个十六岁的进行反革命煽动的反革命犯认为："共产党的好处我只是在上小学时书上看到的，""十年内乱和粉碎四人邦是共产党争权夺势"，他把从成年人那里听来的对现实的不满言论和自己看到的一些不正之风联系在一起，断定共产党不能代表人民，现在搞的是全面复辟资本主义，因而书写匿名信，攻击党中央，煽动打倒共产党。

以个人理想代替现实

从个人私利出发，以个人理想代替现实，有这种心理的反革命犯，他们的思想既偏激又幼稚，缺乏理性思维和辨证思维的能力。看待客观事物，以是否符合个人意愿为标准，凭想当然办事，用理想代替现实。当客观事物同他们的个人意愿发生冲突时，他们往往从个人的极端私利出发，表现出对社会的极为不满，采取极端行动，进行反党反社会主义的反革命活动。例如，反革命煽动犯李某，自幼喜欢绘画、书法，一心想成为一个艺术家，后到美术学院报考，未批准参加考试，他便满腹怨气，感到自己这一辈子完了，自认为怀才不遇，社会主义制度压抑人才。之后由于一直待业，找不到工作，心中怨恨越来越大，由此对社会的一切都看不惯，认为这个社会并不象共产党说的那样好，进而对三中全会以来的各项政策不满，散布反动言论，一直发展到在北京前门楼墙上张贴反动大字报，污蔑中央领导，进行反革命煽动，变成了人民的敌人。

（三）情感特征

青少年反革命犯同一般反革命犯一样，从情感上对党和社会主义制度充满了强烈的仇恨与憎恨。这种反动的情感紧紧受着反动的认识所制约，随着认识的变化而变化。青少年反革命犯从对革命事业的肯定性情感发展到否定性情感，有一个动摇、反复的阶段。开始，一般青少年反革命犯对革命事业、前途、未来充满希望，但由于种种原因，使其认识和情感发生变化，而产生不满和怨恨，随着反动认识的不断强化，否定性情感占据主要地位，心中充满了对革命事业的仇视与憎恨，这种强烈的否定性情感又推动着反革命行为向极端发展。

不稳定性情感

青少年反革命犯由于政治上的敏感性，什么事情都和政治联系在一起，他们分辨是非的能力差，认识变化快，情绪和情感也就不稳定，往往由于一点很小的原因，就会引起情绪变化，往往自己认为好的，马上就接近，反之就反感，有许多青少年走上反革命就是出于偶然原因，如听到别人散布对党和社会的不满言论，认为符合自己的想法，马上就产生"共鸣"。或者是偶然听到一次敌台广播，正中下怀，立即也会认为国民党好，共产党不好。如果我们发现教育及时，有的还能转变过来。哪边争夺的力量大，他们的情感就倒向哪一边。少年反革命犯，以金钱、物质享受为动机的反革命犯，这种情感表现突出，如一个出卖情报的青年反革命说："谁给我钱我就干，谁给我钱我就说谁好。"

易冲动性情感

青少年活泼、任性，好冲动，容易产生激情，往往又难于自控。有些青少年反革命犯，在累积起来的反动认识和情感的支配下，由于感情的冲动而犯下反革命罪行，例如，一个少年反革命犯，原在家和学校表现都比较好，就是听了许多关于社会阴暗面的小道消息，逐渐得出了共产党不好的结论，心中憋着一股火，总想找地方发泄，一气之下，就给报社写了恶毒污蔑共产党和社会主义的反革命匿名信。还有一个少年反革命犯，和几个人同样对现实不满，他总想找人一起发泄，但别人不敢公开干，他为了发泄心中的怨恨，表示自己敢干，公开书写并张贴了署有真名实姓的反动标语。

强烈的否定性情感

青少年反革命犯反动的心理结构形成之后，反革命的需要成为动力定型，他们完全站在反党反人民的立场上，对革命事业充满了仇视和憎恨，爱憎和好恶完全颠倒。为了达到反革命的目的，他们可以完全不顾一切，不计后果，不择手段地进行反革命杀人、放火、爆炸、进行武装暴乱等，此时，他们的反动情感发展到顶点。他们中的很多人丝毫不服教育改造。有的甚至叫嚣不怕坐牢不怕杀头，要和共产党敌对到底，要把共产党的牢底坐穿。

（四）意志特征

青少年反革命犯和一般青少年犯罪，在意志方面也有共同的特征，都具有明显的两极性。对不正确的、反面的事物抵制力弱，经不住不良政治因素的影响和诱惑。然而当其反动的心理结构形成后，反动的意志很顽强，强烈的排斥正确的思想，不接受教育、劝告。就其意志过程来讲，紧紧受着认识、情感的制约。在其反动心理结构形成之前，由于分辨是非的能力差，缺乏对事物比较稳定的看法，认识摇摆不定，意志能力就表现出强弱不均的起伏性。其错误和反动的认识不断发展，正面的意志力也就越来越弱，而反面的意志力则不断增强。当其反动心理结构形成之后，反面的意志力完全占了上风，并进一步推动其反动思想的发展，使其在反革命的道路上越走越远。青少年反革命犯顽固的反动意志力主要表现在：

狂妄自负

一些青少年反革命犯，在反动立场和对社会主义制度仇视情绪的支配下，表现极其狂妄自负的反动意志力。他们过高估计自己的力量，有着极强烈的领袖欲和权势欲。他们为了实现推翻共产党、建立反动统治的反革命野心，不惜一切代价，甚至丢掉性命也在所不惜，有的卧薪尝胆，等待时机；有的为了进行反革命活动，不怕失去亲人，丢掉工作；有的为了筹集反革命资金，甚至节衣缩食；有的至死不改变其反革命立场和野心，即使被逮捕、坐牢、劳改，只要一有机会就宣扬他们的反动观点，进行反革命活动。有的为了投靠国外反动势力，则不顾生命危险，偷渡海域，偷越边境。

固执己见

一些青少年反革命犯的反革命心理结构形成之后，就顽固地坚持反动立场和观点，总是把极端的错误、片面孤立的认识当作真理，把自己的反革命行为当作为真理而斗争，对于党和人民的教诲和光明、正义的事物，充耳不闻，熟视无睹，死抱着自己的反动观点不放。对于社会的阴暗面，则自以为这是他们反动观点的事实依据，更认为自己

"反革命有理"，更加坚定了反革命信心，把自己封为真理的代表，正义的化身。要一意孤行，一条路走到黑，要和共产党干到底。例如，偷渡成功后，又被蒋帮遣派回国的特务杨某说："在我眼里所看到的就是共产党不如国民党，马列主义不如三民主义，你们不管判我多少年刑，我的观点也不会改变，只要你们放了我，就还要进行反革命活动。

铤而走险

铤而走险，是一些青少年反革命犯在对党和人民极其仇视心理的支配下，不计后果，亡命精神的表现。这些反革命，大都有"挫折感"，他们在实施反革命行为前，个人的希冀、愿望、利益、前途等等遭到破灭，转而把不满、仇恨不顾一切地向党和人民发泄。他们大多以反革命的暴力为手段。如一个青年反革命犯，因为找不到工作，对社会主义制度充满了仇恨，在北京站发生反革命爆炸事件后，立即写匿名信，扬言要学反革命王志刚，还要炸人民大会堂，炸中南海。还有一个少年反革命犯，就是因为对三中全会以来的现实不满，积极准备爆炸器材，他不但写信攻击中央领导同志，而且还疯狂地叫嚣，"我上了台，就要把国家领导人都绞死"。还有一个反革命集团的头子，当其感到自己的反革命计划败露时，声称：宁可使自己的反革命计划被共产党"扼杀在摇篮里，也不让它扼杀在娘胎里"。积极准备进行反革命暴乱。还有一个投靠蒋帮的反革命犯，在偷渡时就准备了毒药，在被抓获时要以死对抗，"不成功便成仁"。

无政府主义严重，丧失法制感

在"文化大革命"以后出现的反革命，普遍没有法制观念，原因之一是由于十年内乱林彪、江青反革命集团的破坏，使法制荡然无存，使青少年深受无政府主义的毒害，根本不懂得什么是法制。原因之二是由于青少年反革命犯政治上的偏向，立场上的反动，认为人民民主专政下没有民主，没有自由，盲目地向往资产阶级的虚伪民主、自由，鼓吹不要共产党的领导，这就必然助长他们的无政府主义，而丧失法制感。原因之三是他们的反动情感和意志的增长，进一步使他们的无政府主义膨胀，而完全无视法制。青少年反革命犯无政府主义严重，丧失法制感主要表现在：

1．　不懂得什么是犯罪

主要表现在少年反革命犯身上，因为他们年幼天真无知，没有社会阅历和知识，他们走上反革命道路，外在不良影响起着决定作用，有些根本不知道什么是犯罪。如一个16岁的反革命煽动犯说："我根本就没有把这当成一回事儿，也不知道这是反革命行为，我就是对现实一些事情不满，我写信的目的就是让共产党知道，你们不是什么都好，还有人反对你们。"还有一个18岁的写反革命大字报的说，我并不知道写大字报是反革命行为，我就是对找不上工作不满，再加上很多人对自由市场、包产到户不满，我写出来，就是让大家知道我敢说，替他们说话。

2．　轻视法律

主要表现在一些幼稚无知的青少年反革命犯身上，他们虽然知道自己的行为是非法的，但认为自己的行为诡秘，公安机关发现不了，自信心和侥幸冒险心理强，致使他们被抓获时还感到很奇怪。如在北京石景山区有一个投寄反革命匿名信的反革命犯，认为北京市这么大，石景山离北京这么远，到哪里去查呢？即使查到石景山地区，那么多人口，怎么会查到我头上呢？因此被捕后态度十分顽固，拒不供认，最后把证据拿出来，他都不承认是他写的，还无知地问，你们怎么证明这信是我写的呢？还有一个出卖情报的青年反革命，自以为自己有侨民身份，可以自由出入某外国使馆，在使馆内进行非法活动不可能在公安机关的视线内，因此猖狂地进行出卖情报的反革命活动，终于落入法网。

3．蔑视法律

以推翻共产党领导、人民民主专政政权为动机、目的的青少年反革命犯表现最为突出。他们极端仇视共产党和社会主义的情绪，溢于言表，不隐瞒自己的观点，公开声明自己的目的就是要推翻共产党。根本不承认社会主义法制。有的公开和共产党进行斗争，有的还把审讯室、审判庭做为“战场”，大肆进行反革命煽动，说什么“你们让我坐牢、服刑我都不怕，这算得了什么呢？我们本来就是势不两立，你们的法律是不合法的，我是真正革命的，你们才是反革命，只要你们放我出去，我就要继续反对你们”。表现了极其猖狂的反革命野心和对法律的极端蔑视。

三、青少年反革命犯的行为特征

无论青少年反革命犯的罪行是哪一种，他们的行为方式都受两个方面制约。一是受一般违法犯罪青少年心理的制约；二是受反动意识形态的制约。二者结合在一起，就形成了既区别于一般青少年刑事犯罪，又区别于一般反革命犯罪的、独特的青少年反革命犯的行为方式。

对于青少年反革命犯在反革命活动中所具有的与成年反革命犯相同、但又不十分突出的行为特征，如预谋性、顽固性和隐蔽性等就不再进行分析，以下就青少年犯的盲动性、冲动性、胁从性、疯狂性和模仿性等行为特征作简略的分析：

（一）盲动性

部分青少年当他们把针对个别人、个别单位的怨恨情绪，转为针对整个社会制度而进行反革命活动时，他们既没有认识到这种以偏概全的认识方式的荒谬，也没有认识到自己行为的性质和由此带来的后果。认识能力的低下，使青少年犯思维方式中自我的逻辑和情感的逻辑占主导地位，而难于正确估量行为的社会意义。他们把出卖情报当作捞钱享受的途径，把与敌特挂钩当作出国享受的道路，把爆炸行凶制造流血事件当作显示个人英雄观的方式。这种盲动性常常使他们并不十分深刻的犯罪动机，导致出十分严重的犯罪后果。

这种盲动性还表现为他们行动上的盲从。敌台的宣传，老反革命分子的教唆，特务分子的利诱以及社会上一时兴起的错误思潮，都会使部分意志不坚定的青少年盲目跟从，接受反动思想的侵蚀，和反动势力同流合污。

（二）冲动性

剖析青少年反革命犯罪的案例可以看到，许多青少年从事反革命活动有其突发性，这同青少年抑制力差，意志薄弱，易于受情绪的驱使等心理特点有密切关系。办案实践中可以发现，一个思想品质处于中游水平的青年学生，常常会由于生活、学习中出现重大挫折事件，而出现急转直下的思想演变，在几个月之内便会干出使老师、家长为之惊愕的反革命勾当。他们在接受外界事物的刺激作用之后，发泄内心中难以抑制的不满和怨恨，成为他们借以恢复心理机制平衡的一种手段。在情感、情绪因素的掩盖下，他们无法冷静地看待自己思想中出现的新变化，更不能有效地节制和检验自己的行为。

（三）疯狂性

青少年犯在实施犯罪活动中，常常表现为明火执仗，胆大妄为，不计后果，连续作案，没有周密的预谋和伪装。有的为了爆炸杀人制造政治事件，不惜同无辜群众同归于尽。有的在越境泅渡叛国投敌之前就发誓"不成功则成仁"，在被我捕获之后便服毒自杀，以死向人民示威。如一个由4名20岁左右的青年组成的反革命集团，因他们炮制的所谓"告同胞书"被人发现，为了灭口，他们竟凶残地将两名知情人杀死，碎尸数块，弃在水库中。青少年反革命犯在犯罪中疯狂性，同其他青少年犯的恶性犯罪是极其相似的。

（四）胁从性

青少年犯由于社会经历、阅历和认识水平的局限，单独进行反革命犯罪时，往往很难达到他们所期望的目的。此外，青少年犯有喜欢合群结伙和易受外界感染和影响的特点，在遇到适当时机，如被敌特分子利诱、哄骗、煽动或胁迫时，极易成为其他反革命集团的胁从和帮凶。这些青少年往往乐于听从年长的或他所崇拜的反革命集团骨干的指使，担任一些危险性大而智能水平较底的任务。他们常常为在一个集团中进行危险、神秘并有严格纪律（这些纪律在他们看来是哥们义气）的活动感到兴奋。青少年犯的这种胁从性被集团骨干所利用，弥补了成年犯所无法克服的缺陷，从而增强了反革命集团的社会危害性。

（五）模仿性

青少年的好奇心、求知欲和较高的感受性，使他们对外界事物具有很强的模仿性，在缺乏正确引导的情况下，青少年所模仿的往往是与现实社会与环境相抵触的一些事物。青少年反革命犯更是如此，他们仿效他所崇拜的历史人物。不论是拿破仑还是希特勒，只要是叱咤风云的人物都可能成为他们的偶象。他们也可能仿效一些革命领袖的作为，但他们却不顾这些行为的政治内容，而采用取其形式，弃其实质的方式，盲目地加以模仿。他们采取"为我所需"的态度，或者是仿效解放前地下工作者的活动方式，或是仿效波兰团结工会的组织形式，或是把国外"持不同政见者"的观点搬到中国来，奉为真理，或是迎合社会上的错误思潮，拾他人之牙慧。他们的模仿性，反映出这些青少年犯喜好猎奇、标新立异的心理和分辨能力低下、政治见解浅薄的认识特点。

青少年盗窃犯罪特点初探

（1983年11月）

柳　朝　智

一、青少年盗窃犯罪的特点

当前，青少年盗窃犯罪，既有一般盗窃犯罪的共性，又有不同于一般盗窃犯罪的特殊性。这种特性是由犯罪青少年的特征所决定的。

（一）青少年盗窃犯罪作案特点

1．“扒窃”和“小偷小摸”秘密作案者多

此类“扒窃”“小偷”以低龄段的青少年居多。始在惯窃犯之影响下进行试验性扒窃。初时胆怯，偷窃手法也不熟练。但初窃“成功”，尝到甜头后，胆子也大了，逐步形成偷窃癖性。他们作案没有固定的对象，多是在人群拥挤的公共场所如汽车站、火车站、码头、电影院、贸易市场等地方，乘人不备，秘密窃取他人的钱包、提包或袋中之钱物。作案多数是2人以上，彼此配合，互相传递，互为掩护。有些小偷是窜进居民家中，乘人不防，顺手牵羊，偷窃挂晒的衣服、挂包或其他物品。

2.内外勾结盗窃本单位的财物

这是当前青少年盗窃犯罪中的一个特点。他们以本单位的钱财、贵重金属、仪器、药材、木材等为盗窃目标，乘工矿企业管理不善，仓库财物无专人负责，门卫制度松懈、进出自由之机，潜入厂内仓库、车间，内外勾结，盗窃国家财物。

3．以高档物品为偷窃主要目标，是当前青少年盗窃犯罪又一特点。

他们专门偷窃电视机、三用机、计算器、自行车、轻骑摩托车等高档物品。他们认为这些高档物品价值高、销赃容易，能得到较大额的赃款，或者以此换彼，诱惑力大。

4．偷窃华侨、侨眷、外籍华人、劳动致富的冒尖户的财物。

这是当前福建省青少年盗窃犯的新特点。福建省系侨乡又是实行特殊政策的省份，在对外开放中、外侨、外商、华侨回国观光，进行经济贸易，回乡探亲等往来频繁。他们身上外汇、港币携带较多，还带回一些舶来品，因此，就成了青少年盗窃分子行窃的对象。

（二）青少年盗窃犯罪的形式和手段

由于青少年的个性特征不同，青少青盗窃犯罪形式和手段又不同于一般盗窃犯，根据大量青少年盗窃犯罪的调查分析，在作案的形式和手段方面有以下几点特征：

1．团伙盗窃作案多

青少年具有纠合性特征，他们乐于合群，渴望友谊，喜欢纠合在一起，只要在一起打扑克牌、抽烟、赌博、闲聊、讲偷窃本领等，一、二次就能形成团伙。据福州濡江劳教大队和台江区法院对盗窃案件的调查统计，属于团伙盗窃的占70%左右。这种团伙具有不稳定性和松散性，没有固定成员，行窃也无周密的计划和步骤。团伙之间互有交叉，团伙内部有时会因分赃不均，彼此反目，争吵斗殴。但是这些团伙都具有封建行帮式的哥们义气，当他们身陷囹圄，仍然信奉有“难”独当，不“出卖”同伙的信条。濡江劳教大队不少青少年盗窃犯罪在劳教场所内仍与社会上的“肝胆”朋友秘密来往，有的逃跑离场与同伙去作案。在场内，他们团伙一帮仍结得很紧。如青年盗窃犯卢××，当问他有没有决心改正罪错时，他表示有决心，当进一步问他能不能脱离团伙时，他回答说：“那是不可能的，如果脱离了他们，我在劳改场内就会没饭吃，就会被孤立，被人欺侮”，当然也担心受到同伙的惩罚。

2. 诱发性快，偶发性强

目前，青少年盗窃犯罪数量较多，与青少年诱发性快和偶发性强这一特性有关，而这一特性又与青少年的盲目性和冲动性的心理特征相联系。他们盗窃犯罪的预备期短，受到某种因素的诱发，立即感情冲动，盲目行动，见钱财即起盗心，偶发性案件比较多。

3. 恐惧感和狡猾性

青少年盗窃罪犯，在思想上也认识到盗窃的行为是被人所痛恨的，如果作案时被人抓到，会被痛打一顿。所以初次偷盗者或惯窃犯在作案过程中都具有恐惧感，怕被人发觉，只是惧怕的程度不同而已。盗窃犯罪主要特征是非法秘密占有公私财物的行为，由于犯罪青少年头脑机灵，手脚敏捷，又因有恐惧感，故作案时也就具有狡猾性，常会伪装现场，破坏痕迹，穿戴手套，以假乱真，转移侦察视线，妄图逃避公安人员对他们犯罪行径的跟踪追查。

4. 手段残忍，不计后果

目前，青少年盗窃犯罪，作案时身上多带凶器，在作案过程中一旦被人发现、阻击，就转而使用暴力手段，持刀行凶，致人伤残死亡。厦门市青年盗窃犯张××，某晚潜入一居民家行窃，惊醒床上6岁的小孩，他怕孩子的哭声惊动四邻，竟惨无人道地将小孩活活掐死。

二、青少年盗窃犯罪心理特征

青少年盗窃犯罪在青少年各种犯罪类型中所占比例较大，是由多种因素造成的。既有社会因素、教育因素等客观原因，也有罪犯本身的思想因素和心理因素的主观原因。而后者则是主要原因，外因通过内因而起作用。青少年盗窃犯罪的心理是由于他们的心理结构中的消极因素受外界消极因素影响而形成的，主要有下面几点：

1. 青少年稳定的相对平衡的心理结构被侵蚀，而形成不良的心理结构，是产生青少年盗窃犯罪的主要原因。

马克思说：“人的本质是一切社会关系的总和”。人在社会实践中生活，客观外界对人发生作用，使人原来比较稳定的心理结构发生某些变革，得到更新。如果孩子在幼年时期，家庭对子女过分娇惯溺爱，使他们成了家中物质享受的最优惠者，在他们的头脑中开始形成了"要"与"给"的印象，"我要什么，父母就得给什么"，久而久之，其稳定平衡的心理结构就会逐渐被破坏被侵蚀，形成不良的心理结构。随着年龄的增长，与社会外界来往频繁，在客观外界的消极因素不断内化的作用下，原有不良的心理结构和个性倾向，使他容易接受社会上消极因素的影响，经过累积过程，使之得到巩固和发展，逐步形成一种行窃动力定型，即成为一种有意识的自觉行为，或下意识的自觉行为，表现为犯罪意识比较稳固，在生理上也表现为犯罪动作的"本能化"、"自动化"。青少年盗窃犯罪中，那些扒窃者小偷小摸者和出身于经济条件较好的干部家庭的盗窃犯大多数是自幼在不良的家庭教育影响下形成了盗窃恶习的，他们盗窃犯罪的心理结构早已形成。例如青年盗窃犯陈××，17岁，其父原系部队领导干部、现任××市××部长，家庭经济条件良好，可是由于家庭教育不当，平时溺爱他，要什么就给什么，当他受到不良影响，从外面拿回他人玩具和物品时，也不加制止，使其自幼就形成了一种不良的心理结构。12、13岁后，他受到同伙的教唆就由小偷发展成为一个惯窃犯，被判处有期徒刑。

2．青少年强烈的需要欲望与现实经济条件不能满足之间的矛盾，是产生盗窃犯罪的另一个主要的原因。

人的需要有生理性需要和社会性需要两种。一个人进入青少年时期，不仅要求满足物质生活需要，而且还要求满足自己的感情、审美、荣誉等精神方面的需要。对这些需要，随着年龄的增长，频繁的社交活动，欲望越来越强烈，如果他们没有考虑社会性需要，自尊心的需要，道德规范、法律规范对人行为约束的需要，当他们经济能力不能满足自己物质上和精神上的需要，而又不能自我控制、自我约束时，就会盲目追求，采取非法的手段去满足这些需要，产生盗窃犯罪的行为。

3．封建的行帮意识、资产阶级极端个人主义思想，是导致青少年犯盗窃罪的又一个主要原因。

由于还存在着资产阶级和封建思想意识的影响，加上教育工作中的某些缺陷，使这些青少年罪犯没有受到良好的共产主义思想教育，文化水平和认识能力极为低下，对道德、法纪愚昧无知。他们把吃喝玩乐当做人生的唯一目的和最大的"幸福"。认为能偷到别人的东西，就能在同伙中显耀自己有"本事"，就感到"光荣"。他们认为"政治是假的，理想是空的，前途是渺茫的，只有偷到钱物，吃喝玩乐才是最实惠的"，在思想上形成了一个极端个人主义的以我为核心的以钱为动力的资产阶级世界观。

试析诈骗犯罪的特点

（1985年2月）

曹中友

诈骗犯罪，按照我国刑法的规定，是以非法占有为目的，使用欺骗方法骗取公私财物数额较大的行为。是侵犯财产罪中的一种，属于故意犯罪。

近几年来，诈骗犯罪，特别是女性诈骗犯罪有明显上升的趋势。如湖北省1983年判刑投入劳改的964名女犯中，诈骗犯就有112名，占11.6%。并出现了一些青少年骗子。他们在社会上乔装打扮，以假冒真，编造事实，骗取钱财，严重危害了社会治安。已成为研究预防犯罪工程中一个不可忽视的犯罪类型。本文依据对武萍监狱100名男女诈骗犯的调查，就其心理特点、行为特征及预防措施，试作初步探讨。

一、诈骗犯的心理特点

诈骗行为是在犯罪人一系列心理活动驱使下发生的，是犯罪心理的外部表现。分析研究诈骗犯的心理特点，是制定预防诈骗犯罪的一个重要方面，也是研究教育改造诈骗犯的方法的一个重要方面。诈骗犯的主要心理特点是：

情感低级，利己贪婪的心理

诈骗犯和盗窃犯、抢劫犯等侵犯财产犯一样，有着强烈的占有欲。他们受剥削阶级“人不利己，天诛地灭”人生观的支配，用卑鄙的手段非法占有他人的财物。他们道德堕落，情感低级，以把自己的享受建立在他人痛苦之上为乐；把骗术当成“正当职业”，把骗得的财物当成“正当收入”；他们好逸恶劳，吃喝玩乐，用三寸不烂之舌去舔噬他人的血汗。他们是一伙被剥削阶级思想孵化出来的新的剥削分子，寄生虫。

“不费力气，生财容易”的心理

诈骗犯一个最普遍的心理特点就是他们认为以诈骗的办法赚钱是“不费力气，生财容易，不花本钱，无本万利”；“方法简单划得来，既看世界又发财”；“肩不挑，手不提，只要舌头打个滚，钱包装得满满的”。由于他们的贪婪性与懒惰性发生矛盾，于是就选择了这门勾当。

“后果不重，责任不大”的心理

不少诈骗犯认为“干我们这一行，都是别人自愿给我的”；“骗不到手，没有后果，钱财到了手，罪过也不大”。这种缩小责任和责任转嫁的心理，就是他们没有法制观念和道德堕落的表现。

认为“不易暴露”，过于自信的心理

不少诈骗犯之所以把欺骗心理内化为行为，是因为他们总是错误地评价自己。认为自己智力超人，足智多谋，能神机妙算，会乔装打扮，可以瞒天过海，成功的可能性大；万一骗不过，就溜之大吉。在这种错误评价自己和侥幸心理的驱使下，敢于铤而走险。遇到一次诈骗成功，就会进一步强化犯罪动机，胆子越来越大，沦为惯犯。

利用他人心理缺陷的心理

诈骗犯利用一些人迷信权贵、巴结高官、爱拉关系、爱走后门、爱占小便宜等心理缺陷，投其所好，送其所需，献人所喜，“帮”人所急，“解”人所难，骗取信任，大肆行骗。这是他们行骗成功的奥秘。因此，在他们行骗之前，总要注意观察、了解和分析欺骗对象的心理特点、需要与爱好，然后策划行骗方案。

空虚与恐惧的心理

骗子在行骗时，尽管他们乔装打扮，善于伪装，善于掩盖表情，故作镇定，但由于他们说的是假话，做的是假事，不免有做贼心虚之感。担心别人看出破绽，内心感到空虚和恐惧。初犯尤为突出，就是惯犯在作案时也有“捏着一把汗、心里不踏实”之感。因此，他们为了让别人相信，往往过分夸耀自己。矫揉造作。其结果适得其反，无意中暴露了自己。

二、诈骗犯的行为特征

诈骗犯的行为特点是五花八门多种多样的。但主要有这样几种类型：虚构型、冒充型、伪造型、钻空型、迷信型、骗婚型。

虚构型。是指犯罪人无中生有、编造事实，说得活龙活现，让人相信，受骗上当。如罪犯周××以找“金盒子”为名，骗取民办教师左××现金900元；罪犯谭××诡称某工厂出售化肥，价廉物美，骗取集体和个人现金900余元，粮票1000多斤。

冒充型。是指罪犯把自己打扮成各种受人们所尊敬、羡慕、崇拜、能解决实际困难等人物，以骗取信任，进行诈骗活动。如冒充“三招人员”帮人“招工”、“招生”、“招兵”；冒充领导干部、高干子弟、部长夫人等显贵人物给人拉关系。譬如罪犯修××冒充武萍军区后勤部副部长、处长行骗于广州、深圳等地；女犯胡××，年仅20岁，就冒充采购员骗取现金1000余元；有的冒充港商华侨，帮人购买洋货、带人“出国”行骗；有的冒充英雄人物、军人、同乡、同事、战友等骗取信任，骗吃骗喝，诈取钱财。

伪造型。是指犯人非法制造、伪造有价证券、印章、证件，以及伪造历史或身份等手段进行诈骗的犯罪行为。如罪犯杨××与其夫勾结伪造《迁移证》、《粮食转移证》，非法将3家15口人转为非农业人口，从中渔利；女犯汪××伪造单据骗款8000余元。

钻空型。是指罪犯利用某些单位经济工作中的某些混乱、漏洞和财经纪律不严，思想麻痹大意，乘机而入，钻空子骗取钱财。

迷信型。是指罪犯利用某些人的迷信心理，把自己装扮成“圣人”、“天仙”、“神谋”、“神医”、“法师”等装神弄鬼，以“降妖捉怪，消灾灭难”、“驱邪扶正，缚妖收魂”等欺骗手段诈取钱财。采取这种手段骗人的以女性为甚。而女性中又以偏僻乡村、山区和文化较落后的地区为甚。

骗婚型。是指罪犯采取“当红娘”、“做介绍”、“帮人牵线搭桥”；以“上门为婿”、“谈恋爱”；以“做生意”等手段，既骗奸女青年又骗取钱财。更为恶劣的是他们将女青年、妇女骗出后，采取“放鸽”、“放鹰”，指婚等卑鄙手段骗取钱财。凡女性单独作案的，多以“当红娘”为主要手段，以骗取钱财为主要目的；凡男性单独作案，多以“做女婿”、“找对象”为主要手段，以奸污女青年和骗吃骗喝，诈取钱财为双重目的；凡男女性共同作案，大多以男性为主体，女性协从。不少是先由男性采取“合伙做生意”、“看世界”等手段，将女方骗出，在一起宿奸鬼混，钱粮花光之后，就采取“放鸽”、指婚等手段骗取钱财。

广东省沿海地区青少年抢劫犯罪增多的原因浅析

（1984年5月）

徐　春　建

沿海地区青少年抢劫犯罪比较突出，这是近年来广东省青少年犯罪的特点之一。它的形成，是特殊的历史条件和特殊的环境条件影响的结果。如何相应地采取治理措施，是实践需要解决的一个问题。

近年来，我省沿海地区青少年抢劫罪犯占青少年罪犯总数的比例高于其他地区。以深圳市和汕头、惠阳两地区为例，去年1至7月，全省判处的青少年抢劫罪犯占青少年罪犯总数的18.6%，而上述三市（地区）的该项比例为28.8%，比全省平均数高10.2%。

沿海地区青少年抢劫犯罪严重的情况，是近几年才出现的。据沿海某市统计：1982年，该市判处的青少年抢劫罪犯占青少年罪犯总数的比例为59.3%，比1977年增加了55.9%；据汕头、惠阳、东莞二市一县统计，1982年，该二市一县判处的青少年抢劫罪犯占青少年罪犯总数的比例为29.1%，比1977年增加了24.6%。

这就是说，沿海地区青少年抢劫犯罪的突出之处，一在于它的严重程度比其它地区大；二在于近几年增长速度很快。

为什么会出现这种情况呢？这有其一般原因，也有其特殊原因。

一、青少年抢劫犯罪增加的一般原因

首先，存在较多导致青少年侵犯财产罪发生的因素。抢劫犯罪，其侵犯的客体既有公私财物的所有权，又有公民的人身权利，但其主要目的在于非法占有公私财物。因此在种类上，它与其他侵犯财产罪有较多相同之处。近年来，我省侵犯财产类的青少年犯罪普遍上升，青少年抢劫犯罪的上升是这个总趋势的一部分。据统计，1982年和1977年相比，我省判处侵犯财产类的青少年罪犯占判处青少年罪犯总数的比例，增加了21.1%。出现这种情况的原因，主要是由于在新的历史条件下，旧社会遗留的和外来的各种剥削阶级腐朽思想毒害了不少青少年，使好逸恶劳和损人利己等恶习在不少青少年身上膨胀起来。同时，随着经济政策的落实和经济形势的好转，各企事业单位和群众手头的钱财多了，而有些管理和治安防范措施却未很好地跟上去，这也是导致青少年侵犯财产罪增加的一个原因。

其次，存在较多导致抢劫罪发生的因素。抢劫罪与其他侵犯财产罪的区别，在于它不仅以非法占有财物为目的，而且通过使用暴力、胁迫或其他方法强行劫取公私财物来达到犯罪目的。因此抢劫罪犯不仅具有非法占有财物的目的，而且具有强行劫取公私财物的意图、胆量和行为。从近年来的情况看，在这方面促使青少年抢劫犯罪增加的因素也不少。例如：十年浩劫的余毒未肃清，青少年中法制观念淡薄，动辄行凶的现象还大量存在；社会上存在的那些以凶杀、暴力为内容的电影、录象、书画等等，在思想上对青少年起了很坏的影响；青少年犯罪较多以团伙的形式出现，参加团伙犯罪的青少年因人多势众，气焰比较嚣张，敢于通过公然劫取来达到非法占有财物的目的，而不屑采用秘密窃取和虚构事实、隐瞒真象等比较隐蔽的手段等等，都是其重要原因。

上述诸种情况，在我省沿海和其他地区都不同程度地存在着，因而是这些地区青少年抢劫犯罪增加的共同的、一般的原因。

二、我省沿海地区青少年抢劫犯罪严重的特殊原因

问题的关键还在于，我省沿海地区青少年抢劫犯罪之所以比其它地区严重，是由于沿海地区具有自身的特殊性。

首先，是地理位置的特殊性。沿海地区毗邻港澳，是祖国的大门，具有内联外通的特殊作用。其次，是历史原因的特殊性。由于沿海地区水运方便，对外经济、文化交流历来比较频繁，因而在商品经济和对外贸易等方面比较发达，具有较雄厚的基础。第三，在“对外开放，对内搞活经济”的过程中，它具有得天独厚的优越条件，是我国对外经济、文化交流的重要基地，对四化建设起着特殊的作用。

世界上的事情总是有两方面的。沿海地区特殊的环境条件，既有其好的一面，也有其相对不好的一面，即是说，在“对外开放，对内搞活经济”的过程中，由于阶级斗争还在一定范围内存在，外来资产阶级腐朽思想会乘隙而入，毒害一部分人，特别是青少年。沿海地区由于自身具有的特殊性，这方面所受的影响比其它地区更大一些。那些因受资产阶级思想腐蚀而产生抢劫意识的青少年，利用沿海地区比较繁荣的经济形势，这项经济活动中可能出现漏洞以及作案后较易外逃等条件进行抢劫活动，就形成了沿海地区青少年抢劫犯罪比其他地区更为严重的特点。

具体说来，沿海地区的特殊情况对青少年抢劫犯罪的影响，主要有以下几方面表现：

（1）外来影响对青少年抢劫意识的形成，起了较大的“催化”作用。抢劫罪在主观上是以“非法占有公私财物”为特征的，它渊源于“不劳而获”的剥削阶级腐朽思想。在人吃人的资本主义社会，它有着广泛的形成条件。随着我国对外经济、文化交流的日趋频繁，这种“不劳而获”的腐朽思想借助于电视、广播、书刊、交谈、行为以及其他种种耳濡目染的方式，有形或无形、有意或无意地传播进来，成为一种思想逆流。而青少年，由于他们的好奇心和模仿意识强，鉴别能力差，也由于部分青少年在十年动乱影响下形成了过于讲“实惠”、不愿谈政治的变态心理，因而比其他人更易受资产阶级思想毒害，萌生谋取“不义之财”的邪念。

另一方面，由于抢劫罪在客观上是以“当场使用暴力、胁迫或其他方法，强行窃取公私财物”为特征的，因此抢劫意识的形成，同时还要有“强行劫取公私财物”的意图和胆量。在这方面，资本主义社会那些充满暴力、凶杀和恐怖的现象，恰好起到了“催

化”作用。如近在咫尺的、仅有五百万人口的港澳地区，去年首季就发生了2200宗抢劫案，比前年末季增长了一成，其中涉及使用枪械行动的增长了七成。又如，象打劫我澳门南通银行的特大案件，也只有在那样的社会里才会发生。至于其他各种打家劫舍、拦路抢劫之事，在港澳地区则更是屡见不鲜了。诸如此类的丑恶现象，难免借助于对外经济、文化交流的过程渗透、侵袭进来，毒害一些人的思想。而沿海地区，由于所受影响较大，一些青少年逐渐对之“司空见惯”，并且潜移默化，自以为找到了发财的捷径，因而当他们对某些财物产生非法要求时，就较易形成抢劫的意图。相反，内地的青少年由于受上述影响少些，因而形成抢劫意识的可能性也相对小些；他们对“不义之财”的谋取方式，虽然也有不少采取了“强行劫取”的方式，但更多的是通过“秘密窃取”进行的。这种差别，可以从青少年抢劫、盗窃犯的数字对比中反映出来。如去年1至7月，全省判处的青少年抢劫犯占全省青少年罪犯总数的比例为18.6%，比青少年盗窃犯所占比例少26%；而沿海某市判处的青少年抢劫犯占全市青少年罪犯总数的比例为31.1%，比青少年盗窃所占比例还多3.2%。当然，有些沿海地区青少年抢劫犯的比例也小于盗窃犯，但二者的差距也不象其它地方那么大。再从香港电视的影响看。我省能收看香港电视的市、县为数不多，但看了香港电视的青少年往往中毒较深。

（2）外来影响使青少年抢劫犯罪的手段更加恶劣。近年来，我省青少年抢劫犯罪的手段，出现了许多新特点（如持火药枪、入宅、蒙面等等），它们不少是从港澳地区传袭进来的。由于沿海一带首当其冲，因而在这方面表现得更为严重。如沿海某市，今年1至7月判处了18宗青少年抢劫案，其中持火药枪抢劫的有11宗，占61.1%；入宅抢劫的有6宗，占33.3%。这样大的比例，在其它地方是少有的。又如蒙面抢劫案，最先出现在深圳、佛山、汕头、东莞等沿海市、县，至今仍以沿海为甚。这也说明沿海地区青少年抢劫犯罪受外来影响比其它地区严重。

（3）在沿海特殊的环境条件下，客观上存在较多诱发青少年抢劫犯罪的因素。近年来实行“对外开放，对内搞活经济”的政策，给沿海地区商品经济的发展，带来了新的繁荣景象。这种情况，强烈地吸引着大批港商、外商和华侨，也吸引着国内许多省份的企事业单位和个人。这种情况以经济特区为甚，但不仅限于经济特区，沿海许多市、县都呈现出喜人的景色。另一方面，由于外来腐朽思想较严重地毒害着一些青少年，引诱着他们走向歧途；也由于在各项经济活动中，人员、商品、货币等各方面流动性较大，群众消费水平随着经济的发展提高较快，以及治安工作和其他各项管理工作面临着新问题等等，客观上给不法青少年抢劫目的、动机和目标的确立以及抢劫行为的实施，提供了许多诱发因素。譬如，商品市场货币流通量大，引人注目；外地来洽谈生意或采购物品的人多，他们人地生疏；一些人因海外亲朋资助或通过劳动先富起来，受人羡慕；一些商店或其它企事业单位管理不严，出现漏洞等等，都可能使不法青少年“顿生歹念”或找到下手的机会。某市轰动一时的曾×等蒙面抢劫案就是一例。曾犯窥探到友谊商场收款室每天收有一笔巨款，便串通其他五名案犯，借机蒙面闯入收款室，持刀胁迫并捆绑收款人员，劫走人民币和外币兑换券共数万元。

（4）在沿海作案后较易逃港，这也是青少年抢劫犯罪增多的一个原因。从青少年抢劫犯的情况看，有的因长期居住沿海地区，对逃港路线较熟；有的曾参与偷渡，对逃港较有“经验”；有的本身是渔民或与渔民有亲朋关系，便于借出海机会逃港等等，客观上都使罪犯感到作案后有路可退，增加了胆量。如罪犯陈××，1979年曾偷渡香港，后因无职业回乡定居。去年夏天，周见梁××等人贩卖冬虫草获人民币5000元，便与另外两人密谋抢劫，认为作案后可搭出海渔船逃港躲避。于是无所顾忌，三人对梁等行劫得逞后逃往香港。后因潜回从事流氓活动，才被逮捕归案。

赌博与青少年违法犯罪

（1983年5月）

刘新生

（一）

赌博是指以金钱或金钱以外有经济价值的物品作台面的抵押，通过各种形式的输赢较量后，使得上述的抵押品在投注人之间有所更易或转移的一种行为。它作为违反社会道德和法律的行为，危害甚大。这种危害不仅仅表现在污染社会风气、破坏家庭成员间的正常关系上，更主要的，它是一具孕育产生各类犯罪的温床，是通向犯罪的桥梁。

近几年来，赌博现象在我国不少地区有所滋长蔓延。值得注意的是，其人员的构成同以前相比，已发生了很大的变化。据统计：在不少地区，青少年参加赌博的占半数左右，有的达60—70％。例如：1981年天津市因赌博受到处罚的比1980年上升了一倍多；从上海市近年破获的两个赌博团伙看，共有成员180余人，对其中的97人进行了分析，发现有青工、徒工及在校生62人，占63.9％；武汉市某公安分局1981年3月1日至3月15日期间，因赌博而被拘留的180人中，有92人是30岁以下的青少年，占50.1％。随着参加赌博的青少年人数的增加，青少年违法与犯罪的数量也相应地增加了。据对江西省部分单位的70名犯有盗窃罪的青少年抽样调查，进行过赌博的有56人，占80％。至于因赌博诱发而犯其它罪的情况更是惊人。据《福建日报》载：1981年该省依法处理的各类刑事犯罪案件中，因为赌博而犯它罪的约占40％以上。浙江嘉兴市人民法院1981年1月至8月判处的刑事案件中，有41％是由赌博引起的。由此可见，赌博已不单纯是青少年违法活动的一个重要组成部分，而且还是诱发产生各类犯罪的一个重要因素。因此，对青少年赌博与犯罪的相互关系加以研究探讨，对于刹住当前青少年参加赌博的歪风，预防与综合治理青少年犯罪，该是有益的。

（二）

近年来青少年参加赌博的现象日趋严重，是我国特定的历史和社会环境条件下所产生的一种社会病态。十年浩劫期间，无政府主义思想、享乐主义思想、极端个人主义思想等一齐泛滥，使一些青少年中毒很深，这是造成青少年参加赌博的人数大幅度增长的根本原因。旧社会遗留下来的旧风俗、旧习惯与旧势力对青少年的侵蚀；资本主义国家赌博之风的殃及与影响也都是诱使青少年参加赌博的重要原因。加以我国目前生产、经济还不算发达，文化生活比较贫乏，这就使赌博活动有了广阔的市场。赌博作为旧社会留下来的一种恶习，在特定条件下恶性发作，使得一些缺乏抵抗能力的青少年沉湎其中，忘乎所以，进而不知不觉地走向违法犯罪。

赌博活动有它的特点，这些特点对青少年具有很强的吸引力。一是赢利性，就是希图通过赌博而攫取不法财物。从开盘押注到赢钱，时间不长，却唾手可得数元、数十元。所以有的人说："二级工，三级工，不如赌博几分钟"。二是游娱性。青少年富有寻求刺激与渴望游乐的心理意识，这种心理意识往往在赌博活动中得到满足，所以很容易被种类繁多，且又寓于游娱的赌博活动所吸引。三是纠合性。赌博是一种多角的角逐，一次性参赌者可达几人、十几人至几十人。这是把有着自愿参赌思想的青少年转变为行动上实施赌博的媒介和渠道，同时也成为促使青少年反复参赌的一种无形聚合的力量。四是反复性。处于青少年这个年龄阶段，他们制约行为的能力较差，一经染赌，就很容易上瘾。据统计，由赌博所诱发犯罪的青少年中，十有八九都是再赌，以至最后陷入犯罪的泥潭而不能自拔。

值得注意的是，近几年在青少年赌博活动中，萌发着一种新动向。它不是作为一个偶然的、个别的现象出现，而是代表了通向各类犯罪的一种极危险的趋势和力量。这种新动向、新趋势主要是：（一）小赌博多。其类别有：康乐球、拍洋画、三打一、扑克牌、叉麻将、掷骰子等。还有以斗蟋蟀、斗鸡为赌的。其方式有：以火柴棍、豆粒为筹码，暗算赌资；亦有以饭菜票、烟卷等实物为注。这类小赌博表面看起来只是消遣消遣而已，实则却起着"恶不积不足以灭身"的作用。北京市有个17岁的学生范某，开始时仅以输赢小瓷片为戏，其后发展到用分角钱为赌，后来输掉了五元钱学费，去找一位女同学借钱，借贷不成，竟将对方杀死。（二）赌博团伙有所增长。鞍山市于1980年3月15日至5月15日期间，共挖出犯罪团伙448个，其成员大部分是青少年。其中赌博团伙占98个，为总数的22.1%，居诸犯罪团伙第一位。赌博团伙的活动是很嚣张的。以上海市破获过的二个赌博团伙为例，输赢额一次达6000元。湖南衡阳市有一个37人组成的赌博团伙，一次赌额竟然上万元。更为猖獗的是，有的团伙赌博时公然带女人、设保镖、放岗哨；有的赌博团伙还兼有扒窃、流氓、抢劫、行凶等犯罪活动。因此，应当引起严重的关注。

（三）

青少年因赌博所诱发的犯罪种类繁多。主要的有：（1）盗窃罪。凡赌博活动猖獗的地区，均有此罪发生。据上海崇明县一个公社的统计，近二年就有因赌博沦为盗窃、抢劫等犯罪的30余起；在北京有一个年仅13岁少年任某，因赌输了钱，进行盗窃，两次盗窃额就达800余元。（2）抢劫罪。抢劫罪也是因参赌而诱发的一种常见性的犯罪。由于赌博输红了眼，常使这种抢劫带有极端的凶残性。如上海崇明县19岁的郭某，因为不到一小时就输了几百元钱，便纠合同龄人郭×，将赌徒龚某的300元劫走，并将其致伤而死。（3）抢夺罪。长沙市曾发生过一起抢夺案，22岁的郭某，因赌输了钱，竟在光天化日之下从银行柜台上夺走现金6700余元。（4）贪污罪。在经济领域的犯罪中，也可以看到因赌博而沦为犯罪的例子。例如辽宁盖县某公社有一个四十多人的赌伙，其成员有信用会计、现金出纳、大队主管会计多人，聚赌额高达9万多元。另据湖南衡阳市三个基层单位统计，有9人因赌博盗用公款5126元。除上述列举诸罪之外，青少年赌博还可以诱发出其它犯罪。诸如：故意杀人罪、走私贩私罪、投机倒把罪、诈骗罪、敲诈勒索罪、伪造或者倒买计划票证罪等等，无需在这里一一举例。

金钱欲求和由此而产生的极端个人主义思想及心理，已成了因赌博而诱发其它犯罪的思想渊源和行为的内驱力。在赌博过程中，有价物与金钱，是参与赌博者争夺的目的物。它是一种强大的腐蚀剂，赋予参赌青少年对货币拜物教的狂热的信仰，使极端个人主义思想恶性膨胀，最终导致犯罪。

青少年由赌博而诱发成犯罪，是青少年赌者思想及心理状态的矛盾不可调和下的产物，在这一阶段里，个人的欲望会逐步地泯灭社会道德和法律观念。而极端个人主义信念和强烈的病态占有欲将压抑行为的犹豫，从而更加坚定作案的决心，并转化为作案的行为。

（四）

减少以至根绝青少年因赌博而诱发犯罪的关键在于禁赌。我国历代法典对赌博的治理都寄托于严刑酷法上。这当然是我们所不取的。我们的基点应放在综合治理上，尤其是对于参赌的青少年，更应着重于教育。要教育青少年不要参赌，挽救尚在参赌或正向赌博深渊靠近的青少年，教育改造因赌博而违法犯罪的青少年。为此，提出以下几点建议：

一，对青少年进行深入持久的道德教育与法制教育，让青少年牢固树立共产主义的道德观，牢固树立社会主义法制观念，懂法、守法。这两种教育相辅相成，互为补充。在进行这种教育时，要采用理论联系实际，多种多样的形象化的教育方法，使受教育者感兴趣，有收获。

二，随着建设社会主义精神文明和当前“五讲四美”活动的深入开展，在社会上掀起一个声势浩大的禁赌宣传，并且采取一些查禁赌博的措施。对大多数参赌的青少年，要进行耐心细致的教育挽救工作，促使他们弃旧图新、幡然悔悟。对赌博的组织者、惯犯、教唆犯，要依法坚决给以打击。

三，要认真贯彻执行中共中央转发武汉市的经验，（见1980年6月14日《人民日报》）因陋就简地安排好青少年的业余及课外生活。据1979年5月的统计，全国少年宫、少年之家有93.4%被占。而在广大农村，绝大部分青少年还处于“下地扛锄头，回家咬筷头，睡觉抱枕头”的状况，缺乏文化体育活动场所及设施。这种情况，应当尽快加以改变。建议各地有关部门积极采取措施，拨款帮助或者发动群众和青少年，开辟修建游娱场地设施，增加游乐项目，以吸引广大青少年参加各种健康的文化娱乐活动。

近来，不少地方的有关部门，都发出关于查禁赌博的通告、通令，并且相应地采取了一系例措施，业已收到明显的效果。事实证明，只要领导重视，措施得力，加强综合治理，社会上的赌风是可以刹住的，青少年参与赌博的现象，也是可以逐步减少直至最终完全消除的。

试论当前的卖淫现象

（1986年4月）

江素贞　王万鎏

（一）

卖淫是一种国际现象，发达的资本主义国家都存在着妓娼制度，而且已经成为妨碍社会公共生活和社会进步的严重问题。巴黎有公娼20万人，仅第二区就有3000多妓女。纽约有公娼30万人，私娼数字更大。洛杉矶现有13、14岁的童妓30000多名。日本的东京，泰国的曼谷也卖淫成风。

台湾色情行业几乎已“泛滥成灾”，仅台北华西街就有1000多名妓女，其中有数百人是年龄在18岁以下的山地少女，他们被人口贩子押卖到台北充当“雏妓”，受尽凌辱。这说明仅占台湾人口1.72%的山地人民正面临着生存的权利和尊严被漠视与剥夺的问题。解放前的上海，是冒险家的乐园，帝国主义和国民党反动政府，把娼妓作为繁荣市面增加税收的一种手段。当时仅合法登记的妓院就有800多家，公私娼妓人数达数十万。还有专设的风化区，中外嫖客都有互不相同的嫖妓和宿娼之地。

资本主义各国政府虽然广泛重视这一严重社会问题，对卖淫作了不少限制，但是资本主义社会的一切都是金钱交易，妇女以出卖肉体来获取钱财，嫖客用金钱满足自己的性欲，乃是资产阶级生活方式必不可少的组成部分。因此，资本主义各国政府是不会也是不能根治社会自身这一固有病毒的。

新中国成立后，随着对生产资料私有制进行社会主义改造的胜利，剥削阶级不存在了，卖淫现象的社会根源已经消除，加上我们采取正确的对策，一面树立良好的社会风尚，一面坚决取缔卖淫活动，严厉打击逼迫妇女卖淫的流氓头子和吸血鬼，收容、安置了妓女，帮助她们治好了性病，终于在1957年使卖淫活动基本绝迹，并在60年代初向全世界宣布中国是个无毒无娼国家，基本消灭了性病。那时，日本人曾经专门来寻找暗娼，一个也没有发现。由此可见，没有剥削、没有压迫的社会主义社会不仅本身不会产生卖淫，而且完全有可能消除旧社会遗留下来的这一社会问题。

那末，早在50年代已经治好的“卖淫”这一社会病，为什么当前又会死灰复燃，在不少大城市都出现一定数量的卖淫活动呢？我们认为原因之一是由于对外的经济开放政策，使50年代封闭型的社会转变为当前的开放社会，与资本主义国家的关系发展了，外来信息增加了，尤其是黄色的淫秽物品等腐朽东西乘虚而入，大量来华的外籍人员中间，难免有少数人沾染了嫖妓恶习，因而诱发了一些妇女走上卖淫之路。另外在执行“搞活”、“开放”政策过程中，人们对这些现象的出现认识不足，管理不严、措施不力，致使这一丑恶现象蔓延很快，目前尚未获得有效控制。当然，一些妇女思想上抵挡不住资本主义思想的腐蚀，也是重要原因之一。

(二)

近几年来，在我国沿海的部分大、中城市都不同程度地出现卖淫现象。在上海，已查处的卖淫活动，1985年比1984年增加2倍多，共有360多起。四川省成都、重庆、绵阳等市和广州、深圳及广西、贵州、陕西等地也都程度不同地查获了卖淫妇女和鸨母、“皮条客”，其中包括14、15岁少女。已经消灭的性病又有发现并有蔓延趋势，陕西有人去看病，青年医生对性病已经不大知道了。少数卖淫妇女不顾国格、人格，专门找外国人鬼混、奸宿。据统计，上海市1985年涉外治安案件中，女青年以色相勾搭外国人的案件占全部治安案件的76.3%，比1984年增加37%。卖淫者中有70%左右是20岁以下青少年，70%卖淫妇女是有正当职业的职工，还有大、中学生卖淫的。常犯不改者要占卖淫人员的60%，未婚而卖淫占70%。

上述卖淫现象有以下几个特点：

1.卖淫活动重新成为社会丑恶现象的出现时间，根据我们调查了解的材料，各地都是从1980年开始，1982年上升，经过1983年“严打”，1984年有所下降，1985年又回升呈逐步蔓延的趋势。上海市1980年发现妇女卖淫，1982年有500多件，1983年“严打”仍发生300多件，1984年下降为200多件，1985年又回升到360多件，目前还有上升之趋势。沿海地区发现卖淫比内地城市早而严重，开放城市和特区尤其突出。这说明卖淫活动的出现，不是弧立的社会现象，而是与当时社会生活中出现的资产阶级腐朽思想及其生活方式影响有关；也与社会开放、搞活形势中，放松防范措施有关。

2. 卖淫的活动场所已由个别暗地私宿发展到公共场所勾搭，个别地方已处在半公开状态，不少卖淫者活动在车站、码头、舞场、茶座、剧场等公共场所，以舞伴陪客、亲友、谈恋爱等面貌出现，大模大样地出入宾馆、客栈，甚至在出租汽车里、弄堂暗处、街头绿化地带卖淫。这说明卖淫活动有从暗到明的发展趋势。

3. 卖身价越来越高，索取财物越来越多，甚至靠卖淫发了大财。卖淫活动开始时每晚身价一般是几元到几十元，现在条件高的甚至发展到一宿上千元，嫖客的出价也在逐步加码，有个公司的嫖客曾出价1000元并附送四喇叭录音机。有一家母女3人同操卖淫生涯，家中设有电话可供嫖客联系，查获她们家中的存款，竟达5、6万元之巨。由此可见，卖淫已经被某些人视为发财致富的手段。

4. 当前的嫖客主要是国内外缺乏组织的流动人口。近几年来，国内外来沪的流动人口大幅度增加。仅上海一地，外省市来沪的每天流动人口已由文革中的几十万，开放前的100万猛增到目前的165万。每年来沪的外国人，光是海员就达8、9万人次，因为每年有近2000艘国际商船进出上海港，比开放前增加1倍多；申请来华的旅游者中有70%

的人要来上海观光。这些人在沪没有人管，活动自由，肆无忌惮，手中有钱，但思想空虚趣味低级，再加上没有固定工作时间，有空就在茶座、舞场等公共场所鬼混，容易干这类伤风败俗之事。至于有组织的旅游团体，有身份的科技、贸易界人士则极少发生。这说明只要加强管理，提高组织的严密程度，卖淫现象是可以杜绝的。

5. 卖淫妇女的身份和旧社会的娼妓完全不同。上海市1985年7月曾对卖淫妇女的身份进行分析，其中63%是有正当职业和固定收入的职工，只有27%是无业人员。其中多数又属有工不做，有学不上的，家庭生活并不困难。因而，现今的"妓女"多为"自愿"的"业余享乐"式的职业妇女，也有无知受骗上当的青少年。

6. 当前卖淫者的动机主要有：

（1）追求物质享受。一些不顾国格人格勾搭外国人的卖淫者，竟会厚颜无耻地说什么"进宾馆、吃大菜、坐汽车、用进口货、拿外币，我们的生活比市长还要好"。也有一些人虽然不拿很多东西，但是用放长线、钓大鱼的办法，暂时先不受钱财，等与外国人攀亲后，就可以带他们出去找西方"极乐"世界。

（2）追求性欲刺激。在西方性解放、性自由思潮冲击下，一些女青年把卖淫看作是双方寻欢作乐的享受，说什么"我们身上没有要钱的细胞"，"主要是为了好玩"，"和男人玩舒服、快乐"。

（3）在职人员把卖淫当作副业和业余享受。一个在厂里被评为先进生产者的女工，刚从杭州疗养回来，当夜就去海员俱乐部勾搭外国人，她认为"一夜10元钱，比奖金高，还可白相相"。有些家里无人的男青工，闲着无事就带女人玩或允许别人借宿，还认为这是"业余生活"。

（三）

卖淫现象的出现，主要是外面带进来的、旧社会留下来的，只要我们严加防范、步调一致，是完全可以杜绝的。现在的问题是，我们内部的思想还不够统一，决心不大，措施不力，法制也不够健全，因而给那些无耻之徒钻了空子。

当前，一个突出的问题是对外开放政策和禁止卖淫之间的关系认识不清，有些同志甚至持有"难免论"。认识不一致、步调不一致，决心不大。有一种广泛流传的说法，认为发展旅游事业，就得要有"女陪客"，这是一天24小时玩乐的内容之一，少了就做不好生意，发展不了旅游事业，甚至说什么东欧有国家对外国旅游者是设有女招待的。

对这种把赚钱与卖淫、正当娱乐与寻欢作乐、社会主义道德风尚与资本主义丑恶社会现象混为一谈的糊涂观念，我们不少同志不能理直气壮地加以驳斥。在当前打击卖淫活动的工作中，肃清这种良莠不分的错误思想是要首先解决的问题。

我们认为卖淫现象的存在，必然要产生败坏社会风气、滋生其他犯罪活动、传播性病、败坏社会主义国家信誉的严重后果，所以要坚决禁止和严厉打击，对卖淫者要收审，对嫖客要处理，决不能为了赚钱，为了迎合外国人的腐朽生活方式而丧失人格、国格，在过去我们始终是这样做的。记得60年代初曾有某国领导人要在中国找"女伴"，被我国领导人理直气壮地顶了回去。这一情景我们至今记忆犹新。过去做到的，现在我们为什么做不到呢？我们提倡正当的娱乐包括男女间的正常交往，提倡社会主义文明道德，但坚持反对卖淫，保护妇女正当权益。我们的旅游事业主要是靠祖国的锦绣河山和我们的热情服务，决不能靠设"女伴"来迎合某些人的"需要"。过去周总理曾指出海员俱乐部不用女工作人员，现在也要以此精神来与外国人打交道。只有在这一点上思想统一了，步调才能一致，措施才会有力。

在取缔卖淫活动中，另一个突出问题是法律措施不够有力，政策界线不够清楚。建国以来，党和政府对取缔卖淫活动，制定了许多重要的政策和法律，现行的《刑法》和《治安管理处罚条例》都有明文规定。但刑法惩处的是"引诱、容留妇女卖淫的……"或者强迫妇女卖淫的窝主、老鸨、"皮条客"，对卖淫者本身就不存在"卖淫罪"，所以刑法对卖淫者也奈何她不得。《治安管理处罚条例》虽对卖淫者作了"罚款或者警告"的规定，这对她们很少有震慑作用，认为"警告不伤皮肉"、"罚点钱一夜功夫就可捞回来"，因此查处对象的60％都是累犯，多次作案，最多的已经卖淫一、二百次，根据现在法律最多只能把这些人送劳动教养，而她们认为咬咬牙，二三年后还可重操旧业。因此，为了加强震慑作用，应该设立"卖淫罪"，目前有的地方规定"对情节严重、屡教不改的嫖娼、卖淫者，按《刑法》第160条流氓罪惩处"。尽管"卖淫"与"流氓"犯罪构成并不完全一样，但在目前法制不完备的情况下，还是可取的。在处理嫖客时也有偏轻而无法可依的现象，对外国嫖客的处理，在上海是根据1985年3月8日制定的《保护妇女儿童合法权益的若干规定》处理，可对外国人罚款从50元到3000元人民币。我们认为对有些情节十分恶劣屡教不改的也可以用更重的处罚，因为有些人不怕罚钱，但怕法律制裁。至于国内的一般嫖客，则完全没有法律可依，一般只交本单位处理，但这些嫖客往往不是国家干部，对撤职、党纪处分毫不惧怕。况且他们又多是路子粗、关系多的人物，有人保护他，这也与社会不正之风有关。总之，我们国家虽然不需象日本那样制定《卖春法规》，但至少应该明确一些政策界限，加重一些刑罚。

农村强奸犯罪的特点

（1984年9月）

北京市公安局　迟滨光

纵观建国30年来强奸案件的发案，始终处于上升趋势。50年代年平均发案275起；60年代年平均发案307起；70年代年平均发案569起；1980—1982年年平均发案为648起。

自开展严厉打击刑事犯罪以来，北京郊区农村刑事案件大幅度下降，1984年1—5月份发生的各类刑事案件总数，比1983年同期下降31.8％，其中重大案件比1983年同期下降16.4%。

但重大强奸案不仅没有下降，反而上升，截止5月底已发生的强奸案件占重大案件的68.5%，比1983年同期上升28%。

为了加强对这一情况的研究，我们对其中的43起进行了剖析，情况是：

一、发案地点，乡村多于城镇、室内多于野外。在43起中，发生在乡村的39起，占90.7%，城镇只发生4起，占9.3%；发生在室内的28起，占65.1%；田间野外，道路两旁发生16起，占34.9%。

二、发案时间多集中在白天（7——17时）共33起，占76.7%。

三、被害人中，幼女和生理上有缺陷（呆傻、精神病、哑巴）的妇女比例较大，在46名受害者中，有33名，占71.7%，其中幼女26名，有生理缺陷的7名。

四、做案成员中，一是偶犯多，共34名，占85%；二是当地社员多，共30名，占75%；三是青少年多，共20名，占50%。另外，有30岁以上未婚的男社员11名。

五、罪犯与被害人之间相识的多，在43起案件中，互相认识、熟悉情况的有37起，占86%，而素不相识的只有6起，占14%。

六、犯罪手段多是利用金钱和物质进行引诱，共23起，占53%。

为了进一步分析研究农村强奸犯罪增多的原因，我们在通县地区对20起强奸案件进行了重点调查，这20起强奸案件涉及罪犯28人，我们除分别查阅了案卷外，还同其中的25名青少年犯谈了话，进行了正面接触，对有条件进行调查的，走访了他们学校的老师、管片民警、当地群众等。

他们中，14岁的1人，15岁的1人，17岁的2人，18岁的4人，19岁的6人，20岁的5人，22岁的5人，24岁的2人，25岁的2人；从文化程度看，小学四年的2人，小学五年的2人，小学六年的4人，初中一年的4人，初中二年的13人，高中一年的3人；从职业看，学生3人，社员14人，农业工人9人，临时工2人。

导致强奸犯罪的原因：

从客观因素看，他们通过以下渠道接受了淫乱思想的影响：（1）哥们儿之间议论传播的9人；(2)田间、地头议论传播的6人；(3)听插队知青议论的2人；（4）看手抄本《少女之心》受影响的2人；（5）看电影、电视搂抱镜头受影响的8人；（6）看男女发生关系受影响的1人。

从主观因素看：（1）以玩弄女性为荣，认为搞女人越多越有份的4人；（2）认为男女性生活神秘，想试一试的16人；(3)认为“家花不如野花香”的1人；（4）刑满释放，找不到对象，破罐破摔的1人；（5）一时控制不住自己的1人；（6）恋爱对象吹了，仇恨女性，进行报复的1人；（7）认为男女在一起玩玩，不是犯罪的4人。

性犯罪的特点及趋势

(1984年9月)

时　宇

(一)

所谓性犯罪，主要指那些以非法性行为为内容的，触犯刑律的犯罪行为。性犯罪必须具备两个基本特征：（1）以暴力、威胁等手段，违背妇女意志强行性交为内容的行为；以及强迫妇女卖淫的行为。（2）以散布淫乱思想，使用淫秽制品；性药品或其他类似手段和提供物质条件，与妇女发生非暴力胁迫的性行为。以及在上述情况和条件下诱发淫乱思想而进行两性混杂的性交行为。并且这种危害社会的行为已达应受刑罚处罚的程度者。

根据我国司法实践来看，性犯罪大体有以下几个主要类型：（1）强奸、轮奸妇女的犯罪；（2）奸淫未满14岁幼女的犯罪；（3）强迫妇女卖淫，包括犯罪主体对受害妇女有奸淫的行为；（4）引诱、容留妇女卖淫的犯罪；（5）拐卖人口并对受害妇女奸淫的犯罪；（6）男女流氓集团分子进行群宿群奸的行为（应同轮奸罪相区别）。如实施这种性犯罪的同时，有挟持女青年进行强奸、轮奸的，应定为强奸罪。有轮奸罪行的应从重或加重处罚，以上几种主要类型的性犯罪，其所侵犯的客体，有的是法律所保护的妇女的人身权利（主要是妇女性的不可侵犯的权利）和人身自由。这些犯罪大都侵犯了妇女的身心健康；有的是破坏了社会主义社会秩序和风尚。从根本上说，则是危害了我国的社会制度，侵犯了刑法所保护的社会主义社会关系。

在现实生活中，除了性犯罪以外，还有某些违反社会主义道德规范的性行为，或者其他非法的淫乱行为，如未婚男女青年在恋爱中发生的性行为，已婚男女与他人发生的婚外性行为，一般的卖淫行为或宿娼行为，等等。这些行为虽然对社会也有一定的危害性。有害于社会主义的道德风尚，但是还未达到触犯刑法的程度，因而不能当作性犯罪进行处罚，通常应予教育和严厉的批评，使之受到道德舆论的谴责；或予以纪律的处分直至行政法规所规定的处罚。当然，这些不正当不道德的性行为，在某种条件下也可能发展成为性犯罪，所以我们既要看到性犯罪和不正当不道德性行为的区别，也要看到它们之间的联系和发展的后果。六届人大第二次常委会通过的《关于严惩严重危害社会治安的犯罪分子的决定》，业已在司法实践中严格执行，收到了积极效果，因为《决定》符合人民的意志，故受到全国人民的热烈拥护。决定中即包括对性犯罪活动的严厉惩处，特别是对那些强奸犯、轮奸犯、奸淫幼女犯，引诱、容留、强迫妇女卖淫犯，拐卖人口并对受害妇女奸淫犯、流氓犯罪集团的首要分子，凡属情节特别严重的，可以判处刑法规定的最高刑以上的刑罚直至死刑。同时应该指出，也不宜将那些并未构成犯罪的，有碍社会主义风尚不道德的违反纪律的性行为，当作性犯罪进行打击，以严格区分罪与非罪的界限。

为了进一步认识性犯罪的性质和危害性，需要分析研究性犯罪的特点，以利于同这种犯罪活动进行斗争和侦查审判。

当前我国各地发生性犯罪有以下几个主要特点：

第一、野蛮性。性犯罪本是剥削阶级荒淫无耻腐朽堕落性的产物，同社会主义道德水火不容。在旧社会，“卖淫是资产阶级对无产阶级的最明显的直接肉体剥削。”(《马克思恩格斯全集》第3卷第664页)这就更明确表述了性犯罪阶级性和野蛮性的本质。那些作恶多端的流氓分子，为了发泄其兽欲，在强奸、轮奸、奸淫幼女的活动中，往往采取极野蛮残酷的手段。如有的犯罪分子在强奸、轮奸后，又用凶器刺割受害者的阴道、乳房、面容，甚至杀人灭口；有的杀害妇女后又进行奸尸；有的在光天化日之下用暴力劫持女青少年进行轮奸；有的竟强奸、轮奸怀孕或月经期的妇女；有的强奸自己的生母、姐妹或亲生女儿；有的用饿饭、毒打种种肉体和精神折磨的手段强迫未成年的少女卖淫。这种使妇女的身心健康受到极大摧残的兽行，不仅是向我国社会主义伦理道德的挑战，也是对社会主义精神文明支柱的冲击。

第二、淫乱性。性犯罪分子往往头脑中充满淫乱思想，“性自由”、“性放荡”是他们奉行的信条。在这种淫乱思想和动机的支配下，在他们实施性犯罪的过程中，突出地表现出淫乱性的特点。如有的男女流氓集团群宿群奸时，动作极其下流无耻；有的犯罪分子以玩弄异性之多作为夸耀的“资本”；有的男流氓声称要过“百女关”，说什么：“宁在花下死，作鬼也风流”。有的女流氓声称要过“百男关”,她们有的主动找外国人鬼混、卖淫，不以为耻反以为荣，严重地损害社会主义的国格；有的犯罪集团的首要分子或骨干分子，特意叫同伙观看其实施的性行为，或是向青少年传授犯罪方法，或拍摄各种丑态的性行为照片进行传播；有的还绘声绘色地描述自己性犯罪的“经验”，并以此为手段勾引腐蚀无辜青少年下水。值得注意的是，有些女青少年，先是受害者，后来便堕落成淫荡成性的犯罪分子。所以性犯罪不仅是一种淫乱思想的表现，而且也在传播淫乱思想，毒化社会风气。在某种意义上说，性犯罪的状况，是衡量一个社会道德水准的标志。如果我们研究性犯罪忽视它的淫乱性特点及其影响，就不可能充分认识性犯罪对社会主义伦理道德、文明建设、四化建设冲击破坏的严重危害性。

第三、团伙性。性犯罪活动除了单人实施强奸罪行之外，相当数量属于团伙犯罪活动，这是性犯罪另一个突出的特点。比如轮奸犯罪活动，有些属于简单共犯性质，而大量的属于流氓团伙犯罪性质。流氓团伙犯罪的主要内容，就是进行轮奸妇女或流氓团伙群宿群奸并兼有挟持女青少年的犯罪活动，以及有组织的引诱、容留、强迫妇女卖淫的活动。有的流氓团伙在实施犯罪活动中，还同港澳和海外的黑社会相勾结。上述特点和动向，尤应引起我们的警觉和注意。

第四、蔓延的迅速性和广泛性。性犯罪活动，由于具有较强的腐蚀力，所以蔓延极快。全国大部分地方性犯罪都呈现上升的趋势，有些地方甚至大幅度上升。性犯罪不仅蔓延快，而且蔓延广。从大中城市直至小城镇，从沿海到内地，直至边缘省区，性犯罪活动都相当突出。这个特点还表现在不仅那些流氓成性的犯罪分子猖狂地进行性犯罪，而且不断出现一批新加入性犯罪行列的分子，特别是一些陷入性犯罪泥坑的未成年人有不断增加的趋势。我国司法机关虽对那些首犯、骨干分子和情节恶劣的性犯罪分子进行了严厉打击和惩处，收到较大的成效，然而性犯罪仍然有增无减，说明这种犯罪蔓延迅速和广泛性的特点，需要我们对此应有足够的重视，切不可麻痹大意。

第五、性犯罪活动与其他犯罪的关联性、牵连性。这也是性犯罪值得重视的特点。当然，那种纯属性犯罪范畴的情况，在数量上是不少的，但是在司法实践中我们常常看到较多的性犯罪不是孤立发生的，而且多数性犯罪又派生和交织着其他的犯罪。因为性犯罪分子不仅只发泄兽欲，而往往又大肆挥霍钱财，过着穷奢极侈的生活。所以他们在进行性犯罪活动的过程中，还干着盗窃、诈骗、贪污、拐卖人口、走私、抢劫、杀人等犯罪活动。不仅如此，在性犯罪活动中，由于争风吃醋，或由于女流氓的挑拨，往往会引起聚众斗殴、伤害、凶杀等犯罪行为。有些作恶多端的性犯罪分子，不仅有根深蒂固的淫荡心理、流氓积习、性变态心理，而且逐渐滋生反社会意识，或对社会进行报复的心理，甚至发展到仇视共产党的领导、敌视人民民主专政政权、敌视社会主义制度的地步。因而有的性犯罪分子演变成为反革命分子，或兼而进行反革命集团犯罪活动。当然，新生的反革命集团，也兼有性犯罪活动，在司法实践中也不是鲜见的。上述情况表明，相当数量的性犯罪活动，不是一种单一的孤立的犯罪现象，往往同其他犯罪活动相关联、相牵连，或是其他犯罪活动的起因。我们研究这一特点，不仅对于打击性犯罪提供破案线索，而且对于预防发现其他种类的犯罪也具有不可忽视的重要意义。

以上我们粗略地概括了性犯罪的一些主要特点，至于性犯罪的其他的特点，如性犯罪分子多数是青少年；有些没改造好的旧社会遗留下的犯罪分子又沉渣泛起，进行性犯罪，而且有的成为性犯罪的教唆犯、窝主或传授性犯罪方法的罪犯；少数高干子弟利用其物质条件，以及特殊途径弄来淫秽制品进行性犯罪活动；在性犯罪中女青年有增加的趋势和犯罪分子低龄化的趋势；性犯罪分子利用现代化的交通工具、通讯工具、录像设备，等等。这些特点不再一一赘述。

下面对今后性犯罪的某些趋势谈点看法。

（二）

关于性犯罪，它既涉及到人的自然属性又涉及人的社会属性。由于人有自然属性，所以人永远摆脱不了性的本能。但是人和动物不同，其自然属性要受社会制约，所以人的社会属性则是主要方面。马克思指出："人的本质并不是个人所固有的抽象物，实际上，它是一切社会关系的总和。"（《马克思恩格斯全集》第3卷，第5页）人的自然属性的性本能及其满足，不同于动物之处，在于它要符合社会道德规范和法律规范，才是被允许的、道德的、合法的和自由的。否则将被认为是淫乱不道德的，甚至是非法或犯罪的性行为。我国目前性犯罪大量出现和蔓延，主要有以下原因。

1. 在我国剥削阶级作为阶级虽已消灭，但阶级斗争还在一定范围内长期存在，在某种情况下还会出现激化现象；加上外国资本主义腐朽思想的侵袭，这是出现各种犯罪一时的猖獗，包括性犯罪大量出现和蔓延的总根源。正如列宁所说："旧社会灭亡的时候，它的死尸是不能装进棺材、埋进坟墓的。它在我们中间腐烂发臭并且毒害我们。”（《列宁全集》第27卷，第407页）邓小平同志曾提醒我们要“保持清醒的头脑，坚决抵制外来腐朽思想的侵蚀，决不允许资产阶级生活方式在我国泛滥。”（《邓小平文选》第372页）这是我国同一切犯罪包括性犯罪活动进行斗争的指导思想。

2. 十年内乱破坏了我国良好的社会秩序、社会风气和人与人之间的正常关系；破坏了青少年正常的思想教育、道德教育、纪律教育、法制教育，影响了他们的健康成长。一些青少年在青春时代性萌发、性成熟的过程中，由于缺乏正确的人生观、道德观和法纪观念，又得不到正确的关怀和引导，致使其性意识、性欲望偏离了各种社会规范的轨道，加上坏人的引诱、教唆，感染上流氓习气，有的则成为犯罪分子。在“文革”中已开始大量流传的淫秽“手抄本”，以及红卫兵抄家活动中私自留下的色情书籍、图片；特别是林彪、江青反革命集团利用特权进口的色情电影，在所谓内部放映时，严重地毒害了一些高干子弟和青少年的思想，使少数人走上了性犯罪的道路。

3. 废除错误的“闭关锁国”政策，实行正确的对外开放措施以来，资本主义社会的一些赤裸裸渲染色情的书刊、图片、录像带、淫秽制品，通过各种渠道传入国内，尤其那些具有直观形像感，描绘性关系的图像，更具有严重腐蚀毒害青少年心灵的作用，往往直接诱发性犯罪的产生。

4. 我国长期处于封建社会阶段，封建统治者宣扬的伦理道德观念，对于人们正常的爱情和两性关系，则系以压抑束缚的绳索。这种历史的影响，至今仍在起着作用，使我们的家庭、学校、社会有关团体，未能很好地对青少年进行青春期生理卫生教育和正常的性教育，致使处于性成熟、性旺盛期的青少年，对两性关系怀有神秘感。另一方面，近几年西方“性解放”、“性自由”思潮的冲击，使一些青少年自觉不自觉地当了西方“性解放”谬论的俘虏，甚至跌入性犯罪的泥坑。资产阶级“性自由”、“性解放”的思潮，起端于十九世纪末二十世纪初，有著作的资产阶级代表人物是“性道德专家”霭理士，以及资产阶级哲学家罗素等人。外国“性自由”观点，于本世纪30年代已传入中国，但由于封建伦理道德尚处于统治地位，故其影响不大。60年代美国率先兴起“性解放”运动，逐渐波及到西方其他国家。80年代以来，随着我国对外开放的实行和扩大，“性解放”这些腐朽没落的垃圾，也渗透进来，诱发社会上的性犯罪，使之有日趋严重之势。

以上几个方面的原因，交织一起而发生恶劣作用的结果，是造成我国性犯罪的滋长和蔓延。预计今后短时期内性犯罪还难以大幅度下降，甚至可能出现不断增多的趋势和以下的情况。

1. 有组织的卖淫犯罪活动将不断增加，并且港澳及其他海外的黑社会组织还会千方百计地插手其间，和国内的流氓团伙相勾结，使这种犯罪活动向集体化发展。

2. 男女流氓分子群宿群奸妨碍社会风尚的犯罪活动及其他淫乱方式将向多样化发展，并且将更加具有腐蚀性。这种类型的犯罪活动随着我们对刑事犯罪的打击，有时可能有所收敛，但稍有放松就急剧泛滥。

3. 性犯罪的手段将更加多样化。犯罪分子会充分利用迅速变化的社会信息，窥测人们的社会心理而不断变换策略，采取多种多样的手段和方式奸淫妇女，或诱骗妇女上当使之堕落。国内外的流氓分子，会以“交朋友”、“谈恋爱”、“开家庭舞会”、看色情图片、录像，或以“招收演员”、“提供出国方便”等等手段和方式外，还会用高级衣著、化妆品、高额金钱相引诱和收买，并使用成瘾性的麻醉品、刺激性欲的“春药”进行毒害男女青少年、成年人进行性犯罪活动。总之，犯罪分子将会更多地利用现代化手段，为他们进行犯罪活动服务。

4．一时仍难根除暴力型、淫乱型的性犯罪活动。我国社会主义道德风尚、社会主义婚姻家庭伦理道德观念、法制观念虽已逐渐深入人心；十年内乱造成各个领域中的不正之风，在党的十二届三中全会之后均有所扭转，对青少年的综合治理也正在逐步开展。然而，要使社会主义道德风尚占统治地位，守法观念普及于人们和青少年的思想中，尚须全党全社会的努力，故而还有一段过程。从另一方面说，在实行正确的开放政策，引进资金、技术以繁荣社会主义经济的同时，外国资本主义腐朽思想和生活方式，也将夹杂侵人，前已述及的西方“性解放”、“性自由”的淫乱思想的渗透，业已毒害一些成年人特别是青少年的心灵。从社会学者们的抽样调查的结果进行预测，一部分青少年包括成年人，性混乱的思想还相当严重。因而在一段时间内性犯罪在遭到从严从重打击后，还会出现马鞍形的起伏，未改造好的流氓分子，敌视社会主义制度的分子，以及受外界淫乱思想和种种不良影响的青少年、成年人中，仍将产生性犯罪，其中包括采取暴力型、淫乱型的性犯罪，包括乱伦行为。这就需要在党和国家机关的领导下，动员力量，加强综合治理，以达预防这类犯罪的目的。

青少年性犯罪的主客观因素

（1986年1月）

朱智光

（一）

对于青少年性犯罪问题，西方心理学家作过许多研究。十九世纪末就有著名的奥地利心理学家弗洛伊德的精神分析理论，强调性本能是犯罪的根本原因。他认为人的心理历程分为三层，上层为意识，中层为前意识，底层为潜意识。人的一切行动，恰恰是决定于潜意识的欲望，在潜意识的欲望中，主要又是性欲的能量。人的这种本能冲动，是最原始的心理基础。弗洛伊德从他的潜意识理论，又派生出泛性论，认为婴孩一生下来就有强烈的性欲，人的一切行为动机的总根源是性本能。不过弗洛伊德所指的“性”，不是专指生殖的，或生殖器的快感，而是指一切敏感区的快感。弗洛伊德认为“孩子是作为犯罪者出生的”，孩子不懂得善恶，受快乐即是“善”这一唯乐原则支配。孩子做的事虽然不能算犯罪，但如果是成年人，那就算犯罪了。所以说，相当于犯罪的行为在儿童时期就已经表现出来。日本心理学家依田新认为，在现代社会中，“由于思春期发育的前倾化，性成熟与人格成熟之间的不平衡,正在逐步扩大,这已成为一个大问题。不可否认,性行动问题进一步加深了现代青年的危机。上述性成熟与人格成熟不平衡的扩大成为青年不正当的性行为增加的原因之一。”因此他把青年期称为性的“饥饿期”、“失业期”,是青年期“危机”的根源。从弗洛伊德到依田新的理论,都强调性本能是犯罪的根本原因,这显然是错误的。它无视社会环境和教育对人的发展所起的决定作用,忘记了人与一般动物的根本区别。但这决不是说他们对青少年期的性意识的分析,都是毫无道理的;也不是说我们研究青少年性犯罪问题,只要研究社会因素,而无需研究青少年的性的生理、心理因素。

(二)

从我国的实际情况看,导致青少年性犯罪的主客观因素,主要有以下几个方面:

(一)性发育的成熟。从少年期到青年初期,是儿童向成年过渡的青春期,也是性发育逐渐成熟期。在这时期,性腺开始成熟,引起第二性征的显露和性感的产生。由于对自身的生理变化毫无思想准备,在一段较短的时期内,会产生对性的不安、害羞和恐惧情绪。西方心理学家把这种特点称为“性的反感期”、“思春期的否定倾向”。这个时期约有半年至一年左右,过后会有另一种倾向,对性产生特别兴趣,对异性发生好奇和好感。据调查,某中学1400名学生中,交了恋爱朋友的竟有104名,其中男生36名,女生68名。一些小学也发现有学生写“情书”、相约幽会的。初中生和小学生的“谈恋爱”,主要是出于好奇心,谈不上什么感情基础,“离”或“合”也无所谓。但也会犯“两性”错误。女孩子初犯两性错误的最小年龄是11岁,高峰是14、15岁;男孩子犯两性错误的最小年龄是13岁,高峰是16、17岁。

(二)性犯罪意向的形成。青少年期是一个从幼稚走向成熟的时期。在这个时期,青少年的主观心理状态和客观现实之间,生理发展和心理发展之间,以及内部心理结构之间的矛盾错综复杂,形成了这个年龄阶段的心理特点。国外心理学家把青少年期称为心理上的“断乳”期。婴孩期第一次从母体上“断乳”,会带来一时的不安,是个关键时期;青春期第二次从心理上“断乳”,脱离父母的监护而成为独立人,也是个关键期。青少年性犯罪意向的形成,是青春期个人需要与客观现实之间矛盾斗争的结果,是个人的非法性欲动机与社会规范之间的矛盾斗争的结果。青少年性犯罪意向的形成,性发育成熟只是提供了一个前提条件,主要是由于不能按照社会规范的要求,自觉地支配和控制自己的性行为。

青少年性犯罪意向的表现,有的是纵欲型,即性欲亢进强烈而顽固,为了“泄欲”而犯罪,如男性强奸犯,女性流氓犯;有的是淫乐型,即为了追求感官刺激,以玩弄异性为乐趣,如在流氓团伙内合群搞淫乱,或单独采取流氓手段玩弄女性;有的是颓废型,即精神空虚,爱情至上,为了追求“爱情”而奸情杀人;有的是逞能型,即受虚荣心的驱使,为了逞强显能,不择手段勾引玩弄异性;有的是享受型,即为了追求物质利益,满足钱、财的需要而与异性成奸,这多见于女性罪犯;有的是报复型,即为了发泄私愤而犯罪,如有男性追求女性受挫而采取暴力行为,或女性由开始受骗受欺发展到对异性报复犯罪。

（三）性刺激信息的影响。青少年性犯罪行为的发生，与性刺激信息这个客观条件直接有关。心理学告诉我们，信号是条件刺激物，一切心理活动都表现为对信号的接收、编码和反应。凡是现实的各种具体实物刺激物直接作用于有机体而起信号作用的，称为第一信号；而由人的言语、词和词组代表了具体刺激物而起信号作用的，称为第二信号。发生性刺激信息作用的有来自第一信号，也有来自第二信号。在现代社会里，随着人口密度的增加，现代化宣传工具的运用，加快和扩大了信息传递的速度和范围；特别是在实行对外开放的条件下，外来的性刺激信息的侵入，也是不可避免的。这些客观条件，都为传播性刺激信息开了方便之门。上海市自1982年以来几次查禁、收缴淫秽物品，每次的收缴量多达1万件至数万件，仅17所工读学校一次就收缴3400多件。社会上性刺激信息量的增强，对青少年性犯罪直接起着诱发、教唆作用。

（四）缺乏对诱因的抗拒力。青少年性犯罪的发生，虽然与外界诱因有直接关系，但导致性犯罪行为的内驱力是性欲冲动，而性欲冲动对任何一个正常发育的人都是会发生的，至于是否犯罪则在于主体的内在抗拒力。青少年对性刺激的抗拒能力低，主要是对待性欲冲动的问题缺乏道德观、法制观，以及同欲念斗争的意志薄弱，在流氓强奸犯中，虽也有预谋性犯罪的，但较多的是情境性犯罪，反映了缺乏对诱因的抗拒力和意志薄弱。有的夜间在偏僻无人处见到独身妇女，引起性冲动，实施强奸犯罪。有的因情境的变化而使动机转转，当盗窃犯撬门入室后，见到妇女独睡，由盗窃动机转向强奸动机。至于一些流氓惯犯，对诱因的抗拒力减少到最低值，因而形成了惯犯行动。

以上四个方面造成青少年性犯罪的主客观因素是相互影响而起作用的。青少年的性发育成熟是前提条件，性犯罪意向形成是犯罪的心理基础，性刺激信息是犯罪的外在因素，缺乏对诱因的抗拒力是内在因素。在青少年性成熟的前提下，主观犯罪意向与客观诱因相互作用力大于主体对诱因的抗拒力，就会导致性犯罪，反之，则可以避免犯罪。

铁路流窜犯罪活动分析

（1986年5月）

上海铁路公安局

流窜犯罪是刑事犯罪活动的一种形式，其基本特征是流窜。由于铁路是现阶段连结城乡的主要交通工具，因而铁路及其沿线成为流窜犯罪的主要活动场所。流窜犯罪分子利用铁路交通的便利，肆意盗窃、杀人、抢劫、强奸、诈骗，既把铁路作为犯罪的场所，又作为藏匿、逃跑、运赃、销赃、窝赃的工具。流窜犯罪是当前刑事犯罪的一个突出方面，近几年有上升趋势。流窜犯的人数在增多，1985年我局通过破案获案犯1403名，其中流窜犯有 632 名，占案犯人数45%，比原来30％的比例提高15％，流窜犯作案数比例较高，1985年我局共破获各类刑事案件1076起，其中属流窜犯作案的有 532 起，几乎占一半。事实说明，加强同流窜犯罪的斗争。是保障四化建设和经济体制改革的顺利进行，保卫社会安全、铁路运输安全的一项重要的任务，必须引起高度重视。根据我局工作实践，对流窜犯罪情况作如下粗浅分析。

一、流窜犯的构成

流窜犯以犯罪为目的，跨越省、市、县作案。其成员主要是那些劣性难改的社会渣滓，大致有以下三种人构成：

1.劳改释放、刑满就业、解除劳教和曾被拘留、收审的惯犯、在案在押和“两劳”的逃犯。这些犯罪分子多系亡命之徒，胆大妄为，心狠手毒，连续作案，近40％的大案系他们所为。而且，他们还腐蚀、教唆他人犯罪，成为集团头子，他们是流窜犯中危害最大，起主干作用的一部分。

2.由长期游荡、有家不归、有业不干、有学不上的外流、乞讨人员演变的犯罪分子；也有一些是因家庭矛盾、不堪忍受虐待等原因出走在外，受坏人引诱、控制而变为流窜犯。这类人数量多，在铁路上见啥拿啥，一般偷盗目标是旅客行李包和运输物资，是流窜犯中一般不容忽视的恶势力。

3.一些好逸恶劳者，在经济上不能满足其享乐欲望时，一步步走上犯罪道路，有的在本地无法立足时，就成了流窜犯。

二、铁路流窜的基本规律和特点

流窜犯罪同其它犯罪一样，有其本身的规律和特点。

1.作案目标。

当前，流窜犯罪侵害的客体主要是公私财物。因此，盗窃、诈骗是流窜犯罪的主要类型。据我局近几年统计，流窜犯所作的案件，盗窃、诈骗占90％以上。在经济搞活的新形势下，人、财、物大流动，流窜犯罪的目标，主要是企业的采购供销人员和专业户。因为这些人往往随身携带大量现金，而且经常出外，又旅客拥挤，精神上极易疲劳麻痹。

2.活动规律。

（1）流窜犯常常居无定处。吃、住、行这些人们正常的生活活动，在流窜犯罪分子身上都成为其犯罪活动的一个特定环节。他们在饭店、饮食摊吃饭的时候，栖身于候车室、票房的时候，以及乘坐车船之机，均可能伺机进行犯罪活动。

（2）活动区域有局限性。据我局情况看，流窜犯在省内区域活动的居多。究其原因，一是受到语言、生活习惯、地理环境的限制，在不熟悉的环境中作案危险性大；二是流窜犯帮气意识浓，各有自己的地盘，到外地易被“欺生”。

（3）流向。流窜犯罪的主要目的是偷盗财物、挥霍享受。因此，流窜犯一般于贫穷地区流向富裕地区。少数跑到偏远贫穷地区去的，多半是为了逃避打击，我局管内抓获的远道而来的流窜犯，较多的是来自云南、贵州、新疆等地。

（4）多处选择落脚点。流窜犯在铁路作案、沿线藏身，在铁路沿线大中城市、农村集镇。一般都有相对固定的落脚点、藏身处。这些落脚点，主要是在旅馆、招待所包租的房间；有的是通过攀亲结友、金钱收买而建立的窝点；有的利用在监所、劳改场所结识的“难友”提供的处所；在水网地带，有的还躲藏在水上的杂船上。流窜惯犯往往“狡兔三窟”，一人有多处窝点，既是藏身落脚之处，又是窝赃、销赃地点。

3.作案手段出现了一些新特点。

（1）职业化。当前，流窜犯往往以一定的身份外出活动，以合法掩护非法。并且一改过去蓬头垢面、衣衫褴褛的外貌，而是油头粉面、西装革履。

（2）专业化。流窜犯在一定时期内，作案对象、作案手段是固定的，有的专门从事车货盗，有的扒窃、拎包，有的诈骗。由于他们"专吃一行"，在犯罪上日趋狡猾。

（3）集团化。流窜犯罪集团有发展趋势，这是因为他们作案的目标逐渐转向大宗货物和巨额现金，且公安机关的防范打击有了加强，单个作案更加困难。因此，一些惯犯、累犯为首纠集同伙共同作案，有的在亲属朋友中纠合，有的由一起关押、劳改的"难友"聚集而成，还有的是在流窜犯罪中搭识勾结起来的，这些犯罪集团实际上成为新的黑社会势力。

（4）技术化。犯罪手段狡猾多变，蒙面、戴手套等屡见不鲜，药物麻醉犯罪也时有发现，外局个别地区还发现驾驶摩托车、手持无线报话机作案的犯罪分子。有些犯罪分子，对公安机关的工作规律、方法措施、岗位人名，以及铁路运输情况调查详细，了如指掌。

（5）快速化。在集市贸易开放的情况下，流窜犯改变过去秘密、逐件销赃的情况，而是公开、成批、低价、快速销赃。

4.抗拒审查，逃避打击。

绝大多数流窜犯态度顽固，都有一套对付公安机关审查的办法。他们经常采取改名换姓，隐瞒身份；避重就轻，企图逃避罪责，抓一次供一次；大耍无赖，死不认帐；只供自己，不供同伙；装病伺机逃跑；装疯卖傻妄图蒙混过关等手段。

三、流窜犯罪增多的原因

自1983年"严打"以来，我们对流窜犯罪加强打击，取得了一些成绩。但从整体来说，同流窜犯的斗争还是比较被动，对流窜犯的打击不够有力，其原因是多方面的，从我们工作上检查，主要是：

1.基础工作薄弱，对流窜犯调查掌握不足。流窜犯往往无家无业，抓住一次只供一次，既难以审查彻底，又难以惩处，只好抓抓放放，循环往复，流窜犯不见减少。

2.侦破办法不多。一些重大、狡猾的流窜犯作案后，一旦误了时机就难以追捕。

3.治安管理，内部安全防范工作还存在一些漏洞，给流窜犯以可乘之机。

4.基层工作不强。一些单位对抓获的流窜犯未能按规定捺印指纹、拍照、建好资料卡片。少数民警当班值勤责任心不强，使流窜犯在眼皮底下作案而不能察觉。

5.公安机关之间联系不够密切，信息传递慢，工作不统一协调，没有形成有效的联防网。

女性拐卖人口罪的特点
（1985年）

曹中友 董世峰

根据中华人民共和国刑罚第148条规定："拐卖人口的，处五年以下有期徒刑；情节严重的，处5年以上有期徒刑"；刑罚第184条规定："拐卖不满14岁的男女，脱离家庭或者监护人的，处5年以下有期徒刑或者拘役。"拐卖人口犯罪是一种以利欲为核心，以各种欺骗、胁迫手段拐卖儿童、少女、妇女为主要对象，非法获取钱财的犯罪，拐卖人口是剥削阶级遗留下来的一种残余现象。

近几年来，拐卖人口犯罪在一些地区较为猖獗，不仅男性犯罪越来越多，而且女性犯这类罪也越来越突出，尤其是不少中、青年妇女也干起了这种勾当。有的男女勾结作案，其手段卑鄙残忍，情节之恶劣，使被害人遭到极大折磨和痛苦，使骨肉分离、夫妻拆散，甚至家破人亡，严重侵犯了人身权利，危害了社会治安。因此，分析拐卖人口罪犯的有关特点，并根据其特点进行有效的预测、预防和改造，已成为犯罪学、司法学、犯罪心理学、社会学等科学研究的重要课题。本文仅就女性拐卖人口罪犯的有关特点进行初步探讨。

不同类型的犯罪都有其自身的特点和规律，拐卖人口犯罪也是如此。我们对某监狱87名拐卖人口的女犯进行了调查，现将有关特点分析如下。

一、年龄特点

87名女性拐卖人口犯中，25岁以下的未婚女青年6名，占6.8%；25岁以下的已婚青年妇女12名，占13.7%；46岁的老年妇女11名，占12.6%；26至45岁的中年妇女58名，占66.6%。

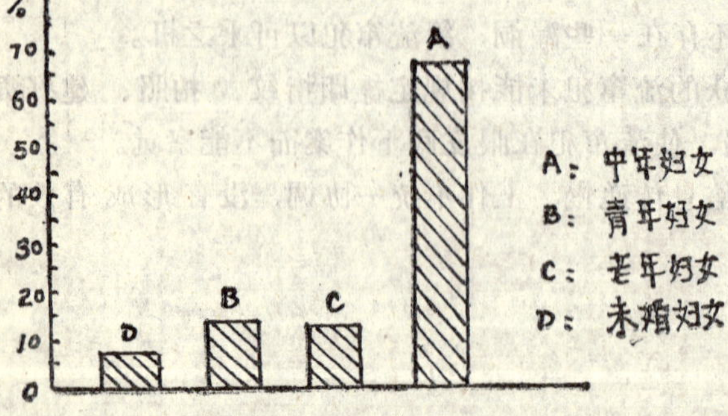

女性拐卖人口与年龄关系示意图

从数字统计和图示可以看出中年妇女在女性拐卖人口犯罪中居第一位。形成这一特点的主要原因是中年妇女已成家多年，生儿育女，在家庭中充当育幼抚老的主要角色，主持家庭的经济收入与支出，为了使家庭富裕起来，并在强烈的利己欲驱使下，选择了"无本万利，拐人发财"的"赚钱买卖"。如罪犯申××说："自己很贪财，一心想发家致富，但总是富不起来，妇人之家又没有多大能力赚大钱，想来想去觉得干这种买卖不花本钱，就伙同别人拐卖妇女，赚了400多元钱。”

二、文化特点

87名女性拐卖人口犯中，文盲有45人，占51.7%；小学文化有31人，占35.6%；初中文化10人，占11.4%；高中文化1名，占1.1%，形成文化越低犯拐卖人口罪就越多的比势。

形成这一特点的主要原因是她们这些文盲和半文盲认识能力低，加之多数是从封建社会过来的人，受封建意识影响较深，把旧中国一些人贩子拐卖人口的罪恶行径当作正当生意，不以为耻，反以为荣；由于她们没有文化，其道德水准低下，法制观念淡薄，不少人把拐卖人口看成是“广开门路，搞活经济”、“发财致富，各显神通”，只管自己得钱，不顾他人痛苦。87名女性拐卖人口罪犯中，就有58人在作案前不知道自己的行为是犯罪。

三、地域、职业特点

87名女性拐卖人口犯中家住农村的85名，占97.7%，全部是农民，其中有4名是初中毕业的女青年。城市的只有2名，一名是高中毕业，一名是初中毕业，均没有职业。这说明女性拐卖人口以农村妇女为最多。尤其是穷乡僻壤、山区最为突出，占56%。由于这些地区文化落后，法制宣传与法制教育薄弱，人民群众对拐卖人口这一犯罪行为认识不足，不能自觉起来阻止或揭露这一犯罪行为，加之这些地区的对这类犯罪打击不力，使犯罪分子觉得“大家都在搞，我搞没关系”，从而强化了犯罪动机；群众中也产生“政府都不管，我何必惹麻烦”的思想，这样就使得犯罪分子有恃无恐，越来越猖獗。

为了作案成功，她们拐卖人口多是跨省、跨县作案。87名罪犯中有53名将本地妇女拐骗到河南、山东、河北、湖南、安徽、陕西等地出卖；有29名是跨县作案；只有5名是就地作案，但路程均在300里以上。

四、家庭特点

87名女性拐卖人口犯中，家庭人口在5人以上的71人，占81.6%；五人以下的16人，占18.39%；生有3个小孩以上的51人，占58.6%；家有兄妹2人以上的43人，占49.4%；家有老人的52人，占59.77%。从这些统计数字可以看出，女性拐卖人口犯的家庭状况多数是多子多女，有老有小，家大口阔，收不付支，为了发财致富，在错误的人生观、道德观支配下，在强烈的利已欲驱使下，走上了犯罪道路。

在家庭关系方面还有一个重要特点是夫妻感情不好的有38人，占43.6%；婆媳关系不好的有43人，占49%；男方能力差又好吃懒做的有22人，占25%。这些妇女在家中不是受到虐待就是挑重担，觉得“我嫁到这样的家庭、跟上这样的男人是一辈子倒霉，没有好日子过”，总想改变家庭的穷面貌；夫妻感情不好又受虐待的还想跳穷窝、寻新欢，有的人就是在进行拐卖人口活动中与其他男人通奸的。

五、作　案　方　式

各种不同类型的犯罪都有它独特的作案方式，女性拐卖人口也具有它自身的特点：

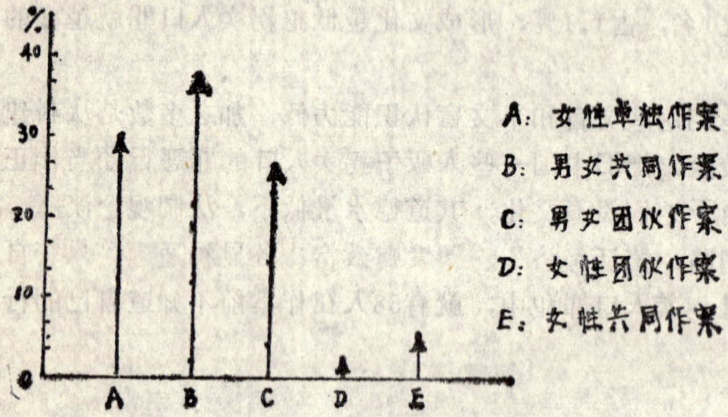

（图5）

女性作案方式示意图

从图示中可以看出，女性拐卖人口犯罪的作案方式以男女共同作案占第一位，有33人，占37.9%；女性单独作案有25人，占29.8%，居第二；男女团伙作案23人，占26.4%，居第三；女性共同犯罪5人，占5.7%；女性团伙二个，占2.2%。把男女共同作案与男女团伙作案加在一起，要占64.3%。形成这种特点的原因有三点：其一是因为女性活动能量差，需要借助男性活动能量大的优点，借助男性的威慑力量对被害人进行胁迫；其二是她们作案的对象是活生生的人，要想骗过人，特别是采取胁迫、劫持方式作案的，一个女性的力量是不够的。因此，男女共同或集团作案，就会给被害者造成强大的心理压力而屈从；三是女性一般不易摆脱家务而单独外出作案，她们多采取牵线搭桥、出谋划策的手段，与男性勾结作案，不少人是协从犯。

六、刑　期　特　点

87人：

刑期分类	1-4年	5-8年	9-12年	13年以上	无　期	死　缓
人　数	41	12	14	14	3	3

从此表中可以看出判5年以上有期徒刑的有46人，占52.8%。形成这种特点的原因有两点：一是她们罪大恶极，手段残忍，严重侵犯了人身权利，破坏了社会治安。87名女性拐卖人口犯单独作案和合伙作案共拐卖人口347人，获赃款143784元，致1人死亡。所拐卖的人口中有3名儿童，12名少女，68名女青年，5名精神病人，其他妇女259名。这些被拐卖者多数被奸污或被强奸，不少人家庭破裂、夫妻拆散；二是这87名罪犯都是1983年从重从快打击刑事犯活动中第一网拉进来的“鱼”，因而刑期一般要比

平时判得重。

七、女性拐卖人口犯罪的心理特点

任何犯罪行为的出现都是不良心理外化的结果。不同类型的犯罪又有其不同的犯罪心理倾向，这种倾向性心理特征，就是某种类型犯罪心理的特征。这种心理倾向不断向稳定阶段发展并成为驱使犯罪的动力，就形成了犯罪心理结构。女性拐卖人口犯罪也具有它独特的心理倾向。

（一）发财欲望

女性拐卖人口犯一个最显著的特点就是她们有强烈的占有欲，发财心理强烈，其贪婪性有的比男性更甚。如罪犯陈××说："我多次做梦都发了财，不是拾到了一大捆钞票就是挖到了一罐子金银，有时还梦见自己当了太太、做了皇母，醒来时却只看到家里的破罐破坛，心里很不好受，看到别人吃得好穿得好，心里就象鸡爪抓。"这种强烈的占有欲一旦冲破道德和法律的约束，就以非法手段去占有金钱。

（二）发财与力不从心的矛盾

她们虽然利己、贪婪、梦想发财，但无论是生理条件，还是知识、能力、家庭条件等，都给她们发财的愿望设置了重重障碍。由于她们中多数人是有 3 个孩子以上的母亲，上有老下有小，觉得"靠摸泥巴砣是发不了财的"，于是就选择了这种"不费力气赚大钱"的买卖。

（三）好逸恶劳

女性拐卖人口犯中，多数都是一些好逸恶劳者，尤其是已婚青年妇女和未婚女青年最为突出。如罪犯钟××说："搞农活又脏又累，吃不好，穿不美，看到别人拐卖人口赚了大钱，我眼红得很，为了吃喝玩乐，就走上了这条路"；罪犯刘××说："我最崇拜钱，有了钱就有了一切，从小就想过好生活，就想比别人强，但自己又讨厌农业劳动，想来想去觉得搞拐卖又不费力气又赚钱，就干了这个无本'生意'"。

（四）侥幸心理

侥幸心理在女性拐卖人口犯罪者中普遍存在。她们认为干这种勾当是几个人悄悄搞的，策划周密、行动诡秘，只有"天知、地知、你知、我知，只要嘴里塞上'棉花'，天王老子也没有办法"；"只要攻守同盟订得好，就会人不知鬼不晓"。在这种侥幸心理支配下，继而产生了成功的可能性大，失败的可能性小的心理，使犯罪心理得到强化。

（五）推卸责任的心理

女性拐卖人口的罪犯其推卸责任的心理比男犯更为强烈。她们认为："女人能力低，和男人合伙做'生意'出了问题由男人负主要责任，女人可以从轻处罚"；"我是给别人作介绍，做'好事'，是别人请我帮忙"；"得了几个钱，是别人自愿给我的，是对鞋底磨穿，嘴唇磨破，腿子跑断的酬劳，是'劳动所得'"；"是别人愿意的，是一个锅要补，一个要补锅，一个愿打，一个愿挨"等等，这些就是她们推卸责任，企图逃避处罚的种种反映。特别是当她们罪行败露，知道要判刑，即将与孩子、丈夫、家庭分离去坐牢时，这种推卸责任的心理就更加强烈，在审判过程中竭力否认事实，拒不承认，或推诿于人，或避重就轻。

（六）人格特点

女性拐卖人口的罪犯，她们的人格特点是：利己贪婪，奸诈狡猾，善于伪装，能说会道，口是心非，冷酷无情，对人残忍，为了自己享受，不顾他人死活。

（七）意志特点

女性拐卖人口的罪犯，她们的正确意志十分薄弱，易受环境影响，易受引诱和教唆，没有战胜困难靠劳动致富的信心。如罪犯孔××说："我一心想把家庭搞好，但丈夫有病，家庭人口多，没有战胜困难的勇气，看到别人搞拐卖没有出事，我也就跟着干起来。"又如罪犯丁××说："我亲哥和我表哥、表嫂要我参加拐卖，当时我很害怕，不愿参加。后来他们多次劝我，说没有关系，只要把地方说远点，名字搞假的，别人就查不出来，后来就参加了这可耻的犯罪活动。"

八、拐卖人口的女性罪犯在劳改期间的心理

拐卖人口的女犯投入到监狱劳改队之后，除她们原有的心理结构之外，还有其在特殊环境下的独特心理。

（一）不认罪的心理

不认罪心理实质上是她们原有的犯罪心理在特殊条件下的延续。她们把自己犯罪的原因推向他人、推向社会，在劳改期间经常表白自己是"做红娘，搭鹊桥，做好事，吃了亏"，是"帮忙，没有罪"。如罪犯江××说："邻居几个人都要我给他们找姑娘，我给他们找外地的姑娘比本地要便宜得多，他们给我路费，给我报酬，有什么不好？"通过入监教育和法制教育后，仍然有不少人认为是"法律不合理"、"小题大做"、"抓住老鼠当虎打，犯了错误当罪判"。她们天天盼望政府给她们改判、"洗冤"。由此可见，不认罪心理是顽固的。

（二）焦虑心理

由于拐卖人口女犯多数是中年妇女和青年妇女，家中有老有小，老的体弱多病，小的生活不能自理，她们入监后牵肠挂肚，坐卧不宁，心情十分焦急，不少人茶饭不思，泪湿枕巾，觉得"度时如月，度日如年"、"心似滚油浇，头如乱刺扎"，不少人要求回家看看孩子，或写信要丈夫把孩子带来探监，有的还有强烈的逃跑念头。

（三）悲观心理

悲观心理是女性拐卖人口犯又一个比较突出的心理特点。不少罪犯认为自己"大不大，小不小，上有老，下有小，给家里丢了脸，给丈夫和孩子脸上涂了黑，一切都完了，不如死了好"。如罪犯刘××说："我将来回去，儿子姑娘还认不认我这个劳改犯妈妈啊？他们将来长大后，儿子难找媳妇，姑娘可能被女婿欺负，那时他们该是多么痛苦啊！"由于她们判刑一般都比较重，觉得"没等刑满就成了老太婆，还有什么意思？"因此，不少人经常偷偷哭泣，有的想自杀，有的向亲人写信交待后事，悲观心理十分严重。

（四）贪婪心理

贪婪心理是她们犯罪心理的主要特征，在这种心理没有得到矫正之前，往往会以各

种方式表现出来，只是受到监狱特殊条件的制约使其贪婪心理不能顺利外化为犯罪行为而已。这种贪婪心理在监狱里的主要表现是：对物质生活斤斤计较；拚命争奖金；常有小偷小摸；对积极劳动、奖金拿得多的人不服气；对穿戴好、家庭资助优厚的犯人嫉妒。

（五）报复心理

报复心理是由她们感知上的一种错觉和怀疑心理而导致的。她们把自己的判刑看成“是同伙中×××人少分了钱而报的案”；“是村里人、邻居见自己发财眼红而使的坏”；是××干部没有得到好处而故意整我”等，决心回去后对某人进行报复，有的写信给自己的丈夫、子女、亲友，说自己的判刑是吃了×××的亏，要亲友替她申冤报仇。

（六）悔罪心理

悔罪心理是拐卖人口女犯在改造中、后期比较普遍的心理。其悔罪心理主要有以下几种情况：一是经过教育改造懂得了法律知识和自己所犯罪行对社会的危害后而悔罪；二是入监后和同监犯人进行比较，其性质比他人重，刑期比他人短的情况下而认罪；三是法院第一次判得重，后来改判改得轻，感激政府的宽大而后悔认罪。如罪犯丁××被县人民法院判处死刑，后来高级人民法院改判15年，入监后她经常表示要认罪服法，老实接受改造，以实际行动来报答政府的不杀之恩；四是自己的行为给自己、给家庭带了痛苦而后悔当初不该犯罪。

九、拐卖人口女犯的行为特点

拐卖人口女犯的行为特点是多种多样、五花八门的，但归纳起来主要有以下几种类型：

1.挑唆型。挑唆型是指罪犯故意挑拨他人夫妻关系或乘夫妻关系不和从中唆使，使夫妻感情恶化，然后将女方拐出去卖掉。如罪犯周××窜到本大队李德玉家中，乘李夫妻争吵之机，从中挑唆说：“他对不起你，你也应对不起他，过几天我到襄樊给你找个家帮人看娃子。”周将李骗到河南卖给一男子为妻。

2.欺骗型。欺骗型是指罪犯采取各种欺骗手段，违背受害人意志，将其骗拐，卖给他人而从中获取身价。这类罪犯主要采取参观旅行、介绍工作、介绍对象、帮人带路、帮人寻亲、合伙做生意等手段将受害者骗出，使受害者孤独无援，然后听其摆布。如罪犯袁××伙同同伙以做“药材生意”、找“工作”为名，先后将湖北农村、湖南来武汉的女青年杨××，黄××、蒲××拐到山西卖给别人为妻，获款4850元。

3.胁迫型。胁迫型是指罪犯单个或与同伙相互勾结，用威胁、胁迫、劫持等手段将受害者弄出卖给他人，索取身价。如罪犯董××与同伙勾结，以劫持等手段拐卖妇女三人。

4.淫乱型。淫乱型是指罪犯在进行拐卖人口的犯罪过程中与同伙搞两性关系或对被害人进行奸污、强奸、轮奸后再出卖。如罪犯丁××在作案过程中与同伙男人乱搞；张××在作案过程中既与同伙乱搞，又进行卖淫活动；又如吴××伙同同伙将1名受害者轮奸后卖给他人为妻，获款500元。

5.骗亲型。骗亲型是指罪犯将亲友或亲友小孩，以及要好的朋友拐卖，获取身价。如罪犯黎××将侄女拐卖后获款500元；罪犯柯××将干女儿（有夫之妇）拐卖，获取身价500元；罪犯朱××拐卖17岁堂妹获款700元；罪犯刘××将胞妹（有夫之妇）卖给同伙曹××姘居，要价250元。

6.“放鸽”型。“放鸽”是指罪犯将一名受害者卖给他人，骗取现金后又将受害者弄出再卖的行径。如罪犯邓××与劳改逃跑犯勾结，采取“放鸽”、“放鹰”手段骗取了大量钱财。

7.受骗再骗型。受骗再骗型是指罪犯先受人拐卖，然后自己又拐卖别人。如罪犯文×是被人贩子从四川拐卖到湖北与人结婚的，后来她觉得拐卖人很赚钱，就从四川拐了两名女青年卖了。

8.“码头”型。码头型是指罪犯专门在车站、码头、街头巷尾寻找作案对象，将外流女青年、精神病患者、受到挫折或遇到困难的人员拐骗出去卖掉。

9.流窜型。流窜型是指罪犯作案没有固定的地域，到处流窜作案。此种类型多属常业犯（惯犯）、累犯。

论青少年团伙犯罪

（1981年）

郭　翔　马晶淼

在十年内乱中，林彪、“四人帮”给我们国家和人民带来许多严重的灾难，青少年犯罪的剧增就是这种灾难的综合表现之一。正确认识和解决青少年违法犯罪问题，不仅是实际工作者的重要课题，也是社会科学工作者尤其是法学工作者的一个重要课题。

毛泽东同志在《中国革命战争的战略问题》这篇著名的论文中指出，研究战争问题，“应该着眼其特点和着眼其发展”。这个研究战争问题的指导方法，对于研究我国当前青少年犯罪问题无疑也是适用的。许多实际工作者和研究工作者，从不同角度概括和分析了我国青少年犯罪的特点，诸如偶发性、愚昧性、野蛮性、反复性、腐蚀性、团伙性等等。这些见解对于我们认识和探讨青少年犯罪的规律都是有价值的，而团伙犯罪则是青少年犯罪的最显著、最重要的一个特点。本文拟对我国十年内乱后出现的青少年团伙犯罪作些探讨。

一、青少年团伙犯罪的滋生及其对社会的危害性

十年内乱以后，我国几乎所有大中城市都存在一批大小不一的青少年犯罪团伙，它们或争霸一方，或流动作案，危害社会，腐蚀青少年。据有关部门调查，一个有100多万人口的中等城市，仅流氓犯罪团伙就有300多个。另一个城市1979年1月至9月共发

生较大的抢劫案件182起。其中青少年犯罪团伙作案就有147起，占86%。还有一个城市从1979年12月到1980年9月共挖出各种犯罪团伙901个、涉及成员4709人。由此可见，团伙犯罪已是我国当前青少年犯罪活动的主要组织形式，而这种团伙犯罪又往往给社会造成很大的危害。那么，青少年团伙犯罪是怎样滋生的呢？这是我们应该加以研究的一个重要问题。

犯罪作为一种社会现象，它的产生和存在都有一定的社会根源和社会条件。团伙犯罪作为我国当前青少年犯罪的一种特殊形式，也是有它滋生、蔓延的深刻的社会原因的。

我们的国家现在是工人阶级领导的以工农联盟为基础的人民民主专政的国家，我们的社会是以生产资料公有制为基础的社会主义社会。社会主义制度不同于历史上存在的以私有制为基础的一切人剥削人的社会制度。我国的社会主义制度本身，从根本上来说不产生犯罪，相反，它最终要杜绝和消灭犯罪。因此，社会主义制度也不是滋生团伙犯罪的根源。但是我们不能把社会主义制度和社会主义社会完全等同起来。我们的社会主义社会不是从天上掉下来的，而是从半殖民地半封建的旧社会脱胎而来的，因此它就不可避免的在政治上、经济上、文化上、道德上等各个方面带有旧社会的痕迹。特别是中国经历了漫长的封建主义的统治，自给自足的小农经济占着显著的优势。在这种社会条件下，各种行帮组织和社会黑暗势力的有形无形的组织遍及广大城乡，封建的宗法思想统治着人们的头脑。新中国成立后，我们摧毁了帝国主义、封建主义和官僚资本主义在中国的统治，取缔了各种反动的封建行帮组织。对私人资本主义经济和个体经济进行了改造，批判了旧的道德观念，树立了新的社会风尚。但是旧的带有浓厚封建色彩的宗法思想、行帮观念，并没有彻底清除，还在一定程度上影响着人们的思想。极少数没有得到根本改造的社会黑暗势力残余（如地痞、流氓、赌徒、娼妓等）和封建迷信组织及封建行帮组织的残余，还在腐蚀毒害着人们的心灵，在某些时候和某些地方甚至活动还相当猖狂。我国的上述社会条件在一定意义上说，就是产生团伙犯罪的土壤，也可说是社会根源。

这种社会条件并不是说必然要产生大量的团伙犯罪。在50年代和60年代上半期，我们的新社会从旧社会脱胎的时间并不长，但那时，不仅社会犯罪率和青少年犯罪率很低，而且青少年团伙犯罪也是不多见的。这说明近几年来团伙犯罪大量滋生的原因，除了有着社会根源以外，还有特殊的历史原因，这就是林彪、“四人帮”造成的十年大动乱。

1979年8月党中央在一个关于提醒全党重视解决青少年违法犯罪问题的文件中，明确指示：“近十多年来，由于林彪、‘四人帮’极左路线的严重干扰，由于他们种种反动思想及谬论的影响，把我们的国民经济破坏了，也把我们良好的党风、民风和社会风气破坏了，使我们广大青少年深受其害，深受其毒。这是当前青少年违法犯罪情况如此严重的根本原因。”这个论断无疑是十分正确的。十年大动乱不仅造成了青少年犯罪的急剧增加，而且也造成了团伙犯罪的滋生和蔓延。

众所周知，“文化大革命”使中国的社会生活脱出了常轨，出现了一种奇特而普遍的现象，这就是各地区各单位的群众可以自行串联结成各式各样的群众组织，于是山头林立，武斗成风，打砸抢“合法化”。它的恶果不仅造成了群众的分裂、破坏了社会风气，使无政府主义和拉帮结伙的宗派思想泛滥，给青少年在组织上、思想上造成了深深的烙印，而且使一些具有劣迹和违法犯罪意识的青少年也效仿或趁机进行勾结串联，在那种无法无天的混乱时代，成群结伙地进行打架斗殴、偷摸扒窃、耍流氓等违法活动和犯罪活动。这里需要加以说明的是，当时的群众组织是以不同观点组织串联起来的带有政治性的派别组织，虽然其中也混进少数坏人，有的在“合法”的名义下还搞了打砸抢抄抓等实质上的违法犯罪活动，但是不能笼统把群众组织和犯罪团伙混为一谈。然而群众组织的普遍发生和长时间的存在，无疑给犯罪团伙的滋生创造了有利的条件，并且有的犯罪团伙直接间接由派性组织及其成员蜕化而来。我们可以设想，假定任何群众组织不允许串联和存在的话，那么一些具有劣迹和违法犯罪意识的青少年结成违法团伙或犯罪团伙将是极困难的，这是显而易见的。

不仅如此，在“文化大革命”中，一切正常的社会秩序、生产秩序、工作秩序、教学秩序以及国家法律和社会公德统统遭到了严重破坏。党、团组织、少先队和其他社会团体停止了活动，这样就不能把广大青少年纳入正常的社会组织生活中，吸引他们进行健康的有益的活动，培养他们革命的组织性和纪律性。相反，他们却被卷到社会大动乱的旋涡，被裹进了各色各样的派别组织，这样帮派思想不仅腐蚀着成年人，也腐蚀着广大的青少年，旧社会的封建行帮思想，在新的条件下得以死灰复燃。后来，公开的派性组织虽然都陆续不存在了，但是帮派思想的影响却还存在，至今在某些地区和单位还比较严重，这不仅是影响革命队伍内部安定团结的因素，而且在某种意义上说也是青少年团伙犯罪赖以滋生和蔓延的思想基础。

还需要指出的是，由于林彪、“四人帮”荒谬地批判“师道尊严”和鼓吹“读书无用论”，严重地破坏了教师的威信，破坏了师生关系和学校纪律，这样不少学校出现了“乱班”，出现了一批“双差生”，其中有些是闹事捣乱的“尖子”，他们打闹起哄，砸玻璃、毁桌椅；有学不上，有书不读，成群结伙流荡街头，惹事生非，吸烟喝酒。这实际上就是违法犯罪团伙的胚胎，其中有些“尖子”后来就发展成为犯罪团伙的头头或骨干，而跟随他们干坏事的青少年有些也就成了犯罪团伙的成员。在“文化大革命”后期，一些上山下乡的知识青年倒流回城后，长期没有工作，还有一些毕业留城的青年学生，长期待业，他们当中一些人精神空虚，无所事事，下馆子、拍婆子，男女混杂，寻求刺激，有的逐渐堕落，走向违法犯罪的道路，或者结成团伙进行犯罪活动。我们仔细考察一下就会发现，早期的犯罪团伙大都是这样演变而逐步形成的。

当一个个的犯罪团伙开始形成以后，社会犯罪率就急剧增加，并且这些团伙又象传染病一样，腐蚀着其他青少年，使青少年犯罪和犯罪团伙一茬又一茬地滋生和蔓延开来。

由此可见，我国青少年团伙犯罪的滋长和蔓延不是偶然的，是有着深刻的社会根源和特定的历史原因的。我们知道，一些主要的资本主义国家的青少年犯罪率是很高的，并且也有团伙性的犯罪，这些团伙犯罪，常常被称作“娱乐型”的恶作剧式的犯罪，如日本的“飞车党”之类。但是象中国青少年团伙犯罪这样普遍存在，并且犯罪团伙是以行帮思想和哥们义气为纽带联结起来，成为青少年犯罪的主要组织形式，则有显著的不同。这就说明作为当前我国青少年犯罪主要特点的团伙犯罪是中国社会的产物，是一定历史条件下的产物。

团伙犯罪的产生和存在，除了社会原因以外，还有犯罪青少年的主观原因：（1）青少年正处在一个长身体、长知识的时期，他们喜奇好动，乐于结群，喜欢交际，但是辨别是非的能力较差，思想不稳定，在受到坏人或外界不良因素的引诱下，就很容易走向犯罪，陷入到犯罪团伙的泥坑之中；（2）青少年特别是未成年人，他们还缺乏具有独立生活的能力和习惯，因而特别需要家庭、学校、社会各个方面的教育保护和温暖。有的由于种种原因失去了或缺乏这种教育、保护和温暖，甚至遭到冷遇歧视，他们有的向同命相怜的伙伴寻求温暖，有的到落后群体、违法团伙、甚至犯罪团伙寻找保护和温暖；（3）有些青少年愚昧无知，道德败坏，为了满足他们个人主义的欲望，与那些臭味相投的结成或参加犯罪团伙；（4）有的出自哥们义气，或者寻求某种刺激，逞强好胜，而参加或结成犯罪团伙。

此外，随着国际交往的增多和旅游事业的发展，国外资产阶级的一些没落的、腐朽的意识形态及生活方式也渗透进来，比如一些不健康的或宣扬凶杀色情的电影、电视录像等公开的或内部放映，影响了一些青少年的健康成长，有的还受到腐蚀走向犯罪。同时，一些未成年人由于缺乏辨别能力，简单模仿电影、电视中的某些镜头和情节，结成团伙进行犯罪。北京市某区破获名为“加里森敢死队”的犯罪团伙就是一个典型的例子。

综上所述，青少年犯罪团伙的滋生，既有客观的社会原因，又有犯罪青少年的主观原因，如同青少年犯罪一样是主客观原因相结合的产物。当然各个不同犯罪团伙的产生，不仅有着共同的或者说普遍原因，也有着各自不同的特殊原因；就每个团伙成员来说，他参加犯罪团伙进行犯罪活动，也有着共同的和各自不同的原因，这是我们在实际工作中和研究工作中都需要加以注意的。

青少年犯罪团伙的滋生和蔓延对社会有较大的危害性。（1）团伙犯罪与个人的单独犯罪不同，因为是纠合性犯罪，少则几人、十几人，多则几十人，甚至上百人，在特定的犯罪场合容易形成犯罪力量的对比优势，因而也就容易达到犯罪的目的，造成严重的危害。（2）团伙犯罪由于人多势众，互相壮胆，再加上一些亡命之徒，为了在同伙面前逞能显威，作起案来往往手段残忍，不计后果。（3）除了那些临时纠集一哄而起，一哄而散的犯罪团伙外，多数团伙都有一定程度的预谋和分工，不仅有组织的实施犯罪，而且还可以有组织的逃避和对抗公安、司法部门的侦破和审判。（4）团伙犯罪对青少年腐蚀性很大，容易吸引那些辨别能力差或犯有错误的青少年加入团伙走向犯罪道路，并且入伙“手续”十分简单，往往一支香烟，见一次面，谈一次话，作一次案就成了团伙成员；而入团伙容易，出团伙难，团伙头子常常采用威胁利诱以及其他报复手段来对待企图脱离团伙的分子。从以上几个方面可以看出，青少年团伙犯罪，比单个犯罪对社会危害要大得多，因此打击、拆散、深挖犯罪团伙是打击刑事犯罪的一个重要组成部分，是维护社会治安的一项重要任务。

二、团伙犯罪是共同犯罪的一种特殊形式

在刑法理论和我国的刑法中，并没有“团伙犯罪”的概念。团伙犯罪是我国司法部

门从实践当中提出来的新概念，是对我国“文革”后出现的青少年犯罪主要特点的概括。团伙犯罪就是指那些纠合性、结伙性的犯罪，这种犯罪实际上是共同犯罪的一种特殊形式，它具有刑法和刑法理论所确定的共同犯罪的特征，当然也有它与一般共同犯罪不同的特征。我们可以而且应该用共同犯罪的理论来研究青少年团伙犯罪；反过来，这种研究工作也有助于丰富、补充关于共犯的理论，并且也有助于在实际工作中贯彻刑法中关于共同犯罪的有关规定。

我国刑法第22条规定：“共同犯罪是指二人以上共同故意犯罪。”这个规定的含意主要包括：（1）犯罪主体必须是二人以上，并且是具有行为责任能力的人。（2）有着共同的犯罪活动，每个人的犯罪行为都是和整个犯罪有着内在联系，是不可分割的组成部分，都对犯罪的后果负有责任。（3）共犯者在主观上都有共同的犯罪故意，每个人不仅清楚的知道自己在和别人一起进行犯罪，而且都期望犯罪作案的发生；没有这种共同犯罪的故意，不能构成共同犯罪。我国刑法明确规定“二人以上共同过失犯罪，不以共同犯罪论处”。这就从另一方面规定了共同犯罪的要件。（4）共同犯罪所实施的必须是属于刑法规定的犯罪行为，不属于刑法规定的犯罪行为不能构成共同犯罪。

团伙犯罪作为共同犯罪的一种特殊形式，它应当具有共同犯罪的法律特征。凡是不能构成共同犯罪的，即缺乏共同犯罪要件的，一般也不应搞成团伙犯罪。不过，这里需着重指出以下两点。

（一）团伙犯罪是多人参加的共同故意犯罪。刑法规定，二人以上的共同故意犯罪即构成共同犯罪。不过二人共同犯罪不应认为是团伙犯罪，而可以称作一般的共同犯罪。团伙犯罪则通常是指三人以上多人参加的共同故意犯罪。

按照共犯理论不具备行为责任能力的人参加的共同犯罪不能构成共同犯罪。我国刑法规定：“已满16岁的人犯罪，应当负刑事责任。已满14岁不满16岁的人，犯杀人、重伤、抢劫、放火、惯窃罪或者其他严重破坏社会秩序罪，应当负刑事责任”。这就表明14岁以上不满18岁的人是具有限制责任能力的人，而不满14岁的人是不具备刑事责任能力的人。凡是具有限制行为责任能力的人参加了团伙犯罪，应当视为构成了共同犯罪，这种人应当视为犯罪团伙成员，并按照法律规定追究其刑事责任或予以其他方式的犯罪。至于不满14岁的人参加了共同犯罪活动，是并不构成共同犯罪的。那么他们参加了团伙犯罪活动，是不是构成团伙犯罪的成员呢？这是值得探讨的问题。我们认为已满13岁的人一般可以称作犯罪团伙的成员；因为按照有关规定，满13岁的人犯了罪，可以送少管所进行管教。但按照刑法规定不应以共犯论处。因为他们受年龄限制，智力发育不健全，缺乏辨别是非的能力，他们参加团伙犯罪往往是盲目的或受骗的。如果和14岁以上的其他犯罪团伙成员一样看待和处理是不适宜的。但是他们既然参加了团伙犯罪，和犯罪团伙有着组织上的联系，和其他团伙成员一起进行犯罪活动，甚至有的实施较为严重的犯罪行为，对社会的危害性比一般不满14岁的人单独进行的犯罪活动要大的多，因而把他们当作犯罪团伙一般成员看待也是恰当的，从发展眼光来看，也是必要的。当然如果不满12岁参加团伙犯罪，因为年龄过小，也就不需要把他们当作犯罪团伙成员来看待。总之，无论是不具备责任能力的人或者是限制责任能力的人参加了团伙犯罪而依法不予刑事处罚或其他方式处罚的，均应责令他们的家长或者监护人严加管教。切断他们与犯罪团伙的联系，防止继续进行团伙犯罪。

（二）团伙犯罪必须是刑法规定的犯罪行为。我国刑法第10条规定“一切危害国家主权和领土完整，危害无产阶级专政制度，破坏社会主义革命和社会主义建设，破坏社会秩序，侵犯全民所有的财产或者劳动群众集体所有的财产，侵犯公民私人所有的合法财产，侵犯公民的人身权利、民主权利和其他权利，以及其他危害社会的行为，依照法律应当受到罚处的，都是犯罪；但是情节显著轻微，危害不大的，不认为是犯罪。”因此，团伙只有实施或预备实施符合刑法规定的犯罪行为的，才能构成团伙犯罪；没有实施也没有预备实施符合刑法规定的犯罪行为的，则不能认为构成团伙犯罪。这就是说对于团伙犯罪要讲究“规格”，不能笼统地把这些团伙的活动一律视为团伙犯罪。犯罪团伙或者团伙犯罪，都有它确定的内容和科学的含义。应当看到，社会上除了存在犯罪团伙以外，还存在一些违法团伙和落后群体。这些违法团伙和落后群体虽然有着违法行为和错误行为，但是从这些群体的主要成员和主要活动来看，并没有实施或预备实施刑法所规定的犯罪行为，那么就不应把它们当作犯罪团伙；它们的那些违法或错误行为也不能构成团伙犯罪。当然其中个别成员可能实施某种犯罪行为，但是这种犯罪行为如果不是这些群体整个活动的组成部分，那么也不能把个别成员实施的犯罪行为视为这些群体进行了团伙犯罪。我们在处理和研究团伙犯罪时必须把握这个界限。否则我们就违反了犯罪构成和共同犯罪的理论，因而也就违背了我国刑法的规定。从当前实际工作来看，某些地方并没有很好把握好这个界限，往往把犯罪团伙和违法团伙或落后群体混为一谈，这样就会影响集中力量打击那些真正的犯罪团伙，也不利于教育挽救属于违法团伙和落后群体的青少年。当然区分违法团伙、落后群体和犯罪团伙的界限是有一定困难的，并且有的违法团伙或落后群体在一定条件下又会演变成犯罪团伙。所以只看到它们之间的区别还是不够的，还必须看到它们之间的联系。只有这样才能使我们的认识和对策符合客观存在的实际情况，才能正确的执行法律和党的政策。

团伙犯罪虽然需要具有共同犯罪的特征，但它不是一般的共同犯罪，而是一种特殊形式的共同犯罪，是集团犯罪的一个类型，也可以说是集团犯罪一种新的表现。犯罪团伙和犯罪集团其基本特征是一致的，但是犯罪团伙又有它的一些新的特点。这就要求我们既要看到它们的共同之处，也不要把两者完全等同起来。

当前我国青少年犯罪团伙主要特点有以下两点：

1．青少年犯罪团伙是以“哥们义气”为其精神支柱和思想纽带的，这是一个最突出的特点。

任何犯罪组织都有其精神支柱和思想纽带。反革命的犯罪组织是“以推翻无产阶级专政的政权和社会主义制度为目的”这一共同的反革命目标为其思想基础的。其他刑事犯罪组织一般是以共同的犯罪利益和共同的犯罪要求为其思想纽带的。青少年犯罪团伙除了极少数政治性的反革命团伙以外，属于刑事犯罪团伙的，当然也有着共同的犯罪利益和犯罪要求这样的思想基础。但是不仅如此，从各地掌握的材料来看，几乎各色各样的犯罪团伙都有着“哥们义气”作为他们的精神支柱。“哥们义气”紧紧地把犯罪团伙联结在一起。犯罪团伙成员几乎都把所谓“哥们义气”看得高于一切，重于一切，大于一切。团伙成员之间互相称兄道弟，有的还喝血酒拜把子，声称“有福同享，有难同当”，“同生死共患难”，“为了朋友两肋插刀”等等。因此，“哥们义气”简直成了他们的信条。

“哥们义气”和犯罪团伙成员的犯罪动机有着密切关系。一些犯罪团伙的成员之所以参加犯罪团伙、走向犯罪道路，往往是受了“哥们义气”的影响造成的；有些团伙成员往往出于“哥们义气”或者夹杂着“哥们义气”，去进行犯罪活动。因此在一定意义上来讲，“哥们义气”也是他们犯罪的动机。比如有的纯粹出于“哥们义气”杀死了素不相识的以往没有任何恩怨的被害者，就是一种典型的表现。

犯罪团伙还把“哥们义气”作为他们的道德准则和行为准则。在他们看来，凡是为团伙的生存和发展出力最多，在团伙犯罪活动中不怕死、敢作敢为的都是“英雄”，够“哥们”，受到“崇拜”；那些在犯罪活动中犹豫顾虑的，则被看作胆小鬼，而被瞧不起和受到谴责。有的犯罪女青年和本团伙中的男成员乱搞两性关系，被认为是“大方”，“互相关心”，“互相体贴”；几对男女在一起交叉发生两性关系也不以为耻反以为“荣”。相反如果女成员和其他团伙成员乱搞，则被认为是“失节”，于是受到卑视。凡是对抗政法部门的侦察破案、审讯处理，而包庇、掩盖团伙罪行和“保护”团伙其他成员的，被视为“有骨气”，“够朋友”；而对那些向政府、向人民低头认罪，揭发交待团伙和自己罪行，协助政府破案的，则被认为是“叛徒”、“可耻”，千方百计给予报复。在实际工作中常常遇到这种情形，犯罪团伙的成员被抓获后，经过工作可以交待自己的罪行，但是就是不揭发其他团伙成员的罪行，这里除了害怕报复的因素以外，还受着“哥们义气”的支配。甚至还有这样的案例，他们自己并没有去杀人，但是出自“哥们义气”宁愿把其他团伙成员的杀人罪行承揽到自己身上去接受惩罚。由此看来，“哥们义气”不仅是犯罪团伙的道德准则，也是他们的一种无形纪律。

为什么青少年犯罪团伙要以“哥们义气”作为他们的精神支柱呢？这是因为它们找不到别的什么思想武器作为它们的精神支柱。固然损人利己、吃喝玩乐是犯罪团伙成员的人生哲学；不过，这也是一般刑事犯罪分子所共同具有的人生哲学。犯罪团伙仅仅有这种腐朽的人生哲学还是不够的。它们要进行有组织的犯罪活动，在我国现在的条件下，只能借助于“哥们义气”这一没落的封建主义的意识形态。在所谓“哥们义气”的支配之下，他们纠合起来，从事危害社会、危害人民的犯罪活动。如果没有“哥们义气”作为他们的精神支柱，他们就很难纠合起来结成团伙，并进行有组织的犯罪活动。

“哥们义气”实际上是历史上的“江湖义气”在新条件下的变种。“江湖义气”，这是中国封建社会的产物，是在小农经济基础上产生的一种意识形态。那时，穷苦的劳动人民之间讲“江湖义气”，主要是为了互相周济、互相帮助和共同对付反动的统治者，因此在当时的历史条件下，“江湖义气”具有一定进步作用。但是当马列主义这一先进阶级即无产阶级的思想体系产生以后，当进入新的社会——社会主义社会以后，“江湖义气”就已经成了陈腐的东西。在社会主义条件下，它没有什么进步作用和积极作用。无产阶级和革命人民决不以它作为自己的思想武器。至于现在的犯罪团伙的所谓“哥们义气”，正如我们前面所讲到的，不过是一种有组织的犯罪的精神支柱，对我们的社会完全起着破坏作用，它是一种腐蚀剂，毒害着一些青少年的思想，因而是反动的。

无产阶级和革命的人民在自己的队伍内部也讲团结，讲友谊。在革命斗争中也十分推崇革命的坚定性和原则性。讲究革命的气节，反对和卑视出卖灵魂、出卖原则、出卖人民利益的叛徒；歌颂那些在敌人的法庭上，在原则的斗争中大义凛然，为了捍卫党和人民的利益坚持革命的原则、不惜牺牲自己而保持高尚气节的革命者。但是青少年犯罪团伙的"哥们义气"和上述的革命气节、革命友谊毫无共同之处。它们的根本区别就在于：一个是为了人民利益，一个是危害人民的利益。为了人民的利益，讲友谊，讲气节，为之奋斗，甚至不惜牺牲自己，这是高尚的英雄的行为；而犯罪团伙的所谓"哥们义气"，是为了满足几个人的私欲而去侵害人民的利益，这是最可耻的，最可卑的。因此我们必须用正确的思想武器，用马列主义的世界观、人生观，用社会主义和共产主义道德，去揭露和批判"哥们义气"的反动实质及其危害性。这对于缩小、肃清其毒害和影响，以及教育改造犯罪团伙的成员，使他们真正转变思想，改恶从善，都具有重要作用。

2．青少年犯罪团伙在组织形态上呈现多样性和不稳定性。

根据刑法理论，一般的共犯在犯罪者之间是没有组织联系的，他们共同实施犯罪活动之前，有的可能有预谋，有的可能没有预谋；在实施犯罪活动中，有的可能有某种分工，有的可能没有什么分工；只要他们共同故意实施了犯罪，就构成了共同犯罪。然而犯罪集团则不同，所谓"犯罪集团"是多人为了实施多次犯罪而预先组织起来的一种犯罪组织。它的主要特点就是在组织上有着一定的牢固性，在内部结构上有着比较严密的分工，成员之间有着组织上的隶属关系；一般不是实施一次犯罪，而是实施多次犯罪。因此犯罪集团也可以称做职业性的犯罪团体。当前我国存在的青少年犯罪团伙，虽然具有犯罪集团的某种性质，但是它和犯罪集团也不尽相同，除了"哥们义气"这个比较明显的特点以外，在组织形态上的特点就是呈现出多样性和不稳定性。

首先从犯罪团伙组织的严密程度来看，大体上有以下四种情况：

一种是临时纠合性犯罪团伙，其组织和成员一般不固定，作案以前通常没有预谋，往往在作案时一哄而起，一哄而散。这类犯罪团伙所实施的犯罪活动带有很大的盲目性和偶发性。

第二种是，犯罪团伙在组织上有一定固定性，但比较松散，组织程度不甚严密。这类犯罪团伙虽然在作案时也有盲目性和偶发性的特点，但是在实施某些犯罪活动时，通常有着预谋和分工。这类犯罪团伙的主要头子和骨干一般是比较固定的；但是其他成员有的却并不那么固定。常常有这种情形，甲犯罪团伙的成员同时又参加了乙犯罪团伙或者又伙同丙犯罪团伙一起实施犯罪行为。也有这种情形，某个团伙成员在犯罪团伙实施某些犯罪活动时，他是这个犯罪团伙的一分子并参与了团伙犯罪活动；但是在另外的情况下，他又脱离了这个团伙，去参加别的犯罪团伙，或者单独实施犯罪行为。由此看来，这类犯罪团伙既与临时纠合性的犯罪团伙不同，又与那种有严密组织的犯罪团伙不同，是一种中间型的犯罪团伙。

第三种是组织比较严密，成员比较固定的犯罪团伙。这种犯罪团伙，实际上已经和犯罪集团没有什么区别。这类团伙往往是由惯犯和累犯所组成，其成员中未成年犯较少。他们犯罪时一般都有预谋和分工，而且有作案经验，心狠手毒，方式狡猾。他们实施的犯罪一般都比较严重。

第四种是连环套式的犯罪团伙，也就是两个以上的犯罪团伙相互间有着组织上的联系、交叉和重叠，有些犯罪团伙之间还有从属关系，即这个团伙可以指挥另一个团伙。还有这种情形，一个核心式的犯罪团伙，在它周围吸引、联结一些卫星式的犯罪团伙。一些大规模的违法犯罪活动，如聚众闹事，打架斗殴等，常常是这类团伙干的。

以上情况说明，犯罪团伙在组织形态上往往呈现多样性和复杂性。当然犯罪团伙这四种形态，只是相对的，不是固定不变的。随着整个社会政治经济形势的变化。随着我们对刑事犯罪分子的打击，随着青少年犯罪情况的变化，犯罪团伙又处在不断的分化、演变当中。总的趋势来看，相当一部分青少年犯罪团伙，逐渐趋于瓦解，单个的分散的犯罪增多，这是一方面。另一方面，一部分犯罪团伙向犯罪集团演变。那些连环套式的犯罪团伙，或者人数众多的犯罪团伙，组织比较松散的犯罪团伙，临时纠合的犯罪团伙，都在逐渐减少。但是在一定时期内，青少年团伙犯罪仍然是青少年犯罪的一个主要形式。也就是说同犯罪团伙作斗争，仍然是我们今后一个较长时期的任务，这是不能误解和麻痹的。

另外，从犯罪团伙的活动方式和组织范围来看，又往往带有区域性和行业性。这种情况是和犯罪团伙成员的学习、工作单位和居住地区有密切关系的。有的犯罪团伙还划分“势力范围”，也就是作案范围。如甲团伙到乙团伙的“势力范围”去作案，就会受到乙团伙的攻击和报复。当然也有些犯罪团伙的活动方式带有流动性，他们往往到离他们居住范围比较远的地方去作案，照他们的话说：“兔子不吃窝边草。”所以研究犯罪团伙的区域性和流动性的特点、规律，对于侦察破案也是有意义的。

综上所述，我们可以看出，青少年团伙犯罪是共同犯罪的一种特殊形式，是集团犯罪的一种新的类型或雏型。但是它又不完全同于共同犯罪和集团犯罪，它有着自己的一些特点，主要的就是以“哥们义气”作为精神支柱，在组织形式上呈现多样性和不稳定性。于是，这才有了“团伙犯罪”这一新的概念。由于“团伙犯罪”是青少年犯罪的主要形式。也是青少年犯罪的重要特点，所以通常又称作青少年团伙犯罪。

那么，青少年团伙犯罪，在犯罪活动上有些什么特点呢？青少年犯罪团伙有哪些类型呢？其内部结构有些什么特点呢？下面我们着重分析这些问题。

三、青少年犯罪团伙类型及其成员特征

青少年犯罪团伙的类型是同共犯和犯罪集团有所不同的。一般共同犯罪通常是实施一次和一种共同故意犯罪，集团犯罪通常是多次实施特定的犯罪，而青少年团伙犯罪往往是实施多次和多种犯罪，这也可以说是青少年团伙犯罪的又一个特点。正因为如此，严格地划分青少年犯罪团伙的类型是有困难的。但是按照青少年犯罪团伙所从事的主要犯罪活动，从大的方面仍然是可以划分其不同类型的。

青少年犯罪团伙根据犯罪性质可以划分为政治性的犯罪团伙和普通的刑事犯罪团伙。据有关部门调查统计材料来看，政治性的犯罪团伙较少，大量的是各色各样的一般刑事犯罪团伙。

所谓政治性犯罪团伙，主要是指以推翻人民民主专政即无产阶级专政的政权和社会

主义制度为目的具有反革命性质的犯罪组织。这种性质的犯罪团伙大体上有以下几种类型：1、进行反革命宣传和反革命煽动的犯罪团伙；2、向敌人提供情报、出卖国家机密、同敌特挂勾的犯罪团伙；3、抢夺、窃取枪支弹药，阴谋建立反革命武装，企图推翻共产党的领导的犯罪团伙等。这些犯罪团伙各地虽时有发生，但数量不大，成员不多。然而，由于它们有着明显的反革命目的，直接危害国家的根本制度和人民民主专政的政权，因而比普通的刑事犯罪团伙具有更大的危害性。

参加政治性即反革命性的犯罪团伙的成员，除了一般受蒙蔽的犯罪青少年以外，它的主要头子和骨干通常都极端仇视共产党的领导，极端仇视社会主义制度，极端仇视人民民主专政，思想十分反动。当然，在这些犯罪团伙的头子和骨干中，也有一些属于由于对社会不满而误入反革命歧途的青少年，其中有些人是劳动人民出身，对社会主义制度并没有刻骨的阶级仇恨，但他们受了敌人反动宣传的蛊惑和影响，中毒较深，因而参加或者组织反革命犯罪团伙。这些反革命的犯罪团伙及其成员不管是否具体实施了反革命罪行，只要组织和参加以反革命为目的犯罪团伙，均构成了反革命罪，应依法予以取缔和惩处。

在这里应当注意的是，要把反革命的犯罪团伙和一般的落后群体严格加以区别开来。在落后群体中虽然有些人也具有一些反动观点和散布一些反动言论，但是并没有明显的以推翻人民民主专政的政权和社会主义制度为目的的这种反革命故意、反革命行为。尽管这些落后群体有发展成为反革命犯罪团伙的可能性，或者容易被反革命所利用，但是这些落后群体仍然不能算做反革命犯罪团伙。在司法实践中认识和把握这种区别，对于正确执行党的政策，分化瓦解敌人，孤立和打击最反动的分子，教育受蒙蔽的青少年都具有重要的意义。

前面已经指出，在青少年犯罪团伙中，大量的是刑事犯罪团伙。这些犯罪团伙按照所实施的主要犯罪活动可以分为：抢劫犯罪团伙，盗窃犯罪团伙，流氓犯罪团伙，打架斗殴犯罪团伙以及以营利为目的的卖淫、赌博团伙等等。我们对青少年犯罪团伙这些类型的划分，是以其主要的犯罪活动为根据的。任何一个刑事犯罪团伙虽然不止实施一种犯罪，而是通常实施多种犯罪，但是总有一种犯罪是主要的。如果是以盗窃为主要犯罪活动的可称为盗窃犯罪团伙。如果以抢劫为主要犯罪活动的，可称为抢劫犯罪团伙。如果以奸污妇女等流氓活动为主要犯罪活动的，可称为流氓犯罪团伙或强奸犯罪团伙。这就说明，只要我们掌握犯罪团伙实施的主要罪行，就可以划分和确定犯罪团伙的类型。划分犯罪团伙的意义主要就在于找出犯罪团伙的主要罪行，从而避免把犯罪团伙的主要罪行和次要罪行混淆、颠倒，或者把主要的罪行漏掉。以便保证对犯罪团伙打击的准确性。

青少年犯罪团伙的类型和青少年犯罪的类型是一致的，是成正比的。从当前青少年犯罪类型来看，主要是盗窃罪、抢劫罪、流氓强奸罪，与此相适应，这些青少年犯罪团伙也居多。这里，我们没有把杀人、伤害团伙作为一种独立的类型。因为，单独从事杀人、伤害活动的犯罪团伙是不多的，这是一方面。另一方面，就是各种类型的犯罪团伙的成员，在其实施犯罪活动时，身上常常都带有凶器，他们随时可以杀害受害者。所以，犯罪团伙的杀人、伤害，通常是伴随其他犯罪出现的，或者以凶杀威胁、对付反抗他们罪行的人，或者以武力抗捕，或者对揭发他们罪行的人进行报复，或者以杀人、伤害对付脱离团伙的分子，或者在与其他团伙发生冲突时进行杀人。正是在这个意义上，也可以说各种类型的犯罪团伙，实际上也可能成为杀人、伤害团伙。

我们划分犯罪团伙的类型只是相对的，不是绝对的。因为多数犯罪团伙通常不止实施一种罪行，而是同时或先后实施多种罪行。比如，盗窃犯罪团伙也可能有时实施抢劫罪行，或者奸污妇女的罪行。抢劫团伙有时也可实施盗窃罪行，或者其他罪行。流氓犯罪团伙，有时候也可能实施盗窃罪行或抢劫罪行，或者其他罪行。同时，犯罪团伙成员也可能个别的或者与其他犯罪团伙成员一起实施别的犯罪活动。所有这些都说明犯罪团伙的犯罪活动的多样性和复杂性。这就要求我们一方面找出它们的主要罪行，另一方面也不要忽略或漏掉其他方面的罪行。

青少年犯罪团伙的类型如同其他事物一样，也是不断发展变化的。这种发展变化主要表现在两个方面：1、从单个的犯罪团伙来说，在一个时期主要实施某种犯罪活动，而在另一个时期则主要又实施别的犯罪活动。比如：有的打架斗殴犯罪团伙，后来逐渐演变成为以从事盗窃为主要活动的盗窃团伙；有的盗窃犯罪团伙，后来逐渐发展成为抢劫犯罪团伙等等。2、随着青少年犯罪情况的发展变化，犯罪团伙的类型也在发展变化。比如：在早期的犯罪团伙中，规模较大的打架斗殴，寻衅闹事，扰乱、破坏社会公共秩序的犯罪团伙比较多。最近一个时期以来，这类犯罪团伙逐渐减少。而抢劫团伙、盗窃团伙、流氓团伙以及以营利为目的的赌博团伙、卖淫团伙则显著增加，成为犯罪团伙的主要类型。这种变化，是属于犯罪团伙类型上总体方面的变化。所以我们不能把犯罪团伙的类型看作固定不变的东西。

之所以出现上述变化，除了其他原因之外，主要是反映了青少年犯罪意识上的变化。打架斗殴、寻衅闹事、抢军帽、捅刀子之类，带有浓厚的“文化大革命”中的“打、砸、抢”的色彩，多为“哥们义气”、好强斗胜所驱使。而后来，他们越来越感到这类犯罪活动不“实惠”，还常常“吃亏”、“受伤”。为了满足他们日益膨胀起来的个人主义欲望，愈来愈多的转向侵犯财产和奸污妇女的罪恶活动。他们在抢劫、盗窃财物之后就大吃大喝，进行挥霍；或者奸污、轮奸妇女，以发泄其兽欲。照他们的话说：“不吃不喝一生白过”，“不玩妇女，老了后悔”。这是当前抢劫、盗窃、流氓犯罪团伙居多的主观原因。

我们不仅要分析研究青少年犯罪团伙的类型及其变化和趋势，而且还要分析研究青少年犯罪团伙的内部结构，即各种犯罪团伙成员所处的地位及其作用。这样才能使我们区别不同情况，有成效地打击和瓦解犯罪团伙。

任何一个青少年犯罪团伙，从其内部结构来看，一般由下列成员组成：（1）犯罪团伙的头子；（2）犯罪团伙的骨干分子；（3）犯罪团伙的一般成员；（4）犯罪团伙的胁从成员或受蒙蔽成员。在犯罪团伙中起主导作用、组织作用、指挥作用、核心作用的则是犯罪团伙的主要头子和主要骨干。他们的地位和作用决定着犯罪团伙的性质和犯罪能量。因此他们比其他犯罪团伙成员具有更大的危害性。

犯罪团伙的头子和主要骨干，不管有没有名目，他们对于犯罪团伙来说，都具有相当的“权威性”。这种“权威性”是在犯罪实践活动中形成的。从犯罪团伙的实际情况来看，成为头子和骨干的，大体上有以下几种情况：（1）有犯罪经验。往往谁犯的罪越多，谁被政法部门抓捕、处罚的次数越多，谁在犯罪团伙中的地位就越高。（2）有一定的犯罪组织能力和指挥能力，能为犯罪团伙出谋划策者。（3）在犯罪活动中出力最多，在行凶、杀人、打架斗殴犯罪活动中，不怕死的亡命之徒。

此外，极少数犯罪团伙的头子和主要骨干是女流氓，这种人具有很大的腐蚀性，她们像"蜂王后"一样吸引、聚集着一批男女犯罪分子，进行猖狂的犯罪活动。

从当前情况来看，犯罪团伙、特别是那些严重的犯罪团伙的头子和主要骨干，多数是惯犯、累犯，或由少管、劳教、劳改场所逃跑人员组成。这些人过去就参加过犯罪团伙，甚至是犯罪团伙的头子或骨干分子；有的是作恶多端的犯罪分子。这些人虽被政法部门抓获、惩处，但他们没有真正认罪服法，没有彻底揭发、交代自己和同伙的罪行。他们在少管、劳教或劳改场所不是老老实实的接受改造，而是钻我们的空子，互相传习犯罪的"经验"。这些人出生在世界上不过一二十年的光景，但在他们脑子里却充满着腐朽的人生哲学和混世哲学，存在着浓厚的犯罪意识。这些人期满放回或者中途逃跑以后，就很快投入新的犯罪活动，或者继续参加原来的犯罪团伙，或者重新组织新的犯罪团伙，教唆、引诱、煽动、蒙蔽、腐蚀、拉拢一些具有违法、落后行为或者无辜的青少年走向犯罪的道路，成为团伙犯罪的成员及后备军。这些人是青少年犯罪和青少年团伙犯罪中最危险的成份，因而是我们当前同犯罪团伙斗争中应该重点加以打击的对象。

一般的犯罪团伙除了头子和骨干以外，还有数量不等的普通成员和胁从成员或受蒙蔽成员。一般成员在犯罪团伙中不居领导地位，不起组织作用和指挥作用。他们在团伙头子的指挥和骨干分子的带领下，都自觉的参与团伙的犯罪活动。他们和团伙的胁从成员，受蒙蔽成员不同，不仅是自愿的积极的实施犯罪活动，而且承担一定的分工，有时候他们也参与团伙的犯罪预谋。在团伙的头子或骨干被打掉以后，一些漏网的普通团伙成员，有的可能出来代替原来的头子和骨干，重新串联、组织或者扩大原来的犯罪团伙，继续进行犯罪活动。所以在着重打击犯罪团伙的头子和骨干的同时，要认真查清和处理犯罪团伙的一般成员，从而根除这个犯罪团伙继续存在的可能性。

胁从成员或者受蒙蔽的成员，在犯罪团伙中是一种附属的成份。他们虽然也参与团伙的犯罪活动，有一定的共同犯罪故意，但是他们一般不参加犯罪团伙的预谋，也不承担主要的犯罪分工。他们往往是在被迫或者受蒙敝的情况下参加犯罪的，也有的是跟着起哄。这些人一般年龄较小，多系未成年人。在实施几次犯罪以后，他们之中有的可能就变为犯罪团伙的一般成员。我们在打击犯罪团伙时，要注意分化瓦解工作。由于这些人在犯罪团伙中陷的不深，应尽量争取他们转变立场，揭发团伙的罪行，同犯罪团伙划清界限。应当明白，这些人往往是我们同犯罪团伙的争夺对象，所以做好这一部分人的工作，对于缩小犯罪团伙的市场、孤立犯罪团伙的死硬分子，都具有重要的作用。

这里还要附带说一下，关于青少年犯罪团伙中的教唆犯问题。事实证明，犯罪团伙的存在不仅对社会有很大的危害性，而且对青少年也有很大的腐蚀性。从这个意义上来说，犯罪团伙本身就起着教唆犯的作用。从犯罪团伙的内部成员来看，头子和主要骨干，往往同时也是教唆犯。他们一方面教唆青少年去犯罪，另一方面又腐蚀拉拢其他无辜的青少年加入犯罪团伙。正因为如此，我们没有单独把教唆犯列为犯罪团伙的成员。

但是并不是说犯罪团伙中没有教唆犯问题。如果那样认为无疑是不正确的。

以上我们概略地分析了犯罪团伙的类型及其内部结构，概略地分析了犯罪团伙不同成员的地位、作用和相互关系。当然，这种分析还只是初步的，今后还有待于作进一步的研究和探讨。我们要看到各色各样的犯罪团伙是存在千差万别的，我们既要认识它们的这种差别性，又要认识它们的共性；既要找出它们的区别，又要找出它们的联系；既要考察它们的过去和现在，又要研究和预测它们的变化趋势。从而能够由表及里的认识犯罪团伙的特点和规律，使我们的对策建立在客观的科学的基础之上。

四、加强同犯罪团伙的斗争

正如我们前面所指出的，团伙犯罪已经成为我国当前青少年犯罪的主要活动形式，对社会具有很大的危害性。为了维护社会治安，保护人民生命财产的安全，保卫四化建设的顺利进行，保护青少年的健康成长，必须采取有力措施，切实解决青少年犯罪问题，加强同青少年团伙犯罪的斗争。

近几年来，团伙犯罪的猖獗，引起了社会各方面的密切关注。各地在打击团伙犯罪、深挖犯罪团伙方面获得了很大胜利，取得了不少经验。有些大中城市挖出了各类青少年犯罪团伙几十个、几百个，甚至上千个，并且依法惩处了一批作恶多端的犯罪团伙的头子和主要骨干分子，挽救了一批失足的青少年，使社会秩序有了不同程度的好转。实践证明，凡是打击团伙犯罪切实有力、深挖犯罪团伙成绩显著的地方，那里的社会犯罪率和青少年犯罪率就出现了明显的下降趋势。但是，“冰冻三尺非一日之寒”，团伙犯罪不是一时发生的现象。因此同青少年犯罪团伙作斗争，也是一项长期的任务。

打击团伙犯罪，深挖犯罪团伙，必须紧紧抓住三个重要环节：

（一）必须查清犯罪团伙的主要犯罪活动和内部成员情况。这是正确执行法律和政策的基础，也是彻底打掉犯罪团伙的必备条件。鉴于青少年犯罪多是团伙犯罪，因此，对发生的各类刑事案件，都要考虑团伙犯罪的可能性。如果已初步认定是团伙犯罪，那么就应扩大侦察范围，不仅把这一次的犯罪活动搞清楚，而且还要由此及彼，把这个犯罪团伙的过去的一切犯罪活动及成员的组成和变化情况通通查清。当然不要把一般的共同犯罪或个人犯罪当成团伙犯罪，但是也不能把本来是团伙犯罪误当做个人犯罪或一般的共同犯罪，只有这样才能使我们对刑事犯罪打击准确、有力，及时铲除犯罪团伙，而不致使其漏网，继续危害社会。

（二）必须重点打击犯罪团伙的头子和主要骨干分子，这是彻底打掉犯罪团伙的关键。俗话说：“擒贼先擒王”，各地的经验也表明，只有把犯罪团伙的头子和骨干分子全部挖出来，彻底查清他们的犯罪事实，及时依法严肃处理，才能对犯罪团伙以决定性的打击。反过来，如果使犯罪团伙头子和骨干分子漏网，或者没有把他们的主要罪行查清，或者把他们当作一般的犯罪团伙成员看待，而予以宽纵，那么这个犯罪团伙就可能重新聚集，继续进行犯罪活动。所以是否把犯罪团伙的头子和主要骨干分子一网打尽，是衡量是否把这个犯罪团伙从根本上打掉的主要标志。

这里需要指出，犯罪团伙的头子与一般共犯者不同，他不仅要对自己实施的犯罪活动负责，而且也要对整个犯罪团伙的有组织的犯罪活动负责。因为他在犯罪团伙当中居于领导地位，他是犯罪团伙的组织者和指挥者。所以犯罪团伙的按照计划有组织的实施的一切犯罪活动，都和犯罪团伙的头子有着实切的联系。这就要求我们不仅查清犯罪团伙头子自己亲身所犯的罪行，而且还要查清和认定他在整个犯罪团伙中的责任和作用，要把两者结合起来，进行处罚。

对于犯罪团伙的头子或主要骨干分子，依照法律规定，应当从重或加重处罚。我们刑法第23条规定："组织，领导犯罪集团进行犯罪活动的或者在共同犯罪中起主要作用的，是主犯。""对于主犯除本法分则已有规定的以外，应当从重处罚。"第86条规定："本法所说的首要分子是指在犯罪集团或者聚众犯罪中起组织、策划、指挥作用的犯罪分子。"刑法分则有关条文中都作了对首要分子加重处罚或从重处罚的规定。上述原则和规定，对团伙犯罪的头子和骨干分子无疑也都是适用的。1981年，全国人大常委会讨论了依法从重从快打击严重刑事犯的问题，作出了《关于死刑案件核准问题的决定》和《关于处理逃跑或者重新犯罪的劳改犯和劳教人员的决定》。在这两个法律文件中所指出的那些最严重的犯罪和劳改犯、劳教人员逃跑或重新犯罪的犯罪分子，其中有些就是犯罪团伙的头子和主要骨干分子。对他们依法从重从快进行打击，这是完全必要的。只有这样才能震慑罪犯，使犯罪团伙土崩瓦解，起到教育人民、维护社会治安的作用。

（三）除了重点打击极少数犯罪团伙的头子和主要骨干分子外，对于多数犯罪团伙的一般成员要采取分化瓦解的策略。当然对他们所犯的罪行也要查清，也要依法处理，但是他们不是重点打击对象。对其中胁从的和受蒙蔽的一般应从轻或减轻处罚，这样有利于孤立少数头子和骨干分子。这里要注意的是，一方面必须要求他们彻底交待自己的罪行，认罪服法；另一方面必须揭露犯罪团伙的罪行，揭发犯罪团伙头子和主要骨干分子的罪行，不得有任何的隐瞒和包庇。否则，就很难使他们认罪服法，把他们改造过来；也很难使他们同犯罪团伙切断联系，使他们和犯罪头子及主要骨干划清界限。因而我们的分化瓦解策略就难以奏效。

在破获任何一个犯罪团伙的过程中，都必须紧紧抓住以上三个环节。这三个环节是互相联系的，缺一不可的。我们忽略任何一个环节都会造成工作上的失误。

打击团伙犯罪，深挖犯罪团伙，总的来说，要立足于彻底拆散犯罪团伙。这个要求不仅贯穿于侦察、破案和审判工作中，而且也贯穿于整个劳改、劳教、少管过程中。同时还要防止犯罪团伙在拆散以后又重新集结，或者有的犯罪团伙成员又另外组织新的团伙。因此，犯罪团伙的成员在劳改、劳教、少管期满释放以后，家庭、学校、社会要对他们继续进行教育帮助，要密切注意他们的思想动向和活动动向，要尽可能的解决他们的学习、工作和生活中遇到的困难。也就是说社会要很好的容纳他们，警惕和防止犯罪团伙成员或其他坏人重新把他们拉向犯罪的道路，也要警惕和防止他们"旧病复发"，和原来的犯罪团伙成员或其他犯罪分子勾结起来，进行新的犯罪活动。

打击团伙犯罪，决不单单是政法部门的事情，而且也是社会各个方面的工作，因而也要采取"综合治理"的方针。要关怀青少年的健康成长，要保障他们的合法权益，要加强政治思想工作，加强法制教育和道德教育，开展学雷锋、树新风和"五讲"、"四美”的活动，改造社会风气，提高整个社会的精神文明，注意发挥党、团组织以及少先队、学生会、工会、妇联等各种群众团体的作用，广泛的开展健康的文娱、体育、科技等活动，抵制剥削阶级思想的腐蚀，批判封建的“哥们义气”，批判资产阶级腐朽的人生哲学，从政治上、组织上、思想上铲除团伙犯罪的条件。还有一点值得注意的是，要正确地对待和解决青少年中落后层。应当看到，由于林彪、“四人帮”的破坏，由于剥削阶级思想的影响，由于我们经济建设和群众生活存在一些困难，由于在党和政府机关还存在着官僚主义和不正之风，由于我们的工作中还有一些缺点和错误，在一部分青少年中没有树立起正确的信仰，他们对现实有不满情绪，有的甚至散布一些落后的或者错误的言论。对这种现象无须大惊小怪。但我们要做好这些青少年中的落后层的工作，既不要放任不管，也不应采取歧视态度和激化矛盾的办法，而是应该去接近他们，关怀他们，教育他们，帮助他们。只有这样才能“防患于未然”，使他们不致于走向违法犯罪，不致于堕落到犯罪团伙的泥坑。

我们有优越的社会主义制度。我们相信，在党中央的领导下，动员社会各界的力量，综合运用政治的、经济的、法律的、道德的手段，一定能解决青少年团伙犯罪问题，逐步降低青少年犯罪率，不断发展安定的社会局面，使我们的四化建设能够顺利的进行。

论犯罪团伙案件的特点

（1984年4月）

皮艺军

以结成团伙的形式进行犯罪是当前新的历史条件下犯罪活动方式的一个新动向。这不仅表现在团伙的数量急剧增多，而且人数在案犯总数中也大幅度增加，成为当前刑事犯罪的主要形式之一。我们对某地在1981年和1983年同一时期审结的团伙案件进行了统计（不含反革命和经济犯罪团伙），明显反映出团伙案件的增长趋势。

时　间	团伙案件件数	团伙成员人数	曾受拘留以上处理的
1981年8月-12月	36件	103人	30人
1983年8月-12月	104件	396人	182人
增加件数和比例	68件　188%	293人　284%	152人　506%

从以上统计，可以看到团伙犯罪影响面广、手段凶残、后果严重，具有不可低估的社会危害性，是当前严厉打击的主要对象。因而，从预审工作的角度及时进行调查研究，制定对策是完全必要的。

根据刑法规定，团伙犯罪符合二人以上共同故意犯罪的特征，从本质上看是共同犯罪。同时，团伙犯罪是一种特殊的共同犯罪，具备集团犯罪的基本特征：犯罪的有组织性、持续性、严重的社会危害性。因而从广义上说，团伙犯罪又是集团犯罪。然而，团伙犯罪作为在新历史时期出现的集团犯罪的新形式，具有同一般犯罪集团相区别的新特点：一是组织结构松散，无严格组织界限和组织纪律，成员变动大；二是犯罪目的、对象不固定，仓促纠合，临时起意，缺乏周密预谋；三是以哥们义气为精神支柱和联系纽带；四是少数犯罪团伙带有明显的政治色彩，以一般的刑事犯罪为手段，去达到某种政治目的。

因此，我们一方面要从司法理论上把犯罪团伙理解为犯罪集团，从战略角度上把它作为严厉打击的对象；另一方面又应根据犯罪团伙和犯罪集团的非本质区别，在组织形态上，把犯罪团伙当作犯罪集团的低级层次，或发展过程中的初级阶段。在审讯、审判等司法实践中应根据其组织严密程度、犯罪持续性和社会危害性有区别地打击处理。最近司法战线提出对犯罪团伙“要一锅端，但不要一锅煮”的处理意见，既有利于贯彻“从重从快，一网打尽”的方针，又能针对其特点区别对待。我们认为这是正确认识和处理团伙案件的一个好方法。

综上所述，我们可以把犯罪团伙理解为：由三人以上组成，组织结构松散的、经常进行违法犯罪活动的犯罪集团。当前团伙案件有如下特点：

（一）在勾联形成上的区域性和近习性

团伙的勾联在客观上具有区域性。同学、同乡、同厂工人、邻居、同案等地理环境接近和职业关系是团伙勾联的客观条件。

在主观上具有近习性的特点。团伙成员是由共同的兴趣爱好、不良的人生观和生活方式沟通思想的。在相识之后相互感染，使原有不良心理倾向愈演愈烈，在哥们义气的激发下逐步产生共同的犯罪故意，产生了团伙犯罪的思想基础。在犯罪团伙中，具有较大煽动性、诱惑力和主观恶性的核心成员，其思想意志集中代表了其他团伙成员的思想意志。

（二）组织结构的松散性

按团伙成员在犯罪中的地位、作用，一般可分为核心成员、骨干成员和外围成员三个层次。

核心成员大都较为年长者或犯有前科罪行，屡受打击、罪恶名声大，或以心狠手黑著称，在团伙中具有一定威信和组织能力。“统计”表明在104个团伙中有67个团伙的主犯受过拘留以上的打击，占64.4%。核心成员的言行对选择犯罪对象、纠集团伙，犯罪后果的严重程度都起着举足轻重的作用。尽管团伙中事先预谋较少，核心成员也并不严格履行对团伙的管理指挥职能，但他的行为实际上对其他成员起着诱导和示范作用，必然使其他成员不甘示弱而群起效尤。

确定某一团伙的其他组织成员，也是以他们是否参与核心成员所组织的犯罪活动为根据。

骨干成员，在犯罪中的作用、地位仅次于核心成员。但在某次犯罪中的危害性可能要超过主犯。骨干成员有游离性大的特点，他们无须经本团伙同意，就可以到别的团伙中参与新的犯罪，也有自立门户、另有山头的。他们是团伙形成过程中出现派性分化现象的重要因素。公安机关应特别注意深挖这些成员的犯罪线索。

外围成员，在团伙中居于从属地位。犯罪的主观恶性和危害性都比较小。大多数人少有违法行为和初次犯罪，在犯罪中一般充当帮凶、提供窝藏地点、销赃的角色。

（三）实施犯罪方式的多样化

由于团伙内部组织结构的松散、犯罪目的性不强以及青少年团伙犯在犯罪中的盲目冲动等因素，造成了团伙实施犯罪方式的多样化的特点。从犯罪的类型上看可以分为：

纠合型。"统计"中的104个团伙案，其中34个团伙有杀人、抢劫、伤害罪行，除伤残多人外，共杀死15人，均为临时起意，一时冲动所致。他们事先无预谋，大都是纠合之后先进行流氓滋扰，一旦受人干涉，引起纠纷，便大打出手，行凶伤人，使案件性质由流氓滋扰、扒窃变为杀人、抢劫、伤害等暴力性犯罪，具有突发性特点。如艾××团伙杀人案，艾犯等五人在海淀区燕春饭馆酗酒时与人发生口角，在互殴中艾犯竟用片刀连续扎死两人。

预谋型。整个团伙经常进行一两种犯罪，侵害客体较为固定，有一定预谋。表现为劫持轮奸妇女、入户抢劫和盗窃等类型的团伙，参与犯罪的人员较为固定，相互之间很熟悉，行动迅速默契，方法简练，很少留下痕迹，攻守同盟也较为稳固。如侯××流氓团伙案，侯犯为争女朋友与人发生争执。经预谋纠集赵犯等人埋伏在事主下班路旁，由侯犯发信号，赵犯指挥，众犯将事主用刀砍伤六处。事后又由同伙将侯犯窝藏起来进行包庇。

从团伙的犯罪方式上来看，可分为：

暴力型。公然结伙，凭暴力称霸一方，由一两个心狠手黑以凶残著称的成员为核心，吸引一些想寻找靠山、逞强好胜的其他成员组成团伙。流氓械斗、伺机抢劫、伤害无辜是他们主要犯罪方式。在这类杀人或伤残致死他人的案件中，常常是一拥而上，不甘落后，猖狂施用暴力。但杀人主犯往往不是核心成员，而是某些骨干成员抱着为同伙报仇或自我炫耀的动机而犯下重罪。这些罪犯野蛮成性，嗜血如狂，每人都有一件或一件以上的凶器。如黎××杀人团伙案，四名主犯有两名曾因打架被多次拘留，另两名也因携带凶器被拘留。在此次作案中七名被告分别用斧头、宝剑、尖刀、铁锨等六种凶器将事主活活杀死。

淫乱型。这类团伙数量较大，主要实施流氓、强奸、轮奸等犯罪活动。统计表明，有45个团伙犯有这类罪行，占团伙总数的43.2%。淫乱型犯罪团伙可分为两类，一类是引诱型。男女团伙成员纠合起来在秘密场所以淫秽录相、下流舞会引诱妇女进行猥亵奸淫，或勾引妇女卖淫，从中渔利。这类犯罪地点较为隐秘，有住所做掩护，不实施暴力，因而受诱骗的女青年很少告发。这类团伙在"严打"中有增多的趋势。第二类是强制型。犯罪团伙用暴力劫持女青年进行轮奸摧残。犯罪多在黑夜和偏僻地方，被害人对罪犯难以辨认。从实践中看，有很大一部分团伙两类犯罪方式兼而有之，既有诱骗妇女进行奸淫或和本团伙的女犯群居鬼混，又同时有暴力劫持强奸。

窃盗型。指经常进行扒窃、绺窃活动的团伙。这是团伙犯为满足享乐欲望，过花天酒地的生活而必然采取的财产犯罪的方式。统计中犯单一盗窃罪的团伙占27%，犯有数罪同时犯盗窃罪的团伙占56.7%（不含抢劫罪），可见窃盗型团伙是相当普遍的。如胡××盗窃团伙案，胡犯等8名罪犯结为团伙后，专门盗窃各机关公共财物，至被捕之日止盗窃财物的价值已达3.7万余元。

（四）形成团伙犯罪的心理特征

1.　追求非法的群体活动

处在青少年时期的团伙犯，心理的独立意向日趋明显。由于受不良影响，他们力求摆脱家庭、学校以及社会正规教育的束缚。但他们的年龄特征又使得他们不得不带有极大的依附性。自我意识的增强使他们旧有的依附对象发生新的转移，转移到他们崇拜的、和自己的消极心理相投合的人身上，转移到可以发挥自由意志、为所欲为的群体之中。心理上的共同需要使这些违法青少年聚集到一起，形成落后群体。这种群体正好缓解了违法青少年心理活动中独立性和依附性的矛盾，顺应了青少年"向群性"的特点，也隔绝了青少年接受正确教养的途径，逐渐由落后群体演变成犯罪团伙，成为违法青少年走上犯罪的滋生地和传习所。

2.　严重的哥们义气和帮会思想

这与违法青少年追求非法的群体活动是有直接联系的。在长期封建余毒影响下，尤其是"文革"中帮派思想毒害下，"哥们义气"和帮会思想成为团伙犯罪活动最顽固最主要的精神支柱。团伙成员的信条是"有福同享，有难同当，为哥们两肋插刀，无话不可说，无事不可干。"被捕后为哥们情愿独自包揽罪责，受罚坐牢。哥们义气对外成为团伙疯狂犯罪的驱动力，对内成为联系团伙思想的主要纽带。

3.　犯罪的冲动性、盲动性和残忍性

团伙成员认识上的是非颠倒必然造成他们情感上的爱憎倒错和行动上的盲目性。他们以团伙的私利去衡量是非，敢与团伙作对的就是仇人，对哥们的亲，对社会的恨，使他们本来就不易于抑制的感情更加冲动，不受理智的约束，加上逞强好胜的心理，导致了行为的残忍性。

社会化与青少年犯罪团伙

（1984年2月）

王洛生

我们认为，从宏观的、整体的、社会政治的角度探讨青少年犯罪团伙形成的原因，有必要十分鲜明地确立这样的观点，即：在我国现社会中，从一部分青少年中滋生犯罪团伙是一种不可避免的现象。但它象近十年这样大量蔓延，则是在特定历史背景下发生的一种非正常现象。因此，我们首先分析犯罪团伙滋生的原因，然后进一步分析犯罪团伙蔓延的原因。

（一）犯罪团伙滋生的原因

当前青少年犯罪是整个社会犯罪问题的主体部分，而犯罪团伙又是青少年犯罪的主要形式，因此，分析犯罪团伙滋生的原因，不能不首先分析我国现社会存在犯罪的原因，特别是青少年犯罪突出的原因。

我国现实社会仍然存在犯罪的原因：一是我国在一定范围内还存在阶级斗争，特别是来自海内外剥削阶级反动、腐朽、糜烂的意识形态以及生活方式的影响和侵蚀；二是我国社会成员之间还存在着由社会主义阶段生产力和经济文化发展的历史局限性决定的，因劳动者之间个人能力和对社会贡献大小不同而发生的物质和精神享受上的差别，而对这种差别并不是所有的人都能正确理解和对待的；三是基于以上两点，社会主义道德和法制观念还不可能成为每一社会成员自觉遵守的生活准则。因此，除了剥削阶级残余分子之外，还会有一些人在剥削阶级思想的腐蚀和支配下，破坏社会主义道德和法制，谋求不劳而获、损人利己、损公肥私的非法利益和享受，以致敌视社会主义制度，变成触犯刑律的刑事犯罪分子以至反革命分子。

青少年犯罪除以上原因外，还有青少年比各方面都已成熟的成年人更容易犯罪的特殊原因，即：青少年"社会化过程"的未完成性和"社会性"发展的不成熟性及其在青少年心理上的反映。

人的"社会化过程"，是指人通过全面的社会生活实践，学习社会知识，积累社会经验，经受社会锤炼，接受社会指导和约束，从而把合乎社会要求的思想和行为规范转化为自身的认识和生活准则的过程。这一过程，一般地说，要持续到人"成家立业"、进入社会独立生活和工作一段时间，即大约在25岁到30岁之间，才能最终完成。

人的"社会性"，则是指社会关系的总和在人头脑中正确和能动的反映。这种反映全面建立的标志，即"社会性"成熟的标志是：在人头脑中形成了与社会要求相一致的思想认识体系，而且它能对人的行为发生有效的支配作用(即世界观、人生观的确立)。显然，由于青少年的社会化过程尚未完成，他们社会性的发展具有不成熟性。

青少年社会化过程的未完成性和社会性发展的不成熟性，在青少年心理上的反映是：青少年心理的成熟相对落后于生理的成熟。

人生理上的成熟，是在11、12岁到17、18岁之间的"青春期"完成的。在这一阶段，人体的发育，特别是思维感觉器官和功能以及性生理功能实现了飞跃性的发展和成熟。随着生理发展的飞跃和成熟，青少年在心理上也开始了从幼稚向成熟的转化过程。但与生理相比，青少年心理的成熟处于落后状态，具体表现是：思维带有很大的片面性和表面性；情绪带有很大的不稳定性和冲动性；好奇心、好胜心和独立意向非常强烈，但认识能力、行为能力和自制能力却不健全。

青少年心理的成熟所以落后于生理的成熟，主要是由于心理的成熟不仅依赖于生理的成熟，还要求人们在社会生活实践方面达到一定的深度和广度，即还有赖于社会化过程的完成和社会性发展的成熟。

总之，上述青少年的天然弱点使青少年缺乏对犯罪诱因的抵抗力，这就是青少年比成年人更容易犯罪的原因，也就是青少年在整个社会犯罪中相对突出的原因。

那么，为什么从青少年中会滋生出犯罪团伙呢？

我们认为，这是一部分青少年在社会化过程中偏离社会要求，向犯罪方向转化的结果。

青少年的社会化过程是在"社会的自觉教育"(家庭、学育教育和政府宣传)和"自发的社会影响"(社会交往、文学艺术和社会风气的熏陶)两种社会指导的综合作用下进行的，同时，又是在因人而异的青少年个人生活环境和经历中进行的。因此，每个青少年亲身经受的社会教育和影响各不相同。如果在他们受到的教育和影响中，与社会要求相违背的因素多于或者强于与社会要求相同的因素，就会发生教育不佳或影响不良的问题。

教育不佳和影响不良在青少年天然弱点的作用下，必然导致一部分青少年在社会化过程中偏离社会要求，形成严重的虚荣心、好逸恶劳、自私自利、低级趣味、不正当欲求等不良品质、兴趣和追求。当这种偏离没有得到及时有效的矫正，继续发展并达到一定程度时，就会使他们向犯罪方向转化。

一般地说，青少年都有强烈的自我意识和独立意向，他们精力旺盛，感情充沛，渴望在与他人的关系和社会集体生活中得到关心、帮助、友谊、尊重和表现自己的机会，喜欢结交朋友，与同伴一起分享欢乐和分担苦恼。这些，都是青少年社会性发展的正常要求和表现。但是，物以类聚，人以群分，在社会化过程中接受了不良教育和影响的青少年，由于他们正在发展中的社会性偏离了社会要求，他们的自我意识和独立意向也就变成了疏远社会集体的不正当聚合趋势：一方面，他们抵制同社会要求相一致的教育和影响，总是企图摆脱成年人的监护和社会集体的监督，反对他人对其自由放任的干预，逃脱有组织、有纪律的社会集体生活；另一方面，由于他们彼此之间有类似的不良品质、兴趣和追求，当他们有机会互相接触时，就发生了强烈的相互吸引，从而自发地聚合在一起，形成一种对社会集体呈游离状态的"小社会环境"或"小社会性群体"。

这种"小社会环境"或"小社会性群体"的特点是：排斥在社会中占主导地位的人生价值观念，拒绝社会纪律、道德、法律的约束。它是不良青少年在其中倾泄过剩的精力、寻求同伙的尊重和赏识、低级趣味的刺激和不正当欲求得以共鸣的小天地。

不良青少年一旦发生这种聚合，也就形成了犯罪团伙的萌芽和雏形。

许多实例说明，即使没有犯罪分子加入其中进行教唆，这些原已有潜在违法犯罪意识的青少年聚合在一起互相熏染的结果，也会强化他们违法犯罪的倾向，导致他们进行犯罪活动。这样，犯罪团伙的萌芽或雏形也就升级演变为货真价实的犯罪团伙了。如果其中有先行犯罪的青少年或成年教唆犯的影响和纵容，则会使这种演变加速进行。

犯罪团伙形成的这种规律说明，犯罪团伙的滋生只需要具备三个条件：

1. 有违法犯罪倾向(即有不良品质、兴趣和追求)的青少年在一定空间达到一定数量的存在；

2. 他们之间有接触、结识、交往的机会；

3. 社会未能在事前制止他们进行违法犯罪活动。

综合上述我国仍然存在犯罪现象的原因，青少年较各方面都已成熟的成年人更容易犯罪的原因，以及有违法犯罪倾向的青少年趋向于不正当聚合的特点，就决定了犯罪团伙滋生的客观必然性。

实际上，在十年内乱前也并不是没有青少年犯罪和犯罪团伙，只是那时有良好的党风、民风和良好的社会治安秩序，在广大青少年受到的教育和影响中，光明的、正面的东西占绝对压倒优势，因此，青少年犯罪和犯罪团伙在当时没有成为严重的社会问题。

(二)犯罪团伙蔓延的原因

如果说，犯罪团伙的滋生有它的客观必然性，是不可避免的现象，那么，犯罪团伙象近几年这样一茬接一茬地大量出现，即犯罪团伙的蔓延，则是一种与特定历史原因相联系的非正常现象。

这些特定历史原因是：

第一，十年内乱严重破坏了现在15岁左右至30岁左右这一代人的“社会化过程”。其表现是：

1．青少年的社会化过程需要有正常的社会生活条件作为基础。但是，十年内乱破坏了青少年健康成长所必需的家庭环境和家庭教育，中断了他们正常的学习生活和学校教育，使他们过早地走向社会，但又使他们得不到正常的就业机会和独立生活的条件。

2．青少年的社会化过程需要有正确的政治观点、崇高的理想、美好的追求和高尚的情操作为灵魂，需要有英雄模范人物的光辉形象作为榜样。但是，十年内乱时期极左思潮和无政府主义泛滥，反革命阴谋家、野心家篡党夺权，老一辈革命家、大批优秀干部、知识分子、劳动模范受迫害，使相当一部分青少年发生了信仰危机，迷失了前进的方向。

3．青少年的社会化过程需要社会惩治一切危害社会的分子和行为作为借鉴。但是，在十年内乱中，形形色色的帮派组织和“三种人”造反夺权，大搞打砸抢和武斗；公检法被砸烂，新老刑事犯罪分子纷纷出笼活动，正不压邪，坏人猖狂，好人受气，使青少年在耳濡目染、潜移默化中受到极大毒害。

以1983年为终点计算，年满30岁的人，他们13岁至23岁，即少年时期、青年初期和中期是在十年内乱中度过的；年满25岁的人，8岁至18岁，即童年、少年和青年初期是在十年内乱中度过的；年满18岁的人，1至11岁，即幼年和童年时期是在十年内乱中度过的；年满15岁的人，8岁以前，即幼年时期也是在十年内乱中度过的。

十年内乱的严重破坏，在现在15岁左右至30岁左右这一代人当时还非常幼小或尚未成熟的心灵上，造成了短时间难以愈合的创伤，使他们程度不同，然而是普遍地发生了教育不佳和影响不良的问题。虽然他们当中的绝大多数由于没有动摇热爱祖国、拥护党和社会主义的信念，对林彪、江青反革命集团的毒害和破坏进行了抵制和斗争，在党拨乱反正之后，积极努力地弥补十年内乱造成的损失，因而跟上了时代前进的步伐。但不幸的是，从他们当中毕竟也分化出来数量空前的大批严重偏离或根本背离社会要求的不良青少年和违法犯罪分子，从而造成了从十年内乱中期开始出现的我国青少年犯罪高峰期及其伴随现象犯罪团伙的蔓延。

第二，在新时期的过渡性环境中，出现了青少年“社会化过程”干扰因素有所增加和强化的新情况。

粉碎“四人帮”，特别是党的十一届三中全会以来，我国逐步形成的内外关系的新格局，对全党、全民尤其是青少年，都是未曾经历的一种新的历史条件和社会环境，各条战线的工作，包括青少年的政治思想教育工作，难免发生一些不完全适应新形势要求的不得力的现象和偏差，在这种背景下，干扰我国青少年社会化过程的因素有所增加和强化。其表现是：

1．在实行“对外开放”政策的过程中，来自海外的资产阶级腐朽意识形态和生活方式的影响，通过各种渠道如潮涌而来，成为严重干扰我国青少年思想、侵蚀他们心灵的强烈冲击波和腐蚀剂。

2. 在实行“对内搞活经济”政策的过程中，“一切向钱看”的歪风邪气，助长了某些青少年极端个人主义和损人利己的思想倾向。

3. 在恢复贯彻“双百方针”和“对外文化交流”政策的过程中，思想战线和文艺战线出现的资产阶级自由化倾向和传播精神污染的现象，以及党内外的不正之风，使一些青少年产生了怀疑四项基本原则，同党和社会主义离心离德的倾向。

4. 十年内乱和工作失误造成的待业问题，教育事业与社会发展需要不相适应的问题，以及其他影响青少年生活、发展和前途的问题，一时难以解决，给一部分青少年的健康成长造成了困难，使他们在不同程度上存在消极和埋怨情绪。

总之，十年内乱对我国青少年社会化过程的严重破坏和新时期过渡性环境中干扰青少年社会化过程的因素的加剧，这两种特定历史原因交织在一起，造成了不良青少年和违法犯罪青少年的大量存在，并且在年龄较大者逐渐退出，年龄较小者相继进入的流水状态中，保持着人数的相对稳定，从而导致了十年内乱结束后，在一定时期内，我国青少年犯罪高峰期持续，犯罪团伙继续蔓延的特定历史现象。

第三，近几年政法公安部门对刑事犯罪打击不力，也是犯罪团伙得以蔓延的一个重要原因。其表现：一是对严重刑事犯罪是我国现阶段阶级斗争的重要表现缺乏清醒认识，对青少年犯罪分子的反社会情绪估计不足，对他们犯罪活动的反动性认识不够，因而对中央提出的对严重刑事犯罪依法从重从快严厉惩处的方针贯彻不力、摇摇摆摆，没有充分发挥政法公安机关的专政职能，致使前一时期出现了犯罪分子气焰十分嚣张的非正常现象。二是对犯罪团伙的黑社会性质及其对社会治安的严重危害认识不足；对犯罪团伙的蔓延催化了青少年犯罪数量和质量的急剧上升缺乏敏感，因而没有明确地把犯罪团伙作为打击重点，而是当作一般共同犯罪对待，甚至本来是团伙犯罪却分而治之、零敲碎打，以至出现了对团伙头子处理偏轻，或只是处理了头子、骨干而没有摧毁组织的现象，这就使犯罪团伙象传染病菌一样越扩散越广，被打掉了的常常死灰复燃，新生的则不断出现，致使犯罪团伙的蔓延趋势长时期未能刹住。

病态友谊、自发团体与团伙犯罪

（1986年1月）

马长生

（一）

心理学的研究成果表明，青少年之间的病态友谊同团伙犯罪心理有着内在的联系。向往和追求同龄人的友谊，是青少年的普遍心理需要。不过，这种友谊的内容和表现形式却是多种多样的。概括地讲，大体有三种情况：

一是健康有益的友谊。为了一个共同的目标——国家的富强和人民的幸福，而互相关心、互相勉励、互相帮助，这种友谊可以促进青少年的进步。在我们的社会里，到处都有这种可贵的友谊。雷锋和他的年轻战友之间的友谊，张海迪和聚集在她周围的青年朋友的友谊，就是这种友谊的典范。

二是病态的友谊——哥儿义气。一些青少年受到封建宗法思想、行帮观念等腐朽意识严重侵蚀，往往把"为朋友两肋插刀"的江湖义气视作"最高友谊"，为了这种"友谊"，甚至不惜杀人犯罪。如某市十六岁的中学生陈某，为替自己的"小兄弟"报一拳之仇，竟用刀刺杀别人。这就是这种病态友谊的最恶劣的典型。这种病态"友谊"的纽带，甚至可以把一些不轨青少年联结成一个犯罪团伙。如某县一个中心小学几个学生时常进行偷盗活动，他们用偷来的东西"请客"，用这种"友谊"的锁链来捆绑住一部分意志薄弱的学生，逐渐形成一个五十多人的犯罪团伙。可以说，这种病态的友谊，是青少年团伙犯罪心理形成的一个重要因素。

三是一般的友谊。在一起"谈得来"、"玩得好"，在感情上互有依托、留恋。其中一部分意志薄弱者或家庭教育不好的人，在遇到坏朋友的引诱腐蚀时，也会陷入病态友谊的深渊而不能自拔。如少女杨某，平素并无劣迹，后来她同盗窃团伙里的"姐妹"交上了朋友，遂在"友谊"的锁链束缚之下，对"姐妹"的盗窃行为从看不惯到产生了好奇心，之后又跟着"姐妹"试着干，终于堕落为该盗窃团伙的成员。

(二)

搭伴结伙，是青少年的普遍心理需要之一。苏联心理学家科恩说："过渡年龄的主要倾向之一是青少年从父母、教师和一般长辈方面转到地位与他们多少差不多的同龄人方面"，"少年行为就其本质来说是集体的、团体的。"(《青少年心理学》)

目前，有不少青少年参加一个甚至几个自发团体，但这些自发团体的性质和情况却有许多不同。

一、进步的自发团体。这种团体的成员，一般都具有热爱党、热爱人民、热爱祖国、热爱社会主义的可贵情操，甚至具有远大的共产主义理想。比如，城乡各地均有的青少年自发成立的"学雷锋小组"，满腔热情地、默默地为烈军属、五保户或素不相识的群众做了大量好事。这类自发团体的成员之间往往建立起了高尚的革命同志式的友谊。

二、一般的自发团体。这种团体的数量较多，一般是在共同玩耍、娱乐、消遣的基础上形成的，团体成员常常是不固定的，互相之间具有一般的友谊。

三、落后的自发团体。这种团体的成员，既共同玩耍、消遣，又共同进行小偷小摸、打架斗殴或其他不利于社会的一般违法或不道德的活动，他们彼此之间往往滋生和发展病态的友谊。即使在玩耍、消遣时，他们也往往搞一些令人讨厌的恶作剧。这种团体如果得不到及时正确的教育，往往会在社会不良因素的影响下，发展成为犯罪团伙。如衡阳市退学青年陈某，在某小学拉拢七名小学生组成落后团伙，自称"八条毒蛇"，并分别取名为"眼镜蛇"、"竹叶青"、"偏头风"、"四脚蛇"、"蟒蛇"、"五步蛇"等等，一起喝了血酒，一起练武学打。今年三月九日，"眼镜蛇"刘某抢了一个学生的二十元钱后，带着"小兄弟"出走，多次盗扒作案，由学打架、小偷小摸、吃喝玩乐开始，由于欲壑难填，又没有得到家庭和学校的及时、正确的管教，终于走上抢劫犯罪的道路，从而发展为犯罪团伙。

青少年团伙犯罪的实际情况表明，青少年犯罪团伙虽并不都是落后的自发团体发展、蜕变而来的，但落后团伙的确是犯罪团伙的"后备军"。

（三）

追求同龄人的友谊，与同龄人搭伴结伙，乃是一般青少年的共同心理需要。在社会不良因素的影响下，一部分青少年追求病态友谊和搭伴结伙的心理需要，会转化为团伙犯罪心理。

首先，追求病态友谊和搭伴结伙的心理需要，同青少年团伙犯罪的重要心理特征——共同性和统一性有着内在的联系。

所谓共同性和统一性，是指团伙犯罪心理上的趋同和一致，包括团伙犯罪成员共同的犯罪需要、目的、动机和行为等等。为了"友谊"和结伙的需要，团伙犯罪成员很容易服从团伙头头的犯罪意志，从而统一其犯罪目的和犯罪行动。

其次，追求病态友谊和搭伴结伙的心理需要，同青少年团伙犯罪的重要心理特征——相容性，有着内在联系。所谓相容性，是指犯罪团伙成员之间在心理上的相互影响、渗透、感染、传递等形成共同犯罪心理体验的过程。这个过程实际上就是心理的"同化"现象。很显然，团伙犯罪成员在"为朋友两肋插刀不嫌痛"的心理支配下，很容易放弃自己的欲望而服从和接受"朋友"的欲望，从而大大加强心理上的相互影响、渗透、感染与传递。

再次，追求病态友谊和搭伴结伙的心理需要，直接影响着团伙犯罪成员的自我认同。所谓自我认同，就是个体把自己的个性看成是与另一个体的个性的"雷同"或"一致"，从而达到心理上的"认同"，并在认同的基础上达到"感情移入"和"类化"，从而增加团伙犯罪在心理上和认识上的一致性，增强团伙犯罪的自信心和力量感，使团伙犯罪成员联结在一起。

试析青少年流氓团伙头子的特性及形成演变轨迹

（1984年6月）

许德琦　吴再德

在严厉打击刑事犯罪分子的斗争中，我们对56名死刑犯人中的43名青少年流氓团伙头子进行了专题调查，本文仅就流氓团伙头子的特性及形成、演变轨迹作一粗略分析。

青少年流氓团伙头子的特性

流氓团伙作为一种非正式群体，其人员构成一般有成员、骨干、头子这三类居于不同层次的角色。他们在团伙中各有其角色地位，也自有一套角色规范，并遵照某种俗定角色分工各自发挥不同的角色功能。所谓成员是指那些受团伙头子和骨干指挥，参与团伙犯罪活动的分子。他们有的是团伙犯罪活动中的活跃者，也有的是被胁迫参加犯罪活动的。成员的数量决定了团伙的规模。骨干往往是团伙中的"打手"或"军师"，与团伙头子关系密切，地位和影响仅次于头子，既受头子指挥，又能指挥其它一般成员参与犯罪，在团伙犯罪活动中起着重要的作用，是团伙头子的主要帮凶和犯罪"先锋"。团伙头子则是指那些团伙发起者、纠合者、组织者，他们在团伙中有一定的影响和号召力，是被团伙成员、骨干推崇的"司令"、"大哥"、"头目"，在共同犯罪中起着组织领导、协调、监督、指挥、决策的作用，他们的活动决定着团伙犯罪的性质、内容、情节、犯罪的能量发挥和危害程度，在团伙中扮演了主要角色。

作为一个流氓团伙头子有些什么主要的特性呢？我们通过直接观察和深入调查，有这样的印象：他们是"一颗黑心，二面三刀，三窟狡兔，四处游荡，五毒俱全，六亲不认，'七观'不正（即人生观、幸福观、道德观、法纪观、友谊观、文娱观、劳动观），八面'出击'，'久犯'难改，十恶不赦"的流氓恶棍。如果把他们种种思想、品质、性格、行为以及生活方式的表现予以概括，便可发现他们有如下五个最本质的特征：

（一）政治上的反动性

流氓团伙头子在思想意识上有着强烈的反社会倾向，尤其当他们极端个人主义的欲望不能满足，违法犯罪行为受到社会制裁时，他们不但不改恶从善，反而在实现个人欲望不断受阻中产生出报复意向和敌视社会主义的思想，进而发展成反对社会主义制度、危害社会治安的敌对分子。他们景仰资本主义制度，欣赏西方资产阶级的所谓"民主""自由"，反对社会主义法制，咒骂我们严厉打击刑事犯罪斗争是"草菅人命"。在反动思想支配下，他们有的策划劫机劫船，阴谋叛逃；有的与敌特机关写挂钩信，妄图加入敌特组织；有的在团伙中鼓吹“我们要组织起来，成为中国的‘三K党’”。特别是他们在服刑期间竟敢在劳改场所组织新的团伙，抗拒改造，或是刑满释放后很快将“社会渣滓”纠合起来，更加疯狂地施展淫威，任何人都可能成为他们报复的对象。

（二）手段上的凶残性

流氓团伙头子在多次的犯罪活动中，逐步养成凶残嗜虐的卑劣习性。他们信奉“无毒不丈夫”的信条，崇拜希特勒的法西斯主义，作起案来心狠手毒，很多令人发指的大案、恶性案件都是团伙头子直接指挥或亲手干的。他们认为现在社会上是“强食弱肉”，“强者为王、败者为寇”，要成为“强者”就必须要有“凶神恶煞”的铁石心肠和残忍手段，他们殴斗成瘾，以害人为乐，作起恶来不顾被害人的死活。流氓团伙头子的残忍性不仅表现在打架斗殴方面，其施行性犯罪时的残暴行径更是骇人听闻。如李××，从劳改农场回来不久，兽性发作，深更半夜，采取掐脖、堵嘴的手段强奸亲母，使其母冒着生命危险翻窗从八楼爬到二楼他人住宅求救。

（三）生活上的放荡性

流氓团伙成员都具有追求腐朽的资产阶级生活方式的特点，而团伙头子在这方面的追求更加猖狂，他们在衣、食、住、行、嫖、赌、玩、乐等方面都与“众”不同，有畸形的需要结构，就是团伙骨干也望尘莫及。流氓团伙聚合在一起的时候，我们从外表就很容易区别谁是头子和成员。他们在穿着上寻求“怪”，吃喝上追求“奇”，玩乐上讲究“狂”，自有一套行为模式，一言一行都力图充分显露出其角色特性。在团伙活动中成员遇事要让头子三分，而头子却要高人一等；团伙成员偷到钱要先向头子“进贡”，就是轮奸妇女，也让头子先玩，这是团伙内部之不成文“规范”。团伙头子生活上之放荡性不仅表现在吃喝玩乐穿上面的轻狂、怪异、庸俗与低级，更集中显现这一特性的是他们在性生活中的鲜廉寡耻，淫荡成性。他们对性生活自有一套流氓处世哲学，在“性解放”的旗帜下，“身先士卒”。有的策划组织实施群宿群奸；有的不仅散布淫秽思想，甚至还特意叫同伙观看其实施下流不堪的性行为。流氓团伙头子周××，就是强奸玩弄处女之淫棍，他向同伙吹嘘：“我已玩了一个班，这还不够，我要玩一个连，突破百女关”。周犯在日记本上写着几十个少女的名字，每玩弄一个就画上一个钩，还详细描述了淫秽的情节。他说要把这作为“光荣历史”留给子孙后代，真是荒唐之极。

（四）性格上的狡猾性

流氓团伙头子一般都有较长的犯罪历史，大多数是惯犯、累犯。他们具有作案经验和反侦破、反改造的经验，待人处事极为狡诈、圆滑。正是这种种“经验”、狡诈，往往使他们在团伙活动中比一般成员及骨干“棋高一着”，赢得团伙成员们的佩服，同时也使团伙犯罪危害更大。他们不仅注意了解社会心理和治安动向，以便选择作案的“最佳”时机和合适对象，还注重学习作案技巧和反侦察的知识，为他们犯罪活动服务。如流氓团伙头子　××为盗窃某餐馆的钱财，多次到现场“蹲点”（观察）并指使他人巧妙盗取出纳员保险柜的钥匙，做出样模，然后配制钥匙，不留任何痕迹，盗窃了几千元人民币。有的流氓头子还“研究”有关法律条文，制定他们的犯罪“策略”，如武昌区某街流氓团伙头子孙××、官××针对《刑法》“二人以上犯强奸罪而共同轮奸的从重处罚”的规定，在作案时，将女青年逼至据点不进行轮奸，而采取换地点、换时间的手段轮流进行奸淫，妄图逃避法律关于轮奸罪的从严打击。有的团伙头子极力拉干部子女入伙，寻求违法犯罪的“保护伞”。有的在作案时遥控指挥，以便事情败露后把责任推给别人，叫团伙成员充当替罪羊，一旦公安机关抓获，就百般抵赖罪行。投入劳改场所后，他们又大耍两面派，当着管教干部的面装成积极改造的样子，骗取信任，当上“合法”的班长、组长；背着管教干部的面，又大肆违反监规，欺压弱者，充当“牢头狱霸”。他们把“合法”和“非法”手段交替使用，用“合法”的身份取得非法的权益，用“非法”的手段维护“合法”的地位。总之，他们狡诈成性，我们在与其作斗争时应充分把握这一特征，不被假象所迷惑，不给他们以任何可乘之机。

(五)反改造的劣根性

流氓团伙头子在长期的犯罪过程中，逐步形成了犯罪习惯的“动力定型”，犯罪活动趋向职业化。我们接触到的42名流氓团伙头子，都是“几进宫”的惯犯、累犯，有的被公安机关抓获关押过11次。有6名25岁的死刑犯，曾先后在劳改、劳教场所呆过7、8年，他们自己说：“我们是吃牢饭长大的。”流氓团伙头子佘××刚刑满释放，户口还未上，就在回家的路上纠合他人寻衅滋事、抢夺财物，结果又被抓获判刑。这些家伙恶习成性，难以改造。判了刑后普遍不认罪，只承认“有一般的违法行为”，甚至认为仅仅是“犯了点错误”。即使承认犯罪，也把犯罪原因尽量推向客观，强调是“社会造成的”，“有人与他过不去”，被判刑是“坦白吃亏”、“轻罪重判”；认为自己“运气不好”，“碰到”打击的“风头”上了。流氓团伙头子张××判处死刑后，拒绝在法律文书上签字，大骂司法人员是“昏官”。他把衣服撕成布条以自杀威胁政府，带上戒具仍不老实，还把尿撒在值班犯人身上，可见其劣根之深。有的流氓团伙头子判处死刑后仍然作恶，在监牢里煽动“绝食”、起哄，甚至把吃饭碗砸破，磨成尖角，妄想割断天窗铁栏杆，杀死看守人员，越狱逃跑。

我们如究其劣根性的内核，可发现他们有着已基本定型的反动肮脏的思想价值观，鲜廉寡耻的生活情趣，畸形的需要结构，委琐的心理品质以及卑劣、狡诈的行为模式，正是这种劣根性，使他们一犯再犯、屡教不改，直至走上“断头台”。

青少年流氓团伙头子的形成及演变轨迹分析

为什么极少数生在新社会、长在红旗下的青少年变成了受到人民唾弃的“社会渣滓”呢？他们经历了一个什么样的形成、演变历程呢?这是应予以认真研讨的。

显然，要搞清青少年流氓团伙头子的形成及演变过程是比较复杂的，我们认为，即可从宏观方面分析(如从政治、经济、文化、历史条件等社会情势及社会环境、条件方面分析其不良影响)，也可以从微观方面探讨(如从具体对象的生活境遇、生活方式以及个体思想行为、个性心理品质等方面来考察其发展演变过程)。

我们既应从整体角度了解青少年犯罪团伙滋生、蔓延及其头子产生的原因，调研表明这是有着深刻的社会、阶级、历史原因以及文化原因的，是与“十年动乱”、“旧的痕迹”、“外来影响”有着不解之缘的，是种种不良客观因素与个体不良主观因素相互作用的产物，同时更应细致地考察团伙头子思想及行为表现，以获得对团伙头子的具体明晰认识，摸清团伙头子形成及演变历程中带规律性的东西，以利有效惩治。这就需要科学考察团伙头子的犯罪史，从纵向剖析团伙头子的形成演变轨迹过程。

调查表明，极少数青少年之所以成为团伙头子是自有其缘由的。一般来说，他们往往在儿童少年时期就已形成根植于不良环境与不良早期教育基础上的不良习气及恶劣心理品质；而这不良习气与品质在青年社会化过程中不但没消除，反而被强化，特别是在不良社交的作用下，种种思想观念的杂质在心里积淀，导致不良品行迅速恶性发展，以至在社会活动中形成特有的思想观念、价值标准、行为规范、生活方式，甚至有他们自己语言(黑话)，自成一个付文化体系。他们在知(认知)、情、意、行、观(观念)或衣、食、住、行、娱(娱乐)、言、性(性生活)等方面都有异于常态青年的"付文化"特征，并在日常生活中不断积累潜在的犯罪因素，形成犯罪习惯的"动力定型"及系统的流氓哲学、强盗逻辑。显然，这是一个从量变到—→部分质变直至—→完全质变的过程。如从具体思想行为表现上来看，其形成发展又大致可划分为四个阶段：即品德不良阶段——学习违法阶段——犯罪初期阶段——犯罪深化阶段。这四个阶段互相联系、互为因果，前阶段是后一阶段的准备、积累；后阶段是前阶段的结果、质变，构成有机的因果链索。而极端个人主义和无政府主义思想则作为一条黑线贯穿于全过程始终，在不同阶级有不同的表现形式，其作用程度也有所不同。个体在哪一时期进入哪一阶段，这取决于外界不良客观因素作用于个体主观因素的力度及相互作用的情形如何。调查表明，不良客观因素对他们的具体作用方式和效果是形形色色的，而不良客观因素之所以能产生不良影响是与主体自身具有不良主观因素密切相关的，而这不良主观因素又是其在长期社会化过程中逐步形成的。

(一)品德不良阶段

所谓品德不良是指个体思想及行为与社会的行为准则和规范不适应和相抵触。据调查，青少年流氓团伙头子一般都有较长的劣迹历史，由于他们早期社会化不足，大多数在8-12岁时就沾染了很多不良习气，形成了恶劣的品质，如好吃懒做，自私自利，厌恶学习，贪图小便宜，撒谎骗人，打架骂人，欺负弱小，害人为乐，经常逃夜，小偷小摸，抽烟赌博，传抄黄书等等。这种种不良表现的本质特征就是自私自利和自由散漫。而自私自利和自由散漫的不良品行是他们以后极端个人主义恶性膨胀和无政府主义恶性发展的幼芽。

他们形成不良品德的主要原因还在于幼年社会化时期家庭失教或教育不当，使他们从小就养成了不良的性格和心理品质，并在涉入不良交游群体后进一步得到强化。在家庭不良早期教育中普遍存在的问题是溺爱。42名青少年流氓团伙头子中有九个是独子，六个是末子，他们在小时候都是娇生惯养的"宠儿"，祖父祖母的"掌上明珠"，父亲母亲的"心肝宝贝"。家庭的溺爱往往使他们从小就逐渐养成了贪图享受、懒惰成性、自私自利、蛮横霸道等不良品质，埋下恶性发展的根基。已处决的流氓团伙头子田××就是其中的典型例子。他是两房的独孙子，全家视为"稀世珍宝"，对他百依百顺，真是"含在口里怕化了，放在手上怕飞了"，好吃好穿满足他，二个姐姐靠边站，而且还给他随便打骂家里任何人的特权，家长不但不制止其霸道行径，反而夸他"乖乖儿蛮傲"。他在家受宠爱逞强，在外必然"争霸"。他和邻居小孩打架后，如果打"胜"

了，回来定受称赞；若是“输”了，则全家出动，找别人“算帐”，硬要别人“赔礼”。家长的一味溺爱，培植和助长了他称王称霸的思想以及种种恶习和不良品德，最终把他送上了“断头台”。此外较普遍存在的问题就是放任自流。我们调查的42名青少年流氓团伙头子几乎都没有上过幼儿园，而家庭教养又有着种种缺陷，以至他们的幼年是在没有正确指导、无所限制的玩耍中渡过的。儿童心理学认为，幼儿的大脑皮层中，有关品德方面的暂时联系系统尚少，此时可塑性最大，是接受外界刺激的最“敏感”时期，良好的品德教育若能领先这个“据点”，做到“先入为主”，这将为人生健康发展奠定深的坚实的基础；反之，则对人的一生产生消极影响。正如卢梭所说：“人生当中最危险的一段时间是从出生到12岁。在这段时间中还不采取摧毁种种错误和恶习的手段的话。它们就会发芽滋长，乃至以后采取手段去攻的时候，它们已经扎了深根，以致永远也把它们拔不掉了”(卢梭《爱弥儿》第96页)。还有一部分团伙头子之所以在幼年形成不良品质，是因为心灵受到严重创伤(如家庭破裂，寄人篱下、父母遗弃等)。不幸的家庭生活境遇在他们的童心中投下了难忘的阴影。本来这些天灾人祸带来的创伤是可以愈合的，但是，如果缺乏正确的教育引导，缺乏家庭和集体的温暖，那么在不幸生活境遇中所受到了的不良影响就会积淀在心底，随着年龄增长和外界恶性刺激（如在不良交游群体中受到有害的互助影响）的增加，心底积淀的观念杂质就会泛起，萌发起对社会的不信任情绪，形成种种错误的思想价值观点，培植种种不良品德，并逐步产生反社会意识，以至最终走上犯罪道路。调查表明，团伙头子的各种特性基本上是在这一阶段孕育的，可称之为“团伙头子孕育期”。而孕育的土壤及条件就是种种教育缺陷和不良游戏群体。

（二）“学习”违法阶段

所谓“学习”违法阶段是指他们在初次违法犯罪前观察、模仿，见习违法行为时期。流氓团伙头子一般是在12-14岁左右进入这一违法犯罪的预备阶段。这种“学习”主要是在不良社会交往中进行，大致可分为随机“学习”和定向“学习”二大类。(1)随机“学习”。他们在社会交往和街头巷尾的玩耍中看到了违法犯罪的实施(如扒窃、调戏妇女、赌博、斗殴等)，或是在同伴家里看到了坏书，或是在无所事事的闲聊中听到别人讲黄色故事。这些违法犯罪行为和坏书、黄色故事中的人物、情节与其情趣、爱好甚为合拍，成为“学习”的样板和范例深深印在头脑里并进一步恶化其心理品质。他们还由此而得到启示：“这样能搞到钱”，“这样很好玩”，“我也能这样干”，产生“学习”模仿的兴趣和跃跃欲试的心理。当然，随机“学习”不一定马上表现出违法犯罪，但是“邪恶的榜样，不论是从眼睛进入人心，或者从耳朵进入人心，它们对于心理都是一种毒害”。(夸美纽斯《大教学论》第180页)这种毒素作为消极的信息储存在他们头脑里，一旦遇见相似情境就会在头脑中再现，成为仿效违法犯罪的“内驱力”或“样板”。(2)定向“学习”。是指目的明确、主动寻求老师、和自己感兴趣的不良事物。有人说，违法犯罪分子是“无师自通”，我们认为这种说法是不太确切的。一般来说，犯罪都是习得的，只不过其施教者有的明显有的不明显罢了。他们有的在劣迹群体中相互传习、“取长补短”，有的则拜师傅，“学习”专门的犯罪技术，接受犯罪训练。如搞扒窃的在火炉中用手捡煤球，以训练快；在水中夹肥皂，以训练稳等。除了随机学习和定向“学习”外，还有一种情况是被迫“学习”。他们或是被家庭赶向街头，生活无着落，由捡破烂发展到学习模仿偷盗行为；或是交上坏朋友，在教唆犯的控制、胁迫下学习违法犯罪行为。当然这种种开始是被迫的“学习”，往往不久后就转化为自愿“学习”了。

本来“学习”求知是青少年一种自然的需求，但他们为什么不努力“学习”文化知识及好的思想品德，而去“学习”消极邪恶的东西呢？其原因是多方面的，就流氓团伙头子自身来说，主要是他们具有不良的心理品质，“学习”能力在不良社会互动影响下(与环境及他人的互动)歧向发展。他们在品德不良阶段形成的恶习不仅没有得到纠正，相反不良品德及坏习气在不良外界客观环境(如街区环境、学校环境、家庭环境，特别是社交环境等)的恶性刺激下日益加强，奠定了“学习”和模仿违法犯罪行为的思想基础和愿望，使他们在交往中热衷于“学习”反面的“榜样”，对外界种种违法犯罪行径极感兴趣，形成不良心理定势，产生“学习”违法的动机行为，并在日常行为中逐步升级，如由破坏课堂纪律发展到经常旷课逃学，由吃烟发展到酗酒、大吃大喝，由小打小闹发展到多人闹事、聚众斗殴，由说下流话发展到调戏侮辱女学生。其思想行为在“学习”模仿过程中逐渐产生部分质变，进一步恶化。

调查表明，“学习”违法阶段是品德不良阶段的一种发展，而品德不良为“学习”违法奠定了根基，不良交往则为“学习”违法提供了机会、途径、对象。特别是在“学习”违法阶段，如果在不良交往中有意地定向“学习”，仿效“流氓英雄”的种种言行，那么将会培养出不良的心理定势，加速其在人生观及行为模式方面接近和完成与所崇拜“榜样”的同化。就我们所接触的流氓团伙头子的情况来看，他们在“学习”违法阶段心目中都有明确的“师法者”及“学习”目标，并在“师法者”的影响或引导下定向“学习”。这是使得他们在犯罪意识、犯罪技巧、犯罪经验等方面比一般流氓分子要强，以至成为团伙头子的一个重要因素。一般来说，团伙头子在这一阶段已初露头角，可称之为“团伙头子萌芽期”。

(三)犯罪初期阶段

所谓犯罪初期阶段是指第一次尝试违法犯罪到第一次被抓获处理。流氓团伙头子一般是在14—16岁进入这一阶段。他们在这阶段的心理活动比较复杂，作为头子的行为特征也初步显现。据调查，团伙头子在第一次拘捕以前，大多数已有多次违法犯罪行为。由于恶习较深，有违法犯罪史。他们在犯罪初期阶段就表现出与一段青少年罪犯不同的特点：(1)虽然犯罪情节多数不太严重，但是他们的违法犯罪行为不仅仅是出于好奇、模仿的动机，而且在很大程度上具有自觉的进攻性、冒险性。(2)他们的作案内容不仅是追求钱财为目标，而且还经常与斗殴争霸、追逐女性相联系，性质复杂，数罪并犯。(3)他们初次作案往往是以共同犯罪的形式出现。并在作案中扮演重要角色，带坏周围的后进青少年。(4)他们初次作案时，虽也是情绪紧张，思想斗争激烈，但由于思想基础差，不良心理品质已形成，正确的东西始终不能占上风，相反犯罪意识不断强化，冒险心理不断增强。(5)他们初次作案的表现就比一般成员要老练，胆大妄为，这是与其“学习”违法阶段的“定向学习”分不开的。

青少年流氓团伙头子之所以在犯罪初期阶段就出现与一般罪犯不同的特点，其主要原因是他们置身于不良微社会环境中受资本主义、封建主义思想影响更深，个人主义和无政府主义更严重，不良交往互动对其影响更大，“学习”违法“成效”更显著以至心理品质更卑劣，恶习更深。他们虽不学无术，文化知识奇缺，但反面的见识却畸形发展，对腐朽落后的东西格外感兴趣，心灵受到严重腐蚀。

流氓团伙头子迅速进入犯罪初期阶段是其不断固执“学习”违法的必然结果，而“学习”违法又为初期犯罪奠定了基础。显然，他们那么热心“学习”、模仿违法犯罪行为是有一定犯罪意识在起作用的。虽然他们也知道实施犯罪是有一定危险性的，但他们更渴求犯罪给他们带来一系列好处，希图满足自己一系列不正当的需求：如使自己物质欲、称霸欲、性欲得到满足，得到“精神补偿”，受到同伙的“肯定”、“赞扬”，满足“自尊”、“荣誉”的需要；显示自己的“能耐”，为充当团伙头子或巩固头子地位创造条件；满足地位、权力的欲求等等。上述种种非法、畸形的需求既反映他们极端个人主义的价值观，又是他们犯罪的动因。而这一系列的欲望满足使他们尝到“甜头”又进一步培植犯罪意识、强化犯罪动机，并导致犯罪习惯的“动力定型”。显然，他们犯罪初期违法活动就预示着将要向犯罪深化发展，初期犯罪实践是在为犯罪深化奠定基础，也是他们为自己扮演团伙头子角色所作的一种“自我角色训练”。一般来说，团伙头子是在这一阶段初步基本形成的，其角色特性已基本展示、自我角色认识明确，角色实践也日趋深化，可称之为“团伙头子形成期”，当然这种形成还不十分稳固。

（四）犯罪深化阶段

所谓犯罪深化阶段是指由偶发犯罪到频发犯罪，从突出犯罪到有组织的预谋犯罪，从单一犯罪到多项犯罪，从初犯到惯犯，从小案到大案、恶性案的发展阶段。同时也是青少年流氓团伙头子形成的关键阶段。一般是在16岁——25岁。流氓团伙头子在这一阶段的主要特征是犯罪心理结构已经形成，犯罪习惯动力定型已模式化，其在团伙中的地位日益提高、巩固，作用日益显著，在实施犯罪活动中所起的策划、组织、指挥、监督的作用更显著、更有力。他们不象一般的失足青少年，虽陷入犯罪团伙，但犯罪意识不很牢固，通过法纪处罚和各方面的教育，多数都能悬崖勒马，浪子回头。他们的犯罪意识强烈，特别是在犯罪行为受到制裁或非法需求满足受阻后非但不予收敛，反而越演越烈，疯狂报复社会，成为难以改造的惯犯、累犯。他们已习惯于把自己的快乐建立在别人的痛苦之上，习惯于通过不法手段或途径谋取私利，满足畸形需求，他们作案胆大、心毒、手狠，不计后果，在进行犯罪活动时很少有动机斗争的过程，改造思想缺乏内部动力。在这一阶段他们有如下几个已完全形成的特点：（1）多项犯罪。他们在犯罪初期阶段的犯罪性质较单一，情节较轻微，在犯罪深化阶段则不然，已具有多项性质的犯罪，可谓“五毒俱全”，而且情节严重，许多大案、要案、恶性案大多数是他们所为。(2)胆大亡命，他们聚众斗殴冲在前，打别人下手狠，受了伤不讨饶，经常寻衅闹事。害人取乐，并敢有意与政府作对，反社会意向强烈。（3）“鬼点子多”，他们有丰富犯罪经验及见识，有笼络人心的手腕，善于察颜观色，见机行事，能言善辩，有一定的组织指挥能力。(4)有“一技之长”，他们作案历史长，而且犯罪技术“高明”，如会打架，善使“绊子”，盗窃技巧熟炼，懂玩女人的方法等，并形成犯罪习惯，不去作案手就发痒。(5)“首领欲”强烈，他们特别爱出风头，讲“玩味”，爱面子，喜欢群宿群宴，前呼后拥，一呼百应等等。上述这些特点为他们充当流氓团伙头子创造了条件。他们就是倚仗自己在犯罪经验、胆量、技巧、见识等方面的“优越”之处，运用手腕，逐步通过不同途径坐上团伙头子的“交椅”，完成人格的质变。据我们调查，他们成为团伙成员公认的“头”，不管是在初期犯罪阶段，还是在犯罪深化阶段一般是通过下列几种途径：(1)他们或是把周围零散的劣迹青少年组织起来共同进行违法犯罪活动，或是挑起事端在共同犯罪活动中使周围的落后小群体升格为犯罪团伙，或是把几个雏型团伙纠合起来发展为定型团伙，或是把不同场合认识的犯罪分子凝结在一起，他们这种发起聚合或穿针引线的活动，使他们取得了团伙的“领导”地位。(2)他们或是在违法群体内部的暴力抗衡中制服了对方，使别人甘拜下风，从而称王；或是在对外的聚众斗殴中“冲锋在前”，敢于拚杀，有亡命徒的“勇气”和“显赫的战功”，为团伙成员所“佩服”，被“推崇”为头。(3)老的团伙头子被抓走了，团伙骨干中的活跃分子顶替补缺升级为头，也有的是“后来者居上”，取代了原来的头目。(4)在违法群体中，一些违法分子为了寻求保护伞，往往把那些有势力、有背景，喜欢出头的人抬出来为头，也作为他们违法犯罪的“挡箭牌”。由上可见：团伙头子或是团伙的发起者、组织者；或是暴力抗衡的亡命徒；或是顶替补缺的“后来居上者”；或是团伙成员抬出来的流氓歹徒。

调查表明，导致青少年流氓团伙头子犯罪深化，并发生根本性完全质变的内在原因是他们极端的资产阶级个人主义和无政府主义的恶性膨胀。这也是他们犯罪主要的根本的原因，因为这时他们已基本定型，外因的作用力显著减小。犯罪深化阶段是他们的罪恶思想及行为进一步发生恶性病变，因之可称为“团伙头子定型期”。进入这一阶段的团伙头子是很难矫治的，他们往往屡教不改，死不回头。

从以上对青少年流氓团伙头子形成及演变各阶段的粗略分析中，我们可以看出，这些流氓团伙头子是沿着早期教育有严重缺陷逐渐形成—→不良品德和恶习进而在不良交往中—→“学习”违法犯罪、产生犯意—→导致初期违法犯罪并不断使—→犯罪思想及行为深化最终成—→犯罪团伙首恶分子的轨迹发展。应着重指出的是，在他们演变的每一阶段，不良交往都起着极为显著的作用。研究还表明，上述各阶段是既有区别又相互联系，其形成演变过程有多方面的因素起作用，而在每一阶段中，起主要作用的因素都不尽相同，如把主观因素比作内力，客观因素比作外力，那么在这一演变过程中的每一阶段都要受到某些各具特征的外力和内力的相互作用。一般来说，前期阶段(年龄较小，恶习不深)外力的作用较大；后期阶段(年龄增长、恶习加深)内力则起主要作用了。种种外力和内力之间具体的相互作用方向、强度、性质及合力作用状况决定其发展方向和演变轨迹特征。最后我们试将团伙头子形成、演变轨迹与团伙形成、演变轨迹作一联结性概略图示。在研究中我们发现团伙演变轨迹与团伙头子演变轨迹基本上是两条平衡变线，存在着还有待于进一步研究的规律性。

由上可见，搞清“双轨迹”演变各阶段特点及其形成演变规律对我们制定科学对策，搞好有效预防青少年犯罪，及时瓦解违法群体，制止和打击团伙犯罪，教育挽救失足青少年，严惩作恶多端的犯罪团伙头子将有所启示、有所裨益。

团伙头子演变轨迹图

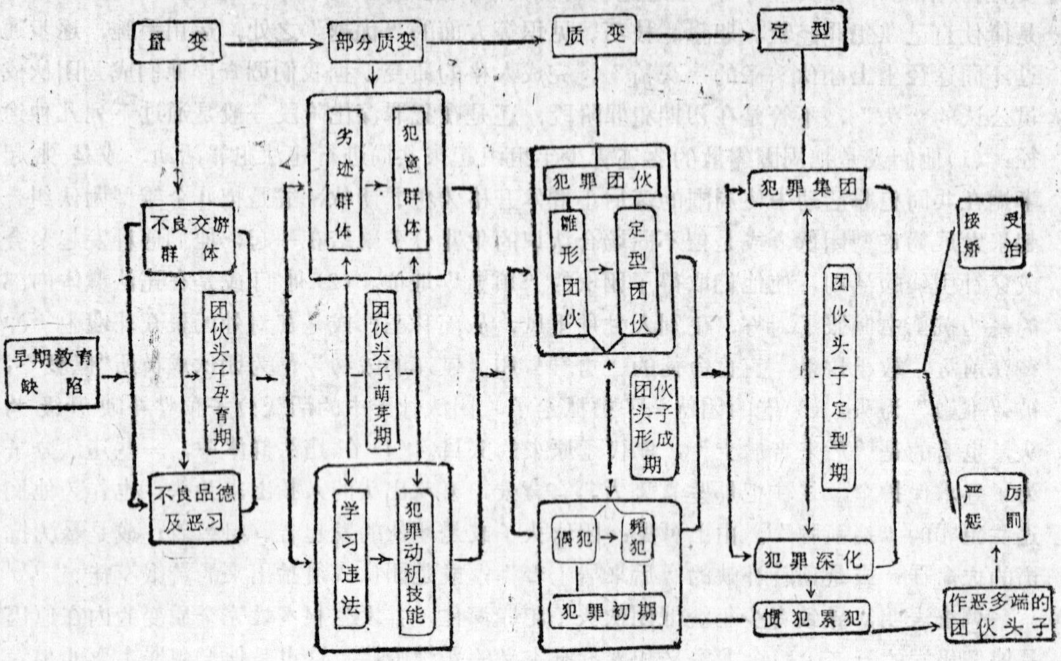

劳教人员结伙反改造问题的剖析

（1984年6月）

党国卿

劳教人员在劳教所内结成的团伙是指少数劳教人员，以称王称霸、抗拒改造、破坏改造秩序等违法犯罪活动为特征而纠集起来的特殊的群体。

严厉打击刑事犯罪活动开始后，某劳教所在314名劳教人员中挖出团伙11个，参加团伙的劳教人员占全场总人数的40％—50％，其中州籍团伙中有5个小团伙多达36人。某劳教农场在2534名劳教人员中挖出团伙14个，其中七中队以杨××为首的一个大团伙中有小团伙3个，参加劳教人员23名，占中队劳教人员总数的19.1％。这些团伙在劳教所内挑起群殴，煽动逃跑，聚众赌博，私设公堂，敲诈勒索，欺小凌弱，围攻谩骂干部，煽动抗工、怠工，偷摸抢夺，吃喝玩乐，为所欲为，严重的干扰、破坏了劳教所内的教育改造工作，是一股反改造的恶势力。因此，认真研究劳教人员中的团伙问题，对于加强和改善劳教工作，教育、挽救、改造违法犯罪青少年，有着重要的意义。

一、团伙类型及其成员

劳教人员在劳教所内结成的团伙，从组成人员和组织特点来看，大体可分为以下四类：

1. **帮派型**，是以原在社会上的同案、同伙小兄弟为核心，逐步发展起来的群体。团伙中主要头头和骨干分子帮派思想严重，故称为帮派型。在组织结构上，大团伙中有小团伙。大团伙中有总头目，小团伙中有小头目，小头目受总头目的控制。团伙内部一般没有明确的纲领、帮规和行动计划，成员之间没有明确的分工。

2. **地域型**，是以居住同市、同县、生活习惯、语言相同为基础的同乡、老友或老相识以及在社会上的同案、同伙为核心，以本乡人在劳教所内称王称霸为目的而结成的团伙。团伙成员具有浓厚的乡土观念和地方色彩，故称为地域型。其主要特点是形成快，在各类团伙中所占比例大，在组织上有相对的稳定性。团伙成员之间，对外争霸时思想统一，行动一致；在团伙内部也充满着矛盾和斗争，但他们内部矛盾服从于对外的需要。外部(团伙之间)斗争激烈时，内部矛盾暂时消失或停止，当外部矛盾平息后内部的矛盾又激烈起来。破坏性大。

3. **竞争型**，是以自然班组或在日常生活学习中比较亲近者，以对抗大团伙的欺压为目的而结成的团伙。其特点是在劳教所内有一定实力，基本上不与其他团伙共事，有明显的独立性和隐蔽性，报复心强，有一定的危险性。

4. **临时型**，以作案为目的临时纠集起来的小集团。成员之间没有经常性的团伙活动。

从团伙成员在团伙中所处地位和所起的作用来看，基本上分为头头、骨干、一般成员和随从三个阶层。用劳教人员的话来讲就是“地主、富农、佣人”。团伙头头在团伙中处于“霸主”地位，是团伙中的统治者、指挥者。团伙骨干分子是团伙中的黑军师和打手。这些人具有以下几个特点：(1)年龄都是30岁以下的青年。(2)他们多是暴力犯罪和多次犯罪(劳教人员中多系违法人员，也有的是虽已构成犯罪但未受刑事处罚的人员)。如杨××团伙有成员23人，其中“二进宫”以上的有9人，犯抢劫和伤害罪的有10人。黄××团伙有成员36人，其中头头和骨干有7人，都是“二进宫”以上的多次犯，最多的一人已是“四进宫”的惯犯。有的进劳教所前就是地方上有名的一霸，有的是原社会上违法犯罪团伙的头头，具有一定的反改造经验，善于阳奉阴违，出谋划策。有些骨干分子身强力壮，性情暴躁，易于冲动，是团伙中的打手。(3)他们多是劳教人员中的班组长和记分员。如杨××团伙中有头头和骨干分子14人，其中任班组长的10人，记分员的2人。黄××团伙中有头头骨干分子7人，其中班组长6人，记分员1人。他们在劳教人员中享有一定的“特权”。团伙中的一般成员和随从，在团伙中处于支使地位。他们参加团伙的目的是为了免受欺压，依附性强。他们中有的人用金钱去喂养头头和骨干分了；有的俯首贴耳，百依百顺的听从头头的摆布，让偷就去偷，让抢就去抢。可是他们也不甘心居于仆从待遇，也在想方设法的讨好头子，尽力改变自己的处境和地位。杨××团伙中的黄××就是由“佣人”转化为骨干的，用劳教人员的话讲是“从奴隶到将军了”。

二、团伙的形成和发展

劳教人员在劳教所这个特殊的环境与条件下结成的团伙，虽然与社会上的违法犯罪团伙有一些共同之处，但它在形成与发展的过程中也同社会各类事物的形成与发展一样，具有它自己所特有的原因、规律和特点。

1．劳教人员在劳教所内形成团伙的主要因素。

劳教人员在劳教所内结成团伙的原因，是内因和外因互相作用的结果。也就是说是劳教人员自身的欲望与外部环境的刺激的融合。具体来讲：一是这些劳教人员在长期的违法犯罪活动中所产生的不良心理特征和所受到的封建主义行帮思想及资产阶级陈腐观念影响(如认为现在社会上人与人之间的关系就是金钱关系，人与人都是互相利用的)，同应该具备的社会观念、行为准则之间的相互关系产生矛盾，在处理这一矛盾中他们的变态心理、思想意识占有优势，并成为指导自己行为的动力因素，就成为他们拉帮结伙的心理和思想的基础。这也是劳教人员团伙形成的内因。二是外界环境的影响和刺激起了一定的作用。劳教所是一个特殊的社会，劣迹人员集中，这些人长期违法犯罪，谋求私欲，利己主义根深蒂固，他们各自都有自己的欲望和要求，都想“拔尖”“立棍”，称霸一方，为使自己的需要得到满足必然要产生竞争的心理。在这种情况下他们的内心世界就不断的产生紧张和不安，在这种心理状态支配下就会产生组织团伙的强烈要求。这种不正常的心理状态和思想活动，长期得不到发现、矫正和指导，结果就造成了他们结成团伙的直接原因。因此环境影响是劳教人员形成团伙的诱因。三是干部在贯彻执行“教育、挽救、改造”劳教工作方针中思想认识上的片面性，强调教育忽视严格管理，强调感化忽视对违法犯罪活动的打击，助长了这伙人的嚣张气焰。四是有的管教干部在“以烂仔治烂仔”的思想指导下，把这些人委以班组长、记分员，靠这些人去“压阵角”，这就在组织上给了他们合法的权力，为他们拉帮结伙提供了方便。同时劳教人员数量多，干部少，脱管现象严重，也为他们团伙的形成提供了方便。五是收容劳教时是以地区划片，集中收容。这就使在社会上的小兄弟，同案犯，同伙同乡，没有拆散，没有切断他们之间的联系，在社会上团伙违法犯罪的亲身经历和团伙之间争斗而产生的各种复杂的心理活动，到劳教所里不仅没有消失，反而更加加剧，有的怕受欺压，有的担心解教后遭到报复等，因此就产生了一种“内聚力”。这种力量也是他们结成团伙因素之一。

2．团伙形成的规律。

(1)从团伙形成的过程看，各类团伙基本上都经过以下三个阶段：

第一阶段，形成时期。劳教所里各类团伙基本上都是以原来社会上的“小兄弟”、同乡、同案人员或同伙为基础，由小到大逐步发展起来的。在形成中大体上经历了三个步骤．一是外争“霸权”。这些人由于长期在社会上进行违法犯罪活动，在他们头脑中已经形成固有的抵触和抗拒改造的心理及“经验”。因此他们进劳教所后，第一位的是窥测劳教所的形势，采取各种方法了解劳教人员中谁强谁弱，然后确定自己的对手。同时，了解干部情况，寻机建立自己的势力，达到“控制干部”，欺压他人，并逃避劳动的意愿。某劳教所在1983年州籍劳教人员进所后，形成了三股势力鼎立的局面。这时州籍劳教人员黄××为首的一伙人就密谋要把市籍和××籍劳教人员的势力搞垮，企图使州籍劳教人员独霸对劳教人员的管理权，好从中得利。因此策划了1月27日州劳教人员与××籍劳教人员群殴事件。州籍劳教人员取胜后，就确立了该籍劳教人员在劳教所里的势力，黄就成了该籍团伙的头了。对外“争霸”权的问题解决了，矛盾就开始转化为内部争夺“霸主”的斗争。这就是团伙形成的第二步骤。劳教所内团伙之间与团伙内部的矛盾和斗争，同人类社会的复杂尖锐的矛盾和斗争一样，主要矛盾和主要矛盾方面是不断转化的。这些团伙之间斗争的共同特点是，在对外“夺霸权”时，团伙头头之间，头头和一般成员之间，思想是一致的，行动是统一的，内部矛盾服从于外部矛盾。当夺得“霸权”之后，外部矛盾即团伙之间的矛盾暂时消失了，内部矛盾也就是头头之间的矛盾便随之激化起来。如州籍团伙取得劳教所的控制权后，头头之间都想争夺同伙内的控制权，这时团伙一般头头刘××、吕××就想把团伙总头目黄××搞掉。他们采取吃喝、威胁的手法，控制黄的亲信和手下人，并逐步把这些人拉到自己一边，架空了黄，取得团伙的支配权。

第二阶段，发展成员，扩大团伙。这些团伙头头为了巩固与壮大自己团伙的势力，积极的发展成员扩大队伍。主要手段是：拉拢腐蚀。他们利用干部给的合法权力，对同伙或亲近他们的劳教人员给方便，劳动时分配轻活、好干的活，少定任务，多记分，并在一起吃喝，评奖放假等都给方便。对团伙外或疏远他们的劳教人员，处处刁难，欺压，在分配劳动任务时，给重活、脏活、累活、多给任务少记分，故意找岔子报复，轻则罚、重则打。一些忍受不了虐待，只好投靠他们参加团伙活动。对那些弱小者还进行敲诈勒索，强迫为他们“进贡”，如家里人探望带来的好东西，得给他们吃，好衣得给他们穿，否则就要遭毒打。因此，那些身小力单的劳教人员就不得不参加团伙或依附团伙。是同乡，老友或熟人推荐介绍加入团伙。

第三阶段，团伙的解体。劳教所是具有特殊情况的社会，这个集体的组成人员也不断的发生变化，由于劳教人员罪错轻重不等，劳教期长短不同，因此进所、出所时间不一。劳教人员每天都有出有进，团伙成员也就不断发生变化，由于劳教人员的自然减员，团伙头头和骨干分子也分期分批解教，有的团伙势力自然的削弱了，有的也就自然消失了。也有的团伙被强大的团伙吃掉了。由于劳教人员成分的变化，新的团伙又兴起了。劳教所内的团伙活动，就这样此起彼伏，接连不断。

(2)劳教所内劳教人员团伙形成较社会上的违法犯罪团伙形成快，人数多，经常一起劳动。杨××团伙是以原在社会上的7兄弟为基础，进所后几天功夫就发展成为30来人的大团伙。

三、团伙活动的特点

劳教所内劳教人员中结成的各类团伙在活动中虽有各自不同的个性特点，但也有共性特征。各类团伙之间既互相排斥，又互相勾结；既各自独立，又互相渗透。团伙成员对外思想行动一致，对内互相倾压这是他们的重要特点。在他们的反改造及违法犯罪活动中也有其共性，形式上基本上分为分散活动和集体活动两种。集体活动一般是搞大型群殴，围攻干部，偷窃，集体逃跑等。分散活动，多数是在头头指意下，个别成员小偷小摸，敲诈勒索，消极怠工。

从他们的反改造及违法犯罪活动给劳教所带来的危害看，具有以下几个特性。(1)具有破坏性。劳教人员团伙在劳教所内的非法活动以打架斗殴，伤害他人，或以破坏生产和劳动秩序，毁坏公物和私人衣物，破坏改造秩序为特征。某农场六大队以杨××为首的团伙形成后，不到一年时间发生大型群殴4起，打伤劳教人员5名。无故或借故打人60多起。毁坏了庄稼，破坏了生产。(2)具有威胁性。这些团伙在劳教所内称王称霸，为非作歹，严重的威胁劳教所的改造工作。干部正常的管教工作无法进行。干部明知他们作恶多端，还要被迫的让他们当班组长，否则劳教所就不得安宁。某农场七大队共有班组长10人，其中杨××团伙成员就有8人。干部明知他们不好好改造，还不敢撤掉他们。(3)具有危险性，这些团伙成员恶习成性，势强力大，心狠手毒，不计后果，稍不得法就铤而走险。他们作案多是行凶打人，使用凶器多是砖头、铁棍等，常常打人致重伤。(4)具有隐蔽性。劳教人员在劳教所内的非法活动比较诡密，他们之间互相包庇，对告发者报复心强，因此不容易发现。某农场六大队以陈××为首的团伙，于1983年上半年一天晚上在洗漱间发生一起打人事件，事先他们经过几天的准备和筹划，但确没有一人告发，干部也没有发现任何迹象。这种恶性案件的发生给劳教所造成极坏的影响。

四、对团伙成员的教育与改造

马克思说："人仅仅是在当他摆脱环境的羁绊，不仅按照自身迫切需要的狭隘标准而是按照美的规律去创造时，才表现出人的特点"。在改造劳教人员尤其是团伙成员工作中，如何改变他们的违法犯罪心理，树立正确的思想追求和道德标准，就成为我们从事改造工作单位和干部在管教工作中首先要解决的问题。他们采取的主要措施是：

1. 打击团伙头头和骨干分子，分化瓦解一般成员，挽救教育随从者。某劳教所在社会上打击刑事犯罪活动后，对团伙头头报请司法部门予以惩处，逮捕法办5名，注销城市户口2名，延长劳教期16名。惩罚他们的违法犯罪活动，使之摆脱人为环境的羁绊，是摧毁团伙，使团伙成员抛弃违反社会公德的行为准则和道德观念的前提。

2. 改变他们在劳教所内所处地位。在拆散团伙和改造团伙成员的工作中，各劳教所普遍调整了劳教人员的班组长、记分员、值班员的队伍，在思想上消除了团伙头头和骨干分子那种逞能称霸的"优越感"和"特权"思想，使之有着一种有罪感。使他们在头脑中认识到衡量人们行为新标准和条件。

3. 开展摆罪认罪，悔罪改罪活动。打击刑事犯罪活动开始后，各劳教所普遍开展揭发、检举、批判活动。团伙头头全所批，典型人物中队批，典型罪行专题批，错误思想言论联组批，背靠背的批，干部带头批，受害者控诉等。在批判中认罪服法，在批判中明确正确的道德标准，从思想上破除团伙赖以形成及存在的主观基础。

4. 预防团伙的形成，消除劳教人员接受改造的抗拒力和组织团伙的心理基础。

从上述对团伙的形成和发展的分析，我们不难看出，劳教人员进劳教所后，很快结成团伙，一个重要的因素，是他们的心理和欲望的需要。劳教人员在进劳教所之前，在社会上长期从事犯罪活动中，遭到人们的冷遇和歧视，在他们心灵中有一种自卑无望的心理，多次同专政机关打交道，用他们的话讲就是："同公安局打官司"，尤其是在收容审查期间，看守干部对他们管理和教育方法不当，在他们的心理上同公安人员产生了一种对立情绪，当他们到劳教所后，在头脑里形成的这种定型观念还在延续，对干部有一种惧怕心理。劳教人员之间也存在着一种戒备心理。这些心理状态，对改造他们来说产生了一种抗拒力，这种力量必定成为他们组织团伙的心理基础。因此在劳教人员进所后，首先要消除他们这种抗拒力，并且严格执行劳教的规章制度赏罚分明，力求做到不依赖劳教人员管理劳教人员，即使有些班组长职务必须由劳教人员担负者，也务必认真按正确标准进行挑选，发现利用班组长身份结伙进行违法犯罪活动者，立即查处、撤换，鼓励积极改造者，打击反改造的邪气，从而防止团伙的形成。

试论劳改犯中的犯罪团伙

（1984年9月）

祝　效　民

一、劳改犯中犯罪团伙的特征

劳改机关遵照中华人民共和国宪法关于国家"惩办和改造犯罪分子"的规定，为了防止在押犯再犯罪，并对社会上可能犯罪的危险分子给以警戒，执行国家审判机关对犯人的判决，实行严格的惩罚管制，剥夺犯人的政治自由，让罪犯在劳动中改造自己成为新人。在这样的条件下，罪犯中所产生的团伙，有其突出特征：

其一，行动隐蔽，善于伪装。劳改犯中的犯罪团伙，为逃避监督，掩人耳目，达到其犯罪目的，一般是组织成员少，活动范围小，惯于以假乱真。他们不求多而散的群体，而求少而毒的"帮凶"；他们往往表面上伪装积极改造，暗地里却在进行捣乱破坏活动。有些参加犯罪团伙的罪犯，为粉饰自己，故作姿态，见了管教干部则"毕恭毕敬"，言必称"是"，答必说"好"；只要队长在场，干活时特别出力；检查罪错时，能"戴帽"上纲，痛哭流涕；表态发言时则大叫大喊，感情冲动。识破他们的这种假象，往往需要一个过程。因此，有的团伙分子在被揭露出来以前竟当上了犯人小组长、生产骨干、劳改积极分子，有的还被记功、受奖、减刑。这类团伙分子伪装积极的目的，是为了骗取信任，以便为自己重新犯罪制造可乘之机。

其二，政治上的反动性。从已经揭发的一些案件看，劳改犯中的犯罪团伙与社会上一般的犯罪团伙相比，政治上更加反动。有的团伙首犯纠集其成员，绘制造枪图纸，筹集零件，企图制造手枪杀死管教干部，然后持枪逃跑，并准备对追捕他们的干警进行报复行凶。有的团伙，为准备逃跑，偷窃采煤用的放炮器，托就业人员买进电池，拟制造电警棍式手枪，准备打伤值班干警或司机，冲出狱门或驾车脱逃。还有的反动团伙，秘密成立反动组织，书写反动标语，散布反动言论，狂叫“君子报仇十年不晚”，甚至以“××市联帮调查局敢死队”的名义，向人民法院投寄反动恐吓信。

其三，犯罪手段残忍而疯狂。劳改犯中的犯罪团伙成员，多是恶习深、心肠狠的亡命徒，因而在狱内重新犯罪时，手段残忍而疯狂。有的犯罪团伙头目以“人生几何”、“不成功便成仁”为其反动信条，煽动团伙分子坚决与人民为敌。有的图谋在狱内纵火，乘混乱之机集体越狱。有的对检举团伙罪行的犯人借故进行毒打，造成检举者身残体伤。有一个流氓犯罪团伙，在狱内横行霸道，半年时间就用多种刑罚非法拷打同监犯人39名，直至用尖刀扎他犯腿部，并让其趴在地上，用50斤重的铁块压双肩，逼得他犯逃跑并想自杀。他们还毒打新入队的犯人，将活蛇塞进新犯人的被窝进行恫吓，并持刀威逼强行索要东西。

二、劳改犯中的犯罪团伙形成的原因

为什么近几年有的单位在劳改犯中的犯罪团伙显著增加呢？其原因是多方面的。

其一，这是特殊形式的阶级斗争的一种反映。邓小平同志指出：“我们必须看到，在社会主义社会，仍然有反革命分子，……有贪污盗窃、投机倒把的新剥削分子，并且这种现象在长时期内不可能完全消灭。同他们的斗争不同于过去历史上的阶级对阶级的斗争（他们不可能形成一个公开的完整的阶级），但仍然是一种特殊形式的阶级斗争，或者说是历史上的阶级斗争在社会主义条件下的特殊形式的遗留。”（《邓小平文选》155页）在这种特殊形式的阶级斗争中，刑事犯罪分子、反革命分子和敌特分子等，虽然已不可能形成一个完整的阶级，但作为在新的历史条件下滋生出来的社会渣滓，他们为了发泄对社会主义的仇恨，破坏社会主义物质文明和精神文明的建设，蓄意进行破坏和推翻社会主义的活动，就必然采取与以往的反动阶级所不同的反动策略和手法，以扩大反动能量和破坏作用。借助犯罪团伙的形式，拼凑反动“小团伙”以实现其敌视、破坏社会主义事业的反动目的，这正是特殊形式的阶级斗争的一种反映。

其二，这是社会上犯罪团伙和黑社会组织在劳动改造场所进行重新聚结的表现。随着社会上的犯罪团伙的增加，狱内反改造活动和重新犯罪活动必然受到严重影响和波及。近几年社会上出现的黑社会组织和秘密社会组织的影响，必然向改造场所进行渗透。“社会上一阵风，狱内一层浪”，这一阶级斗争现象，过去如此，现在仍然如此。有的团伙成员就是把社会上组织团伙、实施犯罪行为的那一套，在服刑改造场所故伎重演，有些劳改犯中的犯罪团伙就是社会上犯罪团伙的犯罪行为在狱内的继续。

其三，这是罪犯的资产阶级世界观恶性发展的结果。罪犯在狱内结成团伙，是以共同的犯罪利益和犯罪要求为思想基础。他们有的中林彪、江青反革命集团的流毒很深，极端个人主义、无政府主义在头脑里恶性膨胀；有的受国外资本主义腐朽思想和资产阶级生活方式的腐蚀，或者受到老的社会渣滓的引诱和教唆，而走上了重新犯罪的道路。他们所以在狱内重新犯罪、拉帮结伙，是由于剥削阶级思想影响而逐步形成的资产阶级世界观恶性发展的结果。

除以上三个基本原因外，还有以下五个方面的具体原因。

一是惯犯、累犯的教唆串联。罪犯中有些惯犯、累犯，他们多次进出劳改机关，有一套对付专政机关的所谓“经验”，有抗拒改造的手腕。这些人犯罪思想根深蒂固，有的就是准备“带着花岗岩脑袋去见上帝的人”。这些罪犯时刻都在寻找对象，或腐蚀拉拢，或教唆犯罪，或暗中串联，以拉帮结伙，干重新犯罪的勾当。

二是反改造分子臭味相投，抱团抗改。有的罪犯入监后，毫无认罪服法之意，时有重新犯罪之心。他们屡犯监规，多次受罚，破罐子破摔，甘心当“刺儿头”、“惹不起”。这些人为了顽固抗拒改造，物以类聚，结为团伙。

三是同一地区社会渣滓的聚集拼凑。有些罪犯在社会上相距不远，或是“一片”、“一段”、“一线”的所谓“兄弟哥们”，也有的是同案犯、“老相识”。这些罪犯为在狱内争霸，制造混乱，或准备出狱后“占地为王”，对社会报复，而拼凑×城帮、×地帮，“口呼哥们应”，“手挥哥们动”，以加大其危害社会的能量。

四是团伙头子遭打击心不死，纠合力量反扑。有的罪犯原系社会上的团伙头子，一贯横行霸道，危害群众。这些人被依法制裁受到打击后，不甘心失败。他们贼心不死，顽固不化，为达到继续犯罪，危害人民的反动目的，而网罗“害群之马”，纠合亡命之徒，伺机进行反扑。

五是“牢头”“狱霸”为发泄淫威而拉帮结伙。极少数罪犯，为充当“牢头”“狱霸”，有的靠“拳头硬”能打，有的靠“不要命”敢拚，有的靠能言善辩，有的靠两面三刀，阴险狡猾，从而勾结一帮歹徒当耳目、做爪牙、为鹰犬，借团伙之势在狱内打击积极，拉拢落后，煽动闹事，制造事端，对抗改造。

对浙江省女犯在服刑期间的团伙活动分析

（1984年7月）

浙江省劳改局　张　坚　张纹邦

我省设有专门女监，集中关押全省女犯，从事茶叶生产。附近有两个男犯大队，离女监一华里，是一个公社所在地的近千户的大村庄。

近几年来，由于种种原因，在押女犯中，也出现了反改造团伙活动，并成为破坏改造场所正常秩序的一大祸患。为了探索改进改造工作的方法，提高改造质量，最近，我们对女犯中的反改造团伙情况，作了一些调查研究，共发现各种反改造团伙6个，成员27人，约占在押女犯总数的2.6％。

（一）特　征

女犯特殊的生理、心理因素，以及处于被判刑改造、人身自由受限制这一特定条件，决定了她们的活动，不仅与社会上的女性犯罪团伙有区别，也与在服刑期间的男犯团伙有区别；而其成员特殊的心理结构和行为习惯，又使她们具有一般女犯所不同的特点。

一、与一般女性犯罪的不同特点：

在性格和意志方面：

一般女犯性格内向，思想狭隘。而参与团伙活动的女犯则性格外向的多，调查中发现，27名团伙成员中，性格外向的有18名，占2/3，内向的只占1/3；开朗的13名，占48%，暴躁的5名，占19%，固执的6名，占22%，郁抑的3名，占11%。

就其意志力来说，一般是兴奋性(阳性)的，很少是抑制性(阴性)的。因此，自我控制能力强的少，只9名，不善于克制自己，易冲动和情绪不稳定的有18名，占2/3。这也与一般女犯内心矛盾多、不轻易暴露思想这一特点有明显区别。

一般女犯多数来自农村，据调查，1981年以来新收押的479名女犯中，来自农村的占65%，原是农民及搞家务的占60%；而参与团伙活动的女犯情况正好相反，74%的人来自城镇，是职工、学生和待业青年。

在思想和行为方面：

一是团伙成员普遍存在腐朽的思想和很深的恶习。流氓犯郑××非常向往西方“性自由”“性解放”，提出“我要冲破这个禁区，人家做不到的我要做到”。公开表示羡慕“茶花女的生活”，要做“中国的玛格丽特(即茶花女)”。流氓犯桂××不知羞耻地说：“不管什么场合，只要一看到男人，骨头也酥了，喉咙也特别响，喜欢粘到男人身边嬉皮笑脸。”

二是喜欢在公开场合显露自己。爱好参加文娱活动，特别是喜欢到男犯大队去参加演出，以达到她们变态心理上的某些满足。

三是认罪服法差。一般女犯对判决后很少申诉，而女犯团伙成员一般都申诉过，流氓犯强调是“生活小事，两厢情愿”；奸情杀人犯把责任推向男方；拐卖人口犯则借口是“做介绍，收了点路费，双方满意”，等等。

四是思想改造差。一般女犯改造态度比较稳定，而女犯团伙成员在改造中反复性大，但由于她们年轻，身体好，脑子灵活，又逞强好胜，劳动上经过一段时间锻炼，能较快掌握生产技术，超额完成生产任务。

二、与男犯团伙的不同特点：

在团伙形成上，男犯主要通过拉同乡关系，结成地区性的如“杭州帮”、“宁波帮”等；女犯则主要通过互谈案情，互送食品，从生活上拉扯，感情上笼络，称落难姐妹，没有地区性，往往以原犯案情相近或臭味相投结成一伙。

结构上，男犯团伙由于以封建行帮思想为精神支柱，讲江湖义气，因此结构严密，有明确的头头和骨干，成员多。如女监所在的第三劳改支队，22个男犯团伙即有成员226名，一般不愿揭发同伙，甚至在案发后把同伙罪行也会包揽下来；女犯由于一般心胸狭窄，嫉妒心强，组织能力弱，因此团伙结构较松散，人员不多，平均每伙不到5人，没有明显的为首者，但有一两个活动能力较强、接触面广或具有淫妇加泼妇性格的人为主线。一旦败露，瓦解也快，并且相互指责，对同伙成员的不同处理，常表示不服气。

活动上，男犯团伙攻击性强，行为猖狂。主要从事哄监闹事、打架斗殴、赌博、盗窃、逃跑等。而女犯团伙活动隐蔽，主要是色情引诱，骗取食物，搞性关系。6个团伙中，5伙属于这一类(其中与男犯勾搭四伙，搞同性流氓活动一伙)，只有一伙(3名)是策划结伙逃跑。

(二) 成　因

罪犯在服刑期间的团伙活动，是当前社会上在一定范围内存在的阶级斗争在监内这一特定条件下的反映，是劳改场所改造与反改造斗争的特殊表现形式。因此，不论其构成的原因，活动的方式和内容如何，都是属于反改造性质的。

形成团伙的心理基础，首先是她们以往变态心理和原有犯罪思想的延续。27名团伙成员中，原犯流氓罪的有18名，占2/3，其余是奸情杀人、拐卖人口、抢劫、诈骗和一名投敌犯，且多数亦犯有两性罪错。她们在社会上时，大多有较长的犯罪历史，始犯年龄最早的仅12岁，多数在16—20岁间，年龄虽轻，恶习却深。由于过去感官受到长期的反复的不良刺激，在她们的大脑皮层中，条件刺激物与需求刺激物这两个兴奋中心之间建立的联系，得到了强化和巩固，形成不良的行为习惯。尽管投入劳改后人身自由受到限制，但只要在某种(包括物质、文字、图象和语言在内)信息刺激下，就会形成条件反射。女犯虽单独关押，但仍然可以通过电影电视、文艺作品，特别是女流氓间交谈过去的糜烂生活和犯罪体验，获得信息刺激。为了满足她们对性的要求和填补空虚的灵魂，就会千方百计地勾引男犯。

二是为了满足他们对副食品方面的贪欲。女犯一般都贪吃，尤其是一些流氓犯。据分析，在27名团伙成员中，捕前过惯奢侈淫逸生活的有20名，占72%。判刑劳改后，被迫过着一日三餐的清淡生活，除了每月一次购买一些副食品，以及通过交谈吃喝穿戴搞所谓"精神会餐"作某种填补外，总想获得食欲方面的满足。而一些有一定技术、家庭条件较好而又有单独活动机会的男犯，如电工、泥木工、修理工和教员、墙报员等杂务犯，就成了她们猎取的对象，以暗通私信谈情说爱为名，骗取食物。从男犯暗中送入女监的东西来看，既有白木耳、麦乳精等补品，还有糖果、糕点、花生、瓜子等零食，也有油条、酒类等物品。

三是丈夫离婚或对象另有新欢。有的想找个好的给前夫看看，以泄心中的忿懑；有的担心刑满后夫家回不去，娘家又没人；有的担心劳改过的今后找不到对象，因此想在劳改队里找个好点的人，今后有个依靠，同时认为大家都劳改过，双方不会看不起，反而会更体贴谅解。如奸情杀人犯李××与丈夫感情已破裂，刑满后难于重新和好，娘家父母均已病故，因此想在劳改队找个对象，今后有个去处，于是与另两名有同样情况的女犯结成一伙，勾搭男犯。

四是有结群的心理和能力，喜欢搞小圈子，认为朋友多，名气大，可以互相壮胆，便于进行反改造活动，这是女流氓犯虚荣心理的反映。

毛泽东同志说过："外因是变化的条件，内因是变化的根据，外因通过内因而起作用。"(《矛盾论》)女犯在服刑期间结成团伙的原因，正是内因和外因相互作用的结果。

处于被监管的特定下条件，一些臭味相投的人相互利用，相互勾结，这是团伙构成的首要原因。女犯在社会上沾染的种种恶习和原有的犯罪思想，虽因被判刑劳改受到打击和遏制，但并未消失。可是被处于服刑和监管的地位，失去人身自由，与外界联系困难，“物以类聚，人以群分”，于是，一些有流氓犯罪思想或逃跑思想的人，很自然地纠集一起，互相利用，结成团伙。如女犯郑××等纠集的流氓团伙，八名成员原来都犯有两性关系罪行，普遍不认罪服法，强调当时年幼无知或生活所迫，全部申诉过。她们互称“受难姐妹”，常在一起回味犯罪体验，在勾引男犯中，能单独活动的负责物色对象，传递私信，有文化的帮助代写情书，具有淫妇和泼妇性格的则负责对付监督她们的犯人。

近几年来对监内流氓活动打击不力，是女犯中团伙成因的催化剂。过去女监的改造秩序一直稳定，绝大多数女犯改造态度良好。自我们调整就业政策后，她们错误地认为今后改造不再分好坏，刑满一律不戴帽，不留场；又如贩卖妇女犯陈××与男犯乱搞流氓活动怀孕，三次呈报加刑都未批准，只得送杭州引产了事。对此一些恶习未改的流氓犯非常羡慕，认为“反正加不了刑，只要不搞大肚皮，没关系”，起而效尤。干部发觉后进行教育，她们说：“劳改队生活单调，消遣消遣。”

我们监管工作上的某些薄弱环节，为团伙活动提供了方便。女犯虽单设女监，集中关押，但仍有少数女犯可以单独活动；同时在女犯劳动场所附近，有男犯技工进入；文艺会演时，乐队都为男犯，这些，都给他们提供了接触的机会。

（三）危　害

女监中出现的这些反改造团伙，不仅仅是少数犯人道德水平低下，寻求精神刺激的产物，是一般的违反监规纪法行为，而是影响当前劳改工作开创新局面，把劳改场所办成改造人的政治熔炉、造就人的职业学校的一大祸患。

一、破坏了劳改场所的秩序。

女犯中的反改造团伙，往往是由一些恶习很深的惯、累犯或经公安机关多次教育不思悔改的分子为骨干纠合起来的，她们宣扬过去的糜烂生活，传授犯罪方法，毒化监内空气，成了女监内“黑染缸”、“传习所”的霉菌的主要传播者；为了勾引男犯，指使某些犯人串监串队，违反监规；对积极改造、敢于监督她们的犯人围攻谩骂，打击报复，弄得乌烟瘴气；那些男犯为了争得女犯欢心，满足女犯贪欲，到处设法搞副食品，并由此引起争风吃醋，吵架斗殴；在女犯间的同性流氓活动中，也往往因互相嫉妒而引起纠纷。

二、妨碍了思想改造和文化技术学习。

女犯一旦陷入团伙圈中，往往热衷于写下流情书，沉醉于搞流氓行径，根本无心学习，严重妨碍思想改造。她们说：成天象着了魔似的，白天黑夜，学习听课，都在想如何把信带出去，弄得神魂颠倒，哪有心思学习，学了几年文化，还是个文盲。不仅原来的犯罪思想得不到改造，有的反而被强化。

三、牵涉了干部的精力。

女犯队的干部力量原来就感到不足，出现团伙活动后，干部不得不抽出时间，花费精力，来调查处理，削弱了对面上正常的管教工作。如1983年12月28日，女犯黄××纠集逃跑集团后只身脱逃，干部四出围堵追捕，捕获后进行侦查、审讯，呈报惩办，中队和大队的管教干部为此足足忙了好几天。

四、在一定程度上影响了社会的安定。

反改造团伙的活动，不仅是那些逃跑团伙逃出去继续危害社会，而且由于这些人的犯罪思想在服刑期间没有改造好，刑满后容易再次犯罪；而女犯一旦参与流氓团伙，又往往造成她们家庭关系的进一步破裂，增加了社会上的不安定因素。

（四）对　策

我们研究罪犯在服刑期间的团伙活动，目的在于探索如何消除这一反改造隐患，提高教育改造的质量。根据我省的实践经验和调查中得到的启示，我们认为，应采取以下措施：

一、严格管理，净化环镜。

监狱、劳改队是集中关押罪犯的场所，各类丑行恶习的人相聚一起，很易互相影响，交叉感染，少数臭味相投的人也会相互拉扯勾连，结成各种反改造团伙，因此，必须对她们实行严格的监管，以破坏她们原有的罪恶的生活动力定型，切断任何足以引起犯罪动机的诱因，逐步建立起新的生活动力定型。这就要求我们对女犯施行严密的、科学的管理，落实行之有效的犯人学习、劳动、生活“三集中”，队列、座位、铺位、劳动岗位“四固定”，从起床到熄灯的犯人生活“日准则”，以及日记、周评、月结等监管、考核制度，把罪犯的一切活动，始终置于干部的视线之内和积极改造的集体监督之下，约束在监管法规范围内。特别是要尽量减少和消灭“散兵游勇”式的单放劳动；男女犯人的文化教育、文娱活动要分开；在女犯中培养训练电工、医务、修理等技工，女犯劳动场所不让男犯进入。净化改造环境的目的，是改变引起犯罪动机的条件，即外因，促进犯人思想即内因的转化，“在这里，条件是重要的。没有一定的条件，斗争着的双方都不会转化。”（毛泽东：《关于正确处理人民内部矛盾的问题》）

二、发现团伙，及时摧毁，严肃处理。

由于在押犯基本上都是一些目无法制、道德水平低下、行为不端的人，而且大多数是恶习很深的年轻刑事犯，她们四肢发达而头脑简单，精力充沛而精神空虚，好模仿而不辨是非，对犯人中出现的反改造行为，如果劳改机关不及时教育、处理，就会迅速蔓延，引起连锁反应。因此，发现有拉扯结伙行为的苗子，就要加以制止，尽可能把它消灭在萌芽之中。一旦已结成团伙，就要迅速侦破，坚决摧毁，严肃处理，以儆效尤。

要准确执行政策。根据“坦白从宽，抗拒从严，立功折罪，立大功受奖”的精神，按照情节，区别对待，运用政策法律进行分化瓦解。对已造成恶劣影响的团伙，要发动犯人揭发批判，公开处理，以肃清影响，扩大教育效果。

要将团伙成员特别是骨干分子拆散，不要留在同一个中队、小组里改造。处理后，应经常找他们谈话，加强思想教育，防止东山再起，死灰复燃。

三、加强教育改造工作，消除犯罪思想。

劳改机关的根本任务，是在执行刑罚的过程中，对罪犯实施改造，并尽可能把他们改造成为新人，只要不是判处死刑立即执行的，其余的犯人包括无期、死缓在内，都要做教育转化工作，争取把他们改造过来。

根据女性罪犯特别是青年女犯的生理、心理特点，要在严格监管的前提下，按照“三个象”（即象父母对待孩子、老师对待学生、医生对待病人）、“六个字”（即教育、感化、挽救）的要求，循循善诱，精心治疗，改造她们的恶习，转化她们的思想。引导她们“四破四立”，即：破私立公，破奢立俭，破懒立勤，破乱立规。这是消除反改造团伙、稳定改造秩序、提高改造质量的一项治本措施。

“悔悟是去病之药”。要针对她们中的种种不认罪的观点，采取多种形式，进行社会主义法制和认罪服法教育，真正做到“四清”，即：对自己的罪恶要交清，同伙罪行要揭清，犯罪的危害要认清，犯罪的思想根子要挖清。使她们确实认识到自己的行为对社会造成了危害，触犯了刑法，应当受到法律制裁。帮她们过好“认罪关”，为接受改造创造前提。

“德行是灵魂的力量”。针对女犯中不少人好逸恶劳，生活糜烂的特点，加强道德教育和劳动教育，摧毁她们的资产阶级享乐主义的精神支柱，改变她们不良的心理品质和行为习惯，培养她们爱党、爱国、爱社会主义、爱劳动、爱集体的道德观念和艰苦朴素的生活作风。

“文化匮乏者不知法律”。针对女犯中文化水准普遍低下，相对愚昧的特点，特别要加强文化技术教育，使她们在服刑期间既改造思想，又学习文化知识和科学技术，这不仅有利于改变女性罪犯愚昧落后的状况，也有利于提高我们民族的文化教育水平。

由于女犯一般心胸比较窄，疑心重，嫉妒心强，教育时要注意工作方法。以个别教育为主，耐心疏导为主，表扬鼓励为主，尊重她们的人格，不要讽刺挖苦，要从思想、生活、家庭等各方面关心她们，帮助她们解决一些实际困难；在节假日，女犯比男犯更易出现思亲想家的念头，这时，管教干部应主动接近她们，开展教育感化工作；要善于发现她们思想言行中的闪光点，进行教育、鼓励，强化积极的心理品质和行为习惯；要经常运用改造好的典型，来启发、诱导，使她们看到改造前途，消除悲观、厌世情绪，培养她们重新做人的信心。

对每个团伙成员都要建立“病历卡”，对其思想动态、谈话教育的内容、效果都要有记录；对一犯再犯，屡教不改的，应象对待惯、累犯一样，列入改造重点，必要时应举办学习班、集训班，进行“隔离治疗”，重点加工。

四、积极开展有益的文娱活动，陶冶身心。

女犯一般都比较喜欢文娱活动，特别是女青少年犯，更爱唱爱跳。改造工作者应抓住这一特点，开展工作，寓教于乐。通过开展有益于改造的文化娱乐活动，培养她们正当的爱好和兴趣，陶冶高尚的情操。如组织女犯自编自演表现改造生活的戏剧、歌曲、舞蹈，举行“学雷锋、改恶习、做新人”诗歌朗诵会、“五讲四美三热爱”赛诗会、文艺晚会等等，用积极有益的文娱活动来丰富女犯的业余生活，把她们充沛的精力引导到积极向上的轨道上来，使她们在有益的文娱活动中潜移默化地陶冶身心，提高识别是非、美丑、荣辱的能力。

最后，鉴于监狱、劳改队里的反改造团伙，是在监管这一特定条件下形成并活动的，它与社会上的各种犯罪团伙必然有一些不同的特点，而在《刑法》上却没有特殊规定，为了有利于惩办罪犯是服刑期间的反改造团伙活动，维护改造场所的正常秩序，我们建议立法机关在修改《刑法》和《劳改条例》时，增加惩办罪犯服刑期间进行反改造团伙活动的规定，使劳改机关在处理这类案件时，做到“有法可依，有法必依，违法必纠，执法必严”，强化社会主义法制。

二、原因论

多层次的犯罪原因论

（1983年）

储槐植

犯罪是人所实行的社会危害行为。因此，犯罪原因就应当从“人”和“社会”两方面来研究。这两个方面又各有若干层次。

社会原因：生产力，生产关系，上层建筑

人类社会，由生产力、生产关系和上层建筑三个层次构成。犯罪的社会原因，也应从这三个层次观察。

一、同生产力相联系的社会原因

危害社会，是犯罪的本质特征。社会危害（包括严重的社会危害）行为同人类脱离开动物界而进入社会阶段同时开始。最早的犯罪行为产生的根本原因是生产力水平极度低下。在原始社会，特别是原始社会的早期阶段，人们有时为了争夺猎物而厮杀。杀人——这种严重的社会危害行为，在原始社会无疑是存在的，虽然还没有“法庭”来强施“刑罚”，但是从行为的本质特征来看，“杀人”（指剥夺他人的正当生存权）总是严重的“罪行”。如果仅仅把私有制、国家和法律产生以后的杀人行为才称之为（才被认为）“犯罪”，那么这种认识与其说是原因分析，不如说是法律分析。而且这种认识同马克思主义经典著作的某些经典论述也不一致。《家庭、私有制和国家的起源》是一部叙述原始社会的权威性著作，在这部著作中恩格斯多次提到“杀人”、“行凶”、“赎罪”等概念，但没有把它们同国家和私有制联在一起。该书“第4版序言”中说“按照母权制，杀母是最不可赎的大罪。”（《马克思恩格斯选集》1972年版第4卷第7页）恩格斯在谈到德意志人的氏族时说：“他们的制度也是跟野蛮时代高级阶段相适应的，据塔西佗说，到处都有氏族首长议事会，它处理比较小的事，而比较重大的事情则由它提交人民大会去解决；人民大会同时也是审判法庭；各种控诉都向它提出并由它作出判决，死刑也在这里宣判，……”（同上第140页）在全书最后一章中恩格斯还指出：“氏族制度的伟大，但同时也是它的局限性，就在于这里没有统治和奴役的余地。”

生产力的发展，私有制的产生才成为可能。随着私有制的出现，也产生了一些新的犯罪，例如偷窃（这种罪至今仍是全部犯罪中数量最多的一种，各国均如此）等等。

上世纪末本世纪初在一些资本主义工业发展国家出现的犯罪率上升和最近20多年来

几乎所有国家(不论何种社会制度)出现的青少年犯罪大幅度增长的第一层原因也是生产力的急剧变动。生产力发展推动了人类历史的前进，这是事物的主导方面。但也不能不看到另一方面,虽然是次要的一面:(1)生产力的发展,物质财富的快速增长强烈地刺激着人的物质欲望(物质欲望既可以推动人们去进行创造,也可以促进人们去实行犯罪，当然这两种可能都同一定主客观条件相联系,世界万物的变动都不是孤立的)。(2)物质生产发展的动力——“竞争”，它明显地动摇了往昔长期维系社会秩序的精神支柱——“克制忍让”这种道德观念。(3)生产力发展改变了社会环境形态，封建社会由于自然经济，交通不发达，人口流动性很小，同一社区里的人彼此相识，不是亲戚、同族，就是祖祖辈辈的邻居，易于形成稳定的生活习俗，在这种环境下干坏事不仅容易被发现，而且会受到“十手所指、十目所视”的共同谴责，因而干坏事者容易产生“无地自容”的心理，即自我心理遏制。工业社会里，人口流动性大大增长，往昔的社会形态随之解体，形成了“近邻不相识。见面似路人”的新的环境形态，干坏事者的自我心里遏制也大为减弱。(4)随工业化而来的是都市化，即人口密度加大。人口密集则增加了人们的社会接触机会，加之现代化的宣传手段(报纸、杂志、广播、电影、电视)，其结果就是加快并扩大了信息(好的和坏的)传递的速度和范围，而坏信息的传递，特别是对自控力薄弱的少年，就意味着干坏事的蔓延。(5)“大工业迫使妇女走出家庭，进入劳动市场和工厂”(恩格斯《家庭、私有制和国家的起源》)，双职工的家庭削弱了对孩子的教育与控制。(6)人口密集，增加了家庭外接触机会，加上社会日益走向高度流动性，个人独立性趋势强烈，现代化生产和科学技术给人们提供了各种高效能的服务设备和社会服务机构，使家庭成员间的相互依赖程度逐渐削弱，这是导致离婚率增长的不容忽视的一个因素。离婚率增长的直接后果之一便是少年犯罪率增长。(7)生产力发展,物质生活提高,儿童营养丰富，普遍出现了少年青春期的提前，即生理上“早熟”；同时也由于生产力发展，科学技术的进步，人们需要学习和了解的知识比以往时代成倍增加，因而又出现了少年的社会生活“幼稚期”迟蜕现象。这种生理“早熟”与心理“迟熟”的矛盾，同少年犯罪(尤其是性犯罪)的增长似乎不无关系。以上七点仅仅是列举，不是全面分析，但也足以说明生产力的变动和犯罪率的变动之间存在着符合统计规律的内在联系。

二、同生产关系相联系的社会原因

原始社会生产力的发展，使生产关系随之发生变化，产生了私有制和阶级。而与之紧紧相连的阶级压迫、阶级斗争、剥削、贫困(同“富有”相对的概念，是私有制的产物)和失业，不仅产生了某些新类形的犯罪，而且大大地增加了犯罪数量。

在阶级社会中，社会关系、生产关系的基本属性是阶级关系。因此，阶级社会中的绝大多数打上了阶级烙印。而且生产力常常是通过生产关系和上层建筑这些中间层次表现出对犯罪现象变动的影响作用。在生产力发展缓慢的历史时期，生产力的影响作用常被这些中间层次掩盖而不易被察觉出来。在生产力迅速发展的时期，生产力的影响作用则表现得比较明显和直接。

在剥削阶级作为阶级消灭不久的社会里，由于剥削阶级残余势力的存在以及社会意识对社会存在的相对稳定性，剥削阶级的意识形态仍然是产生犯罪的重要原因。由于国际交往日益频繁,国内的阶级影响不可忽视。但是,剥削阶级作为一个阶级被消灭以后,时间过得愈久,犯罪的阶级原因将愈趋弱化,其他原因便显得更突出。这是合乎历史规律的趋势。

由于犯罪原因的多层次和复杂性,其中一个因素的变化不一定会对犯罪数量的变化产生明显的影响。要控制犯罪,也不应过分突出某一因素而忽视其他因素。明确这个认识,对科学地制定刑事政策和预防犯罪措施是有益的。

三、同上层建筑相联系的社会原因

上层建筑受经济基础的制约,同时它又反作用(积极或消极的)于经济基础。上层建筑的主要组成内容是意识形态和制度机构。上层建筑同犯罪现象间的关系有正负两个方面,即上层建筑对犯罪的遏制作用和助长作用。国家的法律制度和司法机构对犯罪现象起遏制作用,上层建筑中的某些因素(例如管理不善、官僚主义、权力滥用等)则可能助长犯罪,这是人们的常识所能了解的。

这里有个概念需要说明,即"原因"与"条件"的区别的问题。一般认为,原因是变化中的因素,条件是稳定的因素。其实,原因和条件具有相对性,如果客体发生变化,那么它的原因就是变化着的条件;如果客体处于稳定状态,那末它的原因就是相对稳定的条件。这就是说,原因和条件的区别主要在于它对客体的作用场合和因而引起的作用强弱的不同。而就同一因素而言,在这一场合它的作用力可能是强的,在另一场合他的作用力又可能是弱的。就管理不善和官僚主义对犯罪的影响而言,不同的具体场合可能产生不同的影响作用。所以,在这里要认定它们究竟是"原因"还是"条件"是困难的,而且这种区别的实际价值也不大。于是,我们就把它们视为"社会原因"中的一个层次。管理不善,主要是指某些管理制度的不健全或不合理,大至某项国家行政制度,小至某个单位的具体规章制度。管理不善可能是有许多具体因素造成的,其中一个因素是官僚主义。官僚主义是一个极复杂的问题,不属本文论述范围,但要指出一点,即迄今为止世界上还没有一个国家一个政府是杜绝了官僚主义的。

上层建筑所有因素中同犯罪现象关系最直接的大概要算意识形态了。就个人同社会的相互关系的性质为标准,可把意识形态分为个人主义和集体主义两类。前者是犯罪的思想基础和助燃的因素,后者是犯罪的对抗力量。对这两类意识形态采取的不同国家态度,是由一个国家的社会制度性质所决定的。我国社会主义制度的优越性也将在遏制犯罪增长这个方面表现出来。

人的原因:道德水平,性格特征

上面说的是犯罪的社会原因,即客观的外在原因。在犯罪原因的研究问题上,既要坚持社会存在决定社会意识(犯罪现象)的唯物主义观点,又要坚持外因通过内因起作用的辩证法观点。人的主观因素(内因)起着不可忽视的作用。这就是提出了在犯罪原因问题上不仅要研究"社会"同时也要研究"人"的任务。人是社会动物,因此人(人性)就具有两重性——社会性和自然性(动物性)。道德水平问题属社会性范畴,性格特征则比较偏重于自然性。

一、同道德水平相联系的人的原因

法律意识的基础是道德观念。人的道德观念是由人生活在其中的社会存在决定的。例如，贞操观念并不是女子头脑中自己产生的，它是由男子强加给女子和全社会的，它同社会由母系转为父系之后出现一夫一妻制（有的原始氏族实行一夫多妻制，总之是以“夫”为中心）联系在一起的，而母系社会进入父系社会是生产力发展的结果，不以人（男人或女人）的意志为转移。通奸所以被认为是犯罪（现在世界上许多国家的法律仍然把通奸定为犯罪，就连“性解放”程度高的美国，多数州的刑法仍保留“通奸罪”，实践中法院究竟能处理几件这类案件那又是另一回事），因为它同女子贞操相连，所以较早的通奸罪只处罚女子（1933年国民党政府的“刑法草案”就是这样规定的，由于南京妇女界和社会进步力量的抗议，后来才修改了这一条文，通奸罪的主体不限于女子）。当男子和女子都可以作为通奸罪的主体时，这个时候处罚通奸罪的观念依据已经不是（至少不全是）女子贞操了，这是社会的进步。不把通奸视为犯罪，更反映了社会存在条件通过道德观念表现出来的变动。从通奸罪的产生到通奸罪的主体的改变，以及到通奸罪名的取消，清楚地反映了道德观念同犯罪的关系。以上是就社会存在而言的。从个人方面说，接受这种占统治地位的观念的，就不会犯罪；不接受的，就会犯罪，就是道德水平低下。对通行道德观念的接受程度，人与人之间的差距很大。形成这种差异的因素是复杂的，例如经济状况，周围环境，生活经历，智能条件，性格特征，教育质量，等等。最主要的因素是教育。由于近年来学校教育的加强，中学生的违法犯罪现象大大减少，上海关闭六所工读学校（据1983年4月18日新华通讯社报道）就是有力证明。

从人的原因这方面看，减少和控制犯罪的一个极为重要的环节就是使尽量多的人适应和达到这个时代应当有的道德水平。上面说到，由于竞争和生产力迅速发展，社会的物质文明显著发达，但也伴随着一些影响传统道德观念的因素，例如利害关系的明确化，忍让观念的弱化，物质欲望的强化，等等。传统的道德观念以过去从未有过的速度在改变着，在这种情况下如果没有一个能够维护社会稳定的新的道德观念来同新的生产力和生产关系相适应，那末就会造成物质与精神的失调，其结果必然是道德水平下降，犯罪率升高。世界上许多国家的情况正是如此。我国在建设社会主义物质文明的同时高度重视社会主义精神文明的建设，这对维护社会稳定和控制犯罪具有深远的影响和战略意义。

人的道德水平实质上就是个人对社会的适应性程度。道德作为对人的动物性的制衡力量而与人类同在，是人的社会性的基本内容。道德的作用在于制止人性异化，即不使人回到动物世界去。既然道德是个人对社会的适应性，那么道德水平的高低就表现在群体性（集体主义意识）的强弱上。既然道德是人的社会性的内容与表现，社会是不断发展变化的，所以道德观念也是发展变化的，人要保持对社会的适应性，就得不断地学习、受教育（家庭教育，学校教育，社会教育）。

二、同性格特征相联系的人的原因

人都有各自的性格。性格特征是人在各自的素质（生理、心理、气质等）基础上，在特定的物质生活和文化教育环境中，接受特定的影响，在从事特定的社会实践活动中逐渐形成的，同时，人的性格体现在人的活动中。因此，人的性格既受客观世界的制约，又对客观世界产生反作用。就犯罪原因问题来研究人的性格特征，既不是机械论，也不是唯心主义，恰恰是坚持唯物论和辩证法。

青少年是"社会气象计"，是社会的一面镜子，社会的变动（好的方面和坏的方面）首先在青少年身上反映出来。在1919年"五四"运动和1976年"四五"运动中，青年都是先锋，"文化大革命"十年浩劫造成的恶果在青少年身上表现得也很明显。50年代开始世界上许多国家由于科学技术、生产力迅速发展，伴随着物质与精神失调而出现的青少年犯罪现象猛涨，以及我国由于林彪、"四人帮"反革命集团的破坏而引起的青少年犯罪骤增（成年人犯罪率变动不大），这都同青少年本身的特点联系在一起，从生理上看，少年身体迅速成长，代谢机能增强，精力充沛，脑神经活动的兴奋性强，第二性征带来了生理与心理的骤变。从心理上看，独立自主性意向萌发，因而依赖性减少，主动性和自尊心增强，追求意志行为；但由于年龄关系，缺乏知识，缺乏经验，判断能力弱，自控能力弱。这种矛盾，在儿童固有的模仿性与好奇心的基础上就形成了敏感、偏激和无所顾忌等心理特点。这些特点是少年（以至青年）所共有的性格特征。它对青少年的发展具有两种可能性：在外界正确的教育影响下，可以变为积极因素，成为推动青少年向上的动力；在外界错误的教育影响下，就会变成消极因素，使青少年变坏，甚至走上犯罪道路。

科学表明，人的性格特征同"气质"有密切关系。气质是性格的自然基础，是高级神经活动类型在人的活动中的表现。它使人的性格的表现形式带有明显的个人色彩，影响心理活动的强度、速度和定向性。气质是中性的，无所谓优劣。它同一定的心理特征结合起来形成的内向性格和外向性格，各有自己的特点。外向性格常常表现为爱动、热情、敏捷等等，内向性格常常表现为好静、含蓄、深沉等等，在犯罪（无论是青少年犯罪还是成年人犯罪）问题上大致也能看出气质的影响，犯杀人、强奸、抢劫等"暴力罪"的人往往具有外向性格，而犯偷窃、贪污、诈骗等"智力罪"的人往往具有内向性格。

不仅性格同犯罪类型有某些联系，而且人的性别同犯罪也有某种值得进一步探讨的关系。从统计来看，从古至今，世界各国，男性犯罪人数总是绝对超过女性犯罪人数（一般是10:1，最低也是5:1左右）。这除了有一系列复杂的社会原因外，人的自然属性问题也不失为是原因之一。

人类社会是一个复杂的有机整体，犯罪是一种社会现象。因此，犯罪原因必然是多因素的，同时这些因素之间又必然具有内在联系。内在联系，就是表现为层次关系——社会的三层结构和人性的两个方面，社会和人性之间既有存在与意识的唯物性质又有外因与内因的辩证关系。多因素的内在联系，就不是多因素的繁琐罗列。这种多因素的内部互有联系的犯罪原因理论就是多层次的犯罪原因论。

每一层次，都有许多具体的而且常常又是极其复杂的问题。对每个层次的研究都会涉及一门或多门学科，其中有些是老学科，有些是刚建立不久的学科，而且随着研究的深化，很可能还会建立新的学科。所以，本文充其量只能算是一个概括性的初议。

关于青少年犯罪原因的理性思考

（1986年1月）

刘成根

一、关键在于净化社会环境

青少年犯罪是一个复杂的社会、心理、法律现象，青少年犯罪率增高是一个包括犯罪主体和客体在内的多因素综合并发症。

诸因素中，又必有一种主要因素的主要方面是起主导作用的；相互作用中，也必有一种联系或关系是互相转化的契机。尽管这种要素和契机在不同条件下，对于不同的主体其作用是不同的，变化的。然而，它毕竟具有一般规律的普遍意义。

当我们真正认识到人是社会关系的总和，家庭是社会的细胞，学校是社会的工具，集体是社会的组成部份的时候，社会环境显然就成了研究青少年犯罪这个以年龄特征来研究犯罪问题的领域中，所要研究的主导因素和互动契机了。

第一，从犯罪动机形成规律看，社会关系是形成人的心理动因的最核心的要素。

青少年犯罪如同成年人、老年人犯罪一样，其犯罪行为都是由犯罪动机产生的，动机是由许多客观的、主观的动因相交织、相组合而产生的。

动因可以是心理因素，如兴趣、情感、认识等；也可以是偏重于生理因素，如饥渴，性冲动等。但是，非心理因素必须转化成心理因素才能组合成动机这个心理过程。通常情况下，许多非心理因素在个体生活经历中早已转化为心理因素并贮存在头脑里了。

这些心理因素形成的心理活动，有时以内潜活动的形式运动，有时以外现活动的形式表露。但不论以何种心理活动形式表现，其犯罪动机都是在复杂的心理结构相互矛盾中，居于主导地位的行为动力，驱使主体发生人格异常，以自己的行为去违反和破坏社会的法律规定。而在这整个过程中，社会关系，尤其是人际关系是形成人的心理的最核心的要素。欲防止青少年犯罪的心理动因的产生，必须首先减少影响动因形成的社会因素。

党的十一届三中全会以来，我国社会的政治、经济形势都是建国以来最好的形势之一。这是有目共睹，毋庸置疑的事实。但是，我们目前面临一个新情况，这就是“争取国家财政经济状况根本好转的任务基本实现”，但“党风和社会风气问题还多”。

财政经济状况的“根本好转”与党风、社风的“问题还多”这一矛盾，意味着我们的精神文明未跟上物质文明建设的发展。尽管党中央多次强调我国进行的四化建设是社会主义的现代化。以共产主义思想为核心的社会主义精神文明建设是物质文明建设的方向和保证。但是社会上确有那么一些“一切向钱看”的思想，无理想、无道德、无纪律的思想潜移默化地腐蚀着青少年，而我们的政治思想教育又很薄弱和不得法，致使一些本来就缺乏社会生活与政治生活经验，不善于把新中国与旧中国、粉碎“四人帮”前与后、中国与外国加以正确比较的青少年，很容易接受不良影响，崇尚金钱，忽视精神，以致思想混乱，精神空虚。使他们正在社会化过程中的心理内遏与外遏系统失调、失控。从而导致个体心理变态，进而个性异化，行为越轨。研究证明，犯罪行为与产生犯罪行为的环境和其他人的行为有直接的联系。

第二，从青少年自身成长规律看，只有净化社会环境，才能正确处理青少年生理早熟与心理晚熟的矛盾。

青少年犯罪是指正处在青少年年龄域的(一般指14岁至25岁之间)，其行为具有社会危害性并应受到刑法惩罚的违法行为人。青少年年龄域是处于少年向青年，青年向成年过渡的年龄段，它既是人的生命状态又是人的社会状态。

青少年年龄域的人，正处在生理上的发育期，而人的生理发展与心理发展是不同步的。年轻人生理早熟与心理晚熟的矛盾使青年期不断增长的物质需要与未独立的经济地位的矛盾；自主要求与依附关系的矛盾；性生活的欲求与道德、法制的矛盾；活动能量与认识水平的矛盾；现实与未来的矛盾等心理矛盾十分突出。以致有的心理学家把青春期称为“心理上的断乳期”、“人的第二次诞生期”。把青年人叫做“生理上的成人，心理上的准成人”。认为青年人普遍具有生命的跃动感，精力的充沛感，自由和力量的感情。

处于青少年年龄域的人，情绪极不稳定，易受外界刺激，可塑性大，特别需要心理护理。

由于物质文明建设的快速发展，人民物质生活水平显著提高。这就使青少年的生理发展大大加速。当代青少年的体格发育水平增长很快。仅以成都市对7至18岁人口身高变化的调查资料为例，1979年比1958年增高，平均每10年身高增长值男子为2.97厘米，女子为2.92厘米，超过同期世界各地报道的生长加速趋势——每10年平均身高增长1厘米的速度。与之相适应的体重、肺活量、肺功能、力量、速度、灵敏、协调、柔韧、耐力等生理机能、体能、心理机能、智能等方面的发展也在提高。不妨再以国家体委、教育部、卫生部编印的资料为例，全国7至17岁青少年体重1979年与1975年比较，各年龄段均有增长。例如，其中13岁年龄段增加1.3公斤；14岁年龄段增加1.2公斤；15岁年龄段增加1.0公斤，由此不难看出，当代青少年的生理成熟的确是加速了，提前了。

可是，他们的心理发展却是另一种情况。现在正处于青年期的一代人，14岁的大约是70年代初期出生的人；25岁的大约是60年代初期出生的人。这一茬人一方面受过极“左”路线灾难的创伤，另一方面面临新时期社会大转折的考验。他们身负旧的创伤，面对新的矛盾，加上精神文明的建设没跟上，思想政治工作薄弱，党风、社会风气有问题，对外开放和对内搞活中不可避免地带来的某些精神垃圾的腐蚀。首当其冲的自然是那些意志薄弱者，在生理早熟与心理晚熟矛盾加剧的情况下，一遇外界刺激，极易误入歧途。出现这种现象不是偶然的，它是一定时期一定社会问题的产物，也是当前青少年犯罪率增高、低龄化趋势的一个社会原因。

早在1882年，恩格斯就在《社会主义从空想到科学的发展》一文中指出：“人的性格是先天组织和人在自己一生中，特别是在发育时期所处的环境两个方面的产物。”这就是说，人格、人性、个性是自然和社会相互作用的产物，具有自然和社会两重属性，自然属性是基础，社会属性是其本质。其次还说明，人的一生都和自然、社会联系，发生相互关系，其属性和特性都是这两个方面的产物。再有应强调说明，尤其不能忽视的是“发育时期”，亦即我们通常所说的青少年时期与环境的关系，这就为我们研究青少年犯罪的原因与社会环境的关系提供了理论依据。

二、净化社会环境的关系范畴

我国正在进行的四化建设是以公有制为基础，以人民的共同富裕为前提的。人民群众，尤其是可塑性、群集性很强的青少年，其行为特征本质上是集体性的，任何一个集体，既是微观社会环境，又是宏观社会环境的组成部分。社会环境空气的新鲜程度与清洁程度对青少年的心理与行为起着强烈的外遏作用。

从笔者的调查研究来看，青少年犯罪与家庭、学校、团体、宣传媒介等教育的现实性、一致性、有效性关系极大。净化社会环境，应当把握以下关系范畴：

第一，家庭内聚力的增加与减弱。家庭是社会的一个细胞，是青少年成长的摇篮和学校，父母是青少年最早也是任期最长的教师。一个人年龄愈小对家庭的依附性愈大，与他亲近的人对他的影响和作用力也就愈大。父母对家庭的社会责任感、适度亲情、教育方法以及自身形象是家庭内聚力强弱的杠杆，内聚力愈强其成员犯罪可能性愈小。为预防青少年犯罪，必须增强家庭的内聚力，把家庭办成预防青少年犯罪的中心学校。

据笔者抽样对比调查表明，犯罪青年中，家庭残缺(指无父母或父母不全)占被调查人数的30%；而取同样数量的未犯罪青年调查，家庭残缺的仅占被调查人数的4.3%。犯罪青年中独生、末生子女占36%；行中占44%。家庭教育方法以打骂为主的，在犯罪青年中占30%，而在未犯罪青年中只占13%。

从上述对比百分数看出，首先，家庭残缺是导致某些青年犯罪的一个社会原因。尤其是父母轻率离婚、分居而又不妥善安排子女的家庭，弃子女于不顾，致使依从关系很强的青年无家可依，过早流入社会，由心灵创伤导致逆反心理，甚至产生反社会行为。因此，要提高家庭成员，尤其是父母等主要成员对家庭的社会责任感，把养育子女提高到关系国泰民安、社会文明的高度去认识，完美父母的形象，提高家庭质量。其次，亲情不适度，亦即亲情不足或过剩，不爱或溺爱子女都不利其成长。独生、末生子女一般多因溺爱而自幼骄横，形成人格早期异常。行中则因子女照顾不过来，加上“黄帝爱长子，百姓爱么儿”的传统观念影响，行中子女易受冷落，少教养，也易形成早期心理变态，情感异常。再有，教育方法不当，打骂教育是封建社会的余毒，所谓“不打不成器”、“黄金棍下出好人”的流毒不浅。须知对人的心灵是不能下命令的，压服的结果往往是压而不服，以力服人，简单粗暴是家庭教育落后的一个反映。

提高家庭质量，整合家庭亲情，改进家教方法，完美父母形象，乃是增强家庭内聚力的关健，也是预防犯罪，降低青少年犯罪率的一项社会措施。

第二，学校教育的全面与片面。社会主义学校的职能是全面教育而不是片面教学。

片面教学只能给人传授知识，全面教育才能给人以智慧，不仅要进行塑造教育，还要进行改造教育。须知学习时期对人生成长具有特别重要的作用。正如一位教育家讲的，学生在学校获得的思想是照耀政治的亮光，对一生都会发生影响。

首先，从人的生理、心理发展规律看。人的生理高峰期和心理危险期、转折期均在学生时代，第一个生长高峰期是从成胎到两周岁。短短的两年零九个月的时间，体重足足增加了22亿倍。第二个生长高峰期是9周岁至16周岁左右(女孩比男孩提前两年左右)。在上述两个高峰期左右的3岁到7岁的学前期；6—7岁到11—12的学龄初期；11—12岁到14—15岁的学龄中期；14—15岁到17—18岁的学龄晚期，既是人生的生理、心理发育的关键时期，又是受教育的最佳年龄。为此，尤应重视如下两个年龄段和四个关键期的教育。

第一段，3—6岁学龄前教育。3岁左右是伴随人生第一个生理高峰期后出现了第一个心理转折期——“发现自我”，开始有了我的意识，这时期的教育具有启蒙和底色的作用。朝鲜有句名言：“三岁养成的习惯，到八十岁也不会改。”这里当然不是说一成不变，而是指启蒙教育的重要性。

第二段，13—16岁学龄中期教育。这个年龄段是伴随人生第二个生长高峰期后出现的又一个心理转折期——“迈向社会”。这是人从依附地位转向自主地位的至关重要的时期。这段时期是青少年成长的最佳年龄，也是国际公认的堕落犯罪的“危险年龄”。

在上述两个阶段的整个过程中幼儿园小班、初一、高一、大一等四个时期的教育又是关键的关键，其间的阿姨、班主任、政治辅导员的形象对学生有“烙印”和“航标”作用，应当认真选拔，高度重视。

其次，从人的行为规律看。青少年犯罪虽然普遍具有突发性、偶然性的特点，但犯罪青少年的犯罪意识或违法行为并非偶然产生。相反，不少人正是在学习期间就有所滋生，只是由于矫正不及时或不彻底。一旦涉足社会，遇着某种外因刺激便交织组合成犯罪动因，以致产生犯罪动机、行为。特别是过早脱离学校正规学习，容易造成青少年对性功能、性欲等的低能好奇心。若遇黄色、荒诞手抄本、淫秽故事、言谈的刺激，则可能强化其低能好奇心而跃跃欲试，甚至铤而走险。据抽样调查，犯罪青少年中流失生约占被调查人数的62.3%；有逃学行为的占63%；对学习不感兴趣的占71%；学习成绩下等的占51%；爱撒谎的占88%；吸烟的占86.8%；有团伙行为的占35.8%；受过各种处分的占31%；被学校开除或自动退学的占57%。由此不难看出，重教学轻教育是学校办学中的一个问题。

我们的社会主义学校，应当重视升学率，重视向学生传授文化知识。但是，学问再多，方向不对，等于无用。不应当片面追求升学率，更不能搞知识商品化。评价一个学生不能只看分数，不看品德。评价一所学校，不能只看升学率，还应看它的失学率、处分率、犯罪率。为了让一些名实相符的好学校得到应有的地位和更多的支持，学校间有重点与非重点之分是必要的。但学校内部，不宜分重点与非重点班级。须知，“没有什么才能的人，是没有的，要让每个学生在学校里都抬起头来走路。”否则，让一些孩子从小就被歧视，受冷落，打入另册，影响孩子的心理卫生，造成一些孩子过早涉足社会形成次文化群体，以致堕入团伙，这不仅不利于提高办学质量，而且也不利于预防和治理青少年犯罪。

第三，团体印象整饰的成功与失败。青年在社会化过程中，必然在一定的团体中生活，这种团体，有在共同的信仰、意志、行为和目标的基础上结合在一起的稳定的集体，如党、团、队、工会、学会、协会等；也有不稳定的若干个体的联合体，如友谊圈等。在团体心理的支配下，团体的行为能产生个人单独行动时所不能产生的效果或影响。

团体心理、团体内聚力、团体气氛、团体行为对其成员有强烈的内遏与外遏作用。苏联教育家苏霍姆林斯基曾说："人的道德精神上的成长，首先是在集体中实现的，集体是一种巨大的教育力量。"一个好的集体，可以由于共同的事业，共同的斗争，使人们产生战胜一切的力量。反之，所谓亚文化、次文化团体、边缘团体、堕落团体，以及一切不正当交往，也必然对其成员产生"近墨者黑"的不良效果，使团体产生负效应。

团体产生正效应还是负效应，除了团体目标，团体环境等因素外；团体成员的印象整饰至关重要。尤其是青年团体，由于其成员具有青年期的从众性特点，团体成员的印象整饰往往成为团体环境中团体心理、团体内聚力、团体气氛、团体行为是否合乎社会规范的介质。

所谓印象整饰，是指控制别人形成对自己印象的过程。在人与人之间相互交往的过程中，行为者总要选择适当的言辞、表情、姿势与动作，期望在知觉者的心中能够留下独特的印象，以便能打下继续交往的基础。由于青年从众性强，反从众性弱，这个基础是否合乎社会规范就十分重要。譬如，国家要求青年一代成为有理想有道德有文化有纪律的社会主义新人，号召他们向有理想的英模人物学习。而实际上，我们在调查犯罪青少年最崇拜什么人的问题时，绝大多数回答"最崇拜讲义气的豪杰和团伙头子"。所以留下什么印象，以什么印象作为继续交往的基础，即印象整饰的成功与失败，则关系着团体的性质与效应。如在犯罪团伙中，他们交往的基础是吃喝玩乐的人生观，无政府主义的自由观，哥们义气的友谊观，敢于亡命的英雄观，庸俗下流的恋爱观，悲观厌世的宿命观。

由于团体印象整饰的失败，加上青年人从众性强反从众性弱的弱点。其成员极易接受团体内受暗示性的影响，在群体活动中对团体头目唯命是从，不分皂白。据抽样调查，青少年犯中，由于被教唆而犯罪的占被调查人数的54%；作案时的想法是"先痛快一阵，没想后果"的占84%。此外，从未受过稳定团体教育的占了绝大多数，如未入过共青团的占86%。不难看出，稳定团体由于共同的目标和印象整饰的成功，其团体效应是符合社会规范的正效应。因此，社会各方面应当引导青年以共同的崇高的理想、健康的情趣、良好的行为作基础，建立交往体系和人际关系，尤其要防止反社会攻击型个体，成为团体或友谊圈心理定势中心，以其反社会行为影响个体和个性。因为这种类型的人具有残忍、好暴力、爱记仇，好打架、作风尖刻、心境不良等特征，并且没有反省。若在团体中让这种人当了头目并成为印象整饰的核心，势必造成团体印象整饰的失败，使团体或友谊圈沦为亚文化团体，甚至犯罪团伙。因此，无论是对于稳定团体与不稳定团体都应加强组织建设和思想建设，尤其要选好领导人，促使团体印象整饰成功，乃是净化社会环境的又一关系范畴。

第四，宣传媒介效度指数的大与小。报刊、电视、电影、广播等宣传媒介是个体社会化的重要执行者，它的效度指数的大与小直接关系着社会空气的新鲜度与清洁度，是净化社会环境的又一关系范畴。

任何社会对自己的成员都有一定的心理的、文化的要求，个体不具备这些要求的条件就不能成为该社会的成员。一般地说，个人在社会中达到成人期，便意味着社会化完成了，个体在社会化的过程中就获得了发展。如在达到成人期以后，还没有完全社会化，就不完全具备一定的知识、技能、情感、倾向，就是一个在人格上未成熟的人，就不能成为对社会、对工作及对家庭都负有责任的独立的人。这种不能完成社会化的现象是由于个体发展中遇到各种心理的或社会的障碍面造成的。

社会化是在社会环境中进行的，社会化的主要执行者除了前面已经论及的家庭、学校、集体以外，就是宣传媒介了。

从现实情况看，据对四川、河北、广东等9省24446名农村青年的调查，他们现在的主要文化生活是看电影的比例数最高，占被调查人数的61.5%；其次是看文艺书，占41.6%；再其次是唱歌听音乐，占37.7%，经常看电视的占31.1%，经常收听广播的，占66.6%。在农村尚且如此，城市青年对宣传媒介的需要就更是不言而喻了。而宣传媒介效度指数的大与小，或是促进青年社会化完成的动力，或是妨碍青年社会化完成的阻力。青年社会化的顺利完成，就能促使青年成为社会合格成员。合格社会成员愈多，反社会行为愈少，犯罪率就会降低。

再从历史经验教训看，解放初期的1950年曾经出现过第一个青少年犯罪高峰。当时全国的犯罪率约为9.25‰，其中青少年约占1/2，由于开展了坚决镇压反革命分子的运动，尤其是1954年10月至1955年8月在全国135个城市中相继开展了青年共产主义道德教育活动。宣传媒介的共产主义鲜明性，舆论一致性，以及说理教育的说服性和形象教育的生动性都比较好，其效度指数较大，从1952年犯罪率即开始下降。至1956年，犯罪率由1950年的9.25‰，下降到2.81‰。发案率下降了1.83倍。其罪种特点暴力性明显减弱，该年的案件中，强奸占3.50%；凶杀占3.43%；抢劫占0.62%；总计不到7.6%。这也可说是当时社会主义道德蔚然成风的一个反映。

1961年，又出现了建国以来第二个刑事犯罪高峰。紧接着，中央采取了一系列措施，尤其是1963年雷锋光辉形象的出现和在全国青年中开展学习雷锋同志的活动以后，青少年犯罪又开始减少。到1964年至1965年，青少年犯罪占整个刑事犯罪的比例最高未超过25%。

我国是社会主义国家，我们的目标是建设具有中国特色的社会主义现代化，由于我国的经济基础是公有制，全国人民的奋斗目标总的来说是一致的，人民具有共同的政治、经济、道德、生活理想。社会的光明面和人民向往光明是主流和本质。这一点应成为我们看待问题的基本出发点。而且，任何社会的统治思想，都是统治阶级的思想，这是一条社会规律，顺应了，宣传媒介效度指数就会增大，悖逆了，则会减小。因此，宣传媒介应当理直气壮地、旗帜鲜明地、大张旗鼓地一致宣传共产主义思想。

当然，理直气壮不是以势压人，而是以理服人，以情动人，要努力使宣传媒介说理教育具有说服性，形象教育具有吸引力，使群众喜闻乐见，可以学习。通过宣传媒介团结人民，教育人民，增强广大群众，尤其是青少年抗腐蚀的能力，这是预防和治理青少年犯罪的真正的铜墙铁壁，只有这样，才会象第一个与第二个青少年犯罪高峰出现又很快下降一样，依靠社会的力量去治理青少年犯罪这个社会问题。

初探社会主义国家产生犯罪的根源

（1986年2月）

中共中央顾问委员会委员　洪沛霖

关于犯罪的根源，大量论著都认为，犯罪是人类社会出现阶级以后产生的现象，是阶级对抗社会特有的现象，只有阶级消灭的时候犯罪才会消灭。

那么，在我们社会主义社会，犯罪的根源究竟是什么呢？这是一个需要探讨的重大理论问题，也是我们在实践中应当弄清楚的问题。

当然，犯罪最主要、最本质的还是阶级根源。在我国，由于国内的因素和国际的影响，阶级斗争还将在一定范围内长期存在。那些敌视和破坏社会主义的反革命分子、特务间谍分子，显然是属于敌我性质的问题，一部分严重破坏社会主义秩序的刑事犯罪，包括严重的经济犯罪，带有直接反社会主义的性质，也是阶级斗争的反映。但这几类案件，在全部犯罪案件中只占少数。至于为数较多的其他普通刑事犯罪，光从阶级根源来解释，是与客观实际不完全相符的，也不能完全解决现实问题。我国社会主义已经经历了30多年，已经消灭了剥削阶级和剥削制度，阶级对抗已不存在，但仍有犯罪的现象，而且刑事犯罪案件还有大起大落。1983年下半年严厉打击严重刑事犯罪活动之前，连续三年刑事案件的发案率都比过去大幅度地上升。这种情况提醒我们，在社会主义制度下，不但要研究犯罪的阶级根源，而且要重视研究犯罪的社会根源，即非阶级的原因。

马克思、恩格斯指出："蔑视社会秩序最明显最极端的表现就是犯罪。"（《马克思恩格斯全集》第2卷第416页）。这一定义对有阶级对抗的社会和没有阶级对抗的社会都是适用的，说明犯罪既有阶级性，又有社会性。因此犯罪不都是阶级属性，也不是阶级对抗社会特有的现象，这是因为社会矛盾不都是阶级矛盾。列宁早就说过："在社会主义制度下，对抗将会消失，矛盾仍将存在。"（列宁：《对布哈林〈过渡时期的经济〉一书的评论》，人民出版社1976年版单行本第12页）。在我国现阶段，"阶级斗争还将在我国社会的一定范围内长期存在"。这就是说，在诸种社会矛盾中，属于阶级斗争性质的矛盾只是一部分，而大量存在的政治、经济、思想文化和社会生活等各方面的社会矛盾，已经失去了对抗阶级在根本利益上对立的性质，不属于阶级斗争的范围。这些非阶级斗争性质的人民内部矛盾，主要表现在国家利益、集体利益同个人利益之间的矛盾，包括局部与整体利益，暂时与长远利益的矛盾，国家机关某些工作人员的官僚主义作风同人民群众之间的矛盾，各部分人民之间在根本利益一致基础上的不同具体利益的矛盾。还有旧社会的遗污和社会主义思想道德规范的矛盾，以及先进和落后的矛盾，等等。这些矛盾如果处理得不及时，不妥当，都可能激化，甚至会导致犯罪。毛泽东同志指出："人民犯了法，也要处罚，也要坐班房，也有死刑”（《毛泽东选集》合订本第1365页），但这和对敌人的专政有原则区别。

在我国目前情况下，对于普通的刑事犯罪，包括杀人犯、放火犯、盗窃犯、强奸犯、流氓犯以及破坏社会主义经济秩序的罪犯等，根据我国刑法的规定，都不以反革命罪论处。主要是因为其中大多数罪犯不是以推翻人民民主专政的政权和社会主义制度为目的，一般不属于阶级斗争的范畴，因而这些犯罪也不带有阶级属性。只有某些以推翻人民民主专政的政权和社会主义制度为目的的严重刑事犯罪，才带有级阶属性，属于阶级斗争的范畴。

彭真同志指出：“现在出现了一个新的情况，就是绝大多数扰乱社会治安分子的家庭出身，阶级成份同过去有很大不同。过去主要是剥削阶级分子和旧社会的渣滓；现在主要是发生在人民内部，绝大多数是青少年，青年工人和学生，是基本群众（工人、农民、知识分子、干部）的子弟，是新社会长大的。”（彭真：1981年5月《在五大城市治安座谈会上的讲话》）这段话，明确地指出了我们国家在新的历史条件下，犯罪成员发生了根本变化。这是我们探索社会主义社会产生犯罪的根源首先必须明确的一大前提。

大量事实表明，当前犯罪的主要原因有两个方面：社会矛盾；人与人之间的矛盾。

社会矛盾，主要是人们在物质生活和精神生活上的差异。诸如：就业、升学以及人们在日常的经济生活和精神生活方面的需求与客观实际的矛盾，当这些矛盾和个人利益发生冲突，达到激化时，就可能引起犯罪。

我国正在进行城乡经济改革，在改革中的某些问题，例如人事制度的变动、调整物价、调整工资等势必触及某些个人和小团体的利益，不可避免的会出现一些新的矛盾；有些地方为发展生产，在投资办厂、推销紧俏商品中产生的矛盾，以及原材料与生产需求的矛盾等，这些社会矛盾如果得不到妥善处理，就可能激化而引起犯罪。

社会矛盾和犯罪的关系，还表现在组织生产、管理经济以及文化娱乐活动等方面的法律、制度不完善和存在缺陷，这就造成了空隙，使不法分子有机可乘，在某些方面起了诱发犯罪的作用。

人与人之间的矛盾，在社会主义社会基本上消灭了生产资料私有制的情况下，主要是人们对生活资料占有的矛盾，表现为房产、财物等占有矛盾；人们在生产经营中也有土地、水域、山林和水利等占有的矛盾。当这些矛盾激化时，就可能引起犯罪。

人与人之间的矛盾，还表现在人们的相互关系上。例如：恋爱、婚姻、夫妻、父（母）子（女）以及兄弟姐妹之间某些特定利益的矛盾，包括物质的和精神的。如继承、赡养、宠爱、偏袒、怀疑等。当这些矛盾激化时，就可能引起犯罪。据有关统计资料：1985年发生的杀人大案和伤害大案，80％是婚姻恋爱、家庭矛盾、债务关系、邻里纠纷引起的。

人与人之间的矛盾，还表现人们在接触中由于妒忌、逞强、自尊激情乃至消遣等而引起的矛盾，当这些矛盾激化时，也可能引起犯罪。

我们的社会存在着大量的矛盾，每个人都生活在种种矛盾中，上述这些矛盾，并不都会发生冲突，不会引起所有的人犯罪，也不会引起多数人的犯罪，引起犯罪的只是极少数人。每个人对于物质、文化生活都有一定的需求和欲望，在这方面各自都存在着矛盾和差异。为什么多数人不犯罪，少数人犯罪呢？这是由于人们的政治素质不同，主要是道德水平、思想修养、法制观念、文化知识等。多数人的行为能自觉的处于社会规范之内，极少数人超越社会规范而触及刑律。思想落后，道德败坏，法制观念淡薄，甚至目无法纪，或者是对法律茫然无知的法盲，往往是犯罪的渊源。

综合上述，反革命分子和一部分严重破坏社会秩序的犯罪分子，包括严重刑事犯罪和严重经济犯罪，是以破坏社会主义为目的的，带有阶级属性。多数刑事犯罪和经济犯罪，不是以破坏社会主义为目的的，不带有阶级属性。但是，从后果来看，一切犯罪都对社会起破坏作用，都危害国家和人民。因此，不论是社会主义国家还是资本主义国家，为了实现统治阶级的意志，维护统治阶级的利益，都实施刑法。我国刑法的任务是：用刑罚同一切反革命和其他刑事犯罪行为作斗争，以保卫国家安全，保护公私财产不受侵犯。保护公民人身权利和民主权利，维护社会秩序。依照刑法惩罚犯罪，是对犯罪起镇压、威慑和阻遏作用。不按照刑法惩罚犯罪，就不能对犯罪起震慑和遏止作用。对犯罪的放纵，打击不力，是会助长犯罪的。

当前，我国正在进行社会主义的物质文明和精神文明建设，正在实行对外开放，对内搞活的城乡经济改革，这是顺应历史发展潮流的重大而又深刻的社会变革。在改革和开放的过程中，引起了社会生活的急剧变化，同时带来了某些消极的因素，比较突出的是资本主义的自由化及其腐朽思想作风和生活方式的侵蚀。改革、开放政策实施的本身，就要经历一个探索和实践的过程。在这个过程中，上层建筑、管理制度与经济的发展不相适应。社会矛盾在一个较长的时间内必然会增多。随着经济的发展，人们对物质、文化生活的欲望和需求不断提高，也出现了一些新的社会矛盾。当人们对物质、文化生活的需求和奢望不能满足，而不择手段地进行追求时，就可能引起犯罪。“饥寒起盗心”的现象已不多见，而“饱暖思淫欲”的问题倒是更多的反映出来。因此，犯罪是不会减少的，相反的在某些方面还会增多。

从江苏省的实际情况来看，自1960年到1970年十年中，国民收入人均数最低为150元，最高200元。刑事案件的发案率最低只占人口总数的2‰，最高到2.3‰。从党的三中全会以后的1979年到1983年，经济发展起步了，国民收入人均数由400元逐年上升到621元，刑事案件的发案率也逐年上升，从头一年占人口总数的4‰逐年上升到6.7‰。从1983年8月起，贯彻执行了中央关于严厉打击严重刑事犯罪活动的决定，把刑事案件的发案率压了下来，但1984年和1985年的刑事案件发案率仍分别占人口总数的3.8‰和4.1‰。这就说明，经济发展了，社会福利和人民生活提高了，不等于犯罪就会减少。

然而，犯罪因素的增加，并不等于犯罪率的必然升高。关键在于坚持人民民主专政，继续贯彻执行中共中央、全国人大常委会关于严惩严重刑事犯罪活动和严惩严重经济犯罪活动的决定，坚决、严厉地打击严重刑事犯罪活动和严重经济犯罪活动，以遏止犯罪。从根本上来说，就是要尽力减少和缩小各方面的社会矛盾：对于已经出现的社会矛盾和人与人之间的矛盾，要及时地加以解决，对于可能激化的矛盾，要认真地逐人逐事加以缓解。对新出现的矛盾要敏感，当“风起于青萍之末”的时候，就及早察觉，抓紧做好缓解工作。要加强社会主义精神文明建设，培育人的政治素质，提高人民的社会主义觉悟、道德水平和法制观念。此外，还要不断地完善各种管理制度，健全社会主义法制，做好各种预防犯罪的工作，以堵塞犯罪分子的可乘之机，减少诱发犯罪的因素。

在社会主义制度下产生的这些矛盾，能不能得到缓解而减少和防止犯罪呢？回答是肯定的。因为社会主义社会的各种社会矛盾，包括基本矛盾，同旧社会的矛盾不同，它不是在对抗中发展的，可以经过社会主义制度本身不断地得到解决。这是社会主义制度的自我完善和发展的过程。由各种社会矛盾和人与人之间的矛盾引起和触发的犯罪现象，经过有针对性地防治，也会不断地得到解决。这已经为许多地方的社会实践所证明。

"他山之石，可以攻玉"，本文对社会主义社会犯罪根源的初步探讨，企盼引起争鸣。

外来消极影响和青少年违法犯罪

（1982年5月）

魏久明

（一）

坚持用共产主义思想教育青少年，反对资本主义和封建主义的腐朽思想对青少年的侵蚀，是社会主义社会相当长时期的任务。这是因为在我国剥削阶级作为阶级虽已消灭，阶级斗争已经不是主要矛盾，但阶级斗争还将在一定范围内存在。除了在国内极少数剥削阶级的残余分子和敌对分子有时还会兴风作浪，剥削阶级的意识形态还在起腐蚀作用，我国的台湾和港澳地区剥削制度和剥削阶级还会以各种方式对内地进行侵蚀；国际上的帝国主义、资本主义也会从政治上、经济上、思想文化上对我国进行渗透、破坏、甚至颠覆活动，特别是随着我国对外开放和经济交流的发展，他们更会通过各种渠道趁机侵袭进来。外来资本主义腐朽思想对青少年的精神污染，是新的历史条件下阶级斗争的一个表现。

应当肯定，为了加快我国社会主义现代化建设，在坚持独立自主、自力更生的原则下，实行对外开放和对内搞活经济的政策是正确的，是必要的。这样做可以使我们利用两种资源——国内资源和国际资源，打开两个市场——国内市场和国际市场，以促进我国社会主义的四化的建设。事实表明，党的十一届三中全会以来，我国经济在执行这种经济政策之后已经取得了很大的成就。就拿对外贸易来说，1981年比1978年增加了一倍，这对我国工农业生产的发展和人民生活的改善起了促进作用。前不久我们到广东去作了一点调查，耳闻目睹，全省经济发展很快。从1979年7月中央确定广东实行特殊政策、灵活措施以来，全省工农业总产值以比较高的速度持续增长，对外经济合作，签订了1.3万多个合同，可利用的外资达26亿多美元。经济特区建设也初步打开了局面，近两年来，深圳特区有80多万平方米的建筑峻工，到去年新建投产的大中小型工厂近300个，去年这些企业的总产值已达1亿9千万元，地方财政收入1亿3千万元，比办特区前的1978年增长4倍多。这表明，党中央关于对外实行开放和对内搞活经济政策以及广东实行特殊政策的决定是完全正确的，是符合我国社会主义经济建设客观规律要求的，是富国利民的政策。列宁在实行新经济政策时，就强调过要利用资本主义来建设社会主义。他说："我们应当利用资本主义（特别是要把它引导到国家资本主义的轨道上去）作为小生产和社会主义之间的中间环节，作为提高生产力的手段、道路、方法和方式。"（《列宁全集》第31卷第342页）

我国从长期闭关自守到对外开放，这是一个重大的历史转折。在我国大量引进外资和学习国外先进科学技术、管理经验的同时，资本主义腐朽思想和生活方式也趁机而入，毒化着我们的社会风气和一部分人的心灵。这是难以避免的。国内有些人，受腐蚀，被利诱，甚至堕落犯罪；有些不法分子的走私和贩私、投机诈骗、贪污盗窃等各种违法活动泛起，这倒值得重视。当然，这种情况，不能看成是实行对外开放和对内搞活经济政策的结果，而是我国一定范围内的阶级斗争的表现。此外，也和我们在新形势下思想政治工作没有很好跟上、一些具体规定、制度和法规不完善有关系。针对这种状况，我们党采取了"两手抓"的政策，一手是继续坚持实行对外开放和对内搞活经济的政策；另一手是坚决打击经济领域的严重犯罪活动，反对各种不正之风。目前我们党正是这样做的，并且已经取得了新的成效。

（二）

从各地开展的打击经济领域中严重犯罪活动情况来看，正像中央所指出的"问题远比1952年'三反'时严重"。这和外来的不良影响有密切关系。从我们在广东一些地方所见到的和有关部门、地区介绍的情况来看，这方面问题主要表现以下几个方面：

文化走私。据广州等6个海关统计，去年通过海关邮寄和携带进来的"非贸易性"的反动、黄色印刷品共达184万多件，比1980年增加16.6%。其中淫秽、色情印刷品激增，广州海关增加高达269%。色情印刷品主要有日历、书刊、图片、照片、扑克牌等。这些色情印刷品以性行为为主要内容，画片是裸体女人，文字为渲染性交。淫秽书刊有《性经》、《性潮》、《两性》、《艳霜风情》、《观花想爱录》、《风流公子》、《超级情人》、《一个少女的性交笔记》、《新婚之夜奇趣录》等。有的圆珠笔、钥匙扣上亦有裸体像，大量输入国内。其次是色情、凶杀录象带和黄色淫秽歌曲的录音、唱片等通过各种渠道传入内地。有一些黄色淫秽的录像、录音带，在国内大量翻版、复制。一些基层单位利用播放黄色淫秽武打凶杀录像片赚钱。凡性交片每张票售价5—8元，有的贴出广告，招徕生意，放映到深夜2、3点钟。文化走私的形式和手法，主要是密封邮寄、伪装、藏匿、夹带、混杂在正当印刷品中带进或偷运进来，或从边境社队走私过来。如有人从深圳沙头角晚上趁海关无人时，一次就偷带进裸女象的圆珠笔1200支，录像带110盘和其他黄色淫秽的印刷品。这些东西有的是去港考察团带进的，也有的是贩私集团带进的。如已捕罪犯黄某、甘某等，曾从香港偷运两箱《春宫图》共2000本（香港还有10000本），以每本15元在广州售出（香港5元港币一本）。还有一些是港方人员塞进、送给我方的礼品中的。

生活腐蚀。去年广州进出的外来人员达1千万人，其中一些人所反映的资本主义骄奢淫逸的生活方式，对国内一些人，主要是青少年影响很大。有些青年以穿戴和使用洋货洋物为“荣”，模仿玩世不恭的“嬉皮士”式的打扮和行为，追求放荡无羁的生活和所谓“性解放”。广州市1981年与港澳人结婚的女青年比1976年增加16倍多。其中有一些女青年为嫁给“香港客”，不计条件，甚至不讲人格。

宗教渗透。外国教会组织也趁我落实政策，千方百计进行宗教渗透。去年进广州活动的外国教职人员有177人，有的兼搞特务活动。外来的宗教印刷品也大幅度增加。去年广州海关进口的宗教宣传品有2万8千多件，比前年增加3倍。某海关扣留的宗教宣传品比前年增加44倍。一些外来教职人员公开在群众中宣称：“要亲串亲，邻串邻，一人带10人，打开中国宗教的大门。”有的人利用宗教进行政治宣传活动。

政治破坏。趁我对外开放之机，伪装成各种面目的敌特潜入进行政治活动增多，国内有些人就被诱骗当了特务、间谍。台湾的反共“心战”宣传也很猖狂，1981年输入的“心战”品比上年有很大增加，仅广州市就增加11.4%，九龙、拱北增加了40%。

外来不良影响所造成的危害主要是：

动摇了一些人的社会主义信念，向往资本主义世界，助长了“一切向钱看”、“盲目向外看”的思想。特别是对那些缺乏新旧社会对比、社会主义社会与资本主义社会对比切身体验，缺乏辨别是非和抵制能力的青少年来说，影响就更大。否定社会主义主张资本主义制度的资产阶级自由化的思潮正在一些青年中滋长。

青少年犯罪率明显上升，性质越来越严重，影响了社会治安。广东省青少年犯罪人数1981年比1979年增加一倍多。走私、贩毒等犯罪行为，过去很少，甚至绝迹，这二年也有发展，公开抢劫、杀人和强奸等流氓犯罪行为也增加很多。香港的黑社会集团也潜入内地作案。有的案犯就是受外来不良思想和文化影响，甚至有的犯罪行为直接仿效外来影片、录象片的某些作法。

败坏社会风尚，封建迷信、赌博、卖淫等现象有所发展。1981年广州市抓获的暗娼比上年增加2.3倍。其中25岁以下的占80%以上。暗娼中有部分人是来自全国27个省、市、自治区的。58岁的港客方某，几年来在广州先后以物资引诱和介绍留学为名，奸污16名女青少年。方犯在奸淫姑娘时，一边性交，一边让别人在旁边观看，拍下性交照片（春宫图）。有个女青年卖淫犯罪后，在受审时公开说：“西方性解放、性自由合乎人性，你们这一套叫什么？！”受外来影响，赌博和封建迷信活动在一些地方盛行。有的地方公开设赌场，相当多的青年职工和农村青年参加赌博。有的农村大兴土木，修建庙宇，其中不少是基层干部、党团员参与干的。多年来没有活动的巫婆、神棍也公开装神弄鬼。有些落后群众把因落实党的政策和生产责任制，促进了生产发展，劳动致富，也说成是“神灵”、“祖宗”庇佑。

侵蚀和搞垮了一部分党团基层组织，削弱了基层政权。一些私方独资兴办的企业，党团组织未很好建立和健全起来，合资经营的企业党团组织开展活动比较困难，有的资方人员不让或阻止党团员参加组织活动。党团组织如何适应这种新情况开展工作，这问题也没有很好解决。有些党团员受“一切向钱看”的思想影响，把进这些企业工作当作雇佣关系，对政治活动不感兴趣，甚至不想当党团员。不少团的基层组织处于松散或瘫痪状态。有的团委同志说，有些团组织被“钱”冲垮了。

这些问题必须引起我们高度重视和警惕。今年4月中共中央、国务院《关于打击经济领域中严重犯罪活动的决定》中指出：“现在，有些同志看不到经济领域中严重犯罪活动的巨大危害性，没有清醒地认识到开展这场斗争的必要性和迫切性”，“在共产党员和国家工作人员中进行这场坚持共产主义纯洁性、反对腐化变质的斗争，关系到我国社会主义现代化建设的成败，关系到我们党和国家的盛衰兴亡。”同样，如果不采取强有力的措施，筑起一道坚固的长城，来抵制资本主义腐朽思想和生活方式的侵蚀，拒腐防变，保证青少年一代健康成长，其后果也是不堪设想的。经过半年多时间打击经济领域犯罪活动，进行反对腐蚀的斗争已经取得很大的成绩；今年3月中共中央、国务院《关于严禁进口、复制、销售、播放反动黄色下流录音录像制品的规定》颁发后，在抵制外来资本主义不良思想影响，制止文化走私，清除精神污染方面也取得很大成果，但是这方面的问题，决不是短期一、二次斗争就能彻底解决的。这方面的斗争看来要长期进行下去，直到阶级斗争不复存在的那一天为止。

（三）

在经济领域和政治思想文化领域中反对资本主义的侵蚀，是保卫社会主义制度、加速社会主义现代化建设的一个重要保证，是正确实行对外开放和对内搞活经济政策的必要条件，也是用共产主义精神培育青少年的需要，是我们长期要抓好的工作。但是也要清醒地看到，无论是经济领域犯罪活动，还是文化走私、精神污染等方面的问题，目前只是在一部分地区、在少数人中间表现比较严重。对这一情况和问题，既不能熟视无睹，视而不见，“见怪不怪”，不抵制、不斗争；也不能“大惊小怪”，缺乏分析，以偏代全。这两种态度或倾向都是不对的。应当正确地看待对外开放的新形势，深刻理解这场斗争的性质，在青少年中既要旗帜鲜明地抵制和反对资本主义的腐蚀，又要坚持正面教育引导，实事求是地对待。

反对资本主义腐朽思想侵蚀的斗争是一种特殊形式的阶级斗争，也是社会主义精神文明建设的一部分。这场斗争不同于过去一个阶级对一个阶级的斗争，而是带有阶级斗争性质的思想斗争。在反腐蚀中，要把青少年看成教育的对象，抵制的力量，而不是斗争对象。不要一提反腐蚀，就把矛头对着青少年，而是教育他们自觉地划清界限去抵制，拒腐蚀。帮助青少年逐步树立共产主义理想，培养他们为人民服务的思想、集体主义精神、主人翁劳动态度和共产主义道德情操。要运用反腐蚀中的好人好事、好典型、经验教训及反面的事例，教育和提高青少年的思想政治觉悟，增强识别、抵制能力，使他们不至成为被腐蚀的对象，而成为反腐蚀的积极力量。

在对青少年进行“树正气，拒腐蚀”的教育中，要坚决禁止反动、淫秽的书画、手抄本在青少年中传播；不准播放、制造、复制反动黄色录音、录象；坚决反对封建迷信、赌博、卖淫等不法行为；坚决反对教唆和利用青少年进行走私贩私、投机诈骗、盗窃国家和集体财产等活动。反对资本主义腐朽思想的侵蚀，主要是教育青少年反对极端个人主义、无政府主义、金钱至上、损人利己、损公肥私、骄奢淫逸、好逸恶劳等错误思想和行为。在教育中，要细致地分清思想界限和政策界限。比如要划清反动、黄色书画与正常宣传生理科学知识的书画的界限；划清宣扬色情、内容淫秽庸俗的录音录象与抒情民歌、民族风俗的录音、录象的界限；划清非法经营、投机倒把和劳动致富、广开财道的界限；划清资产阶级骄奢淫逸、腐化堕落的生活方式和人民群众生活水平的提高、用高档生活用品的界限；划清低级趣味和正当个人兴趣爱好的界限，不要一提反对资本主义腐蚀，就只注意长头发、喇叭裤一类的问题，而忽视方向、道路问题，不注意抓思想教育。

要抵制资本主义腐朽的思想、文化的不良影响，除了切源、塞流外，还应当努力发展和繁荣社会主义的文化艺术。一定要用社会主义思想占领文化阵地，充分发挥具有极大影响的报刊、广播、电视、电影、文艺作品在抵制资本主义腐朽思想侵蚀方面的特殊作用。特别是我们的电视、电影，要在内容、形式和吸引力上，都力争超过外来的电视、电影。同时，还要大力开辟青少年活动阵地，用健康有益的文体活动，代替封建迷信、赌博和低级庸俗的活动。

越是开放的地区，特别是经济特区，越是要加强思想政治教育，克服党团基层组织和思想政治工作软弱涣散的现状。在外来不良影响严重的地区和单位，应该及时整顿和健全基层党团的组织，选派得力干部去做青少年的思想教育工作。针对已经暴露出的问题和工作上的漏洞，健全必要的工作制度，切实解决工作中存在的实际问题。建议立法部门，制订和颁布有关抵制外来不良影响的法律条令，付诸实施，以保证思想政治工作的顺利开展。

论犯罪原因的社会决定论

（1986年）

福建公安专科学校　孙晓雳

我们对社会问题的研究，应始终坚持以马克思主义为指导思想。研究犯罪原因，应从我国的实际情况出发，在马克思主义唯物辩证法基本原理指导下，实事求是地去认识我国的犯罪现象。特别应该强调的是，马克思主义关于社会存在决定社会意识的原理，是我们研究犯罪原因时一刻也不能忽视的指导思想。坚持犯罪原因研究中的社会存在决定社会意识原理，就得承认社会主义社会的犯罪原因也是社会存在（社会环境）决定的。

犯罪是一种人的行为，一种个人危害社会的行为。个人的行为受着意识的支配。犯罪行为是在犯罪意识支配下产生的反社会的危害行为。从罪犯个体上看，每个罪犯都是在犯意支配下活动的。犯罪意识似乎是根本原因。然而，犯罪意识和其他社会意识一样，都是社会存在在人们头脑中的反映，资本主义社会如此，社会主义社会也是这样。在对社会主义社会犯罪原因的认识上，坚持社会存在决定社会意识，就理所当然地得出有的文章早已指出的结论：我国存在犯罪的原因在于我国社会本身。只是有关文章对社会原因未作出进一步的分析，仅停留在对林彪、“四人帮”流毒和阶级斗争的存在，以及资产阶级影响的描述上。

社会存在决定论的基本内容有三个方面：

1．人的心理及犯罪意识的形成是由人们生活于其中的社会环境决定的。意识是一种心理功能，这种心理功能对一个人的行为起着主导功能和定向、选择的作用。不同的人对同一事物的不同态度和反映是通过不同人的各自意识决定的。意识指挥着人的行为，调节着人与周围事物的关系。犯罪心理意识，对犯罪行为起着支配、引导的作用，是个体犯罪的直接动因。这种种的心理意识都是在社会环境的影响下形成、发展的。一个人从幼年到青年，从初级意识到世界观的基本定型及世界观的不断改造，无不是在其生活于中的社会环境事物的影响下，经过接受、反射、定型的学习过程直接形成基本的心理，并一生受着环境的左右。意识活动的过程是人脑对客观世界（社会存在）外界刺激的一系列反射活动的过程。这种反射活动是物质世界、环境信息在人脑中的反映，人的意识内容总是其周围环境的内容，人的思维从总的方面来说是决定于外界客体物、社会环境的。环境的优劣、家庭教育的得当与否，学校教育的积极或消极影响，对青少年的心理意识形成具有决定性的作用。从社会学的理论看，一个人的社会化过程，是一种学习的过程。在这个过程中，人们将经过几个不同的阶段，逐步从社会中学到生活技能，熟知社会规范，从而树立起基本的人生观念。这个过程也是一个由环境决定，由环境塑造人的过程。毫无疑问，犯罪意识的形成也是对社会存在的一种反映，不过是歪曲的反映。社会存在是产生犯罪意识的客体物。

2．社会生活环境决定人们的行为模式。人们的社会行为千差万别，都是有一定的社会意义和生活内容，都表现了一定的模式，就是犯罪行为也反映罪犯的生活方式和行为模式。人的行为的直接动因是人的意识驱动力。而人的意识既决定于社会存在、社会环境，那么由意识支配下的行为同样也是由社会环境决定的。

无论是盲目模仿式的模式，还是自我设计式的有意识、有理想的追求，人们的行为方式都是从其生活的社会环境中找到生活的原型或是有选择地荟集各种素材，综合成一个自我的理想和目标，然后自觉不自觉地以此行事，以至形成习惯性行为方式。生活方式的形成就是人们行为方式、模式由社会存在所决定的典型例证。违法犯罪者的反社会行为模式，象偷、扒、抢行为的养成，也都是在社会环境中成就的。在社会化过程里，一个青少年逐渐地在家庭及各种社会组织、环境里模仿学习、接受，并养成一定的行为方式、习惯。青少年最终形成的行为方式是适应社会需要型的，还是反社会型的，归根结底取决于他受到的社会环境的教育。社会环境提供的行为模式、生活方式、思想，对一个人的社会化具有决定性的塑造作用。青少年走上违法犯罪的道路，总是因为在社会化过程中学习、接受了社会上存在的那些反社会行为思想、模式、现象的结果。

3．在社会中学会的行为方式和形成的心理意识，随着社会环境的变化，也会发展变化。一个人的一生是一个不断的社会化进程，人一生都要不断地学习，调节自身与周围环境的关系。一般说，人进入青年时期，已完成了基本的社会化过程，形成了具有相对稳定性的心理素质和行为模式。在这个过程中形成了具有反社会心理和行为的模式的人，和那些在不断的社会化过程中失败而走向违法犯罪的人，他们反社会心理、行为模式的克服及矫正，有赖于社会生活、工作环境的改变。一个人一旦有了不利于社会的行为、心理，根本的解决途径是改变其生活环境，消除生活环境中那些产生反社会行为、心理的因素。因此，消灭客观存在的反社会心理行为的滋生环境，是改造人、矫正人的反社会行为，消除人的反社会心理的基础。

社会主义革命和建设就是对旧社会的深刻改造，同时也是一场改造人的伟大运动。我国解放初期，在党的领导下，我们曾进行了一场大规模扫除旧社会遗留下来的社会垃圾的运动。仅上海一地，几万名娼妓通过有效的社会整治和改造，几年后都改头换面，走上了新的生活道路。今天，2千万地、富、反、坏分子改造成功。这些事实都说明了对人的改造是通过对社会环境的改造来实现的。无论是国民党战犯，还是日本战犯，或是在旧中国土地上产生的那些剥削分子、流氓、土匪，在彻底改造了他们原先赖以生存、发展的社会基础后，他们失去了存在的经济条件、政治条件、思想意识条件及整个生活方式。这样，他们就自觉不自觉的进行了新的社会化运动，脱胎换骨，重新做人。对从旧社会遗留下来人的改造是那样，对在新社会下产生的违法犯罪分子的改造亦是如此。在我国，犯罪的最后消灭，有赖于整个社会实现共产主义。对具体犯罪的现阶段改造工作，其根本途径依然是改变违法犯罪者的生活环境，让他们重新学习，接受新的教育，割断原来环境对他们的反面教育的影响关系。建立起新的生活方式，新的人际交往关系，树立正确的人生观、社会价值观。

综上所述，可见只有坚持社会存在决定论的犯罪原因观，才能既坚持了马克思主义，又正确的解释说明我国犯罪存在的根本原因。我国当前还有形式多样的产生违法犯罪行为的客观社会因素，造成了某种程度上的“犯罪孳生环境”，象阶级斗争的存在，资产阶级生活方式，腐朽人生观的影响，国外敌对势力的渗透活动，社会落后层和落后文化的长期存在等等，都有产生某种反社会行为的直接作用。社会治安的综合治理方针的客观根据正是我国目前社会存在着种种孳生反社会的违法犯罪行为的环境。要根本解决违法犯罪问题，只靠刑事打击不是治本的办法，综合治理社会环境，才是正确的根本策略。犯罪的解决，对违法犯罪者的心理意识的克服和消除当然很重要，可根本的途径还在于综合治理社会环境。

社会改革与青少年犯罪

（1986年）

邵道生

“文化大革命”过去10年了，青少年犯罪仍然是社会一个大问题，能不能再简单地归结为“文化大革命”的影响？为什么1983年8月严厉打击严重刑事犯罪分子活动以后，青少年犯罪曾下降过一段时间，现在又在回升了？为什么现在青少年犯罪呈现犯罪低龄化、犯罪手段成人化、犯罪性质严重化的趋势？等等。这些问题是值得我们认真思考的。

应该这样认识，目前的青少年犯罪既与"文化大革命"这一历史因素有关，也与在这场剧烈的社会改革的大震荡中所出现的新问题、新情况有关。以下想就当前的青少年犯罪从社会失调的角度分析这几年来的青少年犯罪现象。

（一）为什么这几年来青少年犯罪呈现接续性、发展性和低龄化特点？根据笔者的研究，最近几年来，由于社会剧烈的大变动，从整个社会的青少年层次来说，低层次的青少年队伍在扩大，这一层次青少年的文化素质、思想素质都比较差，对现代社会产生了严重的不适应症。违法犯罪这一种反社会行为就是严重不适应症的表现。

这几年，笔者对北京、天津、成都等大城市少年违法犯罪的调查，不仅有逐年增加的倾向，例如，以天津市未成年人违法犯罪的情况来看，1982年占抓获的青少年案犯总数的20.4%，1983年占20.6%，1984年占28.4%，1985年1～9月占33%，呈逐年上升的趋势；而且，构成少年违法犯罪的主体结构发生了质的变化，即，如果以1979年为分界线，那么在此以前，是以在校学生的违法犯罪为主，而在此以后，尤其是在1983年之后，则以有学不上、漂散于社会的流失生为主。对天津市少年犯管教所的调查结果表明，1977年在收容的人员中，有90.59%是属于在校学生，而到了1982年，则下降到34.3%。根据对北京市少年犯罪管教所的调查，1978年流失生占少年管教人员中的比例仅为11.2%，到了1983年就达49.7%；而在少年犯中，流失生所占的比例居然达到了68.8%。

对于流失生来说，由于微社会环境发生了明显的变化，例如生活主要内容、交友的性质、社会行为的方式和受教育的程度等等都有较大的改变，因而流失生的犯罪率要高得多。根据对天津市114724名初中在校生和9764名初中流失生的违法犯罪情况的比较研究，结果表明，在校学生犯罪率为0.43‰，流失生的犯罪率为6.7‰。流失生的犯罪率比在校生的犯罪率高15.6倍。

显然，未成年人违法犯罪者的主体结构发生这种质的变化，是与这几年来属于低层次的流失生队伍的膨胀密切联系的。根据笔者对北京市1979年～1984年学生流失情况的调查，这几年中因各种原因漂到社会上去（小学、初中、高中）的流失生达25万余人。其中农民家庭弃学最为严重，其次是非产业工人家庭，然后是产业工人和干部家庭，流失生最少的是知识分子家庭。那么，为什么会产生学生大量流失这一严重的问题呢？有以下几个原因值得探讨。

首先，这几年来，整个社会出现了一种过份追求眼前利益、目光短浅的功利主义倾向。一部分人只重视物质欲望的刺激，忽视精神文明的建设，只顾眼前的经济收益，而忽略长远利益的投资考虑。物质文明的建设和精神文明的建设不是同时并举，功利主义就是两个文明建设的失调产物。因此使不少家庭尤其是文化水平比较低的家庭，适龄儿童弃学的现象最为严重。

其次，现行的教育体制适应不了现代化的发展。长期以来一直实行教育的单轨制，即小学——初中——高中——大学。由于国家人力、物力、财力的限制，尽管现实是需要大量的高文化程度的知识分子，但是能够高中毕业升入大学的人数极少。根据国家统计局资料，1978年、1980年、1981年的高中毕业生升入高一级学校的入学率仅为5.9%、4.6%、5.7%。1983年的高中毕业人数从1978年的682.7万人压低到235.1万，升学率才达到16.6%。因此，这样低的升学率根本无法调动广大学生的学习动机。

第三，在学校的教育问题上，不仅存在教育体制的问题，而且还存在教育指导思想的问题。在过去的一段时间内，在不少地区和学校，过份强调升学率，作为评价、考核学校的唯一标准。我们认为，中学教育的重点应该在大多数，而不是少数的尖子学校、尖子学生。但是，却出现了将有限的人力、物力、财力集中在少数重点学校的身上，学校分成三、六、九等，同一个学校内又分成重点班、非重点班（快班和慢班），这就严重地挫伤了相当一部分学校办学的积极性，挫伤了教师教学的积极性，挫伤了学生求学的积极性。在这类“兜底学校”中，弃学增多，学生的问题行为增多，违法犯罪率亦高。

第四，这几年来，知识贬值、知识分子贬值的倾向仍很严重。应该承认，目前我国知识分子的待遇和处境与以前相比，是好得多了。但是，应该看到，一些单位长期存在压制、歧视知识分子的陋习，不是短时期所能扭转的。表现为：（1）知识分子的社会地位仍然不是很高，这几年来，社会所采取的措施是鼓励“当官”，所强化的心理是“当官心理”；（2）知识分子生活物质待遇较低，城镇中脑力劳动者同体力劳动者的报酬倒挂，存在着宣传多、落实少的现象；（3）知识分子的工作条件仍然比较艰苦，知识分子希望的畅所欲言的宽容气氛仍然没有真正实现（只是最近一、二年内有了较大的好转）。以上这些因素间接地影响着社会文化发展的趋向，在一定程度上阻碍了社会的文化发展。社会上学生大量流失与这一因素密切相关。

（二）改革使我们的社会文化从几十年来一元性的状态向多元性和异质性发展。在过去的封闭式社会中，由于文化的单一性，因而使人们的社会行为亦呈现单一的特点，违法犯罪行为自然就少。但是，在现在，社会上既存在主体性文化，也存在着大量的与主体性文化不同的亚文化。随着对外开放和对内搞活，各种思潮、思想不以人们意志为转移地出现在社会生活中，影响着人们的思想和行为方式。在这些思潮、思想中有积极的，也有消极的。青少年犯罪与这股消极的思潮、思想有着密切的联系。

例如，性犯罪的剧增是我国近年来青少年犯罪的特点之一。它在青少年犯罪案件中所占的比重比较大。众所周知，在现在的流氓罪中有许多是与性犯罪联系在一起的。据天津市统计，严厉打击严重刑事犯罪分子之前的1982年，青少年犯流氓罪的占60.6%，经过严厉打击以后，1984年降到52.1%，而1985年又上升到62.1%。与青少年性犯罪相关的是女青少年性犯罪也有上升的趋势。

为什么青少年性犯罪的发展速度如此快？原因是很复杂的。一是由于物质生活的提高，当代的青少年身心发展呈成熟前倾化，即性心理早熟。二是由于低层次青少年增加，其中有许多人的社会化发展是有缺陷的、不完善的。三是社会中存在着大量的低俗的文化和黄色文化。

再如，在这几年中，随着商品经济的发展，社会上出现了一股“一切向钱看”的拜金主义思潮。社会上的不正之风，尤其是严重的、猖獗的经济犯罪，又助长了拜金主义思潮的发展。在这种情况下，一些意志薄弱的青少年产生了强烈的金钱欲、物质欲、享受欲，而当他们用正常的手段无法满足自身的欲望时，往往是铤而走险，采用犯罪的手段去冒险。因此，与开放社会的商品经济发展相联系，青少年财产犯罪亦有所发展。而且，青少年财产犯罪呈现以下几个特点：一是青少年犯罪分子的犯罪价值观念有了较大的变化，他们再也不象“文革”以前和70年代中期那样的小偷小摸了，他们的犯罪目标向高档化和贵重文物发展，以满足他们日益发展的金钱欲望；二是犯罪分子侵害的对象是国家和集体企业单位的原料和产品，以及这几年来勤劳致富的个体户；三是犯罪手段向智能型转化，即一些青少年犯罪分子利用了社会上时兴的“关系第一”、“崇洋”和“高攀”的病态社会心理，大搞诈骗。这是应该注意的倾向。

再如，当今的时代是信息传播异常迅速的时代。信息的性质和传播方式影响着人们的思维方式和行为方式。在大众传播异常发达的今天，相当一部分青少年受着不健康信息的污染。一些粗俗的、情趣低级的、宣传暴力行为的所谓犯罪小说、惊险侦破文学和武打电影、录像等有害精神产品，纷纷出笼。为什么现代青少年犯罪者的手段越来越崇尚暴力？作案方式越来越高明、越来越现代化？就是与这类低俗的精神产品的迅速传播、泛滥有关。

以上讲的仅仅是外部条件，按照外因必须通过内因起作用的规律，应该坦率地承认，我国的青少年素质——身体素质、文化素质、思想道德素质，还不是很高的。从文化素质来说，我国35%的人口具有小学程度，24%的人具有中学程度，0.6%人口具有大学程度，23.5%的人口是文盲和半文盲。而发达国家的文盲和半文盲平均只占2%。我国每万人中的大学生只有13人，而美国为509人，日本为212人，苏联为195人，印度为52人。从思想素质来说，正如邓小平同志指出的：“过去的十来年中，林彪、‘四人帮’把我们的党和政府搞乱了，把我们的社会搞乱了，也把不少青少年毒害了，社会主义的道德风尚受到了严重的损害。粉碎‘四人帮’以后，情况有了很大的好转，但他们的流毒在某些范围内还不能低估。”（《邓小平文选》第163页）再加上这几年来党风不正、社会风气不正、民风不正，有关怎样处理人和社会的关系的道德观念，人们的公德水平，亦不是很高的。而且，应该看到青少年时期身心发展的不成熟性，免疫力差，这就决定处于社会较低层次的青少年，很容易地接受各种错误思潮和思想的影响，有一部分青少年滑向犯罪的泥坑，这是不足为怪的。有的同志说，这是“先天不足，后天失调”的产物，不是没有道理的。

（三）在我国的社会大变革时期，社会的剧烈震荡也强烈地冲击着作为社会生活基本单位的家庭，使家庭的结构发生了变化，家长们的教育子女的现象和方式也受到了较强的影响，其中的一个后果是淡化了家庭的教育功能，这也是使这几年来青少年犯罪得以增加的社会原因。那么社会变动是怎样影响到家庭的结构呢？怎样影响到家庭的教育功能呢？

首先，在社会的大变革中，我国的缺陷家庭呈增加的趋势。所谓缺陷家庭，指的是由于双亲的一方或双方由于死亡、离婚、遗弃或其它原因造成家庭结构或关系破裂、缺损的家庭。在社会开放以后的我国城市家庭中，呈现了缺陷家庭增多的倾向，其中主要是离婚率的增加。据对某少年犯管教所少年犯家庭的调查，出身于缺陷家庭的竟占少年犯的41.85%。这类家庭一般由于家长本人的行为规范、家庭的冲突、家庭破裂后孩子受到社会的歧视，以及这类家庭缺乏对孩子的爱，缺乏对孩子的正常教育，容易使这些孩子形成孤僻、冷漠、粗暴、内向、冲动、人格偏执、自卑、报复之类的心理特点。在一定的社会条件下，这些特点比较容易向反社会的违法犯罪行为转化。

其次，在大变革的社会中，在不良思潮的影响下，“实惠型”家庭增多。尤其是较低层次的家庭，只顾目前的经济收益，产生“只要电气化，不要学文化”的倾向，过早地让自己的子女顶替工作，当小商小贩，让他们漂散于社会。还有一些家长只重视家庭的物质建设，错误地认为教育孩子是学校的事，放弃了家长对孩子的教育。而一旦发现自己孩子有不轨行为或违法行为，往往采取打骂、体罚、不给饭吃等措施，这种极端的做法无疑加速孩子向违法犯罪道路的发展。

其三，溺爱型家庭增多。随着社会物质水平的提高和独生子女政策的执行，有不少家庭，孩子成为家庭的“皇太子”，孩子的任何要求，不管是不是合理的或不合理的，都给予充分的满足。这种以孩子为中心的、盲目的、无原则的溺爱，往往会使孩子形成“以我为核心”，自私、缺乏社会责任感、不懂得尊重他人、任性和粗暴的人格特点。对违法犯罪青少年的调查表明，出身于溺爱型家庭的子女占有相当的比重。

其四，干部家庭子弟犯罪增多。与其他阶层青少年犯罪一样，干部子弟犯罪也是极少数。但是，鉴于干部子弟特有的地位，危害十分严重。干部子弟犯罪的类型集中于两类：一是经济犯罪，例如走私贩私、投机诈骗、贪污受贿等；二是性犯罪，以玩弄女性填补其空虚的心灵。这部分人犯罪的特点是：（1）用金钱、地位进行诱惑，具有极大的欺骗性；（2）依仗权势，胡作非为，具有疯狂性；（3）与社会流氓分子勾结，具有极大的危害性；（4）思想颓废，玩世不恭，具有报复性。鉴于干部子弟犯罪的特殊危害性，亦成为这几年来社会十分重视的问题。

（四）在新的社会大变革时期，对于处于复杂的历史条件下的广大青少年，应该采用什么样的有效的方式进行教育，促使其青少年社会化成功地完成，使他们能更好地适应现代化的生活方式，更好地掌握社会的行为规范和道德标准，这是一个全新的课题，也是一个相当薄弱的环节。

首先是教育者的教育功能由于受到各种因素之影响，与“十年动乱”之前相比，被大大地削弱了。现在，党的威信怎么样？各级领导干部的形象怎么样？整个社会的精神面貌又如何？鉴于“十年动乱”的影响，鉴于当前党内和社会上存在的严重的不正之风，鉴于在相当一部分青少年存在着莫名其妙的“逆反心理”，因而使教育者的教育功能，没有得到充分的发挥。说话不灵，说了也不信，有的甚至还起负作用。

其次，以什么样的教育内容，采用什么样的教育方式，这是较大的问题。有许多同志习惯于过去的那一套，不管教育对象是不是接受得了，说教式的，空空洞洞，毫无内容，除了文件上干巴巴的几句话以外，再也说不出更多的东西。因此，教育效果收益甚微。

再次，如前所说，鉴于国家各方面的困难都还较大，作为青少年这一个层次的基本需要，如升学、就业、住房、闲暇活动场所等等都得不到充分的满足。许多单位的领导又一头扎于完成生产任务的“硬指标”上，这就大大地降低了对青少年的教育效果。甚至使相当一部分的青少年处于缺少教育的状态，因而不能克服自我发展中的弱点，不能抵制不良因素的诱惑，有些人就是在缺乏良好的教育条件下走上邪路的。

这几年来，广大的农村青少年的教育就是一个现实存在的问题。在新的历史时期下怎样进行有效的教育？过去是在农村人民公社的体制下，“大一统”的教育使人们的思想变得非常单一，而且广大农村青少年的社会行为集中在“家——田”的两点一线之中，社会行为也很单一，因而违法犯罪行为较少。但是，现在的情况发生了根本的变化。新的生产经营方式使他们有更多的时间、精力和物力涌向城市，涌向社会，可以通过各种渠道接受到现代社会的各种信息，包括各种消极的、有害的信息。鉴于农村青少年的素质与城市青少年相比，某些方面的素质上的缺陷更为突出，如文化素质更低；鉴于在新的体制下、农村党、团组织的教育功能不断下降，因而在现代激烈的文化冲突中，使一部分农村青少年产生更大的适应困难，免疫力差，抗腐蚀能力弱。这几年来的农村青少年的犯罪迅速增加就是在这种状况下产生的。

（五）在社会大变革时期，随着青少年犯罪的增多，产生了一个如何处置、如何改造和如何让他们健康地复归社会的大问题。由于青少年犯罪问题是一个新的社会问题，需要我们不断摸索，因此，也需要付出一定的代价。其中最主要的问题是对青少年犯罪的政策上的偏差。

例如，在过去的有一段时间中，当青少年犯罪上升而且迅速发展的时候，我们并没有很好地行使人民民主专政的职能，没有很好地发挥刑罚的威慑作用，没有能很好地进行法制教育，因而整个社会出现打击不力的倾向。表现为：对极少数杀人、放火、抢劫、强奸、爆炸以及其它严重危害社会秩序的刑事犯罪分子不是从重从快，而是从轻从慢，该劳教的未劳教，该起诉的未起诉、该判刑的未判型，该处死的不处死；对劳改犯和劳教人员的逃跑、重新犯罪打击很不力，致使逃跑现象严重，重新犯罪分子有增无减。由于打击不力，产生：（1）犯罪分子的犯罪气焰越来越嚣张；（2）整个社会法制意识淡薄，出现“坏人神气、好人受气、积极分子憋气、基层干部泄气”的现象；（3）造成了劳改劳教单位对违法犯罪分子教育改造质量的下降，重新犯罪现象增加的现象；（4）打击不力还造成了淫书淫画之类的黄色文化和旧社会残渣泛起等现象。总之，在1983年8月严厉打击刑事犯罪分子活动以前的打击不力倾向是明显的，青少年犯罪的发展是与法的社会控制失调联系在一起的。

由于社会犯罪包括青少年犯罪的恶性发展，严重地威胁到了四个现代化的建设，严重地威胁到了社会治安问题，因此，1983年8月党中央作出了严厉打击刑事犯罪活动的重大决策。应该看到，这场斗争的主流是健康的，效果是好的。经过严厉打击，社会犯罪的“高速度”的发展势头被有力地遏制住了，从1983年9月到1985年6月的22个月，与严厉打击之前的22个月相比，社会犯罪和违反治安处罚分别下降了36.4%和32%；广大群众增强了向犯罪作斗争的勇气，揭发和扭送了20余万违法犯罪分子；全国出现了一大批社会治安较好的单位和地区，80%的农村治安情况良好。但是，这场斗争由于来势猛、发展快，由于社会的心理准备和一系列的组织没有及时跟上，也产生了如下的一些问题：（1）某些地方在“严打”初期办案质量不是太高，留下了一定的后遗症；（2）教育改造违法犯罪青少年的设施和队伍的质量，并没因为严厉打击而迅速跟上；（3）整个社会又出现了“寄希望于打击，忽视综合治理”的倾向；（4）某些地方对少年违法犯罪惩处过严，据一些典型调查，表现为对其判刑增加的幅度，要比成年人的幅度增加为快。这种对青少年违法犯罪惩处“过严”的倾向，使被判刑的犯罪分子不认罪的比例大大提高。据笔者在严厉打击刑事犯罪活动中对江苏省五个监狱、劳改农场、少管所等3000余名犯罪分子的调查，不认罪的比例在70—80%之间，超过了历史的最高纪录，这就客观上增加了改造这部分罪犯的难度。而且，应该承认，在我国的劳改、劳教战线，整个队伍的文化素质、政治思想素质和管理教育能力，与新的历史时期要求相比，还存在着很多不适应、急需提高的问题。因此，与“文化大革命”以前相比，改造质量有所下降，犯罪传习严重，罪犯报复心理有所发展，再加上复归社会后受到的社会歧视，原来的恶习又增加了新的因素，他们的重新犯罪率就有所增加。

总之，由于这场变革是规模和深度空前的“第二次革命”，因而在社会前进过程中会产生一时性的社会失调。这种失调的产生原因：（1）改革激化了许多潜伏着的矛盾，使新旧两种势力产生尖锐的冲突，犯罪行为则是旧势力的代表，从整个历史发展来看，它作为一种恶的扬弃，暴露得越彻底、越尖锐，就越好；（2）改革使我们遇到了大量的新情况和新问题，怎么解决它，从客观上讲需要有一个过程，从这个意义上讲，一时性的社会失调是难免的；（3）鉴于社会管理者的认识水平和政治水平，有时会可能产生失误，从而会一时地增强这种失误现象；（4）还有一个国际背景，即在开放条件下，如何在吸取有益科学技术及思想文化的同时，有效地抵制和消除消极的甚至有害的文化影响，这个问题解决不好，也会一时性地扩大社会失调。所有这些情况，都不可避免地对青少年犯罪发生影响。

探求社会变革与青少年犯罪的关系，在于为制定和实施科学的对策提供依据。我们应当进一步对有关我国青少年犯罪的重大实际课题和理论课题进行深入探讨。中央有关领导部门应给这种研究与探讨以大力支持，并给提供各种必要的研究条件。

对农村变革中青少年犯罪原因的思考

（1986年）

肖建国　顾　平　徐　建

近年来，我国农村青少年犯罪的问题引起了人们的严重关注。先请看下面几个统计数字：

天津市郊县刑事罪犯在全市罪犯中所占的比例，1979年为25%，1980年为26%，1981年为28%，1982年猛增到40%，1984年在对1300名罪犯抽样调查中，属郊县的罪犯占45%。

武汉市郊县青少年罪犯中，农民罪犯1970年为113人，1980年为313人，1982年为381人，1983年前11个月为728人。

全国1979年学生犯罪占青少年犯罪总数第一位；1980年待业青少年占第一位，学生占第二位；1981年青工占第一位，待业青少年占第二位，学生占第三位；1982年青农占第一位，青工占第二位，待业青年占第三位，学生占第四位；1983年青农犯罪仍在增加，而青工、待业青年、学生犯罪继续下降。

从1984年年底开始，我们几次赴江苏农村进行调查，发现情况基本相同。例如历来十分偏僻落后的盐城市农村，近几年青少年犯罪逐年增多，仅1984年12月破案捕获的634名人犯中，农民为461人，占72.7%，干部、职工、军人、学生、自流人员、待业青年等合计173人，占27.3%。大丰县青少年犯罪1982年为35人，1983年高达101人。

上述材料说明，近几年农村犯罪比例数和绝对数持续上升，农村青少年犯罪已成为带有普遍性的问题。那么现阶段影响农村青少年犯罪上升有哪些主要因素呢？本文提出一些初步看法以供大家探讨。

开放后外来不健康因素渗透强烈

党的十一届三中全会后，农村普遍实行了联产承包责任制。对外开放，对内搞活，全面改革经济体制，大大促进了农村与外界的交往和联系，同时也出现了许多新情况、新问题。

不可否认，原先农村环境的闭塞对抑制犯罪产生有一定作用，长期以来我国农村治安相对安定与此有一定的内在联系。例如，费孝通教授作“江村调查”时发现，那里解放后几乎没有发生过刑事案件，原因之一就是江村远离交通线，没有公路和铁路，交通不便，外部信息不易传入，所以长期保留着传统的淳朴风俗，治安情况很好。我们为了从更大范围说明社会环境和地理环境对犯罪的影响，专程赴南通进行调查。南通30多年来，犯罪率一直很低，特别是抢劫杀人、强奸杀人等重大恶性案件很少发生。这与南通的地理位置也有一定联系，表面看来南通东距上海128公里，西离南京264公里，南面又紧靠苏州、无锡、常州等城市，但受长江天险阻隔，南来北往主要靠几艘小轮船，与“江村”有某些类似之处。犯罪原因是错综复杂的，但从南通和“江村”的情况可以看出，封闭型农村不利于经济的发展，但也使诱惑犯罪的某些信息的传播和蔓延比较缓慢。

社会从封闭型向开放型转变是历史的必然，党的正确的农村政策有利于生产力的发展和经济的繁荣，推进了这个转变的过程。开放型农村的一个显著特征就是青少年的生活空间和社会接触面大大扩展，速度之快（由经济发展的迫切性和现实性决定的），范围之广（由向城市开放和向国外开放两重性决定的），使青少年们目不暇接。近几年“江村”正在赶筑公路，南通也在进行或设计水路、公路、铁路和航空建设。据南通轮船运输公司长江客运处统计，开放以来，客流量直线上升，每天达一万多人次，其中70%左右是从事长途贩运的农民。对外进一步开放、对内进一步搞活，也会在社会治安方面引起一些问题。过去南通很少有流窜犯，即使到此流窜作案也不易逃走，因为只要在几条主要公路和码头设卡堵截就能使流窜犯很快落入法网。随着交通渠道的增加，现在南通流窜犯逐年增多。1983年1－7月查获160人，比1982年同期增加了33.3%，其中54名系江西、湖北等长江上游沿江而下来作案的。由于人员来往频繁，抓捕流窜犯也就比较困难了。

人员流动和现代信息技术的发展所引起的信息量的日益增大，猛烈地冲击着落后保守封闭的农村，无论是交通便利的沿海和城市郊县，还是偏僻落后的内地边疆都是如此。外界信息冲击农村，量多势猛，难免夹杂一些不健康的因素。它们侵袭着农村青少年的思想，使一部分青少年受到腐蚀和毒害，陷入犯罪泥坑。盐城市1981年——1983年共发生反革命政治案件170起，在破获的134起中，青少年作案116起，作案者149人。其中42%是听了敌台，看了空漂、海漂进入的反动宣传品后，产生对社会主义制度的怀疑和不满。他们或公开散布反革命言论；或越境外逃企图投敌；或扬言要实施反革命杀人；或向敌特机关投寄反革命挂钩信等。另外，黄色淫秽物品从国外、从城市流入农村以后，毒害了农村青少年心灵，许多青少年接触到这类黄色淫秽物品，萌发了犯罪意识，实施了犯罪行为，造成了农村性犯罪急骤上升。试以江苏射阳县犯罪情况为例，1981年6人强奸，无流氓犯罪，二案占整个青少年罪犯的11.3%；1982年11人强奸，1人流氓犯罪，二案占整个青少年罪犯的24.4%；1983年31人强奸，130人流氓犯罪，二案占整个青少年罪犯的56.9%。由此可见，外来不健康因素对农村青少年的成长是十分有害的。

外界不健康因素的大量渗透并不是孤立地发生作用的。西方资产阶级思想很容易和农村固有的封建残余思想和旧观念、旧习惯、旧风俗等混杂在一起，这就大大增强了它的腐蚀能量和作用。可以认为，我国农村青少年犯罪如此严重的现状是内外不健康因素结合的畸形产物。只注意外界不健康因素的强烈渗透而忽视农村固有的不健康因素余毒，是片面的。目前农村大量滋生的青少年犯罪团伙，就是在资产阶级思想意识腐蚀下，利用封建帮会和哥们义气进行合伙作案的。犯罪团伙的名称、内部结构、活动方式以及作为精神支柱的“哥们义气”等，都带有浓厚的封建帮会思想和旧社会黑势力影响的种种痕迹。“十年浩劫”使旧社会的沉渣泛起，造成了西方资产阶级思想和旧中国封建残余思想对青少年双重腐蚀这一严峻现实。

开放后农村中内外不健康因素是普遍地、大量地存在着的，但它们对农村青少年腐蚀毒害的程度，归根结蒂要受我国农村生产力和生产关系、经济基础和上层建筑各个方面的制约，其中特别要受青少年本身的素质以及我们管理教育青少年的成效的制约。虽然实行生产责任制后农村经济发展缓慢、生产力低下的情况有了根本好转，但仍然赶不上新形势下农村青少年成长的需要，尤其是实行生产责任制后，我们的许多工作不能适应农村变革的实际需要，我们对青少年的管理教育、思想政治工作和文化体育活动等等跟不上，“十年浩劫”中成长起来的农村青少年本身有先天不足的缺陷，如果再在这些方面出现失调的话，就可能造成农村青少年犯罪增多。

影响农村青少年犯罪增多的外部不健康因素和内部不健康因素的不可分割性，决定了我们预防和治理农村青少年犯罪问题决不可以有片面性。当前，我们要在继续坚持党的对外开放，对内搞活经济，全面进行经济体制改革的前提下，尽量控制外界不健康因素对农村的影响，减少它的渗透量，同时也要注意清除农村内部的不健康的余毒。从根本上讲，只有大力发展农村经济，完善农村生产责任制，加强对青少年的管理教育，提高他们对资产阶级思想和封建残余思想的识别和抵制能力，才能使预防和治理农村青少年犯罪取得实效，因此，内因和外因兼顾，治本和治表一起抓，实行多层次、多方面的综合治理，是刻不容缓的。

横向关系增多后的矛盾纠纷增加

农村联产承包责任制的广泛实行，使我国农村生产关系发生了重大变化，过去那种以纵向关系为主的社会关系逐渐被以横向关系为主、纵横交错的新型社会关系所代替，使得农村现阶段民事矛盾纠纷种类增多，范围扩大，成为农村社会治安中的新问题。

我们知道，过去我国一直实行集体生产，行政手段的使用几乎涉及农村各个方面，许多事情都是家庭和个人直接与生产队，大队发生联系。这种纵向行政关系势必造成特定的矛盾，即"大锅饭"时期出工收工你迟我早、分派农活你轻我重、评工分你高我低、分粮分草你好我丑、肥料评价你厚我薄等矛盾纠纷，至于人与人、户与户之间的联系面窄量少，因此造成的民事矛盾纠纷也不严重。但随着农村联产承包责任制的实行，农村家庭的地位和作用日益突出，在保持与集体的行政领导关系的同时，还大量产生人与人、户与户、户与社会各个部门之间头绪复杂繁多的横向关系，目前农村大量存在的民事矛盾纠纷主要就是这种横向多头关系的产物。

我们在调查中发现，农村民事矛盾集中表现在以下几类型：

一是承包纠纷多。农村开始实行承包时有些人犹豫不决，但经过一段时间后就争着承包盈利较多的某些项目。1984年1月3日，阜宁县东沟镇魏桥村村民魏××（男，23岁）、魏××（女，28岁）兄妹俩与另一户人家为争承包手扶拖拉机的车箱发生矛盾。最后两家发生扭打。另外有些人承包后不履行合同，或因职责不清、经济利益分配不均等原因造成矛盾纠纷。

二是水利界埂纠纷多，责任田的种植往往引起各自的界埂、水利纠纷，你占我的地，我挤你的田，有时还争夺在田界埂上的种植权。农业生产离不开水，所以抢用自然水，争着先用水的争端也很多，仪征县大仪公社实行承包二年，水利纠纷发生过136起之多。

三是宅基建房纠纷多。农村经济发展，越来越多的农户造房砌屋，有些村民擅自毁苗搭屋、违章建筑，错误认为"分给我的田，就有我的权，我建我的房，谁也管不着"。有些村民因宅房问题与亲友、邻居发生纠纷，盐城市民事纠纷中宅基建房纠纷约占10%以上。

四是家庭婚姻纠纷多。家庭婚姻纠纷在整个民事纠纷中占的比例最大，盐城市近几年一直保持在40%左右。有些农村家庭为生产经营、婚姻恋爱、抚育赡养、继承财产等问题发生纠纷。如东县掘东区南坎乡8大队女村民金××与兵房乡7大队村民吴××的离婚纠纷中，女方请了30多人到男方抢回嫁妆，引起扭打，有几千人围观。

民事矛盾纠纷的急骤增多是一个值得重视的问题。盐城市农村在70年代7县一镇每年只发生民事纠纷案件几百起，现在光滨海一县就达到这个数字。农村民事矛盾纠纷大量增加，有一部分因得不到及时的妥善解决而引起激化，造成刑事犯罪或自杀身亡。南通市1983年发生因民事纠纷所致的非正常死亡达315人。民事纠纷激化对农村治安产生消极的影响。是显而易见的。

应该注意到，在民事纠纷激化案件中，青少年参与者占了相当比例。因为大量存在的家庭、婚姻等纠纷中绝大部分一方或双方当事人是青少年，青少年自控能力差，一旦发生矛盾纠纷，往往首当其冲，不讲究解决问题的方法，不考虑自己行为可能造成的后果，喜欢采用极端方法，很容易触犯刑律，违法犯罪。因此，在农村民事矛盾纠纷中，特别要重视防止青少年在处理民事矛盾纠纷中极端行为的发生。

对已经存在的农村民事矛盾纠纷的解决，要强调走群众路线的原则。一般来说，引起激化的民事矛盾纠纷起因简单，一开始并没有引起人们的重视，矛盾随着时间推移日积月累，最后才公开和尖锐化，造成质的恶变。因此，通过全社会的调解工作，把民事矛盾纠纷解决在基层，消灭在萌芽状态，抓早、抓小、及时处理，防微杜渐，不使矛盾扩大化和尖锐化，是农村治安的一项基础工作。通过及时妥善的调解工作，使矛盾及时解决，避免可能发生的伤害事故，使那些走在犯罪边缘上的青少年悬崖勒马，那就是取得了了不起的成就。南通市在1983年共调处各类民事纠纷共44452件，为基层法院民事收案数的16.6倍。如果各地都能这样，我国农村的治安状况必将有明显好转。

物质文明发展中的精神文明缺口较大

党的农村政策促进了农村经济的迅速发展，农民的物质生活水平大面积地、迅速地得到提高。农村的变革不仅引起人们经济生活的重大变化，而且会引起人们生活方式和精神状态的重大变化。农民在解决温饱问题以后，还渴望提高文化知识、科学技术水平，改变落后的生产经营方式，进一步发展生产；渴望健康有益、丰富多彩的精神文化生活；渴望有一个安定、美好的工作生活环境。农村广大青少年更是强烈希望改变精神生活现状，使较多的业余空暇时间能够充分利用，使充沛旺盛的精力得到正常合理抒发。要满足农村青少年的这些要求，就必须大力加强农村精神文明的建设。

我国农村精神生活基础很差。长期以来，农村经济落后，农民只求温饱，不可能想得过多；同时落后的农村无法提供精神文明建设所需的物质条件。近几年来，农村乘改革之风，全面推行农村生产责任制，物质生产得到高度重视，许多同志把抓生产看作是“硬任务”，完不成不行，而把精神文明建设看作是“软任务”，完成与否无所谓，认为只要把经济搞上去，什么问题都可以迎刃而解了，因此有些地区精神文明建设问题迟迟抓不上来。特别是外界信息源源不断地传到农村、各种腐朽没落的剥削阶级思想乘虚而入，青少年首当其冲受到腐蚀和毒害。我们认为，社会要搞好治安，务必使物质文明和精神文明两种建设在矛盾中取得平衡。过去中国农村犯罪相对较少，其原因之一就是物质条件落后的同时有一个虽然较低的，但与之相适应的精神文明，二者在低水平上处于基本平衡状态。现在农村物质文明上去了，如果不有意识地抓紧精神文明建设，就可能造成新的不平衡。在一些西方资本主义国家，高度的物质文明伴随着犯罪的高发率，很重要原因就是青少年精神生活的贫乏和不健康所造成的。

近几年我国农村经济发展迅速与精神生活相对落后的矛盾已经开始出现，并且在一些地区比较尖锐，甚至少数地区出现精神文明倒退的现象。目前我国农村物质文明建设和精神文明建设的不相适应，集中表现在三个“缺乏”上，即缺乏有效的组织领导，缺乏起码的活动场所和经费，缺乏科学的方法。许多农村青少年有钱、有精力、有时间，但没有文化体育场所和健康的指导，正是在这种情况下，他们胡乱地接受外界信息，往往对好的、健康的东西无认识和接受能力，对坏的、不健康的东西却兴趣十足，电影电视中的一些镜头使他们十分好奇，黄色淫秽手抄本使他们感到有刺激。对这些问题如不进行管理教育和疏导，青少年们的思想就会潜移默化、受到腐蚀，造成其中一部分人的堕落。射阳县陈泽乡后湾村葛××（男、22岁），1982年秋在建湖做临时工时转抄了一本《少女之心》，又带回村给人传抄，使20多名男女青年中毒，互相乱搞男女关系。大丰县小海乡海东村青年农民王×（男、24岁），对我们说："我们手中有钱，有时间，但没有地方玩，几个人在一起玩扑克，时间长了感到没有意思，就想找些刺激，就赌起来了。"赌输了怎么办？有不少人去偷去抢，回来继续赌，赌到家破人亡，陷入犯罪泥坑不能自拔。为什么现在农村性犯罪逐年上升？为什么农村赌风盛行，禁而不绝？这不是有个精神文明建设落后问题吗？如果我们光嘴上强调要预防犯罪，使农村治安根本好转，而不去认认真真解决精神生活中存在的这些实际问题，那么青少年的受腐蚀被毒害是无法避免的。

加快农村精神文明建设步伐，使精神文明和物质文明在新的历史条件下得到统一和相对平衡，是一项具有战略意义的工作。农村经济的迅速发展，已经或正在为农村社会主义精神文明建设创造雄厚的物质基础，开辟了广阔的前景，现在的问题是要强调两个文明同步齐进，切实改变农村精神生活落后的状况。各级领导要认识两个文明建设之间的辩证关系，加强领导，从人力、物力和财力以及方针政策的制定上保证社会主义精神文明建设的健康发展，通过开展各种适合我国农村特点和青少年年龄特征，并受到青少年普遍欢迎的各种文化体育活动，使农村青少年在成长过程中，努力培养适应经济发展和社会进步要求的、文明的、健康的、科学的生活方式，摒弃那些落后的、愚昧的、腐朽的东西，振奋起积极向上的进取精神，我们相信，经过我们不懈的努力，农村较高水平上的精神文明和物质文明的相对平衡一定可以出现，并将对我国农村治安根本好转发生积极的影响。

变革中的青少年管理教育矛盾突出

农村青少年犯罪上升下降很大程度上取决于我们对青少年的管理教育工作做得如何。随着农村生产责任制的实行，农村有几个情况值得注意，第一，人们思想观念上，普遍重视发展生产增加收入，而不顾及其他；第二，随着进一步的对外开放和对内搞活，外出务工经商人员增多，农村人员流动性增大；第三，为了减轻农民负担，农村各级基层组织干部编制精简，人员大量减少。这些都给农村青少年管理教育工作带来许多问题，变革中的农村青少年管理教育矛盾突出，不容忽视。

一、农村家庭管理教育方面的矛盾：

农村从七十年代开始实行计划生育，造成了目前农村家庭子女人数相对较少，加上生活条件的改善，农民对子女的家庭教育普遍关心。但实行生产责任制后，农民劳动积极性空前高涨，劳动时间相应延长，教育子女的时间却相对缺乏，个别农民甚至让子女缀学留在家中做自己帮手。同时，农村家长文盲和半文盲较多，他们虽有"望子成龙”的迫切愿望，但由于知识水平和教育能力的局限，往往缺少科学的家庭教育方法，棍棒教育迄今盛行。而独生子女则是娇生惯养、百依百顺，放松了对他们的要求。另一个情况是青少年外出做工经商，长期不在父母身边，家庭教育鞭长莫及，无法进行针对性的教育。家庭管理教育是青少年成长中至关重要的环节，努力发挥家庭管理和教育在预防和治理农村青少年犯罪中的特殊作用，是当前迫切需要研究的课题之一。

二、农村学校管理教育方面的矛盾：

前几年农村学生弃学务农经商或为家长作帮手的情况比较严重，不少地区一度入学率下降。这种不正常的情况经过各方面做工作已经逐步纠正，但农村学校管理教育问题仍然不少：一是小学教育基本普及，但初、高中招生有限，很大一部分14岁左右的少年上不了学。江苏省小学毕业升入初中平均为69.67%，初中毕业能升入高中、农职中、中技校、中专校的平均为31.41%。盐城农村更低于省平均数，那里小学毕业能升入初中的为68.29%，初中毕业能升入高中等的为23.5%，如果把农村集镇人口剔除，比率将更低，这说明目前农村教育事业仍不能满足青少年入学要求。农村教育的另一个突出问题是师资质量差，教师编制不足。盐城市按编制缺幼教老师5440人，小教老师4929人，初中老师388人。另外，现有教师质量差，小教达中师水平的为19.7%，初中老师达大专水平的为27.46%，高中老师达本科水平的为32.5%。而且学科不配套。除语文数学基本够编外，其余均奇缺。例如上级要求中小学开设法制课，但整个盐城市教师队伍中没有一个系统学过法律的。许多教法制课的老师本身就是“法盲”，上课无非照本画葫芦而已，更有不少基层学校干脆不开设法制课。这样，必然就引起教学质量差。盐城市1984年小学升初中的语文数学双科及格率仅为49.1%，初中升高中的各科平均及格率不足22%。除此之外，还存在一个情况，就是重分数、轻政治思想工作，甚至既不重视分数，又不抓政治思想教育，前一种情况在农村重点中小学比较明显，后一种情况在农村村一级学校中普遍存在。这些如果不引起重视，不切实改变，农村青少年的政治素质、文化素质不提高，就不可能从根本上预防和减少农村青少年犯罪。

三、农村乡村基层组织管理教育方面的矛盾：

为了适应农村经济发展的需要，农村管理体制进行了重大改革，农民自我教育、自我管理、自我服务的新的基层群众性自治组织——村民委员会纷纷建立，这是利国利民的好事，但也带来了新的矛盾。一方面村民委员会组织人少任务重，对青少年管理无暇过问；另一方面，农村“大锅饭”时期实行的那一套管理方法已经明显不适应当今农村。反映到管理教育青少年方面突出的有两大问题：第一是对流动人员的管理教育问题。现在农村青少年自找致富门路，纷纷外出务工经商，个别人利欲熏心，赚钱不择手段。如皋县邓元公社江××，以个体理发为掩护，乔装打扮，走街穿巷，乘他人家中无人之机，采用越墙、撬门等手段盗窃作案17余起，价值1500元。此类“白日闯”案件在有些地方增多，作案者大多为农村个体户。另外上海等城市已经发现不少农村建筑承包人员和做生意农民等在城市违法犯罪，这些人较长期生活工作在城市，城市管不了，农村管不到；第二是对乡镇企业职工的管理教育问题。乡镇企业对发展农村经济确实起了积极作用，但乡镇企业对青工艺徒（包括农民工、季节工、合同工等）的管理教育问题成堆，那里的政治思想工作十分薄弱。如皋县场北综合厂支部书记鞠××公然对本厂船队职工说，你们出去各显神通，但有一条，不要给人抓住，弄回来的东西四六分成。船员在其怂恿下，大肆行窃。海安县李庄公社五山大队八队朱××等四人，承包供销社及粮食部门的运输业务，运什么偷什么。目前农村集镇犯罪率较高，其中许多是乡镇企业青工艺徒所为。

农村家庭、学校和乡村基层组织是管理教育青少年的三个互相联系，不可缺少的环节。如何根据农村经济发展的要求，解决各自存在的问题，提高对青少年管理教育的质量，是预防和治理农村青少年犯罪的根本所在。我们应该在深入调查研究基础上，对农村青少年管理教育问题制订出一整套具体有效的方法和措施来，逐步形成适应新时期农村特点的，以农村学校为重点，家庭、学校和乡村基层组织相协调的“三位一体”的农村青少年管理教育网，发挥家庭、学校和乡村基层组织在农村社会治安综合治理中的整体效应。

我们在探索农村变革时期青少年犯罪原因时，感到有几点特别需要加以说明的：

第一、农村青少年犯罪原因研究，必须紧紧围绕农村变革这一时代特征。党中央制定的农村政策给我国农村增添了新的活力，农村变革涉及到各个方面，产生了巨大的影响，因此，研究现阶段青少年犯罪的原因，必须抓住这一中心环节，这就需要我们深入农村调查研究，掌握大量的第一手资料，客观地、全面地、深入地认识农村变革后的青少年犯罪原因。

第二、农村变革中影响青少年犯罪上升下降原因呈现系统性和动态性。影响农村青少年犯罪原因是错综复杂的，从上面分析中我们可以看到，现阶段农村青少年犯罪既有外来的因素，又有内部的因素；既有客观的因素，又有主观的因素；既有历史的因素，又有现实的因素；既有一般的因素，又有特殊的因素等等，这就构成了原因因素的立体交叉的系统性，各种原因的具体个别作用和各种原因的整体综合作用是不可分割的两个方面。另外，农村的变革方兴未艾，顺利地健康地向前发展着，城市经济体制改革也必然会影响农村，因此，农村青少年犯罪原因也不是凝固不变的，我们应该随时了解和掌握新情况、新问题，使研究工作跟随农村前进的步伐。如果我们看不到农村青少年犯罪原因的系统性和动态性，仅仅凭着暂时的、片面的材料简单匆忙地作出结论，就不可能是科学的和正确的。

第三、农村变革引起的青少年犯罪的变化是农村前进中产生的问题。既不能过分夸大，也不能置之不理。由农村变革所引起的农村青少年犯罪的变化，仅仅是农村大好形势下所发生的一些支流，它决不是农村变革的派生物，更不是党的农村政策实行后的必然结果。但是，农村变革需要不断发展和完善我们的各项工作，我们的各项工作也必须适应新形势，如果我们对农村青少年犯罪比较严重的情况不予以足够的重视，不采取坚决有力的措施来解决，让我们上面所提到的矛盾日益扩大，各种工作的脱节现象继续发展，日趋严重，那么农村青少年犯罪将会继续增多，最终必然会反过来破坏农村经济发展，破坏农村的改革。

第四、解决农村青少年犯罪问题的出路是乘改革之风针对犯罪原因，把各项工作尽快抓上去。农村的变革是历史发展的必然趋势，任何人都无法改变农村与外界联系越来越紧密、横向社会关系越来越广泛、物质文明建设越来越发展的事实，我们不可能让农村倒退回去，用缩小农村与外界联系，减少横向社会关系，延缓物质文明建设速度等消极做法来使社会回到低水平上，从而减少犯罪的产生。相反，通过我们现在正在进行的农村变革，不断发展和完善农村生产责任制，加强农村青少年的管理教育，为青少年成长创造一个良好的社会环境和条件，使青少年一代健康成长，通过这一系列积极有效的工作，使青少年管理教育中的矛盾得以消除，变各项工作不适应为基本适应，让农村各项工作在较高水平上取得平衡，这是预防和治理农村青少年犯罪的唯一出路。

生活方式的变迁与农村青少年犯罪

（1986年）

郭　建　安

近几年来，我国青少年犯罪情况发生了很大变化，最明显的变化之一就是农村青少年犯罪不断增加，在整个青少年犯罪中所占的比例越来越大。据天津市调查，1979年和1980年青少年犯罪中农村青少年犯罪仅占25%左右，1981年略有上升，占28%左右，而1982年却猛增40%，严打之后的1984年，在全国刑事案发案率明显下降的情况下，农村青少年犯罪案件仍然呈上升趋势，占了青少年犯罪总数的45%。温州市市区青少年犯罪1982年1—9月比1981年同期下降了5.1%，而农村青少年犯罪却上升28.3%。唐山市1983年的严打刚过，7月21日—8月20日一个月时间，市区青少年犯罪明显下降，而农村青少年犯罪却比严打前的6月份相比，仍然上升了25%，与1982年同期相比，上升了42.9%。

农村青少年犯罪增加，固然有其与城市青少年犯罪相同的生理、心理、家庭、学校等方面的原因，但是，最近几年来农村生活方式的急速变迁，无疑是一个相当重要的原因。

（一）劳动强度的减小和经济收入的增加与青少年犯罪

由于各种形式的责任制的实施，大大调动了农业劳动者的积极性，避免了农业生产中的吃“大锅饭”和形式主义等现象，同时农民的科学种田和机械化种田的水平也不断提高，这就大大减轻了农村青少年劳动强度，而且其家庭及本人的经济收入也不断提高。劳动强度的减轻，使其有可能从过去繁重的体力劳动的禁锢中摆脱出来，经济收入的增加，使其摆脱了旧日养家糊口的困难。这样，农村青少年才有可能、有机会、有兴趣去实施除求生型犯罪以外的他种犯罪。近年来农村青少年犯罪调查的结果表明，农村青少年犯罪早已并非仅仅限于财产犯罪，与城市青少年犯罪同样的杀人、伤害、强奸、流氓等犯罪不断增加。以往研究经济状况与犯罪的关系，大多只注意穷困对导致犯罪的作用，而事实上财富与犯罪之间也有着极为重要的联系，在一定条件下，它可以成为犯罪工具。1982年浙江省沿海富庶县——乐清县和山区贫困县——文成县青少年犯罪之比，可以证明这一点。1982年1—9月份，乐清县共判处青少年犯49名，占青少年总数的8.2‰；文成县共判处5名，仅占青少年总数的0.5‰，前者为后者的9.8倍。

（二）衣食住行等物质生活标准的提高与青少年犯罪

由于历史性的原因，我国农业生产一直非常落后，农民的生活水平一直非常低下，无法与城市相比。但是，自十一届三中全会调整农村经济改革之后，农民的生产积极性不断高涨，农民的收入不断增加，农民的生活水平不断上升。据有关部门对全国28个省市自治区568个县18500户农民家庭的调查，1981年人均年收入223.4元，比1978年增加了67.3%；在生活消费品支出方面，1981年比1978年增长64.9%。具体到衣食住行各方面，1981年与1978年相比，每人平均细粮比重上升67.3%，食油增长58.6%，肉类增长51.3%，化纤布消费增长1.98倍，住房和耐用消费品的增长都是成倍的。自党的十二大进一步调整经济政策以来，农民的富裕程度有了更为明显的增长。农民生活水准普遍提高了，但是"相对贫困化"的家庭仍然存在。由于青少年本身的人生观、价值观及道德观等尚未稳定，再加上自尊心强得过分等特点，他们往往羡慕生活水平高的家庭，向冒尖户看齐，向城市居民看齐，而生出一些超过自己实际能力的需要，这些需要如通过正当途径不能实现，有的就有可能运用违法犯罪的手段去追求，或者是以身试法，故意毁坏他人的财物，以发泄自己心中的妒意。

（三）时间观念的改变与青少年犯罪

我国农民自古以来一直是以农为本，而且因为生产方式落后，"日出而作，日入而息"几乎成了永恒的自然规律，人们遵循着吃饭——劳动——睡觉——再吃饭——再劳动——再睡觉"的生活方式，把大部分时间都用在劳动上了。而今，随着经济政策的不断落实，各种责任制的不断发展以及农业之外的副、牧、林、渔业等专业户的出现，农民的劳动时间完全归自己支配，经济效益大大提高，除了吃饭、劳动和睡觉之外，闲暇时间越来越多。因此，农民，特别是农村青少年，要求能充实地度过其闲暇时间，不能老是象前辈那样，把大部分时间都用于满足生理需要。除了睡觉之外，他们需要娱乐、学习、交际等，而农村向来过于重视物质生产，而忽视精神文明。虽然近年来农村的文化生活有了很大发展，但仍然远远不能满足青少年业余生活的需要。青少年生性好动，有些人便利用这些闲暇时间进行违法犯罪活动，如有的走进赌场；有的组成流氓团伙或加入城市流氓集团，专以滋事生非、侮辱妇女为乐，以此来打发他们大量的、百无聊赖的闲暇时间。城市青少年业余生活不充实是其犯罪的一个重要因素，而农村的文化生活比城市更落后，而且一直得不到重视，不可能不在客观上导致青少年犯罪的增加。

（四）社会交往扩大与青少年犯罪

我国农村始终是自给自足的自然经济占主导地位，商品经济不发达，人们日出而作，日落而归，每天自始至终都是从家里到田里，从田里到家里的生活方式的循环，因此，农民的社会交往面很狭窄。但是，这些年来，城乡间的商品交换越来越频繁，加强了农村与城市的交往。农民富起来之后，又纷纷购置收音机、电视机、放映机等信息传播工具，并开始重视作为信息传播渠道的精神生活。社会交往的扩大加深了农民对外界的了解，使其学到不少城市及他乡的精华，但也接触到不少城市及他乡的糟粕。农村青少年，由于其生理、心理的特点，极易接受上述糟粕。因此，城市中的文化污染也纷纷流入农村，严重地影响了农村青少年的健康成长，不时出现各种各样新的违法犯罪分子，有些犯罪流氓团伙等以往是城市特有的，而今农村也时有发生。

（五）传统的待人接物方式的改变与青少年犯罪

我国农民血缘关系密切，为人淳朴、诚实，在待人接物上皆以诚相待。近来由于其社会交往的扩大和价值观念的转变，使得人们在感情和心理方面发生了很大的变化，传统的待人接物的方式已有所改变。人们不再死死抱住固有的血缘关系不放，而是以人的价值来决定待人的方式，城市中人与人之间的戒防、争逐、欺骗、利用等观念也传入了农村。在这种新型人际关系的潜移默化影响下，青少年觉得大人们都在争名夺利，互相竞争角逐，便很容易形成极端自私的人生观，为达自己的私欲不惜采用任何手段，甚至可以去犯罪。

（六）家庭观念的淡漠与青少年犯罪

由于农民血缘关系密切，家庭作用重要，个人的价值更多地和家庭与父辈的价值联系在一起，家庭具有不可离异性。现在，由于青少年心理上要求独立的欲望越来越强烈（因为农村生产方式及生活方式的变迁为其提供了独立的基础），而且，大部分青少年在经济上已经独立，有些青少年还成了家庭经济活动的栋梁，一部分家庭职能也已为社会所代替，因此，青少年的家庭观念越来越淡漠。家庭具有培养其成员道德情操、思想意识、精神面貌的作用，而青少年家庭离异心理的增强，大大削弱了家庭在这个方面的职能，而农村的政治思想教育又很薄弱，青少年社会化的过程就发生了阻碍，而未完成社会化或社会化失败的青少年往往会成为犯罪主体。

（七）传统道德戒条的失效与青少年犯罪

由于农村生产方式的变革以及农民接触面的扩大，农民的价值观念有了很大变化。如原来，评判一个人好坏的标准是其是否“老实、本分”，而现在人们则认为安分守己、死守农田的人窝囊、无能；原来的纲常观念在人们头脑中根深蒂固，而现在的青少年则唯我独尊，等等。我国农民有史以来就靠这些传统的道德戒条来维系人与人之间的关系，今天，这些戒条相继失效，新的道德戒条又未能完全形成或被人们认同，当然就会引起人与人之间的关系的混乱。这就会使一部分青少年的道德观念模糊，进行违法犯罪。

论经济因素在罪因系统中的地位

（1985年）

肖剑鸣

本文拟通过对近年来我省沿海部分地带农村青少年犯罪情况调研结果，就经济因素在罪因系统中的地位加以考察。

一、情况之考察

1.城、乡发案情况的对比考察：

（1）福州地区长乐、平潭两县近两年农村作案成员情况比较表：

地名	时间	案犯总数	农民成员数	占总数比例	农村青少年成员数	占农民成员比例
长乐	1983	239	186	77.8%	101	54.3%
	1984	185	132	71.4%	59	44.7%
平潭	1983	166	119	71.7%	45	37.8%
	1984	128	108	84.4%	52	48.1%

另据长乐县公安局统计，1985年1月份统计，抓获的16名案犯中竟有13名是农民，其中青少年犯有12名之多。

（2）龙溪地区1984年城、乡恶性案件发案起数、案犯数比较表：

案件类型		城市	农村	备注
杀人伤害	A	2	48	据1～11月份的不完全统计
	B	4	52	
投毒放火破坏生产	A	1	20	
	B	3	20	
爆炸	A	0	11	据3～11月份的不完全统计
	B		（未统计）	

注：a.A——发案起数，B——犯案人数

b.其中"农村"（纵）栏之中"案犯人数"（B）的成员全系农民。

c."杀人、伤害"类中农村青少年人数为28，占作案犯总人数的49.9%。其中1人系农村14岁少年。

从以上两表可明显察知城乡犯罪发案重心已发生严重偏移，虽是局部沿海地区情况，但近年来农村社会治安问题的严重性，农村青少年犯罪数量及危害程度已足见一斑。

2.从作案类型考察：

（1）常见刑事案件中，以钱、物为直接目的案件明显较多，其中尤以盗窃类型突出，上升趋势明显。如将常见刑事案件归纳为A——抢（抢劫、抢夺），B——盗；C——骗；D——性（流氓、强奸）四类。则1983—1984年两年长乐、平潭两县四类主要刑事案件农村青少年作案成员数可统计为下表：

时／地	长乐		平潭	
类型	1983	1984	1983	1984
抢（A）	15	10	11	2
盗（B）	59	56	38	41
骗（C）	24	10	3	1
性（D）	15	6	16	14

以走私猖獗闻名全国的长乐县金峰镇，今年截止至2月份统计，盗窃犯人数占刑事案犯总人数之比已达55.5%。

龙溪地区地处海角的东山县城关镇几乎盗窃犯川流不息，最近一起西埔公社东鼓大队某渔民美元金首饰等价值2000多元被窃的盗案竟是年仅13岁的黄×所为，黄10岁时即开始行窃，已是东山县知名的惯犯。当地最小的盗窃犯是年仅8岁的少儿，首次行窃即盗走现金400多元。“严打”前东山县城关镇几乎平均每天有两起盗窃案发生，最多的一天高达十起。

（2）恶性案件中不少带有一定程度的经济色彩。

象投毒、纵火、爆炸、杀人等恶性案件多直接或间接与经济问题有关，系由经济利益矛盾激化酿成：或因拖欠债款，索讨滋恼；或因积怨泄愤、投毒损财；或因承包纠纷，挟嫌报复；或因水利冲突，持械伤人。这类案件的直接后果也往往是财损人伤。

特别引人注意的是，随着“两户一体”发展迅速，不少犯罪分子侵犯目标已由过去的集体仓库和国营财贸网点等转向专业户、承包户和个体农民。这是当前农村社会治安突出特点之一。近来，“毁青”案件层出不穷即为明证。对此，龙溪地区广大农民不无忧虑地表达了自己的“心病”：“过去怕政策变，现在怕治安乱；过去出门怕流氓，现在种植怕毁青。”

（3）出现了历史上罕见的大量“盗墓”案件，直接破坏党的经济政策，影响恶劣。

自1983年平和县捕获张××（诏安县农民，27岁）为首的盗挖古墓集团后，一年多来，以诏安县为中心，波及邻近各县已出现一支约90余人的大型盗墓集团（首犯胡××），其中多数成员系青年农民。作案手段从掘墓、炸墓，发展到自制特殊工具（配有铲、钩、三棱镜、电源装置）挖洞直接钩出墓内物件，有的佯装上山采药捕蛇，进行搜寻；有的不但挖古墓，连今人的墓也不放过，几乎见墓就挖；更有甚者连刚刚入墓者也不顾尸臭立即去挖，已出现个别因之当场中毒死亡。据最近不完全统计，被盗之有主坟墓即有64座之多。

值得人们注意的是，，罪犯已从盗挖一般古墓，发展到有意识搜寻当地历史名人的古墓。此类案件不但损坏大量可资研究的地方珍贵历史文物，而且直接破坏“对内搞活，对外开放”的经济政策。当地群众义愤异常，舆论强烈，无不慷慨陈词道：“侨胞爱国深情主要系于故土、故人、故祖，对于把南洋发迹归因于祖宗风水好的海外爱国华侨来说，这伙盗墓暴徒挖的岂止是人家的坟，简直是挖侨胞的爱国心。”

3.从治安措施的制约成效考察：

中央提出“综合治理”的社会治安方针后，沿海农村普遍感到：“综合治理好是好，就是到了基层落实不了。”出路在那里？龙溪地区南靖、漳浦、平和、东山等沿海几个县的农村几乎不约而同，自发地搞起了“治安承包”——“包”字当头，让经济杠杆在“综合治理”中发挥作用，让“老包”也进入治安领域挑大梁。近年来实践证明，这种作法是卓有成效的，它在大范围内抑制了违法犯罪活动，不同程度地改善了治安形势。如南靖县靖城镇沧溪村，素以粮丰果茂闻名，是个种植果树为主的专业村。几年前溪堤竹林日抢、夜偷，5天内被砍去2万多竿，40亩溪州甘蔗，收割时仅剩一吨半。1981年初，由于香蕉、荔枝种植面大，失窃严重，不得不公开招标，建立“治安承包专业队”，制定了一整套详尽的承包方案，对工资、定员、组织等作了具体规定，实施后效果显著，失窃锐减。次年，即扩大到甘蔗、山林、竹林等全面承包，并成立了更为完善的组织机构，签订法定的承包合同，真正做到了“奖、罚、赔分明”，“责、权、利集中”。如对赔偿标准规定：凡香蕉被偷，案破则罚盗者赔偿失主，每株15元；未破案，则由承包小组赔，每株八元。其它作物亦作相应规定。另外还制订了“作物被盗报案期限”、“承包人员不受理报案罚款数额”、“村民卖蕉须持‘售蕉条’”、“出售龙眼、荔枝交纳管理费”等一应细则要求，以限制失责，约束偷、盗行为。专业队摸底查嫌、日夜巡逻、积极防治，三年多，该村几乎没有发生过刑事案件，治安、民事纠纷亦逐年下降。

治安责任承包组织，既保障了农村商品经济的健康、稳定发展，它本身也是农村经济组织形式之一，它事实上构成了农村新的经济成份中的一个不可分割的部分。还必须看到，治安承包能有效地控制犯罪，是实现农村治安根本好转的重要措施，也是改造、转化农村违法青少年的有力手段。

二、思考与结论

综上所察，引发出经济与犯罪关系的一系列严峻问题，迫使人们思考、回答。

譬如，施行以联产责任制为特征的农村经济体制以来，在农村商品经济加速发展的变革形势下，为什么沿海农村社会治安反而呈现混乱状况，农村青少年犯罪问题反而更为突出？这种逆反现象的内在根源是什么？

有的同志凭直觉感受，认为农村经济体制改革，使农民成了全社会最自由的一个阶层，他们可以自由支配时间、自由流动、自由经商，既没有统一的管束，也没有上下班制度，这种极大的“自由度”，是农村犯罪问题恶化的客观原因。这在现象上似不无道理，但实质上则失之于肤浅。况且，这样看问题的危险性还在于，它难免趋向于用“资本主义泛滥”、“物质上富起来了，精神上垮下去了”的偏见来否定农村巨大变革的主流，按此逻辑岂不是应该重新回到“哨子一响都下地，出工不出力”的年代去。

又如，贫穷是不是犯罪的根源？有的同志或许可以举出一些实例，并据此尖锐地抨击。农村这些年，富的人富得一冒再冒，有的渔民专业户不但添置了新式渔轮、盖高级住房，甚至有能力筹建冷藏库。穷的只好去卖淫、去盗墓、挖臭尸。一句话，农村犯罪问题归根结蒂是贫富悬殊，是“穷”。

关于农村经济体制改革是否确已导向贫富之间“两极分化”，这不是本文所讨论的范围。但把当前农村犯罪原因简单地一概归之于一个“穷”字，显然是以偏概全；据笔者考察所知，在沿海农村的案犯中“饥寒起盗心”者固然为数不少；“饱暖生淫逸”者却也大有人在。同是“卖淫”就既有迫于生活困顿、窘迫者，也有本性放荡、贪婪者，这又作何解释？对此仅囿于具体案例而不作深入而具体的剖析，并从理论高度去进行总体把握，恐怕永远也扯不清。

那么，应该如何认识农村经济变革与社会治安形势之间逆反现象后面的动态规律？

科学地揭示经济与犯罪的本质关系？弄清上述问题，经济因素在罪因整体系统中的地位也就同时水落石出，不言自明。笔者之见：

1.农村社会治安的无序化是经济改革的“振荡物”。

农村经济体制改革调整了生产关系，确立了农村商品生产者包括对产品支配权在内的经营自主权，肯定了农民个人物质利益原则及经济要素的流动和组合方式的多样性，使广大农村由自给半自给的自然经济状态，急剧地、大规模地跃入商品经济轨道，长期处于“三级所有，队为基础”式的单一封闭型的僵化经济模式分解离析为多结构合作制度，这就破坏了原有的“大锅饭”、“一大二公”的经济秩序，使之转化为适合农村当前生产力实际水平的新的经济系统有序化结构。其间，农村经济形势必然要经历一个“高序——低序——高序”、“有序——无序——有序”的否定之否定的转化过程，这种转化历程所否定的是农村经济形态原有的范形的“高序”和“有序”，赢得的是符合农村生产力现状，适应客观经济规律的新的“高序”、“有序”。农村社会治安的紊乱、无序化正是农村经济经历这场巨大变革、形势渐趋稳定过程中的必然产物，是农村生活方式骤变所引起的不可避免的暂时振荡。

这种伴随经济巨变的共振波的波动具体展现为：由农村经济政策实施所引起的所有制的骤变，刺激起人们道德规范、价值标准的剧变，并影响到人们心理结构，行为方式的嬗变，形成：经济政策——所有制形式——道德价值观——心理结构——行为方式的演化链。

行为科学告诉我们，作为行为主体的人，是有意志、有目的的高级动物，人类的自主性、能动性决定了他对行为选择条件的多向性、有序性的要求。农村经济体制改革所促进的社会大变动同凝重的旧意识形态的尖锐矛盾；由此而决定的生产方式发展同生活方式滞后的冲突；以及我省沿海农村，几千年小农经济思想、封建宗法观念的历史积淀、近百年崇洋媚外余孽的沉渣泛起；加上近年来从“开放”窗口钻进的西方毒菌等等，这一切外在因素的综合对于新陈代谢强烈、精力过剩、脑兴奋度高、独立意向勃发而又知识贫乏、视野狭窄、自控能力弱，因而可塑性，易变性大的农村青少年来说，无疑是一个诱发犯罪的凶险环境。只要道德信念稍为失控，心理结构稍有失调，个体与环境交合作用的结果就极易使之堕入歧途。

当然，从系统论的观点来看，任何有机系统的演化，其过时的有序结构，一般都必须经历暂时的无序运动，通过破坏原有的有序结构，才能转化为新的有序状态。局部的无序往往是一种内在前进运动的假象。因此，可以乐观地预言，对于经济系统巨变所带来的农村治安的暂时混乱，只要适时处理好社会变革同意识形态的失调，使生活方式的变革与生产方式的变革同步化，是可望迅速好转的。

2.经济杠杆是农村社会治安有序化的“调节器”。

农村社会治安的局部无序，既然起波于经济变革之浪，那么它的有序化也必须依赖于经济机制的调节，这亦可谓之：“解铃还仗系铃人”。

我国农村经济体制改革为社会主义的“中国特色”增添了无穷活力，促进了我国经济发展的总形势，为整个国民经济的良性循环奠定了基础。其直接效果是逐步摆脱了我国农村“共同贫穷”的困境，使沿海农村中出现了不少万元户甚至万元户村。但人们不能不正视由于历史的原因，我国农业经济底子薄、基础差，广大农村中的多数农民，仅仅是处于温饱状态，少数甚至仍然很穷，身子还一时翻不过来。贫穷虽然不一定导向犯罪，但贫穷和愚昧是一对孪生兄弟，贫穷加上愚昧，则难免于滑向罪恶深渊。

我们当然不能恪守那种“不患贫而患不安，不患寡而患不均”的陈腐道德遗风；我们也不否定“贫贱不移”、“人穷志不短”之类中华民族传统道德意识的典范、楷模作用及其对违法犯罪的有力约束。然而，“仓廪实则知礼节，衣食足则知荣辱”。物质生活始终是道德规范的必要基础，人们归根结蒂是从当时的经济关系中吸取自己的道德观念的。正如马克思在阐明人们的意识“是受他们的肉体所制约的”（《马克思恩格斯选集》第34页），人类生存的第一个前提是“生产物质生活本身”（同上，第32页）时，诙谐而又深刻地指出的：“‘精神’从一开始就很倒霉，注定要受‘物质’的纠缠。”（同上，第35页）这是因为，精神愚昧的可怕之处恰在于，它往往是以物质和生理欲望的富足来填充，而刺激人的欲望却又非常容易，但满足这种欲望则并不那么容易。

因此，对象我国这样制度先进的国家而言，要根绝犯罪，根本出路是繁荣经济，是治“穷”以扑灭精神“愚昧”。法治本身要有一定的经济基础，经济保障是我国治安稳定的前提。我国古代杰出思想家管子提出过“治国之道，必先富民”的深刻思想，强调“善为国者，必先富民，然后治之”，因为“治国常富，乱国常贫”的大量史实已经充分证实了这一点。记忆犹新的“十年动乱”不就曾使国民经济走向全面崩溃的边缘吗。可见，民富既是国富的雄厚基础，也是社会治安稳定的强大支柱。小平同志在痛斥“四人帮”的“穷社会主义”谬论时说过：“社会主义如果老是穷的，它就站不住”（《邓小平文选》第176页），最近，他又在一次会议上声若洪钟地指出：“我国社会治安的全面好转，最根本的一条还得靠国民经济‘翻两番’。”这堪称一语破的，切中要害，牵住了从根上消灭犯罪现象的“牛鼻子”。

社会治安的有序调节离不开经济杠杆的作用，经济杠杆不同于机械杠杆，它不需要外加助力，经济杠杆的活力就在其自身，这正是经济因素在整个罪因系统中的力量之所在。治安承包责任制对农村青少年犯罪的有效遏制充分说明，经济杠杆不仅能凭籍物质利益调节自身，它也是使社会治安趋向整体有序化的主要推动力。因为经济杠杆说到底是集中反映着人们在社会生产过程中经济利益关系的经济机制。在以“按劳分配”为主的社会主义发展阶段，这一点显得特别重要，因为现阶段，利益和思想依然如此紧密而巧妙地纠缠在一起。乃至“‘思想’一旦离开‘利益’就一定会使自己出丑。”（马克思语）

可惜，人们对此并不是都那么清醒的，在对罪因问题的研究中，那种认为：社会主义本身不产生犯罪（表述方法不尽相同——笔者注）的说法，至今仍然在影响着人们对我国犯罪原因进行实事求是的分析。

党的十二届三中全会《决议》实事求是地肯定了“商品经济的充分发展是社会经济不可逾越的阶段，是实现我国现代化的必要条件”，这无异于为我国犯罪学原因理论打开了一把锈锁。承认商品经济是社会主义条件下的客观存在物，实际上也就认可了在社会主义历史发展阶段，个体经济存在的合法性；个人经济利益的合理性；乃至私有观念的不可避免性。因为个体经济当然是私有制，这是明白无误的，而资本主义也是私有制。在某种意义上，正如列宁所说的：社会主义不过是没有资产阶级的资本主义。严格地说，社会主义并不是一个完整的社会经济形态，它是共产主义这一人类公有制社会的一个初始阶段——一个保留着私有制残骸的不完善的公有制社会。从这一点而言，社会主义和资本主义之间在滋生犯罪的基础上，有其共同的土壤。例如，“金钱”这个商品社会里的“美妙的东西”在资本世界，是使其得以运转的动力；在社会主义社会，同样无时无刻不在腐蚀某些拜金主义者的灵魂。农村经济改革过程中，一度不加前提限制地宣传“一切向钱看”，客观效果上冲淡了“勤劳致富”的正确原则，致使某些人心目中“劳”的内涵已无限延伸，有的“劳”实质上变成了为攫取金钱而不择手段搞歪门邪道，巧取豪夺，为所欲为，致使大量涉及经济问题的违法犯罪活动应运而生。

当然，社会主义的个体经济和资本主义的私有制，又有着原则上的区别，这表现于前者是以包括家庭成员在内的劳动者的个人劳动作为产生使用价值的源泉的，其生产过程系劳动过程同价值形成过程的统一，因而一般不应存在剥削；而后者则不同，它的生产过程是劳动过程同价值增殖过程的统一，因而存在剩余价值这一资本对劳动的剥削。故此，在私有制这一犯罪的共同土壤上结出的毒果又毕竟有差别，但这种差别的症结点不在于犯罪现象之存在或产生与否，而在其诱发并造成犯罪的原因。从总体上说，资本主义社会犯罪的根本原因，主要是其社会基本矛盾所决定的，腐朽的精神、道德、意识，是物质泛滥所导致的人欲横流（国外某些学者称之为“享乐型犯罪”）。在社会主义条件下的犯罪根源则主要是经济发展的低速度、生产力不发达所带来的物质上的匮乏，其次也有精神蜕化、道德沦丧等原因。

至此，笔者认为：对犯罪原因研究不应当仅就思想意识领域去探索，而应当深入到经济领域去追究。构成犯罪原因的各种元素并非简单平列、机械组合的“传动装置”，而系立体交叉、复杂多变的“网络结构”，在这一动态罪因系统内的各元素交互作用过程之中，经济因素居于决定性的主导地位。任何犯罪个体和群体走向犯罪的具体原因尽管千差万别，然而都渊源于历史道德传统，植根于现实经济关系，也牵系着个体的客观存在（包括社会存在和自然存在），构成以经济为轴心的“传统——经济——个体”三角型态的整体罪因效应交合作用区。我省沿海农村青少年犯罪现象不过是这一“三角交合”普遍规律的特殊表现。

新科技革命条件下的犯罪问题

（1986年）

南　山

席卷全球的新科技革命浪潮，极大地推动了我国的经济体制改革。它带来的不仅是生产力的进步，而且促进了社会关系的进一步完善。毫不奇怪，新科技革命触及了现代社会生活的各个领域，对于那些在现阶段还不可能根除的反社会行为，同样也有着重要影响。技术并不产生犯罪，但是技术革命所引起的生产组织、社会结构以及人本身的变化，势必使犯罪的出现具有新的特点。研究当前的犯罪问题，必须注意这种联系。

一、信息量的扩大与行为决策。新科技革命带来的重大社会变化之一，是信息社会的形成。约翰·奈斯比特认为“虽然我们还是认为我们生活在工业社会，但事实上我们已经进入了一个以创造和分配信息为基础的经济社会。”①目前我国信息经济、信息工业、信息技术正迅猛发展，并越来越多的影响到日常生活，以至引起人们衣食住行及其观念的重大变化。随着电视、广播覆盖面积的逐步扩大，各种指导人们消费和行为的期刊、报纸的成倍增长，使我们祖国辽阔土地的大部分地区都能迅速形象地、大量地得到国际国内政治、经济、文化的各种信息。空间、时间乃至时代、民族的差异，由于信息网络的沟通和信息流动速度的加快，而越来越缩小距离。这样，人们对于客观世界的认识，只有很小部分是由亲身感觉而得到的，其绝大部分是在通过各种传播媒介物所接受到的信息中获得的。“秀才不出门，便知天下事”的格言，越来越具有普遍意义。由于新技术革命不断引起社会的各种变革，因此，人们已不能用相对单一、比较固定的思维方式来认识世界、指导并调节自己的行为。现代化的生产方式给人带来的一个直接压力就是，必须使个体的认识与社会的最新知识保持相对的一致，否则就会出现如“知识老化”等对社会变化的不适应感。各种信息作为人对客观世界认识的一个中间环节，不仅将人与客观世界联系起来，而且参与人的理性认识活动，人们根据信息制定和修正行为决策，确立和改变行为方向，又不断地通过信息的正、负反馈调节行为活动，这是当今人的行为系统的正常运行过程。然而，在高速发展的社会中，各种信息错综复杂，关联因素众多，凭简单的推理和直觉的判断无法完成对获得的初始信息的加工分析，从而作出正确的决策。如果没有正确的决策，人的行为系统在运行时就会偏离社会的既定目标，而应反馈来的信息又与这种行为同向即呈正反馈时，将会加剧行为的偏离，最终导致整个系统的崩溃。如当一个人在得知国外有关“性解放”的信息后，不能将这类信息进行去粗取精的筛选和分析，而错误的得出“是现代化的表现”的判断，在此基础上制定自己的行为决策，并在行动中有倾向地将社会上的丑恶现象放大反馈，刺激行为的加剧运行，则势必造成严重的行为危害。这说明，信息社会要求人们不仅要改变单一、封闭的思维方式，还必须形成以智力分析为中心的能动反馈认识模式，善于用系统方法、控制观点进行信息的选择、组合、分析事物的结构和功能，运用反馈原理把握偶然和必然、原因和结果的辩证关系，以进行正确的思考、判断和决策。

二、整体开放与个体平衡。新技术革命浪潮促使今天的人类进行科学的整体思考和共同行动。无论是东方民族还是西方民族，不管其社会制度如何，都站在同一条起跑线上，共同探索着人类的未来。在这样的历史条件下，任何国家都不能再继续闭关锁国的政策，拒绝外来经济、技术、文化等因素的影响，而必须实行整体的对外开放。中国毕竟经历了相当长的封闭时期，外来的影响对我们来说是一个巨大的刺激，面对刚刚打开窗户的一片五光十色的外部世界，几千年形成的民族传统精神处于强烈的再认识过程。由于外来信息的大量输入，原有的心理结构的平衡被打破了，个体的心理倾斜也以各种

① ［美］约翰·奈斯比特《大趋势》第1页，新华出版社。

形式表现出来，特别是对封闭和束缚特别厌恶的青年人，更是容易产生逆反心理。如果说前几年主要是以思想僵化的面目出现的迷茫，那么今天对西方文化、生活方式的盲目推崇，甚至把一些精神垃圾也当作宝贝的所谓"思想解放"，同样也是一种迷茫，表现了心理平衡被打破之后的自我形象的紊乱。不是有一些青少年在"今朝有酒今朝醉"的观念支配下及时行乐吗？西方商品世界出现的以反理性、宣扬荒诞、推崇下意识和感性发泄为宗旨的"嬉皮士"、"暴走族"不是在我国的部分青少年中也有影响吗？冲破长期封闭所造成的超稳定心理平衡是时代的必然，如果不改变那种自高自大，中庸保守，不求进取的心理状态，就没有民族精神的振兴，四化建设也就要落空。但是，对于外来强大的信息流，如何克服信息超载引起的心理危机，正确地找到个体在社会中的位置，摆脱迷茫、狭隘、庸俗的精神困境，获得与高速发展的物质生产相适应的高情感，是今天的人们特别是青年一代应该认真思考的问题。

三、个人行为与社会责任。每个人都是一定社会的成员，人们在行使自己生产、生活的各种权利的同时，必然要对社会承担相应的责任，履行应尽的义务。人们对社会承担的责任范围，首先是为社会生产方式所决定，同时也要受社会结构的组成形式之制约。在传统的垂直隶属型社会结构中，由于个人并没有充分的自主权和独立地位，缺乏人与人之间必要的横向联系，因此个人除了承担对社会的一般性责任之外，主要是在各自的社会组织中履行自下而上层层隶属的责任。新的科技革命促使了网络型社会结构对这种传统社会结构的逐步取代，以符合大规模商品生产和现代化经济建设的需要。社会如网络般地组织起来，不仅削弱了纵向的垂直隶属关系，而且开拓确立了各种横向联系，使个人获得真正的独立地位和自主权利，社会也因此充满动力和生机。这样，在网络型社会结构中，个人有了较大的独立、自主性，所承担的社会责任也相应得到扩大。原来的一般性社会责任，现在因为人们直接参与各种纵向、横向社会活动，形成社会的各种因果联系，而变得更为具体，更为重要。美国人已经感到，由于人与人之间相互依存的关系大大增加，当今重要的社会责任，已不仅仅是"负责官员们"的事情。一名负责早期预警系统的士兵，可能因为打瞌睡或过分兴奋，造成人类安全的重大危机。在我们的现实生活中，因为某人的行为而形成连锁性的社会重大损失的事件也不乏其例（如某采购员的故意或过失行为，致使有关联的一系列企业蒙受严重的经济损失）。网络型社会改变了高度集中、大统一的社会权力，而将更多的权力赋予个人，这就需要每个人都承担起更重大的社会责任，必须比以往更严格的遵守反映社会客观要求的各种行为规范，否则就会危害于社会。制定、执行、遵守各项法律规范，将社会成员的权利与义务及其责任统一起来，予以明确规定，以便人们理解和把握，是工业化文明的必需。可是，由于我国的社会主义法制建设长期受到极"左"路线特别是林彪、"四人帮"的破坏和影响，因而大大落后于我国的经济建设，在广大群众和相当多的干部中法盲甚多，甚至还有不少负责干部对法制建设的意义认识不足，有部分青少年更是不愿受社会规范的制约，不懂所必须承担的社会责任，往往轻易地造成对社会的危害，这些都是中国走向现代化的严重障碍。

新的科技革命向人类展示了更光辉的未来，同时也使人类社会中的消极因素具备了新的特点。在西方社会，私有制的社会制度所决定，犯罪作为科技发展的伴侣引起了普遍的恐惧。在我们社会主义制度下，科技革命将促进社会关系的完善，从而为打击、预防以及最终消灭犯罪奠定坚实的基础，这也就是探讨、研究新科技革命条件下犯罪问题的目的所在。

浅析青少年犯罪的几个不良环境因素

（1984年）

张　潘　仕

恩格斯指出："人本身是自然界的产物，是在他们的环境中并且和这个环境一起发展起来的。"（《马克思恩格斯选集》第3卷第74页），环境对人的个性发展起决定性的作用。良好的环境，能促进青少年健康成长，形成为社会所需要的个性；而不良的环境，则往往容易使一些青少年接受消极影响，甚至形成不良个性，产生反社会行为。因此，研究不良的环境因素，是探寻青少年犯罪原因的一个重要方面。

一、不良的文化环境

广义的文化，是指人类在社会历史实践过程中所创造的物质财富和精神财富的总和。不言而喻，每个人都在一定的文化环境——物质文化环境和精神文化环境中生活。我们这里所要探讨的青少年所处的不良文化环境，主要指的是不良的精神文化环境，这其中既有副文化甚至反文化的因素，也有我们工作失误所造成的消极效应，主要表现在三个方面。

首先是国际上和港台资本主义腐朽文化的渗透和侵蚀。我国实行对外开放政策以后，一些资产阶级分子大搞文化走私活动，将充满着凶杀、黄色和色情内容的画报、书刊、图片、录相带等，通过种种非法手段运进我国境内，在一些青少年中传播蔓延，直接导致有的青少年进行杀人犯罪和性犯罪等活动。同时，现代资产阶级的物质生活方式也通过各种渠道渗入我国，对青少年的不良影响更为广泛，使有的青少年对建立在剥削基础之上的资产阶级豪华的物质生活进行盲目的狂热追求，走上贪污盗窃、抢劫、诈骗、卖淫、赌博等犯罪道路，有的甚至结成反革命集团，阴谋劫机劫船逃往资本主义的"极乐世界"。其次，资本主义社会的"性解放"、"性自由"思潮也在我国一部分青少年中找到了市场，使他们向往资产阶级男女之间的放荡生活，大搞流氓淫乱活动。还必须看到，国外一些文学作品和影视节目对有的青少年也具有不良影响和腐蚀作用。为了繁荣和发展我国的文艺和影视事业，丰富人民的精神文化生活，出版发行一些国外的文艺作品，购进外国的某些影视节目，是完全必要的。但是，许多资产阶级的文艺作品和影视节目中存着大量的精神垃圾。而我们在前几年吸收这些外来的文化当中，删节剪辑不断，评论批评欠缺，这对于那些刚刚从闭关锁国的环境中过来，好奇心强烈，缺乏分析批判能力的青少年来说，无疑有一定的危险。他们往往缺乏严肃的欣赏和阅读态度，只是把注意力高度集中在那些充满感官刺激的情节和镜头之中，并将它们作为自己模仿的对象。特别值得指出的是，有的进口来的以渲染色情为主的外国电影拷贝和电视录相带，以“内部参考”的名义在一些青少年中传播、泛滥，毒化了他们的心灵。

我国青少年所处的不良文化环境表现之二是我国近几年来在文化、宣传工作中存在的一些问题。粉碎“四人帮”尤其是党的十一届三中全会以来，我国的文化宣传工作取得了非常巨大的成就，是众所周知的。但不庸讳言，也确还存在某些问题。例如，我们的少数青年报刊曾一度对青少年引导不力，放松了对党的四项基本原则的宣传，忽视了对广大青少年进行前途、理想和情操教育。其中有的为了扩大发行量，一味迎合某些青少年读者的不健康口味，刊登一些格调不高、趣味低下的内容，甚至违法犯罪的手段和情节。有的青年报刊在组织青少年讨论一些理论问题时，对资产阶级利己主义人生哲学批判不力，对全心全意为人民服务的共产主义思想阐述得不够充分和深刻。这些，无疑都不利于广大青少年正确地认识社会和人生，从而树立坚定的共产主义世界观，抵御各种不健康的思想意识的侵袭。又如，近几年来我国创作、摄制的某些电影电视，有追求票房价值之嫌，主要表现在“没有爱情不是戏”上，诸如男女拥抱接吻、三角恋爱、婚外爱情、床上动作、半裸镜头等等。我们并非是说这些东西不能出现在影视节目中，有时为了剧情的发展是完全必要的。但在一般情况下，必须考虑到青少年的欣赏水平和心理生理特征，适当的减少这些具有感官刺激性的镜头。如果不顾社会效果，一味让诸如此类的庸俗镜头泛滥成灾，必然给青少年以不良影响。再如，在我国的文学作品出版工作中，曾一度表现出商品化倾向。有的出版单位不问思想内容和艺术表现手法如何，大量印行一些文学价值不高、表现手法平庸、内容荒诞离奇的作品，有的印数竟达上千万册。而这些作品的大多数读者都是青少年，他们不能通过这些作品陶冶性情，娱悦身心，而只能被其中一些庸俗低级的情节所吸引，必然产生消极的社会效果。还如，我国社会上曾一度出现过名目繁多的流行小报，内容大多是编造出来的凶杀情死之类的离奇古怪案件。这些低劣的读物诲淫诲盗，一些青少年却不顾价格昂贵竞相购买。有的青少年就是因为读了这种报纸后走上犯罪道路的。

青少年所处的不良文化环境，还表现在一部分劣迹青少年手中流传的黄色手抄本、裸体春宫照片等淫秽下流的文化上。近年来，这些东西虽然经过公安部门多次收缴，但从未绝迹。其原因一是收缴难以彻底；二是有的劣迹青少年自己创作或制作淫秽读物和照片；三是有的劣迹深重的成年人向青少年提供这方面的东西。这种淫秽下流文化利用一些青少年正处于性意识朦胧的阶段，对性怀有极大的好奇心，以形象的手段进行教唆，激起青少年的性冲动。有的青少年就是因为接触了这种淫秽下流的文化，乱搞两性关系，最终沦为罪犯的。而且，由于这种文化往往是在劣迹青少年小群体中传播，因而容易形成流氓团伙进行犯罪。

二、不良的社会基层组织环境

每一个青少年都通过一定的形式直接接受社会管理和从事社会劳动。这种一定的形式就是社会基层组织；诸如工厂、商店、学校、街道、乡村（其中因学校教育同青少年犯罪的关系有特殊性，我们在下面单独论述）。

青少年在一定的社会基层组织中生活，社会基层组织的良好管理对他们逐步完成社会化具有相当重要的作用。但是，有的社会基层组织的领导者由于缺乏必要的管理组织成员的现代化水平（知识和思想的水平），致使管理中出现不少问题，这就不仅不能促使青少年顺利地完成社会化，反而使有的青少年产生社会化缺陷，甚至走上犯罪道路。

社会基层组织存在的主要问题，一是忽视思想政治工作。在思想认识方面表现为有的领导认为当前主要是抓经济建设工作，思想政治工作无关紧要；有的领导深受资本主义管理方式的影响，只注重发挥“金钱万能”的作用，以经济刺激代替思想政治工作；有的街道组织认为，待业青年只要安排了工作，就万事大吉了；一些农村的基层组织，在实行农业生产责任制后，则觉得农民本来就散漫，这下更不好管理了。这样，一些基层组织放松甚至放弃了思想政治工作，很少或根本不向青少年进行经常性的形势和理想教育，职业道德教育，社会公德教育，法制和纪律教育；有的基层组织领导成员不了解青少年的思想状况，不找青少年个别谈心、谈话；有的对青少年中出现的各种不良倾向和行为漠然视之，不及时解决和处理。这种不负责任的做法，导致一些青年道德水准低，不懂法，不知法，不守法，不用劳动纪律约束自己，为所欲为，甚至违法犯罪。近年来，一些单位内部和农村地区青少年赌风盛行，流氓成性，干下各种违法犯罪勾当，同某些社会基层组织忽视思想政治工作有很大的关系。

社会基层组织存在的主要问题，二是对公共财物保管不善，规章制度不严。例如有的单位材料仓库没有专人看管，有的单位的施工器材随便堆放，有的单位门卫制度不严，有的单位财务管理存在漏洞，……凡此种种弊端的存在，加上思想政治工作薄弱，很容易腐蚀那些意志薄弱和道德水平低下的青少年，什么“近水楼台先得月”，“靠山吃山，靠水吃水”，“拿公家的东西不缺德”等等错误思想就会支配他们的行为。有的开始是小偷小摸，小贪小占，继之愈演愈烈，最后成为盗窃分子和贪污分子。

不善于正确处理青少年中的一些实际问题和思想问题，有时甚至引起矛盾激化，也是一些社会基层组织存在的问题之一。有的单位领导，对青年在工作中出现的某些缺点、错误，不是耐心细致的做思想工作，而是动辄扣发工资和奖金；有的在处理职工、村民中的纠纷时，不做深入细致的调查研究，不管有理无理，双方各打五十大板；有的甚至以亲疏论事，无端袒护无理的一方；有的不关心青少年的切身利益，对他们的特殊困难漠然视之；有的甚至利用手中的职权，压制、打击敢于批评和揭露其错误的青少年，给他们“穿小鞋”。诸如此类的做法，容易引起青少年的不满情绪。有的青少年感情脆弱，经受不住挫折的打击，在丧失理智的情况下，或以自杀寻求解脱，或以犯罪进行报复。近年来，因上下级矛盾激化而导致的犯罪，尤其是恶性犯罪屡见不鲜。

社会基层组织存在的主要问题，四是有的领导干部大搞以权谋私等不正之风。“文化大革命”中，我们的党风遭到严重破坏，主要表现在有些单位的领导干部沾染上了资产阶级个人主义思想，凭借职权，谋取私利。有的随意侵占国家和集体财物；有的慷国家和集体之慨，大摆宴席，请客送礼，个人从中捞取好处；有的走后门弄到大批便宜的高档紧俏商品；有的违反招工、提干、升学政策，要尽各种手腕，为自己的子女、亲友安排工作（而且往往是工种好的工作），或提为干部、入学深造。这些不正之风，严重地腐蚀着一些青少年的心灵，动摇了他们还非常幼嫩的信仰，有的青少年因此认为“主观为自我，客观为他人”的理论是“站得住脚的”，是“对社会现实的高度概括”，所以仿而效之。如青年黄某在学校时本来是个单纯的青年，但分配到某金砂选矿厂当技术员后，看到有的领导以各种形式谋取私利，便认为“人的本质都是自私的”这话没有错，自己也别“太傻”。从此，他的思想急剧蜕变，最后贪污国家黄金2000余克，价值1.7万多元。领导干部搞以权谋私等不正之风，也必然会直接或间接损害群众的利益，引起群众不满，有的甚至会以犯罪的方式发泄自己的不满情绪。

在有的社会基层组织中，还存在着歧视后进、失足青年和解除劳教、劳改、少管的青少年的问题。有的不堪歧视，旧病复发，也是青少年犯罪增多的因素之一。

三、不良的学校教育环境

学校是社会的教育机关，它把先进的社会关系集中起来，通过品德教育、知识教育、健康教育，使青少年成为有理想、有道德、有文化、有纪律的一代新人。近几年来，我国的学校教育在这方面取得了很大的成绩，为社会主义现代化建设事业输送了大批的人才。但是，由于目前的学校教育远远远满足不了建设事业的需要，有的教育部门和学校为了“快出人才，早出人才”，忽视了学生的全面发展；加上学校管理的漏洞和有的师资素质不够，便导致了学校教育的失误。

（一）贯彻党的教育方针上的失误

赵紫阳同志在全国五届人大四次会议上的政府工作报告中指出：“我们的教育方针是明确的，这就是使受教育者在德育、智育、体育几方面都得到发展，成为有社会主义觉悟的有文化的劳动者和又红又专的人才，坚持脑力劳动和体力劳动相结合，知识分子和工人农民相结合。”但是，有些教育部门和学校对党的教育方针贯彻不力，过分强调智育而忽视德育，片面追求升学率，由此带来的种种矛盾在学生中产生了消极的影响。

1.在抓重点学校和重点班级（也叫“快班”）的同时，忽视了一般学校和班级(有的也叫“慢班”）。为了快出人才，早出人才，采取重点学校和“快班”的方式培养一批智育基础较好的学生是完全必要的。然而，这并不意味着对其他学生的教育、培养不重要。有些地区的教育部门和学校把提高升学率的希望完全寄托在重点学校和快班的学生身上，在安排师资和教育经费方面，只注意优先照顾重点学校和快班，要求非重点学校和慢班只要不出问题就行了；有的领导和教师甚至歧视非重点学校和慢班的学生，殊不知，由于非重点学校和慢班“双差生”相对集中，更应该加强教育力量。这样，一方面使这些学校和班级中并无劣迹的学生自尊心受到挫伤，失却进取心；另一方面，使那些劣迹明显的学生混在一起，自暴自弃，形成落后小群体，并将不良品行传染给其他学生；同时，还使有的学生以考上重点学校和重点班级作为自己的唯一前途，考不上就感到一切希望破灭，悲观失望。这些，都孕育着青少年学生走上岐途的危险。

2.忽视政治课和品德课教学。主要表现一是有的学校用智育课冲击政治课和品德课；二是教师讲课缺乏生动性和灵活性，往往是照本宣科，语言平瘪无味，学生不爱听；三是不从学生的特点和思想实际出发，教学内容缺乏针对性。我们知道，政治理论课和品德课教学是将学生培养成为具有远大理想和良好个性品质的新人的重要途径。只重智育，不重德育，只能导致学生难于抵制资产阶级思想的侵蚀，甚至违法犯罪。如重庆市某中学一个“尖子”学生，由于学校重智轻德，不抓政治课教学，使他分不清什么是违法行为。一次他和几个同学到公园玩，抢劫了一对谈恋爱的青年的手表和钱粮。当他接到大学录取通知书时，公安机关也同时宣布他被捕。

3.将“双差生”推向社会。由于片面追求升学率，一些学校视学习成绩不好，品行不好的学生为沉重的包袱，尽量让他们离开学校，流向社会。有的主动劝这些学生或动员其家长让其退学；有的当这些学生在学校犯有错误时，不是严肃教育，给以改正的机会，而是动辄开除学籍；有的知道这些学生在社会上搞违法活动，也不闻不问，不加强教育，使之改邪归正，而任其发展到进工读学校或少管所；有的以“长期无故旷课”为理由取消这些学生学籍。此外，还有些学校对自动弃学参加生产、工作、经商的学生不劝阻，挽留，任其自然。这些做法，使许多学生中途辍学，流向社会，成为不安定因素。

（二）管理学生工作上的失误

1.忽视抓好学生的日常管理工作。学校要全面贯彻党的教育方针，还应该重视抓好学生的日常管理工作。但是，有的学校和教师往往不重视这项工作，他们认为学校只要把书本上的知识教给学生就行了，至于学生的思想品德表现怎么样，则无须多管。例如有的学生在中学时期（有的甚至在小学时期）就吸烟、喝酒、谈情说爱，有的在学校搞游戏性质的赌博活动，这本来是学生品德不良的初期表现，只要讲究方法，教育及时，是完全能矫正过来的，但有的学校领导和老师却认为这是生活小事，不愿意多管。许多青少年学生就是因为不良行为没有得到及时的矫正，形成不良的行为习惯而堕落犯罪的。如有人对中学生早恋行为与违法犯罪的关系进行调查，发现33名有早恋行为的中学生中，有31名有盗窃、抢劫、殴斗、流氓、强奸等违法犯罪行为，占有早恋行为中学生的94%；而300名无早恋行为的中学生，只有2名有违法犯罪行为，仅占0.7%。由此可见，学生早恋与犯罪的关系是密切的。学校和教师不重视端正学生的不良行为，只能是误人子弟。

2.不注重做学生家访工作，学校教育与家庭教育脱节。学校和教师不仅应注意了解学生在学校的表现，还应当通过家访等形式了解学生在家庭和社会上的表现，以准确地形成对学生的整体印象，有针对性地进行教育；同时，与家庭教育形成一种合力，提高教育效果。然而，有的学校对教师的家访工作缺乏具体要求和安排，教师一个学期也难进行一次家访，造成学生在学校表现看似良好，实际上品行不好，在社会胡作非为；有的学生明明经常旷课、逃学，却每天背上书包，告诉父母自己是到学校上课去了；有的学生晚上找“哥们姐们”搞不法行径，却向父母撒谎是到学校，同学家复习功课……学校教育与家庭教育脱节，给一些品行不好的学生以可乘之隙，并因此而走上犯罪道路的例子是不胜枚举的。

3.不重视安排好学生的课外活动。青少年生理能力代谢率大，精力充足，活泼好动，对生活要求丰富多彩。学校在抓好他们的课堂学习外，还应安排好他们的课外活动。但是，有的学校教师却随意占用课外活动时间给学生补课、辅导作业；有的学校根本就没有建立课外活动小组；有的虽然建立了组织，却很少或从未开展活动；有的学校虽然开展了活动，但针对性和趣味性不强，学生不积极参加；有的学校没有建立体育、娱乐场所和设置课外书籍阅览室，学生的剩余精力找不到正当途径发泄，就极可能参与一些有害身心健康的活动。

（三）教师教育方法的失误

学生的心田需要教师去播种知识的种子，学生的共产主义理想和道德品质需要教师去精心培育，教师是塑造学生灵魂的工程师。但是，有的教师有负党和人民的厚望，并不真正热爱教师工作；有的教师脾气急燥，方法简单。这两种类型的教师，往往难于按照教学规律来教育学生，主要表现在：

1.不关心学生的喜怒哀乐，对学生冷漠，缺乏感情，放弃思想教育的责任；

2.疏远、歧视或讽刺、挖苦学习成绩不好、品行不好的学生；

3.对有缺点或错误的学生进行打骂、体罚，甚至轰出教室，不让听课；

4.学生犯有缺点、错误，不是耐心地做思想工作，而是动辄在全班甚至全校公开批评，或者交给家长教育、处理；

5.嫉恨敢于或指出自己缺点的学生，寻找机会进行报复；

6.对学生中出现的问题不深入调查研究，偏听偏信，以致处理不公正；等等。

上述这些做法，不仅不能达到教育学生的目的，还会轻则使师生关系不融洽，重则导致师生关系紧张，甚至使学生违法犯罪。如北京某中学一少年，因班主任教师多次将他轰出教室，为了报复，他于暑假将该校所有教室窗户玻璃砸碎，以后弃学被坏朋友教唆犯罪。重庆市一女中学生，原是班干部，因老师听信谗言，取消了她的班干部职务，并不让她参加学校球赛，使她羞辱不堪，跑到一个品行不端的女青年那里寻找同情和温暖，最后成为扒窃犯。

还必须指出，在人民教师的队伍中还混入了少数败类，他们或腐蚀、诱奸女学生，或教唆、怂恿学生违法犯罪。他们本身就是犯罪分子。

四、不良的家庭教育环境

家庭具有教育的功能。家庭教育与学校教育密切配合，使青少年在德、智、体几方面都得到较好的发展，成为合格的社会公民。因此，家庭教育对青少年的成长非常重要。

但是，从我国的现实情况来看，家庭教育还不十分完善，还存在某些缺陷。

（一）家庭教育方法不当

家庭教育方法不当，是指青少年所处的家庭中父母角色齐全，但他们因为种种原因，不能采取正确的科学的方法教育子女。

1.亲情过剩。俗称溺爱，即父母让孩子在家庭中处于“特优”的地位，视其为掌上明珠而百般宠爱。对其在物质生活和精神上的任何需求均无原则地予以满足。如此日积月累，促使子女养成骄横、任性、贪吃贪玩等不良个性。正如苏联教育家霍姆林斯基说的“骄纵的爱……这是最可悲的。娇纵的爱使孩子们的心灵受到腐蚀，这是由于他们随心所欲、野蛮、卑鄙、下流的人的座佑铭，成了他们生活的原则”。被家长溺爱的子女，大多是独生子女或排行最小的子女，他们形成不良个性后，遇到适当的环境，就可能违法犯罪。

2.亲情淡漠。即父母不喜欢、不愿教育子女，让其放任自流。一般有两种情况，一是父母毫无社会责任感，对子女感情淡漠，从来就不履行教育子女的义务！二是父母也管教过子女，但没有发生效力，因而丧失信心，或认为管不了，或索性不管。如某青年在少年时染上盗窃恶习，其父母先是讲道理晓以利害，劝其改掉恶习，不见效果后，就经常吊打。但少年长成了青年，身高力壮，敢于和父母对打。父母认为无可奈何，只好不管，后该青年被判刑劳改。

3.管教过严。即家长教育子女的手段过于严厉，对孩子的要求过于严格。有的家长在孩子犯有缺点或错误时，不是耐心讲道理，循循善诱，帮助孩子提高认识水平，彻底改正缺点错误，而是暴跳如雷，狠狠打骂孩子一顿。有的家长对孩子的期望太高，所谓“望子成龙”，但又缺乏具体的科学的教育、引导方法。当孩子达不到自己的期望水平时，往往“恨铁不成钢”，采取粗暴的教育方法对待孩子。岂知教育方法粗暴，会使孩子感到家庭没有温暖，心灵遭受创伤，甚至产生恐惧心理，被迫到家庭之外去寻找同情和温暖，有的因此被坏人引诱犯罪。因此，一位著名教育家说：“当皮鞭钻到教育的隐蔽角落里来时，那么孩子心中的悲剧就要加深。”还有的家长，不从青少年生理心理特征出发，在必要的时候适当满足他们正当的需要，而只一味“严格要求”，不管孩子的需要合理不合理，均予以拒绝。他们不知道，对孩子的正当需要抑制过度，卡得过严，该满足的得不到满足，又不讲清道理，就会使他们产生不满情绪，甚至采取不正当的手段来达到目的。如一个犯罪青年说：“我爸爸妈妈把钱管得太严，看电影也要由他们买票，和他们一道去。可是我喜欢跟同学们一起去，他们就不给钱。和同学一起玩，吃东西，都用别人的钱，用多了自己也感到不好意思。开始我只偷家里的钱，后来才在外面进行扒窃的。”

4.怂恿教唆。实施这种反社会教育方法的主要是具有不良品行或违法犯罪行为的家长。他们或为了攫取一己之利，怂恿孩子小偷小摸，甚至怂恿孩子盗窃大量公私财物；或向子女灌输淫乱思想；或直接向子女传授犯罪技能和方法；或为子女窝赃销赃。这种反社会的家庭教育，是子女走上犯罪道路的直接诱因。

（二）家庭教育功能受挫

所谓家庭教育功能受挫，是指因客观因素所致，家庭不能实施正常的教育功能。

1.角色不全。良好的家庭教育往往离不开父母双方的密切配合。但是，因为死亡、离婚等原因，导致有的家庭角色不全，或有父无母，或有母无父，或父母均无。家庭角色不全，必然导致家庭教育的缺陷或缺乏，使青少年在感情上留下创伤，内心极度痛苦。有的为了解脱苦闷，只好到社会上寻找精神慰籍，如果遇上坏人的诱骗，极易走上犯罪道路。

2.时空障碍。家庭教育的实施主要仰仗于父母言传身教，而要做到这一点，必须使父母同子女经常处于同一个时间和空间。但客观上并非全能如此。有的父母是双职工，无暇顾及孩子；有的父母上晚班，白天孩子上学，双方见面时间很少；有的父母长期在外地或国外工作。时空障碍的产生，导致父母对子女进行面对面的教育和直接监督的机会减少，使孩子独立活动的时间增加，空间扩大，有的就因此容易染上不良习气和行为。

3.情绪障碍。良好的情绪，是父母对子女进行科学教育的重要条件之一。但由于事业上的挫折，工作中的失误，上下级或平行级人际关系的紧张，特别是夫妻之间感情上的裂缝等生活中的矛盾，往往使一些父母情绪欠佳，甚致烦恼、苦闷，这样必然会影响对子女的教育。有的父母甚至将这种烦恼和苦闷迁怒于孩子。

（三）家庭无意识不良影响

青少年家庭教育的缺陷，还表现在有的家庭对子女无意识的不良影响上。如有的父母缺乏高层次的精神生活需要，追求和羡慕高档的物质生活水平，经常当着子女谈张家买了彩电，李家添了冰箱，谁又吃香喝辣，刺激子女的物质享受欲望。有的父母不管电视、电影的内容和情节如何，不管孩子的生理、心理特征，让孩子看一些不适于他们看的电视、电影节目，使孩子得到不良的感官刺激。有的因为住房紧张，两代同室，夫妻进行性生活时，被孩子窥见，使孩子萌生出探究男女关系秘密的好奇心，等等。家庭无意识不良影响，对青少年的成长起消极作用，使他们在潜移默化中形成不健康的思想意识，从而发生不良行为。

试论青少年性犯罪与性环境

（1986年）

刘　诗　伟

性犯罪指强奸、奸淫、猥亵和卖淫等构成犯罪要件的行为，性犯罪既是全部犯罪中突出的犯罪现象，也是青少年犯罪的代表性犯罪。这里，我们把“青少年”的概念限于未婚男女青少年的范围。

一、性犯罪与性环境

所谓性环境是指所有能够影响性意识、性行为的环境因素。但首先应当明确，即使同一时代的青少年并不一定置身于同样的性环境之中。由于青少年工作、学习、娱乐的地点、爱好、方式等不同，他们所处的环境的各种因素也是千差万异的。环境由无数具体的因素排列组合而成。其中某项或某几项因素发生变化（或缺少或增加），便排列组合成新的环境。绝大多数青少年所以能够正确对待性的问题，是因为在他们所处并影响着他们的性环境中健康因素大于消极因素。反之，那些性犯罪青少年所处的并受影响的性环境中，消极因素大于健康因素。其次，性环境与青少年的关系，一般不是简单地外在的制约与被制约关系，更重要的是通过较长时间的影响和“塑造”，使主体方面形成一种人格（个人意志力包括其中）。

当前性犯罪青少年所处的性环境中，影响性犯罪人格形成的因素突出表现为如下几个方面：

其一，缺乏良好的道德教育。道德教育的目的在于培育人的道德品质；而道德品质决定人的人格形态，并起着直接调节行为的作用。青少年的道德品质不是先天就有的，也不是自发形成的，是在社会生活条件的影响下，特别是在社会教育的影响下，在他们的个人的实践活动中形成和发展起来的。影响道德品质的教育，虽然几乎包括了理想、文化、科学、法制等所有方面，但主要还是关于道德的直接教育。德国教育家赫尔巴特认为：“教育的唯一工作与全部工作可以总结在这一概念之中——道德。”“道德普遍地被认为是人类的最高目的。因此也是教育的最高目的。”（张焕庭主编：《西方资产阶级教育论著选》第259—260页）由此可见，作为直接影响道德品质的道德教育，对青少年的人格形成具有最为突出的作用。同时，我们还必须进一步看到，道德教育并非仅仅告知被教育者的道德观念，还包括道德情感、道德意志、道德行为等方面，即所谓“知、情、意、行”的发展过程。教育的结果在于使这四方面相互联系、相互制约、相互渗透、相互促进。

但是，我们只要深入街道、工厂、农村、乃至学校和机关，考察一下当前思想政治工作（包括道德教育）的情况，立刻会作出两点概括：（1）不少领导人实际上不再把道德教育作为一项工作来抓，道德教育已没有开展了；（2）即使开展道德教育，也只是简单地宣传几项道德观念，或者一曝十寒，违背教育规律。有些地方虽然定时进行“双文明”检查，但主要以生产和工作情况定夺优劣，而精神文明往往由清洁卫生、计划生育等看得见的表面现象代替全部内容。尽管上级经常强调“四有”教育，但一般只是应付地将“四有”内容抄贴出来以作搪塞。总之，基层组织对政治思想工作和道德教育显得冷漠，或者没能扎扎实实、卓有成效地开展这方面的工作。在这样的背景下，青少年一方面没能获得良好的道德教育，一方面对那些不切合实际的教育产生了怀疑、反感和抵触，特别是那些在道德教育方面的缺乏未能在其他方面获得补偿，而又受到不道德的观念的影响，因而道德品质败坏的青少年，则可能站在对立的角度上否定人类的道德，将其视为空谈和伪善，而把快感作为唯一实在的价值，一旦被性信息诱惑，便完全由生物体本能所怂恿和驱使，失去自制。

其二，业余生活“沙漠化”。如果我们把青少年分成这样三类——参加工作者、在校学习者、无职业者，再从一日24小时中酌情扣除睡眠时（9小时），工作时（8小时），上课和自习时（约11小时），吃饭时（1小时），其业余时间分别大约为6小时、3小时、14小时。而青少年正处于身心发育阶段，体内蕴藏着丰富的能量，心理上一刻也不停顿地需要充实和愉快。正是所谓“精力过剩”和“饥渴”时期。因此，社会怎样让青少年渡过业余时间和青少年怎样渡过业余时间，对于青少年的人格形成具有十分重大的意义。假如青少年在业余时间根据个人爱好经常参加文艺、体育、学习、学术交流等健康有益的活动，便有可能在活动中间，有意识地向着某一方面培养自己，并且从中受到良好的陶冶，带动人格完善，并在客观上冲淡或忘却对性的迷恋。但近年来的实际状况是，文艺、体育、学习、学术交流等业余活动缺乏专人倡导、组织或为之创造条件。青少年自身对此也感到漠然，业余生活便成了“绿色寥落”的“沙漠地带”。因而，许多青少年在工、学之余，无所事事，百无聊赖，追逐时代流弊（如唱不健康的流行歌、设制奇装异服、甚至聚众殴斗、抹牌赌博等）。特别是一旦接触到性信息后，立刻与自身的性本能和性意识发生“共鸣”，独自沉迷于性的幻象之中，以至不能自拔。

此外，从青少年需要发现自我的心理角度考察。青春期少年由于不适应家庭和寻求自己行为的价值标准，易于向同年龄的人靠拢，形成自然团体，而且往往由于这个团体的成员思想意识低下，寻求聚集生活，在聚集之后，一般只是为了获得感官的愉悦，尤其是将性作为玩乐的主要部分来考虑。这样，这个团体十分容易走向集团性犯罪（轮奸）的邪途。事实正是如此，几乎所有轮奸案的集团，“最初并不是为强奸的目的而纠集起来的，很多是在玩乐过程中，整个集团由于顺应于强奸气氛而产生的。”（张增述等译：山根清道《犯罪心理学》第293页）

还有一点应该特别指出的是，虽然近年来时兴办各种舞会，而且开辟了许多舞场。但是，由于部分参加舞会的青少年本身缺乏良好的人格素质，加之有关部门缺乏必要的管理，跳舞也成了少数青少年寻求性刺激的形式，并进一步促进了性犯罪人格的形成。当然，这并不能归咎于跳舞本身，正象喝酒，酒本来是好东西，但消化功能不好的人喝了，就会引起疾病。把跳舞作为性刺激形式的青少年正是心理消化不良者。

其三，性的信息泛滥。如果说以上两项因素主要在“阻拦”性犯罪方面未能起到积极的作用，那么，性的信息泛滥则起到了直接诱发性犯罪的导火线作用。在我们国家，由于几千年封建意识的影响，历来忽视把性教育纳入人格教育的范畴，充其量只是在家庭内部由父母进行“含蓄”的“敲警钟”。青少年从儿童发育到思春期，全部性意识一般是通过耳闻目染周围的人的性言行形成的，而且很不健全。因而，他们要将自己对异性的向往升华为纯洁、高尚的有价值的志向十分艰难曲折，因而很大程度上容易误入歧途。然而，近年来在性教育仍然没有被付诸实践的情况下，各种性信息，特别是直接和间接描写、展示性行为的小说、录像、电视、电影、挂历、广告等宣传、娱乐形式到处泛滥起来。这股潮流侵入人们的生活，一方面带来了对性意识的变化，促进了性解放；一方面直接把那些“弱不经风”的青少年推进了犯罪深渊。心理学早已揭示了这样一条规律：人对被感知的形象，特别是艺术形象，有着“内模仿”的本能。如欣赏了某一艺术形象之后，遇上相似的环境，便不自觉地仿效“艺术形象”去作为。况且，具有性犯罪人格的青少年的性“内驱力”又异常强烈。沔阳县人民法院（1985）刑字第133号判决书判处的罪犯曾××就是一例。曾犯16岁，读初中二年级，一次看了淫秽录像《愤怒的玫瑰》、《巴黎杀手》之后，在电影院门前发现一幼女独自回家，便尾随其后，至黑暗小巷处，摹仿淫秽录像中的情节，野蛮地对该女进行了奸淫。提讯时问及作案心理，回答说：“我看了那两部录像后，象中了邪，脑子里总想着男女‘鬼搞’的情景，自己不那样做好象不好过日子”。可见，性信息诱发性犯罪的作用是令人吃惊的。

以上是影响性犯罪的三个方面的原因。虽然这三方面原因是相对独立的环境因素，但实际上是彼此渗透、互相影响紧密联系的。譬如，一个具有良好道德修养的青少年，会自觉地把业余时间和剩余精力用于学习或艺术之中，以忘我的行为把自己培养成一个意志坚强的人，而且有选择地吸取现代的性信息，恰如其分把它作为健全的东西加以消化。又如，一个道德修养较差的青年，虽然他的业余时间与类似自己的青年聚集一团，但如果没有性信息起导火线作用，暂时也不会触发性犯罪。至于“业余生活”与“道德”和“性信息”的关系，主要表现为，道德能够支配业余活动的内容，性信息能够争夺业余时间；反过来，业余生活可以陶冶道德品质，在一定条件下削减“性信息”的泛滥。总之，这三方面的因素共同组合起来，形成了影响性犯罪青少年人格形成的环境。

但是，并不是说这三点已经包罗了影响性犯罪青少年人格形成的全部环境因素，以上是从较为宏观的角度进行论述的。微观地考察，诸如家庭影响，坏人教唆，性欲异常，等等，均可能促进性犯罪青少年的人格形成。

二、性的被害者

严格地说，性的被害者属于性犯罪者所处的环境的范畴。但过去在探讨性犯罪原因或性犯罪者人格形成时，几乎没有触及这一因素。当然，也许这并不是以往的论述者的疏忽，主要因为当时的性犯罪中性的被害者还没有象现在这样突出地显示其消极作用。然而近年来的情况却发生了较大的变化。随着道德教育的削弱和性信息的泛滥，带来了人们（特别是青少年）关于性意识的新观念，促进了性解放，这股社会风潮不可避免地影响了女性的性意识及人格，与性犯罪男性青少年一样，少数女性青少年也未能确立健全的性意识，现实已经很清楚。近代青少年女性不再忌讳与同年男性交际和亲昵，而且有时甚至表现得十分主动。诚然，武断地诋毁男女广泛交际的现实是没有道理的，但必须深入剖析这种男女交际的具体内容，正视这种交际中确有轻率的亲昵。

一般来说，轻率亲昵的男女双方性的意识都是不够健全的。在这种亲昵的“情节”中，男性一旦控制不住性欲冲动，便会向女性提出性交的要求；而女性即或是人格较差的女性在与男性交际时，并不一定有明朗的性交意识，或者性交欲不会很快冲动起来。当她们乍听对方提出要求时，脑子里往往还有起码的道德观念阻止自己立刻许身。这时，具有性犯罪人格的青少年就会粗暴地行动起来。

泗阳县人民法院自1983年至1985年三年间共判处青少年强奸案125件。其中在亲昵中强奸的案件31件，占总数的24.8%。如罪犯左某，20岁，与同村女青年陈某要好，常在一起玩，并有逗打嬉闹、亲吻行为；一次，左、陈夜间散步，左自认为陈也有那种念头，提出性交要求，陈不从，左“赖着脸皮”强行解陈的衣裤，陈虽有拒绝行为，但不很强烈，结果左强奸了陈，被判刑。

显然，以上这类强奸案件中，不仅要考虑犯罪青少年的人格，也要考虑被害人的责任。因为，无论怎样，这类性的被害者毕竟在客观上对加害人性的启动和诱惑作用大于其它强奸案中的被害者；而且，她们与性犯罪青少年平时交往密切，使加害人误以为其有那种意识，是会答应的，并确信客观条件对自己适合；性犯罪时刻，又是她们自己置于容易遭受蹂躏的状况下的。在审理和研究这类案件时，如果不借助生物学和心理学的规律，深入剖析女性青少年的性本能、性意识，性行为的特征，往往失之偏颇。但揭示这一点，并没有完全开脱性犯罪青少年的罪责；在这类强奸犯罪行为中，他们无论在动机还是行为上都是起主导作用的。而有一点可以预示：如果社会的性意识进一步顺着近年来的趋势发展，特别是青少年女性变得象某些男性一样，对性行为不作严格的约束，道德观念和犯罪问题将发生新的变化。

女性犯罪的关键原因——受保护环境的丧失
（1984年）

徐岫茹

近几年来，在青少年犯罪研究中，我们发现，女性犯罪率增长较快，农村、乡镇又比大中城市女性犯罪增长更快。其中杀人罪、流氓罪、盗扒罪、拐骗罪都比十年动乱前有较大的增长。以湖北省为例，根据调查统计结果，可以看到，1983年新投入劳改的女犯，这几类案件均比1965年有很大增长，具体增长比例如下表：

罪　行	1983年比1965年增长
杀人罪	195.2%
流氓罪	617.2%
盗窃罪	800%
拐骗罪	2240%

女性犯罪之所以增长很快，原因是多方面的。但女青少年犯罪原因尤其有其特殊性，有着与男性犯罪不同的原因和背景。

作者参加了1984年初对湖北省武汉监狱青少年犯罪状况的调查，对该监狱1100名女犯中25岁以下的女青少年犯进行了抽样调查，并深入调查了20多个女犯的个案和10几个有女犯参加的青少年团伙犯罪的案例。从这些调查中，我们注意到，女性犯罪的一个关键原因，即是受保护环境的丧失。

所谓"受保护环境"，作者认为，这正体现了我国社会主义制度的优越性。我国的宪法、婚姻法，明确规定了对妇女合法权益应该加以保护，这是与资本主义国家虚伪的民主和妇女人身权利没有保障的复杂污浊环境有本质区别的。在我国，社会、集体、家庭以及妇女个人的解放与政治地位构成了保护妇女合法权利和维护妇女切身利益的层层屏障，这正是保证女青少年健康成长的良好环境。但是，有些女青少年之所以犯罪，正是由于丧丧了这种受保护环境，当然可能是客观条件所引起的，也可能是主观因素而造成的。我们只有认真分析女性犯罪的这一关键原因，才会了解这种受保护环境是如何丧失的，以便今后在保护妇女合法权力和利益方面做更多的工作，来防止和减少女青少年的犯罪。

一、丧失社会保护的危害

我国的社会主义制度保证了幼有所学，老有所养，青少年有升学就业的机会；良好的社会秩序使女青少年人身安全有保障；我国的法律保护一夫一妻制的合法婚姻；……这些都是我国每一个公民；尤其是广大妇女正常的社会生活中不可缺少的社会保护环境。而有些女青少年的犯罪，正是由于丧失了某种社会保护，使她们受到坏人、坏思想的污染，而沦为罪犯的。从下列两个案例中，我们可以看到丧失社会保护的严重危害。

案例（一） 犯有流氓罪的赵××，家里兄妹六个，赵最小，父亲是木工，母亲是家庭妇女。她的哥哥姐姐都有很好的工作，大哥是部队复员的，二哥也参了军。赵在上小学时还是个较好的学生，学习成绩不错；但赵在小学四年级时，因哥哥与外姓人打架，结了仇，外姓同学在学校里欺负赵，于是她从此不敢上学，失学在家了。赵虽然心灵手巧，一表人材，爱好文艺，但她从失学后十几年里也没有找到工作，长期在家待业。姐姐关心她，让她帮做家务，但她不愿在姐家吃闲饭，又偷跑出来。整日无所事事，她就渐渐与一些不三不四的小流氓混在一起，越玩心越野；家里也没少管，但父母哥姐一打她、骂她，她又跑出去不回家。与那些坏人在一起偷、扒、打架，乱搞两性关系，什么坏事都做过。后来，她参与引诱3名来自河南的女青年，被骗来让男流氓轮奸了，赵以流氓罪被捕判刑。

象赵犯这种情况，在青少年犯中还有不少。因各种原因成为流失生，过早离开学校，失去了正常的学习环境，也就失去了学校——这一具体社会团体对青少年的保护作用；并且因年纪还小，升学就业都成了问题，因而过早闯入社会，长期处于无人管理教育的无组织状态，也就游离于社会保护环境之外。

案例（二） 一个被称为“九姊妹”的流氓团伙头子李××是怎样走上犯罪道路的呢？李有三个哥哥，她最小。她2岁时死了父亲，由母亲带大，家里经济较困难。李在上学时学习还好，初中毕业后下乡插队。插队期间，她认识了家在当地的谷××，谷是工人，李与他没有登记结婚就同居，并生了一个小孩，直至她犯罪，小孩已6岁，仍未履行结婚登记手续。因此，她的婚姻不受法律保护。她的婆婆嫌她不是所谓“明媒正娶”，她家穷，又没有陪嫁，就将她赶出家门。她带着孩子生活无着，只好到县城做临时工，并且从此悲观失望，破罐破摔，越学越坏，与男青年多人淫乱，并教唆其他女青年搞流氓活动，被判刑12年。

从李××的堕落中可以看到，一些女青年因过早失身，对前途失去信心，不知自爱自重，而社会上往往对这些现象表现无能为力，任其发展。婚前性生活和非法同居造成事实的婚姻，可以说是罪恶之源；许多女青少年的犯罪就是由于最初的一步错而“失之毫厘，谬以千里”的。

在社会主义制度下，我们提倡的是树立社会主义的婚姻恋爱观，这与封建社会所颂扬的所谓"烈女节妇"是有本质区别的。我们反对包办婚姻、买卖婚姻，提倡自由恋爱；但是我们必须教育男女青年严肃对待两性生活。对于已有婚前性生活及非法同居者应及时加以劝阻，晓以利害，使其悬崖勒马，否则，可能酿成更大罪恶，会葬送一些青少年的青春和前途。而有些人对以上提出的问题并不以为然，往往认为这是人家的"私生活"，何必干涉呢？实际上，正是这种谬论，往往给一些犯罪行为大开方便之门。在我们以公有制为基础的社会主义国家里，在人民当家作主的无产阶级专政的天下，难道个人的私生活就不要遵守国家法律吗？难道在青年男女的恋爱婚姻方面还要保留一些资产阶级、封建主义的领地和温床吗？我国的各项法律是对广大青少年极好的社会保护，也是对各种非无产阶级的思想意识的有力抨击，如果丧失这种社会保护，可能就是犯罪的开始。

二、丧失家庭保护的危害

家庭是社会的细胞，每个家庭要担负起社会所赋予的教育与保护子女的义务。而我国现在有些家庭由于封建意识与资产阶级思想的影响，往往不能用无产阶级的思想和方法正确教育和保护子女，反而引起子女与家庭的对抗，而把子女推到了犯罪的边缘。在女青少年罪犯中，这类案例也是屡见不鲜的。

案例（一） 犯有流氓罪的罗×，家里姐妹四个，她是老大，父母均务农。在罗17岁时，姑爹给她介绍了一个对象，两家订了亲。过年时，对象到她家来玩，要求与她发生关系；罗认为自己年纪还小，坚决不从。而她的父母却要她听男友的话，还说迟早你也是他家的人。罗与父母发生争执，并且动了武，将母亲打昏在地。罗又气又怕，便从家里出走；离开家后，她感到没活路了，想到武汉跳江自杀，结果在火车站被三个男流氓劫持，被迫加入流氓团伙，与15人搞过两性关系，犯了流氓罪。

罗×性格倔强，不能正确处理家庭纠纷，这固然是她的错；但她拒绝婚前发生关系是完全正确的，而做父母的，不但不主持正义、保护好自己的女儿，反而屈服他人的淫威，致使女儿有家不能回，沦为罪犯。难道这种教训还少吗？还有一些家庭不能正确对待子女的缺点错误，坚持"棒打出孝子"的封建信条，结果也往往会把子女打到犯罪团伙中去了。有许多青少年罪犯都讲到，他的初犯罪行是从"逃夜"或离家出走开始的。因此，丧失家庭的正当教育与保护是十分危险的。

案例（二） 杀人犯姚××，她的犯罪也是与家庭教育有关的。姚××背着家里到城里做临时工，实际上是为了在城市找个挣工资的对象。与她同队在一起做临时工的姚××向她许愿，要充当介绍人，给她找个合适对象。但这个介绍人却多次强奸了姚××，致使她怀孕，做人工流产，身体也搞坏了。她家里知道实情后，却怨她无能，受骗上当失了身，先把她毒打一顿，又让她找那小子算帐去。姚被家里逼迫无奈，多次策划杀人，最后姚伙同哥哥弟弟一起将那仇人打死了，但她兄妹三人都因犯杀人罪被判了刑。

象这样的家庭，可以说是"法盲"，为什么做父母的不教育子女借助于法律手段解决矛盾呢？姚××本来是受害者，如果她提出上诉，人民法庭会伸张正义，惩罚害人者为她报仇。但她的家庭却教唆子女杀人犯法，岂不是变受害者为害人者了吗？在犯有伤害罪、杀人罪的青少年罪犯中，有不少人是受到家庭的纵容、挑唆，甚至是全家合谋策划，共同参与犯罪的。这不能不引起人们的深思，做父母家长的应严肃考虑考虑，如何正确地教育与保护子女，这不仅是个重要的社会问题，而且也是预防青少年犯罪方面不可缺少的环节。

三、丧失自我保护的危害

我国解放35周年以来，妇女的政治地位大大提高，尤其女青少年成长的环境和条件十分优越。在调查一些女青少年犯情况中，我们看到，她们有些人所处的社会环境、工作单位都很理想，家庭各方面条件也很优越，那么她为什么还会犯罪呢？这就与其自身的“自我保护”能力有关。这里所讲的“自我保护”能力，不仅是指体力上、行动上的自卫，而且主要是指思想上、灵魂上的“自我保护”，即抗拒资产阶级思想腐蚀侵袭的能力，分辨是非的能力，以及交友中的识别能力等。

案例（一）　犯有流氓罪的聂××，仅17岁。有一兄二弟，父亲在粮食局工作，母亲在供销社工作，家庭经济条件较好。聂在粮食局油厂工作。聂从小在家娇生惯养，母亲脾气好，管不住她；父亲对子女要求严格，但她不大听父亲的话。聂性情活泼，较贪玩，从听音乐、看电影开始，在工余时间结识了一些男女流氓，她认为“他们满有名气，与他们在一起不受别人欺负”。在潘××等几个团伙头子的教唆下，聂陷入一个10人流氓集团，参与男女流氓多人奸宿十几起，被判刑10年。

聂性格懦弱，好虚荣，缺乏主见；虽然她被判刑后十分后悔，认罪态度较好，但已为时晚矣。象这类案例真是举不胜举，一些女青少年犯说：“不怨天、不怨地，只怪自己不争气。”

案例（二）　杀人犯李××，刑期14年。李曾是团员，初中毕业后回家务农，担任了生产队妇女队长，大队妇联委员。李的父亲在铁路上工作。李认识了父亲的同事冯××，冯已32岁，而李与冯这有妇之夫发生两性关系达两年之久，致使冯杀害了自己的妻子，冯、李二人犯了合谋杀人罪。在所谓“情杀”案件中，象李这样充当可耻的第三者而造成的流血案件是很多的。我们不禁要问，李身为妇女干部，人又年轻能干，难道还找不到合适的对象吗？为什么她知法犯法，情愿充当第三者，一味迷恋比自己大十几岁的冯××呢？李承认自己做了感情的俘虏，丧失理智，没有勇气与冯断绝来往，任其不正当关系发展下去，并对冯许愿要与爱人离婚抱幻想，终于造成损人又害己的可耻悲剧。

在女性犯罪中，与两性关系有关的犯罪占有很大比例，分析其原因，则主要是不能正确处理恋爱婚姻问题，自身丧失了自我保护能力，轻率发生不正当两性关系，不仅是思想上缴了械，而且往往葬送了自身的纯洁，又陷入情网，不能自拔，往犯罪的道路上越走越远。因此，女青少年，在任何情况下不应丧失女性应有的警惕与自我保护能力，否则，不仅要使自己的一生染上污点，而且随之而来的，也会丧失社会与家庭对自己的保护，处于极端危险的境界，这是绝不能掉以轻心的。

综上所述，从女性犯罪的一些案例中，我们可以看到丧失社会、家庭的保护，丧失自我保护，是多么危险。对女青少年来说，受保护环境十分重要，这就象人体的皮肤是保护内脏的防线一样；如果身上某处皮肤受了伤，这就打开了缺口，容易受到细菌感染，甚至得破伤风，使人送命；而自身体弱，免疫力差，就特别容易得传染病。这都是众所周知的道理。为了预防和减少女青少年犯罪，我们就应该努力为她们创造她们所欢迎和能够的适应这种环境。一方面应大力宣传保护妇女合法权利，维护妇女切身利益的重要性；另一方面，要对青少年加强教育，尤其使女青少年从小懂得自尊、自爱、自重；在学校教育中，应把德育、智育、体育、美育几方面的教育与法制教育有机结合起来，使她们懂得，犯罪行为就是向封建主义、资本主义的倒退，是与社会主义格格不入的。这些工作都需要全社会的重视与支持，需要每个家庭的重视与支持，这样才能创造有利于女青少年健康成长的良好环境。

关于女性犯罪与所谓“受保护环境”的关系，只是作者个人浅见。我是希望在对女青少年犯罪的综合治理方面能对本文所提出的问题引起必要的重视和讨论，并进一步开展调查研究，使我们对青少年犯罪的研究和综合治理工作能够更深入发展。

女青少年被害后恶逆变的危害

（1985年）

汤啸天

在流氓、强奸案件中被害人绝大多数都是女青少年，一般说来女青少年受害后身心健康所受的损害程度远比成年妇女大得多，自尊心被破坏，心理创伤甚于生理损害，会造成忧郁、懦弱、胆怯、多疑、消沉等。有的无颜见人，企图轻生；有的恐惧紧张，出现严重的精神症状；有的对生活冷漠厌倦，丧失进取之心。这些心理创伤都是很难治愈的，必须进行认真的研究。但是，我们还应当看到，女青少年受异性伤害有着许多与一般被害人不同的特征，其中有一部分女青少年被害后呈现出“中毒状态”，发生与被害后果逆向的恶性变化，以受害者和害人者的双重身份出现在社会上。这就是女青少年被害后发生的恶逆变。

本文拟对女青少年受异性侵害后发生恶逆变的类型、危害等问题，谈一些粗浅的不成熟的看法。

一、恶逆变与被害类型的关系

所谓被害类型一般以第一次被害时的心理特点为主要的划分标准，大体可分为无自觉性动机和有自觉性动机两大类。无自觉性动机的被害又称完全的受害，大都发生在被害人毫无戒备或意想不到的状态下。一般说来被害人与犯罪分子没有感情上的纠葛，有的甚至是受素不相识人的突然暴力袭击，如路截强奸、先抢劫后强奸等。具体地说完全的受害包括如下四种情况：(1)女青少年面对男流氓表现勇敢，反抗坚决，有相当一部分因反抗而使犯罪分子不能得逞，有的因身单力薄等原因而被害；(2)有些女青少年因生性懦弱，适应性差，当犯罪分子施行暴力或以暴力相威胁时，女青少年腿都吓软了，在惊呆、吓昏、不知所措的状态下被害；(3)女青少年在不能反抗（如熟睡、昏迷、药物麻醉等）的情况下被害，表面上看是没有反抗，实质是违背妇女意志的；(4)当幼女在10岁以下时，虽知男女不一样，但对性交是完全不懂或懂得很少的，经犯罪分子引诱、哄骗、逼迫，没有（也不懂得）表示拒绝而被害。

将完全受害的特征作最简明的概括就是被强奸。由于强奸是在违背被害人意志的状态下发生的，所以一般地不会发生恶逆变，唯有幼女被诱迫这种情况比较复杂，个别的因心理平衡被破坏，有可能出现被流氓分子长期纠缠，屡吃“哑巴亏”的情况。

女青少年被害后恶逆变多发于被害时有一定自觉性动机的人群中。这种自觉性动机有的虽并非对性行为的直接追求，但毕竟是通过性行为达到某种欲望的满足，它所满足的需要的水平越低致恶逆变的作用就越强，往往成为女青少年走向违法犯罪的起点。一般来说有自觉性动机的被害大体包括以下六种情况：

(1)当女青少年对性交还处于似懂非懂的朦胧状态时，好奇心被犯罪分子或某种诱因煽动起来，虽然觉得不太好，但也想试一试，结果在“试一试”的过程中取得了欣快感，从好奇转向迷恋。

(2)女青少年因意志薄弱，经不住异性的挑逗，或者受到淫秽的书画、电影、录相的刺激，触发了较强烈的性体验的欲望，不能抑制自己生理上的本能冲动而接受性交。

(3)女青少年被男流氓抓住了某种把柄，明知要吃亏但为了保住自己的脸面，在胁迫、要挟之下起先是忍痛发生性行为，但“上贼船容易下贼船难”，最后想摆脱也摆脱不开了。

(4)当女青少年的家庭或学校教育方法不当，特别是家庭对有过失的女孩采取“打骂一顿踢出门外”的做法时，男流氓的假意温情特别容易使女孩上当，寻求依附寻求快乐之念会使女孩不顾贞操委身于流氓。

(5)有的女青少年因对某一男孩产生了一定的爱情又担心被甩掉时，用性交来向男方表衷情。由于早恋具有不确定性，在朝三暮四的“乱爱”中表衷情的价值越来越低，逐步向满足生理冲动需要方面演变。

(6)有的女青少年把金钱看得高于一切，竭力追求资产阶级的生活方式，为了得到她喜爱的东西或能控制住家庭富裕的男孩，起初在半推半就的状态下发生性行为，到后来性交则成了她得到钱、物的“代价”。

以上六种情况，作为男性来说是罪责难逃的，但在女青少年方面也有一定的责任，从动机来说都带有一定的自觉性，所以这类被害是不完全的被害。不完全的被害是相对于完全的被害而言。在同是不完全的被害中，“不完全”的程度也是不同的。女性受害时自觉性动机愈大，被害后发生恶逆变的可能性就愈大，恶逆变发展的程度与发生性过错的次数成正比。

二、恶逆变的社会危害

女青少年被害后发生的恶逆变对社会的危害是极大的，其危害的方式主要分为直接的、间接的、潜在的三种。

（一）幼女恶逆变对勾引男性犯罪具有更大的吸引，是恶性案件增多的原因之一

幼女（特别是年龄接近14周岁又比较早熟者）受害后一旦发生恶逆变，其恶变的速度是快得惊人的。作为受害者她们是男流氓发泄兽性的对象，反过来作为害人者她们又勾引男性犯罪。有的还故意把自己的年龄说得大一些来诱使男性与其发生性行为，造成所谓“间接故意”的奸幼案件发生。据统计在发生恶逆变的幼女身上犯罪的男性，一般都在幼女人数的二倍以上。例如，幼女丛××在13岁时被男流氓诱逼奸污，因家庭教育不当等原因发生恶逆变，在一年的时间内先后有五名男性与她发生两性关系，均以奸幼罪被处以重刑。

（二）恶逆变者对周围人群的消极作用具有极大的“迷惑”性和滋事性

人们在交往过程中由于共同的情趣和要求，会表现出明显的群体倾向，女孩子更容易呈“小群聚合体”。在“小群体”内部由于心理契约的形成，往往无话不谈，无所顾忌。由于缺乏知识而引起的好奇心会在一定程度上压抑女孩的羞耻感，当淫秽邪风向她们袭来时，她们往往处于既害羞又想弄个明白的矛盾状态。恶逆变者与周围的女孩由于没有生理上、性别上的差异，“可接近性”大，在谈论犯罪的性体验时较易使少女产生情绪上的共鸣，引起尝试的欲望。这种在女性间渗透进行的腐蚀和教唆比男流氓的犯罪活动更隐蔽，更具有迷惑性，其危害作用也是惊人的。

恶逆变者的突出特征之一是女性由性犯罪中的被动形态转变为主导形态，由在犯罪团伙中的依附地位上升为核心地位。她们人数少能量大，信守“你玩我，我玩你”的处世哲学，时而倾身于这一伙，时而又投靠于那一帮，在犯罪团伙之间常作为“新闻”人物出现。她们在男流氓中既会因拨弄是非引起争风吃醋，斗殴拼杀；也会因吃喝玩乐无度的挥霍，驱使男流氓去进行扒窃、偷盗、抢劫等犯罪活动；还会因她们在选择男友中的朝三暮四，引起男流氓为显能和讨其欢心把犯罪推向登峰造极的程度。凡此种种，恶逆变者虽未直接指挥或策划犯罪，但实际上都起到了诱发犯罪和加剧犯罪团伙对社会危害程度的作用。

（三）恶逆变者对社会、对少年具有潜在的危害性

女青少年受害后恶逆变，不但是其自身的堕落，而且以一种潜在的危险性影响着兄弟姐妹的健康成长。她们在日常生活中妖艳的打扮，污秽的语言，混乱的人际关系，无形之中都是在给弟弟妹妹上课。由于家庭是对少年儿童的身心发展影响最紧密的社会层次，并对少年儿童今后世界观的确立起着某种“定向”作用，所以这种影响不但有近期的危害，而且有远期的毒素潜伏作用。据调查，50名女工读生中母亲和姐姐被判刑或作风不好的共有11人，足见影响之大。本文前面提到的幼女丛××就是在其姐坏作风的熏染影响下堕落的。

女青少年被害后发生恶逆变，使她们是非混淆，荣辱颠倒，以相反的眼光看待社会和人生。在未得彻底矫治之前，她们对流氓犯罪不是憎恶而是认同，即使日后她们当了母亲，思想毒素仍会残存，对其履行做母亲的职能也存有着不良的后果。

论青少年犯罪低龄化的原因

（1986年）

康树华

青少年犯罪年龄提前，向低龄化方向发展的趋势，这是当今全世界青少年违法犯罪的一个显著特点。在我国进入70年代以来，青少年违法犯罪的年龄特点，比50年代和60年代提前了2—3岁，个别的8岁就偷，一般是从10至12岁开始有劣迹，13岁到15岁是违法活动的高峰年龄期；15岁到18岁是犯罪的高峰年龄期，一过了这个年龄期，就有所平缓。

中共中央政法委员会1985年4月在一份文件中指出：随着严厉打击严重刑事犯罪斗争的深入开展，我国社会治安秩序已经明显好转。但是少年犯罪仍然十分突出。1984年全国查获的刑事犯罪作案成员中，未满18岁的占到28.4%，所占比重比1983年增加了2.4%。1984年全国查获的在校学生犯罪人数，占刑事犯罪总数的7.6%，比1983年增加了2%。北京市1984年查获的13岁以下的少年犯占少年犯总数的10.8%，比1983年所占比重增加1.7%。1986年8月北京市在一份调查中指出：在破获的青少年案件中，属于17岁以下的低龄犯罪的比例逐年增加。1981年为18.9%，1982年为25.2%，1983年为27%，1984年为34%，1985年为35.6%。上海市1984年查获的在校学生犯罪人数占上海市犯罪成员的10.4%，比1983年上升2.3%。天津市从1982年开始，未成年人犯罪就呈现逐年上升的趋势，未满18岁的少年犯在社会刑事犯罪案件中所占的比例，1982年为14.8%，1983年为15.2%，1984年为17.6%，1985年为21.7%。我们从中央直辖市——北京、上海、天津的青少年犯罪统计数字中清楚地看出：犯罪年龄趋向于低龄化的发展趋势。至于其他省、市大致来说也都是如此。例如山西省太原市公安局1985年对青少年违法犯罪情况进行的调查指出：太原市青少年犯罪年龄逐渐趋向于低龄化是一个重要特点。1983年查获的青少年违法犯罪案件的作案人员中，18岁以下的20%，1984年上升到23%，1985年1—6月又上升到28%。浙江省公安厅研究室1985年5月对杭州4000个青少年违法犯罪团伙调查发现，在其成员中有“三多两少”的特点，即：在校学生多，升不上高中或者初中中途退学流失在社会上的多，初犯多；有固定职业的少，受过打击处理的少。从年龄上看，18岁以下的多。有四个团伙的39名成员，平均年龄只有16、17岁，最小的15岁。其中18岁以下的有35名，占89.79%。这些违法犯罪的低龄青少年，从沾染不良习气开始，抽烟喝酒，打架斗殴，小偷小摸，调逗女生，渐渐发展到旷课、旷工，为非作歹，结伙作案。

从世界各国青少年犯罪情况看，第二次世界大战后，普遍急剧增加，而作为其明显的特征，就是犯罪年龄趋向低龄化。一位瑞典犯罪学者将瑞典青少年犯罪分成两组进行了比较研究。一组是21岁至24岁的年龄组，一组是15岁至17岁的年龄组。在1950年，21岁至24岁年龄组和15岁至17岁年龄组的犯罪几乎相同。而到了1981年，也就是说，经过30年以后，15岁到17岁年龄组犯罪数字，大约为21岁至24岁这个年龄组的两倍。因此，瑞典的犯罪学家们一致认为，少年犯罪年龄趋向低年龄化，并且认为14岁至16岁是瑞典犯罪活动的高峰年龄。根据《美国新闻与世界报道》杂志（1983年1月17日）所说，在美国16岁至18岁为犯罪高峰年龄。事实上，美国少年犯罪低龄化最为明显。例如，美国纽约，15岁以下儿童犯罪，大约占青少年犯罪总数的70%；而且他们当中的大多数都是犯罪的老手。有些重大盗窃、杀人案件，就是年龄仅仅11—12岁甚至更小的孩子干的。

根据日本警视厅保安部资料，近年来，年幼少年犯增加的趋势也很明显，1982年为103756人，比1981年增加了10.2%，占全部少年犯案件的40.2%。这种趋势在1983年上半年也是如此。年幼少年犯1983年上半年为51743人，与1982年同期相比较，又增加了11.2%，占全部少年犯罪案件的42%。这些数字，可以说如实地反映了日本最近少年犯罪低龄化的发展趋势。

青少年违法犯罪向低龄化发展的原因是多方面的，首先，是青少年的生理发育提前，出现了生理发育的前倾现象，如果得不到正确引导和教育，则有可能走上违法犯罪道路。近几十年来在世界范围内，随着社会物质文明的进步，生产力的发展，人民物质生活水平的提高，特别是少年儿童营养、保健措施的加强，使得少年儿童的身体素质较之往昔有了显著提高，其生理发育速度也大大加快了，其结果便是青少年生理发育的成熟期提前了，出现了生理发育的前倾现象。据香港《文汇报》报道，香港一位9岁的女童就当了妈妈并立志独立抚养其女儿。在巴西，甚至有一位8岁女童就成功地分娩了一名女婴。而两者所谓的“父亲”都是未满14岁的少年。这虽然在大多数国家是极个别事例，但在美国已不是极个别的社会现象，“孩子生孩子”已蔓延于整个美国，成为美国的又一个社会病，成为美国社会结构“令人苦恼的缺陷”。据美国《时代》周刊1985年12月9日发表的统计数字表明，美国每年有100多万少女怀孕，其中的4/5为婚前孕；15岁以下怀孕者就超过了3万人，有的10岁就生了孩子。有15%的稚龄女一年内竟怀孕两次，有30%的稚龄女在两年连生两胎。1984年稚龄女的非婚生率，比1970年增加了一倍。倘若听任这种倾向发展，据说将有40%的少女在14岁前至少怀孕一次。美国的一项调查报告说，稚龄女发生性关系的，70年代增加了2/3，已从大学扩展到中学，1/5的15岁少女承认曾经有过性行为；16岁的占33%，17岁的则占43%。这种情况，使得众多美国家长寝食不安。美国的事例，可以说在当今的世界还是个别国家的社会问题，但是，青少年生理发育的前倾现象，则是当今的家长、教师和社会普遍面临的带有规律性的现象。一般说来，就青少年的身高、体重的发育高峰年龄而言，男性大约提前了2岁，女性大约提前了1岁，就生理发育的高峰而言，女性则普遍早于男性，女性一般在12岁至13岁，而男性则多在13岁至14岁。此外，女性体态的发育年龄也较过去大大提前了，其高峰年龄一般提前到11岁至12岁。就青少年的性发育而言，也同样出现了前倾现象，具体体现在“思春期”和第二性征的出现提前了。在本世纪60年代，作为男性第二性征标志之一的精液分泌的始发年龄一般在14岁至15岁之间。而到了70和80年代，则提前到12岁至13岁之间。作为女性第二性征标志之一的初潮在60年代出现于13岁至14岁左右，而70年代之后则提前到了12岁左右。①

生理发育成熟期的前倾本身并非什么坏事，但也给家庭、学校和社会带来了许多新的问题。它缩短了孩提时代接受教育和训练的必要时间，直接影响到自我控制能力的培养和锻炼。随着身体发育和性发育的前倾，青少年的不稳定情绪也在成倍地增长，一些心理性疾病如思春期常见的精神疾病也开始提前出现。特别是由于性成熟的提前，使得个体性意识也提前出现了。这种性意识在每个达到性成熟的人身上都存在，但由于经济飞速发展、知识“爆炸”和人际关系日益密切、复杂的原故，当代青年社会化成熟期却相应推迟，这就使得他们缺乏良好的自我控制能力和自我调解能力，从而不可能正确处理本能冲动与社会规范的冲突，最终导致经济或性罪错。

其次，青少年成熟期提前，智力早日发展，应该说是一件好事，然而，如果得不到正确教育，则有可能走上违法犯罪道路。由于社会生产力的发展，科学技术和文化的进步，物质、文化生活水平的提高，促使青少年成熟期提前。这种成熟期提前，当然有两重性，一方面可以使少年智力早日发展，在我国，有些大学已设立了少年班，一个十四、五岁的少年，已达到了上大学的文化水平，而且其中不少人的智力发展程度和50年代、60年代的同龄少年相比，简直不可思议。据《光明日报》报道，中国科技大学的少年班的学生，1984年几乎都考上了研究生。这都是我们过去无法想象的。但是，另一方面，正因为青少年成熟提前，所以反映在青少年犯罪问题上，就是犯罪向低龄化方向发展。如果我们对此置之不理或处理不当，将会助长这种趋势。在美国，有许多不够法定年龄的孩子，尽管犯了严重罪行，但大都未被处罚及得到应有的教育改造，以致有的违法犯罪少年公然对警察叫嚷说：“我还不到法定年龄，我知道你不会把我怎样，即使将我关起来，过几天还得把我放出去。”我国贵州省有一名不到刑事责任年龄的少年公开说：“我现在还不到刑事责任年龄，还可以再干两年。”美国纽约一个十几岁的少年在一次广播问答中叙述了他如何在12岁的时候就开始抢一个老妇人。他说，“因为我年轻，而且我知道我不会受到很重的惩罚。因此，你说，有什么可顾虑的呢？如果你想要干什么坏事，那就乘年轻时干，因为你干坏事而得到宽容的时间不会太多了。”一语说穿了他的犯罪秘诀——还没到法定年龄，可以得到司法纵容。这种事态的发展，理所当然地要引起美国公民的惊恐不安，人们普遍地抱怨说，少年司法制度已经成为青少年犯罪的一个重要组成部分，它象一把筛子，把违法犯罪的少年儿童的大多数筛进又筛出，既未加以惩罚，也未加以改造。因此，美国人民愤慨地送给这类犯罪少年一个雅号——“官准犯罪特权阶层”。

第三，我们生活的社会是一个复杂的现代化社会，其中存在着各种不良诱因和犯罪刺激。当前，我们生活的社会已从传统社会的保守、单一、超稳定体系中解放出来，而发展成为一个以多元化、分层化、复杂化和高度流动性为基本特征的社会。在这种现代社会里，存在着多种彼此矛盾、冲突的亚文化群体和亚文化观念，社会生活提供给人们的行为选择方案不再是单一的而是多元的，社会的每个角落都不时地存在着各种不良诱

① 参见关忠文：《青年心理学》第32—33页。

因和犯罪刺激。因此，在现代社会中，较之民风纯朴、日出而作、日落而息的传统社会，人对社会的适应相对地困难了。并且随着传统社会向现代社会的过渡，一些行之有效的传统社会控制手段正在或已经丧失其行为调节功能。美国犯罪学家、控制理论的代表人物沃尔特·雷克利斯写道："现代城市社会的流动性削弱了外部控制力量，因而家庭不能协调其成员关系，邻里和群体传统的社会控制被打破，社会成员也不再能有效地指导其成员的行为。"① 这样一来，家庭、邻里等核心群体对青少年行为的外部控制力量就遭到了削弱。

与此同时，现代社会对人的社会化的要求却相对地提高了。也就是说，随着社会劳动的复杂化，致使青少年完全独立地进入社会所必须的学习准备期限延长了，即青少年的社会性成熟期推迟了。这是因为，一方面，新一代青少年较之他们的父辈开始参加独立的社会活动时间要晚得多，另一方面，参加现代社会"高精尖"的社会经济组织所要求的技能，相对提高，从而青少年要达到学会各种知识，掌握多种技能。另一方面，这种身份和地位都不确定的延长期往往会使青少年产生角色混淆，导致青少年社会心理和社会意识的成熟期相对推迟。

因此，当代青少年普遍面临着生理性成熟期提前和社会性成熟期延迟这样一对人生矛盾。这种矛盾使得个体行为的内部控制遭到了极大的削弱，其外部表现就是不能有效地抑制本能冲动和原始需要，表现出自制力差、意志薄弱，行为富于冲动性、冒险性、猎奇性、模仿性和反复性，挫折耐受性差，经受不住微量的犯罪刺激，缺乏良好的自我观念，行为目标定向错误，不能遵守和认同社会规范，而与此同时，传统的社会控制也遭到了不同程度的削弱，因此，处于这种内部控制系统和外部控制系统功能都遭到不同程度削弱状态中的青少年，就不能有效地抵制来自个体内部的犯罪冲动和外部环境的犯罪刺激，因而，现代社会青少年违法犯罪的增加及其低龄化的趋势也就势在必然了。

第四，青少年犯罪的低龄化的重要因素是大量辍学生流入社会造成的。从一些青少年案例分析来看，我国青少年犯罪低龄化的一个重要因素，是近年来一些城市及农村中学和小学在校学生大量辍学流入社会造成的。据有关部门对某市九个区265所普通中学的调查，1978年至1981年三年内流失的初中生就有 49576 人，平均年流失量为 9.5％。1982年全市仅初中生就有 7000 人流入社会，占全部学生的 4％。据北京市司法局 1984 年至1985年春组织调查的结果表明，中、小学生的大量流失是北京市近年来出现的一个新的、严重的社会问题，它直接威胁着社会治安，也是造成低龄化的重要原因之一。从1981年至1984年，北京市初中毕业生总数比入学时减少了12.24万人（平均年流失量为5.35％），小学 6 万人，高中7.53万人，流失生总数为25.77万人。这样一大批未成年人提前涌入社会，一方面冲击了政府对劳动就业的正常安置，另一方面，大量有学不上的学生出现于社会，直接威胁着社会治安。据北京市少年犯管教所统计，每10个少年犯中，就有 7 人是辍学生。

第五，对少年犯罪法定刑太轻，不能起到威慑教育作用。在我国打击严重刑事犯罪分子以前，群众反映较多的是，对少年犯罪法定刑太轻，对治安很不利，比如，重伤害

① 参见《犯罪原因的社会学理论述评》，载《国外法学》1986年第1期。

罪最高只有七年，严重到断人四肢，也不过判徒刑七年而已，起不到威慑教育作用。因此，有的少年犯判刑后说："这次干得小了，没划算，下次要干，就干个大的。"有的则公开宣称：逮捕就逮捕，反正关不了多久又要放出来。有的犯了伤害罪，因不够法定年龄，仍以罚款方式结案，甚至有的"教育"了事，对本人不仅起不到教育作用，反而助长了犯罪气焰。例如，武汉市的艾××，10岁就结伙斗殴，12岁将一人打死，15岁又纠合6人将一青年打成粉碎性骨折，19岁再次组织团伙斗殴，将1人打死，被判处死刑。我们从艾某本人罪行的发展，非常明显地看出，刑事犯罪的法定刑偏轻，法律起不到威慑作用，特别是以不够法定年龄为理由，甚至为犯罪少年寻找理由而"无罪释放"（国外称之为"司法纵容论"），正是有些不法分子敢于胆大妄为，特别是促使犯罪向低年龄化发展的原因之一。

另外，中、小学校对有劣迹行为的学生教育不够，管教不严，也是一个不可忽视的重要原因。据有的教师反映，中小学生中以强压弱，以大欺小的现象相当普遍。"强者"常常在课后、校外殴打"弱者"，敲诈"弱者"的糖、烟、钱，殴打"弱者"而不准其告发，并迫使"弱者"回家偷盗……。这些情况，与"拦路抢劫"之间，没有什么不可逾越的鸿沟，正是违法犯罪行为的"预演"，如不及时地进行教育纠正，他们就很有可能堕落成为刑事犯罪的"预备队"和"后备军"，以致造成犯罪低龄化。

青春期与中学生罪错问题

（1980年）

徐　应　隆

中学生违法犯错误，和其他年龄阶段相比较，比例较大，这已引起了各方面的重视。因此，对中学生年龄特征的研究，分析他们犯错误的原因，这不仅是理论的需要，还有它的现实意义。

一、中学生的年龄特征

1.生理方面

从身体外型来说，十一、二岁时还是少年儿童，到了十七、八岁，仅是6年的时间，由孩子变成了成人。青春初期，身体增高的曲线出现了陡坡现象，一般说来，女孩在12岁左右，男孩在13与14岁之间；接着体重也猛增。总的看来，这一年龄阶段身高、体重的增加速度比青春期以前要快一倍到两倍。大骨骼、大肌肉的发展要先于小骨骼、小肌肉，因之，出现了身体各部分不调协的笨拙期，摔打、踢跳动作有了明显的增强。

青春期机体能量的代谢率比较大，按正常人能量基础代谢率的平均值（单位：仟卡/小时/平方米）来看：

年　　龄	11—17	18—40
男	46.5	38.6
女	42.3	35.9

正常的人18岁以后40岁时，能量代谢率基本上平稳；而11岁到17周岁时能量代谢率平均值要比18岁以后高出8，即每小时要多出8000卡的能量。这是非常宝贵的自然能，我们应该有效地利用它，引导它做有用的功，在做功过程中使之转化为智慧和技巧。如果我们不去引导它有效地释放出来，它自己也要释放，可能是浪费的释放，甚而是有害的释放，感情易于激动，肌肉活动多，饮食量的猛增，都和能量代谢率大有着直接的关系。

青春期性机能迅速的发展起来，这是这个年龄阶段生理变化的突出特点。青春期开始时，不仅出现了付性现象，而且由性激素的分泌而有了性的生理冲动与体验。青春期的中期和后期性激素分泌量达到一定的程度时，性的生理冲动与体验往往出现超常现象；因为体内新出现的性激素刺激打乱了原来的生理平衡，由于对新力量的敏感，而满足性动机的需要较为强烈。一般说来，性成熟的时间越短，也就是集中，性的冲击越强。如果过早的发生两性的性生活，或不适当的玩弄性器官，以及其他不良的影响，都会促使性激素分泌量增多，甚而达到亢进的程度。这样，性的生理冲击力，性的体验则更加强烈，以致达到难以控制的地步，女的往往更甚些。原工读学校有一个女生，8岁时发生两性关系，9—10岁就有了性的体验，14—15岁时，已经完全不能控制自己，靠吃男性激素来减弱性冲击力；当然，她头脑中没有正确的思想关系——道德、法制……等制约作用。紧张的体力、脑力劳动或文体活动，兴趣、受好……等心理因素的诱导，使生理能量得到正当的释放，可以减弱、抑制性的生理冲击力。性激素分泌不仅直接作用于特殊的性器官，而且广泛地影响到整个机体生理发育。如：雄性激素能促进蛋白质的合成。性激素分泌对心理发展也起着很大的作用。

脑机能的进一步分化，心脏缩力功能的提高，肺呼量的增强等等，都是青春期生理机能发育的特点；但是最突出的：一是身体增长的速度快；二是生理能量代谢率大；三是性的生理冲击力强。这三者之间有其不可分割的内在联系，对青春期心理发展影响很大。

2.心理方面

中学生在社会诸关系的相互作用影响下，心理上出现了多种矛盾。这些矛盾又在社会诸关系相互作用影响下，经历着起伏不定的激化、转化的过程，最后达到世界观初步的形成。

中学生心理方面主要矛盾大致如下：

（1）依附关系与自主要求的矛盾

青春期以前的儿童基本上是依附于他最亲密的人，如父母、兄姐、老师……等。他们毫无非议地相信这些人，需要这些人的指导和帮助。但是，当他们进入青春期之后，由于身体的猛增，活动能力的加强，自我交往更频繁起来，对彼此间的联系有了新的理解；有了对人、对己、对事进行评论的自己的标准，把自己看成是评论事物的尺度。以前对周围权威人物的崇拜逐步地转化为主观权威的意向。因而极力想争得在社会关系中独立自主的地位，愿意发挥自己的作用；如："我认为……"，"我的意见……"，等等。但是，他们的经济仍受到家庭的限制，而且无法改变这种状态。做父母的，做兄姐的，做老师的又没有适时的适当的改变他们原来的依附关系，仍认为他们是不懂事的孩子。

一方面极力的要求自立的地位，一方面则又不放弃依附关系，这就形成了尖锐的矛盾。做父母的、做兄姐的、做老师的往往由于他们要自主的表现，出现一点"犯上"的情绪，而不耐心地予以严厉斥责。这样，更促使他们对依附关系的反感、厌恶、反抗，特别那些娇惯的孩子，自主的要求更早些，更强些。许多孩子和家长、老师关系的僵化、破裂，多数是在这个年龄阶段。

孩子们由于和家长、老师关系紧张，开始有了自己的秘密，所想的、所做的往往不告诉家长，也不告诉老师。但可以无保留的告诉小伙伴。因为小伙伴能认真地对待、关心他的每一件事情。他在同伴中有着独立自主的地位，逞能、显强以显示自己的力量，小伙伴总是给予热烈的赞助与鼓励。这样，和小伙伴的亲近远胜过家长和老师。

（2）不断增长的物质欲望和满足的可能性相对减少的矛盾

在一般经济状况的家庭中，对于幼小儿童的物质满足总是给予优待的，他们多半是家庭中物质享受的最优惠者。这是应该的，必要的。但是那些娇惯子女的父母常常意识不到过多的、无限制的满足孩子不断增长的物质欲望所带来的不良后果。孩子要什么，就给什么；甚至还引导孩子要这个要那个，千方百计的来满足孩子的要求。这样，在孩子的头脑中就形成了要什么，就得给什么。"要"与"给"的联系，随着年龄的增长，越来越强化，以致后来难以抑制。

当他们进入青春期之后，需要的东西更多了，如：玩的东西，穿的衣服，饮食的质量……等，都大大的超过幼儿时期。就一般家庭经济条件来说，是不可能都给予满足的，而且因各种原因，往往还会降低标准，取消了他在家中的物质享受最优惠者的资格。这样，就产生了不断增长的物质欲望与满足的可能性相对减少的尖锐矛盾。象工读学校犯偷抢错误的学生，多半都属于这一类。

（3）性生活的要求与道德、法制……等的矛盾

这一矛盾是自然现象的生理需要和社会现象的道德、法律……等的矛盾，可以说，是生物性和社会性的矛盾。恩格斯在《反杜林论》中写道："人来源于动物界这一事实已经决定人永远不能完全摆脱兽性，所以问题永远只能在于摆脱得多或少些，在于兽性或人性的程度的差异。"即是说，生物性的规律在人身上依然要起作用。但是，也要看到在人身上任何生物性都渗透着社会性。青春期性生活的需要与社会性的矛盾显得十分尖锐。因为，青春期正处在性的蒙发到成熟的过程中，机体内部新出现的性激素的刺激所引起的生理感受、体验十分显著，远超过性成熟之后的正常情况。这只是矛盾的一个方面。

另一方面，这个年龄阶段的孩子道德观念不完整，对道德的理解很肤浅，什么道德不道德？不道德又怎么样呢？他们搞不清楚。法律观念也很淡薄，情感一冲动，法律全不顾，往往把破坏法制的人看成是英雄。他们的个人兴趣、希望都是不稳定的，好奇心

又强，充沛的精力究竟向哪方面投放？就很难说。他们所了解的有关的常识、科学知识是一知半解的，往往起着反面的作用。总的说来，思想关系的支配、制约、引导的力量是有限的。所以这一矛盾处于激化状态。而且社会生活也在促使这一矛盾激化。比如：青年相爱的表现，文艺方面的宣传，特别是外国影片中的拥抱、接吻……镜头，青春期的人看到这些，会想些什么呢？

社会不断地向前发展，人们的物质生活都普遍地提高，社交越加频繁，解放思想也涉及到两性关系方面，这必然促使人的性的发育也要提前，估计我国近30年来，大概人的性成熟期提早了1年多的时间。这并不是坏事，这是人的身心早成熟的标志之一；但它给教育带来了更大的困难。

（4）活动能量和认识水平之间的矛盾

总的看，这个年龄阶段的孩子活动能量超过认识水平：具体的说，即他们的机体能量与正常的成年人相比较，认识水平与正常的成年人相比较，各自的差距再相比较，前者小于后者。他们用在活动方面的能量总计接近成年人，特别是短暂的暴发性的能量付出，往往要超过成年人。当然，他们由于身体各部分调协得不太好，又缺乏活动的经验，付出能量的效率低于成年人，常是卖了不少劲，活动效果不理想。他们也常表现出一些不必要的、盲目性的动作。在这方面男孩子要甚于女孩子；但女孩子的生理能量能转化为脂肪总是超过男孩子，所以女孩子的身体发胖要先于男孩子。

这个年龄阶段的孩子，一般是行动超出认识水平，往往没有怎么想，就行动起来了，而且做了之后仍不知其所以然。如：有的学生做了蠢事，问他为什么要那样做，他说："我也不知道"，或者"好玩"。这种情况确实有的。有些做好事的同学，也常是行动很感人，但认识并不一定那么高。教师在处理这些问题时，要注意行动与认识的统一，从行动引渡到认识，不然，可能造成教育的后遗症。

这个年龄阶段的孩子，感情易激动。他们想做什么，总是在易激动的感情驱使下，不顾一切的去行动；或者固执偏见地蛮干，或者由理想支配而做出惊人的事迹。由于他们的观点、兴趣、需要受制于其他社会关系的作用小，也就是顾虑少，其自身的主动性显得突出，完全可能把其全部行动都集中于某种事情上。

（5）现实与未来的矛盾

这里提出的现实与未来的矛盾，主要是从认识方面进行探讨。

这个年龄阶段的孩子由于科学知识肤浅，实践经验不足，抽象思维能力的发展和辩证方法的掌握都很不完善。因之，透过现象看本质的认识过程，对他们来说是很难的，也就是说，他们透视的能力差、本领小；他们由因而果的创造性地认识未来，这种可能性是极小的，所以，未来在他们头脑里是十分模糊的。

这个年龄阶段的孩子由于生理的和心理的发展，个体的需要与兴趣的满足是很强烈的。现实生活中一些奇特的、变动的现象，对他们最有吸引力；而一般的事物，或接近于本质的较稳定的东西，往往不能引起他们的注意。所以，中学生对现实的反映是敏感的，是为现实现象所束缚的现实主义者。

这个年龄阶段的孩子对未来的认识是从自己出发的。他们的未来，开始是以现实中或历史上具体人物形象为模胎，即把某个具体的英雄、科学家……等，做为自己奋斗的目标。后期，即17、18岁时，才有可能在自己的头脑中创造出自己未来的蓝图——理想。这个理想可能是一些具体人物形象的综合。

以上所提出的五个主要矛盾，在青春期不一定都能得到很好的解决，有些矛盾可能要持续终生。这五个矛盾彼此间是相互联系的，哪一个矛盾是主要矛盾？因个人多方面的因素不同而不同。

二、中学生犯错误的原因

这个年龄阶段的孩子生理变化大。生理因素对他们思想感情与行为的影响较为显著。他们心理方面出现的矛盾较多，而且诸矛盾的动力结构是极不稳定的、多变换的，基本上是随着社会的影响而激化，或相互转化。一句话，心理因素正处于极其多样，极其活跃状态。这正是用正确的思想关系来制约他们物质欲望，用正确的生活秩序来规范他们的作风行为的好时机。但是，“四人帮”却采取了相反的作法。工读学生是他们的年龄特征和混乱的社会关系的产物。

1.年龄的原因

某工读学校学生始犯各种错误年龄统计　　表（一）

错误种类 \ 人数 \ 年龄	7	8	9	10	11	12	13	14	15	16	17
打　闹	1	1	4	6	25	23	46	24	11	2	
偷　骗	1	1	1		5	18	39	23	15	3	
倒　卖						7	19	21	22	3	1
流　氓		2	1	1	1	7	16	29	25	9	2
总　计	2	4	6	13	31	55	120	97	73	17	3
占全校421人中错误的百分比	0.48	0.95	1.43	3.09	7.40	13.06	28.50	23.04	17.34	4.04	0.71

某工读学校学生始犯错误年龄统计　　表（二）

年　龄	10	11	12	13	14	15	16
人　数	2	4	14	54	45	36	4
百分比	1.26	2.52	8.81	33.96	28.30	22.64	2.52

某工读学校男、女生始犯流氓错误年龄统计　　表（三）

年　龄	8	9	10	11	12	13	14	15	16	17	总　计
男　生					3	6	21	20	9	1	60
女　生	2	1	1	1	4	10	8	5		1	33

（注：十一岁以前的女生都是被奸污后开始犯这类错误的）

从以上三份统计表中，可以看出以下几个突出的特点：

（1）绝大多数孩子是在12岁到15岁之间开始犯错误的。表（一）占80%以上，表（二）占93.7%。

（2）13岁是始犯错误的最高峰，各类错误都超过12岁的一倍以上。13岁和14岁开始犯错误的比例，表（一）50%以上，表（二）60%以上。

（3）始犯流氓性错误的高峰女生为13岁，男生为14岁，即男生较女生晚一年。

分析其原因：（一）少年身体发育曲线的陡坡是12至14岁左右，女孩子约早于男孩子一年时间。绝大多数孩子开始犯错误正处在身体发育曲线陡坡区间或稍错后。这里必有其内在联系。（二）孩子12岁时，由小学转到中学，客观变化较大，原来的教育作用，教育集体关系终止了；要重新去适应新的教育者，建设新的教育集体。这样，新环境、新成员、新事物直接引起孩子心理矛盾的激化。心理矛盾的激化最易接受一些奇特现象的影响，产生突变。当然，12至15岁始犯错误的孩子和他们以前的教育影响有着密切的关系。

始犯错误时心理状态统计　　表（四）

心理状态	迫使	糊涂	好奇	自觉
女	6	1	1	16
男	1	3	3	17
总计	7	4	4	33

从表（四）可以看出，大多数孩子开始犯错误是有意识的。即他们第一次犯错误之前，头脑里已有了犯错误的念头。

2.家庭的影响

一个人，刚刚离开娘胎，就坠入极其错综复杂社会关系之网中。社会诸关系对一个人的影响，开始时的范围是很小的，以后逐渐地扩展开来；在空间上，由家庭而学校、而社会；在时间上，由眼前而过去、而未来。

家庭是社会的细胞，受社会所制约；但家庭与社会不能划等号，家庭仅是社会诸关系的缩影，即某些社会关系透过家庭中的具体成员而反映到家庭中。家庭对一个人的影响至关重要，是一个人与社会最早的接触点，是一个人成长的开端。

下面两份家庭情况统计表，其中的统计数字对分析家庭对子女的影响很有帮助。

家长职业及文化程度统计　　表（五）

职业与文化	职业					文化程度			
	工人	职教员	干部	家庭妇女	在押犯	文盲半文盲	小学	中学	大专
人数	62	8	11	6	1	46	17	20	5
百分比	70.44	9.10	12.52	6.80	1.14	52.30	19.20	22.80	5.70

家庭教育力量统计　　表（六）

家庭教育情况	家庭自然结构破坏	家庭成员的教唆与熏染	教育不统一无教育力量	较好的或一般的	总计
家人／数	9	16	16	7	48
百分比	17.75	33.33	33.33	14.59	100

以上两表是根据48个学生家庭和88位家长情况做出的统计。表（五）中的数字和所了解的基本情况是吻合的。如：家长职业中工人比例占70%以上；家长文化程度中小学以下的比例占70%以上。他们所从事的工种绝大多数是辅助性的、服务性的工作，技术水平不高。他们的基本工资是偏低的，但他们的家庭陈设比中、小学教师要好得多。

从表（六）中可以看出以下几个问题：

（1）由于家庭自然结构破坏或家庭成员的唆使、熏染而犯错误的孩子占52.08%。家庭中父不父，子不子，兄不兄，妹不妹的关系，迫使诱导孩子去犯错误，孩子是无法防备和抵制的，他们不犯错误是不可能的。

（2）由于家庭教育不统一或无教育能力而犯错误的孩子占33.3%。这些家长虽然不愿意自己的孩子犯错误，但他们却为自己的孩子准备了犯错误的条件。如果社会风气比较好，学校教育得力，这样家庭的子女完全可以不犯或少犯错误。

（3）生长在教育水平较好或一般的家庭里的孩子犯错误的比例占14.59%。这是因为学校教育不当和社会的恶势力太大，家庭的教育作用被抵消的结果。

总的分析一下88位家长的精神境界，我们发现小市民意识占上风。他们对自己的孩子提不出较高的要求，仅从家庭中眼前的经济利益去考虑：孩子学习好坏无关系，能挣30多元就足矣！这种思想直接抵制党的教育方针在家庭中的贯彻。

3.学校与社会的影响

这里把学校与社会放在一块儿来分析，一是缺乏具体的材料，没法确切地说明问题；二是在林彪、“四人帮”作乱时期，学校与社会同是混乱的局面，没有什么明显的界限。

学校也是社会诸关系的缩影，即把先进的社会关系集中到学校里，有效地对学生施加影响，引导学生为着美好的未来而勤奋地学习，同对社会的新风尚起着积极的作用。“文化大革命”中，学校成了造反的策源地，学生都冲向反潮流的浪头，反老师，反学习，一反到底，学校的味道完全消失了。××上幼儿园时，阿姨带领着批斗园长，举起小手喊：“打倒走资派！”在小学二、三年级时随着高年级的学生反师道尊严、轰老师；到中学时教师失去了教育权利，只好寻找能打能闹的革命小将做靠山。这样组成小团伙，闯到社会上，走上了犯错误的道路。工读学生宋××的小本上写着这么几句话：“我们都是流浪者，我们，我们要把苦难摆脱；溜门撬锁掏钱包，越练手越活；吃喝玩乐，拍婆子，生活多快活。因为我们没有家业，没有老婆；我们象一只小鸟，飞呀，飞呀，飞到北京城各个角落。因为我们没有家业，没有老婆；我们象一只小鸟，飞呀，飞呀，飞向全中国。”

请看！他们的内心世界，根本无心学习、当然就厌烦学校这个小天地。他们要飞向全中国这个大社会。

总起来看，十年的浩劫，不少的家庭遭到了破坏，在这些家庭里生长的孩子，不走上歧途，似乎是不可能的。这说明家庭在培养人方面起着极其重要的作用。但是，根子仍然在社会。从前面表（六）统计数字看，我们发现了事物的另一个侧面，即中国家庭的优良传统——子女尊敬父母，父母关心子女，在混乱社会中对减少青少年失足方面起了积极的作用。我们可以设想，如在资本主义国家里动荡十年，犯错误的青少年，肯定要更加严重。

少年犯犯罪动机及其心理特征

（1983年）

郑　群　黄兴瑞　徐荣昌

我国刑法中规定犯罪主体的最低年龄为14周岁。而14至17岁是未成年时期，由于受其年龄特征的影响，这一年龄阶段的人犯罪有其特殊性。我们浙江省劳改工作干部训练班调查组不久前会同省少管所干部、老师对该所自1982年7月至1983年4月进所的181名少年犯（均属男性）进行了调查。现就少年犯的犯罪动机、心理特征报告如下。

一、少年犯犯罪动机

犯罪动机是实施犯罪行为的内在起因，犯罪行为是受犯罪动机支配的。有什么样的犯罪行为就有什么样的犯罪动机。下表是省少管所少年犯犯罪行为类别表：

种　类	盗窃	强奸	抢劫	流氓	伤害	杀人	放火	绑架	合计
人　数	65	62	24	13	10	4	2	1	181
百分比	35.9	34.3	13.3	7.2	5.5	2.2	1.1	0.55	100

下面我们分析一下几种主要犯罪行为的动机。

（一）盗窃动机

盗窃犯罪是少年犯案别中的主要类型，省少管所181名少年犯中，犯盗窃罪的有65人，占总犯数的35.9%。常见的盗窃犯罪动机有以下几种情况：

动机种类	为了吃喝玩乐	为了去赌博	为了满足基本生活保障	为哥们义气	为买自行车	为报复	合计
人　数	43	7	7	5	2	1	65
百分比	66.1	10.1	10.1	7.7	3	1.5	100

1．为了满足吃喝玩乐的需求。这是盗窃犯罪中最常见的一种动机，同时这种情况较多地出现在一些生活水平较高的家庭中。这些少年从小得到家庭的溺爱，父母平时给他们一些零用钱，而他们不是把零用钱花在购置必要的学习用品或其它正道上，而是用在吃喝玩乐中，时间长了，就形成了这种习惯，由习惯变成需要，由需要变成追求。这时当家庭的供给无法满足其吃喝玩乐的欲望时，就进行盗窃。还有的少年盗窃犯罪之前在社会上沾上了赌博的恶习，赢了进行吃喝玩乐、挥霍一尽；输了还不起就去偷。

2．为了得到最基本的生活保障。人类要生存下去就需得到吃、穿、住等最基本的生活保障。我国因吃穿住得不到保障而无法生存的情况是极少的，但人类对衣食温饱这方面的需要，已远远不只是为了维持生命的最低要求，而具有更丰富的社会因素。一些少年由于家庭的不幸，使其生活水平与整个社会的水平有了差别，这时其虽能勉强维持生活，但也会产生一种反社会心理，促使其形成盗窃犯罪动机。有的甚至认为盗窃有理。如少年盗窃犯杨××，全家六人全靠其母工资难以维持生活，有时靠吃生地瓜度日，后家中又卖掉了房子。上无房，下无田，杨××觉得社会上别人都比我们富，偷一点没关系，后发展到盗窃犯罪。

3．已形成盗窃恶习。一些少年犯中的盗窃惯犯，由于多次作案的成功，使其犯罪心理得到多次强化，逐渐形成了盗窃犯罪的恶习。这时其作案动机不仅仅是为了吃喝玩乐，更不是为了满足基本的生活的需要，而是为了得到其心理上的满足。例如盗窃惯犯王××，从小就有偷摸行为，后专门偷收录机，他只要听到收录机的声音手就发痒，非偷到手不可，偷来后不管再多也不销赃，而是把它放在家里看看摸摸，产生了愉快的心理体验。

（二）强奸犯罪动机

少年强奸犯中，从其犯罪情况来看，其侵害对象以幼女、少女为主，对成年妇女则通过团伙作案方式来实施犯罪的情况较多（见表1），这当然与其体力上的特征有关。从其犯罪动机情况来看，主要有以下几种（见表2）。

表1 浙江省少管所62名少年强奸犯犯罪情况

种类	奸幼	一般强奸	轮奸	合计
人数	38	18	6	62
百分比	61.3	31	7.7	100

表2 浙江省少管所62名少年强奸犯犯罪动机情况

种类	看了、听了某些下流东西后想试试	觉得这是玩玩，无所谓的	一时冲动	讲不清楚	合计
人数	22	17	7	16	62
百分比	35	27.4	11.3	26.3	100

1．模仿。青少年时期是模仿性最强的时期，他们最喜欢也最容易模仿别人。一些少年犯犯罪之前看了电影、电视中某些不健康情节，或听了某些下流的言语后，产生极

大的好奇心，很想模仿试试究竟什么味道，由于道德法制观念的淡薄，也不知这种行为所产生的后果。有一少年犯曾讲："我看到电影电视中男男女女又亲又抱，想不到我去一抱就来坐牢"。

2．受侥幸心理驱使。由于受侥幸心理驱使而进行强奸犯罪的往往有两种情况。一种是对犯罪行为存在着侥幸心理。我们从表1中也可以看出，奸幼犯在少年强奸犯中居首位，这些人往往把犯罪行为看成与女孩子玩玩而已，觉得没有关系而造成犯罪。另一种情况是对专政机关所采取的刑罚抱有侥幸心理，这些人知道这种行为是违反社会道德规范和法律规范的，也觉得如被人发现的话很难为情，但认为自己还年轻，如果被人发现也不会判刑，正是这一侥幸心理的作用，使犯罪心理得到强化，而付诸行动。

3．为了欺侮女孩子。有些少年强奸犯由于文化教育水平极低，愚昧无知，道德法制观念淡薄，他们进行强奸犯罪，不是为了满足性欲的冲动而是把它作为欺侮女孩子的一种手段。例如一个16岁的强奸少年犯讲："我犯错误主要是为了欺侮她（一位13岁的幼女），因为她爸爸给我家造房子造得很难看。"

（三）抢劫犯罪动机

抢劫动机与盗窃等其它犯罪动机有相似之处，如为吃喝玩乐，为赌博而犯罪的在抢劫少年犯中也占了一定比例，但也有其特点。（见表3）

表3　浙江省少管所24名抢劫犯动机情况

种　类	为吃喝玩乐	为寻找刺激	为哥们义气	为　钱	合　计
人　数	10	5	4	5	24
百分比	41.3	20.6	17.5	20.6	100

1．精神空虚，为了寻找刺激。一些少年犯犯罪前不读书，在家一天到晚没事可干，但由于生理上的发展，精力相当旺盛，他们把剩余精力往往投放到寻找刺激之中，也表现在抢劫犯罪活动中。这些人犯罪不仅是为了得到某一物质需要，而更主要的是为了在精神上得到刺激，他们一般认为：别人不知道背地去偷没意思，而面对面的抢才有味道。

2．为了"哥们义气"。抢劫犯罪中团伙犯罪比较突出。因为，少年犯犯罪尽管其认识水平较低，但对犯罪普遍存在恐惧心理，几个人一起作案就觉得你干我也干大家都干，没关系，而形成"责任扩散"感。因此团伙作案多，而单独作案少。但对团伙作案中的一般成员犯来讲，开始往往没有犯罪动机，而是受主犯教唆，为"哥们"之间的"义气"而犯罪的。

（四）流氓犯罪动机

前段时间，流氓打架案件有减少趋势，如浙江省少年犯管教所1982年7月至8月两个月中，因流氓斗殴而进来的少年犯仅占六名，但在流氓犯罪中，恶作剧犯罪的情况很值得注意，其犯罪动机表现为：

1．为了寻找欢乐。一些少年犯犯罪前由于生活呆板、枯燥，很想寻找欢乐，但他们丧失起码的道德观念，往往把自己一时的快乐建立在别人的痛苦之上，有的以把别人打出血而高兴，有的则以拿别人的肉体试刀子寻开心。例如流氓少年犯陈××，与五名青工坐车去装棉絮，一路上谈了许多下流语言，途中偶然发现前面公路上有三位拉车的女青年，陈为了寻开心，将绳子套了其中一女青年的脖子，该女青年被拖了几米远致伤。

2. 为了自我显示。青少年由于自我意识的形成和发展，产生了自我显示的需要，但由于客观条件的限制，往往通过正确的途径难以达到目的。一些少年犯自我显示欲极强，便以实施流氓犯罪行为来达到自我显示的目的。

从以上几种犯罪的动机可以看出，少年犯犯罪动机中，极端利己欲动机占主导地位，最突出的表现在为满足吃喝玩乐形成的犯罪动机和为满足性欲形成的犯罪动机。

二、少年犯心理特征

少年犯进入少管所以后的心理特征是怎么样的呢？这是一个比较难以回答的问题。因为各种不同类型的案犯有其各自不同的特点，即使同一类型的罪犯初犯与偶犯也不相同，而且初期、中期、后朗等不同阶段有着不同的心理状态。那么，对这一问题怎么分析呢？这里我们谈几点这次调查中发现的带有共同性的特点：

（一）认识特征

少年犯的认识能力总的来讲是十分低下的，这既是他们走上犯罪道路的根本原因，也是进入少管所以后表现出来的基本心理特点，主要表现在：

1. 对人生的认识。我们在《思想情况调查表》中，有这样的一项内容：你最喜欢什么？你最痛恨什么？调查结果：有20％的人最喜欢钱；有10％的少年犯填写了最喜欢流氓行为。这30％的人比较真实地暴露了他们的思想。不能否认有不少人虽有这种思想但没有暴露出来。以上情况说明少年犯思想上确实已经形成了错误的人生观，其核心表现在“金钱第一”的拜金主义和低级下流的享乐主义上。

2. 对罪恶的认识。少年犯进入少管所之后，程度不同地存在着不认罪心理。他们认识不到自己的犯罪行为所造成对社会危害，只是一味地强调客观原因，说什么“自己年幼无知，犯这么一点错误就要判这样重的刑，实在想不通。”还有更多的少年犯少管之后，不是痛恨自己罪恶的深重，而是相互对比，说什么“同样的罪错，不同的刑期，全凭法官的高兴。”这些问题是少年犯不接受改造的主要症结之一。这里值得指出的是还有一种表现——即自我安慰，这种类型的少年犯由于以前的犯罪事实没有交代清楚，因此对判刑有着侥幸的心理，这种人往往由于尝到了“甜头”，即犯罪心理得到了强化，有“牢内损失牢外补”的想法。

3. 对前途的认识。少年犯对前途普遍感到悲观，认为自己年纪这么轻就犯罪判刑，今后一切都完了；认为释放后会受到人歧视找不到工作；顾虑回去后找不到对象，成不了家。少年犯对前途失去了希望，也就没有接受改造的动力，因而产生混刑期度日子的心理和破罐破摔的心理。他们在谈今后的打算时，有不少人准备“二进宫”；有的说：“如果找到理想的工作，则重新做人，如找不到，那就再干。”

（二）情感特征

首先，他们是有情感的，只是在某些方面是非颠倒而已。这在少年犯与管教干部之间，少年犯相互之间可以表现出来，我们经常可以看到少年犯在受家属接见以后，将家里带来的食品亲热地叫队长吃（当然队长总是婉言谢绝）；一些少年犯有困难，另一些少年犯会主动地热情地帮助。当然，这样做，他们自己觉得是义气，但从另一方面也说明他们是有感情的。

其次，少年犯在情感上极易模仿，特别是管教干部的情感对他们有很大的潜移默化作用，这在心理学上叫情感迁移。少年犯普遍地认为：谁对我好，我也就对谁好；干部待我好，我对干部要更好；干部不给我面子，我也要千方百计地叫干部难看；如果干部打我，则我可以打其他犯人，干部打我一记耳光，我可以打其他犯人三记耳光。

（三）意志特征

少年犯的意志特征中表现最明显的是意志力的两极性，即在正确方向上的自卑，在错误方向上自负。例如少年犯谢×，去年高考，取得了462分的好成绩，大学都被录取了，后因奸幼进少管所。他进所后有时想好好改造，抓紧时间复习功课，释放后争取再考大学，但有时又想，自己是犯了罪的人，出去以后再也不会被大学录取，认为一切都完了，现在何必苦用功，表现出正确方向上的自卑。再如学习文化知识，少年犯中，绝大部分人确实很想学点知识，学点技术，但能坚持每天认真学习的却寥寥无几。这就表现了他们意志的薄弱，难以自我控制，为一时的失足或失败而灰心丧气，容易犯忽冷忽热的毛病，缺乏坚持性和自制力。另一方面，他们又在错误的方向上，恶习较深，虚荣心强，自负得很。盗窃犯孙××写道："我出去以后，争取当一名优秀的钳工（指扒窃）。"有的把自己的违法犯罪活动当作所谓英雄、勇敢、有意志的表现，即使在监内也要当一个所谓"强者"，称霸于狱中。

（四）行为特征

行为是心理活动的外部表现，少年犯思想比较单纯，其内部思想大多能在行为上表现出来，因此其行为特征比较明显。

1. 好动性。青少年期是一生中体力、精力向上发展的高峰时期，而少管所往往劳动任务较轻，既然如此，少年犯的旺盛精力与他们在少管所内所承担的劳动量产生矛盾，因此他们在少管所就产生体力、精力的剩余。他们一有空余时间就闲不住，如得不到正确的诱导，他们往往把剩余精力发泄在评论队长，介绍过去的犯罪伎俩，相互争吵，相互斗殴上。特别是每天晚饭之后和星期天这段时间，如管教队长将监房门一锁了事，则监内无奇不有，有的少犯讲："队长锁住了门，但我们的心，我们的手脚是锁不住的。"

2. 纠合性。少年犯中很容易以同乡、同类、同寝室相聚，形成各种帮伙。这与他们的依附心理有关。他们普遍认为：人一多胆子就大，力量就足，别人就不敢来欺侮我们，我们相反就可以去欺侮别人。这样团伙中的头头就成了狱霸，一些身强力壮的便成了狱霸的打手，一些势单力薄的便成了他们的欺侮对象，这就给改造秩序带来很大的破坏作用。

3. 偶发性。少年犯的不少违法犯罪行为没有预谋，更没有周密的计划，动机简单，说干就干。反映在逃跑问题上也是如此。例如，少年犯王××和另一少年犯因别人在看电影，他俩在监内休息，王问："这里苦吗？"另一少犯答道："苦。""我们跑出去好吗？""好的。"就这样，他俩人逃走了。

落后社会风俗与少数民族青少年犯罪

（1984年）

云南大学　严　建

近年来，云南边疆一些民族地区的青少年犯罪现象十分突出。为了掌握少数民族青少年犯罪的一般规律和特点，寻求民族地区实行特殊的有效的综合治理措施，我们在云南省公安厅、省高级人民法院的大力支持下，于今年六月到滇西德宏傣族景颇族自治州做了一个月的实地调查。接触到的许多材料说明，少数民族青少年犯罪是由多方面的原因和条件促成的。其中，落后的社会风俗的流行则是一个不容忽略的重要因素。

一、利用落后的社会风俗进行犯罪活动和在落后社会风俗的不良影响下走上犯罪道路，是当地少数民族青少年犯罪的两个特点

（一）由“串小卜少”引发的案件增多

德宏州的傣族青少年历史上就流行着小卜冒（傣语：意即未婚的小伙子）串小卜少（未婚的姑娘）的风俗。尤其以潞西县芒市地区为最甚。主要经过是：当小伙子看中了某个姑娘后，先找到姑娘寨子里的小卜冒头或小卜少头，向他们表明要来串姑娘的意思并征求意见。如果他们同意的话，便会主动协助小伙子，如借故缠住姑娘的父母或把姑娘引出来。这时，小伙子就用一床毯子把自己的头包起来，只露出一双眼睛，多半在夜晚将看中的姑娘抱至僻静处，向她倾吐爱慕之情。假若姑娘接受男子的爱，双方日后便继续交往，增进感情，并在一段时期内向父母保密，且不允许婚前发生两性关系，否则会被人讥笑是“狗”；若姑娘不同意，小伙子也不会强人所难而采用暴力加以污辱。对于姑娘来讲，越是被人串，越表明她深得众多男子的喜爱，由此引以为光荣和自豪，自尊心理获得满足。反之，姑娘不被人串，无论自己还是社会舆论都认为是一件不幸的事。需要指出的是，解放前德宏地区的傣族正由领主制向地主制过渡，婚姻主要由父母包办，建立在买卖的基础上。因此，许多青年男女往往借用“串”的风俗来抗议包办买卖婚姻，追求婚姻自由。所以，有些通过“串”而结识的有情男女，一旦婚事遭到家长的强烈反对时，便双双相约外出“采茶”，即远走高飞。1956年土地改革后，社会主义制度的建立，串小卜少的现象就已经很少了。但是，十年动乱期间，边疆的经济文化事业遭受严重的摧残，少数民族青少年的正当权利和切身利益受到损害，而当前境外资产阶级腐朽意识对我加紧进行渗透，使串小卜少的风气重新抬头，愈演愈烈，而且串的方式和性质也与以前发生了变化。有的犯罪分子利用那一古老风俗的躯壳，进行行凶斗殴，流氓杀人等种种违法犯罪活动。据对芒市傣族聚居的风平公社的调查，该公社1982年发生的8起动刀伤人，结伙打架案件，都是由串小卜少引起的。今年2月，关木寨一个傣族青年在电影广场上借串小卜少为名耍流氓，受到一公社干部的批评，他竟拔出刀来将这个干部杀死。当地政法，宣传部门的同志说，串小卜少已成为扰乱社会治安，污染社会风气的公害，若不加以改造引导，将会导致更多更小的年轻人走上邪路。

（二）借“洗寨子”相威胁进行轮奸犯罪

傣族实行一夫一妻制，虽然结婚离婚比较随便，但婚前男女之间的两性关系却是受到禁止的。按照傣族的风俗如果发现女子婚前有性行为，便要给予，“洗寨子”的惩罚。即女子家要出钱出粮举办酒席，招待全寨子的人吃喝一顿。在有的地方，如果女子找不出男子当新郎，就得怀抱一只大公鸡来代替。所以，女子婚前与男子发生两性关系，无论是自愿的还是被迫的，一般都不敢主动声张。从历史上看，“洗寨子”的风俗对于约束婚前的性关系有一定的作用，但是，从根本上讲，这种维系道德观念的风俗本身就是不道德的行为，在今天，更是与社会主义的法制建设相背悖。它主要给女性造成痛苦，象芒市弄摩寨一个40多岁的傣族妇女因为年轻时受过“洗寨子”的惩罚，至今还过着独身的生活。现在，这种风俗往往为犯罪分子趁火打劫作案提供了可乘之机。1981年，两个傣族男青年发现一傣族少女曾与人有过性行为，便借要“洗寨子”为名进行威胁恫吓，迫使这个少女与他们同时发生两性关系。尤其可悲的是，为了不致于遭到“洗寨子”的惩罚，受害人竟央求罪犯不要把事情泄露出去。受害人的父母知道后也不敢去告发，致使两名罪犯逍遥法外达数月之久。直到后来受害人的亲戚检举揭发，这两个男青年才以轮奸罪被公安机关逮捕归案，受到法律制裁。

（三）为赎“退婚礼”导致抢婚械斗贩卖毒品

德宏州的景颇山区至今仍然实行早婚，女子到了14、15岁就要嫁人。出嫁时，男方要向女方家赠送礼物，并邀请亲朋好友喝酒庆贺。按照景颇族的风俗，女子出嫁后并不立即搬去夫家居住，还继续在娘家生活几年（有的地方要等到女子怀孕后才接去夫家。不管腹内的婴儿是否是该男子所生，只要证明有生育能力，男子才承认为妻。没有怀孕，男子不会理睬），一般要到18岁至20岁才正式与男子共同生活。如果女子到时候不肯去男子家，就要赔钱作为退婚礼。赔不出钱或不愿意赔钱，男子便会邀人来抢，常常挑起械斗。梁河县猛东公社发生的一起抢婚械斗中，就打死1人，打伤多人。另外有些不肯去男子家的女子为了凑足钱退还婚礼，往往利用边民出入境较自由，进行贩卖毒品的活动。盈江县芒璋公社一个20岁的景颇族姑娘，15岁时由父母做主嫁给另一个公社的景颇族男子。当她19岁正式到男子家后，发觉男子心狠，便逃回娘家。男子要求赔偿200元的退婚礼，她父母不愿赔，强迫她返回男家。为了替自己赎身，她卖掉了一对银镯，可还差70元，走上了贩卖毒品的犯罪道路。

二、落后社会风俗流行的原因分析

德宏傣族景颇族自治州解放已经30多年了，为什么一些落后的社会风俗今天还有继续流行的市场呢？这里面有着深刻的历史原因和复杂的现实原因。

（一）历史的原因

我国是一个幅员辽阔的统一的多民族国家。自古以来，各族人民劳动生息和共同奋斗在祖国的土地上，为开发和保卫祖国的疆土，创造灿烂的民族文化，都作出过不朽的贡献。但是，由于社会历史发展的不平衡性，造成了汉族与少数民族之间，少数民族与少数民族之间在政治、经济和文化等方面发展的不平衡性。德宏州也是如此，解放前，傣族聚居的地区已经进入封建领主经济，实行土司制度，并早有了自己的民族文字，而景颇族居住的山区还处于原始公社的末期，奴隶社会刚刚开始，到本世纪20年代才创造出民族文字。落后的社会风俗是由落后的社会经济，落后的社会文化，落后的社会生活方式决定的。而作为历史产物的风俗习惯，具有源渊流长，时代久远的特点，一经形成，便总是和民族的社会心理交织在一起，具有相对稳定性和独立性的特点。尽管旧的经济基础和社会制度灭亡了，但它还会在一个较长的时期内存在着，只要遇到适宜的气候，就会借尸还魂，重新成为破坏社会进步的消极力量。

（二）现实原因

建国以后，在党的民族政策指引下，我们采取慎重稳进的方针，疏通了民族关系，加强了民族团结。在此基础上，根据各民族解放前社会发展的不同特点，从1952年开始，先后分别采取土地改革，和平协商土地改革和直接向社会主义过渡的政策，进行民主改革和社会主义建设工作，继承和发扬了体现本民族勤劳勇敢，诚实善良，助人为乐等一类进步的风俗习惯，同时，又自己起来破除了一些不讲卫生，阻碍生产，不利于民族团结的落后的风俗习惯，如解放前云南佤族地区流行的砍人头祭谷子的野蛮现象等。少数民族人民的生活方式和精神面貌发生了可喜地变化。但是，十年动乱期间，林彪、江青两个反革命集团疯狂推行极左路线，干扰破坏党的民族政策，制造民族分裂，人为地中断了边疆经济文化等各项事业发展的进程，造成严重的历史倒退。正是在这种特定的社会条件下，某些濒于绝迹了的落后风俗又死灰复燃。还有一个重要原因，就是近几年来，境外村寨的一些商人和敌特利用电视录象一类现代化的传播工具，大肆宣扬色情、暴力、落后风俗、宗教迷信等荒诞的东西，甚至公开播放人畜淫乱的录象片，放人畜淫乱录象带并趁边民互币之机，将十几种反动黄色书刊和大量毒品偷运入我境内销售，腐蚀毒害我青少年。由于这些内外因素相结合，从而，使得一些少数民族青少年利用落后的社会风俗进行犯罪活动和在落后风俗的不良影响下走上犯罪道路的现象，成为当地一个尖锐的社会问题。

家庭与未成年人违法犯罪

（1980年）

罗 锋

（一）

新中国成立后，随着上层建筑和经济基础的大变革，家庭结构、家庭生活形式发生了显著变化。

（1）大家族日趋瓦解，由父母和未成年子女组成的小家庭，普遍代替了几千年“几世同堂”、“数代同居”的大家庭。

（2）由于城市妇女普遍就业，双职工家庭在城市已相当普遍。

（3）由于社会主义革命和社会主义建设的需要，人员流动造成夫妻分居两地的家庭增多。1977年，全国夫妻分居两地的干部，占干部总人数的7％。近几年经过调整后，这个问题依然普遍存在。

(4)"文化大革命"十年浩劫，使成千上万个家庭陷入苦难的深渊。一人遭破害，家庭成员受株连，夫妻被迫离婚，子女被迫与父母脱离关系，致使无数家庭家破人亡、骨肉分离。

我国家庭上述几种变化情况，在客观上使家庭教育的职能大大削弱，而学校教育和社会教育又没有相应有力的措施来弥补家庭教育上的缺陷。这是我国未成年人违法犯罪增长的重要因素之一。

据调查所知，在某少年管教所违法犯罪未成年人中，父母是双职工的家庭占80%以上；父母两地分居的家庭占8%左右，在某监狱被判刑的未成年人中，受政治迫害的家庭占13%左右。

这些未成年人违法犯罪的具体原因和背景，属于家庭方面造成的，首先是缺乏双亲的严格教育和监护。由于父母都上班，每天早出晚归，无暇顾及子女的事情，而孩子放学回家后，父母不在家，生活上无人料理，学习上无人辅导，在处事中遇到挫折，无人商量和帮助。这种寂寞凄凉的家庭，对他们没有多少温暖和吸引力，因此在外面哄闹的时间较多。这就很容易受社会的不良影响或坏人引诱而误入歧途。而对于他们的变坏，父母一般难于及时发现，及至问题披露，因恶习已成，教育矫正也较难。其次，十年浩劫中，不少家庭遭到破坏，其子女也深受其害。他们不仅失去了接受家庭教育的机会，无力抗拒社会不良风气的侵袭，而且常常遭受社会的歧视，当他们在政治、经济和生活上的基本权利被剥夺殆尽时，蔑视一切社会秩序的倾向也就愈加增长。而"蔑视社会秩序最明显、最极端的现象就是犯罪"。（恩格斯：《英国工人阶级状况》，《马克斯恩格斯全集》第2卷第416页）十年动乱造成的家庭悲剧和社会悲剧，是未成年人、特别是有的干部子女违法犯罪的根本原因。

(二)

不仅家庭变迁造成家庭教育职能的削弱与未成年人违法犯罪有关，而且由于其它原因所造成的家庭破裂，也容易导致未成年人产生不良行为或违法犯罪。

根据调查，在某少年管教所57名违法犯罪的少女中，破裂家庭占50.9%；在71名男少年中，占26.76%。具体情况如表1所示：

表1

家庭状况	57名少女中		71名少男中	
	人数	百分比	人数	百分比
父或母亡	父5母10	26.5	父6母5	15.5
父母离婚	4	7.04	1	1.45
父母被剥夺自由	10	17.54	7	9.81
以上合计	29	50.9	19	26.76
父母双全	28	49.1	52	73.24

表1表明：（1）父母之一死亡所造成的家庭破裂，对未成年子女的威胁最大，在违法犯罪男、女少年中所占的比率都很高；（2）各类家庭破裂状况，在违法犯罪少女中所占的比率都很显著，合计百分数达50.9；而在男少年中似乎不太突出，合计百分数是26.76，但是实际上，破裂家庭，在家庭总数中是极少数，因此，在违法犯罪男少年中，破裂家庭占26.76%，这个比率仍然是较高的。

调查案例说明，一些未成年人失足犯罪，往往是被父母遗弃后离家出走，流落街头，生活无着，便在坏人诱惑下，开始了犯罪的活动。男孩子主要是盗窃，而女孩子则去进行绺窃或性犯罪。在违法犯罪未成年人中，几乎所有被家庭遗弃的少女，不是性犯罪的受害者，便是性方面的违法犯罪者。

（三）

未成年人违法犯罪，并不是他们先天生理有什么缺陷，而是后天不良教育和影响的结果。不良家庭教育的表现方式主要是：盲目溺爱、包庇过错；歧视、打击、粗暴体罚。

在某市一个居民区被调查的违法犯罪未成年人中，受各种不良家庭教育的影响，如表2所示。

表2

不良教育方式	34名犯罪者中		100名犯罪者中	
	人数	百分比	人数	百分比
盲目溺爱	16	47.7	32	32
粗暴体罚	8	23.4	21	21
包庇过错	6	17.5	16	16
其它	4	11.7	31	31

(注)"其它"一项指教育不一致、讥讽、歧视等。

统计说明：（1）在各种不良家庭教育中，盲目溺爱，对未成年人的危害最大，其次是粗暴体罚，包庇过错；（2）各种不良家庭教育方式，在有犯罪行为的未成年人中所占的比率，比有一般违法行为的未成年人都高，这足以说明不良家庭教育恶果的严重性。

父母爱子女是人之常情，但是过渡的溺爱，也容易产生不良行为。常见的倾向是，有些父母只知道使自己的孩子衣锦食美，却忽视了给他们以良好的精神食粮，这就很容易使孩子产生贪图享受、好逸恶劳、只顾自己、不顾他人等不良思想，当家庭或社会不能满足其无理、过高的物质欲望时，他们便可以不择手段，甚至因而走上违法犯罪的道路。

盲目溺爱必然导致放任，而放任的最大危险，莫过于对子女的过错、乃至违法犯罪行为进行袒护和包庇，值得注意的是，这种现象在不少的家庭里是常有发生的，未成年人失足犯罪，都有一个发展过程。其原因固然很复杂，但是就家庭教育来说，父母对他们自幼娇惯放任确有很大关系。有的父母不仅在物质方面毫无节制地满足孩子的无理要求，而且对他们损人利己、小偷小摸、打架斗殴、伤害他人等不良行为，置若罔闻、听之任之。把子女培养成骄横任性的“小暴君”，最后误入歧途还不能省悟。

应该指出的是，盲目溺爱往往在对待“独生子女”或“末生子女”上表现的较为突出，从而造成了“溺子如杀子”的可悲结局。某少年管教所304名违法犯罪少年中，“独生子女”占21%，末生子女占38%。

本来，“独生子女”家庭，在客观上存在许多有利于子女身心成长的优越条件。如家庭经济因子女少而富裕些，这就使子女的健康成长具有可靠的物质保证，父母有较多的时间和精力来培养、增强子女的求知欲和进取心，为他们的智力发展奠定良好的基础。但是，在多数“独生子女”父母的心理上，往往潜存着易于导致溺爱的某些危险。这种危险就在于，“独生子女”不仅是父母爱情的唯一结晶，而且是他们家庭生活乐趣的重要源泉。因此父母对任何可能引起子女患病、死亡或其他变故的因素都感到恐惧，从而很容易把对孩子天然本能的情爱，变成病态的溺爱，对他们纵容放任、甚至袒护、包庇他们的过错或恶行。

随着“计划生育”、“一对夫妇只生一个孩子”的政策普遍贯彻落实，“独生子女”必将大大增多，他们能否健康成长，不仅是哪一个家庭的问题，而且也是整个社会的一个重要问题。因此，“独生子女”家庭和社会各有关方面，从现在起，就应当高度重视“独生子女”的教育问题。

对子女盲目溺爱、袒护、包庇他们的过错容易导致不良行为。但对他们的过错施以粗暴体罚也必将造成严重的后果。有的心理学研究者认为：少年期的未成年人，有强烈的独立意向和自尊心；好感情用事但又不善于控制，常因一点小事就会被激怒而表现出反抗行动。特别是在父母干扰、压制他们的意见并责打他们的情况下，极易被激怒而暴发。调查发现，一些性情暴烈或动不动就对他人采取暴力行为而不计后果的未成年人，大都是在父母的压制下长大的。抢劫、行凶、伤害等暴力犯罪的未成年人，一般都具有上述心理特征。有的未成年人正是不甘忍受父母或兄长的打骂弃家而逃，在社会上开始违法犯罪的。

（四）

未成年人好奇心强、可塑性大，易受暗示，善于模仿，但识别是非、控制、监督自己的意志和能力较弱。因此往往把一些不良宣传和染有不良行为的人物，作为自己心目中崇拜的偶象而予以效仿。由于父母和子女天然特殊的关系，所以父母的各种不良恶习，都有形无形地给子女以暗示的影响，并刺激他们模仿大人的不良作为去行事。这些不良行为的发展，很容易导致违法犯罪行为。

值得一提的是，家庭成员特别是父母亲的违法犯罪行为的影响及直接教唆，对未成年子女的危害更大。在有的家庭里，酗酒、赌博、放荡、盗窃之风盛行，父母的坏行为与子女的违法犯罪行为之间存在一定的因果关系。有的父母让无经济收入的子女给自己买烟买酒，却不给钱；有的自己偷盗行窃，让子女帮助望风；有的甚至胁迫子女违法犯罪，夫妻在家坐吃赃物。有的未成年人其所以走上歧途，往往是这种行为败坏的父母教出来的。父母亲品行不端或违法犯罪行为对未成年子女的影响，甚至比弃而不教的危害更大。

在这里，有必要对父母的性生活不检点、特别是腐化堕落行为与未成年子女性违法犯罪的关系作一简要的分析。因为这个问题是导致一些未成年人性违法犯罪的重要因素之一，但在现实生活中，却往往被人们所忽视。

调查资料表明：在未成年人的违法犯罪行为中，性犯罪行为所占的比率较高。一般情况是在犯罪女子中占40%左右，在犯罪男子中占20%左右。但总的来看大多数违法犯罪未成年人的性关系都相当混乱。其原因，一方面与他们生理和心理发育特征有关；另一方面也是起决定性因素的，就是社会或家庭不良环境的影响。

未成年人正值性机能从萌发到日趋成熟的时期，随着年龄的增长和性意识的发展，关心并追求异性刺激的心情便更加强烈。因此在与父母同一卧室或同床的情况下，受父母性生活影响的机会就较多。一些性违法犯罪的未成年人，在11、12岁时，就显有早熟及经常对异性心猿意马的现象，有的甚至对异性儿童做性的试探，这往往与父母性生活的轻率行为或腐化行为有关。

略论独生子女家庭中的青少年犯罪问题

（1983年）

薛　敦　方

（一）

如果我们把一对夫妇加一个孩子的家庭称之为独生子女家庭的话，那么它将成为我国现代城市家庭的主要模式。随着社会的政治、经济和文化的发展，独生子女化必将成为一种趋势。我们可以预计，将来即使政府允许人们生育第二胎，但独生子女仍然会成为城市人民所选择的生育方式。独生子女在给我们带来新的家庭结构方式的同时，也给我们提出了如何对独生子女进行社会化教育的重大问题。美国、西德和苏联的一些心理和医学专家经过长期的研究，得出独生子女是“问题儿童”、“独生子女本身就是一种疾病”的结论。我们尚且不论证其正确与否，但我们从大多数独生子女在形成其人格过程中所出现的不完全社会化的迹象中，可以认为独生子女与非独生子女相比，较多地存在着一些问题，诸如任性、自私、骄傲自大、不合群等等。这些缺点固然可以通过各种教育途径加以矫治，但如果让其任意发展，则可能养成偏离社会的人格乃至走上违法犯罪道路。

随着独生子女家庭在我国大量出现，势必给我们提出如何防止独生子女犯罪的问题，这个问题不加解决，势必会影响我国的人口质量。目前独生子女犯罪正呈上升的趋势。

据笔者对上海市几所工读学校的调查表明，在校独生子女的比例已由1979年的23%上升到47%，这种情况随着家庭结构的独生子女化还可能上升。虽然独生子女与犯罪并没有必然的联系，但由于社会上家庭模式在变化的过程中，人们利用旧有的教育方式抚育现代的独生子女，不可避免地对他们溺爱过度，以致使许多独生子女形成不完全或者非社会化的人格。因此现代的独生子女比非独生子女更容易潜伏偏离社会规范的基因，在以后的社会环境中一旦某个环节控制不力就有可能使这些基因诱发反社会的行为。因此，我们不仅需要独生子女家长而且更需要全社会来关心和注意这个问题，以防止他们走上违法犯罪道路。

（二）

独生子女犯罪虽然可从主观因素与客观因素等诸方面加以综合地研究，但我们如果从社会心理学的角度加以深入地研究的话，就不难发现独生子女犯罪主要是父母溺爱过度的结果。众所周知，独生子女最大的特点是“独”，这个特点决定他们在家庭人际关系及经济方面的独特地位。由于这种地位的存在，他们很容易形成以自我为中心的、以父母对其百依百顺为价值的心理。这种心理的急剧发展必然要与以代表社会公认的价值观念与道德规范发生冲突，从而可能形成外倾的、攻击力很强的反社会人格，甚至走上违法犯罪道路。

独生子女从形成自我为价值的主观心理到走上违法犯罪道路往往经历着以下几个阶段：

首先，形成独生子女犯罪的反文化心理是在婴儿时期被父母培养起来的。独生子女是作为天使降临在家庭中的。他们的出生对母亲来说尤其珍贵。现代妇女的结婚年龄大为推迟了，生育时又大都近30的年龄。她们大都在工作与事业上失去与他人竞争的机会，在业余生活上很少与同窗好友交往，而且她们又得到近一年的产假，因而她们有将全部心血用来抚养自己孩子的充分条件。如果我们从婴儿健康的角度来分析，这种优越的条件是颇为理想的。但年轻的父母亲如果以不正确的抚养方法来满足婴儿的欲望的话，则不利于对婴儿进行早期社会化教育。母亲的爱护和照顾超过一定的限度，就会使孩子在早期的性格发展异常，比如说我们可从婴儿哭时的情景来分析年轻的母亲在抚养方法上的缺陷。在多子女家庭中，由于子女多而产生繁重的家务使母亲在婴儿（第一个除外）哭的时候无暇顾及。除有疾病以外，母亲只能稍给予照顾就忙于他事，而婴儿哭着哭着不久就会自行停止。从婴儿从哭到自行停止的过程中，我们不难发现其已有克制欲望的习性。在独子女家庭中，婴儿的哭是在欲望得到满足的前提下停止的。这时的父母往往处于“垂直的亲爱”因子值最高的时期，父母对孩子的亲密程度最强。当孩子以哭的形式表露自己的欲求时，年轻的父母往往作出让步。虽然独生子女在婴儿期意识呈不完全状态，但从父母对其千哄百让的迹象中逐渐养成满足自我的习惯，这种习惯逐渐就会发展成为任性与自私的主观价值。它对以后的行为起到了奠基性的作用。

其次，父母的溺爱往往使幼儿时期的独生子女将早期的不良习性得以强化，以致形成早期的反文化心理。幼儿时期是形成一个人社会化的重要时期。据心理学家分析，这个时期是孩子的“第一反抗期”。这一时期所显示的是人的个性萌芽的结果。中国有句古谚“三岁看老”，颇能说明这个问题。如果家长能在这一时期对子女进行良好的教育，那么对其道德意识以及正确价值观念的形成具有不可估量的作用。但如果在这一时期放弃教育或者进行不正确的教育，那么在长大以后再要矫正其不良习性则要困难得多。有许多独生子女家长在这一时期往往忽视对子女进行良好的社会化教育，他们只是被孩子所显示的天真而可爱的个性所迷惑。这时期的孩子固然有许多可爱之处，他们颇能博取父母和其他亲属的喜爱。他们能说惹人喜爱的话，能唱动人的歌，这样就使父母加剧对他们的疼爱。在这些可爱而天真的同时，却往往出现父母们所无法注意的人格偏差的危机现象，这些现象往往表现为这些孩子在父母的骄宠下自私而任性，要什么父母就得给什么，否则便哭闹不止。他们中有的甚至将父母当作牛马加以骑耍，爬在桌上拉屎撒尿。这些小事往往被一些年轻的父母当作天真的恶作剧加以放纵，不对其进行严厉的惩治。实际上这是十分危险的，孩子在这种单纯而天真的行为中很容易发展他们的不良个性，这些小事的凝聚与发展往往成为以后反社会行为的强大的内在动力。

再次，进入小学时期的独生子女其反文化心理的进一步发展很可能使他们形成外倾的，攻击力很强的行为。孩子在进入到小学这个社会环境以后，标志着开始接受社会对其进行道德规范和价值观念的教育。孩子以学校老师和其他儿童为参照群体，逐渐培养自己的自律性行为。但对那些在家中已形成反文化心理的独生子女来说，他们要培养自律性行为是颇为困难的。父母的过分溺爱，使得他们从小就产生一种优越感，它往往使他们既无法处理好家庭关系又无法处理好学校的人际关系。他们往往将在家中养成的自私、任性习惯带入到学校中。他们在家庭中扮演皇帝的角色，可以随时支配他们的父母，到了学校以后也力图使自己扮演同等的角色。但是，当他们这些生活模式与角色被别人打破以后，他们往往表现出外倾的攻击性行为。因此，他们在学校里经常表现为既不尊重老师，又不善于团结其他同学。当老师对其不良行为进行批评时，他们力图以家中对父母的方法予以抗争。有的还表现为上课调皮捣蛋，下课欺负其他同学，与其他同学打架等等。

第四，独生子女反文化心理的存在往往成为中学时期走上违法犯罪的中介因素。日本的许多心理学家把青少年在中学时期称作为身心发展的第二反抗期（参见陈永明《日本青少年违法犯罪及其治理》，《外国教育资料》1980年第3期第38页）。他们正处于心理断乳时期，第二性征的成熟使他们在发展意识的同时，也增加了对自己的认识。处于这一时期的独生子女与非独生子女相比更具有不稳定的迹象。他们正力图从家庭的自我发展为独立的自我时期，而且出现了从心理上摆脱父母而在经济上越发依赖父母这种矛盾的心理状态。同时由于家庭教育的非社会化，使得他们中的许多人在这一时期具有非常浓厚的危险色彩。特别是那些在小学已形成反文化心理的独生子女，更易走上违法犯罪道路。他们在中学时期更欲摆脱家长和老师的控制，按照自己的想法去活动。他们在形成自己世界观的过程中，由于非社会文化心理结构的内驱力作用，使他们自觉或者不自觉地向社会显示自己的破坏力。因此他们往往要与社会的道德规范和价值观念发生冲突，轻则与他人斗殴，重则行凶伤人。他们在心理上力图摆脱父母控制的同时，在经济上却越发依赖父母。独生子女由于在家庭中的独特地位，使他们在早期随时可满足物质上的欲望，这种说一不二的经济地位延续到中学时期不免有些动摇了。他们在中学期这种巨大的超出父母经济能力的欲求是无法满足的，已近中年的父母要去满足子女具有成人的经济需求则是困难的。因而，独生子女与父母在经济上的冲突就不可避免了。矛盾冲突的结果往往使那些养成不良习性的独生子女急剧发展他们的个性，轻则偷拿父母的财物，重则将目光投向社会，从社会上获取想在家中得到但无法得到的东西。因而，走上偷盗、抢劫的道路往往在这种情况下发生了。

以上我们分析了独生子女在其家庭中形成反文化心理乃至走上违法犯罪道路的过程。这种过程并非所有的独生子女都存在，但对于那些放纵对独生子女教育的家庭来说是不难存在的。由此可见，造成独生子女犯罪的原因主要是父母的教育缺陷，正是由于他们的溺爱过度，才使他们的子女走上违法犯罪道路。作为父母应当承担主要责任，他们应该从中吸取教训，也希望那些未犯罪的独生子女家长从中得到借鉴。

（三）

独生子女化的人口结构方式出现在我们的社会，那么独生子女犯罪也必然具有时代的特征。我们固然可以从家庭环境中分析出独生子女犯罪的原因是其父母溺爱所造成的反文化心理的凝聚过程。但父母对其溺爱的原因是什么呢？这是值得我们加以深入研究的。因此，我们必须从社会环境中寻找父母溺爱的原因。这些问题的探讨对于如何从根本上防止独生子女犯罪乃是具有一定的现实意义的。

社会传统的生育观念的变化是造成父母对独生子女溺爱的原因。现代社会的发展使得人们无法再承袭多子多福的传统观念。人们不仅为了从经济方面迎合社会的需要，而且必须从人口的数量上适应社会的发展。过去那种多子女的情况按现代的生活方式加以抚养是每个年轻的家长无法承受的。社会文化与经济的发展使现代的父母开始追求诸如旅游等满足精神需求的生活方式的同时，也改变他们的生育观念。但年轻的父母在改变生育观念的时候，却又受到沉淀在脑中的中国传统育子观念的影响，因而他们往往处于矛盾的心理状态，一方面他们希望少生孩子以适应社会的发展，另一方面他们却产生一种狭隘的、近似荒唐的不安心理，那就是生怕孩子遭到不幸，以致无人传宗接代。这样，他们势必将全部心血放在孩子身上，以致造成溺爱过度。

文化水平低与对孩子过高的期望的矛盾也促使父母对子女溺爱，进行非社会的教育。据调查，目前独生子女家长的年龄29岁～40岁的占84％，而文化程度初中的却占77.3％（参见孙少强《家庭教育心理学讲话》，中国妇女出版社，1982年第1版，第11页）。严格地说，真正达到初中文化程度的不到20％。因此80年代的父母有许多人的知识结构远远落伍于时代。他们从主观上力图给孩子以社会化教育，但在客观上这种教育方式乃是生物性的、类似动物哺乳后代的外化教育。他们除了对孩子单纯地滥施父母之爱以外别无他法。一旦发现自己的子女行为不轨时，他们大都又缺乏耐心细致的思想教育，单纯地采取棍棒方式予以惩治。这种恨铁不成钢的教育方式往往又唤起那些子女内心深处低劣的本能，以加速他们走上反社会道路。

社会对独生子女的过分宣传也加剧了家长对独生子女的溺爱。年轻的父母生活在处于互动关系的人际社会中，他们极易从社会上感受对独生子女的宣传信息。社会物质生产力的发展使一些企业为了增加利润而将目光放在孩子的身上。五花八门的儿童衣着用品及精美的玩具给孩子们带来崭新的世界，这些既迷蒙了孩子们的眼睛，又冲昏了父母的头脑，使得他们过分地从物质上满足孩子的欲望。社会上人们对独生子女的相互关心和爱护也加剧了独生子女家长的溺爱心理。特别是在里弄等社区环境中，孩子们往往成为维系人们感情的纽带，人际关系的融洽与否往往在孩子身上得到体现。这里固然有人们对儿童喜爱的天性，但更主要交杂着人们的交际定势。当孩子出生以后，无论该孩子长得如何总对孩子加以称赞，当孩子学会走路时经常将孩子带入自己家里吃喝。这些既给年轻的父母带来了对独生子女更高的期望，但同时也加剧了对独生子女的溺爱。孩子的反文化心理很容易在这些因素的互动作用中产生。

学习困难与青少年违法犯罪

（1984年）

刘　安　求

"学习困难"这一概念，借用医学的术语来说，是一种"综合症"。当然这不是一种躯体疾病，而是教育学中的"病理现象"。提出这一概念，是因为"学习困难"对于青少年教育与青少年犯罪的研究有一定的现实意义。据调查，"学习困难"的学生所占比例一般为3—9%。以下就其学习困难的成因以及与违法犯罪的关系提供一些线索与粗浅的看法。

一、"学习困难"的原因

（一）教育不当，未养成学习习惯。教育界老前辈叶圣陶老人说过："教育是什么？简单地说，只须一句话，就是培养良好的习惯。"习惯是人的心理特征之一，培养良好习惯特别是爱学习的习惯，应从少年儿童开始。

对少年儿童进行"爱学习"习惯的培养是多方面的。首先是家庭的教育。家长必须以正确动机进行启迪，不能脱离实际过高地要求，并要注意方法，把孩子的注意力、兴趣引导到学习上来，如果用简单粗暴的方法，容易挫伤他们的积极性，破坏学习习惯的形成。学校老师的教育是起主导作用的因素，既要注意用普遍的、常规的教育方法，更要针对不同学生的人格特征区别对待，因材施教，循循善诱，交给学生打开知识宝库的钥匙，养成良好的学习习惯。学习习惯是学生品格的体现，而品格的培养不是孤立的，尤其与共产主义理想和道德教育不可分割。我们不应只注意培养"尖子"，一味追求升学率，忽视、甚至放弃"差生"的教育。学校和老师的"偏爱"，一般学生是很敏感的。一旦意识到自己不是"重点"，心理上的上进心就可能受到动摇而逐渐丧失信心，随之也就会失去兴趣，最终成为“差生”，以致退学或逐渐走上违法犯罪道路。当然造成“学习困难”，还有其他种种社会因素。比如师资素质不高，教育体制结构不够协调，课程多，学生压力大，启蒙教育基础差，社会风气不正等因素，都可直接或间接起作用。

（二）低能。即精神发育不全，由于先天或后天因素导致大脑发育障碍。

精神发育不全的表现主要为两个方面：一是智能障碍；二是适应生活环境的能力低下。其程度参差悬殊，一般分为：重度（白痴）：智能极低，不会言语，也不能理解，生活完全需人料理。中度（痴愚）：词汇概念缺乏、思维能力差，基本上没有正常的学习能力，可从事简单劳动，生活需人监护。轻度（鲁钝）：这是最大多数，一般占整个精神发育不全的1/2以上。他们中间个体差异大，重者接近中度，轻者接近正常人。重、中度者完全丧失学习能力，是显而易见的。与青少年“学习困难”有关，主要是轻度精神发育不全者，尤其是那些不易被老师和家长发现的边缘状态的学生。在学校常常表现为：学习非常吃力，成绩很差，其中数、理、化常不及格；机械记忆尚可，但理解能力差，不会结合实际灵活运用；能自理生活，但难以适应复杂的、变化的环境；行为迟钝或异常胆怯、驯服，任人摆布或粗暴冲动，扰乱秩序。一般开始虽能勉强学习，终因无法跟班而留级以致最后退学。

（三）多动症。“多动症”主要见于儿童期（少数可迁延到青少年期），以突出的多动症状，伴有注意集中困难、情绪不稳、任性冲动，故全称儿童期多动综合症。这是一种常见的儿童期神经系统疾病，严重地影响儿童的教育。据北京、南京、上海、广州、武汉等地调查，发病率一般为2—3%。

多动症最基本的临床特征是：多动、活动过度；注意力不集中；情绪不稳；冲动任性；普遍协调不良；品格障碍；反社会行为等。在学龄期突出的后果是：不能正常接受教育，学习成绩差，扰乱课堂秩序，难以坚持学习。与违法犯罪有直接关系是少年期的表现：除了依然注意力不集中、多动、接受教育困难外，还有情绪不稳、激惹性增高、易冲动攻击和产生破坏行为。同时还表现有：说谎、恶作剧、斗殴、争执，常常出现各种过失行为，严重影响学习和生活，甚至影响社会治安。

（四）特殊学习无能。“特殊学习无能”我国还很少使用这一概念。国外，如美国的儿童特殊学习无能法案就采用这一概念。他们规定的定义是：特殊学习无能儿童在对语言或文字的理解与运用的心理过程方面，具有一种或一种以上的障碍，表现为听、讲、读、写或计算等方面。可见包括：知觉缺陷、失读及发育性失语（有的学者把多动症也包括在内）。不包括感觉缺陷、精神发育不全和教育不当所导致的学习无能。

特殊学习无能的发生率一般占整个儿童的3—7%左右，主要表现为潜在学习能力的发挥水平低。如果把一部分轻微脑功能失调（MBD）也包括进去，则表现为活动过度、不能安静、注意焕散、情绪不稳、冲动或共济失调、动作笨拙，语言困难、阅读困难和计算困难。这就直接导致学习能力降低。

（五）人格异常。人格异常是指（一种或多种）人格特征在结构和强度上明显偏离正常。

人格异常的儿童与少年不能很好地接受教育。他们智能并无障碍（类病态人格可有智能障碍），经常逃学、暴怒、记仇、不能与同学正常相处，逗寻是非、恶作剧、撒谎、欺骗老师，不守课堂秩序，而且屡教不改。所以不仅自己难以学习，而且干扰周围的同学，最后总以退学或开除告终。

二、学习困难与青少年违法犯罪的关系

“学习困难”与青少年违法犯罪的关系是多方面的，有的是由导致“学习困难”的原因直接所引起，但大多数是间接关系；有近期的，即在校期或离校不久，此类多为儿童过失或少年违法；有远期的，即由于“学习困难”所导致思想意识与人格特征的变化和一系列社会问题所导致或促发，这类多为青少年违法犯罪。

（一）对“学习困难”学生的教育失当，这往往包括忽视全面的品德教育。经常可以看到这样的现象：学业成绩优异的学生，各方面的表现也比较好；学业成绩不佳的学

学习困难与青少年违法犯罪的关系示意图

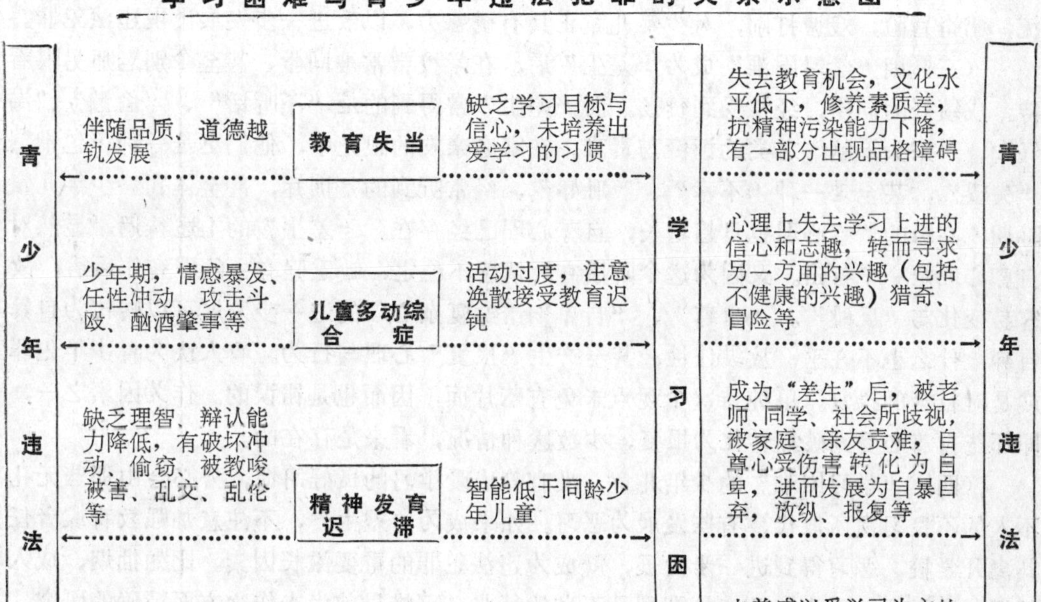

生，各方面的表现也比较差。德育是教育工作的统帅，共产主义思想教育又是德育的灵魂。所以对学生来说，热爱学习就是一种重要的品德。可见德育与智育是统一的，二者之间互相影响、互相促进。如果对“学习困难”学生的品德教育稍有忽视，就有可能出现不同程度的品格障碍，其中一部分有可能进一步发展，表现某些反社会行为：损人利己、偷窃、破坏、攻击行为等。

（二）少年儿童阶段，中枢神经系统（主要是指脑）发育迅速，尤其是12—14岁是大脑发育加速期。此时大脑重量可达1400克，接近成人的大脑重量。加之内分泌系统（主要是性激素）的发育也很迅速，故此期在生理上既是生机勃勃又很娇嫩。相应心理上的表现是极为活跃，但很不成熟、很不稳定，人格素质具有高度的可塑性；社会化倾向也处在明显增长期，对外界事物非常敏感、好奇、好动，对所接触到的外界事物，都要问个“为什么？”都要试一试。然而又毕竟是“初生之犊”，缺乏经验和辨别能力，不会周密思考、权衡得失和后果。如果恰恰在这个年龄阶段“学习困难”，得不到及时的补救与引导，就有可能丧失进取向上的信心和志趣。处于富于追求、精力充沛的精神状态下，得不到正确方面的满足，势必会去寻求其他方面兴趣来取代。而放任自流，猎奇冒险，戏谑打闹，对少年儿童正具有诱惑力，以致进一步发展出现违法犯罪。

（三）因“学习困难”成为“差生”后，在学校常常被同学、甚至个别老师另眼看待。成绩好的同学，经常受到赞扬，而“差生”常得到的是“不听话”、“偷懒”、“淘气”、“笨头笨脑”之类的评价与责难。在家庭亲友的眼光中，他们更是一种“包袱”、“失望”，甚至是一种“不幸”、“耻辱”，经常听到的是训斥，甚至体罚。少年儿童时期，高级的情感心理也日趋增长，自尊心理已经存在。“差生”的上述待遇，显然对自尊心理是一个打击。又因为这个阶段高级情感不稳定，缺乏强有力的理智作后盾，故容易变化与“反跳”。“自尊”、“自卑”错综复杂心理的进一步发展可以转化为自暴自弃，什么也不在乎，放纵任性，甚至产生“报复”心理与行为。有人认为青少年犯罪就是对社会的报复。单纯持这个观点未免有些片面，因而也是错误的。作为因素之一，即那些自尊心受到破坏转化为报复，少数这种情况，看来是存在的。

（四）“学习困难”的少年儿童，没有养成爱学习的良好习惯，势必会由那些无孔不入的不良习惯所取代，有些发展为恶习。如果成为“差生”，不注意加强教育或者任其离开学校，恶习得到进一步发展，就成为违法犯罪的重要滋长因素。比如抽烟，成人抽烟司空见惯，而少年儿童抽烟则是不良的征兆。可惜目前尚未作这方面精确的研究。但有几点是可以肯定的：其一，违法犯罪青少年的抽烟率远远高出一般青少年；其二，青少年无独立经济来源，抽烟的经济耗费可以成为一种违法犯罪动机；其三，抽烟常常是社会交际的一种手段，增加了青少年团伙联系的因素。再说，青少年酗酒，为了酒钱而偷窃，在有些国家（如苏联）是第一位的作案动机。酗酒本身也可导致违法犯罪。因为酒精可以增加兴奋性，降低自制力，助长情感和行为的放纵而违法犯罪。很多伤害、性犯罪是在酒后发生的。看书本来是种好的习惯，如果不正确引导而看那些不健康的、甚至是黄色书籍，则可成为违法犯罪的重要原因（这方面有比较多的研究资料）。另外如，由“打牌”发展为“赌博”，目前青少年赌博违法犯罪很多就是以“打牌”的形式进行的。可见，不良习惯的成因以及违法犯罪的关系很值得进一步研究。

（五）因“学习困难”而放弃教育、退学，又未给予正当出路，流失于社会，与青少年犯罪有着密切关系。中国社会科学院青少年研究所就天津市的学生流失问题作了系统而详细的调查研究，结果表明：学生的大量流失是天津市近几年来出现的严重社会问题，是青少年犯罪的重要原因之一。这一结论在全国有着普遍意义，尤其是大城市，很值得借鉴。

（六）导致“学习困难”的诸原因中，有些同时伴有违法犯罪的倾向。最常见的有以下几种情况：（1）多动综合症：学龄期主要表现为学习困难，但也同时表现有撒谎、破坏、冲动、攻击等过失违法行为。中学期（青少年）则可有：情绪易激惹、冲动攻击、撒谎欺骗、酗酒闹事、争执斗殴以及破坏等违法犯罪行为。（2）精神发育迟滞：这里是指轻度精神发育不全（因为中度以上不是“学习困难”的问题，而是丧失学习能力）。反映在三个方面：其一，少数不稳定性，可表现有情绪不稳、不安宁、冲动、破坏，同时辨认能力和自制能力低于正常青少年。其二，具有不同程度的暗示性和模仿性，常常被社会上的犯罪分子所怂恿与教唆。其三，性成熟后，性欲冲动，由于缺乏理智，容易发生性犯罪。女青少年被害或被诱惑乱交。（3）人格异常：在我国比上述两类要少，违法犯罪可表现为各种各样：冲动斗殴，好记仇而行凶报复，撒谎诈骗、偷窃纵火、性变态、性犯罪等。这一类青少年违法犯罪能当时认错，但屡教不改，故虽然为数不多而在青少年中影响极坏。

论人民内部矛盾与伤害、杀人犯罪

（1986年）

黄　雄　杨秀锦

近年来，广东省因人民内部矛盾激化导致伤害、杀人的案件不断增加。据统计，在全部伤害、杀人案件中，因人民内部矛盾所致的占的比重逐年增多，1982年占53%，1983年占56%，1984年占73%。这类案件，多数伤亡在二人以上，不少是伤亡四五人，多的是伤亡十几人。后果极为严重。因此，如何减少和防止人民内部矛盾激化为伤害、杀人案，是各有关部门必须研究和解决的迫切问题。

（一）

当前导致伤害、杀人案件发生的人民内部矛盾，大致有六种：

1.因争山林、责任田、水利和宅基地等引起纠纷导致伤害、杀人。由于这种原因引起伤害、杀人的案件数量最多。这些矛盾发生较早，存在矛盾较长，有的没有引起注意，有的经多次调解无效或长期得不到解决而积怨成仇，导致伤害、杀人惨祸的发生。如农民彭××，因对一小块竹林和一宅基地的归属问题与邻居彭××发生纠纷，长期没有解决，积怨成仇。彭××为泄气愤，纠集其子女5人，有意挑起事端，于1984年8月27日，将彭××一家8口杀死2人，杀伤6人。酿成震动全村的惨案。又如农民李××，因用水和整理田埂与同村李××发生口角，在争吵中，李××一怒之下竟用锄头将该村民当场锄死，接着又去将该村民的一个女儿杀害。

2．因家庭经济开支、财物使用引起纠纷或因家庭生活琐事争吵引起伤害、杀人。这类矛盾一般发生在夫妻间或缺乏感情的家里，有的仅为一点生活琐事，便引起矛盾激化，或导致夫杀妻，或妻杀夫的悲剧。如女农民廖××于1980年由双方父母包办，与本生产队廖××结婚，婚后夫妻感情不好，常因家庭琐事争吵、打架闹离婚。1984年3月中旬，又因生活小事引起争吵，廖××打了廖××二下，廖××怀恨在心，遂起杀夫之恶念，于同月29日下午用大茶药毒死其丈夫。又如农民何××因大吃大喝，造成家庭经济困难，与其妻苏××多次争吵，其妻提出离婚，经大队调解未离。后又因生活小事产生口角，何××一怒之下，将苏打死。

3．因邻居关系不好，引起纠纷导致伤害杀人。主要有两种情况，一是因房、宅纠纷，这类矛盾时间较长，有的经多次调解无效而结怨，有的多次发生吵骂撕打伤人，最终导致杀人；二是只因生活小事产生口角或怀疑邻居说自己的坏话引起吵骂斗殴，在争吵中一怒之下杀人。

4．因恋爱婚姻纠纷而导致伤人、杀人。主要有两种情况，一是男女青年在恋爱过程中发生纠纷，关系破裂，或者单方提出中断恋爱关系，便加害对方，或毁其容貌，或夺其生命；二是买卖婚姻和包办婚姻。有的女方家庭提出男方先交一定数量的礼金，才同意结婚，男方迫于无耐，感到绝望，便行凶杀害女方或女方亲属。有的父母包办婚姻，使有情人难成眷属而行凶杀人。如青年陈焯新与女青年陈金姐恋爱，要求结婚，但受到女方家人的反对，使婚事不成。陈感到无望，便用炸药包放进陈金姐的睡房引爆，结果炸死2人，炸伤1人。

5．因政治思想差，违反组织纪律，受到单位领导批评而心怀不满，或因单位处理某种问题，不利于自己，而怀恨在心，最后发展到报复杀人。如司机黄××因单位调整其住房不满，他自以为调整其住房是干部邱××决定的，因而对邱怀恨在心，伺机报复，于1984年5月12日晚，用事前准备好的手榴弹，乘机引爆，将邱××等五人炸伤。

6．因道德水准低，与人通奸败露后而加害她人。有的是长期与人通奸，为了达到与通奸者结婚或继续鬼混的目的，杀害自己的妻子或丈夫；有的是因通奸致女方怀孕，因害怕事情败露，而杀害女方。

（二）

为什么上述矛盾会激化为伤害杀人案件？总的来说是同经济、文化落后，也就是物质文明、精神文明水平不高有关。其中有以下几点：

1．经济体制改革以来，特别是农村的基本经济组织发生变化后，人与人之间、人与物之间的关系有了新的变化。争土地、山林、水利等民事纠纷也相应增加。由于我们的政治宣传和法制教育工作跟不上，这样一些矛盾就容易激化。近年来，农村普遍实行了生产责任制，一方面，群众之间的经济关系增多，他们不仅经营自留地和家庭副业，而且承包集体土地和其他生产资料，随之而来的是种植、养殖、用水、排水等关系不断增加，互相干扰也就多了，这就不可避免地发生纠纷，产生矛盾。据中山市有关材料反映，1984年发生这类民事纠纷达913起，参与纠纷2386人，是历年来最多的一年。另一方面，在农村由于实行了生产责任制，个人、家庭与国家、集体之间的矛盾有所减少，但家庭作为消费的经济单位这种职能增加了新的内容，它对于社会生产所负的责任增大，其成员的生产积极性也大大提高，聚集家庭消费品的欲望大大增强。因此，家庭的内部经济矛盾较之过去增多。在这种新的形势下，我们各方面的工作如何跟上去就是个大问题。近年来，因民事纠纷和家庭矛盾导致伤害、杀人案件变化情况表明，1982年只占5％，1983年上升到12％，1984年又上升到35％。

2．农村特别是边远山区道德和法制教育不广不深不经常。严厉打击刑事犯罪活动以来，我们集中力量抓了打击犯罪，取得显著成绩。但是，法制、道德宣传教育等综合治理的措施还没有普及到一切角落，发展不平衡。在农村特别是边远山区表现更为突出。这些地方的群众听不到广播看不到报纸，或者是没有时间听广播，没有文化看不懂报纸。村民会也极少开了。他们的精神文明成了无源之水。而这类案件大部分发生在农村，2/3发生在山区农村和经济不发达的地区。例如，山区农场职工蒋庭会与邻居周保贤，本来两家平时关系较好，只因蒋与周之妻为小事争吵，而导致互相斗殴。女人争吵打架，男人不服气。周保贤闯入蒋家，对蒋妻打几巴掌，双方闹到场部调解，蒋庭会得知其妻被周保贤打了，竟不问情由，持刀赶去，把周当场砍死。法官问蒋为什么杀人，知不知违法犯罪？他说："我一气之下，根来没有考虑到杀人是犯罪的，只想打死他，才解自己的心头恨。"在他的头脑里毫无法制观念。又如农民何锡元，只是听到邻居杨××说丢失了鸡鸭，他自以为是暗指他，竟不问情由，用刀砍伤杨家4人，并砍伤群众1人。公安机关对其宣布逮捕时，叫他收拾衣服去看守所，何犯满不在乎地对执行人员说"不用带衣服吧，过几天我还要回家割水稻"，根本不知道杀人是犯法，要坐牢的。

3．基层调解组织不健全、工作薄弱。当前农村政权机构形式有了变化，原有的组织已不存在。新的机构产生了，但基层治保、调解组织建设又跟不上：有的虽然有治保、调解组织，但基层干部对调解、治保工作不重视，没有安排人员做具体工作，调解人、治保会有名无实。特别是调解工作普遍比较薄弱．大量的纠纷得不到及时、正确的处理；有的地方甚至无人过问，致使矛盾激化，酿成伤人、杀人案件。如农民陈伟欣，因其是养子，常受其兄（养父之子）陈维庭、嫂徐美清的排斥、欺侮，多次引起争吵。陈伟欣也曾扬言要打陈维庭，并曾三次到乡政府要求迁回原籍，未得到解决，要求调解也无人过问。结果导致发生杀死1人，重伤2人，轻伤1人的重大凶杀案件。

4．一些单位忽视抓精神文明建设，政治思想工作薄弱，对人民内部矛盾极不重视，采取官僚主义态度，对孕育祸胎的"小案"视而不见，不列入工作议事日程及时处理。尤其值得注意的是，一些单位实行责任制后，只抓生产，眼睛盯着钱，对矛盾的处理，只是扣发奖金了事，没有认真做思想教育工作，这样不但矛盾未能解决，反而使矛盾激化。如职工杨文忠与同厂职工淡留保同住一间宿舍，常因小事争吵，互相殴打，经厂领导批评教育，分别扣了奖金作为处理。当时矛盾暂时缓和，但未能彻底解决。杨向领导提出调换宿舍，以避免矛盾，没有得到解决。后双方又发生争吵，并且越来越激烈，又没有人再去处理。结果发生了杨文忠暗放电线，将淡电击致死，并碎尸灭迹的恶性案件。

职业问题与青年犯罪

（1985年）

费穗宇

（一）

职业与青年犯罪活动的相互关系，表现在哪些方面呢？

一、谋职过程中的违法犯罪现象

在世界范围内，人们普遍公认这样一种现象，即无业可就的青年犯罪率较高。在我国，这种现象尚无普遍性，但是，前些年，在劳动力供求关系比较紧张的城市，相继发生过待业青年发案率较高的社会现象。

例如，原中国社会科学院青少年研究所青少年犯罪研究室与北京经济学院劳动经济系对我国北方某大城市1978年至1981年四年青少年罪犯情况进行了调查。按罪犯成份分类，得到下表：

表一 青少年罪犯各类成份比重表

年份	学生		青工		青农		待业青年		其他	
	%	环比速度	%	环比速度	%	环比速度	%	环比速度	%	环比速度
1978年	46.5	—	15.9	—	13.8	—	4.3	—	19.4	—
1979年	39.3	0.73	17.1	0.93	14.8	0.93	7.2	1.46	21.5	0.96
1980年	20.7	0.51	23.1	1.30	19.2	1.25	19.6	2.60	17.4	0.78
1981年	17.4	1.48	26.8	2.05	21.5	1.97	24.1	2.18	10.2	1.03

从表一中可以看出：在各类犯罪青少年中，尤以待业青年上升速度最快。

再看四类青少年罪犯增长速度，见表二：

表二 四类青少年罪犯增长速度表

罪犯成份	动态指标	
	平均发展速度	平均增长速度
学生	0.82	—0.18
青工	1.325	+0.352
青农	1.318	+0.318
待业青年	2.019	+1.019

…

由表二可知，待业青年罪犯的增长速度快于青工和青农。四年间以平均每年1.019倍的速度增长。

待业青年在全部青年中犯罪比例较大，犯罪增长速度较快，这种现象在华东、华南、华中、西南、西北各地区的不少城市中均有共同特点。在谋职过程中，偷盗、抢劫、打架斗殴是青年犯罪的主要类型。

二、尽职过程中的违法犯罪现象

青年在从事一定的职业活动中出现犯罪现象也是令人不容忽视的。

（一）渎职罪：少数青年利用职业之便收受贿赂、泄露国家机密、玩忽职守，造成严重恶果，常常作出过上述违法活动。例如××市少年宫无线电辅导员玩忽职守，在无人看管的情况下，开通电源，自动充电，致使电器高温着火，造成整个礼堂古建筑着火，损失人民币30余万元。

（二）盗窃罪：各地均发现有少数青年利用职业的便利，坚守自盗，用非法手段窃取数额较大的公共财物和犯罪行为。例如，西北某城的文物考古队库房里，人们发现珍贵的出土陶瓶、陶罐、陶灶、影青风碗，青花莲瓶、双耳铜盂、汉唐五代铜镜、玉器、鼻壶等65件文物相继遗失，另外，还有935枚玉株钱及明代纸币4次被盗，经公安人员查证，窃贼竟是该仓库年轻的考古队保管员。

（三）贪污罪：从事商业、财会及其他经营性行业的青年中，发生此类违法犯罪现象不少。

（四）交通肇事罪：近年来，随着交通运输事业的发展，青年驾驶员大量增加，但是，由于违反规章制度，如酒后开车，开车交谈等，因而发生事故，致人重伤、死亡或者使公私财产遭受重大损失的事件屡有发生，形成青年交通肇事罪较多的现象。

（五）投机倒把罪：近年来，在自谋职业的青年当中，在国营、集体的企业经营活动中，有些青年利用职业的便利，违反国家金融、工商管理法规，大肆进行投机倒把活动。其主要表现在抬价抢购国家计划收购物资，破坏国家收购计划，从国营和供销合作社零售商店购商品，转手加价出售；个人坐地转手批发，黑市经纪，牟取暴利；买空卖空，转仓渔利；欺行霸市，囤积居奇，哄抬物价；倒买计划供应票证和银行有价证券，倒卖金银、外币、珠宝、文物、外货、贵重药材；偷工减料、渗杂使假、以假充真，骗钱牟利；以替企业、事业等单位办理业务为名，巧立名目，招摇撞骗，掠取财物；出卖证明、发票、合同，代出证明、代开发票、代订合同，提供银行帐户、支票、现金，从中牟取非法收入。在纠正新的不正之风的工作中，各地均发现有一批在职青年参与了上述违法犯罪活动，有的情节极其严重。这不仅扰乱国家金融管理，破坏市场，危害广大人民的经济生活，而且还危害社会治安，腐蚀人们的思想，在政治上也有很大破坏作用。

另外，还有一些青年在职业岗位上做出了侵犯公民人身权利、民主权利的罪行。如少数品德败坏的青年医生、教师借职业之便污辱女青年，强奸少女。此外，还出现“过失杀人”，如某托儿所阿姨因为厌恶啼哭而用被子蒙裹婴儿，造成两个孩子惨死，……等等。

综上所述我们可以发现：与一般的抢劫、杀人、强奸、盗窃案子不同，青年尽职过程中的违法犯罪活动表现了以下特点：第一、犯罪类型与他们从事的职业有密切的关系。从事某种职业带来的种种便利，为他们的犯罪创造了客观条件。第二、犯罪大多数在职业活动中进行的。“边工作、边犯罪”是主要特点。他们无须选择工作以外的时间作案。第三、犯罪大多在职业岗位上进行的。除擅离职守、玩忽职守造成犯罪外，大多数犯罪青年可以在工作岗位上，直接（有意或无意）地从事违法犯罪活动。

三、离职、退职、开除公职后的违法犯罪活动

近年来，随着城市经济改革的发展，职业的横向流动、纵向流动现象都在发展，一些青年出现了辞职、退职现象，随着企业自主权不断扩大，一些屡次违犯劳动纪律的青年也被企业辞退甚至被开除。其中，有些青年是带着冒险投机的欲望从事新的职业活动的，另外一些青年则成了无固定职业的“流浪汉”。个别人甚至成了无业青年。从各地调查看，这种人的犯罪活动主要表现在诈骗、投机倒把，或流窜从事各种刑事犯罪活动（如拐卖人口、盗窃、抢劫）。值得注意的是这些无业青年常常组成团伙作案。

（二）

社会职业与青年的犯罪有没有必然的联系？这是我们必须弄清楚的问题。我们首先必须弄清社会职业与青年社会化的关系。

应当肯定，在社会主义条件下，社会职业对青年的社会化有重要意义。

第一、使青年的社会生活发生了质的变化。在没有从事社会职业之前，青年在社会生活中的特点主要是索取社会提供的维持自身生存的物质生活资料，吸收社会提供的知识信息，接受社会伦理道德，总之是以“学习在社会中作人”为主要特征。然而，一经从事社会职业，青年的社会生活便发生了质的变化，即由“输入”为主，转入以“输出”为主，由“学习生活”转到“建设生活”。职业为青年提供了完成社会化的必要条件。

第二、为青年提供满足其社会物质生活和精神生活需要的经济收入。在社会主义条件下，“每个中华人民共和国公民都有劳动的权利”，“不劳动者不得食”，“各尽所能、按劳分配”，是符合社会生产力发展的基本原则，而社会职业为青年提供了为社会劳动并领取社会给予报酬的机会。另外，社会职业还为青年提供享受社会福利的权力与机会。这就为发展他们日益增长的物质需求与精神需求，为其全面社会化奠定了基础。

第三、为青年进一步接受社会控制创造了条件。青年从事职业劳动，在实际上就是加入了社会经济生活，因而社会受到社会生活的控制或制约，包括法律制约、纪律制约、道德制约等等。同时，任何职业群体内的思想教育，组织管理，劳动纪律，都会对青年的职业行为产生强有力的控制作用。由于职业劳动的分工与协作，也使青年在实践中逐渐形成自觉接受社会控制的意识，养成自觉维护社会纪律的行为习惯。

第四、发展了青年的社会交往。在投入职业生活前，青年的社会交往，还主要是青年与家庭的联系、青年与学校的联系、青年与社区的联系，另外还有青年之间的联系。从组成人际关系的纽带来说，主要还属于血缘关系及地缘关系。然而，投入职业生活之后，业缘关系（由于从事共同的或有关联的工作而形成的人际关系）有了很大发展，由于职业本身的需要，使青年：（1）改变了原来主要是同龄学生的交往，扩大了与中年、老年职工的交往（以交往的年龄为标准划分）；（2）冲破了以学校、家庭、社区（居住地区）为交往地域的局限，扩大交往的空间范围（以地区为标准划分）；（3）改变了过去极少的交往机会，大大增加了交往的频度（以交往的时间为标准划分）；（4）从以往依赖家庭、学校为媒介的交往方式，转入以独立自主为主要方式的交往（以交往手段为标准划分）；（5）社会职业使许多青年有了强烈的交往需要（以社会需要为标准划分）。

第五、为发展青年的创造才能提供了保障。在社会主义条件下，社会职业的发展趋势是，与繁重体力劳动相结合的行业、工种数量日益减少，相反，知识密集型的行业、技术构成高的职业不断发展．这就为青年通过获取职业来运用知识及技术，发展创造才能提供了机会。另外，职业也为青年提供了本工种之间，劳动组织之间，劳动地区之间的水平流动，也为他们的上向流动，提供了机会，这就为青年充分发挥才能开辟了广阔的天地。

综上所述，我们可以看出社会职业与青年的成长，的确存在必然联系。

然而，正如任何事物都有两重性一样，社会职业也有两重性，对于大多数要求健康成长的青年来说，职业提供了青年造福社会的舞台；而对于极少数自甘堕落的青年来说，职业也有引起他们犯罪的可能。其主要表现是：

第一、社会职业为青年提供了参与社会劳动的可能，也提供了扩大消费的机会。不能获取职业，或者是脱离了职业生活，不仅失去了社会劳动的机会，也失去了正当劳动收入的来源。为了满足无止境的消费欲望，其中少数青年就可能铤而走险，走上用违法手段获取经济来源的罪恶道路。

第二、不能谋取社会职业或者脱离社会职业就会减弱青年受控制的程度、范围及时间,如果法制观念淡薄,就可能由目无法纪发展到违法乱纪，直至跌入深渊而不能自拔。

第三、“群聚”是青年期主要心理特征之一。然而，不能谋取职业或脱离职业，就不能发展业缘关系，使正当的、有益的社会交往出现曲折，这样，就为衍生落后群体及犯罪团伙创造了条件。

上述诸点是待业青年与离业青年可能犯罪的因素。

那么，职业对在业青年提供了哪些犯罪可能呢？

第一、职业可以激发犯罪动机。长期与某种职业打交道，一些“职业利益”往往会使某些青年私欲熏心、垂涎三尺。例如“钱迷心窍”的售货员，整天接触大把大把钞票，往往会朝思暮想，企图将人民的钱财占为己有，这种萌生的犯罪动机与他们长期从事某种职业有关。

第二、职业能够提供某种犯罪机会。这种机会往往表现在打着“为社会提供劳动”的幌子，因而犯罪的机会最多、时间最充分、手法最有欺骗性与隐蔽性，因而，犯罪后果及危害往往是十分严重的。

第三、职业劳动实践提供了一定的犯罪技能。本来，职业劳动实践可以为青年的才能提高创造了有利条件,但少数青年也可运用这种技能进行“巧妙”的犯罪活动。例如，运用专业绘画技巧，可以创造伪币，运用雕刻技能，伪造印章等等。

第四、职业可以提供犯罪的经验。比如，会计出纳时常算帐，就能掌握涂改发票的经验。而少数意志薄弱者正是利用了这些经验，进行违法犯罪活动。

第五、职业提供了犯罪的某些“合法”权利。比如，担任“仓库保管员”，有掌握仓库的大权，医生有处方之权，教师有找学生谈话的权利。这种正当的权利被少数犯罪分子利用，就可能在“合法”的招牌下，从事非法的勾当。

综上所述，我们可以得出下述结论：在现代社会中，职业与青年有必然联系，但与青年的犯罪没有必然联系，但是，从事物的两重性观点出发，职业可能成为青年犯罪的因素之一。

（三）

造成青年在职业活动的犯罪内因是多方面的，但是我们认为，错误的职业观及低下的职业道德水平是导致犯罪的主要思想原因。

一、错误的职业观是青年职业犯罪的根本原因。何谓职业观呢？它是人们对职业的基本看法、基本观点及基本态度。一方面，从总体上讲，它包括对人类职业的起源、形成与发展的基本看法，还包括对职业本质、社会意义以及职业的劳动观、幸福观、价值观、苦乐观、道德观、进取观及未来观的认识。另一方面，从个体上讲，她包括了作为个体的人与具体职业结合过程中，表现出来的一系列的思想活动过程，如职业选择、谋职道路、职业态度等各个阶段中应持有的基本观点。

职业观最鲜明、最集中地体现在职业选择上。17岁的卡尔·马克思曾表达了这样一个观点：幸福，就是为他人服务。他说：“如果我们选择了最能为人类福利而劳动的职业，我们就不会为它的重负所压倒，因为这是为全人类所作的牺牲；那时我们感到的将不是一点点自私而可怜的欢乐，我们的幸福将属于千万人，我们的事业并不显赫一时，但将永远存在；而面对我们的骨灰，高尚的人民将洒下热泪。”（见《马克思、恩格斯、列宁、斯大林论青年》第68页）马克思的职业观突出表现在：（1）对人的本质的科学认识，明确提出“劳动专属于人类”；（2）建立在为人类幸福的基础上；（3）具有自我献身的精神。相反，错误的职业观则是建立在为个人与家属“吃喝玩乐”的基础上，以鄙视劳动、以“自我”最小的消耗，换取自身向社会最大的索取为特征的。因此，无论从事何种职业，只要一有可能，他们就可能为这种带根本性的职业观所驱使，作出损公肥私，损人利己的行为，而这种行为一旦得逞，他们就会把一时的侥幸换成冒险的行动，直至走上犯罪道路。

二、低下的职业道德水准是青年职业犯罪活动的直接原因。职业道德是人们从事一定的职业，并在履行其职责的过程中，在思想和行为方面所必须遵循的道德规范和准则。在社会主义社会里，培养高尚的职业道德，可以使我们增强职业感情、树立职业观与职业责任感，形成良好的职业行为与职业习惯。然而，缺乏职业道德，就会对职业的准则及规范置若罔闻、不屑一理。特别是对各种职业活动的种种不正之风，职业道德水准低下的青年更会倾心拥护，率先推行。

职业道德包括道德认识、道德情感、道德意志、道德信仰及道德习惯。职业道德高尚的青年一定能够从这五方面约束自身的认识与行为，相反，职业道德水平低的青年则以个人好恶对待职业的道德约束，并以此支配自己的行为、形成相应的行为习惯。道德与法虽有本质不同，尽管违反职业道德并不能说就是触犯法律，但是，二者之间并没有不可逾越的鸿沟。一般来说，缺乏起码的职业道德观念、肆意违反职业道德的人，必然容易在“气候”适宜时，萌生触犯法律的动机，进而在职业岗位上，直接做出违法乱纪的事情来。

青年犯罪与行业、工种的关系

（1981年）

陈　惠　玉

问　题　的　提　出

1980年下半年以来，上海市青工违法犯罪案件急剧增加。从八月份开始，青工在整个青少年违法犯罪成员中的比例已上升为第一位，打破了学生占首位的惯例。严重的问题是，青工所作的恶性案件和重大案件为数极多。我们在调查中发现：青年工人的犯罪与行业、工种有密切的关系。

上海市公安局对1980年三季度查获案犯逐一排队分析，表明房地局、城建局、建工局、园林局、港务局、区财贸所属系统青工的犯罪率最高，案犯占这些单位青工总数的2.1‰至4‰；处于中间状态的是冶金局、机电一局、轻工局和化工局；犯罪率最低的是仪表局、邮电局、纺织局、电话局，案犯仅占青工总数的0.1‰至0.8‰，高低悬殊，相差40倍之多。

上海市郊农场，共有职工14.7万人，近两年来有犯罪行为并受拘留、劳教、判刑处分的青工共2500余人，占青工总数的17‰，比例明显高于其他行业。

根据基建系统初步统计，住宅、城建、建材等七个局，共有后进青年1.8万余人，占到青工总数的20％。其中被拘留、劳教、判刑的有2500多人，占青工总数的2.8％，犯罪青工的比重更高。

许多有实践经验的公安人员告诉我们：从事劳动强度高、工作条件差、流动分散以及服务性行业和工种的青工犯罪率特别高；相比之下，那些技术性强、工作条件好的单位，情况要好得多。这几乎是一个带有规律性的问题。

黄浦区服务、饮食、环卫、房地、副食等５个公司在今年１—５月，违法犯罪受拘留以上处理的青工有72人，其中初次犯罪的有40人，占到55.6％。初犯的青工一半以上原来表现好，是团员、先进工作者和业务骨干。这就充分证明了这些行业情况复杂，腐蚀性因素相对说多一些。如果不是积极地研究和解决问题，青工中可能迅速滋生出一大批犯罪分子，给社会安定造成威胁，给四化建设带来损失。为了维护社会治安，把消极

力量转化为积极力量，保护青年工人的健康成长，我们对青工犯罪与行业、工种关系问题作了专题调查。

问 题 形 成 的 原 因

部分行业和工种的青年犯罪情况突出的问题，有一个长期形成的过程。既有历史习惯和特定的社会条件的因素，也与现行政策上的疏忽和教育上的脱节有关。正如建工系统有的干部所说，是先天不足，后天失调。初步调查有以下诸原因：

1.多年来分配和招工进来的青年素质很差。因为这些行业从事繁重的体力劳动和服务性工作，社会声誉差，在招收新工人中始终处于劣势。1971年时学校按档分配，当时“劳动惩罚论”盛行，学校把大量品学兼差的学生分进这些单位。建筑材料运输队分进的职工中，有30％的人在校期间已有不同程度的违法犯罪行为。1977年实行了“择优录取”的原则，局面仍无扭转。这些单位报考者寥寥无几，即使考分再低也不能不录用。如去年仪表局招工考录取分数在100分至200分以上，而建工局分数则在10分至20分之间。有的服务行业把考卷上只有“我要吃饭”四个字的人也收进来。因此，大量“双差生”在这些单位云集，互相间交叉感染，风气随之败坏，犯罪随之增加，形成了恶性循环。

2．行业的历史基础和传统习惯也是重要因素。据了解，这些单位大部分是小工场或个体摊子合并而成，老职工多数是原个体职业者。在他们身上保留着浓厚的私有意识和落后散漫的习惯，时时有所流露，对青年工人有很大的腐蚀作用。徐汇区清管站董××，在校时成绩优秀，因父亲有历史问题受牵连，被分到环卫所当清洁工，她认为扫马路下贱而心中懊恼，有的老职工暗示她说：“小姑娘做扫帚星一辈子倒霉，凭你这么漂亮的一张脸，哪里混不到一口饭？！”以后董长期旷工，发展到以卖淫为生。

3．思想教育和文化宣传上忽视了艰苦奋斗的内容。目前，我们确实还存在着许多艰苦的工作岗位，需要青年去奋斗和改造，但是近年来的教育和宣传中，比较多反映了脑力劳动者的工作生活和现代化的条件设备，对基层的体力劳动者的生活和艰苦工作介绍太少，使青年头脑中形成错误观念，认为工作应该是穿身白大褂、环境优美、按电钮之类轻轻松松的。许多青年在走上工作岗位时，对艰苦劳动缺乏应有的思想准备，造成不安心工作，甚至厌恶劳动。据统计，新进单位一二年的青工犯罪人数最多，占这些单位刑事犯总数的一半以上。青工的不安心工作和学生的不要读书一样，不务正业、无所事事，乃是犯罪的最深厚的渊薮。这些单位职工不安心工作的现象相当普遍，如住宅总公司航运队，打请调报告的青工占80％左右。还发现不少青工因不安心工作而直接导致犯罪的，如群力旅社龚××厌恶服务工作，发誓不做“高级娘姨”，想另攀高门。她以代购货物为名诈骗旅客2000多元，她拿了这些钱，一不挥霍，二不储蓄，而用于找熟人送礼通路子，甚至不惜出卖肉体，当希望落空后越国境出逃，中途被截。

4．青年的切身利益和实际困难得不到关心和帮助。这些单位青年中矛盾比较突出和呼声比较高的主要有恋爱婚姻和福利待遇等问题。社会某些人认为这些单位地位低，青年找对象十分困难。调查中发现：因恋爱婚姻原因派生出来的刑事案件数量很大。不少男青年在谈恋爱办婚事时，为了取悦对方和满足各种要求，而进行赌博、扒窃、撬窃、诈骗、走私等犯罪活动。“鲜得来”营业组长韩××为了讨好女方，想把婚事办得排场些，铤而走险撬窃本店钱箱，拿去现金1600元，案发后被判刑。这些行业的女青年在恋爱中则表现为自尊性极差，盲目迁就对方，为了确定关系而不择手段，非法同居，未婚先孕情况经常发生。静安环卫所仅1980年一年中女青年堕胎之事就发生8起。

5．青年特殊的心理状态。这些行业、工种的青年，自称是“三等公民”、“臭苦力”、“下等人”，长期处于社会最低层而又操繁重的体力劳动，许多青年心理发生变态，与其他青工有所不同，往往具有以下特征：一是悲观沮丧，缺乏上进心，自认为操这种行当一辈子完了，没什么前途可言，做天和尚撞天钟似的混混日子，灰溜溜地打不起精神；二是自暴自弃，觉得自己反正是社会最低层的让人瞧不起，说话不加思索，粗话、脏话脱口而出，行为不加检点，酗酒、赌博、打架样样来，颓废堕落，走上违法犯罪道路；三是情绪对立，性格粗暴，经常寻找发泄怨恨的对象，干出意外的破坏性的行为。

行业、工种存在的缺陷

除了上述原因外，我们还对这些行业、工种的性质进行了考察，发现其中存在一些缺陷，不利于培养良好行为习惯，具备违法犯罪的某种外界条件，这也是这些单位青工犯罪率高的重要原因。我们对建工、房地、城建、园林、商业、服务业的行业、工种进行分析，它们往往和如下特点相联系：

一、工作时间短而特殊，剩余精力发生危机。

国外有人把犯罪称为“剩余精力的游戏”是不无道理的。剩余精力发挥得好能使人成才，引导得不好会发生犯罪。如清管所、菜场、饮食店，工作时间在清晨，工作结束对有些青年来说一天刚开始。曹家渡饮食店钱××在谈犯罪原因时说：“我闲得发慌，常常发愁一天时间如何打发”。钱开始时，乘空闲在自由市场闲逛，替人看看摊了，后来自己设摊做买卖，结果是贩卖票证、投机倒把、敲诈钱财、无恶不作，被判劳教。另外，在做三班翻和连续工作后集中休息的单位青年犯罪率也相对高一些。港驳公司船队一个青年，人称“机器脑子”，利用集中休息的日子，专门在外赌博，赌迹遍布虹口14个街道，输赢在几千元上下。他赌博是由于“闲极无聊，想寻求刺激。”

二、工作流动分散，无人管束。

小东门街道派出所把失足青年组织起来，在参加集体工场劳动时，重新犯罪率为11%，在分散的搬运劳动时，重新犯罪率高达58%。园林匠、房修队、运输工无固定工作地点，每天三五成伙，走东跑西，迟到缺席无人过问，缺乏督促和管理，问题很多。消极怠工、刁难用户、敲诈勒索、野蛮操作、偷窃财物等现象普遍存在。

三、直接经手钞票和商品，有诱惑和刺激作用。

目前青工犯罪中，经济性案件占70%左右。第八废旧物资商店翁××是记帐员，他利用职务便利，采取抽掉收款单据和收款不入帐的手法，贪污了1000多元。他坦白说：

"每天钱象流水从我手中经过，垂手可得易如反掌，所以养成恶习。"在菜场、果品店等单位，财务管理制度上存在较大漏洞，职工中私分私吃、贪污现金、乱开后门之风颇为盛行；营业中以次充好、缺斤缺两、多报损耗等舞弊现象大量存在。有的青年竟公然把菜场的大片猪肉和整箱鸡蛋，运到自由市场变卖，坐收渔利。青工中的许多行为已构成犯罪，只是蚤多不痒未加重视，或是面广量大难以处理罢了。

四、交往人员复杂，社会接触面广，容易受腐朽思想的毒害。

理发、沐浴、旅馆、调剂商店等特种行业，交往人员复杂，社会接触面广，有许多不健康的病毒侵入青年的肌体。工农理发店赵××，过去简朴单纯，因工作成天接触"时髦人"，日子一长人就变了，穿奇装异服打扮得象华侨，为了满足挥霍，多次诈骗顾客钱财，如今长期旷工在外，与劳改逃犯同流合污。许多旅馆和澡堂情况复杂，经常有投机倒把分子、流氓分子、劳改逃犯混迹其间，传授犯罪经验、坐地分赃、大吃大喝，还用小恩小惠腐蚀和拉拢服务员。有一部分青年经不住香风毒雾，堕落于犯罪泥坑，有的团干部变成扒手；有的先进个人变成诈骗犯；还有基干民兵污辱妇女，令人痛心。

五、劳动强度高，劳动条件差，有的青年因此看不到前途，自暴自弃。

值得重视的是有些单位劳动强度特别高、条件特别差，青年犯罪等问题尤为突出。金山水泥厂，漫天尘土飞扬，工作又脏又累，青年怨声载道。这个厂80％的青工参加赌博活动，许多人嗜赌如命，休息时间抓紧赌，上班时候公开赌，下班以后约好赌，风气极差。胜利水泥厂也如此。700名青工中，有187人经常旷工游荡在外，有114人受过各种不同的处理。还有混凝土制品一厂是专门为建新公房提供原材料的，近年来生产任务紧，劳动相当艰苦。这个厂青工中问题特别多，发生不少重大刑案，有大量盗窃钢筋水泥的；有把恋爱对象推进苏州河的；有拒审砍伤公安民警，后在关押中自杀的；有的在光天化日下抢劫农民财产，进行"大扫荡"的，真是五花八门、应有尽有，当地群众骂他们是"日本鬼子"。因为工作条件实在太差，劳动太重，青工中流传"操这行当是被判了无期徒刑"，而造成无视法制，把进公安局看作象"跑娘家"一样平常的恶果。

闲暇时间与青少年犯罪

（1986年）

天津社会科学院社会学所　任鸿恩

随着生活水平的提高、家用电器的普及和家务劳动逐步社会化，人们的闲暇时间越来越多。怎样利用闲暇时间，不但关系到人们建立什么样的生活方式、关系到物质文明，精神文明建设，也关系到青少年的健康成长。

闲暇时间是指人们每天扣除了工作时间、生理必须时间、家务劳动时间以外的供人们自由支配的时间，是用于消费精神产品，满足人们精神生活需求的时间。据对天津市市区2973名居民生活方式的抽样调查表明，人们的闲暇时间平均每天可达3小时。特别是青少年家务劳动少，他们的闲暇时间可达四个多小时。如此大量的闲暇时间是一笔巨大的社会财富。在闲暇时间里，青少年们可以用于智力投资，到各类业余学校学习，更新开拓新的知识领域；可以研究技术革新，解决实际工作中的疑难问题；可以进行文艺创作、绘画、摄影、参观博物馆、展览馆；可以看电影、电视，欣赏音乐；可以走亲访友，进行社会交往；还可以进行体育锻炼；下棋、打扑克等健康的娱乐活动也是闲暇时间进行的内容。总之，科学、正确、合理地利用闲暇时间，可以使青少年从中获得智慧的启迪，受到道德品质教育，陶冶心灵情操，提高文化素质，能使他们思想升华，情趣高雅，举止文明，体魄健康，以更加充沛的精力工作学习。

但是也有一部分青少年，把大量宝贵的闲暇时间花费在毫无价值的有些甚至是低级趣味的活动中。这主要有四种类型。（1）逍遥型：在闲暇时间里，遛马路，逛商场，东游西荡，无所事事，逍遥徬徨。据对天津471名青年抽样调查，逍遥型的占6.6%。（2）逍遣型：闲暇时间主要用于逍遣解闷，长时间下棋，打扑克，漫无边际地聊天，欣赏无进步意义的流行歌曲，耗散剩余精力。（3）庸俗型：把闲暇时间用于阅读色情、武打等荒诞离奇小说，观看带有凶杀、肉感镜头的电影、电视，精神空虚，虚度时光。（4）堕落型：在闲暇时间内，把主要精力用于有害身心健康的活动，聚众赌博、打架斗殴、追逐异性、迷恋淫秽录像等，精神麻木，对生活绝望。把闲暇时间用来从事以上活动，不仅助长了青少年的惰性和低级趣味，使个人和社会造成时间上极大浪费；也助长了社会的消极主义、庸俗享乐主义，而且青少年长期堕落下去就会演变成违法犯罪分子。如何使用、占有闲暇时间不但关系到个人情趣、修养、道德、品质的形成，也关系到精神文明与社会风气，庸俗无聊、低级趣味的闲暇生活，必然有害于社会主义精神文明建设，阻碍社会的进步和发展。

特别值得注意的是，大量的违法犯罪活动也多发生在闲暇时间。

天津市791名25岁以下青少年犯罪作案时间统计

时　间	上　班	下　班	退　职	旷　工	旷　课	下　课	休　假	开除
人　　数	116	426	7	70	7	21	71	73
百　分　比	14.7	53.9	0.9	8.8	0.8	2.7	9	9.2

从上表中可以清楚地看出，大多数犯罪活动是在闲暇时间内进行的。据对天津市185名25岁以下的杀人、伤害、斗殴犯罪的罪犯抽样调查，有78%的人是下班、放学、假日或被开除以后犯罪的；在685名25岁以下的抢劫、盗窃、贪污、诈骗犯罪的罪犯中，71%的罪犯是在黑天夜晚作案的，在139名25岁以下的强奸、流氓犯罪分子中，下班、下课、假日、被开除后进行犯罪的高达84%。上述统计数字表明，许多犯罪活动，多是在闲暇时间进行的。因此，从某种意义上说，闲暇时间成为部分不法青少年违法犯罪的一个重要条件。

这是因为：（1）青少年在闲暇时间接触、结交了品质恶劣的坏朋友。充裕的闲暇时间，使部分无所作为的青少年，到街上游荡，结识了不三不四的朋友。彼此情投意合，在一起吃喝玩乐，谈男论女，传播各种低级下流的“新闻”，交流传习犯罪经验、方法。伴随着不良交往的发展，染上不良习气和恶劣品质，萌发犯罪动机，强化犯罪意识而最终沆瀣一气违法犯罪。

（2）青少年把闲暇时间用于低级情趣的培植。一部分青少年精神空虚，情趣低下，在闲暇生活中，喜欢看描写爱情的电影、电视和录像，尤其对西方国家影视中裸体、肉感镜头感兴趣；喜欢听靡靡之音和消沉无聊的爱情歌曲；喜欢和异性接触，言语粗俗，举止轻浮；情趣低下，习惯不良，从而滑向犯罪的边缘。

（3）闲暇时间成为不法青少年实施犯罪的条件。从统计数字来看，大多数犯罪分子都是在闲暇时间作案的。犯罪分子实施犯罪时，行动诡密、狡猾，为了逃避监督，掩人耳目，作案时间常常选择在下班、放学或天黑以后。因为闲暇时间是自由时间，没人监督过问，这就成为一些罪犯进行作案的"最佳"时间和条件。

通过上述分析，可以发现，青少年不良社会交往的发生，低劣品质的形成，庸俗下流情趣的培植，犯罪行为的实施都是在闲暇时间、闲暇生活中进行的。青少年违法犯罪与闲暇时间相关紧密。因此，抓好青少年的闲暇生活，是预防青少年犯罪的关键因素之一。

首先，加强闲暇时间的计划性、科学性，防止自流性、盲目性。

要教育引导青少年，学会正确合理使用闲暇时间，发挥它应有的社会效益。充分科学地利用它的价值，减少无谓损耗、浪费和自流倾向。如果每天有四个小时的闲暇时间，一年将有1460个小时，要使青少年认识这是一笔巨大的财富，引导他们把这笔财富用于身心全面发展的有益活动中去，使闲暇时间在培养青少年健康成长中发挥积极良好作用。

其次，加强闲暇生活的指导性，增强健康娱乐性，抵制低级趣味性。

要对青少年闲暇生活进行必要的指导，使他们认识到闲暇生活中的消极娱乐是极为有害的，自觉地把闲暇生活用于健康有益的活动中，要把各种娱乐活动办得生动、活泼、知识性强、趣味性浓、具有很强的吸引力，坚决抵制腐蚀青少年灵魂的腐朽堕落的娱乐活动，使青少年在丰富多彩的闲暇活动中，振奋精神，陶冶情操，从中获得愉快和美的享受。

再次，加强闲暇时间的控制性、保护性。

减少预防青少年犯罪，帮助改造犯罪青年控制他们的闲暇时间，闲暇活动极为重要。

（1）家庭在控制青少年闲暇时间中起重要作用。家长与子女朝夕相处，应了解他们在闲暇时间里所从事的各种活动，如子女下班、放学不归家，父母就该提高警惕，搞清他们在做什么，发现不良行为或不法活动，应及时制止，并严格控制他们的闲暇时间，给他们安排一些有益活动。

（2）工厂和学校要增设图书馆、阅览室、运动场、游艺厅，吸引下班、放学的青少年，继续留在厂里校内，开展文体活动。

（3）社会上，以街道、居委会为单位，建立文化站、娱乐室和各种小型文化设施，免费向青少年开放，使他们在这里既能度过闲暇时间，又能满足精神文化生活的需要。对青少年闲暇时间的控制性、保护性措施，可以使青少年在健康环境中成长，有效地预防违法犯罪。国外对有轻微违法行为的青少年的惩罚，就是剥夺他们的闲暇时间，英国有看管中心，法国有教育行动中心，南斯拉夫有纪律中心，被判缓刑的青少年白天外出工作或学习，闲暇时间必须回到中心来，消灭了他们在闲暇时间作案的可能性。

最后，提高闲暇文化生活质量，把闲暇活动搞得生动活泼、丰富多彩。通过优秀的电影、美妙的音乐、众多的书刊、有趣的游艺、精彩的比赛吸引青少年，使闲暇时间、闲暇活动在哺育青少年健康成长过程中发挥重要作用。

罪责感与动机冲突

（1986年2月）

皮艺军

犯罪动机做为一种推动意志行动的心理动因，其重要作用是显而易见的。然而，在客观实际中并非产生犯罪动机，便一定会实施犯罪行为。为什么有许多产生犯意或多次有犯意表示的人，没有在形成犯罪动机之后，都付诸于犯罪行动呢？研究表明，这除了环境因素的阻碍和缺乏必要的作案条件之外，还同行为人的罪责感在动机冲突中的调节和扼止作用有密切关系。因此，研究行为人的罪责感问题，对犯罪动机的形成及犯罪的实施，有着重要意义。

一、罪责感与罪恶感

一个正常人如果想去做或已经做出一些非份的、不符合社会行为规范的举动，如拾金而昧、见死不救、作弊说谎等不当行为，他在行动上不会依然故我，内心会随即产生一种异己的感受 罪恶感，从而使得他感到压抑、恐慌、苦恼、懊悔，直至产生良心自责。假使这种罪恶感发生在他的不当行为之前，可以使人产生日常所谓的“思想斗争”。如果他在“思想斗争”中排遣或消减了（不可能完全消除）这种罪恶感，客观上又具备应有的条件，他就会做出这种不当行为，或做了错事也不去补救。假使罪恶感的强度大于他的不当行为的内驱力，他就可能放弃或不再重犯这一错误。

在列夫·托尔斯泰的名著《复活》之中，主人公聂赫留朵夫偶然发现自己过去的轻率行为使一个纯真的少女沦为出卖肉体的妓女，长期处于潜在状态的良知出现“顿悟”，使他内心充满巨大的罪恶感。在这种罪恶感的压力下，主人公经过痛苦的反省，终于做出了同以往生活目的截然不同的人生选择。对主人公内心的罪恶感以及由此产生的外在表现的描写几乎贯穿整个故事。文学巨匠托尔斯泰把握住人的心理活动中普遍存在的这一心理现象，以浓墨重彩，把人物的动机斗争刻划得淋漓尽致。诚然，聂赫留朵夫是在看到其不当行为造成的悲剧之后，才决心摈弃旧我重新做人的。如果在聂赫留朵夫与卡秋莎邂逅相遇刚产生邪念之初，便受到罪恶感的压抑折磨，结果很可能会是另一种情景。于是就涉及这样一个问题：罪恶感可以抑止不当行为的发生。引伸到犯罪问题的研究中，鉴于犯罪行为与一般人的不当行为有刑法意义上的差别，我们可以把这种在犯罪前后所出现的情感体验称之为罪责感。

罪恶感与罪责感同样都是个体对不符合社会行为规范的行为的否定的情绪体验。同样可以引起个体产生自责。但从二者所由产生的心理基础来分析还是有明显区别的。罪恶感是个体采取某种不当行为或过失行为之后，看到了行为的后果，而意识到自己的行为是“有罪的”。在这里，个体的行为一般是过失行为，是一般的不道德行为，而不是故意犯罪行为。他自认为“有罪”，实际上是自认为“有罪过”或“过错”，而不是刑法上的故意犯罪行为。而从罪责感的称谓上就可以看到，这种情绪体验是因个体意识到自己的行为是应当负刑事责任的犯罪行为（犯罪青少年尽管可能意识不到什么是刑事责任，但他们大都能意识到自己的不法行为是可能受到公安司法部门制裁的）。这就与刑法上规定的犯罪的含义—即具有社会危害性同时又是法律上规定的应受刑法处罚的行为规范—相吻合。因而，我们可以把罪责感看作是故意犯罪人所特有的情感特征。过失犯罪人的罪责感只能在其看到犯罪结果之后产生，对此不做分析。

罪责感是犯罪人（以下所指犯罪人还包括预谋犯罪人和有犯意表示尚未实施犯罪的人）在实施犯罪行为之前，以至犯罪既遂之后，始终难以摆脱的一种情感过程。犯罪意念一经产生，或犯罪结果一俟实现，这种罪责感便如魂附体，如影随形，迫使犯罪人背上这个无形的精神负担。在决定犯罪或放弃犯罪的动机斗争中，罪责感针对犯罪冲动，以减力性的情感出现，抑止犯罪动机的继续强化，取代其反社会的消极情感，消弱罪犯的侥幸心理，缓解犯罪行为的内驱力，激发出阻止犯罪行为发生的意志行为，从而起到扼止犯罪发生的作用。实际生活中，犯意的产生与犯罪的实施二者出现的概率之比是相当悬殊的—犯罪动机是易于激发的，而犯罪行为则难得实现。其原因不仅说明犯罪尚需具备一定的客观条件、机遇、情境才能实现，同时也说明了在个体的自我心理调节中，对犯罪动机产生阻碍作用的罪责感等心理因素的客观存在。即使行为人在犯罪动机的驱使下已经实施了犯罪，罪责感在罪犯决定改恶从善或继续犯罪的动机斗争中，仍将发生作用。由于罪犯不可能完全客观地估计其犯罪后果及其影响，所以他们常常在犯罪既遂之后才感到原来并不明显的罪责感陡然增强，难以承受，尤其在其意识到犯罪危害结果的影响或受到追捕、受审时更是如此。笔者在司法实践中深刻体会到罪责感在犯罪人心理活动中的普遍存在。表现最一般的是犯罪后行为人的惊恐、焦虑、慌乱的情绪反应，以及在被捕受审中经启发教育大多能认罪服法这一事实。而表现最突出的莫过于犯罪后自杀、自首和坦白重罪。采取自首、自杀这样极端作法的犯罪人大都是重罪犯，他们在罪责感的压力下，无法正常生活下去，或无力为自己开脱罪责，只得选择这样的出路。笔者曾讯问过这样两名被告：马某因入户强奸被判刑17年，服刑期间适逢坦白检举运动，他听到一个被害少女的血泪控诉之后，当晚未睡，第三天即坦白了一起久侦未破的强奸杀人案，并表示甘愿服法。赵某十年前猥亵并杀死一名幼女，后移尸灭迹，此案早已停止侦察。十年后赵因唆使他人打架被传讯，他不愿继续忍受罪责感的折磨，借这次进公安局之机，坦白了这起积案。以上事实说明了这样一个道理，罪责感在既遂犯罪的罪犯的自我评价中起重大影响。即使主观恶性大、犯罪结果严重、犯罪手段诡秘的犯罪人也程度不同地存在着罪责感，当这些潜在的罪责感被重新唤起时，便成为一种巨大的积极心理动力。

罪责感不是人先天固有的，也不是象宗教教义中强加于人的"原罪"观念一样与生俱来的，而是对个体内部出现的犯罪冲动以及外部存在的刑罚威慑、犯罪危害结果的刺激所做出的反应。同时也是经过对各种心理因素的思维加工、情感激发而产生的一个综合情感过程。一方面罪责感的出现是个体心理过程中自卫机制的反应，是个体为满足低层次的需要结构中安全的需要（避免处罚）而对犯罪冲动做出的本能反应，有待于认知和思维过程进行改造。这种情绪体验的出现是做为与犯罪冲动—这一破坏个体心理平衡、威胁个体安全需要的动机—相抵触的心理因素而出现的，是个体的防御机制为维护和满足自身安全的需要而发生作用的结果。

另一方面，罪责感不可能完全在个体内部心理活动中自发产生，它是影响个体的外界客观积极因素内化的结果，是个体作为社会成员在其社会化过程中长期学习的结果。犯罪是社会的毒症，社会以极大的法律威慑力抑止犯罪行为的发生。这就给任何犯罪人造成了无法消除的心理压力。同时，罪责感又是与个体自我评价有关的情感特征，即使罪犯是个"法盲"，一般也有对社会所提倡的道德观念、价值观念、是非观念的肤浅认识。而犯罪正是对人的正常的道德、价值观念的冲击。因此，对刑罚的恐惧感、自身需要中的安全感、意识中的是非观念、情感中的道德感、理智感、社会责任感便转化汇聚为一种抵制犯罪冲动的罪责感，对犯罪诱惑进行抗拒。罪责感所由产生的外部因素有外部社会环境影响中的积极因素、犯罪行为所造成的为罪犯不能接受的后果以及实际上始终存在着的刑罚威慑。罪责感所由产生的内部因素除自身的安全需要之外，其他因素均是外部因素内化的结果。它们是认识中的是非观念、价值观念、人生观，情感中的道德感、理智感、社会责任感和法制感等等。这些心理因素既是罪责感产生的基础，又是与犯罪冲动抗衡的心理因素。由于以上诸心理因素一般为正常人与犯罪人所共有，均不能象罪责感那样为犯罪人特有并带有以上诸心理因素的特点，因此，罪责感具有独有性、综合性、减力性（针对犯罪冲动而言）的典型特征。

我们可以把罪责感概括为一种犯罪人所特有的、由犯罪冲动引发的、在个体安全、自尊需要和理智感、道德感、法制感以及刑罚恐惧等心理因素共同作用下产生的对犯罪冲动起抑止作用的复合情感过程。

二、罪责感与抑止犯罪冲动

当犯罪动机初步形成之后，大脑皮层神经中枢会出现相对稳定的优势兴奋中心，从而在一定时间内使个体的心理活动包括注意指向都集中在对"犯罪"这一特定对象的处理上，其他的反射活动相应受到抑制。此时，罪责感既因犯罪冲动的产生而引发，又相应受到抑制，以潜在状态滞留在优势兴奋中心周围的神经中枢之中，不足引起其他神经中枢发生反应。在这一阶段中罪责感尚处于潜在待发的状态。诚然，并非一产生占优势地位的犯罪冲动即付诸于行动，其间还有一个或长或短的动机强化过程，才可能最终完成意志行动。由于高级神经活动具有可塑性、灵活性的特点，犯罪意念和想象受到外部新的条件刺激物和内部积极心理因素的影响，不再继续强化，而产生一种内抑制，原有的反射活动逐渐消退，优势兴奋中心也会发生转移，引起注意指向发生偏移。原来以犯罪为内容的主导动机开始削弱，而以罪责感为特征的辅助动机开始强化，形成新的优势兴奋中心，于是，新的优势动机一扼止犯罪冲动的动机便产生了。这一动机是犯罪人基于自身安全之需要以及对前途、名誉的自尊需要激发出来的驱力。同时，犯罪人自身十分薄弱而又客观存在的是非观念、道德观念也会强化这种抑止动机。在犯罪动机和抑止动机之间发生的动机冲突，实质是个体实现犯罪意愿与个体维护自身安全、自尊的意愿相互矛盾作用的集中体现。两个相反的冲动的相互对立相互转化，形成了动机斗争这个矛盾的统一体。这种动机斗争始终处于个体自我调节的动态之中，此消彼长，不断转化。动机冲突双方的力量强弱的转换不是孤立的转换过程，而是基于高级神经活动可塑性的特点，遵循兴奋和抑制的扩散集中规律，以对方的存在为条件刺激物相互作用的结果。

犯罪欲念是犯罪动机产生的基础和原动力。但犯罪欲念本身又是一种可以引起挫折的欲念。它的产生不仅可以诱发犯罪动机，同时又将诱发个体的不安全感和罪责感。这样，由个体安全的需要而引起的抑止动机，将调动机体的防御机制对犯罪欲望产生压抑作用，抑制这种欲望以及和这种欲望有关的动机、情感和观念，否认它们并把它们排除于意识之外，成为潜在意识。

从整个动机冲突的心理过程来讲，罪责感是由犯罪动机引发的，犯罪动机的产生威胁着个体的安全感，也就同时强化了个体对安全的需要。这一需要的强化，一方面引起阻碍犯罪冲动的抑止动机的出现，同时也引起一种对犯罪冲动起减力作用的情绪体验一罪责感。由此可见，罪责感是伴随着抑止动机一同出现的一个情感体验，它的产生将针对抑止动机所指向的目标发生挫折效应，与抑止动机一起形成对个体行为的内在挫折力。抑止动机和罪责感都是推动个体行动的内在动力，二者区别在于，抑止动机是引起个体放弃犯罪的行为并维持这一行为向能满足人们安全、自尊需要的目标推进；而罪责感则是个体对客观事物所持态度的体验，带有积极的倾向性，对于放弃犯罪的意愿和行动，罪责感起增力作用，对于犯罪冲动和犯罪行动则起减力作用；抑止动机只是基于个体需要，为满足这种需要而产生的一种最初心理动力，没有明确接受思维的调节。而罪责感则是个体通过思维加工并加以情感激发而产生的一种高级情感过程。没有罪责感的驱动，抑止动机就难以持续下去，更难以转化为意志行动。在许多情况下，犯罪人并未意识到内心中抑止动机的存在，并未想到要去有意识地克服犯罪冲动或采取行动去中止犯罪，但他却强烈地感到罪责感的存在（这从犯罪人犯罪前后的惊恐状态以及被捕后的交代中已得到证实）。由此可见，抑止动机在这种情况下是以情绪体验的方式表现出来的，这种带有强烈情感色彩的罪责感的出现，使得模糊的抑止动机逐渐明确和稳定，最终完成抑止犯罪冲动的效果。

值得重视的是，在青少年犯罪中，犯罪人对自己实施犯罪行为的动机并不很清楚或不能意识到，其动机表现为一种未被意识到的犯罪动机，这种未被意识的动机仍是对客观事物的反映，只是以情绪体验的方式表现出来了。相对而言，个体内部动机冲突中的抑止动机，也可能是以未被明确意识到的动机而出现。由于青少年罪犯认识能力低下，抑制力薄弱，缺乏社会责任感、法制感等特点，未被意识到的抑止动机不仅大量存在于青少年罪犯的动机冲突中，而且这种动机所带有的情绪色彩和情感激发功能也会薄弱得多，不足以与青少年罪犯内心的触之即发、发之必速的犯罪冲动相匹敌。对情感过程中的道德感、法制感、理智感、社会责任感的意识越明确、越强烈，所产生的罪责感才会越明确，其情感效应才会越强烈。犯罪青少年在这方面的缺陷正是我们现在看到的青少年犯罪长盛不衰的重要原因。

因此，我们可以说罪责感是犯罪人动机冲突中最鲜明、最富有典型意义的心理特征。它与个体各主要积极心理倾向均有密不可分的联系。首先，由于犯罪意念与个体自身安全、自尊的欲念相抵触，前者对后者形成威胁，个体对此所持的态度不论是肯定态度还是否定态度，都会由此产生一种焦虑不安的情绪体验。为清除焦虑，就必须在两种动机中选择一个一或是满足犯罪欲望，或是满足安全自尊需要。而罪责感便是个体为满足安全自尊需要而产生的情绪体验。

其次，犯罪意念的出现，必然引起犯罪人自发或自觉地依据自身意识中的符合社会道德、伦理、价值观念对其进行批判、辨别和思维加工，决定取舍。也就是说一种情感过程要受到认识的调节，罪责感的强弱与个体认识水平高低有直接联系。当犯罪人意识到自己所承担的社会责任将会因犯罪而被罪责所取代，他就不可能不产生以罪责感为特征的心理压力。

再次，如果说以上所述的心理压力是由理智感、道德感等内部因素造成的话，那么刑罚恐惧则是外部因素所造成的心理压力的结果。可能会因犯罪而受到惩罚，并会因受到惩罚而改变犯罪人原有的生活模式和社会地位，这就是产生刑罚恐惧的基本原因。刑罚恐惧能造成个体的心理焦虑，从而调动个体的诸积极心理因素参加到动机冲突中来，没有刑罚恐惧的这种调动作用，个体心理中的理智感、道德感、法制感、社会责任感便难以发生其心理效力。那么是不是在没有罪责感的前提下，单纯的刑罚恐惧也可以使犯罪人放弃犯罪或去坦白自首呢？我们认为不然。严刑峻法可能使犯罪人暂时停止犯罪（包括以假自首假坦白以求度过难关，再伺机犯罪），或者迫使犯罪人改进犯罪方式以更诡密的犯罪手段去逃避追捕，继续犯罪。内因始终是抑止犯罪的根据和基点，只有在出现自发的、被动的刑罚恐惧的同时也自发或自觉地产生罪责感这种有思维介入的情绪特征时，才有可能扼止犯罪。这就涉及对犯罪的预防，是凭借单纯的刑罚威慑，还是在依据法律的前提下，同时积极调动各个宣传教育机构，抓紧综合治理的问题。实践证明，后一种方针才是预防犯罪中治本之方，才能造就犯罪人自觉产生罪责感、或将其自发产生的罪责感转变为自觉产生的罪责感的重要外界因素。

由此可见，罪责感是个体中诸积极心理品质和心理特征（刑罚恐惧）综合作用的结果，是这些心理因素在抵制犯罪冲动过程中的集中体现。从这个意义上我们可以说，除了主体外因素，犯罪动机的减弱或消除是罪责感强化抑止动机的结果；而犯罪行为的最终实现，则是由于罪责感被遣散的缘故所致。

三、罪责感的自我遣散过程

本文选用“自我遣散”，而未用“自我排除”一词，系出于如下用意：

一是因为罪责感作为一种情感过程，用“遣散”一词似乎比“排除”（心理障碍）一词在词义搭配上更贴切；二是因为罪责感的消除不是彻底的消除，只是减少或减轻。犯罪人即使在犯罪冲动的驱使下实施犯罪，也不可能完全将内心的罪责感驱除殆尽，在犯罪后仍将受罪责感的折磨。犯罪人的重新犯罪、犯罪冲动的时起时伏反复出现、被告人交代余罪，均可证明罪责感只是被暂时遣散，潜留在意识之中，只要新的犯罪动机或新的抑止动机出现均可能唤起罪责感。只有在犯罪人真正改恶从善、不再萌发犯罪动机，罪责感才会消失。这种消失实际上是一种新的转化，以理智感、道德感、法制感的形式继续存在下去。三是本文只着重分析主体自身的心理机制对罪责感的排遣过程的作用。关于主体外因素的影响，不多做分析，故谓之“自我遣散”。

既然，罪责感对犯罪行为的发动起减力作用，那么对罪责感的遣散便成为实现犯罪意志行动的必要前提。也就是说，在犯罪动机转化为犯罪行动的过程中存在着一个与抑止犯罪冲动相对立的罪责感自我遣散的过程。通过这一过程，可以使业已产生的、动摇不定或模糊的犯罪动机得到确认和强化，增强大多数犯罪中不可或缺的侥幸心理，坚定犯罪的意志行动。当这一过程以罪责感得到排遣、犯罪主导动机取得“胜利”而告结束时，犯罪行为便发生了。

在强化犯罪动机的诸心理因素之中，除了需要结构中的欲求不满之外，还包括犯罪快感体验和犯罪习惯经验、藐视法制、侥幸心理等心理因素。这些心理因素是通过思维和想象活动介入到动机冲突之中的，并与抑止动机及罪责感相对立而存在的。

（1）犯罪快感体验。这种体验一方面指犯罪后回想犯罪过程的快感体验。如犯罪冒险所给予的强烈刺激、强奸犯流氓犯回想发泄兽欲的快感等。另一方面指犯罪前预想犯罪过程和犯罪结果的快感体验，如对钱财和挥霍享乐的妄想。这种快感体验是驱使犯罪冲动转变为犯罪行为的强大内驱力，可以起到强化犯罪动机、克制刑罚恐惧、疏散罪责感带给的心理压力的作用。

（2）藐视法制，即对法律的轻视和蔑视。认识能力的低下使犯罪人缺乏法制感，也许他们从未真切认识到法律这一社会行为规范的真正含义，对法律抱轻蔑态度，任凭犯罪欲念的驱使，为个人私欲而置法律于不顾。

（3）侥幸心理使犯罪人把自信心凌驾于刑罚威慑力之上，是克服刑罚恐惧，排遣罪责感的最有效的心理因素。

（4）犯罪习惯经验。长期或多次进行犯罪的形成的动力定型与罪责感是直接对立的。这种旧的动力定型使犯罪人更容易缓解罪责感的压力，保持犯罪冲动。一些惯犯累犯其犯罪动型几乎可以使犯罪冲动每每成为主导动机，抑止动机总是处于受抑制状态，罪责感也总是处于潜在状态，难得发动。

（5）刑罚耐受力。与刑罚恐惧相对应的刑罚耐受力是犯罪人得以遣散罪责感、克服刑罚恐惧的一种消极意志品质。这种刑罚耐受力是依据犯罪人的认知水平、道德水平、法制感的高低表现其强弱程度的。

以上诸种心理因素是遣散罪责感过程中的重要心理动因，它们的出现将使犯罪人产生一系列有利于犯罪的观念：（一）犯罪有理论；（二）犯罪有利论；（三）犯罪有过无责论等等。这些观念的形成和强化将通过认识过程对情感过程、意志过程的制约作用，在激发犯罪动机，消除抑止动机和罪责感的过程中起重要作用。

以上关于罪责感和动机冲突的分析只是一种尝试，由于篇幅所限，回避了个体的认知过程、意志过程以及个性特征在动机冲突中的心理机制问题。笔者无意把罪责感的重要性强调到不适当的程度，只企望借此文引起对罪责感这一犯罪人特有的心理现象的重视，以对此展开更深入的研究和探讨。

人格异常与青少年犯罪

（1982年）

刘　安　求

从一组人格异常犯罪案谈起

我们从1978—1981年共进行了约200案精神病医学鉴定。其中犯罪与人格异常有关的有24例，青少年20例占83.3%。现将这20例的情况具体介绍如下。性别：男16，女4（4：1）；年龄：最大25，最小15，平均20.2岁；职业：青工9人，学生1人，务农和无职业各5人。犯罪性质：偷窃5例，作案次数平均8次，多则20余次，赃物有日常用品、油盐等，也有3000余元的巨款；抢劫和偷窃3例，平均作案5次；偷窃、抢劫和凶杀1例，作案2次；凶杀2例，纵火1例，强奸幼女1例；散发反动传单3例。以上案犯首次作案年龄不到20岁，一般都有2—5年的历史，其中有2例判过刑，有4例劳教过，有6例拘留过，有些反复拘留多次。

上述案件经过鉴定结果：有不同程度的智能低下兼有人格异常8例，癫痫并有人格异常2例，幼年有过传染病或脑外伤后遗症并有人格异常4例，原有过精神病的人格异常2例，病态人格4例。结论的依据是：第一、大部分有脑损害的病史或精神病史。第二、从小开始的人格特点：性格古怪，与周围相处格格不入，固执、自私、懒散、游荡、冲动、不讲羞耻、挥霍、冷酷，行为缺乏理智。第三、作案的特点：多次作案、屡教不改；抓获时表示痛改前非，但往往即使抓获十余次后仍然如故；作案过程计划不周密，保护性不强；有时得不偿失；对一些恶性案毫不顾及后果；抓获后又直认不讳。基本上是单独作案，只2例是被纠集和教唆。责任能力评定：由于这一组罪犯大部分都有脑器质性损害的病理基础或者具有明显的人格异常，辨别事物和控制自己的行为的能力确有不同程度的降低。故一般判定为限制性责任能力。

在研究青少年犯罪时要认真研究这类犯罪的司法意义，首先在于数量多；其次在于影响面大，因为这类罪犯作案明目张胆、屡教不改、性质恶劣、容易给其他青少年罪犯和广大青少年以不良影响；其三、人格异常的形成，有躯体的内因和社会环境的外因两个方面。预防人格异常的发生与培养青少年以良好健康的人格都是一致的。这对于正确教育青少年，减少青少年犯罪都有着普遍的现实意义。

人格与人格异常的概念

人的精神生活是人脑的机能，是外界物质在人脑中的反映，其内容包括认识活动、情感反应和意志行为。人的正常精神活动不仅具有自身的协调性和与外界环境的统一性，还具有相对稳定性。人的精神活动相对稳定地体现在各个个体的心理过程之中，使之具有个性心理特征，这就是现代一般理解的人格。故人格应包括各种个性心理特征。如性格、气质、信念、道德品质、荣誉感、兴趣、才能等。但目前精神病学中在描述病态人格的时候，常常只包括情感和意志活动方面，主要体现在性格、情绪、道德观、羞辱感和行为等方面的个性特征，而不包括思维和智能。正常人的人格是千差万别的，但是它受着正常精神活动规律和文化背景所制约。在统计学上，它是在常数线两旁一定范围内分布，在这个范围内的两极表现某些个性特征可以有与常人有较大的差别，但这个特殊个性不能称为人格异常。然而有没有一个正常与异常的界线，这根界线又是什么呢？这是常常有争论，迄今并未完全解决的问题。

人格异常的形成与青少年的心身健康

病态人格的真正原因虽然不清楚，但一般认为先天遗传缺陷和后天不良环境是病态人格形成的两大因素。具体有以下几个方面。

第一、遗传因素。这主要是为流行病学调查所证实。病态人格的亲属中，发生率与血缘关系成正比。双生儿病态人格的一致率相当高，特别是单卵双胎一致率可达1/4、2/3、甚至为100％。近代染色体研究也提示遗传因素是存在的。第二、脑发育因素，部分学者强调病态人格与大脑发育不成熟密切相关，并在脑电图研究中，得到相应的证实。第三、家庭因素。这是极其重要的环境因素。儿童期家庭不幸，尤其是丧母和父母离婚。父母不合理的管教：粗暴苛刻与溺爱纵容，有缺陷和不健康的家庭（如父母品质恶劣，损人利己、欺骗敲诈、抛弃家庭等）对儿女的影响是很深刻的。第四、教育因素。包括幼儿教育、学校教育、报刊书籍、电台电视、师傅、领导、少先队、共青团、党组织等各个部门和各个环节以及各种方式。第五、社会心理因素。社会思潮、社会风气。社会舆论，不同的人群中又常常有着特殊的道德倾向。比如，青少年之间讲“江湖义气”，生活中讲“味”等。这些普遍而广泛的社会因素对每个人的心理影响都是极大的，尤其是对儿童和青少年。这不仅起着经常的、无形的、潜移默化的作用，而且在某些条件下这种影响是明显而顽固的。第六、疾病因素。婴、幼、儿童和少年期脑器质性疾病损害可导致这类病态人格，这是毫无疑问的，但有一些病态人格，虽无典型的过去病史，但事实上在分娩、婴幼和儿童期患过不明显的、未引起注意的躯体疾病，常常在检查时也未发现肯定的器质性损害的症状体征，只是影响了脑功能的正常发育。这也有可能成为某些“病态人格”的诱发或加重因素。

根据以上可以看出：“病态人格”形成的因素，同样是影响青少年整个人格形成的因素。从儿童期（包括婴幼期、学龄期）开始，在这些因素的影响、熏陶、“锤炼”下，人格特征慢慢地形成着、发展着，而在青少年阶段才明朗和相对稳定。由于人脑是人格特征的物质基础，儿童期正是成长发育时期，大脑处于未成熟阶段，脑神经细胞的结构尚未发育完善。故其生理心理特征也表现为娇嫩、幼稚、不稳定，具有可塑性，很容易受外界环境的影响。先天无缺陷、正常健康的个体，如果在儿童、少年期处于恶劣的环境中，长期反复的不良影响，可使其人格向着不健康的方向发展，甚至少数可呈畸形变态。另一种情况，即使有先天遗传缺陷背景的个体，如果在后天良好的环境里给予正确的教养，却能克服上述的不利因素，也可矫正这种易病素质而成为正常的健康人格，甚至有可能成为有用人材。因此，在儿童、青少年中讲究精神卫生，培养良好素质，注意预防形成病态人格的各种因素，是保证青少年身心健康的有力措施，也是“五讲四美”，建设精神文明的重要内容。

人格异常与犯罪行为

众所周知，一切犯罪行为（故意犯罪）都是受思想意识和犯罪动机所支配。也可以说是人格恶劣的表现，而不一定都是“人格异常”。然而这二者之间并无一个绝对截然的界线，甚至有些处于模棱两可的边缘状态（比如在种种外界因素影响下的人格偏离正常）。但是不论从医学、社会学和法律的实际需要出发，都有必要把人格恶劣与人格异常之间定个标准。结合一般学者的意见和个人的实践，我们认为可以从以下几个方面进行区分：第一、脑器质性损害和过去疾病史的依据。不管何种原因使之脑结构、生理、生化发生障碍和过去严重的躯体疾病以及精神疾病的病史，并与临床表现在时间上有着相关性。这一条是类病态人格的主要依据。第二、临床表现的依据。严重的人格缺损，表现性格的极端性、情感的极不稳定性和不近常情，反社会行为的不可克制性，而思维和智能无明显障碍（类病态人格则可有障碍）。第三、病程的依据。一般在儿童期开始，到青少年期表现突出，而在早期往往不被注意，认为只是性格的乖僻古怪，发展到明朗化，觉察到有些不正常时，常常已不可收拾。第四、社会学依据。不良的教养环境和不顺的生活经历和遭遇。第五、法医学依据。如果涉及法律，则这类人作案的一般特点是：犯罪动机常是受直观、本能和感情冲动所支配。所达到的目的和后果与他所处的环境不相称，和自己的利害得失也不相称；常常既损人又害己，而且不能从挫折中吸取教训，虽在当时能认错，但总是屡教不改。第六、预后的依据。病态人格形成后，具有相对稳定性，难以矫正，药物不能奏效，（类病态人格在治疗原发疾病同时可在不同程度上有所效果）严格的管教措施和系统合理的教育训练也只能起一定的作用。以上各条不会在每个这类人身上都典型地具备，也不能孤立地看一个方面，应当历史地、全面地综合各条具体分析。

由于青少年人格异常具有上述特点，尤其有部分表现为自私、冷酷、缺乏道德和法纪观念、行为冲动、具有反社会倾向，故触犯法律屡见不鲜。这在国外发生率很高，在欧美有人统计，在所有罪犯中，病态人格占1/3左右，其中主要是青少年。我们国家病态人格比较少，诊断也比较严格，目前还没有在罪犯中统计的资料。在医学鉴定中，病态人格占2%（南京、天水、武汉），类病态人格8%（武汉），在精神病凶杀案中，人格异常９％（武汉），主要也都是青少年（一般是20岁左右）。对于青少年人格异常犯罪，必须与人格恶劣的正常犯罪严格区别，如果轻易地认定为病态人格犯罪，既可能姑息真正的罪犯，不利于正确执行和健全社会主义法制，又麻痹和松懈了家庭、学校、单位、司法机关以致整个社会对人格欠健康和失足青少年教育的职责。要作好这种鉴别，除了全面分析上述六个标准外，还要注意三个原则：对没有脑器质性损害的和不重精神病史者，掌握要从严（即对“病态人格”掌握要严）；对于平时能适应社会生活、人格缺陷不严重，上述其他条件也不典型者，掌握要从严；每次作案动机清楚，都能权衡得失者，掌握也要从严。

对于人格异常，在法律上的责任能力和行为能力问题，目前有不同的看法，有人主张倾向于这类人应具责任能力和行为能力。另一部分人（包括笔者）认为：我国法律的基本宗旨是保护人民的民主权利，打击真正的罪犯。司法精神病学也是从这个基本原则出发，根据医学科学，帮助鉴别法律与精神异常有关的问题，维护病人的正当权益。因此，基于前述对人格异常的认识，虽然人格异常不是真正的精神病，但这类人确实不同于正常人。他们适应社会生活能力困难，与社会和周围人相处不协调，甚至格格不入。具有反社会行为的人格异常，对自己行为的目的性、后果、利害关系不能理智的考虑，也缺乏自制能力，这不能完全等同于主观意识所支配的犯罪。故一旦确认为人格异常导致的犯罪，一般应只具有部分责任能力。问题在于不能把犯罪行为轻易地与人格异常联系起来，要真正按照上述三严的原则。至于行为能力（以及权利能力），明显的人格异常，行为能力（和权利能力）应当予以部分限制，因为这不仅是维护社会和他人利益的需要，也是为了保障这类人自身的权益不受别人侵害，必要时需要设置监护（特别是严重的人格异常和类病态人格）。

青少年犯罪原因讨论综述

（1983年）

黎　昕

近几年来，许多理论工作者和实际工作者对青少年犯罪的原因进行了探讨，有的从阶级的原因，有的从经济原因，有的从生理心理原因，有的从社会原因，等等，提出了不少理论见解。现把一些主要的观点综述如下：

第一种观点认为，当前我国青少年犯罪的原因只有一个，即林彪、“四人帮”的毒害和影响。

持这种观点的同志认为，十年浩劫，破坏了正常的社会秩序，破坏了真正的道德标准，破坏了人与人之间正常的社会关系，败坏了我们的党风和社会风尚，这对当时年幼的孩子造成了恶劣的影响，使他们失去了受到良好的科学文化教育和道德品质教育的机会，心灵上受到了严重的创伤。这种精神创伤是看不见、摸不着、潜伏着的。现在，林彪、“四人帮”虽已垮台，但其流毒和影响远远没有肃清，某些青少年头脑中的是非观点尚未分清，所以在某种条件下，冲动一上来，就会违法和犯罪，这就是当前青少年违法和犯罪的原因所在。

这些同志认为，家庭、学校及其它方面，对青少年违法和犯罪也是有影响的，但这种影响不是原因，而是条件。

第二种观点认为，青少年犯罪的原因是多方面的，它不仅有历史原因，又有现实原因；既有社会原因，又有个人原因；既有主观原因，又有客观原因；既有阶级原因，又有经济原因。在这些原因中，还有主要原因和次要原因，直接原因和间接原因，必然原因和偶然原因之分。它涉及到政治、经济、思想、文化、教育、道德、宗教、家庭等各个方面，而且错综复杂相互交织在一起，所以，任何孤立地、片面地企图找某一个原因，拿某一件事实就去说明问题的全貌，必然会将研究引向邪路。基于上述的认识，他们认为当前我国青少年犯罪的原因大概可以概括为两个方面，即阶级原因、社会原因和青少年犯罪的内在原因。

关于青少年犯罪的阶级原因，他们认为（1）林彪、“四人帮”对青少年的毒害是当前青少年犯罪如此严重和犯罪率上升的根本原因。（2）封建的、资产阶级的腐朽没落的意识形态和生活方式的污染，是青少年犯罪的一个主要原因，而一些老犯、惯犯对青少年的教唆则对青少年犯罪起着重要的作用。（3）国际上反动势力对我国的颠覆破坏活动，是青少年犯罪的国外阶级原因。

关于社会原因，他们认为（1）社会教育的某些缺陷和不足，是驱使青少年违法犯罪的一个重要原因。他们认为，社会风气是政治、经济、文化、教育、道德等社会关系的综合反映，是一种强大的社会力量，是社会教育的重要方面。但是，目前，党风、社会风气还没有根本好转，这些不良风气对青少年的腐蚀起着加速和催化的作用，有的还直接导致青少年犯罪的发生。（2）家庭教育的缺陷和家长对子女的不良影响，是青少年违法犯罪的一个重要因素。（3）学校教育的缺陷以及教育方法的不当，使那些"飘"在社会上的流失生成为违法犯罪的"后备军"。（4）青少年切身利益得不到解决，内部矛盾激化，促使某些青少年以危害社会的方式来发泄不满，或者为了满足自己的欲望而铤而走险，违法犯罪。

关于青少年犯罪的内在原因，他们认为主要有（1）腐朽颓废、吃喝玩乐的"幸福观"。（2）封建行帮的"哥们义气"的"友谊观"。（3）极端个人主义，资产阶级自由化思潮的"自由观"。

第三种观点把青少年犯罪的原因归结为"五因"和"七大精神因素"。

"五因"是：（1）阶级斗争的存在是社会主义条件下青少年犯罪的基本原因。（2）林彪、"四人帮"极左路线的长期毒害，人生观、道德观、乐趣观、恋爱观、英雄观完全颠倒，剥削阶级意识形态和旧的习惯势力及西方腐朽思想和方式的侵袭，是青少年犯罪的突出起因。（3）法制观念薄弱，犯法不知法，犯罪不知罪是青少年盲目突发性犯罪的直接因素。（4）有针对性的思想政治教育，从人生观、世界观上治本工作抓的不力不活，是青少年犯罪的外因条件。（5）对"教育、挽救、感化"方针领会不深，综合治理抓得不太落实，打教防结合搞的不够好，对"双劳一管"人员管理不甚得法，是青少年犯罪或继续犯罪的重要原因。

"七大精神因素"是（1）极端个人主义的唯我观；（2）悲观厌世的"宿命观"；（3）无政府主义的"自由观"；（4）哥们义气的"友谊观"；（5）杯水主义的"恋爱观"；（6）低级野蛮的"享乐观"；（7）亡命称霸的"英雄观"。

第四种观点认为青少年犯罪是主观原因和社会原因总体结合的结果。从其主观方面来考察，是与青少年的思想、道德水平、知识水平、性格爱好、心理和生理变化等多方面因素密切关系的，作为一个整体性原因，它不能离开特定的社会环境的影响。他们指出，综观犯罪青少年犯罪前期以及走向犯罪的过程中的实质性要素，主观原因具有如下的共同特点。（1）实际文化程度、知识水平惊人的低下，没有远大的理想和志向，丧失进取心与事业心，这是带有普遍性的一个前提因素。（2）法制观念极为淡薄，基本不具备法律知识；道德水平极端低下，是非善恶标准不清，这是他们走向犯罪的致命伤。（3）独立意识开始萌芽，自尊心迅速增强，而又思想幼稚，缺乏辨别能力，这个矛盾得不到正确解决，往往是他们走上犯罪道路的最初原因。（4）以模仿为主的学习能力和缺乏指导的好奇心的迅速发展，如引导不当，则容易成为驱使他们犯罪的重要因素。（5）与知识水平的低下相一致，他们对社会上的某些消极因素却极感兴趣，接受下来并充作社会经验，这种思想的逐步发展，就会走上犯罪道路。（6）富于激情，容易冲动，好胜勇斗，自制心弱的特点在法制观念淡薄的情况下，常常直接导致恶性案件的发生。（7）性的发育和逐渐成熟，如不能正确对待，在一定条件下，可以从一般的好奇导致流氓罪行的发生。

他们还认为，社会原因在加快青少年犯罪的过程中起着关键性的作用。这些原因除了林彪、"四人帮"的破坏所造成的影响和后遗症没有消除，学校教育失法，家庭教育不当以及诲淫诲盗小说，特别是一些手抄本的腐蚀外，他们认为应特别指出的是社会的落后层和团伙是犯罪青少年的巨大温床，是青少年犯罪的社会基础。

第五种观点认为青少年犯罪的原因可以分为内因和外因。但内外因何者更为重要，则存在着分歧。有的同志主张应着重从犯罪者内部找原因。他们指出，在大体相近或相同的社会环境下，为什么多数青少年没有走上犯罪的道路，而少数青少年却沦为罪犯呢？这就不能不研究犯罪人主观心理上的原因，即犯罪人的意识在对待客观事物上的选择性。他们认为，在犯罪活动中，任何外在的、客观的原因，都只能是一种条件，一种可能性，而不是一种根据，一种必然性。因此我们在研究青少年犯罪原因时，就必须正确认识主观因素和客观因素（即内因和外因）的相互关系，既要防止把犯罪看成是孤立的个体活动，排斥任何外因的观点，又要反对因十年内乱等影响，把个体的犯罪活动完全咎于外因的观点。任何犯罪心理形成和巩固的过程，虽然包含有内外因素的相互作用，相互斗争和转化，但外因总是通过内因起作用的，特别是犯罪人产生犯罪动机的前后，其意识的选择性往往起着决定的作用。

有的同志不同意把内因作为青少年犯罪的主要原因，认为外因才是青少年犯罪的主要的、决定性原因。他们认为外因是指一切能引起青少年犯罪的、存在于犯罪者外部的原因；内因则主要是指引起青少年犯罪的主观思想、意识。他们指出，孳生在我们这块土地上的犯罪青少年，他们犯罪人数、类型、性质以及犯罪手段、工具等都和我国的经济、政治、文化有关，都和国际上的影响有关，换句话说，都和他们所处的外因有关，由于青少年年龄上的特殊性，这些外因就构成了青少年犯罪的决定因素。他们认为人区别于动物的一个明显特点就是具有主观能动性。但是，在青少年，特别是少年时期，主观能动性还处在一个低级、不发达的阶段，还需要经过长时间的生理和社会的发展才能完善，在此阶段，在他们还不能完全驾驭自己的时期，研究他们犯罪的原因，只能是外因而不是内因。他们还指出许多先进地区的经验表明，如果把外因作为自己工作的重心，在党的领导下，充分发挥社会主义制度的优越性，为广大青少年创造一个良好的生活、学习、娱乐环境（即外因），使他们向健康方向发展，就能杜绝和减少犯罪。所以必须把外因作为引起青少年犯罪的决定的主要的矛盾来认识和分析。这样才能落实党中央提出的“综合治理”的方针、制定我们的实际工作计划，否则，就会颠倒主次，将研究引入歧途，并直接影响教育、改造、挽救犯罪青少年工作的顺利进行。最后，他们指出，外因是青少年犯罪的主要原因，这是从研究、教育犯罪青少年的总体论上来分析的，但是对犯罪青少年本人来说，我们宣传、教育机关则不能宣传外因是主要原因，以免使他们推卸自己的罪责，放松自己的思想改造。

第六种观点认为在研究青少年犯罪原因时，不但要注意到其社会学的因素，而更要注意到其生物学的因素。他们认为社会学因素是指：社会历史背景、阶级地位与阶级关系、社会意识形态、社会争斗和交往、社会影响、家庭环境、家庭教育、学前教育、学校教育、个人境遇，犯罪机遇等等。生物学因素是指：遗传基因、身体素质、先天缺陷、遗传疾病、神经解剖特点与神经类型、生长发育过程的特点、物质代谢过程的特点、内分泌的异常或某种不平衡、某些疾病或疾病引起的体质与健康上的特点等等。持这种观点的同志认作出科学的回答。

第七种观点认为我们在研究青少年犯罪原因时，应坚持历史唯物主义和普遍联系的观点，不应把青少年犯罪简单地归之于过去的某一政治现象或某一历史人物，而应把它看成是过去各种消极因素共同作用的结果；不应只停留在一条抽象的因果关系上，而应把各种消极因素当成种种消极因素有机联系着的统一体中的一个单元来考察，把它置于整体的普遍联系、相互作用中来考察。他们特别指出，我们在寻找青少年犯罪的根本原因时，不应到意识关系或政治现象中去寻找，而只能从现实生活的生产和再生产中去寻找。他们认为，青少年犯罪，直接对它发生巨大作用的因素，显而易见，是某些政治现象、道德现象、反动人物、家庭或其他直接环境，等等。但这些都不是真正的决定因素。在历史唯物主义看来，历史中的荒谬意识、哲学、道德、宗教、低劣的家庭状况、反动的历史人物等等，都有着各自的基础。在我们现实的经济基础中，生产活动中，客观地存在着某些消极现象的必然根据，它通过各种偶然的形式把自己表现出来。他们认为，在我们现实的经济活动中，生产活动中，客观地存在着两种情况：（1）生产力不够发达，创造出来的财富不丰富，这种状况与人口多、需求量大形成尖锐的冲突；(2)对于这些不甚丰富的财富，人们之间的实际分配、实际占有、实际的物质关系，存在着某些不合理现象。这两种情况的统一，就是当前青少年违法犯罪的决定性原因、终极原因。

日本、美国和我国上海地区青少年罪错原因的比较分析

（1986年）

华东政法学院　郧庆祥

青少年犯罪问题是当今世界上大多数国家十分关心和重视研究的问题，青少年中所存在的一些不良行为又是犯罪行为的基础和先兆。因此，为了预防和减少犯罪，各国研究犯罪的社会工作者又把研究工作的视野扩大到青少年的不良行为问题上。12～15岁的初中学生正处于关键年龄阶段。许多研究表明，大多数青年罪犯的初犯年龄就在这个年龄阶段。因此，研究初中学生的不良行为问题对于揭示青少年犯罪的成因和基础具有较大的意义。

近年来，日本和美国的青少年研究工作者曾分别对自己国家的初中学生及其母亲进行过大规模的随机抽样调查。青少年的不良行为和犯罪原因是其中一项主要的调查课题。为了获得真实的、可靠的资料，他们采用了无记名、非文字作答和计算机阅卷的调查方式。日本调查了2299名初中学生和他们的母亲。美国调查了1458名初中生和他们的母亲。为了同日本和美国的调查结果相对照，以辨别和认识社会制度和文化因素对青少年心理和行为的影响，去年四五月间我们对上海地区城市和农村的各类中学的初中学生采用与日本和美国相同的调查表和调查方式进行了广泛的抽样调查，被调查学生所在的地区、学校类型、年级和性别比例均接近于上海地区初中学生的实际状况。我们共调查了

1798名初中学生和他们的母亲，此外，我们还调查了这些初中学生的教师（共327名）。下面是我们获得的一些调查结果和我们对这些调查结果的初步分析。

一、日本、美国和我国上海地区初中生不良行为之比较

在给初中生的调查表上，列出了学生中存在的或可能存在的十一种不良行为，要求每个学生回答这些行为“是否是绝对不能干的？”借以了解学生的判断是非的能力和道德认识水平。同时，还要求学生回答，这些行为“你是否从来没干过？”借以了解初中生的不良行为现状。调查结果表明，日本、美国和我国上海地区的初中学生对这两个问题的回答存在着明显的差别。

绝大多数中国（上海）初中生认为所有这些不良行为都是“绝对不能干的”。日本的初中生中回答说这些不良行为是“绝对不能干”的学生所占总体的百分率相对最低，有些项目刚过半数（见表一）。

表一　日本、美国和我国上海地区初中生在不良行为问题上的态度和表现　单位：%

不良行为	日本（约2260人）			美国（约1410人）			中国上海（约1770人）		
	“不能干”	“没干过”	差值	“不能干”	“没干过”	差值	“不能干”	“没干过”	差值
偷东西	84.5	93.4	—8.9☆☆☆	97.1	79.3	17.8☆☆☆	100.0	99.1	0.9☆☆☆
打骂、作弄老师	80.1	97.5	—17.4☆☆☆	95.1	94.6	0.5	99.4	99.7	-0.3
吸毒	83.1	97.9	—13.8☆☆☆	95.5	88.9	6.6☆☆☆	99.5	100.0	-0.5☆☆
逃学	77.5	92.5	—15.0☆☆☆	91.4	82.1	9.3☆☆☆	98.6	97.5	1.1
欺侮朋友	64.2	51.3	12.9☆☆☆	94.4	47.7	76.7☆☆☆	96.2	88.9	7.3☆☆☆
擅自外宿	74.7	94.4	—19.7☆☆☆	90.9	81.9	9.0☆☆☆	95.9	99.0	-3.1☆☆☆
抽烟	80.8	89.9	—9.1☆☆☆	93.2	71.8	21.3☆☆☆	95.8	96.5	-0.7
破坏公物	80.7	80.0	0.7	95.6	87.8	7.8☆☆☆	65.5	86.6	8.9☆☆☆
和老师对抗	60.9	75.0	—14.1☆☆☆	83.1	54.6	28.5☆☆☆	88.8	91.4	-2.6☆☆
玩到很晚才回家	76.7	89.6	—13.2☆☆☆	86.7	69.9	16.8☆☆☆	77.2	74.9	2.3
迟到	52.6	64.7	—12.1☆☆☆	87.4	43.9	43.5☆☆☆	75.5	62.7	12.8☆☆☆

表一说明：加☆者表示差异显著($P<0.05$)；加☆☆者表示差异很显著($P<0.01$)☆☆☆者表示差异极显著($P<0.001$)。

未回答该问题者未统计在内，因此各项目的回答人数略有差别。表中各国的总人数均为大致数目。

从有不良行为的学生所占学生总体的百分率看，我国上海地区要低于日本和美国。在绝大多数不良行为项目上，上海初中生“从来没干过”的百分率均十分显著地高于美国和日本的初中生。仅有一项显著低于日本初中生，即“玩到很晚才回家”，但这一现象是由于中、日两国初中生对“很晚回家”一词的理解不同而造成的。据日本青少年研究所的同行们说，在日本这一词指的是在半夜以后才回家，而上海初中生则把过了吃晚饭时间尚未回家就作为“很晚才回家”了。另外有两项（“迟到”和“破坏公物”）在百分率的数值上分别稍低于日本和美国的初中生，但差异不显著，不具有统计学意义。

并且上海地区与日本、美国的初中生对“破坏公物”含义的理解也有所不同，我国初中生把乱扔扫把、黑板擦，在桌上刻字等轻微的不良行为都看作破坏公物的行为，而这些在日本和美国则并不被当作破坏公物的行为。因此上述调查结果反映了我国上海地区初中学生的道德认识和道德行为水平显著高于日本和美国的初中生，学生中有不良行为的人较少。这显示了我国的社会主义制度对于青少年的健康成长有着资本主义制度所无法比拟的优越性。

将各国初中生在每一种不良行为项目上选择“绝对不能干”的百分率与选择“从来没干过”的百分率相比较，我们发现美国初中生在几乎所有项目上“从来没干过”的百分率均极显著地低于认为这事“绝对不能干”的百分率（见表二）。这表明美国初中生的道德认识和道德行为之间严重不协调，有明显的言行不一或口是心非的现象。日本初中生则相反，在全部十一种不良行为上，有九种不良行为“从来没干过”的百分率极显著地高于认为这事“绝对不能干”的百分率。这一情况说明日本有部分初中生之所以“没干过”这些不良行为并不是因为认识到这些行为“绝对不能干”，而是由于严格的学校管理制度使他们不敢干或没机会干。无疑，这些学生属于“潜在的发生不良行为者”。我国上海地区的初中生选择“绝对不能干”和“从来没干过”的百分率较为接近，但也存在认识与行为不一致的地方。在“偷东西”、“逃学”、“欺侮朋友”、“破坏公物”、“迟到”等问题上，行为水平低于认识水平，而在“吸毒”、“擅自外宿”、“和老师对抗”等问题上则存在着部分“潜在的发生不良行为者”，这一情况应引起我们的重视和警惕。

表二　我国上海与日本和美国初中生不良行为之比较　　单位%

不良行为	中国上海—日本“没干过”百分率之差	中国上海—美国“没干过”百分率之差
偷东西	5.7☆☆☆	19.8☆☆☆
吸毒	2.1☆☆☆	11.1☆☆☆
打骂、作弄老师	2.2☆☆☆	5.1☆☆☆
逃学	5.0☆☆☆	15.4☆☆☆
欺侮朋友	37.6☆☆☆	43.2☆☆☆
擅自外宿	4.6☆☆☆	17.1☆☆☆
抽烟	6.6☆☆☆	24.7☆☆☆
破坏公物	6.6☆☆☆	—1.2
和老师对抗	16.4☆☆☆	36.8☆☆☆
玩到很晚才回家	—14.7☆☆☆	5.0☆☆
迟到	—2.0	18.8☆☆☆

注：表中数值加☆☆者表示差异很显著（$P<0.01$）；加☆☆☆者表示差异极显著。

二、我国上海地区各类初中学生不良行为之比较

1.学生居住地区与不良行为的关系

上海地区的调查对象中有637名初中生居住在郊区农村，有1161名学生居住在市

区。这次调查表明，在不良行为方面，农村初中生并不比市区初中生少，其中有“欺侮朋友”和“抽烟”行为的初中生还显著多于市区的初中生（见表三）。由此看来，认为农村青少年不良行为较少的观点是与实际情况不符的。农村青少年的不良行为问题应引起我们的注意。

2.学校类型与不良行为的关系

被调查的上海地区初中生中，有657名在重点中学就读，有1141名在非重点中学就读。从调查结果看，有“逃学”、“抽烟”和“欺侮朋友”行为的非重点中学学生比重点中学学生多，而有“玩到很晚回家”和“迟到”的则重点中学学生比非重点中学多。其他项目上百分率的差异均很微小，尚不具有统计学意义(见表三)。因此我们不能盲目认为重点中学学生的不良行为较少，对重点中学学生也必须加强政治思想、品德和组织纪律教育。

3.学生性别和不良行为的关系

被调查的上海地区学生中，有862名男学生，936名女学生。调查结果表明，在不良行为的发生率方面，男生明显地高于女生，只有三项不良行为（“偷东西”、“打骂、作弄老师”、“擅自外宿”）男女间的差异未到显著程度。这一调查结果证实了教师们的判断：初中男生不良行为的发生率比女生高，因而是进行思想和组织纪律教育的重点。

表三　我国上海地区各类中学生不良行为发生率的比较

不良行为	居住地区			学校类型			学生性别		
	农村	市区	差值	非重点	重点	差值	男生	女生	差值
偷东西	1.0	0.9	0.1	1.0	0.8	0.2	1.4	0.4	1.0
打骂、作弄老师	0.5	0.2	0.3	0.4	0	0.4	0.4	0.2	0.2
逃　学	3.2	2.1	1.1	3.8	0.3	3.5*	4.9	0.3	4.6*
欺侮朋友	14.7	9.2	5.5*	12.2	9.3	2.9*	16.3	6.5	9.8*
擅自外宿	2.0	0.5	1.5	1.3	0.6	0.7	1.7	0.4	1.3
抽　烟	5.3	2.4	2.9*	5.0	0.8	4.2*	6.3	0.9	5.4*
破坏公物	14.4	12.9	1.5	13.0	14.0	-1.0	19.9	7.0	12.9*
和老师对抗	9.8	7.9	1.9	7.6	10.2	-2.6	11.0	6.4	4.6*
玩到很晚回家	24.3	24.9	-0.8	22.3	29.9	-7.6	33.5	17.4	16.1
迟　到	39.0	36.0	2.6	34.9	41.4	-6.5	40.1	34.7	5.4*

注：表中数值均为有不良行为者所占该类学生百分数%，加*者表示差异显著($P<0.05$)。

三、日本、美国和我国上海初中生及其母亲对青少年犯罪原因的看法之比较

这次调查工作还要求被调查的学生及其家长对青少年犯罪原因提出看法。调查表上列出了可能导致青少年犯罪的十一项“原因”（因素），要调查对象针对每条“原因”表示赞成或反对。调查结果，我国上海地区的初中生多数（50%以上）否定了其中七项“原因”，只赞成其中的四项。关于犯罪者本人品质方面的原因“本人在意志和道德上的欠缺”，赞成的人最多，达83.3%，十分显著地高于日本和美国的初中生（$P<0.001$），显示了我国初中生更强调在抵制犯罪行为时人的主观能动作用。日本和美国的

初中生则强调“本人性格异常”是造成犯罪行为的重要原因，分别把这一条列为第三位和第二位原因。此外，与上海初中生相反，他们认为“整个社会的弊病”和“对成人社会的反抗”也是造成青少年犯罪的原因，他们比我国上海初中生更多看到所在社会的弊病和不利于青少年健康成长的社会因素(见表四)。他们的母亲和他们的意见基本一致。

我国上海地区初中生对青少年犯罪原因的认识与他们的母亲和教师基本一致（见表四）。前三项完全相同，都认为“本人在意志和道德上的欠缺”、“家庭生活不正常”和“地区环境不好”是导致青少年走上犯罪道路的主要原因，仅在排列位次上稍有差别。此外，初中生强调“考试压力重”也是原因之一，反映了他们对现行考试方法的不满。母亲和教师则更多看到社会环境方面所存在的问题——“宣传广播的坏影响”和“整个社会的弊病”。综合初中生、教师和母亲的意见，可以看到造成青少年犯罪的因素主要是青少年本人的道德修养、家庭和居住地区环境方面的不良因素，此外在宣传广播、社会政策和学校考试制度上也存在着一些问题。为预防和矫治青少年犯罪，必须从各个方面着手，加强综合治理，力争铲除各种滋生犯罪的土壤。

表四　　日本、美国和我国上海地区初中生及其母亲对青少年犯罪原因的看法之比较

	日本		美国		中国上海		
	学生	母亲	学生	母亲	学生	母亲	教师
本人在意志和道德上的欠缺	72.1②	86.8①	72.6③	79.4②	83.3①	72.9①	86.6②
家庭生活不正常	85.4①	81.2②	89.1①	85.4①	72.0②	63.9③	86.5③
本人性格异常	67.3③	69.7④	74.9②	64.7④	32.4	33.6	31.6
地区环境不好	46.4	52.4⑦	64.6⑤	48.7	82.1③	67.3②	87.1①
老师教育得不好	58.1④	39.6	45.5	46.8	30.9	28.2	13.2
对成人社会的反抗	44.6⑤	50.7⑧	0.4④	76.5③	19.1	12.9	4.1
整个社会的弊病	51.6⑥	59.4⑤	56.1⑦	83.0⑤	38.3	50.4⑤	57.9④
宣传广播的坏影响	44.8	71.9③	58.0⑥	62.0⑥	44.0	54.4④	56.8⑤
学校管理不当	45.9	31.2	51.0⑧	43.3	33.1	46.1	35.2
考试压力重	50.2⑦	53.1⑥	36.5	13.5	53.6④	36.0	18.5
从孩子向成人过渡中必然现象	35.0	34.9	50.0⑨	29.0	14.5	19.1	23.2

注：表中数值均为赞成该项原因者所占该类人员的百分率，未回答者没有统计在内。因此反对者的百分率可以用100%减去赞成者的百分率而得到。

表中数值后面加圈的数字代表该百分率的位次，即把该项列为第几位原因，凡赞成者的百分率低于50%的均未标明位次，因该项原因已被多数人否定掉了。

这次调查也反映出我们毕竟是社会主义国家，社会上所存在的不利于青少年健康成长的因素远没有日本和美国那样的资本主义国家这么严重和明显。如赞成宣传广播有不良影响的母亲，日本为71.9%，美国为62.0%，上海地区为54.4%，存在极显著差异。认为可归结为“整个社会的弊病”的日本母亲有59.4%；美国母亲有63.0%；而赞成这一项的上海母亲只有50.4%；刚过半数，与反对者的人数十分接近。这一情况反映出我国青少年生长的社会环境比资本主义国家健康得多，本文在开头部分所引述的日本、美国和我国上海地区有不良行为的初中生的百分率也证明了这一点。

三、治理论

对综合治理的初步认识
（1981年）

谢昌逵

综合治理是党和国家解决青少年犯罪问题的战略方针。这是根据我国社会主义的特点，在总结我国历史经验的基础上提出来的。但是，对综合治理的理解各有不同。从理论与实际的结合上，系统研究综合治理具有很重要的现实意义。本文根据河南省委召开的青少年教育会议上的情况，对综合治理的主要内容和怎样才能做到综合治理作一些初步的探索。

研究综合治理，首先有一个怎样理解综合治理的问题。根据目前的情况来看，综合治理主要有三个内容：

1．综合治理，就是要以全体青少年为对象，而不只是面对有违法犯罪行为的那一小部分。在会议上介绍的经验，既有严重违法犯罪青少年转变，弃旧图新，浪子回头的经验，也有抓紧后进学生、青年的教育，以减少犯罪后备力量的经验，又有在家庭和学校如何从小培养高尚的道德品质，教育青少年树立革命理想，成为优秀人才的经验等等。教育工作面向全体青年，是符合综合治理的要求的。河南省平顶山矿务局模范家长于凤兰同志有一个深切的体会：就是孩子不是生活在真空里。一样的社会环境，为什么有的犯罪，有的成材。这里就有一个面对全体青少年，加强教育，用无产阶级的世界观武装头脑，增强他们的免疫力的问题。譬如防治天花，就不是只治疗那些已患天花的孩子，而是人人从小都要种牛痘，“防微杜渐”，防患于未然。现在大城市青少年犯罪有个重要特点，就是滚雪球，蔓延快，一茬接一茬，天津现在是第四茬，而且年龄在向小的方向发展。武昌青少年开始犯罪的年龄，现在一般下降二三岁。天津市15岁至18岁是高峰年龄，16至17岁是最高峰。北京市1977年17岁以下犯罪的青少年占犯罪青少年总数的比例是31.9%，1978年升为33.4%，1979年又升为35.8%。犯罪的队伍在向更多更小的青少年滚过来，我们就要面向全体青年，要滚过去。将全体青少年都教育好，发动占绝大多数的青年去抵制少数青年的不良行为，用群众自己教育自己的方法，一定能收到更好的效果。

2．综合治理，就是要动员整个社会的力量。中央58号文件指出，青少年的教育问题，关系到国家前途、民族兴衰。国家兴亡，匹夫有责。因此，教育青年，人人有责。河南省安阳市，各单位领导人一齐上阵，青少年的教育队伍浩浩荡荡，总体战的阵势很有气魄！人人参加，但又各自有明确的职责范围。如北关区委“三结合，一为主”的经验，待业青年以街道为主，犯罪青年以派出所为主，在校学生以学校为主，在业职工以单位为主。现在有一种情况，互相责备，各执一词，想将责任归到那一个方面。这是不公平的。人是社会关系的总和。青少年问题是整个社会问题的反映。而社会是一个有机的整体，是一盘棋。每个棋子各有自己的作用，但又互相依存。因此，既明确各自的职业范围，又要互相支持，齐心协力。象学校教育，开封市第七中学抓后进，开封市县街小学开展少先队的活动，工作做得很好。往往有这种情形，老师花了很多的心血，社会上刮起了一阵风，影响到学校，老师的心血完全白费。象上海，一下子六千多中学生退学顶替进厂，以至学生认为上不上课无所谓，影响学习。所以不考虑互相配合是不行的。又譬如郑州二里岗，安阳钟楼巷派出所，组织街道有错误的青年边劳动边学习，效果很好，是件好事。他们办的时候就牵涉到公安、劳动、街道、家庭、企业、学校、财贸、金融，包括领导机关等等许多部门的支持，缺一个都不行，至少不会那么理想。所以综合治理要动员整个社会的力量。

3. 综合治理，就是要物质利益和精神面貌同时抓，全面关心青少年的成长。大家一个共同的体会，就是要将思想教育与解决实际问题相结合。现在青年们的实际问题确是很多。其中一个重要的原因，人口大量增加，而经济遭到破坏，造成生产的增长与人口的增长不相适应的矛盾。我国人口，29岁以下的占总人口的63.4%，30岁以上的只有36.6%。15岁以下的少年占总人口的38.6%。发达国家只占20%左右。1954年到1957年这4年我国平均每年出生2100万人口。1962年到1975年又是一个人口出生高峰，每年也是2000多万，1963年一年就是2900万。50年代那个高峰出生的人现在都20几岁了，正在进入社会。1979年待业青年安排700万，1980年有1100万。1962年到1975年这个高峰出生的人再过几年也要投入社会，这个冲击也是不小的，会带来很多社会问题。我们要预见到这个局面，想方设法解决他们的实际问题，否则，青年们感到社会抛弃他们，挤不进来，感不到温暖，有对立情绪。开封大兴办事处的经验很有价值，从6个方面广开门路，发展了生产，扩大了服务，又增加了青年的收入。这方面的潜力还是有的，有的地方可能还只是在开始在这方面想办法。我们应力求在现有条件下，想方设法帮助青年解决生活、劳动、学习、娱乐包括婚姻、住房等许多实际困难。毛主席说，关心群众生活，注意工作方法。关心了油盐柴米，得到了群众的信任，就能形成铜墙铁壁。所以，关心了青年们的切身利益，解决了他们的实际问题，建立了信任的关系，就开始有了共同的语言，为加强教育提供了基础，然后学政治、学文化。现在有些青少年文化低得很可怜，愚昧野蛮。要通过学习全面关心他们的成长。有了文化，政治也才能学得进去，才能进一步从根本上转变他们的世界观，掌握一定的技术知识，完全变成新人。

上面讲的综合治理的三个内容，总的说就是：在党的领导下，面对全体青少年，依靠整个社会的力量，全面关心青少年的成长，将解决实际问题与思想教育结合起来，培养一代新人。这是一个既治标，又治本，着重治本的方针。

怎样才能做到综合治理？根据许多地方的经验，要重点解决三个问题：

1. 认识综合治理的必要性。提高了对综合治理的正确认识，才能变为自觉的行为，行为也才能符合客观实际的要求。现在认识还是很不一样的。有的认为没有必要这么大动干戈，或者看成为那一个部门的事。有的又认为打总体战，以为是搞一个运动，一阵风就过去了。因此行动不力，步伐不齐。这些认识都是不正确的。五十八号文件，中央的批示有一段很重要的话："青少年是我们的希望，是我们的未来。十年树木，百年树人。按照德育、智育、体育全面发展的要求，把我国青少年培养成为有社会主义觉悟的有文化的劳动者，这是全党和全国人民的共同任务。这一工作的好坏，不仅关系到安定团结政治局面的长期巩固，关系到社会主义现代化建设的加速发展，而且直接影响着新一代人的成长，关系到我们党和国家的前途，关系到我们民族的兴衰，全党必须高度重视。"什么时候，什么问题曾使我们党，我们人民感到与民族兴衰、国家前途有关呢？"九·一八"日本帝国主义进犯，我们说过国家兴亡，匹夫有责。打倒蒋介石的时候，我们说过这是两个中国的命运的斗争。林彪、"四人帮"常常爱将他们提出的一些问题提到与国家民族命运有关的高度，那是为了蒙蔽群众，欺骗群众，完全是假的，是阴谋。现在青少年的问题，提到了这样的高度，是实事求是的。我们可以看一看我国阶级状况和阶级斗争发生了深刻变化的情况下，社会上违法犯罪情况所起的变化。（1）犯罪性质，政治犯减少，刑事犯增多。辽宁抚顺监狱文革前关押的绝大多数是历史或现行反革命罪犯。但是去年年底统计，历史反革命犯只占3.1％，现行的只占9％，各类刑事犯占87.9％。那么，现在全国刑事案增多，又是些什么人呢？（2）犯罪分子中，旧社会的残渣少，新生的多，而青少年又占很大的比重。北京统计，50年代，青少年作案，只占犯罪总数的20—30％，1964年，1965年占40—60％，1979年则占79％。上海1965年占34.5％，1979年占70.4％。天津1965年占24.8％，1979年占83.9％。郑州、安阳介绍一个区的情况，青少年犯罪曾占总数的90％以上，现在下降了。但问题仍然不能小看。（3）犯罪的家庭出身，从剥削阶级出身的少，大部分是劳动人民子弟。重庆少管所里的青少年，劳动人民家庭出身的占96.6％，其他地方也差不多少。根据北京、上海、天津、沈阳、郑州、福州6个城市的情况：1979年这6个城市，青少年犯罪的绝对人数，是1965年的12.8倍，增加这么多。犯罪青少年占青少年总数的比例，1979年是1965年的8.6倍。当然，经过我们的工作，在下降，而且犯罪青少年占青少年总数或在全国人口中所占的比例是很低的。但是，绝不能忽视问题的严重性。特别是一些中间状态的青年，在理想、情操、道德等方面，也存在不少问题。林彪、"四人帮"对青少年的毒害时间很长，使青少年象是害了一场大病，伤了元气，医治也不容易。开个什么药方，怎样治理？动大手术，大补、大泻都不适当，需要一个有经验的中医，对这种伤了元气的慢性病，进行辩证施治，不是头痛医头，单打一。而是要调养，要锻炼，要给一些强行规定，又要注意环境的保护等等，这就是长期的综合治理。就拿犯罪问题来讲，要消除产生犯罪的历史的社会的根源，这就是林彪、"四人帮"的流毒；我们在重点转移中，许多工作没有跟上去的要跟上来，减少那些直接间接引起犯罪的原因。还要减少造成犯罪的条件，如取缔教唆犯，收缴凶器，淫书，少看不看那些凶杀、有黄色镜头的电影等等。还要解决它的主观原因，批判那些流氓哲学，教育青少年树立正确的伦理道德观念。由此可见，这既是一个严重的社会问题，又是一个复杂的社会现象。各条战线，与此有关的每个环节都应注意到。而且还不能急躁，要细致地、认真地进行工作，才能将这些伤了元气的青少年医治过来。这就不是搞运动，搞形式主义，一阵风能解决得了的。夹生饭，其后果还是要我们自己解决。至于进一步培养四化需要的新人，有高度觉悟而又掌握现代科学技术的人才，那就更需要我们的努力了。

2. **研究综合治理的规律性**。综合治理，涉及这么多部门的工作，既解决实际问题，又加强思想教育，其中必然涉及到很多的方针、政策问题。譬如说，安阳市钟楼巷派出所抓劳动就业、就地改造的经验，郑州二里岗也有同样的经验，北京也有这样做的。实践证明，效果都很好，很受各方面特别是家长和青少年自己的欢迎。对这些违法青少年，处理的方式，目前我们是送工读、送少管所、强劳队等，也有效果。但是不是可以就地劳动改造，放在社会上，不隔离，不封闭，是否有另外的好处？外国的方法有两种：封闭式，他们有钱，找个环境优美的地方，集中一些违法青少年，男女有分开的，有一起的，一边劳动，一边陶冶性情，如此几年。另一种是开放式的，放在社会上改造，便于这些青少年适应社会，也便于社会了解他们，各有好处。北京西城工读学校是有名的，但他们不主张多办，主张对有些违法青少年放在学校就地教育改造。所以，对于钟楼巷、二里岗的经验要认真总结。但是，这里有许多政策问题。邵玉华老师介绍经验，讲起来是容易的，做起来困难就多了，要发展、巩固，要推广，就有许多政策问题。政策问题不解决，就发展、推广不了，当然也有一个干劲问题。劳动就业，劳动教养是如此，其他方面，如学校分快慢班，文化电影怎样办，家庭教育，社会治安，干部作风，街道工作等等，无论是那一方面的问题，既要综合与此有关的各个侧面的情况，又要从它的发展变化过程找出它的规律。综合治理的效果，就决定于我们对各方面工作中的问题进行深入的调查研究，找出规律，制定政策，共同执行得怎么样。各有关部门都从有利于青少年出发，加强研究，总结经验，提出对策，这样我们的工作就会扎扎实实，就能象中央要求的那样："切切实实抓出成效来。"

3. **发挥综合治理的优越性**。我们是社会主义国家，各部门都在党的统一领导下，有一个共同的目标，为了共同的事业而努力工作，所以能够互相配合协调起来。资本主义国家，他们为了追逐超额利润，互相倾轧，你要这样做，他就要那样做，比我们文化大革命中打派仗还厉害。现在我们在党中央的统一领导下，为了实现四化，为了教育青少年，坐到一起来了。坐到一起，就应该象上面讲的那样，研究各自工作范围内，有那些环节对青少年的健康成长不利，对整个社会风气的好转不利，也就是对四化不利。譬如，在大城市有些商店，考虑多赚外汇是对的，但是进口了大量录有邓丽君流行歌曲的录音带，公开出售。钱是赚了，但靡靡之音却影响了不少的青少年。有些工作，有些做法，从某些角度看似乎有必要，但社会效果，对下一代的影响并不好。这就要认真对待。不是互相指责，而是共同商讨，将各个矛盾的侧面都摆出来，共同协调。我们的立法机关、政府部门和人民团体，为了一个共同的目的，在一起商议，自觉地调整工作中不适应形势发展的部分，加以改革。这样的综合治理的优越性，本质上就是充分发挥了我们社会主义制度的优越性。毛主席在《关于正确处理人民内部矛盾的问题》的报告中讲，社会主义社会的矛盾，是可以通过我们的制度自己来解决的。林彪、"四人帮"破坏了社会主义制度的优越性，毒害了青少年，带来了严重的社会问题。我们就要拨乱反正，充分发挥社会主义制度的优越性，来解决青少年的问题，解决所带来的社会问题，推动四化的迅速发展。生产的发展，又反过来为解决社会问题，为培养青少年打下更好的基础，给青少年带来光辉的前途，从根本上解决这个问题。

根据以上这三点，认识综合治理的必要性，研究综合治理的规律性，发挥综合治理的优越性，需要在党的统一领导下，所有各方面共同合作，加强理论研究，提高认识，掌握规律，制定对策，将道德教育与制定法制相结合。道德与法制本来就是相辅相成的。现在全国人民、我们的党对青少年的教育是这样强烈的关心，希望得到很好的解决，法律就应该反映国家和人民的这个意志，将青少年的基本行为准则和各方面工作中有关青年的某些职责、某些政策具体化，条理化，上升到法律。外国许多国家有青少年法，如日本，规定青少年不准抽烟、喝酒，违犯了罚卖烟卖酒的。有些国家规定暴力、黄色电影，小孩不能看，看了罚电影院。1980年团中央请邀法制委员会、最高人民法院、最高人民检察院、公安部、司法部、教育部，以及法学理论界共同开会，讨论了制定青少年法规的问题，要着手进行制定青少年保护条例、法规的工作，使它符合综合治理的要求。有了这些，综合治理就会增加新的武器。

论青少年犯罪的综合治理

（1984年）

中国政法大学　郭　翔　马晶淼

中华人民共和国成立后的十几年间，我国青少年的犯罪率一直是很低的。经过十年内乱，我国青少年犯罪出现了一个前所未有的高峰期。由于西方资产阶级腐朽思想及其生活方式的腐蚀影响，再加上其他原因，致使这次高峰期持续时间较长，迄今还没有完全跌落、消退下去。据有关部门统计，这些年来，青少年犯罪一直占整个社会刑事犯罪的70％左右，许多大案、要案和恶性案件也大都是青少年干的，并且在青少年犯罪者中已经滋生一批累犯、惯犯、教唆犯和团伙犯的头子。现实生活表明，青少年犯罪已经成为我国一个严重的社会问题，成为干扰四化建设顺利进行、影响社会治安、危害人民群众生命财产安全的重要因素。

为了切实解决青少年违法犯罪问题，实现社会风气和社会治安的根本好转，党中央从我国实际情况和当前的社会刑事犯罪特点出发，在总结经验教训的基础上提出了在严厉打击严重刑事犯罪活动的同时，要全面贯彻执行综合治理的方针。这一具有战略意义的治理犯罪的对策原则，在实践当中已经收到了显著的成效。综合治理方针作为治理和解决社会治安的总方针，不只是针对青少年犯罪的。但由于当前犯罪青少年是我国社会刑事犯罪的主体，所以综合治理主要是治理青少年犯罪。正因为如此，我们也是主要针对青少年犯罪来理解和分析综合治理方针的。随着形势的发展，综合治理方针的内容有个不断丰富、完善的过程；我们对这个方针的理解也有一个逐步深化的过程。而我们对综合治理的方针理解的愈深刻、愈正确、愈全面，那么贯彻执行的就愈有力，收效就越大。反之，如果我们理解的不深刻、不正确，那么在贯彻执行当中就会出现偏差，甚至会犯错误。因此，认真总结这几年的经验教训，从理论和实践的结合上，对综合治理进行深入地研究具有重要的意义。

综合治理方针的基本含意究竟是什么？提出这一方针的客观依据是什么？贯彻执行这个方针的目标和要求是什么？综合治理方针包括哪些主要的环节等等，这些问题都需要我们进行认真地探讨。下边我们谈些粗浅的不成熟的看法，以便和大家共同讨论和商榷。

（一）综合治理方针的基本含义和客观依据

综合治理方针的基本含意是什么？首先应该对此有一个科学地、完整地理解。我们认为，所谓综合治理，就是在党的统一领导下，动员国家机关、人民团体、工矿企业、家庭、街道、学校、部队以及广大人民群众，同心协力，互相配合，一齐动手，各负其责，采取政治的、思想的、组织的、经济的、文化的、教育的、道德的、法律的等各种手段，从各个方面来教育、保护青少年健康成长，严厉打击刑事犯罪活动，预防青少年违法犯罪，教育挽救失足青少年，达到维护社会治安、巩固人民民主专政、保障社会主义现代化建设顺利进行的目的。这就是综合治理方针的基本含义。

综合治理方针的形成和提出不是偶然的，不是哪个人随心所欲、灵机一动的主观产物，而是党中央运用马克思列宁主义、毛泽东思想的基本原理，认真地分析了我国的国情，总结了我们长期同犯罪进行斗争的丰富经验，针对我国这次青少年犯罪高峰期提出来的。早在1979年8月中共中央转发中央宣传部等8个单位《关于提请全党重视解决青少年违法犯罪问题的报告》的通知中，就体现和贯穿了综合治理的思想。通知提出：对于青少年的教育和青少年违法犯罪问题“全党必须高度重视。每个共产党员、国家职工和人民群众，都要为培养教育好我们的下一代，尽到自己应尽的责任。”“对青少年犯罪问题，绝不能就事论事，孤立地去对待它。而应当同彻底清除林彪、‘四人帮’的流毒，同加快国民经济的发展，加强思想政治工作，健全民主和法制，积极搞好党风、民风，狠抓对青少年的培养教育等工作联系起来去考虑、去解决。”“各级党委都要把加强对青少年的培养教育，包括解决其中极少数人的违法犯罪问题，放到重要议事日程上来。主要领导同志要亲自过问，党委分管青年工作的同志，要督促、帮助共青团组织把这一工作认真抓起来。还要统一组织宣传、政法、财经等部门和工会、妇联等人民团体齐心协力，有计划有目的地进行调查研究，及时交流情况，总结经验，按照各自的职责范围，努力做好工作，切切实实抓出成效来。”要“加强和改进我们的宣传、新闻、文艺、电影等工作。”“不断提高中小学生及广大青少年的政治思想觉悟，增强自觉抵制国内外资产阶级及其他剥削阶级思想意识和生活作风的腐蚀的能力。”“要积极解决按政策留城回城青年、社会待业青年的就业问题。”“对于违法犯罪的青少年，我们的方针应着眼于教育、挽救和改造。但对极少数犯有严重罪行的反革命分子和其他犯罪分子，则必须依法惩办。当然，惩办的目的，也是为了教育和改造。”“对于有一般违法行为的在校学生和青年职工，应该坚持留在学校、工厂等有关单位教育改造。”“要力求通过艰苦细致的思想政治工作，卓有成效地化消极因素为积极因素”。党中央特别指出：我们的党员干部，特别是领导干部，要“带头搞好党风、民风和社会风气。尤其要自觉地加强对自己子女的思想教育工作。”不得纵恿、包庇子女犯罪。在这个文件中，党中央虽然没有直接用“综合治理”这一提法，但是在党委领导下，依靠全社会的力量，实行“综合治理”的思想和原则已经明确地概括出来了。并且党中央就解决青少年违法犯罪问题发出这样的专门文件，本身就是“综合治理”原则的体现。

1980年6月3日，中共中央在有关加强青少年业余文化生活的文件中明确提出了“全社会都为青少年健康成长着想”的思想。

1981年夏，中央在关于整顿五大城市治安问题发出的21号文件中，在强调依法从重从快严厉惩处严重犯罪分子的同时，明确提出了“全党动手，发动群众，进行综合治理”的方针，提出要在党委的统一领导下，把各方面、各部门的力量组织起来，把任务落实到部门，落实到基层，落实到人去解决青少年违法犯罪问题。并且强调指出：要继续发扬党委领导下，专门机关和依靠群众相结合的优良传统。只有广大群众作政法、公安部门的坚强后盾，才能有效地防范和制止犯罪活动。

至此，党中央就对综合治理方针所包括的丰富内容，用精练的、准确的语言科学地概括出来，成了我们在新的历史条件下解决犯罪问题的具有战略意义的新概念、新思想，也是我们党和国家在认识和改造社会的伟大工程中又一次理论和实践上的飞跃。

那么捊出综合治理方针的科学依据是什么呢？我们认为主要有以下几个方面。

第一、犯罪是一种复杂的社会现象。在我们国家，犯罪的发生，犯罪的存在和变化，犯罪的危害和后果，无不具有社会性、“综合性”。从一定意义上说，犯罪实际上是一种社会“综合症”。社会的问题必须依靠社会力量来解决。这就是综合治理方针主要的客观依据。

我们对社会主义社会的犯罪的复杂性有一个认识过程。当然，犯罪这种复杂的社会现象自身也有一个发展变化过程。犯罪是阶级斗争的产物，这是马克思主义关于犯罪问题的一个基本观点。对在社会主义社会的犯罪现象，同样应当用这个基本观点去分析，去认识。但是犯罪又是一个复杂的社会现象。我们不能用简单化的办法去看待这个问题。如我国在剥削制度和剥削阶级做为一个阶级已被消灭之后，在大规模的阶级斗争已经结束，阶级斗争也已经不再是我国的主要矛盾的情况下，社会上的犯罪反而增多了。毫无疑问，我国的社会制度具有资本主义制度所无法比拟的巨大优越性，社会主义制度从根本上来说不产生犯罪，它最终要为杜绝和消灭犯罪创造条件。过去我们往往以为，随着社会主义制度的确立和发展，社会上的犯罪现象将日趋减少，然而，事实是随着社会发展中出现的曲折，社会犯罪也出现了曲线，有时甚至还出现大幅度上升的情况。过去我们常常认为，犯罪者主要是那些没有改造好的剥削阶级分子、旧社会的渣滓和对党、对社会主义有刻骨仇恨的反革命分子，然而，现在社会犯罪的主体，却大都是劳动人民家庭出身的青少年。毫无疑问，十年内乱是我们社会主义发展出现的最严重的曲折，它对我国青少年犯罪所发生的巨大影响是人所共知的。然而，这种影响也不是单一的、孤立的，既有政治的、思想的、道德的，也有经济的、文化教育的。“文化大革命”给国家和社会造成的灾难是综合性的，它对青少年犯罪的影响也是“综合性”的。我们实行的对外开放政策，毫无疑问，对我国的经济建设和科学技术的发展将起着重要的促进作用，今后我们还将坚定不移的贯彻对外开放的政策，绝不能再重复那种闭关锁国的错误政策。但是也要看到，资产阶级的腐朽思想和生活方式不可避免地通过各种渠道渗透进来，并对我国一部分青少年起着腐蚀作用，而这种腐蚀作用及其产生的后果也是多方面的。人们都清楚地看到，我们的党风和社会风气尚存在着不少问题，至今还没有根本好转，而党风和社会风气的不正，必然会对青少年的犯罪产生影响，这种影响也是多方面的。由于各种原因，阶级斗争还在一定范围内长期存在，阶级斗争的存在对青少年犯罪的影响是无可否认的事实，但是这种影响，有些是直接的，有些是间接的，其范围和渠道也是多方面的。除了阶级斗争以外，我国还存在其他各种各样的社会矛盾，这种矛盾也必然从各个方面对青少年犯罪发生直接的或间接的影响，等等。由此可见，我国的青少年犯罪是很复杂的，就其产生的原因来说，也是多方面的，多层次的。各种原因、因素、条件、环节在综合地起作用。近几年来，许多同志的研究成果无不证明这一点。如果我们只从一个方面或者从互相割裂的几个方面去研究青少年犯罪的原因，是无法解释这一复杂的社会现象的，当然也就难以得出科学的结论。本文不打算探讨青少年犯罪的原因问题，而只是想说明一点，就是青少年犯罪的原因是一个具有复杂性和综合性的问题。既然青少年犯罪是一个复杂性的社会问题，那么，解决这个问题也就不能靠一个部门，一个办法，而只能采取综合治理的方针。方针，如同路线、政策、意见、方案、办法一样，是人们主观的东西，这种主观的认识只有来源于客观，并符合客观实际，才是科学的，才能对实践起着指导作用。而综合治理方针的提出是建立在我们对青少年犯罪及其产生的原因的复杂性的认识基础上的。因而是科学的，是正确的。如果青少年犯罪只是一时现象，只是一个简单的问题，只要一个部门，用一种办法就可以轻而易举地加以解决，那么综合治理方针也就没有提出的必要了。

第二、社会主义制度给综合治理方针提供了客观可能性。

许多资本主义国家的学者经过长期的研究，都不同程度地认识到他们社会的犯罪也是一个复杂性的社会问题，也曾提出过应当采取多种办法来解决他们那里面临的、日益严重的青少年犯罪问题。有些国家的政府部门还建立了具有协调性质的机构，在治理青少年犯罪方面，收到了一定的成效。但是，从根本上说来，任何资本主义国家都是不可能从整体上真正实行综合治理方针的，这主要不在于资产阶级学者或政府官员高明不高明的问题，而是由资本主义制度决定的。资本主义社会是以资产阶级私有制为基础的社会，社会上分裂为各种利害互相冲突的社会集团、社会部门。在资本主义社会，由于其固有的矛盾，由于资本家唯利是图的本性，由于各种社会集团、社会部门竞争十分激烈，他们不可能协调一致的解决他们社会的犯罪问题。比如对青少年身心健康具有严重危害作用的凶杀的、黄色的电视、电影、戏剧、图片等，在某种意义上也是在产生犯罪，尽管有些家长、老师、法学界人士呼吁严格控制，但是资本家还是变本加厉的生产这些东西。再如，有些国家枪枝、弹药的自由买卖，无疑给暴力犯罪提供了有利条件，有些居民、学者和政府官员曾一再要求禁止枪枝弹药的自由买卖，但是资本家和军火商仍然在不断地制造和出售这些可以用于犯罪的工具。至于卖淫、贩毒、吸毒等等这些更是资本主义社会所无法解决的痼疾。我国则不同，与资本主义制度相反，我们的社会主义制度是建立在生产资料公有制基础上的社会制度，广大人民群众在根本利益上是一致的。国家机关、人民团体、工矿企业及社会各个方面，在社会上虽然具有不同的分工、不同的职能，但没有根本的利害冲突，它们都有保护青少年健康成长的共同愿望和共同职责。党是工人阶级和广大人民群众利益的集中代表，除了人民的根本利益之外，党没有自己特殊的利益。我们党是按照马列主义武装起来的、有纪律的无产阶级政党，党的历史使命就在于科学地认识世界，能动地改造世界。我们党又是一个执政的党，是社会主义事业的领导核心，历史形成了我们党对国家和社会的领导地位具有极大的权威性。在党领导下，我们能够统一意志，统一步伐，胜利地进行社会主义现代化建设，同样也能组织和动员各方面的力量统一意志，统一步伐，解决包括犯罪在内的各种社会问题。当然，也不可否认，在根本利益一致的前提下，在人民内部也存在着各种各样的矛盾；在各个政府部门、人民团体、企事业单位以及城乡之间、地区之间也会有这样那样的矛盾，并在坚持四项基本原则的前提下，允许有一定的竞争，以促进社会经济文化的发展。但是这种矛盾和竞争是与资本主义社会内部的固有矛盾和那种你死我活的竞争根本不同的，我国人民内部存在的各种矛盾和局部利益不一致情况，完全可以在党的领导下，通过正常的途径加以调节和解决。任何为了个人的、小团体的、本单位的、本地区的局部利益而损害人民的根本利益、社会的整体利益都是绝对不能允许的。对此，党和政府必定要加以干预和制止。也就是说，凡是符合人民利益和愿望的，党和政府都会给予支持，或者领导加以实施；凡是违背人民意愿、损害人民利益的，党和政府都会予以反对和纠正。比如，当某些危害青少年健康成长、腐蚀青少年灵魂的凶杀的、黄色的电视、电影、戏剧、录象、图片等出现时，尽管得到某些部门和单位的支持、默许，甚至给某些方面带来某种利益，但是党和政府一经发现就马上予以查禁，从而堵塞或限制了这些东西的蔓延。这在资本主义国家当然是难以做到的。对青少年犯罪实行综合治理的方针，正是建立在社会主义制度这种牢固的基础上的。同时，也是社会主义制度优越性的体现。社会主义制度对综合治理方针提供了客观可能性，而党的统一正确领导，又使这种可能性变为现实性。如果没有这些条件，综合治理方针就失去了实施的客观基础。

第三、我们党和政府领导和依靠人民改造社会、治理犯罪的丰富经验为综合治理方针奠定了实践基础。

新中国刚刚成立时，我们面临的是国民党遗留下来的烂摊子。被推翻的反动阶级不甘心他们的失败，猖狂地进行各种反革命破坏活动；旧社会的渣滓诸如地痞、流氓、惯窃、土匪、赌徒、娼妓等也进行各色各样的危害新社会的违法犯罪活动。同时，由于阶级斗争的原因，社会上也新滋生了一些反革命分子和刑事犯罪分子。他们互相影响，互相呼应，破坏社会治安，毒化社会风气。为了打击、惩治各种犯罪活动，荡涤旧社会的污泥浊水，改造社会风气，我们党领导和依靠广大人民群众，运用国家政权的力量，进行了一系列伟大的斗争，取得了辉煌的战果，创造出犯罪率极低、社会秩序和社会风气良好的局面。为什么在新中国成立后的不太长的时间内就创造出这样的“人间奇迹”呢？一个主要的经验，就是在党的领导下，充分发动和依靠人民群众，实行了专门机关与群众相结合的工作路线，采取多种手段、多种方式、多种渠道改造社会、治理犯罪。比如，（1）在对各种犯罪活动及时予以打击、惩治的同时，对违法犯罪分子和剥削阶级分子进行了大量的改造工作。（2）取缔了赌场、妓院、反动会道门，查禁了反动的、凶杀的、色情的、荒诞的书刊、图片，批判了剥削阶级的旧思想、旧道德、旧风习。（3）不断加强了革命人生观的教育，和集体主义、爱国主义、社会主义及共产主义的教育。提倡爱人民、爱祖国、爱集体、爱护公共财物的新的道德风尚。（4）进行了社会主义制度的伟大变革工作。如此等等，所有这些归纳起来，实质上也是一种综合治理。这一成功的经验和传统，虽然曾经受到“左”倾思想和十年内乱的干扰破坏，但是在粉碎“四人帮”后，我们党又及时地恢复、发展了这些经验和传统，并在此基础上，提出了和形成了综合治理方针。可以毫不夸张地说，我们长期积累下来的改造社会、治理犯罪的丰富经验和优良传统为综合治理方针奠定了可靠的实践基础；而综合治理方针的形成和提出也是这些经验和优良传统在新的历史条件下的升华。

此外，随着这次青少年犯罪高峰期的出现及其持续发展，客观上迫切要求我们采取正确的对策解决青少年违法犯罪问题。除了严厉打击和惩治犯罪以外，我们在实践当中又采取了许多新措施，有许多新的创造和新的经验。这些新的措施和经验均带有综合性。与此同时，广大的实际工作者和理论工作者从不同方面，对青少年犯罪进行了广泛的研究，取得了一定的成果，这也为综合治理方针的形成和提出，提供了一定理论依据和实践依据。

综上所述，我们可以看到，综合治理方针的形成和提出不是偶然的，它是形势的需要，社会的需要，党和政府的需要，人民群众的需要；是青少年犯罪复杂性和解决这个问题的迫切性、必要性、艰巨性所决定的。从根本上说，它是我国社会主义制度的产物，同时，也是我国社会主义制度优越性的体现，是我们改造社会、治理犯罪丰富经验在新的历史条件下的发展和结晶。

我们不仅要从理论上认识综合治理方针的科学依据和战略意义，而且在实践当中自觉地、正确地贯彻这个方针。下边我们准备谈谈贯彻综合治理方针所达到的目标以及应当抓住的几个主要环节。

（二）综合治理的目标要求和主要环节

我们贯彻综合治理方针所要达到的目标要求是什么？这是必须加以研究和明确的问题。对于这个问题，我们不能孤立地、抽象地来回答，而必须同党和国家确定的改造社会风气、整顿和加强社会治安的斗争任务联系起来进行考虑。只有这样，综合治理方针所要达到的目标要求才能正确而可靠。

党的十二大提出，为了实现社会主义现代化建设的战略任务，建设高度的社会主义物质文明和精神文明，中央下决心要在近几年内实现社会风气的根本好转。很明显，其中当然包括社会秩序的根本好转。赵紫阳同志在六届人大一次会议上所作的《政府工作报告》中指出“为了保障现代化建设的顺利进行，必须继续加强社会主义民主和法制的建设，加强政法工作，努力消除国家和社会生活中各种违法乱纪的消极现象，实现社会风气的根本好转，进一步巩固和发展安定团结的政治局面。”党和国家确定的这项战斗任务也是我们贯彻综合治理方针所要达到的总目标。综合治理方针必须为实现社会风气和社会治安的根本好转服务，必须为国家的长治久安、根治犯罪问题服务，必须紧紧围绕着上述目标来发挥综合治理方针的作用，离开了上述目标，我们的综合治理就会偏离方向。

为了实现上述目标，我们在贯彻综合治理方针中应该达到三项基本要求：第一、严厉打击严重刑事犯罪活动，及时准确地惩治犯罪。第二、最大限度的预防犯罪和减少犯罪。第三、卓有成效的挽救失足青少年，教育改造犯罪分子。这三项要求是互相联系不可分割的，是衡量我们贯彻综合治理方针最终效果的根本标准。这三项要求，是从贯彻综合治理方针的总体上提出来的，是基本性的要求。当然在不同的时期，不同的地方，不同的单位，不同的方面，还应该有它具体的目标和要求，忽略这种具体的目标和要求，综合治理方针就有落空的危险。反过来，任何具体的要求都带有局部性，都不能违背、脱离上述三项基本的要求，只有把具体的要求和基本的要求有机的联系起来，把局部和全局联系起来，我们才能正确地贯彻综合治理方针，才能实现综合治理方针所要达到的目标。

我们在贯彻综合治理方针中，为了达到上述目标和要求，就必须紧紧抓住三个主要环节。

第一、严厉打击严重犯罪活动是贯彻综合治理方针的首要环节。

在综合治理中，严厉打击严重犯罪活动是极其重要的一环。我们绝不能把综合治理同严厉打击犯罪割裂开来，更不能对立起来，而应把严厉打击犯罪活动，及时地、准确地惩办犯罪分子看作是综合治理的一个重要组成部分，或者说是一个重要的方面，一个重要的内容。如果认为打击犯罪在综合治理中只占无关重要的次要地位，甚至轻视打击，贬低打击的意义和作用，或者用其它部门的工作来代替政法部门的打击，显然都是不对的，都是对综合治理方针的曲解或误解。我们既不能把打击犯罪同综合治理对立起来，也不能把两者割裂开来，不能离开打击犯罪而片面地理解综合治理方针，也不能离开综合治理方针而孤立地单纯地进行打击。那样不仅不利于综合治理方针的贯彻，也会降低、削弱打击犯罪的作用和意义。在过去曾有一段时间，在强调综合治理的时候忽略了对犯罪的打击，这是一种偏差，党中央已经纠正。针对严重刑事犯罪活动猖獗的情况，党和国家作出了严厉打击的重要战略决策。并把严厉打击作为综合治理的首要一环，这是完全正确的。我们应该认真地全面地领会和贯彻中央的指示，在综合治理中牢牢把握住严厉打击严重刑事犯罪活动这个重要的首要环节。

所谓严厉打击刑事犯罪活动，就是对那些作恶多端的犯罪分子必须依法从重从快予以严惩。该逮捕的逮捕，该判刑的判刑，该劳教的劳教，该注销城市户口的注销城市户口，该行政处罚的要给以相应的处罚。对于那些罪行特别严重、情节特别恶劣的严重刑事犯罪分子，尤其是作恶多端的流氓犯罪团伙的头子和骨干分子，要坚决依法给以严厉的制裁，直至判处死刑，决不能心慈手软，决不能姑息迁就。对严重刑事犯罪分子的宽容放纵，就是对人民的残忍。所谓综合治理就是一句空话。过去那种片面理解综合治理方针，对犯罪分子捉捉放放的局面不能重新出现。

为什么对犯罪活动要进行严厉打击呢？因为十年内乱以后，社会犯罪率一直较高，青少年犯罪已经是一个严重的社会问题。这些年来，经过我们的努力，社会治安有所好转，但并没有根本好转，有些地方犯罪活动还比较猖獗，特别是一些大案、恶案、要案和团伙作案不断发生，威胁甚大，影响极坏，简直达到令人难以容忍的地步。在这种情况下，不严厉打击犯罪活动就不能实现社会治安的根本好转，就不可能维护社会的正常秩序和人民的正当权益，就会助长了反革命分子和其他刑事犯罪分子的嚣张气焰，人民就会失去安全感，甚至出现好人怕坏人的不正常现象，我们的人民民主专政的政权就显得软弱无力，社会主义现代化建设就无保障，人民就会对我们不满。我们是人民民主专政的国家，人民是社会的主人，人民掌握着国家政权，决不允许各种刑事犯罪分子为非作歹，横行无忌，危害我们的社会主义事业。所以在贯彻综合治理方针中，强调严厉打击犯罪活动是十分必要的。

不仅如此，严厉打击犯罪活动对于预防和减少犯罪具有不可忽视的重要作用，这种作用可以表现为三个方面：（1）制止犯罪分子继续进行犯罪活动，剥夺他们重新犯罪的条件和机会；（2）震慑犯罪，惩戒社会上的不稳定分子或其他危险分子，使之停止或不敢进行犯罪活动；（3）打击犯罪分子的嚣张气焰，伸张正义，鼓舞人民同犯罪分子作斗争的斗志，更有力的配合其他方面的综合治理工作，从而预防犯罪、减少犯罪。如果我们不对严重刑事犯罪活动进行严厉打击，犯罪分子就视我们软弱可欺，社会上的其他不稳定分子或危险分子就会加入犯罪者队伍，人民群众就不敢起来同犯罪作斗争，刑事犯罪率就会上升，我们预防犯罪的措施就难以收到成效。所以，任何忽视、贬低打击犯罪对于预防犯罪的作用的观点都是不对的，有害的。实践证明，自从去年八月严厉打击严重刑事犯罪活动以来，不仅严惩了一批罪行严重的犯罪分子，震慑了犯罪，打击了犯罪分子的嚣张气焰，鼓舞了人民的斗志，使一批作恶多端的犯罪团伙土崩瓦解，一些犯罪分子慑于人民民主专政的强大威力而纷纷投案自首，或检举揭发其他犯罪分子的犯罪活动，有力地制止了犯罪的发生，预防了犯罪，使犯罪率出现持续下降的局面。一般案件去年9月比8月份下降了46.7%，10月又比9月下降11.5%；重大案件9月比8月下降35.7%，10月又比9月下降了28.5%，取得了预防犯罪的良好效果。这是打击刑事犯罪对于预防犯罪所起作用的有力证明。

自从阶级社会出现以来，自从有了犯罪和惩罚犯罪的国家和法律以来，高明的统治者都注意到惩罚犯罪对于预防犯罪的作用。所谓“杀一儆百”就是对这种作用的概况。早在我国春秋战国时期，郑国以铸刑书闻名于世的政治家子产，曾用生动的比喻讲过为政宽猛和犯罪增减的关系。所谓“宽”就是对犯罪的放纵，“猛”就是对犯罪的惩治。他认为“猛”就象火一样，“夫火烈，民望而畏之，故鲜死焉”。而“宽”就象水一样，“水懦弱，民狎而玩之，则多死焉。”然而他的后继者大叔在他去世后，“不忍猛而宽”，结果出现了“郑国多盗”、犯罪率上升的局面。这时，大叔才后悔没有采取“猛”的办法。近代资产阶级的刑罚学者，在研究刑罚的目的时，就曾指出过惩罚对预防犯罪的作用，如刑事古典学派的著名学者贝卡利亚和费尔巴哈，都认为刑罚不在于报应，而在于阻止罪犯重新给社会带来损害，并恐吓和警告他人实施犯罪。应当指出，剥削阶级国家对犯罪的镇压和我国现在对犯罪的打击在性质上是根本不同的。但是他们的学者关于惩罚犯罪和预防犯罪的关系的某些见解，是值得借鉴的。如果我们把打击犯罪和预防犯罪对立起来，割裂开来，岂不是糊涂吗？

当前在犯罪活动猖獗的情况下，毫无疑问，我们应当强调对犯罪活动进行严厉打击。在我们国家任何人犯了罪，包括青少年犯了罪，都应当依照国家法律，给予相应的惩罚，特别是对那些严重破坏社会秩序、严重危害人民生命财产安全的杀人犯、放火犯、抢劫犯、强奸犯、爆炸犯、惯窃犯等严重犯罪分子要依法从重从快惩处，有的还要处以极刑。如果对犯罪者进行放纵，对他们的犯罪行为不予以惩罚，那就是姑息养奸、纵虎为患，就是对人民的犯罪，就是失职和渎职行为，就不可能实现社会治安的根本好转，就不可能很好地预防和减少犯罪，也不能有效地改造罪犯，挽救失足青少年。

当然，打击犯罪活动，惩治犯罪，不仅要严厉，而且要及时和准确，坚持以事实为根据，以法律为准绳，依法办事。对于未成年人犯罪要严格遵循刑法关于刑事责任年龄的规定和刑事诉讼法关于审理程序的规定。除刑法的处罚以外，凡是给其他方式处罚的，也都应严格按照有关规定办理。对犯罪分子要打得稳，打得准，打得狠。稳、准、狠，准字是关键。只有对犯罪打击惩治的愈准确，才愈有力，效果愈巩固。把打得"准"和打得狠对立起来，认为一讲严厉打击，就可以不依法办事，就可以不区别对待，该从宽的也不从宽处理，那就很难巩固严厉打击的成果，就会妨碍严厉打击犯罪的深入进行。所以，当前中央领导同志强调在严厉打击刑事犯罪活动中加上一个"准"字是很正确的，是高瞻远瞩的。

第二、改造社会风气，净化社会环镜，堵塞犯罪漏洞，切实做好预防犯罪工作，最大限度的减少犯罪的发生。

综合治理的一项重要要求就是预防犯罪，减少犯罪，为了预防犯罪和减少犯罪，就必须防范、消除社会上一切诱发、助长、影响犯罪发生的因素、条件，堵塞一切应该堵塞的漏洞，就象经常打扫室内卫生和环境卫生一样，不断净化社会环境，使滋生犯罪的病菌难以生存。这是综合治理中应当抓住的一个重要环节。前面已经提到，打击犯罪是预防犯罪的重要措施。除了严厉打击严重刑事犯罪活动以外，为了预防犯罪，还应着重解决以下问题。

首先，切实纠正党内不正之风。经过十年内乱，我们党内滋长了严重的不正之风。有些地方，有些部门，有些单位达到了简直令人难以容忍的地步。诸如做官当老爷，饱食终日，无所用心，意志衰退，不负责任，办事拖拉，相互扯皮，麻痹大意，玩忽职守，压制民主，打击报复；拉关系，走后门，拉帮结派，安插私人，利用职权，谋取私利；不深入实际，不关心群众疾苦，抱残守缺，固步自封，视极"左"为宝贝，视改革为异端，对国家富强，人民富裕漠不关心，麻木不仁，或刁难指责，摧残扼杀；有的党员和干部竟置党的事业、群众的利益而不顾，甚至发展到营私舞弊，违法乱纪，腐化堕落，等等。党是社会的表率，党风正则民风好，党风不正必然败坏社会风气。党内存在的严重不正之风，不仅腐蚀了一部分党员和干部，而且在某种程度上也助长了社会上的犯罪，甚至直接引起一些人的犯罪，或者给犯罪分子可乘之机，提供某种方便。此外，党内不正之风，还会掩盖犯罪，包庇犯罪，或者在犯罪活动面前显得软弱无力，束手无策，贻误战机，使本来可以防范制止的犯罪，而未予防范和制止；使本来可以及时破获的犯罪，却予以放纵；使本来不大的问题，却酿成严重的犯罪后果。不仅如此，党内不正之风还妨碍了社会主义物质文明建设和精神文明建设，这就不可避免地有助于犯罪的产生和蔓延。由此可见，党内不正之风在客观上，实际上是社会犯罪的催化剂、保护伞，有的简直可以说是"帮凶"。近几年来，无数事实说明，党风不正和犯罪活动的猖獗存在着一定的联系。比如，在沈阳发生的"五·五"劫机事件就突出地暴露了我们党风中存在的严重问题。这种沉痛的教训难道还不应该引起我们的警觉吗？

为了改造社会风气，有效地预防犯罪，从何着手？我们认为，首先要从端正党风着手，综合治理的内容应当而且必须包括纠正党内不正之风在内。如果不切实纠正党内不正之风，综合治理方针就不能得到有效地贯彻，甚至还有落空的危险，而改造社会风气、预防犯罪的工作也是难以做好的。所以实行综合治理，首先要抓党风的治理，这乃是题中之意，是不可忽视的环节。根据党的十二大和十二届二中全会的决定，全党将分期分批进行整党，通过思想整顿、组织整顿和作风的整顿，我们党必定能够克服党内各种不正之风，使党的肌体更加健康，使党的领导更加坚强，从而在领导实施综合治理中发挥更大的作用。

其次，必须在大力加强社会主义物质文明建设的同时，加强社会主义的精神文明建设，不断清除诱发犯罪的各种社会垃圾，净化社会环境，改造社会风气，树立良好的道德风尚。

我们的社会主义社会不是从天上掉下来的，而是从半殖民地半封建社会脱胎而来的。正如马克思主义经典作家所强调指出的，它不可避免地在政治上、经济上、文化上、道德上等各方面带有旧社会的痕迹。也就是说，旧社会的垃圾不可避免地带到新社会中来，而这种社会垃圾也决不是打扫几次就能完全清除干净的。稍一疏忽，稍一放松，这些垃圾就会腐烂、发霉、滋长、蔓延，毒化社会风气，腐蚀人们的灵魂，诱发犯罪。这是一方面。另一方面，我们对外实行开放政策以后，随着国际交往的增多，西方资产阶级腐朽垃圾又通过各种渠道涌了进来。据广州等三个海关统计，1981年通过邮寄和携带进来的"非贸易性"的反动、黄色印刷品共达184万多件，其中大都是赤裸裸地渲染色情和凶杀的东西，简直不堪入目，具有很大的诱惑力和腐蚀性。此外，国内一些居心险恶、道德沦丧的不法分子也在炮制、贩卖、传播淫秽图片、录相带、手抄本之类的极端腐烂的社会垃圾，毒害青少年，引诱、唆使他们走向堕落和犯罪。无论是土垃圾还是洋垃圾，概在扫除之列；一次扫除还不行，要多次扫除。党和政府曾三令五申要严厉查禁、收缴、销毁反动的、黄色的、糜烂的、凶杀的录音、录象、电影、电视、书籍、杂志、图片、照片及其他制品，我们一定要坚决地、毫不动摇地、不折不扣地贯彻执行，不仅要及时的扫除这些垃圾，随时出现随时清扫，而且要做好消毒工作。所谓消毒工作，就是指对那些传抄、传看、传播这些垃圾的人们，特别是青少年进行思想教育，分析这些东西的腐朽性、反动性和危害性，把毒素从他们的头脑中排除出去，并用健康有益的思想情操充实他们的头脑。从扫除有形的垃圾到清除无形的毒素都是综合治理的工作内容。实践证明，这些腐朽的垃圾是滋生犯罪的温床，戕害青少年的毒药。如果不坚决、认真、仔细扫除这些腐朽的垃圾，不切实做好消毒工作，那么，改造社会风气，预防和减少犯罪是笃定不可能的，贯彻综合治理方针也将是一句空话。

应当指出的是，我们要把某些格调不高，或有一些不健康的情节，或以爱情、武打为内容的文学作品、电影、电视同内容十分反动糜烂的社会垃圾严格区别开来，决不能把前者也视为垃圾而加以扫除。毛泽东同志曾指出："我们是反对一切毒草的，但是我们必须谨慎地辨别什么是真的毒草，什么是真的香花。我们要同群众一起来学会谨慎地辨别香花和毒草，并且一起来用正确的方法同毒草作斗争。”（《关于正确处理人民内部矛盾的问题》，《毛泽东选集》第五卷，第392页）我们当然不能把毒草当作香花，但是也不要把不是毒草的东西当成是毒草，更不能把香花当成毒草。不仅对本国的东西要加以分析、区别对待，就是对资产阶级国家的电影、电视、文学作品也要加以分析，区别对待。其中有些确实属于不好的，有些是属于不符合我国国情和民族习惯的，有些则属于优秀的进步的。对于外国的文化，我们不能不加分析，不能一概而论，不能“好一切皆好，坏一切皆坏”。就是一些好的、比较好的作品，也可能有某些情节或镜头对我国青少年产生不良影响，甚至可能会对个别人的犯罪起到某种程度的诱发作用。但这并不是作品本身不好。不能根据个别犯罪现象而笼统地归罪于某一文学作品，某一电影、电视。我们不能采取“四人帮”的文艺禁锢主义，不能采取因噎废食的办法。由于青少年正处在成长时期，阅历不深，辨别是非的能力较差，再加上自身的生理、心理特点，在接触文艺作品、电影、电视时受到各种各样的影响是难免的，这需要我们加强引导，提高他们的鉴赏能力，吸取好的营养，而避免消极影响。反过来，就是青少年接受了某些不健康的东西，受到某种不良影响，也不可怕，不要大惊小怪。只要我们及时地做好教育工作和消毒工作，这些影响也可以转化为免疫力。我们知道，温室里培养的鲜花是没有生命力的。只有在各种比较和鉴别中才能真正促使青少年的健康成长。当然我们并不主张让青少年去接触一些不健康的东西，更不是主张让他们接触那些腐朽的东西，而是说一旦接触了坏东西或受了不好的影响，不能听之任之、放弃不管，而是应当积极地做好引导和教育工作。同时，对于有些不适于未成年人看的电视、电影和文学作品则须采取分级管理的办法，严格限制未成年人接触这些东西。更重要的是我们广大文艺工作者要有高度的责任心，满腔热情创造那些格调较高的文学作品，对广大青少年进行爱国主义、共产主义、集体主义、革命英雄主义的教育，充分发挥文艺这个武器在综合治理中的作用。

另外，在改造社会风气中，还要注重解决青少年思想、信念和道德、法制观念问题。这是综合治理的又一项重要而又艰巨、细致的任务。由于林彪、“四人帮”的毒害和西方资产阶级腐朽思想的侵蚀，败坏了我们的社会风气，严重地影响了青少年的健康成长，直接间接地导致了一部分人走向违法犯罪的道路。这种毒害和影响突出地表现在四个方面：（1）一部分人发生了对理想、信念的动摇，对社会主义、共产主义丧失了信心，对党的领导产生了怀疑，精神空虚、思想颓废，甚至盲目崇拜资本主义。从十年内乱度过来的青少年，由于亲眼看到国家、民族、家庭、亲戚、朋友、老师、同学、同事、领导、左邻右舍所遭遇的灾难，亲身感受到十年内乱带来的种种不幸，而他们对旧社会的黑暗腐败又缺乏体验和了解；另一方面，随着对外开放，他们又亲眼看到或听到了高度发展的资本主义物质文明，看到或听到其生产水平和社会成员的物质生活水平都远远高出我们的国家，而对资本主义的固有矛盾和腐朽一面也缺乏了解。在对比之下，我们的经济文化还很落后，人民群众的生活水平还很低，而党内又存在种种不正之风，一些具体的政治制度、经济制度还不完善，甚至还存在某些弊病。在这种情况下，一些青少年对社会主义发生了怀疑动摇，处于迷惘、苦恼、悲观之中，他们对过去那种资本主义就是"人间地狱"的宣传不相信了，接踵而来的便是崇拜西方，崇拜资本主义，对社会主义制度的优越性和强大生命力以及社会主义事业中不可避免出现的曲折缺乏深刻的理解，从而发生了理想和信念的动摇。这种情况是特定历史条件下的产物。在五十年代和六十年代上半期就没有发生这种现象。即使在暂时生活困难时期，广大青少年也对党和社会主义充满着信心。现在一部分青少年中出现的理想、信念的动摇，有着深刻的社会原因和历史原因。我们不能只是责怪青少年。随着社会主义现代化建设事业的发展，随着经济文化的繁荣和人民生活的富裕程度的提高，随着社会主义精神文明建设，青少年的理想和信念会从根本上得到解决的。一部分青少年理想和信念的动摇，不过是暂时的、局部的现象。但是，要看到，理想、信念的动摇不仅会导致政治上犯错误，而且会导致刑事犯罪。因为一个树立了正确理想的人，一个对社会主义、共产主义有着坚定信念的人，一个对祖国的未来和自己的前途充满着信心的人，是绝不会做出危害人民、危害国家、危害社会的犯罪行为的。（2）一部分青少年由于受到极端个人主义的影响，形成了错误的人生价值观念，认为只有个人不受限制的吃、喝、玩、乐才是最有价值的。当然，我们不否认或抹煞个人利益，不是摒弃个人幸福，但是绝不能脱离开人民的利益去谋取个人利益，更不能把自己的"幸福"建筑在人民群众的痛苦之上，不能去危害国家、危害人民来实现个人的"价值"。如果把挥霍无度的吃喝玩乐当作人生的最高目标，把人民的利益、国家的前途统统抛在脑后，这正是资产阶级利己主义和享乐主义的典型表现。有些青少年特别羡慕西方国家的所谓"高消费"，他们的物质欲望和他们的现实收入极不相称，于是形成了"高消费"和低收入的矛盾。这些人不是在发展人民利益的同时求得个人利益的发展，而是为了满足自己不现实的欲望，便不顾道德和法纪的约束，采用非法手段，甚至不惜犯罪来实现自己的"高消费"的目的。（3）有一部分青少年欣赏、向往、追求、模仿西方的所谓"性解放"、"性自由"、"性放荡"，无视道德、法纪的约束，玩弄异性、耍流氓，甚至进行强奸、轮奸等犯罪活动。（4）有些青少年还受到了无政府主义和西方自由化思潮的影响，而发生极端蔑视社会主义秩序的行为。在综合治理中必须进一步肃清林彪"四人帮"的流毒，批判资产阶级腐朽思想，使广大青少年树立起正确的理想、信念、道德、情操和法制观念，从根本上改造社会风气。社会风气是社会意识形态的一种综合反映，不从政治上、思想上解决理想、信念、道德情操、法制观念等意识形态，社会风气的改造就难以实现，也就不能有效地预防犯罪和减少犯罪。在解决这个问题时，有两点应当引起注意：第一、理想、信念、道德观念及法制观念的解决，不仅要有破有立，而且从根本上须通过社会主义物质文明和精神文明的建设来解决。第二，我们不能用"左"的那套东西，不能用"假大空"，不能用封建的伦理道德观念来解决青少年意识形态上的问题。这是一个很复杂的理论问题和实践问题，应当加以科学地解决。否则，是难以收到切实成效的。

再次，在综合治理中，还要注意防范社会上其他不良倾向、阴暗现象以及宗教迷信对青少年的腐蚀影响，注意社会上的各种不稳定的分子或势力的动向，防止和减少犯罪的发生。这些年来，赌博、酗酒、封建迷信在某些地方泛滥成灾，不仅毒化社会风气，腐蚀青少年，而且直接或间接地诱发犯罪。在沿海若干省份和内地一些地方宗教势力有新的发展，影响扩大，极力同我们争夺思想阵地，争夺群众。有些地方发现敌人有意识的利用宗教进行破坏活动。当然宗教和封建迷信性质有所不同，但它们都对青少年的思想有着不同程度、不同方面的腐蚀作用。有些地方，宗教和迷信对群众的影响，对青少年的影响，甚至超过了无产阶级意识形态的影响。这种趋势不能不引起我们的警惕。党的政策和我国法律规定了宗教信仰自由，但是宗教信仰自由并不等于我们要放弃马克思主义的思想阵地。至于封建迷信，则根本不是什么信仰自由的问题，我们不能容忍其自由泛滥。另外，我们还应当清楚地看到，在社会上总有这么一些不稳定分子：（1）过去曾经违法犯罪，受过处理而又回到社会上来的人。其中大多数人已经改邪归正，成为建设社会主义的积极力量，但不可否认也有些人并没有真正转变过来，在一定条件下，他们还可能重新犯罪。（2）由于各种原因而对社会不满的分子。（3）游手好闲，有学不上、有工不做、不务正业的分子。（4）无正当职业而在社会上游荡的分子。上述这些人对社会治安是一种潜在的威胁，可能就是犯罪的"后备军"。在综合治理中应把这些不稳定分子纳入我们的视线和工作范围之内。做好这部分人的工作，对于预防犯罪有着直接的作用。

此外，在综合治理当中，还要注意检查和堵塞工作中一切应当堵塞的漏洞，克服麻痹思想，建立健全各种安全保卫制度和检查制度。如枪枝弹药的保管制度，国家机密的保密制度，金钱财物的管理制度，车站、码头、机场、海关、边界以及各大中城市的公园、旅店、公共娱乐和繁华场所的安全检查及保卫制度，机动车辆的保管使用制度，等等。这些制度的建立健全和严格遵守对预防犯罪有着很大的关系。实践证明，犯罪分子进行犯罪活动总是要钻我们的空子。漏洞越多，给犯罪分子的作案活动提供的机会越多；反之，我们堵塞了漏洞，建立起各种防范制度，犯罪分子的活动就会受到极大的限制。所以建立健全各种必要的安全保卫和检查制度不仅是为了建立和维护正常的工作秩序、生产秩序和社会秩序，而且也是为了预防或减少犯罪。

第三、毫不动摇的贯彻教育、挽救、改造的方针，切实做好违法犯罪青少年的转化工作，把他们由危害社会的消极因素变为建设社会主义的积极因素。

严厉地打击犯罪活动，依法严惩严重刑事犯罪分子是必要的，也是不难做到的。但是我们要清醒地看到，严厉打击是在特殊历史条件下采取的特殊措施。严厉打击是实现社会治安根本好转的重要手段，但打击并不是综合治理的全部，也不是我们的根本目的。我们的立足点在于把绝大多数违法犯罪的人教育挽救过来，使他们从一个危害社会的人转变成为一个对社会有用的人。这项工作在某种意义上比起惩罚犯罪来讲，更为积极，意义更为深远，因而也就更为艰巨复杂。这项工作同严厉打击犯罪和预防犯罪一样，都是综合治理的不可忽视的重要环节。而且，随着严厉打击的开展，改造罪犯和教育挽救失足青少年的工作就显得更加重要。因为除了对极少数罪大恶极的犯罪分子必须予以判处极刑、剥夺他们的生命以外，对于其他绝大多数的违法犯罪分子不管给予什么方式的处罚，都不是从肉体上消灭他们；并且在处罚期满以后，一般还要回到社会上来。这就在客观上向我们提出了对他们教育改造的严重任务。同时，违法犯罪的人大多数又是青少年，他们重新回到社会上以后，通常还要生活几十年时间。那么，他们还会不会重新犯罪，会不会拉拢、引诱、教唆、腐蚀其他青少年犯罪，就是说，他们能不能由原来的消极因素转化为积极的因素，取决于什么呢？主要取决于我们对他们的教育、挽救和改造工作的成效。所以，为了避免他们重新犯罪，避免他们成为终身罪犯。避免他们腐蚀、拉拢其他人加入犯罪队伍，一句话，为了避免他们继续危害社会，并最大限度地减低他们对社会的消极作用，我们必须在打击、惩罚犯罪的同时，毫不动摇地贯彻教育、挽救、改造的方针，切实做好对违法犯罪青少年的转化工作，。我们不能把打击和惩罚犯罪同教育改造违法犯罪分子对立起来，割裂开来，而应该有机地联系起来。只有我们既做好了打击犯罪和预防犯罪的工作，又做好了教育挽救和改造工作，才算完整地贯彻了综合治理方针，才能实现社会治安的根本好转。

应当指出，打击和惩治犯罪是任何统治阶级、任何国家政府都能做的。但是，一切剥削阶级国家不会、也不可能从整体上提出和做到对罪犯教育改造工作的，只有无产阶级和劳动人民掌握政权的社会主义国家，才能做到这一点。改造罪犯，这是一项改造人、改造社会的伟大事业。无产阶级的历史使命在于不仅改造社会，也要改造人类本身，包括那些危害社会的人们。我们应当有这样的气魄和胸怀，应当发扬人民民主专政的强大威力和革命人道主义精神，满怀信心地、千方百计地把违法犯罪青少年教育、挽救过来。新中国成立后，我们曾把大多数剥削阶级分子改造成自食其力的劳动者，把大多数的战争罪犯、反革命分子和其他刑事犯罪分子改造成为新人，创造了人间奇迹，受到国内外人士的赞许，为什么在社会主义制度牢固确定的今天，在强大的人民民主专政政权日益巩固的今天，不能对在新中国成长起来的、对社会主义没有阶级仇恨的绝大多数违法犯罪青少年教育改造过来呢？如果做不到这一点，那岂不是证明我们无能吗？

对罪犯的教育改造工作，包括对失足青少年的教育挽救工作，千头万绪，但是归结到一点，就是转变他们的错误思想和违法犯罪意识。这是我们贯彻教育、挽救和改造方针的中心环节，也是衡量我们教育改造工作效果的主要标准。无论是社会帮教工作，工读教育工作，少管、劳教工作，或是劳动改造工作，都必须牢牢地抓住这个中心环节，围绕这个中心环节来开展各项工作。人的行为是由思想支配的，一个人只要产生了违法犯罪意识，在一定条件下就要发生违法犯罪行为，通过违法犯罪活动来实现某种主观需要，达到满足这种需要的目的。违法犯罪意识的强弱、深浅和犯罪行为的性质及其严重程度有密切的关系。所以错误思想和违法犯罪意识是犯罪行为的主观支配力。只有破除了违法犯罪分子的错误思想和违法犯罪意识才能实现他们主观世界的转变，树立起正确的思想和观念（如道德观念、法律观念等），今后才不致于违法犯罪。如果错误的思想、违法犯罪的意识不破除，或者破除的不彻底，就不可能牢固树立正确的思想和观念，今后他们必然还会发生违法犯罪行为，所以在教育改造和转化工作中，中心点就是要破除他们的错误思想和违法犯罪意识。不破不立，不塞不流，不止不行。怎么样才能做到对错误思想和违法犯罪意识的破除、转化呢？我们认为，最根本使他们认识到违法犯罪是可耻的，是对不起他人和社会的。使他们进行沉痛的自我谴责，而不是“回味”、“留恋”犯罪给他们带来的所谓“乐趣”和“满足”。过去那种从违法犯罪中得来的所谓“乐趣”和“满足”，现在应深切地感到是莫大的耻辱和痛苦。这种转化还不能仅仅停留在感情的一时冲动和肤浅的感性认识上，而要提高和深化到与理性认识溶为一体的思想观念中。只有这样才能从根本上实现错误思想和违法犯罪意识的转变和转化。当然要做到这一点是十分困难、艰巨的，也是极其复杂细致的，但是，我们必须做到这一点，否则我们的一切工作都会收效不大，甚至落空。

为了转化他们的错误思想和违法犯罪意识，挽救失足青少年，不仅要严肃批判他们的违法犯罪行为，而且要有极大的耐心，做好感化教育工作。所谓感化就是使他们感到党和政府是在真心地教育他们，挽救他们，对他们的违法犯罪行为进行惩处也是为了挽救他们创造前提。从而减少他们的对立情绪，瓦解和破除他们的错误思想和违法犯罪意识。感化不是姑息犯罪，迁就犯罪；感化不是只有关怀没有斗争；感化不是只有照顾没有严格的监督管理。如果那样就很有可能是感而不化。因为那些犯罪意识浓厚的人，那些美丑、荣辱等道德观念完全颠倒的人，那些以侵害社会、从给别人造成痛苦中取得“乐趣”和“享受”的人，那些对党和政府心怀不满而有意破坏秩序、触犯刑律的人，仅仅靠我们做一番正面感化工作是难以奏效的，甚至他们还会错误地认为我们是软弱可欺，懦弱无能，而从思想上、感情上拒绝对他们的教育和挽救。所以感化是有前提、有条件的，有其他各项工作配合的。当然反过来，我们也不能否定感化工作。一般说来，违法犯罪分子在受到惩处以后，他们已经处于被动和不利的地位，他们的活动和自由受到了不同程度的限制，他们已经亲身感受到了国家政权的威力和法律的强制力，体会到受到处罚的某种痛苦，受到亲属、朋友和公众舆论的谴责。他们的思想处于剧烈的震动和斗争之中，心理上受到了很大压力，在这种情况下，在做好监督、管教、思想批判的同时，进行感化教育不仅是必要的，而且是适时的。即便在监督、管教和思想批判中也要既严肃又耐心，切忌简单、粗暴、讽刺、挖苦，更不能打骂体罚。因为这样不仅是无能的表现，而且也不可能收到教育改造的效果。

为了提高改造罪犯的质量，教育挽救失足青少年，减少重新犯罪率，在贯彻党的教育、挽救、改造的方针中，必须在严格管理、改造的同时实行社会主义人道主义，把犯人也当“人”看待，不仅进行思想教育而且进行文化技术教育，使他们学会一技之长，以便当回到社会时有生活的出路和就业的条件。就是说，通过劳改、劳教、少管这些溶炉似的改造场所，不仅使违法犯罪分子思想上有根本性的改变，而且在技能上、文化上也要有一个大的进步，从各方面把他们造就成为新人。为此，就尽量不采取“犯人管犯人”的办法，严禁“牢头狱霸”破坏我们的改造工作，严禁犯人结成反改造的团伙，力求把原来的犯罪团伙彻底从组织上、思想上、感情上加以摧毁。没有这些条件，要实现违法犯罪分子思想上的根本改变，把他们真正改造成为新人是很困难的。改造反改造，是个曲折的斗争过程。主动权应操在我们手里，不能让违法犯罪分子牵着鼻子走。严厉打击给改造工作创造了良好的时机，也提出了新的任务。严厉打击不能代替和减轻改造工作，相反，显得教育、改造、挽救工作更加重要。如果我们忽略这一环，必将犯大的历史性的错误，并且会产生意想不到的严重后果。

新中国成立后，我们积累了大量丰富的教育改造罪犯的成功经验，许多作恶多端的反革命分子包括战争罪犯和特务分子，经过我们劳动改造工作，去掉了反动的立场和思想，在头脑中树立起新的思想和观念，从而成为新人；回到社会上以后，大多数都能从事有益于人民的工作。我们的经验秘窍在那里？就是立场的转变，思想的转变。外国人说这是“洗脑筋”，这个话没有错。我们就是要作“洗脑筋”的工作，也就是思想上的破旧立新工作。如果不是“洗脑筋”，不在思想上破旧立新，他们怎么能够成为新人呢？当然，随着社会犯罪形势发生的巨大变化，违法犯罪的主体和我们教育改造的对象也发生了很大的变化，这就要求我们继承和发扬过去成功的经验，创造和总结新的经验，把我们教育、挽救、改造违法犯罪青少年的工作提高到一个新的水平。这项工作做好了，对于我们实现改造人、改造社会的伟大任务，对于当前和今后都具有深远的意义。

以上是我们贯彻综合治理方针应当抓住的三个主要环节，这也是实行综合治理的三个基本点。这三个环节，是互相联系不可分割的，是相辅相承不可偏废的。只有紧紧抓住这三个环节，才能达到综合治理方针的目标和要求，实现社会风气和社会治安的根本好转，保障社会主义现代化事业的顺利进行。

（三）实施综合治理方针的基本力量

综合治理是我们解决青少年犯罪的根本战略方针。但是，任何好的方针和办法都不是自动起作用的，而是靠人来贯彻执行的，靠一定的部门，一定的组织，一定的力量来实施的。综合治理方针的一个重要特点就是它的综合性，因而实施这个方针就不是靠一个部门、几个人、一种力量，而是要综合各个部门，动员各种力量。只有这样才能做到综合治理。

那么，实施综合治理方针，主要靠那些基本力量呢？我们认为主要有以下三个方面：

第一、国家政权的力量。

我们的国家是工人阶级领导的、以工农联盟为基础的人民民主专政的社会主义国家。我们的国家政权是人民民主专政的国家政权，对人民内部要实行民主制度，对反抗、破坏社会主义的敌人要实行专政，对各种危害社会主义事业的要进行打击和惩办。从而保障我们社会的安定团结局面，保障人民群众能够有秩序地进行生产、工作、学习有计划地进行物质文明建设和精神文明建设，把我们国家建成社会主义现代化强国。由此可见，打击犯罪、维护社会秩序，建设社会主义物质文明和精神文明，保障人民民主，是国家政权的主要职能。我们要充分发挥国家政权的这种职能，而不能削弱这个职能。所以实施综合治理方针，首要的一条就是必须依靠国家政权的力量。

马克思主义认为，国家是阶级统治的工具。任何统治阶级都要利用政权的力量来镇压被统治阶级的反抗，打击危害社会秩序的犯罪活动，以维护统治阶级的利益和所需求的社会秩序。我们人民民主专政的政权，与一切剥削阶级国家政权不同，保障的是广大人民的民主，镇压的是危害人民利益的敌对分子和其他犯罪分子。国家政权是一种暴力。我们的人民民主政权对于敌对分子和其他犯罪分子，不是什么仁慈的东西。否则它就不能保障人民的民主，也就不能胜利地进行社会主义的建设事业，也就必然损害了人民的根本利益。如果我们空讲综合治理而不会运用国家政权的力量去对付猖獗的犯罪活动，那就离开了马克思主义的根本立场和根本观点，就会使实际工作出现偏差，就会给社会主义事业造成损失。

毫无疑问，在综合治理中运用国家政权的力量是打击犯罪活动最重要之点。但是不仅如此，我们还要运用国家政权的力量，改造社会风气，净化社会环境，预防犯罪和减少犯罪；运用国家政权的力量去教育、挽救、改造违法犯罪分子，挽救失足青年，换句话说，打击犯罪固然是国家政权的主要职能，但是预防犯罪和改造罪犯也是国家政权的一个重要职能。如果仅仅看到国家政权打击犯罪的职能，而忽视了预防犯罪和改造罪犯的职能，显然是不对的，也是一种片面性，也会使实际工作出现偏差，造成损失。

在综合治理中我们要充分发挥国家政权的力量的作用，就要按照国家政权机关各个部门的不同分工，确定职责范围，以便各司其职，各负其责，互相配合，互相补充，协调一致，通力合作，搞好综合治理。

首先必须加强政法部门的专政职能。政法部门是人民手中的“刀把子”，处在同犯罪斗争的第一线，在综合治理中负有重大责任。任何忽视、贬低、曲解政法部门的职能及其在综合治理中的作用都是不对的，都是应该加以纠正的。

其次，文化、教育、新闻出版、电视、电影、广播、戏剧等部门和单位，是国家的主要思想和舆论工具，在宣传社会主义的意识形态，批判和抵制剥削阶级意识形态，建设社会主义的精神文明方面，负有特殊的责任，对青少年的健康成长和社会风气的好坏关系极大。因此，这些部门和单位，在综合治理中也要发挥各自应有的积极作用，避免和克服消极作用。

此外，武装部队，以及劳动、民政、商业、海关、工商管理、交通运输等有关部门，在综合治理中也负有一定的职责。

实施综合治理，在运用国家政权力量方面应该注意两个问题，或者是要克服两个缺陷，这就是：（1）按照各自的职责范围，积极地主动去进行“治理”显得不够；有的部门，有的方面甚至忘掉了自己在综合治理中的责任；还有的一度起了不好的作用。（2）缺乏协调。国家各有关部门，不能配合一致，甚至有时力量互相抵销，削弱了综合治理的作用。在总结经验教训的基础上，除了各个部门把自己的工作有意识地纳入到综合治理轨道以外，还有必要在国家政权机关中建立一个协调性质的部门，以便统一协调国家政权力量，进一步搞好综合治理工作。

国家权力机关也应过问、关心综合治理方针的贯彻，除了检查政法部门、政府有关部门的综合治理工作，听取他们的报告，给予必要的指导以外，还应根据需要和可能制定有关综合治理内容的法律、法令、并督促实施，用法律武器搞好综合治理。

在综合治理中，要加强基层政权的建设。这是重要的、不可忽视的方面。因为综合治理方针，归根到底要在基层进行贯彻，大量的工作要在基层得到落实。如果基层的综合治理工作做不好，那么综合治理方针的贯彻就没有坚实的基础。因此，运用国家政权的力量进行综合治理，毫无疑问，应当包括运用基层政权的力量。比如在城市街道、农村乡镇基层政权建立起周密的居民联防组织，治保组织，调解组织，帮教组织以及劳动服务组织等，紧密地依靠群众的力量，把综合治理工作做扎实。

第二、群众团体的力量。

工会、共青团、妇联等群众团体是党领导下的团结教育群众的组织，在综合治理中是一支重要的力量。工、青、妇工作的对象大部分是青少年，包括青年学生、青年工人、待业青年和其他社会青年。由于我国人口的年龄构成发生了很大变化，青少年在各部门、各行业都占了相当的比重。在青少年中应该说绝大多数是好的和比较好的，是积极向上的，但也确有一部份青少年由于受到各种不良影响而染有各种劣迹，有的还走上了违法犯罪的道路。综合治理一个重要的任务就是要做好这些人的工作。工、青、妇由于其工作的特点最接近青少年，和广大青少年有着广泛和密切的联系，最能了解他们的思想情绪和实际问题，最能掌握他们的思想动向。因此，在综合治理中，工、青、妇要充分发挥这些特点和作用，要满腔热情地接近青少年，做他们的良师益友，关心他们的疾苦，帮助他们解决学习、就业、婚姻恋爱等实际问题，并组织和吸引他们参加健康有益的文化、娱乐、体育等活动，开展学雷锋、树新风的活动，运用表扬与批评的武器，鼓励先进、帮助后进，特别是要有组织、有计划、有针对性地对广大青少年进行系统地生动地爱国主义、集体主义、共产主义、道德和法纪教育，帮助他们抵制各种剥削阶级思想的腐蚀，树立正确的人生观、世界观，成为有理想、有文化、有道德、守纪律的社会主义建设者，成为社会主义、共产主义事业的接班人。如果工、青、妇把这些综合治理工作做好了，那么青少年的面貌必然会大为改观，违法犯罪现象将会大大减少。应该指出，在综合治理中，群众团体的力量和国家政权的力量是互相补充、互相配合的，我们不能只注意人民团体的力量，而忽视国家政权的力量。反过来，我们也不能只注意国家政权的力量，而忽略群众团体的力量。这两种力量在综合治理中各有自己的作用。在这里国家政权的力量起着主导的作用，强制的作用，这种作用是群众团体的力量所不能代替的。反过来，群众团体联系、教育群众的作用也是不可缺少的，是对政权力量很好的配合和补充。过去工、青、妇等群众团体在贯彻综合治理方针中，做了大量的工作，取得了显著成绩，受到了社会各方面的好评。人们有理由相信，随着综合治理方针的进一步贯彻，这些群众团体将会发挥出越来越大的作用。

第三、人民群众的力量。

历史唯物主义认为人民群众是历史的主人。人类的进步，社会的进步都离不开人民群众的力量。人民群众是我们社会的主人，国家的主人，是社会主义物质文明和精神文明的建设者，是改造自然、改造社会的伟大动力。社会的安全，国家的富强，社会主义事业的发展是我国人民群众的根本利益所在；而社会风气不好，犯罪活动猖獗，则危害着人民的切身利益。这就决定了人民群众在综合治理中是雄厚的社会力量。

国家政权的力量、群众团体的力量在综合治理中都要相信和依靠群众的力量，组织和动员群众的力量。只有广大的人民群众起来积极地同各种违法犯罪作斗争，我们的综合治理方针才真正有了广泛的群众基础和深厚的力量源泉。如果不把群众的力量动员起来，综合治理方针的贯彻将受到很大的限制。在某些地方、某些时候，如果脱离了群众，我们专政机关就会变成"瞎子"、"聋子"，也就不能达到综合治理方针的目标和要求。犯罪分子在社会中总是极少数，在特定的场合，犯罪分子可能暂时地占有相对的优势。但是从整体上说，他们仍然是劣势。那么为什么在有的地方会发生好人怕坏人的现象呢？为什么会在有的地方发生群众目睹犯罪分子实施犯罪活动，而不挺身出来同犯罪分子进行斗争呢？这确实发人深思。在五十年代和六十年代上半期就不会发生这种情况。现在这种情况的存在，除了其他原因以外，有两点是值得注意的：（1）专政机关没有充分行使自己的专政职能；没有严厉打击犯罪分子的嚣张气焰，给人民群众撑腰。（2）在那种场合群众没有具体形成同犯罪分子作斗争的积极力量。这是群众动员不充分的表现。这些群众有自己的缺点错误，但我们不应过分地责备群众，而应采取积极的措施，启发群众的觉悟，鼓舞群众的斗志。真正给群众撑腰，把群众充分动员起来，运用群众的力量，同社会的丑恶现象和违法犯罪活动进行斗争。

国家政权的力量，群众团体的力量，人民群众的力量，这三种力量互相配合，紧密结合，将汇成贯彻综合治理方针的巨大力量。而领导这三种力量实行综合治理的核心则是党的组织。党是国家政权和社会的领导者。综合治理方针是党提出的，也要党领导各种力量去实施。党的领导，包括党中央和地方各级党组织的领导，是实行综合治理的关键。近几年来，党中央在整顿社会治安、打击犯罪活动、改造社会风气方面，有一系列指示，特别是关于严厉打击严重刑事犯罪活动的指示，我们应当毫不动摇地、不折不扣地加以贯彻执行。离开了党中央的指示，贯彻综合治理方针就会出现偏差。所以党中央的领导是第一位的，最根本的。但是就某个地区，某个部门，某个单位来说，那里的党组织对综合治理的领导也是极其重要的。实践证明，哪里党委重视，加强了党的领导，那么，那里的各种社会力量动员组织的就比较充分，综合治理方针就贯彻得比较好，那里的青少年违法犯罪问题就得到控制和解决。相反，哪里党委不重视，没有加强党的领导，那么，那里的各种社会力量动员就不充分，或不能协调一致，因此，那里综合治理的方针也就不可能得到很好的贯彻，那里的青少年违法犯罪问题也就不会得到很好的解决，甚至还会上升。所以在贯彻综合治理方针中任何忽视、削弱党的领导的观点和做法都是错误的，有害的。

党在综合治理中的领导作用是全面的、统一的。其中主要之点有：（1）在调查研究的基础上，从实际出发，作出战略性的决策，发布政策性的指示。（2）统一领导组织协调各方面的力量，使之各负其责，密切配合，形成综合治理的网络和工作体系。（3）总结经验纠正偏差，促进有利于综合治理的各种改革。为了加强党的领导，一方面，党要重视综合治理，把综合治理放到自己的议事日程之上；另一方面，各有关部门，有关方面，应经常请示汇报，积极主动争取党的领导，并坚决地毫不动摇地贯彻执行党关于综合治理的一系列决策和指示。只有这样，才能充分发挥党在综合治理中的领导作用，使综合治理方针能够在实践中获得最佳效果。

关于综合治理所包括的政治的、思想的、经济的、文化的、教育的、道德的、行政的、法律的及其他方面的手段问题，许多同志的文章已作很好的分析，本文不再论及。但要指出一点，即各种手段必须互相联结，互相配合，而不是互相割裂，或互相代替。各种手段，只有综合发挥作用，才能起到良好的效用。

此外，关于单位、学校、家庭在综合治理中所处的地位问题，以及所担负的职能和起的作用问题，许多同志的研究文章也作了很好的论述，本文也不再赘述。综合治理要落实到基层，落实到单位、学校、家庭。实践证明，只有每个单位、学校、家庭都在综合治理中充分发挥应有的作用，社会治安的解决也有了广泛的基础。

以上我们从几个方面谈了对综合治理方针的一些粗浅认识。综合治理方针，无论从广义意义上理解还是狭义意义上理解都是一个很重大的理论问题和实践问题。任何对这个方针的片面的或不正确的理解，都会在认识上带来混乱，都会在实践中造成工作的失误。因此，全面的深刻的探讨综合治理方针，具有不可估量的意义。随着实践经验的积累，随着研究工作的深入，我们相信，我国不仅提出了综合治理的方针，而且一定会创造出关于综合治理方针的完备理论和工作体系。

社会主义制度确定的时间还不算长，其中又遭到不少严重挫折。新中国成立后，我们曾创造了社会犯罪率很低，社会秩序、社会治安良好的局面。但是经过“十年文化大革命”的动乱，我国又出现了社会犯罪率大幅度上升的局面，出现了青少年犯罪高峰期。这就说明，在社会主义社会还不能很快地消灭犯罪，在某种条件下还会出现反复和曲折。所以我们对社会主义社会犯罪规律的认识还不深刻，这里还有某些必然王国。为了切实把握社会主义社会犯罪的规律，把握青少年犯罪的规律和特点，我们必须加强综合性的理论研究工作，为综合治理提供可靠的理论根据，从而切实掌握、解决犯罪的主动权，也就是掌握、解决青少年违法犯罪的主动权，使青少年犯罪率限制在一个正常的幅度之内，重新创造出社会治安和社会风气良好的新局面。这是一切实际工作者和教育工作者、理论工作者所面临的一个重大课题。陈丕显同志在中国法学会第一届理事会第二次会议上的讲话中指出：“综合治理的方针也是社会治安实践经验的一个新发展。在十年动乱之后，在对外实行开放、对内搞活经济的新的历史条件下，要争取社会治安和社会风气的根本好转，必须实行综合治理，这是建设物质文明和精神文明的一项必不可少的重要措施。这个方面我们已经取得了不少经验，但是还不完备，已有的经验也还缺乏系统的总结。这是一个重要的课题，对于综合治理方针及其实践中的经验和问题，进行全面的、深刻的、系统的研究，取得高质量的研究成果，是一件很有意义的事情。搞好了，对法学理论研究也是一个突破。”我们大家要为此辛勤工作，努力探索，力求使这项重要的研究工作有一个新的、大的进展。

综合治理是减少和预防青少年犯罪的有效对策

(1984年)

邓又天

首先，搞好综合治理，必须正确解决对待青少年犯罪的政策。

建国以来，我们在预防、控制犯罪方面有许多成功的经验，特别是近几年来，为解决青少年犯罪问题制定了正确的政策，在严厉打击严重的刑事犯罪活动的基础上提出了“三个象”的要求，即“象父母对待患了传染病的孩子，象医生对待病人，象老师对待犯了错误的学生那样，做耐心细致的教育、感化、挽救工作”。这个政策提出后，已获得广大人民群众的支持，符合人民群众的根本利益，也符合我们共产党人改造人类的伟大理想。同时，对于违法犯罪的青少年，也提出了“三个象”的要求，即对待管教人员“要象孩子对父母那样的爱，象病人对医生那样听话，象学生对老师那样的尊敬”。这样，在改造与被改造、管教与被管教之间清除了对立情绪，建立了一种新的关系，管教人员成了“特殊的园丁”。这对于促进犯了罪错的青少年改正错误及促进已经触犯刑律而正在服刑的青少年成为自食其力的新人都起到了积极的推进作用。

在这个方针、政策指导下，要大力发展并认真办好劳改、劳教队、所和工读学校，这些队、所和学校的设施以及教育，应适合男女青少年的身心发育特点并针对违法犯罪青少年的心理特征进行教育，因势利导，重在感化，一定要有治罪救人的信心和毅力，绝不能因违法犯罪青少年转变缓慢或者有大的反复而动摇或放弃挽救。

对于违反治安管理处罚条例而被拘留的违法青少年，管教人员更应对其进行细致的政治教育工作，真诚对待，以促进其恶习和不法行为的及早改变。应尽量减少和杜绝违法青少年的恶习和互相传染。要做到这些，管教人员必须从思想上热爱本职工作，对被管教的人员不歧视，真正按党的方针、政策办事。

其次，搞好综合治理，必须正确开展反对资本主义思想腐蚀的阶级斗争。

党的第十一届六中全会通过的《关于建国以来党的若干历史问题的决议》指示我们，既要反对阶级斗争扩大化的观点，又要反对阶级斗争熄灭论的观点，并强调指出：“由于国内的因素和国际的影响，阶级斗争还将在一定范围内长期存在，在某种条件下还有可能激化”。“对敌视社会主义的分子，在政治上、经济上、思想文化上、社会生活上进行各种破坏，必须保持高度警惕”。我们必须在马克思主义、毛泽东思想指导下，正确地认识和对待阶级斗争，抵制资本主义思想的腐蚀，特别在我国实行开放政策，对于国外来的资本主义思想要随时提高警惕，坚决抵制。对于青年罪犯中的罪大恶极者，要坚决打击，决不含糊，对那些杀人、放火、抢劫、强奸、爆炸以及其他严重危害社会治安的重大现行刑事犯罪分子，要依法从重从快给予打击，藉以收到减少和预防犯罪的效果。

第三，国家应制定青少年法规，这是搞好综合治理必须解决的一个重要问题。世界上不少国家，早有这方面的法规，我国至今还没有十分注意这方面的立法工作。如青少年保护法，预防青少年犯罪法，未成年人审判法，以及健全有关劳改、劳教、少管等法规。目前我国青少年罪犯占整个刑事罪犯的比例是较大的，而青少年犯罪与成年人有不同的特点，特别是低年龄的犯罪更有其特殊性，我国现行刑法，规定了成年人和未成年人的犯罪处罚原则，这是必要的，但在处罚以后，劳改单位应适合青少年的特点进行管教。在管理及诉讼活动中，对青少年犯罪虽有一些特殊的规定，也还不能适应青少年身心发育的特点和对于犯罪青少年应有的保护。

第四，搞好综合治理，必须正确处理好治标与治本的辩证关系。对于违法犯罪的青少年进行必要的惩处是完全正确的，但这仅仅是治标。真正做到对青少年犯罪的积极预防，才能治本。综合治理的方针，为治标治本提供了最有力的保证。近几年来，我们在打击犯罪中作了极大的努力，成绩很大。可是青少年犯罪率并没有很明显下降，主要是综合治理的方针没有全面落实，治标与治本的辩证关系，解决得不够理想，因为青少年犯罪不是孤立的，它是社会政治、经济、文化、教育等方面的问题的综合反映。因此，要减少、控制青少年犯罪，运用专政手段是综合治理社会治安的基本手段，是完全必要的。但是，单靠这种手段是不够的。综合治理的一个重点，就是在党的领导下，动员社会上各方面的力量，来开展教育改造，即在政治、经济、思想、文化、教育等各个领域里做好工作，消除犯罪的原因和条件，积极建立和健全基层单位的帮教小组，帮教失足青少年，打击犯罪，教育、感化和改造罪犯，以达到预防犯罪、减少犯罪的目的。打击犯罪是预防犯罪的必要前提，但也只有预防犯罪，才能更好地打击犯罪，并有效地减少犯罪。打击犯罪是针对犯罪的结果，而预防犯罪是针对犯罪产生的原因和条件。因此，要降低青少年犯罪率，在打击犯罪的同时，就必须抓好预防犯罪的工作。这就必须整顿党风，以带动整个社会风气的转变；坚持四项基本原则，克服资产阶级自由化的倾向，搞好社会主义计划经济，坚决打击破坏经济的犯罪活动；改革制度方面的弊端，健全法制和规章制度，加强政治思想教育，做好安置就业等各方面的工作。

第五，搞好综合治理，必须加强共产主义的思想教育、道德教育和法制教育。

对青少年坚持共产主义的思想教育和道德教育，帮助他们树立正确的世界观，增强他们自觉地抵制国内外资产阶级及其他剥削阶级的思想意识和生活作风腐蚀的能力，是促使他们健康成长最重要的条件，广大青少年有了正确的世界观和人生观就有了精神支柱，搞各项工作就有明确的方向和奋斗目标。也只有这样，才能克服资产阶级自由化的倾向，抵制资产阶级极端利己主义思想的腐蚀，增强免疫力，因此，做好犯罪前的预防，要把共产主义思想道德教育作为青少年的必修课，坚持从小抓起。工矿企业、农村社队的青年也应该补上这一课，近年来，开展“五讲四美三热爱”活动，就是共产主义思想教育的具体化，使人们从小事做起，养成良好的道德习惯，从而形成良好的社会风气，以减少和预防犯罪。

对青少年加强法制教育，把法律常识作为青少年的必修课，也是很重要的。林彪、江青反革命集团的各种破坏，使不少青少年法制观念很薄弱，有的连自己犯了法也不知道。因此，应该针对青少年的实际情况，在各级、各类学校设专门的法律课，使广大青少年懂得什么行为是正确的，需要积极提倡的，什么行为是法律所不允许的，使他们从小就养成遵守社会主义法制和维护社会主义制度，坚决同违法犯罪行为作斗争的好品德。

经济社会发展与综合治理

（1986年）

湖北省公安厅 许前程

良好的社会环境是发展经济的重要保障

综合治理社会治安与振兴经济，从表面上看来似乎没有什么直接关系，而实则关系甚大。道理很简单，要使经济能以顺利发展，必须有一个治安秩序稳定的良好社会环境。一个国家或一个地区，如果治安秩序混乱，刑事犯罪活动猖獗，社会不得安宁，人民群众缺乏安全感，毫无疑问，必然会影响甚至严重妨碍社会经济的发展。这一点，无论是在国内还是在国外，早已经是实践所证明了的事实。

例如在美国，由于犯罪活动的破坏所引起的损失是十分惊人的。据西方报刊透露，美国因为社会犯罪所造成的直接经济损失1年超过1000亿美元。另据美国联邦调查局的统计，在美国，平均每23分钟发生1起谋杀案，每6分钟发生1起强奸案，每48秒钟发生1起暴力袭击案，每8秒钟发生1起盗窃案，每4秒钟发生1起抢劫案。从1963年肯尼迪被杀到1983年初，20年间死于暴力的人数达44万人，受伤者达170万人。死亡人数超过美国在第二次世界大战期间各条战线死亡人数的总和。受到过刑事犯罪祸害的美国家庭达2400万户之多，约占美国家庭总和的1/3。另外，美国有将近4000万人（约占人口的1/5）曾经因违法犯罪行为而被拘捕过。因此，有人把严重犯罪的问题称之为“美国病”。

严重的刑事犯罪，造成社会治安秩序混乱，从而影响和妨碍经济发展。这个问题，不仅在发达国家十分严重，就是在发展中国家，也是一个引人烦恼的社会问题。比起西方资本主义国家和其他发展中国家来说，虽然我国的犯罪率要低得多，社会治安状况不知要好多少倍，但是，在这方面也是有过经验教训的。

举个实例来说吧！我们湖北省有一个拥有10万纱绽，2300多台布机，近万名职工的大型棉纺企业。1983年8月以前，由于只注意抓生产，忽视了厂内治安的综合治理，造成了厂内刑事犯罪活动猖獗，1983年元月至8月发生刑事案件75起，治安案件132起，有10个流氓团伙共200多名流氓分子，经常手持刀剑棍棒等凶器，多次在职工宿舍结伙斗殴，有的还闯入生产车间寻衅滋事，调戏上班女青工。入室盗窃，拦路抢劫、强奸等案件时有发生，先后有80多名女工受害。另外，赌博活动也十分突出，全厂有赌博团伙32个，经常参加赌博的职工多达700多人。这些违法犯罪分子严重地威胁着职工生命财产的安全，破坏了厂内正常的生产、工作和生活秩序，也严重影响了生产任务的完成。后来，该厂结合严厉打击刑事犯罪活动，对厂内治安秩序实行了综合治理，治安秩序很快明显好转，违法犯罪活动大幅度下降，职工群众有了安全感，调动了生产积极性，普遍反映说：我们的后顾之忧解除了，可以一心一意干四化了。全厂出勤率很快由81.5%上升到94.3%，厂内治安秩序的好转促进了生产发展，9月份的产量、质量创当年的最好水平，生产直线上升，10月份提前完成了当年的生产计划，扭转了上半年亏损的被动局面。又如1985年全省所发生的重大盗窃案件，财贸商业金融系统占30%，厂矿企业内部占20%，两项合计占50%以上。原因就是这些单位的领导不重视内部安全保卫工作，有的单位将保卫机构撤销了，保卫干部调走了，企业管理制度松弛，安全防范不严，给犯罪分子留下了许多空隙，从而使本单位蒙受了严重的经济损失。

关于经济发展与预防犯罪的关系，近年来在国际上流行着两种明显对立的观点。西方资本主义国家的观点认为，都市化是犯罪增长的主要原因。他们说，由于发展中国家的社会经济改革，加速了都市化、工业化的进程；重视经济发展，导致损害传统的社会控制力量，包括家庭的能力，是引起犯罪和社会不安定的重要原因。另一种观点是发展中的国家则反对上述看法，认为不能把社会经济和技术进步看成是产生犯罪的重要原因；相反，某些犯罪正是由于没有进行经济改革或没有及时进行改革而引起的。通过争论，大多数人认为，社会发展与经济齐头并进时，后者不一定会导致犯罪的增加；不过，在有些把经济增长当作其主要目标的国家，对于一般的社会问题，特别是社会治安与司法制度不受重视，某些种类的犯罪则会增加。因此，联合国召开的一系列预防犯罪的会议，都强调把预防犯罪争取稳定的社会治安秩序，作为国家发展计划不可缺少的组成部分，主张预防犯罪的政策应配合各国社会、经济、政治和文化发展战略，从广泛的角度去拟定和执行并列入国家的规划过程。这一点，也可以说是许多发展中的国家在发展社会经济遭受挫折之后，花钱买来的经验教训。值得我们借鉴。而我们有党的领导和优越的社会主义制度，可以保证这一点的更好地实行。

经济体制改革和社会主义现代化建设，需要良好的社会秩序，其实，这一点党中央早就注意到了。赵紫阳总理在《关于制定"七五"计划建议的说明》中，概括"七五"期间的三条任务时，第一条就是"为经济体制的改革创造良好的经济环境和社会环境，使改革顺利展开，基本上奠定新的经济体制基础"。在六届全国人大第四次会议通过的"七五"计划第五十六章关于社会秩序问题，对此也作了明确规定："进一步改革和加强公安司法工作，继续动员和依靠社会各方面的力量对社会治安进行综合治理，尽快实现社会风气、社会秩序和社会治安的根本好转"。我们要振兴湖北的经济，当然也不可忽视对社会治安的综合治理，而应将其纳入地方的经济发展和社会发展计划。

社会治安是社会矛盾的综合反映

把社会治安综合治理纳入经济发展计划的必要性，除了上面所谈的理由之外，还有很重要的一点，这就是因为社会治安问题是社会矛盾的综合反映。因此，必须实行综合治理。有些搞经济工作的同志认为，综合治理社会治安，是公安司法机关的事，与经济部门无关。显然，这种认识是十分片面的。预防和控制社会犯罪，搞好社会治安，公安司法机关的确有义不容辞的责任，但必须懂得，这决不仅仅只是公安司法机关的事，而是整个社会的事，并且与经济发展也有十分密切的关系。这是因为社会犯罪产生的原因，影响社会治安秩序稳定的因素，是多方面的，其中也有经济方面的因素。

社会犯罪问题，尤其是青少年犯罪，是一种十分复杂的社会现象。就其产生的原因来说，是多方面的、多层次的、多种原因，其中经济方面的原因便是产生青少年犯罪的重要因素之一。

我国许多从事犯罪问题研究的专家、学者和实际工作者认为，经济问题是刑事犯罪尤其是青少年产生违法犯罪的客观根源，并且是一个连锁犯罪形式的反映。这是因为由于我国生产力水平还比较低，经济还比较落后，人口众多，继而造成了广大青少年教育和保护、升学、就业、文化生活、婚姻家庭等等一系列的困难，形成了需要不能满足的尖锐矛盾，也带来了经济发展与青少年切身利益的严重失调，从而导致青少年对社会的不满足，其中有的青少年不能正确对待，便采取了有害于社会的方式来满足自己的需求，或者发泄不满情绪，因而造成违法犯罪的后果。有的还因为某些实际问题、个人利益没有得到及时合理的解决，致使矛盾激化，造成一些恶性案件的发生，从而影响了社会的安定团结和社会秩序的稳定。显然，如果我们对青少年的培养能够和青少年的抚养、保健、教育、升学就业、婚姻、住房、娱乐等切身问题的解决基本平衡，那么，青少年违法犯罪就一定会大大减少。

从根本上说，我国社会主义的经济关系，“社会主义生产资料所有制，社会主义经济制度，按劳分配原则等，不会产生违法犯罪，不是违法犯罪的原则。相反，社会主义的这些原则为消灭犯罪和违法行为奠定了牢固的基础。但是，这些原则还没有完全消除获得物质利益的其他手段和可能性，也就是没有消除那些由资本主义制度产生的、与社会主义制度格格不入的手段和可能性”。（《马克思恩格斯选集》第3卷第136页）。在分配关系上，“由于按劳分配而存在的商品货币关系，客观上保留着盗窃和其他贪利的违法行为的可能性，而与非社会主义的心理残余联系在一起的主观因素，有时使这种可能性变为现实。”（同上，第137页）。因此，我们一方面看到经济落后，生活贫困是造成青少年违法犯罪的重要原因。另一方面，当前我国“犯罪和违法行为的另一个经济方面的原因不是由于物质福利的绝对‘不充足’造成的，而是由于物质福利相对的‘不充足’造成的(这是违法者评价的‘不充足’)。”（同上书，第135页）所以说，刑事犯罪，尤其是青少年犯罪，经济方面的因素是重要的原因之一；而在经济方面采取适当的对策，又是预防刑事犯罪的重要方面。解决青少年教育、保护、升学、就业、婚姻、住房、娱乐等实际问题，既是经济发展与社会发展的具体内容，也是综合治理社会治安预防犯罪的具体措施。

总之，正是由于社会治安是社会各方面矛盾的综合反映，要争取社会治安持续稳定好转，光靠政法公安部门的工作是不够的，还要靠各条战线的共同努力，其中当然有经济战线。发展经济与稳定治安秩序两者的关系是互相依赖、相互促进的。经济发展需要良好的社会治安秩序，良好的社会治安秩序有利于经济发展，而经济发展又为综合治理社会治安提供了物质条件。

把综合治理社会治安纳入经济发展计划

前面已经指出，如果单纯注重经济发展，而忽视社会发展，那么，就有可能带来一系列社会问题，以致出现刑事犯罪增加，社会治安秩序不稳定，从而影响经济发展，可能使经济发展出现欲速而不达的局面。当然，如果我们在发展经济的同时，能够充分考虑社会治安的综合治理，这样就能够做到经济发展与社会发展相互推动，齐头并进，回过头来推动经济发展。

把社会治安综合治理纳入经济和社会发展计划问题，鉴于世界上某些发达国家和发展中国家的经验与教训，并考虑到我国四化建设的实际，具体地说，我们在制定经济发展计划时，应该充分考虑到下列各点：

（1）要注意经济发展规划与社会发展规划的协调性。如果不注意两者的协调性，就可能影响和抵销经济发展的成果；注意两者的协调性，就是要使经济发展与社会发展相适应互相促进，而不是互相牵制。

（2）要注意省内及城乡人口密度分布的合理性。大、中、小城市合理布局，在对外开放，对内搞活经济的情况下，流动人口大量增加，如何加以控制和实行科学管理。

（3）要注意城市的工厂、企业、商店、机关、学校等社会集团和农村的村、镇合理的分布结构。

(4) 要注意使居民的就业安置得到逐步合理的解决。就业问题与经济发展，社会治安均有密切关系，制定经济发展计划，不可不予考虑。

（5）要注意居民文化和科学技术的普及与提高。我国实行九年制义务教育，还要普及法制教育，如何贯彻落实，经济发展如何顾及。

（6）要考虑对广大青少年的教育与保护。

（7）要注意居民卫生保健的需要。

（8）要关心物资供应与居民生活条件的不断改善。

（9）要注意居民正当文化娱乐活动的满足，使他们能够享有比较丰富的业余生活。为此要合理增加文化娱乐场所和设施。

(10) 要注意城乡交通的完善与科学管理。

(11) 要重视城市的市、区街道和农村乡、镇、村行政管理机构的健全。城乡均应建立健全治保与人民调解组织，内部单位要建立健全保卫机构。要重视发挥群防群治的作用。

(12) 公安司法机构和警察治安力量的配备要适应经济发展的需要，并注意装备设施的现代化。

(13) 要重视社会治安综合治理协调与指挥机构的设置。经济责任制与治安承包责任制应挂起钩来，并严格奖惩制度。

(14) 开展法律与居民生活及安全的咨询服务。

以上各点，既和稳定社会治安秩序有密切关系，又和经济发展与社会发展有密切关系，各点之间又是相互影响与作用的。要为经济发展创造良好的社会环境，故而在制定经济发展计划时不可不予考虑。

严惩严重刑事犯罪是综合治理的重要环节

(1984年)

曹海波

(一)

为什么对严重刑事犯罪分子的犯罪活动要进行严厉打击呢？这是因为：

其一，对极少数严重刑事犯罪分子依法从重从快惩处，是符合人民的愿望和利益的。一个时期以来，一些对社会危害很大的杀人、抢劫、强奸、放火、爆炸和其它严重危害社会秩序的案件，不断发生。有些地方往往闹得人心惶惶，工人上班不放心家里，女同志不敢上夜班。有的地方犯罪分子很猖狂，坏人不怕法，好人怕坏人。群众普遍反应缺乏安全感，这就严重的影响了正常的社会秩序。对此，人民群众很不满意。为了迅速改变这种情况，争取社会治安的根本好转，有必要及时的运用社会主义的法律武器依法从重从快打击极少数严重危害社会的重大犯罪分子，以争取分化、瓦解大多数一般犯罪分子。

对严重刑事犯罪分子从重从快给以打击，是顺乎民心，合乎民意的。对极少数严重危害社会治安的犯罪分子，该捕的捕了，该判的判了，该杀的杀了，这就沉重的打击了猖獗一时的犯罪活动，使社会治安有所好转，也大大鼓舞了人民群众同犯罪分子作斗争的勇气，并且涌现了不少大义灭亲，配合政府挽救违法犯罪青少年的动人事例。据北京市统计，从1983年8月开展严厉打击以来，刑事案件持续下降，除强奸、杀人案件外，其余各类案件下降的幅度较大，1984年1～6月比1983年同期下降51.1%，其中，盗窃案件下降53.3%,伤害案件下降70.2%，诈骗案件下降25.4%，据上海市统计，1983年9月到12月四个月内比5到8月的四个月全市刑事案件下降43%，其中重大案件下降也达到43%。1984年第一季度发生的刑事案件比去年同期下降44%，其中重大案件下降33%。这两个全国最大的城市具有代表性。全国从1983年8月开展严厉打击严重刑事犯罪活动的斗争以来，刑事发案率平均下降30%。群众敢于起来同犯罪分子作斗争。据统计，一年多来，全国被群众扭送到公安机关的违法犯罪分子有7万多人；群众揭发检举各类违法犯罪事实有170多万条。慑于人民民主专政的强大威力，一些违法犯罪分子收敛了违法犯罪活动，并且到公安机关投案自首。全国的社会秩序有了明显好转，群众有了安全感，好人怕坏人的局面得到扭转。实践证明，严厉打击严重刑事犯罪活动，是完全正确的，是符合人民的意愿和根本利益的。相反，如果对极少数严重现行刑事犯罪分子不依法从重从快惩处，听任他们为非作歹，使人民的生命财产得不到保障，那就会脱离群众，违背人民的意志。因此，我们必须对严重刑事犯罪进行打击，决不能就此松懈下来。要清醒地看到，那些隐藏得很深的犯罪分子，那些流窜作案分子，还没有给以彻底的毁灭性的打击。前段打击的主要是流氓集团犯罪和其他严重刑事犯罪，全国各地的流氓集团受到很大的打攻，但距彻底解决犯罪集团的问题，还有距离，有些已被打垮的犯罪团伙又有重新聚扰之势，也有的向更加严密的犯罪集团演变。有些对社会危害很大的犯罪如强奸、轮奸妇女的犯罪，暴力犯罪，下降的幅度还不大，有些地方一度下降之后又有回升。所以，由各种因素积累、综合造成的严重刑事犯罪活动，决不是一两次打击就能解决问题的。我们相信，只要我们把打击犯罪的活动持续下去，配合其他各项综合治理措施，就能使社会治安根本好转。正如彭真同志在全国六届人大常委会第二次会议上讲的："我们的社会主义法律不是纵容犯罪分子的，而是保护人民、打击敌人、惩办犯罪的。只要我们坚决按照党和国家的决定，依靠广大人民群众，把严惩严重危害社会治安的犯罪分子的斗争坚持进行下去，就一定能够尽早恢复到50年代后期、60年代前期那种良好的社会治安情况"。

其二,对极少数严重刑事犯罪分子依法从重从快惩处,是保障四化建设顺利进行的需要。实现四个现代化，需要有一个安定团结的环境，需要调动一切积极因素，充分发挥人们的主观能动性和创造性，一心一意，聚精会神搞四化，这是全国人民的根本利益所在。但是，如果社会治安不好，如果不及时有力地把那些严重危害社会治安的犯罪分子的猖狂气焰打下去，依法给予制裁，那么安定团结的局面就不能保持，人们生产，工作的积极性就会受到挫伤。特别是象放火犯、爆炸犯，更是严重地侵害了国家的、集体的、个人的财产，危害了人们的生命安全。千百万人用辛勤劳动创造的财富，往往被他们一把火或一个炸药包就毁于一旦。有的犯罪分子还结成团伙，肆无忌惮地进行抢劫、强奸、杀人等犯罪活动。这些严重的现行刑事犯罪活动，起了阻碍和破坏社会生产力发展的反动作用。这些犯罪分子是我们社会的毒菌。要彻底解放生产力，调动人们建设社会主义的积极性，顺利地在我国进行四化建设，就不能不清除这些毒菌。如果说解放初期由于我们坚决镇压了束缚生产力发展的"南霸天"、"北霸天"，从而解放了社会生产力，大大地推动了社会主义革命和社会主义建设事业的顺利发展，那么，在新的历史时期，我们只有坚决地毫不手软地打击极少数严重的现行刑事犯罪分子，才能为四化建设铺平前进的道路，取得建设四化的胜利。

我们判断一个政策、一种主张正确与否，主要是通过实践，看它是促进了社会生产力的发展，还是阻碍了社会生产力的发展；是符合人民的根本利益，还是违背了人民的根本利益。经过实践，我们可以看到，从重从快打击严重的现行刑事犯罪分子，是完全符合人民的根本利益的，是促进社会生产力发展的，因而这一刑事政策是完全正确的，无可非议的。

其三，对极少数严重刑事犯罪分子依法从重从快惩处，是符合马克思主义的基本观点的。马克思主义认为，法律是统治阶级意志的体现，军队、警察、法庭等国家机器，是阶级压迫的工具。任何统治阶级，为了维护本阶级的利益，总是要通过法律，把一切危害本阶级利益和秩序的行为宣布为犯罪，处以刑罚。马克思主义的法学公开揭露和承认法的阶级本质，而资产阶级的法学则总是以其虚伪性和欺骗性来掩盖法的阶级本质，竭力把法律描绘成"超阶级"的"公正"的东西，以此来麻痹人民，达到资产阶级专政的目的。

马克思说："一般说来，刑罚应该是一种感化和恫吓的手段"。（《马克思恩格斯全集》第8卷，第579页。）刑罚是统治阶级惩罚犯罪的手段。我们国家对极少数严重现行刑事犯罪分子依法从重从快惩处，能够起到打一儆百的作用，发挥刑罚的最佳效果。对正在进行犯罪活动或可能进行犯罪活动的人是一种警告，能起到制止、警戒、预防犯罪的威慑作用。资本主义国家不可能完全做到这一点。这里值得注意的是，必须严格的把我国刑罚的威慑作用同一切剥削阶级刑罚的威慑作用区别开来。一切剥削阶级刑罚的法律都是保护或维护剥削阶级少数人的利益的，它们国家的刑罚的威慑作用越大，对维护少数剥削者统治和利益就越有利。而我国的法律是保护和维护无产阶级和广大人民的利益的，对于触犯刑律、构成犯罪的人，包括人民在内，依法惩处、是为了维护社会法制，维护全体人民的利益。我国的刑罚的威慑作用发挥得越大，对维护安定团结的局面越有好处，对全体人民的利益越有好处。如果把剥削阶级刑罚的威慑作用同我国刑罚的威慑作用不加分析地混为一谈，或者把我国刑罚的威慑作用有意无意的说成封建的威胁主义而加以反对，那显然是对马克思主义关于法的阶级本质缺乏常识性了解的无知之谈。

众所周知，犯罪是阶级斗争的一种表现。中央《关于建国以来党的若干历史问题的决议》指出，"在剥削阶级作为阶级消灭以后，阶级斗争已经不是主要矛盾。由于国内的因素和国际的影响，阶级斗争还将在一定范围内长期存在，在某种条件下还可能激化。”违法犯罪活动，特别是极少严重危害社会治安的犯罪活动，是新时期我国阶级斗争的一种表现。面对这种阶级斗争情况，运用法律武器，对危害社会最严重的五种犯罪分子实行强有力的惩处和专政，是完全符合马列主义、毛泽东思想关于阶级斗争的学说的。

对严重刑事犯罪分子依法从重从快惩处是和马克思主义、毛泽东思想所主张的“罪刑相当”的原则精神一致的。

马克思指出：“如果犯罪的概念要有惩罚，那末实际的罪行就要有一定惩罚尺度。实际的罪行是有界限的。因此，就是为了使惩罚成为实际的，惩罚也应该有界限——要使惩罚成为合法的惩罚，它就应该受到法的原则的限制。任务就是要惩罚成为真正的犯罪后果。惩罚在罪犯看来应该是他的行为的必然后果因而也应该是他本身的行为。他受惩罚的界限，应该是他的行为界限。犯法的一定内容就是一定罪行的界限。因而衡量这一内容的尺度也就是衡量罪行的尺度”。（《马克思恩格斯全集》，第1卷第140—141页。）毛泽东同志曾指出：“轻罪重判不对，重罪轻判也不对”，“对刑满释放再犯罪者，再捉再判”。（《毛泽东选集》第5卷，第445页。）

我们讲的依法从重从快方针，正是体现了这些论断的精神。依法从重从快惩处严重刑事犯罪分子，不是任意的，是有法律依据的。

（二）

需要强调指出的是，必须正确地认识和处理依法从重从快同综合治理的关系。对违法犯罪青少年实行综合治理的方针，这是党中央在1979年提出来的。要求在党委领导下，把宣传、教育、劳动、公安、文化部门等以及工、青、妇等各方面的力量组织起来，认真研究，通力协作，采用政治的、经济的、法律的、行政的、教育的等等手段，切实解决青少年犯罪问题。全国各地认真贯彻了这个方针，取得了很好的效果，创造了许多好经验。而依法从重从快惩处严重的刑事犯罪分子，是综合治理的一个不可缺少的组成部份。当然，单靠打击，并不能完全解决青少年犯罪问题；但是如果缺少这个措施，在目前的情况下，是行不通的。其它的措施如果离开了这一点，比如教育改造措施离开了必要的惩罚，往往达不到教育的目的，达不到教育挽救大多数的目的。因此，不能把两者割裂开来，对立起来，更不能用综合治理来取消或代替必要的惩罚。

还必须强调指出的是，对极少数严重现行刑事犯罪分子依法从重从快惩处，是根据一定的社会治安形势提出来的。从重是在法律规定量刑的幅度内从重；从快，就是及时。从重从快不是离开法律规定越重越好，离开法律规定程序越快越好。而是必须注意法律规定，注意防止和纠正在宣传和执行“从重从快”时违反刑法和刑事诉讼法的情况。即使是对需要从重从快处理的案件（犯），也要贯彻党的“坦白从宽、抗拒从严”的政策，做到重中有宽。这样有利于分化瓦解犯罪分子。就是说在认真贯彻“从重从快”方针的同时，也必须贯彻区别对待的政策。

总之，对严重刑事犯罪分子依法从重从快惩处，是非常必要的，完全正确的。依法判处有期徒刑、无期徒刑是需要的，死刑也是需要的。我国的法律都是从我国人民的利益，从我国的政治、经济、文化等实际情况和需要出发的。有的国家废除过死刑，后来又恢复了；有些国家目前虽然废除了死刑，但效果如何，这难于遽下结论。在我国目前的情况下，是不能废除死刑的。毛泽东同志一贯主张少杀和慎刑的方针。他创造性地提出了“判处死刑，缓期二年执行，强迫劳动，以观后效”的政策。反映了中国式的社会主义的法律的特点，是马克思列宁主义的法律观与中国法律实践相结合的创造性的发展。从50年代后期起，鉴于我国在经过镇压反革命运动以后“还有反革命，但是不多了”的情况，毛泽东同志又提出了“杀人、捕人要少”、“管制也要少”的“三少”方针。但是，在经过林彪，江青反革命集团制造的十年大动乱以后，我们的党风、社会风气和社会治安，都遭到很大破坏，以致犯罪现象相当严重，犯罪分子甚为猖獗，犯罪手段极其野蛮残忍。在这种情况下，如果过分强调从轻从宽，显然不现实的，是不能压倒歪风邪气和有效地制止犯罪现象蔓延的，因而是不符合国家和人民利益的。我们必须从实际出发，认真贯彻执行中央依法从重从快惩处严重刑事犯罪分子的方针，正确运用法律武器，打击犯罪，保障人民的人身权利和民主权利，维护社会治安，保卫四化建设。

试论打击犯罪在综合治理中的地位和作用

（1983年）

张朝鲜

（一）

打击犯罪在综合治理工作中的地位和作用究竟如何呢？实践是这样告诉我们：严厉打击刑事犯罪活动，在综合治理的各项任务中是应居首要地位的。因为如果不使用国家的镇压力量，来打击和瓦解各种反革命破坏分子、各种反党反社会主义分子、各种严重刑事犯罪分子，那么全国安定团结、生动活泼的政治局面就不可能维持，更谈不上巩固和发展，又怎么可能落实综合治理的其它措施呢？邓小平同志反复强调，要“坚决打击各种反党反社会主义活动和刑事犯罪活动”。他严肃地阐明了打击各种犯罪活动的必要性和紧迫性，他说：“如果不对这类活动进行打击，不但经济调整很难进行，而且人民的民主权利甚至生存权利，都要遭到危害。”为此，他严正指出：“对违法犯罪分子手软，只能危害大多数人民的利益，危害现代化建设的大局。”可见，打击犯罪是综合治理中首先的和第一位的工作。这就是说，只有坚决打击犯罪活动，才能把犯罪分子的气焰打下去，才能把人民群众同犯罪作斗争的勇气鼓起来，才能使违法犯罪青少年接受帮教，才能维护社会主义法制的严肃性，也才能净化社会风气，使正义得到伸张，邪气没有市场。总之，只有坚决打击犯罪活动，才能进一步落实社会治安的综合治理，尽快实现社会风气和社会治安的根本好转，巩固和发展安定团结的政治局面，保卫和促进社会主义现代化建设的顺利进行。对打击犯罪在综合治理中的这种地位，我们应有足够的认识。

鉴于打击犯罪在综合治理中的这种地位，所以，我们还要正确认识它在综合治理中的特殊作用。这种作用是别的措施无法起到、更无法代替的。打击犯罪，按斯大林的说法，“在社会主义建设方面是进功的必要因素”；在一定意义上也正如毛泽东同志在讲到革命战争的作用时所说的，“是一种抗毒素，它不但将排除敌人的毒焰，也将清洗自己的污浊”。（《毛泽东选集》第2卷，第44页）凡属依法进行的坚决打击，其力量是很大的，它能强使一些人悬崖勒马，弃旧图新；它能使另一些人不致误入歧途，陷进泥沼。邓小平同志说得好：“对这类分子的法律措施要从严，从严了才可以教育过来一批青年。……现在我们严肃处理这样一批人，不但对绝大多数犯罪分子是一种教育，对全党、全国人民也是一种教育。”反之，如果放松了对各种犯罪分子的打击，如果我们的青少年对反革命分子、敌特分子、林彪、“四人帮”残余势力、各种严重刑事犯罪分子的情况没有清醒的认识，一旦接受上述种种恶势力的引诱、欺骗、蛊惑、煽动，参加危害社会、危害国家、危害社会主义制度的活动，其结果，就会象邓小平同志所告诫的那样：“有些地方、有些部门、有些单位中，大多数人民的民主权利，又会象在‘文化大革命’中那样，重新受到践踏；全国安定团结、生动活泼的局面就不可能维持，更谈不上巩固和发展；我们现在已经形成的开国以来少有的很好的政治形势和经济形势，就又会受到挫折；人民生活已经得到的改善，又会重新丧失。”可见，坚决打击刑事犯罪活动，是一件为民除害、利国利民的大好事，必能得到广大人民群众的衷心拥护和坚决支持。所以，讲综合治理而不言打击犯罪，是南辕北辙的。

（二）

提出上述观点，有没有事实根据呢？有的。这里仅以贵阳市为例。1981年上半年，贵阳市的刑事案件发案数达到了该市解放以来的最高峰。特别是对人民群众威胁很大的抢劫案，竟达到平均每天×起左右。对此，党委不安，群众不满，公安机关疲于奔命，但是，从这一年的六月份开始，在省、市党委和政府的领导下，认真贯彻执行了中央〔1981〕21号文件，省公、检、法三机关大力支持，密切配合，下半年接连对犯罪分子进行了三次集中打击。在六、七两月的第一次打击中，就挖出刑事犯罪团伙×××个，成员××××人，其中有杀人、抢劫、强奸轮奸等严重犯罪团伙×××个，占团伙总数的54%，成员×××人，占总数的57%。与此同时，还查获各种现行犯罪分子××××名，其中属重大案犯的占48%。两个月破获的刑事案件相当于1980年全年破案总数的74.9%，其中重大特大案件破案数则超过1980年全年这类案件的破案总数。经市、区人民检察院和人民法院起诉、判决，判处罪犯514名。加上之后的第二、第三次打击，使贵阳市的治安形势发生了如下一些变化。

一是刑事案件发案数有了较大幅度的下降。1981年下半年比上半年下降36.5%，其中重大、特大案件下降48%。

二是保护人民群众安全方面也有了好转，被犯罪分子杀死的干部、群众，1981年下半年比上半年减少48.6%，被犯罪分子杀伤的干部、群众，下半年也比上半年减少67.2%。

三是违法犯罪人员的新增数和减少数发生了有利的变化。以往是每年新增加的多，帮教好和受打击的少。以贵阳市中华南路派出所辖区为例，1979年新冒出来的违法犯罪人员占当年该辖区违法犯罪人员总数的24%，而这一年帮教好与受打击的两项相加，才占违法犯罪人员总数的8%。经过1981年下半年对刑事犯罪活动给予比较严厉的打击之后，我们对贵阳市违法犯罪人员的变化情况又作了抽样调查，掌握了中华南路派出所、大南门派出所、威清路派出所和永胜仪表厂的有关数据。上述三所一厂，1981年1月至11月共计新冒出来的违法犯罪人员是50名，占四个单位当年违法犯罪人员总数的6%，而帮教好的和受打击处理的两项则占四个单位违法犯罪人员总数的25%，减少大于新增数4.14倍。

四是为综合治理其他措施的落实，特别是为教育、感化、挽救违法犯罪青少年创造了条件。由于对严重刑事犯罪分子贯彻了依法从快从严从重惩处的方针，使一般的违法犯罪青少年了解了"违法必究"、"执法必严"的实在内容，并不是作为口号喊着唬人的。这就起到了很大的震慑作用。当时贵阳市相当一部分犯罪分子不得不有所收敛，他们的黑话叫做："现在贵阳的水太热，手脚下不去。"迫于形势，还有120名犯罪分子主动投案自首，由他们提供线索破获案件116起；在逃的劳改犯和劳教人员也有219名自动回场归案。这种情况，使那些有违法犯罪行为的青少年，纷纷脱离引诱他们走上歧途的犯罪团伙，揭发了团伙头子与骨干的罪行，转而投向人民的怀抱，自觉接受党政组织和工青妇团体的帮助教育。广大群众对此高兴地说："这才象个人民民主专政的样子！"许多违法犯罪青少年的家长也感慨地说："对刑事犯罪活动坚决打击，太必要、太正确了！过去对罪犯分子打击不力，我们眼睁睁看着孩子走上邪路也拉不回来，你给他讲道理千条万条，顶不上他那些小兄弟的一声口哨。现在好了，严重的刑事犯罪分子被政府打击了，该帮教的有人帮教，也能接受帮教了，我们的孩子总算得救了！"

五是极大地鼓舞了广大人民群众同犯罪分子作斗争的勇气。在1981年下半年，贵阳市人民群众揭发检举的犯罪线索材料就达1153件，扭送现行犯罪分子184人，并出现了许多父母送子女投案、妻子领丈夫自首的生动事例。至今，贵阳市的干部群众还以赞许的语调谈论着当时的斗争情景。

上述种种变化说明什么呢？它说明：只有对各种犯罪活动实行坚决打击，才能把敌对分子的嚣张气焰压下去，稳步地减少发案率；只有对各种犯罪活动实行坚决打击，才能教育人民群众，特别是广大青少年，使他们认清自己的前途，发现自己的力量，提高自己的觉悟，清醒自己的头脑，锻炼自己的意志；只有对各种犯罪活动实行坚决打击，才能有效地保护人民的民主权利，才能为挽救失足者创造出有利的条件。因此，甚至连敌对分子、刑事犯罪分子也不得不承认，1981年下半年，是使他们"心惊肉跳的日子"。

（三）

如上所述，严厉打击反革命活动和其他严重犯罪活动，是教育、感化、挽救违法青少年和对青少年犯罪实行综合治理的前提条件。

综合治理，就其方法和手段来讲，首先一条，是公安、司法部门要坚决运用法律武器，强有力地行使专政职能，加强预防、侦查、破案等先进技术手段，提高破案率，提高办案质量，及时有力地严厉打击反革命活动和其他严重犯罪活动，震慑敌人，惩治犯罪，努力消除国家和社会生活中各种违法犯罪的消极现象。有了这样的前提条件，才能更好地综合运用思想的、政治的、经济的、教育的、文化的和行政的各种方法和手段，加强社会主义精神文明建设，使我们的青少年都成为有理想、有道德、有文化、守纪律的人。只有把打击犯罪，改造罪犯，预防犯罪这些综合治理的基本内容辩证地统一起来，不片面理解，不简单从事，才能实现社会风气、社会治安的根本好转。

1982年以来，虽然下力气抓了综合治理，有些部门和单位治安情况也有所好转，但就贵阳市的总体来说，由于没有坚持1981年下半年那样的严厉打击措施，治安形势一直是时好时坏，起伏不定，徘徊不前的局面。到1983年第二季度又出现了发案上升，大要案件不断。群众的安全感又少了，好人怕坏人、“乐业不能安居”的局面又出现了，帮教工作在许多单位又无人敢做了。这个事实，不是也从另外一个方面证明了打击犯罪在综合治理中的地位和作用吗？

严厉打击反革命活动和其他严重犯罪活动，是争取多数，挽救失足者的重要条件。只有对一些情节特别严重的犯罪分子，给予最严厉的法律制裁，才能迫使那些被种种恶势力裹胁、引诱、欺骗而走上犯罪道路的青少年重新决定自己的态度。只要我们坚决执行党的政策，弄清情况，区别对待，大多数胁从者就会脱离恶势力的影响和控制而站到人民一方面来，那些反革命首犯和刑事犯罪的头子就会陷入孤立无援的绝境。因此，我们对于一般违法犯罪青少年，不是侮辱他们的自尊心。而是了解和顺导他们的这种自尊心，以宽大为怀的方法，引导他们了解违法犯罪损人害己的实质。另一方面，则是要在他们面前表示出国家法律的严肃性和违法必究的坚定性。这就是如若执迷不悟，继续危害社会，就坚决予以严厉制裁。邓小平同志也是这样要求我们的，他说：“对于绝大多数破坏社会秩序的人应该采取教育的办法，凡能教育的都要教育，但是不能教育或教育无效的时候，就应该对各种罪犯坚决采取法律措施，不能手软。”否则，就会使更多的青少年变坏。

综合治理青少年犯罪的目的，在于把他们中的绝大多数人挽救过来，通过教育和改造，使他们成为新人。综合治理，就是要在各级党委、政府的领导下，依靠各个部门、各个单位和各个人民团体，依靠居民委员会、村民委员会及其治保、调解组织，就是说，依靠全社会的力量，吹起号角，敲响警钟，召唤迷途的人，唤醒沉睡的人，鼓舞涣散的人，推动落后的人，确实把教育人、挽救人、改造人的工作，贯穿于综合治理的全过程。青少年中发生了纠纷，我们要及时正确地加以引导，尽可能避免对抗和冲突。对于偶有失足和轻微犯罪的人，千万不可歧视他们，嫌弃他们，嘲弄他们，侮辱他们。若一再歧视和嘲弄，只能激起反抗心而增加专横。马克思说过：“不论历史或是理性都同样证实这样一件事实：不考虑任何差别的残酷手段，使惩罚毫无效果。”（《马克思恩格斯全集》第 1 卷第 139 页）正因为如此，所以即使犯了罪，我们也只对严重犯罪分子依法从快从严从重予以惩处，而对除判处死刑立即执行者以外的罪犯，还是要争取把他们中的大多数改造成为新人。这正是我们人民民主专政国家不同于资本主义国家的鲜明特点。我们对少数严重犯罪分子坚决严厉打击，正是为了使绝大多数轻微违法犯罪的人视犯罪为畏途，从而接受挽救。

综合治理青少年犯罪问题必须有“两手”

（1984年）

徐汉民

要全面理解“综合治理”方针

“综合治理”，是党中央于1979年提出的整顿社会治安的工作方针。其主要精神，是要求各个部门、各个单位、各个地区和各个方面，都要在党委和政府的统一领导下，把各方面的力量动员和组织起来，在各自负责的部门、单位和地区的范围内，发挥自己的职能作用，各尽其责，把治安秩序整顿好、维持好。也就是要通过思想的、政治的、经济的、教育的、行政的、法律的等多方面的工作，不断消除社会上存在的不安全因素，预防、减少和制止违法犯罪案件的发生。由此可以看出，“综合治理”方针包括的内容是多方面的，既包括专政手段的运用，也包括行政手段和教育感化手段的实施。也就是必须有“两手”：对绝大多数有违法和轻微犯罪行为的青少年，应该运用教育感化的手段，力争挽救他们成为社会主义四化建设的有用之材；对少数严重危害社会治安的犯罪分子，必须运用专政手段，依照法律从重从快，严加惩处。

必须指出，运用专政手段，依法严惩犯罪分子，是“综合治理”中的首要一条。因为只有专政机关充分发挥其威慑作用，坚持对严重犯罪分子及时给予严厉打击，致使犯罪分子感到如此下去不会得到好结果，绝大多数有违法犯罪行为的人才能规规矩矩地接受教育改造。相反，如果让刑事犯罪分子任意兴风作浪，肆无忌惮地进行破坏活动，那么对绝大多数违法犯罪人员的教育感化的作用就不会明显，这已为近几年的实践所证明。再说，只有狠狠打击刑事犯罪分子，使群众普遍有了安全感，才能广泛深入地教育发动群众，鼓舞群众斗志，调动群众敢于同违法犯罪分子作斗争的积极性。这样，教育感化违法犯罪青少年的工作才能真正具有坚强而广泛的群众基础，致使违法犯罪分子在群众中完全处于孤立的境地，教育感化大多数的工作方可收到更大的效果，由此可见，严厉打击刑事犯罪分子和教育感化挽救违法犯罪青少年，两者是相辅相成，互为作用的。在这里，特别要注意的问题，就是我们一定要维护法律的严肃性。如果对严重犯罪分子不从重从快严厉惩处，那就等于鼓励犯罪，给群众在同犯罪分子作斗争方面增加重重困难，那也就不可能把社会治安整顿好。所以，我们一定要做到使广大人民真正感到法律是保护他们的，是支持他们同犯罪分子作斗争的武器。只有这样才能充分显示出人民民主专政的强大威力。

总之，中央提出“综合治理”的方针，不是权宜之计，而是针对我国当前和今后一个时期内社会治安方面出现的新情况所制定的一个极为重要的方针。只要我们坚决地全面地贯彻执行这一方针，我们的社会治安情况一定会尽快取得根本好转。

严厉打击少数严重刑事犯罪分子

这些年来，全国的社会治安情况与五十年代和六十年代初期相比，不够好，刑事案件和犯罪人数有所增长。而且案件的发生，绝大多数是违法犯罪的青少年所为，他们在作案成员的总数中平均占百分之三十以上，有些城市竟占到百分之七、八十。由此看来，要争取社会治安情况的根本好转，为社会主义建设创造一个良好的环境，必须严厉打击少数严重犯罪分子外，对那些流氓团伙、流窜犯罪分子、杀人犯、放火犯、强奸犯、爆炸犯，以及其他严重危害社会治安的现行犯罪分子，一定要坚决依法从重从快，严加惩处，就是要把他们抓起来判刑，甚至处以极刑。

那些严重的刑事犯罪分子，是新的历史条件下产生的社会渣滓，是害群之马。他们以残酷的手段残害无辜群众，具有疯狂的破坏性和极大的危害性，是阶级斗争还在一定范围内长期存在的表现。在这种情况下，国家的专政职能不仅不能削弱，而应当继续强化。我们必须进一步加强政法公安部门的思想建设、组织建设和业务建设。同时，也要放手发动群众、走群众路线，整顿和健全基层治安保卫组织。只要我们坚决贯彻对刑事犯罪分子实行依法从重从快惩处的方针，那么干坏事的人就会少，破坏社会治安的刑事案件和扰乱治安秩序的治安案件都会减少，整个社会治安情况即可获得好转。

做好教育、感化、挽救失足青少年的工作

青少年违法犯罪是当前社会上的一个突出问题，形成的原因是多方面的。这个问题不是某个单位或是某一方面所能解决得了的。现在，各地党委和政府不但把帮助教育失足青少年工作摆到了重要的议事日程，而且要求各有关部门，坚决遵照党中央的指示精神，把解决青少年的违法犯罪问题，同精神文明建设，同彻底肃清“四人帮”的流毒，同加快国民经济的发展，同加强思想政治工作，同健全民主和法制，同搞好党风、民风，同对整个青少年的教育培养等诸多方面的工作紧密的结合起来，进行通盘考虑，并且作出妥善安排。其特点，都是从大处着眼，从小处着手，采取有效措施，促使帮教工作广泛深入地开展，并且正在扎扎实实地、广泛持久地从根本上逐步解决青少年的违法犯罪问题。在具体做法上主要有以下几个方面：

第一，在大力进行物质文明建设的同时，广泛深入地进行社会主义精神文明建设。这是改变社会风气、争取社会治安根本好转的一项基本措施。精神文明建设，不仅是在于重视全社会的教育、科学和文化事业，提高人们的文化、科学水平，而且在于努力实现理想教育、道德教育、纪律教育在全国人民中首先是在全国青少年中的普及。在全国城乡开展的“五讲四美三热爱”活动中，各级宣传部门、教育部门、文化部门、政法公安部门和工会、共青团、妇联等群众团体，从各自的工作角度，都在运用多种形式，向人民进行诸多方面的教育工作。在许多地方开展的“五好家庭”、“文明村”、“文明街”、

"文明经商"的活动，以及各行各业都在制定并执行职业道德规范。这些活动，在提高人们遵守道德风尚、遵守法律、纪律的自觉性，树立好的社会风气，不断消除犯罪因素和犯罪条件等方面，起着巨大作用。仅就中学生犯罪情况来说，已出现了显著减少的情况。上海市中学生犯罪率由1979年的0.85%，到1982年下降为0.2%，1983年第一季度又比1982年第一季度下降11.2%。北京市1983年第一季度就有115所中学没有一个学生违法犯罪的。

第二，坚持广开就业门路的方针，积极设法为待业人员解决就业问题。这在减少青少年违法犯罪方面有着积极的作用。事实就是这样，由于近两年来有2600多万待业人员就了业，故在待业人员中的犯罪人数大为减少。据辽宁省调查，1982年待业人员犯罪的比1981年减少14.5%，比1980年减少24.8%。

第三，建立和落实包教责任制。依靠社会力量教育、感化、挽救失足青少年，最有效的办法是建立落实包教责任制，即是工厂、企业包职工，学校包学生，街道包待业青年，生产队或村民委员会包社员，家长包子女。为了做好包教工作，现在在工厂、企业、学校、街道，比较普遍地组织有干部、教师、工人、家长、治保积极分子和民警同志参加的专门帮教小组，也有专人承包教育的，帮教效果是很好的。

第四，对绝大多数失足青少年来说，帮教工作的主要功夫必须下在教育感化上。今年以来，在各地有不少基层组织，采取了多种形式，对失足青少年非常用心的做教育感化工作，获得了好效果。被帮教人员思想转变快，家长满意，社会称赞。例如有的是邀请有违法和轻微犯罪行为青少年和劳改释放、解除劳教的失足青少年开"座谈会"，有的是有计划地到失足青少年家登门家访，有的在组织群众性的各种社会活动时，吸收失足青少年一并参加，有些地方文艺工作者到劳教和少管场所为失足青少年演出文艺节目，还有些地方的领导同志亲自具体承包帮教对象，深入细致地做思想转化工作。这些做法，使失足青少年普遍感到温暖，增强他们改邪归正，坚定不移地走光明之路的勇气和信心。

第五，坚持区别对待。在违法犯罪青少年中存在着的情况是多种多样的，有的是后进的，有的是失足的，有的是由坏向好处转化的，也有的被教育好后又向坏处转化的，还有的是屡教不改作恶多端的。对这些情况都要有深入的了解，及时掌握动态，把每个人的情况分析清楚，有区别的正确对待。除了对一些屡教不改、作恶多端、问题严重的犯罪分子必须依法给予惩处之外，对其他失足者，在帮教工作中，都要针对不同对象晓之以理，动之以情，严格要求。做到在态度上要以满腔热诚地、耐心细致地对他们做教育工作；在工作上只要他们表现好，够先进的当先进，该表扬的就表扬，并且在经济上一定要同工同酬；在生活上不怠慢，有了困难，同样给予关心和体贴。总之，我们一切工作的立足点和最终目的就是要把他们教育、感化、挽救过来，成为"四化"建设的有用之材。

论综合治理犯罪的社会系统工程

（1985年）

方　强

一、制约犯罪心理结构的相关因素

恩格斯指出："事实上，世界体系的每一个思想映象，总是在客观上被历史状况所限制，在主观上被得出该思想映象的人的肉体状况和精神状况所限制。"（《马克思恩格斯选集》第3卷76页）这里，恩格斯向我们指出了心理、意识反映存在亦即存在决定心理、意识的过程及其结果（映象），总是要受到人所处的历史状况和人的肉体状况以及精神（心理、意识）状况的限制和制约。这正是心理反映过程的普遍规律，因而，也完全适用于犯罪心理研究的普遍原则和指导思想。

那末，在犯罪心理研究中，应当怎样理解和应用恩格斯所指出的上述普遍规律呢？首先，恩格斯所指出的历史状况实际上主要是指社会历史条件，亦即主要是指由许多社会科学加以研究的社会学因素。其中应包括：社会历史背景，社会生产力发展水平，社会经济状况，人们的阶级地位、阶级关系和阶级斗争，社会意识形态，社会矛盾与社会交往，社会影响，社会法制状况，社会道德面貌，家庭环境，家庭教育，学前教育，学校教育，社会教育，个人境遇，犯罪机遇等等。这些因素主要是由历史唯物主义、政治经济学、法学、教育学、社会学和其它社会科学所研究的一些因素，通称为社会学因素。根据对大量案例的分析研究，一般说来，社会学因素对于一个人的犯罪心理结构的形成经常起着主要的决定作用。

肉体状况显然是指有机体自身的解剖与生理状况。随着科学的飞速发展，对人的有机体的研究日趋深入，到目前为止，至少已可提出以下一系列属于人的有机体状况或与有机体状况显然相关的因素，例如：脑物质状况和各种生理需要，以及遗传基因，个体素质，先天缺陷，遗传疾病，神经解剖特点与高级神经活动类型，生长发育过程中的特点，物质代谢过程的特点，内分泌的异常或某种不平衡，某些疾病引起的后果，体质与健康上的其他特点等等。这些因素都是生物科学所研究的一些因素，因而被称为生物学因素。

根据对大量案例的分析研究，在犯罪心理结构形成的过程中，在社会学因素相对地经常起主要决定作用的前提下，生物学因素对某些人也是可能起作用的因素之一。生物学因素在其中主要是增加了主体对社会学因素作用的选择性和制约性。这与单纯的"遗传决定论"、"内分泌决定论"、"血型决定论"之类的"理论"是毫无共同之处的。

当然，我们承认遗传和素质在犯罪心理形成过程中可能起的某种作用，决非认为犯罪行为本身可以直接遗传。然而，由于人"在素质上存在着巨大的不平等"（恩格斯语），不同的个体到同一种犯罪的“距离”是不会相同的，在接受各种易导致犯罪的社会影响时，不同的个体也具有不尽相同的选择性、可能性与易感性。

恩格斯所指出的精神状况则是指主体的心理、意识状况。当来自外部世界以及有机体本身的任何刺激影响作用于人的头脑时，这个人总是无例外地处于这样或那样的心理、意识状况之中。这时，在先前生活与实践中形成的心理、意识就对新来的刺激影响起一定的反作用。这种主观反作用或则表现为抗拒新的刺激影响，或则表现为欣然接受新的刺激影响，或则表现为经过一定的矛盾斗争过程而接受或部分接受新的刺激影响。这就是所谓主观、心理、意识的选择性与能动性。在特定时空条件下的精神状况，又总是某一个体的个性心理在当时的表现。因而，精神状况也就包括了个体的全部心理特点，即个性心理特点，以及在特定时空条件下的具体心理、意识状况。

根据恩格斯指出的心理反映的普遍规律，运用于犯罪心理和犯罪行为的研究，关于发生犯罪行为的逻辑模型为：

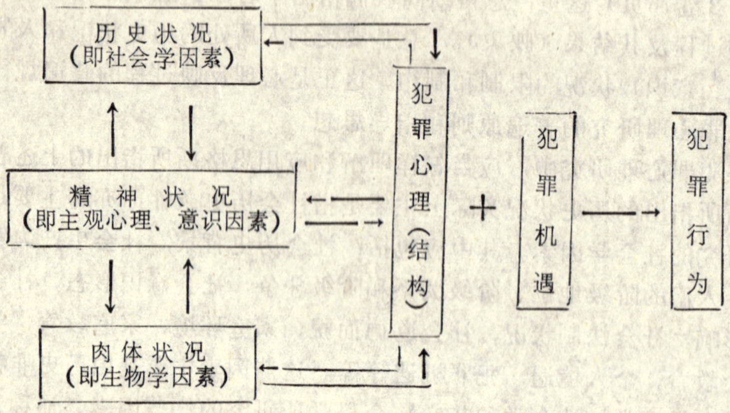

二、制约犯罪机遇的相关因素

犯罪机遇主要涉及两方面的相关因素：首先和主要的是社会因素，其次也有自然因素。

在与犯罪机遇相关的社会因素中，主要有两大项：（一）一般社会状况：例如，社会经济发展水平和实际状况，使某些犯罪行为有可能发生的客观社会经济条件，社会治安管理状况的松弛，社会法制状况中的打击不力，或破案率低，社会精神文明状况中的道德水准下降，一般群众缺乏与犯罪分子作斗争的勇气，以及财务制度不严等等；（二）被害者状况：例如，盗窃或抢劫犯罪的被害者一般均有“露财”表现，即向盗窃犯或抢劫犯提供了财物信息，从而，招致被盗或被抢；又如年轻妇女单身涉足人迹稀少的环境，杀人犯罪的被害者与犯罪人事前发生严重矛盾和斗争等等。

与犯罪机遇相关的自然因素包括：（一）自然地理环境条件，如交通要道、车站码头、深山丛林、孤立住宅等有利于作案的环境条件；（二）季节、气候和时间因素，如夏季有利于强奸犯罪作案，夜间或大雾天气有利于盗窃和抢劫犯罪的实施等等。

显而易见，与犯罪机遇相关的社会因素和自然因素之间又是相互联系和相互作用的。

综合以上所述，发生犯罪行为的比较完整的逻辑模型应当是：

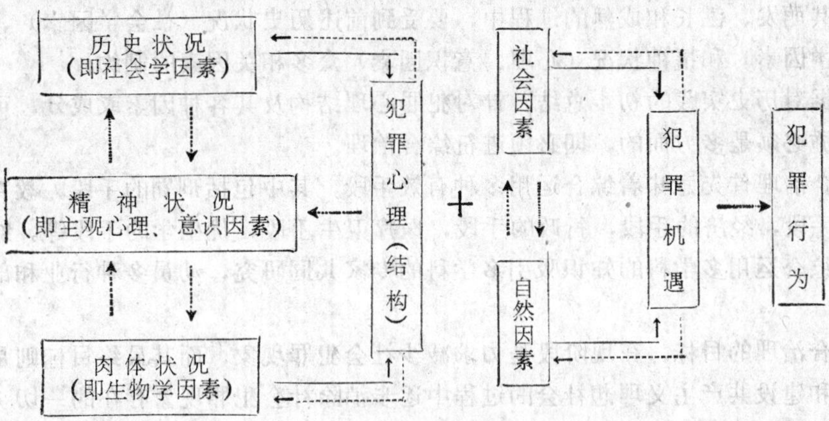

三、关于综合治理犯罪的几个基本问题

找出了关于发生犯罪行为的比较科学的逻辑模型，就具备了探讨综合治理犯罪问题的基本依据。根据上述逻辑模型，治理和预防犯罪的工作只能针对发生犯罪行为的两个大项，即只能针对犯罪心理结构和犯罪机遇进行。可分述如下：

（一）针对犯罪机遇进行综合治理

简单地说，就是针对对犯罪机遇起作用的社会因素和自然因素采取一系列措施，以求尽可能最大限度地减少以至在未来共产主义社会条件下完全消灭犯罪现象。

具体地说，例如针对可能的潜在的被害者，应当宣传动员和教会他们都避免把自己或自己的亲属、财物、权利等置于可能遭受到犯罪侵害的打击之下；又如，针对社会环境条件，应当大力发展经济、改善法制和社会治安管理，鼓励群众与犯罪分子作斗争；加强巡逻放哨，改善对财物及资料的保管，加强安全警卫和保卫工作，堵塞销赃渠道等等。针对自然因素应当加强案件高发区和高发节令、时间的治安警卫工作。

（二）针对犯罪心理结构进行治理和预防

1．对已形成犯罪心理结构的人进行防范、控制和教育，努力破除其犯罪心理结构。

2．对于尚未完全形成犯罪心理结构的人，要努力防止其形成犯罪心理结构。

3．通过各方面的工作，使犯罪心理结构的一些主要因素或成分根本不能发生，或被消除于萌芽阶段。

根据犯罪心理学对我国现社会犯罪心理结构的剖析，犯罪心理结构主要可能包含下列因素或成分：以自我为中心的世界观与人生观；建立在非条件反射以及被称为“快乐中枢”的神经活动基础上的达到难以克制程度的强烈欲求和恶习；对主观上感受到的挫折和压抑的反应，对不满的发泄，对缺憾的补偿要求，以及嫉妒心、报复心和仇恨心；与某种犯罪相适应的能力和其他个体条件；在以上各项基础上产生的犯罪动机、犯意和犯罪决意；道德感与义务感的淡漠或缺陷；自制力的缺乏，不顾后果，冲动性与冒险性；自以为有可能逃脱惩罚的侥幸心理，或厌世轻生，置生死于度外；有的人可能有一定程度的精神异常或变态心理。

犯罪心理结构的诸种因素或成分是在一个人的个性形成过程中逐渐发生和发展起来的，在其萌发、滋长和成熟的过程中，要受到前述历史状况（社会学因素）、肉体状况（生物学因素）和精神状况（心理、意识因素）众多相关因素的制约。

根据对历史实践的初步总结，针对犯罪心理结构及其各种因素或成分，可能采取的有效措施必须是多方面的，即必须进行综合治理。

综合治理首先意味着综合运用多种有效手段，其中包括刑罚的手段，教育的手段，政治的手段，经济的手段，行政的手段，医疗卫生手段，优生学的手段等。综合治理还意味着综合运用多学科的知识吸引多学科的专家共同研究，动员多种行业和部门的协同工作。

综合治理的目标，在现阶段是力求减少社会犯罪现象，而其最终目标则是在发展社会主义和建设共产主义理想社会的过程中逐步消除社会犯罪现象存在的一切基础和条件，创造彻底根除犯罪现象的全部充分必要条件，消灭社会犯罪现象。在现阶段，为了在我国现代社会历史条件下尽可能地减少犯罪现象，治理和预防犯罪，至少应当考虑以下几点：

1. 必须提倡以打击为前提，以预防为主，打击和预防相结合的方针。

2. 必须提倡全过程、多环节系统预防而又强调早期预防的方针。一个人形成犯罪心理结构，时间长短虽有参差，但都必须经历萌芽期、滋长期和成熟期等几个发展阶段，成熟期以后还可能进一步定型化和习惯化。预防工作应当不放松其全过程的每一个环节。但从花费的力气和可能收到的效果来看，预防的工作开始得越早越容易，越早越省力，而越晚越困难，越晚越费力。社会在采取对策时，必须努力做到早期预防，打主动仗。

3. 必须提倡多学科、多因素、多方面总体预防。首先必须在理论认识上清除“单一因素论”的形而上学糊涂观念，重视对众多相关因素的研究，针对众多相关因素搞多学科的协作研究，搞多方面的相互配合，搞综合治理的社会系统工程。

4. 必须提倡总体预防与局部预防的结合，一般预防与特殊预防的结合，全局预防与单项（分类）预防的结合。总体预防首先是指实行最好的社会政策，及时妥善地解决社会矛盾。同时，不忽视每一项必要的局部措施。对犯罪的特殊预防和一般预防应当有机地结合起来，相辅相成。全面预防和单项（分类）预防也极为重要，对每一类犯罪都要有针对性很强的有效措施。这就要求在加强犯罪基本理论研究的同时，加强对犯罪的分类研究，制定专门的单项（分类）犯罪预防措施。

5. 为了加强对犯罪的综合治理工作，还必须运用信息科学进行犯罪心理预测。

四、关于综合治理犯罪的社会系统工程的初步构想

找出了关于发生犯罪行为的比较科学的逻辑模型，也就具备了初步构想综合治理犯罪的社会系统工程的基本依据。试提出综合治理犯罪的社会系统工程示意图(见下页)：

综合治理犯罪的社会系统工程示意图

（在中国共产党和人民政府的统一领导下）

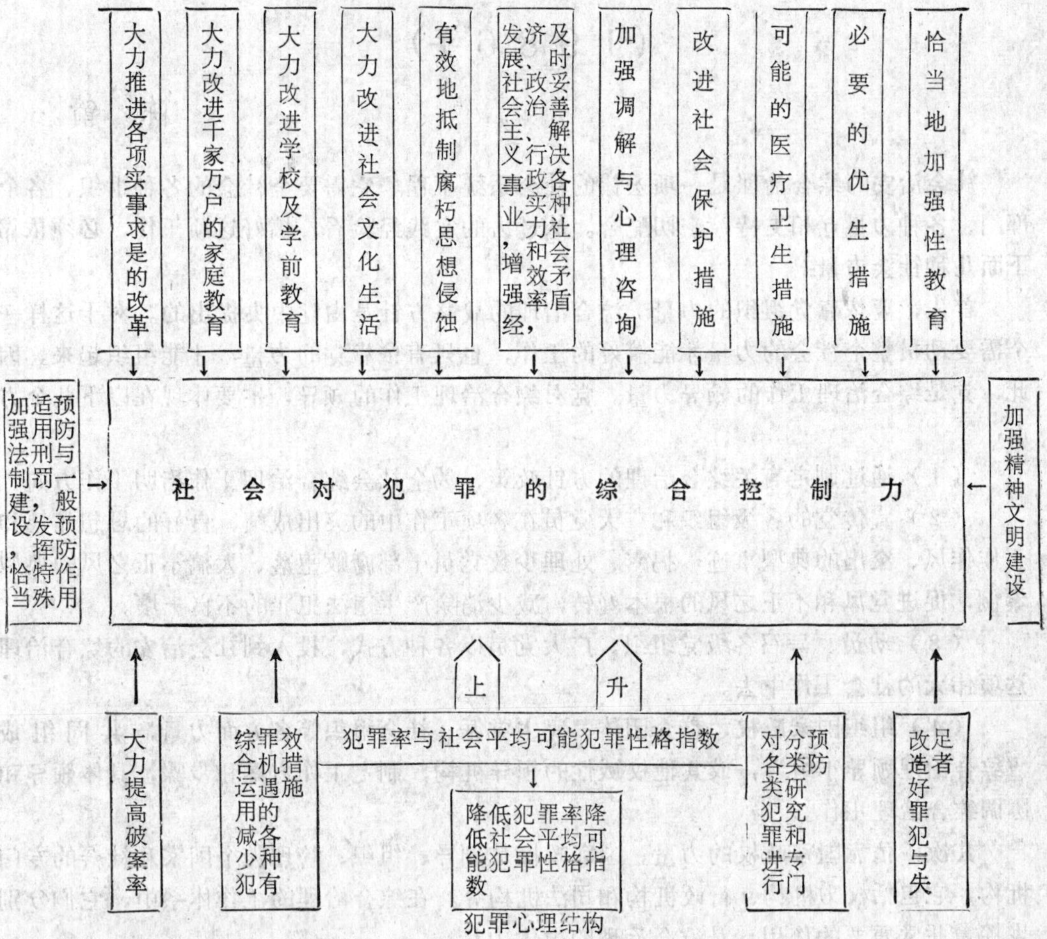

示意图简要说明：

① 社会对犯罪实行综合治理，降低社会犯罪率，是通过增强社会对犯罪的综合控制力来实现的。

② 降低社会犯罪率虽然与减少犯罪机遇有关，但主要的还是要依靠降低人们的可能犯罪性格指数（关于可能犯罪性格指数的概念和计算公式以及评分办法，请参阅陕西省法学会内部发行的《法制心理学研究与运用》一书中拙作《试论犯罪心理结构、可能犯罪性格与可能犯罪性格的估量》一文）。对于一定社会范围来说，则应取决于平均可能犯罪性格指数的降低。

③ 示意图中所示各项措施，其长度并不是实际作用大小的标志；即使长度相等，也不意味着可以等量齐观；同时，所分列的各项之间又是相互联系、相互渗透、相互制约的，而不是各自孤立，互不相干的。

④ 示意图虽然列出了许多措施项目，但并不意味着已经充分列举了一切必要措施项目。

⑤ 从示意图中不难看出，假如某些措施很得力，本可指望收到明显效果，但若另外几项措施很不得力，则完全可能抵消得力措施所应起的积极作用，而造成收效不大的结果。同时，假如社会不能通过所列各项措施增强对犯罪的综合控制力，则社会犯罪率不但难以降低，而且还可能上升，这是不可掉以轻心，而必须严加警惕的。

关于我国综合治理的工作体系

（1986年）

陈　箭

社会治安的综合治理是一项宏伟的社会系统工程。它需要全社会的各种组织、各个部门、各种力量互相支持，密切配合。从过去的实践经验看，搞好这项工作，必须依靠下面几种社会力量：

首先，要依靠党组织的力量。综合治理的战略方针是由党中央提出的。对于这样一个需要动员整个社会的力量才能搞好的工作，也只有依靠党的力量，才能组织起来。因此，党是综合治理工作的领导力量。党对综合治理工作的领导，主要体现在以下几个方面：

（1）通过制定有关综合治理的方针政策，为全社会综合治理工作指明工作方向。

（2）宣传党的各级组织和广大党员在各项工作中的突出成绩，良好的思想品德和工作作风、突出的典型事迹；揭露、处理少数党员干部腐败堕落、大搞不正之风的典型案例，促进党风和不正之风的根本好转，减少消除产生违法犯罪的不良土壤。

（3）动员、号召各级党组织、广大党员以各种方式，投入到社会治安的综合治理这项伟大的社会工作中去。

（4）组织国家政权、群众团体、民主党派、社会组织等各方面力量，共同组成“综合治理领导小组”，或其他权威性的领导机构，制定工作方案和步骤，具体领导和协调综合治理工作。

其次，依靠国家政权的力量。国家政权是领导、组织、管理整个国家和社会的专门机构，它包括权力机构、行政机构和司法机构等。在综合治理的工作体系中，它们分别发挥着非常重要的作用，是综合治理的主体力量。

（1）人民代表大会的作用。主要是通过制定和健全全国性法律和地方性法规，以及监督检查法律的实施，推行全民普及法律知识等活动，加强社会主义法制建设，建立社会主义法律秩序，预防和减少违法犯罪。

（2）政法专门机关的作用。惩罚和打击犯罪活动，这是搞好社会治安综合治理工作的重要环节；教育、感化、挽救失足青少年，这是搞好综合治理工作的重要措施；结合本职工作，运用大量案例，面向社会，面向群众进行法制宣传教育活动；进行经常性的巡逻和治安检查，收集、储存、分析各种有关犯罪信息资料，掌握犯罪趋势和犯罪动态；有针对性地向有关方面、单位提出司法建议，堵塞漏洞，预防、制止犯罪。

（3）教育部门的作用。对学生进行系统的马克思主义理论和革命人生观教育；进行文化科学知识教育；进行法律常识和共产主义道德的教育；开展业余科技文化活动，充实学生的业余生活；与家长、公安派出所、居委会（村委会）配合，组织帮教小组，对失足学生进行重点帮教。认真贯彻执行国家义务教育法及有关教育的政策、法规，切实解决“流失生”问题，努力减少学生违法犯罪。

（4）文化、出版、广播、电视部门的作用。运用多种形式和手段，宣传共产主义的人生观、道德观，进行理想信念教育；加强管理，堵塞漏洞，防止和消除黄色颓废、庸俗低级文化、剥削阶级思想意识对我们社会的侵蚀，净化文化环境，保护青少年健康成长。

（5）基层政权组织的作用。配合基层综合治理领导机构，组织各种基层力量，落实综合治理的各项具体工作；组织建立以公安派出所为中心，吸收居（村）委会、学校、单位（工商企事业单位保卫部门或工会）、家长共同参加不良青少年帮教小组，实行治安承包责任制，建立失足青少年教育卡片；对各种民间纠纷及时通过调解组织进行调解、疏导；帮助解决广大青少年特别是失足青年的实际生活问题（婚姻、就业、经济、文化生活等……）。

（6）劳动、民政、工商管理、税务等部门的作用。加强管理，堵塞工作中的漏洞，减少犯罪诱因；尽可能协助解决某些青少年的实际生活问题，如就业等。

第三，依靠群众团体、民主党派的力量。群众团体、民主党派是我们国家几支重要的社会力量，代表着各个阶层、各个方面的人民群众，具有丰富的群众工作经验，是我们搞好综合治理工作必须依靠的重要社会力量。

（1）共青团的作用。组织团员、青年进行道德、理想、信念教育；活跃、充实青少年的业余文体生活；参加教育、挽救、感化失足青少年的具体工作。

（2）妇女联合会的作用。加强对广大妇女的道德、信念、法制教育，保护妇女儿童的合法权益，揭露犯罪，同犯罪作斗争；宣传科学的家庭教育知识；关心青年的婚姻问题。

（3）工会的作用。搞好企业的政治思想教育和法制教育；协助解决青年工人的生活实际问题，如婚姻、待遇等；配合保卫部门做好有劣迹的青年工人的帮教工作。

（4）民主党派的作用。组织青少年业余文化科技教育；参加教育、挽救、感化失足青少年的具体工作。

（5）青联、科协、老干部协会等社会组织的作用。组织、活跃青年业余文化生活；对青少年进行技术教育培训，组织关心教育青少年的团体，参加对失足青少年的帮教工作。

第四，依靠人民群众的力量。这是综合治理工作体系中最基本的力量，是搞好这项工作的根本保证。人民群众在综合治理工作体系中的作用，主要表现在以下几方面：

（1）人民群众是政法机关打击违法活动、制裁犯罪行为的力量源泉。脱离了人民群众，我们的政法机关就无法稳、准、狠地打击犯罪活动，也就无法贯彻综合治理的方针。

（2）人民群众是我们搞好青少年教育，挽救、感化失足青少年的主要社会力量。人民群众是社会生活的主体，基本组成部分。只有把人民群众发动起来，才能随时随地地加强青少年的教育和管理，发挥人民群众的聪明才智，采用各种形式和方式来教育广大青少年。

（3）家庭是综合治理的重要环节。广大家长在教育青少年，挽救、感化失足青少年的工作中，占有极其重要的地位。因此，只有发动人民群众，调动广大家长的积极性，同公安派出所、居（村）委会、学校、工厂密切配合，制定措施，研究步骤，才能把综合治理工作落实在实处。

如此众多的部门、阶层，如此庞杂的工作，怎样才能把它们组成一个有机的工作体系呢？根据我国的实际情况和前一阶级开展综合治理工作的初步经验，我们认为应当设立专门领导机构，负责组织、协调、指导、监督各部门的综合治理工作。只有设立了专门领导机构，才能组织起综合治理的工作体系，长期地、系统地、稳定地开展综合治理工作，从组织上保证党的综合治理方针的贯彻实施。这个机构应当怎样建立，它的职责又是什么呢？我们认为，这个机构应当是在各级党委的领导下，由党委牵头，组织人大、政法、政府、群众团体、民主党派负责同志共同组成。可称作"社会治安综合治理领导小组"，或"综合治理委员会"，由同级党委主要领导同志挂帅，并设专门的办公、研究机构。它的工作内容首先应当是制定有关综合治理的方针、政策、措施、方法、步骤，在各级党组织的支持和配合下，进行布置落实，起草、制定有关综合治理、预防青少年犯罪、保护青少年健康成长的法律、地方法规和条例，提交人大或有关部门审议通过。其次是明确各部门、各阶层在综合治理工作中的职责，并把各部门的职责纳入到一个共同的综合治理工作体系之中，使各部门、各方面的工作能够互相呼应，互相配合、互相补充，相得益彰。第三，指导、检查、督促、监督综合治理工作体系中各个部门的工作情况，落实具体措施，总结经验教训，注意纠正工作中的偏差和失误。第四，协调统一各单位、各部门、各阶层关于综合治理的工作步骤，避免和减少由于部门之间工作配合不协调而影响综合治理工作开展的情况。第五，对于基层综合治理领导小组来讲，其工作重点应当是组织基层各方面力量，做好教育帮助广大青少年，特别是有过劣迹或失足青少年的具体工作，例如组织公安派出所、居（村）委会、学校（或企事业单位）、家庭，有重点有目标地成立帮教小组，实行帮教、治安责任制；为本行政辖区内有劣迹的或失足青少年建立帮教档案，设立帮教卡片，密切掌握工作进展情况；组织帮教对象参加一些有益的社会活动；为他们解决一些生活实际问题等。此外，还应当注意堵塞工作中的漏洞，注意消除社会环境中的不良因素，以免对青少年产生不良影响。

总之，建立我国综合治理的工作体系，是贯彻落实党的综合治理方针的迫切需要。它不仅可行，而且势在必行。只有迅速建立我国综合治理的工作体系，才能使社会治安的综合治理工作长期化、系统化、稳定化，使这项宏伟的社会工程，得到进一步的深入发展。

附：我国综合治理工作体系结构图

我国综合治理工作体系结构图

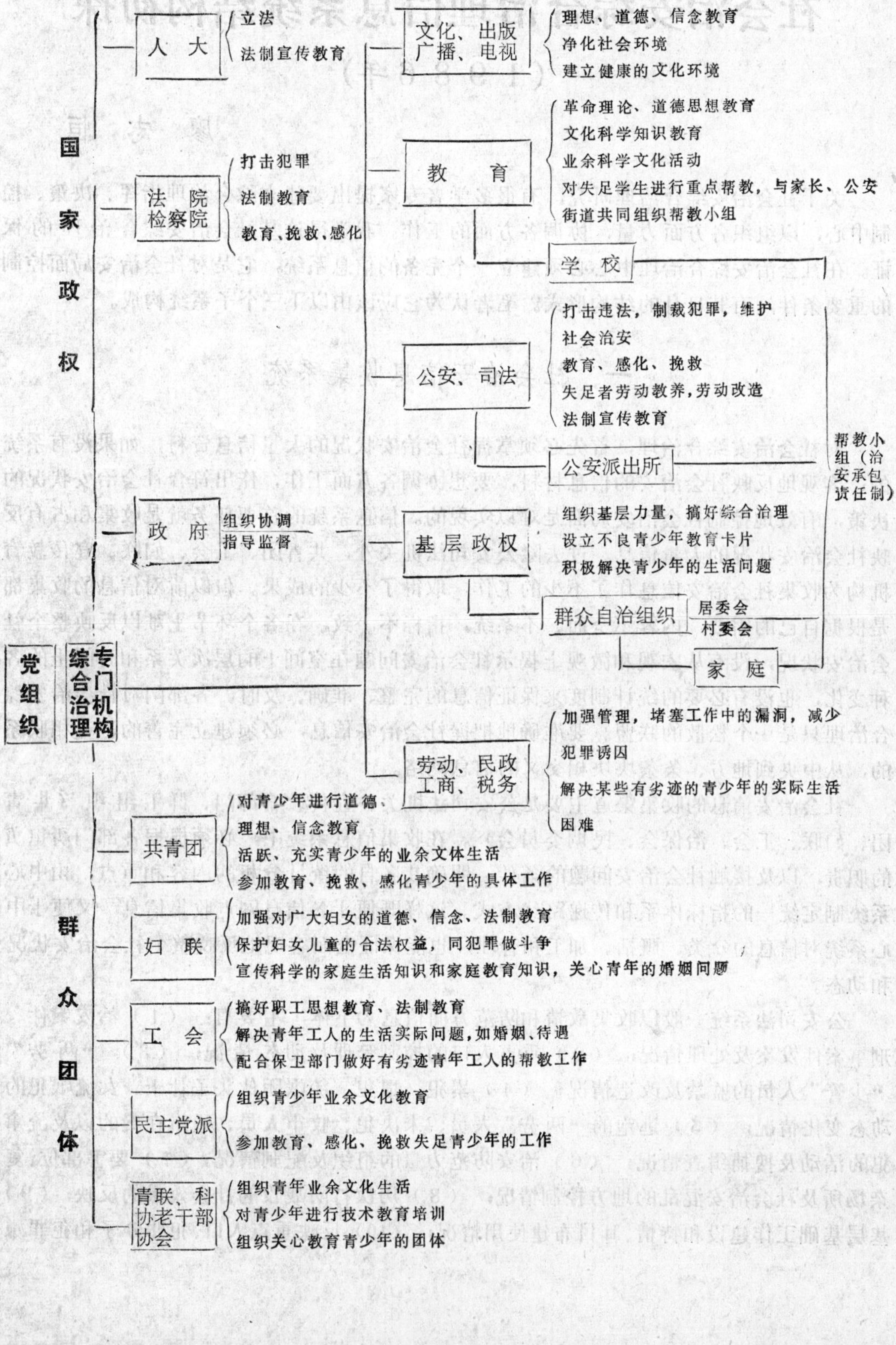

社会治安综合治理信息系统结构初探

（1986年）

廖志恒

关于社会治安综合治理研究，有很多学者专家提出要建立综合治理指挥、决策、控制中心，以组织各方面力量，协调各方面的工作。我觉得这是社会治安综合治理的保证。在社会治安综合治理中心必须建立一个完备的信息系统，它是对社会治安局面控制的重要条件，有其自身的结构形式。笔者认为它应该由以下三个子系统构成。

一、社会治安信息收集系统

对社会治安综合治理，首先必须掌握社会治安状况的大量信息资料，如果没有系统的、客观地反映社会治安的信息材料，要想协调各方面工作，作出符合社会治安状况的决策，有效地控制社会治安局面是难以实现的。信息系统的首要任务就是收集和占有反映社会治安状况的大量信息。过去除公安司法机关外，共青团、工会、妇联、宣传教育机构为收集社会治安信息作了不少的工作，取得了不少的成果。但以前对信息的收集都是根据自己的需要，内容不全面、不系统，指标不一致，在各个环节上难以反映整个社会治安状况，没有从宏观和微观上揭示社会治安问题在空间上的层次关系和时间上的各种变化，也没有必要的统计制度来保证信息的完整、准确、及时。各部门对社会治安综合治理只是一个松散的联盟。要准确地把握社会治安信息，必须建立完善的、互相联系的，从中央到地方、条条块块相交叉的信息网络。

社会治安信息的收集渠道主要是公安司法机关、宣传教育部门、群工组织（共青团、妇联、工会、治保会、民调委员会）。在收集信息系统中，必须根据各部门所担负的职责，以及接触社会治安问题的条件，明确其各自的统计分析的内容和重点，由中心系统制定统一的指标体系和传递路线方式。这样既便于各信息网点收集信息，又便于中心系统对信息的分类、概括、加工和管理，也能保证全面客观地反映整个社会治安状况和动态。

公安司法系统一般以收集敌情和防范方面信息为主体，主要有：（1）治安案件、刑事案件发案及处理情况；（2）重点人口的控制管理及动态情况；（3）“两劳”“少管”人员的监禁及改造情况；（4）累犯、惯犯、流氓团伙头子骨干、女流氓犯的动态变化情况；（5）逃跑的“两劳”人员、未决犯、收审人员、通缉在案的以及流窜犯的活动及搜捕缉查情况；（6）治安防范力量的组织及配制情况；（7）要害部位、复杂场所及社会治安混乱的地方控制情况；（8）历次打防战役的社会效果的反映；（9）基层基础工作建设和特情、耳目布建使用情况；（10）反映重点人口、犯罪分子和犯罪嫌疑分子个性特征的资料。

文化宣传教育系统收集社会意识形态和教育方面的信息。主要有：（1）淫秽书画、黄色录像、录音、手抄本的传播渠道及对社会的影响状况；（2）不健康的小刊小报，反映色情凶杀等荒诞的文艺作品的出版发行及对社会治安的影响；（3）社会、学校教育的缺陷，染有不良习气的双差生、流失生、退学生、开除生、工读生的活动和思想状况；（4）法制宣传教育的情况。

群工部门（共青团、妇联、工会、民调组织治保会）主要收集社情和违法青少年的帮教情况。其中包括：（1）对违法青少年帮教情况；（2）缓刑、管制、假释、保外就医、外劳人员等监改对象的改造和活动动向；（3）待业人员、社会闲散人员、倒流人员的安置教育和犯罪情况；（4）民事纠纷及其调解情况；（5）以"四防"为中心的防范措施的落实情况；（6）不良青少年的生活环境、思想状况、理想要求以及变化发展的趋势；（7）不良家庭、缺陷家庭、破裂家庭和独生子女的教育情况。

二、社会治安信息管理和传递系统

一般地说来，我们收集的信息都是零散的、片面的、模糊的。要使收集来的信息为综合治理决策服务，必须对大量的信息材料进行去粗取精、去伪存真的加工整理，把感性信息材料进行分类、整理、制卡、储存，使之深化，形成比较系统的、具有内在联系的和比较确切的材料。

在分类的整理、制卡、储存上必须规范化，在一个省、市范围内应统一规格，即信息收集汇总的时间、内容和统计各项内容的指标统一。按照信息材料传输的方式和反馈的方式，社会治安信息材料大体可分为：及时传输类的信息和储存待检类的信息。

及时传输类的信息，主要是反映当前社会治安状况、防范状况等。它是为各级决策机关制定策略方案、方针原则提供依据的信息，这种信息是短回路的快速传输反馈的。这类信息按照其作用可分为三个层次：（1）为党和国家制定路线、方针、政策的信息；（2）为各级决策机关制定现实策略方案的信息；（3）为各级实施部门提供行动目标的信息。第一个层次的信息必须是高度的综合概括，能反映整个社会治安状况的，它是第二层次信息整理加工的结果。第二个层次的信息必须能系统的反映某一方面和某一地方的社会治安状况。第三个层次的信息必须具体细致，它是社会治安管理的基础组织工作的材料。第一二层次的信息除了加快纵向传递的速度和质量外，还必须加强横向传递，使各有关单位和部门能够从总体上把握整个社会治安状况和各项决策精神。第三层次的信息主要是以纵向传递为主，也就是按照隶属关系由下而上逐级上报或由上而下的反馈。及时传输类的信息从内容上说主要是指刑事犯罪人员动态资料、治安、刑事案件资料、国外境外犯罪动向情报、治安防范力量和措施的资料。这类信息在传输处理上要体现"快"和"综合性"。因此在统计整理工作上要做到指标体系完整化、分类标准化、基础工作规范化、统计工作科学化、计算传输现代化，分级整理上报、形成制度。只有这样才能使各级决策机关把握社会治安问题在时间上变化和空间分布，适应综合治理的需要。

储存待检类的信息，是反映刑事犯罪分子，刑事犯罪嫌疑分子、重点人口个性等以备查考的信息。如各地建立的刑事犯罪分子的十指指纹卡、重点人口相貌特征卡、刑事犯刑事犯罪嫌疑分子卡、各种车辆卡、人口卡片等。这类信息总是从某一侧面反映人和事的特征，它由基层实际单位收集填写，由县、市一级公安司法机关统一编排、储存管理。这类信息材料收集是大量的、经常的为基础单位查破案件、核对犯罪者、追缉罪犯提供目标和线索。这种信息应尽可能细致，反映犯罪人和事的特点。在管理上要变过去“文书管理”为电子计算机管理，要把各种信息按照一定的程序编制成计算机语言，以便大量储存信息和高速度的传输、检索。

三、社会治安信息的组织系统

信息的组织系统是社会治安综合治理信息的收集、传递、管理、运用的保证。信息组织系统是社会治安综合治理中心的职能机构，它应该在各级综合治理中心设置相应的组织设施，以负责对信息的收集、传递、整理、管理和综合运用，为“中心”控制系统决策提供信息和依据。其主要职能是：（1）收集统计有关社会治安的信息、统一规划各部门和各单位的有关社会治安信息的统计指标、内容和重点；（2）对收集的信息进行分类、整理、负责传递、编制和储存；（3）分析社会治安各种动态和原因，对社会治安的发展趋势作近期和中期的预测，提出对社会治安进行综合治理的对策和方案，供决策机构参考；（4）组织有关部门、学术团体和科研单位，加强对社会治安综合治理的理论研究，汇集有关社会治安的资料档案，编译国外的有关材料和理论资料。

地方综合治理信息系统的组织子系统大致分为三个层次：一是省级治安信息中心，它是社会治安信息的综合和决策机构。它根据地、市信息站的信息和党的政策、国家法律，作出预防和控制犯罪，巩固和发展社会治安秩序的决策。二是地、市信息站，它是汇集基层信息点的各种信息资料，对本辖区社会治安情况发展变化趋势进行预测并提出相应的对策方案、编制、管理各种储存待检类的信息资料。三是基层信息点，它是在各县（区）建立的信息网点，收集和制作储存待检类的信息资料，综合和整理本辖区的必需传输类的信息资料，提出具体的综合治理的执行方案。只有各级综合治理信息组织建立和健全后，才能保证收集、传递、反馈、利用信息及时，才能真正的发挥信息在社会治安综合治理中的作用。

综合治理中的社会学思考

（1984年）

于　真

一、综合治理的理论依据是社会生活现象本身的复杂多变性和我国社会主义社会的统一性和计划性

综合治理是解决我国青少年犯罪问题的关键措施。因为社会生活中的现象，都是社

会因素综合作用的产物。它必定有其产生、发展的历史和经济、政治、社会、文化等原因。而要改变这一社会生活现象，按社会所要求的方向转化、运动，又必须遵循它本身固有的规律性，在不同领域、不同系统、不同单位采取目标一致、方法多样，既有细密的分工，又有高度的合作的综合性措施，才有可能。简单地一刀切的办法，固然无济于事，就是分系统分片包干，也难以切断各种因素间的相互联系而竟全功。青少年犯罪的防治要求全党重视、全社会动手，党、政、工、农、团、妇、公、检、法、司、科、教、文责无旁贷。实际上这种工作也就是一个庞大的系统工程。从近年来发表的文章看，犯罪学、心理学、教育学、政治工作等方面所作的大量研究，已经在各年龄段、各行各业、各类社区、各种犯罪类型特点等等方面取得很大的成绩，已经可以看出青少年犯罪这一社会生活现象的广泛性、复杂性，它是多因素综合作用的结果。前些时，对青少年犯罪原因分析时，有人概括为外因是主要的，有的反驳说，内因是主要的。这种概括能否解释青少年犯罪的原因呢?显然是太过于简单抽象了。实际上青少年走上犯罪道路是在一个主客观条件交互作用的长过程中形成的，是个多变的过程，只有综合考虑才能得出接近实际的认识，也才能找出综合治理的方法来。

其次，综合治理只有象我国这样实行统一领导，有计划的进行社会管理的社会主义国家才有可能。我们有共产党的领导，实行统一的政策、法令，有高度的组织性，国家可以动员和组织社会力量，为同一目标通力合作。例如打击刑事犯罪分子，我们公检法可以在同一号令下，短时期内从重从快地打击一批，收到很大的效果，因为有这一优越的社会条件，综合治理才不是可望不可及。只要党政领导充分发挥在综合治理中的主导作用，把这一工作提到议事日程，经常关注，组织社会各界力量，共同努力，是会搞好的。

二、运用社会学关于社会化的理论，建立一整套有利于对青少年进行符合社会主义行为与道德规范教育的社会化体系

社会学的社会化理论就是说人从自然的、只具有动物性本能的人，到成为社会的合格成员的社会人，是通过在家庭、学校、社会，在生活实践中，不断学习知识、技能、接受各种行为规范，适应社会生活。这就是人的不断社会化的过程。在这个过程中，从他第一个社会化的执行者一母亲，也就是第一个教师开始，一年比一年多的家庭、社会分子和他接触，施加影响，直到在社会上自立，成家立业，所有客观存在的社会生活现象，无一不在其社会化过程中起或大或小、或明或隐的作用。如果是犯了罪，则冰冻三尺，非一日之寒了。有论述青少年犯罪特点之一，叫偶发性，那也只是相对于成年犯有较长时间的预谋而言的。其实，他没有完成该年龄的社会化，已经种下了犯罪的根苗，偶发不偶，是在必发的基础上的“偶”而已。因此，研究综合治理，首先就要着眼于青少年的教育，着眼于完成他们的社会化，那末，在青少年社会化当中，哪些环节的问题还比较严重呢？这就是前述的薄弱环节，以下分别叙述。

1. 关于家庭教育：每个家庭并不都是按社会理应要求的社会行为规范去教育孩子的。它实际上是一种千差万别的教育。论者已经提到家庭教育方式不当造成青少年犯罪，如果考察一下教育的实质内容，我们可以发现：一方面，家长的政治、道德、文化素养和所处的地位、从事的职业决定着家教的内容，更为重要的是家长是根据自己对社会生活的体验，取其“精华”部分作为教子之方。很难设想，自己没有完成社会化的家长，甚至本身有很多不正确认识的家长，会对青少年施以正确的教化。“干一行，怨一行”，有的家长就发誓不让孩子从事他的职业。往往测量成人的生活目的就只需要问希望他的孩子长大成个什么样的人就行了。千家万户就是这样地在进行教育。因此，与学校教育比起来，家庭教育是不规范的。从家庭传统、家风出发，从最“为”孩子出发的教育，大部分是偏重于“私”字出发的教育。而学校，从教育内容，教师的目标看，它是规范教育，即社会所要求于学生的。只要教学内容正确，教育方法得当，贯彻党的教育方针，学生的社会化过程会加速并且有效。学校教育的出发点和实质是为“社会的”，即为“公”的。学生应以学校教育为主，家庭教育应主动积极地配合，把学校教育中的规范内容作为家庭教育的准则，而学校宜采取家访，开家长座谈会交流学生的情况等措施，促进家庭教育规范化。虽然提高家庭教育质量依然是一个十分复杂的问题，但有三点是可以逐步办到的：其一是编写家庭教育丛书和手册，使之与学校教育内容配合起来，对青少年提出一系列与年龄相适应的行为规范，把社会道德规范和对共产主义新人的要求具体化为一套可见、可学、可行的准则，对青少年按教育规律、循序渐进地作养成性的训练，并逐步提高其要求。其二是把怎样做父母、怎样教育孩子纳入职工教育的内容，并对之进行知识上的考试和实际行动上的考核，以促进对家庭教育的重视，对这代青年父母也起社会化补课的作用。其三，搞一点教育子女的责任制，教育子女好的，用荣誉称号鼓励其积极性；对于教子无方的，应予批评；造成损失者，应负经济上的责任；纵子作恶的要负一定刑事责任。总之，要从家长这个层次上做防治青少年犯罪的工作。

2. 关于社会教育：一般论述是指工作单位与居住街区而言。其实，在我们国家，起主导作用的社会教育是党的教育，党的宣传教育。教育不仅是口头或文字上的条条与言传，更重要的是党风、实际行动的教育。如果离开了党团的教育谈社会教育，是舍本逐末。因为社会教育的直接责任者，是各级党委及其宣传部门。如果不把青少年教育与犯罪防治问题列入议事日程，综合治理的首要一条——党委重视就落了空。宣传部门应是社会教育的直接责任职能部门，要有计划地组织社会教育，包括对青工、青农、学生、社会青年的教育，对文学、艺术、电影、电视、戏剧等等的出版与管理要着眼于对青少年教育是否有益。要大力发展儿童文学、青少年读物的编写与出版。只有这样认识问题，社会教育才抓得住要领。我们欣喜地看到三中全会拨乱反正以来，报刊宣传扬善贬恶，大力表彰好人好事；公开揭露为非作歹，从整个舆论树立了正气。特别是现在认真整党，恢复党的威望。我们从教育的实践中体会到对青少年的教育，关键在于讲信用、说真话，“文化大革命”中破坏人们心灵最厉害也是这两条，这两条做不到，任你口若悬河，千条道理，他们也不信你一条。社会教育在较低层次上才是地区的、单位的具体教育，根据这一原则，也是会发挥它具体的作用的。

3. 在教育内容方面，一般对青少年提出要加强法制教育，道德教育，革命传统教育和人生观教育，这都是必要的。但从社会化的角度看，从青少年犯罪的初期潜伏原因形成的角度看，他们缺乏应有的行为规范教育，对处理各种社会关系的正常行为规范不甚了了。这是我们没有按青少年的不同年龄、不同类型、不同层次、不同阶段进行符合其特点的、循序渐进的教育，跨越了许多必要的阶段。我们一提德育教育就是世界观、道德伦理的高层次理论，而对于社会的具体常识，做人的基本道理却缺乏教育。如果我们把中学的政治课、法制课、德育课等统一为社会常识课，把一些做合格的公民在各方面的要求具体化，并在内容上逐步有所提高，而加以具体的考核，其作用会比成人化的条文式强得多。我们必须教育学生放眼社会，不能把眼界局限于校园之内，把对社会的适应与改造社会的抱负建立在对社会的真实了解上面，才不致脱离实际，妨碍社会化的进程。而且这种社会常识课本，也是家长对子女进行教育的好材料，有些情况还是家长自己的好读本。

4． 在家庭、学校、社会教育的结合方面，以往我们提衔接教育的概念是不够的。不仅三者要实行“平行教育”，才能达到综合的效果；就是小学到中学、中学到大学或中专，工读、劳教回社会之间，仅只接力式的衔接也是不够的，还必须有个“重叠教育”为之过渡。为什么？前三者，家庭、学校、社会不是三道平面上的防线，而是互相配合交叉作用的网络和三支教育大军。后三者，都是在原有群体生活发生变化，需要重新适应与组合新的群体，容易产生原来施教者意想不到的问题。为什么12岁到14岁是青少年开始染有劣迹、第一次的违法或轻微犯罪的高峰年龄段？为什么15岁到17岁是青少年第一次犯罪最集中的年龄段，有的地区竟占青少年犯罪的70%以上？除了有其生理、心理原因外，社会群体由小学而初中，由初中而高中而待业，处在较频繁的变化之中。因此，初中一年级与高中一年级在教育上应与小学、初中有所重叠，可以采取某种形式，如老师看望毕业同学、毕业班友集会进行互相学习的交流会、联谊会。又如工读学校学生校庆日返校，劳教工作人员到释放后青少年处开座谈会，使原来群体的教育延伸到后来的群体之中。这样就不仅是接力式的衔接，而且是重叠式的强化，以利于他们的社会化。

共青团、少先队应以培养青少年良好思想作风和行为习惯为重要任务，少务虚、多务实。入队入团应以德育主要表现、行为规范的实际状况为其加入的条件，并巩固这种职能的稳定性。要让青少年以加入团队为荣，以参加游逛、违法、犯罪的团伙为耻。团队要以生动活泼、互敬互爱的集体生活去满足青少年合群同乐的正当要求。

5． 对于待业青年的教育问题，尤其要受到重视。由于长期以来教育结构不合理，大批初中毕业、高中毕业的升不了学。高中毕业后待业青年，苦于无一技之长。我们固然可以从经济体制改革扩大个体户、办集体企业等措施，扩大就业面，由于缺乏技术，就是筹措了资金，也难以办成很有成效的经济实体，急需把他们组织到各类文化补习学校和职业学校中去。要鼓励单位、集体和私人办学，提高劳动后备力量的素质，更要加强待业青年的管理和思想教育，使他们在最困难的阶段社会化过程不致受阻。还要改革中等教育体制，扩大中专、技校、农中的规模，把经济发展所需要的人才结构与培养计划协调起来，防止更多的学生加入到待业的行列中来。在宣传知识分子脑力劳动价值的同时，也不能忽视对青年一代，尤其是对待业青年体力劳动的重要意义和艰苦创业的宣传教育，使他们乐于接受到工作条件较差的工作岗位，并防止自卑、悲观、对抗心理的发生。要使待业青年感到我们社会是关心他们的，为他们着想的，只是暂时还有困难，希望他们自己努力创造就业条件，有助于这一问题的解决。

以上就五个方面把在建立社会体系的症结之处作一概述，至于整个体系的形成，则有待于更多的实践。只要我们着眼于对青少年不间断地进行社会化，把教育当作一个系统工程，综合各方面的力量，区分不同年龄、类型、层次、阶段，进行既深入细致又高度综合的系统教育，就是找到了造就一代共产主义新人的途径，也是综合治理的根本。

三、运用社会角色理论使青少年善于处理日益复杂的社会关系，使自己成为一个优秀的社会成员

社会角色的理论是指人在社会生活中，在不同的社会关系里面，担任着各种不同的角色，也就是在各种群体里的不同身份。社会对各种角色有一定的要求，人们要认识到自己的角色地位、遵循角色规范，调整统一于自身的角色冲突等等。这是人们处理社会关系的重要概念，由此而形成的有关角色的理论，是指导人们的社会行为准则。如怎样做父母，怎样当厂长，都属于这一类。一个优秀的社会成员，他必备他所担任的社会角色的知识、技能直至言行举止。如人们批评某青年："他不象个学生"，就是指的不合乎他所担任的社会角色要求。由于我们社会不注意社会生活常识性的教育与训练，以致这种十分明显的道理都没有得到普及。社会角色理论是很实际有用的，如职业道德，就是角色规范的深化。

因为青少年这个年龄段，社会角色由简而繁。社会交往增多，社会关系日益复杂，如果不运用这方面理论，注意自身社会角色训练，到社会上去以后，就担任不了社会给予他的任务。部分青年缺乏对社会的责任感和义务感，也是与这方面有关系的。社会对各种角色的要求，也就是做人的各种责任与义务，必须从这里入手进行权利与义务的教育。

为什么许多青少年犯罪研究工作者感到犯有罪错的青少年惊人的无知。这种无知不是他们没有文化，他们的文化程度许多是超过他们父辈的，而是他们在社会常识和做人的道理上的无知。在他们的知识结构上一条腿长、一条腿短，应该呼吁改变这个状况，先从一些最基本的环节做起，这方面，所有做青少年教育工作的人，包括家长们，都要做出表率。

四、运用社会控制理论使青少年犯罪活动置于社会严密监视、预防和不断打击之下，使之逐步减少到最低限度

社会控制是指一个社会要维护它的正常秩序，形成团结和谐的局面，以有利于经济与社会的发展，必定从历史传统、现行制度、法律约束等形成整个社会控制体系。它从非强制性的控制，如风俗、道德、舆论等到强制性的控制，如公安机关、法院等施行法律制裁，以维护社会正常生活。社会控制力愈强，愈能促进个人的自控力的发展。"文化大革命"十年，把这个社会控制系统全部"砸烂"，破"四旧"把传统的社会规范全给搞乱，造成是非不分、人妖颠倒的可怕局面。有的地方余毒还很严重，以致有些令人发指的坏事，就是在光天化日之下，众目睽睽的情况下干的，这样的社会环境，就不可能阻止青少年学坏。

我们已经初步了解到青少年犯罪的各种表现形态及其特点，如危险年龄段：始发罪错为12—14岁，而且有"危险的13岁"之说；犯罪的高峰年龄段是17—19岁。相应的区间是初中低年级，升不了大学而待业，劳教和劳改释放后等时期。危险地段，即杂居区、双职工居住区、闹市区为高发区，高发区中又有极为集中的高发点。危险群体，不三不四、游荡小群体往往是犯罪路上的中介与桥梁。危险信息、不健康的电视、电影、诲淫诲盗的书籍、图片、录相，诱发性犯罪的手抄本等。这些都是要加强社会控制的，同样，也需要综合各方力量进行，否则也不易奏效。

犯罪类型方面的综合分析，也有助于防治。为六大类：偷、骗、抢、淫、斗、杀之间也是有联系的，民谚有“赌近盗、淫近杀”，现在青少年犯罪状况也还有“烟近盗、斗近杀”的特点。究其原因，古谚有“饱暖思淫欲，饥寒起盗心”，如果饥寒问题解决了，流氓犯罪比例就会增高，一些发达国家“性混乱”现象也说明这一点。犯罪类型间消长情况是社会控制必须掌握的一个方面，并且可以对趋势做出预测。

对于青少年后进层的社会控制与教育是个亟待解决的问题，这里讲的后进层是指有可能走向犯罪的没有理想、精神空虚、寻求刺激、好逸恶劳、不爱学习，人生观和生活模式与犯罪青少年有许多相似之处。他们人数多，也比较复杂，其中许多并有劣迹，又不够刑事犯罪。他们是犯罪的后备军，抓得紧不犯罪，抓不紧就要滑下去。哪个地方都有这么一批常旷生、常旷工，单位辞退的、东游西逛的这样的人，这是预防犯罪的主要对象。在加强经济责任制后，常旷工可能减少，但辞退的可能增多。从企业管理的角度，必须辞退；从社会治安角度来看，则应迅速采取对策，不能放任自流，任其破罐子破摔。常旷生应由学校与家庭责令其上学，并采取留级、降级、学校开办补习夜校等形式加以解决，务使社会上无流散青少年。

犯罪预防重要的是对可能犯罪的青少年做工作。以往我们工作中有个经典方法，抓两头，带中间，大多场合是有效的。但对思想工作，仅抓两头，忽视中间是与社会学面向大多数，运用大数规律认识社会现象，运用社会控制对大多数施加影响的特点颇不相符的。如果我们要增加先进层，就要考察中间偏上；反之，如果我们要防止失足落水，则要多考虑中间偏下，他们是水边上的人。这层人数的多寡，决定着犯罪青少年是否增减及增减幅度的问题。因此密切注意后进层的变化和对策，这是“防”中重要的一环。

对危险群体的严密监视也是十分重要的，调查表明，交上了坏朋友是青少年犯罪的主要因素，而坏朋友不是犯罪团伙的成员，就是危险小群体的一员。即使属于个别的坏朋友，他们的活动也总是和这些群体有着一定的联系。因此，对导致青少年犯罪的群体和不良社会关系的监视与防范是十分重要的。宜在此次打击各类团伙犯罪，拆散团伙以后，巩固战果，将所有查清了的这些有劣迹、前科而依然在社会上的青少年严加管教。不仅公安机关的登记表上挂上号，帮教小组加紧做工作，还要在街区、单位群众思想上挂上号。一方面有利于进行督促、挽救，另一方面有利于家庭教育青少年，不使其再在青少年中占有市场。要对有功的帮教工作者，特别是退休人员大力进行表扬，以不断扩大社会帮教队伍；也还要宣传青少年拒腐蚀的事迹，给改好的犯有罪错的青少年以鼓励，不断缩小坏朋友的影响。

对犯罪青少年的处置及“治”，要宽严结合、宽严适度，这是贯彻综合治理的关键一环。不严厉打击刑事犯罪活动，无以正法纪，定民心，扬正气，犯罪分子视法纪为儿戏；不宽大一般分子、悔改分子，无以动之以情，晓之以理；但一味讲感化、讲教育，而不绳之以法，同样达不到目的。教为基础，防治结合，以防为主，治也是为了防，寓防于教。

社会控制、综合治理，都是贵在综合，而不是铁路警察——各管一段。从具体地区来说，家庭、学校、街区和公安司法机关四个方面各有优势：家庭长于爱抚，能动之以情；学校长于规范教育，能晓之以理；街区长于了解，能掌握实情；公检法长于铁面无私，能施之以威，惧之以法。但也有劣势，家庭常失之宽，学校常失之泛，街区常失之于“松”，公检法则非犯罪不能治。四者必须结合，使父母之爱，教师之育，街区之明，司法之严，以综合形式在各个环节统一起来。如发生违法犯罪事件，四者联席分析研究，讨论原因、对策，各方面都能扬长避短，综合作用于具体的青少年，必然能产生较好效果。至于青工、青农亦应充分发挥单位的各种社会组织的力量，在党、政、工(农)、团、治保部门、所在班组（队）的通力协作下，加强管理与控制，才能收到综合预防、治理的效果。

社会学把青少年犯罪这一社会问题看成是社会失去控制的表现形态，从社会失调去理解产生青少年犯罪的原因，从社会经济、文化发展去找根本解决办法，而加强社会控制是其中的重要一环。

家庭教育是综合治理的重要一环

（1984年9月）

费路路

一、从独生、末生子女看家庭教育的重要性

在调查过程中，我们首先发现，工读生在家庭中大都占有特殊的地位。请看下表：

某工读学校在校学生的家庭地位

分　类	总　数	独生子	末生子	因自幼残废受特殊照顾	一　般
人　数	49	2	29	1	17
比　例		4%	59%	2%	35%

可以看出，在校工读生中独生子、末生子和从小残疾受家长特殊照顾的共占65%，这是一个多么惊人的数字。当然，问题并不在于孩子本身，而是说明，子女在家庭中的特殊地位是对家长的教育方法产生影响的重要因素。由于孩子的特殊地位，父母往往对他采取特殊的态度，给以特殊的待遇，并使他同其他家庭成员形成特殊的关系。孩子做了错事，父母会说：“咱们就这一个，算了吧。”生活上有了矛盾，父母会告诉哥哥姐姐们：“他最小，要让着他”。甚至在他长到很大时，在父母和兄长的眼里，他仍是个处处应照顾的“小弟弟”。

这个问题还有更为重要的一方面。目前我国普遍提倡一对夫妇只生一个子女，独生

子女将越来越多，这势必对家庭教育的方式产生普遍性的影响。这就是说，如果不及时注意解决的话，人们采取不正确的教育方式的可能性会更大，因家庭因素造成青少年犯罪的可能性会增多。

二、工读生的家庭教育

工读生的家庭地位既然如此，那么他们所受的家庭教育又怎样呢？

家庭是人生第一课堂，青少年的心理和行为特征的形成，首先是在家庭中。所以，良好的家庭环境是十分必要的。但是，从某区工读学校的调查看，工读生的家庭教育方式颇成问题。我们列表如下：

某区工读学校在校生的家庭教育方式

分　类	总　数	溺　爱	先溺爱后粗暴	粗　暴	放　任	不良影响	一　般
数　字	49	5	10	14	4	2	14
比　例		10%	20%	29%	8%	4%	29%

可见，工读生有71%的人受到过不正确的家庭教育，而且，这个统计是以其明显特征为根据的。实际上，每个家庭的教育方式往往更加微妙。一般来说，单纯的溺爱是不多的，当孩子过于任性以至犯罪，并且与家长对立时，父母常常会以粗暴来取代溺爱。同样，单纯的粗暴也不会很多，孩子生下来，父母总是疼爱的，因此在粗暴之前，往往有溺爱和放任的阶段。有的家长溺爱已极，比如，孩子成为惯偷，家长还以“嘴馋而钱不够花”为由给他辨护，并每月给其3元钱，怂恿恶习。甚至儿子与女孩子长期鬼混，致使怀孕仍不闻不问。有的家长粗暴已极，比如，用铁丝把孩子倒着吊起毒打，令其跪在放满穿钉的搓板上写作业；甚至十指插签，通条烫脸。

从上面统计可以看出，大多数工读生几乎得不到应有的家庭教育，其方式不过是随家长的喜怒哀乐、性格脾气为转移，哪里谈得上一点科学性。

类似的教育方式在孩子的幼小心灵上会留下很深的记忆，这不仅使其得不到良好的教育，而且造成子女与家长的严重对立。有的孩子说：“我活了17岁，还从来没有和父母坐下来谈谈。”总之，一个温暖的家庭与一个文明的家庭都是必要的，否则，孩子就会产生孤独感，家庭这个课堂就会与它的教育对象即子女完全脱节。我们在与工读生的交谈中，发现他们对自己的父母和家庭的态度大都比较冷淡。这些至今才10几岁的孩子，虽然在家中的地位大都比较特殊，可恰恰相反的是，家庭在孩子的心目中都没有什么地位，这岂不是发人深省的吗？

这样的家庭教育可能造成两种结果：要么成为孩子走上犯罪道路的直接原因；要么在孩子犯罪后丧失挽救能力。比如龚××由于母亲的打骂，小学二年级时就跑出两天不回家，以后便养成“涮夜”的习惯，而与他一起“涮夜”的伙伴也是被家里打出来的。这使之很快沾染恶习。又如张××从小受父母打骂，造成隔阂，上中学后，常有犯罪活动，但家长一管，他就往外跑，很难找到，有时一碰面就跑，根本无法进行教育。

三、工读生所在家庭的教育能力

上述不良的教育方式，当然与教育能力的低下有关。家庭既然是人生第一课堂，就需要“师资”和“教育设施”。但是，由于家长的职业、文化水平、经济条件、个人品质、性格、习惯的不同，每一家庭的教育条件也是不同的。我们来看一下工读生的家庭出身：

某区工读学校在校生的家庭出身

分类	工人	干部	其它
数字	44	5	○
比例	90%	10%	○

在90%的工人家庭中，大多数父母都是工人，或母亲是家庭妇女。他们文化程度普遍较低，对于家庭教育的科学知识知之甚少。

家庭教育能力低下还表现在另一方面，即教育精力和物质条件的缺乏。如下表：

某区工读学校在校生的家庭状况

分类	总数	双职工	父母有亡故	生活困难	母亲有精神病	一般	两地分居
数字	49	30	4	1	2	11	1
比例		61%	8%	2%	4%	23%	2%

可以看出，父母为双职工与其他不佳状况占全部家庭的77%。在这种条件下，不能付出较多的精力或必要的物质资料，就会造成家庭教育与孩子的脱节。

当然，这一点并不是绝对的。因为从我国家庭结构看，双职工越来越成为普遍现象。它能从某一侧面说明一些问题，但并非青少年犯罪的必然原因。

有人也许会认为，既然由于双职工已成为普遍现象，就应把青少年教育主要放到社会上去，家庭就不必费更大的精力了。这种认识是片面的。诚然，加强社会教育是具有长远意义的任务，但绝不能以没有精力为由放松家庭教育，或者因为有了社会教育就将子女推给社会了事。恰恰相反，从青少年生理和心理的发展规律来看，家庭教育不仅是十分必要的，而且在相当长的时候还有着不可代替的重要作用。

四、重视家庭教育是青少年身心发展规律的客观要求

首先，要“因期施教”。青少年犯罪问题，既有主观因素，又有客观因素。这二者的关系，又有两个方面。一个方面，是意识与存在的关系：人的思想意识是被社会存在决定的，就是说，青少年的思想和行为并不是天生的，也不是头脑中固有的，而是后天的环境影响和教育的结果。这一点，已经为人所熟知了。但是，人们往往忽视主客观关

系中的另一方面，即内因与外因的关系：外因是变化的条件，内因是变化的根据。有时外因对事物的变化也可以起决定性作用，但它必须通过内因。这就是说，社会环境与教育虽然有时对青少年的思想和行为起到决定性作用，但它只有通过青少年生理和心理机制即内在的主观因素才能实现。

青少年的生理和心理机制是不断变化的，其发展的各个时期对于外界条件的接受能力和反应方式是不同的。不言而喻，说教式的思想教育对于不满3岁的幼儿是几乎不起作用的。而培养幼儿良好的生活习惯则是最好的教育方式；对于7岁的儿童来说，一般社会现象比较来说对他们不会产生更多的影响，而家长的表率则会给以深刻的印象；政治大事对于小学生的吸引力，反而不如人们待人处世的基本道德品质使他们更容易仿效，如此等等。总之，只有根据青少年身心发展规律的客观要求决定教育方式，他们才能接受，教育也才能达到预期的效果。这就是"因期施教"的意思。

其次，"抓提前量"。在青少年犯罪的"综合治理"中，应当怎样发挥家庭教育的作用呢？我们可以概括为一句话："抓提前量"。我们来分析下面的统计表：

某区工读学校两年来所收学生犯罪始发年龄统计

年　龄	11	12	13	14	15	16	17	总　计
人　数	1	33	33	53	5	1	0	126
%	1	26	26	42	4	1	0	

工读生犯罪的起始年龄多在12岁到14岁之间，而以14岁为最高峰，竟达42%。这是为什么呢？我们可以从青少年生理和心理机制的变化中找到答案。

13、14岁青少年的生理特点是：（1）他们正处在性成熟即青春期开始阶段；（2）他们正处在身高体重的猛增阶段；（3）他们正处在神经系统快速发展的阶段。其心理特点是：（1）他们正处在开始渴望独立活动的阶段；（2）他们正处在生活追求开始增加的阶段；（3）他们正处在萌发理想的阶段。总之，他们不仅从愿望上，而且从能力上都具备了与外界事物接触的条件。

在与孩子的交谈中，发现他们大都有这种体验：在上小学时表现还不错，或者心里虽有种种想法，却不敢去做，或者从小受到打骂，而不敢反抗，等等。但是一上中学，就发生一个飞跃，敢偷，敢抢，敢耍流氓，也敢跟父母闹翻，而且更乐于交男女朋友，成群结伙力图靠近同辈，摆脱长辈，成为与社会和家庭对立的闯将。

按照这个规律，我们是不是应当把青少年教育的重点放在青春期开始的时候呢？有人可能会这样认为。其实不然，如果我们从这时才开始抓教育，那就为时已晚了。因为青少年身心发展规律恰恰说明，在青春期到来之前，是他们对父母和家庭依赖性最强的时期，是他们在性格、习惯、道德上可塑性最大的时期，而这正是家庭教育充分发挥作用的时期。如果在青春期到来之前不注重教育，那么当青少年青春期开始并走上犯罪道路时，在教育上就会产生一个难以解决的矛盾：用有益的活动和正面教育很难把他们跑野的心从有害活动中拉回来，而用惩治和管束的办法又会造成感情上的对立。因为这时孩子们正在"闹独立性"，我们的任务主要是积极引导，把他们的兴趣纳入正轨，而不是限制他们的发展。这个矛盾解决不了，就只好把他们送往工读学校或其他强制机关，但这已是下策了。

常常听到一些父母在孩子发生问题时的感叹："哎，这孩子小时没管他，现在想管也管不住了。"正是说出了这个道理。因此，我们何不利用孩子们对大人依赖性最强的时期施以教育呢？而这正是家庭教育的任务。如果我们为孩子建立一个既文明又温暖的家庭，那么，由于少年时所受到的良好教育，在他们青春期到来渴望独立时就会有正确选择的能力，并且乐于接受长辈的指导。

有的家长会说："我们的孩子在小时并未发生什么问题，犯罪是从13、14岁以后才开始的呀！"其实，这只是表面现象，因为，根据青少年身心发展规律，在青春期以前，孩子缺乏犯罪意识和犯罪能力，一般的确是不会出问题的。但是，这时也许已经有了出问题的种子，只是生理和心理的条件不具备，还没有暴露而已。因此，我们做家长的决不能以"不出问题"为满足，而应自幼年或是自己孩子有思维能力时开始利用有利时期循序渐进，对孩子施以良好的教育，把工作做在可能犯罪之前。这个教育的目标是：培养稳固的而不是动摇的文明习惯，树立丰富的而不是贫乏的道德信念，并和孩子建立起深厚而正当的感情，为孩子在青春期到来时能够正确选择打下基础，创造条件。这就是关于"抓提前量"的设想。

学校教育与综合治理

（1984年）

鲁长春

一、学校教育与青少年犯罪问题的关系

根据我们对武汉市青少年犯罪情况所作的抽样调查，17岁至22岁的罪犯人数占样本总数的77.3%，说明17岁至22岁是青少年犯罪的高峰期。另外，调查的数字表明，这些罪犯的第一次违法年龄的高峰期在14岁至17岁。这两个情况显示出青少年犯罪多发于离开学校不很久的青年期，而他们第一次发生违法行为时多在初中阶段的少年时期，也就是说犯罪行为虽然主要不是在学生时代，但犯罪的潜伏期却是在校学习的时候。这说明学校教育（尤其是中小学基础教育）的不足与青少年犯罪有密切的关系。正如许多研究表明的那样，学校教育不足是青少年犯罪的三大客观原因之一。

学校是向青少年系统传授各种知识的场所，而犯罪青少年的一个显著特点就是无知，很多犯罪青少年不仅是"文盲加流氓"，而且是"法盲、德盲加流氓"，他们既缺乏文化科学知识，又缺乏法律和道德的起码常识。根据调查统计，他们当中大学文化程度的仅占0.4%，名义上受过中等教育的占87.1%，受过小学教育的占12.3%；但据罪犯自认"实际"具有小学文化程度的占41.6%，有中学程度的有57.8%（其中初中占

47.6%）。其实，他们这种自认还掺了很多“水分”，因为通过交谈了解和填答问卷，我们发现很多人初中、小学根本没有读完，而且有不少人在十年动乱期间根本没上几天课，顶多是个半文盲。几个犯罪的大学生文化知识虽然很高，但法律知识和道德素养也是十分低下的。据统计，这些罪犯中，毕业生只占45.4%，肄业生和自动退学生却占54.6%，也就是说，半数以上的犯罪青少年从名义上说都曾是学校教育的不合格“产品”。这些青少年带着无知的特征走上社会，不能说与学校教育没有关系。苏霍姆林斯基说过：“学校的理想……就是不让任何一个没有在智力方面受过训练的人进入生活。不学无术的人，不管他们（名义上）受过哪一级教育，对于社会来说都是危险的。”（《瓦·阿·苏霍姆林斯基选集》第1卷第99页）

学校不仅在智育方面，更重要的在思想品德教育和管理方面也存在一些缺陷，这些缺陷与青少年犯罪也有明显的关系。在上述罪犯中，读书时经常旷课和有时旷课的占76.4%，旷了课家长不知道的占51%，知道的只占8.2%，其余是有时知道有时不知道。学生旷课家长不知道，显然是学校教育和管理上的问题的突出反映。例如某校初二的一个女学生旷课多达80余节，班主任既未向学校报告，又没家访过一次，直到派出所通知学校说该生在外被人奸污并参与了流氓活动，班主任才与家长联系。

青少年犯罪与学校的教育方式和管理方法也是有关的。仍以上述调查为例，那些青少年罪犯在上学期间出现违反纪律或不良行为时，被老师赶出教室的占29.1%，动不动就要请家长的占12.5%，老师拿他们没办法、完全不管的占10.6%，另外还有一些简单的训斥、粗暴的体罚或变相体罚的现象。“写不完的检讨、罚不完的站、请不完的家长、滚不完的蛋”的情况目前在一些学校和教师中普遍存在，这无疑会使某些品行不良、行为不端或者有违法犯罪倾向的青少年得不到充分的教育，客观地促成他们继续向坏的方面转化、甚至加速他们质变的进程直接推向犯罪分子或犯罪团伙的怀抱，有时还会因师生矛盾激化造成学生对老师施行报复行为而导致人为的激情犯罪。

有些学校由于片面追求升学率，不仅忽视了德育和体育，也忽视了学生课余文娱生活的组织指导，致使处于生理心理迅速发育时期的青少年的兴趣爱好得不到满足，大量剩余能量无处释放，于是一些视读书为“牢狱之苦”的青少年自由寻乐，往往产生不正当的嗜好，从事不正当的活动，如抽烟、赌博、戏闹和恶作剧等，有些学生被坏人勾引而走上邪路或他们自己三、五成群发生斗殴和游戏型犯罪的例子也屡见不鲜。

总之，学校教育是青少年社会化过程中的重要环节，犯罪青少年身上显示出的品德不良、愚昧无知、精神空虚无聊、思想价值观不端等特征正是社会化不足的体现。造成他们社会化不足的社会诸方面因素中，学校是一个重要方面。作为以教育为主要任务的学校来说，青少年犯罪这种病态社会现象的出现，应该说是学校教育在少数青少年身上失败的一种表现。

二、学校教育在“综合治理”工作中的地位及其优势

“综合治理”是从青少年犯罪的主客观原因出发，为了有效地预防和减少犯罪而提出的一个正确方针。“综合治理”青少年犯罪实际上是一项系统工程，是一项建立在系统

论、控制论、信息论以及教育学、心理学、伦理学、社会学、哲学等科学基础上的系统工程。这项工程包括许多子系统，学校是其中的一个系统。根据学校的职能作用、学校教育与其他教育的关系、教育与其他综合治理手段的关系以及教育系统与其他系统的关系来分析，学校教育在综合治理这一系统工程中是有独特的地位和自身的优势的。

1. 综合治理主要包括预防、惩治、改造三个方面，综合治理应以预防为主，并将预防犯罪工作与惩治犯罪、改造罪犯的工作有机结合起来。惩治和改造都含有减少犯罪的作用，而且也是根本的目的，但是减少犯罪主要依靠预防工作，即主要依靠教育。

教育是多方面的，青少年教育，共青团要管、家庭要管、街道要管、派出所也要管、全社会都要管，而学校是专门的教育机构更要管。作为学校，无论在教育力量、教育内容、教育形式和教育时间上，显然有着区别于其它教育的独特优势。学校教育力量较其它教育力量更集中、质量更高，因为它有着大量受过专门训练的有经验的教师；学校教育内容比其它方面的教育更丰富、更全面、更系统，因为它集中了历史的和现代的、生产的和生活的、精神的和物质的知识财富；学校教育采取的集体的、有规则的活动形式也是其它教育形式所比不上的，目前全国的学校约有二亿多学生，就是说学校可以在很大限度上把青少年组织起来；在教育时间上，一般青少年都要在学校接受12年左右的教育，最短的5、6年，最长的可达15、16年以上，一般占据了一个人青少年时期的1/2左右。所以，不论从时间和空间来说，学校教育作用发挥得好，就将是一道预防青少年犯罪的有力的屏障。

2. 从青少年成长的历程来看，学校教育是青少年从家庭走向社会的桥梁。在现代社会更是必经之路。对于良好的家庭教育来说，学校教育是家庭教育的继续和提高，对于不良家庭教育来说，学校教育可起到矫正和代替的作用；对于家庭教育的缺陷，学校教育则可以进行弥补。当然，青少年在接受家庭和学校教育的同时还会受到来自社会的各种影响，学校可以有组织有计划地利用社会的积极力量、吸收社会的积极影响，对本身的教育进行充实和扩大，同时学校还可以用纪律制度的约束和思想政治工作来帮助青少年抵制和消除社会的不良影响。所以，从学校、家庭、社会三种教育的关系来说，学校处于主导的地位。凭借这种独特的地位，可以使学校作为纽带，组成教育的系统工程，将家庭教育和社会教育与学校教育紧密结合起来，构成一个统一协调的防御青少年犯罪的体系，做好预防和减少犯罪的工作。

3. 青少年具有强烈的求知欲，他们精力充沛、活动能量大，随着生理、心理的迅速发育成熟不但对于物质的需要日益增长，而且对于精神的需求增长更快。他们的这些特点和需要，在青少年时期依附性较强的情况下，既不能从家里得到满足，又难以向社会去索取，所以学校便成了他们最理想的地方。因为学校里有具备各种丰富知识的老师可以满足他们的求知欲；学校里有众多年龄相仿、性格相合、兴趣相同的伙伴，可以满足他们对友谊的需要；学校的宽敞的活动场所和有趣的集体活动，可以满足他们生理上和心理上的需要。因此，学校教育在广大青少年心理上、生活上占有重要位置。入学前，学校生活对他们有巨大的吸引力，入学后，学校生活几乎占据了他们大部分生活领域，成为他们生活不可缺少的部分。很多青少年不仅在假期里想念班集体、想念同学、想念学校生活，而且离开学校后若干年甚至一辈子也忘不了学校里受到的深刻教育以及老师和同学的友谊。所以有人说："学校教育了好半天，抵不上流氓一支烟"这话只反映了局部的事实，从整体上来说，更多的是"一堂课、一次活动、一个教师或一个班集体的影响往往决定一些青少年的一生"。青少年犯罪都是主观原因起决定作用的。但是当我们了解到学校教育在青少年心目中的地位以后，完全有可能利用学校在青少年心理上的良好印象，用细微的工作去塑造他们的心灵，培养良好的性格和行为习惯，矫正他们可能出现的这样或那样的缺点错误，使他们按照党和人民的希望健康成长。

三、如何充分发挥学校在预防青少年犯罪方面的作用

综合治理需要动员全社会的力量，从各个不同的方面做好防治犯罪的工作，但是综合治理并不意味社会各方面都要离开自己的本职去另搞一套花样。恰恰相反，只要社会的各系统、各部门或各单位能够将防治青少年犯罪工作纳入议事日程，利用各自的优势，充分发挥各自的职能作用，将防治犯罪工作与本职工作有机地结合起来，就能取得成效。学校也是如此。

具体来说，要充分发挥学校教育在预防青少年犯罪方面的作用，必须解决好三个问题：

1． 正确认识学校教育与青少年犯罪的关系，正确估价教育对防治犯罪的作用。

任何事物都是一分为二的。学校教育不足或不当，可以促成某些思想品德基础不好的青少年滑向犯罪道路，但另一方面，良好的学校教育、教师的耐心细致的思想工作又能将很多失足青少年挽救过来，使他们避免犯罪或重新犯罪。认识到学校教育的缺陷与青少年犯罪的关系，可以提高我们学校对于防治犯罪工作的责任心和自觉性；看到学校教育对于预防和减少犯罪的作用，可以增强我们对于搞好这一工作的信心。

有一段时间，在综合治理青少年犯罪工作中，曾经片面强调教育的作用，好象"教育万能"，以致对犯罪活动打击不力，犯罪分子的气焰日益嚣张。但是最近一段时间，由于去年从重从快严厉打击各种刑事犯罪活动之后带来了社会秩序和社会风气的明显好转，又有人认为"只有打击有效，教育根本无益"，结果放松了教育预防工作，致使青少年犯罪又有回升的迹象。所以，对教育的作用也要一分为二地、客观地、实事求是地分析，既不能认为"教育万能"，因为教育只是防治犯罪的手段之一而不是全部，同时教育本身还会受到其它条件的制约和影响；又不能认为"教育无用"，因为这种看法是片面的，不符合事实，同时会影响我们积极地去做好预防青少年犯罪的工作，造成边打击边滋生新的犯罪的严重局面和恶性循环。

总之，只有正确认识了学校教育与青少年犯罪的关系以及教育的作用，才不会把防治犯罪工作当作学校工作份外的事，才会去掉盲目性，把学校教育摆在正确的位置和恰当的高度，最大限度地发挥它的作用。

2． 学校的职能主要是向青少年传授文化科学知识，发展各种智力和能力，同时向青少年传授先进的社会思想意识和社会道德，培养树立科学的世界观，正确的立场、观点和方法。学校要在预防青少年犯罪方面发挥作用，主要是通过发挥它的职能作用，而学校的职能作用又主要是依靠学校的校长和教师贯彻教育方针，对学生实施德育、智

育、体育、美育以及劳动教育来实现的。要发挥好学校的职能作用，就要完整地而不是割裂地贯彻党的教育方针，细致地而不是粗糙地对学生进行思想政治工作，面向全体学生而不是面向少数高才生进行智育、体育或其它教育，同时要实行科学的教育制度和教育管理方法，利用学校在整个社会结构中所处的优越地位和条件，与社会其它方面紧密配合，以知识来武装学生、以教育来诱导学生、以活动来吸引学生、以劳动来锻炼学生、以纪律来约束学生，达到控制、预防和减少犯罪的目的。

3．学校教育是综合治理的一部分，学校教育本身还受着社会其他方面的制约和影响，因此，要使学校教育能够发挥预防犯罪的作用，必须有一定的社会力量的配合和社会条件的保证。学校教育虽然客观上具有一定的优势，但这种优势也只是相对而言，而且只有在正常的良好的社会历史条件下，学校教育才具备这种优势。就整个世界而言，只有在社会主义的历史条件下，学校教育才具有预防青少年犯罪的优势。就我国国情而言，只有在坚持“四项基本原则”的历史条件下，学校的职能作用才能得以正常发挥。

协调社会组织与初级群体的关系有效地治理团伙犯罪

（1985年）

王　颉

从社会学角度看，人的组合形式基本分为两种，即社会组织与初级群体。犯罪团伙是初级群体的一种类型，是两个或两个以上的个体，以共同的利益为基础，采取违法的侵害他人或集体利益的手段，满足个人或共同需要而纠集在一起的初级群体。近几年来，犯罪团伙不断滋生，究其原因，除了十年动乱及其后遗症的影响之外，很重要的一点是社会组织与初级群体间的关系不协调。或者说，二者的发展不平衡，各自的正功能没有充分发挥作用，副功能却得到一定程度的发展。

（一）

犯罪团伙属于初级群体，要研究犯罪团伙就要熟悉初级群体的一般特点。初级群体的特点大致如下：

（1）初级群体最初为个体的接触，在反复的交叉接触中，经过选择和不断变换组合而成。它是以地缘、业缘、血缘或共同爱好、共同目标为基础自然形成的。近几年各地涌现出大量以学习文化技术、体育娱乐、文艺创作、为民服务等为主要内容的初级群体，对提高群众的思想、理论、文化、技术、身体等素质，提高生产率，丰富业余生活，发挥了很好的作用。

作为初级群体的犯罪团伙，它的形成途径也是这样。地缘，使其成员彼此十分熟悉，感情的沟通十分便利，许多罪犯是邻居，从小一起长大，小学中学又是同学。业缘，也是犯罪团伙形成的便利条件，它使得犯罪团伙的成员可以终日在一起厮混。如果再加上血缘关系，势必造成两个特点：一是犯罪团伙形成时间极短，形成后扩大、蔓延速度快；二是对犯罪团伙的改造工作难度大，其成员弃旧图新难，即使能够在一段时间内改正错误，一遇到同伙，很容易重新犯罪。北京市西城区公安分局于1984年下半年先后发现名为“红色造反旅”、“桃色组织”、“钢鞭队”、“神行党”、“双龙会”、“斧头帮”、“人定湖四杰”等七个非法组织，其成员之间大部分存在业缘或地缘关系，其中“桃色组织”的10名成员同在一校读书，多数人小学就是同学，其共同特点都是学习成绩差，在校表现不好的“双差生”。“斧头帮”是由居住在同一街道的7人组成，经常每人持一把斧头，到处寻衅打架。

（2）初级群体的成员具有一致的价值观，彼此之间无需对自己的言行加以掩饰，在这里每个人表现的都是表里如一、十分完整全面的人格。人们可以尽情地表达自己的喜怒哀乐，可以表达对任何事情的意愿及对领导对同事的赞成或反对，从国家的最高决策到身边的琐事，都可以毫无保留地进行交谈，而无需顾虑“打棍子”、“揪辫子”。因此，每个人都能够将全部身心投入初级群体的活动。

对于犯罪团伙来说，上述特点往往使其成员相互熏染，使有一般劣迹者越陷越深，使他们由“单项”变成“全能”。

（3）初级群体一般与其它组织或群体没有直接的上下级关系，其内部也只是简单地进行分工，联系每个个体的纽带主要是感情。长时期工作在一起，生活在一起，共同的爱好和目标，造成了彼此间十分深厚的感情。如有些青年群体自发地做好事，几年十几年如一日坚持照顾孤寡老工人、老邻居或伤残人，感情的纽带把青年们凝聚在一起，并把这些好事坚持做到底。

犯罪团伙基本上是靠封建的或资产阶级的感情联系个体的，尽管许多团伙内部存在着分工，有的被封为“主席”、“副主席”、“总理”、“副总理”及各种“部长”；制定了纪律、惩罚条例、保密制度等，但是，其分工只是为了彼此吹捧，满足相互沟通感情的欲望，大家都有“官”做。他们的制度、纪律听来骇人，真正受到“制裁”的并不多见。犯罪团伙内部是以“哥们儿义气”、“为朋友两肋插刀”“有福同享，有难同当”等做为精神支柱，联系每个成员的。一些团伙散了聚，再散再聚，其成员不怕“二进宫”、“四进士”，很大程度靠的是这种精神的支配。

（4）初级群体是以集体行动的手段来最大程度地满足每一个成员的全部或大部物质及精神上的需要的。满足每个成员的需要是初级群体的最高也是最终目标。

初级群体的这一特点，对犯罪团伙的成员最有吸引力，为了共同的精神和物质利益，他们彼此壮胆，有恃无恐，其破坏力之大，手段之毒，远非个体犯罪所能相比。前边说到的7个犯罪团伙，其中有在校学生和退学学生42人，打架斗殴、抢劫、强奸等活动非常猖獗，严重地影响了社会治安。

（5）初级群体具有自然的再生和调节能力。初级群体与社会组织或其他群体没有上下级关系，既不受支配，也无须对群体外部负责，它的变化基本是自然的，没有繁琐的手续。社会的变迁、环境的变化、人的思想志趣的转移，乃至一场小小的口角、一个小小的误会或人员的迁移、亡故，都可能影响初级群体，使其发生变化，出现内部的调整；分工的变化或角色的更替，也可能导致群体的解体，新的群体随之产生。初级群体对社会的适应能力极强，具有无比的生命力，只要是有人的地方，一定有初级群体存在。

了解这个特点，对我们研究犯罪团伙大有裨益。初级群体具有的自然的再生和调节能力，可以使我们对同团伙犯罪斗争的长期性、艰巨性有个清醒的深刻的认识。

（二）

作为一个相对独立的体系的社会组织，例如机关、企业、团体、商店、学校，等等，与初级群体相比，存在着极大的差异。这些差异既有相互促进，发挥正功能作用的一面，又有相互抵触，激化矛盾，与社会协调发展目标相悖，发生副功能作用的另一方面。

（1）社会组织及其结构不是自然形成的，而是人为建立的，通常社会需要是其存在的基础。血缘、亲缘、地缘及人们的兴趣、爱好一般说来并不是形成社会组织的首要条件。对于犯罪团伙，社会组织几乎没有任何吸引力，因为社会组织给予的经济报酬远不如罪犯从团伙中得到的收入多。至于社会组织给予的精神教育与鼓励，与罪犯的精神需求简直是冰炭不能同器。

（2）社会组织担负着社会管理的职责，每一个系统都有着严格的规章制度，有着严明的纪律要求，它同个体之间是管理与被管理，领导与被领导的关系。个体在社会组织中投入的是不完全人格，喜怒哀乐，个人意愿或对某位领导、同事的不满情绪的表达是有分寸的或者根本无法表达的。犯罪团伙的成员不能适应社会组织系统的各种规章制度和严格的纪律束缚。

（3）社会组织维系个体之间联系的纽带基本上是上下级和同事两种关系，共同的目的只有工作和生产。这种根本性的关系在是与非之间往往不能含糊，更不能颠倒。而初级群体是靠感情来维系个体之间的联系的，感情可以代替一切。初级群体即使有自然形成的核心，也是大部分成员从内心拥戴的。大部分人之间都是平等关系，颠倒黑白在这里也算不得大错，即使违犯了不成文的规范，也不会招来什么祸事。犯罪团伙的成员在相互之间的交往中得到了感情上的满足。

（4）社会组织在共性与个性之间更多的是强调共性，在全局与局部之间更多的是强调全局，在集体与个体之间更多的是强调集体。有些时候，为了长远要牺牲眼前，为了宏观要忽略一下微观。这同初级群体一切目的都是为了个人或小集团的利益形成鲜明的对照。犯罪团伙强化了初级群体的这一特点，对于以个人利益的实现为最高目的的劣迹青年或犯罪青年来说，犯罪团伙自然成了他们理想的归宿。

（三）

从初级群体的基本特点及社会组织与初级群体的差异的分析中，我们可以对犯罪团伙形成的过程及其特点有一个较为清晰的认识，从而寻找出一条治理犯罪团伙的有效途径，即：健全社会组织机构，改变领导干部的工作作风，克服弊端，协调发展社会组织与初级群体之间的联系，充分利用初级群体的特点，对犯罪团伙实行教育挽救与打击制裁相结合的方法，以减少团伙犯罪，达到社会风气迅速好转的目的。

（1）近几年，在我们从重从快打击刑事犯罪分子的同时，一些地区的犯罪率（主要是青少年犯罪）并未下降或下降的幅度不大。究其原因，除了十年动乱和四人帮的影响作祟之外，社会组织的解体及削弱是一个很重要的原因。随着城市和农村改革的进一步深入，近一时期担负社会管理、社会控制职能的机构的工作有减弱乃至放弃的趋向。例如，在农村，生产责任落实到组、户，直至个人，初级群体有了较大的发展，社会管理没有跟上，缺乏行之有效的管理措施，一些初级群体钻了这个空子，明目张胆地进行犯罪。城市里也有类似现象，个体离开社会组织后，照样可以生存发展，甚至比在社会组织内生活得更好。以往那种吃大锅饭的办法固然不好，但在社会管理方面起到了一定的作用，由于所有社会成员必须依赖社会组织才能生存，社会组织把生产、生活、群众福利、文化娱乐、住房、医疗等全部包揽下来，社会成员只有主动或被动、自愿或不自愿地接受社会管理，才能得到物质与精神上的利益，因此社会管理在客观上取得了较好的效果。当前形势要求社会组织必须改进自己的工作，以适应改革的需要。对初级群体，要承担起管理和服务的双重责任，一方面要严厉打击那些严重违法犯罪的团伙，另一方面要积极扶持帮助那些以发展经济、劳动致富为目的的初级群体，建立服务机构，向这些初级群体提供信息、技术及资金等便利条件，引导个体户专业户及自发群体健康发展。实践证明，只有这样，才能减少在“致富”道路上的团伙犯罪。

（2）根治社会组织内部的弊端，才能树立社会组织的威信，进而沟通社会组织与初级群体之间的联系，达到治理团伙犯罪的目的。应该承认，由于党风不正，一些领导干部的以权谋私，造成了干群之间的关系紧张，形成了较多的离心的初级群体。事实证明，在党风较为端正的单位，干部的作风较为民主的地方，向心的初级群体就会多一些，离心的初级群体相应地会少一些，那些犯罪团伙的气焰也会收敛一些。

发扬社会组织的优势，做好政治思想工作。要肃清左的思想影响，正确认识初级群体，对初级群体不能持排斥态度。对群众持傲视态度的人，只能得到群众的不满。社会组织要改进工作，需要从初级群体中学习一些工作方法。尤其是我们的干部，应该学会带着深厚的感情去做好思想工作，把思想工作渗透到日常工作中去，既做到群众的心上，又不留下生硬的痕迹，这里有一个能不能平等待人的问题。

（3）积极扶持好的初级群体，鼓励党员及先进分子到后进同志中间去，到劣迹青年中间去。社会组织完全有条件利用初级群体这种团结群众的好形式，开展丰富多彩的活动，寓教育于活动之中，避免脱离群众的说教，以往那种事事靠发号施令的办法应该加以改善。只要党员和先进分子到群众中去，与广大群众和后进同志，加上劣迹青年，组成一个个初级群体，不仅可以团结大多数同志，共同建设四个现代化，也会使犯罪团伙的成员受到教育，这种“无形”的教育比单纯的孤立打击的效果要好得多。

（4）对落后的初级群体要做具体分析，特别在开展严厉打击刑事犯罪活动的时候，一定要保持清醒的头脑。团结、教育、挽救犯罪青年始终是我们的出发点。从事实际工作的单位和主管这方面工作的同志更要注意，切不可主观武断，要坚持党的政策，不放掉一个坏人是对的，但是绝对不要冤枉一个好人。不要轻易给任何一个初级群体戴上犯罪团伙的帽子，即使其中的一些成员有过劣迹，犯过罪。此外，对待犯罪团伙也要做具体分析。对于初次犯罪，罪行并不严重的松散群体，绝不能当作犯罪团伙处理，更不能当作严厉打击的对象。只有那些民愤极大，严重破坏治安，罪行极为严重的犯罪团伙，才是我们应该严厉打击的对象。

（5）经过调查，我们发现，大量的犯罪团伙的成员是从在校读书时开始纠集起来的。在一些地区，在校生犯罪情况也是很严重的。北京市西城公安分局发现的7个非法组织中，在校学生和退学学生占所有成员的83%；他们当中年龄最大的17岁，最小的仅有13岁。这种情况向我们提出一个极为严峻的问题，学校、街道、家庭等社会组织或群体的工作还存在大量亟待解决的问题，教育工作亟待改进；我们的宣传、出版、广播、电视等媒介对青年，尤其是少年的教育重视不够，方式方法及内容上远不能满足当代青少年的需要；能够向广大青少年开放，提供给青少年学习娱乐的场所太少，远不能满足需要，等等。解决团伙犯罪问题只从“流”上狠抓是不够的，要从“源”上进行治理，从积极的方面引导青少年健康成长，从一代青少年的成长着眼，否则只会顾此失彼，按倒葫芦浮起瓢。

公安机关在农村综合治理中的职能探讨

（1985年）

山东省公安厅刑侦处　李义之
山东公安专科学校　刘善贵

党的十一届三中全会以来，随着经济体制改革的胜利进行，以及严厉打击严重刑事犯罪和综合治理社会治安工作的广泛开展，我省农村政治经济形势越来越好，社会秩序有了明显的好转。但是社会治安不安定的因素依然存在，青少年犯罪率仍然没有明显的下降。在新的形势下，如何搞好农村中青少年违法犯罪综合治理，已经成了需要进一步研究和探讨的一个重要课题。

农村地区的特点是地域辽阔，人口众多，犯罪的也多。全省抓获的作案成员中，农民占70%以上，其中青少年又占一半以上。农村已成为重大、特大案件的多发区。资料表明，杀人案百分之七、八十是农民干的，一次杀死杀伤多人的案件多数发生在农村。投毒、放火、爆炸90%以上是农民作案，这四类案件以报复犯罪居多，80%以上是由于矛盾激化引起的。另外还有强奸案80%以上发生在农村，盗窃也占70%以上。但从青少年犯罪的密度上来看又比大中城市分散得多。这些特点决定了农村青少年违法犯罪综合治理的紧迫性和艰巨性。当前农村的公安工作正面临着一些新情况和新问题，农村的经济改革，已由原来的单纯农业生产，向着广开生产门路、发展商品生产的方向迈进，从而使农村产业结构发生了很大变化。农村产业结构的变化，必将使公安机关的工作对象和依靠对象相应地发生着变化，例如：原来的帮教对象有的成了专业户，产业流动性很大。原来的治保干部随着劳动力的重新组合而人员四散，基层群众性的治保组织不少已松散解体。一些原有的帮教人员与帮教对象相分离，有的经济联合体没有保卫组织，帮教工作不落实。这就要求公安工作迅速从指导思想到工作作风和工作方法来一个大转变，以适应变化了的新情况。

山东省公安机关，在对农村青少年违法犯罪综合治理中，充分发挥自己的职能作用，始终坚持教育、感化、挽救的方针，经过几年来的反复实践，初步摸索出了一套适合公安机关职能特点的农村青少年违法犯罪综合治理的经验。

一、当好党委的参谋，做好与农村地区各有关部门的协调工作。

农村青少年违法犯罪综合治理牵扯到各个部门和单位，而统帅综合治理工程的权威机关又是各级党委。因此，作为一个重要职能部门的公安机关来说，如何当好党委的参谋呢？根本的一条就是：要坚定不移地依靠党委领导，积极主动地争取党委领导，决不能消极地等待党委的部署。党委工作每个时期都有每个时期的中心，这是大局。教育改造违法犯罪青少年，必须从这个大局出发，统一于党的工作中心，服务于党的工作中心，就当前形势来说，就是要把改造违法犯罪青少年工作同农村生产体制的改革有机地结合起来，并为这个中心努力创造一个良好的治安环境。这样做才能使我们的工作一步一步地跟上大局，参谋的份量会更重一些，效果会更好一些。为了更好地服务于这个中心，就要经常不断地深入调查研究，注意掌握各个时期农村违法犯罪青少年的数量变化、犯罪类型、成员结构、年龄分布、发展趋势，并分析犯罪原因，研究违法犯罪青少年出现的新特点、新手法，总结综合治理的好经验、好做法。把这些情况和意见，及时地提供给党委，便于党委了解情况，准确及时地制定综合治理措施。公安机关当好了参谋，引起了党委的重视，党委才能把这项工作列入议事日程，从而才能更好地取得党委的监督和支持，使青少年违法犯罪的综合治理正常健康的发展。

对犯罪青少年的教育、挽救工作，涉及面广，必须在党委领导下，各有关部门共同努力，统筹安排，协同作战，通力合作，形成一个拳头，才能从根本上加以解决。在青少年犯罪综合治理中，各部门之间的关系是相互联系、相互影响、相互制约的。因而，搞好各个行业和部门之间的协调和配合工作，是搞好对违法犯罪青少年整个综合治理工作的重要环节之一。公安机关在积极发挥自己的职能作用，认真当好党委参谋的同时，要密切与有关部门配合，做好协调工作。一是要全面掌握有违法犯罪行为的青少年的情况，经常对他们进行考察和教育。二是建立联系制度，经常主动地为有关单位和部门提供违法犯罪青少年综合治理中的好经验、好做法。三是对有一般违法犯罪行为的青少年，要及时地通知他们所在的单位及其家长，采取民警、教师、村队干部、治保人员和家长等相结合的办法，做好对这些青少年的早期教育和预防工作，避免越陷越深走上犯罪的道路。四是认真开展各种形式的法制教育和宣传工作。公安派出所、特派员，要协助党支部，利用广播、黑板报宣传国家法律、法令，派干警到农村学校和各单位上法制课，进行遵纪守法教育。为了使法制宣传直观、形象，使违法犯罪青少年易于接受，各地要选择一批典型案例，利用图片、实物，搞法制展览，到乡镇村队巡回展出，这样才能取得明显的教育效果。此外还要配合基层团组织举办青少年法律知识学习班，使他们不断增强法制观念，懂法、守法，形成遵纪守法光荣，违法乱纪可耻的好风气。五是开展警民共建文明村活动。综合治理的主要力量在群众。警民共建文明村着眼点就是在群众，把群众发动起来，自己教育自己，自己管理自己，多数人去解决少数人的问题，正气上升，邪气下降，青少年违法犯罪问题就会解决得更好一些。公安干警要同基层党组织一起，发动群众制订和不断完善村规民约，使之成为乡村干部群众行动的准则，对违法犯罪青少年也有一定的约束力。配合妇联、共青团组织，开展"五好家庭"、"和睦家庭"、"好婆媳"、"好夫妻"、"青年突击手"等活动。六是帮助违法犯罪人员勤劳致富。要想使人民群众安居乐业，预防和减少犯罪，一个基本的作法就是，就要广开财路，安排就业，发展经济生产，把违法犯罪人员引导到勤劳致富方面来。帮助这些人解决生产、生活方面的困难，使"浪子"回头，这样做可以巩固教育成果。七是加强治安管理，坚决取缔赌场、淫秽书刊，保护青少年健康成长。

二、适应农村改革的新形势，实行帮教责任制。

十一届三中全会以来，我党在农村经营管理上进行了根本性的改革。在这种新的形势下，农村青少年违法犯罪的帮教工作出现了一些新情况、新问题，这就需要有针对性地采取措施，加以解决。实践证明，把教育、感化、挽救失足青少年的工作同行政、生产管理责任制结合在一起，实行帮教责任制，这是在新的形势下做好帮教工作的有效措施。这样做的好处是能把帮教责任制和经济利益结合起来，有利于调动单位和责任者的积极性，增强责任感。为了落实好帮教责任制，必须抓住以下几个环节：

（一）严格审定帮教对象。审定好帮教对象，是公安机关正确地发挥自己的职能作用，搞好整个帮教工作的第一道工序。这项工作搞得好，就能为严格执行党的政策，落实帮教措施奠定基础。为了搞好这项工作，全省每年都坚持进行一次调查摸底，做到心中有数。方法：一是清理派出所或公安员积存的材料，从中发现帮教对象；二是通过查破案件，发现线索；三是召开治安积极分子座谈会，提供违法犯罪人员名单或线索；四是发动群众检举揭发违法犯罪青少年线索材料；五是结合户口调查发现线索。确定帮教对象是一项严肃的政治任务，必须严格把关，慎重对待，所以我们规定，凡列为被帮教对象的，均由县公安局审定。根据青少年自尊心、自爱心强的特点，帮教对象的审定原则是：面不宜过宽，做到既有利于社会治安，又有利于青少年的健康成长。帮教对象的名单，不在群众中公布。对下列几种人不能列入帮教对象：（一）已经停止违法犯罪活动半年以上的；（二）刑满释放、解除劳教或少管以及经工读学校教育后，未再发现违法犯罪活动的；（三）偶尔有违法或轻微犯罪行为的。如果把以上几种列入帮教对象则损伤了他们的自尊心、自爱心，影响他们进步。对那些确有违法犯罪行为，经教育没有悔改表现，可能继续进行违法犯罪活动，但还不够或不予刑事处罚、劳动教养、少年管教等处理，不组织帮教不足以挽救其本人的人，则必须列为帮教对象，重点做好思想工作。否则，不管不问，任其自流，会使他们越陷越深，走向毁掉个人前途的道路，造成更大的损失。根据我省农村违法犯罪青少年的情况，具体确定以下6种人为帮教对象。（1）有一般流氓、盗窃、诈骗等违法犯罪行为的；（2）经常打架斗殴、寻衅闹事的；（3）犯罪团伙中的一般成员；（4）经常参加赌博活动的；（5）刑满释放和解除劳教人员中又有新的一般违法犯罪活动的；（6）有其他危害社会治安的违法犯罪行为，又不足以追究刑事责任或给予劳动教养的。

（二）密切配合有关部门，搞好集中教育。违法犯罪青少年大都政治思想模糊，法制观念淡薄，道理不明，是非不辨，言语和行动带有很大的盲目性。因此，很有必要给他们补上道德和法制教育这一课。从心理上看，确定他们为帮教对象后，多数人有一定的压力，不同程度地抱有改好的愿望。在这个关键时刻，趁热打铁，采取集中组织他们学习的办法，对他们进行思想教育，为他们积极创造转变的条件，这是教育、挽救他们的一个不可缺少的重要环节。综合各地经验，集中教育的时间一般在20天左右。工作大体分以下几步：（1）组织违法犯罪青少年学习政治，对他们进行法制教育、革命传统教育和共产主义道德品质教育，促使他们认识错误。（2）查腐蚀，论危害，挖根源，放包袱，检举揭发坏人坏事。（3）总结提高，明确今后方向，写出遵纪守法的保证书，向乡镇村队干部和家长汇报学习体会。为了灵活地运用党的教育、感化、挽救的方针，对那些积极认罪、认错，揭发犯罪分子，决心改悔的，可以暂不为他成立帮教小组，考查一段时间后，再确定是否成立帮教小组进行帮教。

（三）成立帮教小组，认真落实帮教合同责任制。帮教对象确定以后，公安干警分头下去进行指导，帮助选择思想进步、作风正派、有群众基础、热心帮教工作、失足青少年信得过的人作为帮教人员。为了适应新的形势，充分调动帮教小组的积极性，增强农村基层干部的责任感，根据中央提出的"四包"措施，参照生产责任制的形式，县公安局和各派出所、公安员，遵照上级的指示，每年集中力量，全力帮助有帮教任务的大队和单位落实帮教合同责任制。具体做法是：合同由甲、乙、丙三方组成，村民委员会和单位为甲方；帮教小组为乙方；各农村派出所、公安员为丙方，即监督机关。合同要规定帮教工作的方法、措施、报酬和各方的责任以及奖罚条件等。各地帮教合同内容大同小异，归纳起来有以下几个方面：（1）帮教小组（乙方）按合同内容办事，尽职尽责，认真落实帮教措施的，除付给固定的报酬外，再给予精神鼓励和一定的物质奖励；（2）帮教小组帮教工作成绩显著，被帮教的违法犯罪青少年做出了突出成绩或有立功表现的（如检举揭发犯罪分子，提供案件线索，协助公安机关破案，或劳动中表现积极被评为先进工作者、精神文明建设标兵等），经公安局、派出所（丙方监督机关）考查落实，对帮教小组成员据情嘉奖；（3）帮教小组不负责任，帮教措施不落实，致使被帮教的违法犯罪青少年有违法犯罪活动的，据情予以处罚；（4）帮教小组工作认真，做了大量的工作，但由于被帮教的违法犯罪青少年，又有反复，重新违法犯罪的，经监督机关（丙方）考察，可据情不罚，或少罚，由帮教小组总结经验教训。（5）由于村民委员会或单位（甲方）对乙方提出的合理化建议不支持，不采纳，致使帮教措施不落实，被帮教的违法犯罪青少年重新违法犯罪的，罚村民委员会和单位领导一定数量的现金。合同书一式三份，甲乙丙三方各一份，合同有效期一至二年。如需继续帮教，期满再续定合同。违法犯罪青少年考察期满，表现较好，由派出所或公安员整理材料，提出解除帮教意见，报县、市公安局批准，解除帮教。凡实行帮教合同责任制的地方，帮教对象表现好的占70%以上，有的地方占90%以上，其中表现突出的有不少的在解除帮教后被评为先进生产者，有的加入了共青团。

（四）对失足青少年中的"尖子"，实行重点包教。农村公安派出所干警和公安特派员除了查破一般案件以外，很重要的一条就是要抓违法犯罪青少年的教育改造工作。要把管区内有违法犯罪行为的青少年底数摸清楚，组织好帮教工作。对于放回来的一般违法犯罪人员也要管理好，要一个一个地对他们进行教育考察，使他们不再犯罪，有了犯罪行为也能及时发现。改变以往放回来没人管，有些人重新犯罪，形成“捉了放，放了捉”的恶性循环的状况。对有一定影响的违法犯罪青少年的“尖子”，公安干警则亲自参与帮教。这样做可以达到教育一个、带动一片的目的。为了把这项工作搞踏实，不少县市公安局给干警印发了帮教手册，记录被帮教违法犯罪青少年的思想变化和帮教情况，定期进行检查，并把这项工作作为公安保卫干警评选先进的重要条件之一，从而调动了广大公安干警搞好帮教工作的积极性。公安干警亲自参加帮教的对象绝大部分都表现比较好。

三、打击极少数罪行特别严重的犯罪分子。

青少年违法犯罪综合治理包括打击和预防两个方面（教育改造属于预防的范畴），二者必须有机结合。打击和预防相辅相成。发生了案子，说明还有坏人，就要破案，就要打击。严厉打击严重刑事犯罪分子，是为了把这些人的嚣张气焰打下去。如果秩序乱腾腾的，预防就很难实现，教育就很难奏效。当然打击是少数，绝大多数是要放在社会上进行控制、教育和改造，这是为了防止他作案，这叫预防。只有依法严惩那些青少年中的“害群之马”，才能运用行政与教育的手段教育、感化一般违法犯罪青少年。打击起到了警诫的作用，告诫教育的作用。公安机关履行这一专政职能，对极少数严重犯罪分子，特别对那些持刀行凶、拦路抢劫、强奸、团伙头子和破坏社会治安秩序的严重犯罪分子，进行了严厉打击，为预防措施的落实创造了良好的条件，从而也推动了帮教工作的开展，为社会主义现代化建设扫除了障碍。

四、不断摸索，大胆创新。

农村中违法犯罪青少年综合治理工作正在起步阶段，需要不断地进行创新和改革。随着新形势下农村出现的新情况、新问题，有的县公安局在自己的职权范围内大胆进行了改革和创新。目前已有两种落实对违法犯罪青少年帮教工作的好的形式正在试点：

（一）发放帮教通知书。这是在确定了被帮教对象以后进行的。其做法：有的把通知书发给单位而不发给本人（但向本人宣布），有的既发给单位又发给本人。对于经过帮教转变好了的，撤回原帮教通知书。这样做免得留下后遗症，本人、家长都拥护，在思想上会踏实些。发放通知书的名义，几个试点单位都是以公安局的名义。经过一个阶段的实践，所有试点都取得了显著成绩。发放帮教通知书的对象停止犯罪率最少的占80％左右，最高的达到100％。试点证明，发放通知书庄重严肃，有利于引起有关方面的重视，有利于落实帮教措施。

从几个县、市前段试点经验看，要做好发放帮教通知书，落实对违法犯罪青少年的帮教工作，必须开好三个会：一是公安派出所干警会。研究帮教方法和措施，并统一全所同志对发通知书意义的认识，提出具体发放要求。二是村民委员会。统一思想，进一步分析各帮教对象及其家庭情况、特点。研究发通知书的形式、步骤以及家庭会的开法，如何落实帮教措施等。三是家庭会。这是发通知书的重要一步，这一步做好了，能起到两个作用：一是争得家长的理解和积极协助；二是震动和感化帮教对象本人。家庭会由派出所民警、帮教组成员、帮教对象本人及其家长或请有威望的亲属参加。会上办好三件事：（1）将帮教通知书与被帮教对象本人及其家长见面，切实讲明发通知书的目的意义。反复讲明，发通知书既不是管制，也不是处罚，而是政府对失足青少年的关怀，重视对他们的教育、挽救。同时实事求是地概括摆出被帮教对象的违法事实和性质，指出前途。（2）帮教小组成员和家长分别讲话，对被帮教对象进行耐心细致和风细雨的批评教育，并提出具体的改正要求。（3）帮教对象本人表态。

（二）实行减、缓、免。对已经批准少管或劳教的违法犯罪青少年，实行减、缓、免，再给他们一次悔改的机会，是贯彻教育、感化、挽救的方针，减少矛盾上交，依靠社会力量帮教的一个好做法。试点经验证明：违法犯罪青少年被宣布为少管、劳教以后，心理状态会发生急剧的变化，紧张恐惧的心理、悔恨颓丧的心理、怨恨抵触的心理、孤独绝望的心理等等交织在一起。激烈的思想斗争使他们坐卧不安、吃不好饭、睡不好觉。在这个时候抓住他们的心理特点，暂不送少管、劳教场所，再给他们一次悔过自新的机会，对挽救他们十分有利。办法是把他们集中起来，进行教育、分化、争取工作。对认罪态度诚恳、坦白交待问题好，检举揭发坏人坏事的，则视情况给予减期、缓期或免予少管、劳教处分。在实施这种办法时，要重点掌握以下几个环节：

1。组织干警认真学习党的有关方针政策。要求象办学校一样办好教育班。坚持“要热不要冷，要拉不要推”的原则。

2。进行形势、政策、法制、前途和道德五个方面的教育。使教育班一开始就造成坦白检举、改邪归正、争取宽大处理的气氛。

3。组织好各方面的力量做好转化工作。在集中教育中，邀请有关方面的领导和先进青年到教育班作报告，对他们提出希望，进行榜样的教育，并动员他们的家属进行规劝。

4。严格掌握减、缓、免标准，做到政策兑现，充分发挥政策威力。主要掌握好三点：（1）本人认罪认错态度好，交待问题彻底，检举揭发有功，决心洗手不干，家庭和所在单位又能管教的，可免予劳动教养。（2）本人态度比较诚恳，基本上交待清楚了问题，检举揭发了同伙，有悔改决心，但本人所犯罪错过多，恶习较深的，可缓期少管或劳教，由家属、单位和街道组织帮教，以观后效。（3）对团伙骨干、惯犯，放在社会上有重新犯罪危险，但认罪认错较好，可以酌情减少他们的劳教期限。

检察机关在综合治理中的职能和作用

（1983年）

宁夏回族自治区检察院 李温

“综合治理”是在各级党委和政府的领导下，全党动员，全民动手，依靠社会力量，通过各种途径，采取各种措施，同各种违法犯罪行为作斗争，特别是解决青少年违法犯罪问题，使社会治安根本好转的一项基本政策。

由于政法各机关、宣传、教育、行政、企事业单位和群众团体的社会职能不同，他们在“综合治理”中的职责、任务和方法也不同。本文根据近几年来的实践谈谈检察机关在“综合治理”中的职能作用。

一、全面贯彻党的刑事政策，注意把打击惩罚、分化瓦解和教育挽救三者结合起来，认真贯彻打击少数、争取分化改造多数的方针，是检察机关在“综合治理”中的重要职责。

“综合治理”主要是减少和预防犯罪及打击惩罚犯罪，两者缺一不可。但打击敌人，惩罚犯罪是作为人民民主专政机关的人民检察院在“综合治理”中必须履行的首要任务。我们要通过行使检察权，坚决镇压一切叛国的、分裂国家的和其他的反革命活动，坚决打击经济领域和其他领域的犯罪活动，特别是要依法从重从快惩处那些杀人、放火、抢劫、强奸、爆炸及其他严重危害社会治安的现行犯罪分子，以维护国家的统一和人民民主专政制度，维护社会主义法制，维护社会秩序、生产秩序、工作秩序、教学科研秩序和人民群众的生活秩序。当然，检察机关也要保护社会主义国家、集体的财产和公民私人的合法财产，保护公民的人身权利、民主权利和其他权利，使无辜的人不受逮捕、起诉、追究刑事责任，以保障社会主义革命和社会主义建设事业的顺利进行。

近几年，特别是今年以来，针对社会治安不好和一度对刑事犯罪分子打击不力的现实情况，我区各级检察机关在审查批捕和审查起诉工作中，根据党的从重从快严惩严重危害社会治安的犯罪分子的精神，及时、准确地批准逮捕和决定起诉，并积极出庭支持公诉，在起诉书和公诉词中充分揭露了这些犯罪分子的罪行，指出他们的行为严重破坏了人民民主专政的社会主义制度，破坏了安定团结的政治局面；严重威胁着人民群众生命财产的安全，影响着人民群众专心致志地进行四化建设；们们的胡作非为严重地污染着社会风气，特别是毒害了一些青少年的身心，影响广大青少年的健康成长；这些犯罪分子的罪行还损害了党和政府在人民群众中的信誉和威望，也损害了我们社会主义祖国在国际上的光辉形象。作为专政机关的人民检察院决不允许他们继续胡作非为，也不能让他们逍遥法外，更不能因为他们大多数出身于工农劳动人民家庭就心慈手软下不了手。要看到他们实际上已经堕落成社会主义的敌对分子。他们的破坏活动，就是我国现阶段阶级斗争的反映。因此，我们坚决依法严惩了严重危害社会治安的犯罪分子，震慑了敌人，儆诫了犯罪，教育挽救了更多的失足青少年，使我区的社会治安有了明显的好转。

在打击惩罚犯罪的同时，我们也注意了执行分化瓦解和教育挽救的政策，贯彻了党的坦白从宽，抗拒从严的政策，特别是对青少年犯罪，更注意分析研究犯罪的原因、特点和规律。在决定是否批捕和起诉时，一般都注意了刑法中有关对未成年犯从轻和减轻处罚的规定，注意了责任年龄的规定。对不逮捕不起诉的违法犯罪青少年，有的建议公安部门根据治安管理处罚条例予以处理；多数是动员社会力量帮教，促其改邪归正。

二、通过办案，注意研究社会治安方面的问题，分析原因，找出规律，及时提出司法建议，以预防和减少犯罪

近年来，我区不少检察机关通过办案发现有的单位在思想上、工作上、制度上存在的问题和漏洞，实事求是地提出建议。这对预防和减少违法犯罪是很有效的方法。如石咀山市大武口区检察院通过办理乔××盗窃调剂商店录音机一案，发现这个商店保卫、值班制度不健全，给一些违法犯罪分子以可趁之机，他们就向这个商店提出建议。有的还协助一些单位制定了安全保卫制度，堵塞了漏洞，有效地防范和制止了违法犯罪活动。

三、结合办案，积极开展法制宣传。

当前一些青少年犯罪的一个重要原因是不知法，不懂法，不守法。为了帮助广大群众特别是青少年懂得一些法律基本知识，增强法制观念，发动他们积极同违法犯罪行为作斗争，我区各级检察机关还根据同级党委的统一部署，积极参加法制宣传，举办法制宣传栏、图片展览，举办广播讲座，印发宣传材料。一些基层检察机关的干警还深入工厂、学校、机关、商店、社队作法制教育的专题报告。吴忠县检察长和一些检察干部还包干负责到中小学上法制课。银川市各学校普遍开展了法制宣传教育，狠抓了学生的纪律教育，1982年以来，再未发生犯罪案件，教学秩序、学生纪律、学习成绩明显好转。学校尝到了法制教育的甜头，现已把这项制度坚持下来，经常请政法机关的同志到学校作报告，上法制课。尤其是今年以来，在自治区党委的统一领导下，自治区和有些县、市开展法制宣传周，政法机关、学校的广大干警和法律工作者走上街头，到群众中去宣传法制，解答问题，普及法律知识，对增强广大群众的观念，促进社会治安的好转起了很大的作用。

四、办案中，对免予起诉的犯罪青少年，定期回访考察，协助单位落实帮教措施，进行教育挽救工作。

整顿社会治安以来，各级检察机关在党委的统一领导下，改变了等案上门的老做法，积极走向社会，主动参加综合治理，创造了许多教育、挽救和改造违法犯罪青少年的好方法，对免予起诉的人定期考察帮教，就是其中的一种。银川市城区检察院为更有针对性地教育挽救免予起诉的青少年，三年来坚持每半年对免诉人员进行一次回访考察，为了做好这项工作，他们在考察前，查阅案卷掌握案情，作到心中有数。考察过程中，首先找单位领导和保卫部门的同志，了解免诉人员的表现。其次，找居委会和群众座谈了解免诉人员遵纪守法情况，听取群众反映。还与免诉人员谈话，进行法制教育，对他们的成绩予以肯定和表扬；对他们的一些想法，给以说服教育和解释；然后向他们提出要求和希望。最后，召开单位和居委会领导、家长座谈会，由帮教工作好的单位和家长介绍经验，逐一落实帮教措施，促进帮教工作。如在银川四中召开的一次教师座谈会上，他们讲了有的教师把犯过罪错的学生推向社会的危害性，使到会教师触动很大，表示要改进教育工作，对有劣迹的学生要立足于教育，着眼于挽救，后来这个学校再未发生把学生轰出教室的事。由于发动社会力量进行帮教工作，这个区1981年免予起诉的23人中，22人都有进步。

五、对在社会上执行刑罚的犯人进行帮教。

我区各级检察机关重视对根据法律宣告缓刑和假释的，判处管制和剥夺政治权利的，以及保外就医和监外执行的犯人，实施考察和监督，进行教育挽救和改造工作。

考察中，对单位帮教措施落实得好，被考察人员有进步的，通过一定形式介绍推广他们的先进经验。对考察工作搞得不好的单位，协助他们落实帮教措施。不仅考察罪犯的思想改造，还协助单位解决罪犯工作和生活上的一些实际问题，促使罪犯安心改造。对有违法活动的，及时进行了批评和规劝。如银川红旗食品厂张××被判缓刑后，情绪低落，思想包袱沉重，认为前途完了，检察院回访的同志向他指出："缓刑就是党的宽大政策在刑罚上的体现，是重新做人的机会，路就在脚下，关键看你怎样走，只要正视现实，同旧我决裂，前途同样是光明的。"使他看到了自己的出路。对个别又犯罪的坚决起诉法院予以加刑，这样，既惩罚了少数，也教育挽救了更多的违法犯罪的青少年。

六、在惩罚管制的前提下，作好在押青少年罪犯的教育、挽救和造改工作。

教育、挽救和改造的方针是综合治理的一个重要内容，不仅适用于社会上的失足青少年，也适用于已被判刑投入劳改的青少年犯。我区各级检察机关履行对劳改机关执行劳改工作方针政策和法律的监督职能时，除对一些不认罪服法，抗拒改造，严重破坏监管秩序的重新犯罪分子予以起诉加刑外，非常注意协助劳改机关贯彻党的"改造第一、生产第二"的劳改工作方针，总结和推广管教工作搞得好的经验，协助开展"五讲四美三热爱"活动，搞好文明管理，教育感化犯罪青少年。一些监所检察干部，深入监管改造场所进行调查研究，针对青少年犯的特点和犯罪的规律，进行形势、政策、法制和前途教育，以革命的理论，启迪其觉悟，以父母之心，医生之责，教师之情，拨动其心弦，鼓励他们从今天做起，向昨天告别，促使一些罪犯消除了对立情绪，悔恨自己的过去，决心痛改前非，重新作人，从而涌现了一大批认罪服法，认真学习，积极劳动改造的积极分子。他们思想上认罪，行动上守法，劳动中出力，好人好事层出不穷。

人民法院在综合治理中的职能和作用

（1985年）

张 新 民

一、人民法院必须把综合治理的方针作为自己的业务指导思想

人民法院是国家审判机关，是执行法律的专门机关之一，它通过行使国家审判权的活动，实现打击敌人，惩罚犯罪，保护人民，维护社会治安和公共秩序，保障国家的四化建设，教育人民群众自觉遵纪守法的目的。人民法院在审判刑事案件过程中，不仅要着眼于查明犯罪事实，根据刑法和全国人大常委会的有关决定确定被告人是否有罪，应否判处刑罚，判处何种刑罚才算适当作为自己的基本任务，而且要把对社会治安实行综合治理的方针作为自己的业务指导思想。把这个指导思想具体体现到整个审判活动中，才能开阔视野，才能正确地执行党的方针、政策和国家法律，也才能把自己置身于党的领导下，紧紧依靠人民群众，履行自己的职能，充分发挥自己的作用。如在查明被告人犯罪事实的时候，就可以究其犯罪的原因，为综合治理中的预防犯罪提供带倾向性或规律性

的东西。在确定罪与非罪，应否判处刑罚，判处何种刑罚的时候，应严格依法办事，区别对待，为综合治理中的严厉打击或教育、挽救、改造打好基础。在宣判时，就可考虑扩大办案效果，为综合治理中的法制宣传教育提供材料。只有这样，才能使人民法院的职能作用得到充分的发挥。否则，就难免出现就案办案，孤立办案，脱离实际，脱离群众的倾向。

二、依法行使审判职能，严厉打击严重刑事犯罪分子

依法从重从快严厉打击严重危害社会治安的严重刑事犯罪分子，是综合治理的首要环节。只有对严重刑事犯罪分子从重从快严厉打击，才能打掉他们的犯罪气焰，促使其认罪服法，也才能开展对轻微违法分子的帮教、挽救工作，落实预防犯罪的措施，减少犯罪。因此，对严重刑事犯罪分子的严厉打击是综合治理中其他措施的前提、基础。没有这个前提，综合治理的其他措施就很难见效，严厉打击的成果也就难以巩固，社会治安就很难根本好转。所以人民法院必须与公、检、司等专门机关密切配合，紧紧抓住综合治理中的这个首要环节。

人民法院的审判是刑事诉讼的重要阶段，它是最终决定被告人行为的性质和刑事责任问题的唯一职能机关，也是对严重刑事犯罪严厉打击的直接体现。因此，在综合治理争取社会治安根本好转的斗争中，人民法院必须坚持依法“从重从快，一网打尽”的方针；坚持党的领导和群众路线，坚持以事实为根据，以法律为准绳的基本原则；坚持法律面前人人平等的原则；坚持质量第一的思想；坚持打击七个方面的重点对象，稳、准、狠地打击严重刑事犯罪分子。具体地说：

（1）层层把关，保证办案质量。对每一件刑事案件从承办人认真阅卷审查、合议庭认真合议，到审判委员会讨论，都要对事实、定性、量刑把好关，对每件案件的判处都要做到事实清楚，证据确凿，定性准确，量刑适当，程序合法，顺乎民意，经得起历史的检验。

（2）坚决依法“从重从快，一网打尽”的方针，对七个方面罪行严重、情节恶劣、危害极大的犯罪分子，坚决依法“从重从快”惩处，决不能心慈手软。否则，就不能打下犯罪分子的猖狂气焰，人民的生命财产安全就得不到保障，社会治安就难以根本好转，其他的综合治理措施就难以充分发挥作用，还有落空的危险。所以，人民法院参加综合治理，首要的一条就是依法严厉打击严重刑事犯罪活动，这也是国家赋予人民法院的重要职能。如果人民法院在打击严重刑事犯罪方面显得软弱无力，该判的不判，该重判不重判，甚至玩忽职守，那就是没有尽到自己的职责，就是没有充分发挥自己在综合治理中的作用。

（3）查清事实，防止轻纵罪犯。法院的审判工作是诉讼过程的最后阶段也是最关键的一道工序，必须一丝不苟、一个不漏地惩处严重危害社会治安的犯罪分子。要注意抓矛盾，找疑点，顺藤摸瓜，深挖余罪，扩大战果，把依法“从重从快、一网打尽”的方针，落到实处。人民法院在办理民事和自诉案件的同时，应当注意发现而不要漏掉严重刑事犯罪分子。

（4）划清罪与非罪的界限、此罪与彼罪的界限，坚持稳、准、狠地打击严重刑事犯罪分子。人民法院在严厉打击刑事犯罪的斗争中，时刻都要在“准”字上下功夫，没有“准”就不可能有真正的狠。要做到准，就必须精心审断，精心区别，划清界限。尤其对判处死刑的案件要特别慎重，主要案情一定要查清，主要的证据一定要扎实。真正做到不枉不纵，不错不漏，才能起到严厉打击在综合治理中的应有作用。

三、正确运用政策法律，实行教育、挽救、改造的方针

人民法院在严厉打击严重刑事犯罪分子的斗争中，要通过职能活动把严厉打击和分化瓦解罪犯、改造罪犯结合起来，化消极因素为积极因素。

（1）人民法院在行使审判权，审理刑事案件中，必须按照党的政策，严格依法办事，严厉地打击严重刑事犯罪分子。这不仅对罪犯本身是一个应得的惩罚，而且也是对其周围的轻微违法犯罪分子或一些尚未破获的犯罪分子的有力打击。在严厉打击的同时，要分别不同情况，区别对待。对犯罪情节较轻，认罪态度较好，或者是少年犯罪以及共同犯罪中的从犯、投案自首或有立功表现的，应依法予以从轻、减轻处罚。

（2）向罪犯开展政策攻势，以分化瓦解犯罪和犯罪集团。人民法院在打击敌人，惩罚犯罪的斗争中，要贯彻党的“惩办与宽大相结合”、“坦白从宽、抗拒从严”的政策，善于运用审判职能，选择典型案件到看守所公开宣判，促使在押犯坦白交代罪行，检举揭发其他犯罪分子的罪行，既达到了瓦解犯罪一网打尽的目的，又能起到促进犯罪分子悔罪自新的作用。北京市中级人民法院1983年底在市公安局看守所公开宣判了范××、郝××抢劫、流氓一案。在宣判会的10天内，在押犯中就有18人坦白交代了罪行40余件，42人揭发检举各种犯罪线索41件，经查属实的有44件，取得了较好的效果。同时，针对在监服刑改造的犯人接受改造的情况，举行座谈会、报告会等形式启发他们放下包袱，轻装前进，接受改造。适时召开公判大会，坚决打击那些抗拒改造、重新犯罪的劳改犯；同时，对那些接受改造，表现积极或有立功表现的犯人要及时依法予以减刑或假释，促使其他劳改犯人认罪服判，遵守监规，积极改造，争取早日回到社会上去。

（3）人民法院对依法处以管制、有期徒刑、缓刑、免予刑事处分放在社会上交由群众监督、改造的犯罪分子，要开展定期回访，检查他们改造的情况，帮助他们解决一些实际问题，落实措施，促进改造。

（4）人民法院依法严厉打击严重刑事犯罪分子是综合治理的首要一环，是分化瓦解罪犯、改造罪犯，教育挽救违法犯罪人员的重要前提。但严厉打击并不能代替综合治理的全部内容，也不是我们的最终目的。随着严厉打击的不断深入，教育、挽救轻微违法犯罪人员，特别是轻微违法犯罪的青少年的工作更为重要。因此，人民法院应当不失时机地加强对轻微违法犯罪人员的教育、挽救工作。在行使审判职能时，应根据他们的具体情况，区别对待，把思想教育同必要的惩戒措施结合起来。对于那些犯罪情节轻微不需要判处刑罚的，可以根据案件的不同情况，予以训诫或者责令其悔过、赔礼道歉、赔偿损失，或者由主管部门予以行政处分。对犯罪的少年犯，应当按照刑法从轻、减轻处罚的原则进行处理。对于其中不需要刑罚处罚的，可责令他的家长或监护人

加以管教，必要时也可以由政府收容教养。总之，运用多种手段，采取多层次的惩戒，辅之于耐心细致的思想工作，是促进轻微违法犯罪分子和失足青少年的思想转化的重要条件，为此，人民法院应当配合有关部门，共同地不失时机地对轻微违法犯罪分子做好教育、挽救、转化工作，共同做好青少年的教育工作，使综合治理中的教育、挽救、改造措施得到具体落实。

四、充分发挥职能作用，预防犯罪、减少犯罪

人民法院行使审判职能，严厉打击严重刑事犯罪分子的斗争本身也是一种特殊的预防犯罪、减少犯罪的有效方式。因此，在具体执行严厉打击的职能时，应当充分发挥这种特殊预防的作用，并把它同积极动员人民群众进行的一般预防紧密结合起来，努力在最大限度内有效地减少犯罪。具体地说：

（1）健全社会主义法制，加强和改善社会主义法制宣传，使人们知法、懂法、守法。这是考虑“久安”之计、运筹“长治”之策必须认真解决的一个重大问题。首先，在严惩严重刑事犯罪分子时，要有目的地搞好一些典型案件的公开审判，以生动的事实教育群众知法、守法，勇于与违法犯罪行为作斗争，杜绝有些地方私下解决刑事案件的现象，避免由此而酿成更严重的犯罪。其次，要提高判决书和布告的水平，使之起到法制教材的作用，使犯罪或诉讼当事人及其亲属服法服判，使群众从中受到教育和提高。同时可选用不同类型的典型案件进行公开宣判，也可以把重大刑事案件制成展览图片、幻灯片，因地制宜地广泛宣传。同时，人民法院在依靠群众办案中，可以发动、组织群众讨论重大刑事案件，进行社会主义法制教育，激发群众对犯罪分子的憎恨，鼓舞群众对罪犯的积极斗争，增强全体社会成员的法制观念。这是扫除法盲、预防犯罪的生动有效方法，应当经常加以运用。

（2）加强基层基础工作。要有效地预防和制止犯罪，就要把基层这个第一道防线的工作搞好。人民法院要严格依照党的方针、政策、国家的法律，审判好民事案件、经济案件，处理好人民内部矛盾，解决好各种民事权益纠纷和经济纠纷。在此基础上，人民法院要加强基层基础工作，加强人民法庭的建设和对调解组织的业务指导，深入到群众中去，到青少年中去，到成千上万个家庭中去，多做思想上的疏导工作、及时的调解工作和转化工作。这样才能了解新情况，新问题，提高人民的法制观念，使大量的一般民事纠纷和轻微的刑事案件得到及时妥善的处理，有力地防止矛盾激化或演变为重大刑事案件。如1983年河北省廊坊地区各级法院就防止了376起矛盾激化的案件，有效地预防了凶杀、投毒、纵火96起，自杀83起。可见因势利导地疏导、调解、转化是预防犯罪的重要一环。过去已有不少经验和教训，应加以总结，使这项工作做得更加自觉有效。

（3）人民法院要充分发挥自己的职能作用。通过对各类案件的审理活动，研究摸索犯罪规律，把对犯罪的特殊预防和一般预防紧密结合起来，及时地向有关部门、机关等单位的领导进行司法建议。如对严重违反纪律的人员可以建议有关单位严肃处理。针对有关单位各种安全保卫制度和检查制度不健全，枪支、弹药、财物等要害部位防范措施不力，存在漏洞的问题，应建议主管单位严格制度，堵塞漏洞。对在社会治安中同犯罪

分子作斗争、发现和制止犯罪的好人好事，建议有关部门予以表彰，鼓励人民群众积极参加预防犯罪、减少犯罪的斗争，有效地发挥人民法院的职能作用。

劳改工作在综合治理中的地位与作用

（1984年）

许　前　程

一、劳动改造罪犯工作是综合治理不可缺少的组成部分

当前我国存在的青少年违法犯罪，是一个十分复杂的社会问题，是由多方面的因素造成的，要有效地预防和减少青少年犯罪，实现社会治安的根本好转，必须实行社会治安的综合治理。

所谓综合治理，就是在党委的领导下，全党动员，各级部门、各条战线、各个方面协同行动，充分发动和依靠群众，采取思想的、政治的、经济的、行政的、法律的各种措施和多种手段、方法来解决犯罪问题。从政法工作的角度来看，落实综合治理的方针，必须采取许多重要措施，例如，根据党中央的指示和全国人大常委会的决定，从重从快严厉打击刑事犯罪活动，便是综合治理社会治安的首要措施。但是仅此一项还不够，因为对待犯罪分子，除极少数罪大恶极、必须依法判处死刑立即执行者以外，对其中的绝大多数罪犯则是依法判处徒刑，包括为数甚少的被判处死刑缓期执行。对这些罪犯怎么办？西方资本主义国家的办法是关起来、养起来，采取消极的单纯惩罚的办法，待到刑满放回社会，于是有些人又重操旧业，重新犯罪，恶性循环，甚至有许多从轻微的犯罪进监狱，出狱后很快变成了杀人越货的“江洋大盗”。因此，西方资本主义国家的重犯和累犯率高得惊人，一般都在60％以上。显然，他们的作法是不可取的。

我国对待罪犯的办法，是根据《中华人民共和国劳动改造条例》和《中华人民共和国刑法》的决定，对罪犯实行劳动改造。我国劳动改造机关，代表全国人民的利益，依照国家法律，对少数危害国家的主权和领土完整，危害人民民主专政的国家政权，破坏社会主义革命和建设，破坏社会秩序，侵犯国家、集体和私人所有的合法财产，侵犯公民的人身权利、民主权利和其他权利的反革命犯和刑事犯，依法实施惩罚与改造，通过劳动改造，将罪犯教育改造成为新人，变破坏因素为积极因素。实践证明，这是行之有效的好办法。

在政法系统，公安机关对犯罪分子立案侦查，案件侦破以后依法逮捕人犯，被称为第一道工序；人民检察机关依法起诉，人民法院依法作出判决，是第二道工序；劳改机关对被判处徒刑的罪犯执行劳动改造，努力将他们改造成为新人，则是第三道工序。这第三道工序可以说是最后一关，对于改造罪犯，预防和减少犯罪，巩固社会治安，至关

重要。所以，劳动改造罪犯工作，是综合治理不可缺少的重要组成部分。

二、我国劳改工作在维护社会治安中发挥巨大作用

新中国成立以后，全国人民在党中央领导下，坚决地同反革命的残余势力进行了斗争，相当彻底地肃清了残余反革命分子，扫除了旧社会遗留下来的垃圾，巩固了人民民主专政，创造了我国社会空前未有的安定局面。在这场革命同反革命的斗争中，各地公安机关、人民检察院和人民法院，对于依法逮捕的大批反革命分子和其它刑事罪犯，贯彻执行惩办与宽大相结合，劳动改造与思想教育相结合的政策，除了少数罪大恶极、血债累累、不杀不足以平民愤的罪犯依法判处死刑外，对于其余的大多数罪犯，都实行了依法处徒刑，强制劳动改造或交人民群众管制、监督劳动的方法。对于判刑劳改的罪犯，劳改机关对他们实行了革命人道主义的待遇，组织他们学政治与文化，参加劳动生产，促使其转变立场和思想，悔过自新，改恶从善。在党的伟大的劳改政策的感召下，经过劳改工作干部含辛茹苦地工作，使历年来判刑劳改的绝大多数罪犯得以改造成为新人，盗窃犯变得拾金不昧，杀人犯能舍己救人，过去的犯罪分子今天成为维护治安的积极分子。尤其是满清末代皇帝爱新觉罗·溥仪，被改造成为劳动者，《从皇帝到公民》的故事，在全世界传为美谈。不少的罪犯通过劳动改造，被造就成为技工、技师、工程师、医生，为国家建设输送了人才，他们回到社会就业以后，不少人成为生产技术骨干，有的还当上了先进生产者和劳动模范，成为有益于社会和人民的人。在教育人改造人的同时，通过组织劳动生产，还为社会创造了大量的物资财富。今天的劳改工厂和农场，在全国各地的工农业生产中均占有一定的位置。

我国劳改工作所取得的巨大成绩，可以说是举世公认的。不但得到了党和人民的赞扬，而且也得到国际友人的高度评价。1959年建国十周年时，参观了全国劳动改造罪犯展览会的人民群众高兴地说："看了展品，真想不到是犯人生产的，同样两只手，过去给人民造下灾难，今天却做出了对人民有利的事。"称赞我国的劳动改造罪犯工作"是千古没有的伟大事业"。"创造了人间的奇迹"，"只有在共产党的领导下的社会主义中国才能出现"。参观过我国监狱和劳改队的外国朋友，对我国的劳动改造犯罪工作也是赞不绝口。他们说："中国的劳动改造政策是成功的"，"中国的劳动改造好，我们要借鉴和学习，回去后一定要宣传"。

在今天，社会犯罪问题已成为西方资本主义国家的不治之症。许多外国朋友对我国犯罪率低，社会治安之好，称赞羡慕不已。在"文革"前，我国的社会治安比现在要好得多，被国际友人誉为"不沉的绿洲"。在维护社会治安方面，那时候我们虽然还没有提出综合治理的概念，但全国人民，各条战线，各个部门在维护社会治安，同刑事犯罪作斗争方面都是做了大量工作的。当然，其中包括我国的劳动改造机关，也是做出了很大的贡献的。我国的劳动改造罪犯工作质量之高，刑满释放人员重新犯罪率之低，在全世界也是罕见的。重新犯罪率一般在１％至２％左右，最高没有超过３％。"文化大革命"中劳改机关遭到林彪、江青反革命集团的严重破坏，劳改工作受到了很大的影响，重新犯罪率有所上升，前几年据一些省市调查，一般在５％至７％左右，情况好的约在

3％左右，少数地方和单位在3％以下，但有个别的地方重犯率达10％以上。不过这比起西方资本主义国家仍然要低得多。

从我国劳改工作在改造罪犯和维护社会治安中所作出的贡献，可以清楚地看到劳改工作在综合治理社会治安中的积极作用。

三、劳动改造是消灭犯罪的重要手段

劳动改造罪犯工作，不仅是综合治理社会治安的重要环节，而且是改造社会、改造人的伟大事业的一部分。从长远的战略来看，劳动改造罪犯工作还是最终消灭犯罪的重要手段之一。

大家知道，我们共产党人不仅要彻底摧毁旧世界，而且要建设一个新世界。建设新世界，对于那些旧社会遗留下来的社会渣滓，我们没有采取反动剥削阶级那种极端野蛮的办法，用消灭肉体来解决。毛泽东同志指出："对于反动阶级实行专政，这并不是说把一切反动阶级分子统统消灭掉，而是要改造他们，用适当的方法改造他们，使他们成为新人"，这就是劳动改造的办法。

现在，我们正处在建设社会主义现代化的历程中，由于国内的阶级斗争还将在一定范围内存在，国际上还存在着帝国主义和敌视我国的反动势力，西方腐朽没落的资产阶级思想，也会通过各种途径渗透到我国来，因此，在我们社会里，难免会有少数人被资产阶级思想腐蚀而蜕化变质，走上危害社会和人民的犯罪道路。这些新滋生的犯罪分子，从某种意义上来讲是新的社会渣滓。但是，这些人绝大多数是青少年，出身于劳动人民家庭，既是害人者，又是封建主义残余思想和资本主义思想的受害者，并具有极大的可塑性。对于这些以青少年为主体的新的刑事犯罪分子，在依法惩处以后，要采取"教育、挽救、改造"的方针，把他们从一个危害社会的人转变为一个对社会主义建设有用之材。我们的劳改机关就担负着这项综合治理的主要任务。

我们共产党人的最终目的，是求得全人类的彻底解放，在全世界实现共产主义。共产主义社会是人类最进步的社会，不仅具有高度的物质文明，而且具有高度的精神文明。人类进入到共产主义社会，阶级消灭了，犯罪这类丑恶的社会现象也将消灭。周恩来同志生前在谈到劳改工作时曾经指出过："经验证明，国家对罪犯的改造政策不仅可以把许多犯罪分子改造过来，而且也是消灭反革命残余的重要手段之一"。所以，从长远的观点来看，劳动改造罪犯也是人类最终消灭犯罪，进入无犯罪现象的共产主义社会的重要手段之一。

马克思有一句名言：无产阶级要解放全人类才能最后解放自己。解放全人类，要在全世界彻底推翻人压迫人、人剥削人的资本主义制度，还要把反动剥削阶级的人们教育改造成为新人。要达到此目的，自然也离不开劳动改造的手段。当然，今后的劳动改造的形式和方法，无疑也会随着形势的发展和情况的变化而不断发展和变化。

总之，劳动改造罪犯这项看起来十分平凡的具体工作，而实质上是和我们党消灭阶级、消灭剥削、改造社会、改造人类的伟大事业的一部分，是和伟大的共产主义事业紧密相连的，因而，具有十分重要和深远的意义，也是一项十分光荣的政治使命。

关于社会治安综合治理的经验探讨
（1985年）

江西省法学会　邱　健

省法学会组织了一个6人调查组，先后到江西纺织印染厂（下简称江纺）、洪都钢厂、广外街道、英岗岑煤矿、高安县第二中学和高安县的灰埠、祥符、上湖第三乡的一些行政村和自然村，作了近一个月的综合治理情况调查。从所得的材料看，这些单位和地区，对贯彻执行中央关于“综合治理”社会治安问题，一般都很认真，他们结合了各自的实际情况，既全面落实又各有侧重。他们在实际工作中提出了如下三个值得我们重视与探讨的问题。

第一、实现“综合治理”必须在党委统一领导下，发挥一只拳头、五条网的作用。

一只拳头，在一个县系指公、检、法、司形成的力量，这在认识上都比较明确，但是在一个工厂、矿山，或一个乡，如何使保卫科、派出所、法庭、巡逻队和民兵等凝聚成的一个巨大力量，则往往容易为人所忽视。在调查中，我们发现江纺在这方面组织得很好。该厂在1981年8月学习了中央21号文件之后，正式成立了厂的“综合治理”领导小组，由分管政法的党委书记和一位副厂长分任正副组长，党委宣传部、组织部、纪检会、保卫科、武装部、劳资人事科、工会、团委、党委办公室等九个单位的负责人为成员。这个领导小组建立后，对当时全厂的形势立即作了分析，针对大批青工（1979、1980两年达7千人）顶替进厂的情况，分别不同问题，采取了一系列不同措施，进行综合治理。三年中，他们对如何贯彻综合治理社会治安的问题，有记录或决议文件可查的共达15次，通过会议研究，制定了“加强法制宣传教育的意见”、“加强劳动纪律的规定”、“江纺安全保卫责任制”、“民事调解的暂行规定（20条）”、“奖惩办法”、“关于开展打击刑事犯罪活动的几点要求”、“关于违章建筑的规定”、“关于物资管理条例的规定”等一系列有关规定，并以该厂保卫科25名干部为骨干，包括经过挑选的30名退休老工人组成的巡逻队、83人组成的守卫队、25人组成的消防队，共计163人为治安工作的核心力量，在该厂“综合治理”领导小组的布置下，步伐协调，配合默契，秉公执法，办事公正，因而他们在打击刑事犯罪活动、保护广大职工生命财产安全和维护社会秩序、生产秩序等方面，形成了一个有力的拳头，发挥了强有力的震慑作用。

五条网，系指法制宣传网、治安保卫网、人民调解网、对失足青少年帮教网、党员干部的综合治理联系网等。通过这五条网，把各条战线的有关部门和有关力量组织起来，把广大人民发动起来，从各个方面发挥各自优势，对社会治安进行“综合治理”。可以把他们的主要作法概括如下：

1.法制宣传教育网。法制宣传教育是提高人民知法、守法、执法、护法的重要手段。凡是社会治安综合治理搞得好的单位和地区，法制宣传教育工作也一定摆在首要地位。江纺就是采取以党委宣传部牵头，组织保卫科、厂教育中心办公室（包括职工政治轮训班、文化补习班、技术培训班以及学龄前儿童、小学、中学、中专、大学一条龙的教学系统在内）、工会、青年团等单位的负责人，共同抓法制宣传教育工作。利用各种学校、训练班，厂广播站、《江纺日报》、职工大礼堂、电影院、体育场、厂级宣传中心（5个大玻璃橱的法制宣传栏）、墙报、黑板报等各种组织和工具，通过正反案例、实物解说等，宣传党的宽严政策，并使法制宣教工作做到经常化、制度化。实践证明，这种宣传方式影响大，收效好。该厂举办大型法制宣传展览时，厂周围的群众也都络绎不绝地前来参观，接受教育。

高安县的法制宣传工作，也有他们的特色，在县委统一领导下，县委宣传部、政法委员会、办公室、团县委、教育局、司法局六个单位成立了领导这项工作的结合体，其中司法局起主动的组织推动作用，协助党政领导出主意、想办法、提方案、供资料。在做法上，他们开辟了七块宣传阵地，也叫作“七个一”。这七块阵地是：

一块黑板报。全县303个行政村，4500多个自然村，几乎村村都有宣传法制的黑板报，一年内共出黑板报、墙报3440期。

一个广播筒。全县共有近10万有线广播喇叭筒，规定每次广播必有法制宣传内容。

一盏幻灯。全县共有81家电影院和放映队，每次放映正片前，必先放映宣传法制的幻灯片。

一张法制报。全县订法制报已达6千多份，其中伍桥乡16000人，平均每80人就有一张法制报。

一个学习会。每遇国家决定一件大事，都要组织专门学习座谈。如严厉打击刑事犯罪，该县就及时编印了2000多份资料，发到各乡、村组织群众学习。

一张大型法制宣传画或一套活动宣传板。一年内利用12部宣传车，轮流到偏僻山乡和林区进行法制宣传。

一个课堂。全县除了对12.6万多名中、小学生，县党委党校及县、乡各级举办的各种训练班安排法制课的任务外，一年内还组织各级领导干部作法制报告702次，组织大型审判会7次，参加人数10万余人。

通过上述七块宣传阵地，全县50万人受到了多次不同形式的法制教育，占总人口的80%以上。由于法制宣传教育的普及和深入，特别是“严打”行动开始前，以中央31号文件为主，集中宣传了打击刑事犯罪的重要性和必要性，因而全县有872人检举揭发了各种犯罪分子506人，提供线索403条，扭送各种违法犯罪人员40人（其中亲属扭送的5人），还有200多名各种违法犯罪分子主动向政府公安机关坦白交待自己的问题。

2.治安保卫网。江纺是个大厂，共有职工1.36万多人，厂生活区居住3000多户。由于十年浩劫的影响，部分青工法制观念薄弱，违法行为常有发生，对生产和厂区治安都带来不利。群众气愤地说：“他们小法不断，大法不犯，气死公安，难死法院。”该厂根据这个情况，以车间为单位组建了24个治保委员会，9个居民区也都设有治保主任，各工段、班组组成了79个治保小组，治保人员共有477人，划分责任区，实行岗位安全责任制，规定了定期记分、评奖的检查评比制度。这样，把过去治安保卫工作都由保卫科来管的孤军作战局面，变成了全厂的治安保卫工作大家共同分担的新局面。

治保工作的信息灵通了，对问题的发现和解决也就及时了，厂区治安明显好转。

高安县祥符乡的西湖大队，529户，2568人（有党员42名、团员28名）。从大队到各自然村都有一整套治保组织（大队有治保委员会、自然村有治保小组）和一批（15人左右）治保骨干，并且订立了严格的岗位责任制度，所以出现“十无”的好局面，即：一无法盲，二无犯罪人员，三无重大刑事案件，四无人偷听敌台广播，五无乱砍乱伐山林，六无赌博和封建迷信活动，七无打架斗殴，八无交通肇事（该队有21台手扶拖拉机，一台大型拖拉机），九无非正常死亡，十无火灾。该大队已有26年无人犯罪，现在还提出两条保证：保证本队人不犯罪，保证外地人来犯罪跑不了。他们从1982年至1984年8月，共抓获外地来人作案五起。有两个外地人夜间窜到该大队作案，他们一直追到邻县才抓了回来。

3.人民调解网。在江纺，从班组到厂部建立了三级调解组织。1979年成立了厂级调解委员会，由党委书记、保卫科长、工会副主席、纪检副书记、组织部长、工资科长、家属委员会主任等八位同志组成，设办公室，配备三名专职干部处理日常工作。1980年各车间又成立了18个调解分会，各班组成立了59个调解小组，共有调解人员570人，分布在各车间、班组，并规定了工作责任制，每年还开展一次群众性的评奖活动，然后召开全厂范围的大会进行表彰，以促使这个组织经常保持积极主动的工作活力，使许多可能产生大祸的事端，解决于萌芽状态之中，因而该厂几年来人民内部纠纷，一直连续大幅度下降。江纺调解工作的特点是不仅把纠纷解决在萌芽之时，而且能主动分析形势，找出原因，提出解决办法，避免纠纷的发生。

4.对失足青少年帮教网。这是贯彻社会治安综合治理的一个重点。对这一工作，各地在作法上不尽相同，但都能收到异曲同工之效。如江纺采取厂、车间、班组三级分工负责办法，厂级帮教组负责帮教的对象，问题都是比较严重的。具体条件是：曾因违法乱纪开除了厂籍留厂察看的人员；刑满释放和解除劳教的人员；被公安机关收容和行政拘留确有违法行为的人；有过偷窃、流氓、行凶、诈骗、赌博或抢夺等犯罪活动，被公安机关从宽处理教育释放的人员。车间、班组的帮教对象，问题比较一般或者好帮教些。同时，他们对经帮教以后确能交待自己的问题，有悔改表现，能检举揭发别人问题，与同伙断绝非法交往，停止违法犯罪活动一年以上，积极参加工作、学习、生产的，宣布撤销帮教。如1981年确定的217名帮教对象，经过他们一年的工作，1982年验收结果，确已转好的有127人。到1984年元月，再次检查验收时，尚未转好的只剩下41人。撤销帮教的，有的当了先进工作者，有的被评为生产能手，有的入了团或者提任了班组长。英岗岭煤矿对146名帮教对象，则由党员干部、工人、团员组成三结合的帮教小组123个，包干负责。经过近两年的努力，到1984年6月底，已撤销帮教的有106人。这些人至今未发现重新违法犯罪，其中有8名入了团，31名被评为先进生产者，18名担任了生产班、组长。事实证明，只要加强帮教组织网的建设，固定责任制，有针对性地进行工作，绝大多数失足青年不仅可以挽救过来，而并将成批地转变为先进人物。

5.党员、干部的“综合治理”联系网。高安县灰埠乡的作法是，由乡党委书记带头，发动全乡党员干部，每人主动联系一至二户，针对每户的不同情况，把法制教育送上门去。如乡党委书记在花苑行政村蹲点时，就与金家村两户农民建立了联系。他听说两户人家的儿子经常伙同几个人到群众菜园和乡农科所偷取瓜果等食物，立即找到有关家长，将八个参加偷盗的少年召集在一起，进行法制教育，并责成家长对其子女加强管教，这八个少年就很快改正了错误。现在，全乡1132名党员干部都在这样做，每人联系两户就有两千多户，占该乡总户数的30％。因此，这也是做好“综合治理”的一项有效措施，值得提倡、推广。

第二、实现综合治理必须做好三个紧密结合。这就是：

（一）惩治与防治必须紧密结合。实践经验证明，在依法从重从快严厉打击刑事犯罪过程中，凡是与教育挽救工作结合得好的，都能收到打击一小撮，挽救一大片的显著效果。江纺在“严打”第一战役中逮捕了一小批刑事犯罪分子之后，发现有些青工情绪紧张，惶恐不安。他们就及时抽出了五位同志负责，有选择地办了28名有违法行为和有犯罪嫌疑的青工训练班，以正面教育为主，讲法律，讲道德，讲政策，还根据青年人的特点，教唱健康歌曲，组织观看有教育意义的电影，促使他们放下思想包袱，鼓起改正错误的勇气。经过一周学习，一细纱车间的青工廖××主动交出了五把自制凶器，二细纱车间的陆×也主动交代了他盗窃录音机的事。当宣布免予处理后，还鼓励他们现身说法，向训练班的全体人员交代了他们“严打”以来的思想动态和演变过程，促使全班人员的思想转化，纷纷交代自己的问题，还检举揭发提供线索23条，破获案件12起。其中有两个案子，两、三年都未破，这次10天就得到了解决，追回收录机3台和自行车等赃物，价值人民币2000余元，更重要的是这批青工得到了及时挽救。

（二）综合治理必须与精神文明建设紧密结合。高安县灰埠乡的党委同志认为：只有以家风促村风，以村风促进整个社会风气的好转，才是根本的途径。因而，他们几年来一直把文明村、文明单位的建设列为精神文明建设的一个重点。在精神文明建设中，以治赃为突破口，以治乱为关键，以贯彻乡规民约，兴办文化福利事业为具体措施。1983年乡政府制订了《乡规民约十五条》，经过一段时间的试行，1984年在乡人民代表大会上，经过全体代表讨论，重新修订通过了《乡规民约二十条》，印发到每个机关企事业单位和村庄贯彻执行。到现在为止，全乡着手文明村建设的有26个村庄。锦江行政村的聂家村，从贯彻乡规民约入手，综合治理脏、乱、劣、旧、愚，发动群众整顿村风村貌，兴办文化站、幼儿园、俱乐部、科技夜校等。经过几年的艰苦努力，现在全村面貌一新，生机盎然，实现了无偷窃、无赌博、无封建迷信活动、无打架斗殴、无乱砍滥伐、无违章建房、无计划外生育、无文盲的“八无”村庄，被县、地区评为文明建设先进单位。周围村庄的群众也称羡不已。

（三）专门机关、队伍必须与广大群众紧密结合。整顿社会治安，没有实行专门机关、专门队伍不行，这支专门机关和专门队伍的重要作用和威力，又必须建立在依靠人民群众的基础之上。就高安县来说，在县委统一领导下，由于依靠群众和动员各条战线的力量打总体战，因而在第一战役中，就摧毁了各种犯罪团伙32个，收捕各案人犯576名，使全县社会秩序、生产秩序、工作秩序大为好转，人心大定、生产大升。据了解，该县在第一战役中，人民群众自觉参战者有792人，揭发了406名犯罪分子的398条线索，使政法部门破获了一批旧案、难案。全县参战群众有75名立了功，受到县委、县政府的奖励和表彰。这个县的上湖乡，在第一、二仗中，共捕判了60名各类刑事犯罪分子，被认为是搞得较彻底的一个乡。后来政法部门抽了40名干警，配合大队、村干部，发动群众，宣传严宽政策，经过28天的工作，不仅又清理出一大批违法乱纪的人员，还挖出了隐藏较深的盗窃集团分子和强奸幼女犯等九名，缴获了各种赃款赃物价值人民币近万元，子弹149发，雷管68个，炸药11节，以及匕首等凶器。这些事例充分说明，专政机关和专门队伍只有和广大人民群众紧密结合，取得人民群众的大力支持，才是实现社会治安根本好转的重要保证。

第三，实现综合治理，必须高度重视和及时解决人民内部纠纷，防止矛盾激化。

我们在调查中发现，不论城市、乡村，还有矿山、街道，都存在着大量的人民内部纠纷。特别是近年来，由人民内部矛盾激化而产生犯罪的情况，已日趋严重，这不能不引起我们的高度重视。对于这类问题，有正反两方面经验，值得我们认真思考。一种是对人民内部纠纷问题，采取认真负责的态度，针对不同情况，寻求有效的解决办法。如英岗岭枫林矿对群众中的一些"霸道户"、"霸道人"，高安县祥符乡西湖大队对群众中的"拳头大王"、"称王称霸"的无赖之徒，采取由工区干部、大队治保主任等分工负责的办法，在进行耐心细致帮教的基础上，辅之以政策教育，使他们树立起道德观念、法制观念，从而避免了纠纷的发生，防止了矛盾的激化。另一种是对群众中的某些"霸道户"、"霸道人"的称霸行为放任不管，对一些备受欺凌的群众申诉充耳不闻，不能认真负责地及时作出公正处理，因而往往使矛盾恶化。前一种态度是积极、认真、负责的态度，是大有利于社会治安的，而后一种态度是失职的，往往会因此酿成大祸。人民内部纠纷，特别是少数霸道户、霸道人的逞强行为，如不及时加以制止，势必导致矛盾激化，产生恶劣后果，我们应该重视起来并把这项工作提到综合治理的重要议题上来。

河南省青少年犯罪综合治理概况

（1987年5月）

河南省公安厅

河南省地处中原，据1986年年底统计，有7848多万人口，其中14岁至25岁的青少年2110多万，占26.9％；加上7至13岁的1156万多人，7岁至25岁的青少年共3266万多人，占全省总人口的41.6％。他们是国家的希望和未来，是各条战线的生力军和后备军。从总的情况看，他们的精神面貌和道德风尚的主流是好的。但是，我们也不能不看到，由于种种原因，青少年违法犯罪问题是比较突出的，以至成为影响社会治安、干扰社会主义物质文明建设和精神文明建设的重要因素。因此，全党和全社会对此都十分关怀和重视。几年来，全省人民在各级党委和政府的统一领导下，在一手抓经济体制改革、促进物质文明建设的同时，一手抓社会主义精神文明建设，在综合治理青少年犯罪方面，做了许多工作，取得了很大的成绩。

一、河南省青少年犯罪基本情况

在50、60年代，青少年罪犯在全部刑事犯罪分子中所占比例是很低的，因而既没有形成“青少年犯罪”这样的概念，也没有形成一个全社会瞩目的社会问题。

以下是公安部门对全省的统计：

年　　份	抓获的作案总人数	其　中　青　少　年	
		作案人员	%
1954	6306	162	2.56
1955	5681	46	0.8
1956	6073	286	4.7
1957	12097	456	3.8
1958	10716	485	4.52
1959	4961	325	6.55

（注：“青少年”系指年满14周岁至未满26周岁的人。）

由上表可见，整个50年代，青少年犯罪比例很低，其犯罪的性质绝大部分是盗窃犯罪，暴力性的犯罪（如强奸、杀人）极为罕见。

在60年代和70年代前期，缺乏统计资料。

自1979年之后，我省青少年犯罪人数和所占的比例逐年增长。详见下表：

年　　份	抓获的作案成员总人数	其　中　青　少　年*	
		作案人数	%
1979	26410	12403	46.96
1980	34053	19747	57.93
1981	38928	24433	62.75
1982	38150	25261	66.21
1983	35931	23760	66.12
1984	26763	16736	66.19
1985	29601	20768	70.12
1986	33982	24524	72.16

从上述统计中可以看出，自1979年以来，各年所抓获的作案的青少年绝对数虽有波动，但它在全部作案成员中所占的比例，一直呈上升的趋势。从破获的青少年犯罪案件

看，呈现几个明显的特点：一是犯罪年龄趋于低龄化，某县破获一个盗窃团伙，10名成员，先后作案10余起，为首的15岁，最小的才8岁。二是作案手段成人化，他们白天踩点，晚上盗窃，拦路强奸，蒙面抢劫，屡见不鲜。有一个14岁的孩子，作案时带手套，脚穿42码的大鞋，作案后用水冲洗现场，不留痕迹。三是残忍性，因小的矛盾，动辄用刀捅人；有的报复杀人，一杀数口，甚至十几口。四是团伙性，作案多以团伙形式出现。1986年破获犯罪团伙2990个，较1985年的2338个增长27%。抓获团伙成员13225人，较1985年的9746人增长35.7%。有些青少年犯罪团伙带有封建"帮会"的色彩，如："猛虎帮"、"七星帮"、"天龙帮"、"十三棍僧"等等。五是犯罪性质多为追求淫欲和财欲。1986年强奸、盗窃、抢劫、诈骗占全部案件的82%。六是青少年犯罪向农村蔓延，城市中所有的犯罪类型，农村都有，农村犯罪增长率比城市为快。

二、省委治理和预防青少年犯罪的重要活动

（一）大抓青少年共产主义道德教育

1979年8月，中共中央〔1979〕58号文件下达之后，中共河南省委于8月27日即发出〔1979〕152号文件，批转团省委党组《关于加强青少年道德教育问题的请示报告》，要求各级党委加强对青少年进行共产主义道德教育，并建立了河南省青少年共产主义道德教育领导小组，由省委宣传部、省教育局、公安局、文化局、民政局、劳动局、财政局、省总工会、团省委、省妇联等单位的领导同志组成。领导小组办公室设在团省委，由各有关单位抽人，处理日常工作。

1979年10月下旬，由省委副书记乔明甫同志主持，在平顶山市召开了有省直各单位的负责同志和市、地委书记、团委书记、宣传部长、公安局长参加的全省青少年共产主义道德教育汇报会。乔明甫同志在会上做了长篇讲话，要求各级党委把加强青少年的培养教育放到重要议事日程上，切实抓紧抓好。

1980年3月底至4月初，中共河南省委在安阳市召开了共产主义道德教育经验交流会，省委副书记乔明甫同志主持，各地、市党委、团委和省直有关单位的负责同志参加，许多先进单位和热心青少年教育的教师、家长、街道干部和派出所干警介绍了他们精心培养教育青少年成长的感人事迹。会上，团中央研究室负责人谢昌逵同志做了长篇讲话，系统地提出了对青少年教育和社会治安问题实行"综合治理"问题。

（二）在"严打"的同时，大抓"综合治理"

1.1985年12月上旬，建立了河南省社会治安综合治理领导小组，中共河南省委副书记刘正威同志任组长；省委常委、副省长张志刚，省委常委、政法委员会书记宋照肃等四同志任副组长；省委宣传部门、公检法、工青妇、劳动人事、教育、文化等部门的主要负责同志共17人任委员。综合治理领导小组下设办公室，负责日常工作。

2.1986年1月，中共河南省委发了豫办（1986）3号文件，转发省委副书记刘正威同志1985年12月3日在省社会治安综合治理领导小组第一次会议上的讲话。刘正威同志指出：全社会都要关心和教育青少年，尤其要抓好对违法失足青少年的帮教工作，这是社会治安综合治理工作的重点。

3．1986年3月，省委又发了〔1986〕21号文件，转发省综合治理领导小组《一九八六年全省社会治安综合治理工作要点》。工作要点共列举了：建立组织，加强领导，加强对青少年的教育，抓好“普法”工作，推广治安、民纲责任制和安全防范责任制，加强治安管理、做好“两劳”人员的安置工作，明确各部门分工等七项内容。

4．1986年9月2日至3日，召开了省综合治理领导小组扩大会议。刘正威同志在会上强调：各地要进一步加强领导，真正把社会治安综合治理措施落实到基层。

截至1986年底，全省17个地、市中，已有15个地、市建立了社会治安综合治理领导小组和日常办事机构，配备了专职干部，制定了规章制度。全省绝大部分县、市、区（城市区），也建立了综合治理领导机构和办事机构。省直综合治理领导小组各成员单位，都确定了一名联络员，加强与省“综合办”的联系。从组织上说，全省社会治安齐抓共管的局面，已初步形成。

三、综合治理的重点是做好人的工作

（一）在各级各类学校，全面地贯彻党的德智体全面发展的教育方针，对学生进行理想、道德、法制、纪律教育，将他们培养成“四有”的社会主义一代新人

自1981年以来，河南省陆续在大、中、小学开设了思想品德课，此后又增加了法制教育内容或开设了法制课。1985年省教委中小学教材教研室编辑出版的《河南省小学思想品德课法纪教育补充教材》和教师参考用书，一套24册，《光明日报》为此发了消息，目前已发行1千多万册。青海省用了我省的课本。

（二）充分发挥各级团组织团结、教育青年的作用

1．　抓好广大青年的思想政治工作，改变过去那种单纯灌输、空洞说教的教育方式，用典型形象教育青年。

2．　建设青少年活动阵地，充实他们的精神生活。在城市，抓了青少年宫的建设；在农村，抓了“青年之家”建设。目前，郑州、平顶山、开封、驻马店等市的青少年宫第一期工程已经完成，并交付使用。截至1986年底止，农村已建立“青年之家”35788个，建家率达76.9％。

3．　抓好农村青年实用技术培训，引导他们勤劳致富。据不完全统计，仅1986年全省共举办各类实用技术培训班五万多期，培训青年193.5万人。通过培训，使他们掌握了技术，越来越多的青年走上了勤劳致富的道路。现在，全省青年专业户和科技示范户达200多万个，以青年为主体的经济联合体近10万个。学科学、钻技术、务正业、走正道，是当前农村青年的主流。

（三）对违法和轻微犯罪的青少年进行帮教

为了使“帮教”制度化，首先，建立了帮教组织，实行多种形式的包教责任制。全省共建立各种帮教小组8.2万多个，具体分工是：帮教对象是内部职工的，以单位为主，派出所配合；是学生的，以学校为主，派出所和街道配合；社会青年，以街道为主，派出所配合；是农村青年的，以村党支部、治保会为主，派出所配合；一般轻微的违法者，由家庭、邻居帮教。对依法做过公开处理的，公开帮教。派出所民警除参加指导所辖区内所有帮教组织外，还每人选择一、两个“尖子”具体帮教。自“严打”以来，全省共帮教违法青少年20万余人，其中改好的10.8万多人，占54.25%，其中入党的105人，入团的2170人，被评为市、县劳模的115人，评为先进的3220人，走上勤劳致富道路成为千元户和万元户的8460人。

其次，注意解决他们的实际问题，促进其思想转化。部分违法和轻微犯罪的青少年，在生活中确实存在着一些实际困难，如就业、上学、住房、家庭关系、婚姻问题等等。这些问题不解决，不利于其思想转变。因此，在各级党委和政府的领导下，各有关单位都在可能的条件下，注意切实解决他们的实际问题。例如安阳市近两年回归“两劳”人员1074人，已安排就业835人，占77%。扶沟县自1981年以来，对全县546名“两劳”释放和流窜回归人员进行了积极的安置和帮教，在需要安置的412人中，至1986年底，已安置382人，安置率达92.7%，其中在安置的106名流窜回归人员中，无一人重新违法犯罪。固始县一马岗派出所自1985年以来帮助94名违法青年走勤劳致富的道路，至今无一人重新犯罪。平顶山市棉纺织厂，不仅积极安置和帮教原属该厂职工的“两劳”回归人员，而且还尽力安置和帮教原非该厂职工的“两劳”回归人员，使他们有了固定的工作，成为新人。

第三，适应新形势，不断改进帮教工作方法。过去把他们看成是犯罪分子，采取一管、二训、三整、四办班（学习班），动不动就把他们叫到派出所训一顿。这样往往使帮教对象同公安干警产生对立情绪，效果不好。现在从教育、挽救出发，通过多种渠道同违法青年沟通联系，交流思想，建立感情。

（四）抓好“两劳”人员的改造工作

1．　不断端正业务指导思想，认真贯彻执行了“改造第一、生产第二”的劳改工作方针和“教育、感化、挽救”的劳教工作方针。1986年10月至12月，河南省公、检、法、司、劳动人事和工、青、妇等部门组成了考察组，对全省1983年释放的即释放后已满3年的人员，进行了全面的跟踪调查。在全部5820人中，刑满释放回乡表现好的1321人，占考察总人数的22.7%。表现一般的3394人，占58.3%，以上两项共占考察总数的81%。重新犯罪的只有330人，占5.67%。在考察的25岁以下的1140人中，重新犯罪的129人，占11.32%。青年重新犯罪率较高，还有别的原因。总的说来，改造质量还是高的。

2．将监狱和劳教所办成“改造人、造就人”的特殊学校。

1986年9月10日，郑州市齐礼阎劳教所成立了“劳动教养学校”，中宣部调研员曲啸同志被聘请为名誉校长。

1986年9月18日，平顶山市姚孟劳教所成立了“培德学校”。司法部部长邹瑜同志亲题校牌，女社会活动家费路路为校牌揭彩，孙敬修、费路路、郭翔等同志被聘请为名誉校长。

截至1986年底为止，全省已办好劳教学校4所，劳改单位办学11所。已办成学校的单位，对在押人员加强了“三课”教育（即政治思想教育、文化教育和技术教育）。在各劳改学校中1984年至1986年参加当地文化统考的犯人共15106人，获得小学、初中、高中等合格证的10768人；参加当地技术统考的3689人，获得合格证的2704人。

3．狱内、所内教育与运用社会力量教育相结合。

（1）动员"学员"家长和原单位签订帮教合同。平顶山市劳教所对劳教人员实行"四环相扣，联合帮教"的方法，即劳教所同劳教人员本人及其家属、所在单位或街道办事处签订帮教合同，多层次、多渠道地对他们进行教育、感化，有效地提高了改造质量。1985年6月25日《河南日报》以《没有围墙，无人逃跑》为题做了报道。河南省司法厅于1985年7月在平顶山市召开了全省劳教系统管教工作现场会，在全省各劳教场所普遍开展了签订帮教合同活动，使借助社会力量实行开门办劳教的联合帮教形成制度化。

（2）邀请党政领导和社会知名人士、英雄模范、新长征突击手等到"两劳"场所做报告，对"两劳"人员进行面对面的教育。1985年11月全国学雷锋标兵朱伯儒同志先后到河南省第一劳教所、郑州市齐礼阎劳教所、省五监狱等单位看望"两劳"人员，勉励他们加强改造，立志成才。1986年6月28日中宣部调研员曲啸同志应邀到省五监狱，针对女青少年犯人的思想实际，为她们作了《安心服刑，努力作"四有"、"四自"新人》的报告。1984年8月至12月河南省司法厅组织的《青年法制演讲团》，到全省39个劳改单位作演讲43场，听讲犯人5万余人。此外，还有的地方和单位组织了"亲人之声"、"荣归者之声"、"希望者之声"等演讲团、报告团等到"两劳"单位做报告，激发"两劳"人员认识服法、"失足不失志"，重新做人的信心。

（3）向"两劳"人员赠书。自1981年以来，共青团河南省委、省妇联、公安厅、司法厅、民政厅、教育厅等单位向"两劳"人员赠书6次，共9400多册，鼓励他们立志成材，向昨天告别。

（4）1986年3月10日，革命老前辈曾志、林月琴、王定国、于若木、费路路等五同志在北京接见了河南省平顶山姚孟劳教所即将解教的七名劳教人员。五位革命老前辈呼吁全社会都来关心失足青年，给他们温暖，不要歧视他们，并希望有关部门为他们广开就业门路。这一活动不仅在"两劳"人员中引起强烈的震动，而且在全国也引起很大反映。3月11日《人民日报》、《中国青年报》、《河南日报》等都作了报道。

四、青少年犯罪研究活动

从1979年开始，青少年犯罪问题已开始引起人们的重视，河南省各级公安部门、共青团组织、教育部门等，对青少年犯罪和青少年的教育问题进行了一些调查研究，写了一些调查报告、简报，对于提醒全社会注视青少年犯罪问题的严重性和怎样预防起到了一定的作用。

河南省青少年犯罪研究活动，是在省法学会领导之下进行的。1983年3月26日省法学会成立了青少年犯罪研究组，有省公检法、工青妇、社会科学院、大专院校等24个单位、28人参加。研究组成立之后，制定了研究活动计划，拟定了70个研究选题，对我省青少年犯罪的特点、规律、犯罪原因等分别进行了一些调查，对于如何动员全社会力量搞好青少年教育和预防青少年犯罪，提出了积极的建议。至1985年止已开过3次座谈会和讨论会，共写出调查报告和论文70多篇，被有关报刊采用40多篇。其中被省社联评为

1986年三等优秀论著奖一篇，被省法学会选为1986年法学论著奖三篇。1986年汇编《青少年犯罪研究文集》一辑（张镇主篇，河南省法学会内部发行）。目前全省参加青少年犯罪研究组活动的成员共40余人。

（执笔人：张镇）

实行责任承包　综合治理见效

（1986年3月）

——肥西县三河镇综合治理工作调查

张瑞林　执笔

三河镇地处安徽省肥西、庐江、舒城三县的结合部，辖四个街道居委会，两个行政村，有5000余户，1.8万余人。这里经济繁荣，市场活跃，去年工农业总产值为1800万元，商品销售额5000余万元。该镇交通方便，是城市工业品和农村农副产品的集散地，人口流动量大，社会治安状况历来比较复杂。

1980年以来，三河镇在打击刑事犯罪的同时，认真落实综合治理措施，社会治安状况逐年好转。特别是通过严厉打击严重危害社会治安的刑事犯罪活动以后，刑事案件大幅度下降，1985年没有发生过刑事案件，民事纠纷也大为减少。大多数问题解决在基层，实现了社会秩序安定，人民对搞好生产和生活增强了信心。其主要做法是：同时狠抓打击、预防、改造这三个环节，以改革精神制订了《三河镇社会治安综合治理承包责任制试行细则》。

（一）层层建立领导组织和办事机构，层层承包，齐抓共管，长治久安。

由镇党委及有关部门和群众团体的负责人组成镇综合治理领导小组，下设办公室，作为镇综合治理常设办事机构。办公室由派出所长、司法助治员和选聘的专职干部组成，派出所长兼任办公室主任。

为了把综合治理工作落实到基层，全镇将4个街道、2个村和水运公司划为7个片，每片成立“片综合治理”领导小组，内设治保委员会、调解委员会和义务“消防中队”。百人以上的单位和镇两所中学成立“综合治理小组”；百人以下的单位，确定一名负责同志分管综合治理工作；不足20人的单位，根据情况设立调解员和义务“消防员”，协助单位做好综合治理工作。片所在地的各单位不论机构大小，凡属社会治安综合治理工作，必须执行片领导小组和办公室的总体规划并要督促检查。

处理治安案件，以民警和治保干部为主。处理民事纠纷，以司法和调解干部为主。《细则》规定，单位内部人员之间发生纠纷，由本单位处理；街道居民之间纠纷，由街道或片“综合治理”领导组处理；属于外来人员的问题，在案发的地段所属片领导小组处理。重大纠纷案件交镇办公室或派出所、法庭处理。调处纠纷，根据情况收每方调解费5～20元（新的规定是设有司法助理员和司法办公室的乡可收调解费，村不收调解费）。调解结束后，发给调解书。这样的处理办法是符合民事诉讼法精神的。

（二）围绕一个“包”字，实行组织承包和个人承包相结合的办法，将责、权、利有机地结合起来。

镇综合治理办公室承包的范围是：(1)督促检查协调全镇的综合治理工作；(2)组织法制宣传，配合创建精神文明活动；（3）办理各片（单位）移送的民事纠纷；（4）对重点人、监改帮教对象的考核工作；（5）督促检查值班、巡逻和消防等防范措施的落实情况；(6)刑满释放、解除劳教回归人员的就业等实际问题。

片和单位的综合治理领导小组，承包宣传、查处、调解各类案件；承包帮教和监改；安全防患；检查《街规民约》、《村规民约》和“门前三包”（治安秩序、绿化、环境卫生）的执行情况。

由于有专门办事机构，层层有人负责、责任明确，因此，一般治安案件和民事纠纷都能及时解决在基层，从而避免了矛盾的激化，使之不致上升为刑事案件。

（三）采取有力的措施、灵活的办法实行承包责任制。

1．用定量分析考核评比工作。

为了不断地完善综合治理的各项要求，在《细则》中规定了检查制度，按照月查、季评、半年初评、年终总评的定期评比制度，年终召开全镇社会治安综合治理先进集体、个人表彰大会，出光荣榜、发奖金、奖状，以资鼓励。

奖惩以百分制计算，体现了科学的定量分析方法。他们规定，全年无刑事案件的得30分；全年无较大民事纠纷案件的得30分；全年无火灾、非正常死亡和重大工伤事故的得20分；法制宣传好的得20分。凡年终总评得70分以上的片，按每分值五元，累计发给奖金；60～70分为及格，不奖不惩；60分以下为不及格，按每少一分罚5元计算，累计罚金。

凡有帮教、监改对象的单位，由于措施得力、认真负责，帮教监改对象全年无违法行为，进步明显的，奖励单位10分，奖励帮教和监改小组奖金30元；有对象不进行帮教、监改的单位，罚扣10分；帮教、监改不成功，致使帮教、监改对象严重犯罪的，罚扣单位5分。

1984年三河镇共评比先进集体27个，先进个人44人，给他们发了奖品、奖状，表彰他们为综合治理做出贡献，鼓励他们进一步积极工作。

2．灵活多样的办法。

(1) 加强帮教，促进转化。

加强对有轻微违法犯罪行为的人员，特别是对失足青少年的帮教工作，促使他们改恶从善，是减少社会不安定因素的一个重要方面。三河镇对这些人建立了由民警、家长、单位、学校、街道（村）等各方面人员组成的社会和家庭三结合帮教小组。他们在社会上有人问，在单位有人帮，在家有人管。一是从思想上帮，对他们进行“四有”教育以及前途教育，组织他们学习法律常识，使他们知法、懂法、守法，增强他们对前途的信心；二是关心他们的生活困难，帮助其解决就业、住房以及家庭等方面的实际问题，为其改过自新创造条件。如毛巾厂青年工人王友海，曾因扒窃被治安拘留两次，思想悲观，意志消沉。在毛巾厂帮教小组的耐心教育下，他改正了错误、在生产中任劳任怨，决心用劳动的汗水洗涤心灵上的污垢，受到厂里表扬，两次被评为先进生产者，又被选为班长。

1984年，在全镇轻微违法犯罪的37人中，通过帮教，转变较好撤销帮教的有19人，占51%；表现一般的13人，占35%；表现差的5人，仅占5.1%。今年列为重点人口的有6人，现共有重点人口13人，另有假释、保外就医各1名，对这些人都逐一登记，建立档案，建立帮教小组和监改小组，并根据不同情况，制订了具体的帮教监改汇报考察制度。

（2）关心劳释解教人员。

全镇历年计有刑满释放人员59人，解除劳教人员5人，这些人在单位帮助下都做了妥善安排，基本上回原单位工作。由于对这些人都已安置，促进了他们向好的方面转化，巩固了改造成果，消除了治安隐患。如镇中街刑满释放人员张××，因反革命罪被判刑20年，1984年刑满回家，家中无亲人，吃、住都成问题。为此，镇办公室和派出所与中街居委会联系，将张安置在街道印刷厂工作，帮助解决住房问题，张十分感激，自进厂以来，工作勤奋。

（3）防患未然，常备不懈。

"要想少发案，认真抓防范"，这是三河镇搞治安工作同志的座右铭。他们为搞好社会治安构筑了三道防线。

一是加强值班、巡逻。为此，他们采取了三项措施：第一，抽调社会力量，组成"镇执勤巡逻队"，由派出所领导，负责维护全镇的社会治安和夜间安全防范工作。第二，划片包干，专人执勤。各街道设专职打更人员1～2名，负责本街道的夜间巡逻和安全防范工作。第三，加强各单位内部的值班工作。大的单位设值班室和建立门卫制度，小的单位在职工中轮流派人值班；店、组、门市部夜间要有内卫，但不准通宵锁门，由派出所督促检查。通过这些措施，形成了一个多层次的安全防范结构，有效地维护了全镇的治安秩序。1981年以来，在值班巡逻中，全镇共抓获违法犯罪人员114名，制止了赌博206场（次），防止火灾事故三起。

二是健全基层组织。从十一届三中全会以后，即恢复了全镇的治保、调解和消防组织，并进行了多次组织整顿，充实了治保、调解和消防人员。这些组织成员思想好，作风正派，责任心强，积极性高。1984年，共调处各类民事纠纷192起，将事故解决在萌芽状态，防止矛盾激化，促进了安定团结。

三河镇有特种行业42个，其中集体企业38个，个体企业4个，派出所和工商行政管理部门联合对这些行业进行审查、登记和发照工作。派出所在这些单位培养了一批治保积极分子，建立了一批治安耳目和若干隐蔽力量，以便及时掌握情况，做到人动我知，从而有效地控制犯罪分子的吃、住、行、销。

三是搞好治安联防。三河镇与庐江县的黄道乡、舒城县的舒三乡、本县的清平乡为邻，联合成立了以三河为中心的"三河地区联防领导组"。领导组每半年轮流在乡、镇召开一次例会，交流联防情况，解决存在问题，部署联防任务。在联防区内，不受行政区划和组织手续限制，实行联合办案，协同作战，使许多案件和纠纷得到及时侦破和解决。如三河镇蜂业公司养蜂专业户胡万利，1984年春天在舒三乡放蜂，一夜被盗走八群蜜蜂，价值一千余元。镇派出所接到报案后，直接查证，寻踪追击，从清平乡找到了赃物，查出了偷蜂者，及时破了案。

三河镇社会治安的三道防线长期坚持不懈，这对预防和制止犯罪，防止灾害性事故的发生，起了极为重要的作用。

（四）宣传法律知识，加强对广大群众和青少年的“四有”教育，深入开展法制宣传和创建两个文明活动。

三河镇成立了由一名副镇长为组长，镇党委常委、宣传委员为副组长，有公安、司法、民政、文教和群众团体组织负责人等13人组成的镇宣传教育领导小组，有计划地、广泛深入地进行法制宣传和创建文明活动。他们将宣传教育工作和创建文明街道、文明村、文明单位、文明家庭的工作结合起来进行检查评比。在进行宣传教育工作中，他们采取“五结合”的办法：结合党的中心工作，结合重大事件，结合典型案例，结合重要节日，结合社会治安情况，充分利用宣传栏、黑板报、电影、幻灯、漫画、综合治理简报、上法制课等各种形式，取得了较好的宣传效果。

特别值得提出的是，三河镇在法制宣传过程中，做到家喻户晓，人人知法，不留“死角”。对一般会议都不参加的家庭妇女，也利用一切可以利用的机会向她们宣传法制，使这一工作达到了比较广泛深入的程度。

三河镇的实践证明，争取社会治安根本好转，必须实行综合治理。他们的经验就是在镇党委统一领导下，抓住综合治理的三个环节，动员全社会力量，层层承包，各负其责，互相配合，协调行动，而不是让公安部门单打一。他们使综合治理的规章制度化，细则“法律”化，如果将这一做法推广开来，可以想见，国家要达到长治久安，是完全有可能的。

关于青少年犯罪的预防战略

（1982年5月）

魏久明

青少年处在长身体、长知识、世界观形成的时期。这一时期他们生理、心理、思想、追求的发展有较大的变化，他们开始用自己的眼光观察人生，选择人生道路。他们可塑性很大。这是人生中受教育而进步、成才的最佳时期，也是缺乏抵制和免疫能力，容易受坏的方面影响和腐蚀，堕落犯罪的危险时期。因此，在青少年中做好犯罪的预防工作，不仅是保证青少年一代健康成长的根本需要，也是控制整个社会犯罪率的增长、促其减少和解决犯罪问题的基本措施。

把预防放在重要位置上

目前我国青少年犯罪发展的趋势，不得不使我们考虑要采取最有效的措施来控制和减少青少年犯罪。而解决这个问题无非是靠两手：一手是预防，尽可能把犯罪行为控制在发生之前，或者在犯罪之后不使其再发展；另一手是惩办、惩办也是为了控制犯罪的发展。总的来说，解决和控制犯罪问题，这两手都必须采用。但就效果来说，惩办是治标的，而采取预防措施是治本的。在社会治安未根本好转的情况下，强调对犯罪分子的必要打击是完全正确的，必要的。但从长远考虑，从战略的角度来考虑，应该把预防作为控制、减少犯罪和解决犯罪问题的重点。

预防为主，防患于未然，惩办为辅，对严重犯罪分子依法惩处，这是我们的党的一贯主张。中央一再强调：对于违法犯罪的青少年，我们的方针应着眼于教育、挽救和改造。对待青少年犯罪问题，绝不能就事论事，孤立地去对待它。而应当同彻底肃清林彪、"四人帮"的流毒，同加快国民经济的发展，加强思想政治工作，健全民主和法制，积极搞好党风、民风，狠抓对青少年的培养教育，保护青少年健康成长等工作联系起来去考虑，去解决。中央强调的基本精神是对青少年问题要进行"综合治理"，对青少年违法犯罪要做好教育和预防工作。事实表明，对严重犯罪分子不加惩办，就打不下犯罪分子的气焰，就不能实现社会治安的根本好转；但是如果单纯的惩办，只能象割韭菜一样，割了一茬又会长出新的一茬，而做好预防工作，釜底抽薪，才能从根本上解决问题。

世界上一切事物的发展，都有一个从量变到质变的过程。事物的质变，都不是偶然的，无缘无故地出现的。量的变化积累起来达到一定程度，就会引起质的变化。一个人从堕落到犯罪，一般都有一个变化发展的过程。青少年走上犯罪的道路，在一定条件下，开始都是从不显著的、不易被人们觉察的不良思想习惯开始的，若未受到抑制，便逐渐由小到大，由轻到重，以至造成违法犯罪的后果。不能设想一个天真无邪的孩子，会突然变成一个犯罪分子。某些青少年犯罪，特别是有些少年犯罪有偶发的现象，但这也都是和事物发展的必然性相联系的，仍然有一个渐变（量变）到突变（质变）的过程，不过他们变化发展的过程较短，或者没有被人察觉。因此，从事物发展有一个过程来说，青少年犯罪的早期预防，或者在量变过程中的预防，或者在部分质变（不是根本变质）前防其不犯，是完全可能的。

做好三道防线的预防工作

建国以来，我国在预防和控制犯罪方面有许多成功的经验，近几年来又有新的发展。根据过去的经验和面临的新情况，我们应把预防工作贯穿到犯罪发展的整个过程，做好犯罪前、犯罪过程中和犯罪后的三个阶段的预防。

一是犯罪前的预防，这是一种积极的预防，或者叫基础性的预防。这种预防除了做好全体青少年教育工作、保证他们健康成长以外，主要是对少数思想品德不好、有劣迹行为的青少年（这类青少年约占1—3%，部分中小城市和农村可能少些），进行道德防范教育，把道德的抑恶扬善作用，作为预防犯罪的第一道防线，使这些青少年不要到违反道德和品质堕落的地步，把犯罪的意念和行为消灭在萌芽状态。

做好犯罪前的预防，要把共产主义道德教育作为青少年的必修课，坚持从小抓起，从小事抓起。从幼儿园开始，到小学、中学、大学的道德修养课和工厂企业、农村社队对青年的思想教育，都应把做一个有道德的人作为基点。目前开展的“五讲四美”活动，要积极组织青少年参加。可以说“五讲四美”是共产主义道德教育的具体化，是社会主义时期在现阶段所倡导的道德规范要求。通过这一活动，可以使人们从生活细小事情做起，潜移默化，养成讲道德的习惯，从而形成良好的社会风气。

犯罪前预防的主要对象是12岁至15岁的少年。这一时期正是儿童期向青年期过渡的时期，具有半儿童半成人的特点。他们精力充沛，思想敏锐，吸收力强，但缺乏辨别是非的能力，青少年染上不良习惯和劣迹行为一般都在这个时期。这一时期他们出现这样那样的过失是自然的，只要注意教育和引导，他们会在过失中得到教训而成熟起来；相反，过失的积累就会逐渐使他们走向违法犯罪。因此，对他们进行犯罪防范，道德准则、人生观启蒙教育是十分重要的。而搞好这一教育的“中心”是家庭，“基础”是学校（主要是初中）。因为这些年龄的青少年，第一个老师是父母，第二个老师是教师，家长和教师对他们的影响和约束力最大。一些少年走上犯罪的道路，具体原因很复杂，但很大程度与父母行为不轨、家庭教育不当、老师管教不严、学校风气不好有很大关系，家庭和学校没有发挥防止少年犯罪的潜在的重要作用。因此，青少年犯罪的早期预防的主要阵地，应该是家庭和学校。近几年来，城乡开展的“五好”家庭活动，把教育子女作为重要内容。上海、吉林等地学校做好“双差生”（品德差、学习差）工作，帮助这些学生搞好文化、思想“补课”，由追求“升学率”到消灭“犯罪率”，这些做法和经验都是很好的。

二是犯罪过程中的预防，这是一种抢救性的预防，或者叫防范性的预防。这种预防主要是对有一般违法行为、属于人民内部矛盾的青少年（这类青少年约占1—3‰，有的地方可能多些），进行法制教育，把必须遵纪守法作为预防犯罪的第二道防线，积极教育、挽救这批失足青少年，以控制和减少犯罪现象。

犯罪过程中的预防是一个很复杂的社会性的防范工作。我国的基本经验是依靠广大人民群众，用群众路线的方法进行预防，即采取公安、司法机关和群众组织、广大人民群众相结合的方法进行的。青少年的问题涉及到千家万户，我国广大人民群众对青少年一代成长是极为关心的。不少城市街道在基层党组织的领导下，工会、共青团、妇联、治保等组织，以及退休老干部、老工人、老教师和民警、居民干部、青少年教育辅导员、积极分子等，都来做维护社会治安和预防犯罪的工作，积极教育挽救有违法行为的青少年。

目前各地对犯罪过程中的预防，比较普遍采用的组织形式是帮教小组、关心小组。这种组织是基层有关行政单位、群众组织和家庭、学校根据需要组成的。方法有协助家庭、亲友帮教；指定专人帮教；小组集体帮教等。凡是工作落实的地方，这种组织在教育挽救失足青少年方面发挥了巨大的作用。各地对犯罪过程中预防的另一种重要组织形式是工读学校。近几年来，全国工读学校有很大的发展。部分省市还仿照工读学校的做法，在工厂、学校、街道办了“工读班”。如广州市分别在六个工厂办了六个“工读班”，学员有500多人，既改造思想，学习劳动技能，又为失足青少年就业开辟道路，效果很好。这种兼有“工读”和“技校”特点的学制，深受群众的欢迎。

从犯罪活动的规律来看，在犯罪过程中预防的重点是街道。而目前街道基层工作，普遍比较薄弱，不少城市的街道对犯罪现象，还不能有效地控制。如佳木斯市1979年以来连续几年青少年犯罪都在下降，主要是街道工作抓得好。他们从市里到街道，普遍成立了青少年教育领导小组，市委从政保干部、退休的教师、干部、老工人中选调500多人组成工作组，深入街道抓失足青少年的帮教工作。市公安部门又组织350多名干警，分段包干，加强对犯罪的预防。全市在街道居委会中组织了3523个帮教小组，对3501名失足青少年固定专人专组进行帮教，结果其中78%的人有了转变，17%的人成为先进生产者。市委认为在街道组成"纵横交错的帮教预防网"，是控制和减少城市犯罪的主要措施。长春市去年以来，在街道开展了待业青年无闲散（组织起来）、中小学生无流失（解决有学不上的）、青少年无违法犯罪的"三无"活动，全市已有193个居委会实现了"三无"，占全市居委会总数的28%，使犯罪率有所下降。由此可见，街道是预防犯罪第二道防线的主要阵地，抓好街道工作一般都能控制犯罪的发展。

三是犯罪后的预防，这是一种保守性的预防，或者叫终止性的预防。这种预防是在少数青少年违法犯罪受到刑事处罚后搞好劳改、劳教和管教工作，防止他们重新犯罪（这类青少年约占1—3‰）。就是说，把教育改造、走新生之路作为预防犯罪的第三道防线，尽可能把重复犯罪率下降到最低水平。

我国的教改工作过去一直是做得很好的，有一套适合我国特点的、行之有效的教育改造体制和方法，但在十年动乱中遭到林彪、"四人帮"的严重摧残和破坏。粉碎"四人帮"以后，随着健全社会主义民主和法制，这方面工作已经大力恢复，并且日益走上健全发展的轨道。

目前教改的对象主要是犯罪青少年，这和过去是大不相同的。这些青少年由于是在我国特殊历史条件下成长起来的，兼有流氓、文盲、法盲等特征，因此要象父母对待患了传染病的子女、象医生对待病人、象老师对待有错误的学生那样，不仅要对他们进行思想教育改造，而且还要帮助他们补上文化知识、法纪观念和伦理道德这一课。许多管教单位针对这些青少年的特点，采取生动活泼的方法，既坚持教育改造，又抓文化技术学习，使他们全面地健康成长，以适应四化建设的需要。这样做取得很好的效果。

现在受到刑事处罚的青少年，他们是在新社会长大的，他们当中不少人犯罪的根本动机不是反党反社会主义的，而犯过失罪的较多。因此，可以改变过去封闭式的管教方法，采取所内（包括院、场、监，下同）所外（家庭、原单位）管教相结合；所内管教和参加社会公益活动（学雷锋、做好事）受教育相结合；实行所内管教（将严重的、危害大的、难改造的留所内管教）和所外管教（将初犯、危害不大、有悔改表现的由原单位、家庭保外指定专人、专门组织管教，由所定期检查督促）相结合等方法进行教育改造。近几年，各地在这方面都有所尝试，效果还是好的，提高了管教的质量，降低了重复犯罪率。

我国是社会主义国家，对于控制、减少和逐步消除犯罪现象，国家和人民在这方面的愿望、目标和利益是一致的。我们不仅能够依靠人民群众预防和控制犯罪，而且也能够依靠人民群众改造犯罪分子。这是我国社会主义制度的优势。在"全民文明礼貌月"中，有些省市百万名青少年开展对失足青少年"帮青送暖"活动，取得很好的效果。比如：

（1）　团组织和各界青少年代表（还有部分党、政领导同志）到教养院、工读学校探望失足青少年，问寒问暖，促膝谈心，共同联欢、同台演出，给失足青少年极大鼓励。

（2）组织青少年服务队进教养院、工读学校为失足青少年服务，如帮助打扫卫生，拆洗缝补衣被，修理用具和添制文娱用具、图书、体育设备等，改善管教条件。

（3）聘请一批新长征突击手、先进模范人物担任“院（校）外辅导员”，定期到教养院、工读学校讲他们自己如何在“四化”岗位上做贡献的，协同教养院、工读学校做帮教工作。

（4）发动亲友和社会名人，给教养院、工读学校的失足青少年写帮教信，鼓励他们“走新路，做新人”。

（5）组织部分失足青少年参加社会劳动和公益活动，“过去危害社会，今天造福人民”。

（6）城市团组织和公安部门一道，从教养院接出表现好的失足青少年，交原单位、居委会和家庭共同管教（他们称之为保外帮教）。

在提高管教质量的同时，另一个要解决的大问题，就是劳改释放、解除劳教和教养期满出所的人员要给予适当的学习机会和生活、就业的出路，做到人尽其材，各得其所。虽然党的政策已明确规定对这些人不得歧视，但由于极左思潮的影响和某些人认识上的偏见以及目前就学就业的具体困难，有些人回到家庭后长期闲居、游荡，这样就很难巩固管教的成果，致使有的人又走上犯罪的道路。看来，犯罪后的预防，即预防犯罪的第三道防线，重点应放在这些人身上。决不能把这批人放出管教部门就了事，社会（主要的街道、工厂、企事业单位）还要做好对他们的再教育和安置工作。最好是国家拨一项专款，用于对这批人的安置，使法制审判、教育改造、安排就业配套成龙。这些年全国青少年犯罪的人数几乎已经超过同期大学毕业生的人数，而青少年犯罪所造成的眼前和长远的经济损失，不会少于高等教育的经费。从我们国家的长治久安和青少年一代健康成长出发，办一些专门安排这些人就业的工厂企业，或在经济上扶助他们自谋职业，使他们有弃旧图新的道路可走，是必要的。

“综合治理”是搞好预防的保证

青少年犯罪的问题，是全党、全国人民共同关心和注目的问题。1979年党中央就提出“请全党重视解决青少年违法犯罪问题”，并严肃指出：对青少年教育工作的好坏，“不仅关系到安定团结政治局面的长期巩固，关系到社会主义现代化建设的加速发展，而且，直接影响新的一代人的成长，关系到我们党和国家的前途，关系到我们民族的兴衰。”所以抓好这一工作已经是刻不容缓的了。

犯罪问题涉及到许多方面，必须“综合治理”才能从根本上解决。坚持“综合治理”，就是在党委的统一领导下，各有关部门通力协作，动员和组织社会上各方面的力量，加强对青少年的培养教育，统筹解决青少年的各种实际问题，保证青少年的健康成长。

要把促使青少年德育、智育、体育几方面都得到发展作为“综合治理”的主要目标，坚持用共产主义思想和道德教育青少年，增强他们自觉抵制资本主义及其他剥削阶级思想意识和生活作风腐蚀的能力。要广开学路，不断提高青少年的文化素质，鼓励自学成才；广开就业门路，使所有青年都能为四化建设贡献力量；广开活动阵地，活跃青少年业余文娱体育活动，使我国社会进步和青少年健康成长得到平衡发展，使青少年成为有理想、有道德、有文化、有纪律的一代社会主义新人。

搞好"综合治理"，要坚持"条条"、"块块"结合。凡是涉及与青少年工作有关的部门、单位，都应该根据各自的职责，为青少年的成长多办实事，多办好事，多解决一些实际问题。家庭、学校、街道、工厂企业和乡村，都应各负其责，分别做好子女、学生、社会青年和青年职工、青年农民的培养教育工作，筑起预防和控制青少年犯罪的"长城"，打好青少年教育的"总体战"。只要"大家分担责任，各自做好工作"，预防青少年犯罪的工作一定能够开创新的局面。

试论加强青少年犯罪的预防

（1986年2月）

燕　振　安

当前，青少年犯罪已形成一个突出的社会治安问题。据山东省菏泽地区近几年的统计，在立案破获的刑事案件中，青少年作案约占1/2以上。在判处的罪犯中，青少年犯占1/3以上。1985年全区劳教人员287名，其中25岁以下的青少年224名，占78%。这不能不引起我们极大的关注。预防青少年犯罪，对维护社会治安，顺利进行"四化"建设无疑具有十分重要的意义。各级党委、政府，各个部门，各个行业，各条战线必须从现在起，进一步重视这个问题，采取得力措施，从各个方面动员全社会的力量，大力加强对青少年犯罪的预防工作。

一、要切实加强对青少年的理想教育

理想教育，就是要使广大青少年为祖国美好的未来而奋斗、献身——即为实现共产主义事业而奋斗、献身。美好的理想、革命理想、共产主义的理想，是激励青少年奋发向上的巨大动力，也是消除和抵制各种错误观念的有力武器。

心理学根据人们对理想理解的广度和深度，把理想的追求分为不同的层次。一般在青少年发展的早期阶段上，他们大多表现在对物质的和近期目标的追求上，而对政治、理想、信念、道德、审美等的追求，是在他们比较成熟之后才逐渐确立起来。因此，我们可以根据他们对理想追求的这一特点。进行不同阶段的理想教育。我们既要适当满足、支持他们对一定物质利益的追求，又要不使他们仅仅停留在物质利益的追求上，而要引导他们开阔眼界，参加社会活动，努力学习科学文化知识，懂得人生的意义，并且不断丰富和充实他们健康有益的精神生活。同时要对他们进行社会发展史的教育，让他们懂得剥削制度一定要灭亡，社会主义、共产主义一定要胜利，这是不可抗拒的历史潮流，是不以人们的意志为转移的客观规律。

当前，对青少年理想教育，重点是进行社会主义制度优越性的教育，帮助他们看到社会主义制度的优越性，看到我们的光明和希望，增强他们为社会主义建设的信心和强烈的责任感。要使广大青少年把自己的命运同国家的前途联系在一起，把个人利益同集体利益、眼前利益同长远利益结合起来，把个人理想同实现社会主义现代化结合起来，树立正确的人生观、世界观，艰苦奋斗，奋发图强，为实现共产主义而奋斗。决不要只顾及个人的利益，贪图享受，迷恋于资本主义社会的所谓“物质享受”和“幸福”、“自由”等而误入歧途。

二、要切实加强对青少年的法制教育，增强法制感和养成良好的道德品质

当前，大量青少年犯罪的事实表明，他们不仅道德水平低下，而且愚昧无知，野蛮、残忍，明显表现出没有法制感，甚至公然蔑视和否认国家的法律。他们不仅不知法、不懂法，而且不畏法，不怕受到法律的制裁，对犯罪行为无顾忌，对受到刑罚也满不在乎。据此，我们必须有针对性地对青少年进行法制教育和道德教育，在社会上形成强大的舆论，要形成经常化、制度化，在学校要纳入必学课程。

通过法制教育，要使广大青少年懂得什么行为是合法的，什么行为是违法的？什么行为是法律保护的，什么行为是法律禁止的？什么样的行为会带来什么样的后果，相应地要受到什么样的刑罚等。从而树立起牢固的法制观念，使他们的行为能够知所适从，知所趋避。

通过道德教育，要使广大青少年懂得什么行为是善良的，什么行为是丑恶的？什么行为是高尚的，什么行为是卑鄙的？什么行为是光荣的，什么行为是耻辱的？让其有一个正确的善与恶、正义与非正义、公正与偏私、诚实与虚伪的道德观念和道德评价，成为有高尚道德风貌、道德情感、道德行为的新一代，筑起思想上的拒腐防变的堤坝，不给外界不良因素有可乘之机。

三、充分利用党的各种宣传工具，积极宣传党的方针政策，大力发展社会主义的电影、电视、文艺作品

青少年，他们除去接受家庭、学校的具体教育以外，还往往从各种社会宣传中来充实自己的精神需要，来证实自己的某些观点以检验自己言行的好坏。所以，我们的宣传必须选择积极、健康的内容，力求起到教育人民、鼓舞人民、指导人们行为的作用。对于社会中各种剥削阶级的思想，特别是资产阶级的腐朽思想和生活方式，必须予以批判，不给他们以任何存留的余地，严防对青少年的毒害。

当前，我们应该看到文艺宣传对青少年的重大影响作用，由于社会上一些不健康的

电影、电视以及淫秽作品的流传，致使不少青少年受到腐蚀毒害，走上违法犯罪的道路。菏泽市丁××（男，21岁）多次观看淫秽录像，深受其害，竟将其妹妹强奸。曹县陈××（女，19岁）因多次观看淫秽录像而堕落成流氓犯罪分子，先后流窜到西安、郑州等地与20余名男流氓鬼混，将其抓获后她竟然说："《西方姑娘自历》中一女子能与136个男子试婚。难道我就不能试恋吗？"这些事实难道不能令人发省吗？有的人说："一颗子弹只能击中一个人，而一本黄色书刊却能打倒一批人。"这的确如此，并不过分。因此，我们应该繁荣社会主义的文艺，大力发展和创作思想性强、艺术性又高的作品，去占领业余文化阵地。充分利用这些更强烈、更典型、更理想和更富于形象感的教育形式和手段，陶冶青少年的精神生活，绝对不允许资产阶级的低级、庸俗、腐朽的东西充斥社会主义的艺术舞台和业余文化阵地。

四、要教育、感化、挽救失足者，化消极因素为积极因素

为了减少或预防犯罪，对于有一般违法行为的青少年，应坚持教育、感化、挽救的方针。要把他们留在学校、工厂单位，由学校、单位、家庭、街道和公安派出所等结合起来组成帮教小组，认真分析他们失足的原因，因人施教。同时，把政治思想教育同帮助解决实际困难结合起来，促使他们重新做人。决不要对他们嫌弃、冷漠，甚至赶到社会上去。事实证明，有些失足者，就是因为我们教育不及时，或者教育方法不当而越陷越深，不能自拔，成为不可救药者。有些失足者，由于我们采取的态度对头，方法得当，教育及时，却使之幡然醒悟，弃旧图新，浪子回头，成为有作为的人。因此，社会的各个方面，要把教育、感化、挽救失足者，作为经常性的工作认真抓好，消除犯罪的隐患。

五、坚决打击少数罪行严重的犯罪分子

事实证明，不管我们怎样努力，总是会有一些青少年进行犯罪活动的。如果我们只强调教育保护而不采取必要的强制手段，也是不能达到预防目的的。特别是对一些严重的刑事犯罪分子，该惩办的一定要惩办，该杀的一定要杀，否则就不能打击犯罪，就不能制止犯罪，也不能达到预防犯罪的目的。1983年下半年以来，在党中央的领导下，在广大群众的密切配合下，公安政法部门扭转了过去对重大刑事犯罪分子打击不力的局面，依法严惩了一批严重刑事犯罪分子，震慑了坏人，伸张正义，取得了良好的社会效果，社会治安迅速好转。从1983年下半年到1984年社会犯罪率大幅度下降。据统计，我区下降20％左右。由此可见，在一定时期内，对一定范围的案犯，及时、有力地予以集中打击、惩办是完全必要的，这样做的最终目的也是在于防止和减少犯罪。

六、充分发挥家庭、学校、社会三道防线的作用

家庭是青少年生活的主要环境，它是人生的第一所学校，父母是人生的第一任教师。家庭是人自出生到少年时代的社会，也是人的可塑性最大时期的生活环境，也是人在最

佳年龄塑造性格的最佳场所。无论从心理科学或教育科学的规律来说。我们都可以断定，家庭对人的个性的形成具有基础性的意义，因而它对青少年犯罪心理的产生也有基础性的意义。所以，许多心理学家、社会学家都把家庭教育放在很重要的地位，这是有道理的。

学校是培养人才的场所，老师是塑造人类灵魂的工程师。由于学校教育体现了一定的社会、阶级的要求，总是把本阶级的思想有目的有计划地传授给学生，并指导他们运用于实际，它就能比较有效地在青少年身上逐步形成良好的思想品德。所以，一般地说，学校教育在学生思想品质发展过程中起主导作用，而且随着教育的普及和提高，这种主导作用将会日益加强。所以，在青少年犯罪预防的整个体系中，学校处于不可忽视的重要地位。

社会教育随着青少年年龄的增长，所起的作用在诸因素中所占的比例将越来越大，尤其到青少年走出家庭、学校，踏上社会以后，这种作用对青少年个性品质的定型及发展方向起着主导性作用。由此看来，社会教育同家庭、学校教育是预防青少年犯罪的三道防线，是互相配合、互相补充、连成一体的防御体系。全党、全社会都应该采取切实可行的措施来充分发挥这三道防线的作用。

七、加强对青少年犯罪的心理预防

所谓心理预防，从根本上来说，就是削弱或排除青少年犯罪心理形成的动因。

犯罪心理学认为，犯罪者的犯罪心理是有着一定的内在结构的，它包括不良的个性品质，不正当的需要和犯罪动机，异常的情绪和情感，不良的习惯和行为等。这里，犯罪动机是犯罪心理产生的关键和核心。一般说来，青少年犯罪的动机是十分复杂的，有的研究者归纳了八类，即：（1）贪图物质享受；（2）性欲冲动；（3）江湖义气；（4）争胜逞强；（5）摹仿效尤；（6）虚荣好奇；（7）出气报复；（8）不满现实。当然，还有其他一些动机。在现实生活中，一种犯罪动机可以是一种犯罪行为的动因，也可以是多种犯罪行为的动因。因此，犯罪动机往往不是单一地发生作用，而是多种动机相互联系、互相影响而起作用。因此，我们千万不能忽视任何一种出现在青少年心理活动中的，哪怕是极微小的不良动机和倾向，千万不能低估任何一种犯罪动机的作用。我们要善于在纷繁复杂的犯罪动机中找出它们发展变化的特点和规律，找出犯罪动机形成的主要因素和有关条件，从而采取针对性措施削弱或消除犯罪动机的产生。

把握趋势 主动预防

（1984年9月）

魏 久 明

全国青少年有4亿多。粉碎“四人帮”以来，特别是党的十一届三中全会以来，我国青少年有巨大的进步。广大青年从“文化大革命”中的动乱状态，已逐渐转向安定团结；"文化大革命"中一些青年认为读书无用，安于愚昧落后，现在转向追求文明，追求现代文化科学技术，积极学习钻研，努力开发自己的智力和创造力；青年们经过几年的徘徊、思考之后，转向奋发，愿为振兴中华贡献力量。总之，在"文化大革命"中一些青年是破坏力量，现在青年一代已成为四化建设的一支生力军。前几年青少年犯罪一时成为突出的社会问题，现在这个问题虽然还没有解决，但和近几年来广大青年的进步比较，显得没有过去那么突出了。就从青少年犯罪问题的本身来说，比起前几年也有很大的变化。这些变化，主要表现是：

一、青少年犯罪由连续几年上升，已经开始在起伏中下降。1979年、1980年、1981年全国青少年犯罪率曾连续三年大幅度上升；1982年以后，1983年直到今年上半年，青少年犯罪率是在起伏中下降的。

二、青少年犯罪成员和地区分布也有很大变化。1979年学生犯罪占青少年犯罪总数的第一位；1980年待业青年占第一位，学生占第二位；1981年青工占第一位，待业青年占第二位，学生占第三位；1982年青农占第一位，青工占第二位，待业青年占第三位，学生占第四位；1983年青农犯罪仍在增加，而青工、待业青年、学生犯罪继续下降。1981年，个别大城市青少年犯罪数量下降，1982年以后，多数大城市青少年犯罪人数下降；而中小城市，特别是农村青少年犯罪数在上升。这表明："文化大革命"中教育遭到破坏，待业问题严重，青工队伍素质不好的状况，已逐步改善，"文化大革命"的严重后果和不良影响，也已逐步解决。"文化大革命"所造成犯罪的因素在缩小；现在犯罪问题的发展，有些新因素在起作用。犯罪由大中城市向小城镇和农村转移，说明这几年我国经济建设在很大发展的同时，城市精神文明建设和城市管理加强了，犯罪数量随之减少，这也预示着我国社会状况、社会风尚都在向好的方面发展。

三、犯罪低龄化的问题有了扭转，少年犯罪减少比青年犯罪减少得更加明显。1982年以来，全国青少年犯罪人数都在逐步减少，但少年犯罪数比青年犯罪数平均递减要多。以1982年为例，1982年与1981年比较，18—25岁的青年犯罪数减少2％；16—未满18岁的犯罪数减少19.8％；未满16岁的犯罪数减少12.9％。18岁以下未成年人犯罪人数的大量减少，和学校教育走上轨道，教育事业的发展有很大关系。但是，也有一个新情况值得注意：近一二年，由于种种原因，有相当一批初中生不能升高中。据说，每年有600多万初中毕业生不能升入高中和中等专业学校，这些人的年龄一般在15、16岁。如果管理教育不当，这些人容易受到腐蚀，成为罪犯的预备队伍。

这些变化说明，在我国政治经济文化教育的大好形势下，这几年预防犯罪和严厉打击严重刑事犯罪分子方面是有很大成效的。从这几年犯罪发展的情况来看，再象"文化大革命"后一段时期犯罪率那样大幅度上升，是不太可能了。因为我国不可能再现那样的历史情况和条件，我们整个国家都在朝着长治久安的方向发展。预计今后犯罪发展趋势是有起有伏，逐步下降。这当然要有一个很长的过程。

然而，许多国家的情况表明，生产发展，社会进步，并不意味着犯罪现象的必然减少。虽然这个问题与社会发展有着密切关系，但又不完全一样。资本主义社会，许多发达国家比不发达的国家犯罪率高，非洲一些国家就比欧洲一些国家和美国犯罪率低。一些社会主义国家，虽然生产不断有所发展，有的犯罪率仍在上升。这说明在社会前进的进程中，会不断出现新问题，产生新矛盾，这些新问题、新矛盾得不到合理的解决，就会产生反社会的现象。青少年在成长的过程中，一些基本的合理的要求得不到解决，或者某些因素妨碍他们正常的健康的成长，在各种反动势力和非无产阶级意识利诱腐蚀之下，少数人就可能采取有害于社会的方式寻求满足，产生犯罪行为。这就可能在一个时期内，犯罪率上升和发展。所以，我们研究犯罪问题要突破传统的观念，坚持用马克思主义的发展的观点，研究新情况，解决新问题。

当前有哪些新的因素值得我们注意呢？

一、都市化。借用一个外国词，在我国叫市镇化。随着我国工农业生产的发展，商品流通市场的扩大，第三产业的兴起，城市和乡镇都会不断地形成或扩大，社会结构、生产组合、经济生活、家庭状况等都会发生很大的变化。我们的城市和乡镇管理、建设、教育、生活设施，以及青少年的抚养、升学、就业、娱乐等，都会带来许多新问题，即社会问题，都需要及时相应地研究解决。物质文明建设搞上去了，精神文明建设也要跟着搞上去。问题成堆了，就可能给腐朽势力钻空子，使不良行为、违法犯罪现象孳生。加上市镇比较集中，犯罪影响容易蔓延和扩散。近一二年来，乡镇犯罪现象的发展，是不是与我国乡镇的形成和发展这个伟大的进程中某这消极因素有点关系（指有些工作跟不上）呢？资本主义制度的都市化，是使农民破产流入城市造成的，是恶性的发展，而我国市镇的形成和扩大，是社会主义现代经济的发展，使农民离土不离乡，或者离土离乡自愿进城镇发展生产，这种都市化是良性的发展，这和资本主义有本质的不同。但是，城市和乡镇的发展所带来的市镇管理和青少年教育等方面的问题，不加以注意，也会造成一些社会问题。

二、国际化。实行对外开放政策，肯定对我国经济发展、社会进步起积极作用。广东省深圳等特区的事实表明，开放不一定会使犯罪数量增加。但是，随着对外开放，国外的、特别是资本主义国家的一些犯罪形式、手段以及黑社会组织，也会渗进或打入我国；甚至和我国内部的犯罪分子、犯罪集团相勾结，使犯罪国际化。日本研究犯罪问题的专家讲，日本目前犯罪的特点是“西方化”，这与他们向西方开放、与西方交往有关，也和他们的社会制度有关。近几年来，我国一些传统的犯罪现象减少，而走私、盗卖文物、性犯罪、吸毒、劫机、暴力等犯罪增加，就和外来的影响有关。特别是现代信息日益发达，国际犯罪对我国的影响会逐渐增大。

三、集团化。现在我国社会安定团结，建设发展，人民群众安居乐业，加上这几年严厉打击严重的刑事犯罪分子，可以预计一般的犯罪现象会大量减少。但是，还有一批流窜犯、惯犯、未改造好的劳改释放犯的犯罪倾向会增加；特别是严厉打击以后，少数亡命之徒、犯罪分子中的死硬派，由于犯罪意识增强，犯罪手段会更加残酷，犯罪后果会更加严重；少数人由团伙发展成为有严密组织的犯罪集团，成为一般反社会主义的力量。这种情况可能在数量上不会增加，但在危害程度上会更为突出。

这些问题不一定是我国当前犯罪问题的主要方面，但预测今后可能会从这些方面有所发展，或者值得我们注意。现在，我着重对预防青少年犯罪谈点看法。

我曾提出过预防犯罪战略问题的一些意见，叫“三线预防”，即犯罪前预防；犯罪过程中预防；犯罪后的预防。从当前我国实际情况出发，对预防青少年犯罪还要抓好三个环节。

一、把家庭作为预防犯罪的中心。为什么这样讲呢？因为青少年犯罪的许多因素，和家庭的生活、抚养、教育、影响是有关的；青少年走上犯罪的道路，也有不少是从家庭走向社会的。家庭的娇惯、放纵、教唆、遗弃以及家庭本身不幸（如离婚、丧偶、不和、病残、贫困等），都会使青少年健康成长得不到保障。家庭是社会的一个细胞，在我国现阶段，家庭在政治、经济、教育等方面的作用不容忽视，特别是农村实行以家庭为中心的承包责任制，农场搞家庭小农场，城市发展个体户，在这样的历史条件下，家庭在一定范围内还发挥重要的作用。我国历来有家教严的优良传统，绝大多数家庭对子女的培养教育是尽职尽责的，都想"望子成龙（才）"。尤其是现在倡导一对夫妇只生一个孩子，家庭对子女的培养教育能力大大增强。因此，应注意发挥家庭在预防犯罪中的积极作用。我们要加强对家庭在预防犯罪方面的研究，采取措施，制订制度，作些法律规定。在犯罪发作的萌芽时期，就首先在家庭范围内解决，把家庭作为预防犯罪的第一道防线。

二、把抓好青少年犯罪"危险年龄"时期的教育作为预防犯罪的重点。从青少年成长的规律来看，要抓好两个年龄段的教育。第一段是3—6岁的学龄前的教育。上个月我到朝鲜访问，朝鲜对青少年的教育是正规化、系列化、规范化的。有统一的教育要求，有每个年龄的教材，有形象的教育挂图。朝鲜有句名言："3岁养成的习惯，到60岁也不会改。"在学龄前，他们就抓爱祖国、讲礼貌、守纪律的教育。从长远来看，为了控制和解决青少年犯罪问题，也要从小抓起，从少年儿童抓起。第二段是13—16岁的少年成长时期的教育。这个年龄段一般处在初中时期，是青少年成长的最佳年龄，也是国际公认的堕落犯罪的"危险年龄"。这一时期，要进行法制教育，使他们养成遵纪守法的观念和习惯。我提个建议，除了在初中阶段开设法制课，进行法制教育外，各地都可搞一个正式的系列的法制教育展览馆，让这个年龄段的少年，每人都参观学习一次，知道什么叫犯罪，犯罪发展的过程、表现、危害、后果以及法律是怎样制裁的。使他们看了终生难忘。扫法盲，打预防针，提高预防和抵制犯罪的能力。这项工作，建议教育部门、共青团和公、检、法、司联合起来搞。我认为，抓好这两个关键年龄段的教育，比青年走上违法犯罪道路后，才进行教育挽救改造，要主动得多，容易得多，有效得多。

三、把丰富青少年业余生活作为预防犯罪的关键。一些青少年受腐蚀利诱，进行犯罪活动，一般都是在业余时间进行的。从某些方面说，不良的业余生活是青少年犯罪的孳生地。所以，要预防青少年犯罪，就要把青少年业余生活管好。目前这方面是我们的弱点，青少年活动阵地少，业余生活单调。天津青年宫，全市青年轮流去一次需要五至七年。北京还没有青年宫。正当的业余活动没有搞起来，不正当的业余活动必然盛行。跳舞，本来是有益于青年身心健康的活动，正当的跳舞没有搞起来，不正当的跳舞就会流行，就成为腐蚀青年的活动。如果不把青年的业余生活搞得丰富多彩，青少年犯罪是根本堵不住的。如果把青少年活动场所普遍建立和健全起来，在业余时间里，把青少年的文化学习、科技试验、文娱体育、兴趣爱好等活动搞好，有好电影、好电视、好戏剧、好文艺作品吸引青少年，这样才能使业余生活成为青少年受教育、健康成长的阵地。我们要改变目前单位、学校、家庭对青少年业余生活"三不管"的状态。"文化大革命"

前，周恩来总理很重视校外教育工作，曾拿出一万个名额编制，在部分大城市建立了校外管理机构，配备了校外辅导员。现在没有了。建议恢复和建立业余生活管理机构，把校外、厂外和业余生活统管起来，使青少年业余生活丰富多彩，清除犯罪的孳生地。

我们把这些工作做好了，加上在市镇发展中，搞好管理，加强精神文明建设；对外开放注意抵制资本主义腐朽思想和生活方式的侵蚀，堵住外来犯罪活动的渗入；进一步严厉打击集团性的严重刑事犯罪活动，搞好社会综合治理，青少年犯罪问题是完全可能预防和控制的。

试论青少年犯罪的预防

（1983年10月）

马晶森

青少年犯罪的预防是减少和治理青少年犯罪的根本途径和办法，也是最积极、最有远见的战略性的指导思想。所谓青少年犯罪的预防，从广义上来讲，主要包括青少年犯罪的预测，青少年犯罪的预防和青少年犯罪的医治。当然青少年犯罪的预防也包括对青少年犯罪的必要的惩治和打击。必要的打击是为了揭露、证实、惩罚犯罪，不给犯罪分子重新犯罪的机会，使之不能继续危害社会，这样做的最终目的也是在于防止和减少犯罪。就是说，打击犯罪、惩治犯罪也是为了预防犯罪。对犯罪活动不进行有力的打击，就不能把犯罪活动的气焰压下去，就不能伸张国法，扶持正义，维护社会的安定，顺利地进行"四化"建设。但是，就打击对犯罪的作用而言，主要还是属于"治标"的手段，尚不属于"治本"的手段，因而还不能从根本上防止和减少犯罪。事实证明，只有贯彻综合治理、以防为主的方针，把打击和防治结合起来，把治标和治本结合起来，才能从根本上解决青少年犯罪问题，才能达到减少和治理青少年犯罪的目的。因此，从这个角度来说，预防青少年犯罪，比减少和治理青少年犯罪具有更重要的意义。

一、青少年犯罪预防的可能性及科学依据

犯罪是一种危害社会的行为，青少年犯罪行为的发生是一个客观存在的实际过程，不管其犯罪的原因如何复杂，不管是外界的或心理的，作用在某个青少年身上，它总有一个从不良环境到不良思想，从客观因素到主观因素，从犯罪心理的形成到犯罪行为发生的发展过程。这个过程不仅是客观存在的，同时也是有一定规律、有一定系统和因果联系的。尽管犯罪人的活动有时候比较隐蔽，但他们不是生活在真空里，他们的行为总要与其他事物发生直接或间接的联系。我们就是通过这些联系所反映出来的"异常现象"来发现和预测犯罪的。因此我们也就可以有针对性地采取必要的措施防患于未然，治理于已然。

从心理学的角度来说，人的任何心理现象，都是外界客观现实的反映；人的任何行为都是在某种心理的支配下发生的。由于人在社会实践活动中，在人们的交往中，受到各种环境因素的影响和刺激、而不断引起人们的这样或那样的需要，并且促使人们不断追求和满足这些需要，从而与人的原来心理水平或心理状态之间发生矛盾和斗争，使个体的心理结构发生某些变化。这就是说，外界的客观要求、影响和刺激，都要以个人的需要形式反映在主体的心理结构中，并转化为个体的主观因素，这就是“内化”的过程。随之，人的心理结构又在这个基础上，以新形成的心理品质去作用于客观实际，这就是“外化”的过程。所以，人的心理就是这样在与外界的联系和内部矛盾的斗争中，不断形成、发展和变化。同样，青少年犯罪的心理也是遵循这个规律的。所不同的只是受作用的外界因素及内在因素的内容不同。当然，这种犯罪心理的“内化”和“外化”不是突然发生的，一般也不是在短时间内完成的。它总有一个从无到有，从小到大、从轻到重、从量变到质变的不断发展的过程，从许许多多小的矛盾运动的积累，到产生一个个小的飞跃；这些一个个小的飞跃的积累，又产生更大的飞跃，即最后达到心理结构与个性心理品质的变质，这就是犯罪心理形成、发展、变化的全过程。由此，青少年犯罪的心理，无论是外界因素，还是心理因素，无论是犯罪意图的萌发，还是犯罪行为的实施，都是具体的、客观存在的，也都是有一定规律的。这样，也就为使我们认识和把握青少年犯罪的形成、发展和变化提供了可靠的客观依据。

认识是行为的先导，正确的认识是采取积极有效措施的先导。在青少年犯罪的形成、发展、变化的过程中，正确地认识和把握其心理在各个阶段、各个环节的客观实际、特点及规律，就可以做出各种预测、估量、判断和决定，采取有针对性的措施，防止外界环境的不良因素对青少年的侵蚀和转化，培养青少年健康的心理品质，消除或破坏不良心理因素的积累；一旦发现青少年某些心理的异常变化时，就要及时采取对策，进行心理矫正，这样就可以减少甚至杜绝某些犯罪的发生。

一般来说，青少年已经形成或正在形成的犯罪心理，正在走上或将要走上犯罪道路的人，在人与人的关系中，在人与物的关系中，在言语行动及学习、工作、劳动中都会表现出某些不正常的反映，我们应抓住这些苗头、征兆，并尽快地把这些犯罪的苗头和征兆消灭在犯罪行为发生之前。但是在现实生活中，也往往有不少青少年犯罪带有偶发性和突发性的特点，其犯罪心理的形成及发生变化并不十分明显，也没有明显的阶段性，比如激情性犯罪，应激状态下的犯罪等，就是这样。这就势必给我们的预测、预防工作带来一定的困难，甚至不能制止一些大案和恶性案件的发生，往往只是在犯罪发生之后，才使人们恍然大悟，大吃一惊，给人以一种不可避免、难以预料的感觉。但是这种偶发性、突发性的犯罪是不是就无法预测、预防了呢？就不能预先采取相应的措施干预制止了呢？当然不是。尽管这种偶发性和突发性犯罪带有随机性、情景性和不可测性的特点，但是从事物发展的客观规律来看，仍然是有客观依据的、是可知的。一般来说，青少年偶发性、突发性犯罪，都同他们自身的生理、心理发展不成熟性有密切关系，是符合他们生理、心埋特点的。因此，只要我们认识和把握了他们身心发展的这些特点，也就可以摸到他们犯罪心理形成、发生和变化的规律。之所以有时候我们难以预料，这除了由于我们本身认识的主观片面性以外，主要是由于某种强烈的刺激，强烈的需要欲望或某种特殊的情景而突然暴发的犯罪行为，其犯罪心理的形成比较快，犯罪的过程也比较短促，犯罪发展、变化的阶段性不十分明显。但是，我们知道，犯罪现象同其他事物一样，它不仅有一定的内隐性也有一定的外露性；它不仅有事物发展的连续性，也有事物发展的阶段性。偶然性总是孕育在必然性之中，有果必有因。问题是我们没有更深刻地认识和分析罢了。不管他们的犯罪多么偶然，暴发的时间多么短促，都不可能是凭空无故发生的，也不可能没有一定的心理基础。在他们的犯罪行为暴发之前，可能由于不良境环的影响，处于"潜移默化"之中，处于量的积累之中；当这种量的积累达到一定程度，一旦遇到适当条件、环境、情景或刺激时，又由于青少年感情容易冲动，缺乏自我控制能力，意志力比较薄弱，就会突然暴发犯罪行为。另外，青少年这种偶发性和突发性的犯罪，也可能由于某种原因伤害了他们的自尊心，受到了某种不能忍受的打击、压抑；或者生活中遭到某种挫折和不幸；或者生活中的矛盾没有及时处理而激化等等。这些情况都是强刺激因素，容易引起激情报复案件的发生。因此我们在平时就要特别注意观察、分析这种处于"特殊情景"中的"不稳定"的青少年，做好他们的"预测"、"预防"工作，不至使他们的心理发生恶性转化。实践证明，只要我们认识到了他们偶发性、突发性犯罪的特点和规律，掌握了引起这类犯罪的不良因素和条件，并且从大量的现象和偶发性因素中找到必然性的规律，那么就可以进行准确的预测，并且及时采取必要的对策，防止和避免犯罪的发生。

二、削弱或排除青少年犯罪心理形成的动因

从以上分析可以看到，没有青少年犯罪的心理，就没有青少年犯罪的行为。因此只要加强心理预防，筑起心理防线，从根本上消除犯罪心理形成的动因，就能有效地预防和制止犯罪。

犯罪心理学认为，犯罪者的犯罪心理是有其一定的内在结构的。它包括不良的个性品质，不正当的需要和犯罪动机，异常的情绪和情感，不良的习惯和行为等。其中犯罪的动机是犯罪"外化"的关键和核心，其他诸心理因素都受着它的调节和支配。因此，犯罪动机就是犯罪行为发生的直接动因。所谓削弱或排除青少年犯罪心理形成的动因，实际上就是削弱或排除青少年犯罪的动机。一般来说青少年犯罪的动机是十分复杂的，有的研究者归纳了八类，这就是：（一）贪图物质享受；（二）性欲冲动；（三）江湖义气；（四）出气报复；（五）争胜逞强；（六）模仿效尤；（七）虚荣好奇；（八）对现实不满。当然还有其他一些动机。在现实生活中，一种犯罪动机可以是一种犯罪行为的动因，也可以是多种犯罪行为的动因；反过来，一种犯罪行为可以是多种犯罪动机引起的，多种犯罪行为也可以是一种犯罪动机引起的。因此犯罪动机往往不是单一地发生作用，而是各种动机相互联系、相互影响而起作用。有些青少年犯罪行为是由于好奇、模仿、虚荣和贪图物质享受等因素相互影响、相互联系而导致犯罪的；有的青少年是由于逞强好胜和出气报复共同起作用而导致犯罪的；有的又由于江湖义气和逞强好胜结合在一起而导致犯罪的；有的又由于贪图物质享受与追求异性的满足而驱使犯罪的；等等。因此，我们千万不可以忽视任何一种出现在青少年心理活动中的、那怕是极微小的不

良动机倾向，千万不能低估任何一种犯罪动机的作用，我们要善于在纷繁复杂的犯罪动机中找出它们发展变化的特点和规律，找出犯罪动机形成的主要原因和有关条件，从而有针对性地削弱或消除犯罪动机的动因。

从客观方面看，影响和形成犯罪动机的动因主要是不良的社会环境，特别是微社会环境，包括家庭的不良教育，学校思想政治工作的薄弱，居住区域的不良风气等等。其中有物质的动因，也有精神的动因；有社会的动因，也有家庭学校的动因；有政治方面的动因，也有经济方面的动因；有宣传方面的动因，也有教育方面的动因等等。这些不良的因素通过各种渠道，通过家庭、学校，通过交往，通过文化生活等侵蚀和毒化青少年的心理。根据个体发展的不同特点，这些不良的因素有的是逐渐变成犯罪动因的，有的是较快变成犯罪动因的；有的是经过反复斗争、反复选择、排除掉其他阻碍犯罪发生的动因，而形成比较隐固的犯罪动因的。因此，在这里，外界的不良因素起着影响、渗透和诱发的作用。

从主观方面来看，也就是从青少年犯罪心理的结构来看，其中非法的需要、低级的兴趣可以说是青少年犯罪动机的主要动因。如果没有非法的需要，也就不会有犯罪的动机。恩格斯在《劳动在从猿到人转变过程中的作用》一文中指出："人们已经习惯于以他们的思维而不是以他们的需要来解释他们的行为（当然，这些需要是反映在头脑中，是被意识到的）。"所以从人的需要分析人的行为是十分重要的。在这里恩格斯所说的需要不仅是客观的，而且主要是反映在人的头脑中、被意识到的需要，是个体对客观现实的反映。在社会生活中，人的需要是多种多样的。但一般来说，人是能够自觉地调整自己的需要结构，不会毫无节制地放纵自己的个人需要，而会使个人的需要符合社会道德和法律规范的约束。只有当社会需要被个人理解和接受时，才会转化为他个人的需要，存在于他们需要结构之中而起作用。可见，一个人的需要，首先反映他们世界观、人生观和道德评价。同时，其人生观和道德观也反过来对其需要起促进和统率作用。因此，一个犯罪青少年由好变坏，外界不良因素对个体的影响，主客观因素的互相转化，首先是通过转化个人的"需要"，逐渐使个人的需要结构发生变化，进而以某种欲望、要求、愿望的形式反映在主体头脑中，并很快产生对满足这种欲望的冲动。当这种冲动不能遏止而又采取非法或不正当的手段来满足其欲望需要的时候，就形成了犯罪的动机。由此可见，在犯罪心理动因中不良需要起着决定性的作用。那么，应当怎样改变和调节青少年不良的需要结构呢？我认为主要是：

第一，要遏止青少年的无止境的个人需要。要使他们个人的需要适应社会的整体需要，不要超出社会生产力发展的水平和社会分配的方式，不能脱离个人或家庭的经济地位和可能，不能超出本身所具备的客观条件去追求无止境的物质享受和精神享受。比如对钱物的追求，对异性的追求等等，否则就可能"欲壑难填"而导致犯罪的发生。

第二，不要使青少年生理性需要占主导地位。虽然生理性需要是人的基本需要之一，但人是社会性的人，他首先必须在社会规范之内来满足这些需要，并且不断使人的需要脱离低级的、生物的水平，升华为社会性需要。这样才是健康的、有益的高水平的需要。而那些缺乏教养、品德不良、情趣低下、精神空虚的人，常常是个人的生理性需要居主导地位，追求感官刺激和单纯的生理满足。因此，必须培养他们要有高尚的道德情操，要有远大的生活目标和崇高的理想，要用健康的精神需要调节他们单纯的生理性需要。

第三，正确处理个人需要与社会需要的矛盾。无论是个人的物质需要或精神需要，由于他们的心理水平的差异及思想觉悟高低的不同，都会同社会的需要发生这样或那样的矛盾，青少年作为社会的成员，必须把社会需要转化为个人的需要，使个人的需要适应社会的需要，才能协调一致，形成积极向上的因素；如果个人需要与社会需要经常处于对立地位，那么需要就会成为不良行为的动力因素，甚至成为犯罪行为的动因。因此，必须使青少年的个人需要首先服从社会的需要，服从国家、集体的需要，并且自觉地遏止或排除不正当的个人需要，使个人的需要符合社会道德和法律规范，这样就可以使他们的个人需要不致超越社会所允许的范围，而保证他们顺利成长。

三、加强对青少年人生观、道德观和法制观的教育

青少年犯罪的心理不是与生俱来和一成不变的，而是后天习得和可以改变的。尽管犯罪的动机和犯罪的需要有一定的稳固性，但这种稳固性都是相对而言的，它们除了具有一定的稳固性以外，还具有可塑性、可变性和双向性的特点。它既可以在一定条件下转化为犯罪的行为，亦可以在良好的教育下导向正确的道路。在这里最重要的要有正确的教育，要使广大青少年树立共产主义的人生观和世界观。一般来说，在青少年犯罪心理的结构中，犯罪的需要是犯罪心理形成的基础因素，犯罪的动机是导致犯罪行为的动力因素，而决定犯罪心理发展变化的方向却是人的人生观和世界观。如果用无产阶级的人生观、世界观支配人的心理，那么人的行为就会朝着健康、有益的方向发展；反之，如果用资产阶级的人生观、世界观支配人的心理发展，那么人的行为就会朝着犯罪的方向发展。因此，进行青少年犯罪的心理预防，就必须首先从培养青少年的无产阶级人生观、世界观入手。

坚强的信念和远大的理想也是人生观、世界观教育的重要内容。所谓信念就是主体对于某种思想、理论和某种事业深信不疑的看法。简单说，也是人的一种精神支柱。所谓理想就是人们追求，并为之奋斗的目标。信念和理想都是激发青少年前进的巨大动力，也是消除和抵制犯罪心理形成的核心力量，因此，把对青少年信念和理想教育列入青少年教育的首要任务是完全必要的。心理学根据人的追求的广度与深度把信念和理想分为不同的层次，一般在青少年发展的早期阶段上多是对切身利益的物质生活有强烈的追求；而对道德、信念、理想和政治思想的追求，却要在他们比较成熟之后，才逐渐确立起来。我们可以根据他们信念和理想追求的不同层次、不同阶段进行有针对性的教育。在早期阶段上，既要满足他们一定的物质追求，又要使他们的眼界逐渐开阔，努力学习科学文化知识，使他们逐渐懂得人生的意义，把对物质利益的追求转换为对创造未来美好生活的追求。在青少年后期阶段上，虽然他们已有了对道德信念、道德理想和政治思想的追求，但往往又忽视了道德信念、道德理想和政治思想的内容实质及正确评价。因为一般他们还不懂得一个时代的信念和理想要受当时社会政治经济文化所制约，有怎样的时代就会有怎样的理想内容，既有顺时代潮流的信念和理想，也有逆

时代潮流的信念和理想。就是在同一社会的不同历史时期也有不同的信念和理想。在我国五十年代和六十年代初期，当时我国青少年的顺时代潮流的信念和理想是“向科学进军”和“向雷锋同志学习”，因此，我国的社会主义建设蒸蒸日上，社会治安良好，青少年犯罪率极低。但是“十年动乱”期间，由于林彪、“四人帮”的破坏，在青少年中，“强权政治”、“打砸抢有理”、“读书无用论”等等成了他们的逆时代潮流的信念和理想，这除了使我国的社会主义建设事业受到破坏以外，也造成我国青少年犯罪率的迅猛增长。当我们粉碎了“四人帮”以后，我国又出现了拨乱反正、医治创伤、建设四化、振兴中华的顺时代潮流的信念和理想。但是，同时也由于林彪、“四人帮”的流毒还未彻底肃清，社会风气还没有根本好转，那种讲究实惠、追求享受、贪图安逸、厌倦政治、追求自由化的现象存在，这些问题反映在部分青少年身上，又表现为大量的逆时代潮流的信念和理想。因此，我们还不能完全使他们的这些逆主题信念和理想转变为顺主题的信念和理想，在某些时候，某种情况下，还不能以强大的顺主题信念和理想遏止逆主题信念和理想，使他们转变到为社会主义、共产主义奋斗的信念和理想道路上来。所以我们应该把对青少年的人生观、世界观教育放在首位。

另外，在对青少年的教育中，除了对青少年的人生观、世界观教育以外，还要进行道德教育和法制教育，这是两种更具体、更生动、更广泛的教育，是人身观教育的必要补充，我们知道，当前的各种犯罪，特别是青少年犯罪，有相当一部分是对法律无知，甚至是藐视和否定，也是对道德的践踏和破坏，表现出他们的道德修养极差，甚至缺乏一个公民的最起码的道德修养。对法律的无知和没有起码的道德修养，是青少年犯罪的一个重要的原因。这就给我们提出了一个严肃的、迫切的任务：必须抓紧对青少年基本的道德教育和法制教育，使他们懂得什么行为是善良的，什么行为是丑恶的？什么行为是高尚的，什么行为是卑鄙的？什么行为是光荣的，什么行为是耻辱的？什么行为是合法的，什么行为是违法的？什么行为是法律保护的，什么行为是法律禁止的？什么样的行为会带来什么样的后果，相应地要受到什么样的惩罚等等，以指导人们的行为，使人们知所适从，知所趋避。所以，只要法制教育，特别是道德教育搞好了，人们的言行都符合法律和道德的要求了，那么违法犯罪的青少年也就会大大减少。在这里，道德教育具有基础性的意义，也可以说它是其他教育的前提和总出发点。从心理预防的角度来说，它在人的主观上，人的意识上，人的心理上起着特殊的作用，即通过自我意识和良心谴责来约束自己的行动。

当然良好的道德不是天生就具有的，而是后天经过不断教育、培养、锻炼的过程形成的。道德教育的过程，也就是知、行、情的培养过程。知，就是指道德观念，也就是指对事物是非善恶的评价。道德观念的形成和发展有赖于人的认识。当人对某个道德问题有了较系统的认识，产生道德感后，就会形成一定的道德观念；当这一认识继续深入，达到坚信不移的程度，并自觉指导自己行动时，他们的道德观念就会转变为坚强的信念。道德感、道德观念、道德信念相互联系起来，就成为人的心理结构的基本要素，成为人的正确的人生观、世界观的重要条件；同时，也是防止青少年犯罪心理形成的重要防线。行，指道德行为，就是按一定的道德规范所采取的行为。道德行为是人主观态度的外在表现，是衡量思想品德的重要标志。所谓道德教育，主要是进行道德认识和道德行为的培养，使他们的道德认识与道德行为具有知行统一性和一惯性，形成良好的个性品质和行为习惯。情，指道德情感，就是对事物的爱憎态度。人的道德情感是伴随道德认识产生并发展的，它主要通过人的内在的信念以及良心上的自责表现出来，以达到约束人的某种心理活动和某种行为的作用。所以培养良好的道德情感也是道德教育过程的重要一环。

总之，人生观的教育，法制教育和道德教育，都是青少年犯罪预防的重要环节和条件，是改变青少年犯罪需要和遏止青少年犯罪动机形成的主要手段，也是青少年犯罪心理预防的核心内容。

四、重视对青少年的社会教育和社会保护

我们重视对青少年的人生观教育、法制教育和道德教育，也不可忽视对青少年的社会教育和社会保护。人生观教育、法制教育和道德教育与社会教育和社会保护是相辅相成的，两个方面缺一不可。人生观教育、法制教育和道德教育是青少年犯罪预防的重要手段，社会教育和社会保护是青少年犯罪预防的根本保障。它们共同形成青少年犯罪预防的整体防线。

所谓社会教育和社会保护，就是运用和调动社会的一切力量，包括政治的、经济的、文化的、教育的、行政的、法律的等，教育和保护青少年的健康成长。事实证明，一个人的思想品德如何，走什么样的道路，都是与社会教育的好坏和社会提供的保护分不开的。一些青少年之所以走上违法犯罪的道路，除去家庭、学校的原因之外，就是在不良的社会环境的影响下造成的。有时候，尽管家庭教育、学校教育是良好的，如果社会教育脱节，失去社会的保护，就会使社会上的消极落后因素不断侵入他们的思想。那种以为心理结构的形成是偶然的，而不是必然来自社会环境、社会教育的看法，是错误的、片面的，实质上是一种主观唯心主义。须知，社会环境、社会教育是人的心理活动的材料、客体，无论从积极方面或消极方面，都反映在人的心理结构中，包括犯罪心理结构。苏联心理学家戈别奇亚指出："人不是生来就具有了集体主义者和个人主义者、清白人或犯罪人的素质。他的某种观点和定型都是他在社会实践中、在周围现实、他生活的具体条件影响下形成的。个体个性的形成就以这些条件是什么结果、他在生活的道路上与什么样的人及什么样的事物接触为转移。""任何现象的特性不仅决定于它的内在结构，它组成的要素特点，而且决定于围绕这个现象与属于同一水平或较高水平的物质的相互作用。"在这里"同一水平"或"高一水平"的物质就是指社会的政治、经济、文化、道德、法制等客观条件的情况。所谓"相互作用"就是指外界的客观条件、环境与个性的消极素质、不正当需要、不良动机的相互渗透、转化，"如果周围环境不良，并且个性的消极的特征已经形成，那就为未成年人违法犯罪提供了有利的土壤。"

马克思主义的经典作家基于对社会制度的分析，得出了对形成个性起主导作用的是社会、社会环境的结论。个体是一种社会存在，所以他生活的任何表现都是社会生活的真实反映。因此，从这个意义上说，人的个性行为以及行为的心理过程决定于客观环境和社会教育，也就是说，个性是一定社会条件和一定教育的结果，并且这些条件和教育影

响着人的行为，决定着这个行为的性质和社会内容。虽然我们的社会主义制度本身并不产生青少年犯罪，也不决定不良个性因素发展的方向，但是社会主义社会并不是一个完美的社会，这正如马克思所说的“我们这里所说的是这样的共产主义社会，……是刚刚从资本主义社会中产生出来的，因此它在各方面，在经济、道德和精神方面却还带着它脱胎出来的那个旧社会的痕迹”。

我们的社会，当然也还不可避免地存在着这种“痕迹”，存在着一定的阶级斗争，存在着资产阶级思想意识及生活方式对广大青少年的腐蚀、毒害。这就是我国青少年犯罪产生并长期存在的主要原因。以此来树立对我国青少年犯罪问题的认识和信念，看到我们同青少年犯罪斗争与防治的长期性和艰巨性。但是我们也坚信，只要有党的正确领导，坚持社会主义制度，坚持人民民主专政，极大地繁荣社会主义的经济和文化，不断提高和改善人民群众的物质生活和文化生活，不断通过社会各个环节、各种手段的教育，不断改造社会的环境，切实做好对青少年成长的保护工作，那么，就可以逐渐减少以至最后消灭青少年犯罪。为此，我们应该做到：

第一、坚持对广大青少年进行社会主义道路、人民民主专政、党的领导、马列主义毛泽东思想的教育，坚持爱祖国、爱人民、爱劳动、爱科学、爱护公共财物的共产主义思想品质的教育。使他们划清剥削阶级思想和无产阶级思想的界限；划清文明与野蛮、英雄行为与亡命徒、无产阶级高尚情操与资产阶级享乐主义的界限；使共产主义思想意识在青少年的头脑中萌发，增强对各种剥削阶级思想毒害的免疫力。并且要从行政上和法律上规定禁止青少年传抄、传看、翻印、编制反动、污秽、荒诞、黄色的书刊、画册、图书、照片等；禁止收听、录制、播放、演唱反动、黄色的音乐；取缔淫书、淫画的黑市交易；取缔淫乱地下舞会；严禁青少年在公共场所酗酒闹事，打架斗殴，调戏、侮辱妇女，破坏公共秩序，损坏公共财物；严禁青少年制造、携带匕首、火枪等凶器，严禁青少年赌博，或者抽签、投彩、玩扑克等变相赌博；严防封建迷信对青少年的毒害，等等。总之要综合运用教育、行政和法律的手段，以保障青少年的健康成长。

第二、坚持综合治理的方针。实践证明，这是治理青少年犯罪的根本方针。因为青少年犯罪是一个比较复杂的问题，是社会的政治、经济、思想、文化等诸方面消极因素综合作用的结果，它涉及各个领域、各个方面、各个部门，牵动着整个社会。因此，要解决这个问题，也就必须从政治、经济、思想、文化等方面入手，动员全社会的力量，全民动手，各个部门一齐努力，才能达到治理青少年犯罪的目的。所以我们必须把综合治理的工作坚持下去，并且持之以恒。

第三、树立良好的社会风气，增强青少年的免疫力。社会风气如何，直接关系到青少年的身心健康和精神面貌。十年动乱期间，我国的社会风气遭到了严重的破坏，人们的精神面貌和道德水准严重下降，各种不正之风、龌龊肮脏的东西到处泛滥，毒害着社会，许多青少年由于被腐蚀、毒害，而走上了违法犯罪的道路。粉碎“四人帮”之后，特别是党的十一界三中全会以来，恢复和发扬了我们党实事求是、联系群众、批评与自我批评的优良传统，社会风气开始好转，青少年犯罪率也出现了下降的趋势。这就充分说明，解决青少年犯罪的是与社会风气的好坏有着密切关系的。

第四、建立严密的社会、学校和家庭教育网。青少年生活的环境，除了社会环境以外，还有家庭环境和学校环境。这些环境形成了一个统一的大的环境教育体系，它们相互促进、相互影响、相互制约，任何一个方面出了问题都可能影响到青少年的成长。当然社会环境、家庭环境、学校环境在青少年成长的不同阶段上其影响和作用是不同的。

家庭环境、家庭教育，是培养青少年个性品质的最初阶段，也是最关键的阶段，对青少年将来的发展具有基础性的意义。学校环境和学校教育，是按着一个社会和阶级的要求，培养青少年成为德、智、体全面发展的决定性时期，也是形成青少年人生观、世界观的重要时期。社会环境和社会教育，虽然在青少年开始成长阶段就发挥着作用，但是随着青少年年龄的增长，这个作用在诸环境和诸教育因素中所占的比例将越来越大，尤其到青年走出学校、踏上社会以后，社会的衔接教育和社会环境影响对青少年个性和思想品德的定型及发展方面开始起主导作用。所以社会、家庭和学校三方面对青少年的成长都是极其重要的，它们不仅是一个相互配合、相互补充、相互作用的体系联系，也是承前启后、纵向深化的发展过程。形成一个既有联系、又有过程，既有一定结构、又有一定层次的系统网络，使青少年时时、处处从不同的方面，通过各种不同的手段接受正确思想的教育，受到良好环境的陶冶，不给非无产阶级的思想以任何可乘之机，以确保青少年的健康成长。

第五、严厉打击严重刑事犯罪分子，及时、准确惩治犯罪，以反面的典型给青少年以教育，使之避免走向犯罪道路。打击犯罪对于预防犯罪的作用不容忽视，不对严重犯罪活动给以严厉打击，势必助长犯罪，而使预防犯罪工作难以奏效。

第六、坚决地进行各方面的改革，以促进社会主义物质文明建设和精神文明建设的迅速发展，尽快使广大群众富裕起来，从而体现社会主义制度的优越性和生命力，使预防犯罪有雄厚的物质基础。这无论从对青少年的教育保护，或预防、减少青少年犯罪，都是极为重要的基础工作。

总之，青少年犯罪，是社会主义社会的客观存在，它的发生、发展和变化是有一定规律的。只要我们认识和掌握了这一客观规律，并按照这一客观规律采取正确的方针政策，就一定能够在当今世界青少年犯罪普遍严重的情况下，研究、探索出一套预防和治理青少年犯罪的更加完整的经验。我们相信，我国青少年犯罪问题，一定能够、并且一定会解决。

青少年犯罪的新形态及其预防

（1981年）

徐　建　夏吉先

当前青少年犯罪新形态表现的几种类型

青少年犯罪的新类型是经常变化的。近年来，青少年犯罪的新形态或新类型主要有：

第一、暴力型犯罪。

与被害人无利害关系而发生的“无利害冲突”的杀人、伤害，就是青少年暴力型犯罪的一种新类型。这类犯罪愚昧、野蛮、凶残、突发。视人命如儿戏，杀人与杀鸡一样，有时因试试刀是否锋利，或看见女孩脚丫子好看，或一句话、一赌气，就轻易动手杀人。这是“文化大革命”中武斗、“打砸抢”、破坏文化、破坏法制所留下来的严重恶果。

亲杀是暴力型中又一种新类型，国外称“家庭暴力犯罪”。在我国向来具有家庭结构稳定，亲属间互相关系融洽的良好的历史传统，以青少年为犯罪主体的亲杀案件是较罕见的。可是，近年来不仅出现，而且有增多趋势。杀害父母、祖父母，杀害兄弟姐妹都有发生。其原因是错综复杂的，有的是因子女堕落，仇恨家庭管教；有的是因子女为非作歹，造成对家庭、邻里的严重威胁，为维护家庭、邻里安全而不得已；有的则因顶替或企图占有父母财物等等。可是，多数有一个共同的特点，就是家庭矛盾逐步积累、激化的结果，往往有一个较长的矛盾显露、发展过程。由于得不到妥善有力的调解处理，最后诉诸暴力。这是研究和预防这种类型犯罪必须考虑的。

“爆炸”是暴力型的第三种新类型。个别青年由于多种具体的原因出现不满与厌世的意念，自己轻生却设计出凶毒的手段，找一批人为其垫背，不顾危及人的生命和国家财产的巨大损失，盗取炸药、雷管等，到公共场合引爆或自爆。这是十分危险的严重犯罪，发现苗子必须采取果断措施及时加以控制和制止。

第二、经济型犯罪。

（一）、聚赌和抢台面。

聚赌是旧社会遗留下来的罪恶，解放以后虽未根绝，但青少年参加的很少。近年来，为了追求刺激，追求非份的享受，青工、青农、待业青年，甚至学生中都发现赌博活动，有的已发展到聚赌。台面也日益增大，一场输赢成百、上千元，个别的在万元以上。赌时带女人，搞吃喝、设保镖、设岗哨等等，危害腐蚀极大，成为青少年犯罪中突出的一个类型。在聚赌当中，还出现所谓“黑吃黑”、“抢台面”等其他违法犯罪行为，在殴斗中造成伤亡。

（二）、盗窃黄金、古玩，进行走私贩卖。

以前黄金、白银、古玩、首饰在国内没有市场，出国销售的渠道不多。现在有的人通过非法途径偷运出国，流入国际市场牟取暴力。国外投机商人也乘机抬价，诱惑力更大。因此，有的青年卷入非法收购黄金、银元，进行走私贩卖的犯罪活动，同时还发生多起国家工业用金银被盗的案件。某厂青工一次盗取黄金二斤，价值万元以上。甚至出现企业单位走私、盗卖古玩的案件，并有明显的增加、蔓延趋势。

第三、淫乱型犯罪。

性的淫乱在资本主义国家中是合法的、半合法的公开存在，毒害社会，腐蚀青少年。在我国，性的淫乱是违法的，被严格制止的，近年来由于西方腐朽的思想意识的侵蚀，青少年中出现了一些值得关注的新的淫乱型违法犯罪行为。主要有：男女青年勾搭出卖色相；不顾人格国格，与外国人发生不正当男女关系；流氓聚众公开哄闹、侮辱、伤害女青年，等等。严重危害社会风气，影响极坏，必须及时加以研究，防止其发展和蔓延。

第四、游乐型犯罪。

这种类型的青少年犯罪严重侵犯公共安全、财产或人身利益，触犯了刑律，但就其目的动机来说，又与一般刑事犯罪有所区别，主要是利欲不同，精神空虚，寻乐，找刺激。

“飞车”，就是游乐性犯罪的表现之一。

所谓“飞车”，就是驾驶车辆，狂奔乱闯，无视行人的安全，严重妨害社会管理秩序或者侵害人身与财产安全的违法犯罪活动。上海在1980年就出现过每晚有上百辆摩托车、两用车（间或夹杂一些自行车），在人民广场同时行驶，横冲直撞，破坏交通秩序，无视行人的安全。据了解，我国其他个别地区也发现此类活动。“飞车”有若干特征：（一）无视法纪，寻求刺激。参加“飞车”的青年一般有较优裕的物质条件，但感到一般娱乐不过瘾，便追求时髦、惊险、速度的刺激，而不顾人民生命的安全和国家法律。（二）聚众赌赛。“飞车”一般是几个人或多人一起进行的，人愈多刺激愈强，危害也愈大。有的人还利用“飞车”赌钱财、票证，或者带上女朋友，比色相，争风吃醋，等等。随着我国工业的发展，个人拥有的机动车辆日益增多，加上青年人好动、好强、好奇的生理心理特点，如不注意教育、引导、制止，“飞车”这种犯罪新类型有潜在继续发展的危险，这一趋势应引起警惕和注视。

“套人”，是游乐性犯罪表现之二。

“套人”是近两年发现的一种青少年犯罪新类型。犯罪者把绳套抛向女青年，从被害人受辱或受折磨的痛苦中寻求刺激和欢乐。这类罪行也在少数大、中城市出现。例如，广州市青工刘××，多次用系在车上的绳子结成活套，套路上骑自行车的女青年，有一次套中一个女青年的脖子，被汽车拖倒在地达300米，虽因被害人双手紧抓活套，未致毙命，但也重伤致残。这种行为不仅野蛮、恶劣，而且有使人致伤、致残，致死的危险，对社会的危害性很大，必须严加惩处，坚决制止。

其他，还有用污秽物或其他物品（如烂西瓜、蕃茄、臭蛋、煤炭、建筑材料等）向妇女或青少年投掷、污秽、侮辱、伤害妇女，以及聚众无理取闹、戏弄、侮辱、威胁妇女、女青年或路人来取乐的。

此外，青少年犯罪分子当中有极少数人，由于极端的个人主义，走上了反对共产党、反对社会主义祖国的道路，不择手段，背叛祖国、背叛人民。他们妄图与反革命组织挂钩，组织反革命团体，进行反革命的破坏活动。这是青少年犯罪中最危险的倾向和类型。

青少年犯罪新形态的成因与预防

我国现在正处在一个伟大的历史转折时期。党的十一届三中全会作出了把工作重点转移到社会主义现代化建设上来的战略决策，使我们党和国家的工作取得了一系列的成就。但是，这个转变过程中由于两个特殊的情况，使青少年犯罪出现某些非正常的数量和形态变化：（一）这个转变是在十年破坏带来一系列经济困难、思想混乱的基地上进行的。“十年‘文化大革命’造成的政治上思想上的混乱不容易在短期内消除”（参见：《中国共产党中央委员会关于建国以来党的若干历史问题的决议》第25节），它必然要在新的条件下用新的形式表现出来。新类型中的一部分犯罪，如暴力型、游乐型的某些种类犯罪正是这种历史因素的曲折表现。（二）这个转变是在拨乱反正、解放思想、解决一系列多年来未能解决的重大现实问题中进行的。“我们的工作中还有失误和缺点，我们的面前还有许多困难，”这本来是正常的、前进中的问题，但对有些缺少经历、认识片面、冲动的青年来说，分不清本质和现象，把握不住变动中的是非，看不到发展中的远大美好前景，产生彷徨、动摇，对前途失去信心，甚至在国内外资本主义思想影响下，发展了极端个人主义、利己主义和其它腐朽的思想，从而出现了带有现阶段特点的青少年犯罪新类型。

研究青少年犯罪新形态的目的就是要预防青少年犯罪新形态的产生和蔓延，减少和防止青少年犯罪。预防，既要治“本”，也要及时治“标”。治“本”就要从战略预防出发，彻底弄清我国社会主义条件下，青少年犯罪存在和产生，变化的原因，铲除孳生犯罪的土壤，进行综合治理。治“标”就是从各种犯罪新类型孳生的具体条件出发，采取分别类型的防治措施。这些预防措施主要有：

（一）教育预防

教育预防着眼于用正确、积极、上进的因素，消除在新形势下的一些消极有害的因素。特别注意针对犯罪青少年的一些主要代表性的思想倾向和错误认识进行教育。在当前对外开放的形势下，教育预防工作的一个主要方面就是要使青少年正确对待资本主义社会的物质文明和精神文明，明确吸收什么东西，摒弃什么东西。比如，资本主义社会中的“性乱”就不是好东西，已经成了社会的腐蚀剂。社会主义理应反对封建的“禁锢”，也应摒弃资本主义的“性乱”。类似这些问题都必须通过教育以划清界限，增强青少年对各种消极因素的抵抗力和鉴别力；同时要有针对性地加强爱国主义的教育，纠正少数青年中的崇洋媚外思想。对于从外国进口的书刊影片之类的东西，凡涉及意识形态的东西，在进口之时，就要考虑其放映之日，充分进行积极和消极两方面的评价。在制定接收积极影响的决定和政策的同时，也要制定消除消极影响的决定和政策，并予施行，切实注意社会后果。

（二）刑事侦查预防

青少年犯罪及其新形态的刑事侦查预防，就是通过揭露犯罪人及其活动，使其不能逃避惩罚；同时，对有危险征象的青少年，采取适当措施，以防范于未然。

侦查预防方法包括：了解、掌握违法犯罪青少年的人员、思想、活动、动向的控制性防范；发现危险征兆，及时采取措施，或者在犯罪已经实施的情况下，及时破获；在侦破工作中发现造成、促使青少年犯罪得逞的漏洞和问题，提出和采取堵塞性措施；根据青少年特点，采取保护性措施，如不准其他人对青少年施加不良影响，限制青少年自己去从事或参加某些有损自己身心健康的活动等等。

（三）法律预防

法律预防是预防新形态犯罪的强制性手段，它是教育预防的坚强后盾，只有教育预防而没有法律预防是不行的。在犯罪类型，手段发生变化的情况下、有关部门需要及时了解研究新的情况、新的犯罪类型及其特点，以制定、修改法律，或对现有法律、法令进行必要的补充或作出新的解释，这是法律具有战斗性的保证。

在新的历史时期的法律预防，要特别体现、着眼于青少年犯罪的特殊性，尽快制定全国性的或主要城市的《青少年教育保护法》或《青少年教育保护条例》，以法律形式明确规定青少年的行为规范，以及各部门、各方面在教育保护青少年、防止青少年犯罪的职责，防止青少年犯罪及其新形态的产生。

（四）技术预防

技术预防及其预防手段现代化，是预防新形态犯罪必不可少的手段。马克思曾说：为了防止盗窃，锁才会发展到现今那样的保险程度。由于现代科学技术的发展和青少年文化知识水平的提高，青少年犯罪的手段也在不断“革新”和“发展”。“魔高一尺，道高一丈”，我们也应不断革新新技术预防的手段，扩大技术预防的视野和领域，使之更能适应预防新形态犯罪的迫切要求。

预防青少年犯罪的关键年龄阶段

（1982年12月）

潘　茂　生

近几年来，青少年违法犯罪问题比较突出，引起中外各界专家学者十分关注，进行过广泛的调查和研究。对于青少年犯罪的年龄特征我作了一点调查，学习了各地同志的研究成果，有一个突出的感觉：13岁左右这个年龄区很值得我们高度重视。我做过三次调查，得出如下统计概率：

1. 1981年7月，我到湖北省少管所作了为期一周的调查，查阅了许多份少年犯案卷材料，发现：在160名违法犯罪少年中，始犯年龄在13岁左右的人高达67.1%；

2. 1981年9月，我在武昌区石牌岭中学调查了102名品学双差生，其中，从13岁左右首次出现行为劣迹者也占59.3%；

3. 1982年10月，我对青山区工读学校36名在册学生粗略了解，结果是：在36人中，从13岁左右出现“第一次”违法行为者约占61.4%；

“13岁问题”是我国青少年违法犯罪状况的一种新倾向。这不仅从以上调查统计可以看出，外地的调查统计也证明了这一点。

其一，北京市教育局研究所徐应隆同志，对北京西城区工读学校162名工读生的各类犯罪年龄调查统计如下：

表一

类别＼人数＼年龄	7	8	9	10	11	12	13	14	15	16	17
打　架	1	1	4	6	25	23	46	24	11	2	
偷　扒	1	1	1	6	5	18	39	23	15	3	
倒　卖						7	19	21	22	3	1
流　氓	2	1	1	1	1	7	16	29	25	9	2
总　计	4	3	6	13	31	55	120	97	73	17	3

表一说明：（1）12、13、14、15岁四个年龄是违法犯罪的高峰年龄区；（2）而13岁是违法犯罪的高峰年龄。

其二，黑龙江省青少年教育办公室的同志对齐齐哈尔市强劳大队二中队155名青少年犯的犯罪性质年龄分布调查统计是：

表二

百分比 / 年龄 / 性质	11	12	13	14	15	16	17	18	19	20	21	22	23	24	25
流　氓			2.5	4.5	14.5	23	14.5	13	2.5						
打　架			14.5		9.5	33	33	5.5	9.5		9.5				
偷　扒	9	8.8	21	20	26.5	60	64	21.5	18	7			2.5	5	
其　它		7.5	10.1	11.5	17.5	22.3	9.2	11.1	4						

表二说明：（1）13岁少年犯中就出现了各种性质的犯罪行为；（2）13岁少年犯在不同性质犯罪人员中已经占有一定的比例，而不是个别的偶然现象；（3）犯罪年龄还有进一步向小的方向发展的趋势。

只要我们略加考察比13岁年龄大些的罪犯的犯罪发展过程，不难发现都有一个由小到大，由轻到重，由偶犯到惯犯的演变过程，“突然变坏”的不多。由此可知，他们也同样存在一个“13岁问题”，为什么“13岁”的学生比较容易出现越轨行为呢？我认为有以下基本原因：

1.从生理角度看，他们正处在身高、体重，内脏、大脑的发育高峰阶段。不少孩子13岁左右长得跟父母一样高，个别的长得比父母还高一些，像个“大人”。由于发展的原因，身体某些部位发育速度很快，经常失去平衡，由此引起“自我感觉”不协调，总难以静下来，特别好动。因此，往往用释放大量剩余生理能量来求得“自我平衡”。同时，快速发育又需要大量而丰富的物质营养，吃得多，饿得快，“需要”和“供给”的矛盾日益尖锐，很容易处于“食物饥饿”状态之中。从而，在他们身体发育过程中充满“出得多”与“进得多”的矛盾。如果家长和教师稍有大意疏忽管教，是很容易引起行为越轨的。

2.从心理角度看，13岁左右的少年内心矛盾很多，正处在“波涛翻滚”时期。好奇心特别强，小小大脑装满了无穷的“为什么”，什么都想知道，浅薄的知识又不可能使他们都能懂得，所以，他们情绪极不稳定，变化异常，喜、怒、哀、乐的交换变化并不象春、夏、秋、冬四季交替那样有一个让人适应的时间，稍有粗心，就会失去教育控制。孩子进入13岁左右（女孩子约提前一年左右），他们的精神生活又碰到两个特别“难教育引导”的问题：其一，绝大多数男女少年正进入青春发育期，性意识开展萌芽，异性刺激特别敏感的反映到他的大脑，在内心深处“偷偷想”了不少问题，由于怕丑而不易外露，使教师和家长难以了解思想动向，在急需教育引导的时刻失去教育，如果遇到不良环境的影响或碰上“坏朋友”教唆，很容易在好奇心的驱动下，采取试一试的冒险行动，从而荒费学业，步入歧途；其二，孩子到了13岁左右这个年龄阶段，生活面宽了，社会交往多了，开始冲出“家庭成员生活圈”，他们似乎发现自己突然变成“大人”了，遇事想学“大人气派”（比如学抽烟等），追求行为自主，不喜欢父母或教师的干预，无形之中滋长了“心理反抗”，当他自我感觉有力量与父母抗衡的时刻，反抗行为就发生了。如果教育者不科学分析他们这种心理变化，教育方式粗暴、简单，那么，反抗心理就愈演愈烈，直至逃离家庭，长期旷课，流浪社会，混入浊污之流，堕入犯罪深渊。有些父母呼吁“现在的孩子变了，打不怕，骂不听，棍棒底下出不了孝子了”。为什么，上述就是理由之一。何况今日的社会，正是信息爆炸的世界。一个年幼少知的孩子，遇上千头万绪、无限信息交织的社会生活，再加上没有经验的弱点，如果失去良好的教育与管理，他怎么能够保证不犯错误呢！

3.从教育角度看，13岁左右的少年正处在“期望的断奶期”。行为心理学研究成果告诉我们：期望值是行为动机的基因，幼儿期望游戏，小学生期望受到父母和教师的夸奖，13岁左右的孩子期望什么呢？他期望形象、生动、丰富的集体生活。而我们现在的初中教育状况，使他们的期望抽象了，掉挡了，出现了“断奶期”。根据是什么？

（1）中学教育工作中，少先队工作基本处于无人问津状况，各级团委的少先队工作只抓小学，中学无人问，一所中学初一学生少则百人，多则几百人，没有大队辅导员，上级团委也很少布置、研究、检查中学少先队工作。比较好的中学校尽力抽调“半个人”管少先队活动就不错了，少先队活动内容青年化，规定要带红领巾，不少孩子怕老师批评，带红领巾是对付检查，进校带起来，出门拉下来，枯燥乏味，没有吸引力。

（2）共青团的工作存在重视高中，忽视初中的情况，团组织发展工作又只抓初三，忽视初二。小学毕业进入初中，少先队生活没有味，熬过了初一年级以后，初二年级大多数孩子进入了14岁，想到当团员光荣，团日活动很羡慕，想到自己入团又没到时候，精神追求的“近景”模糊了，剩余精力找不到寄托，此时的学生正好是邪恶追逐的最好目标。

（3）13岁左右的少年，大多数正处于读完初一进入初二阶段，少先队生活失去吸引力，共青团生活尚未接上来，离初中毕业又有很长一段时间，精神追求的期望值突然下降到最低点，而生理发育处于高峰，大量剩余生理能量要寻找释放机会，家庭教育和学校教育稍有失误，13岁左右的少年就难抵制从四面八方扑来的危险因素的侵袭，非常容易陷入违法犯罪的泥坑。

13岁左右容易误入歧途，也是矫正违法犯罪行为的最佳期。为什么？首先，因为13岁左右的少年犯罪的动机简单，恶习不深，可塑性大，较易于矫正。关于这方面的道理许多专家们作过很多调查研究，提出的基本理论是可信的，几年来党和人民挽救失足青少年的工作实践证明是正确的。其次，我认为：13岁左右少年违法犯罪大都是初犯，较易于矫正是有心理学根据的。

13岁左右少年第一次违法犯罪，往往没有经过长时期的周密计划，大多具有“过失”、“无知”、“冲动”和“偶发”的性质与特点。当他们“第一次”就被揭露之后，心情是十分害怕的。对违法犯罪行为的恶果及被揭露的后果不知深浅。因此，第一次违法犯罪抓获以后，他们中的多数人都会产生强烈的“害怕”和“后悔”情绪：怕法律制裁，怕判刑劳改，怕别人笑话，怕见老师、同学、亲友、家长，怕影响自己的前途；受到一定批评遣责以后，低头走路，后悔给家长丢脸，后悔损害了自己的名声等等。这种“一怕”、“二悔”的心情在被揭露初期反映是非常强烈的，只要教育者、家长严加教育，方法得当，耐心诱导，指出改错方法，错误是不难纠正的。如果我们粗暴急燥，不给出路，也会逼出悲观消极、破罐子破摔的抗拒心理，这时挽救难度就加大了。

人民调解工作在预防刑事犯罪中的作用

（1985年）

万　木

我国的人民调解工作，不仅是排解民间纠纷、解决矛盾、消除隔阂、增强内部团结的好形式，而且是预防犯罪的一道重要防线。我国治理犯罪的根本对策是综合治理，其中包括打击、惩办犯罪，预防、控制犯罪，教育挽救失足青少年、改造犯罪分子这样一些主要环节。预防犯罪在治理犯罪中的战略地位越来越受到重视。我们不仅对犯了罪的进行惩办，进行教育和改造，而更重要的是采取多种措施，力求预防和减少犯罪。这也是积极治安的主要内容。人民调解工作，由于其性质和特点决定了它在预防犯罪中的重要作用。为了实现社会治安的根本好转，使国家长治久安，能够平平安安搞四化，我们必须自觉地认识人民调解工作在综合治理社会治安中的重要地位，充分地发挥人民调解工作在预防犯罪中的重要作用，使之成为更加具有我国特色的预防犯罪的一道坚强防线。

人民调解工作可以直接或间接地从以下几个方面起到预防犯罪的作用。

一、及时调解各种民间纠纷，防止矛盾激化，避免刑事案件的发生。

由于种种原因，我国群众之间不可避免地会发生一些矛盾和纠纷。这些矛盾和纠纷往往牵涉到当事人之间的权益。我国是社会主义国家，群众之间的这些矛盾和纠纷并不是根本利益的对立和冲突，往往是某些局部或暂时的利益引起的矛盾和纠纷。除了那些纯属误会引起的矛盾、纠纷而外，其他大多数纠纷都涉及到当事人的不同方面、不同程度的权益问题。即便是误会引起的矛盾和纠纷，也会影响到一方或双方当事人的权益。这些矛盾和纠纷应当也可以通过调解加以解决。但是，由于当事人往往不能全面地、冷静地对待这些与自己权益有关的矛盾和纠纷，不能用正当的方式解决这些矛盾和纠纷，并且极易感情用事，于是发生争执，吵骂，毁坏对方财物，甚至进行斗殴。如不及时调解，或调解不当，就会引起矛盾激化，以至酿成刑事案件。特别是那些婚姻恋爱纠纷，那些争田、争水、争牲畜、争农机具纠纷，房屋、宅基地纠纷，抚育、赡养纠纷，遗产继承纠纷，合同、债务纠纷等等，在日常生活中，不仅大量存在，而且在矛盾纠纷发生时，当事人往往头脑不能冷静，甚至为争一点小小的利益或出一口气而不顾后果。在工厂中，在街道里，在农村中，那种为一点矛盾和纠纷而演化为斗殴、凶杀、放火、放毒乃至爆炸等恶性案件的事例，可以说屡见不鲜。本来属于一般性的矛盾、纠纷，却会演变为影响社会安定的严重事件；本来属于民事性的纠纷，却演化为刑事犯罪。而且，这种演变有一个重要特点，就是过程短，突发性强，往往几分钟，几小时，几天之内就发展到不可收拾的地步。所以，及时调解和妥善处理这些矛盾和纠纷，显得重要而迫切。这些矛盾和纠纷，按照习惯，一是党政领导和群众团体的调停解决，二是政法部门进行解决，三是依靠亲朋好友，左邻右舍调停解决。这些都是必要的，并且也是有效的。但也都有一定的困难和局限性。比如依靠政法部门解决，由于当事人不懂法，或离政法部门远，或矛盾纠纷发生发展得急剧，就往往到不了政法部门就演出大祸。而且，有些一般性的民间纠纷，政法部门也往往难以及时受理和解决。所以，民间的各类一般性的矛盾和纠纷由人民调解组织加以调解和解决比较适宜，比较多见。因为人民调解组织是扎根在群众之中，发生矛盾纠纷后，调解人员可以及时赶到现场，制止矛盾的发展，然后加以调查和调解，这就避免了矛盾激化和导致犯罪。据我国有关部门统计，分布在广大城乡的人民调解组织，几年来，几乎每年都要调解各类民间纠纷600万至800万件，避免矛盾激化引起的非正常死亡6万至8万人。所谓非正常死亡，即或自杀死亡，或斗殴致死，或被毒死、杀死、烧死。显然这些多数构成了刑事犯罪案件。而且，死一人，又会加剧活着人的矛盾，甚至可能变为世仇。但是，由于我国人民调解工作的开展，却避免了这些矛盾激化及可能引起的悲剧，因而也就有力地预防和减少了犯罪。可以设想，如果我们的调解组织对这数百万的纠纷不及时调解和解决，不知将造成多么严重的后果，增加多少刑事案件。由此可见，人民调解工作在预防犯罪中起了多么巨大的作用。这些作用，一般不是间接的，而往往是直接预防和避免了犯罪。正是从这个意义上，我们可以毫不夸张地说，人民调解工作是我国预防犯罪的一道极其重要的防线。任何忽视或轻视这道防线的作用，都是不对的，有害的。

二、人民调解组织通过调解损害或伤害赔偿纠纷以及其他方面的轻微的刑事纠纷，使这些矛盾和纠纷不致向恶化方向发展，从而减少和避免了刑事犯罪。这些纠纷一般是轻微的，尚构不成刑事案件，人民调解组织应当而且可以通过调解加以解决。但由于这些纠纷往往带有刑事纠纷性质，当事人一方或双方的人身权利、民主权利或财产权利受到某种程度的损害或伤害，因而当事人特别是单方受到损害或伤害的当事人，极易感情用事，往往诉诸暴力，或以其他的错误方式进行报复，从而使事态扩大。并且，当事人为争胜和不吃亏，还往往牵动亲友参加，形成聚众闹事、械斗、打砸抢，酿成严重刑事纠纷案件。现实生活表明，轻微的刑事纠纷如不及时加以妥善解决，比一般民事纠纷更易演化为刑事案件。当这类轻微刑事纠纷发生时，当事人未及诉诸政法部门或其他组织解决，或虽诉诸组织及政法部门，但因为属于轻微刑事纠纷，或由于其他原因而未能及时妥善解决，当事人就会处于对抗或仇视状态，特别是吃亏一方面，更感到憋气，感到无人作主，情绪处于激烈的冲突之中，甚至产生强烈的报复心理。一旦其正常心理打破了平衡，报复心理占了上风，他们就会不顾一切把事情闹大；而损害或伤害他人的一方，也不轻易主动道歉或赔偿损失，并且，在矛盾和纠纷解决之前，在对方要报复的情况下，他们也准备“应战”，也会不顾后果。所以，调解组织对此类轻微刑事纠纷，切不可麻痹大意，掉以轻心，而应更积极、更认真、更主动地进行调解，尽力平息纠纷，解决矛盾，防止事态扩大。实践证明，只有调解组织对这类轻微的刑事纠纷秉公调解，按照党的政策和法律规定，从实际情况出发，从团结愿望出发，多作疏导工作，并且对纠纷妥善处理，才会平息矛盾，化纠纷为团结，预防犯罪的发生。据司法部统计，全国每年通过人民调解委员会调解的轻微刑事纠纷，虽然没有一般民事性纠纷多，但也占相当数量。1982年11个省、市、自治区调解的这类纠纷达35583件，占这些地区全部各类纠纷总数的10.1%。1983年全国调解损害（伤害）赔偿纠纷达660571件，占全部纠纷总数的10.2%。1984年全国调解损害（伤害）赔偿纠纷约65万余件，占全部纠纷总数的9.7%。这些损害、伤害纠纷虽然不一定都构成轻微刑事纠纷，但其中相当数量属于轻微刑事纠纷。不管是否构成轻微刑事纠纷，但只要发生了损害或伤害赔偿纠纷，就孕育着向刑事案件转化的危险。我们的调解组织通过调解，把这类纠纷加以解决，不仅对增强团结、安定社会秩序有重大意义，而且对于防止事态扩大、预防和减少刑事犯罪具有现实的重要作用。试想，全国每年多达50万～60万的损害、伤害赔偿纠纷如不能及时通过调解加以解决，将会产生何等恶果！将会增加多少刑事案件！而我们的调解组织通过调解工作，妥善或基本上调解了这些纠纷，就等于排除了对社会具有潜在威胁的一颗又一颗的炸弹，它对预防犯罪的巨大作用，是不言而喻的。

三、人民调解工作本身又是法制教育和法制宣传工作，必然起到预防犯罪的积极作用。犯罪分子走向犯罪，固然有其犯罪意识起主导作用，但大量的事实证明，在违法犯罪分子中有相当一部分是违法不知法，犯罪不知罪，或者法制观念淡薄，不能以法律约束自己的行为而违法犯罪。法盲，是导致刑事犯罪增加的重要因素之一。所以中央决定要用五年左右时间在全国普及法律知识，以增强人们知法守法的观念，扫除法盲，从根本上预防和减少社会犯罪。人民调解工作，由于其性质和所担负的任务，由于其工作过程的特点，本身就是具体、生动的法制教育工作和法制宣传工作。一方面，通过调解各类纠纷，向当事人或其他关系人，向一般群众讲政策，讲法律，讲什么是合法的，什么是违法的，什么是犯罪，违法和犯罪将会给社会、给他人、给本人、给亲友带来什么后果。由于是结合纠纷和现实矛盾来讲法律，所以内容生动、具体，“有血有肉”，比一般的法制宣传效果更加具有针对性，因而也就更加具有有效性。由于调解组织和调解人员正是运用了法律武器来进行调解的，因而纠纷和矛盾的解决也就体现了法律的作用，使当事人和有关人员受到深刻的法制教育，增强了法制观念。另一方面，人民调解工作要取得广大群众的支持，要贯彻“以防为主、防调结合”的方针，尽量减少和防止纠纷的发生，也需要进行法制教育和法制宣传。有些调委会还用上法制课、图片展览、典型案例剖析等办法，开展法制宣传教育，使群众知法、懂法，从而增强人民群众的法制观念。如果人们有了法制观念，而且这种观念树立得比较牢固的话，那么就会从主观上约束自己的行为，起到预防犯罪的作用。当然，法制教育和法制宣传工作，是党和政府的事，是有关部门的事，是全体公民的事，但也是人民调解委员会的事。人民调解委员会做了大量的扫除“法盲”的工作，对树立和增强群众的法制观念起了良好的作用，因而，也就对预防犯罪起了重要的促进作用。

四、人民调解工作又是社会主义精神文明的建设工作，从这个角度也起到了预防犯罪的作用。很显然，人民调解工作不可能就事论事，除了运用法律武器外，还要做大量的政治思想工作，要宣传共产主义、社会主义道德规范，宣传社会主义的人与人之间应具有的同志关系，提倡顾大局、识大体，提倡互让互谅，提倡集体主义、爱国主义，提倡文明礼貌，反对狭隘自私、损人利己，反对野蛮、粗暴，反对封建迷信和社会陋习，反对各种不文明的思想和行为。由此，分清是非，分清正确与错误，分清美好与丑恶。而这些社会主义精神文明建设工作往往又是紧密结合调解具体的纠纷和矛盾进行的，是"有的放矢"，能够被人们所接受，当事人往往在这些道理面前被说服。这样，人民调解工作就起到树正气、抑邪气的作用，推动了社会主义精神文明建设，使社会主义精神文明变成人们所接受的观念。这就必然起到预防犯罪的作用。实践证明，一个不知社会主义精神文明的人，一个无视社会主义、共产主义道德准则的人，一个是非不分、荣辱不辨的人，一个狭隘自私、报复心极强、身上沾染着社会陋习的人，是极易走向犯罪的。反过来，社会主义精神文明建设愈发展、愈深入，就会起到控制犯罪的作用。社会主义精神文明的尺度，同社会刑事犯罪率的高低恰好成反比。所以，我们的人民调解工作，在社会主义精神文明建设中起了促进作用，推动了社会风气的好转，从而有助于建立和发展新型的人与人之间的关系，提高人们的道德水准，这就从根本上减少和预防了犯罪。

五、人民调解工作注意把帮教失足青少年纳入到自己的工作范围，按照党的教育、感化、挽救方针，帮助他们，提高他们的思想觉悟，帮助他们解决实际问题，促使他们向好的方面转化，从而也就预防了犯罪。近几年来，青少年违法犯罪成了突出的社会问题，一些有劣迹的青少年成了危害社会治安的因素。几乎在城市的各个街道，在各类企业，在一些村镇中，都有一些具有违法行为或其它劣迹的青少年，做好这部分人的帮教工作，是预防犯罪的重要方面。按照综合治理方针的要求，在党和政府的领导下，国家机关、企事业单位、群众团体、帮教组织都负有教育挽救失足青少年的责任。而人民调解组织，更有责任去帮助教育这些青少年，从政治上、思想上、学习上、工作上关怀他们，苦口婆心地教育他们，特别是对参与各种纠纷中的犯有错误或违法行为的青少年，更应积极主动地去进行帮助和教育，使他们迷途知返，停止错误的或违法的活动。这本身就是预防犯罪的工作。实际上，广大城乡的调解组织，都采取积极态度，主动做好对失足青少年的帮教工作，取得了良好效果，有力地预防了犯罪。其中有些工作是与调解纠纷合并进行的，因为一些有劣迹或有违法活动的青少年，已经参与家庭、亲友同他人之间的纠纷之中。调解组织在调解纠纷中，有意识地加强对这些青少年的教育，促使他们走上正道。这不仅有利于纠纷的调解与解决，也有利于犯罪的预防。

当然，人民调解工作对犯罪预防的作用不仅仅限于以上五个方面，还有其他方面的作用，比如发现工作上、制度上的漏洞，帮助有关方面堵塞这些漏洞等等，都有助于预防犯罪。而且，人民调解组织星罗棋布在广大城乡，客观上就是一种预防犯罪的力量。但总的来说，人民调解组织是通过以上五个方面发挥预防犯罪作用的。人民调解工作，作为预防犯罪的一道重要防线，其对预防犯罪的作用，有些是直接的，有些是间接的；有些是在本身工作中进行的，有些是配合其他方面进行的，如配合政法部门，配合居委会、治保会，配合党政组织、群众团体进行的。有些工作，当时就发生预防犯罪的作用，制止或避免了犯罪；有些工作则具有预防犯罪的长远意义。不管是那种方式或那种作用，其对预防犯罪的效果是显而易见的。

为了更有效地发挥人民调解工作在预防犯罪中的作用，调解组织和调解人员须做到以下几点：

第一，调解纠纷的及时性。即发现纠纷要及时进行调解，以避免延误时机，使矛盾激化，导致刑事犯罪。

第二，调解纠纷的主动性。发现纠纷，要主动调解，不回避矛盾，不推三拖四，不怕麻烦，不怕暂时得罪人。要迎着矛盾上，主动“出击”。愈是棘手的纠纷，愈需要这种主动精神。因为稍一迟疑，纠纷就可能发展，矛盾就可能激化，而增加调解中的困难。调解的主动性，主要是精神状态和工作开展的主动，而不是莽撞蛮干，不是不问青红皂白、不问是非曲直，就解决具体问题。如果那样，就会调而不解，甚至把事情弄乱而陷于被动。这和我们说的主动性是两码事。调解纠纷时，态度要主动，方式要讲究。具体问题的解决则须建立在情况明的基础之上。

第三，调解的科学性。即把矛盾纠纷的来龙去脉，实质所在，争论焦点，调解的主客观有利或不利条件，调解的步骤、方法、方式，都做到心中有数，从客观存在的实际情况出发，正确地运用党和政府的政策及法规，依据社会主义道德准则和公认的规范、公约，进行合情、合理、合法地调解，使当事人和各方面口服、心服，从而使矛盾和纠纷从根本上得到解决。

第四，调解的有效性。即力争将矛盾、纠纷给以妥善解决，一次调不了，两次调解；两次不行，就多次进行，反复调解，直至问题得到圆满解决为止，并且还应使调解的效果得到巩固，使调解某件纠纷的效果扩大影响。

第五，调解的自觉性。即自觉自愿地把发生的矛盾与纠纷调解好，自觉地去做预防犯罪的工作。自觉性是和盲目性对立的。去掉盲目性，增强自觉性，乃是调解工作得力、得法的重要条件。

第六，调解的公正性。即调解组织和调解人员要秉公办事，一身正气。调解人员切不可有私心和偏袒行为，决不可接受当事人的贿赂和其他不正当的馈赠。否则，就会使调解失败，使调解组织和调解人员丧失威信，甚至陷入纠纷之中而导致问题的复杂化。

以上这几条，既是调解纠纷的要求，是衡量调解质量的标准，也是使调解工作充分发挥预防犯罪作用必不可少的要求和条件。此外，为了充分发挥调解工作对于预防犯罪的作用，还应不断整顿调解组织，培训调解人员，推广成功的经验，纠正工作中的缺点，以适应新形势下的调解工作和预防犯罪的需要。同时，要自觉接受和争取党的领导，要把调解工作纳入到整个社会治安的综合治理之中，要接受人民法院的指导，接受司法行政部门对调解工作的组织领导，配合严厉打击严重刑事犯罪的斗争，作好预防犯罪的工作。

调解工作，在我国有着优良的传统，是我国民主和法制建设的一个伟大创造，在维护社会秩序、增强群众团结方面起了极为有益的作用。这是有目共睹的事实，并且受到国际友人的称赞。党的十一届三中全会以来，我国从上到下加强了对调解工作的领导和指导，从组织上、思想上、作用上、水平上加强了调解队伍的建设。目前，我国共有90多万个调解委员会，有500多万调解人员，并且分布到广大城乡，分布在街道、村镇、工矿企业，深深扎根在群众之中，工作在居民生产、生活的第一线。这是一支了不起的预防犯罪的大军。只要我们自觉地、主动地调解各类民间发生的纠纷，随时发觉，随时调解；不断研究新情况、新问题，做好预测，把握趋势，掌握规律，就一定会降低我国社会刑事犯罪发生率，收到控制和预防犯罪的更大效果。

要重视预防重新犯罪的研究

（1986年）

《青少年犯罪研究》评论员

研究预防重新犯罪，在当前具有迫切的意义，应当引起有关方面的高度重视。

毫无疑问，在我们国家，任何人犯了法，犯了罪，都要受到国家法律的惩罚（刑事处罚或行政处罚）。除了极少数罪行十分严重、必须依法处以死刑、立即执行的以外，对绝大多数的犯罪分子，依据其罪行和国家法律规定，分别处以不同刑期的徒刑或其他刑事处罚；有些违法犯罪分子还被处以劳动教养。不管劳改人员，还是劳教人员，一般都会按期释放或解教，他们中的大多数都或早或迟要返回到社会上来。那么，他们回归社会以后，还会不会重新违法犯罪，会不会引诱、教唆其他青少年犯罪？这是一个很尖锐的现实问题，也是不容忽略的重要研究课题。本刊将陆续发表这方面的文章，以期从理论与实际的结合上回答重新犯罪的预防问题。

当今世界上许多国家面临两大犯罪趋势：一是青少年犯罪日益严重；二是重新犯罪率增高。有材料表明，美国和西德青少年犯罪中的重新犯罪率高达50％以上，而且许多成年犯罪者早在年轻时就有犯罪纪录。研究材料和许多国家的情况表明，重新犯罪有个明显的特点，即往往新犯的罪比以往所犯的罪更为严重，而且作案又更为狡猾，因为犯罪分子积累了对付刑事司法部门的"经验"。为了减少和控制重新犯罪，许多国家采取了加强和改善教养设施、实行重返社会的训练，以及对少年犯罪不计前科，保护名誉，实行弹性刑期、缓刑和假释制度等，虽然也有作用，但收效甚微。近几年来美国访华的律师和法官承认："在美国有一个重大的问题解决不了，就是少年犯出去以后，不能为社会所接受，社会对他们采取歧视态度，政府做了大量工作，也解决不了，以致他们又重新犯罪。"西德学者指出，在西德，60年代以前就有青少年刑法、少年法庭、少年监狱以及各种刑事制裁措施和社会监督措施，但其效果并不显著，相反，青少年犯罪不是下降，而是不断上升，累犯率达50％以上。60年代开始对青少年犯罪处置有了新的变化，从固定措施向不固定制裁发展，即使对已判了刑罚的人，也倾向于实行不固定的制裁。但是，据统计第一次被判处剥夺自由六个月的人，之后大部分重新犯罪，成了累犯。大量适用缓刑和假释，一方面使社会保护人的工作负担加重，效果极差；另一方面，累犯增加，未成人缓刑犯中66.6％的人重新犯罪。面对日益严重的青少年犯罪和高达50％以上的重新犯罪率，西德学者感到他们束手无策。

十年内乱之后，我国出现一个前所未有的青少年犯罪高峰期。青少年犯罪成为我国一个严重的社会问题，引起了全党和全社会的密切关注。但与世界上许多国家特别是发达国家相比，我国的青少年犯罪率还是很低的。同时，我国的重新犯罪率也是很低的。对此，许多国家的政府官员和学者称赞不已。但是，我们不可麻痹。从1983年夏季开始的严厉打击严重刑事犯罪活动的斗争，经过三年的努力，取得了巨大的成绩。一些被处短期徒刑（包括被处较长徒刑后受奖减刑者）和受到劳教处理的人，将陆续刑满返回社会。由于这些人多数是青少年，他们将要在社会上生活几十年时间。那么，如何进一步预防和控制重新犯罪，将日益成为摆在全党和全社会面前一个重大的课题。当然，公安部门对此负有更多的责任，但全社会也应承担应负的责任。对这个重大问题，如果我们稍加疏忽，或措施不当，就会造成失误，从而给社会治安带来难以预料的严重后果。

大量的研究成果表明，重新犯罪率的预防和控制，主要取决于以下两个方面的工作：第一，劳改、劳教、少管工作的教育改造质量（包括工读教育的质量），即这些场所能否通过一系列科学的教育、管理、改造工作，使违法犯罪的人真正认罪服法，悔过自新，转变违法犯罪意识和恶习，成为有知识、守法的合格公民，并且，使他们获得必要的文化技术知识和劳动生产技能的训练，在主观上具备在回到社会以后即可就学、就业的条件。第二，社会（家庭、学校、单位、街道、乡镇、邻里、亲朋等）对他们的容纳程度（包括安置、接茬帮教等）。这两个方面的工作是统一的，相辅相成的，不可分割的。经验证明，忽视任何一个方面的工作，都将对预防和减少重新犯罪产生不利影响。

为了适应新形势的需要，我国的劳改劳教工作正在发生巨大而深刻的历史变化。其突出特点表现为：第一，这些场所努力办成教育人、改造人、造就人的特殊学校。第二，实行文明管理、感化教育。第三，变封闭式教育为开放式教育，积极取得社会各界在各方面的支持与配合。这些变化对提高劳改、劳教、少管工作的质量，降低重新犯罪率，具有重要价值。随着改革与试验的广泛开展，随着研究工作的深入，我国将形成具有特色的一整套科学理论和工作体系，从而使重新犯罪的预防和控制获得这个重要方面的保证。

但是，必须认识到，仅仅靠劳改、劳教、少管工作还不够。在劳改、劳教人员期满返回社会以后，社会各方面必须按照科学的态度和方式容纳他们。在这个工作中，社会是主导方面，而劳改、劳教、少管部门则起配合作用。无数的经验与教训证明，这些人回归社会以后，只要学习、工作、生活得到妥善安排，社会各方面不是歧视他们，排斥他们，而是关心他们，容纳他们，继续给予帮助和教育，就可以巩固劳改、劳教、少管单位的教育改造成果，大力减少重新违法犯罪，并且使之成为建设社会主义的积极力量。反之，如果社会各有关方面不是容纳他们，而是采取歧视和排斥的态度，不给他们以出路，那么，他们就会绝望，甚至会对社会产生不满，而重新犯罪。当然，我们不可能保证所有的回到社会上的人员一个都不重新犯罪，但是把重新犯罪率控制到最低限度，则不仅是必要的，而且是可能的，关键在社会对他们的容纳度。这方面也要形成一整套科学的理论，并且在此基础上，使这项重要社会工程制度化、法律化。

党中央针对我国新的历史条件下社会刑事犯罪的特点，提出了综合治理的方针。以往的研究文章，通常认为综合治理工作有三个主要环节，即：预防犯罪；依法惩办犯罪；改造罪犯，教育挽救失足青少年。随着人们认识的加深，有的同志现在认为，综合治理应该有四个环节，即除了上述三个环节以外，还有社会各方面要容纳、安置、帮教刑满回到社会上的人员这样一个重要环节。在这个环节上，我们已经作了大量工作，有了一些好的典型和成功的经验，但尚须进一步理论化、系统化、制度化、法律化。只有这四个重要环节紧密相联，切实做好每个环节上所需要做的工作，才能完整地体现和贯彻综合治理方针，才能切实把社会犯罪率控制在一个合理的幅度内，从而保证社会秩序的稳定好转，为社会主义物质文明建设和精神文明建设作出贡献！

妥善安置刑释人员是预防重新犯罪的重要措施

(1986年2月)

上海市犯罪改造研究所　江　伟　人

(一)

“严打”以来，社会治安有明显好转，刑释人员重新犯罪率也有下降。据上海市监狱最近调查，1982年刑释人员的重新犯罪率为16.9%，1983年为10.6%，1984年为1.5%。但是也应当看到，重新犯罪的刑释人员虽占少数，活动能量和对社会的危害性却极大。因此，认真研究刑释人员重新犯罪问题，是社会治安综合治理的一个重要课题。

一、待业是刑释人员重新犯罪的一个客观原因

诚然，由于劳改单位工作上的原因，少数罪犯长期沾染的不良意识和恶习未得到矫治就刑满释放了。这些人返回社会后，一遇适当气候即旧病复发。有的旧病未除，又染新病，一出劳改单位大门，便重新犯罪。

但另一方面，我们也不能忽视外因的作用。在一定的条件下，人是会转变的。大多数刑释人员愿意弃旧图新，重新做人。但他们的思想基础毕竟不稳固，改造期间所取得的教育效果，随着时间的推移，加上得不到外界力量的推动和强化，往往渐趋平缓，甚至消失。与此同时，不良风气的影响、犯罪同伙的拉拢、社会的歧视、不安排就业等外因，使少数刑释人员又产生犯罪动机，并化为犯罪行为。

刑释人员重新犯罪的客观原因是多种多样，错综复杂的，待业是其中一个重要原因。据上海市监狱调查，1982年至1984年的刑释人员中，已安置就业的刑释人员重新犯罪率为6.1%，而待业刑释人员的重新犯罪率高达31.1%。显然，及时安置刑释人员，有利于巩固改造成果，预防和减少重新犯罪。

二、安置好刑释人员的作用和意义

需要是人类活动的基本动力。安置就业或升学，对于刑释人员来说，解决了重新生活的物质和精神需要；对于社会来说，是进行社会治安综合治理，化消极因素为积极因素的需要。其具体表现在：

（1）生活自立的需要。刑释待业人员没有收入，物质需求无法满足，经济上的依附地位使有些刑释人员的独立意识和自尊心受挫，容易滋长反社会情绪，由苦闷、失望渐趋绝望，产生自暴自弃心理。而就业后有正当收入，在一定程度上抑制了犯罪动机的产生，也使刑释人员尝到自食其力，勤劳致富的甜头。

（2）情感交流的需要。社会交际和人与人的感情交流，是人们心理的正常需要。缺乏家庭温暖或受社会歧视的刑释人员，期望从交际中得到感情补偿。待业期间无所事事，精力和时间过剩，生活无聊，精神空虚，更强化了他们社交的意愿和追求刺激与享乐的欲望。由于缺乏组织关心和指导，正当的社交机会少，加上思想情趣接近以及经历的局限，刑释人员容易在不良的社交中结识"小兄弟"，走上邪路。就业或升学后，他们的生活走上正轨，时间和精力有了正当的消耗途径，有利于减少不良的社交活动。不少人成家后，心理上产生了安稳感，增强了自控力。

（3）发挥才能的需要。刑释人员中不乏有一定文化水平和专业技术的人员，有的经改造后还有所抱负，希望得到施展才能的机会。如能量才使用，充分发挥他们的特长，满足其自我发展和成才的愿望，则有利于调动积极因素，为四化建设服务。

（4）衔接教育的需要。对犯罪人员的思想改造是一个长期、艰巨的过程。有一部分罪犯由于刑期较短等原因，犯罪心理结构没有得到彻底矫治就刑满释放了。即使改造表现较好的刑释人员，返回社会后，他们的思想、心理乃至生活都有一个适应过程，必须继续对他们进行教育。因此，及时安置就业，有利于做好帮教的衔接工作。

（5）政策兑现的需要。得到及时安置，可使刑释人员感受到党的政策温暖，确立重新做人的信念；同时也能使正在服刑的罪犯看到光明前途，增强改造信心，有利于稳定改造秩序。反之，刑释人员在安置问题上如果受到歧视，就可能使他们及其家属产生疑虑和不满，影响改造成效，不利于帮教工作。

总之，及时而妥善地安置刑释人员，体现了社会主义制度的优越性，有利于调动一切积极因素，进行四化建设，有利于巩固改造成效，预防和减少重新犯罪，是社会治安综合治理的一项重要措施。

（二）

一、安置的途径

当前安置刑释人员的途径除了留劳改单位就业或招工、顶替外，主要还有：

1. 原系职工，符合有关规定的，可由原单位接收、安排工作；
2. 由地区安排在合作联社，劳动服务队等处工作；
3. 派出所和街道将刑释人员组织起来，成立以包装搬运、土木建筑、水电安装等劳动服务组织；
4. 广开就业门路，允许有条件的刑释人员从事个体经营；
5. 允许符合学龄规定，现实表现好并经考试合格的刑释人员复学或升学；

6. 属于农业户口的刑释人员，由当地政府帮助解决承包土地或其它生产项目。

二、安置中存在的问题

在改革、开放、搞活经济的新形势下，城乡经济发展，就业门路增多，加上社会治安综合治理的深入贯彻，刑释人员的安置工作有了新的进展，但由于种种原因，这项工作尚存在一些问题：

1. 有些部门对这个问题不够重视，有的单位歧视刑释人员，不愿接收，怕背包袱。据上海市监狱调查，1982年至1984年的刑释人员中，尚有22%的人待业，其中，由于地区未安排工作而待业的，占87%。这表明安置工作仍然存在着一定的阻力。

2. 有些刑释人员挑剔工作，不服从分配，认为"待遇低，不自由"。在上海市监狱释放的刑释人员中，有百分之九的人是由于不服从分配而待业的，其中，已有26.8%的人重新犯罪。这一情况说明，待业问题的存在，也有刑释人员的主观因素。对于某些好逸恶劳、恶习较深的刑释人员，不仅要做安置工作，更需要加强帮教。

3. 存在脱管现象。有的刑释人员户口报入甲地，人住乙地，两头脱管。有的甚至不报户口，既不返家，也不工作，整日在外鬼混，很容易再次违法犯罪，危害社会治安。

4. 对临时工、个体户的管理教育工作薄弱。近几年来，刑释人员的就业结构出现新的变化，当临时工或个体户，成为他们就业的一个重要途径。如已就业的上海市监狱刑释人员中，当个体户的最多（占28.6%），其次是当临时工（占22.8%），而进全民和集体所有制单位的分别只占15.8%和20%。个体户和临时工的增多，缓和了刑释人员就业难的矛盾，有利于社会安定和经济发展。但临时工时作时缀，往往处于半就业状态，而个体户则分散经营，流动性大，因而不利于管理与帮教。有的个体户致富后，放松思想改造，加上管理措施没跟上，又重新犯罪。

论控制犯罪的决策程序和决策系统

（1985年5月）

徐　晓　波

控制犯罪，是指社会主义社会运用法律手段和社会手段及其它手段，预防犯罪和打击犯罪，进而逐渐减少并最终消灭犯罪的过程。在这个过程中，决策起着十分重要的作用。控制犯罪的决策机关根据现实存在的犯罪情况，以及未来可能出现的犯罪情况，运用现代科学技术方法，特别是系统论、控制论、信息论方法、数学方法、计算机技术等，提出与之作斗争的多种方案，并进行比较、分析、判断，选择出一个最优方案，通过控制犯罪的执行机关付诸实施。这就是一个控制犯罪的决策过程。在控制犯罪的决策中，科学地决策是有效地预防犯罪、有效地与犯罪作斗争的基础和前提。

一、控制犯罪中的决策类型和决策程序

决策的类型是多种多样的。根据经验或直观所作的决策，称之为经验决策或直观决策。这种决策只是控制犯罪决策中较低的决策层次。对于区域性或全国性控制犯罪的决策，由于犯罪现象发生的原因是复杂多样的，其中的相互作用也是复杂的，非线性的，整个犯罪现象具有随机性质，是一个按统计规律不断发生变化的动态过程。因此，经验或直观决策在这里变得无能为力了。进行区域性或全国性控制犯罪的决策，必须运用科学决策的方法。

所谓科学决策，就是运用现代科学技术方法进行决策。现代科学技术的发展，为控制犯罪的决策提供了现代化的手段和方法。现在，我们可以运用电子计算机和数学方法，综合运用自然科学、社会科学的成果进行系统决策。系统决策是对控制犯罪时进行科学决策的重要方法，它为解决控制犯罪这个多参量、多目标过程中的决策问题提供了有力的方法论武器。

为了避免在控制犯罪的决策中出现重大的失误，必须运用系统思想和方法建立起科学的控制犯罪决策程序和决策系统。

要使控制犯罪的决策科学化，首先是控制犯罪决策过程的程序化。根据现代决策的规律，控制犯罪决策过程，按其程序大体可分为：提出控制犯罪的问题→确定控制犯罪的具体目标→犯罪信息的处理→设计控制犯罪的具体方案→选择一个方案并付诸执行（决策）→对决策执行过程中的信息反馈。上述几个要素的相互联系构成了控制犯罪中系统决策的一个完整的信息过程。

1. 犯罪具体问题的提出。在与犯罪作斗争的过程中，将会出现各种各样的问题，如降低犯罪率问题；清除诱发犯罪的各类因素问题；某一类型犯罪数量大幅度增加的问题；综合治理问题；刑满释放、重新犯罪问题，等等。决策者要善于抓住控制犯罪中的问题，特别是那些当前急需解决的问题，阐明问题所在及其解决的重要性。

2. 控制犯罪的具体目标的确立。当发现刑满释放人员重新犯罪十分严重，急需控制的问题后，就必须确定，在一定的时间内，全国或某一地区的重新犯罪率必须降到某一个具体、明确的比例。这个比例就是目标。在确立控制犯罪的各类具体目标时必须注意，目标要划定目标的范围和边界条件，要具有时间、空间、质量和数量特征，并有评价的标准。

3. 犯罪信息的获取和加工处理。在收集犯罪信息时，要求信息必须是准确、及时和完整的。所谓准确，就是犯罪信息是可靠的，是客观地反映了犯罪情况的实际状况。根据这样的犯罪信息，控制犯罪的决策机关才能作出正确的判断，进行科学的决策；如果收集获取的犯罪信息是不可靠的，那么在此基础上作出的控制犯罪的决策，也必然是不符合犯罪的客观实际情况的。这样，控制犯罪的具体目标就不可能达到，甚至会产生不良后果。所谓及时，就是犯罪信息的收集和传输的速度要快。犯罪信息既不能失真，也不能延误。如果犯罪信息不能及时地提供给控制犯罪的决策机关，就会使决策失去意义。据有关国家统计，当案件发生后，警察能在两分钟内作出反应，2/3的案件都可以

很快破获；如果反应速度超过5分钟，则破案率低于1/3。这充分表明，高速传输犯罪信息，对于作出控制犯罪的决策是具有重要意义的。因此，与犯罪作斗争的客观实际情况要求我们，必须尽快建立全国性和区域性的，由电子计算机和现代通讯技术设备装备起来的犯罪信息系统，从而能使政法机关在打击犯罪时作出快速反应，特别是在控制大案要案时，它的作用显得更为突出、明显。所谓完整，就是要求犯罪信息收集得较全面、系统。如果犯罪信息收集只是仅涉一点，不及其余，就会以偏概全，仓促决策，从而造成犯罪控制中的重大失误。

在收集获取犯罪信息中，很重要的一类信息，就是关于犯罪情况的预测信息。对未来犯罪情况的预测、分析，是在控制犯罪中进行决策的前提和基础。没有对未来犯罪、趋势的预测信息，就无法制定出供决策机关选择的、能够达到目标的方案。

4．控制犯罪的具体决策方案设计。控制犯罪的具体决策方案设计，是在上述广泛收集、获取犯罪信息，并对其进行分析处理的基础上，按照既定的目标而进行的。在控制犯罪的具体决策方案的设计中，首要的是必须建立起该犯罪问题的模型，亦即对该犯罪问题的一种类比表示或抽象表示，包括数学模型、计算机模拟模型、物理模型等，通过在这些犯罪模型上改变和选择各种参数，提出不同类型的预选方案。在这个过程中，必须把犯罪问题的各种计量因素和非计量因素结合起来，予以全面考虑。当作出了一系列可供选择的控制犯罪的方案后，还必须对这些方案进行可行性分析、功能分析、价值分析。由于犯罪现象的出现不是由某一单一的因素或少数因素所起的作用，而是由各类因素错综复杂的联系和相互综合作用的结果，特别是由于犯罪是由有意识、有意志力的人实施的，因而从整体上看来，每一犯罪行为的出现，就具有一种突出的随机性和偶然性。因此，在拟定控制犯罪的各类决策方案时，必须充分地留有余地，积极地适应可能出现的各种犯罪情况的变化。这就要求我们在拟定决策方案时，要借助于数学工具、电子计算机及其它科学技术方法，提出多种可供选择的方案，以便对付各种意料之外的突发性犯罪现象，保证有效地预防和打击犯罪。

5．决策。在拟定的各类控制犯罪的具体方案中，选择一个最佳方案，或者是在这些预选的方案中，综合出一个新的决策方案的过程，就是控制犯罪中具体进行决策的阶段。在这个阶段上，主要是对拟定的方案进行比较、判断和选择，找出既能以最优效果达到目标，又具有可能性的方案来。特别应该注意的是，对于那些关系到全国性和区域性的控制犯罪的重大决策行动，一定要依靠业务部门和建立专门的决策机构，对所选方案进行全面系统的分析判断和科学论证，实行集体决策，防止非科学的盲目决策。因为决策一旦作出，就要付诸实施，要是出现失误，不仅不会达到目标，还会给控制犯罪的工作带来损害。

6．决策反馈。由于犯罪的客观情况是不断地发生着变化的，执行决策的过程也会发生一些偏差，所以，控制犯罪的决策在实施过程中，必然要求有反馈联系，要求将上面三个方面的信息，及时输送到控制犯罪的决策机构，以便对原来的决策方案进行调整和修正，或者对执行过程加以控制，采取一定的限制性措施，使其不偏离控制犯罪的具体决策目标。因此，控制犯罪的决策过程实际上是一个动态过程，是一个“决策→执行→反馈→调整、修改→再执行”这样一个连续不断的过程，从而逐渐地“逼近”目标，实现对该犯罪现象的控制。

二、控制犯罪的决策系统

要完成上述控制犯罪的科学决策程序，必须有执行上述程序的具体机构，其中包括犯罪信息的收集处理机构、控制犯罪的决策研究和咨询机构、决策机构、决策反馈信息监督机构，这些机构作为具有相互联系和相互作用的子系统，就构成了控制犯罪的决策系统。

在决策系统中，各子系统在决策过程中的地位和功能是各不相同，但又紧密地联系在一起的。犯罪信息是控制犯罪决策的前提，犯罪信息的收集处理机构就是控制犯罪决策系统中最基本的子系统。研究和咨询机构作为控制犯罪的智囊性机构，在整个决策系统中也尤为重要，它是联系和调整控制犯罪决策系统中各子系统的“神经枢纽”。决策反馈监督机构的作用，在于将决策执行过程中的各类信息，迅速传递给决策机关，因为决策的目的是为了达到控制犯罪的某一具体目标，所以，决策是否顺利进行，是否达到了目标，等等，都需要及时地“回授”给决策机关，由决策机关对决策执行过程进行不断地调节和控制，以便最终达到目标。

控制犯罪的决策系统是多层次的，它包括战略性决策系统、战术性决策系统和与犯罪作斗争的日常决策系统。在我国，中央一级的政法领导机关属于战略性决策系统；省、地一级的政法机关基本上可以作为战术性决策系统；县（区）一级的政法机关就属于控制犯罪的日常决策系统了。

论青少年犯罪的预测

（1983年10月）

罗　大　华

本文试图从犯罪心理学的角度探讨青少年犯罪预测的几个问题。

对全社会或某一地区青少年犯罪趋势的预测，这是犯罪学或社会学的研究课题。青少年犯罪心理学侧重于从心理和行为方面探讨青少年个体犯罪的预测，它包括初犯预测和重新犯罪预测两种。初犯预测是在比较年幼时，预测未来发生犯罪的可能性。重新犯罪的预测是对已发生违法犯罪的青少年给与某种处罚后，预测未来再次发生犯罪行为的可能性。根据处罚的性质，把重新犯罪的预测又分为判决时预测和释放时预测。

犯罪预测的最早尝试，见之于1928年美国的伯吉斯（W·E·Burgess）对假释者的预后的研究。其后，相继出现了美国的格卢克夫妇（S·＆E·Glueck）、梯比茨（G·Tibbit-ts）和法国的西特（RS·chiedt）等人的重新犯罪的预测。早期少年违法行为的预测最早见于格卢克夫妇1950年著的《少年违法行为的解释》。此后，在英、德、苏、荷、捷、日等国也作了进一步的研究。随着心理学和其他科学技术的发展，预测工作也有了新的发展：第一、在技术上逐渐趋于完善，建立了比较恰当的体系。第二、成立了研究机构，动员各方面的专家参加了立足于直接与预测对象当面接触。如1957年和1958年，日本最高法院事务总局发表了少年审判后的预测；1960年至1962年日本的法务综合研究所作了早期违法行为的预测及对少年院的出狱者的重新犯罪的预测。这些研究，参加的专家都比较多，规模较大。第三、横断研究与追踪研究相结合。上述日本法务综合研究所做的两项预测就是追踪试验研究。第四、心理测验，特别是人格（个性）测验应用得越来越广泛，如CPI（加利福尼亚心理测验）、MMPI（明尼索达多相人格表）以及IDS（综合违法行为量表）。第五、在预测中涉及犯罪原因，将社会环境因素、生物因素与心理因素结合起来，并且认为社会环境的因素是主导的、根本的因素。第六、广泛地应用数理统计和计算机技术。如因素分析、多元线性回归分析、多变量辨别函数分析等。尽管预测技术和方法有很大发展，其可靠性也得到证实，但仍处于尝试阶段，特别是对早期违法犯罪的预测更为复杂困难，难于计算出发生违法犯罪的概率。同时，人们使用上述的方法预测，必须经过专门的训练才能掌握，这就必然限制它的应用范围。

此外，根据我国现实情况，从可能犯罪的青少年在日常生活、学习、工作、劳动以及人与人的关系中所表现出来的征兆，运用犯罪心理学关于犯罪心理的形成和犯罪行为发生的理论，来预测青少年犯罪的可能性。这种预测方法具有广泛的群众性，便于掌握，随时可以运用，可以充分调动各方面的力量开展青少年犯罪的预测和预防工作。可以预料，随着心理学、统计学、电子计算机知识和技术方法在我国的普及和发展，信息论、控制论、系统的原理和方法被引进到各专门学科，不久必将出现适合于我国国情的行之有效的犯罪预测的技术方法。

一、青少年犯罪预测的依据

辩证唯物主义告诉我们，任何客观事物的发展变化都是受一定规律支配的，而规律是客观的。客观事物的过去，现在和未来之间存在着本质的必然联系。只要我们坚持规律的客观性，掌握有关规律的知识，就可以预测事物未来的必然发展趋向。一些青少年走上犯罪道路，也是受一定的规律所支配。只要预测者掌握了有关青少年犯罪心理和行为发生发展的规律，了解某个青少年的过去和现在的不良品德和表现，就可以对该青少年未来是否会犯罪作出预测。

根据犯罪心理学原理，青少年犯罪心理的形成是不良的内外因素相互作用的结果。这是一条规律。掌握了这条规律，就可能预测某个青少年是否会形成犯罪心理。一般说来，某个青少年受不良的外界影响越多、越复杂，腐蚀性越大，形成犯罪心理的可能性就越大；本身具有的不良的内在因素越多、越严重，形成犯罪心理的可能性也就越大。这就为预测其犯罪的可能性提供了一个重要依据、

“冰冻三尺，非一日之寒”。某个青少年走上犯罪道路经历了一个从量变到质变的过程，也就是说，经历了一个由个性、品德变坏到犯罪心理形成的过程。尽管这个过程

有长有短，但总是有一定的过程。在这过程中，只要与他亲近或接近的人留心观察，就能捕捉一些犯罪前的征兆，为预测青少年是否可能犯罪找到依据。

心理学认为，心理支配行为，行为是心理的外部表现。尽管人们可以有意识地掩盖自己的某些心理活动，甚至做出一些与内心活动不符的外部假象，但总会间接地在某些方面表现出来。这一原理为我们预测某个青少年犯罪又提供了一个依据。一个正在走上犯罪路道的青少年，总会有异常的行为表现。尽管许多已形成或正在形成犯罪心理的青少年，往往要掩盖自己的犯罪心理活动，但他终究要在某些方面显露出“蛛丝马迹”，特别是在他亲近或较为接近的人面前更容易流露出来。只要预测者从各方面进行观察，细致分析，就可以透过异常现象，对他作出是否可能发生犯罪行为的预测。

预测者一般都是预测对象最亲近或较为接近的人，彼此朝夕相处，既有便于察觉预测对象异常迹象的条件，又存在着习以为常、麻痹大意的不利因素。如果对预测对象形成了某些固定的印象，那么，预测对象心理和行为上微弱的量变就可能被忽视，或不以为然。直至预测对象犯罪之后才大吃一惊，恍然大悟，回忆起他在犯罪前所存在的异常表现。因此，预测者对预测对象的某些不良的固有印象，是预测的重要障碍。只要预测者真正重视下一代的健康成长，这种障碍是可以克服的。

二、预测的对象及其可能犯罪的征兆

凡是具有形成犯罪心理的主客观因素，并已出现可能犯罪征兆的青少年，都应考虑作为预测的对象。

关于影响犯罪心理形成的主客观因素，已有不少文章作了专门论述，本文不再重复。应当指出的是，如果有的青少年已存在着不良的心理因素和行为表现，又直接受着不良的外界因素的影响，特别是处于某种境遇之中而受到挫折时，则应考虑他可能形成犯罪心理和发生犯罪行为。例如，一个品行不端、常与“哥们”厮混的青少年，如果他在升学、就业或恋爱、婚姻、家庭等方面不能如愿，或受到别人欺侮，或因犯错误受到处分，遭到别人歧视，都会使他产生挫折感，这种人很容易形成犯罪心理，产生攻击行为。又如，受过少管、劳教、劳改处罚的青少年，如果在升学、就业上受到歧视，不给出路，或遭到家人的拒绝，得不到温暖，或在恋爱、婚姻上受到挫折，或与流氓团伙交往频繁，就很容易重新犯罪，应倍加注意。

青少年犯罪前的征兆表现在下列各个方面：

（一）在认识方面。认识水平很低，在对勇敢、英雄和亡命徒，光荣和耻辱、美和丑、香和臭，高尚品质和低级下流，自由和纪律，民主和法制，革命友谊和哥们义气，自己的快乐幸福和别人的痛苦、悲惨遭遇，公和私，个人和集体，理想和前途，诚实和撒谎，崇拜的人物等问题的认识上，分不清是非界限，是非颠倒，观念模糊，愚昧无知。

（二）在情绪、情感方面。情绪极不稳定，变化多端，喜怒无常，容易产生激情而难以自我控制，爱憎颠倒，好恶颠倒，缺乏同情心，好感情用事，喜侠好义。

（三）在意志品质方面。把偏执当顽强，把冒险当勇敢，把轻率当果断，把蛮干、鲁莽当“英雄”行为，盲目模仿反面人物的破坏行为，常用调皮捣蛋，恶作剧、破坏纪律、冒险行为、敢于抗上，甚至以违法行为来显示自己的勇敢、胆量和“英雄”行为。

（四）在个性倾向性方面。在兴趣、爱好上，表现为好逸恶劳，贪图享受；追求新奇的服装、打扮，超过了一般美的界限，甚至把这些追求当成生活的主要内容；对别人的服装、打扮、发型，经常评头品足；对感兴趣的穿着打扮，津津乐道，梦寐以求；在发型、穿着、打扮上，把奇特当做美，甚至装模做样，男女不分，表现无知的求异求奇。喜看爱情的文艺作品，不厌其烦地摘抄描写爱情的语句和抄写靡靡之音的歌曲。对描写爱情的电影、电视、录相有浓厚兴趣，有的连看多遍。偷着看淫书、淫画、私听淫秽故事，喜欢哼唱流氓们编唱的黄歌。有的在寻找、暗自收藏或一再端详如匕首、刮刀、管叉、火药枪等凶器，爱不释手，精心保护，这往往是决意犯罪前的准备。

在性的追求方面，对异性表现过分的热情主动，常施以小恩小惠，以博取对方的好感，寻找一切机会去与异性接触，在异性面前嬉皮笑脸，说话庸俗低级，有意挑逗，举止轻浮，甚至动手动脚，以显示自己，诱惑对方就范。喜欢谈男论女，对不三不四的异性颇有好感，愿与其个别接触，交个“朋友”，出现诡秘的约会，且交往频繁。有时躲在个人的小屋里或僻静处独自胡思乱想，如痴如呆；有时又表现为坐立不安，心神不定，甚至喜怒无常，这些都反映了在与异性交往中复杂的内心体验和心理冲突。

在物质追求方面，过于讲究吃喝、穿着打扮，花钱无计划。为了显示自己神气、阔气、“气派”，常抽高级烟，喝高级酒，上高级饭馆，说什么“不吃不喝，一生白活”。不考虑自己的实际经济能力，竭力追求家庭陈设和穿着、打扮，追求的目标越来越高，没有止境。有些青少年爱占小便宜，说什么“有便宜不占是王八蛋”。表现为有的迎合或奉承他人，跟着吃喝；有的常借别人的东西，不追索不送还；有的以自己低价的物品交换别人较高价的物品；有的常把来路不明的什物带回家来；有的拾金拾物不交出；有的偷摸点公家的东西；等等。

在信念和人生观方面，表现为自私自利，个人主义严重。信奉“人都是自私的”、“人不为己，天诛地灭”的剥削阶级的腐朽的人生观。他们崇洋媚外，对资本主义社会和腐朽的生活方式梦寐向往，甚至不惜玷污民族的尊严和自己的人格。有的对社会主义制度常常愤愤不满，百般攻击和指责，竭尽颠倒黑白之能事。他们信奉邪念，有的迷信鬼神，相信“命中注定”，并借此骗人；有的相信“强权就是真理”，奉行“软的怕硬的，硬的怕不要命的”处世哲学，以能欺负人、敢打架为荣；有的迷信“哥们义气”，攻守同盟。他们精神空虚；颓废，不懂得生命的意义，丧失了生活的兴趣，或悲观厌世，或者凭借一时的冲动，甘心去死，说什么“人一生下来就一步一步走向死亡，死有什么好怕的，20年后又是一条好汉”。

（五）在性格方面。对现实心怀不满，经常牢骚满腹，破口大骂，肆意攻击，对社会上发生的不幸事件幸灾乐祸，唯恐天下不乱；对作恶多端而受到严惩的犯罪分子报以同情甚至钦佩，对宣传的英雄模范事迹则抱怀疑态度，或挖苦嘲笑。

在对别人的态度上。对领导、教师、家长等长辈的正确关心和教育有反感，不耐烦，感情疏远冷淡，甚至产生敌对情绪。有时当面顶撞，有时背后谩骂攻击，甚至出难题，看笑话。对领导、教师、家长之间的接触存有戒心，有时还在他们之间制造矛盾。对工作积极、学习优秀、要求进步的同学、同事、亲友以及兄姐“敬而远之”，有的甚至讽刺挖苦，吹毛求疵，在背后评头品足，肆意诽谤。把别人对他的耐心，看做是软弱可欺，拿别人开心取乐。对自己的弟妹或年龄比自己小的人，态度粗野，缺乏爱护之心，动辄责怪训斥，还随便指使他们为自己干事，稍不遂意，张口就骂，甚至动手就打，对有劣迹行为的人表示好感和同情，彼此情投意合，形影不离，甚至羡慕崇拜这种人。他们经常在一起发泄不满情绪，交流传习违法犯罪的思想、体验、经验和技术方法，逐渐发展到以“哥们义气”为精神支柱的小团体。

在对自己的态度上。存在着明显的两极性。在正确的方向上自我蔑视，自卑感很强，丧失了上进心；在错误的方向上自我夸张，好逞强，爱显示，狂妄自负，虚荣心很强。

在对待学习、工作和劳动上。学生的学习成绩下降，上课不专心，或左右嬉笑，甚至故意捣乱干扰教学，经常迟到、早退、旷课，涂改假条或学习成绩，以欺骗老师和家长；经常逃学，与小同伙相聚，或到街头闹市游逛，或寻衅滋事，或吃喝玩乐。青年职工把工作和劳动看作是一种负担，不钻研技术，“出勤不出力”，不负责任，敷衍了事，出废次品多；不遵守劳动纪律，常违反操作规程，小事故不断，情绪松弛，经常迟到、早退、说谎话、泡病号，甚至旷工；上班时擅离岗位，东走西串，或以聊天、抽烟消磨时间，盼望快下班；工余的劳动，能推就推，能躲就躲，或拈轻怕重，马虎了事。

在行为习惯上，自由散漫成习，说谎成癖，抽烟、喝酒、赌博成瘾，好逸恶劳、嘴馋，在公共场合惯于起哄，语言粗鲁低级，说话不离脏字，行为粗野。

以上列举了青少年犯罪前的一些征兆，在根据这些征兆预测某个青少年是否会犯罪时，应当注意以下几点：

第一、有些征兆如认识、情感、意志、对异性的追求等方面的征兆，在一般青少年身上也有时会表现出来，但如不注意教育引导，就可能在不良的内外因素作用下，由量变到质变，形成犯罪心理，导致发生犯罪行为。有些征兆是落后思想情绪的表现，还不是犯罪心理的外露，但从落后状态到形成犯罪心理之间并没有不可逾越的鸿沟，在一定条件下，即可产生质的飞跃，转化为犯罪心理，因此，应通过这些征兆来预测犯罪。

第二、仅凭一、二个并不严重的征兆就对某一青少年作出可能犯罪的预测是轻率的，但需要通过这一、二个征兆去分析其产生的原因，去发现与此相联系的其他征兆，再进行综合分析，才能成为预测的依据。

第三、在预测时，必须分清某个征兆或几个征兆是偶尔出现的，还是反复多次出现的。一般说来，只是反复多次出现的征兆才可以作为预测某个青少年可能犯罪的依据。

第四、有些征兆与犯罪心理的形成并无直接的必然的联系，只是在其他因素的作用下才可能形成犯罪心理。因此，在运用这些征兆进行预测时，必须与其他征兆结合起来，才能作出比较准确的预测。有些征兆与犯罪心理的形成有着直接的必然的联系，据此即可作出可能犯罪的预测，及时而果断地采取措施，防止犯罪行为的发生。

三、收集预测资料的方法

各种可能犯罪的征兆都是预测的资料。怎样收集预测资料呢？方法有两大类：一是展望法。即对确定为预测对象的青少年，选定必要的预测时限，如对初犯的预测可定在幼年期开始，对重新犯罪的预测可定在判决或释放时，然后确定是进行短期预测（如2—3年）或是长期预测（如5—10年），在此期间，把认为与初次违法犯罪或重新犯罪的有关资料，全部或重点地按调查对象分别收集起来，进行综合分析，作出预测。二是回溯法。即对确定为初犯预测或重新犯罪预测的对象，采用追溯到预测所需要的那个时限的记录资料，或让调查对象及其周围的人们进行回溯而取得预测所需要的资料，再将全部资料进行综合分析，作出预测。展望法花费的时间长、精力大，因此，在实际调查时多用回溯法。但如何保证回溯法所得资料的可靠性，是相当困难的，因为，无论是预测对象或是有关人员的记忆，都难免与过去的事实真象发生很大误差，更何况预测对象存在着是否愿意配合、如实地提供资料的问题。

收集预测资料的具体方法主要有观察、谈话、调查访问、问卷以及活动产品分析等。这些方法是互为补充，相辅相成的。收集某个预测对象资料的时候，必须弄清楚该人的现实状况。当然，他的现在是由过去演变而来的，也是通往未来的，因此，应当把收集反映现实状况的资料作为中心，同时也要注意收集过去的资料和预示未来的资料。最能充分反映现实状况的资料是行为观察和活动产品分析。谈心和调查访问，既能得到过去的情况，也能了解现实的表现，还可以得到一些展望未来的信息。问卷法只不过是把观察、谈心的内容等加以组织和系统化而已。

预测者在采用各种方法收集预测对象的资料时，必须持客观、公正、诚实的科学态度，不存偏见，实事求是，切忌主观臆断，固执己见，弄虚作假。主要预测方法有：

（一）观察法

观察法是在自然情况下，有目的有计划有系统地从预测对象的行动、言辞、表情、习惯、人际关系等方面来了解他的行为表现，从中发现可供预测犯罪资料的方法。

运用观察法收集预测犯罪的资料，应当注意以下几点：

第一、观察法始终要求有明确的目的，根据观察的目的，提出观察的具体任务，事先做好准备。如为了了解预测对象对集体、对他人、对自己、对劳动的态度，可在生产劳动过程中，观察和记录预测对象的表现。根据观察的不同目的和任务，可以有选择地进行观察，只观察和记录与目的任务有关的活动和表现。也可以作全面观察，在一定时间内或在某种活动中把预测对象的全部行为、动作、表情、言辞等都记录下来，借以综合分析预测对象犯罪的可能性。

第二、观察法应在自然条件下进行，使预测对象意识不到自己在被人观察，否则，他们就要受限制，受干扰、行为表现就失去了自然性。

第三、一般说来，观察法只能使观察者消极被动地等待他所需现象的出现。为了弥补观察法的这一不足，观察者可以在被观察者没有意识到的情况下，有目的、有计划地创设某种条件，以引起出现所希望观察的行为表现。例如，不诚实、爱撒谎、爱沾便宜，应作为预测一个青少年可能违法犯罪的征兆，为了取得该青少年这方面的行为表现资料，可在一定时间内，给该青少年接近钱和他喜爱的东西的机会，从中观察他的行为表现。

第四、观察法所取得的资料仅是外部表现，只能见到“是什么”，而不能解释“为什么”。这外部表现究竟出于什么内心活动的支配，还需要做深入细致的分析，更需要借助其他方法来弥补其不足，否则就容易被表现的偶然的现象所迷惑，使预测失去客观性、科学性。

第五、要成功地应用观察法来收集预测的资料，观察者必须具有一定的能力。例如，要有善于精确地观察和记录被观察者的动作、表情、声调等外部表现的能力；要有善于正确理解和说明被观察者各种外部表现的实际意义及其所表示意思的能力等。

应当指出，观察法是为了获得预测资料的一种科学方法，而不是对被观察对象的监视。如须监视，则应按照一定的法定程序，否则，即会侵犯公民的人身自由。此点须提起注意。

（二）谈话法

谈话法就是预测者通过与预测对象谈话，查明他的心理活动的方法。在谈话过程中，可以探测清楚预测对象各种想法和行为表现的起因，每一种想法在当时心理状态中居于怎样的地位，以及可能发展的趋势。但谈话法所得的资料仅凭预测对象口头回答提供，预测对象的答问也容易受提问者的暗示，因此，就容易使所得到的资料不可靠。所以谈话法常常不单独使用，而与其他方法结合使用，以互相补充和验证，使预测资料可靠。

要使谈话法获得良好的效果，预测者应当注意以下几点：

第一、要尊重、信任谈话对象，态度要亲切，诚恳、坦然，造成一种良好的气氛，才能使谈话对象讲出真心话。

第二、每次谈话都应事先确定目的，拟定谈话的主要问题。在谈话过程中，预测者既要根据拟好的问题，启发、引导预测对象多谈，又要随机应变，灵活掌握。谈话的内容要广泛，如对现实社会中一些现象的看法，对某些事件和有关人物的评价，对活动的兴趣，对理想、前途的想法等等，都要了解，同时，又要围绕预测犯罪这一中心问题上来。发现有关苗头，要设法挖出根源。

第三、谈话时，要避免让预测对象了解谈话意图。这样谈话才比较自然，所得到的材料才真实可靠，便于发现他内在的心理矛盾。如果预测对象知道谈话意图，则会抱有戒心。其结果，预测对象就可能拒绝回答问题，也可能故意掩盖一些真实思想，或者只谈分析和认识，不谈问题的细节。当然，那些有可能形成犯罪心理，特别是已形成犯罪动机的预测对象，一般都很敏感，往往能猜测到预测者的意图，在此情况下，单靠谈话法来取得预测的资料是困难的，应同时采用其他方法。

第四、经常交谈和有目的的谈话相结合。平时无话不谈，广泛交流思想、交流感情，这就可以为预测提供可靠的资料。但仍然需要围绕某一中心问题，集中交谈，这样可使对预测对象有更深入的了解。

（三）调查访问法

调查访问法就是预测者根据预测需要去访问有关的人，调查有关的档案材料，以了解预测对象的生活经历和现实表现，从中取得预测资料的方法。这是一种间接了解预测对象的方法。也就是把预测对象在不同时间、不同的场合、不同的活动、与不同的人们交往中的种种心理现象和行为表现收集起来，进行分析综合。例如，预测对象在学习、工作、生产劳动过程中的表现，在家中的表现，在与亲密朋友交往或不友好的人接触中的表现，在与表现好的人或表现不好的人接触中的表现等等，从中找出相一致的或不相一致的心理特点和行为表现，找出内外在的因素及其相互作用，从中得出结论。

在运用调查访问法时，应注意以下几点：

第一、要预先订好调查访问的计划，其中包括应访问的人、访问的次序和大致的时间安排、访问的中心问题等等。在访问某人前，应先了解被访问者的水平、心理状态、个性特点和预测对象之间的亲疏关系。并明确访问哪些情况和问题，事先拟好提纲，以免到时信口开河或疏忽遗漏，以致得不到预期的效果。

第二、调查访问时应抱诚恳谦逊的态度，要争取被访问者的信任和合作，倾听他们的意见，启发他们把话说完。为了既不干扰访问时的谈话，又不遗漏对方的回答内容，最好两个人同时进行访问，一个人专管与被访问者谈话，另一个人则坐在不显眼的地方专管记录。

第三、不要带有任何成见，防止先入为主，避免对被访问者提出带暗示性的问题。同时，又要随机应变，随时察颜观色，冷静沉着，鉴别对方答语的可信度。特别是在访问预测对象的亲密伙伴和亲人时，要注意他们可能掩盖一些真实的情况；访问预测对象的不友好的人时，要注意他们可能言过其实。对这两种被访问者，应注意做好思想工作，以取得他们的配合。

第四、访问后，要及时分析研究访问所得到的资料，要善于发现调查访问中相矛盾的资料及不同意见，再做深入调查，并与其他方法所得的资料相互比较和验证。

（四）问卷法

问卷法就是把预测需要的资料分为详要的纲目，拟为简明易答的问题，交预测对象作答的方法。这种方法的优点在于问卷是经预测者精心设计的，只要预测对象如实作答，就可以从问卷中取得一些必要的预测资料，经过统计处理或分析研究，就有可能对预测对象的发展趋势作出预测。但问卷法存在的一个重要问题是，预测对象能不能真诚合作，把自己的真正认识和表现如实地填写出来。这个前提不具备，问卷法所得到的资料是没有多大价值的，如果依据这些资料进行预测，势必适得其反，作出错误的预测。

在应用问卷法时，必须注意以下几点：

第一、所拟的问题必须紧紧围绕预测的主题，言简意赅。

第二、措辞必须明确，不致令人误解，切忌提带暗示性问题。

第三、所要回答的话应尽可能简短，可能时应采用“是”、“非”法，“＋”、“－”法、选择法。

第四、问卷发给预测对象前，要向他讲明要求，做好思想工作，解除顾虑，如实作答。

（五）活动产品分析法

活动产品分析法就是从预测对象的活动产品中，即在主观转化为客观的实物里去寻找预测所需要的资料的方法。如从预测对象生产的产品、作文和作业、写的文章、绘画以及他们的书信、日记中发现可供预测犯罪的资料。这些活动产品都是预测对象心理活动积极参与的结果，是他的心理特点的反映。因此，对活动产品的质量、内容及创作过程的分析，就可以从中发现预测所需要的资料。

在运用活动产品分析法时，应注意以下几点：

第一、分析活动产品时，预测者对预测对象过去的产品和学习、工作、劳动中的表现要有个基本了解，才能进行前后对比，从中找出心理上的差异。例如，一个一贯生产劳动好的青年工人，在机器和原材料正常的情况下，连续生产出废次品，分析其原因，就包含着心理因素，其中也许蕴藏着与犯罪有关的心理因素。又如，一个历次的作文都有较强的思想性的学生，如果发现其新近的作文出现了错误的思想观点，或有不健康的内容，就很需要进行认真的分析，从中可能发现预测犯罪的资料。

第二、预测者必须注意，当预测对象发现预测者要分析他的产品时，往往会做些假象，以掩盖内心的活动。例如，学生在作文、日记中写些言不由衷、口是心非的语句。

第三、了解预测对象喜爱看哪些书刊、文艺作品、电影、电视，对其中什么内容、情节最感兴趣，这对于收集预测资料有重要意义。可以统计预测对象看过哪些书刊、文艺作品、电影、电视，各看过几遍。也可以让预测对象复述内容，看哪些情节记忆最清晰，复述时感情色彩最鲜明；还可以让预测对象对所看的作品、影片内容及人物作出评价。

通过上述各种方法收集的资料只不过是原始资料，其中既有预测犯罪所需要的资料。又有说明预测对象一般个性特征和行为特征问题的资料。怎样运用这些资料进行犯罪预测呢？如图所示。

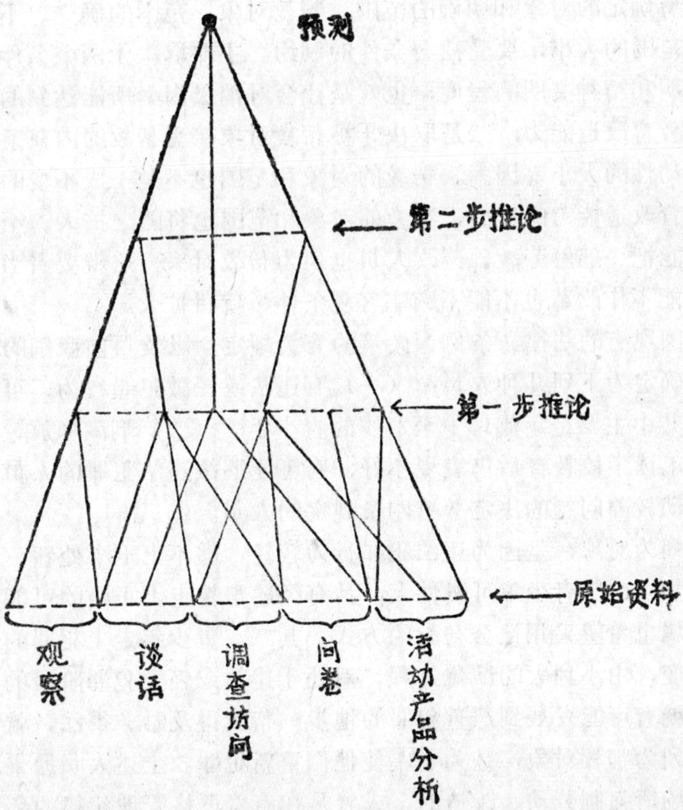

预测过程模式图

首先，从各种方法所收集的原始资料中挑选出相同的、足以反映出预测对象个性心理和行为特征的资料，这就是第一步推论。

其次，把这些片断的资料进行分析比较，然后归纳为几点综合性的看法，这样，预测对象的个性形象就大体看出来了，即进行第二步推论。

最后，把个性形象中与犯罪无关的部分和有关部分进行反复权衡，然后，根据犯罪心理形成和犯罪行为发生的理论，遵照前述运用征兆进行预测应注意的问题，作出是否可能犯罪的预测。

论帮教

(1985年2月)

马　结

一、关于帮教的对象、范围

帮教应有确定的对象和明确的范围。帮教对象、范围的确立，不是任意的。帮教对象的多少，范围的大小，要受社会条件的制约。主要取决于两个条件：一是一定时期国家的物质文明和精神文明的程度，也就是社会对消极因素所能达到的承受能力，“消化”能力，教育改造能力；二是取决于被帮教对象接受帮教的内在条件，即可变性的大小，主观能动性的大小等因素。帮教的对象和范围也不是一成不变的。随着建设的发展，社会教育改造能力的提高，帮教的对象和范围也将随之扩大。至于扩大到什么范围，能不能把一部份劳教、劳改人员也列为帮教对象，这就要看当时、当地的主客观条件，既不能不作改革也不能不顾主客观条件，盲目扩大。

根据我国现有的法律、条例、政策的有关规定，以及目前我国的社会条件，帮教的对象范围应确定为下列几种人员：（一）有违法或轻微犯罪行为，可能继续进行违法犯罪的人员，其中主要是年满13岁至28岁的青少年；（二）刑满释放、解除劳教或少年管教，以及经工读学校教育后仍表现不好，有可能继续违法犯罪的人员；（三）属于《国务院关于劳动教养问题的决定》第四条规定的人员。

第一类列为对象，是因为违法犯罪行为较轻，够不上刑事处罚、劳动教养、少年管教等处理；加以这些青少年可塑性大，具有经过帮教走上正路的可能性；再加上这些人的家长、亲属也希望采用社会帮教的方式。其二，青少年走上犯罪的道路，大都是一个由量变到质变，由小到大的演化过程，对处于违法或轻微犯罪阶段的人员。如不认真帮教，有些人就有可能发展到严重犯罪的地步。帮教得及时、得法，就能防患于未然。

第二类列为帮教对象，是为了不使他们重新犯罪。上述人员原来是在被限制自由的特殊环境或场所强制劳动、改造的，或者是在有着严格管理纪律的环境里学习、生活的。这些人乍一回到社会，面临着一个如何了解社会、适应社会的问题；从社会来说，有一个如何了解、对待和接纳他们，继续进行教育的问题。帮教正是为了正确处理和解决这些问题而采取的一项措施。刑满释放、解除劳教和少年管教的人员，面临着生活、住房、就业、升学、婚姻等等实际问题。如果得不到解决，又不时受到歧视，思想教育跟不上，他们中的一部分人就有可能重新犯罪。而一旦重犯，大都是作大案要案。由于这类人员怀有某种反社会意识，又有犯罪经验，作案胆大妄为，不计后果，社会危害性大。因此，这些人作为帮教的重要对象。认真加以帮教尤为必要。

之所以把《国务院关于劳动教养问题的决定》第4条规定的人员列为帮教对象，是因为，依照该规定，这类人员已由劳教场所实行强制性教育改造转变为非强制性的社会教育管理，他们已成为有条件或实际上已解除劳教的人员了。《国务院关于劳动教养问题的决定》第4条规定："被劳动教养期间，表现良好而有就业条件的，经劳动教养机关批准，可以另行就业；原送请劳动教养的单位、家长、监护人请求领回自行负责管教的人，劳动教养机关也可以酌情批准。"前一种人，必须具备"表现良好"、"有就业条件"、"经劳动教养机关批准"等三个条件，方可另行就业。这就等于有条件的提前解除劳教。后一种人必须具备送请劳教的人"请求领回"，"领回后自行负责管教"，和劳动教养机关"酌情批准"三个条件，方可被领回，这实际上是取保解除劳教。

正确确定帮教的范围十分重要。值得注意的是，决不可把不属于帮教范围的人硬列为帮教对象，以改违反法律的规定，混淆矛盾的性质。

二、关于帮教的性质

帮教的显著特点是一帮助，二教育，作为一种非强制的社会教育管理措施，它既不是行政处分，更不是刑事处罚，而是一项凭借社会主义社会和人民群众的物质、精神、道德、教育的力量和科学的管理，逐步改变和减少产生犯罪的条件和因素，预防犯罪的发生，把被帮教对象教育成有益于社会的分子和四化建设的人才。

帮教既不同于50年代对地、富、反、坏的管制，也不同于我国《刑法》上作为五大主刑之一的管制刑。管制，是对敌对阶级分子采取的一种专政手段。至于我国《刑法》规定的作为一种刑罚的管制刑，只适用于罪行较轻的罪犯。对他们不予关押而是放在原单位或居住地参加劳动或工作，由公安机关执行管制，在执行期间，一般不开除公职，享受同工同酬待遇，这和帮教对象有某些相似之处，但他们是被判处了刑罚，被限制一定的自由，必须接受公安机关与群众监督的犯罪分子；而帮教对象则是不限制其自由，不被监督的人民或公民。即使是刑满释放、解除劳教和少管的人，也不例外。

帮教也不同于缓刑和假释。缓刑是附一定条件的不执行所判的刑罚，是对罪行较轻的犯罪分子的一种特殊的惩罚方式。而帮教却不是任何意义上的一种惩罚方式，它只是组织、政府、社会团体与帮教人员之间，或同志与同志之间的帮助教育活动。有些地方为了加强对缓刑犯人的考察，建立了由公安机关和缓刑犯人所在单位或基层组织共同参加的考察小组，有特殊的监督执行法律规定的刑罚的任务，因此也不同于帮教小组。

假释是对已服满一定刑期，确有悔改表现，不至再危害社会的犯罪分子，有条件的提前释放的制度，被假释的犯罪分子在假释考验期限内由公安机关予以监督。如果没有再犯新罪，就认为原判刑罚已经执行完毕；如果再犯新罪，则撤销假释，在假释期限内仍然是犯罪分子，只不过是执行刑罚的场所和方式有所变化罢了。有些地方对被假释的犯人建立了监督小组，这种监督小组也是担负着特殊的执行刑罚的任务，与帮教小组根本不同。

帮教同监外执行更有显而易见的原则区别，无须论证了。

综上所述，帮教与管制、缓刑、假释、监外执行的区别概括起来主要是：前者的对象范围属于人民或公民，后者的对象范围属犯人或犯罪分子；前者不是任何形式的处理，后者则都是属于刑事处罚或特殊的刑罚方式；前者是用教育帮助、纪律约束的非强制手段，后者是用强制性的特殊刑罚手段；前者不剥夺、不限制自由，后者都限制自由；前者所采用的帮教形式具有多样性，多层性和群众性，后者所采用的是考察、监督、监管等特殊的执行刑罚的组织形式，而且只能由公安机关、基层组织和有关单位组成的执法性、监管性小组来担任。总之，必须把两者严格地区别开来。如果把前者当作后者看待，必然会混淆两类不同性质的矛盾，进而导致一系列错误的作法，犯"左"的错误；如果把后者当作前者，其结果必将导致有法不依，执法不严，损害法律的尊严，以至破坏社会主义法制的后果。

三、关于帮教的原则

帮教工作必须遵循一定的原则，根据几年来各地帮教工作的经验及有关法律、法规的规定，帮教的原则应是：

（1）帮教者与被帮教者之间相互平等的原则。对被帮教者政治上不得歧视，经济上同工同酬。因为他们同样是中华人民共和国的公民，享有宪法和其他法律法规规定的合法权利。负有履行宪法和法律法规的义务，并且受到宪法和法律的保障。正确处理帮教者与被帮教者之间，被帮教者与其他公民之间的关系，是搞好帮教工作的前提。尊重被帮教的对象，是能够接受帮教的重要条件。决不能把帮教关系看作是专政与被专政、管制与被管制的关系；不能把被帮教者看作是"二等公民"、"三等公民"。社会主义国家人与人之间互助互爱的平等关系就是帮教者和被帮教者的关系。在实践中人们把这种关系譬喻为师生关系，父母与子女的关系，医生与病人的关系，是恰当不过的。经验证明：凡是在帮教中坚持相互平等原则的，帮教工作就能获得好效果，反之达不到预期的目的。

（2）一帮助、二教育，"帮"字当头，"教"在其中，解决实际问题与教育管理相结合的原则。在被帮教对象中，无论是违法或轻微犯罪的青少年，还是刑满释放、解除劳教和少管的人员及其他人员，面前都摆着生活、就业、升学、婚姻等许多实际问题。由于有过某种污点，在解决诸种实际问题时会遇到更多的困难。尽快设法帮助他们解决实际问题是促使他们向好的方面转化的必要条件，也是感化人、教育人的重要物质前提。教育应在帮助解决各种实际问题的过程中进行；感化力往往在帮助解决实际问题的过程中产生。只有在帮中教，在教中帮，寓教于帮，帮助与教育相结合，帮教工作才能获得最佳效果。一些帮教工作的先进单位，不是把安排帮教对象就业及解决实际问题看成是麻烦和包袱，而是看做自己应尽的社会义务和社会责任。帮助与教育相结合，是帮教工作的一条根本经验，也是帮教工作成败的关键。

（3）严格要求，科学管理，因人施教，实事求是，正面教育的原则。

我们说“帮”字当头，“教”在其中，决不能片面地理解为可以放任、削弱、忽视教育管理工作，而是必须把耐心细致的思想教育、严格管理，同切切实实的帮助工作一道结合进行。帮助的目的不是单纯的“积德行善”，而是为了把帮教对象教育成新人。对帮教对象，应着重围绕着：怎样做人，怎样遵纪守法，怎样讲文明讲礼貌，讲社会公德，怎样依靠自己的双手和智慧勤劳致富，创造新生活等最基本的问题，进行法制教育、道德教育、文化技术教育以及人生观的教育。这种教育必须严格要求，实行科学管理。所谓严格要求，就是必须有明确具体的教育管理标准、质量、目的、要求，必须有措施、有制度、有布置、有检查、有总结、有批评、有表扬、见成效。严格教育管理并不是简单粗暴，简单粗暴甚至违法乱纪，必然引起对方的反感增加抵触和对立情绪，结果只能是适得其反。严格管理不但要讲究合法性，而且要讲究科学性。所谓科学管理，一是要从帮教对象的实际情况出发，因人施教。这就必须详细了解被帮教对象的年龄、文化水平、兴趣爱好、性格专长、生理心理、罪错的情况和原因、社会交往、家庭情况、思想动向等等，并进行综合的科学的分析，做到知人、知面、知心，才会有的放矢，提出合乎实际的教育内容教育方法和管教措施，才会找到打开锈锁的钥匙。二是要运用理论知识进行教育和管理。帮教是一门学问。帮教工作人员，除了思想进步、作风正派、热心帮教工作等条件外，还应该具有一定的文化水平、理论水平和比较广泛的知识。因此，帮教工作者应当学点教育学、心理学、社会学、法学及其他有关的知识。离开了理论知识的指导，离开了帮教工作的客观规律性，就不可能进行科学的教育管理。三是实事求是，正面教育，对帮教对象的要求不能过急过高，要从实际出发，因势利导。他们的进步是一个艰难曲折的过程，反复常常是难以避免的事。对此既要耐心等待，又要积极引导，加强教育。应当给他们创造一个有利于转化的环境，应设法割断帮教对象和其他违法犯罪人员的不正当的联系，应当坚持正面教育。要善于运用动之以情，晓之以理，导之以行，持之以恒这些行之有效的教育方法，点燃起他们心灵上的火花，发现其思想上的闪光点，进而通过艰苦细致的思想教育工作，使闪光点逐步扩大，由点到面，直至使健康的思想在他们的头脑中占主导地位，并能够不断战胜各种错误思想而转化为新人。这是正面教育的一般规律，也是失足青少年转化的一般规律。依照这个规律办事，就能把一个一个被帮教对象教育过来，扶上正路。

（4）宽严相济，打击犯罪和预防犯罪相结合的原则。

对极少数凶杀、强奸、抢劫、放火、爆炸和其他严重危害社会治安的刑事犯罪分子，必须依法严惩。只有严厉打击严重刑事犯罪分子，使他们受到应有的惩罚，才能发挥法律的威慑作用，使大多数犯罪分子受到震慑，老老实实接受改造；才能使失足的青少年引以为戒，迷途知返，接受教育；才能使那些处在犯罪边缘的人悬崖勒马，幡然悔悟；才能使广大群众敢于同犯罪分子作斗争，积极维护社会治安，参加社会治安综合治理。实践证明，一方面必须对极少数严重刑事犯罪分子，依法从重从快惩处，另一方面，对有一般违法犯罪的人要施以教育、感化、挽救、从宽从轻。也就是说应当把严惩与教育、打击与预防结合起来。需要注意的是，在强调“严打”的时候，不要忽视了帮教，在强调“帮教”时，也不要丢掉了打击。尤其是在目前的条件下，离开了打击犯罪，就谈不上有效地预防犯罪。只有严宽相济、惩罚与教育结合，才能收到综合治理社会治安之效。

四、关于帮教的几种方式

帮教工作应在各级党委统一领导下，由各级综合治理机构或专门建立的帮教机构，以及基层的自治组织负责指导、管理与协调。

帮教的方式是由帮教对象的特点、帮教的性质、原则确定的。由于帮教活动是一种既要解决实际问题又要解决思想问题的广泛群众性的社会教育活动，所以帮教的方式具有多样性。几年来在帮教实践中，群众创造了多种行之有效的方法，主要有以下几种：

（1）家长或亲友负责帮教。抚养教育子女是父母不容推卸的法律责任。但是，家长能否承担起帮教的任务，还需要具有一定的文化程度，思想进步，品行端正，作风正派，而且有管教能力。那些纵容、袒护、教唆子女违法犯罪，或者对子女过分娇惯、溺爱、或者只知道用粗暴野蛮等手段来对待孩子的家长，以及那些本身行为不轨或严重腐蚀、熏染子女思想的家长，是不能承担帮教任务的。有的家长过去对子女管教不当，经过总结经验，吸取教训，学会了正确地管教方法，能够担负起教育子女的责任，仍可以充任对子女的帮教工作。胜任而又愿意担负帮教工作的亲友，当然也可以担任帮教工作。一些有条件的家庭，也可以象聘请家庭文化教师一样，聘请家庭帮教教师。担任帮教工作的家长，亲友均应按照帮教的原则，制订具体的帮教计划。

（2）具保帮教。经验表明：具结取保的帮教方式，适用于正在被拘留而又够不上劳教或刑事处理的违法或轻微犯罪人员，适用于被免于行政处分的犯罪集团、犯罪团伙中的一般成员，以及认为应当具保加以控制帮教的人员。如果被政府或帮教管理机构确认为应当具保帮教的对象，那么允许被帮教对象自行寻找具保人，但所寻找的具保人必须符合帮教者条件，具有帮教能力，并经常能与帮教人接触。而且必须有两名以上，其中一名是被具保人的家长或亲属，否则不准作具保人。这种帮教方式的最大特点是强化了双方相互应负的责任和义务关系。如：在一定时间内，如果被帮教对象发生违法犯罪行为，具保人负有及时汇报检举的义务，并负有一定的责任。被帮教对象，则必须作出相应的保证。只有在具保人与被具保人双方同主管部门共同达成协议后，具结取保帮教关系才能成立。

（3）帮教小组。建立由单位、街道、民警、家庭、学校几结合的帮教小组进行帮助教育，这是几年来全国各地普遍采用的形式。这种帮教形式具有广泛的群众性，便于吸收社会各方面热心帮教工作的人参加帮教活动，集思广益，广开渠道，广开门路，解决各种实际问题，便于开展多种形式的帮教活动，使帮教对象从多方面、多角度得到帮助受到教育。这种帮教形式，充分体现了“一人有事大家帮”的社会主义社会人与人之间的互助关系。但是，这种帮教形式由于参加的人多，如果组织得不好，责任不明确，往往会产生互相推靠和工作不落实的弊病，容易使一些单位的帮教工作时紧时松，或形同虚设，流于形式，以至影响帮教质量。因此要充分发挥帮教小组的作用，关键是狠抓帮教小组的组织落实，责任落实，措施落实，制度落实，检查落实。帮教小组这种帮教方式应在公安干警的参加下，更多的承担难帮难教的“尖子”对象的帮教工作，发挥人多力量大的优势。搞好了可以起到“帮教一个，带动一批”，以点带面的作用。

(4) 合约帮教（或合同帮教）。这是广东省近期创造的一种帮教方式。在广东省清远县清城镇，番禺县市桥镇，以责任教育人及民警、街道干部为一方，被帮教人为另一方，签订《违法人员教育合约书》，用书面合同的形式，把帮教双方的关系固定下来。合约书（即合同）明确规定双方的权利、义务关系。经过帮教确已改好的，合约即行解除。清远县清城镇自1983年8月至1984年上半年以来，签订合约的共127人，全都停止了违法活动。在签订合约书时，双方可以自由选择。这种形式还体现了平等原则、从严要求、正面教育的精神。这种平等关系用合约书固定下来，深受欢迎，并得到社会的广泛支持。

(5) 承包帮教。近两年来，与生产承包责任制相适应而产生的一种治安承包责任制，承包帮教制，在我国福建、广东及南方其他省市的一些城乡蓬勃兴起。承包帮教，首先是从“两户一体”和个体户中搞起来的。为了维护社会治安，他们主动要求承包一部分帮教对象的帮教工作，实行包就业、包管教、包学技术、学文化、包传授劳动致富的经验和方法。这种方法，集帮助教育于一体，使帮教工作中最难解决的就业问题，找到了一条新路子。有的承包人，一户就承包了5、6名帮教对象，除依照按劳付酬原则，每月发工资外，还尽量给帮教对象解决住房、婚姻等问题，帮助他们劳动致富。有的帮教对象过去曾是小偷，现在变成了万元户，成了维护治安的积极分子。这样做，能使他们安居乐业，无后顾之忧，极大地调动了他们转化为新人的自觉性和主动性。群众普遍反映“帮教工作一包就灵”。其次，在工厂、企业改革的先进单位中，一些有头脑的企业家、改革家、开拓者，已把企业的治安管理，看作整个企业管理的有机组成部分。海盐衬衫总厂，继开创企业改革的新局面之后，又在企业治安管理和帮教工作上为我们创造了值得重视的新鲜经验。步鑫生在县城贴出通告，招收曾被劳改、劳教过的或别厂开除的失足青年进厂当工人，还明确规定对这些青年既往不咎，表现好坏一律以进厂为准，够条件的可评为先进工作者。近两年已有19名失足青年被招进厂里当工人。他们一律采用师傅带徒弟的办法，既教技术又教人。经过帮教，这些人绝大多数已有明显好转，其中有的还被评为先进工作者。他们是工厂企业积极参加社会治安综合治理的先进典范。这些有胆识有气魄有远见的“个体户”和企业改革家，这种主动为国效力，为民分忧，为实现社会治安根本好转作贡献的精神和做法是值得称赞的。然而有些集体、国营单位并不是这样，他们把帮教工作当成包袱，对有轻微违法犯罪的人，动辄就予以处理，甚至开除。例如，据1984年12月21日《中国法制报》报道，青岛钢球厂将刘玉令等八名弃旧图新的失足青年全部除名。这种把治安管理与生产经营管理对立起来，把改造世界与改造人割裂开来的做法，是不符合现代化企业管理要求的，这种做法同个体户（包括专业户、重点户）及先进企业、工厂主动承包帮教工作的思想境界和风格相比，是多么鲜明的对照！如果都不愿意承担帮教工作甚至把麻烦推给社会，那么党的社会治安综合治理的方针还怎样贯彻落实？争取社会治安根本好转任务怎样实现？

帮教工作初探

（1985年12月）

康惠农

帮教工作的基本特征

这里说的帮教工作，是指群众性的帮教，是在党委领导下，动员社会各方面的力量，采取社会、家庭、学校相结合的方法，遵照中央关于教育、感化、挽救的方针，对有一般违法行为的失足青少年，进行教育疏导，帮助他们矫治不良品德，促进思想转化，制止违法行为蔓延、发展的思想政治工作。

近几年来，帮教工作在各级党组织的重视下，逐步发展为一个广泛的、整体化的群众帮教网，它的基本特征是：

一、社会性的群众疏导。

组织来自社会各个方面的帮教力量开展帮教活动。他们有的是帮教对象信服的老模范、街坊长者；有的是帮教对象所在单位、班组的党团员、积极分子；有的是帮教对象的亲、邻、师、友；有的是有条件与帮教对象打成一片、热心做帮教工作的人等。他们活跃在帮教对象周围，进行着感化、疏导工作。

这一支帮教队伍，由于他们来自群众，在具体的帮教工作中，充分显示出群众的力量和智慧，创造和总结了许多切合实际的生动活泼的方法和经验。如他们总结的治安、治人、治心的“三治”做法和热心、关心、耐心、知心的“四心”经验等。为了做好帮教工作，他们有的在半年内登门谈心130余次；有的将帮教对象接到自己家中住宿，热心管教；有的为帮教对象安排生活，帮助计划开支；有的在业余时间邀同帮教对象参加有益身心的活动等。将帮教工作寓于生产、生活之中，使帮教对象在党的政策的感召下，提高认识，改正恶习。据统计，1982年至今，武汉市帮教的21673名违法青少年，有80％的人停止了违法活动。青少年犯罪人数，由1979年占全市青少年总数的4％。减少到2％。。

二、特定的环境和心理特征统一。

各种形式的帮教组织，在帮教对象“跌倒了”的地方和“熟悉”的环境中建立，形成了一个特定的教育环境，对帮教对象起到良好的思想转化作用。

青少年违法前后的心理结构有着明显的变化。违法青少年的不轨行为被发现后，特别是在领导、学校指责，邻居、同事冷淡的情况下，孤独、自卑、恐惧心理，被社会遗弃心理便会油然而生。在“自尊心”的强烈驱使下，有的人还由此产生怨恨、抵触心理，不满周围事物，以致破罐子破摔。在这些心理状态中，他们对熟悉和了解自己违法活动的人，是戒备、冷漠甚至是仇视的。变态的心理，使他们把自己“孤立”于人群之外，失去了举足前进的信心。帮教组织建立之后，群众帮教力量根据党的政策，耐心细致地教育、感化、挽救他们，使他们感到，周围的这些熟人，竟是对他"真心相待"的好人。不是歧视、瞧不起他，而是满腔热情地关心教育他；不是推他，而是拉他。他违了法，人们却在想方设法医治他的心灵创伤，像父母对待犯了错误的孩子、象医生对待害了传染病的病人那样，要他们迷途知返，失足回头。

特定的环境和群众帮教，消除了他们的疑虑、戒备和抵触心理，深刻体会到社会主义制度的优越性，同时，也受到广大群众高尚情操的熏陶，从而向好的方面转化。据调查，175个违法青少年中，有82人即48%的人，是在特定的帮教环境中促使了心理变化而转变回头的。

三、家庭教育与社会教育相结合。

武汉市石牌岭中学调查，该校56名有违法和轻微犯罪行为的学生，其中因家庭采取打、骂、关、饿、锁等强硬办法，使孩子身心受到损害，进而转嫁到危害社会的有26人，占46%；因纵容迁就，一味宠爱而使孩子为所欲为，肆意放荡，走上违法犯罪道路的有18人，占32%。这个调查情况再一次说明，青少年违法犯罪与家庭教育方式是否得当，有着十分密切的关系。

家庭教育不良是当前一个较为普遍存在的问题。帮教工作中，家庭教育和群众帮教的结合，起到了互相促进的作用。据387个帮教小组统计，其中家长参加帮教活动的有172个，占44%。许多帮教对象的家长，过去在家中搞打骂教育，参加帮教小组活动后，他们学习了党的帮教工作方针、政策，研究了帮教措施，反映说："党的帮教政策把我的不争气的儿子感化了，也把我这个不注意教育方法的老子感化了。"帮教对象朱××，父亲去世很早，舅舅将他抚养长大，朱失足违法后，他舅舅恨铁不成钢，见面就打耳光，打得他听见舅舅的脚步声就躲。街道成立帮教小组后，他舅舅被聘为帮教力量。从此，他舅舅不象过去那样了，态度上和颜悦色，生活上问寒问暖，平等地同他交心谈心，还主动检讨了过去打耳光的错误，这对朱××触动很大，使朱××下决心割断了与社会上的帮伙联系，停止了违法活动，积极工作和参加业余学校的学习，受到了群众好评。

四、政策感化与社会鼓舞相互促进。

1979年至今，我市先后帮教了违法犯罪青少年40339人，经过教育、感化，改正恶习，走上了正道的有32271人，转化率为80%。其中入党、入团、参军、成为新长征突击手、先进工作者、生产骨干、技术能手和三好学生，跨进了先进行列的共2947人，占10%左右。

这些转变好了的青少年，受到了社会的肯定和重视。电视、广播、报刊对他们进行了宣传鼓励，从而增强了他们前进的信心。

今年3月，江汉区统一街的44名帮教对象，在文明礼貌月中，街道党组织将他们组成义务修理组、义务理发组、义务清洁卫生组等，上门为群众服务。市果品公司的帮教对象熊×，参加该公司组织的青年义务服务队后，积极为群众义务修理家俱、裁剪服装等，受到了群众的热情赞扬。在赞扬声中，小熊认识了自己的过去，努力改正了错误。1982年被评为公司的先进工作者，跨入了先进行列。

对转变好了的青年，帮教小组在党组织的领导下，组织他们同广大群众见面，如组织“后进转先进”报告会，“金不换”巡回报告团，“向昨天告别”报告会等。用他们自己的坎坷历程，向全市人民特别是青少年，作“现身说法”的报告。相互促进、鼓舞。1981、1982年，有2000多名青少年向领导写信或口头表示，“要向巡回报告团的同志学习”。许多听了巡回报告的违法青少年，除主动交待了自己的违法行为外，还积极检举揭发坏人。1982年，帮教对象向公安机关提供有价值的破案线索达2410起，协助公安机关破案3012起。

帮教工作的形式和方法

采取不同的形式和方法因人施教，对促进思想转化的意义极大。在帮教活动中，群众创造了许许多多行之有效的帮教工作形式和方法。

一、帮教小组。一般都采取社会、家庭、学校相结合或领导、家长、群众相结合的方法组成。帮教小组根据帮教对象的职业、文化、个性和心理特征等，制订帮教措施，开展帮教活动。这是当前使用较多的有效的帮教形式。

二、联合帮教（又称两头帮教）。这种形式是针对那些思想反复大、外界诱力大，我们在拉，社会上的“小兄弟”也在拉，两种力量争夺激烈的对象。所在单位成立帮教小组后，所住地区的街道居委会也成立帮教小组，互相配合，两头帮教。这是一种较严密的帮教组。

三、一帮一。这种形式大多是领导、骨干、党团员亲自出马，同帮教对象交朋友，结成对子，寓帮教工作于生产、生活之中，是一种好的帮教形式。市建设局三公司三施工队，采取干部一人“包”一个的一帮一方法，先后教育挽救了13名失足青工，其中3人入了团，5名“打架大王”，转变为生产骨干。

四、师徒合同。是在工厂企业普遍开展的师徒合同活动中，有计划地将违法青工“包”给师傅帮教，既“包”技术，又“包”思想。用签订合同的形式，落实责任制和帮教措施。在工厂企业内部，这是一种可行的帮教形式。

五、专人帮教。是在帮教对象的亲、邻、师、友中，选择与帮教对象关系融洽，又有一定威信的人作为帮教力量，一把钥匙开一把锁。市肉联厂的一名青工，过去经常打架斗殴，对别人的忠言听不进去。后来，根据他对未婚妻的父亲既尊重又畏惧的心理，请他岳父进行帮教，他很快就改正了错误。帮教工作收到了良好的效果。

六、校办工读班。这种帮教形式适用于中等学校。具体做法是，将一些有违法行为的学生组织起来，在学校党组织的直接领导下，选派思想作风好，有教学水平和组织能力的老师，专门集中一段时间，对他们进行思想、前途、伦理、法制等教育，并针对青少年的特点，开展各种有益身心的活动，多数都有明显好转。市32中举办了64人的工读学习班，除6人思想有反复外，91%的人都有不同程度的转变。

七、法制学习班。将违法犯罪的青少年组织起来，在专门力量的辅导下，通俗地向他们讲解国家法律、法令和厂规厂纪、店规店纪等，帮助他们树立法制观念和道德观念，进行教育疏导。武汉重型机床厂办了三期这样的学习班，参加学习的98名违法青工，78人有明显转变。

群众帮教的方法可归纳为：

一、落实“四定”。即通过调查摸底，定帮教对象；依靠周围群众，定帮教力量；研究对象特点，定帮教措施；建立帮教制度，定期检查表现。“四定”搞好了，责任可以到人，效果可以落实。

二、做好三个层次的思想帮教。即根据帮教初期对象的疑虑、自卑及抵触心理，帮教中期的徘徊，犹豫心理，帮教后期的弃“自我”建“新我”的心理，耐心细致地进行思想疏导工作。使他们在疑虑、自卑中得到关心和尊重，在徘徊、犹豫中看到希望，在反复中坚持进步，在精雕细刻的思想教育中转变回头。

三、搞好“三个结合”。即打击处理与教育挽救结合，单位帮教与社会帮教结合，解决思想问题与解决实际问题结合。3604工厂青工朱××，父亲早年去世，爱人下放在外地，家中有两个小孩无人照顾。在这些问题面前，朱破罐破摔，进行了违法活动。帮教小组对朱进行帮教时，把解决思想问题与解决实际问题相结合，根据有关政策，将他爱人迁回了武汉，并主动与街道联系安排了工作。朱感动得热泪滚滚地说：“我再不改邪归正，就对不起领导和同志了。”从此，他改正了过错，生产、学习都很积极。对那些坚持错误，不接受帮教，并继续违法犯罪的人，则依法从重从快地严加惩处。发挥专政威力，促使接受帮教，使更多的人迷途知返，为帮教工作创造更好的条件。

四、狠抓代表人物的转变。即将那些在违法青少年中有一定影响的人物，重点帮教回头。他们转变了，可以起到转化一个，震动一片，带动一伙的作用。市商业机械厂的李××，过去在硚口地区赌博打架，号称“拐子”。帮教回头后，他手下的“小兄弟”有不少人跟着他改邪归正，不干坏事了。市牛羊加工厂青工肖××转变后，他身边的3个“小兄弟”也跟着转变了。现在这3个人中有2人被评为厂先进工作者，1人加入了共青团。

五、宣传典型，鼓励进步。大力宣传思想转变好了的典型，并大胆使用他们。市政三公司三队对违法青工的每一点进步，都予以肯定、表扬，对确实转变好了的青工，该发展入团、入党的发展他们入团、入党，该提拔使用的提拔使用。不因为他们过去有劣迹而否定他们今天的进步。在工作、生产中充分发挥他们的积极作用。青工胡××，曾因盗窃被送少管3年，进队后，经常打架闹事，被称为“打架大王”。经过耐心帮教，他改正了错误，在劳动竞赛中首创班产纪录，施工队委任他为分队长后，他不仅带头生产，还带头做帮教工作。两年来，该队的67名违法青工，54人有了明显转变，其中8人成了先进生产者，7人当了队长和班长，3人入了团，过去有名的“闹药”队，转变为市政建设中的一支突击队。

帮教工作要注意“三性”

（1985年8月）

共青团安徽省委综合治理调查组

帮教工作是综合治理这项社会系统工程的重要组成部分。近几年来，共青团、政法部门以及社会其他部门在实践中积累了丰富的经验。最近，通过调查，我们发现安徽省铜陵市在帮教工作中注意“三性”的做法具有新的意义和借鉴价值，特在此作简单介绍。

一、对象的层次性

为什么首先提这个问题？市综合治理领导小组的同志对我们说，过去有段时间，共青团、政法等部门由于职业性质的区别，往往侧重做某一方面的帮教工作，如政法部门对服改服教和刑满释放、解除劳教以及缓刑、管制、监外执行、假释、免诉免刑等一类成员（其中主要是失足青少年）的帮教工作抓得多一些；共青团则主要抓受过行政处理和社会治安处罚以及有其它劣迹的后进青少年的思想转化，缺乏对帮教工作进行系统、通盘的考虑。他们认为，这种状况已经不能适应新时期综合治理工作的发展需要，必须加以改进。因为当今的时代是信息时代，单元化科学不断在向多元化科学过渡，思想教育既然作为一门科学当然也应如此，作为思想教育的一分支的帮教工作，本来就是处于社会各部门工作交叉联系点上的一项带有战略性的工作，更应提高向社会各部门全面、系统渗透的效率，它作为一个有机的整体，是不允许让条块状的“部门差”机械肢解开来的。否则的话，就难以建立一个适应改革的全社会性的纵横交织的立体帮教网络，综合治理在这里就不会体现出社会各部门自然有机的配合，而只能陷于一种硬性的机械拼凑。怎样改进我们的帮教工作呢？他们认为首先要提高认识，正确看待和处理帮教对象的层次性。帮教对象主要包括后进青少年和失足青少年这两大层次，这两大层次虽有质的区别，但又处于统一体之内。因为人的思想变化过程是一个由量变到质变循序渐进的完整过程，具体对帮教对象来说，后进是量变的阶段，失足是量的积累达到一定的度而发生的质变阶段，二者处于一根特殊的相互关联的因果链条之上，不可任意割裂。我们在做一个层次帮教工作时务必把另一层次作为原因或结果考虑进去，这样才能避免下孤立的片面性的结论。此外，一个部门只有在同时抓好两个层次的帮教工作的过程中，才能全面掌握青少年从后进到失足的演变过程和规律，也才能制订出动态的而不是静态的、主动的而不是被动的、开放型的而不是封闭型的、从预防犯罪到挽救失足，这样一套完整的帮教工作体系，从而也就能自然地填塞过去一度出现的这方面工作的疏漏。他们还指出，以上的观点并非否认社会各部门应有自己的工作重点，而只是强调在保证本部门工作重点的前提下，应拿出适当精力搞好部门间的协调一致，而这种协调又必须是主动的、相互的，这样不但不会影响工作重点，而且还会使工作重点的突出获得广泛的社会基础，同时也使综合治理在帮教工作上真正落到实处。正是在这样的思想认识指导下，市综合治理领导小组重新规定了各部门帮教工作职责范围，要求群策群力、加强配合，政法部门要主动联合文教、宣传等部门抓好法制宣传教育，通过具体数据和直观形象使青少年明确什么是犯罪以及发展过程、表现、危害等，共青团等群团组织以及有关部门要把丰富青少年的业余活动作为帮教工作的重要一环来抓，并对诸如"两劳"人员的安置、录音录相带的发行管理等有关帮教方面的具体工作也作了恰当的规定和分工。当然目前他们改进帮教工作仍处于初步探索阶段，怎样科学地分工更有益于社会各部门的协调配合还有待于实践来完善和验证，但他们提出关于帮教对象的层次性的观点及其认识是可以肯定的。

二、帮教形式的差异性

这个问题是上一个问题的顺理延续。过去这个市由于未能足够重视和妥善处理帮教工作的层次性，因而在帮教形式上缺乏针对性，存有一刀切倾向，在一些单位里，谁是帮教对象不仅帮教对象本人知道，全单位都知道，帮教对象就象一顶无形的"帽子"扣在头上，给失足青年尤其是后进青年造成过重的压抑感和自卑心理，从而加大了他们思想转化工作的难度。通过深入调查，我们发现，现在这个市的不少基层单位已经敏锐觉察到这个问题。市化学工业工司、市物资局系统、铜陵县钟鸣锁厂、铜陵有色金属公司凤凰山铜矿等单位还作了有益的探索。这些单位的党政工团和保卫部门的一个重要特点就是主动配合，随时注意相互交流和分析帮教对象的思想变化情况，对不同层次的帮教对象采取不同的帮教形式，即使是同一层次的帮教对象也是根据各自的情况、审时度势，因人而宜。市化学工业公司对失足青少年一般采用公开的帮教，因为帮教对象的犯罪事实是公开的，这样既能调动各方面的力量形成大家拉、众人帮的局面，又能促使帮教对象加强自我监督自我改造的能力，一旦他们有了某种转变，就要由公开的帮教转为侧面帮教，以便于他们向更积极的方面转化。对于后进青少年，他们则一般采取侧面帮教，即谁是帮教对象，由公司保卫科和团委内部统一掌握，每个帮教小组也只知道自己的帮教对象，并且一律不让帮教对象本人知道。侧面帮教又分班组帮和结对帮，其中结对帮中最有新意也是最见成效的是师徒结对的形式，即恢复"文化大革命"前的师徒合同制，有意让思想基础扎实技术比较过硬的骨干与后进青工结成师徒关系；在学徒期间，师徒的奖金按7比3或6比4的比例分成；师对徒实行承包制，师不仅对徒包传授技术、包产品质量和效率，而且包思想转化；如在一段时间内，师徒共同完成或超额完成生产指标，徒弟的转化被车间、班组公认，那末师徒双双都能受到相应的精神奖励和物质奖励。凤凰山铜矿还创造了把班组帮与结对帮有机结合的新形式。去年该矿二工区实行生产任务承包时，有6个平时惹事生非、吊儿郎当的小青年被各承包组"剔"了出来，工区团组织积极协助党支部和厂保卫科，既不"甩石头"，也不"掺砂子"，而是积极配合采取措施，推选本工区工作勤恳有一定组织能力的打眼组副组长方海珠等5名骨干主动与他们合伙成立一个承包组，这5名骨干既是承包组的普通成员，又分别与6名小青年结成帮教对子（其中方海珠1人同时与2个小青年结对），骨干们在生产上和平时一言一行中有意识地启发他们的觉悟，调动他们的干劲和热情，使他们学有榜样，赶有目标，经过一个月奋战，这个承包组提前并超额完成了掘进、采矿、出矿三项生产指标，取得了生产和思想双丰收，不久，这6名小青年都一一被原在的承包组"请"了回去。至此，他们才恍悟，更加感激组织上的关怀和同志们的信任，保证今后一定改掉恶习、振奋精神，树立远大理想和奋斗目标，为矿山建设和四化大业贡献青春。

三、帮教内容的感化性

无论对哪一层次的帮教对象，也无论采取哪一种帮教形式，其帮教内容都要突出一个"感化"。市综合治理领导小组的同志告诉我们说，这是目前帮教工作的一个新课题。"严打"带来社会风气明显好转的事实是有目共睹的，但光靠这一手不能解决根本问题，我们必须在继续开展"严打"的同时，拿出另一手：感化教育。感化教育开展得适时、内容具有针对性，就能治本、治心。这方面，这个市不少基层单位也有很好的经验，概括地说就是寓教于帮，融理于情，从"帮"字中寻觅先进意识的灌输渠道，在"感化"上体现潜移默化的教育效果。通过调查，我们也发现，当代青少年违法犯罪虽有上升的趋势和低龄化的特点，但又不能不承认这样的事实：后进青少年和失足青少年的思想本质大都不坏，失足青少年中初犯偶犯多，有些人失足后大家都感到震惊和不解，这是因为他们大都不懂法的知识，且受不良社会风气的影响所致，既有害人的一面，又有受害的一面，而受害的一面往往起着先导和制约的作用。他们通过治安处罚或法律制裁后，立即就会产生痛心和悔恨，这时只要及时给予温暖慰籍，他们又会产生雪中送炭、如鱼得水的效果，思想转化往往带有"突变"性质。据此，这个市的一些基层单位主要从两个方面实施帮教：一是关心切身利益，从生活上选择突破口。要教育、感化、挽救帮教对象，重要的也是首先的一条就是接近他们，拆除彼此思想上的障碍。因为帮教对象尤其是从劳教（改）农场和拘留所回来，都不同程度地遇到就业、婚恋和生活等方面的实际问题，解决好这些，就等于搭起一座接近他们的桥梁，进而逐步帮助他们树立新的人生观，养成新的道德风尚和理想情操。狮子山铜矿青工严××劳教期满后，矿里亲自派人把他送回所在的三工区，工区立即拿出20元钱暂时安排了他的生活，并在他所在班里成立了一个由党支部委员、团支部委员、治保委员等组成的帮教小组。不久，根据小严的工作表现，帮教小组又托人帮他从附近农村物色个对象，后来女方提出要家长出面把这门婚事订下来，工区领导考虑到小严与父长期不和，就代表组织出面为他订了婚，为此小严深受感动，主动找领导倾诉了悔恨的酸苦，领导和同志们乘机向他谈了"怎样做人"和"做什么样人"的基本常识和起码道德，小严听后，感到象甘露滋润焦渴的田地一样好受，从此一扫悲观消沉的精神状态，工作积极主动，重活脏活抢着干，决心用劳动的汗水彻底洗涤心灵的污垢。二是实施有效的"催化剂"——充分信任和用其所长。心理学认为人的心理状态具有很大的情景性，随着情境的变迁，会使一种心理状态逐渐过渡到另一种心理状态。根据帮教对象普遍怕遭冷遇受歧视的心理，铜陵市的帮教组织十分注意为他们创造平等相待的情景，使帮教对象在这样的环境氛围中消除自暴自弃、悲观消沉的心理状态，诱发出幡然悔悟、积极向上的心理状态。凤凰山铜矿原矿工钟××劳教回来后，整天闭门不出，见熟人就躲避，矿里分析认为这种难为情心理和自卑感并不全是消极的东西，其中包含愿意转化的积极因素。为了促其转化，他们将小钟放到行政科锅炉班工作，这个班9个工人，工龄都在20年以上，他们象长辈一样爱护和信任小钟。小钟以前每月工资都由领导替他保存，怕他花钱无节制，不到月半就挥霍一空，现在班里只替他订了存款计划，工资全由他个人支配，相信他自己会管理好自己。小钟在工作上稍有进步班里就当众表扬。小钟爱动脑筋又心直口快，大家就鼓励他为改革献计策，凡是小钟出的点子，只要合理大家都积极采纳。正是这些生活细节上的变化在小钟思想深处引起强烈震动，到锅炉班后，四十天就领到了司炉工合格证。由于他工作突出、工资普调中又被破格提了一级，在去年矿里开展的“振兴中华”读书活动中，荣获了一等奖。

（李本福整理）

略论“接茬帮教”

（1986年5月）

赵玉衡　张含英

（一）

接茬帮教，就是对于刑满释放和解除劳教人员，继续进行教育、挽救，把社会的帮教与劳改劳教场所的教育改造衔接起来。搞好接茬帮教是防止劳改劳教放回人员重新违法犯罪的重要措施，是社会治安综合治理的一个重要方面。因此，接茬帮教应引起社会各方面的更多关注。

一般地说，违法犯罪分子经过劳改劳教场所的教育改造，大部分是想改恶从善的。但也有相当一部分改造不彻底，有的还有潜在的犯罪因素。这后一种人，他们缺乏自制能力，放出后如果思想上、行为上没有一定的约束，一遇时机很快就会旧病复发，重新违法犯罪。即使是前一种人，他们虽有重新做人的愿望，但思想还不是那么牢固，受社会上诱发犯罪的消极因素影响，也有可能重新违法犯罪。近年来，天津市的重新犯罪问题仍是一个不可忽视的问题，有些重大恶性案件就是刑满释放、解除劳教人员所为，给社会治安带来严重危害。为了有效地维护社会治安，防止重新犯罪，在劳改劳教人员放回社会后，对他们继续进行一段帮教工作是很必要的。从违法犯罪分子的思想改造来讲，这些人悔过自新要经历一个漫长的过程。在这个过程中，不仅要教育他们不再重新犯罪，而且要把他们改造成为社会主义建设的有用之材。这样，除劳改劳教场所强制改造教育外，在他们放回以后，社会帮教更需做出艰苦的努力。所以，把社会的帮教同劳改劳教场所的改造接上茬，对于巩固劳改劳教成果，预防和减少犯罪，都是有重要意义的。

（二）

接茬帮教是一项细致、复杂的工作，是继续教育人，挽救人，改造人的工作。要做好接茬帮教就必须对刑满释放和解除劳教人员的状况和心理特点有一个基本的了解。只有这样，才能有的放矢，对症下药。

这一时期放回和即将放回的劳改劳教人员有"四多"，即青少年多，初犯多，刑期短的多，工农劳动人民子弟多。这些人，大都是受十年动乱的影响，思想、道德、文化水平低下，法制观念淡薄，在外界不良因素的诱惑下，逐步形成犯罪心理，而走上犯罪道路的。他们既是害人者，又是受害者；既有很强的可塑性，又有很大的反复性。因此，我们必须看到他们有可以教育改造好的主导方面，从而增强信心，下定决心，把工作做好；同时，要对他们思想不稳定，改造过程中可能出现曲折和反复，有足够的估计和充分的准备，既不因他们一时一事有好的表现而盲目乐观，也不因他们偶然走上了"回头路"而丧失信心。

这些人在劳改劳教期间，有的是愿意痛改前非，表现老老实实；有的慑于法律威力，不敢乱说乱动。放回社会后，环境变了，管理教育的条件变了，他们隐藏在内心深处的东西就表露出来了。有的好象解除了"紧箍咒"，"几年熬过来了，这回可得轻松轻松啦"。他们放松了自我制约，而外界的不良因素又在对他们起诱惑作用，这是接茬帮教的关键时刻。对这种人要及时向他们敲起警钟，帮助他们自觉抵制不良影响，防止再滑下去。也有相当一部分人放回后感觉并不"轻松"，而是在悔恨过去之余，产生一种自卑感，认为出来后没脸见人，前途黯淡，整天灰溜溜。这种情绪不仅妨碍着思想改造，还容易被坏人利用，把他们重新拉下水。我们要看到这种危险性，对他们一不可冷漠，二不能歧视，要满腔热情地激励他们振作精神，积极进取。并为他们创造有利于继续改造的条件。他们当中，还有些人原来结识过一些不三不四的朋友。放出后，有的出于哥们义气，仍然愿意恢复旧交，有的由于从这些朋友身上尝到了苦头，不愿再接近他们，但又提心吊胆，担心来找麻烦。这种忧虑、恐惧心理如不尽快消除，他们干什么事也不会安心，还容易屈服于这些朋友的压力而重蹈复辙。我们必须及时了解放回人员的社交活动情况，支持他们的正常交往，千方百计地帮助他们与那些"小兄弟"们断绝联系，并且通过多方面工作，消除他们的担心和顾虑。

这些人放回社会后，都面临着就业、入学和婚姻、家庭生活等问题。解决好这些问题，对他们来说至关重要。给予生活出路，就会使他们感到并没有被社会抛弃，有奔头，从而增强上进心；他们有了劳动、学习和生活条件，在客观上就有了约束，可以促其专心于正当的活动，而防止他们自行其是，惹事生非；他们有了正当的经济收入，解决了温饱问题，就可以保持情绪稳定。所有这些，对于搞好接茬帮教，防止重新违法犯罪，都是十分重要的条件。我们要从有利于社会安定，有利于教育人，挽救人出发，认识做好放回人员安置工作的必要性，并采取切实可行的措施把这项工作落到实处。

(三)

对劳改劳教放回人员的接茬帮教，同对有轻微违法犯罪行为青少年的帮教一样，都要花大气力，要经过一段较长时间的努力。在帮教的力量组织、工作方法上也大体相同。所不同的是，由于接茬帮教的对象是从劳改劳教场所放出来的，他们都要经历一个由专门机关到社会，由强制改造到社会帮教的接茬过程。我们抓住他们放出前后这个接茬的当口抓紧做好各项工作就抓住了关键，就为以后的工作打下了基础。从两年来的实践来看，有六个方面的经验是可供借鉴的：

1. 提前进行探视，了解即将放回人员的改造表现，为接茬帮教打好基础。搞好接茬帮教，必须对帮教对象的基本情况和改造表现有个比较清楚的了解。有效的办法是深入劳改劳教场所进行探视。这样做既可以及时掌握情况，又可以使他们感到温暖，消除对立情绪。近一时期，天津市的一些地区、一些单位的负责同志到劳改、劳教、少管场所进行探视，在了解改造情况的同时，有针对性地讲形势，讲前途，讲法制，赠送书籍和物品，向他们提出希望，解答他们提出的问题，都收到比较好的效果，达到了"掌握情况，消除疑虑，促进改造，激发上进"的目的。有些单位在探视中，还认真协助劳改、劳教部门解决罪犯在改造中的一些思想问题和实际问题。如河北区中山路派出所和居委会了解到罪犯田××家中有双目失明的老母无人照顾，就由街道把这个问题包了下来，使田犯安心改造。田出狱后看到老人健在，生活得很好，感动得热泪涌流，跑到居委会给几位主任磕头，表示"从心眼里感谢党，感谢社会主义。"尔后，他一直把街道大娘、派出所民警当做亲人。

2. 订立包教协议，明确各方责任，使接茬帮教工作逐步做到合同化、制度化。接茬帮教是经常性的工作，有关方面要有明确分工，要建立责任制，这样才能使各项措施落到实处。去年一些劳改、劳教、少管场所建立了不同形式的包教协议或合同，明确规定：对劳改劳教人员，劳改劳教场所负责包思想改造，包文化学习，包技术培训。放出后，有关区街负责包安置、包接茬帮教。这有力地促进了接茬帮教工作的深入开展。协议签定后，区委、区政府领导和政法、劳动、工商、教育等部门，与劳改劳教场所经常交换对劳改劳教人员的改造教育情况，通过各种方式对劳改劳教人员的学习改造提出要求和希望，对他们提出的家庭生活等实际问题和期满放回后的升学、就业问题明确表态给予认真解决，在劳改、劳教人员中引起强烈的反响。家住南开区的少年犯汪××，父母双亡，妹妹在工读学校，因家中无人，原住房由街道使用。去年7月初他临近刑满释放，顾虑出去后没有住处和生活用品。东北角街道办事处经过研究，将房腾出，并帮助解决了床铺、碗、灶等生活用品。释放时，把他安置到新华印刷厂当工人，使汪××受到深刻教育，表示要以实际行动，报答党和政府的关怀。

3. 对释放和解教人员热情接送，为接茬帮教开个好头。这些人劳改劳教期满放回社会是他们走向新生活的转折点。在这个他们终生难忘的时刻，正是教育他们的好时机。近年来，河东、河北等区不少派出所、街道、工作单位、学校和家长，在他们放出时，到劳改劳教场所与管教人员一起开离场教育会，肯定改造教育成果，指出努力方向。会后，有接有送，使他们深受鼓舞。回到当地后，有的带领他们参观市容，参观工厂新貌，向他们介绍建设成就，进行实际的形势教育，让他们谈收获，讲感受，与下一步经常的思想教育很自然地接上茬。

4. 妥善安置，使放回人员有生活出路，为做好接茬帮教提供有利条件。1985年，天津市放回劳改劳教少管人员中，复工、复学和通过各种途径给予安置就业的占86.5%。搞得好的单位主要作法是：政治上不歧视，原来有工作的回原单位安置；原来没有工作的由街道组织生产劳动；招工与一般待业人员一视同仁；愿意自谋职业的发给营业执照；符合学龄规定，考试合格的允许升学等。放回人员，情绪大都比较稳定，劳动态度等也比较好。河西区灰堆、西南楼、谦德庄三个街道，先后安置放回人员150多人，不但减少了犯罪，而且有60%的人达到了瓦、木、电技术工种三级工以上的技术水平。河北区某街装卸队承包火车装卸任务的20人中，有劳改、劳教放回人员13人，经帮教表现都比较好，不但没有人违法犯罪，而且有7人入团，4人被评为先进个人，全队连续三年评为街、区先进集体，基本做到工厂、街道、家长、个人、邻居五满意。

5. 有针对性地采取多种形式进行教育挽救，把接茬帮教措施落到实处。据调查，目前全市放回人员中，列入帮教的占94.8%。这一时期接茬帮教工作有三个特点，一是安排得早，大部分放回人员都是在放回后及时安排帮教的。二是因人施教，对放出后表现好的，由单位、街道或家长，结合思想政治工作，以谈心、交朋友等形式进行经常性教育；对表现不稳定的，指定专人帮教，表现不好或有违法犯罪嫌疑的，由民警负责与街道、单位人员一起组成帮教小组，进行联合包教。三是讲求实效。沈庄子街道干部和轧钢五厂装卸队长共同包教解教人员王××。王解教后，得知与他非法同居的女友出嫁并将孩子送人的情况后，立刻要去豁命。负责帮教的同志及时掌握情况后，反复进行思想工作，终于使王认了错，制止了事态的发展。他们在对王加以思想教育的同时，还帮他解决了就业和生活困难，对王触动很大。从此他不但在厂里劳动积极，休班时还经常给孤老户送煤、挑水、办好事，居民反映："小王简直换了一个人。"

6. 劳改、劳教部门密切配合，促进接茬帮教工作顺利开展。劳改劳教部门在接茬帮教的整体工作中也负有主要责任，要从社会治安综合治理的全局出发，积极与社会有关方面紧密配合。主要经验有：（1）在劳改劳教人员放出前，要提前一段时间通知有关部门和单位，以便制订帮教计划，安排好帮教力量，做好安置准备。（2）认真搞好出监、出所教育，使放回人员能正确认识自己，正确认识形势，正确认识现实生活，以正确的态度步入社会参加学习、劳动。（3）主动向有关单位介绍放回人员的表现，有重点的参与制订帮教、安置措施。（4）在一定时期内有计划地对放出人员进行探望，协助当地做好教育工作。近年来的实践表明，凡是抓住了这几个环节努力工作的，都有力地促进了接茬帮教的开展，效果都是比较好的。

由于各级党委和人民政府的重视，各方面协调一致地抓好接茬帮教和安置工作，使劳改、劳教放回人员大多数有了转变，重新犯罪明显减少。据调查，1985年劳改、劳教、少管放回人员表现好的和停止违法犯罪活动的占91%，有犯罪活动嫌疑的占7.8%，重新违法犯罪的占1.5%。与1984年相比，重新犯罪人数减少了58%。但是，当前我市的接茬帮教工作，作为社会治安综合治理的一个主要内容，有组织、有计划地抓，还刚刚开始，无论是劳改、劳教部门，还是社会有关方面，都有些同志对接茬帮教的重要性、必要性认识还不那么深，工作还不那么积极主动，相互配合还不那么紧密，有些措施特别是安置升学、就业还不能很好落实。随着劳改、劳教人员陆续返回社会，接茬帮教更加显得重要而迫切。这个问题解决不好，后果不堪设想。所以我们要进一步统一思想，提高认识，积极推广行之有效的作法，并不断创造更多更好的经验，各方共同努力为搞好接茬帮教，为有效地预防和减少犯罪办实事，做贡献。

依靠社会力量　建立帮教基地

（1986年4月）

安徽省公安厅第三处

我省来安县综合服务公司是一个由4名刑满释放人员开办的修车铺发展起来的，以安置“两劳”回归人员和失足青年为主的经济联合组织，1983年改为大集体企业。八年来，这个企业在县、镇党政组织关怀和公安机关大力支持下，由小变大，由单一修车变为多种经营，已初步形成为集中转化失足青年和其他违法人员的基地。这个基地为净化失足者灵魂，安置“两劳”回归人员和违青就业，作出了积极的贡献。这个基地的形成，创造了帮教工作的新形式、新经验，为维护社会治安，保卫和促进四化建设，发挥了重要作用。

一、帮教基地形成过程

1977年，陶如金等4名刑满释放人员在一无工作，二无生活依靠的情况下，自发地办起了一个修理自行车兼打铁铺。他们租赁了一间破草房，门前搭个棚子就开张了。在镇、街道党组织和公安机关扶持下，修车铺改成了修配厂。1981年，随着人员不断增多和企业的发展，又在修配厂的基地上成立了水泥预制厂。他们在搞好生产的同时，还承担了修路任务。1981年5、6月间，县里决定修建城关南大街，县公路站承修要9.6万元，该厂以5.8万元承包了下来。经过70天奋战，他们提前10天完成任务，盈利1.2万元，1983年，这个厂又陆续收了30、40名职工，同时开办了食品厂、饮料厂，并购置了5部客、货车，开展了运输业务。随着企业规模的不断扩大，县里决定把预制厂转为大集体，易名为来安县综合服务公司。

目前，这个公司有职工131人，其中违法青年、劳改释放和解教人员51人，占职工总数的38.93%。公司下设修理、预制、建筑、运输、饮料、洗染、饭店、浴池、旅社、罐头等14个经营服务项目，拥有厂房160多间，占地300多平方米，机械设备30多台，固定资产46万元。这个基地的形成经历了由小到大，由自发到自觉的曲折过程。

二、帮教基地所显示的作用

这个以安置转化违法青年和“两劳”回归人员为主的特殊企业，一经建立便日益显示出它在综合治理社会治安中的积极作用，主要有以下几个方面：

1．解决了“两劳”回归人员安置就业上的一大难题

来安县城是一个不到两万人口的小城镇，居民就业比较困难，安置“两劳”回归人员和违法青年更加困难。综合服务公司在办修车铺时是为了自谋职业，是违法人员自己解决自己的衣食问题。之后，在党政领导和公安机关的关怀、帮助下，企业不断发展，他们的认识不断提高，于是由自发走向自觉。县、镇党政部门和公安机关积极地引导、扶持他们，帮助其解决办厂中的一些实际问题，有目的的建立安置、转化违法人员的基地。几年来，这个基地不仅安置县城关镇69名“没人要”的人，而且接收了62名城镇青年就业，为缓解城镇青年就业矛盾减轻了压力。

2．创造了社会财富，加速了小城镇建设

几年来，来安县综合服务公司创造了82万元利税，为国家建设作出了较大的贡献。他们经营的修配、运输、预制、饮服等行业，补充了国营生产经营之不足，方便了群众生活，为促进商品生产，发展第三产业，发挥了积极作用。这个公司还先后修建了城关镇的四条主要街道，改变了街容旧貌。同时，他们为国家节约了经费，加速了小城镇建设。

3．转化了违法人员，造就了一批有用人才

这个公司先后吸收69名违法人员，经过几年来的劳动锻炼和教育帮助，目前基本稳定和完全改好的有62人，改好率为89.8％；不稳定的有6人，占违法人员总数的8.7％；重新违法犯罪的仅1人，占1.4％。在62人中，有1人入了党，13人入了团；4人担任了公司的正副经理，7人担任了车间、门市部正副主任，11人成为技术骨干、厨师或糕点师，1人光荣入伍，还给国营企业输送了9名熟练技工。公司经理陶如金同志现是党支部副书记、县政协委员，还被聘请为省少管所所外辅导员。现在，他们都成了四化建设的有用人才，在各自工作岗位上发挥了应有的作用。

4．改变了社会风气，涌现了一批文明先进个人

前几年，一批违法青少年和“两劳”回归人员，不懂法，不知法，一度偷窃扒拿、寻衅滋事，打架斗殴，严重污染了社会风气，败坏了社会道德。自从把他们安置以后，通过帮教发生了很大的变化。如在浴池工作的几个失足青年，工作中主动端茶倒水，扶老携幼，礼貌待客。几年来，他们拾到10块手表，350多件衣物，300多元现金，都一一交还了失主。昔日“敢死队”头头李明斗，不仅不再打架，而且自觉维护社会治安。有一次，本县和地区两个安装队工人打群架，许多人制止不下，李明斗挺身而出，大喝一声，“不许打”，接着劝走了本县安装队工人，制止了一场数十人参加的械斗。

5．减少了犯罪因素，出现了良好的治安局面

这个公司安置的违法人员，现在基本上变成了维护治安的积极因素。几年来，仅有一人重新犯罪，被判刑一年。1981年以来，来安县认真总结、推广了综合服务公司帮教、安置违法人员的经验，取得了很好效果。大英乡大英村聂眷早刑满释放后，在乡政府支持下，成立了搬运装卸组，安置了12名闲散人员。1981年至1985年11月，全县共有“两劳”回归人员288人，已安置了222人，占应安置总数的77％。这些人经过安置、帮教以后，大多数人能遵纪守法，自食其力。通过开展对违法人员的社会帮教和安置工作，特别是通过“严打”斗争，促进了帮教工作的开展，增强了人民群众搞好帮教工作的信心，基层组织和治安防范工作进一步加强，来安县的社会治安形势逐年好转。1985年，来安县是我省社会治安根本好转的县之一。

三、建设帮教基地的几点做法

（一）解放思想，大胆起用“能人”

来安县综合服务公司摊子大，违法人员多，情况复杂。一些流言蜚语称它是“黑窝”、“社会渣滓”。这个企业能否存在和发展？有人怀疑，有人观望，有人责难。城关派出所、县公安局和镇党委认为他们做了一件对社会对人民有利、对四化建设有益的工作，是一件大好事，坚决保护，积极支持。并且认为陶如金有觉悟、有魄力，有开拓精神和经营企业的才干，是办好这种特殊企业的特殊人才。于是，任命他为厂长、经理，并由他组建公司和各车间、门市部的领导班子。同时，镇党委及时派了一位年轻精干的同志担任专职党支部副书记，协助陶如金同志抓好公司的思想政治工作。在任用干部问题上，他们不记前嫌，大胆选拔，放手使用。现任公司的四位正副经理都是刑满释放人员，其中有3位是修车铺时期的创业人。十多个车间、门市部的负责人都是业务过硬、有热情、有干劲的人，其中一半以上是劳改、劳教回归人员和原违法青年。

（二）大力扶持发展企业，建立基地的物质基础

几年来，来安县综合服务公司在有关部门的大力扶持下，生产发展很快。现有的14种经营服务项目，根据季节变化，采取相应的关、停、并、转，增强了企业活力。1984年这个公司年产值52万元，比1983年上升32％，纯利润9.2万元，产值和经济效益居于全县工商企业第三位。1985年以来产值和利润又有较大增长。职工工资普遍增加，一般职工月收入70—80元，最高的近200元。

县政府为发展壮大这个企业，拨了10万元无息贷款，县劳动局、民政局和税务局联合拨了5万元无息贷款。县税务局在该厂创办初期全部免税。县公安机关几年来做了大量工作，一是参予研究企业发展规划，帮助他们出主意想办法；二是帮助解决一些实际困难；三是保护其合法权益。

（三）严格教育管理，使帮教工作落到实处

大批“两劳”回归和违法人员集中在一起如何管教，这是一个十分重要的课题。这个公司在管理上采取了一套适合其本身特点的制度和办法。首先，在公司成立了有20名党团骨干和帮教对象的家长、公安干警组成的四个帮教小组，帮教对象在厂有人帮，在家有人教，在社会上有人管，形成公司、家庭、社会“接力棒”形式，半年一初评，年终一总评。对明显改好和符合先进工作者条件的，除撤销帮教外，还给予表扬、奖励和应得的荣誉。其次，经常进行法制和道德教育。公安、司法部门经常到公司给职工上法制教育课；组织他们旁听法庭公审和观看打击刑事犯罪录像、展览；公司组织青年职工旅游，参观南京雨花台、半塔烈士纪念馆和中国革命历史博物馆，开展革命传统教育；逢年过节，公司组织帮教对象慰问军、烈属、五保户，为他们做好事，进行道德、文明教育，从而增强了他们的法制观念，促进了思想转化。第三，严格制度。对于帮教对象，该公司特别规定不准揭老底，不准打架骂人，晚上九点钟以后没有特殊情况不准离家。第四，坚持“教育、感化、挽救”方针，帮助解决实际问题，先安其身方能安其心。不少人进厂时曾有生活上、债务上的问题，厂里总是尽量解决他们的困难。第五，帮助解决婚姻问题。几年来，由公司领导当“红娘”牵线搭桥，帮助十一个帮教对象成了家。帮教对象吴永平年近30，别人给他介绍了几个对象，都因他的历史而告吹。厂长陶如金几次到女方家做工作，并许愿三条：（1）结婚后，女方进本厂工作；（2）工资由女方领；（3）小吴犯罪，女的由我当女儿养。待他们结婚时，厂里为他们制作了床、桌、橱、写字台等几件家具。李明斗举行婚礼时，县委书记王业美特地参加了婚礼，厂内职工93人送了礼品，这一切深深地感动了这位刚强汉子。第六，正确对待帮教对象的思想反复。帮教对象的特点之一就是容易反复，这个公司的领导班子十分注意每一个帮教对象的表现，对出现反复的就反复抓。公司领导和党团组织始终耐心地教育、感化他们，动之以情，晓之以理，敦促他们往好的方面转化。

（四）党委、政府和公安机关的重视、支持是帮教工作取得成效的可靠保证

8年来，来安县委、县政府的主要负责人几经易人，但他们对待陶如金及他所领导的厂的重视和关心则是一样的。1980年，县委书记王业美在一次县直机关干部大会上，表彰陶如金带领职工修建南大街，节约经费，提前完成任务，发给奖金1000元。当时有人递条子质问：（1）陶如金究竟是什么人？（2）县委要我们向他学什么？（3）现在还有没有阶级斗争？王书记用事实一一作了回答。他并且指出，在我们这个社会里，不论是谁做了好事，为社会主义建设作出了贡献，我们都要予以肯定、表扬和奖励。用老眼光看待一个人是形而上学的观点，我们共产党人是唯物主义者，要用辩证的、全面的、发展的观点看待一个人，我们坚持的是实事求是的观点。之后，在陶如金提干、入党问题上，县委都坚持了这样的观点。

事实证明，党政领导重视，各部门支持，是这个企业发展壮大的前提和可靠保证，是它的生命线。

“教育、感化、挽救”方针初探

（1984年）

北京市人民检察院　胡石友

当前，严厉打击刑事犯罪活动的斗争，正是教育挽救失足青少年的大好时机。最近几年，青少年犯罪很突出，一些青少年不听规劝教育，硬往犯罪的道路上跑，拦都拦不住。通过去年8月开始的严厉打击刑事犯罪活动的斗争，他们中的许多人受到了很大的震动和教育，觉得此路不通，要悬崖勒马，浪子回头，接受教育挽救，规矩做人。在当前有利形势下，我们正确理解和坚定不移地贯彻执行党和国家对失足青少年的教育、感化、挽救方针，处理好对严重刑事犯罪分子实行依法“从重从快，一网打尽”方针与对失足青少年实行教育、感化、挽救方针的关系，探讨司法实践中提出来的有关问题，这在理论上和实践上都是十分必要和有益的。

一、党和国家对失足青少年的一贯方针

对失足青少年实行教育挽救，是我们党和国家的一贯方针。

50年代，我国青少年犯罪还不突出，国家对违法犯罪的青少年采取了教育为主惩罚为辅的方针。对犯罪青少年实行惩罚时也强调着重教育。1954年国家制定的《劳动改造条例》，就规定对少年犯设置少年管教所进行教育改造，对他们“着重进行政治教育、新道德教育和基本的文化与生产技术教育，并且在照顾他们的生理发育的情况下，使他们从事轻微劳动”。为贯彻劳改条例的这一规定，纠正一些不严格依法办事的现象，1956年2月最高人民法院、最高人民检察院、内务部、司法部、公安部发出了《对少年犯收押界限、捕押手续和清理等问题的联合通知》。1957年5月，最高人民法院、司法部又总结了建国以来处理少年犯的实践经验，指出:“对未成年犯必须实行教育为主惩罚为辅的方针。对于罪行严重或恶习已深、屡教不改的未成年犯罪分子应当依法判处适当的刑罚，强制改造；但应当比照18周岁以上的成年人同类犯罪从轻或减轻处罚。对于恶习不深、罪行较轻，本应判处短期徒刑的未成年犯，如果是有人能够负责管教的，可以采用缓刑的办法，交其家长、监护人或其所属机关、团体、学校，严加管教。对那些按其年龄或犯罪程度尚不够负刑事责任的，如果无家可归或家庭实在管不了，要求政府帮助教育的，可由有关部门收容，教育改造。”1960年4月最高人民法院、最高人民检察院、公安部在总结了北京市于1957年开始对一般犯罪的少年儿童不予逮捕判刑，而采取收容教养改造办法，收到很好效果的经验，发出了《关于对少年儿童一般犯罪不予逮捕判刑的联合通知》，对于少年儿童犯了什么罪才适用刑罚，作了明确的规定，指出：“今后少年儿童除犯罪情节严重的反革命犯、凶杀、放火犯和重大的惯窃犯以及有些年龄较大、犯有强奸幼女罪，情节严重，民愤很大的应予判刑外，对一般少年儿童违法犯罪的人，不予逮捕判刑，采取收容教养的办法进行改造。”1957年制定的《治安管理处罚条例》第26条又对少年儿童的违法行为的处罚原则作了规定：“不满13岁的人的违反治安管理的行为，不予处罚；已满13岁不满18岁的人的违反治安管理行为，从轻处罚。但是应当责令他们的家长或者监护人严加管教。”

上述的“指示”、“通知”、“条例”都体现了党、国家和社会对我国青少年、包括其中失足的青少年的健康成长，给予了高度的重视，无微不至的关怀和对失足者的挽救教育精神，这无疑是对那种单纯的、片面的惩罚思想的批评。50年代乃至60年代前期，我国青少年犯罪问题还不突出，也说明国家对违法犯罪青少年实行“教育为主惩罚为辅”的方针是有成效的。

到了70—80年代，主要由于林彪、“四人帮”十年破坏的遗毒，也由于实行开放政策必然会带来西方的一些腐朽文化、资产阶级生活方式的影响、渗透，我国青少年犯罪从占整个刑事犯罪较小的比例，变成为占刑事犯罪的60—70%，一些大城市占到70—80%。据抽样调查，近年来被判刑投入劳动改造的人平均年龄为24—25岁，被劳动教养的人平均年龄为20岁左右。可见，青少年犯罪已成为当前整个社会治安中的突出问题。

为了引起全党和社会的重视和解决青少年违法犯罪问题，1979年6月，中央宣传部、公安部等8个单位，遵照中央领导同志的意见，在调查研究的基础上，向党中央写了《关于提请全党重视解决青少年违法犯罪问题的报告》。中央在批转这个报告时，正确地提出了对违法犯罪的青少年实行教育、挽救、改造方针。之后，直至当前的严厉打击刑事犯罪活动的斗争之中，中央又多次正式提出对有轻微违法犯罪的青少年要实行教育、感化、挽救的方针，要采取“三个象”（象父母对待害传染病的孩子、老师对待犯了错误的学生、医生对待病人）的态度，并要求抓紧当前的有利时机，加强综合治理的其他各项工作，发挥打击刑事犯罪的“杀一儆百”作用，把青少年引向正道。对“大法不犯，小法常犯”者，强调就地消化，就地改造，把他们中的很大一部分交给群众帮教，大力教育挽救失足青少年。

我国刑法根据党和国家对青少年犯罪的方针政策，总结了我国长期的司法实践经验，明确规定了刑事责任年龄界限和对少年犯的处理原则，把我国对少年犯的方针政策具体化、定型化为法律，从此，在我国司法实践中处理青少年犯罪问题就有了比较完整的政策、法律依据。

二、制定对失足青少年方针的依据

多年来的司法实践经验告诉我们，有了正确的政策、法律，还有待于我们对它加以正确的认识，深刻而全面的理解，才可能坚定而自觉地贯彻执行。对失足青少年的政策、法律也不例外。

我们党和国家制定对失足青少年实行教育、感化、挽救方针的主要依据是：

第一，青少年是我们国家和民族的希望和未来。

我们党和国家历来非常关怀青少年的健康成长，非常重视对青少年的教育和培养。我国新宪法规定：“国家培养青年、少年、儿童在品德、智力、体质等方面全面发展。”党中央提出：“按照德育、智育、体育等方面全面发展的要求，把我国青少年培养成有社会主义觉悟的有文化的劳动者，这是全党和全国各族人民的共同任务。这一工作的好坏，不仅关系到安定团结政治局面的长期巩固，关系到社会主义现代化建设的加速发展，而且直接影响着新的一代人的成长，关系到我们党和国家的前途，关系到我们民族的兴衰。”这样，我们党和国家把培养教育青少年包括失足青少年提高到宪法原则的高度，提高到关系国家、民族前途的高度。教育、感化、挽救失足青少年的方针，正是从这些原则高度出发提出来的。也就是说，对失足青少年采取教育、感化、挽救的方针，主要是建立在对他们尽可能采取教育挽救措施而避免采取单纯的惩罚的基点上的。

今天的失足者，由于我们的高瞻远瞩，在给予恰当的处理后，又以博大的胸怀、慈母般的爱，教育、感化、挽救他们，明天，他们就可能从沉沦转变为进取，就可能被教育成为有道德、有文化、讲文明、守纪律的社会主义现代化建设的有用之才，逐步补充到伟大的四化建设大军中来。

第二，青少年体力智力发育还不成熟，对于失足者理应给予更多的幡然悔过的机会。

青少年是长身体、长知识时期。少年是童年过度到青年的阶段，体力、智力正在发展，活动能力正在增强，社会活动范围正在日益扩大。他们的生理特征明显地表现在他们幼稚的心理特点上。他们处人处事往往不能正确把握自己，极易受外界因素影响，对自己的行为往往缺乏是非观念和道德、法纪观念。因此他们的违法犯罪也往往具有无知、偶发甚至好奇的特性。我们从关怀、爱护青少年成长出发，对他们失足行为的处理，理应考虑他们的这些特点。

已满18岁至已满25岁的青年，已发育成为成年人。但从生理学角度看，这一年龄段的人，体力、智力还在发展，他们的社会经历一般都很浅薄。因此，他们的行为也往往带有许多盲目性。虽然刑法上对他们构成犯罪的，没有从轻或减轻处罚的规定，但对他们中的失足者，在实施刑罚时除应考虑他们犯罪情节较轻的特点外，也还应当考虑他们的年龄特征，考虑如何处理更有利于教育、挽救他们，给予适当的从宽处理。因此，对有轻微违法犯罪行为的失足青少年，党和国家规定了统一的教育、感化、挽救的方针，而不应当认为这一方针仅仅适用于失足的少年而不适用于失足的青年。司法实践中对于失足少年给予了较多的注意，而对失足的青年如何贯彻教育、感化、挽救方针，则注意得较少，甚至认为他们不适用这一方针，这不能不说是对中央这一方针的片面理解。

第三，青少年违法犯罪的规律特点，决定了对其中的失足者应着眼于教育挽救。

对于严重破坏社会治安的青少年犯罪分子，特别是其中无恶不作，杀人越货，集团作案，危害一方，屡教不改的分子，是必须依法“从重从快，一网打尽”，从严惩处的。非此不能保护国家和人民的利益，不能保护四化建设事业，也无助于教育挽救更多的失足青少年。失足青少年虽然不能同严重刑事犯罪分子相比拟，但他们的违法犯罪行为，也给社会带来危害，具有一定的破坏性，而且发展下去，很可能发展成为严重危害社会治安的罪人。因此，对他们不讲惩戒也是不对的，也是无助于教育挽救他们的。但是，只要他们还未发展成为严重刑事犯罪，我们就应当更多地给予幡然悔改的机会，热情地拉他们一把，耐心细致地帮他们一翻。这是青少年违法犯罪的规律特点所决定的。

马克思主义告诉我们，事物总是发展的，而且都是由量变到质变，从而分出阶段性。事物在不断的量变过程中，包含着部分的质变，从而分出小的阶段；在逐步的量变增长过程中，总是包含着若干次的质变，最后完成其根本的质变，从而分出大的阶段。青少年违法犯罪，凡达到严重程度者，一般也总是沿着：沾染恶习——走上违法——轻微犯罪——严重犯罪的道路发展。当然，其中也有跳跃式、突发性，一次作案就走上严重犯罪的，但毕竟是少数。我们还是要根据青少年违法犯罪还未发展到严重犯罪的时候，加强对他们的教育挽救。一般说，有轻微违法犯罪的失足青少年，比之严重刑事犯罪分子，具有更多的内在的积极因素，具有较强的可塑性。因为青年期是世界观形成阶段，能够较快地养成一种习惯，也能够较快地消除这种习惯。当他们恶习还不很深时，抓紧对他们的教育挽救，就具有更大的可能性。我们这样做，不但失足者本人和他们的家属所期望，也会得到全社会的同情和支持，对整个国家和民族都是有利的。我们应当高瞻远瞩，坚定自觉地贯彻执行党和国家对失足青少年的教育、感化、挽救的正确方针，在任何情况下，都不应当怀疑和动摇。

三、我国少年的刑事责任与惩罚

关于刑事责任年龄，古今中外的刑事法律条款均有规定。早在外国的古罗马法起，中国的周礼，都规定少年儿童不能与成年人一样处以刑罚。当然，各国、各朝代关于刑事责任年龄的规定至为分歧，这是由于各国、各个历史时期的制度不同，经济、政治和文化发展水平的不同和各国、各个时期对少年儿童犯罪的刑事政策的不同所决定的。

我们党和国家对失足青少年实行教育、感化、挽救方针，说明了我们党和国家对他们的爱护和关怀。我国刑法的第十四条、第四十四条的规定充分体现了这一精神。刑法这两条规定的刑事责任年龄和处理原则，归纳起来有以下六点：

(1) 犯罪时已满16岁的人是负完全刑事责任时期。他们对自己的一切犯罪行为都要负刑事责任；

(2)犯罪时已满14岁不满16岁的人，为相对刑事责任时期。他们仅对杀人、重伤、抢劫、放火、惯窃罪或者其他严重破坏社会秩序罪，才负刑事责任；对其他一般犯罪不负刑事责任；

(3) 上述两项原则说明，不满14岁的人是绝对无刑事责任时期，他们对自己危害社会的行为不负刑事责任；

(4) 已满14岁不满18岁的人犯罪，应当从轻或者减轻处罚；

(5) 因不满16岁不处罚的，责令他们的家长或监护人加以管教；在必要的时候，也可以由政府收容教养；

(6) 犯罪时已满16岁不满18岁的人，如果所犯罪行特别严重，可以判处死刑缓期二年执行，而不能执行死刑。如果在死刑缓期执行期间满了18岁后，抗拒改造情节恶劣，查证属实的，仍可依法执行死刑。

在司法实践中，执行上述六项原则已积累了许多有益的经验。当前也有一些问题值得我们加以探讨。这主要是：

第一、刑事责任与行政责任并行，实行多种处理。

青少年违法犯罪，情节后果各异，讲区别对待，多种处理，才符合党和国家对失足青少年的方针，也才符合客观实际。对罪行严重的，当依法给予刑罚惩罚；对犯罪情节轻微和有从宽条件可不给予刑罚的，就不要给予刑罚，而作行政的、经济的处理；已满14岁不满16岁的少年的一般犯罪不处予刑罚，作行政、经济处理。这里有三个层次可供选择：

第一个层次是依靠群众帮教，并做好防范工作，包括极少数送工读学校，加强教育。

第二个层次是行政处罚，包括行政拘留、罚款，送劳动教养或一部分送少年管教。决定劳动教养的有条件也可实行所外执行，保外执行，依靠群众监督教育。

第三个层次依法追究刑事责任。其中判处较轻处罚、家庭单位有条件教育改造的，可判处有期徒刑缓刑。

总之，要把公安司法工作同群众路线、群众工作结合起来，发挥我国人民群众觉悟较高、社会组织比较严密的优势，使我们对失足青少年的处理，既有利于社会长治久安，又有利于教育、感化、挽救失足者。

当前，对失足青少年强调多层次、多方式处理，也是保证在严厉打击刑事犯罪中落实一个“准”字，保证稳、准、狠地打击刑事犯罪分子的重要措施。

第二、关于“其他严重破坏社会秩序罪”的范围。

刑法第十四条第二款对已满 14 岁不满 16 岁的人犯罪，采取了相对的、有限制的“慎罚”原则。这一年龄段的人，只有犯了杀人、重伤、抢劫、放火、惯窃罪或者其他严重破坏社会秩序罪，才负刑事责任。对犯了这些严重罪行的少年应当依照党的政策和国家法律严肃处理，但要防止扩大“其他严重破坏社会秩序罪”的范围。我们应当避免把刑法第六章妨害社会管理秩序罪均视为严重破坏社会秩序罪，把一些一般共同犯罪视为集团犯罪，把一般流氓罪视为严重犯罪，把一些一般伤害犯罪认定为重大流氓犯罪，把一些一般盗窃犯罪拔高定为惯窃，按照刑法第十四条第二款的规定，加以定罪惩罚。

根据刑法第十四条第二款的规定，全国人大常委会《关于严惩严重危害社会治安的犯罪分子的决定》和当前打击的重点“其他严重破坏社会秩序罪的范围应当是相当于杀人、重伤、抢劫、放火、惯窃等危害程度的犯罪，或者具有从重、加强处罚情节的犯罪。因此，我们认为，在当前以下十类犯罪可以认为是“其他严重破坏社会秩序罪”：

(1) 流氓犯罪中的集团犯罪，携带凶器进行流氓活动、情节严重的犯罪，进行流氓犯罪活动危害特别严重的犯罪；

(2) 强奸犯罪、奸淫幼女犯罪；

(3) 对检举、揭发、拘捕犯罪分子和制止犯罪行为的国家工作人员和公民行凶伤害的犯罪；

(4) 非法制造、买卖、运输或者盗窃、抢夺枪支、弹药、爆炸物，情节严重或者造成严重后果的犯罪；

(5) 用危险方法危害公共安全，情节严重的犯罪；

(6) 流窜作案，情节严重的犯罪；

(7) 拐卖人口集团的主犯、首犯，或者拐卖人口情节特别严重的犯罪；

(8) 组织反动会道门，利用封建迷信，进行反革命活动，严重危害社会治安的犯罪；

(9) 传授犯罪方法，情节严重的犯罪；

(10) 其他情节恶劣、后果严重的犯罪。

正确地科学地掌握“其他严重破坏社会秩序罪”的范围，是我们正确贯彻依法“从重从快，一网打尽”方针和正确贯彻对失足青少年的教育、感化、挽救方针的重要一环，值得我们精心审断。

第三、关于“从轻、减轻处罚”原则。

对少年犯“应当从轻或者减轻处罚”，这是一条运用刑罚的原则。但在司法实践中贯彻起来却是很不一致。甚至有一种意见认为：纠正打击不力，讲的是“从重从快，一网打尽”，强调“从轻、减轻”，这是有利被告论。这种把对少年犯的“从轻、减轻处罚”同“从重从快，一网打尽”的方针对立起来，完全是一种误解。刑法规定对少年犯“从轻或者减轻处罚”，是指与成年人犯同类罪行的处罚相比较而言，同依法从重从快方针并不矛盾。关于从轻减轻的标准，目前我国还无具体法律规定。一般地说：未满18岁的人犯罪，同成年人犯同类罪行相比，处刑应当低一格，即只有“所犯罪行特别严重”，才“可以判处死刑缓期2年执行”，该判处死刑的，判处无期徒刑，而绝不能判处死刑；应当判处无期徒刑的，判处10年以上有期徒刑；应当判处10年以上有期徒刑的，判处5至10年有期徒刑；以此下推。判处轻刑的，应当多适用缓刑，交家属、学校、街道或其工作单位，帮教和考验。对未成年犯实行从轻、减轻处罚是司法实践中应当普遍贯彻的原则。但在某些时候这一原则可能被忽视。如当我们强调对严重刑事犯罪分子实行依法“从重从快”惩处的时候，或者判不上较长有期徒刑的就不能送到边远地区去改造的时候，就可能出现对某些案件该从轻、减轻而未从轻、减轻，甚至可能加重判处。虽说当前社会治安处于非正常状态，中央关于依法从重从快，集中打击的方针和措施必须坚持。但是，少年犯比照成年人同类犯罪从轻、减轻的司法原则，是任何情况下也不应当改变的。

第四、关于各年龄段行为的相互关系。

我国刑法是根据行为人在不同年龄段对自己的行为的不同辨认和控制的能力来划分刑事责任的有无和大小的（患精神病者除外)。因此在认定行为人的行为是否负刑事责任或有无从轻、减轻条件时，应当严格按照刑法第十四条的规定，区分行为人在不同年龄段的行为及其相互联系。提出这个问题的原因，是在司法实践中有的案件把被告人不满14岁的行为同14岁以后的行为联系起来，算为罪行；把不满16岁的行为同16岁以后的行为联系起来算为罪行。被告人肖×不满14岁前同幼女陈×多次发生两性关系，满了14岁后又同陈×发生一次性关系。幼女陈×与此同时与多人发生两性关系。有关机关将肖×不满14岁奸淫幼女的行为同已满14岁的行为均列为罪行，追究其刑事责任。被告人阎×十四五岁时参与盗窃100余元财物，满16岁后又参与盗窃100余元财物，被公安司法机关合并计算，追究其刑事责任。这就发生各年龄段的行为什么情况下可以连续算，什么情况下不应该连续算的问题。我认为：

1．不满14岁人的行为，不能与已满14岁的行为连续算。因为不满14岁的人是绝对无责任能力的人，他们不是犯罪的主体，他们危害社会的行为不为罪，绝对不负刑事责任，也不存在赦免问题。

2．不满16岁的人，即14、15岁的少年，犯了刑法十四条第二款以外的罪行是不应当负刑事责任的。一般地说，不应当把这个年龄段的一般罪行同他在16岁以后的罪行合并计算，这种合并计算的做法，是同刑法的立法精神不一致的。当然，被告人已满16岁的行为构成犯罪时，对于他未满16岁的犯罪行为，是应当做为情节，在处刑时给予适当考虑的。

3.如果犯罪行为在时间上处于继续状态，跨越两个刑事责任年龄段，则应当以犯罪的终了时间来决定行为人是否负刑事责任。刑法上的继续犯属于这种情况。有的虽然不是继续犯，但从犯罪的预备到实施也可能跨越两个刑事责任年龄段，也应以犯罪终了的时间，决定是否应负刑事责任，如果应负刑事责任，其犯罪预备阶段虽发生在不负刑事责任的年龄段，也应当做为犯罪的行为加以追究。

第五、关于重罪中的从轻情节和特殊问题。

刑事犯罪是复杂的社会现象之一。任何重罪都有一些案件具有从轻的情节和特殊的问题。我们运用法律，特别是运用刑法第十四条第二款时，必须考虑。

重罪如杀人、强奸、重伤、抢劫、放火等等，都各有不同的情节。不能一听罪名，就觉得情节一定恶劣，后果一定严重，盲目重判。如某单位职工周×于1983年8月一天到本单位冰棍房索要冰棍吃，被工作人员拒绝。而后，别的工人去要却给了。周对此心中不悦，拣起装冰棍的纸盒沾上油放在冰棍房窗户处点烧，自己在一旁看着，致使窗户被烧黑，一块玻璃被烧炸，一位同事发现后将火扑灭，为此周被定为放火罪判处有期徒刑6年。根据该案的情节、后果，对被告人定放火罪判处长刑显系不当。说明对该案处理既没有考虑其具体情节、后果，又没有从考虑教育、挽救青少年出发，如何处理对社会、对被告人改造更为有利。其他抢劫、强奸等罪，亦有此现象，尽管这是个别的，而且一经发现即予纠正。

据抽样调查，未成年人奸淫幼女的案件，占未成年人强奸案件的60—70%，这是很值得研究的问题。

奸淫幼女是严重犯罪，刑法规定："奸淫不满十四岁幼女的，以强奸论从重处罚。"司法机关对此执行是严格的。但司法实践中也遇到一些问题。主要是未成年犯奸淫幼女案件，情况比较复杂，而在某些案件的处理上则缺乏具体分析，区别对待。明显的奸淫幼女案应当从重处罚，这是毫无疑义的。但是不满18岁，特别是仅14、15岁的少年儿童，与不满14岁幼女发生性行为，凡具有下列情节的，我们认为应视为情节显著轻微，不应追究刑事责任，或应作为"特殊问题"，给予恰当处理。(1)幼女发育早熟，确系双方自愿发生性行为的；(2)双方关系密切，闹着玩"对小便"的；(3)由于社会不良影响，双方确系在交朋友过程中发生性行为的；(4)幼女谎报年龄与男孩发生两性关系的；(5)幼女已流氓成性，曾与多人发生两性关系，又与少年发生两性关系的。对这些少年不以奸淫幼女论处是否有依据呢？有的。早在1957年4月，最高人民法院审判委员会第二十六次会议通过的《最高人民法院一九五五年以来奸淫幼女案件检查总结》中就指出："个别幼女虽未满14周岁，但身心发育早熟，确系自愿与人发生性行为的，法院对被告人酌情从轻或减轻处理，如果男方年龄也很轻，双方确系在恋爱中自愿发生性行为的，则不追究刑事责任。""对奸淫幼女的未成年犯，应从轻或减轻处理，情节轻微的，可以免予刑事处分；对年幼无知的男童，不应追究刑事责任，但应责令他们家长或监护人加以管教。"同时，高法院，高检院、公安部于1984年4月联合发出的《关于当前办理强奸案件中具体应用法律的若干问题的解答》的通知，也明确指出："14岁以上，不满16岁的男少年，同不满14岁的幼女发生性的行为，情节显著轻微，危害不大的，依照刑法第十条的规定，不认为是奸淫幼女罪，责成家长和学校严加管教。""在办理奸淫幼女案件中出现的特殊问题，要具体分析，并总结经验，求得正确处理。”上述两个文件，虽然相距时间较长，但基本精神是一致的，而且同刑法的立法精神也是一致的，我们在执行刑法第十四条，办理这类案件时，仍应当参照上述文件的精神办理。

上述所举事例，说明我们在执行刑法第十四条第二款时，应当具体案件具体分析，注意发现新情况，总结新经验，从实际出发。在刑事政策的指导下，正确运用法律武器，既坚决打击严重刑事犯罪分子，又坚决贯彻对失足青少年的教育、感化、挽救的方针。

认真执行改造教育少年犯的正确方针

（1984年9月）

河北省唐山少年犯管教所

一、教育、感化是我党一贯坚持和倡导的正确方针

在党的历史上很早就提出了教育、感化、挽救的精神。早在1941年，党领导制定的《陕甘宁边区施政纲领》中就提出：“对汉奸分子，除绝对坚决不愿悔改者外，不问其过去行为如何，一律实行宽大政策，争取感化转变，给予政治上与生活上的出路。”在晋察冀边区行政委员会1938—1941年的工作报告中所指出的边区司法工作的四个特点之一就是“对犯人用感化教育政策，反对报复主义”。在这个报告中还指出边区监所是：“真正感化教育，使人向善的学校”。解放后，我们对日本战犯、国民党战犯及判处徒刑或管制的反革命分子、刑事犯罪分子也都实行严格管理下的教育感化。1964年公安部转发抚顺战犯管理所《关于改造伪满、蒋帮战犯的基本经验》时就把“干部处处以自己的模范行为教育感化战犯”做为基本经验提出的。正是由于坚持了教育感化，使我国改造战犯和其他罪犯的工作取得了很大成绩，就连双手沾满中国人民鲜血罪恶累累的日本战犯也不得不承认战犯管理所是他们的“再生之地”。第八次全国劳改工作会议提出对青少年实行“教育、感化、挽救”的方针不是偶然的，既是对我国革命史上教育改造敌对分子和犯罪分子的历史经验的科学总结和继续，又符合新形势的要求，是更加完善、更加准确、更正确的改造罪犯的方针。

二、教育、感化、挽救的方针符合少管工作的实际

少年犯管教所是担负对违法犯罪少年中的“尖子”实施惩罚和教育改造任务的劳改机关。这里改造对象的年龄和心理特点都不同于其他劳改机关的改造对象，因而要实施特殊的教育。

1. 少管所改造对象大多是刑事犯，反革命犯极少。现在我所在押犯近千人，没有一个反革命犯。他们当中虽确有杀人犯、抢劫犯和流氓集团的骨干，也确实做了许多坏

事，给社会造成了很大危害，毫无疑问是害人者，但他们多数人本身和社会主义制度没有根本利害冲突，他们的犯罪目的一般不是有意识对抗社会主义，而多是为了吃、喝、玩、乐、穿，主要是由于他们无知和幼稚，在成长求知过程中受了林彪、“四人帮”的余毒影响和西方的金钱、美女、靡靡之音等资产阶级意识形态和生活方式侵蚀和毒害，头脑里缺乏道德修养所致，因而也是受害者。对于“害人者，受害者”着眼于教育，立足于挽救是正确的。当然，就是对于青少年中的反革命犯在判刑之后也应立足于挽救、教育和改造。

2．少年犯中刑期短的较多。我所在押少年犯刑期在5年以下的占60％。他们一般刑满后还要在社会上学习工作，生活几十年。把他们改造好，既有利于稳定社会秩序又能为建设四化增添力量，对他们立足挽救，化消极因素为积极因素，是关系到社会长治久安的大问题。

3．少年犯由于年龄小，世界观还未最后定型。虽然有的恶习较深，但恶习形成的历史也较短，较之某些成年犯容易改造；同时，他们中因一时冲动走向犯罪和偶尔犯罪的较多，有的犯罪由于没有法制观念，在一时冲动的情况下几分钟之间就由好人变成罪犯，他们的犯罪动机斗争过程较简单；有的则是不明真相上当受骗。他们具有能够改造好的可能性。党中央提出对他们实行教育、感化、挽救不仅是必要的，而且是有科学根据的。

4．少年犯一般都有自尊心和情面观念，很希望得到尊重；他们被判刑离开家庭后，都有孤独感，很需要关心和同情。同时，由于他们不了解党的劳改方针政策，程度不同的都有疑惧心理，在他们的想象中，少管所是个“阴森可怕”的场所，管教干部也是“既不讲理，又没同情心”的人。所以在入所后，他们对干部一般都存有戒心，见了干部往往不是躲躲闪闪就是敬而远之。如果干部对他们态度冷漠，他们就认为他们的判断是符合实际的，并会逐渐产生对抗心理。这样，我们的一切改造转化工作都难以奏效。只有在严格管理的前提下，从唤起感情入手，对他们实行感化教育，关怀他们，体贴他们，用干部本身的模范带头作用感染他们，使他们动心动情，才能沟通心灵，消除其疑虑、恐惧心理和抵制其对抗情绪，重新激发他们的自尊心和自信心，使他们从心里愿意接受改造。

5.少年犯一般思想较简单，自制能力较低，盲目性较大，遇事易于冲动，做事不计后果，因而在改造过程中虽然容易接受教育，但很不稳定，反复性较大。这决定了他们的思想转化不可能是直线上升的，而必然是一个错综复杂的过程。而管教干部的思想教育工作，也必然是长时间的，耐心的、艰苦细致的，既需要执行正确的方针政策，也要有正确的方法。正如毛主席在一个报告中批示过的：“人是可以改造的，就是政策方法要正确才行。”“教育、感化、挽救”六个字既是新时期“改造第一”方针具体内容的重大发展，也是教育改造青少年罪犯的指导思想和政策方法。“感化”本身就是一种教育手段和方法。所谓感化，就是用行动影响或善意劝导，触动被感化者的情感，使其思想和行为逐渐向好的方面变化。简言之，就是动之以情，晓之以理，这既能解决受教育者愿意接受教育的问题，又能通过讲道理，提高受教育者辨别是非的能力，从思想上启发他们的觉悟。因此，“教育、感化、挽救”六个字不论是做为改造工作的方针政策，还是作为教育手段和方法，都是符合改造工作的客观规律的。

三、"教育、感化、挽救"的方针是行之有效的正确方针

马克思主义认为，实践是检验真理的唯一标准。一个方针、政策是否正确，不依人们主观上的感觉如何而定，而是依据客观实践上的结果如何而定，要看它是否符合事物的规律性。凡是科学的，正确的方针、政策，都将被实践所证实。反之，就要在实践中碰壁。"教育、感化、挽救"的方针之所以是正确的方针，不仅由于它是从实际出发而制定的，也由于它能够经得住实践的检验，是行之有效的。我所几年来的改造工作实践充分证实了这一点。

1. 认真执行"教育、感化、挽救"的方针，工作就有成效，否则就要走弯路，受损失。在我所建所初期（1980年6月由劳改队改为少管所），由于干警对少年犯的特点和规律缺乏足够的认识，习惯于沿用管理教育成年犯（成年犯的特点是感情克制力、生活自理能力强）的办法管理教育少年犯。个别同志由于受"左"的思想影响，忽视"教育、感化、挽救"的方针，片面理解严格管理的含意，对少年犯采取简单粗暴的态度，动辄训斥，甚至出现打骂、体罚、关、捆、铐等作法。结果是，挫伤了部分少年犯的自尊心，加深了少年犯对干警的对立情绪，顶撞现象时有发生，干警说话不灵，管教不听；少年犯思想情绪不稳定，改造不安心，明抵暗抗，拉帮结伙，打架斗殴不断发生。从建所到1982年底两年多时间内，发生逃跑20人次，打架致死人命一起。教训是深刻的。

从1982年8月份起，所党委带领全体干警认真清除了"左"的影响，转变了作风，并开始认真执行"教育、感化、挽救"的方针。首先打破了劳改机关中普遍存在的，多年管教工作中形成的"干部一贯正确，本来是错误的，也要说是正确的"这一"牢不可破"的规矩，以中队为单位向少年犯公开检讨了干警在管教工作中不正确的言行和违纪行为，并向受过干警打骂或体罚过的少年犯道了歉。在疏通思想感情、消除对立情绪的基础上，开始以父母之心、老师之情、医生之责对少年犯给予政治上的关怀和生活上的关心，实行社会主义的人道主义，政治上，尊重他们的人格和依法应有的权利，对他们进行了系统的法制、道德、理想教育和文化技术教育；生活上，关心他们的吃、穿、住、医疗卫生，为他们创造良好的改造环境。如坚持了对少年犯入所体检和每半年一次的体检制度，和半个月中午不吃重样饭的制度。在思想教育方面，坚持从关心入手，做到了耐心和细心，并注意抓住各种有利时机进行教育感化，例如：在他们生病时，干部找医生送药，陪床护理，进行感化；当他们因某些困难思想沉闷时，千方百计帮他们解决困难；当他们因刑期包袱重思想压力大时，跟他们促膝谈心，给他们讲前途，指出路；当他们犯了错误时，不歧视他们，坚持"冷"处理；当他们思想上行动上出现反复时，耐心教育，不急躁；节假日，在安排好他们伙食的同时，组织多种形式的文体活动，寓教育于文体活动之中，诸如：演节目、开运动会、组织焰火晚会等。为了做好教育感化工作，用干警的表率作用去感染少年犯，所党委规定了干警的"六个不准"：（1）不准少年犯做的事情，干警首先不做；（2）在少年犯面前举止要庄重，言谈要文雅，不准说话带脏字；（3）不准在少年犯面前吸烟；（4）不准叫少年犯给干警办公室打扫卫

生、打水和做杂活；（5）不准叫少年犯给干警做私活；（6）中队干警夜间或星期日在监内值班不准起小灶、喝酒。这些做法的结果是，少年犯精神面貌越来越好，改造风气越来越正。3年来，涌现出学雷锋小组152个，全所少年犯做好事达3万余件，其中拾金不昧的有200多件（拾到手表主动交失主的就3起），奋勇救火的2起。少年犯安心改造，情绪稳定，3年内，除发生一人逃跑外，没发生自杀、行凶等恶性事故。1984年春节在新犯成份占80％以上的情况下，当时全所1千多名少年犯，没有一个因想家哭的。一些曾用强制手段和硬行规定没有得到解决的问题也得到了解决，如少年犯吸烟的不良风气已杜绝。

两种做法，出现了两种效果。说明教育改造少年犯，既不能照搬改造成年犯的老办法，也不能采取落后野蛮的手段，更不能操之过急，鲁莽行事，只能在严格管理的前提下实行“教育、感化、挽救”。象炼铁时根据矿石的不同品位，给予不同的温度，掌握不同的火候一样，根据少年犯的不同情况，用无产阶级感情去关怀他们，用党的政策去感召他们，用共产主义道德品质去陶冶他们的情操，用管教干部的模范作用去启发感染他们。把改造教育工作做深做细，做到象春雨那样，“随风潜入夜，润物细无声”，点点滴滴滋润在少年犯的心头，成为医治他们心灵创伤的良药。只有这样，我们的教育改造工作才能收到好的效果。

2. 实行“教育、感化、挽救”对于促进少年犯的思想转化有着重要的作用。

辩证唯物主义告诉人们，鸡蛋孵出小鸡除鸡蛋本身应具备的条件外，还需要有适当的温度和一定的时间。同样道理，少年犯要转变思想、改邪归正、重新做人，除主要靠自己努力改造做变化的根据外，还需要有管教干部的工作做变化的条件。教育、感化工作就是促进少年犯思想转化的重要条件。从我所少年犯中几个“尖子”的思想转化过程可以看到这个问题。如：（1）“反改造尖子”变成了闲不住。少年犯郭××（因盗窃判刑3年），入所后抗拒改造，曾扬言“劳改队的饭吃到头了”，他上过吊、绝过食，最后装病泡号不起床，成为全所有名的反改造“尖子”。对于这样一个“尖子”管教干部没有丧失信心，千方百计地教育感化他，几十次地找他谈心。一次郭××生了病，中队干部不仅带他去治，还给他买了水果和罐头。他在医院住院时，一位年过半百的老同志陪床照料他，给他端水喂饭，倒屎倒尿，曾被周围病人误认为是在照顾自己的孩子，郭××被感动得痛哭流涕。后来，郭父病重，管教干部又带其回家探望。管教干部的行动，触动了他的情感，使他在思想感情上发生了变化，他说：“我这么不听话，队长还不嫌弃我，仍是以“热”对我的冷，我就是铁石心肠也该被融化了。我从队长身上看到了人类最美好的灵魂。今后，我要象他们那样，正正派派地做人。”从这以后，郭××积极靠拢政府，敢于向坏人坏事做斗争，劳动积极肯干，自1983年6月份以来，天天坚持扫厕所、掏粪，经常修理公物，不叫苦不喊累，成了中队有名的“闲不住”。1983年底，由于郭××表现突出，受到了记功表扬，1984年又被中队评上了文明改造积极分子。（2）“打架能手”变成了所规纪律的维护者。少年犯赵××（判刑5年），入所后与干部对立情绪较大，经常拉帮结伙打架斗殴，成为中队的“打架能手”，曾三次关禁闭，受过记大过处分。管教干部为了挽救他，多次找他谈心，一方面对他的错误予严肃的批评教育，一方面给他指出拉帮结伙打架斗殴的危害，引导他划清讲团结与拉帮结伙的界限，划清助人为乐与封建主义哥们义气的界限，并善于抓他的闪光点，看到他有时帮助他人的行为，及时表扬他，鼓励他争取更大进步。他认为，队长苦口婆心给他讲道理，看到一点进步就表扬他，是真正为他好，因此处处往好做。很快在各方面都有了进步，劳动积极肯干，文化学习刻苦认真，作业清楚工整，遵守纪律。一次几个少年犯酝酿打架，因赵××打架既内行又有力气，双方都拉他参加。他不但没参加，还用现身说法配合干部做双方的工作，避免了一场群架。昔日的“打架能手”，变成了所规纪律的维护者。(3)死缓犯当上了文明改造积极分子。少年犯董××（死缓）判刑后因其母改了嫁，姐姐提前结了婚，家里没人了，加上刑期包袱重很悲观，觉得活着没意思，天天哭。管教干部认为这种情绪很危险，就积极引导他，一方面从生活上关心他，使他充分感受到党的劳改政策的温暖，驱散他头脑中的孤独感；一方面做他的思想工作，多次结合本所少年犯中由于改造表现好由无期改判有期的实例，给他讲前途、指出路，鼓励他用实际行动争取光明的前途，使他鼓起了生活的勇气，决心安心改造，1983年国庆节，所里开运动会，他一人参加了三项比赛，1984年又连续四次被评为“文明改造积极分子”。

这些事实也告诉我们，通过拨动感情之弦，点燃少年犯的理想之火的办法是行之有效的。只要我们从关心爱护入手，疏通感情，讲清道理，就能启发他们的理智，触动他们的心灵，启迪他们自觉。使他们逐步提高认识，从而调动他们的内在积极因素，去克服消极因素，达到转变思想的目的。

教育改造青少年罪犯的几个基本环节

（1982年4月）

韩　杰　何为民

为做好对青少年罪犯的教育改造工作，各地劳改单位根据五市治安座谈会、改进改造工作座谈会和第八次全国劳改工作会议精神，都在积极开展工作，摸索、创造新的工作方法和积累、总结系统的经验。我们初步看到，在基层劳改工作中，切实掌握以下几个基本环节，是至关重要的：

第一、执行刑罚和严格管理是青少年犯转化改造的前提。现在，对于青少年犯罪以后，是放在社会上教育好，还是判处徒刑抓进班房监禁起来好，国内外都有不同的意见和争论。我觉得，多数放在社会上教育是对的，但对极少数触犯刑律、屡教不改，有民愤、有后果的，该抓的还是要抓。不抓就不足以维护法制的尊严，难以平息受害人的怨愤，也不利于维护社会治安和教育改造犯罪者本人。犯罪的存在决定着刑罚，二者是不可分割、相互联系的。马克思曾经说过：“刑罚不外是社会对付违犯它的生存条件的行为的一种手段。”（见《马克思恩格斯全集》第八卷第579页）我国刑罚的目的，不是单纯地为了惩治犯罪者本人，而是着重儆戒和预防犯罪，保卫人民的根本利益，并进而改造犯罪分子。被判处徒刑投入劳改的青少年犯，绝大多数是“家庭没法管，学校没法教，社会没法治”的严重危害治安的“尖子”，他们的共同特点是：目无法纪，桀骜不驯，盲目冲动，不计后果。入监后，有的不认罪不服法；有的伺机逃跑，继续作案；有的哄监闹事，制造事端；有的相互械斗，致死致残；还有的盗枪行凶，报复杀人；也有的悲观失望，丧失改造信心，破罐破摔。因此，依照法律对他们实行制裁，和进行严格管理，对于教育、挽救、改造他们，是十分必要的。青少年犯大都是在外界不良环境因素的影响下，逐步染上恶习而走上犯罪道路的。把他们投入劳改，就象把得了传染病的患者送进隔离病房，通过改变外部条件（比如不让他再和那些“哥儿们”混在一起，切断足以引起犯罪动机的诱因等），就为他们的转化，改造创造了前提条件。执行刑罚、剥夺人身自由，还会使得他们产生罪责感，帮助他们认识和改正自己的错误。当然，集中监管也可能产生某些副作用，比如罪犯之间的“交叉感染”、传习教唆，以及由于长期监禁不适应社会生活等。为了解决这个问题，我国劳改机关规定：监狱、劳改队不收押18周岁以下的少年犯，少年犯应送少年犯管教所关押改造。对于反革命犯与普通刑事犯，偶犯与惯犯，要分别编队，分管分教。在改造期间，仍然允许犯人同社会保持一定联系，如组织犯人到社会参观，允许他们同亲属通信、接见，经常对他们进行时事政策教育，以及犯人在监内参加社会化大生产等，都有利于他们了解和适应社会生活。针对青少年犯放荡不羁、不守纪律、好结“团伙”、打架斗殴等不良个性品质，各监、队、所，都依照监管法规，对他们实行严格管理，以严肃国家法纪，维护劳改场所的改造秩序，保证教育改造工作的顺利进行。严格管理，对于矫正他们的不良行为习惯，也是完全必要的。当然我们所说的严格管理，是指符合监管法规的科学文明管理，不是说要把他们管成“小和尚”，一举一动都限制得死死的。考虑到青少年犯的心理和生理特点，各地劳改机关在犯人劳动之余，普遍组织他们参加各种文体活动，从管理上努力做到严而不死、活而不乱。同时，严格管理又必须同思想教育相结合，在管理中充分地讲清道理，做到管中有教，寓教于管，促使他们自觉地遵守监规纪律。

第二、加强教育，既改造人，又造就人。过去对老犯人，主要是搞政治教育，讲社会发展史，讲无产阶级专政，讲改恶从善，重新做人，搞思想斗争。现在，青少年刑事犯具有不同的特点，只搞政治教育是远远不够了，完全按照过去的做法也是不适合的。有的劳改单位认为，青少年犯有“三缺”，缺政治常识，缺文化知识，缺劳动技能，所以，要进行“三补课”，全面开展政治思想、文化知识和生产技术三项教育，是有一定道理的。根据“八劳”会议精神，劳改机关对青少年犯的教育改造要扩充教育内容，加大教育的分量，逐步建立比较正规的系统的教育制度，把监、队、所真正当成学校来办。政治思想教育（包括四项基本原则的教育、法制和认罪教育、人生观教育、道德品质教育、形势教育、政策前途教育、劳动教育等），是转变罪犯思想，矫正不良品德和恶习的主课。文化知识教育，既能提高他们的文化水平，又能帮助他们摆脱愚昧，提高辨别是非的能力，促进思想改造。生产技术教育，是培养他们的劳动习惯和技能，使他们在刑满后能够谋得正当职业，防止和减少重新犯罪的一项关键性措施。全面开展这三项教育，是劳改机关教育改造工作上的一大改革，具有“既改造人，又造就人”的意义。1981年2月份，公安部通报推广了辽宁省凌源第一劳改支队在青少年犯中开展文化技术教育的经验。他们总结了四大好处：一是使犯人学到了文化技术，增强了改造信心；二是稳定了监内秩序，把青少年犯的精力和兴趣吸引到学习上来，减少了不轨活动；三是解决了技术力量不足问题，保证了生产任务的完成；四是扩大了劳改政策的影响，赢得了罪犯家属和社会的赞扬。打那以后，各地都仿效他们的做法，加强了技术、文化教育。在对青少年犯开展教育方面，山东昌潍、北墅、山西二监等劳改单位，也创造了不少好经验。看来，把监、队、所真正当成教育人、改造人的学校来办，这条路走对了，今后还要坚持走下去。

第三、掌握犯人思想转化的规律，循循善诱。罪犯的人身自由可以通过判刑劳改来加以限制，但他们的思想转化，却不能单纯依靠惩罚和强迫来实现，必须触动其心灵，启迪其自觉，通过调动犯人内在的积极因素，去克服消极因素，才能收到应有的效果。因此，必须遵循罪犯思想转化的规律，动之以情，晓之以理，戒之以规，导之以行，促其转变。其中，动之以情是关键的一环。因为，青少年犯入监后，往往对劳改机关心存疑惧，在这种情况下，管教干部给他们讲道理是一时难以奏效的。所以，必须首先给以革命人道主义的待遇和关怀，搞好生活卫生工作，让他们吃饱饭，睡好觉，有病及时治疗，必要的时候，领着他们搞一搞文体活动，使得犯人亲近管教干部，把教育工作做得象春雨那样，“随风潜入夜，润物细无声”，点点滴滴都滋润在青少年犯的心头，成为医治他们心灵创伤的良药，才能收到重新塑造犯人灵魂的良好效果。现在，各劳改单位都注意在犯人中进行建设社会主义精神文明的教育，开展“五讲四美”、“学雷锋”活动，组织他们经常打扫监内外环境卫生，种树栽花，使他们生活在整洁卫生、文明礼貌的环境和气氛之中，以收到陶冶感化的效益。青少年犯的思想转化，是一个错综复杂的过程，它不可能是直线上升的，一般都经历醒悟初变、动摇反复和稳定巩固三个阶段。因此，不能操之过急，鲁莽从事，否则，有可能因为一次错误的处置，造成功亏一篑，丧失已经获得的改造效果。尤其在他们发生动摇反复时，要特别耐心，循循善诱，抓反复，反复抓。不同类型的青少年犯有不同的犯罪思想和心理状态，在进行共同教育的基础上，还必须开展因人施教，针对其案情性质、出身经历、年龄特点、气质类型，进行分类教育和个别教育。比如，盗窃犯要破除其贪婪，伤害犯要克服其野蛮，强奸、流氓犯要加强道德教育，纠正他们伦理观念上的颠倒和混乱。个别教育是针对性更强、解决问题更深的行之有效的教育方法，所以，管教工作干部要普遍重视抓个别教育，经常找青少年犯促膝谈心。实践经验告诉我们：教育青少年犯不能搞“机械化”、“一刀切”，而必须进行“手工作业”，要象医生治病那样，一个病人一个病人地诊断、治疗，才能把“病”治好。

第四、教育改造同劳动改造相结合，使青少年犯在劳动中弃旧图新。现在，虽然改造对象发生了变化，青少年犯不同于过去剥削阶级出身的老犯人，但是，他们都不同程度地受到剥削阶级的思想影响，沾染了损人利己、好逸恶劳的恶习。组织青少年犯参加必要的劳动，不仅具有自食其力的意义，而且包含着重要的德育作用。通过劳动改造，可以改变他们的生活方式，锻炼身手，磨炼意志，培养劳动人民的思想感情，树立劳动观点，养成劳动习惯和组织纪律性。即使是劳动人民家庭出身、具有一定劳动习惯的青少年犯，投入劳改后，继续让他们保持“用双手养活自己”的生活方式，以适应释放后的社会生活，也是十分必要的。当然，青少年犯正处在身心成长时期，组织劳动改造必须掌握力所能及、循序渐进的原则，注意防止把劳动变成“惩罚”的手段，或者单纯追求经济利益，搞加班加点，使青少年犯把劳动当成一种负担，产生厌恶和恐惧心理。劳改机关已明确规定，少年犯只从事轻微劳动，实行半日学习、半日劳动的制度。除农业大忙季节外，无论工农业单位，青年犯人平均每天劳动8小时，学习2小时。有些工矿单位正在试行每天劳动6小时、学习4小时的“四、六班制”并采取了与社会企业相同的劳动保护制度。结合生产劳动，还加强了劳动教育，组织了评比竞赛。所有这些，都收到了较好的改造效果。

第五、认真执行奖惩政策，扶正祛邪。在对青少年犯进行教育改造的过程中，耐心的说服教育同必要的奖惩是相互为用、缺一不可的两个方面。为了鼓励积极，批评消极，争取多数，孤立少数，分化瓦解“团伙”，打击极少数抗拒改造的“害群之马”，劳改机关加强了对青少年犯改造表现的考核，在准确掌握事实的基础上，实施奖惩，以表扬奖励为主，批评惩戒为辅。对于确有悔改表现的青少年犯，及时报请当地人民法院依法减刑、假释，或者给予表扬、记功以及一定的物质奖励。同时，在犯人中开展评选劳改积极分子的活动，中队建立劳改积极分子委员会，在干部的领导下，让他们做一些维护监规纪律，搞好学习、伙食、文体、卫生，带动其他犯人积极劳动等工作。这对于树立积极接受改造的榜样，鼓舞青少年犯的改造情绪，使他们由强迫改造逐渐走向半自觉改造、自觉改造，起到了一定的作用。对于违反监纪的犯人，一般地都及时予以批评教育，只对其中极少数屡教不改，甚至有重新犯罪行为的犯人，才给予警告、记过、禁闭等行政处罚，或移送人民检察院，转请人民法院依法处理。

教育改造青少年犯是一项新的工作，需要进一步努力做好。据我所知，在党中央、国务院和各级党委、政府的领导下，劳改机关当前正在重点抓好三件事：

一是加强干部培训，提高队伍素质。劳改工作干部当中老同志比较多，对于改造老犯人还是富有经验的，对于改造青少年犯，办法就不那么多。同社会帮教工作、工读学校等部门比较还有差距，必须迎头赶上去，从思想认识和策略方法上需要解决与新情况不相适应的一些问题。因此，公安部根据中央领导同志的指示，决定用一年半的时间，把全国劳改、劳教干部全部轮训一遍。公安部劳改干校负责培训各监、队、所的主要领导干部，各省、市、区的劳改工作学校，除了轮训干部外，还要招收新生，补充新鲜血液。力争在几年内，在逐步实现劳改工作干部队伍的革命化、年轻化、专业化、知识化方面，做出成绩来。

二是继续依靠社会力量，做好劳改工作。宣传、群团、教育部门以及法学界、理论界，在教育改造违法犯罪青少年方面，积累了丰富的经验，提出了很深刻的见解，给了我们很大帮助。今后，希望大家更多地关心、帮助、指导劳改单位做好改造工作。希望有关方面和社会舆论继续配合劳改机关做好对刑满释放的人员的工作，比如不要歧视他们，不要叫他们“劳改释放犯”。在他们回到社会上以后，帮助解决他们的生活困难，给予参加学习、工作、劳动的机会，促使他们走上“新岸”，巩固已经取得的改造成果。

三是用马列主义、毛泽东思想为指导，开展劳改工作理论的科学研究。在惩罚管制的条件下，如何教育改造好青少年罪犯，是一门新的学科，有它自身的特殊规律。在这项工作领域里，有许多是我们所不熟悉的新课题，需要进行探索。30年来劳改工作已经积累了比较丰富的实践经验，但还没有使之系统化、理论化、科学化。党的劳改工作方针和政策原则，也需要做出科学的论证和解释。国外法学界对我国劳改工作很重视，认为它是“先进的、成功的制度”，是一项“独创”。但直到目前为止，我们还没有写出一本与这种声誉相称的专著。对罪犯心理学、罪犯教育学的研究，还仅仅是开始。因此，今后的任务，首先是学习，向社会各界已经取得的关于青少年犯罪问题的科研成果学习，努力把教育学、心理学、社会学、伦理学、犯罪学等学科的一般原理引进来，运用到教育改造青少年犯的工作实践中去。同时，要搞好调查研究，从青少年犯的实际情况出发，顺应客观规律，改进工作方法，把教育改造工作搞活，并使具体工作经验上升到理论的高度。对于国外监狱、感化院的一些做法、经验，也要取其可用，作为借鉴，不能采取一概排斥的态度。

试论对罪犯改造工作的科学化

（1986年2月）

中国社会科学院社会学所青少年研究室　张　荆

解放以后，我国经过长期的社会主义改造，剥削阶级作为阶级已经被消灭了，社会阶级结构发生了明显变化。反映在监狱、劳改农场、少年犯管教所（这些可简称为罪犯改造机关，因为笔者认为改造罪犯的工作内容已经超出了劳动改造的范围）中的在押人员，其家庭出身、犯罪动机、年龄结构等方面也发生了很大的变化。改革的形势对罪犯改造机关的改造质量和刑满释放人员如何适应社会生活等方面更提出了许多新的要求。为了使我们的指导思想和工作方法适应新的情况，根据对天津、辽宁、北京、湖北等省市罪犯改造工作的调查，并参考有关的国外资料，提出一些对罪犯改造工作科学化的构想，与大家共同探讨。

一、改造对象的变化对传统理论的挑战

唯物辩证法认为，方法和措施的制定必须建立在对事物的特点、变化及内在规律科学认识的基础上。我国现在罪犯改造机关的改造对象与解放初期相比发生了八类变化：

（1）犯罪类型的变化。据调查辽宁省1951年收监的罪犯中反革命犯占35%，陕西省1950年则占53%，都居各种类型犯罪之首。而这两个省1983年收监的罪犯中反革命犯分别仅占1.7%和5.9%。

（2）罪犯年龄结构的变化。30多年来，在押犯的平均年龄逐渐降低，25岁以下的青少年犯所占的比例越来越大。以辽宁省为例，1951年收监罪犯中25岁以下的青少年仅

占13.4％，而1979年占到了68.4％，而且以后几年一直保持在65—70％之间。

（3）罪犯阶级成分的变化。解放初期，我国犯罪的主体是党、特、匪、霸、反动会道门及其子女。在1984年6月，我们对全国的青少年罪犯做了抽样调查，本人成份是农民的占41.4％，是工人的占30.1％，分别居第一第二位。从家庭成份看，90％以上的罪犯出身于劳动人民家庭，其中农民家庭出身的占39.3％，工人家庭出身的占36.3％，干部家庭出身的占15.1％。

（4）犯罪动机的变化。历史反革命分子、战犯、旧社会遗留下来的刑事惯犯的犯罪动机常常出自其反动的世界观，即仇视敌视社会主义制度和劳动人民，而现在罪犯的犯罪动机大多出于政治上、法律上的愚昧无知。据调查，“不懂法”是犯罪主要原因的占了77.1％。犯罪的主观动机表现为“感情冲动”、“逞强好胜”、好奇心，表现出政治上的非对抗性和犯罪行为的盲动性和突发性。

（5）服刑期限的变化。近年来，5年以下短期刑的比例越来越大而中长期徒刑的比例越来越小。仍以辽宁为例：1951年判5年以下有期徒刑的入监犯占59％，1981年占75％，增长了16％。

（6）实际文化程度的变化。解放初期关押的历史反革命和现行反革命分子多数具有相当文化程度。根据北京第一监狱某中队的历史资料分析，当时关押的150名犯人中，具有大学文化程度的有86名，占57.3％。这些人在改造期间比较注意学习，对国际国内政治形势的变化非常关注。现在改造场所关押的犯人，特别是青少年犯，许多人是上过学的文盲。据司法部劳改劳教管理学院对在押犯的实际文化程度的调查估计，文盲半文盲约占1/3强。一些犯人名为高中毕业却仅仅会写自己的姓名，知识少得可怜，他们宁愿干活也不愿意坐下来学习。

（7）反改造形式的变化。老的历史反革命分子在监所内常采取书写反动标语，自杀等方式抗拒改造，而现在在押犯常采取逃跑、抗拒劳动，或根据地域、犯罪类型结成各种狱内团伙等形式反抗改造，哥儿们义气成为狱内团伙的精神支柱，给改造工作带来一定难度。

（8）罪犯在改造过程中的心理表现形式的变化。老的历史反革命由于年龄较大，又有着相当顽固的反动世界观，在改造中习惯于要两面派，表面服从管教，实际上抗拒改造，但同时也表现出情绪稳定，进步稳定等特点。现在的关押犯（特别是青少年犯）在服刑期间常表现出目无法纪，思想简单，情绪外露，容易冲动，改造过程中表现出反复性大，盲动性强。既有难于管教的一面，又有可塑性强、只要改造方法得当就易于教育改造的另一面。

总之，目前大多数普通刑事犯，特别是青少年犯已不同于过去的历史反革命，他们一般不具有系统的反动观点和根深蒂固的反动思想，与社会主义制度，与共产党没有根本的利害冲突。除极少数已经转化为敌我矛盾外，他们中间多数是误入歧途的违法犯罪者。这是罪犯情况在新的历史条件下带根本性的变化。

我们认为，未来监狱的发展趋势将是以教育为改造工作的主要形式，而刑罚、生产将成为辅助性的手段，在诸种教育手段中，德、智、美的比重将逐渐大于劳动教育的比重，开放式或半开放式教育将部分取代封闭式的监狱教育。我们必须清醒地看到这种趋势，并努力探索和制订出科学的系统的罪犯改造教育方法。

二、关于罪犯改造机关教育工作科学化、系统化的三个有机过程

改造工作更多地是运用教育工程学，从罪犯入监的第一天起便开始设计，培养他们的新性格、新思想、新技能和新专长。教育的设计要从社会需要出发，根据罪犯的生理、心理特点订出特殊的教育措施，并在规定的年限内，通过入监——监中——出监三个阶段，把罪犯改造成适应现实社会生活的新人。

（1）入监教育

入监教育是罪犯改造机关教育工作系统化的第一个过程，主要目的是使罪犯了解党的罪犯改造工作的方针政策、犯人的义务和基本的监规队纪，促使罪犯认罪服法，为今后的改造创造条件。

入监教育有三大内容：第一，监规纪律教育。犯人入监，矫正其目无法纪、放荡不羁的行为习惯是首要任务。监规纪律教育可采用上大课或放幻灯、录像等直观教学方式，对犯人讲解犯人守则、义务和监所内部的规章制度，并进行队列、紧急集合、内务等训练，每门课程结束时进行考试。第二，认罪服法教育。包括运用专题报告和个别谈话的方式，根据犯人的犯罪类型有针对性地进行刑法、刑事诉讼法基础知识的教育，使犯人服判，愿意接受改造，放下包袱交待余罪。同时应建立健全入监人员的教育档案，主要内容有犯罪类型、个性特征、身体状况、受教育程度、实际文化水平、犯罪主要原因、在个体社会化过程中那些环节受阻以及入监后的认罪情况等。建档工作好比是设立了病历卡，对全面了解和掌握犯人的情况是非常重要的。第三，争取光明前途的教育。这包括讲解党的给出路政策，让狱内改造表现好的犯人进行现身说法等，解决入监犯人中普遍存在的恐惧感，使其安心改造。入监教育最好采取集中组队的方式，时间为3—6个月。

（2）监中教育

罪犯经过一段时间的入监教育后被分配到各中队，开始了时间较长的监中教育阶段。监中教育的目的是使罪犯真正认识现犯罪的危害性和犯罪行为产生的思想根源，养成遵纪守法的习惯，逐渐摆脱愚昧和野蛮，树立起正确的人生观。监中教育应以分阶段的、有步骤的系统教育来实现这个目的。

在政治教育中，根据罪犯大多经过“违纪——不道德——违法犯罪”的发展过程，可采用逆反式的教育步骤，首先进行系统的法制教育，然后是社会主义道德伦理教育和纪律教育。对中途插班的学员，可采取个别补课或集体补课的办法，或安排进下一轮政治教育中。政治教育在改造罪犯中占有重要的地位，应力图使政治教育生动活泼，并且具有针对性。

在文化知识的教育中，根据在入监时对罪犯实际文化程度的考核，分出不同班级，文理科中以文科为主。对于刑期短的犯人鼓励他们能学多少学多少，对刑期长的犯人可鼓励他们争取毕业文凭。

生产劳动教育是使罪犯自食其力，改变好逸恶劳思想的重要手段，因此应当把思想

教育寓于生产劳动之中。同时，根据生产情况，有针对性地进行职业培训，与有关部门挂钩，评定犯人的技术职称，为其释放后的就业创造条件。

体美教育是陶冶罪犯情操的有效手段，可以利用空余时间开设体美选修课，利用节假日开展体育竞赛和文娱活动。

（3）**出监教育**

出监教育的目的是为了使罪犯回归到社会以后，能尽快适应社会生活，防止重新犯罪，因此具有与入监和监中教育同等重要的地位，但在实践中常常被人们忽视。

出监教育主要包括三个内容。第一是形势教育。由于罪犯经过了几年或十几年的监狱生活，对社会现实情况缺乏了解，所以在出监教育中应以形势教育为主，讲解国家政治经济形势、社会风尚、社会治安情况等。在条件允许的情况下，还可组织即将刑满出监的犯人参观工厂、农村、机关学校，开展"出狱后怎么办？"的专题讨论。第二是前途教育。管教干部要帮助犯人分析出监后可能遇到的正反两方面的影响，指导他们正确对待，着重讲清重新犯罪对个人、家庭和国家的危害。可以请在社会主义建设中做出突出贡献的刑满释放人员回改造场所进行现身说法，或播放他们的讲话录音。在前途教育的基础上，每个犯人应写一份接受改造情况的总结，包括出监后的打算。第三，就业教育。主要是对罪犯回归社会后的就业去向的咨询工作。另外，根据每个犯人可能从事的职业，进行多方面的、短期的职业培训，比如开设会计、裁剪缝纫、家用电器维修等训练班，介绍工商法规中有关个体从业的规定等等。出监教育也采取集中组队的方式，运用半开放式的即请进来，走出去教育形式。请社会知名人士到改造场所给出监人员做报告，请罪犯的原单位领导、街道干部和派出所干警来改造场所看望。同时要安排外出参观学习，还可以给犯人放周假和月假组织他们进行社会义务劳动。半开放式的教育形式能够使社会了解监狱的工作，了解本管片罪犯的改造情况，以减弱社会对刑满释放人员的歧视。同时，也使罪犯了解社会，为日后尽快适应社会生活打下基础。出监教育中管教干部应当与犯人原来所在单位和街道加强联系，督促有关单位做好接续教育的准备工作。

三、用多层次多方面的良性刺激矫正罪犯的犯罪心理

监狱、劳改农场、少年犯管教所对犯人的改造过程，实际上是对犯人的犯罪心理的矫正过程。在调查中，我们发现这样一种有趣现象：让盗窃犯、强奸犯、正常人看同一部电影，接受等量的刺激，形成较一致的短期记忆。但在短期记忆变成长期记忆后，我们发现强奸犯记忆最深的是电影中有关两性方面的镜头，如接吻、拥抱、强奸等；盗窃犯记忆最深的是电影中的家庭摆设、演员衣着等；正常人更多记忆的是故事情节，电影所表达的主题思想。为什么出现这样的差异呢？因为在从短期记忆过渡到长期记忆中，有一个"选滤"环节，不同的人根据自己的生活经验和需要对所见所闻进行不同的筛选，有人把这种"选滤"环节称为"心理定势"。社会主义的监狱根本区别于封建社会的监狱，它不能用消灭罪犯的某一器官来消灭其再犯罪。在我国，无期徒刑以下的罪犯占罪犯总数的80％左右，对这些人不能永远用与社会隔绝的方法来使之失去重新作案的

环境，因此改变罪犯的原“选滤器”的内部结构，是罪犯改造机关的核心任务。根据心理学的研究，某种信息过滤为长期记忆是由两个因素决定的，一是该信息重要或符合个人需要，二是长期记忆中存在的经验。因此，一方面必须使罪犯真正认罪服法，使改造旧我成为其自身的需要，另一方面要充分加强良性刺激的频率和强度，强迫其形成长期意识，改变原选滤器的结构。由于罪犯心理选滤器结构各异，因此刺激应是多层次、多方面的，而且针对性越强的刺激效果就越好。根据调查，我们将改造场所的良性刺激概括为三个方面：

第一方面，建立良好的改造环境。监管环境对犯人每天都产生最直接的刺激和最广泛的影响。罪犯投入改造场所后，便与原犯罪团伙和原犯罪环境相隔绝，这无疑是一种净化。但是，不同犯罪类型，作案手段各异的罪犯集中在一起，由为数不多的管教干部管理，又会发生相互传习的问题。怎样在现有条件下创造良好的改造环境呢？我们认为有以下两个方法：

（1）实行分管分押，具体可参考下面的分法——

①暴力侵犯人身权利的罪犯，包括杀人、伤害、抢劫等罪犯为一类；

②财产犯罪，包括盗窃、诈骗、受贿、贪污等罪犯为一类；

③性犯罪，包括强奸、流氓等罪犯为一类；

④其他类型的罪犯。

分管分押能够避免或减少罪犯在犯罪类型、犯罪手段上的横向传习，避免罪犯由“单打一”变成“多面手”。分管分押，目前我国许多改造场所因各种原因未能实施，但我们认为这是势在必行的。

（2）犯人自治。就是让犯人自己管理自己，实际上是建立一个较好的犯人集体，犯人彼此监督控制传习，揭发传习现象。从实践中看，较好的犯人集体，正确的集体舆论，对罪犯是一个巨大的控制和教育力量，不但能够减少横向传习，而且能减少纵向传习，使管教干部把工作重点放到少数反改造尖子和中队的系统化教育上。对犯人中推选出的自治干部应严格管理，特别要防止“牢头”、“狱霸”的出现。从辽宁省海城少管所的经验看，只要建立健全班组长守则，针对“牢头”、“狱霸”的产生定下严格的防范性的条例，并由犯人集体和管教干部共同监督，发现问题严肃处理，及时解决，是可以有效地避免“牢头”、“狱霸”的产生的。

第二方面，正确运用奖励与惩罚的刺激手段。改造场所内对在押犯的奖励与惩罚，实际上就是对罪犯的良好思想行为的肯定评价和不良思想行为的否定评价。由于罪犯的需要结构，心理特点各异，采取多种多样的奖励手段，使罪犯经常处于一种多层次、多方面的肯定评价和否定评价的刺激之中，处在一种精神兴奋的状态里，对于矫正原心理定势是非常有效的。

（1）精神奖励，包括受班组、监所的各级表杨，评选为各级改造积极分子，在红旗竞赛中夺得红旗等，或者受到班组、监所各级的批评或批判。这要掌握好时机，及时表扬或批评，表扬多采用当众表扬，批评多采用个别谈话的方式，易收到较好的效果。

（2）物质奖励，包括根据生产劳动的表现发给奖金，在被评为先进后发给物质奖品。可以进一步提高犯人的奖金额，拉开奖金等级，使犯人觉得有干头，调动他们接受改造和生产劳动的积极性。另外，在监内教学工作走上正轨以后，还可以设立奖学金，奖励犯人学文化学技术。

（3）减刑奖励，包括减刑期、假释等，这项奖励是犯人最关注的，因此对犯人的刺激也最强。我们认为应根据犯人的表现相对扩大减刑和假释面，精简减刑和假释手续。另外，可以设立浮动刑期制度，如某人犯了强奸罪，法院判处6——7年徒刑。到底是执行6年还是7年根据他在监狱接受改造的表现而定，并将决定权下放到改造场所。

第三方面，家属攻心教育。犯人家属（特别是父母）与管教干部的配合，共同对犯人进行攻心，常常能震动犯人的心灵，成为他们改造的转折点。干部应该主动与罪犯家庭配合。同时可以鼓励犯人把自已心上人（指父母、妻子儿女、恋爱对象等）的照片放置床头或贴在墙上使犯人经常产生让亲人放心，争取早日出狱的念头，用以抑制突发性反改造行为。

另外，从入监到出监的三个阶段中，人身的自由度逐渐增大，也是一个累进式的奖励教育。

多层次多方面的良好刺激必定诱发他们的良知，加深他们对正确行为的记忆，最终改变其原心理定势，使其回归社会后有一定的抵抗不良社会影响的能力。

要使改造罪犯工作科学化，现在的罪犯改造机关要完成两大转变，即内部结构从工厂农场型向半工半读的学校型转变，干部队伍从管理型向教育管理型转变，改造场所应设教务处组织安排教学工作，增加教学时间，减少生产时间，对生产、学习时间进行科学的合理安排。同时要下力量建设教学设施，对管教干部进行文化、业务轮训，使他们既是管理人员又是教师，改变一些干部只管不教的状况。罪犯改造工作科学化是一个艰苦的设计和实施过程，又是一个有效地改造罪犯成新人的必然过程，应引起有关领导部门的高度重视。

教育改造罪犯应树立的八个观念

（1985年10月）

河南省五二农场　李钢铁

在改革之年的新形势下，教育改造罪犯也面临着一个新的形势、新的课题，要求我们劳改干部要做出及时的而又正确的回答。不过，有些基本的东西则属于“变中之不变”的范畴，是我们劳改干部在心目中应该牢固树立的、绝对不能含糊和动摇。结合个人的工作实践，讲一讲教育改造罪犯应树立的八个观念，与从事这方面工作的同志一起讨论。

第一，刑期观念。我们讲的刑期观念是从劳改干部的角度而言的。就是说，劳改干部如何看待服刑犯人的刑期问题。在这个观念上一般讲有三种：第一种认为罪犯在服刑中只要不出事、听话、干活，到期走人就行了。第二种认为罪犯如果在服刑中反改造，违犯监规队纪，就进行打击、加刑，让他们多住几年。第三种是在教育改造中既注意犯人的刑期长短，又注意他们的思想改造，在整个改造中尽一切力量把罪犯变成新人，成为合格的公民。这三种刑期观念，前两种都是不对的，后一种则是正确的，可取的，它把劳改单位的任务落实到了"教育人、改造人、造就人"这个目的上了。离开了这个出发点，落脚点，按前两种刑期观念看问题、处理问题，就难于把罪犯在服刑中教育好、改造好，则会出现罪犯到期走人，到社会上又会重新犯罪，形成放了抓，抓了放的恶性循环。

第二，空间观念。什么是空间呢？所谓空间就是运动着的物质的存在形式。空间具有相对和绝对、有限与无限辩证统一的性质，不可人为地割裂它们的关系。正确的空间观念，就是要遵循事物存在的相对性和绝对性。以往，我们对罪犯教育改造，只局限于单纯依靠劳改干部这一空间里，外界的"风"难吹进来。认为罪犯是触犯法律的人，外界人入后，怕搞乱套、闹出乱子。这样就把对罪犯的教育改造搞得太严、太死，空间范围太小，难以取得较好的效果。罪犯触犯法律，判了刑，但是他们也是人，也有父母、妻子、儿女、亲友等等，与社会、家庭、亲人并没有"一刀两断"，他们仍在地球上生活，属于中华人民共和国的一员，既然如此，教育改造他们只靠劳改干部的工作是不够的，只局限于监狱这个狭小的空间是不行的。他们需要社会的力量和社会上的人来帮助、来教育、来改造。对此，劳改干部要有一个正确的空间观念。这个空间观念就是开阔视野，搞宽路子，把社会的力量引进监狱，把社会上健康的东西引进罪犯头脑之中，与我们劳改干部一起，把罪犯教育改造好。扩大视野引进社会力量改造罪犯，这是一种好形式、好方法，但也不能盲目从事，要善于进行一番筛选。社会是复杂的，引进要慎重，防止精神污染。比如说请犯人家属讲对子女在改造中的希望，请社会上文艺团体给罪犯演精神文明方面的节目，请司法战线上的工作人员讲法律政策，请表现好的刑释人员讲在社会上是如何勤劳致富的等等。正确利用这个空间，监狱里的空气就新鲜了，思想就活跃了，教育就搞活了，改造工作就会出现新气象。

第三，时效观念。深圳有一句格言，"时间就是金钱，效率就是生命。"当今的世界，确实是时间不断"升值"的社会，谁赢得时间，就有赢得胜利的可能性。回顾劳改工作，在教育和改造时间上确实是一个很大的浪费。教育工作要善于缩短罪犯改恶从善的时间。这个缩短，就是时效观念。那么，怎样缩短呢？主要是改进工作方法，提高教育工作的艺术。我认为：第一要改变单纯的生产观念。在组织罪犯参加劳动中，要使他们在劳动中改造思想。要坚决克服那种只讲劳动出勤，生产任务完成，不顾思想改造的偏向。第二在教育上不要走过场，流于形式，要讲究教育工作的质量。这就是说，教育要联系犯人的思想实际，做到有的放矢，击中要害。第三要注重在改造尖子犯人上下功夫。

第四，知识观念。从许多罪犯走向犯罪的成因来看，知识贫乏不可忽视。以往，许多劳改干部在教育改造罪犯中有一个错觉，认为罪犯的犯法是触犯了法律，改造罪犯补上法制课就行了。因此，在整个教育改造中忽视对罪犯传授文化知识。我认为，树立知识观念对我们劳改干部很有用处，很有好处，原则上讲它是改造罪犯不可缺少的一个方面。第一，注重知识的传授可以帮助罪犯提高改造思想的自觉性。一个人能用知识武装起来，看问题、处理问题，就减少了盲目性，讲究了科学性，使自己的盲目改造变成自觉改造。第二，向罪犯传授知识能使他们在改造中看到光明前途。罪犯在改造中从无知到有知，从知识之少变成知识之多，从一个无用的人变成一个有用的人，他们就有一个自豪感、光荣感。同时，刑满到社会上之后，因为有了一技之长，能给社会创造出一定的财富，给人民带来一定的好处，就会受到社会的重视。第三，知识能给罪犯改造带来力量。人们常说："知识就是力量。"这话对罪犯也完全适用。许多罪犯改造的成果证明，原来表现一般的犯人，经过知识的传授，能在较短的时间内重作新人，能在劳动改造中创造财富，受到减刑和记功。

第五，人才观念。对劳改干部来讲，不仅担负着教育人、改造人、造就人的重担，而且还有一个培育人才，为社会输送人才的问题。一个人走向犯罪，并不是他们的智力有问题，而是他们的心灵、思想、行为发生了畸形变化。一旦把这些人的思想改造好了，把智力用到正确的地方，就能搞出许多发明创造来，为社会创造出更多的物质财富。珍惜和培养劳改单位的人才，则是劳改干部一项不可忽视的工作。我认为，劳改干部有了人才观念，在改造工作的过程中就能善于发现人才，注重培养人才。人才一旦被发现，就要立足培养。什么是培养？培养就是教育、改造，把他们的思想、知识、素养溶为一体。现在的问题是一些劳改干部只有劳力观念，没有人才观念，认为罪犯投入改造，他们是劳力，只仅仅把他们作为劳力的一员，而不把他们作为人才的一员，不去培养和扶植，甚而，对有些人才"苗子"，因为他们是罪犯，往往压制，使之不能"出土"、"成长"。随着党的改造政策的深入和四化建设的需要，对从事劳改工作的干部来说，注重人才问题应该提到议事日程上来，应当成为我们工作的观念之一。

第六，系统观念。什么是系统观念呢？简而言之，它是相互联系、相互作用的若干要素组成的具有特定功能的有机整体。在一个大体系内又包含着许多子系统，因此，系统又是一个复合体。就罪犯犯罪的性质讲，有奸污、诈骗、偷盗、杀人、伤害、陷害等；就教管上讲，有狱政管理、思想教育等；就教育内容讲，有法制、理想、前途、道德、队纪、政策等；就劳动形式讲，有挖土、耕地、种麦、种稻、种棉花等。总之，罪犯在改造中要实施许多子系统。不过，任何子系统不能把它独立存在和单独进行，要结合和配合进行，这就是系统观念。有了这种系统观念，教育改造罪犯就会由单一型变成多样型，由静态型变成开放型，由监狱型变成社会型，引进社会上的各种方法，各路人才，对罪犯进行"综合治理"，就能收到较好的改造效果。现在，有的管教干部在系统观念上并没有全面的、牢固的树立起来，突出的问题有三个：一是教育上脱节。二是劳动上的单纯化。三是狱政管理上的单一化。这些都是缺乏系统观念的表现。

第七，防攻观念。对罪犯的教育改造，要采用两手：一手是防，一手是攻，防与攻结合，方能见效。什么是防呢？加强看守、高筑围墙，实行包夹、严加管理等，都是防。什么是攻呢？法律、政策、法令教育，以及管教干部进行的一系列思想政治工作，都是攻。防与攻结合，就形成了防攻观念。就防与攻而言，二者都是手段，而不是目的。通过二者的手段作用，达到改造罪犯成为新人的目的。

第八，信息观念。搞经济工作注意抓信息，教育改造罪犯也需要抓信息。就是通过调查研究，抓罪犯的思想动向，思想苗头，抓第一手材料，做到心中有数，有针对性的对罪犯实施教育。俗话说："人上一百，各行各色。"特别是罪犯，绝大部分又是青少年犯，他们的思想变化无常，经常反映许多不同的思想问题。可是，有些管教干部对罪犯的思想变化，则是信息不灵，胸中无数。要改造好罪犯，下大功夫抓他们的思想变化信息这一条很重要。要把信息抓住，必须深入到罪犯之中，经常进行调查研究，并且善于从不同情况中分析规律性的东西来，使思想工作实事求是、有的放矢。

信息与劳改工作

(1986年2月)

浙江省劳改局 张纹邦 朱慧勤

随着微计算机技术的出现，信息这一概念，已被广泛应用到各个领域。在国外，有人就把当代称为“信息时代”、“信息社会”。我们国家虽然还处在建设工业化时期，尚未进入信息化社会，但是，对信息的重要性也为越来越多的人们所认识，有人把它与物质、能量一起，合称为客观世界的“三大要素”。有人提出：“信息就是财富”。赵紫阳总理在关于新的技术革命的一次讲话中指出：信息在经济建设中，在未来社会的发展中显得越来越重要，把信息系统搞好了，四化的战略目标是能够提前实现的。他又说：信息是一种能创造价值和能交换的知识，信息和知识已成为影响生产力、竞争力和社会经济的决定因素。充分认识信息与企业发展的关系，加强信息的搜集、整理、分析研究，并主动使信息转化为生产力，发挥良好的经济效益与社会效益。

信息与劳改工作的关系，近来已引起劳改机关干警的重视，特别在生产方面，信息已被提到重要的议事日程，往往由于得到了一条经济信息，使整个劳改生产搞活，经济效益提高。今年以来，我们正是根据科技信息和市场信息，逐步调整了生产结构和工艺。因此，有的单位已设有专人负责搜集、整理、研究生产上需要的各种信息，并应用信息来指导生产了。

在管教工作上，“信息”一词还比较生疏。尽管在实际上，我们已经运用信息来指导工作了，如通过领会上级发的文件、指示，掌握政策信息和劳改工作新经验的信息；通过调查研究和所属单位上报的计划、报告、总结，掌握基层工作信息和罪犯信息反馈；经过综合、研究，制定决策，部署工作。但是，大量的还不是有意识地、自觉地按照信息来指导管教工作的。近来，虽然有的省、市也有人提出要自觉运用信息做好管教工作，但立足点仍局限于用信息论来研究罪犯中的思想动态——信息反馈。因此，本文拟就此作些探讨，以期引起重视，获得指正。

(一)

我们知道，凡是消息接受者事先不知道的知识、音讯，都是信息。从这点上说，所有信息都可应用于管教工作，问题在于如何运用。然而事实上，由于罪犯是一批具有品德缺陷、被判处刑罚、受到严格监管而又企求早日恢复自由等明显特点的人，所以各种信息在罪犯中引起的反馈不一样，作用有异同，我们在应用信息上，也要有所选择、侧重。下面，我们就几种与罪犯改造关系密切的社会信息，进行分析。

（一）政治信息

一般来说，当前的年轻刑事犯对国内外大事，不如五十年代的老反革命犯那样关心，但是，基于他们在押的政治地位，出于各自的需要，都从不同角度上关心着政治信息。例如，逢到建国大庆，人民代表大会召开，新的党和国家领导人的就任，这些信息常常使罪犯中盼大赦、特赦的思想抬头；帮派骨干犯对党和国家领导人的讲话，人事变动，报刊对“十年动乱”的批判，特别关注，甚至一些史学文章，也会引起他们的联想，从中寻找他们需要的信息；有历史问题和有海外关系的犯人，则注意中美关系、台湾回归方面的信息，等等。所以，管教干部要重视政治信息的搜集、研究，分析在罪犯中可能出现的反馈，对症下药，做好教育改造工作。

由于信息处理的及时性，在这里，管教干部的预见性十分重要。1979年报上公布了张志新烈士的事迹时，由于我们事先未予注意，结果在犯人中出现了一股攻击劳改政策，对抗管教的歪风；同年10月，《人民日报》刊登了李步云、徐炳同志《论我国罪犯的法律地位》一文，由于干部事先分析了这一信息在罪犯中可能引起的反响，提出了教育措施，结果成了对罪犯进行政策、法制教育的有利时机。

（二）政策信息

从广义上讲，我们党和国家采取的任何一项措施、决策，都是政策信息。这里主要从狭义上分析，指党和国家为某一事作出的决议、决定，公布的条例、规定等。由于它往往关系到罪犯的切身利益，所以最能引起他们的重视。

有的政策信息对罪犯的思想情绪、认罪态度、改造决心产生直接影响。例如，1983年中央作出开展严厉打击严重危害社会治安的刑事犯罪分子的斗争的决定，这在罪犯中引起了极大的震动，监内秩序迅速好转，逃跑等事故大幅度下降。劳改机关正是抓住这一有利时机，发动政治攻势，促使罪犯交余罪、揭同伙，短短一年中，浙江省劳改单位在押犯坦白检举出各类案件的线索材料3万余件，从中破获了一批大案、要案。可是，去冬以来，有的罪犯在综合分析了社会上杀人布告减少、量刑幅度减轻、监管工作趋向正常等信息后，认为“严打”之风已过，反改造歪风又趋抬头，幸得我们及时采取对策，才使监内秩序继续保持稳定。可见政策信息与改造工作，关系极为密切。

（三）文化信息

广义上说，除自然信息之外的社会信息都可称为文化信息，狭义则专指文学、艺术、教育等方面的信息。本文系指后者而言。

文化信息与劳改工作关系十分紧密，有着促进罪犯改造的积极意义。例如，党的十一届三中全会以来，中央一再强调要尊重人才，尊重知识，社会上出现了“读书热”。这个信息大大刺激了罪犯的求知欲，使他们感到形势逼人，不改变自己愚昧无知的状态，不掌握文化技术，将来难免被社会所淘汰；而中央提出要把劳改场所办成改造人、造就人的特殊学校，这一信息使罪犯感到政府是真心实意为了教育、挽救他们，从而使摆脱愚昧无知成为可能。罪犯对这两个信息作出的反馈是：期望在劳改中学习文化技术，把刑期转化为学期。

据对罪犯进行问卷调查，乔司支队一大队100名犯人中，有99名认为学文化技术是必要和非常必要的。他们的理由是：青年是四化建设的主力军，作为一个青年，如果没有文化技术知识，那么为四化出力就成了一句空话；古人说："书犹药也，善读之可以医愚。"以前因知识贫乏，道德败坏，精神空虚，而犯了罪。参加文化技术学习使人感到充实，有利于改造，更重要的是刑满后就业能派上用场。

第六监狱调查的90名犯人中，有85名认为需要学习文化技术。他们说：平时吵架、骂人是缺乏知识的表现；如果自己无一技之长，今后刑满很难在社会上立足。

同时，某些文化信息对罪犯改造却有消极作用，而且是导致他们以往犯罪的直接动因。很多单位调查表明，当前青少年犯中，有相当一部分是由于受了西方腐朽文化以及社会上淫秽、黄色书刊、录像、图片的影响，而堕落犯罪的。由此可见，及时掌握、分析各种文化信息，是做好教育改造工作的关键之一。

（四）科技信息

科技信息对劳改工作，具有两方面的意义。一方面，当前有一部分罪犯是直接运用了科技信息进行违法犯罪的。如前几年，报刊上介绍了古代"蒙汗药"，有的人就利用麻醉剂进行犯罪。西方有些犯罪问题研究者也认为，当代保险箱技术的进步，在一定意义上是由于盗窃与防盗之间的技术信息竞赛。另外也有由于应用了不正确的科技信息而犯了罪。如福建有个高中毕业的农村青年陈某，他在一本科学杂志上看到一则消息：人只要服用致死量3%的砒霜，然后拚命跑步使之发汗，可治内脏各病，结果他依此法给其表弟治腹痛，造成严重后果被判刑。由此可看，掌握科技信息，是劳改工作干部研究犯罪学、教育改造学、罪犯心理学的一个课题。

另一方面，科技信息除了能促使劳改生产外，还可以广泛应用于监管和教育改造上。近几年来，我们就是根据这方面的信息，搞了电子监控、激光报警，以及电化教育，等等，促进了管教工作的现代化。

（五）经济信息

我们知道，在全国工作重点已转移到社会主义现代化建设上来的今天，劳改机关的任务，就是通过把劳改场所办成改造人、造就人的学校，使罪犯由社会主义的危害者改造成为四化建设的有用之材。那么，国家建设要求劳改机关造就什么样的人才呢？对此，我们不能闭门造车，不问社会需要，而必须经常了解、掌握国家建设和社会经济信息，及时综合分析，从而确定自己办学的方针，造就人才的目标，教育改造的内容，这就是劳改工作面向四化、面向社会、面向未来的方向问题。

在这里，我们用下面的事实来加以说明：随着国家实行对外开放、对内搞活经济和改革经济体制等一系列措施，大力发展农村专业户，允许自谋职业、个体经营，这些信息对罪犯具有很大吸引力，为他们今后刑满就业敞开了大门，他们都迫切希望在改造期间学到一技之长，调动了他们搞生产、学技术的积极性。据乔司支队一大队和省六监调查，犯人中最感兴趣的是技术课，并期望能学到电工、机械维修、制图、电器修理、汽车修理、缝纫、食用菌和花卉栽培等社会需要的课程，对文化课程也希望能学到一些比较实用的如写作等知识。这些要求，正是犯人分析了社会经济信息后提出的。

同样，我们劳改机关也是根据社会经济信息，有利于劳改生产和犯人刑满后安置就业出发，开办了各种技术学习班，特别是加强了第三产业的职业培训工作。

前面我们已经讲到，现在的青少年犯，将来刑满后还要在社会上生活几十年，对他们的改造质量如何，能不能在服刑期间既改造思想，又学到文化知识，学会劳动技能，这绝不仅仅是罪犯个人的问题，而是关系到国家的长治久安。他们在改造中学到一技之长，刑满有了谋生手段，就可减少犯罪，这将对社会治安起良性循环作用；否则，他们身无特长，刑满回去就业困难，生活无着，就难免重新犯罪。

（六）生活信息

包括人们衣食住行、婚姻家庭、社会交往等方面的信息。它反映着一个社会、一个时代的风貌。目前，我国正处于一个新的社会变革时期，这必然带来传统生活方式的变更，有时，生活方式的变革甚至是社会变革的先导。劳改场所虽与外界隔离，但并不是与外界隔绝，它仍然是整个社会的组成部分。社会上的生活信息，不可避免地会通过各种渠道，输入劳改场所，引起反馈。

多数的生活信息有利于教育改造。如讲文明礼貌，提倡建立五好家庭、文明村镇、街道，加快生活节奏，高档商品进入群众消费领域，以及报刊上宣传的新人新事新风尚和对丑恶现象的揭露、批判等，都是我们对罪犯进行教育改造的好内容。

同时，也要对各种生活信息进行分析，除了某些封建主义的和西方资产阶级落后、腐朽的生活信息外，还有一些是在社会上允许而监内却不允许的，如举办舞会、业余爱好团体，提倡穿戴、发型等打扮上的自由，……诸如此类的信息，就要加以限制和教育、引导。

此外，也有一些生活信息为反改造分子所接受后，反馈为重新犯罪的外因。工作中发现这样的案例，一则征婚启事、一条紧俏商品的市场信息，被罪犯用来进行脱逃、诈骗和流氓活动，对此，也要引起我们的注意和警惕。

（七）犯罪信息

包含社会上对某种新的犯罪行为的报道，法制宣传中引用的案例，以及小说、影视中对犯罪情节、手段和侦察破案的描绘等几个方面。某些信息一旦与罪犯——特别是青少年犯的敏感、好奇、爱寻求刺激等心理相结合，即会成为诱发某些人重新犯罪的动因。例如，前几年报刊上披露了“二王（王宗玷、王宗玮）”盗窃、杀人、潜逃案和卓长仁等六人劫机案，便在罪犯中引起反响，一些反改造分子在纠集逃跑集团时，即将抢枪、劫机、劫船、劫车列入作案计划，有的甚至叫嚷：“不学二王地上走，要学六龙（指卓长仁等）天上飞。”

所以，劳改工作干部及时了解犯罪信息，有利于做好监管、防范和教育改造工作。

（八）家庭信息

这里指来自罪犯家庭的信息，其中积极的信息如亲人就业、迁入新居、入党入团入学、钱财富足之类，能促进罪犯改造；消极的信息如病、丧、离婚等噩耗，则易影响罪犯的改造；另有一些信息如亲人婚配、生子等本是好事，鉴于他们本人在服刑，无法亲自过问而情绪低落。

此外，还有诸如人才信息等等，也与劳改工作有关，限于篇幅，这里不再一一叙述。

（二）

自觉应用信息为改造工作服务，有几个方面需要研究。

(一)疏通渠道，掌握信息。

这是指劳改机关掌握社会信息而言。

劳改机关信息的来源，主要是通过上级文件、报刊、广播、影视、人际交往(包括罪犯家属的通讯、接见)。

客观上，由于劳改机关高墙深院、警戒森严的特殊性，传统封闭式的工作方法，外界对监狱的疑惧、恐怖心理，造成内外隔阂，横向联系很小，加上多数劳改单位地理位置偏僻，交通不便，因此信息渠道不畅。

主观上，劳改工作干部白天带班出工，晚上进监房，“两眼一睁，干到熄灯”。工作时间长，噜嗦事情多，稍不抓紧，确实没有时间看书报、听广播，甚至连上级发的文件、资料也无暇阅读、学习。渠道被事务工作堵塞，造成信息不灵。

大墙里面也是社会。虽然它与外界隔离，但并未隔绝，围墙里的小社会，仍然是整个大社会的组成部分，各种信息仍会通过各种渠道传进来。如果我们只顾埋头工作，“两豆塞耳，不闻雷霆”，关起门来搞改造，那是行不通的。而我们的工作对象——罪犯呢？他们除了同样能从报刊、影视、广播和通讯接见中获得所需要的信息外，还经常有新犯投入劳改所带入的新信息，加上他们闲暇时间充裕，有的人经常在读书看报，着意地从中搜集、研究社会信息，在一起分析、交换信息。犯人这种关心信息的状况与我们有的同志轻视信息正好相反。过去，曾发生过罪犯在讨论报上发布的政治信息，而我们由于没有看报而把它视为谣言，这种教训确是深刻的。

劳改工作干警应该具有什么样的形象？由于传统的偏见，由于旧社会牢头狱霸对群众的深刻影响，造成某些人对劳改工作干警敬而远之，即使对劳改工作有所接触的人，也认为只要“喉咙响，腿儿长，身体棒”就行，甚至在我们内部，至今仍有人把自己看成仅仅是简单的“管人者”。这些，都不是我们劳改工作干警的应有形象。

前几年，中央领导同志提出，劳改工作干警要做到“三个象”——象父母、医生、老师，我们认为，这才是劳改工作干警真正的高大形象，而要做到这一点，就应该熟悉时代的信息，掌握丰富的知识，才能“妙手回春”、“为人师表”，否则的话，怎能去“塑造人的灵魂”呢？

怎样疏通信息渠道？一是要学习上级文件，及时了解上级对工作的部署和决策，兄弟单位的信息；二是对每天报纸上的主要消息、新闻联播，要看、要听，工作再忙，也应该挤时间做到；三是干警之间，加强横向联系，交流信息；四是对各种信息，要进行综合，分析其对罪犯可能产生的影响，决定对策。

(二)罪犯中的信息反馈

罪犯对信息的处理，具有明显的特征，归纳起来：

一是对信息追求的自觉性。多数人都非常关心社会信息，迫切希望获得自己需要的信息。如最高人民检察院、最高人民法院《关于当前办理经济犯罪案件中具体应用法律的若干问题的解答(试行)》公布后，一些经济犯罪者便争相传阅，逐句推敲，“对号入座”。

二是利用信息价值上的利己性。他们一般都从各自需要出发，搜集信息，如前所述，反革命犯重视政治信息，重刑犯关注法制信息，即将刑满的关心就业信息，好逸恶劳的犯人则关心改善生活的信息，等等。如郑天翔院长在六届全国人大二次会议上所作的工作报告见报后，一些“严打”中判决的罪犯对报告中所述成绩不顾及，而专门在“但是，也还有一些缺点和问题，主要是一些地方对少数刑事案件办得粗糙，有的定罪量刑不准”等几句话上做文章，找不认罪、闹申诉的依据。

三是运用信息上的盲从性。由于他们急于摆脱被惩罚的监管地位，因此对待各种信息，只要对己有利，往往不问其是非、真假，盲目信任、遵从，甚至个别犯人出自某种需要作出的猜测，也会作为一种信息在监内流传。如某劳改支队在监内设置控告箱，有的犯人认为形势要“松”了，其他罪犯把该犯的猜测视为“正道”信息，于是相互传播。有的还认为“严打”中判的都要“复查”、“平反”，一时好些犯人想趁机申诉。其中有的确属处罚不当，有的则属不认罪服法者。所以，对申诉的罪犯，要具体分析区别对待，而不一概斥之为“不认罪”、“反改造”。

四是对信息反馈的两重性。由于他们处于被改造的特定地位，有时不敢暴露自己的真实思想、言行，常常真真假假，扑朔迷离。

罪犯对信息的反馈，具体表现在他们的思想、言论、行为、情绪上，即我们平时所说的犯情动态。它是教师因材施教的材料，医生治病的脉案，管教干部透视罪犯心灵的窗户，教育改造的依据，需要注意了解、搜集和研究分析。

要多渠道了解、搜集罪犯的信息反馈，除了干部找其个别谈话，听取小组长和其他犯人的汇报之外，平时罪犯的言论、行为、情绪、穿戴、书信、交往和学习、劳动中的态度、家属的反映，等等，都应做为接受信息反馈的来源。

由于罪犯对信息的反馈有真假、强弱、主次、表象与本质之分，因此要求我们要加以分析、筛选，其基础即是管教干部对罪犯的“四知道”。只有对罪犯的基本情况有比较深刻的了解，才能做出去伪存真、恰如其分的结论。

掌握罪犯的信息反馈，目的在于考核罪犯的悔改表现和改造程度，所以，还要做好信息反馈的整理、贮存工作，包括填写好坏两本帐、“四知道”、“病历卡”、《犯人日准则》考核簿，以及干部的记录本，重要材料，还应由经办干部写出书面材料，归入档案。

(三)信息的社会交流

这是指劳改机关的信息向社会传递而言。

劳改机关历来被视为“禁区”，近几年来，随着劳改工作的改革，逐步由封闭式转向开放式，这一情况有所好转，但没有从根本上解决。

罪犯来自社会，刑满后仍将回归社会，劳改场所的安全，劳改生产的进行，罪犯的监管、奖惩和政治、文化、技术教育，也都需要社会各界的配合；目前，社会上有些单位和群众，对劳改机关存在某种不正常的心理，原因在于对劳改工作不了解，以致把劳改场所视为阴森可怕，劳改干部似乎粗暴横蛮；对改造质量，罪犯脱逃或刑满后重新犯罪，容易为社会注目，而我们把大量罪犯造就成为有用之材，放回去办了许多好事，则往往被忽略。

基于上述原因，劳改机关不仅要掌握社会信息，而且也要使社会了解劳改机关的信息。这就要求我们做好向外传递信息的工作。内容包括劳改机关的性质、任务、劳改工作方针、政策，教育改造的内容、方法和效果，犯人新生后的典型，等等。

传递信息的方法，如同了解社会信息一样，也应多渠道、多功能。如通过报刊、电台、影视，出小册子，邀请社会各界来劳改场所视察、参观、采访和向犯人作报告；劳改机关派人向社会各界、各部门介绍情况，走访街道、工厂、农村和家庭，组织罪犯向家乡政府和亲人写汇报信；举办书画、改造成果展览、文艺汇报演出，等等。让社会上了解劳改机关的情况，从而支持、配合我们做好工作。

试论心理强化与青少年犯的改造

（1984年1月）

中山大学 陈绍彬 李江涛

生理心理学上称增强某种刺激与有机体某种反应之间的联系为强化。在暂时神经联系形成并强化过程中，条件刺激必须与无条件刺激在时间上反复结合。因此，从认识论上来说，强化过程实际上是客观事物对认识主体不断作用的过程。强化的结果，使主体认识产生量变。

人的任何认识都是客观事物在大脑中的反映，是"外部刺激力向意识事实的转化"（《列宁选集》第2卷，第46页）。青少年犯罪意识的形成是外部刺激力反复强化的结果。青少年在开始接触社会的时候，由于社会实践的局限而造成视觉的狭隘，对于未曾接触过的事物存在着易感性，因此，当某种外部刺激对其反复作用时，引起的强化效果就特别强。认识上一旦形成一定的基本概念，就会在心理机制上相对稳定下来，其稳定的程度并与强化的时间、次数、频度成正比。因此，我们认为强化过程是青少年犯罪演变的心理机制。

众所周知，心理强化能对青少年犯罪的产生起作用，对于其改造当然也能起作用。因此，科学地分析不同程度、不同方式的强化在改造青少年犯罪中的地位和作用，掌握强化手段及规律，对于制订正确的教育改造方针和措施，有着重要的意义。

由于客观事物的复杂性，由于人的实践的多样性，强化作用的途径是多方面的：

一是社会生活条件对犯罪主体的强化，包括社会的政治、经济、法律制度、家庭环境、社会教育等许多方面。如果罪犯在初犯的时候不仅受到制止，而且也受到良好的教育，负强化就会起作用。如果不仅受惩罚，而且也受歧视，正强化的作用就会加大。

二是不良心理因素对犯罪主体的强化，如对现实的态度、信仰、需要、兴趣、气质、性格、感情和情绪等对犯罪行为的影响。如果我们不帮助他们，及时给予矫正，任其发展，犯罪主体的不良心理因素就会恶性膨胀，正强化增大，负强化减小。

三是其他方面的强化。比如身体状况对犯罪信心的影响，偶然和意外事件带来的强化，都会直接刺激暂时的神经联系，从而产生强化的后果。

虽然青少年可塑性强，但由于犯罪过程中正强化的积累，已在其心理机制中形成了一定的暂时神经联系，且这种形成是一个过程，因而在改造工作中进行强化工作时，不能设想一日之功就可以奏效。再者，每个青少年犯罪的性质、程度、心理、思想前提不尽相同，因而对于不同的改造对象，必须施以不同的措施。

第一，及时性原则。在正强化的作用立足未稳的情况下，及时进行负强化，效果要比数次正强化以后再施加负强化有效得多。很多青少年开始往往是从偶然一次得手，逐渐走上再犯、惯犯道路的。在他们初犯以后，正强化之所以起了重要作用，不是因为其心理机制对它特别“爱好”，而是因为当时没能及时地给予负强化。及时地进行负强化，而不要放任自流，这对于初犯、再犯以至惯犯的悔改是关键的一环。

第二，重复性原则。在青少年犯罪的改造工作中，往往会出现这样的情况，即犯罪者刚刚有了悔改的表现和决心，而由于没有继续加紧正确的强化工作，不良的强化乘机而入，使得改造工作前功尽弃，这就需要重复进行正确的强化，把前段强化的成果巩固下来，并且不给不良的强化任何可作用的机会。尤其对于初犯者来说，前进一步就意味着胜利，后退一步就会再次陷入泥坑。因而，抓紧一切机会反复刺激和强化，比起对再犯和惯犯的强化来，有着事半功倍的效果。

第三，交叉性原则。强化的方式是多种多样的，对于受强化途径较多的罪犯，应采取强弱结合、方式交叉的办法(也就是进行综合处理)，如有的罪犯走上犯罪道路，既由于家庭缺少温暖，又因为缺乏正确的人生态度，或者养成了不良的生活习惯等等。如果单纯用某一种强化方式进行改造，譬如仅仅搞正面的教育，讲一些大道理，其作用的广度和深度都不可能达到促使其转变的水平。因此，应该把各种强化手段结合起来，对症下药。家庭缺少温暖，可以做其家长的工作；知识贫乏，可帮助他(她)学文化，提高其辨别能力和是非观念；个性不良，可循循诱导，耐心教育。同时，动员各方面的力量，从不同的角度对其进行正确的强化并使其得到巩固。

第四，单独性原则。重点是对惯犯和团伙罪犯。在团伙活动中，由于封建的“哥们义气”、“为朋友两肋插刀”等落后意识，使这些人之间的联系相当密切，互相影响，互相制约，从而形成一个独立的强化单位，在对这样的罪犯进行强化教育的同时，同伙的其他人也在对其进行不良的强化，这就使得工作很难奏效。对这种情况，必须先割断其个人与同伙的联系，然后对其进行单独的强化。

第五，重点性原则。犯罪的原因是多方面的，罪犯的心理机制也很复杂，其中必有起主导作用的因素。因此，要针对造成其犯罪的主要部分，集中力量，施行强化工作。不分主次、平均用力的做法，容易造成无的放矢或不痛不痒的结果。

家庭教育在犯罪少年管教时期的作用

（1984年）

朱　德　武

考察湖北省少管所534名犯罪少年，从他们的家庭职业来看，一般有三个来源：一是工人家庭的，有245人，占45.8%；二是农民家庭的，有249人，占46.6%；三是干部家庭的（包括知识分子，革干），有40人，占7.6%。

这三类家长都有着自己不同的特点。一般说来，知识分子家长（是干部家长有代表性的一部分），表现为处处谨慎小心，说话办事考虑周全，体现出含蓄，但不够果断的特点；工人家长说话办事豪爽，明快，直来直去地不隐瞒，不内含，体现出痛快，但不够冷静、易暴躁的特点；农民家长则表现为粗犷，憨厚，老实，拘谨，胆小，有时斤斤计较的特点，这些都或多或少地影响着自己的下一代。

又由于三类家长的知识结构有明显的差异，知识分子有比较丰富的理论知识，懂得一些教育孩子的科学道理；工人家长则有比较丰富的实践知识，同时多数有相当的文化知识；而农民家长则一般文化程度不高，但有比较过硬的农业生产技能。再加上他们所处的社会环境，生活环境的区别，因而在对待孩子的犯罪问题上，呈现出不同的认识。

一、知识分子家长对孩子犯罪呈现出“急”的表现。

一般知识分子家庭小孩犯罪，劣迹时间都比较短，来得比较突然，多数因奸淫犯罪，或伤害，或过失犯罪，家长没有充分的思想准备，所以首先有一种震惊感，尔后则是有一种羞愧感，因为他们都是有知识的人，而且多数是从事教育别人的人，却没有教育好自己的孩子，感到有一种说不出的委屈和羞耻。更重要的是，知识分子家长对自己的孩子一般看得比较娇贵，对孩子的前途，总是报以极大的希望，而现实告诉他们：孩子不仅犯罪，而且判刑，投送劳改，如果说是生活的捉弄，他们也只好认罚了，但孩子的前程将毁之倾刻，孩子的命运也危在旦夕，他们实在惶恐不安，甚至束手无策。

忧心如焚，坐卧不宁，这就是知识分子面对孩子犯罪的最初心理特点，概括为一个字，就是“急”。

焦急之后，他们中间的多数能冷静地坐下来，思索、寻找到教育孩子的失误，为了拯救孩子，扭转孩子的命运，他们开始花费比原来更大的精力，腾出比原来更多的时间，去关心帮助自己的孩子。他们比较按时地给孩子去信，给以精神上的安慰和要求。接见之日，他们也尽可能安排时间去看望孩子，把父母与社会的爱倾注给孩子，平时，还比较注意给孩子采集一些增进思想品质的精神营养品，这样，孩子虽然离开了家庭，但仍然有比较充实的家庭关怀，他们会无限珍惜来自家庭的这种温暖，加上管教单位干部的循循诱导，孩子会比较容易地认识自己的犯罪行为，加速学好改好的步伐，因而家庭教育也自觉地成为教育、挽救孩子的一个重要组成部分。

二、工人家长对孩子犯罪呈现出“气”的表现。

工人家庭对孩子的管教，一般比较简单，直截了当，不象知识分子家庭那样含蓄。他们辛勤地将孩子抚养起来，希望有所出息，将来能强于父母。但不争气的孩子不仅未能理解父母的心情，反而游手好闲，不寻正事，这使家长们大为伤心和失望，于是他们以简单、粗暴的训斥、打骂，代替了耐心细致的说服，启导。他们企图用肉体的疼痛，让有劣迹的孩子吸取教训，痛改前非，但哪里知道，孩子并未记住棍棒的痛楚，反而增加了抵触情绪，于是他们逃出家庭，走上不法道路，家长对于这告以失败的结局，气愤、气恼的情绪油然升起，有的一气之下，竟卧病不起；有的则从此断绝父子关系。

这种“气”的感情，一时使许多工人家长不能冷静下来，以致耽误了对孩子的教育时机。他们往往把给孩子的去信看得不是那么十分重要。想起来，有时间就写几句，忙起来，无精力也就罢了，但对于每次的接见，倒是十分讲究的，除了特别远的（如宜昌、十堰）以外，一般的（包括襄樊、沙市、黄石）工人家长，几乎是每月必到，对于孩子的变化、表现等情况，仍是十分关注的，也能够给孩子提出许多具体的要求，但他们比较普遍地忽视了一件重要的事情，就是不能很好地制止、限制孩子的物质欲望，有些过分地满足孩子贪图享乐的无理要求。他们可能以为，这样是不是能使孩子受到某种“感召”，然而实际上，孩子并不感到这是父母对他们的关心，而认为是理所当然的，100次的需要，99次地满足，他们都会觉得是天经地义的，但只要一次稍为怠慢，他们则会大发雷霆，甚至破口大骂，什么“给老子滚蛋”，“老子与你们断绝关系”，有的甚至以“死”，以逃跑相威胁。可见，好心家长的无原则迁就、满足，实际上正好怂恿了孩子图虚荣、讲玩味的资产阶级腐朽思想的发展，不仅没能促进孩子的思想进步，还使孩子误认为这才是真正的“父母之心”，而把干部的严格要求视为对立面，从而滋长了他们怠慢思想改造的不良情绪。

三、农民家长对孩子犯罪呈现出“恨”的表现。

农民由于长期生活在科学文化落后的乡村，见识不够宽广，思想也不够开通，他们希望多有几个孩子，以后能成为家庭富裕的劳力，特别是生产责任制以后，这种想法更加突出起来，所以他们忍受艰苦，不辞劳累地将孩子拉扯大，希望他们有所作为，可是万万没想到，孩子不仅没能成为什么帮手，相反成了家庭的罪人；不仅没有使家庭很快地富裕起来，相反还要让本身就贫穷的家里拿出钱来抚养他们，心中怒火陡然升起。当然，这种“恨”，也是建立在对孩子“爱”的思想基础上的，只不过用了“爱”的最简单、最原始的方式，他们恨孩子不成器，恨孩子帮倒忙。

由于文化水平的限制，加上农务繁忙，经济也拮据，使农民家长去探望孩子的次数和与孩子联系的方式，都受到阻碍，即使去信，也只能由孩子的兄弟姊妹来间接地反映父母的感情。所以父母还是很希望直接与孩子说说心里话，于是，在紧张的农务之中，他们也偶尔地抽一点时间去探视孩子，拿不出更多的钱去为孩子购买什么学习用品，更谈不上添置什么料子衣服，只能为孩子带去一些山货和土产。孩子对于家庭的条件是能够理解的，并且对父母在千辛万苦中拿出宝贵的钱来援助自己，也多少有所感触。

当然，三类家长的三种不同表现不是绝对的，有的可能“急”中生“气”；有的可能“气”中带“恨”；有的可能都兼而有之，但都以其中一种为主要表现。

应当指出，当孩子犯罪以后，绝大多数的家长，都是能以积极的态度，协助管教单位的干部，一道来做好孩子的教育、挽救工作的，从而使绝大多数的孩子能在干部和家庭的配合教育下，迷途知返。

但同时也应看到，有少数个别家长，对孩子的犯罪，存在着严重的糊涂认识，有娇纵，惯宠，甚至包庇、袒护孩子的倾向，他们把责任推给社会，责怪有关部门“过不去”，“不公道”，“搞报复”。当孩子送往管教单位后，有的则大吵大闹，把对社会的不满情绪直接传给孩子；有的当孩子面鸣冤叫屈，以表示对孩子的所谓“爱护”；有的还直接唆使孩子上诉，不听管教；还有的甚至东奔西忙，钻路子，拉关系，企图使孩子逃脱法律的惩罚，他们以为这是在挽救孩子，而实际上是地地道道地在毁灭孩子。

姚孟劳教所的开放式教育及其效果

（1986年5月）

河南省司法厅劳教处

平顶山市姚孟劳教所建立于1981年，现有干警96名，劳教人员378名。1984年前，这个所班子软、懒、散，环境脏、乱、差；劳教工作存在着“两高一差”，即学员逃跑率高，重新犯罪率高，教育质量差。1984年7月，经过调整后的领导班子，认真贯彻执行党的“教育、感化、挽救”的劳教工作方针，大胆开拓，勇于改革，善于吸取全国兄弟劳教所的经验，变封闭式教育为开放式教育，闯出了一条开门办所，综合治理的新路子，实行教育改造社会化，开创出劳教工作的新局面，大大提高了教育改造工作质量。据统计，1983年学员逃跑率为12.6%，1985年则下降到2%；1986年上半年杜绝了逃跑和重大事故的发生。重新犯罪率1983年考察为7%。1985年考察为0.7%。所内秩序安定，面目为之一新。先后被省、市评为“文明单位”，所党支部被市委评为“先进党支部”。《人民日报》、《中国法制报》、《中国青年报》、《河南日报》等十几家中央和地方报刊杂志登载了他们的经验，省司法厅在这里召开过开门办所现场会。1986年3月份，中央顾问委员会委员曾志、全国人大常务委员会委员林月琴、全国政协委员王定国、中共中央书记处政策研究室顾问于若木、全国著名社会活动家、北京市关心青少年教育协会副会长费路路等5位革命老前辈和团中央书记李源潮在北京接见了该所应邀前往的7名即将解教的学员。这在社会上引起了很大反响，大大地促进了该所的工作。姚孟劳教所这几年的变化说明，劳教工作必须适应新形势的需要，必须坚定不移地贯彻党的教育、感化、挽救的方针，必须走开门办所的路子。这个转变极为重要，对劳教工作的成败关系极大。

青少年违法犯罪是一种复杂的社会现象。犯罪的发生、存在危害和后果，无不具有社会性。社会的问题，必须依靠社会的力量来解决。姚孟劳教所的主要经验是：

一、争取单位、家庭配合，订立“四环相扣”的帮教合同。

无数事实表明，青少年的成长，无不与家庭教育、学校教育及生活、工作环境条件有着密切的关系。一些青少年走上违法犯罪道路，和家庭、学校、单位的缺陷有关；同样，要改造好失足青年，也离不开家庭、学校、单位的正当配合。该所干警学员谈心，发现劳教学员普遍存在“五怕”：一怕爱人离婚或女友告吹；二怕家庭断绝关系；三怕单位开除或除名；四怕受歧视；五怕干警打骂。为了解除学员思想上的顾虑，排除不利于教育改造的干扰。使学员安心接受教育与挽救，他们主动与学员原单位和家庭联系，宣传教育改造失足青少年是全社会的责任。要求单位和家庭亦应承担这个义不容辞的责任。并动员劳教学员原单位和家属与劳教所、劳教学员这四个方面共同签订合同。即“四环相扣”联合帮教合同。合同规定：学员在劳教期间，家属不宜提出离婚、退婚、不得断绝家庭关系；原单位不开除或除名；干警不得打骂或虐待；劳教单位要本着“改造思想、培育人才、面向社会、服务四化”的原则，把劳教所办成改造人、教育人的特殊学校。合同还规定，学员在所一年内不逃跑表现好，可根据情况给予减期，并给家庭适当奖励。反之，如果学员逃跑，所里除根据具体情况，对学员给予处罚外，追逃的一切费用由家庭负担。原单位及家庭认识到，学员违法犯罪，自己有推卸不了的责任，便主动到劳教所签订合同。一年来签订合同480份。这样做以来，有十六个单位主动恢复了学员的原来公职，有12个学员的妻子、9个学员的女友，向劳教所声明与学员恢复了正常的夫妻或恋爱关系；有35个家长声明与学员恢复了正常的家庭关系。“四环相扣”的合同签订了，学员的后顾之忧解除了，绝大部分学员能够安心在所接受教育改造。许多学员在签订帮教合同中积极上进，加强改造，并涌现出许多助人为乐、见义勇为的先进事迹。

二、求助社会各界支持，综合教育改造。

综合治理是教育改造违法青少年的根本方针。综合治理方针的一个重要特点就是它的综合性，既然如此，实施这个方针，就不是靠一个部门、一种力量，而是动员各种力量。这个所的领导和干警理解到这个方针的重要，在立足搞好所内教育的前提下，积极争取社会各界支持，以实行对学员的综合教育改造。经与多方联系，一年来，来所开展帮教活动的就有180个单位，480人次。在做法上：一是请党政领导来所看望、作报告。市委、人大、政协领导，市关心下一代协会主席以及工会、共青团、大型厂矿企业的负责人，多次到所看望，作报告，帮助学员解决思想和实际问题，学员深受感动。有的学员说：俺在家里，在工作岗位上，也没有见到这么多的领导人，这样关心俺；俺一定要好好改造思想，出所后做出成绩来报答各级领导的关怀。二是聘请校外辅导员和名誉校长，教育学员。他们聘请了全国优秀校外辅导员王遐方、全国学雷锋标兵朱伯儒等48名知名人士、战斗英雄、老红军、老前辈做校外辅导员；聘请全国著名社会活动家、北京市关心青少年教育协会副会长费路路、平顶山市教育局长刘宪正、市工会副主席刁培江等做特殊学校校长。三是送温暖，劝立志。团市委、市工会组织有关单位向学员赠送书籍和文娱器材，组织团干部、劳模和新长征突击手深人学员宿舍，与学员谈心或举行座谈，组织“四有”报告团、“同龄人”报告团来劳教所讲演，鼓励学员立志改造成为“四有”人才。四是与解放军部队开展军警共建文明单位活动，战士对学员进行一帮一，以部队英雄们的实际好思想、好传统、好作风教育学员。五是对口帮教。由学员原来单位和所在辖区办事处的负责同志带队来所帮教本辖区、本单位的学员，鼓励其积极改造，并解决一些生活、婚姻、家庭中的实际问题。六是组织“回头浪子”到所里现身说法。该所组织了12名解教人员回所报告他们得到社会关心，入团或成为先进工作者，建立美满家庭的情况，以激发广大学员改造的积极性。七是邀请或组织有关单位的文艺宣传队，来所与学员同台演出文艺节目，开展健康有益的活动，以陶冶学员的精神情操。

社会各界的支持，党和政府的关怀，大大地促进了劳教所的工作，有力地促进学员的思想改造。现在这个劳教所已按司法部规定的办学标准，积极创造条件，建设了一支符合要求的师资队伍，建立了教学机构，配备了教育设施。经省劳教委员会批准，命名为平顶山市培德学校。干警对学员实行三包（包管、包教、包转化），本着感化教育与严格管理相结合的原则和要争不要整的精神，在改造学员的错误思想上下功夫，在转变学员的犯罪意识上作文章，促使学员的思想转化。据我们考察现在学员表现好的和比较好的占90％以上，“三课”学习及格率达到90％，其中良好率占75％。学员中争做好事的情况不断出现。自开门办所以来，全所学员在所内外共做好事872件，其中受到电台、报纸表扬的120件，受到单位来信表扬的50件。去年鲁山县遭受暴风雨袭击而受灾，学员得知这一消息后，有53名鲁山籍学员自觉集资800元寄给了鲁山县人民政府。学员们舍己救火、舍己救人、拾金不昧、助人为乐的事迹屡见不鲜。

由于社会各界支持，齐抓共管，进一步提高了改造质量。据该所调查，1984年以前解教人员的重新犯罪率为7.6％。近年来，重新犯罪率大大下降。经最近对解教的136人的情况进行调查，有91人表现较好（其中一人被评为市级劳模，17人被评为各级先进工作者，20人入了团）；42人表现一般；2人表现较差；只有一人重新犯罪，重新犯罪率为0.7％，较1984年前降低了9倍。解教人员宋一玉，在有关部门的帮助下，在鲁山县董周乡五里头村办起了一个“法律服务站”，他以自己原来不学法、不懂法而走上违法犯罪道路的切身教训，向广大群众宣传学法、知法、守法的意义，促进了社会治安的综合治理工作。昔日的法盲，今朝成为宣传法律常识的积极分子，受到了县司法部门和广大人民群众的好评。

三、协助地方接力帮教，巩固改造成果。

历史经验表明，失足青少年的转化，是一个长期的社会化过程。在解教以后，并不等于这些人完全成了一个健康的人。在他们身上，新我旧我的斗争，仍将持续一个相当长的时期。一方面他们要痛改前非，重新做人。另一方面，旧时的恶习还在某些外部条件的影响下，沉滓泛起，顽固再现。因此，学员的教期满了，但思想教育还不能停顿，这就要解决好接力帮教问题。

按照过去的惯例，劳教人员解教了，劳教所就算完成了对这个人的教育改造任务。但是姚孟劳教所认识到教育人、改造人、造就人是自己肩负的重大使命，这个使命不能以解教为终结，因而他们的帮教工作也并没有以劳教人员解教而终止，而是以对社会高度负责的精神，把劳教学员“引上正路，送上一程”，积极协助有关单位对解教人员安置工作，搞好“接力帮教”。送一程的第一站是解教人员所在派出所，第二站是解教人员的家庭，第三站是解教人员的原单位或街道的办事处。劳教所将解教人员及其在所表现分别介绍给三站，并与之共同签订“接力帮教协议书”，指定专人对解教人员进行包教，使其在一切活动时间、空间内受到良好的教育和引导，控制和抵制不良思想的侵蚀和影响。协议书规定：解教人员家庭、所在辖区派出所、原工作单位或街道办事处，对解教人员不得歧视，并继续对其进行政治思想和法律道德教育，使其做真正知法、守法的“四有”公民；原单位或街道办事处要妥善安置本人的工作；劳教所定期进行回访；解教人员在一年内表现好，并做出显著成绩的，劳教所对帮教人予以表彰或给予适当的物质奖励。在做好三站工作的基础上，于1986年3月19日，劳教所邀请了市委、市政府有关领导、学员家属、辖区派出所、学员原单位或街道办事处领导和干部等500余人参加的解教人员欢送、欢迎会。会上一次就签订了“接力帮教协议书”89份，截至八月底共签订协议书124份。姚孟电厂对回厂的11名解教人员实行了承包责任制，建立了帮教小组，并和帮教对象签订了帮教合同，规定了奖惩办法。目前，帮教对象无一人违法犯罪，取得较好效果。

由于各级领导重视，包教人认真负责，帮教工作进展顺利。劳教所最近对314名解教人员进行了回访，回访结果表明，除47名农村户口的外，只有4人未安置工作，实际安置263名，安置就业率为98.5%。受到五老接见的白龙山等三名解教人员，入所前是待业青年，解教时，劳教所便与市棉纺织厂联系，市棉纺厂经过研究同意接收他们为该厂职工，党委书记张成山亲自把他们从劳教所接回，并召开了欢迎大会。会后，把3人分别送到先进班组，指定党、团员进行包教。白龙山在大家的帮助下，学习努力、工作积极、早上班、晚下班，严格要求自己。并表示要积极创造条件，争取加入共青团。袁书静、周莽群在棉纺厂都表现积极，受到领导和群众的好评。曾受到五老接见的学员高建华，解教回原商店后，由于接茬帮教工作做得好，他表现突出，把商店搞得红红火火，最近被任命为冷饮商店的负责人，并入了团。学员赵红武，解教后回到一矿放炮队，工作积极努力，当上了放炮队的副队长，被评为市级劳动模范。

目前，这个劳教所已与有关单位建立了一个几乎遍布全市的联合帮教网，在平顶山市开始出现了全社会都来关心教育失足青少年的好局面。不过，这仅是姚孟劳教所开门办所取得的初步成果。教劳所由关门办所到开门办所，由封闭式教育到开放式教育，这是帮教工作的一大突变。它进一步验证了“劳教工作必须进行综合治理，实行教育改造社会化”这个带有根本性的问题的正确性。按照这个路子继续走下去，就一定会使劳教工作不断取得新的成绩。

失足学生进工读学校后的心理和矫治

（1983年10月）

陆朝钦 王汝椿

失足学生被送进工读学校后的心理，是以往心理的延续。他们在社会上沾有的种种恶习和原有消极的反社会的思想意识，虽然由于进了工读学校受到遏制，但不可能一下子消失。可是，由于工读学校是带有一定强制性质的学校。不管他们愿意与否，按规定都得住校学习，这就必然使他们的心理状态常常和他们自己所认为的失去人身自由的特定情景联系在一起，从而产生巨大的心理变化。因此，失足学生进工读学校后的心理是一种特定的缺陷心理。

通常情况下，失足学生进入工读学校后的主要心理现象有：

一、疑惧心理。这是多数失足学生进入工读学校后普遍带有的一种心理。因为，一是他们认为来到工读学校是对自己所犯错误的惩罚，在这里将“失去自由”；二是对工读学校的性质任务不了解，把工读学校设想得十分阴森可怕。在这种心理支配下，他们对老师的一言一行和周围环境特别敏感。

学生小卞到工读学校第一天对老师说：“听说工读学校‘校路子’(打屁股)，你们‘校’吧”，边说边准备脱下裤子。可是，老师不但没有打他，相反却为他理发，让他洗澡，并给他端上热饭热菜。耳闻是虚，眼见为实，这第一件事就改变了他把工读学校老师当成凶神恶煞的错误看法，缓和了恐惧心理和对立情绪。随着时间的推移，面对现实，多数工读学生的这种心理在不太长的时间内会逐渐消逝，但要使他们真正相信党的教育挽救政策，相信老师的善意，安心在工读学校学习、劳动，则需要较长的时间和老师在认识、感情上的多方面努力。

二、悲观心理。据统计约有80％的失足学生具有这种心理。这是失足学生在感情上受到创伤后心理状态。他们正处人生中最美好的青春时期，加之对党的政策不了解，总认为“一进工读学校就矮人三分，受人歧视”，“前途渺茫”。他们消极悲观，日混三餐，夜图一宿，不关心政治，无兴趣学习，劳动没劲头，得过且过，做一天和尚撞一天钟；或者“横下一条心”，破罐破摔，对老师软顶硬撞，错误不断发生。这种混世的态度是他们走向新生的一个极大的消极因素。如果得不到矫正，不仅使他们原有的反社会思想意识得不到触动和改造，而且在交叉感染中会变本加厉，一有机会，极易故态复萌。这种悲观心理实际上是失足学生原有的认识结构在工读学校这个特定环境中的一种变态。

三、依赖心理。这是失足学生普遍存在的心理。进工读学校前，他们强烈的独立性意向与家庭约束的矛盾不能得到正确解决，导致误入歧途。现在进了工读学校，原处从属地位的依赖心理又反映了出来，思亲想家心切。这主要是出于对过去错待亲人的追悔，需要亲人的爱抚来摆脱被“遗弃感”的重压。学生小尉，因恨父亲管教太严，三年不叫父亲了。现在父亲到工读学校看望他，并鼓励他好好学习，争取进步，他感到温暖，眼含热泪叫了声“爸爸”，改变了过去“恨其父亲不早死”的心情。

依赖心理还反映在喜欢聚众上。失足学生在进工读学校前一般都有拉帮结伙的经历。他们来到工读学校后动不动就拉同学校、同街道的同学结成团伙，自称“落难朋友”。这是他们的江湖义气、行帮思想在工读学校里的延续。一个班级里常常分成两到三派，派与派之间有时会发生磨擦，破坏学校的正常教育秩序。

四、对立心理。这是失足学生没有真正悔悟之前的一种心理状态。进工读学校后，他们一下子从自由放荡的生活转入有严格的规章制度约束的生活，心理发生急剧的变化。过去，违法犯罪活动使他们经常在训斥、歧视中度日，他们深感人们讨厌自己、社会冷酷无情，于是就以一颗冷酷的心对待社会和人生，他们不相信有人会真心爱护他们，因而对工读学校老师的教育抱抵制反抗态度。如果我们忽视了这一心理特点，教育方法简单粗暴，或对问题处理不当，失足学生这种对立就会趋向表面化、白炽化，造成逃跑或行凶等重大事故。

失足学生还有仿效性强的特点。对立心理往往驱使他们把公然对抗老师教育的同学的言行奉为榜样，以致从原来情绪上的自然对立发展为行动上的有意识的对抗，大大增加了教育挽救的难度。

五、侥幸心理。这是失足学生原有的从侥幸到冒险的犯罪错心理在工读学校的延续。少数学生在这种心理驱使下，有时竟逃离工读学校或利用放假机会到社会上继续作案。他们视人生为赌博，"抓住了是你的，抓不住是我的"，"出去快活一天，宁可延长学习期限三月"，他们对学校秩序和社会治安危害较大。

六、悔过心理。失足学生在走入歧途过程中有反复的思想斗争——改邪归正，还是继续作案。进工读学校后，在党的"挽救孩子，造就人才"政策的感召下，悔过心理逐渐增长，即使一些恶习较深的学生，由于他们年纪还轻，并非残忍成性，有时，面对自己给社会造成的危害和给被害人造成的损失，也会产生恻隐之心。这种心理有的是自发产生的，有的是教育的结果。这种心理经过不断的教育就能得到强化，就能成为他们幡然悔悟走向新生的内部动力。

七、进取心理。进取心本是青少年的特点。失足学生虽然犯了错误。但这仍然是他们的普遍心理。因为他们生长在新社会、党的教育在他们心田里留下的影响并未因犯罪错而完全消失；还因为他们终究年轻，具有很大的可塑性。他们消极的反社会的心理是在社会阴暗面的不良影响下形成的，进工读学校后，在很大程度上切断了犯罪动机的诱因，改变了不良的外部环境，他们心理上积极的一面得到了加强。学生小李在听了来工读学校参观的外宾说他们"学得太浅了，与他们的年龄极不相称，跟不上时代的要求"的评价后，自尊心受到了很大刺激。从此，他发奋读书，以顽强的毅力克服了基础差等种种困难，终于以优异的成绩考进了技工学校，实现了他"让外国人看看，失足学生在党和政府的教育关心下，同样可以成为有用之材"的誓愿。

失足学生在工读学校期间的心理是非常复杂的。不同的阶段，如入校初期、中期、试放离校前就有不同的心理。此外，形势变化、个人伤病、家庭变迁、逢年过节，也会对他们的心理产生影响。

怎样矫治失足学生的心理缺陷呢？除了建立一个良好的教育环境外，主要是根据他们的心理特点，进行思想教育和引导他们学习文化科学知识，把他们消极的反社会的心理特点转化为健康的正常的心理状态。

一、进行法制教育，引导学生深挖犯罪错根源。失足学生进工读学校后普遍抱有恐惧心理和种种顾虑，担心因自己犯了罪错将受到法律制裁，因而消极悲观，有的企图逃跑。根据这种心理状态，首先要对他们讲清工读学校的性质任务，指出他们的努力方向，介绍回头浪子成为先进人物的事迹；同时，要象父母对待患了病的孩子那样关心爱护他们，使他们确信党对失足学生的教育挽救的政策、工读学校是"挽救孩子，造就人才"的熔炉，老师是可以信赖的良师益友，从而消除其疑虑，稳定他们的情绪，为改造他们的不良行为习惯，矫治他们的畸形心理创造条件。

失足学生所以走上歧途，一个很重要的原因是他们不知法、不懂法。因此，必须对他们进行法制教育，使他们懂得什么是违纪、犯法、犯罪，哪些事情该做，哪些事情不该做，明确是非标准。在此基础上，引导他们谈清问题，深挖犯罪根源，提高他们遵纪守法的自觉性和辨别是非荣辱的能力，促使他们立下“告别昨天”走向“新岸”的决心。

二、尊重人格，点燃自尊的火种。失足学生有自卑感，但在自卑中有自尊心的因素。他们对别人是否尊重自己的人格，是否把他当人看，特别敏感。如不尊重他的人格，对他讽刺挖苦或训斥打骂，往往引起对立。而尊重他的人格，不揭短，不把人看死，寻找他们身上的闪光点，及时鼓励他们微小的进步，点燃他们自尊的火种，动之以情，晓之以理，就可以激发他们上进的积极性，心理缺陷就容易矫治。

三、开展健康有益的活动，促使思想转化。失足学生有着超过一般青少年的好胜心理。这是他们在小兄弟(姐妹)中经常逞能形成的。创造条件，开展健康有益的活动，让他们逞逞能、显显胜，在逞能显胜过程中，引导他们有价值地使用自己的精力，促使他们的思想转化。

不少工读学校开展的乒乓球、篮球比赛，队列操、广播操评比，主题班会观摩，文艺会演，以及“荣誉行军”和去外地游览等活动，都有力地吸引着他们，使他们在活动中正当地释放了能量，接受了教育，陶冶了心灵。

四、激发学习热情，寓德育于智育之中。失足学生虽犯有罪错，但还是学生。在工读学校里学习文化科学知识仍应是他们的主要实践活动。

研究证明，犯罪常常同知识水平低劣有关。过去，失足学生由于种种原因，没有认真学习，成绩差。学习成绩长期落后就会对学习厌倦、反感。而他们的精力又很旺盛，这样就难免想入非非，做出一些危害社会的事来。引导他们把注意力转移到学习上来，使他们涉足于知识海洋，他们便会觉得自己渺小无知，便会刻苦学习，努力进取。随着文化知识的提高，他们就有了判断是非的能力，懂得什么是对的，应该去做，什么是不对的，不应该去做，他们的道德观念就会增强。列宁曾说：“没有知识，工人阶级就无法自卫；有了知识，他们就有了力量。”今天我们可以这样说，没有知识，失足青少年学生就很难矫治其心理缺陷，就不易迷途知返；有了知识，他们才能辨别和抵制错误的东西，才能形成积极向上的心理品质。

五、进行劳动教育，培养劳动习惯。失足学生的社会心理恶习，很大程度上是受他们对劳动的消极态度、在劳动的需要与措施之间缺乏应有的相互关系决定的。因此，对他们进行劳动教育，组织他们定期参加劳动、是培养他们积极参加劳动活动的个性特点与品质的一个重要措施之一。

劳动应当有助于改造失足学生个性的基本倾向性，因此劳动过程应使失足学生感兴趣。对劳动的兴趣有助于改变整个心理状态，这首先能使失足学生积极参加劳动。另外，在劳动过程中还应传授他们一定的劳动技能，并让他们看到他们的劳动所创造的财富，从而逐渐形成对自己劳动的尊重和对别人劳动的尊重。

六、对症下药，因人施教。失足学生所犯罪错不同，犯罪错的心理也不同，矫治方法也当因人而异，对症下药。犯两性和其他流氓罪错的一般道德观念模糊，应该着重对他们进行共产主义道德风尚教育；犯偷抢、诈骗罪错的，往往好逸恶劳、挥霍浪费，要着重对他们进行劳动光荣、艰苦朴素的教育；犯行凶斗殴罪错的一般妄自尊大、称王称霸，要引导他们划清革命英雄主义和蛮横无理的界限。这样有针对性地进行教育，对矫治失足学生的畸形心理是能收到较好效果的。

失足学生非智力因素缺陷的矫治

（1986年4月）

刘明芳　王汝椿

根据我们的调查，失足学生走上违法和犯罪道路的原因之一，是他们知识贫乏。而他们所以厌倦学习、放弃学业、成绩低劣，并不是由于智力差，而是非智力因素存在缺陷。

非智力因素主要指动机、兴趣、情感、意志和性格等。我们要求一个人具有正确的动机、浓厚的兴趣、坚强的意志和独立自主的性格，这样的学生培养起来才有前途。而失足学生在非智力因素方面却存在严重缺陷，如不对其进行矫治，他们就不可能较好地完成学习任务，用科学知识丰富自己的头脑。下面对失足学生在这些方面的缺陷逐一加以分析：

一、动机方面的缺陷。失足学生由于多种原因，一直没有形成真正积极的学习动机。他们过去在形式上虽然也接受了各种关于学习目的的教育，可是并没有对形成他们积极的学习动机产生多少实际效应。加之受片面追求升学率、争取及格率之类教学思想的不良影响，以及来自社会、家庭的不良熏染，致使失足学生的学习动机长期停留在短浅的消极水平上。按其具体情况分，大致有如下三种类型：

第一类：被动型。这类学生进工读学校前就没有求学的愿望。只是由于家长的要求或社会舆论的压力，不得不去上学。进工读学校后，则由于工读学校是半强制性质的学校，纪律较严，他们只好硬着头皮坐在教室里。“要我学”三个字可以概括这种应付被动的学习动机。

第二类：混日型。家长和学生本人想法一致：现在实行义务教育制，在工读学校等于混日子，混一天，少一天，混一年，少一年，捞个文凭，将来好混个饭碗。

第三类：随波型。看到其他同学在读书，自己当然也要读书，读书本身成了学习目的。此外，并不明白读书还有什么别的意义，而且从来没有考虑过这个问题。

由于这些动机，都具有游移摇摆、肤浅狭隘的特点，不可能对行为产生强大的稳固的动力。所以，这些失足学生的思想都处于浑浑噩噩的状态。他们普遍的表现是上课昏昏欲睡，神思恍惚，或偷看文艺小说、画报等。他们经常抄袭作业，考试作弊，应付交差，学习成绩始终很差。

二、兴趣方面的缺陷。人的兴趣具有倾向性、广阔性、稳定性、效能性等四个方面的差异。这些差异反映出不同的兴趣品质。

失足学生的兴趣品质有如下特点：第一，兴趣倾向于低级的肤浅的庸俗的对象。对于内容高尚的、寓意深刻的却不发生兴趣。因此，往往只对老师在上课时讲的故事或生动的描述本身发生兴趣。而对老师在分析教材时富有逻辑性的讲述，则感到兴味索然；看电影(电视)时，对个别人物的衣着神态、反面人物的形象产生浓厚的兴趣，而对影(视)片的主题思想不感兴趣。我们在调查中发现不少失足学生在看电影电视后，模仿反面人物的言语动作，就是这方面的明显例证。

第二，兴趣范围狭窄。绝大多数失足学生没有主动去寻求知识的兴趣和扩大知识的要求。无论对书本知识还是生活知识都缺乏兴趣。他们既缺乏认真观察的兴趣，也没有努力识记的兴趣，更没有深刻思考的兴趣。即使对一些事物发生兴趣，也往往局限于狭小范围。他们可能对体育运动或者音乐美术发生兴趣，而对多种科学知识的学习，却不感兴趣。他们头脑里的表象十分贫乏，神经反应颇为微弱。

第三，兴趣不能持久。稳定而持久的兴趣是长时间、高效率地从事一种活动所必需的一种心理品质。无论在科学研究、文艺创作或社会活动方面获大成就的人，无一例外。而这种心理活动在失足学生身上却很难发现。这些失足学生即使对自己产生兴趣的事物或所爱好的活动，也只是"五分钟热度"，新鲜味儿一过，就冷下来了。"见异思迁"是他们兴趣的典型特征。

第四，兴趣的效能性低。一般人的兴趣容易从认知的倾向发展成为活动的倾向，即由兴趣发展成为爱好并付诸于行动。而失足学生往往只在口头上表示对某些事感兴趣，却没有采取实际行动的愿望，更缺乏克服困难去实现愿望的勇气。他们可能看到别人绘画写字而对美术书法产生了兴趣，并去学习绘画写字，但不久就觉得乏味或感到困难，认为自己"不是这块料"就放弃了。

三、情感方面的缺陷。情感以认识为前提，认识是情感的基础；反过来，情感又能促进或阻碍认识的发展，二者相互制约。

由于失足学生认识模糊，致使他们的情感具有如下缺陷：

第一、对现实的态度冷淡。在情感的倾向性上，失足学生普遍缺乏同龄人所共有的爱祖国、爱社会主义、爱英雄人物的情感，对国家大事和集体利益漠不关心。

另外，失足学生由于对学习本身缺乏积极的情感体验，理智感没有得到充分的发挥，不知"勤奋"为何物，所以对学校对老师的情感表现淡薄。随着成绩下降，还可能逐渐对学校和老师产生对立情绪。这种情绪一旦产生就成为一种心理障碍，任何良好的教育都不能在他们身上产生良好效果。如果再稍微受到一点儿不公正待遇，都会产生强烈反感。这时，若遇到外界恶性诱因，而无积极有效的引导，这些学生就会坠入犯罪的泥坑。

第二、丧失自信心和自尊心，产生自卑感，直到自暴自弃。失足学生由于长期放弃学业，成绩低下，与他们原来同学的差距越来越大，因而对学习丧失了自信心。他们常公开地说："我不行"，"我天生就笨"。

失足学生自信心日益下降，自尊心就不断受到伤害，自卑感也就日益滋长。被自卑感笼罩的失足学生总是感到比别人差一等，低一头。这样就有两种情况可能出现：一是对个人前途产生灰溜溜的情绪；二是感到周围的人对自己都不关心、不同情，甚至不怀好意。于是，他们对学校，对家庭，乃至对社会都怀有敌意。这两种情况都可能导致悲剧后果——自暴自弃。

四、意志方面的缺陷。意志是人在克服困难时所表现的心理过程。它与认识、情感有密切联系。失足学生的意志由于受认识与情感的制约而有如下特征：

第一、缺乏自觉性。最显著的表现是在需要意志努力的活动面前都处于被动地位。在活动中遇到困难时，很快表现出急躁、动摇、退缩。不能按时完成作业，而且经常抄袭。偶有小病就不上课。考试不及格，总是归咎于客观原因，或埋怨老师讲得太快，或说劳动占去了学习时间，从不承认自己不努力学习。有时，在老师和家长的推动下，也表示要求上进，但很少见诸行动。

第二、缺乏自制性。马卡连柯有一个比喻："没有制动器就不可能有汽车，而没有克制就不可能有意志。"失足学生的头脑里正缺乏这样一个有效的制动机器。他们的神经控制机能比较弱，忍耐性差。上课时，易受引诱，精力不集中，常常左顾右盼，心猿意马。

第三、缺乏坚持性。最突出的表现是缺乏毅力。他们对待学习总是虎头蛇尾，半途而废。一节课四十五分钟，开头几分钟注意力还较为集中，到后来则表现得心烦意躁，或干脆不听，或和邻座同学耳语。查阅他们的作业本和笔记，总是开始几页比较整洁认真，越到后面越潦草。

五、性格方面的缺陷。性格是指一个在对现实的态度和行为方式中所表现的稳定性倾向。失足学生还年轻，性格正在形成，现在断言他们有什么性格的稳定性，显得不太恰当。不过，他们在学习中所表现出来的行为方式和习惯，确实影响了他们学习成绩的提高。

失足学生对待学习马虎从事，不求甚解，不遵守合理的学习要求，怕提问题，不愿和老师、同学一起讨论，照抄作业和答案，乱涂乱画和缺乏检查验证的意识等。所有这些问题，不论是长时期养成的习惯，还是短暂的行为缺点，都给学习造成了损害。

失足学生身上存在的上述各种非智力因素缺陷所产生的消极作用，不但每时每刻都在直接抑制和妨碍智能因素的发展，而且从各个方面对失足学生个性的健康发展产生严重影响。因此，我们要不遗余力地矫治其非智力因素方面的缺陷。现就如何矫治谈些不成熟意见。

1. 培养正确的学习动机。学生的学习动机不会自发产生。教师应该自觉地在教育教学中培养和激发学生的学习动机，抵制各种不良影响。

(1)进行学习目的教育，启发学生求知需要。对失足学生进行学习目的的教育，应从他们的实际出发。失足学生的思想水平是低层次的，对他们泛泛地谈论什么学习的重要性，是难以激起他们内在的求知欲望的。根据失足学生担心自己未来命运的心理特点，应该把学习文化知识和他们的前途联系起来，提高失足学生对学习重要性的认识。

(2)利用原有动机的迁移，使失足学生产生学习的需要。心理学研究表明，在学生缺乏学习动力，没有明确学习目的的情况下，可以利用其对其他课外活动的兴趣，迁移到学习上，使他们产生对学习的需要。电影《祖国的花朵》中有一个孩子江林，因为贪玩，学习不好，同学们不同意他参加制氧小组的活动，而老师却善于利用他的这种兴趣，让他参加，并把他参加制氧小组活动的兴趣迁移到学好化学上，从而培养了他的学习动机。

失足学生由于对学习的意义认识不足，缺乏学习动力，没有养成良好的学习习惯。但是，这些学生也各自有其优点，如有的喜欢文艺活动，有的喜欢体育，有的爱好绘画等等。我们应该善于把组织学生参加这些活动与他们的学习联系起来，把学生参加这些活动的动机，迁移到学习上，使他们逐渐产生学习的需要。这种利用原有活动动机的迁移，培养失足学生学习动机的做法，经验证明是行之有效的。

2. 激发对学习的兴趣。学习兴趣是学习动机重要的心理成份。它是推动学生去探求知识并带有情绪体验色彩的意向。为了使失足学生产生学习的兴趣，必须创造一些条件：

(1)设立一定的实际任务。在完成任务的过程中，让失足学生体会到知识的实践意义，并感到要顺利完成任务，自己的知识是远远不足的，需要进一步学习。这些都可促使学习兴趣的发展。例如，可以有意识地组织他们为班级选购图书，并要他们向同学介绍这些书籍，朗读这些书籍的有关章节并收集有关的书评等。这样，阅读对象成了他们完成任务所必需的东西，也就增强了他们的阅读兴趣。

(2)某一领域实际知识的积累是产生对该领域知识的兴趣的基本条件。研究证明，只有当某种知识领域中的实际知识的积累达到一定水平时，才能真正产生对这一领域知识的兴趣。因此，在教学中，教师必须有计划地扩大学生的知识面。教材过深或过浅都不能满足学生的需要，都会妨碍学习兴趣的形成与发展。只有在学生已有知识的基础上，使学生不断获得新知识，体会到知识的力量，才能使失足学生的学习兴趣较顺利地形成与发展起来。

3.点燃自尊心火种，激发学习热情。自尊心是一种个人要求受到社会集体尊重的感情，是自我意识的表现。它是积极向上、克服缺点的内部动力之一。而失足学生由于种种原因自尊心受到伤害，自卑感严重。指望这些抱有悲观情绪的学生对学习持积极的态度是不可思议的。因此，激发失足学生的学习热情，点燃他们自尊心火种是十分必要的。

为了培养失足学生的自尊心，我们应当更多地采用赞许、表扬、奖励、信任、委托等措施。另外，设置荣誉称号，激起失足学生争取并保持荣誉称号的意志行动，也是行之有效的办法。为了提高这个办法的效果，一方面可按照不同水平的要求规定荣誉称号的序列，如进步生、积极分子、三好生等，使失足学生有具体的奋斗目标，并在力所能及的范围内逐步取得各种称号；另一方面要造成一种气氛，使全体学生对于荣誉称号获得者具有羡慕、尊敬的感情，并产生积极争取获得荣誉称号的愿望。对于个别学生，有时还可通过特殊的方法唤起他们的自尊心。例如，可以有意识地暂时降低要求，让他们获得某种荣誉称号，使这些学生恢复自信心，相信自己的能力，并感到人们相信他们的力量，看到他们的进步，从而激起他们的学习热情，以更大的努力来弥补学习上的差距。

4. 培养坚强的意志和毅力。对于挫折感深、缺乏学习持久性和稳定性的失足学生，需要培养他们的坚强意志和毅力。可以通过教师和集体的评价，使他们意识到自己失败的原因。并不是个人能力方面的因素，坚信只要通过不懈的努力和正确的学习方法，就可以达到提高成绩的目的。

另外，还可组织失足学生参加各种社会活动，使他们在活动中经受锻炼，获得陶冶，逐步培养起他们顽强攻关的坚强意志和百折不挠的学习毅力。

5．重视常规训练，养成良好的学习习惯。教育实践证明，严格的常规训练，可以培养任何学生形成良好的学习习惯和正确的学习方式。失足学生不良的学习习惯多半跟过去没有得到严格的常规训练有关。因此，我们一定要制定常规细则，并在实施过程中督促检查，使失足学生学习上的懒惰马虎、应付交差、敷衍塞责的坏习惯得到矫治，逐步养成一丝不苟、认真负责、郑重从事的良好学习习惯。这对他们的学习活动具有直接影响。

工读学生转化问题初探

（1984年9月）

北京市教育科学研究部　徐应隆

北京市朝阳区工读学校　刘瑞峰

转化的心理基础

工读学生转化的心理基础包含着与一般青少年相同的和他们所特有的两种心理因素。

一、与一般青少年相同的心理因素

工读学生也和一般青少年一样，正处在社会化的高速进程中，他们要接受大量的、多样的信息，并进行逻辑加工工作，做一个现代社会的成员建立总的精神体系或者整个心理系统是他的终生的任务。但在短短的青少年时期，必须在很多重要的心理方面，为浩繁的社会化工程打下扎实的根基。比如：基本知识的掌握、能力的培养、人生观的形成、思想的树立，……等等。只有引导青少年向较高层次，向未来扩展自己，他们才可能不断地保持与社会的平衡。

人的精神体系或者整个心理系统是由许多亚级心理结构组成的。工读学生在各方面影响下，头脑里形成了一些亚级的错误的心理结构和正确的心理结构，二者并存。所以，他们能做出使人惊奇的好事，他们违法犯罪又令人十分生气。这说明，他们还没有概括、统一各个心理结构为总的体系或者整个系统，仍和一般青少年一样，没有定型，更没有定性。从青少年社会化的总趋势、总体系来看，工读学生错误的心理结构仅是其中的一部分，而且，其他正确的心理结构对它或多或少的起着制约作用，它仍处在不稳定状态。因此，可以说，工读学生转化的可能性是很大很大的。

工读学生由好变坏过程中充分反映出青少年的年龄特点；同样，他们由坏变好的过程也必然地要反映出青少年的年龄特点来。即是说，他们转化过程的特点和青少年的年龄特点是紧密联系着的。

1.正处在高度社会化阶段，还没有定型。他们强烈地希望成为一个真正的社会成员，而又具有很大的可塑性，这是对他们进行教育，使之成为社会主义新人的基础和前提。

2.自我意识能力差，易受外在条件诱使。他们在认识世界，特别是认识他们自己过程中，极需教育者诚挚、热情地帮助，对犯错误的青少年来说，更是如此，他们抗腐蚀能力弱，易受熏染。没有正确的教育就不能健康的成长。

3.自立和结伴要求强。应尊重他们，帮助他们做集体生活的主人，引导他们在创造集体美好的生活活动中，建立起新型的人与人的关系和共产主义的人的尊严。不然，他们就会自结团伙，以哥们义气作为他们联系纽带和精神支柱。

4.感情易激动。他们常处在激情状态，而且激情的变换幅度较大、速度较快，忽而热，忽而冷，易走极端，常凭激情去行动。

二、特有的心理因素

工读学生错误的心理结构是在某种眼前的低级的欲望指导下的动力定型。这种动力定型总是处在常兴奋、强兴奋的状态，它有倾向性的接受各种刺激。比如：贪图财物的扒手，对钱包的感知较敏锐，判断较准确，引起感情冲动较强烈……等等。

根据工读学生违法犯罪的状况，可以相对地把他们的错误心理结构划分为三种类型，即：不正当的追求异性的性欲型；贪婪钱财的物欲型；讲哥们义气、逞强称霸的精神狂欲型。这三种类型既可以相互滋生，又可以相互移植。工读学生有的属于单一型，有的属于复合型；而复合型中各欲型又有主次之别，比如，性欲与物欲的复合型，可能是性欲或物欲居于主导地位。见表一：

表一：78—80年入校工读学生所犯错误类型统计

类型 / 性别	单一型			复合型			总计
	物欲	性欲	狂欲	物欲	性欲	狂欲	
男	23	13	61	22	17	30	166
女	1	25	4	1	2	1	34
合计	24	38	65	23	19	31	200
百分比	12	19	32.5	11.5	9.5	15.5	100

把表一中单一型与复合型的统计数字合起来看：物欲型仅占23.5%，性欲型占28.5%，精神狂欲型所占的比例最大，为48%。

表一中34名女生所犯错误类型之比：物欲型占5.9%，性欲型占79.4%，精神狂欲型占14.7%。由此可见青少年女孩子犯两性关系错误是主要的。

同一欲型，其动力定型的强弱又不一样。我们分别用五度级差来表示之。度的高低是根据违法犯罪的历史长短、次数多少、情节轻重、场合及对象的选择等表现形式和当时心理活动分析来确定的。

1.性欲型

一度：出自内心的结交了异性朋友，甚至以此为骄傲；

二度：和异性朋友亲吻、搂抱、抚摸等，感到这样就是幸福；

三度：带有爱的情味和异性朋友发生性交行为，虽愿意性交，但顾虑很大；

四度：无爱的情味和多人发生性交行为，虽然有些顾虑，但难以抑制性的冲动；

五度：玩弄异性，性欲达到狂妄的程度，性交成为唯一的乐趣。

2.物欲型

一度：占小便宜，拾物不交出，以次物换好物，常借用别人的东西，启发、诱使别人赠送“小礼品”；

二度：偶而偷拿他人或家里的食品、小东西，少量的钱，心里很怕一经追问，立即承认；

三度：一般是在无人在场的情况下，多次偷窃钱物，或者在伙伴的带领下做扒窃的助手，强烈的物欲迫使他去偷，但又受到自己的“良心”谴责；

四度：经过多次教育仍无效果，完全失去了自控的力量，主动寻找偷撬时机，属于累犯；

五度：以“盗窃”为职业，有学不上，有家不归，到处流窜，受到处理却更加强了物欲，属于惯犯。

3.精神狂欲型

一度：一般打闹、起哄，以此开心、取乐；

二度：往往寻找借口，欺侮同学，别人不理他、躲着他，自以为神气；

三度，常借助伙伴（松散的）的力量惹事生非，参与打群架，表现什么都不怕；

四度：为哥们义气打架心狠手黑，绝不服输，自觉得很英雄；

五度：有若干“铁杆”哥们，称霸一方，不打架手痒，精神无寄托。

工读学生在三种类型中，属于一度的基本没有，二度的是少数，五度的也不多，绝大多数属于三四度。

1979年，按照工读在校女生26人，男生49人，所属的欲型及度与年龄的关系图示如下：

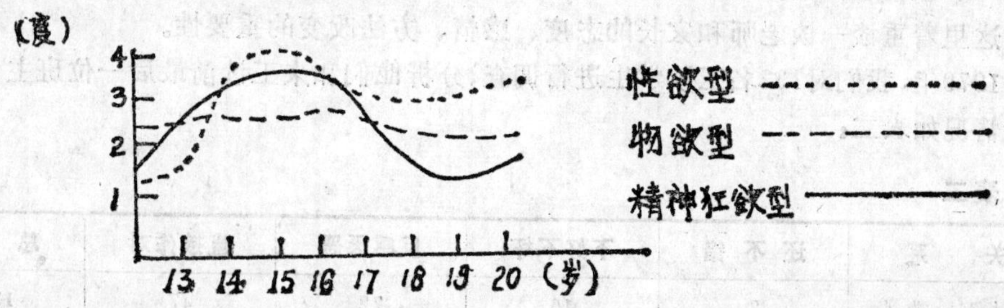

从图上可以看出：

（1）三种欲型高峰都在14周岁之后到16周岁左右，这说明这一年龄阶段是三种欲望最强烈的时期；

（2）性欲型升坡陡，降坡缓，这说明性欲强度增长快，而且升上去，很难降下来；

（3）物欲型强度基本上是平稳的，年龄到16岁后，略有下降；

（4）精神狂欲型强度，在16岁以前是上升的，16岁以后则下降，而且下降的趋势很大；

（5）三种欲型图线的差异，可以说明精神狂欲型较性欲型易于转化，这是因为精神狂欲型逐渐意识到所获得的是虚的，而性欲型随年龄增长，强度不会减弱很多。

以上所谈，工读学生所具有的与一般青少年相同和他们特有的两种心理因素，是他们转化的内在根据。

转化的条件

工读学生错误的心理结构是在外部多种消极条件作用、影响下形成的。同样，工读学生的转化，即建立正确的心理结构，也必须在外部多种积极条件作用、影响下，才可能实现。也就是说，外在的诸社会关系的新结构决定着转化过程。外在条件的改变，就是化消极因素为积极因素，没有外在条件的改变，工读学生是不可能转化的，因为，他们本身无力改变自己错误的心理倾向。

对工读学生起着影响作用的外在条件很多，有近的，有远的；有重要的，有不重要的；有直接的，有间接的；有自觉的，有自在的。概括起来说，是多序列、多层次，极其错综复杂的。要求所有的条件都变成有利的，是脱离实际的。比如：希望把家迁往较理想的地区，就很难办到。有些重要条件的改变的速度满足不了转化的需要，但又不能静等着，如：争取社会风气的根本好转。那么，我们只能在近的、重要的、直接的、自觉的诸条件中，选择最可能改变，最容易改变的立即改变过来；而且力求突出其影响作用，使整个外在条件总结构发生较大的变化。工读学生的教育者（主要是指老师和父母）是近的、重要的、直接的、自觉的影响作用条件。教育者的态度、感情、方法的改变，应是容易的，而且是最必须的。特别是教师应成为改变条件中的先导，核心人物，象酵母菌那样引起应变的条件发酵，尽可能地使总的外在条件结构，保持影响作用的最优水平。

一、教育者的改变

这里着重谈一谈老师和家长的态度、感情、方法改变的重要性。

1979年，我们对132名工读学生进行调查，分析他们和来工读前最后一位班主任关系，统计情况如表二：

表二

关　系	还不错	不好不坏	反感厌恶	直接作对	总　计
人　数	7	16	72	47	132
百分比	5.3	12.1	54.5	29.1	100

表二中“反感厌恶”、“直接作对”两栏合计119人，占83.6%。这里已不存在师

生关系了，用学生话讲："一见就够，一听就烦"；"他想置我于死地，我也不让他好受"这样的关系已没有教育可言，只能更扩大、加强学生的错误心理结构。

工读学生和家长的关系还要更坏些，除去少数有直接教唆行为或严重熏染的家长之外，90%以上的家庭关系处于僵化状态；另外不到10%的家庭，有流着溺爱伤心泪的母亲和哀声叹气毫无教育能力的父亲，这样的父母在自己儿女的头脑里，只不过是一幅不值得可怜的面孔而已。

做工读学生转化工作，必须建立起新型的教育者与被教育者的关系，建立这种关系必须从教育者做起。教育者，特别是教师应以诚恳的态度、真挚的感情、耐心启发和严格要求结合的教育方法，来换取学生的信任。工读学生对教师有了信任，才可能敞开心灵，让教师精心的医治和雕塑。

二、生活集体及伙伴的改变

工读学生以前的消极集体环境与伙伴的影响是导致他们走向失足的重要因素，不摆脱这些条件，就不能实现转化。

根据1980年50名工读在校生，入工读前夕所在中学集体情况统计，如表三所示。

表三

班级情况	一　类	二　类	三　类	四　类	合　计
人　　数	4	8	23	15	50
百分比	8	16	46	30	100

一类班：纪律好，学习气氛好；二类班：纪律松弛，学习一般；三类班：纪律较乱，不爱学习；四类班：纪律混乱，无法上课。乱班是错误思想、情调滋生、传染的场所。

工读学生除个别有家长或老教唆犯直接引向歧途者外，绝大多数是哥们、姐们拉下或者一块滚下水的。他们十分亲切，互不隐瞒内心的秘密，常在一块玩，甚至形影不离。1980年，41名工读女生，在她们始犯错误之前，共结识了有劣迹行为的亲密伙伴203人，其中男的85人，女的118人，平均每人交了5个男女"朋友"，最多的一人结交了13个男女"朋友"。这么多行为不轨、情感不健康的人，包围一个女孩子，她很难抗拒。犯了错误之后，她们的哥们、姐们就更多了。

工读学校把有违法犯罪行为的青少年集中在一起，为他们多结交哥们、姐妹，相互传染提供了方便条件。这是工读学校教育上的致命点，因之，许多同志对工读教育持怀疑态度。怎样使工读学生生活的集体、同学的影响比以前的集体、伙伴的影响好些？这是工读学生转化工作的焦点。按照无产阶级教育思想，建立起新型的、强有力的生活集体，特别是班集体，这是工读学生转化工作焦点的中心。不抓住这一中心，就事倍功半，甚至彻底失败。集体的利益、集体的荣誉、集体的情调、集体的舆论是帮助他们改变、割断新旧哥们关系的心理气氛和组织力量。马卡连柯把集体的作用提得那么高，看做是教育的杠杆，自有其道理。

三、社会条件的改变

主要是指随着社会主义建设的发展，根据已经变化了的客观实际，对一些较大的、带有根本性的方针、政策的改变与调整，且在社会各个方面相应地采取一系列的措施。这将振奋全民精神，同时，对工读学生的转化也是不可缺少的、极其有利的条件。

就北京来说，三年经济困难之后，工读学校增加为3所，1966年即准备合并为2所。“文化大革命”之后，建立了9所工读学校，现在合并为6所。今后，将还要减少。这说明社会形势的好转，违法犯罪的中学生就有所减少。当然，其中也包含着工读学生转化较显著的成果。反之，方针、政策不适应新的历史情况，社会上老刮歪风，工读学校的日子就不好过。

工读学生的主要精力都用于追求眼前的低级欲望的满足上，并不关心国家大事，对一些重大的、较深远的变革，他们不过问，也不可理解；但是，由于方针的贯彻，政策的落实所带来的社会风气的好转，人民情绪的高涨，他们是非常敏感的。因为，课内的知识对他们的吸引力较小，他们和社会联系的渠道又多样，现社会的变更往往与他们更为密切。所以，相对来说，他们所接受的来自社会的信息总量，要超过一般同龄的中学生。比如：“五讲四美”，“文明礼貌月”等等社会教育活动，和他们言行的矛盾就突出；加强法制力量，从重从快打击犯罪分子，直接关系到他们的下一步。许多社会改进措施，都迫使他们考虑自己的问题。

转化过程

工读学生转化过程是指他们不想犯错误的念头的产生到不再犯错误并坚持进步的整个过程。也就是说，由他们所犯错误欲型已达到的高度向下降到低度，直至零度。这一过程的长短是每个学生动态的心理力量和外在教育条件结合的效率（好、较好）所决定的。根据心理结构质与量的变化关系，转化整个过程又可以分为转化的起始，转化之中和转化的完成三个阶段。

（一）转化的起始。

每个工读学生在特定的外在条件影响下，开始认真地想一想，产生了改正错误的决心，也就是说，心理积极因素开始显示出一定的力量。依据这种力量在心理上所引起震动的大小与持续时间的长短，相对地可把工读学生转化的起始分为突变与渐变两种情况。突变是爆炸式的，往往是由一次活动、某一严重错误行为的防止与处理，一次真诚的谈话……等等引起的。如唐某偷了学生的衣物，逃跑到上海，被拘留送回北京收容所，妈妈磨好了菜刀，要砍死她，她觉得一切都完了，做好被判刑的准备。老师做家长的思想工作，保留她在学校受教育，热情地帮助她。她经过一夜的思想斗争，已经冷却的心涌出了热情，下决心不再犯错误。渐变是多种条件持续地起作用，逐渐地产生了改正错误的念头。如：杜××入工读时抱着试试看的想法，经过自己的观察和老师多次的接触，觉得工读学校还不错。回到家里，看到爸爸也不象以前那样了，态度变得和蔼可亲了。这样，经过两个多月的时间，他才下决心在工读学校呆下来，要学好。

我们按照表一工读学生所犯错误类型的比例，对40个选样进行了如下的剖析。见表四、表五：

表四：突、渐变与欲型及度之关系

变度	欲型	单一型 物欲	单一型 性欲	单一型 狂欲	复合型 物欲	复合型 性欲	复合型 狂欲	总计	百分比
突变	1								
	2								
	3	1						1	2.5
	4	2		3	1	1	4	11	27.5
	5						1	1	2.5
渐变	1								
	2		1					1	2.5
	3		3	1	1	2	2	9	22.5
	4	1	3	2	3		3	12	30.0
	5	1	2	2				5	12.5
合计		5	9	8	5	3	10	40	100

表五：突、渐变与年龄之关系

突渐变＼年龄	13	14	15	16	17	18	19	合计
突变			3	5	4	1		13
渐变	3	4	7	7	5	1		27
合计	3	4	10	12	9	2		40
百分比	7.5	10	25	30	22.5	5		100

表四、五表明：

1.各欲型的突变占其总数的百分比：

精神狂欲型占44.44％，物欲型占40％，性欲型只占8.33％，即性欲型突变的百分比最低。这可能是：性欲型的错误受法律制裁的作用小，教育者所给予的感情很难战胜他（她）们所追求的所谓的“爱情”，以及有关道德观念的建立需要有段过程，道德观念力量还抵不过强烈的性冲动。

2.突变。年龄小的低于年龄大的，如表五，14岁及其以下的没有突变的，15岁的不到1/3，16岁的超过1/3，18岁达到1/3。即工读学生转化起始时，突变的比率随着年龄的增长而增大。

3.各欲型度低的，渐变比率要高于度高的，相对来说，年龄小的渐变百分比较高。这可能因年龄小，情节轻，而不太在乎的关系。

总起来说，工读学生转化的起始，感情作用大于认识，先于认识，即感情受到触动之后，才开始去认识自己所犯错误，其认识的程度也是很肤浅的、非本质的。他们在外力的追使下，检查自己的错误，往往是不真实的，是按照外力的要求做的。根据40个工读学生转化起始的心理分析：

13个学生是由于教育者态度、感情的变化，触动了他们的心灵，他们有了新的希望，开始觉得犯错误没有意思、划不来，才下决心不再犯错误的。

6个学生是担心再犯错误后果不妙而想学好的，其中3个男生看到自己的伙伴被判刑，心理产生了后怕，1女生是怕自己将来没有人要。

19个学生转化的起始主要是由教师、家庭成员的感情因素所引起的，他们觉得再不改好实在对不起老师、父母、哥姐等等。

2人主要因赌气而想改好，其中1人帮助哥们打架，被抬了，十分气愤，下决心不再为这些人卖命了；一人因原校老师说他改不了，他赌气要改好让那个老师打自己的嘴巴

工读学生转化起始往往是许多因素组合的力量，上面所提到的四种是属于主要方面而不是仅指于此。

（二）转化之中。

转化之中是指工读学生在外界条件的影响下，心理上积极因素与消极因素进行反复斗争的阶段，是积极因素由量到质，由弱到强直至居于主导地位，消极因素逐渐降到被控制地位的过程。青少年的心理特点和工读学生本身的特点使他们的转化呈现出较大的波动性，也就是说，他们的转化不仅会反复，而且多数又扩展、移植反复。见表六

表六：反复与年龄关系

年龄 反复	13	14	15	16	17	18	19	总计
无			1	1	2			4
部分	2	2	2	2	5			13
全	1	2	7	9	1	1		21
扩、移		(2)	1 (1)	1 (1)	(1)	(1)		1 (6)

反复与年龄的关系，如表六所示：15、16岁时，全反复和扩、移比例较大，即是反复性最大的年龄阶段。这和欲型及度与年龄关系图是相应的，即平均度的高峰年龄也是反复性最大的年龄。

工读学生转化的反复性除其自身的特点之外，客观条件的变换起着重要的作用。随着时间的延长，本来属于积极的条件也可能逐渐消弱，又出现了旧的或新的消极因素，都会引起反复。比如：社会上不良的风气，学校集体生活、教育活动的单调、乏味；教师、家长的态度、感情淡漠及教育方法一般化，甚而不耐烦、粗暴；旧的或新的坏伙伴的诱使，等等。

工读学生的反复与他们转化起始之前的犯错误有所不同，这是由于前一段转化过程给增添了新的内容。反复是学生转化中的一次真实的暴露与所施教育的反馈，它是教育

者进一步探测学生心理上积极因素与消极因素的强弱程度，相互间的力量结构关系以及各种外在条件影响的渠道、方式和使转化向前跃进的关键时机。特别是那些经过较大的努力已取得显著进步，又犯了错误的同学，他们对真诚地启发他们转化，帮助他们进步的人——老师、家长，感到十分内疚；他们几乎不相信老师、家长还会一如既往的对待他、谅解他；他们没有勇气鼓起风帆，再生活在曾赢得一定荣誉的教育集体中。这时，最有资格、最有力量拉他们一把的，正是他们所深深感到对不起的人。所以，工读学生在转化中又犯了错误，教师、家长应更热情、更真挚地对待他们，更有效地组织教育力量，使他们反复这一跌，摔倒在教育的怀抱里。

但是不少的教师和家长往往不去认真地分析学生反复的种种原因，更不能正确地评价自己工作的不足，而失望、而伤心、而气愤，甚至把学生看成“白眼狼”、“没良心”，以至采用简单粗暴的做法。这样，教育者的思想、感情、态度随着被教育者反复而反复，致使已建立起来的感情中断了，已创造的教育情境消失了，已开始的转化过程终止了，由此，把学生踢到继续犯错误的泥坑中，要想再做他们的转化工作，那就更难了，所谓的“夹生饭”就是这样做成的。

（三）转化的完成。

工读学生自转化的起始，经过转化之中的反复，教育者和受教育者都自觉或不自觉地把主要注意力集中在错误行为上，不管把调动学生的自觉性，转变思想强调到怎样高度，但是教育者的急迫心情总不免要采取这样或那样的手段，以防止学生错误行为的出现。也就是说，工读学生反复之后的一段时间内的不再反复，往往是在外部条件的作用和他们的自我控制力相结合的结果。即从行为上看，他们停止犯错误了，但错误的思想、感情在他们的头脑中仍时有起伏，如果，外部条件的力量一取消，反复又可能出现。

工读生不再去做违法犯罪的事情，这是一个很大的进步。但是，他们心理上却要出现前途的空虚感：社会上怎样看待自己？自己将做什么？怎样做？……等等，许多从来没有认真想过的问题，现在都浮现在脑海里，下一步怎样走，心里很没有底。因之，他们常为后悔的情绪所笼罩，觉得自己已经这样了，只好忍着，甚而感到活着没有什么意思，混一天算一天。这时，他们常是更大胆地议论社会的阴暗面，把不良的风气，工作缺点夸大到不适当的地步，想以此来缩小本人的错误，争取别人的体谅。针对这一心理状态，需要着重在认识上进行破立——立破的加工工作，引导他们加深对错误的原因和实质的认识，形成正确的观点，初步明确人生的意义，初步树立事业的信心。只有这样，才算完成了转化的过程。

这一阶段的教育工作，要具有更大的开放性，即把工读学生领到现实社会中去，让他们重新现实地地去认识社会和他们自己。应多组织他们为社会做贡献，进行社会调查等活动，学习社会中的先进人物，特别是由失足变先进的典型事迹，对他们最有说服力。尽可能采用讨论、争论、辩论等形式来纠正他们的偏见，澄清他们的糊涂观念，坚定他们正确的信念。同时，要启发他们净化人际间的感情，特别是和教育者已建立起来的感情。这是提高认识水平所必需的条件和必然的结果。感情提炼得越纯朴，它对认识的束缚力就越小，认识越深刻，感情就越高尚。一定要使他们理解到在转化过程中所感受到的温暖来源于党、人民和社会主义祖国。

挽救教育工读学生的五个阶段

（1984年11月）

李光达

第一阶段：消除戒心　适应环境

学生乍来，不了解工读学校的性质、方针和任务，总以为是高墙铁网，警察站岗，从心理上形成了一种抵触，屈从和戒备的意识。他们虽然努力检讨前罪，却不露余罪，潜伏着再犯的动机。学校就通过谈心和会议形式，反复讲清：党和国家办工读，是为了“挽救孩子，造就人才，立足教育，科学育人”。这不是教养院，而是学校，你们还有学生的光荣称号，还是祖国花朵，只是蒙点儿尘土，患点儿疾病而已。等把尘土洗掉，疾病治好，真正旧我换新我，向昨天告别了，还可以参军、就业、升学，青春重放光华。如果不接受工读教育，失去这次医治机会，那将会法纪升级，自食恶果。学生听了，通过几天的观察，老师对待他们，确实象父母一样地疼爱，戒心消除了，自觉地在校规校法的范围内活动，适应了工读教育环境。

第二阶段；收敛恶习　深挖余罪

少数不法学生，由于过去劣迹性深，开始还能随众装相，但没过几天，便本相俱露。他们纠合在一起，留心学校的地理条件和管理漏洞，伺机逃跑作案。因琐碎小事聚众殴斗，以强压弱，逞霸称强现象时有发生。学校一方面和市县各分局、派出所保持密切联系，另方面坚决行使工读学校的半强制性的职能作用，充分发挥校规校法的威力，严格按《奖惩条例》办事，约束不法学生遵从执行。与此同时，通过管教老师的大量工作，使多数学生形成了一个“守法遵纪者荣、违法乱纪者耻”的班集体、校集体。使那些少数拽缰野马，受到了舆论的遣责，开始逐步收敛恶习，和多数同学一道，检举揭发，提供线索，积极协助公安机关破获而未结的案件，得到了学校的嘉奖。

第三阶段：徘徊前进　螺旋上升

由于学校对学生奖惩严明，主持正义，在生活上关心倍至，体贴入微，使学生感到这个学校并不是带“引号”的学校；也没有：“学生混年儿、老师混钱儿、领导混衔儿”的一人一事。老师们也确实说到做到，真象医生对待病人那样，父母对待染上传染病的孩子一样，关心他们。睡觉，给他们盖被子；病了，给他们请大夫、拿药；衣服破了，给他们缝补。真是可亲可敬。他们看到屡教不改、重犯新罪的同学被加期、升级，看到确实变好的学生减期、受奖，觉得不好好干不行了。一股弃旧图新的正风酝酿而成。

但是，这些学生毕竟是在精神污染的污染源中爬出来的。而且都已成了新的污染源。所以，可塑性大，反复性大，报复性大，危害性大。他们旧日的哥妹们常常来信，在信中常常勾引，所以，学校的良性诱因与社会上的恶性诱因，在他们的进步中展开了反复较量。悔过自新和老病复发常常在短时间内在一个人身上表现出来。象冷热病一样，忽而好，忽而坏。

因为这个时候的学生，脑中即有了少量的法纪观念和道德观念，又有过去形成的根深蒂固的“吃喝玩乐，死了值过”的资产阶级的享乐观，这时候的欲求冲动如果恶性膨胀，就有回生倒长的可能性和危害性。这个时候，他们往往嫉妒比他好的同学，也怨恨破坏集体名誉的同学，常常因这些发生口角和殴斗现象。

学校曾对此阶段作了这样的分析：

诱因（循环）			
良性（重疏导）	外因	尊重人格	及时肯定
		不翻旧帐	导之以行
	内因	自尊自重	自悔自制
		恨病就医	坚定信心
恶性（重切断）	外因	人为冷遇	坏人唆诱
		教者无方	丧失信任
	内因	自卑自弃	自轻自贱
		失足太深	回生难改

分析后，一致认为：

这个阶段，是教育的最佳阶段，也是学生转变的重要阶段。

这个时期的学生，常和同伙、同案自发或他发（激发）作案动机，窥测风声，伺机外窜；或隐藏装相，待假中采点作案。他们常耍小聪明，以诈病、匿病、造作伤或寻死促成病态，骗取保外就医的合法时间，脱校作案。多因花钱无度，在校受控制；一时手头紧，嘴又馋，而萌动作案之心。作案后假装糊涂，以健忘搪塞审讯，中断侦破线索。所以，学校就教育老师们一定在“反复抓、抓反复”中克制简单粗暴和盲动之弊病。运用教育机制，和学生建立感情。即把哥儿们义气化为良性感情。真挚耐心地开导，以感化学生认罪悔过。大多数学生摆脱了这方面“意结”开始醒悟、转变了。

第四阶段：负疚以往　改正自新

学生一旦识别了什么是“假恶丑”，什么是“真善美”，就会萌发负疚变好之心。

这个阶段，是转化的关键阶段。也是师生间、同学间将“义气”上升为友谊的重要维持时期。这个时期，学校一方面要在放假时让学生到管区派出所签到，返校前，再去接受评语；另一方面，在校内搞巩固性的攻心教育。学校召开“名言警句会”“故事会”“家长座谈会”和“亲人劝导会”等；还专门请了自新悔罪，获得新生的有关人员现身说法。起到了对学生潜移默化的熏陶作用；从而巩固了学生“自尊为人，学着做人”的信念。学生中相继出现了捡表交公、争做好事的先进事例。

第五阶段：停止犯罪　巩固效果

学生变好了，社会评论和师生公认大有长进，不但他能停止犯罪，而且还能积极做好事，谴责做坏事而影响集体名誉的同学。

学校抓住这个重要时机，让老师们进一步明白：德育是文明的根本，智育是改愚的关键，体育是强身的基础，美育是作人的标准。四者相互联系，缺一不可。教育的侧重面在于育，教学的侧重点在于学。寓德育于各种活动之中，培养学生自尊自制自理的自觉能力，以矫正他们的言行。教师们齐心协力、密切配合，又对进步的学生进行了多方面的考验；看准哪个学生在巩固阶段能放心撒手了，学校才出面和该学生的家长单位及有关部门解决他的就业问题和出路问题，准予毕业离校。

就这样，五阶段的挽救、教育法，经过三年多的实践，不断完善更新，教育效果很好。岳校长和广大教工深有感触，都认为：治病、复康、保健，要有得手之法。重在感化、意在分化，才能为“挽救”“造就”扫除障碍、铺平道路。对薄弱环节应注意发现，及时补抓，这样，才能使工读教育大有所为；才能为降低市犯罪率，提供安定团结的四化建设条件尽一份微薄力量。

建立学校、家庭、社会三结合教育网探讨

（1985年3月）

武汉市武昌区工读学校　吴　再　德

青少年犯罪研究表明：学校、家庭、社会（主要是社区）的环境不良与青少年违法犯罪有着显著的相关性。我们要卓有成效地教育、挽救失足青少年，就必须充分发挥学校、家庭、社会教育的职能作用，把三者紧密结合起来，形成一个统一的教育网，引导、控制、防止和抵制不良思想的侵蚀和影响，使青少年在一切活动时间都受到良好教育。本文根据在工读学校的工作实践，仅就学校、家庭、社会三结合教育的有关问题，作一初步探讨。

一、发挥学校主导作用，建立以学校为主的学校、家庭、社会三结合教育网

事实表明，工读学校的学生过去所处的家庭、学校和社区环境往往在某一方面或几

方面具有不良的特征。如果对他们缺乏有力的教育或控制，即使某一方面有教育力量，往往由于与其它方面互相脱节甚至互相抵消，就形成了教育上的"空隙"。改变这种现象，就要正确认识和处理三者之间的关系。

学校、家庭、社会三者之间，学校是主体，家庭、社会是两翼，就是说青少年教育管理体制是以学校为中心。这是因为：（1）学校是培养青少年最主要的场所，青少年体力和智力发展的重要阶段（7岁—14岁）的大部分时间是在小学、初中度过的；（2)学校教育是培养青少年的最主要的阶段，学校有着具有专业素养的教师队伍和整套的教育设施，比家庭和社会具有更好的教育条件，青少年的文化知识、是非观念、道德修养等主要是通过学校教育获得的；（3）学校是专门的教育机关，对青少年的教育更具有计划性、针对性、连续性和科学性。总之，学校教育在塑造年轻一代中起着主要的作用。当然家庭和社会教育也是重要方面，对青少年的影响是不可忽视的。但是，就对在校学生进行系统教育而言，学校理应担负起主要的责任。以学校为中心还表现在，学校不仅要完成本身的教育、教学任务，而且还要担负家庭教育指导者和社会教育组织者的角色，要帮助家长提高教育孩子的水平，把社会教育纳入学校教育的轨道，使三者有机地结合起来，在党的领导下，发挥各自的教育职能和优势，有计划地对学生施加积极影响，培养四化建设的有用人才。工读学校创办初期，我们闭门施教，孤军作战，虽然费了很大的气力，而教育效果不佳，有的学生在校表现尚好，可一放假回家就违法作案，特别是节日和寒假期问题更大，有时作案率竟高达25%。于是我们除重大节日放短时间的假以外，不放寒暑假。这实际上采取的是消极的防范措施，结果造成部分同学逃学，违法作案有增无减。1981年，我们开始改变作法，注意把学校教育与家庭、社会结合起来，加强与各方面的联系。但是，由于没有正确处理好学校、家庭、社会三者之间的关系，缺乏统一的安排和严密的组织，漏洞仍然不少。通过不断摸索，1982年寒假，我们建立了以学校为主的学校、家庭、社会三结合校外教育网，积极主动开展教育活动，才扭转了被动局面，取得了显著的效果。这一年，63名学生全部放假，结果除1名重犯过去的错误外，其他学生都能遵纪守法，还给社会、群众做了78件好事，学校收到十几封感谢信和表扬信，有1/2的小组和1/3的个人被评为校外活动先进小组和积极分子。实践证明，校外教育网的社会效果是好的。我们的做法归纳起来就是，一个依靠，二个途径，三个结合，四个落实，五个评定。一是紧紧依靠党的领导。学校对校外教育作出总体计划和设想，主动向区委汇报，根据区委领导同志的指示修改计划，并发给与三结合教育有关单位的党组织。二是通过区公安分局和区青教办的途径把社会教育力量组织起来。我校的负责人来学校召开各派出所所长和街道青教办负责人参加的联席会议，共同商议工读学生的校外教育问题，落实具体办教人员，把治安干事、管段户警、联防队员和街青办老师、中心文化站负责人、居委会委员等社会力量拧在一起，辅导学生的假期活动。三是把学校、家庭、社会三方面有机地结合起来，放假前，学校召开家长会和学生大会，反复讲建立三结合教育网的意义，使家长和学生打消思想顾虑，然后由老师和家长把学生带到校外教育联络点（街道青教办或派出所）开座谈会，互相熟悉情况，商量假期的具体活动安排。放假离校那天，街道青办辅导老师根据学校的要求到校把学生接回家，有的辅导员还直接把学生接到街办事处，召开茶话会，进一步提出假期活动要求。四是抓好校外教育的组织包括辅导员和活动内容、地点的落实。学校根据学生居住的情况，以街道或居委会为单位组织若干校外活动小组。每个小组选有组长和联络员，配有三到五名辅导员（聘请街教办干部、团干部、公安干警、居民委员等人担任）。学校干部、教师也分别到各校外活动小组参加活动，随时掌握情况，及时给予指导。活动内容尽可能安排得小型多样，丰富多采。如街道文化站看书、下棋、打球、参加少年智力比赛等游艺活动，组织去区科技站观看科技表演与辅导员一起慰问军烈属，打扫街道清洁，为孤寡老人做好事等。假期中，还组织同学们返校汇报情况。五是搞好总结评比工作。假期结束后，由校外活动小组、辅导员、派出所、居委会、小组老师填好假期活动表现鉴定表，班主任老师作出综合评语，学校召开总结表彰大会，对先进小组和个人给予奖励。可以看出，在整个三结合教育过程中，学校始终起着主导作用。实践证明只有充分发挥学校的主导作用和组织作用，才能使学校、家庭、社会教育有机地结合起来，有效地预防和减少青少年犯罪，促进失足青少年向积极方面转化。

二、改善家庭教育，争取家庭紧密配合

教育挽救失足青少年，单靠学校教育是不行的，必须取得家庭的密切配合。但是，工读生过去的家庭教育往往是很糟糕的。据我们调查，大致有如下几种情况：不管（强调没有时间，认为是学校和社会的事，有的干脆遗弃）；教育不当（溺爱、打骂）；不统一（家庭成员管教意见分歧）；还有的是“不良”家庭。如果上述种种状况得不到改变，就难以承担配合学校矫正“特殊孩子”不良行为的重任，甚至还会抵消学校的教育。如有个工读生，在校表现较好，春节放假期间，因怕丑不愿随父母走亲戚，大年初一就挨了父亲两耳光。他一气之下，离家出走，差一点又滑到犯罪的泥坑，学校费了很大劲才把他找回。实践使我们认识到工读学校不仅要做好学生的教育工作，而且还要帮助家长提高家庭教育水平，才能取得家长的积极配合。我们在调查中还发现，除个别家长是有意教唆、纵容、支持小孩犯罪外，大多数家长属于教育思想和教育方法问题。这就告诉我们，向家长普及心理学、教育学方面的知识是改善家庭教育、提高家庭教育质量的关键。通过总结经验教训，我们加强了这方面的工作，采取了如下措施：

1.经常召开家长会，保持与家长的密切联系。每学期我们要召开四至五次家长会。开学初向家长讲明本学期的工作计划，使家长心中有数；期中考试后请家长来检查学生的成绩，促使家长关心学生的学习；重大活动前向家长讲明目的意义，请家长配合支持；重大节日请家长来校参加联欢会和发奖仪式，使家长了解学校生活和孩子的表现情况；期末向家长汇报工作，征求家长意见，并对家长提出假期教育孩子的具体要求。我们还根据不同情况，召开新生、差生、结业生等不同类型的家长座谈会，经常与家长互通情况，共同商量如何教育好学生。

2.举办教育学讲座，帮助家长改进教育方法上存在的问题，结合有关会议，有针对地讲了“家长的义务和责任”、“青少年生理心理特征”、“正确对待孩子的缺点和错误”、“怎样矫正孩子的不良习惯”、“溺爱与打骂孩子的坏处”等专题，分析了工读学生违法犯罪的原因和危害，介绍了一些正确教育孩子的方法。家长们开始听时不以为然，兴趣

不大，我们寓道理于活生生的事例之中，深入浅出，切合实际，有说服力，使家长们受到启发，越来越引起了浓厚的兴趣，有不少夫妻双双同来参加。家长们说："讲座讲得实在，听得入耳，学了有用。"很多家长总结过教育失策的教训，改变了态度和教育方法，主动配合学校工作。如有个同学的家长，以前教育方法简单粗暴，与孩子的关系紧张。家长要求把孩子送去劳改，孩子扬言长大了要杀家长。通过参加座谈后，家长从培养感情入手，星期天带孩子看电影、上公园，满足孩子的正当要求，对孩子循循善诱，耐心疏导，晓之以理，反复做思想工作，终于使这个学生得到转变，提前半年结业，走上工作岗位。

3.在家长中发现典型予以宣传、鼓励，使家长们树立做好教育工作的信心。我们在家长中注意发现典型，加强指导，取得一定成效后，让这些典型在家长会上现身说法，交流改善家庭教育的经验，增强大家的信心。彭××同学的家长以前为管孩子伤透了脑筋，急白了头发，认为孩子"没有救了"。在老师的启发下，他改变了教育方法，发挥孩子喜欢美术的特点，因势利导，扬长避短，创造条件，让孩子画画，把孩子的精力和聪明才干引导到了正确的轨道上来。他的经验在会上介绍后，很多家长都得到了教益。

4.给予具体指导，同家长一起设计教育方案。工读学生中具有千差万别的个性和不同的家庭环境，需要因时而宜，因地而宜，因材施教。我们在对不同类型的学生进行调查研究的基础上，同家长一起制定教育方案，并协助家长实施。如对有流氓恶习的学生，重点对他们进行共产主义道德风尚的教育；对有小偷小摸行为的学生，进行劳动光荣，艰苦朴素的思想教育，并注意组织参加适当的劳动；对打架斗殴的学生，要引导他们划清革命英雄主义与蛮横无理的界限，做一个讲文明有礼貌的新人；对缺乏文化教育，愚昧无知的学生应加强文化学习和法制教育。

总之，家庭是孩子受教育最长的地方，家长是他们最早乃至终身的教师。工读学生在校期间需要家长的配合教育，离校以后依然要回到那个家庭的环境中。因此，改善家庭教育，提高家庭教育质量，是关系到工读教育的成败，关系到青少年健康成长的大事，也是综合治理的重要内容。

三、坚持开放教育，主动争取社会力量的配合

受教育者作为一个社会成员，在同社会各方面进行交往的过程中，同时接受社会生活的影响。这种影响存在于社会生活的各个领域，其中有积极的因素也有消极的因素。工读学生由于年轻无知和其它原因，往往接受一些消极影响，并形成某种错误观念。把他们关在学校里，单凭老师的说教是不能改变这些错误观念的。教育学告诉我们，思想教育过程中的教育者不限于学校老师，凡是对受教育者的思想品德形成有影响作用和组织作用的，都具有教育者的职能。这就是说，教育因素具有广泛性，教育过程具有社会性和综合性。由此可见，只有争取各方面的教育力量，把各方面的教育因素尽可能地纳入学校教育过程，发挥其积极因素，抵制其消极因素，才能使学生全面健康成长。

我们废除"封闭式"的教育，打开校门把学生拉向社会，根据系列教育的需要，组织学生参观解放军营房、革命历史博物馆、〇七工程、省少管所、法制教育展览、访问

老八路、老劳模，带学生到车站、街头、公园、商店为社会群众做好事。学校在社会建立了稳定的教育基地，如：毛泽东同志在大革命时期创办的中央农民运动讲习所旧址陈列馆、荣誉军人疗养院、长江大桥守桥部队等。学校定期组织学生到基地接受传统教育、革命英雄主义教育和纪律教育。我们还开辟班级对口挂钩服务基地，如：社会福利校、武昌公园、学校所在地居住委会，经常上门服务。这些做法收到了较好的效果。首先表现在开扩学生的眼界，提高学生的思想觉悟。工读学生过去接触社会有局限，往往落后的东西接触较多，加上他们缺乏分析问题的能力，逐步形成错误的价值观。我们通过组织参观、访问、服务等活动，扩大了他们的活动范围，使他们更多地接触社会上的先进事物，让社会主义物质文明和精神文明的春风吹进他们的心田，引起他们向积极方面思索。如同学们在参观守桥部队时，听到一解放军班长讲述他拾到495元人民币，冒雪寻找主人的动人事迹，受到了很大震动。过去他们认为社会上的人谁个不爱钱？解放军的行动动摇了他们的价值观，激起思想上的矛盾斗争，打破心理上旧的平衡，为建立新的联系创造了条件，参观后不久，有个新学生在放假回家乘车的途中，看见一个妇女的钱包露在外面，不由得靠了过去。当时他思想斗争极为激烈。他终于没有下手，这是他第一次克制住了自己。其次，增强学生学好的信心。工读生过去是不受社会、群众欢迎的人，他们也由此产生了自暴自弃的想法。我们把他们带回到社会，为群众做好事，用实际行动改变人们的看法。第一个“文明礼貌月”中，我校学生冒雨为居民疏通了一条多年未通的下水道，周围群众交口称赞。居民委员会就敲锣打鼓送了一面写着：“为群众公益，展现新美德”的锦旗，武汉人民广播电台还作了专题报道。同学们在做好事的过程中，体验到欢乐和自豪，增强了上进的信心。

学校要争取社会力量的配合和支持，在校坐等或者被动依靠是不行的，必须要善于捕捉教育时机，创造教育条件，开动脑筋想办法，把有利的社会教育力量，动员来为教育学生服务。去年年底，我校召收了一批新生，这些新生都不愿意入学。他们认为：“进工读学校，没有前途”，家长们更是顾虑重重。有的家长觉得无脸见人，有的不来看学生，有的来后粗暴训斥，把学生搞得心灰意冷。面对这种情况，我们没有责备家长，也不靠就事论事的说教，而是借助社会上“权威”人物的力量，扩大工读教育的影响，培养学生的集体荣誉感和自豪感，聘请人大常委会副主任陶述曾、华中师范学院院长刘若曾、省社会科学院院长密加凡、著名作家耿文、徐迟、画家张振铎、师群、武石等八位知名人士为名誉校长。湖北电视台元旦晚上播放了聘请大会的实况和介绍工读学校生活的录像报道。家长们看后受到了鼓舞，看到了希望，学生们更象过节一样高兴。学生姜××、邓××以前抵触情绪很大，是民警和原学校多次动员才勉强入学的。进校后不安心，想逃学。聘请名誉校长的活动产生了巨大的凝聚力，把他们的心吸引来了。他们在兴奋中受到教育，高兴地说：“我们能和大名人在一起，简直是太幸福了”。他们不但没有逃跑，而且还帮助学校找回一名长期不归的新同学。为了使社会教育力量对学生的教育经常化、多样化，学校还聘请了80年代的活雷锋——朱伯儒同志和华中师范学院教育系副教授严正同志及优秀团干部、工程师等6人担任顾问或辅导员。学院根据系统教育的总体要求和学生的思想实际，有计划地请辅导员来校作报告或者是到辅导员单位开展活动。这些同志在社会声望高，影响大，是学生心目中的英雄。他们知识渊博，阅历丰富，深入浅出的精彩报告，循循善诱的个别谈话，深深打动同学们的心，是对学校教育的补充和升华，起到了学校教育难以达到的良好效果。如在进行人生观教育时，学校请名誉校长兼校外辅导员朱伯儒同志作报告。朱伯儒同志不仅报告生动，而且行动感人。他把用自己的钱买来的几十本书赠给工读学生，与同学们热情握手谈心、合影留念，临行前还挥笔题词："武昌工读的同学们，我们诚挚地希望你们挺起胸膛，勇往直前。一块含有杂质的铁的价值不大，但它经过高温锻铸就可炼成钢。愿你们在工读学校的熔炉中经过千锤百炼成为一块好钢"。朱伯儒同志的报告和对青少年的满腔热情，使工读生们受到了深刻的教育，有的学生在日记中写道："和朱伯伯接触后，我的耳目一新，逐渐懂得了人生的意义在于让别人过得更美好，在于为人类作出贡献。"

综上所述，青少年违法犯罪是学校、家庭、社会中消极因素的复合作用的结果，对这种"综合症"必须要实行综合治理。我们要充分发挥社会主义制度的优越性，在党的领导下，动员全社会各方面的力量，通过协作，特别是要把学校教育、家庭教育、社会教育三者紧密结合起来，并从理论到实践的结合上，正确认识和处理三者之间的关系，不断提高教育挽救失足青少年的质量，为预防、减少青少年犯罪作出贡献。

四、立法司法论

如何审理青少年犯罪案件

（1983年）

最高人民法院研究室　雷　迅

起诉到法院的青少年罪犯，一般都是需要依法惩办的。司法实践说明，审判青少年罪犯，既要看到他们对社会的危害性，又要看到他们能改造好的可能性。不然，就不能真正做到着眼于教育、挽救和改造。人民法院在审判青少年犯罪案件时要注意下列几个问题：

一、明确打击重点，认真区别对待。对于那些极少数杀人犯、抢劫犯、强奸犯、爆炸犯、放火犯以及其他严重危害社会治安的几类重大现行刑事犯罪分子，应坚决依法从重从快惩处，不能因为罪犯年轻而姑息迁就。对其中情节特别恶劣，危害特别严重，依法该判处死刑的，应坚决判处死刑。但要坚持少杀政策，杀人不在于多，而在于惩戒罪犯和对社会的效果。依法从重惩处，也应区别情节，分别处理。对于一般犯罪分子，根据犯罪的不同情节和不同后果，依法判刑。判刑不是单纯为了惩罚，也是为了教育、挽救、改造罪犯。对于青少年罪犯，尤其是这样。

同时，在处理青少年犯罪案件时，要把教唆犯、累犯同被教唆犯、偶犯加以区别；要把共同犯罪中的主犯同从犯加以区别。前者是打击重点，必须严惩，尤其是对那些劳教、劳改逃跑后又犯罪的，要从重或加重处罚。但对认定青少年，特别是少年是否构成累犯、惯犯或者逃跑，是否需要加刑的问题，应该特别慎重，不能简单地以作案的次数和逃跑行为作为唯一的标准，而要根据屡次犯罪和逃跑的主客观原因，逃跑后干了些什么，对社会是否有危害以及危害程度大小等方面，进行全面分析，作出正确的判断，才能确定处理的方法。

当前青少年犯罪团伙作案多。他们虽是团伙，但聚散无常，是乌合之众。有的只经一杯酒、一支烟的媒介而结合成伙；有的是辗转介绍的点头朋友，彼此根本不熟悉，也不了解，只要作案前有人吆喝、“求援”，他们出于“讲义气”、“打抱不平”、“起哄”，参加了犯罪。处理这类案件，要打头子，严惩教唆犯。对其他成员，要区别情况，分别对待。要打得狠，首先要打得准，打得稳。在打击少数的同时，要争取分化改造多数。凡是有从轻、减轻情节的，就要从轻、减轻处罚。特别是对那些初次犯罪的学生或已经就业的青少年罪犯，根据犯罪情节，判处拘役、有期徒刑宣告缓刑或者判处管制，已能起到惩戒作用的，应当宣告缓刑或判处管制。对这些青少年罪犯适用这两种刑罚，充分发挥社会各方面的力量，对他们进行教育、改造，实践证明，效果是比较好的。

有的人民法院对判处管制和宣告缓刑的罪犯，配合有关部门共同执行好党的“给出路”的政策，落实好改造工作，收效很好。如长春医科大学有两个初次犯盗窃罪的青年犯，一个被判处有期徒刑宣告缓刑，一个免予刑事处分。他俩回原单位后，由于受到歧视和冷落，感到压力很大，情绪消沉，对改造信心不足，采取“破罐破摔”的态度。人民法院在回访中发现了这个问题，做了各方面的工作后，使这两个青年坚定了改造决心，收到了明显效果。

二、严格区分罪与非罪和可判与可不判的界限。在处理青少年犯罪案件时，要严格区别罪与非罪的界限和可判与可不判的界限。对违法和初次犯罪的青少年的处罚，要特别慎重，尤其是动用刑罚，更要全面权衡。因为这是关系到一个青年或少年的一生的事情。拉一拉，推一推，判与不判，对某个青少年来说，后果是大不一样的。例如，南方某大学的一个学生信箱，在十几天内连续有数十封信被人非法开拆。侦破的结果，这是本校一个学生干的。人民检察院将该案起诉到法院。按我国《刑法》规定，非法开拆他人信件是侵犯公民的通信自由权利，情节严重的，要处一年以下有期徒刑或者拘役。基层人民法院在审理该案的过程中，查明被告作案的目的是为了要找几张好的年历片送给女朋友。合议庭全面分析了案情和犯罪后果，判了该大学生一个月的拘役。为了不影响他的学习，决定让他在期末考试结束后服刑。宣判后，被告人服判，并表示感谢党的宽大政策和人民法院的公正判决。当他考试结束背着被褥来法院服刑时，学校却以他是一个刑事罪犯为理由，开除了他的学籍。这个人民法院的负责同志谈到这个案件时很感慨地说，这是一件可判可不判的案件，但对这个大学生来说，判与不判，后果大不一样。《刑法》第32条规定，由于犯罪情节轻微不需要判处刑罚的，可以免予刑事处分，但可以根据案件的不同情况，予以训诫或者责令具结悔过或者由主管部门予以行政处分等。如果法院对他免除了刑事处分，学校也就很可能不开除他的学籍了。现在，只判了他一个月的拘役，他却由一个大学生变为一个刑满释放的待业人员了，甚至很有可能成为社会上的一个不安定因素。可见决定对一个违法犯罪的青少年采用什么方法处理，应从其一贯表现，违法犯罪的主客观原因以及起因，认罪态度，可教程度等诸方面综合考虑。对不构成犯罪的，即便是案件到了法院，仍应坚持不判。对那些已经构成了犯罪，但情节轻微，可判可不判的就不要判，多做挽救工作，力争把他们拉过来，减少消极因素。

三、坚持实事求是，正确定罪量刑。人民法院判案子，要做到事实清楚，定罪准确，量刑适当，这有利于消除青少年罪犯的对立抵触情绪，为今后改造打好基础。当前的青少年罪犯，有相当一部分人把“江湖哲学”、“哥们义气”高于是非标准。他们被逮捕后，有的愿一人承担责任，所谓“留得青山在，不怕没柴烧”，“自己坐牢，哥们知情，出来有难，四方帮助”，“士为知己死”。有些青少年在犯罪时逞强显能，但一旦被侦讯、审判，他们那些虚荣思想、怯懦心情和脆弱感情，都暴露出来了，表现为不愿为自己行使正当的辩护权，不如实地讲明犯罪时的起因和犯罪的事实真象。人民法院在审理青少年罪犯时，要特别注意了解他们的心理状态和内心活动，认真核实犯罪事实和主要情节，做到实事求是，定罪正确，量刑适当，使罪犯心服口服地接受判决，投入改造。

对少年犯尤应慎重，他们年龄小，文化低，识别能力差，多数罪犯是因为受外界影响或者有人教唆而犯罪的；也有的是出于好奇、模仿、试探。对他们不能光看作罪犯，还应把他们当作一个迷了路的孩子，对他们更要着重帮助、引导和教育，惩罚一定要适当。我国刑法对少年犯有特别规定，如对于未达到刑事责任年龄的少年，责令他们的家长或监护人加以管教，必要时，也可以由政府收容教养；对应负刑事责任的少年犯，应当比成年犯从轻或减轻处罚；未成年犯一定不能判死刑。对这些规定，要认真执行。对已满14岁不满18岁的罪犯的判刑，尤其是对拟判死刑的青年犯，一定要仔细核实年龄。人民法院如果能以事实为根据，以法律为准绳，正确地定罪量判，可以使犯罪的青少年受到一次深刻的政治和法制教育。

四、加强审判监督、处理好申诉案件。在当前的青少年罪犯中，确有那样一些人貌似很成熟，实际上思想很不成熟，甚至还很幼稚，头脑中缺乏法制观念。他们处理问题很少三思而行，而是莽撞胡来，犯罪前，头脑简单；犯罪时，盲目蛮干不计后果；在受审时，或是逞“英雄”，或是由于胆怯，不肯如实陈述犯罪的全部真实情况。但在判刑后，方醒悟过来，并能冷静地如实地向他们的亲属叙述自己犯罪的全部过程和具体情节，以及在看守所关押期间和审判中的情况。这些青少年罪犯的家长或法定代理人听了罪犯的陈述后，自然要向人民法院提出申诉。因此，在青少年犯罪案件中，罪犯的亲属提出申诉的占有相当数量。

《刑事诉讼法》规定，当事人、被告人及其家属或者其他公民，对已经发生法律效力的判决、裁定，可以向人民法院或者人民检察院提出申诉。各级人民法院对于任何人提出的申诉，都应认真负责处理。人民法院在处理上述申诉条件时，不能只看到罪犯本人既不上诉，也没有申诉，便认为对该案定罪正确，量刑适当，因而把罪犯家长或法定代理人的申诉，当作是对罪犯的包庇和袒护，认为他们多次申诉是无理纠缠。这几年来，人民法院对极大多数青少年犯罪案件的处理是正确的。但是，在某些案件中也确实存在一些问题。仅据一个省高级人民法院的调查组对三个基层人民法院1980年1—6月审结的122件普通刑事案件的检查，认为其中量刑略重的约占15%左右，可判可不判而判了的约占7%左右。

信访工作是我们无产阶级政党和社会主义国家联系群众的一个不可缺少的重要渠道。办理申诉工作的人员对国家、对社会、对申诉人，应该有高度的责任感，本着实事求是、从实际出发的原则，处理好每一件申诉案件。上级人民法院不能对申诉来访人，只是接待一下，对来信只看一看，而把问题一转了事。至于处理是否落实，一概不管或者管得很少。上级人民法院对转交下级人民法院处理的申诉案件，应该做到有检查、有督促。对有些久拖不结的案件，要下级人民法院报告处理结果。对下级人民法院难以处理的申诉，不要照抄照转，可以把案卷调上来，按照审判监督程序进行重新审理。人民法院在处理对本院判决、裁定的申诉时，不能以难度大、棘手为由而推出了事，或者对多次申诉的老上访户产生反感和厌烦情绪，或者将案子放着不办。对申诉有理的，应该抓紧处理并落实好一切事项。对申诉无理的，也要耐心地向申诉人讲明驳回申诉的理由。使其不再纠缠不休。如果发现有漏罪或者有遗漏的罪犯，有追诉必要的，应该及时地加以追诉。真正做到不放纵一个罪犯，不冤枉一个无辜。对青少年的申诉案件，如确有符合法律规定从轻、减轻或者免于刑事处分的，但在判决时没有加以考虑，在复查时，应该多从挽救青少年本人着眼，发现判重了、判错了、需要纠正的，必须加以纠正；应该改判的，坚决改判。缩小打击面，扩大教育面，化消极因素为积极因素。

五、做好减刑假释工作。青少年正处在发育和成熟的各个不同阶段，可塑性很大，易受外界的影响。有的青少年因有人引诱、教唆、欺骗、威胁而走上邪路，甚至违法犯罪。如果在正确的启迪、教育、规劝、关怀下，也容易变好，改造成为新人。不少犯罪青少年，在侦讯初期，往往还是任性、粗野、骄横、不知罪，采取耍赖、顶撞、反抗的态度。但只要我们方法得当，经过侦讯、起诉、审判时的耐心教育，在不同的诉讼阶段，有些人就会转变，开始知罪悔恨，表示要主动赎罪，争取宽大处理。他们在服刑期间，经过一个阶段的法制、劳动、道德、人生观等政治教育和文化技术教育后，多数能逐渐认识到自己的犯罪根源和对社会的危害，看到自己的前途，增强改造的决心和信心。在这种情况下，必须奖惩分明，对表现好的要予以肯定，对立功者要奖励，该减刑的减刑，可假释的假释。在法定的幅度内，减刑和假释可以从宽掌握，让他们及早与家人团圆，回到社会上，接受家庭、社会的再教育。

六、严格执行法律对少年犯的特殊规定。我们党和国家历来对正在成长的少年十分关注，为使他们能健康地成长，在各方面都作了特殊保护。即便对那些触犯了刑律的，法律上也对他们有特殊规定。犯罪是人的有意识的活动。人的识别和控制自己行为的能力，是受年龄限制的。只有当人达到一定年龄的时候，他才具备比较成熟地辨别和分析是与非、合法与非法以及如何自觉地支配自己的行为的能力。少年的行为违了法，只有当他达到一定刑事责任年龄，才能判他的刑。我国《刑法》规定，满了16岁的人犯了罪，才负刑事责任。满了14岁不满16岁的少年，只是在犯了杀人、重伤、抢劫、放火、惯窃或者其他严重破坏社会秩序等少数几类罪时，才负刑事责任。而且还考虑到少年智力差于成年人的这种情况，《刑法》还规定对已满14岁不满18岁的少年犯应当从轻或者减轻处罚。不到责任年龄的少年，他的危害行为虽然符合刑法规定的客观条件的各种特征，但人民法院仍不能判他们的刑。

对少年人犯不仅在实体法上有上述这些特殊规定，未成年的被告参与诉讼活动，国家根据未成年人的生理、心理和智育发育程度，在《刑事诉讼法》上也作了种种特殊规定。我国《刑事诉讼法》对未满18岁的未成年人犯罪的案件，在侦查讯问和开庭审理阶段，可以通知被告人的法定代理人到场。这一规定，是保证未成年的被告人，由他的法定代理人为他行使正当的诉讼权利，正确地向司法机关陈述问题和提出合法要求。刑诉法还规定：人民法院审理14岁以上不满16岁的未成年人犯罪的案件，一律不公开审理；对16岁以上不满18岁的未成年被告，一般也不公开审判。对未成年被告不公开审理，是为了避免给这些未成年人的幼小心灵和精神上留下更多的创伤，以致影响他们今后的健康成长。对被判刑的少年犯，按照法律规定，还要把他们同成年犯分开关押，即关押在少年犯管教所。在服刑期间，让他们从事力所能及的劳动，以加强他们的劳动观点，改造他们不劳而获的思想和各种恶习。由于少年犯正处在各种不同时期的成长期，因此，对他们还要进行必要的文化、科学技术的教育。

司法人员应该很好领会法律上有关对未成年人的所有规定，认真贯彻，要真正做到有法必依、执法必严。不能为了从快审理案件，就不重视未成年人的法定代理人的诉讼地位；不能为了从重惩处，对少年犯就不比成年犯从轻或者减轻处理；不能为了造声势，就对未成年罪犯进行公开审理，甚至让他们游街示众。执行国家的法律，应该是很严肃的，不能敷衍了事，更不能随心所欲，必须坚决纠正和杜绝审判过程中各种违法的做法。

七、加强法制宣传，预防和减少犯罪。在有劣迹行为的青少年中，人民法院处理的，只是已构成犯罪而又必须判刑的极少数人，大量的仅有一般违法行为的青少年仍在社会上。如果做好这一部分青少年的工作，可以预防和减少犯罪。人民法院要通过审判活动，开展法制宣传工作，扩大办案效果。如提供典型案例，配合有关部门，深入重点单位，结合社情和敌情作法制宣讲；吸收青少年旁听典型案件的公判，挑选改造好的青少年进行现身说法等等，以达到教育、改造、挽救有劣迹的青少年，预防和减少犯罪的目的。

各地已改造好的青少年罪犯的事例说明，正确、合法的审判，能使他们从罪恶的迷宫中醒悟过来；通过正确的、适当的定罪判刑和劳动改造，能使他们明辨是非、善恶、美丑，悟出做人的道理；对改造好的，通过减刑，假释，使他们在痛苦中饱尝到党的政策的温暖，找到前进的道路。

处理未成年犯应注意的几个界限

（1983年）

冯　锐

近几年来，未成年人犯罪受到刑事处分的人数，同50年代相比，有了明显的增加。以某市城区法院判处的未成年犯为例，1956年该市判处的未成年犯只占该市判处案犯总数的4.4%；1965年该市判处的未成年犯仅占该市判处案犯总数的0.9%。而1980年，该市判处的未成年犯则占该市判处案犯总数的23.5%；1981年该市判处的未成年犯占该市判处案犯总数的18.8%。在未成年人犯罪中，因杀人、重伤、强奸、流氓、抢劫、盗窃等性质严重的罪行而被依法追究刑事责任的，在整个案犯中也占有一定比例。某市市、区两级法院1981年判处的青少年（14岁至25岁，下同）杀人犯中，未成年犯占19.5%；判处的青少年伤害犯中，未成年犯占31.9%；判处的青少年强奸犯中，未成年犯占19%；判处的青少年流氓犯中，未成年犯占23%；判处的青少年抢劫犯中，未成年犯占32%；判处的青少年盗窃犯中，未成年犯占15.8%。上面这些比例数，说明了未成年人犯罪的严重性。司法机关对实施犯罪行为的未成年人依法追究刑事责任，是对社会治安进行综合治理的一个重要组成部分，也是对未成年罪犯进行教育、挽救的一种法律方法。因此，司法机关依法正确地确定未成年人犯罪应担负的刑事责任，是十分重要的。在司法实践中，为了正确地确定未成年人犯罪的刑事责任，必须区别以下几个界限。

一、必须区别未成年人同青少年的界限

刑法上的未成年人（也可称为少年），是一个特定的含义。我国宪法规定，年满18岁的中华人民共和国公民，都有选举权和被选举权。这一规定说明，在我国，年满18岁在法律上被视为一个人成年的标志。正因为如此，我国刑法也将18岁这个年龄作为区别成年人和未成年人的界限。刑法规定，18岁以上的人犯罪为成年人犯罪，18岁以下的人犯罪为未成年人犯罪。对未成年人犯罪，刑法第十四条作了专门的规定："已满16岁的人犯罪，应当负刑事责任。已满14岁未满16岁的人，犯杀人、重伤、抢劫、放火、惯窃罪或者其他严重破坏社会秩序罪，应负刑事责任。已满14岁未满18岁的人犯罪，应当从轻或者减轻处罚"。上述规定说明：（一）我国刑法中的未成年人是指已满14岁未满18岁的人；（二）未成年人犯罪的刑事责任，根据年龄可分为两类：相对无刑事责任年龄，即已满14岁未满16岁的人，只对法律上明文规定的几种罪负刑事责任；减轻刑事责任年龄，即已满16岁未满18岁的人犯罪，都应负刑事责任，但应当比照成年人犯罪从轻或者减轻处罚。由此可见，未成年人这一概念，是一个严格的法律概念。刑法关于未成年人犯罪的上述规定，是司法机关处理未成年人犯罪案件的法律依据。

青少年这一概念在我国是人们对年轻人的总称。但青少年这一概念的内容并不统一。有的人认为，14岁至25岁的人都可称为青少年；也有人认为，7岁至28岁的人都可以称为青少年，因为少先队员和共青团员正是这个年龄；甚至还有人认为，13岁至30岁的人都可称为青少年。可见，青少年这一概念不是一个严格的法律概念，而是一个广泛的社会概念。这一概念既包括了未成年人，也包括成年人和儿童（14岁以下）的一部分。因此，青少年的年龄不能作为司法机关追究行为人刑事责任的年龄依据。

作为新开展的青少年犯罪研究这一学科的研究对象，将14岁至25岁作为一个年龄界限也未尝不可。但是，我认为在这一学科的研究中，也应将青年（18岁至25岁）和少年（14岁至未满18岁）的犯罪分别进行研究。尤其在进行犯罪统计时，更应将青年和少年、违法和犯罪这样一些类别分别进行统计。只有这样，才能真正掌握青少年犯罪动向和少年犯罪向青年犯罪（即未成年人犯罪向成年人犯罪）转化的程度，以便提出预防犯罪的具体措施。只有这样，才能使青少年犯罪研究同实际工作紧密地结合起来。

二、必须区别罪与非罪的界限

在处理未成年人犯罪的案件中，区别罪与非罪的界限显得格外重要。正确认定某个未成年人的行为是否构成犯罪，是否应当受到刑法的处罚，是区别罪与非罪的前提条件。但是，在司法实践中，对未成年人犯罪案件如何定罪和量刑，常常出现不同看法，这些不同的看法给正确的定罪量刑造成一定困难，甚至有的还作出了错误的判决，混淆了罪与非罪的界限。产生上述问题的原因，不外以下三种情况：（一）由于对未成年人年龄界限的误解而引起：刑法颁布以前，我国在一段时间里对未成年人年龄的确定是以《中华人民共和国劳动改造条例》（1954年颁布）中，关于少年犯的年龄规定来确认

的。按照这个规定，少年犯是指年满13岁不满18岁的犯罪分子。刑法颁布以后，未成年人的起点年龄由13岁提高到14岁。这说明14岁以下的人是无责任能力的人；少年犯的起点年龄从13岁提高到14岁。尽管刑法对未成年人的年龄界限重新作了明确规定，但是，在司法实际中，一遇到已满13岁未满14岁的人实施了严重危害行为时，仍然会有人主张对这样的行为人定罪，而忽视刑法中有关责任年龄的规定。将尚未达到责任年龄的人实施的危害行为视为犯罪，必然会混淆罪与非罪的界限。（二）由于对刑法中有关未成年人犯罪的规定的理解不同而引起：刑法规定，对已满14岁未满16岁的人，只有实施了刑法明文规定的几种罪，才负刑事责任。这也就是说，对处在这个年龄阶段的人实施的危害社会的行为，不能都认为是犯罪，否则，就是混淆了罪与非罪的界限。然而，在司法实践中，对实施了一般危害行为的已满14岁未满16岁的未成年人，却常常由于受害者或者受害人的家属的一再要求，或者由于“民愤”，而被定了罪。显然，这是没有正确理解刑法的有关规定，用感情代替法律的结果。当然，如果对处在这个年龄阶段的未成年人所实施的严重危害行为，不依法定罪，不追究刑事责任，同样也是混淆了罪与非罪的界限。由此可见，只有正确理解刑法中有关未成年人犯罪的规定，严格按照这些规定处理未成年人犯罪案件，才能真正从法律上区别罪与非罪的界限。（三）对未成年人犯罪情节的轻重和危害后果的严重程度的看法不同。在司法实践中，正确分析未成年人实施的危害行为的情节轻重以及危害后果的严重程度，对确定未成年人的危害行为是否构成犯罪，是非常必要的。但是，在处理未成年人的案件中，对危害行为情节轻重及后果的严重程度常常看法不一致，因而造成罪与非罪界限不清。例如，某市两名17岁的中学生，因无票想看电影，被影院工作人员制止入场。便心怀不满，在一个晚上，从墙外向墙内扔砖头将该影院工作人员家的玻璃打碎四块，将工作人员之子的鼻子打出血（很快治愈）。从该案行为人的行为和危害后果看只是一般违反治安管理的行为。但当地司法机关却认为两名中学生的行为构成了流氓罪，并给判了刑（拘役）。这显然是由于对案件的性质分析上的错误而造成的。

综上所述，在处理未成年人犯罪案件中，为了区别罪与非罪的界限，在司法实践中，必须严格地按照刑法有关未成年人的年龄规定来确定未成年人犯罪案件的范围；必须按照刑法中有关未成年人几个年龄阶段来认定他们实施的危害行为是否属于犯罪行为；在审理未成年人案件中，还必须对未成年人所实施的危害行为的情节、后果作认真的分析和研究。只有做到上述这几方面，才能区别好罪与非罪的界限。

三、必须区别“从轻”和“减轻”的界限

依照刑法第十四条的规定，对已满14岁未满18岁的人犯罪，应当“从轻”或者“减轻”处罚。所谓“从轻”，就是指在法定刑的范围内判处较低的刑罚；所谓“减轻”，就是指在法定刑以下判处适当的刑罚。以惯窃罪为例，该罪的法定刑为5年以上10年以下有期徒刑。如果“从轻”判处，就只能在5年以上10年以下判处较低的徒刑，但最低不得低于5年。如果是“减刑”判处，则只能在5年以下判处徒刑。可见，“从轻”和“减刑”是两个不同的概念，在处理未成年人犯罪的案件中，什么情况应当从轻处罚，什么

情况应当减刑处罚，是很复杂的，必须根据具体的案件来决定。某县社员甲，17岁，因与同院邻居乙因生活琐事发生矛盾，甲还怀疑乙之子挑拨他与别人关系，于某日凌晨用镢头、菜刀将乙及乙妻、子、女4人杀死。按照刑法第132条规定，故意杀人罪可判死刑、无期徒刑、10年以上有期徒刑。甲所实施的杀人行为，情节十分严重，危害后果极大，理应判处死刑立即执行，但由于甲在实施犯罪行为时，不满18岁，因此对其应当从轻或者减轻处罚。根据甲的犯罪情节和危害后果，显然不能对其减轻处罚，而只能对其从轻处罚。司法机关判处其死刑缓期两年执行，就是从轻处罚。又如，某地一名14岁中学生，因与同学打闹玩耍，使一同学伤害致死。按照刑法规定，伤害致死人命应当判处7年以上有期徒刑或无期徒刑。但由于该学生年龄尚小，而且是在嬉戏玩耍中造成的伤害致死人命，如果对其从轻处罚，仍需判处7年以上有期徒刑，显然过重。因此，司法机关判处其有期徒刑3年缓刑3年，这就是减轻判决。从上述两个案件的判决可以看出，从轻或者减轻处罚，是我们国家对未成年人进行保护的体现。但是，从轻和减轻在办案实践中使用也应当是严格的。对只能从轻处罚的，不能随便改为减轻处罚；对应当减轻处罚的，也不能任意改为从轻处罚。否则，从轻和减轻就起不到应有的作用。前面例举的14岁中学生因嬉戏玩耍造成伤害他人致死人命一案，由于法院鉴于被告年幼，犯罪情节并不严重（后果是严重的），对被告减轻处罚，判处有期徒刑3年缓刑3年，给被告继续学习的机会，因而使被告深受教育，表示认真认罪。同时，由于被告人的家长给受害人家长一定的经济赔偿，被告人及受害人的家长对法院的判决都表示满意。这一案例说明，法院对该中学生适用减轻处罚是正确的。由此可见，在司法实践中，正确地确定对未成年人犯罪从轻或者减轻处罚，对于教育、挽救、感化未成年罪犯，是十分重要的。

青少年流氓犯罪集团的认定及处理

（1984年6月）

荣礼瑾

一、认定青少年流氓集团的“规格”

我们在认定青少年流氓集团时，需要注意流氓集团的基本特征，这就是：（一）人数在三人以上，多达十几人、几十人、上百人不等。重要成员固定或基本固定。（二）组织结构上有首要分子、骨干分子（主犯），有一般分子，也有胁从分子或受蒙蔽分子。（三）主要成员经常纠集在一起，有组织有计划地实施流氓犯罪行为。有的虽则作案一次，但情节严重，对社会危害性大。

为了进一步分清罪与非罪的界限，试就下列三个方面作进一步地剖析。

（一）青少年流氓集团必须以犯有刑法第一百六十条规定的流氓罪为前提。

刑法第一百六十条规定：聚群斗殴，寻衅滋事，侮辱妇女或者进行其他流氓活动，破坏公共秩序，情节恶劣的行为，就构成流氓罪。

流氓罪所侵犯的客体主要是社会秩序。在刑法上属于妨害社会管理秩序罪一章。流氓犯罪活动使公民的人身权利受到侵害，或使公私财产受到损毁，不仅给直接被害人造成身心损失、威胁，而且对许多不特定的人造成心理上的恐惧、威胁。在一些流氓犯罪活动猖獗的地方，使人们在生活、工作、学习中产生“不安定”的后顾之忧。它的本质特征是破坏公共秩序，包括破坏公共场所和社会公共生活秩序，涉及面广，对社会破坏性大。

构成流氓罪的客观方面。必须具有聚众斗殴、寻衅滋事，侮辱妇女或其他流氓活动的任何一种破坏公共秩序的流氓行为。但客观要件都必须是“情节恶劣”的，才能构成流氓罪。所谓“聚众斗殴”且“情节恶劣”的流氓行为，一般是指两伙流氓之间为私仇或争霸而斗殴。参加人数多、规模大；或者组织参加持械斗殴；或者多次组织、参加聚众斗殴，危害严重的。在认定聚众斗殴时，应注意把流氓之间的聚众斗殴同一般青少年之间多人打架相区别。因为后者往往是因口角、骂架，动手打架，或双方亲友相帮，致使事态扩大。即使情节严重，已造成一定的危害结果，也要依法制裁，但不能与流氓罪，流氓集团相混淆。

所谓“寻衅滋事”且“情节恶劣”的流氓行为。一般是指青少年流氓犯罪分子纠集一块强取豪夺，或者无事生非，侮辱、殴打无辜，公然破坏社会秩序的行为。要注意把青少年经常三五成伙吃喝游荡，仅有流氓劣迹或一般违法行为同流氓犯罪加以区别。

所谓“侮辱妇女”且“情节恶劣”的流氓行为，一般是指男青少年流氓追逐、拦截、劫持女学生、青年女工及其他妇女。用暴力、胁迫的手段进行侮辱，猥亵，或用淫秽下流手段侮辱妇女，使被害妇女身心健康严重遭受损害的行为。要注意把这种流氓犯罪同青少年沾染了流氓习气，偶尔调戏妇女，没有造成严重后果的人的一般流氓行为相区别。

所谓“进行其他流氓活动”且“情节恶劣”的行为，从目前司法实践中看，较为突出的有以下几种：制作、传播淫秽物品对社会危害严重的，或以此为手段教唆青少年犯流氓罪；聚众奸宿，大肆进行淫乱活动，对社会危害严重的等等。

总之，认定青少年流氓集团，主罪必须是流氓罪。但有的流氓集团除犯有流氓罪外，兼犯有抢劫、抢夺、杀人、强奸、诈骗、敲诈勒索、伤害等其他多种罪，应适用数罪并罚的原则惩处，但不影响对“流氓集团”的认定。

（二）青少年流氓集团与一般共同犯流氓罪的异同。

我们在办理青少年流氓团伙的案件时，对于具有前述流氓集团特征的，就应认定为青少年流氓集团，不构成流氓集团的就按一般共同犯罪来处理。

刑法第二十二条规定：“共同犯罪是指二人以上共同故意犯罪。”共同犯罪的客观要件是共同犯罪人都共同地实施了某种犯罪行为，在主观要件方面，各个共同犯罪人都有共同犯罪的故意。

青少年流氓集团是共同犯流氓罪的特殊形式，它除具有共同犯流氓罪的基本特征外，还表现为流氓集团的首要分子组织、策划、指挥集团成员并纠合在一起进行了多次流氓犯罪活动，严重破坏了社会秩序；或者流氓集团的首要分子虽然只组织、策划、指挥进行一次流氓犯罪活动，但后果严重，影响极坏。其次，集团犯罪的组织较严密，有首要分子的组织、策划、指挥，集团首要分子、骨干分子大都是与人民为敌的敌对分子。而一般共同犯罪则缺乏这种严密的组织性，并且在实施了预定的犯罪活动之后，一般不再继续进行共同犯罪的活动。

（三）青少年流氓集团除具有流氓集团的共同特征外，还有其青少年犯罪的一些特点：

（1）组织、策划、指挥流氓集团的首要分子大多数是惯犯、累犯，一般有多年的犯罪经历，而且都有他们初次犯罪的年龄都较低，常常十一、二岁就有劣迹，十四、五岁就有违法行为，并曾多次被政法机关抓获，送少管教养或劳动改造，一般称为“几进宫”的青少年罪犯。在监所内不认罪服法，抗拒改造，互相传习犯罪手段。在期满释放或逃跑后即开始新的犯罪活动，拉拢腐蚀、教唆一些有违法劣迹行为的青少年走向犯罪活动。这种人恶习甚深，犯罪意识浓厚，实际上已经成为积极犯罪分子，是新的历史条件下产生的社会渣滓。(2)流氓集团以封建主义行帮思想“哥们义气”、“江湖义气”为其精神支柱。他们宣扬“为朋友可以两肋插刀”、“软的怕硬的，硬的怕不要命的”，奉行以强凌弱、称霸一方的地痞流氓式的“强权政策”。(3)追求不劳而获的寄生生活，向往资产阶级腐朽、糜烂的生活方式。(4)青少年流氓集团气焰嚣张，他们象滚雪球一样，越滚越大，自恃人多势众，无法无天，作案时手段残忍，不计后果，破坏性大，形成一股“黑社会组织”的恶势力。(5)成员间有一定的“纪律”约束。在集团首要分子操纵下，有的喝血酒，拜把子，或刺血纹身进行盟誓。谁若摆脱集团的控制，便会遭到集团首要分子、骨干分子的疯狂报复。

二、处理青少年流氓集团要分清罪责，区别对待

为了坚决摧垮流氓集团，必须实行“从重从快，一网打尽”的方针。应当将青少年流氓集团的全案一并处理，以便分清罪责，统一量刑，正确执行法律和政策。有的地方为了及时打击严重刑事犯罪分子，不等全案全部犯罪事实查清，匆匆把集团犯罪的首犯、主犯判处死刑，立即执行，影响了深挖罪犯、挤清余罪的工作。

（一）严惩首要分子、主犯，震慑犯罪，打击流氓集团的嚣张气焰。

青少年流氓集团中起组织、策划、指挥作用的首要分子。必须对该集团的全部犯罪行为承担刑事责任。首要分子可以是一名，也可以是若干名，应根据该集团的具体情况分析认定。对青少年流氓集团的首要分子和主犯必须全部逮捕、起诉、判刑。其中罪大恶极，不杀不足以平民愤的，应按人大常委会的决定坚决杀掉。对罪犯不够判处死刑的青少年流氓集团的首要分子，根据其犯罪情节依法从重惩处。同时，要正确运用法律武器和刑事政策，贯彻区别对待的原则。我国刑法第四十四条的规定“已满十六岁不满十八岁的，如果所犯罪行特别严重，可以判处死刑缓期二年执行”。我国刑法之所以作出对不满十八岁的未成年人犯罪不适用死刑的规定，是鉴于未成年人生理和智力尚未完全成熟，还缺乏充分的辨别事物的是非、善恶和控制自己行为的能力。这一规定，充分体现了我国社会主义制度的优越性，体现了我国人民民主专政的强大威力。通过对罪行特

别严重的未成年犯强迫劳动改造，实行革命人道主义，促使其认罪服法，接受教育改造，重新做人。在这个问题上，要细致核实罪犯年龄，慎重处理，防止感情代替政策和法律。

（二）对青少年流氓集团的一般成员的处理，要体现“教育为主，惩办为辅”的方针。

对青少年流氓集团的从犯，应根据其在流氓集团中的犯罪事实比照主犯依法从轻、减轻处罚。具体适用时要注意以下两点：

1.已满14岁不满16岁的青少年流氓集团的少年犯，如果犯罪情节显著轻微危害不大的，可不以流氓犯罪集团成员论，由有关部门送工读学校，或依靠家庭和社会力量进行帮教。

2.对于被胁迫，被诱骗参加流氓集团的青少年，如果罪行轻微，可不以流氓集团成员论，依法予以减轻或免除刑事处罚，不起诉，免予起诉，或采取劳动教养和依靠社会力量进行帮教。同时还要注意刑法第十四条第三款的规定：“已满14岁不满18岁的人犯罪，应当从轻或者减轻处罚。”不满18岁的未成年人年轻幼稚，他们生理、智力和辨别是非善恶的能力，同成年人是有差别的，他们盲目性大，比成年人更容易接受社会上的不良影响和引诱，走上了犯罪。所以在适用刑罚时就不应当同成年人完全一样，在量刑上应当从轻或者减轻处罚，体现我们党一贯坚持的“教育、挽救、改造”违法犯罪青少年的方针。

总之，我们不能把“一网打尽”理解为一律捕、判。而是着重打击犯罪集团的首要分子、主犯、教唆犯。因为他们是新的历史条件下产生的社会渣滓。只有严厉惩处了这些罪犯，才能给减少犯罪、预防犯罪创造有利条件，促进教育、挽救、改造违法犯罪青少年的工作。至于与流氓集团有某些牵连，但没有犯罪故意和行为的；或有一般联系，而无共同犯罪行为的；或曾参与一般违法活动，但无犯罪行为的青少年，更不能以流氓集团的成员来论处，以免扩大打击面。

（三）贯彻“坦白从宽，抗拒从严，立功赎罪”的政策。

对青少年流氓集团处理上要宽严结合，政策兑现。针对青少年罪犯的犯罪心理，发动强大的政治攻势，分化瓦解流氓集团，促进打击流氓集团的斗争深入发展。

对青少年流氓集团的首要分子，主犯要严惩，但如有自首、坦白、立功的表现，可以依法从轻、减轻处罚。青少年犯罪分子自动向公安、检察、审判机关投案，或在家长、亲友规劝、陪同下投案，只要如实地交代了自己的罪行，揭发同案人的犯罪事实，并愿意接受审判的，都可以视为自首。青少年犯罪分子的犯罪行为已被组织或司法机关发觉、怀疑，在组织上对其询问、司法部门进行传讯或者依法采取强制措施之后，犯罪分子如实供认了自己的罪行，就是坦白，一般都要予以从宽处理。青少年犯罪分子在监所内或社会上向政法机关揭发检举其他罪犯的重大罪行；或者向政法机关提供未被掌握的新的犯罪线索、证据，从而侦破其它重大案件；或是提供情况，协助缉捕其他罪犯的种种立功表现，都可以按“立功赎罪”的政策，依法予以减轻处罚，直至免予刑事处罚。即使是罪行严重依法应该判死刑的流氓集团的首要分子，主犯，如果确有自首、立功表现的，也可以不杀，依法改判死刑缓期执行，或无期徒刑，体现党的“给出路”的政策。这样宽严结合，严中有宽，便于分化瓦解犯罪集团，深挖隐蔽较深的罪犯和教唆犯。

三、不失时机地加强综合治理，预防犯罪

经过这次严厉打击，我们对青少年流氓集团的罪犯抓了一批，镇压了一批，投入劳改、劳教一批，使社会治安情况有了明显的好转。当前应不失时机地加强对罪犯的改造和失足青少年的帮教工作，减少、预防犯罪。

首先，要针对青少年罪犯的犯罪心理开展强大的政治攻势，促其认罪服法，提高改造效果。

青少年人犯在押后或监管改造中，有的产生侥幸心理，企图蒙混过关，不彻底交代罪行；有的产生破罐破摔，对前途失去信心；有的顽固对抗，硬充好汉，替"哥们"承担罪责，抗拒改造；有的怕交代罪行，受到犯罪集团的报复。对此，我们要加强法制教育，道德教育，使其思想上解脱哥们义气的束缚，认罪服法，坦白交代，揭发犯罪集团的罪行。要做大量的深入细致的政治思想工作，认真贯彻党的"教育、挽救、改造"失足青少年的方针，做到"象父母对待孩子，象老师对学生，象医生对待病人"那样，把绝大多数误入流氓犯罪集团而罪恶不大的青少年改造、挽救过来。

第二、依靠社会力量，做好对不起诉、免予起诉、免予刑事处分的流氓犯罪团伙青少年的帮教工作，减少犯罪、预防犯罪。各地检察机关应十分重视对不起诉、免予起诉的违法犯罪青少年的回访考察工作。协助各单位的帮教工作落实措施，定期让不起诉、免予起诉的违法犯罪青少年汇报思想、生活，并努力协助有关部门解决他们的实际问题，取得了较好的效果。

我国有关青少年法规概述

（1986年）

郭　翔　马晶淼

前　言

青少年是我们国家的未来，中华民族的希望。中国共产党和人民政府一贯重视青少年在革命和建设中的地位和作用，制定了一系列的方针、政策和有关法律条文，保护青少年健康成长，保障青少年的合法权益，反对一切压制、摧残、歧视、迫害和腐蚀青少年的行为。在党和政府的教育保护下，我国广大青少年一代接一代的健康成长，在革命和建设中作出了可贵的贡献，有的甚至献出了自己的鲜血和生命，谱写了可歌可泣的光辉篇章。

马克思主义认为，法律是统治阶级的意志的表现。为了保护青少年健康成长，党和政府在各个不同历史时期的立法工作中，都十分注意制定有关青少年的法律条文。早在第二次国内革命战争时期，中华苏维埃共和国制定的《宪法大纲》、《劳动法》和《婚姻法》等法律中，就有保护青少年生存、劳动、学习等项权利的规定。在抗日战争时期和解放战争时期，党和政府也十分注意运用法律武器保护青少年健康成长，禁止虐待青少年的行为。中华人民共和国成立以后，国家在一系列有关法律、法令、条例、指示、通令、通告等法规中都有大量教育保护青少年、处理青少年违法犯罪、改造挽救失足青少年的专门条款。这是我国法制建设中重要成就之一，也是我国法规的主要组成部分。

当然，由于受到法律虚无主义的影响及其他原因，我国一直没有制定出专门的青少年法规，这是我国法制不健全的表现。在十年内乱中，林彪、“四人帮”使原有的法律遭到了践踏，使青少年的健康成长受到了极大的危害。这是近几年来我国青少年犯罪剧增的重要因素之一。粉碎“四人帮”以后，特别是十一届三中全会以来，党中央十分强调加强和完备社会主义法制，而制定专门的青少年法规则是我们国家一项重要的立法任务。1980年3月，团中央发起召开了制定青少年保护法座谈会，与会代表一致认为制定青少年保护法不仅必要，而且势在必行。会后，由团中央主持，领导了青少年法的起草工作。我们相信，在党中央领导下，在总结我国过去立法经验的基础上，根据我国当前和今后的需要，参照外国制定青少年法的情况，我们一定能制定出适合中国情况的社会主义类型的各种专门的青少年法。

尽管我国过去没有制定专门的青少年法规，但是正如前边所提到的，在一系列法律条文中都有关于青少年问题的规定，有些现在还具有法律效力。认真总结和研究这些法律规定，不仅对于我们的司法工作和法学研究工作，而且对今后制立和完备我国青少年法规都具有十分重要的意义。

一、我国青少年的法律地位和合法权益

在我国“青少年”不是一个严格的法律概念，而是一个习惯的称法，通常是指14周岁至25周岁年龄段的中国公民。按照我国法律规定，18周岁以下的为未成年人，其中14周岁至18周岁，通称少年，他们属于行为能力受限制的人；18周岁以上为成年人，是具有完全行为能力的人，其中18周岁至25周岁通称为青年。因此，“青少年”既包括一部分未成年人，也包括一部分成年人。

我国法律对青少年的合法权益做了明确的规定。青少年和其他公民一样，都有受教育的权利，休息的权利，发明、著作和获奖的权利，继承遗产的权利，人身和住宅不受侵犯的权利，通讯、结社、游行示威和言论的自由。16岁以上有参加工作和劳动的权利。《中华人民共和国全国人民代表大会和地方各级人民代表大会选举法》规定，“年满十八周岁的中华人民共和国公民，不分民族、种族、性别、职业、社会出身、宗教信仰、教育程度、财产状况和居住期限，都有选举权和被选举权。”所有上述青少年的各种合法权益，都受到国家的保护。任何单位和个人都不得非法剥夺和侵犯。

二、关于对青少年的教育和保护

青少年正处在长身体、长知识和逐步形成世界观、人生观的重要时期，正处在从未成年向成年人的转变时期，也是可塑性很大、易受外界影响的人生时期。因此，特别需要国家法律的保护。我们的政府是代表人民利益的政府，也是代表广大青少年利益的政府，因此，从第二次国内革命战争时期红色政权建立以来，人民政府在法律上都做了保护青少年的明文规定。

1934年1月第二次全国苏维埃代表大会通过的《中华苏维埃共和国宪法大纲》中规定，中华苏维埃政权“应该保障青年劳动者的一切权利，积极地引导他们参加政治的和文化的革命生活，以发展新的社会力量。”这是一项十分重要的规定。正当国民党反动政府残酷地压榨、剥削广大劳动人民、摧残广大青少年的时候，苏维埃政府做出了这样保护青少年的规定，具有鲜明的革命意义，它说明苏维埃政权是保护人民的，是保护青少年的，反映了中国共产党领导的工农革命政权和国民党反动政权根本对立和根本区别。

1941年5月1日，经中共中央政治局批准的《陕甘宁边区施政纲领》中规定：“保护女工、产妇、儿童。”在其他抗日民主根据地政府的有关法律、法令中，也体现了保护青少年的原则。当然，这些法律规定，只适用于边区的范围。在日本帝国主义侵占的沦陷区和国民党统治区，那里的青少年不但没有受到法律的保护，反而受到反动统治者的欺侮、迫害和屠杀，受着贫困、饥饿和疾病的折磨，因为那里的人民仍然处于无权的被压迫的地位。

马克思主义认为，革命的根本问题是政权问题。人民只有掌握了政权才能掌握自己的命运，才能使广大青少年得到反映自己意志的法律的保护。随着解放战争的胜利，我们党领导人民彻底推翻了帝国主义、封建主义、官僚资本主义在中国的反动统治，在全国范围内彻底废除了国民党反动政府一切压榨人民的反动法律。中华人民共和国成立后，国家颁布了一系列惩办敌人、打击犯罪、保护人民的法律。许多法律从不同角度规定和贯穿了保护青少年的原则。

1954年9月20日，我国颁布的第一个宪法中规定：“婚姻、家庭、母亲和儿童受国家的保护。”

1978年3月5日第五届全国人民代表大会第一次会议通过的《中华人民共和国宪法》中，又明确规定“国家特别关怀青少年的健康成长。”

1980年9月10日，第五届全国人民代表大会第三次会议通过的《中华人民共和国婚姻法》中也规定，国家“保护妇女、儿童和老人的合法权益。”

1982年通过的《中华人民共和国宪法》规定:“婚姻,家庭,母亲和儿童受到国家的保护。”

由所可见，保护青少年是我国一项重要的立法原则。这个原则不是抽象的而是有着它丰富的法律内容的。下边我们从几个方面介绍一下法律对青少年的保护。

（一）关于青少年教育保护的法律规定

在旧中国，受教育成了剥削阶级的特权。劳动人民由于经济地位十分低下，过着饥寒交迫的日子，因此也就不可能有享受教育的权利。我国劳动人民群众中文盲之多在世界上是比较突出的。劳动人民中的青少年绝大多数都处于失学状态。我们党和政府在领导人民革命斗争的过程中，十分注意改善人民的生活，提高人民的文化水平，努力使青少年受到应有的教育。为此，从苏维埃红色根据地起，人民政府颁布的有关法律中均做了相应的规定。

1934年1月制定的《中华苏维埃共和国宪法大纲》中规定："中华苏维埃政权以保证工农劳苦民众有受教育的权利为目的，在进行革命战争许可的范围内，应开始施行完全免费的普及教育，首先应在青年劳动群众中施行。"

1941年5月制定的《陕甘宁边区施政纲领》中规定："继续推行消灭文盲政策，推广新文字教育，促全正规学制，普及国民教育，改善小学教员生活，实施成年补习教育，加强干部教育，推广通俗书报，奖励自由研究，尊重知识分子，提倡科学知识与文艺运动，欢迎科学艺术人材，保护流亡学生与失学青年，允许在校学生以民立自治权利，实施公务人员的两小时学习制。"

1943年1月，晋察冀边区第一届参议会通过的《晋察冀边区目前施政纲领》第十八条规定："在提高国民文化水准及民族觉悟目标下，实行普及的义务的免费的教育，建立并健全学校教育，至少每行政村设一小学，每行政区设一完全小学或高小，每专区设一中学，高小及中学应收容半工半读生；建立并改进大学及专门教育，加强自然科学教育；优待科学家及专门学者；开展民众识字运动和文化娱乐工作，定期逐步扫除文盲。"第十九条还规定："保护知识青年。抚辑沦陷区流亡学生，分配一切抗日知识分子适当工作，提高小学教员的质量，改良小学教员的生活。"

中华人民共和国成立以后，人民群众成了国家的主人，广大青少年受教育的权利日益受到国家法律的保护。

1949年9月29日，中国人民政治协商会议第一届全体会议通过了具有宪法性质的《中国人民政治协商会议共同纲领》，在第五章中专门规定了"文化教育政策"。其中，第四十一条规定："中华人民共和国的文化教育为新民主主义的，即民族的、科学的、大众的文化教育。人民政府的文化教育工作，应以提高人民文化水平、培养国家建设人材、肃清封建的、买办的、法西斯主义的思想、发展为人民服务的思想为主要任务。"第四十二条规定："提倡爱祖国、爱人民、爱劳动、爱科学、爱护公共财物为中华人民共和国全体国民的公德。"第四十六条规定："中华人民共和国的教育方法为理论与实际一致。人民政府应有计划有步骤地改革旧的教育制度、教育内容和教学法。"第四十七条还规定："有计划有步骤地实行普及教育，加强中等教育和高等教育，注重技术教育，加强劳动者的业余教育和在职干部教育，给青年知识分子和旧知识分子以革命的政治教育，以适应革命工作和国家建设工作的广泛需要。"这些十分重要的规定，为新中国的青少年提供了广阔的教育领域，确定了正确的教育内容和教育方法，从而大大地推动了新中国的教育事业。

为了贯彻《共同纲领》，1949年12月，中央人民政府教育部召开了第一次全国教育工作会议，确定了教育必须为国家建设服务，学校必须为工农大众开门的总方针。1951年召开了第一次全国初等教育会议，通过了《小学暂行规程（草案）》，统一了全国的初等教育制度。1951年10月，中央人民政府政务院颁布了《关于改革学制的决定》，其中规定小学教育为国民教育的基础,以语文、算术为主，加上图画、音乐、体育，有些小学还开设外语课，目的是给儿童以全面发展的基础教育。规定中学教育负担着双重培养任务，既要为高一级学校培养合格的新生，又要为社会输送优良的劳动后备力量。因此课题内容较为广泛。《关于改革学制的决定》一项重要内容，就是确定劳动人民和工农干部教育在各级各类学校系统中的重要地位，保证了城乡劳动人民的子弟受教育的机会。从此，一大批培养工农子弟的学校建立和发展起来，并且在广大农村中开展了群众性的扫盲运动。1952年，国家又决定对全国高等学校进行院系调整。经过这一系列的改革，从根本上改变了旧的文化教育事业的半殖民地、半封建的性质，促进了新中国教育事业的蓬勃发展，全国广大青少年的文化水平有了显著的提高。

随着社会主义改造的胜利和社会主义制度在中国的确立，党中央又进一步明确了教育方针，提出教育必须为无产阶级政治服务，必须与生产劳动相结合；提出了使受教育者在德智体几个方面得到全面发展的方针。1962年在总结贯彻党的教育方针的经验的基础上，又陆续制定和颁布了全日制小学《暂行条例》、全日制中学《暂行条例》和高等学校《暂行条例》，为各级学校教育提供了一套基本法规。

为了加强对学生的政治思想教育和品德教育，教育部曾于1955年和1963年两次颁发中、小学生守则，对于培养青少年形成好品德、好风尚起了积极作用。在十年“内乱”中，《学生守则》遭到践踏。党的十一届三中全会后，国家教育部门又重新制定颁发了《中学生守则》和《小学生守则》，规定了对中小学生在思想品德方面的基本要求，是每一个中小学生日常学习、生活中必须遵守的行为准则。《守则》要求学生热爱祖国、热爱人民、拥护中国共产党，把国家和人民的利益放在第一位，关心集体、遵守纪律、爱护公物、团结同学、尊敬师长、谦虚诚实、有错必改、勤劳俭朴；要求他们努力学习，专心听讲，勤于思考，认真完成作业，准备为社会主义现代化贡献力量；要求他们培养文明行为和共产主义品德；坚持锻炼身体，积极参加文娱活动，使中小学生都有一个明确的行为目标。这两个学生《守则》的贯彻执行，对于培养青少年具有高尚品德，树立良好的校风起了显著的推动作用。最近广泛开展的“五讲”“四美”活动和两个《守则》的精神是一致的，也是贯彻《守则》精神的继续和发展。

1982年通过的《中华人民共和国宪法》规定：“中华人民共和国公民有受教育的权利和义务。”“国家培养青年、少年、儿童在品德、智力、体育等方面全面发展。”1986年4月，第六届全国人民代表大会第四次会议通过了《中华人民共和国义务教育法》。规定“国家实行九年制义务教育。”“国家、社会、学校和家庭依法保障适龄儿童、少年接受义务教育的权利。”“凡年满六岁的儿童，不分性别、民族、种族应当入学接受规定年限的义务教育。条件不具备的地区，可以推迟到七周岁入学。”《义务教育法》还规定：“地方各级人民政府必须创造条件，使适龄儿童、少年入学接受义务教育。”这部法律禁止任何组织或个人招用适龄儿童、少年做工。规定“对招用适龄儿童、少年就业的组织或者个人，由当地人民政府给予批评教育，责令停止招用，情节严重的，可以并处罚款、责令停止营业或者吊销营业执照。”这部法律已于1986年7月1日起生效。《义务教育法》颁布和实施，标志着我国对青少年教育的法律保护进入了一个新的阶段。

（二）关于青少年就业保护的法律规定

在旧中国，广大劳动人民处于水深火热之中，广大青少年有失学之忧，就业之虑。因此劳动的权利是人民在党的领导下取得政权后，所得到的一项基本的权利，一直得到人民政府制定的法律的切实保障。中华人民共和国成立后，《共同纲领》又明文规定，保护青工的特殊利益。国家制定的所有关于劳动就业、工资福利、医疗保健、休假探亲等各方面的法律规定，适用于具独立劳动能力的16岁以上的青年职工。

为了保护十八周岁以下的未成年人的身心健康，法律对未成人参加劳动作了特殊规定：

1.首先，人民政府的法律禁用童工。

在旧中国，资本家采用各种欺压、拐骗的方法，廉价雇佣大批童工，强迫他们从事力不能及的各种沉重劳动，并且使用各种非人的手段，从肉体上，精神上摧残和折磨他们。这些童工的命运极其悲惨，过着牢狱般的生活，病、残、伤、亡率十分惊人。而这种不人道的野蛮制度，却受到反动政府的保护。因此，从苏维埃政府起一直到全国解放以来，人民的法律都作了禁止童工的规定。

1933年制定的《中华苏维埃劳动法》中规定："禁止雇佣十四岁以下的童工。雇佣十四岁至十六岁的未成年人，须经劳动检查机关的许可。"

1934年制定的《中华苏维埃共和国劳动法》第四十一条规定："十四岁以下的男女，严格禁止雇佣。十四岁至十六岁的童工，经过劳动检查机关许可后才能雇佣。"

中华人民共和国成立后，有关劳动法规也作了类似规定。《劳动保护条例》、《农业发展纲要》等规定，《中华人民共和国义务教育法》规定，任何组织和个人不得招用接受义务教育的儿童、少年就业。十六岁以上的人开始具有劳动权利。由于废除了剥削制度，由于广大人民群众的生活有了保障，我国少年儿童再也不用靠出卖劳力来维持他们的生活。十六岁以下的少年儿童，主要在学校学习。所以，解放以后，我们就在全国范围内彻底废除了童工制度。

2.法律对未成年工的劳动时间作了限制性的规定。

1933年的《中华苏维埃劳动法》规定，十六岁到十八岁的未成年人，"每日的实际工作时间不得超过六小时。"又规定"未满十八岁的人不得雇用为夜间工作。"

1934年的《中华苏维埃劳动法》规定："十六岁至十八岁的青工，每日工作时间不得超过六点钟，十四岁至十六岁的童工，每日工作时间不得超过四点钟。"并且规定十八岁以下的男女童工"严格禁止作夜工。"

1956年4月6日，农垦部在关于改革国营农场经营管理制度的规定（草案）中规定，在劳动中对女职工的生活特点和少年的身体发育，要加以照顾。

1961年5月15日，劳动部在《关于技工学校学生的学习、劳动、休息时间的暂行规定》中规定，未满十六岁的学生，在进行生产实习时的劳动时间为：第一学年每天不得超过六小时，第二学年每天不得超过七小时，第三学年每天不得超过八小时。未满十六岁的学生不参加夜班劳动。

3.对未成年工在工种方面的规定。

为了照顾未成年工的身心健康，历来的劳动法规都对他们所从事的工种作了限制性规定。

1933年的《中华苏维埃共和国劳动法》规定："凡工作特别劳苦笨重、或有害工人身体健康，以及需要在平地下层工作的地方，均不得雇佣妇女及未满十八岁的人从事工作。"

1934年的《中华苏维埃共和国劳动法》规定的更为具体："凡某些特别繁重或危险的工业部门，禁止青工、女工及童工在那里面工作。禁止女工、青工及童工工作之工业部门，由中央劳动部审定公布之（如地下矿业、橡皮、铅、铜、水、银、锡、铸造及其他矿场，过高或过低的地方的木工业等等）。"

1942年的《陕甘宁边区劳动保护条例》（草案）中规定："凡工作特别劳苦，或笨重，或有害工人身体健康以及需要在地下工作者，均不得雇佣妇女及未满十八岁者从事工作。"

建国以后的法律也有许多类似的规定。

上述这些规定总的精神，就是根据未成年人的年龄特点、身体情况，安排他们从事力所能及的轻微劳动，一律不从事笨重的劳动和有损健康或特别困难与危险的劳动，以保护其身体的正常发育，反映了党和政府对青少年的关怀和照顾。

4.规定未成年工与成年工同工同酬。

1933年的《中华苏维埃共和国劳动法》第三十三条规定："所有被雇佣的妇女与未成年人，如与成年男工作同样工作者，应得同样工资。"未成年人按该法规定的工作时间工作，他们的工资"仍应按照职业工资的等级，给与全日工资。"

1934年的《中华苏维埃共和国劳动法》第二十九条规定："女工、青工与成年男工做同样的工作时间。须得同等的工资。童工、青工应缩短工作时间，但工作仍须按照职业的工资等级，以全日计算。"

以后的有关法律都坚持了这项原则。

5.废除旧的学徒制，严格禁止虐待未成年工。

在旧中国，学徒工往往受尽凌辱、虐待。因此，这种学徒制是剥削制度的体现，实质上是一种人身依附制度。为了保护未成年工的权利，从苏维埃政府起，在有关劳动法规中都明令废除旧有的学徒制，禁止虐待学徒工。例如1933年的《中华苏维埃共和国劳动法》规定："严格禁止打骂虐待学徒工。"1934年的《中华苏维埃劳动法》也规定："严格禁止旧式的学徒制和养成工制各种形式的学徒制，凡与本劳动法条文所规定的条件恶劣者（工资、工作时间、待遇等），都宣告无效。"1942年《陕甘宁边区劳动保护条例》（草案）也规定："严禁对学徒虐待或任意打骂。"

建国后，为了不断充实职工队伍，适应国民经济建设的需要，国家规定了新的学徒制度。学徒享受应有的权利，并且形成新的师徒关系。这与旧的学徒制度是根本不同的。

党和政府在法律中不仅规定了对青少年的劳动保护，并且十分关怀安置城镇知识青年的就业问题，从1977年到1980年四年中，全国共计安排3千9百万人就业。针对当前城镇青年的待业问题，国家规定了在政府的统一指导下，实行劳动部门介绍就业，自愿组织起来就业和自谋职业相结合的就业方针。政府并且对城镇青年人开业或联合开业的在资金、税收、场所等方面给予必要的支持和方便。1981年7月,国务院发出《关于城镇非农业个体经济若干政策性规定》指出：“凡有城镇正式户口的待业青壮年，都可以申请从事个体经营。”“个体经营者同全民所有制、集体所有制单位的劳动者一样享受同等的政治权利和社会地位。”并且规定：“个体经营者可以从批准经营之日起，按实际从事的年限计算工龄。”这就为城镇待业青年，开辟广阔的就业门路。随着国民经济的发展，随着党和国家上述正确的就业方针的贯彻，我国城镇青年的待业问题是可以逐步得到解决的。

（三）关于青年婚姻和青少年家庭保护的法律规定

婚姻家庭关系是涉及到广大青少年切身利益的问题。正确的处理和调整这种关系，保护青少年的合法权益，在我国法律规范中占有突出地位。

婚姻是男女两性间的一种社会关系。家庭是由婚姻关系、血缘关系或收养关系而发生的社会生活组织。婚姻、家庭关系都是受一定社会制度所制约的，在国家产生以后又为国家法律所确认的。因此，不同的社会制度，有着不同的家庭和婚姻关系。

在旧中国，封建包办婚姻、买卖婚姻、男尊女卑、家长制是婚姻家庭关系的主要特点，受到反动法律的确认或保护；广大男女青年没有婚姻自主权利，在家庭中没有地位。因此，造成了无数婚姻和家庭悲剧。所以争取家庭解放、婚姻自主是那时广大男女青年的迫切要求，也是革命斗争的任务之一。从苏维埃政府起一直到建国以后，历来的婚姻法都确定了男女平等、婚姻自由、一夫一妻的新的婚姻制度，并且保护子女的合法利益，规定了父母对子女的抚养和教育义务，废除了包办强迫、男尊女卑、蔑视子女利益的封建主义婚姻制度，打碎了套在男女青年头上的封建枷锁。这是中国人民经过长期的革命斗争所取得的重要成果之一。

1.实行婚姻自由、一夫一妻、男女平等的婚姻制度，是对广大青年特别是女青年合法权益的重要保护。

1934年《中华苏维埃共和国婚姻法》规定：“确定男女婚姻。以自由为原则，废除一切封建的包办强迫和买卖的婚姻制度，禁止童养媳。”

1942年《晋冀鲁豫边区婚姻暂行条例》规定：“本条例根据平等自愿，一夫一妻制之婚姻原则制定之。”“停止重婚、早婚、纳妾、蓄婢、童养媳、买卖婚姻、租妻及伙同娶妻。”

1943年《晋察冀边区婚姻条例》规定：“男女婚姻须双方自主、自愿，任何人不得强迫。”“禁止奶婚、童养媳、早婚及买卖婚姻。”

1950年中央人民政府通过制定的《中华人民共和国婚姻法》规定：“废除包办强迫、男尊女卑的封建主义婚姻制度。实行男女婚姻自由、一夫一妻、男女权利平等的新民主主义婚姻制度。”明文规定：“禁止重婚、纳妾。”“禁止童养媳。”“禁止任何人藉婚姻关系问题索取财物。”

1980年制定的新婚姻法规定：“实行婚姻自由、一夫一妻、男女平等的婚姻制度。”“禁止包办、买卖婚姻和其他干涉婚姻自由的行为。禁止借婚姻索取财物。”还规定：“结婚必须男女双方完全自愿，不许任何一方加以强迫或任何第三者加以干涉。”我国刑法还明确规定，以暴力干涉他人婚姻自由的，要依法追究刑事责任。

婚姻是男女间的终身大事，关系到广大男女青年的切身利益，并且直接构成和影响家庭关系。上述规定的男女平等、婚姻自由的原则是符合广大男女青年的利益和要求的，当然，由于长期的封建主义影响，由于资产阶级腐朽思想的侵蚀，有些人违背这些原则，干涉男女青年的婚姻自由权利，有的家长包办子女婚姻，甚至借婚姻进行敲诈勒索骗取财物，这都是违犯婚姻法的，是侵犯广大男女青年利益的行为。所以宣传和贯彻上述法律规定的原则对于保护广大男女青年的切身利益和合法权利，仍然具有现实意义。

《婚姻法》对青少年另一个重要保护原则，就是禁止"早婚"。早婚是我国旧社会普遍存在的一种恶习，严重地影响了青少年的心身发育和健康。在各个革命时期，人民政府颁布的婚姻法规中，都实际上对早婚作了限制性的规定。1950年的婚姻法规定："男二十岁，女十八岁，须得结婚。"这对于铲除早婚陋习、保护青少年的心身健康起了重要作用。但是从人口增长和青年的身体发育情况来看，这个婚龄规定显得偏低。为了照顾国家的整体利益和男女青年的个人利益，根据晚婚和计划生育的原则，根据男女身体成长状况，1980年通过的《婚姻法》对男女结婚年龄作了新的规定，即："结婚年龄，男不得早于22周岁，女不得早于20周岁。"达到婚龄的男女青年，凡符合婚姻法规定的，可以到婚姻登记机关登记结婚。经过登记的婚姻关系受到国家法律的保护。

2.父母对子女抚养教育的义务。

家庭是社会的细胞，它既是生活单位也是教育单位。父母和子女之间有着血缘关系。因此，家庭对青少年的健康成长负有重要责任。1950年颁布的《婚姻法》和1980年颁布的《婚姻法》都明确规定了"父母对子女有抚养教育的义务。"

首先，父母对子女要承担抚养的责任，要为子女的生活、学习和成长提供必要的物质条件。在子女未成年或者不能独立生活时，父母都有抚养的责任。如果父母不履行抚养义务时，《婚姻法》规定："未成年的或不能独立生活的子女，有要求父母付给抚养费的权利。"

父母与子女的关系不得因父母离婚而中断，父母抚养子女的义务不得因离婚而免除。《婚姻法》规定："离婚后，子女无论由父方或母方抚养，仍是父母双方的子女。""离婚后，父母对子女仍有抚养和教育的权利和义务。"《婚姻法》还规定："离婚后，一方抚养的子女，另一方应负担必要的生活费和教育费的一部或全部，负担费用的多少和期限的长短，由双方协议；协议不成时，由人民法院判决。"而人民法院应依据双方的具体经济情况和抚养子女的利益来做出判决。估计到男女离婚时关于子女生活费和教育费的协议，或人民法院关于子女生活费和教育费的判决，往往是以当时男女双方经济情况和子女生活需要为依据的，随着父母经济情况的变化和子女需要的增长，因此，《婚姻法》还规定："关于子女生活费和教育费的协议或判决，不妨碍子女在必要时向父母任何一方提出超出协议或判决原定数额的合理要求。"如果子女的要求合理，而父母经济能力又允许时，就应当满足子女的要求。

为了切实使父母履行对子女的抚养义务，《婚姻法》规定，对拒不执行有关抚养费的判决或裁定的，"人民法院得依法强制执行。有关单位应负协助执行的责任。"

国家保护养子女和继子女的合法利益。养父母要依法抚养、教育养子女。继父母要依法抚养、教育继子女。

为了使非婚生子女的抚养得到保障，《婚姻法》规定："非婚生子女享有与婚生子女同等的权利，任何人不得加以危害和歧视。"

"非婚生子女的生父，应负担子女必要的生活费和教育费的一部或全部，直至子女能独立生活为止。"

如果父母双亡，其未成年子女的抚养问题，《婚姻法》也做出了具体规定，"有负担能力的祖父母、外祖父母，对于父母已经死亡的未成年的孙子女、外孙子女，有抚养的义务。""有负担能力的兄、姊，对于父母已经死亡或父母无力抚养的未成年的弟、妹，有抚养的义务。"

上述这些周密的规定，保障了青少年生活的权利，保护了青少年的利益，体现了党和国家对青少年的关怀。

根据《婚姻法》等有关法律规定，父母不仅有抚养子女的责任，而且有教育子女的权利和义务。父母是人生的第一个老师。家庭教育对于青年的健康成长关系极大，特别是对青少年思想品质和性格志趣的形成有着直接的影响，在相当程度上决定着青少年今后一生的道路。无数的经验教训都从正面或反面证明了这一点。家庭是社会的细胞组织，家庭教育是社会教育的一部分，受着社会政治、经济、文化、思想、道德的影响和制约。社会主义社会的家庭教育，要求父母应当用正确的世界观、人生观和社会主义公德教育子女，不仅对他们进行文化科学的教育，更重要的是对他们进行思想品德的教育。身教重于言教，父母在教育子女时，要以身作则，要用正确的方法去教育和影响子女，使子女成为一个热爱祖国、有理想、有志气、遵守社会公德和国家法纪、能够献身于社会主义事业的四化建设人才。只有这样，父母才算尽到了教育子女的义务。那种只养不教，或者用错误的思想行为、方法教育子女，甚至引诱、教唆、包庇子女犯罪，都是国家法律所不允许的。

国家干部，特别是高级干部，在履行教育子女义务方面要起到模范作用。早在1955年10月，中共中央转发《教育部党组关于逐步取消各地干部子女学校的报告》的批示中就指出："党员和干部，特别是高级干部，应当注意配合学校对自己的子女进行教育，特别要注意用共产主义的精神来教育后代，抵制资产阶级思想对孩子们的侵蚀，把自己的子女培养成为一个社会主义的全面发展的新人。当前有很多干部和党员只知给孩子吃好的、穿好的，而不注意教育，对子女一味溺爱，娇生惯养，放任自流，这显然对孩子是有害的。这种偏向是普遍存在着的，必须予以纠正。当然，用粗暴的态度（如打骂、体罚）来进行教育也是不正确的。"1980年2月，中共中央制定的《关于党内政治生活的若干准则》再次强调党员干部要"加强对子女的教育"，禁止利用职权为子女谋求特殊照顾。《准则》是党内法规，将来在制定和健全行政法等有关法规时，对于国家工作人员也应提出类似的要求。这对干部子女的成长，避免他们脱离群众、走上邪路是很重要的。极少数干部无视法律关于父母教育子女的规定，放纵子女，以至使个别干部子女走向违法犯罪道路，在群众中造成了不良的影响，这种教训应当引起注意。

3.父母对子女有管教和保护的义务。

由于未成年人的行为责任能力受到限制，所以父母是他们当然的监护人和法定代理人。《婚姻法》规定："父母有管教和保护未成年子女的权利和义务。"父母有责任保护未成年子女的合法利益，包括人身、财产和其他方面的合法利益，在刑事诉讼或民事纠纷中，父母可以充当辩护人或代理人，依法参与诉讼活动，维护未成年子女当事人的合法权利。同时，按照法律规定，父母也有权利和义务管教子女，使子女遵守社会公德和国家法纪。在未成年子女对国家、集体或他人造成损失时，父母有赔偿经济损失的义务。

在家庭保护方面，父母对子女的人身保护十分重要。历来的《婚姻法》都规定禁止溺婴和其他残害婴儿的行为，禁止父母虐待、遗弃子女。由于继父母虐待子女的现象容易发生，所以1950年的《婚姻法》规定："夫对其妻所抚养与前夫所生的子女或妻对于其夫所抚养与前妻所生的子女，不得虐待歧视。"1980年新《婚姻法》也规定："继父母与继子女间，不得虐待和歧视"。在现实生活中，有少数父母，特别有些继父母不是正当的行使对子女管教的权利和义务，而是采取经常打骂、体罚、禁闭、冻饿、有病不给治疗等方法，任意对子女进行肉体上和精神上的摧残折磨，有的甚至给子女的心身健康造成了严重损害，这都是不道德的行为和侵犯子女人身权利的违法行为。对那种虐待遗弃子女的人，应当受到社会舆论的谴责，其中有的要追究法律责任，情节恶劣构成犯罪的，按照刑法规定追究其刑事责任。

此外，在家庭保护方面，法律还规定了对子女的财产权和继承权的保护，子女依法得到的财产，一律受到保护，不受侵犯。子女在继承父母遗产时，不受性别的限制；在同一顺序的继承人分配遗产时，法律规定，首先应当照顾未成年人和无劳动能力的人。

从以上几个方面可以看出，在我国有关法律中，对青少年的家庭教育保护占有重要的地位。这些法律条款是正确处理家庭和青少年关系的基本准则，对于保护青少年的健康成长起了巨大的作用，并且受到国外人士的称道。在"十年文化大革命"中，我国正常的社会关系，包括家庭关系；我国对青少年的教育保护，包括家庭教育保护，都遭到了严重破坏，影响了不少青少年的健康成长，甚至有些青少年因而走上违法犯罪的道路。近几年来，家庭的教育保护虽然已经引起各个方面的重视，但是有极少数家长仍然忽视家庭的教育保护作用，甚至有的违反国家法律关于家庭教育保护青少年的规定，这是影响一些青少年健康成长，造成某些家庭悲剧和导致一些青少年堕入违法犯罪泥坑的重要因素。因此，建立、健全、贯彻执行有关家庭教育保护的法律，仍然具有现实的意义。

（四）关于社会对青少年教育保护的法律规定

对青少年教育保护，除了家庭这个重要环节以外，还需要社会的教育保护，只有把家庭的教育保护和社会的教育保护结合起来，才能切实保障青少年的合法权益，才能保证青少年的健康成长，所以在我国有关法律中，对青少年的社会教育保护也占有重要地位。

1.禁止反动的、淫秽的、荒诞的书刊、图画毒害青少年。

在旧中国，由于反动阶级的统治，社会上充满着反动的、淫秽的、荒诞的书刊图画，严重的毒害着广大青少年。新中国成立时，为了给劳动人民和广大青少年提供健康的精神食粮，《共同纲领》规定了实行新民主主义的文化教育政策，指出要"发展人民出版事业，并注重出版有益于人民的通俗书报"。"提倡文学艺术为人民服务，启发人民的政治觉悟，鼓励人民的劳动热情。”而且规定要“奖励优秀的文学艺术作品”。按照《共同纲领》，在党和政府的领导下，人民的出版事业有了很大的发展，创作和发行了大量革命的、进步的社会科学书籍和文学艺术作品，对于改造社会风气、提高广大人民和青少年的政治觉悟、鼓舞他们投入新中国革命和建设事业起了极为有益的作用。

但是，由于全国解放后的最初几年还没有来得及对各城市的私营书铺、书摊、出版进行社会主义改造，因此，许多旧社会遗留下来的反动的、淫秽的、荒诞的旧小说、旧唱本、旧连环画、旧画片，每天出租给几十万读者。被推翻的反动阶级和资产阶级不法分子曾经制造和利用并还在继续制造和利用这类书刊图画作为思想进攻的工具，散播形形色色的地主阶级和资产阶级的反动腐朽思想和下流无耻的生活方式，借以毒害和腐蚀广大劳动人民。一部分人民群众，尤其是有些青年、少年、儿童，因为受到这类图书的毒害，思想堕落，道德败坏，生活腐化，学业旷废，工作消极，甚至发生殴斗、盗窃、奸淫、凶杀等犯罪行为。为了保护人民尤其是青年、少年、儿童的身体和思想的健康，1955年7月国务院专门发布《关于处理反动的、淫秽的、荒诞的书刊图画的指示》，规定：“凡内容极端反动的书刊和描写性行为的淫书淫画，一概予以查禁。”“凡宣扬荒淫生活的色情小说和宣扬寻仙修道、飞剑吐气、采阴补阳、宗派仇杀的荒诞的武侠图书，应予收换，即用新书与之调换。”“对于极少数专门著绘、摄制、印行、贩运和租售反动、淫秽、荒诞图书的反革命分子和坚决抗拒改造的不法分子”，要“依法给以惩处”；对其中个别罪大恶极分子“应依法予以逮捕，公审法办”。同时为了满足人民文化生活的需要，对于不属于上述查禁和调换范围的图书，依照政府的规定可以继续出售，出租。国务院在《指示》中强调出版机关“应增加和改进文艺作品、通俗读物、少年儿童读物的出版，尤其要注意多出版一些适合那些水平低的读者和青少年儿童阅读的读物。”接着，1955年11月全国人民代表大会常务委员会又通过了《关于处理违法的图书杂志的决定》，规定对“宣扬盗窃、淫秽、凶杀、纵火及其他犯罪行为，危害人民身体健康，败坏社会公德，破坏公共秩序的”图书杂志，可按照其违法情节，分别作停止发行、停止出卖、停止出租或者没收等处理。随着全国人大常委和国务院的上述规定的贯彻执行，随着社会主义改造事业的胜利，我国的文化出版事业和图书发行事业出现崭新的面貌，对于建立新的社会风尚，丰富、活跃人民的文化精神生活，对于青少年的健康成长起了极大的推动作用。

在“文化大革命”中，没有改造好的剥削阶级残余分子和极少数坏人，又沉渣泛起，趁社会动乱之机。利用早被查禁的黄色书刊，腐蚀青少年，特别是一度在地下流传甚广的《少女的心》（又名《曼娜回忆录》）等手抄本，对一些青少年的毒害甚为严重，有的竟因此而堕落，走上违法犯罪的道路。1975年公安部发出禁止黄色书刊毒害青少年的通知，规定继续清查收缴反动黄色书刊，依法惩办那些蓄意传播坏书、引诱青少年犯罪的教唆犯。对一般传看过坏书的青少年则应当坚持正面教育。对清查出来的坏书，要指定专人登记密封，统一销毁，严防扩散。

同时，我国刑法第170条规定：“以营利为目的，制作、贩卖淫书、淫画的。处三年以下有期徒刑、拘役或者管制，可以并处罚金。”1957年制定的《中华人民共和国治安管理处罚条例》规定：“出售、出租业经取缔的反动、淫秽、荒诞的书刊、画册、图片的”，属于“扰乱公共秩序行为”，可“处十日以下拘留、二十元以下罚款或者警告。”1986年9月经第六届全国人大常委会第十七次会议通过的新的《中华人民共和国治安管理处罚条例》规定：“制作、复制、出售、出租或者传播淫书、淫画、淫秽录像或者其他淫秽物品的”，“处十五日以下拘留，可以单处或并处三千元以下罚款，或者依照规定实行劳动教养，构成犯罪的依法追究刑事责任”。

鉴于近几年来国内出售、转录一些港、澳、台流行歌曲，其中发现有反动和色情歌曲，在社会上，特别是在青少年中广为流传，造成了极坏的影响。因此，1980年8月文化部、公安部、商业部、海关总署、工商行政管理总局联合发出《关于禁止收购、出售、转录进口录音带、唱片的通知》规定：“各地海关应严格把关，发现内容反动、淫荡、下流等一类的录音带、唱片一律禁止进口”，“各地宣传文化部门应做好思想教育工作，教育群众不要私自转录、交换和购买。对内容反动和色情的应动员群众自动洗掉或销毁。”在公共场所不得播放此类录音、唱片，并禁止这类商品在市场上出售。对私自贩卖这类商品、非法牟利的投机倒把分子，应坚决依法惩处。

1978年，公安部颁发《城市治安管理细则》，在“预防犯罪”中规定，要“收缴凶器和反动淫秽的书刊图片。”

由于淫秽物品的日益泛滥、严重地毒害了人们的思想，危害青少年的身心健康，诱发青少年犯罪，国务院于1985年4月17日发出《关于严禁淫秽物品的规定》指出：“为了保护广大人民特别是青少年的身心健康，维护社会治安，保证社会主义现代化建设的顺利进行，对各种淫秽物品必须严格查禁。”规定：“对各种淫秽物品，不论是否以营利为目的，都必须严格禁止进口、制作（包括复制）、贩卖和传播。”“查禁淫秽物品的范围是：具体描写性行为或露骨宣扬色情淫荡形象的录像带、录音带、影片、电视片、幻灯片、照片、图画、书籍、报刊、抄本，印有这类图照的玩具、用品以及淫药、淫具。”规定：“对向不满十八岁未成年人传播淫秽物品的，利用工作职务便利将没收的淫秽物品传播的，以及利用职权和所管理的设备复制或传播淫秽物品的，应依法从严惩处。”

上述这些法律规定，对于净化环境、改进社会风气、保护青少年健康成长，预防犯罪，都起了重要作用。但是，查禁反动的、淫秽的、荒诞的书刊、图片及其他影片、录像、唱片、录音带等是一项长期的斗争任务。随着我国旅游事业的发展和国际交往的增多，国外资产阶级腐朽没落的思想文化及其生活方式，必然趁机渗透进来，毒化着我国的社会风气，危害着青少年的心身健康。对于这种情况，除依据有关法律予以抵制、查禁外，在今后制定《出版法》、《图书发行法》、《电影、电视制作、播放法》以及《青少年法》等法规时，都应当作出相应的规定，以便保护我国青少年的健康成长。

2.严禁教唆青少年违法犯罪。

在社会上有极少数没有改造好的剥削阶级残余分子和旧社会遗留下来的渣滓以及反革命分子、刑事犯罪分子、道德败坏不务正业的分子、坏人等，其中有的人不仅自己进行违法犯罪活动，而且千方百计腐蚀毒害青少年，拉拢、引诱、教唆青少年违法犯罪。而青少年由于辨别是非能力较差，再加上生理上、心理上的特点，容易接受外界不良影响，极少数青少年容易在坏人的教唆腐蚀下走上违法犯罪的道路。针对上述情况，为了保护青少年，在我国有关法规中。规定了禁止教唆青少年违法犯罪和对教唆犯要依法进行惩办的条款。

1956年4月，中共中央《关于逮捕反革命分子和其他刑事犯罪分子的政策界限的规定（草案）》中规定，对于“一贯引诱、唆使或组织少年儿童进行各种犯罪的分子”，“应当依法逮捕”。

1957年5月，最高人民法院、司法部《关于城市中当前几类刑事案件审判工作的指示》规定，在偷窃犯罪中，对“一贯教唆或组织未成年人、儿童进行偷窃的犯罪分子，必须依法严惩。”

1957年7月，公安部党组在《关于处理盗窃、流氓、诈骗、凶杀、抢劫等刑事犯罪分子政策界限的规定》中指出：对“唆使或组织少年儿童进行犯罪的分子”，“应当依法逮捕”。

1979年7月制定的《中华人民共和国刑法》第二十六条特别规定：“教唆他人犯罪的，应当按照他在共同犯罪中所起的作用处罚。教唆不满十八岁的人犯罪的，应当从重处罚。”

1979年8月，中共中央转发中央宣传部等八个单位《关于提请全党重视解决青少年违法犯罪的报告的通知》中又重申：“对于引诱青少年犯罪的教唆犯，要依法严惩。”

按照法律规定，打击教唆犯，特别是对教唆不满十八周岁的未成年人犯罪的，要从重处罚，这对于保护青少年、预防犯罪具有重要意义。教唆犯亦称“造意犯”，即故意用言词、行为或其他方法促使他人决心实施犯罪行为的人。教唆的方法多种多样，如授意、怂恿、请求、劝告、收买、威胁、侮辱、嘲笑、滥用权威、口约赠与、提供赠品、预约犯罪后藏匿以及预约分赃等一切明示暗示的方法，都属于教唆行为。只要主观上有教唆故意，客观上有教唆行为的人，不管被教唆的人是否实施所教唆的犯罪，均构成教唆犯罪。现实生活表明，青少年犯罪往往是在他人的怂恿、煽动、引诱、腐蚀、拉拢、唆使和组织下走上犯罪的。值得注意的是，当前的教唆犯，并不一定是成年人，有些是青少年犯罪者中的惯犯、累犯和青少年团伙犯罪的头子和骨干。因此，在整顿社会治安、打击刑事犯罪中，依法惩办各色各样的教唆犯，是不容忽视的重要一环。

除了对教唆犯进行严惩以外，对所出现的“传授犯罪方法罪”也须严惩。1983年9月第六届全国人大常委会第二次会议通过的《关于严惩严重危害社会治安的犯罪分子的决定》规定，“传授犯罪方法，情节较轻的，处五年以下有期徒刑；情节严重的，处五年以上有期徒刑；情节特别严重的，处无期徒刑或者死刑”。对教唆犯罪和传授犯罪方法的罪犯依法进行严厉惩处，作用之一就是对青少年的保护。

3.严厉打击强奸女青少年的犯罪分子，保护女青少年的身心健康。

强奸罪是一种严重侵犯妇女人身权利、危害社会的犯罪行为，特别是奸污少女、幼女的犯罪，情节恶劣、后果严重、民愤极大。为了保护女青少年的身心健康和合法权利，我国有关法律规定对强奸妇女的犯罪行为，特别是奸淫少女和幼女的犯罪行为，要依法予以惩处，严重的可以处以极刑。

1955年7月，中共中央对《教育部党组关于小学生被奸污侮辱情况和处理意见的报告》的批示中指出：“对于奸污和侮辱小学生这种摧残新生一代的罪恶行为，必须引起各级党委严重的注意。对于这样的罪犯必须严厉地依法惩处，对于典型案件应组织群众公审大会公开宣判，借以动员和教育群众。只有采取这种严厉的措施，才能有效地制止这种罪恶事件的继续发生。”

1956年1月，最高人民法院、司法部在《关于严肃处理奸淫幼女罪犯及将检查情况报告我们的联合通知》中强调各地人民法院“对任何一个奸淫幼女的罪犯必须追究刑事责任，尤其对那些淫恶成性的犯罪分子必须依法严惩，任何姑息都是错误的。”

1956年8月。最高人民法院发出《关于继续加强同奸污幼女犯罪作斗争的通报》，指出：“奸淫幼女是一种极为野蛮残暴和危害性极大的犯罪，人民群众极为愤恨，各地人民法院必须坚持不懈地继续加强同这类犯罪的斗争。”最高人民法院同时转发了辽宁省司法厅《关于各级人民法院1955年处理奸淫幼女案件情况的检查报告》，该报告指出：“对于奸淫幼女的现行犯，应当按照‘依法从严’的原则惩处。对于多次奸淫幼女的伪军、政、警、宪和流氓分子，奸淫幼女造成严重后果的犯罪分子，必须依法严厉惩办；对于利用教养关系、从属关系奸淫幼女的犯罪分子，应当从重处罚；对于一贯暗中租售淫书淫画，腐蚀青年、屡教不改的犯罪分子，必须给以应得的惩处；对于犯了奸淫幼女罪的未成年的少年，一般不要处刑，应当严肃地给予批评教育，指明不许再犯，并通知他的父母或监护人加强教育”。“各级人民法院除了依据国家的政策、法律正确及时地审判这类案件外，必须加强这方面的法制宣传教育工作，以激发群众同这类犯罪分子进行斗争的主动性和社会舆论的制裁力量。”各有关方面要“共同采取各种有效措施，加以防范”。

1957年4月，最高人民法院做出《1955年以来奸淫幼女案件检查总结》，并经最高人民法院审判委员会通过。这个总结不仅系统总结了打击、防范奸淫幼女犯罪的情况，并且根据各地经验提出了一些政策界限和法律措施。这个文件指出：“凡奸淫幼女具有下列严重情节之一的，都依法予以严惩：(1)奸淫幼女造成严重后果的（如性器官严重损伤、沾染性病、精神失常或精神病、致自杀、致死以及其他严重危害幼女身心健康和正常发育等情节）；(2)奸淫幼女多人，且情节严重的；(3)用强暴、虐待或其他残酷手段奸淫幼女的。”“对利用教养关系奸淫幼女的，或者有奸淫幼女罪前科的，在认定上述犯罪情节的基础上，从重处刑。”“奸淫幼女未遂的，坦白、自首的，可以从轻或减轻处刑。”“对奸淫幼女的未成年犯，应从轻或减轻处理，情节轻微的可以免予刑事处分；对年幼无知的男童，不应追究刑事责任。但应责令他的家长或监护人加以管教。对教唆青、少年犯奸淫幼女罪的，则应依法严肃处理。”关于区分幼女的标准问题，最高人民法院指示：“为了下一代的利益着想，原则上把一定年龄以下的幼女当作特殊保护对象，是必须的。”规定凡奸淫“未满十四周岁的幼女，不论采用什么手段，不论被害幼女是否同意或者是否抗拒，原则上都以奸淫幼女论罪”。为了维护被害幼女的名誉和安全，最高人民法院在这个文件中确定：“除奸淫幼女案件依法不公开审理，宣判时不宣布被害人姓名，不叙述具体淫秽情节外，各地法院还应在审判过程随时注意维护被害人的名誉。”最高人民法院在这个《总结》中还指出：“鉴于目前奸淫幼女罪犯中有很大一部分是青、少年，其中又以学生、工农青、少年居多数，而犯罪原因又多于外界影响。因此，建议青年团、工会、教育行政部门，继续注意在青少年中进行共产主义道德教育和法制教育。”

1957年5月，最高人民法院、司法部在《关于城市中当前几类刑事案件审判工作的指示》中指出：“在强奸犯中，对于致被害人重伤、死亡、自杀或严重危害被害人健康的，强奸多人的，手段特别残酷的，轮奸的，或强奸未成年少女的，都应依法严惩。对利用职务上的从属关系或教养关系强奸妇女的，分别按其情节依法从重处刑。”“在奸淫幼女犯罪中，对于奸淫幼女造成严重后果的（如性器官严重损伤、沾染性病、精神失常或精神病、致自杀、致死及其他严重危害幼女身心健康和正常发育等情节），奸淫幼女多人且情节严重的，施用强暴、虐待或其他残酷手段奸淫幼女的，都应依法严惩。对利用教养关系奸淫幼女的，分别按其情节依法从重处刑。”

1957年7月，公安部党组在《关于处理盗窃、流氓、诈骗、凶杀、抢劫等刑事犯罪分子政策界限的规定》中指出，对“强奸妇女、奸淫幼女的分子”，“应依法逮捕。”

为了保护受害女青少年的健康和自尊心，政法机关规定在办理强奸案件中，不得检查处女膜。1965年3月，最高人民法院、最高人民检察院、公安部在转发《湖南政法三机关关于不准检查处女膜的通知》中指出：“目前有些地方在办理流氓强奸案件中，乱检查处女膜的情况很严重。有的以检查处女膜代替侦察手段；有的不择手段强行检查；甚至个别检查人员还借机奸污妇女，在群众中造成极坏的影响。对此，各地必须认真进行一次检查。今后，办理流氓强奸案件时，不准对被害人进行处女膜的检查，也不准用检查处女膜的结论作为证据。”湖南省公安厅、检察院，高级人民法院在《批语》中指出：“为了防止胡乱检查处女膜的现象继续发生，今后办理强奸幼女案件，不准进行处女膜检查，不要这种‘鉴定’作证据，主要靠深入细致的调查研究来定案。如果再有胡乱检查处女膜的，应以违法乱纪论处。”

为了严厉惩办强奸罪，《中华人民共和国刑法》第一百三十九条规定：“以暴力，胁迫或者其他手段强奸妇女的，处三年以上十年以下有期徒刑。”“奸淫不满十四岁幼女的，以强奸论，从重处罚。”“犯前两款罪，情节特别严重的或者致人重伤、死亡的，处十年以上有期徒刑、无期徒刑或者死刑。”“二人以上犯强奸罪而共同轮奸的，从重处罚。”《刑法》第一百六十条还规定：“聚众斗殴，寻衅滋事，侮辱妇女或者进行其他流氓活动，破坏公共秩序，情节恶劣的，处七年以下有期徒刑、拘役或者管制”，“流氓集团的首要分子，处七年以上有期徒刑。”

1981年6月，全国人民代表大会常务委员会通过的《关于死刑案件核准问题的决定》规定，为了及时打击犯有强奸等严重罪行的犯罪分子，在1981年至1983年内“由省、自治区、直辖市高级人民法院经审判决死刑的，或者中级人民法院一审判决死刑，被告人不上诉，经高级人民法院核准的，以及高级人民法院一审判决死刑，被告人不上诉的，都不必报最高人民法院核准。”

上述这一系列的规定和指示，对于保护妇女、特别是女青少年的身心健康和人身权利具有重要的意义。解放以来，人民公安机关和司法机关依照党的有关政策和国家的有关法律，严厉惩办了那些强奸犯和奸淫幼女犯，维护了社会治安，保护了广大妇女的人身权利和民主权利。但是，由于剥削阶级思想的腐蚀，特别是林彪、“四人帮”在“十年内乱”中造成的社会风气的败坏。以及国外资产阶级腐朽的意识形态和生活方式的影响，强奸妇女和奸淫幼女的犯罪还经常发生。有的城市居然发生流氓在光天化日之下侮辱女青少年，甚至公然劫持女青少年进行残无人道的强奸、轮奸等严重犯罪行为，造成了极坏的影响，激起了广大群众的公愤。因此，按照国家法律，严厉打击强奸、轮奸和流氓犯罪，保护广大妇女、特别是女青少年和幼女的人身权利和身心健康，是一个长期的斗争任务。

此外，为了保护女青少年，维护社会秩序，我国有关法律还规定禁止女青少年卖淫，并且规定对引诱女青少年卖淫的要依法惩处。比如1957年制定的《中华人民共和国治安管理条例》规定："违反政府取缔娼妓的命令，卖淫或者奸宿暗娼的"，"处十日以下拘留，二十元以下罚款或者警告"。为了适应新的情况，1986年9月通过的新的《治安管理处罚条例》规定"严厉禁止卖淫、嫖宿暗娼以及介绍或者容留卖淫、嫖宿暗娼，违者处十五日以下拘留、警告、责令具结悔过或者依照规定实行劳动教养，可以并处五千元以下罚款；构成犯罪的，依法追究刑事责任"。"嫖宿不满十四岁幼女的，依照刑法第一百三十九条的规定，以强奸罪论处"。根据国务院《关于劳动教养问题的决定》，卖淫而又屡教不改的可以收容实行劳动教养。1957年7月公安部党组《关于处理盗窃、流氓、诈骗、凶杀、抢劫等刑事犯罪分子政策界限的规定》中指出："组织暗娼卖淫或拐骗、胁迫妇女卖淫的流氓分子"，"应依法逮捕"。《中华人民共和国刑法》第一百四十条规定："强迫妇女卖淫的，处三年以上十年以下有期徒刑。"第一百五十六条规定："以营利为目的，引诱、容留妇女卖淫的，处五年以下有期徒刑、拘役或者管制；情节严重的，处五年以上有期徒刑，可以并处罚金或者没收财产。"1983年9月公布的《关于严惩严重危害社会治安的犯罪分子的决定》规定，"引诱、容留、强迫妇女卖淫，情节特别严重的"，"可以在刑法规定的最高刑以上处刑，直至判处死刑"。1984年8月7日，最高人民法院、最高人民检察院、公安部发出《关于卖淫、嫖宿暗娼案应如何处理的意见》，指出："对于卖淫嫖宿活动要一律坚决取缔。"对"有卖淫行为但愿意悔改的，应从各方面加强教育、挽救工作"，"对少数从事卖淫活动、屡教不改的，应予以收容劳动教养"。近几年来，在大中城市发现了少数女青少年卖淫的现象。有些女青少年由于受到资产阶级腐朽思想和生活方式的影响，或者在坏人的引诱下堕落成暗娼，甚至流氓成性，不顾人格和国格，向外国人出卖肉体，并且腐蚀、拉拢其他女青少年下水，影响了社会秩序，毒化了社会空气。这是很值得引起我们高度注意的。所以根据有关规定，坚决制止卖淫活动，取缔暗娼，打击引诱、容留妇女卖淫的犯罪分子，对于保护女青少年也是一个不容忽视的环节。

4.禁止拐骗、买卖少年儿童。

在旧社会，拐骗、买卖儿童，特别是广大劳动人民家庭的子女被拐骗、买卖是普遍现象，其中一些女青少年、幼女被卖到妓院沦为妓女，遭遇十分悲惨。有些所谓"人贩子"就是专靠拐骗、买卖少年儿童为生的，他们并受到反动政府的保护。新中国成立后，人民政府严令禁止拐骗、买卖儿童，禁止蓄婢，禁止童养媳等。1957年公安部在《关于处理盗窃、流氓、诈骗、凶杀、抢劫等刑事犯罪分子政策界限的规定》中指出，对"拐骗妇女、儿童的分子"，"应依法逮捕。"《中华人民共和国刑法》第一百四十一条规定："拐卖人口的，处五年以下有期徒刑；情节严重的，处五年以上有期徒刑。"

所谓“拐卖人口”主要是拐卖妇女和少年儿童。《刑法》第一百八十四条还规定：“拐骗不满十四岁男、女，脱离家庭或者监护人的，处五年以下有期徒刑或者拘役。”无论是拐骗、买卖少年儿童或者拐骗少年儿童脱离家庭或监护人，由于侵犯了少年儿童的人身权利，妨害和破坏了家庭，甚至造成人间悲剧，所以为了保护少年儿童免受这种遭遇，法律做出上述规定是完全必要的。

社会上一些不法分子为了营利，竟然诱骗或胁迫一些少年儿童表演恐怖、残忍节目，严重损害了少年儿童的身心健康。对此1986年通过的新的《治安管理处罚条例》规定：“胁迫或者诱骗不满十八岁的人表演恐怖，残忍节目，摧残其身心健康的”，“尚不够刑事处罚的，处十五日以下拘留、二百元以下罚款或者警告”。

5.孤儿和残疾儿童的保护。

在旧中国，孤儿和残疾儿童的遭遇往往是很悲惨的。解放后，随着国民经济的不断发展和人民生活的不断提高，弃婴、孤儿和残疾儿童的人数大大减少。但是由于天灾人祸以及人们头脑中重男轻女、歧视非婚生子女、嫌弃伤残婴幼儿等旧思想的影响，所以社会上仍然有一些无人抚养的孤儿和残疾少年儿童，这些人都需要社会予以特殊保护。1982年制定的《中华人民共和国宪法》规定：“国家和社会帮助安排盲、聋、哑和其他有残疾的公民的劳动、生活和教育。”根据“宪法”和有关法律关于保护少年儿童和举办社会救济事业的规定精神，孤儿和无人抚养的残疾儿童，政府分别不同情况采取了多种保护措施。有的由各地民政部门设立福利院或孤儿院集体收养；有的由父母的工作单位或街道负责照顾、管理；有的由政府出资，托给家庭代养。总之，不管采取那种措施，都是为了使孤儿和残疾儿童得到社会的保护，做到“幼有所养，孤儿不孤”。在党和政府的关怀下，广大孤儿不仅得到了生活的保障，而且还受到良好的教育，不少孤儿长大之后，成了社会主义建设的有用之才。

从以上几个方面可以看出，社会对青少年的保护，在我国有关法规中占有重要地位。社会保护同家庭保护一样，对于保障青少年的合法权益，保护青少年的健康成长，预防犯罪，都是极为重要的。由于社会保护内容广泛，涉及到国家机关、群众团体、企事业单位等社会各个方面，因此，除了认真贯彻执行已有的现在还具有法律效力的社会保护的法规以外，随着社会的发展，各种新的问题的不断出现，我们还应制定和进一步完善有关对青少年社会保护的法规，包括一些专门性的法规，以便更有力、更准确的打击侵害青少年权益和健康成长的犯罪分子，并且动员、协调社会各方面的力量，互相配合，各负其责，综合治理，做好对青少年的教育保护工作。

三、对违法犯罪青少年的处理和教育改造

在党的教育培养下，我国广大青少年是好的和比较好的，违法犯罪的青少年只是极少数。在50年代和60年代，青少年犯罪人数还不到同龄青少年的万分之一。经过“文化大革命”的十年动乱，青少年犯罪明显上升，已经成为我国一个突出的社会问题。为了正确处理青少年违法犯罪问题，教育、挽救和改造违法犯罪的青少年，党和国家制定了一系列方针政策和有关法律条款。创造了带有我国特点的对青少年违法犯罪的

预防、处理、改造等一系列措施和组织形式。

（一）关于帮教小组

根据党的政策和国家法律，对有违法行为或轻微犯罪行为的青少年，一般不采取刑事处罚的办法，而主要采取群众帮教的方式，对他们进行帮助教育，促其改过。1979年8月，中共中央转发中央宣传部等八个单位《关于提请全党重视解决青少年违法犯罪问题的报告》的通知中指出："对于有一般违法行为的在校学生和青年职工，应当坚持留在学校、工厂、单位教育改造。学校、工厂、单位要管，家庭要管，街道也要管。几个方面结合起来，认真分析他们违法的原因，因人施教。对于其中少数'尖子'，公安机关应当将他们进行不正当活动的情况和材料及时告诉他们所在的学校、单位和街道组织，对他们进行认真严肃的批评教育，必要时可由公安机关出面责令其限期改过，促使他们改邪归正。决不要轻易开除。"根据中央指示精神，各地创造出"帮教小组"这一新的群众性的教育挽救违法犯罪青少年的组织形式。帮教小组在城市基层政权机关——街道和公安派出所具体领导下进行工作。根据50个城市、地区在1980年的统计，由学校、街道、工作单位、家长和公安机关共同组成的帮教小组有四万一千多个，对近二十多万有违法行为的青少年进行帮教。经过帮教，其中有百分之八十以上的人都有了不同程度的转变。

1983年4月，公安部、教育部、劳动人事部、文化部、全国总工会、共青团中央、全国妇联共同发出《关于做好有违法或轻微犯罪行为青少年帮助教育工作的几点意见》，使帮教工作有章可循。文件指出，帮教工作不是行政处分，更不是刑事处罚。帮教工作的对象是十三岁至二十八岁有违法或轻微犯罪行为但还不够或不予刑事处分、劳动教养、少年管教所处理，需要重点帮助教育的青少年。其中包括：①有轻微偷窃、抢夺、投机诈骗、走私和赌博行为的；②有轻微流氓行为，以及多次传播淫秽物品的；③私造、携带、藏匿凶器或多次打架斗殴、寻衅滋事，扰乱社会治安的；④有轻微窝赃，销赃或吃赃行为的；⑤因违法犯罪行为受到行政开除、开除留用（留校）察看处分的；⑥经常偷听敌台广播，向敌台广播的通讯联络地址写信要钱要物或企图偷越出境，经查明不是以反革命为目的的；⑦刑满释放、解除劳教或少年管教以及工读教育后仍表现不好的；⑧有其他违法或轻微犯罪行为的。关于帮教的形式，可以责成家长、亲友帮教；可以订师徒合同进行帮教；也可以建立由单位、街道和家庭等几结合的帮教小组进行帮教。

（二）关于工读学校

工读学校是另一种对有违法行为或轻微犯罪行为的青少年教育挽救的形式。中央58号文件指出："工读学校是一种教育挽救违法犯罪学生的学校，要认真办好。……各地应在党委领导下，以教育部门为主，共青团、公安部积极配合，有关方面大力支持，举办一批这样的学校。对去工读学校的学生，要经区以上教育部门、团组织和公安机关联合组织招生委员会审批，并征得家长同意。在工读学校改造好了的学生，应送原学校或适当调换学校继续上学，不应影响其升学和分配。"工读学校是教育机构，不是惩罚机构和劳改部门，在工读学校学习的是学生，而不是犯人。工读学校招收的学生就是家长管不了，学校也管不了，但又不够劳教、少管和判刑的在校中学生。工读学校坚持"挽救孩子，造就人才，立足教育，科学育人"的方针。在教育中以转变思想为主，着重进行道德教育、法纪教育和文化科学知识教育，并适当参加劳动，据1980年的统计，全国23个省、市、自治区已办起工读学校一百多所，招收学生约八千人。实践证明，在工读学校学习的学生过一段时间的教育和改造，多数都有了进步，改正了错误，有的毕业后重返原校继续学习、升学，有的参加了工作。

（三）关于治安处罚

为了维护社会秩序，1957年10月第一届全国人大常委会第八十一次会议通过了《中华人民共和国治安管理处罚条例》，1980年又重新公布了这个条例。1986年9月5日第六届全国人大常委会第十七次会议又讨论通过了新的《治安管理处罚条例》。

对于青少年中的扰乱公共秩序、妨害公共安全、侵犯公民人身权利、损害公私财产，情节轻微，尚不够刑事处分的违法行为，依照1986年《中华人民共和国治安管理处罚条例》规定，可采用“警告”、“罚款”、“拘留”三种方式进行处罚。

《治安管理处罚条例》规定：“罚款：一元以上，二百元以下。”有些行为，可以处五千元以下的罚款。

《治安管理处罚条例》规定：“拘留：一日以上，十五日以下。”

关于未成年人违反治安管理行为处罚问题，《治安管理处罚条例》第九条规定：“已满十四岁不满十八岁的人违反治安管理的，从轻处罚；不满十四岁的人违反治安管理的，免于处罚，但是可以予以训诫。并责令其监护人严加管教。”

关于在酒醉状态中违反治安管理行为的处罚问题，《治安管理处罚条例》第十二条规定：“酒醉的人违反治安管理的，应予处罚。”“醉酒的人在醉酒状态中，对本人有危险或者对他人的安全有威胁的，应当将其约束到酒醒。”

关于教唆或者强迫他人违反治安管理的，《治安管理处罚条例》第十四条规定：“按照其所教唆、胁迫、诱骗的行为处罚。”

1957年《中华人民共和国治安管理处罚条例》公布后，对于维护社会治安，预防和减少犯罪起了重要的作用。同时，也加强了家长和监护人对未成人管教责任，警告和挽救了一批青少年，使他们避免走向犯罪的道路。鉴于“文化大革命”后，青少年违法犯罪现象严重，1980年国家又重新公布这个《条例》。由于形势的发展，治安管理方面有许多新的情况和新的特点。1957年的《治安管理处罚条例》已不完全适用。所以，1986年9月5日，第六届全国人大常委会第十七次会议讨论通过了新的《治安管理处罚条例》，并规定自1987年1月1日起施行。

（四）关于刑事处罚

对于触犯刑律、构成犯罪的青少年犯罪分子，依照我国刑法等有关法律规定，应予以刑事处罚。

我国刑法规定：“一切危害国家主权和领土完整，危害无产阶级专政制度，破坏社会主义革命和社会主义建设，破坏社会秩序，侵犯全民所有的财产或者劳动群众集体所有的财产，侵犯公民私人所有的合法财产，侵犯公民的人身权利、民主权利和其他权利，以及其他危害社会的行为，依照法律应当受刑罚处罚的，都是犯罪。”应依法追究刑事责任。给以刑事处罚。刑罚的种类分为主刑和附加刑。主刑的种类有“管制”、“拘役”、“有期徒刑”、“无期徒刑”、“死刑”；附加刑的种类有“罚金”、“剥夺政治权利”、“没收财产”。附加刑也可以独立适用。《刑法》规定，由于犯罪行为而使被害人遭受经济损失的，对犯罪分子除依法给予刑事处分外，并应根据情况判处赔偿经济损失。对于犯罪情节轻微不需要判处刑罚的，可以免予刑事处分，但可以根据案件的不同情况，予以训诫或者责令具结悔过、赔礼道歉、赔偿损失，或者由主管部门予以行政处分。我国的法律禁止使用肉刑，禁止刑讯逼供。

鉴于不满十八岁的未成年人，在身体、智力发育、辨别是非的能力和控制自己行为的能力受到限制，在追究他们的刑事责任的时候，我国《刑法》、《刑事诉讼法》等有关法律做了区别于成年人的特殊规定。

1.关于刑事责任年龄的规定。

各国刑法对于刑事责任年龄的规定，虽不尽相同，但都考虑到成年人与未成年人这个原则的界限。我国历来的有关法规都注意到未成年人的特点，并据此规定了具体的刑事责任年龄，确立了对未成年人犯罪从轻、减轻或免于处罚的原则。

早在1951年11月，中央人民政府法制委员会对中南军政委员会《关于未成年人被匪特利用放火投毒是否处罚问题的批复》中就确定：“未满十二岁者的行为不予处罚。未满十四岁者犯一般情节轻微的罪可不予处罚，但应交其亲属、监护人或其属机关团体，予以管理教育”，“但已满十二岁者如犯杀人罪、重伤罪、惯窃罪以及其他公共危险性的罪，则可由法院认定。如法院认为有处罚之必要者，亦得酌情予以处罚，并得对其家长或监护人予以警告。十四岁以上未满十八岁者的犯罪，一律予以处罚，但得比较十八岁以上的成年人犯罪从轻或减轻处罚。”“未成年人被匪特利用放火投毒等行为的刑事责任问题，一般可以参照以上原则办理。如其反革命罪情节严重或发生重大危害结果者，并可就重处罚。”

1955年10月，司法部《关于少年犯送管教所管教是否要经法院判决等问题的批复》就什么是少年犯及应负刑事责任的年龄问题，指出：“十三周岁以上未满十八周岁的少年犯了罪可以称为少年犯，在此范围内的少年，如犯反革命、杀人、放火、烧山等严重罪行，应负一定的刑事责任。”

1956年10月，最高人民法院《关于已满十六周岁的强奸犯应否负刑事责任问题的批复》中指出：“已满十六周岁人的犯罪，应当负刑事责任；但是比较已满十八周岁的人犯罪，应当从轻或者减轻处罚。”

1957年4月，最高人民法院关于《1955年以来奸淫幼女案件检查总结》中指出：“对奸淫幼女的未成年犯，应从轻或减轻处理，情节轻微的可以免予刑事处分；对年幼无知的男童，不应追究刑事责任，但应责令他的家长或监护人加以管教。”

1957年5月，最高人民法院、司法部《关于城市中当前几类刑事案件审判工作的指示》中指出：“对于罪行严重或恶习已深、屡教不改的未成年犯罪分子应当依法判处适当的刑罚，强制改造；但应当比照十八周岁以上的成年人同类犯罪从轻或减轻处刑。对于恶习不深、罪行较轻，本应判处短期徒刑的未成年犯，如果是有人能够负责管教的，可以采用缓刑的办法，交其家长、监护人或其所属机关、团体、学校，严加管教。对那些按其年龄或犯罪程度尚不够负刑事责任的，如有家庭监护，交其家庭管教，如果无家可归或家庭实在管教不了，要求政府帮助教育的，可由有关部门收容，教育改造。”

1979年7月制定的《中华人民共和国刑法》在总结我国以往关于刑事责任年龄的规定和司法实际经验的基础上，根据我国当前的实际情况，并参照国外的刑事立法，对刑事责任年龄做了更加具体、明确的规定："已满十六岁的人犯罪，应当负刑事责任。"已满十四岁不满十六岁的人，犯杀人、重伤、抢劫、放火、惯窃罪或者其他严重破坏社会秩序罪，应当负刑事责任。""已满十四岁不满十八岁的人犯罪，应当从轻或者减轻处罚。""因不满十六岁不处罚的，责令他的家长或监护人加以管教；在必要的时候，也可以由政府收容教养。"《刑法》还规定，犯罪的时候不满十八岁的人"不适用死刑"，"已满十六岁不满十八岁的，如果所犯罪行特别严重，可以判死刑缓期二年执行。"

我国《刑法》对刑事责任年龄的规定是有科学依据的。不满十四岁的少年儿童，因为身心发育尚未成熟，缺乏辨别是非的能力，没有刑罚观念，所以对不满十四岁的人犯罪处罚没有意义，而应责令家长或者监护人进行管教；已满十三岁者，也可送少管所进行管教。十四岁至十六岁的少年虽有一定的认识能力，但毕竟还是未成年人，把他们的刑事责任的范围严格控制在少数几种严重犯罪以内，是非常必要的。已满十六岁的人虽应对一切犯罪负刑事责任，但是他们身心发育和行为责任能力毕竟不同于十八岁以上的成年人，所以规定从轻或者减轻处罚，是适宜的。要看到青少年犯罪除了自身的原因以外，还有社会原因，从这个意义上说。他们既是犯罪者，又是受害者。对他们既要依法惩办，但也不能过份强调刑罚。按照党和国家一贯精神，对违法犯罪的青少年，始终坚持教育为主、惩办为辅的方针，着重教育、挽救，即使对极少数非惩办不可的，判刑目的也是为了教育改造。

2.关于刑事诉讼程序的规定。

首先，我国《刑事诉讼法》、《人民法院组织法》等有关法律，均明确规定，对未成年人案件不公开审理。

1956年5月，全国人民代表大会常务委员会《关于不公开进行审理的案件的决定》中规定，人民法院审理"未满十八周岁少年犯罪的案件，可以不公开进行。"

1962年6月，最高人民法院在《关于当前人民法院刑事审判工作的若干意见》中指出，人民法院的判决，"凡需要召开群众大会宣布执行的，应当只限于现行反革命首要分子"，不要将"青少年罪犯放在这样的大会上宣布执行，以免发生不利的影响。"

1979年7月颁布的《中华人民共和国人民法院组织法》第七条规定："人民法院审理案件，除涉及国家机密、个人阴私和未成年人犯罪案件外，一律公开进行。"

《中华人民共和国刑事诉讼法》第一百一十一条规定："十四岁以上不满十六岁未成年人犯罪的案件，一律不公开审理。十六岁以上不满十八岁未成年人犯罪的案件，一般也不公开审理。"

按照上述原则，在法制宣传中，也不应公布未成年犯的姓名。

公开审判是我国一项重要的审判制度，但是，由于未成年人思想不稳定，容易受外界影响，如果对未成年人进行公开审理，被告就可能做出不正确的陈述，给法庭的调查造成困难，为了避免这种情况，所以对未成年人案件不宜公开审理。对未成年人案件不公开审理的目的还在于，保护未成年被告的名誉，便于对他们进行教育和挽救。

其次，为了保护未成年被告的合法利益，法律还规定，在讯问和审判时，要通知他们的法定代理人到场。1962年12月，公安部颁布的《预审工作细则》（试行草案）第二十一条规定："对少年犯的审讯，必要的时候，可以邀请他的父母或监护人以及他所在学校的代表人参加讯问。"《刑事诉讼法》第十条规定："对于不满十八岁的未成年人犯罪的案件，在讯问和审判时，可以通知被告人的法定代理人到场。"所谓"法定代理人"是指被代理人的父母、养父母、监护人和负有保护责任的机关、团体的代表。

再次，未成年犯罪被告，有获得辩护人辩护的权利。1956年1月10日，最高人民法院关于《各级人民法院刑、民事案件审判程序总结》中规定，如果被告人是未成年人，人民法院"必须给他指定辩护人"。《刑事诉讼法》第二十六条规定："被告人除自己行使辩护权以外，还可以委托律师、近亲属、监护人、人民团体或者被告人所在单位推荐的，或者经人民法院许可的公民。"第二十七条规定："被告人是聋、哑或者未成年人而没有委托辩护人的，人民法院应当为他指定辩护人。"

目前，除个别地方人民法院内设立少年案件审判合议庭外，我国还没有设立专门少年法院或未成人法庭，所以对未成年人犯罪案件的审理，都是由普通法院进行的。由于规定了上述诉讼程序，人民法院又往往选择有经验的审判员来审理未成年人犯罪案件，这就保护了未成年被告的合法权利，保证了审判的质量，因而能够做出正确的判决。但是，随着未成年犯罪案件的增加，根据《中华人民共和国法院组织法》第二条规定精神，成立专门的少年法院或者未成年人法庭是必要的。有些国家诉讼制度比较完备，他们都设有少年法院或未成年人法庭，专门审理未成年人犯罪案件。这个经验值得我们借鉴。

（五）关于劳动改造

《中华人民共和国刑事诉讼法》规定，"对于被判处死刑缓期二年执行、无期徒刑、有期徒刑或拘役的罪犯，应当交付执行的人民法院将执行通知书、判决书送达监狱或者其他劳动改造场所执行。"根据1954年9月政务院公布的《中华人民共和国劳动改造条例》规定，十八岁以上的犯人送往监狱或劳动改造管教队进行监管和劳动改造。十八岁以下的未成年犯送往少管所进行教育改造。最近几年，劳动改造机关接受的大部分是被判刑的犯罪青年。

《劳动改造条例》规定，劳动改造机关"是人民民主专政的工具之一，是对一切反革命犯和其他刑事犯实施惩罚和改造的机关"，在劳动改造中"应当贯彻惩罚管制与思想改造相结合、劳动生产与政治教育相结合的方针。"通过劳动改造，把犯人改造成为新人。

《条例》规定，劳动改造机关为："看守所"、"监狱"、"劳动改造管教队"、"少年犯管教所"。"看守所""主要羁押未决犯"。"监狱""主要监管不适宜在监外劳动的已判决死刑缓期执行、无期徒刑的反革命犯和其他重要刑事犯。"在严格管理的原则下，"分别犯人的不同情况施行强迫的劳动和教育"。"劳动改造管教队"主要是"监管已判决的适宜在监外劳动的反革命犯和其他刑事犯"，"组织犯人有计划地从事农业、工业、建设工程等生产，并且结合劳动生产，进行政治教育"。"少年管教所"则"管教十三周岁以上未满十八周岁的少年犯。"

按照《条例》规定，劳动改造机关，应当将男女犯人分别编队，分别关押，分别监管。女犯由女监看守员监管。

我们的劳动改造机关，既是执行法院判决的惩罚机关，又是对犯人进行教育改造的机关。《条例》规定，“劳动改造必须同政治思想教育相结合，使强迫劳动逐渐接近于自愿劳动，从而达到改造犯人成为新人的目的”。劳动改造机关要采取多种方式对犯人“进行认罪守法教育、政治时事教育、劳动生产教育和文化教育，以揭发犯罪本质，消灭犯罪思想，树立新的道德观念”，“对犯人应当注意培养他们的生产技能和劳动习惯。对有技术的犯人，在劳动改造中，应当注意充分利用他们的技术。”

《条例》除了规定一系列严格管理犯人的制度以外，还从有利于犯人的改造出发，规定了一些体现革命人道主义精神的制度。第五条规定，劳动改造机关对劳改犯人，要严格管制，不许麻痹松懈，但要“严禁虐待，肉刑”。第四十八条规定：“劳动改造机关和警戒部队遇有自然灾害或意外事变的时候，应当努力抢救犯人，并且加强警戒。”第五十条规定：“犯人的衣食标准，应当按统一规定执行，严格禁止克扣、挪用。”“管理犯人伙食，应当在供应标准内，力求调剂改善，并且应当照顾少数民族犯人的生活习惯。”第五十一条规定：“为了供给犯人副食品和日常用品，可以根据实际需要，在劳动改造场所内设供应站。”第五十二条规定：“犯人每日实际劳动时间，一般规定九小时到十小时，季节性的生产不得超过十二小时。睡眠时间一般规定为八小时。学习时间可以按照具体情况规定，但是平均每天不少于一小时。少年犯的睡眠和学习时间应当适当延长。不参加劳动的犯人，每日要有一小时至两小时的室外活动。”“犯人的休息日，一般定为每半月一次，少年犯每周一次。”第五十三条规定：“劳动改造机关，应当按照本单位的大小设置医务所、医院等医疗机构，并且应当有必要的医疗设备；但是犯人不多的县（市）看守所，可以委托县立医院代为医疗。”“对犯人必须经常注意进行洗澡、理发、洗衣、消毒、防疫等清洁卫生事宜。”第五十五条规定：“对犯人的医疗卫生、教育、体育和文化娱乐工具等费用都应由劳动改造机关按照规定标准和实际需要供给。”第三十四条规定：“组织犯人生产，应当根据安全生产的原则，建立必要的安全设备和制度。如确因生产或者消灭灾害而造成残废或者死亡的犯人，对他本人或者家属应当分别情况给以适当照顾。”第六十条规定，经过批准，有些病情严重或者身体伤残的犯人，可以保外就医。第六十八条规定，一贯遵守纪律，努力学习，积极劳动，爱护公物，有发明创造以及检举坏人和有其他立功表现的犯人，可以给予表扬、物质奖、记功、减刑或者假释等奖励。

为了安置刑满释放人员，《劳动改造条例》第六十二条规定，凡是“自愿留队就业，或者无家可归无业可就、或者在地广人稀地区可能就地安置的，劳动改造机关就应当组织他们劳动就业。”1954年9月，政务院公布了《劳动改造罪犯刑满释放及安置就业暂行处理办法》，规定了三种安置就业的办法，即“一、劳动改造较好，有生产技能，为社会生产企业部门所需要的，可鼓励他自行就业，或在可能条件下由劳动改造机关、劳动部门给以介绍职业。”“二、在劳动改造管教队内安置就业，并且按照他的劳动条件或者技能评定工资。”“三、由劳动改造农场划出部分土地或在劳动改造农场附近划出一部分土地，组织集体生产，建立新村。”“凡是刑期已经满了安置在地广人稀地区就业的，在他能生产自给的时候，由民政部门用移民办法，协助他们把家属接来，就地安家立业。”

各地劳改部门在贯彻执行《劳动改造条例》、在对犯人实行劳动改造的工作中取得了很大的成绩，但是“文化大革命”期间，我国的劳动改造制度也受到了林彪、“四人帮”的干扰破坏，而由于青少年犯罪的增加，有些地方的劳改工作遇到了一些实际困难，也暴露出来一些弱点和漏洞。有些劳改犯人不认罪服法，有的破坏劳改纪律和监管制度，有的竟逃离劳改场所，在社会上继续进行犯罪活动，还有的期满释放以后，又重新犯罪。这是当前危害社会治安的一个重要因素。为此，1981年6月第五届全国人民代表大会常务委员会通过《关于处理逃跑或者重新犯罪的劳改犯和劳教人员的决定》，规定：“劳改犯逃跑的，除按原判刑期执行外，加处五年以下有期徒刑；以暴力、威胁方法逃跑的加处二年以上七年以下有期徒刑。”“劳改犯逃跑后又犯罪的，从重或者加重处罚；刑满释放后又犯罪的，从重处罚。刑满后一律留场就业，不得回原大中城市。”“劳改期满释放后，有轻微犯罪行为、不够刑事处分的，给予劳动教养处分。期满后一般留场就业，不得回原大中城市。”“没有改造好的劳改罪犯，劳改期满后留场就业。”劳改罪犯“对检举人、被害人和有关的司法工作人员以及制止违法犯罪行为的干部、群众行凶报复的，按照其所犯罪行的法律规定，从重或者加重处罚。”这个《决定》已于1981年7月1日生效。这对于严格劳改管理制度，警告、制止、惩戒劳改人员的违法犯罪行为，对于加强对劳改犯人的监管和劳动改造，促使他们认罪悔过，对于支持人民群众和公检法人员同犯罪作斗争，对于整顿城市治安、维护社会秩序都是必要的。

（六）关于劳动教养

在违法犯罪的青少年中，除了一部分依法判刑送往劳改单位进行劳动改造以外，凡是不追究刑事责任而又屡教不改的，依照1957年8月国务院《关于劳动教养问题的决定》和1979年11月国务院《关于劳动教养的补充规定》，可送劳教场所进行劳动教养。劳动教养机构不收容十六岁以下的违法犯罪的未成年人，按照有关规定，这类人员由专门设置的少年管教所进行收容管教。由于当前青少年违法犯罪现象比较严重，所以现在被劳动教养的大部分是违法犯罪的青年人。

劳动教养既不同于帮教和工读学校教育，也不同于劳动改造，而是一种对违法犯罪人员实施的行政性的强制教育措施。根据国务院《关于劳动教养问题的决定》，劳动教养的收容对象主要是“不务正业，有流氓行为或者有盗窃、诈骗等行为，不追究刑事责任的违反治安管理、屡教不改的”分子，以及其他应该收容的进行劳动教养的人员。对这些不劳动、不工作、破坏社会秩序的人，用一般的说服教育办法已经无效，采取简单的惩罚办法也不行；而机关、团体、企业内部也不能继续留用，家庭也管不了，由政府把他们收容起来送到劳教场所进行劳动生产和强制性的教育改造，对于维护社会主义秩序、预防和减少犯罪，教育、挽救违法犯罪的人员都是有益的。

国务院《关于劳动教养问题的决定》指出：“劳动教养，是对于被劳动教养的人实行强制性教育改造的一种措施，也是对他们安置就业的一种办法。”劳动教养管理机关，要制定一套带有强制性的行政制度和纪律。例如：不准他们随便离开劳教场所而自由行动，不准破坏公共秩序，不准破坏生产以及不准进行其他违法犯罪活动等等。凡是“被劳动教养的人，在劳动教养期间，必须遵守劳动教养机关规定的纪律，违反纪律的应当受到行政处分，违法犯罪的，应当依法处理。”

关于劳动教养工作的方针，国务院在《关于劳动教养问题的决定》中指出，采用劳动生产和政治教育相结合的方针，“帮助他们建立爱国守法和劳动光荣的观念，学习劳动生产的技术，养成爱好劳动的习惯，使他们成为参加社会主义建设和自食其力的劳动者。”

劳动教养不是刑事处罚，不需要经过法院判决。国务院《关于劳动教养问题的决定》规定：“需要实行劳动教养的人，由民政、公安部门，所在机关、团体、企业、学校等单位，或者家长、监护人提出申请，经省、自治区、直辖市人民委员会或者它们委托的机关批准。”

被劳动教养的人员不是犯人，因此，在待遇方面和劳改犯人有着区别。按照国务院《关于劳动教养问题的决定》，“对于被劳动教养的人，应当按照其劳动成果发给适当的工资，并且可以酌量扣出其一部分工资，作为其家属赡养费或者本人安家立业的储备金”。《决定》还规定，“被劳动教养的人，在劳动教养期间，表现良好而有就业条件的，经劳动教养机关批准，可以另行就业；原送请劳动教养的单位、家长、监护人请求领回自行负责管教的，劳动教养机关也可以酌情批准。”

在“文化大革命”中，劳动教养制度也受到了林彪、“四人帮”的破坏，而青少年违法犯罪又很突出，被收容劳动教养的人大大增加，为了更好地贯彻执行1957年国务院《关于劳动教养问题的决定》，切实把劳动教养办好，1979年11月经第五届全国人民代表大会常务委员会第十二次会议批准，国务院做出了《关于劳动教养的补充规定》，主要内容是：

“一、省、自治区、直辖市和大中城市人民政府成立劳动教养管理委员会，由民政、公安、劳动部门的负责人组成，领导和管理劳动教养的工作。”

“二、劳动教养收容大中城市需要劳动教养的人。对于需要实行劳动教养的人，由省、自治区、直辖市和大中城市劳动教养管理委员会审查批准。”

“三、劳动教养的期限一年至三年。必要时得延长一年。节日、星期日休息。”

“四、劳动教养人员解除劳动教养后，就业、上学不受歧视。对劳动教养人员的家属、子女不得歧视。”

“五、人民检察院对劳动教养机关的活动实行监督。”

这个补充规定的主要精神，就是加强对劳动教养工作的领导和监督，严格审批手续，限定了劳教期限，并且具体规定了对劳教人员的人道主义待遇，有利于对他们的教育、挽救和改造。

近几年来，劳动教养机关收容的大部分是劳动人民家庭出身的违法犯罪的青年人，为了切实把劳教场所办成改造违法犯罪青年的重要阵地，1980年，党中央和国务院专门为劳动教养工作发出67号文件，明确规定劳动教养是一种强制性的教育改造措施，是处理人民内部矛盾的一种方法。指出要把劳动教养同劳动改造区别开来。规定劳动教养机关对劳动教养人员“应当实行教育、挽救和改造的方针。”对劳动教养人员在政治上既要严格管理，又让他们过一定的民主生活；在经济上根据其劳动成果，发给适当的工资；原来有工作的，一般应保留公职，劳教期间表现好的，解除劳教后回原单位安排。根据这个文件的精神，应当把劳教人员视为人民内部矛盾，他们仍然有公民权，享有法定的民主权利，只是行动自由受到一定的限制，并且暂时停止选举权和被选举权。在对他们实行严格管理的同时，要满腔热情的、耐心的教育他们、帮助他们，促使他们改邪归正。67号文件进一步明确的劳动教养的性质、任务和方针，给劳教工作指明了长期奋斗的方向，使劳动教养工作进入一个新的阶段。

在党和政府的领导下，各地劳教部门贯彻执行党中央、国务院关于劳动教养的有关规定，做了大量的工作，取得了很大成绩。劳教人员经过劳动教养之后，大多数有了明显的转变，有的留场就业，有的返回原工作单位，有的由政府安排了适当工作。他们能够安分守己，已将消极因素化为积极因素。但是，也有少数劳教人员破坏劳动纪律，甚至从劳教场所逃跑，有的在社会上继续为非作歹；有少数期满放回的劳教人员又进行违法犯罪活动，这也是影响社会治安的一个不可忽视的因素。为此，1981年6月第五届全国人民代表大会常务委员会通过《关于处理逃跑或者重新犯罪的劳改犯和劳教人员的决定》，规定“劳教人员逃跑的，延长劳教期限。”“劳教人员解除教养后三年内犯罪、逃跑后五年内犯罪的，从重处罚，并且注销本人城市户口，期满后确实改造好的以外，一律留场就业，不得回原大中城市。其中情节轻微、不够刑事处分的，重新劳动教养或者延长劳教期限，并且可以注销本人城市户口，期满后一般留场就业，不得回原大中城市。”还规定，劳教人员“对检举人、被害人和有关的司法工作人员以及制止违法犯罪行为的干部、群众行凶报复的，按照其所犯罪行的法律规定，从重或者加重处罚。”这个《决定》对于严格劳教制度，加强对劳教人员的管理改造，制止劳教人员的逃跑和违法犯罪活动、维护社会治安将起积极的作用。

（七）关于少年管教

为了更好地教育、挽救和改造十八岁以下的未成年违法犯罪分子，我们建立了少年管教所制度。在省、市、自治区一级成立少年管教所。二十几年来，国家制定了一系列有关少年管教的法规，对少年管教所的设置、性质、任务、收容对象、工作方针、教育改造的内容和方法、管教制度、生活待遇以及期满后的升学就业等问题，都做了具体规定。

在50年代，少管所称为“少年犯管教所”，主要收容、管教经过法院判决的未成年犯。

1954年9月，《中华人民共和国劳动改造条例》第二十条规定：“少年犯管教所，管教十三周岁以上未满十八周岁的少年犯。”

1956年2月，最高人民检察院、最高人民法院、内务部、司法院、公安部《对少年犯收押界限、捕押手续和清理等问题的联合通知》中重申：“少年犯管教所仅限于收押管教十三周岁以上的未满十八周岁的少年犯”，并规定“送往少年犯管教所的少年犯，应当有法院的判决书。”

1960年以后，随着形势的发展，“少年犯管教所”改称为“少年管教所”，除了收容经过法院判决的未成年犯以外，还收容没有经过法院判刑的十八岁以下的未成年违法犯罪分子。

1960年10月，最高人民检察院、最高人民法院、公安部《关于对少年儿童一般犯罪不予逮捕判刑的联合通知》指出，有些省、市对少年儿童违法犯罪的人不予逮捕判刑，而采取收容教养改造的办法，效果很好。“这是因为：（1）少年儿童年龄小，判刑多了不恰当，判刑少了时间短，不易改造过来。（2）少年儿童犯罪的人，还没有刑法观念，判刑与否对他们作用不大。因此，对少年儿童犯罪不判刑，而采取收容教养改造的办法比较主动，有利改造。”《通知》提出：“今后少年儿童除犯罪情节严重的反革命犯、凶杀、放火犯和重大的惯窃犯以及有些年龄较大、犯有强奸幼女罪，情节严重，民愤很大的应予判刑外，对一般少年儿童违法犯罪的人，不予逮捕判刑，采取收容教养的办法进行改造。教养改造的期限，一般不作规定，但应当根据他们在改造过程中的好坏表现，确定解除教养或继续进行教养。”

1965年5月，公安部、教育部《关于加强少年管教所工作的意见》指出：“少管所是对犯罪少年施行强制教育改造的场所。”规定：“收容管教的对象，应当是年满十三周岁不满十八周岁、犯罪情节严重、屡教不改、社会上无法管教的犯罪少年。”为了严格审批手续，这个文件还规定：“对收容管教的，要经省、自治区、直辖市公安机关批准。”“管教期限，一般为半年至三年。”要求管教期满达到改邪归正的标准是：“（1）认罪认错”；“（2）热爱共产党，热受社会主义”；“（3）养成爱劳动、守纪律的好习惯。”“对改造表现突出好的，可以提前解除；对有重新犯罪行为或改造表现很坏的，可以适当延长管教期限。提前解除和延期限都要经过省、自治区、直辖市公安机关批准。”从目前情况来看，少管所主要收容两部分人，一部分是已被判刑的未成年犯，一部分是属于一般的违法犯罪，但又不予判刑的未成年人。所以把过去的“少年犯管教所”改称为“少年管教所”是适当的。对未成年人的改造是有利的。

设立少管所，专门收容管教未成年违法犯罪人员，是我国教育改造犯人的一个重要的制度。这样是为了避免将违法犯罪的成年人和未成年人混同在一起，而不利于对未成年人的教育改造。但是，有些时候，有些地方仍然将违法犯罪的成年人和未成年人混押在一起，造成了不良后果。1958年3月，国务院转发的公安部《关于筹建少年犯管教所工作报告》就严厉批评了这种现象，指出，经判刑的少年犯，除一部分关押在少年犯管教所以外，其余部分散在监所、劳改队和成年犯混押在一起，这样不仅易受成年犯的各种恶劣思想的熏染，而且也会影响少年犯身心的正常发育。为了切实纠正这种现象，1962年12月公安部颁布的《劳动改造管教队工作细则》（试行草案）规定：凡是“属于少年管教所收容的少年犯，劳改队一律不得超押。”

至于少年管教人员已满十八岁，而管教期限未满者，是否仍然留在少管所的问题，1956年2月，最高人民检察院、最高人民法院、内务部、司法部、公安部《对少年犯超押界限、捕押手续和清理等问题的联合通知》中规定：“刑期未满但年岁已经超过十八岁的少年犯，应当送交劳动改造管教队执行。”在实际执行中这样做有些不便之处，所以1965年公安部、教育部《关于加强少年管教所工作的意见》中又提出：“对年满十八周岁而管教期限或剩余刑期在三年以内的，一般不要转到劳改队或劳教队，以免受成年犯的影响。”

少管所的根本方针和工作任务，是立足于教育、挽救、改造违法犯罪的未成年人。通过教育、感化和一定的强制手段，把他们改造成为社会主义的建设者。少管所的一切工作内容和管教制度，都是围绕实现这个任务而展开的。因此，有关规定特别强调加强对少年管教人员的政治思想教育、法纪道德教育、文化技术教育。并且从生活上关怀他们。

《劳改条例》第二十二条规定："少年犯管教所，应当对少年犯着重进行政治教育、新道德教育和基本的文化与生产技术教育，并且在照顾他们生理发育的情况下，使他们从事轻微劳动。"

1958年，公安部《关于筹建少年犯管教所工作报告》中又明确提出，为了更有效地加强对少年犯的改造教育。要"贯彻对少年犯实行以教育改造为主、轻微劳动为辅的方针。"

1965年，公安部、教育部《关于加强少年管教所工作问题意见》中提出，"少管所应当在认真贯彻改造教育为主的方针下，实行半耕（工）半读的制度。""在安排学习和劳动时，要从改造出发，从他们出所后就业着想，并要根据年龄大小，规定不同的劳动、学习时间。不足十六岁的，一般应当半天劳动、半天学习。年满十六周岁以上的，劳动时间可以多一些，以便从劳动技能上为其将来就业打下基础。""对犯罪少年要有计划地进行政治、文化和技术教育。""政治思想教育必须占第一位，以阶级教育、社会主义道德教育和劳动教育为主要内容。"并且"少管所要有固定的劳动生产场所，使犯罪少年都能参加一定的生产劳动，以树立劳动观点，培养劳动习惯，学会一定的生产技能。"

1980年4月，最高人民检察院、公安部关于转发福州市人民检察院《福建省少年管教所做好教育改造工作的经验》的联合通知中指出，福建省少管所"针对违法犯罪少年的思想特点，认真贯彻教育改造为主的方针，立足于教育挽救，严禁体罚虐待，加强对他们进行认错、认罪教育，法制、政策教育，道德品质和前途教育，帮助他们提高辨别是非、美丑、荣辱的能力，深入细致地做好思想转化工作，取得了显著成果。他们的经验值得各地学习。"

少年管教所按照规定，要有一套严格的管理制度，要有一定的强制性，这样做是为了更好地对他们进行教育改造。但同时，又要做耐心细致的思想工作，要用循循善诱的办法，满腔热情地去教育他们、感化他们，转变他们的思想。在管教中绝对禁止侮辱、打骂和虐待，禁止使用戒具，取消禁闭室、集训队、严管队，也不要使用武装看守，原来设有岗楼、电网的，要一律拆除。

少管所对少年管教人员在生活上要给予关心。根据有关规定，无论是对判刑的，或收容管教的犯罪少年，一律实行供给制。主、副食的供应要与当地半工半读学生的定量标准相同。伙食、被服和日用必需品，一般可稍高于劳改犯的标准，并且要保证及时供应。他们的食宿和劳动场所，要合乎卫生标准，要有足够的睡眠时间，要有一定的医疗、卫生设备和医务工作人员，要适当地开展文娱、体育活动，保证他们的身体健康，并力求在他们中树立起一种诚实、勤俭、严肃、活泼的风气。

违法犯罪的未成年人在刑期或管教期满以后，少年管教所应协助有关方面妥善安置他们的升学或就业问题。1965年公安部、教育部《关于加强少年管教所工作的意见》提出："对解除管教和刑满释放的犯罪少年，必须及时处理，妥善安置。家住农村的，要一律送回参加农业生产。家住城市的，由当地公安部门和教育部门协助其家长予以安置，派出所要给办理落户手续。释放前不必征求当地意见，但对家住外省的，要派干部遣送，本省的可通知家长领回。对无家可归的少年，应当商请民政部门收容安置，少管所不搞留所就业。”1979年中央58号文件提出：“少年犯解除管教后，要安排好他们的就学就业；解除劳教的，原工作单位负责接受安置。只要他们改造好了，不再重犯，就不能因为‘进过公安机关的门’而歧视他们，影响升学和就业，这要作一个制度定下来。”

全国各地的少年管教所，根据上述有关规定，认真开展工作，教育挽救了一大批违法犯罪的少年，取得了很大的成绩。在“文化大革命”中由于林彪、“四人帮”的破坏，至今还存在不少困难和问题。因此，认真贯彻党和国家有关少管所的一系列规定，加强对少管所的领导，配备得力的干部和管教人员，改进管教方法，切实把少管所办成教育、挽救、改造青少年的阵地，这仍然是一个重要的课题。

四、关于制定我国专门青少年法规

从以上几个方面看出，我国有关青少年法规条款是大量的、丰富的。也可以说，凡是在宪法、法律、法令、条例、命令、指示、通令、通告等法规中涉及到青少年问题的，都做了相应的规定。这些规定，不仅具有历史价值，而且具有现实价值，其中有些现在仍有法律效力。认真地整理、研究、总结这些法律条款，对我国的立法工作、司法工作、法律的教学和研究工作、法制宣传工作都具有重要的意义。

粉碎“四人帮”以后，我们国家进入新的历史时期，党的工作重心已经转移到现代化建设上来，把我国建设成为高度民主、高度文明的现代化社会主义国家，是全国人民的根本任务。为了进一步发展安定团结的政治局面，实现新时期的历史任务，党的十一届三中全会以来，一再强调要加强社会主义民主，完备社会主义法制，我国的立法工作，进入了一个新的阶段。随着形势的发展，随着青少年犯罪问题的突出，根据逐渐完备和健全社会主义法制的需要，参照外国的立法和司法经验，制定出适合我国特点的专门青少年法规，将是十分必要的。我们认为应该陆续制定出以下几种青少年法规：

（一）《中华人民共和国青少年保护法》或《中华人民共和国未成年人保护法》

（二）《预防青少年犯罪条例》

（三）《未成年犯审判法》或《少年法院条例》

（四）《少年管教所条例》、《劳动教养条例》

此外，还应该制定和青少年的教育、保护及健康成长有密切关系的《家庭法》、《小学教育法》、《中学教育法》、《大学教育法》、《业余教育法》、《青工条例》、《社会福利院条例》等有关法规，逐步建立起我国的青少年法律体系，按照全国人民的意志，运用法律武器，保护青少年健康成长，预防青少年犯罪，教育改造违法犯罪的青少年，把广大青少年培养成为具有社会主义觉悟、遵守社会公德和国家法纪，爱祖国、爱人民、爱劳动、爱科学、爱护公共财物、勤奋学习、谦虚诚实的社会主义建设者。

各省、自治区、直辖市的人民代表大会及其常务委员会，可依据国家的青少年法规和有关法律，结合本地区情况，制定地方性的各种青少年法规。

我们是社会主义国家，在立法工作中一定要从我国的实际出发。当然研究、参考和借鉴外国制定青少年法规的经验是必要的，但不能照抄照搬。我国青少年法，应当贯彻和体现社会主义原则，综合治理的原则，教育保护的原则和社会主义人道主义的原则。

任何法律都要有极大的权威性。社会主义法制的根本要求不仅要有法可依，而且要有法必依，执法必严，违法必究。我国青少年法规制定以后，必须保证得到切实地贯彻执行。为此，应当建立中华人民共和国青少年保护委员会，隶属全国人民代表大会常务委员会，其主要任务是：负责组织、领导、动员、协调国家机关、群众团体、武装部队以及社会各方面的力量，贯彻、执行有关教育保护青少年的方针、政策、法律和法令，统一领导、监督全国青少年教育保护工作。各省、自治区、直辖市以及专区、省辖市、县，应当设立地方各级青少年教育保护委员会，隶属地方各级人民代表大会常务委员会。统一领导本地区的青少年教育保护工作。

我们有优越的社会主义制度，在党中央的领导下，我们相信，我国一定能够制定出适合我们情况的专门青少年法规，使我国的社会主义法制日益完备，在建设高度民主、高度文明的现代化的社会主义强国中起到应有的作用。

青少年法初论

（1984年2月）

王伟凡

（一）

所谓青少年法，就是为了保护青少年合法权益，规定家庭、学校、社会各个方面应该承担的责任，并规定青少年违法犯罪的处理原则以及关于成年人侵犯青少年利益的处置等内容的法律规范。它是在资本主义国家经济高度发展，资本主义制度固有矛盾加深而导致青少年犯罪率急剧上升的情况下产生的。美国伊利诺斯州1899年制定的《少年法庭法》是世界上第一部青少年专门性立法。此后，许多国家都相继制定了有关法规。根据各国法规的内容大致可分为：（1）关于如何处理青少年违法犯罪的原则、方法及程序的刑事法律；（2）关于青少年儿童福利问题（包括对孤儿、有生理缺陷等特殊儿童的保护）和对侵犯青少年权益的违法犯罪行为进行处置的保护性法规（又称福利法）；（3）关于青少年权利与义务及社会、国家对青少年的政治责任的实体法。这三类法中以第一类法出现时间最早、发展最快，所占比例最大，影响也最大。如：1899年美国伊利诺斯州的《少年法庭法》颁布后，到1913年，美国已有半数的州有了《少年法庭法》。随后，英联邦成员国也受到影响。印度的加尔各答于1915年设立了少年法庭，1920年制定了亚州第一个青少年法——《儿童法》。

从资本主义国家诸类青少年法的内容及形式上看，有这样几个特点：（1）刑罚与保安处分相结合。（2）大量采用教育刑。（3）社会预防和治理犯罪。这些与封建社会相比确实进了一步。但应看到其本质的局限性，因为它们是建立在资本主义私有制基础上的。资本主义国家在法律上对青少年虽然作出这样或那样的保护规定，但在实际中却很难实现。如：日本40余个都、道、县的青少年保护条例几乎都有关于禁止出版、制作、销售明显刺激性或助长暴力性的电影、录像、录音等规定。可是不少地方诲淫诲盗的电影、录像、录音、杂志则到了泛滥成灾而无人干涉的地步。在他们的少年儿童福利法中，尽管规定对少年儿童们如何保护，然而在他们的城市中沿街乞讨的少年儿童到处可见。尽管他们的法律中规定保护少年儿童的辩护权，然而，聘请律师的费用却相当昂贵，穷人一般是请不起的。实践证明，尽管发达的资本主义国家制定了周密而完备的青少年法规，但是却不能从根本上治理犯罪。因为这些法规并不能改变使青少年犯罪大量产生的资本主义社会制度。

社会主义国家的青少年立法始于十月革命后不久的苏联。到了70年代，又出现了一些新类型的社会主义青少年法。如：1970年通过的《罗马尼亚未成年人保护法》、1974年通过的《德意志民主共和国青年法》、1978年颁布的《古巴共和国青少年法典》。这些青少年法与以往的青少年法相比分类更加精细，内容更加广泛。个别国家还建立起一整套完备的少年司法制度，距今为止，世界上大多数社会主义国家都拥有自己的青少年法。

（二）

青少年法作为独立的部门法，已被世界各国普遍采用。我国宪法、刑法中也有关于青少年问题的规定。但至今尚未制定出系统的专门法典。我认为根据我国目前的国情和四化建设的要求，迫切需要制定具有我国特点的青少年专门法。

一、从青少年的特殊地位与我国四化建设的关系来看。青少年是我们社会主义祖国和中华民族的未来，是实现四化的生力军和强大的后备力量。新宪法已明确规定：“国家培养青年、少年、儿童在品德、智力、体质等方面全面发展。”所以按德、智、体、美全面发展的要求，把我国青少年培养成为有理想、有道德、有文化、有纪律的社会主义建设者，是全党和全国各族人民的愿望和共同任务。我国广大青少年尽管经过种种磨难与曲折，但都是热爱祖国的，愿为祖国的美好的未来而拼搏的。有的人对青少年抱着不信任的态度是完全错误的。当然，也不能否认，在我们这一代青少年中的确有少数人存在一些问题，有的还走上了犯罪道路。但这不能只责怪青少年，相反说明青少年的健康成长更加需要保护，因而有必要制定这方面的专门法规。对于家庭、学校和社会在保证青少年健康成长中应尽的职责，及预防和处置青少年违法犯罪原则、方法、程序用法律的形式固定下来，使表现好的青少年更好地成长，使违法犯罪青少年得到及时而周到的教育与挽救，以适应我国的四化建设需要和发挥广大青少年在建设祖国、保卫祖国中的作用。

二、从青少年的生理和心理特点来看。青少年时期是儿童向成年的过渡时期。这一阶段他们的身高增长较快，体重也明显增加，肌肉不断发达，随着性感的产生和变化，而引起他们心理突变。由于他们知识经验的缺乏和身体发育不成熟，还保持着儿童时代的某些特征，在心理上便产生了依附家庭与要求自我独立，强烈的物质欲望与家庭经济条件限制，强烈的好奇心与认识理解能力的限制，性的试探与伦理道德、法律干预等诸对矛盾。随着年龄的增长，使他们特别富于幻想，他们往往怀着强烈的生活欲望，探索人生，但由于缺乏辨别是非的能力，很容易为外界之诱因直接引起的欲望所驱使，从而在日常生活中往往不考虑社会舆论、社会公德及国家法纪，作出某些越轨乃至违法犯罪行为。故针对这一特点，运用法律手段，保护青少年在正常发育中茁壮成长，培养他们树立正确的人生观和共产主义道德，显得极为必要。

三、从造成青少年犯罪的客观原因来看。青少年违法犯罪是一个极为复杂的问题，涉及人类社会、自然的各个方面，少数青少年之所以走上犯罪道路不是偶然的，而是主客观因素互为作用的结果。在社会上存在着种种诱发犯罪的因素，家庭、学校、社会等环境，也有不少东西对青少年的健康成长不利。

为了减少和预防青少年违法犯罪，关键是消除和限制那些导致青少年违法犯罪的客观因素。我们不能寄希望于社会的自然净化，而必须制定这方面的专门法规，运用法律手段来限制和消除这些因素。

四、从青少年犯罪心理、手段、形式等特点来看。犯罪青少年作为一种特殊主体，其作案的心理、手段形式都与成年罪犯不完全相同。（1）犯罪形式的纠合性。他们作案大都成帮结伙。（2）犯罪的兼施性。即往往在同一时间实施多种恶性案件。（3）犯罪行为的公开性。一般犯罪分子作案大都掩人耳目，带有害怕、恐惧的心理，而青少年犯罪则相反，他们常常毫不顾忌地在大街上调戏侮辱妇女，光天化日之下溜门撬锁，在过往人多的处所强奸妇女。（4）犯罪动机的偶发性。不少案例表明，犯罪青少年犯罪前很少经过密谋和策划，往往由偶然的事情引起，动机形成极为简单。我们要区别对待，不能死板地以对付成年人犯罪的方法对付他们，在侦查手段、审讯方式及处理矫治等方面都要有所不同。不然就实现不了教育、挽救犯罪青少年的目的，而这些都有必要以法律的形式固定下来，使司法工作者也可以做到有章可循。

五、从健全社会主义法制来看。我们强调制定青少年法并不是说，我国没有关于保护青少年利益的法律规定。其实早在第二次国内革命战争时期，中华苏维埃共和国制定的宪法大纲、劳动法和婚姻法规等等中就有保护青少年权利的规定。中华人民共和国成立后的37年（1949～1986）间颁布有关保护青少年权益，处理青少年违法犯罪的法律条文就达100多条。这些规定都不同程度地起到了一定作用。但至今尚无一部完整、系统的专门法典。以前颁布的有关条款也只是附在其他法律中且很不完善，特别是在“文化大革命”中又惨遭践踏，这些条文的作用就更加微小。所以，制定一部完整的青少年专门法典，不仅对健全社会主义法制有重大意义，同时，还更加反映出党和国家对广大青少年的关怀和重视。

1979年以来，在党中央的重视和关怀下，组织力量对青少年犯罪这一社会问题进行了大规模的研究同时还批准成立了组织、协调这一工作的全国性学术团体——中国青少年犯罪研究学会，一些省（市、自治区）也相继成立了这方面机构，创办了刊物，发表了大量具有一定水平的论著。青少年立法也日益受到重视，北京、上海等地已着手起草青少年保护条例或法规。上海长宁区法院等创立了少年合议庭。青少年法学作为法学的新的分支学科也已自成体系。1984年原教育部将青少年法学正式列为高等政法院校课程之一。北京大学法律系从1984年起正式招收了这一专业的硕士研究生，北京大学出版社还出版了《青少年法学》（康树华著）一书，康树华、郭翔还共同主编了《青少年法学概论》作为政法院、系的教材，部分学者还翻译了大量可资借鉴的外国青少年法规及立法资料。这些都为制定具有中国特色的青少年法提供了丰富的材料，打下了扎实的理论基础。可见，制定青少年法的条件已经成熟。

（三）

我国是以马列主义、毛泽东思想为指导的社会主义国家，所以在制定青少年法时一定要从实际出发，实事求是，认真总结建国以来关于教育保护青少年问题正反两方面的经验，适当吸取、借鉴与参考国外青少年立法中有价值的东西，内容力求稳定，具有时代特色，繁简适当。结构要符合逻辑，具有科学性。同时，整个青少年法还必须遵循和体现以下几项原则：

第一，以宪法为根据，以四项基本原则为指导的原则。

宪法是国家的根本大法，具有最高的法律效力，青少年法应毫无例外地遵循宪法。四项基本原则是全国各族人民团结奋斗的政治基础，是社会主义现代化建设取得胜利的根本保证，是我们今后各项工作的行动指南。坚持四项基本原则决定着我国立法的社会主义性质和方向，也是我国社会主义法律区别于资产阶级法律的根本点。新宪法的序言就把四项基本原则作为自己的指导思想，并贯穿在整个法律条文中。所以，要使我们的青少年法具有科学性和广泛的人民性，就要在制定此法时同样必须以四项基本原则为指导。

第二，实体法与程序法、刑事法规与非刑事法规相结合的原则。

青少年法作为一个部门法，既不是单纯的刑法，又不是单纯的刑事诉讼法，而是一个包括实体法、程序法、刑事法规与非刑事法规的综合性法规，这一特点，是由其性质和任务决定的。青少年法的任务是：以法律的形式将一些保护青少年权益的政策、措施、方法固定化，依靠法律手段惩治那些侵犯青少年权益的行为，贯彻惩办与宽大相结合的原则，从保护的角度出发，正确处理青少年犯罪，从而体现宪法中有关青少年问题的立法精神。所以，它虽然不是刑法，但具有刑事处罚的内容，如：对青少年犯处置的原则等等。它不是刑事诉讼法，但具有刑事诉讼的内容，如：对青少年进行诉讼时采取何种保护程序以及工读学校、少管所、劳改队等设置和监管问题。它不是道德规范，但广泛吸收了社会公德的内容，凡不符合社会公德的行为都在其禁止之列。当然，一些道德经过检验确系正确，其有用性为人们所公认，也可能上升为法律。另外，这个法律除着重规定对青少年犯的处理外，还应对青少年的权利与义务、成年人侵犯青少年利益行为的处置及国家对少年儿童的福利政策作出综合性规定。

第三，坚持教育、挽救、感化的原则。

对青少年罪犯，要象父母对待患传染病的孩子，医生对待病人，老师对待犯错误的学生那样，做耐心细致的教育、感化、挽救工作（即三个对待）。这是全国第八次劳改工作会议上提出的，它是我党对劳改工作理论在新的历史时期的新发展。青少年具有可塑性、性格不稳定，容易在一定条件下可能变坏，但也容易教育挽救过来。所以在司法实践中，我们除对青少年犯罪分子依法惩办外，更重要的在于教育、挽救、感化。许多事实证明：不少犯罪青少年都被教育、挽救了过来。当然一定要注意方法，对他们要热情相待，做到“三个对待”，使他们动心动情，感到我们是真诚爱护他们，帮助他们，同时，还要极力引导他们走正路，因势利导，激发他们改正错误的决心，避免他们思想反复，自暴自弃，破罐破摔。发现他们的点滴进步，要加以肯定，做到赏罚分明，不要一概肯定或否定，尊重他们的人格，关心他们的物质生活和文化生活，给他们说明荣与辱的区别，培养他们爱集体，爱劳动的思想，必要时还可以开展互助互学、评比竞赛活动，交流改造经验，增强荣誉感。当然，更主要的是用我们司法工作者和管教工作者的一言一行所表现出来的道德观念、工作作风去吸引、感化、陶冶他们，久而久之，耳濡目染，潜移默化，只有这样才能逐步将他们改造成为社会主义现代化建设的有用之人。

第四，综合治理的原则。

青少年违法犯罪是社会、政治、经济、意识形态等领域内各种矛盾的综合反映。所以，要解决这一问题，单靠政法机关的严厉打击是不行的。还必须全党动手，动员社会上各方面力量，共同关心青少年特别是失足青少年的成长和教育，全面落实“综合治理”。做到一般预防与特殊预防相结合，社会保护与司法保护相结合，这样，我们的工作才能取得成效。

第五，坚持法制统一和变通立法相结合的原则。

法制统一，是指一个国家要制定统一的宪法和法律，以保证在全国范围内和各族公民中得到统一的执行和遵守。我们作为社会主义国家，必须坚持这一原则。只有这样，才能使我国人民民主专政更加巩固，四化建设发展更快。当然，我们强调法制统一，也并非否定地方特点。我国是一个具有50多个民族的多民族国家，各地情况不同，特别是民族自治地区。所以，有必要根据我国宪法的规定，结合各地特点，在民族自治地区制定变通性的青少年保护法规。但是，它不能与宪法和中央统一的青少年法相抵触，否则就是无效的。

民族地区的青少年保护法规或条例，具有特殊性，除必须遵循以上原则外，还应注意：

1. 坚持民族平等，民族团结的原则。

在少数民族聚居和多民族杂居的地方，往往由于某种外来因素的影响，以及我们工作中的漏洞和失误，难免会产生一些大民族主义、地方民族主义和民族歧视等现象。这些对巩固边防、搞好边疆建设是不利的。但只要我们正确认真地处理这些问题，是一定能解决的。这就要求我们在各个方面，都坚持在民族平等的基础上谈自治。只有这样，才能进一步搞好民族间的团结。同样在制定青少年法时也应遵循这一原则。具体表现在对权利与义务等的规定上，我们不能因民族不同而有原则区别。立法时要广泛征求各族人民的意见，自治区人大常委会法制委员会要特别重视少数民族委员及有关保护青少年利益的各种提案。要尊重少数民族的风俗习惯，尊重兄弟民族的感情，这主要表现在饮食、服饰、居住、婚葬、节庆娱忌等方面。如对信仰伊斯兰教的青少年犯人在饮食方面应与汉族分开或一律清真，禁止强迫吃猪肉或其他故意侵犯宗教信仰自由的行为。民族案件由民族干警办理；民汉混合案件，一般应由汉族和少数民族的干警一同办理。办案时要注意民族关系和影响，处理时要罪罚适当。

2．坚持相对放宽和重点保护原则。

在一些政治、经济、文化水平比较落后的民族地区，为实现民族平等这一原则，有必要适当放宽少数民族保护对象的年龄，即这些人的岁数可以大些，对于少数民族青少年要重点给予保护。保证他们的就学就业机会，对无正当理由剥夺他们这些权利的，要给予处罚。另外，在升学、招工、提干等方面可酌情照顾。只有这样，才能逐渐缩小民族之间的差别，当这些民族与发达民族在政治、经济、文化等各方面水平相近时，相对放宽和重点保护原则也就随之消失。当然，这些仍要靠我们各族人民的努力，从小事入手，从各方面入手。如：在我国现阶段的条件下，要给少数民族更多的培养和成才机会，对少数民族青少年要统一教授国语，逐步提高招生、招工条件。只有这样，才能逐步实现不同民族在各方面的平等，共同为四化建设出力。

关于青少年保护法的适用对象和立法原则

（1981年12月）

力康泰

一、青少年保护法的适用对象

青少年保护法适用对象的范围是宽一点还是窄一点？法规的名称是叫《青少年保护法》，还是叫《未成年人保护法》？有着不同的看法。一种意见主张，青少年保护法适用对象的范围可以宽一些，把青年、少年、幼年都包括进去。他们认为：通常所说的“青少年犯罪问题”，就是包括青年和少年。一般讲，青年是指已满18周岁不满25周岁的成年人；少年是指已满14周岁不满18周岁的未成年人；不满14周岁的为幼年。根据这一情况，法规的名称可以叫做《青少年保护法》，适用的对象既包括青年和少年，也包括幼年。这样规定有利于连续地分析研究他们的特点，解决他们存在的一些共同性的问题。另一种意见主张，青少年保护法适用的年龄范围应当窄一些，只包括未成年人，不包括18岁以上已成年的青年人。他们认为：“青少年犯罪”是目前的一种习惯性的称呼，它是一个既包括青年，又包括少年；既包括成年人，又包括未成年人的不确切、不科学的概念。根据我国宪法第四十四条，选举法第三条关于“年满十八岁的公民都有选举权和被选举权”的规定；根据我国刑法第十四条关于刑事责任年龄的规定，实际从法律上确认了我国公民凡年满18周岁的人为成年人；不满18周岁的人为未成年人，所谓“青少年”应当是指“未成年人”。因此，法规的名称可叫做《未成年人保护法》，它所适用的对象可以窄一点，只包括未满18岁的未成年人和已满14周岁不满18周岁的未成年犯。

对于青少年法的适用对象和年龄的下限和上限的规定，世界各国都各不相同。印度、巴基斯坦、泰国、马来西亚等国规定已满7岁的为少年，英国为10岁，西德为14岁，日本在不同的青少年立法中，年龄的规定也不统一，《青少年条例》把未满18岁的规定为青少年，《儿童福利法》规定从入小学开始到18岁为少年，《少年法》规定未满20岁的为少年。

根据我国宪法第五十一条关于“国家特别关怀青少年的健康成长”的规定，考虑到青年和少年犯罪的共同特点，为了从生理学、心理学、教育学和社会学来研究青少年犯罪的原因、特点和规律，参照外国的经验，吸收前两种看法的部分意见，我们认为法规的名称可叫《青少年保护法》，它所适用的对象，可以宽一些，保护的对象为不满25周岁的青少年，重点为不满18周岁的未成年人。这样规定有以下几点好处：

第一、青少年保护法适用的对象，不仅包括青年和少年，而且包括幼年。“不满十八周岁的未成年人”，就含有幼年。如在家庭教育条款中，关于父母对子女有抚养、教育的义务；父母要用自己的良好行为和正确方法影响和教育子女；父母不得遗弃、虐待子女等。又如，社会保护条款中，对失去父母，无人抚养的；有严重生理缺陷，需要特殊照顾，而家庭又无经济来源的等等都包括幼年。

第二、符合我国宪法、刑法、刑事诉讼法等现行法规关于未成年人和未成年犯的法定年龄的规定。“不满十八周岁的未成年人”的规定，不仅明确了未成年人的年龄界限，而且在这个年龄里构成犯罪的，无疑就是未成年犯。由于刑法、刑事诉讼法关于已满14岁不满18岁的未成年犯的刑事责任年龄已有规定，青少年保护法就没有必要再重复规定和说明。

二、制定青少年保护法应当坚持的几项原则

制定青少年保护法，解决青少年的犯罪问题，是着眼于教育改造，还是着眼于单纯惩办；是疏导，还是堵塞；是治本，还是治标；是全党动手，“综合治理”，还是就事论事，孤立地去对待，这不仅仅是个内容安排和方法问题，而是一个立法的指导思想和立法的基本原则问题。我们认为，制定青少年保护法，必须以马列主义、毛泽东思想为指导，从我国的实际情况出发，以已有的经验为基础，充分体现下列的原则：

一是　坚持青少年保护法是综合性的行政法规的原则。青少年保护条例作为单行法规，它不同于刑事法规，又不同于道德规范，而是一部带有综合性的行政法规。作为行政法规，由于它调整的对象和范围，是保护青少年的健康成长问题，而这个问题又涉及到社会各个方面，因此，它具有以下两个特点：第一，它虽然不是刑事法规，但除了和刑法、刑事诉讼法、劳改条例、劳教决定相呼应、相衔接外，还要对刑事法规中的某些内容作必要的吸收或补充。如青少年保护法中关于违法与犯罪的处理这一章所涉及的工读学校；劳教、少管中的分管分押；对教唆青少年违法犯罪的要从严惩处等条款就属于这方面的内容。第二，它虽然不是道德规范，但有的道德规范要吸收进来，经国家认可即

上升为法律规范。如在家庭、学校和社会保护三章规定的：父母要全面关心子女的健康成长；学校和教师要爱护学生，坚持正面教育；社会各方面要从资金、场地、人力和物力等方面对建立青少年活动场所给予支持和资助等条款，就属于这方面的内容。

关于道德与法的关系问题，是起草青少年保护法的过程中，在具体内容安排上较难处理的一个问题。这个法既要将一些需要而又可以上升为法律的道德规范吸收进去，又不能过多的规定属于道德规范方面的内容，规定多了，就可能使法变成一部没有国家强制力和对整个社会没有约束力的一般性的“宣言”、“守则”，而失去法的特点。但也有的同志认为，法与道德既有区别又有联系，二者之间没有不可逾越的鸿沟，道德规范通过国家制定、认可，就可以上升为法律，因此，主张较多的吸收诸如《学生守则》、《青工守则》、《待业青年守则》等方面的内容。这个问题如何处理适当，仍然是尚待进一步研究和解决的课题。

二是　坚持治本、疏导，突出保护，积极预防的原则。青少年保护法适用的对象只是25岁以下的青少年，它既不同于适用于全体公民的一般法律，也不同于惩罚性的刑事法律，而是“保护”法规。我国的刑法，作为打击敌人，惩罚犯罪，保护人民的锐利武器，尽管有积极预防的作用，但一般来说，还是一种堵塞犯罪，消极预防的法律。它的目的，一是通过对犯罪分子施用刑罚，达到预防他们重新犯罪的特殊预防的目的，二是通过对犯罪分子适用刑罚，教育和警戒社会上那些不稳定的、有可能犯罪的分子，走上犯罪的道路和教育人民群众积极同犯罪分子作斗争的一般预防的目的。而青少年保护法则不同，它虽然有违法行为和犯罪案件处理的条款，但更多的内容是从关心、爱护、保障青少年的健康成长出发，对家庭、学校和社会各方面提出的要求，以及他们在教育、培养青少年方面应尽的责任。这个法律更加突出地、鲜明地体现了疏导、治本、积极预防的精神和对违法犯罪青少年教育、挽救、改造的方针。这是青少年保护法贯彻始终的基本特点和重要原则，也是“保护法”与“惩治条例”的根本区别。

三是　坚持综合治理或叫做综合预防的原则。青少年问题，包括青少年违法犯罪问题，既是一个严重的社会问题，又是一个复杂的社会现象，决不单是一个社会治安问题，也不单是一个青少年本身的问题，它涉及到千家万户和社会各个方面，要解决这个问题，必须在党中央和各级党委的统一领导下，充分发挥社会主义制度的优越性，组织动员社会各方面的力量，包括各级国家机关、人民团体、厂矿企业、人民公社和学校、家庭等等，以及每个公民，齐心协力；实行综合治理，医治创伤，抵制侵蚀，防止“污染”，改造社会风气，预防犯罪，促进青少年一代的健康成长。

在综合治理中，家庭保护对青少年的健康成长具有重要的地位，应当引起整个社会和每个家长的高度重视。家庭是社会的细胞，是社会诸关系的缩影，是青少年发育成长过程中和社会最早的接触点，是他们发育成长的开端，是人生的第一所学校，是青少年的最初教师，乃至终身的教师。家庭环境和家长的言行，对青少年的心理、品德、爱好和理想的影响至关重要。远在儿童进入学校以前，家庭教育已经给孩子以深刻的影响，培养了孩子的某些习惯。事实证明，家庭对青少年的不良影响和溺爱、娇惯以及教育方法不当，是青少年走向违法犯罪的一个重要原因。有的家庭自然结构破坏，父不父，子不子，兄不兄，妹不妹的关系，迫使、诱导孩子走向犯罪；有的青少年有父无母、有母无父或继父、继母，无人管教，放纵自流；还有一些家庭对子女溺爱、袒护，不加管教，当发现孩子变坏，又走向另一个极端，非打即骂，使子女对家庭失去感情，离家流窜，有学不上，有业不就，而走向犯罪道路；也有的家庭对子女“言教”是有的，但自己的行为不端，生活不检点，结果言教败于“身教”，自觉或不自觉的成为青少年犯罪的“家庭教师”；还有的直接影响或教唆子女犯罪。针对这些情况，青少年保护法应该规定：教育子女是每个家庭的社会责任和光荣义务，是社会保护的重要方面。各级青少年保护机构和工会、共青团、妇联等人民团体，要开展家庭教育的研究和指导，普及家庭教育的知识，报刊、广播、电视等要宣传、交流家庭教育的经验。父母要用自身的良好行为和正确的方法影响和教育子女，全面关怀子女的健康成长，既不要简单粗暴，也不要娇惯溺爱，国家干部尤其是高级干部更要以身作则，加强对子女的教育，禁止利用职权为子女在升学、就业、晋级或其他方面谋取特殊照顾。父母对子女的管教情况应作为其工作单位进行提职、晋级、奖惩等考核的一项内容。如果家长管教子女失责，对子女遗弃、虐待；对子女的违法犯罪行为袒护、纵容、包庇，直接、间接参予或者教唆子女犯罪的，给予相应的行政处分或者追究刑事责任。

学校是教育培养青少年的重要场所，学校保护在综合治理中占有重要的地位。学校教育对于青少年世界观的形成有着极为重要的作用，按照德育、智育、体育全面发展的方针，把青少年培养成为有理想、有道德、有知识、有体力的一代新人，是学校领导和全体教师的神圣职责。因此，学校决不能单纯追求升学率，把注意力只集中到少数思想品德和文化学习都比较好的学生身上，而忽视对大多数学生的培养教育。事实证明，违法犯罪的青少年，约有1／3以上，有时竟达到半数以上是在校学生。有的地方反映，慢班是“差老师，烂学生，破教室，坏名声”的“烂班”、“渣子班”。有的学生分到慢班后，失去自尊心、自信心和上进心，自暴自弃，“破罐子破摔”；有的学校对慢班放任不管，造成学生互相学坏，结伙犯罪；还有的滥用“除名”、“劝退”手段，开除学生，使这些“流失生”、“长旷生”成为违法犯罪的“后备军”。因此，青少年保护法应该把学校保护作为对青少年社会保护的重要内容。学校要针对青少年的特点，切实加强无产阶级革命人生观、共产主义道德观、社会主义法制观的“三观”教育；学校要爱护学生，坚持正面教育；对于后进的、失足的学生要耐心热情地教育、帮助，鼓励上进，不得歧视和放任不管；学校不得随意勒令学生退学。国家可以建立奖学金制度，授予德、智、体全面发展的优秀学生。国家要大力发展教育事业，向青少年广开学路，普及小学教育，发展职业教育，扩大高等教育，各行各业应积极创造条件，兴办职业学校、函授学校、电视大学及其他形式的业余教育，有关部门在人力、物力、财力等方面应予支持和资助。国家要广开才路，鼓励青少年刻苦钻研科学文化知识，凡通过自学或业余学校学习达到研究生、大学生或中等专业学校毕业生文化水平的，经国家考试合格可以取得相应的毕业证书，在工作安排、工资晋级、职称等方面享受同等待遇，从而为提高青少年的科学文化水平作出贡献。

社会保护与家庭保护和学校教育一样，具有同样重要的作用。对于青少年来说，整个社会就是一所大学校，处处都有他们的“老师”，分布在厂矿企业、商店、大街、影院、公园……，有时候这种老师往往比讲台前的老师发挥的作用更大，只要社会上存在一些消极的东西，好学善仿的青少年很容易接受下来，他们受到健康风气的熏陶，就会树立良好的风尚，假如受到丑恶的风气污染，也会接受坏的习气。70年代的青少年，是生在红旗下，长在动乱中。他们懂事之日，正是林彪、“四人帮”酿灾之时，他们的许多实际问题得不到解决，心灵深处又受到严重的创伤，因而给正处在长身体、长知识、世界观形成过程中的部分青少年，带来了没有科学信仰、没有真才实学、没有道德准则的“三大空白”；一些受害严重，不能自拔的青少年则更是处于“无理想、无知识、无道德”的“三无”状态，有的只是那一套封建的、资产阶级的腐朽道德和人生哲学。他们把吃喝玩乐当作“幸福”；把“哥们义气”当作“友谊”；把地痞流氓当作“英雄”；把为所欲为当作“自由”。这就是他们所谓的“四大观”：“幸福观”、“友谊观”、“英雄观”和“自由观”。同时，随着我国的对外开放和旅游事业的发展，随着我国同资本主义国家交往的增多，资产阶级的意识形态和生活方式，也随之渗透进来，对一些青少年的影响和腐蚀，也是不可避免的。有的青少年学某些电影里的镜头，不顾我国的民族特点和风俗习惯，在公园里、大街上、公共电汽车上接吻、拥抱；有的模仿西方生活方式，在男女两性关系上追求“自由”、放荡，因而误入歧途，走上违法犯罪的道路。这就清楚地表明，社会上存在着旧剥削阶级的某些残余和“四人帮”的某些残余，同我们争夺青少年一代的斗争。我们应当看到这场斗争的严重性和长期性，要经常了解、研究不断发展和变化的情况，根据青少年的特点，采取生动活泼的方法，经常地有针对性的对青少年进行“四个坚持”的教育和革命人生观的教育，不断地提高青少年的政治思想觉悟，增强自觉抵制国内外资产阶级及其他剥削阶级思想意识和生活作风的腐蚀的能力。因此，青少年保护法应该明确规定：国家特别重视对青少年的社会保护，要迅速恢复、建立和发展青少年科技、文化娱乐、体育活动场所，社会各方面要从资金、场地、人力和物力等方面给予支持和资助；各大中城市要把建设青少年活动阵地列入城市建设规划；尽管目前地方财政比较困难，但是拿少量的钱办活动阵地，把青少年吸引住，教育好，是直接促进社会安定，促进青少年健康成长的好事，我们在这方面花点钱，就可以在办青少年劳教、少管场、所方面少花点钱，这是非常值得的。大中城市和有条件的地方，要逐步建立儿童、少年影剧院；文化部门要鼓励和组织文艺工作者积极创作和演出有利于青少年健康成长或反映青少年生活的电影、戏剧、音乐、舞蹈等，并设立青少年文艺基金，定期开展评选活动，对优秀作品、创作者和演出者给予表扬和奖励；国家对于优秀学生、模范辅导员和在青少年工作中卓有成效的人员，给予表扬和奖励，要严禁危害青少年健康成长的宣传色情、凶杀、恐怖的电影、电视和戏剧公开放映，播放和演出；不准制作、出租、贩卖、传抄、传看反动的、淫秽的、荒诞的书刊、画册、图片、连环画、录音带、歌片、歌本等等。青少年保护法关于社会保护的措施，既要着眼于发展精神文明，又要注意到发展物质文明，从各方面抵制剥削阶级意识形态对青少年的侵蚀，防止他们走上违法犯罪的道路，努力把青少年培养成为社会主义的一代新人。

在综合治理中，还必须注意切实解决青少年的一些实际困难。我国人口多，主要是青少年多，在全国97000多万人口中，青年有18810万人，少年有19613万人，共计38423万人，占全国总人口的39.57％。国民平均年龄只有26岁，是世界上人口构成最年轻的国家。然而，现在却出现了一种很不正常的现象：一方面是青年就业问题困难，另一方面是大批退休工人又重新就业，拿补差工资；造成年老的搞生产，年青的守锅台；年老的上前线，年青的留“后方”，因此，有些青少年反映，他们有三低：政治地位低、经济待遇低、升学就业率低。同时，由于林彪、“四人帮”损害了青少年的形象，败坏了青少年的名声，至今社会上对青少年存在的问题和实际困难，指责多，鼓励少；堵塞多，疏导少；治标多，治本少；空洞的说教多，解决实际问题少。当他们中间一些人看不到自己的前途，找不到自己的出路的时候，就陷于悲观、失望、苦闷、彷徨，以致产生了一些混乱的思想，甚至还会有一些对社会、对现实不满的心理和行为，这是值得我们严重关切和急待解决的问题。因此，青少年保护法就要为青少年广开出路，包括广开学路、广开才路，广开就业门路等等。为解决青少年的一些实际困难，给予立法上的保证。根据我国的实际情况，特别是当前的物质条件，青少年保护法可以规定：国家采取多种形式，统筹安排，广开就业门路，开发青年能源，经有关部门批准，允许城镇待业青年个人或几个人自愿联合开业，从事有益于社会的商业、手工业和服务行业，政府在资金、场所、税收等方面给予必要的支持和资助；城市街道建立劳动服务公司，组织、介绍待业青年或其他社会青年参加生产劳动；学习文化科学技术知识，进行职业培训。国家机关、人民团体、企事业单位和农村人民公社，应积极组织男女青年开展有益的社交活动，关心和帮助解决青年的恋爱婚姻问题，有条件的地方可建立婚姻介绍所。通过青少年保护法的有关规定，组织动员社会各方面，切切实实地解决青少年的学习、工作、生活、婚姻、家庭、住房等实际问题，充分体现社会主义制度优于资本主义制度，从而调动广大青少年建设四化保卫四化的积极性和创造性。

四是坚持教育为主的原则。 对违法犯罪青少年，要着眼于教育、挽救和感化。目前，青少年犯罪之所以如此严重，最根本的原因是林彪、“四人帮”的十年浩劫所造成的。他们是受害者又是害人者。同时，考虑到青少年正处在成长阶段，因此，青少年保护法要特别强调，对青少年违法行为与犯罪案件的处理，应当照顾他们的特点，贯彻教育、挽救和改造的方针。但对极少数罪行严重，屡教不改的犯罪分子，必须依法惩办。当然，惩办的目的，也是为了教育和改造。根据武汉、沈阳、重庆等地的实践经验，青少年保护法可以规定：对有违法行为的青少年由街道、学校、工作单位、公安派出所共同组成群众性的“帮教小组”、“关心小组”，在家长的配合下，指定专人对他们进行帮助教育，组织他们学习文化技术知识，搞好生活安排，达到就业年龄的帮助安排就业，消除造成这些青少年违法犯罪的一切因素和条件，使其弃旧图新，变消极因素为积极因素。对有一般违法或罪行显著轻微，不需要判处刑罚，经学校多次教育不改，家庭又无法管教，不满18周岁的学生，可以送工读学校。送工读学校学习，是一种挽救违法学生的教育措施，在工读学校经过教育转变好的学生，升学、就业、参军不得歧视；有条件的地方应当把工读学校办成职业学校，以利于对工读学生的教育改造和安置就业。对于送劳动教养的未成年人，要与成年人分别编队，分别教育管理。对被判处刑罚的未成年犯，送少年犯管教所，实行教育改造；严禁将未成年犯和成年犯关押在一起，防止把监狱、劳改队、劳教队变成“犯罪经验的交流所”和黑染缸，应当办成使违法犯罪青少年改过自新的大学校。对于违法犯罪的青少年，特别是其中的未成年人，无论送工读、劳教或少管的，都要实行教育改造为主，轻微劳动为辅的方针，一般半天学习，半天劳动，有计划地对他们进行以共产主义道德和社会主义法制教育为主要内容的思想政治教育、文化教育和生产技术教育，为将来升学、就业打下基础。

对于违法犯罪青少年的思想政治教育，一定要针对他们的心理、生理和犯罪的特点，探索转化的规律，采取正确的方法。根据实践经验，做好违法犯罪青少年的教育改造工作，首先，要消除他们的疑惧心理与对立情绪。违法犯罪的青少年由于在他们的一段历史中，指责多于赞扬，训斥、责备多于启发诱导，所以他们一般地比较“心虚”、“有戒心”、“有敌意”，常常认为我们的管教人员轻视他，厌弃他，误认为党的政策对他们是“抛弃的”，甚至是“镇压的”。因此，常以沉默、回避或粗暴无礼的态度，进行反抗。要消除他们的疑惧心理和对立情绪，在教育改造中，除了那些极少数敌我矛盾性质的犯罪分子以外，必须“动之以情，晓之以理，行之以导，持之以恒”，多方面地关心他们，诚心诚意地帮助他们，满腔热情地和他们交朋友，耐心、细致地开导他们，使他们认识到整个社会对他们不是嫌弃的，从而树立坚定改造的自尊心和自信心，看到自己的前途和希望。其次，要抓住“闪光点”和“火候”在反复中前进。违法犯罪青少年的转变并不是一帆风顺的，会出现反复甚至多次反复，要求他们把多年来形成的“流氓哲学”和低级欲望短期内改掉是不实际的。因此，不要怕反复，而是要在出现反复时，抓住“火候”对症下药，因人施教，既要中肯地给予批评教育，又要注意保护已经调动起来的积极因素，不要全盘否定已有的进步，使他们绝望而灰心，应该注意观察分析他们出现反复的真实原因，采取正确的方法，锻炼他们与反复的诱因作斗争的意志力，坚定进步的信心。最后，要不断地稳定、巩固他们的改造成果。违法犯罪少年思想“闪光”时间短暂，反复性大，悔改不易。当改造好了积极以后，不能就此停步，还要做好新的教育，巩固和发展已取得的成绩，除了在政治上关心他们以外，要安排好他们的出路，招工招生不得歧视他们，对于转变突出的，应该给他们适当的荣誉和奖励，其中优秀的，符合团员条件的，可以吸收入团，切实作到“转变一个，挽救一伙，教育一片”。使他们在社会主义四化建设中发挥积极的作用。

从流失生与少年违法犯罪的增多看制定青少年保护法规的必要性

（1985年8月）

康树华

一、中、小学生大量流失问题的严重性

流失生，是指在中、小学学习阶段的学生，由于各种非常原因离开学校而不能卒业者。据北京市司法局在去冬今春组织调查的结果表明，中、小学生的大量流失是我市近

年来出现的一个新的、严重的社会问题，它直接威胁着社会治安，是构成青少年犯罪“低龄化”的重要原因之一。

自1981至1984年，本市初中毕业生总数比入学时总数减少了12.24万人（平均年流失量为5.35%）。小学生流失6万人，初中生流失12.24万人，高中生流失7.53万人，流失生总人数为25.78万。这样一大批未成年人提前涌入社会，一方面冲击了政府对劳动就业的正常安置；另一方面，由于十年动乱的影响和实行对外开放政策后出现的一些复杂情况，而未成年人自身又存在着免疫力差的弱点，其中不少人沾染了不良习惯，有些人甚至走上了违法犯罪道路。

据调查，这些流失生存在的主要问题，一是他们过早离开学校后，生活内容发生的巨大变化。约有44.4%的人产生一种轻松感，犹如脱缰的野马，行为放肆，无所顾忌。有26.1%的人什么也不再想，糊里糊涂地过日子。有19.5%的人认为自己没有前途，非常苦恼。有2%的人感到一切彻底毁了，对社会缺乏了信心。他们的时间很少再用来学习，大部分花在“逛马路”、“看电影”、“谈恋爱”和“下馆子”上。只有8%的人能呆在家里老老实实地等待分配工作。

二是他们过早离开学校后，所接触的人有不少是其他流失生和待业知识青年，有的还是多次劳改、劳教后的释放人员，只有17.8%接触的是正在上学的学生。由于缺乏判断是非的能力，流失生与这些不良的伙伴交往，往往不是被拖进了犯罪团伙之中，就是彼此“情投意合”，形成了新的违法犯罪团伙。

总之，由于失去了学校教育，消极因素在这批少年身上占了主导地位，使他们心理的正常发展受到阻碍，对社会产生了一种“不适应症”，很容易走上违法犯罪道路。北京市少年犯管教所内少数人员和少年犯的结构变化，正是这一社会问题的“浓缩”反映。见下表。

北京市少年犯管教所历年来非在校生比例变化情况表：

类别	年度	在校生	非在校生	总数	非在校生百分比
少年管教	1978	935	118	1053	11.2%
	1979	263	70	333	21.0%
	1980	275	88	363	24.2%
	1981	158	83	241	34.4%
	1982	139	53	192	27.6%
	1983	248	245	493	49.7%
	1984	171	114	285	40.0%
少年犯	1982	28	49	77	63.7%
	1983	45	99	144	68.8%
	1984	62	125	187	66.9%

注：1984年系10月15日以前的情况统计

由上表可以看出如下两点：第一，非在校生的比例有上升的趋势。第二，在少年犯中，每10名中就有将近7名是非在校生。这一严重问题，应该引起我们高度重视。

二、中、小学生大量流失的主要原因

中、小学生大量流失，有着极其深刻、复杂的原因。据调查，自1979年至1984年北京市中、小学生中途离校的原因如下：

小学生流失原因：回社队劳动占总数的23.4%，患病21.3%，学习不好17.9%，家庭经济困难15.3%，参加工作5.2%，被勒令退学3.1%，自动退学0.7%，被开除0.4%，其他12.7%。

初中生流失原因：回社队劳动占总数的26.3%，学习不好24.6%，家庭经济困难17.2%，参加工作14.3%，患病8%，被开除0.9%，自动退学0.5%，被勒令退学0.4%，其他7.6%。

高中生流失原因：参加工作占总数的35.4%，回社队劳动16.8%，学习不好15%，家庭经济困难14.2%，患病5.4%，被开除3.1%，自动退学1.6%，被勒令退学0.5%，其他8%。

从上述统计数字可以看出，近年来中、小学生流失的最主要原因是回社队劳动或参加工作。如果再加上家庭经济困难，那么小学生共占43.9%，初中生共占58.0%，高中生共占66.18%。这充分表明了中、小学生大量流失，最主要的是受家庭的影响。这与近年来城乡实行经济体制改革有着直接联系。一些工厂违反政府的招工政策，在兴办卫星工厂、家属车间时，招收了一批低龄少年，也助长了在校生的流失。调查表明，北京郊区农民家庭的子女弃学参加劳动的问题相当突出，城里一些工人、个体户、无业者的子女也相继弃学从商从工。这类家庭的父母中，约有43.5%的人认为读书没有前途，有30.5%的人希望孩子早点给家挣钱，而真正出于家庭经济困难的只有19.9%。

上述统计数字还表明，中、小学生流失的第二位原因，是由于学习不好。如果再加上被勒令退学、开除和自动退学的，那么小学生共占22.1%；初中学生共占26.4%；高中学生共占34.38%。这反映了学校教育工作质量不高，是导致中、小学生大量流失的另一个不可忽视的重要原因。据对流失生调查，因班主任对他持冷淡和讨厌态度而辍学的分别占33%和29.2%，教师对旷课学生很少谈话和根本不谈话的分别占41.6%和54.1%。在学校采取劝退或开除措施的原因中，为了图方便占53.5%，为了保证升学率的为20%，为了保持班集体荣誉的为26.5%。

调查表明，中、小学生流失校外的第三位原因是患病。小学生占21.3%，初中生占8%，高中生占5.2%。三者相比较，以小学生为严重。

三、青少年保护法规的内容和设想

中、小学生的大量流失与少年违法犯罪的增多，象一面镜子，反映出当前在家庭教育、学校教育和社会影响各个方面所存在的严重问题，同时也反映出我国法制建设方面的一个缺陷，缺少一部青少年保护法规和一部教育法规。

我国的青少年保护法规，应当体现党和全国各族人民对青少年一代的关怀，紧紧围绕综合治理这一正确方针，明确社会各个方面对青少年所应承担的责任，以保障青少年能够健康成长，从根本上预防青少年违法犯罪的行为。

青少年保护法规应该包括以下几方面的内容：

（一）规定国家对青少年的政策。既包括对全体青少年的总政策（例如，明确规定培养、教育青少年是全社会的责任和光荣义务；通过多方面的培养、教育和训练，使青少年为完成自己未来的历史使命而做好一切准备，等等），也包括对不同部分青少年的具体政策（例如，对失足青少年和残废青少年的政策等）。这部分是青少年保护法规的纲领性内容。

（二）规定青少年的权利和义务。这是保护青少年得以健康成长所不可缺少的基础。这部分应以我国宪法的第二章“公民的基本权利和义务”作为基本原则，并结合青少年的特殊情况使之具体化，并作必要的补充。

（三）社会对青少年承担的责任。这里所说的“社会”，是一个大概念，它包括家庭、学校、工作单位、国家机关和社会团体，等等。这一部分内容是本法规中最基本的组成部分。具体说：

1．对家长责任的设想：

（1）家长既有抚养、教育子女的义务，又有保证子女接受学校教育的义务。明确规定不履行这种义务所要承担的法律责任。

（2）家长要对同他（她）一起生活的未成年子女的违法犯罪行为（非由于家长的纵容或教唆），承担一定的民事责任（例如，子女损坏财物，父母要负赔偿责任；子女伤害人身，父母要承担医疗费用，等等）。

（3）如果子女被送去劳动教养或进入工读学校，家长应当按月为子女支付生活费。

（4）如果子女被判刑，家长要承担一定的行政后果（例如，在一定期间不得提职晋级，不得担任领导职务。等等）。

2．对学校责任的设想：

（1）教师要爱护学生，负有坚持正面教育的责任。明文规定对不履行这项责任者，要给予纪律处分。

（2）学校、教师对青少年负有实施义务教育的义务。明文规定不履行这项义务的法律责任。

3．对国家机关责任的设想：

（1）劳动部门必须与教育部门同步改革，必须遵守义务教育规定，改革那些不利于提高劳动力素质的招工用人制度（例如，规定16周岁为就业年龄，对就业者的文化水平与技能不提出合理要求等等）。

（2）工商管理部门必须遵守义务教育规定，对于应受义务教育的少年一律不得发给营业执照；对误发者，一经查出，立即吊销。

（3）文化部门有责任推荐有利于培养青少年健康成长的优秀图书、电视、录音和录像等，同时又有责任严加取缔那些不利于青少年健康成长的黄色图书，等等。法规还要规定实行按内容与观众年龄段划分的电影分级放映制度，以及对书摊、报亭、私人补习学校等的严格管理制度。

4. 对其他方面责任的设想：

（1）法规要规定增加文化娱乐场所和体育运动设施，筹集奖励青少年发明创造基金，以及鼓励青少年参加社会公益活动等措施。

（2）法规要规定对成年人危害未成年人健康成长的行为，一律从严查处。

（3）要规定建立社会协调机构。保护青少年是涉及多方面责任的事情，而各个部门往往总是从本部门的利益出发来考虑问题并采取行动，因而在某些具体事情上，时常会发生彼此利益冲突，这就需要建立一个有权威的社会机构来进行协调。

（4）青少年保护法规一定要规定罚则。任何法律如无罚则规定就等于零。由于在我国罚金常常是由公家出钱，对个人触动不大，因而本法规除罚金外，还规定对责任轻者给予纪律处分，重者判处徒刑。

《上海市青少年保护条例》的制定及其特点（1986年）

柴俊勇

制定《青少年保护条例》的背景

在改革、开放的新形势下，用法律手段来保障青少年合法权益不受侵犯，防止资本主义、封建主义腐朽思想对青少年的引诱和腐蚀，把青少年塑造成有理想、有道德、有文化、有纪律的一代新人，是党心之意、民心所想、父母之心所盼。上海的经济、教育、文化、科学技术等方面在全国都处于重要地位。因而，上海各方面工作理应率先奋发，为国家作出贡献。立法工作也是这样。《上海市青少年保护条例》起草工作正是在这种强烈的使命感和责任感激励下着手的。其背景主要是“四有”：一是中央有精神。中共中央〔1985〕20号文件明确指出：“目前，保护青少年的有关法律还不完备，建议立法机关会同有关部门，根据宪法精神，加紧制订保护青少年的有关法律，用法律手段来保障青少年的合法权益不受侵犯，保护青少年的健康成长。”党中央书记处书记郝建秀在共青团全国代表会议上的讲话中指出：“全社会都要注意维护青少年的合法权益。要进一步加强关于青少年问题的立法工作，做好挽救失足青少年的工作，为青少年的健康成长创造良好的社会环境。”二是社会有呼吁。近几年来，人大代表、政协委员、社会各界包括共青团干部在内的不少青少年教育工作者，都曾多次呼吁，尽快制定保护青少年健康成长的法规。三是现实有需要。青少年代表着国家、民族的未来，处在人生成长中具有特殊重要意义的过渡时期。德、智、体、美、劳诸方面的全面发展，都有赖于一个良好的社会环境。家庭、学校、社会、政府各部门对这种社会环境的形成负有特殊的责任和义务。这种责任、义务需要由一定的立法形式确定，以保持其严肃的执行效力。四是工作有基础。几年来，各条战线都在探索青少年的培养、教育问题。在实践中创造了不少行之有效、符合青少年成长规律的方法和经验。有关院校也就青少年立法事宜进行过研究，聚集了一批有价值的资料和人才。

就是在这样的背景下，一部受到社会瞩目的地方法规——《上海市青少年保护条例》的起草工作，被提上了立法机关的议事日程。

起草工作的进展概况

上海现有6周岁至17周岁的青少年1659816人，其中男性848802人；女性811014人。教育、保护他们健康成长是一项宏大的社会系统工程，关系到千家万户，涉及到社会各个方面。因而，起草保护法规是一项非常复杂的工作，需要社会各界通力协作。为此，市人大法制委员会委托共青团上海市委牵头，由市委宣传部、市府教卫办、市劳动局、市总工会、市妇联、上海社会科学院法学所、青少年所、华东政法学院、复旦大学法律系以及市政法各部门等16个单位共同起草，并抽调干部组成上海市青少年保护法规起草办公室。起草办公室自1986年2月中旬成立后，采取立法科研与宣传教育相结合，专门班子与社会力量相结合的工作方针，做了大量调查研究工作。先后召开了新闻单位会议，通过新闻媒介征集立法建议；发布了60个调查题目，动员社会力量共同进行调查研究。有54个单位承担了调查课题，撰写了77篇专题调研报告；与市妇联一起对10000个家庭的结构、教育方式作了剖析；走访了市委、市府领导和法学界知名人士；召开了家长、教师、团干部、街道干部以及政法、宣传部门等各种类型的专题座谈会20多次。办公室人员除按照分工进行专题调查外，还集中力量到妇女教养所、少年管教所，分别调查了600多名对象，分析研究他们走上违法犯罪道路的原因。通过这些调查、座谈、专题讨论，基本摸清了上海市青少年的情况，并归纳整理出社会各界要求在制订保护条例时加以考虑、解决的7个方面103个问题。在起草过程中，我们广泛发扬了民主。听取了社会各界的意见，首先拟订了保护条例的基本构想，然后根据构想，针对103个问题，草拟条文，先后六易其稿。最初的分块起草，题目是《上海市青少年教育保护条例》，共12章164条。经过提炼、加工，8月形成正式的第一稿。在16个起草单位范围内广泛征求了意见，并召开了6个座谈会，进一步讨论、研究了10个重大问题。10月下旬改出第三稿，题目改为《上海市青少年保护条例》，压缩到10章67条。这一稿印发了1000份，在有关的部、委、办、局和22个区、县人大常委会大范围征集社会各界的意见。同时还派人向全国人大常委会法制工作委员会汇报，并听取了团中央领导和北京法学界的意见。本市有关的部、委、办、局和各区、县人大除本身研究外，还分头组织了258个单位的人员进行了讨论，提交了65份征集意见的报告，提出了470余条意见。社会各界都赞成制定这样一个保护条例并肯定了第三稿的基础，也指出了不少需要斟酌、修改的地方。根据这些意见，于12月上旬改出第四稿。经市人大法制委员会第十二次会议审议，提请了市八届人大常委会第二十五、二十七次会议又作了初步审议，4月下旬召开的上海市第八届人民代表大会第六次会议将审议《上海市青少年保护条例（草案）》。简言之，《上海市青少年保护条例（草案）》凝聚着全市人民的智慧和心血，是民主立法与科学立法相统一的结晶。

《条例》的特点

《上海市青少年保护条例》将有如下鲜明的特点：

一是法规性质的独特性。青少年法作为独立的部门法，已被世界各国普遍采用。目前，我国尚无保护青少年的专门法律或法规。究竟制订什么样的法，才能更有效地保护青少年的健康成长，是一个需要不断探索的问题。鉴于我们有优越的社会主义制度和综合治理的经验，有条件统一组织国家机关、社会各界、学校、家庭和工、青、妇等人民团体协同工作，所以，根据宪法第四十六条和国家法律、法规有关规定制定了一部内容既涉及维护青少年的合法权益和福利问题，又涉及对失足青少年的处理和矫治；既有实体性的规定，又有强制性的规定；既有社会保护，又有青少年自我保护的综合性法规。她将用来调整国家机关、社会各界、学校、家庭和成年公民间青少年之间的相互关系。

二是指导思想的鲜明性。《条例》在坚持四项基本原则的前提下，以《中共中央关于社会主义精神文明建设指导方针的决议》为指导，从上海的经济、教育、文化、科学技术等方面在全国所处的重要地位，以及把上海建设成为开放型、多功能、产业结构合理、科学技术先进、具有高度文明的社会主义现代化城市目标出发，着重强化家庭、学校、社会和国家机关在保护青少年品德、智力、体质等方面全面发展过程中应负的保护责任，运用教育、行政、经济和法律手段，重点保障青少年的合法权益。同时，采取积极措施，预防青少年违法犯罪，优化青少年成长的环境，打击侵害青少年的不法行为，保护青少年健康成长。对青少年的保护，应根据青少年成长的特点，坚持教育培养、启发引导为主的原则，预防和治理青少年违法犯罪。对需要特殊保护的青少年实行特殊保护，把青少年培养成为有理想、有道德、有文化、有纪律的一代新人。

三是保护对象的特定性。《条例》保护青少年是指居住、进入本市的6周岁至不满18周岁的未成年人。这样划定是基于五个方面的考虑：（1）这个年龄段的青少年是人生成长中具有特殊重要意义的过渡时期，是一个情感、认识尚不稳定、缺乏独立生活经验和能力，比较容易接受不良影响而犯各种罪错的时期，因此，最需要保护；（2）这个年龄段的青少年正好包括了全部中小学生，便于有关部门开展工作；（3）可以同市人大常委会1985年颁布的《保护妇女儿童合法权益的若干规定》相衔接配套；（4）基本适应本市所能提供的保护条件；（5）比较符合国家法律有关规定。例如《民法通则》关于不满18周岁的未成年人的监护规定。《刑法》关于“已满十四岁、不满十八岁的人犯罪应当从轻或者减轻处罚”的规定。

上述年龄段的青少年，虽然都属于未成年人，但是情况也不完全相同。因此，对他们的保护，《条例》除一般性规定外，对几种青少年作了特殊保护规定。（1）对优秀青少年的保护。这是考虑到上海所处的历史地位，以便促进上海早出人才、多出人才。（2）对女青少年的保护。她们往往是违法犯罪者侵害的目标，需要特别保护。（3）对弱智、残疾、非婚生子女以及有生理和其他缺陷的青少年的保护。这些青少年是弱者中的弱者，需要格外特殊保护，使他们“幼有所养，孤儿不孤，残而不废，弱智有艺”。同时，对已经违法犯罪的青少年规定了矫治的措施。

四是保护体系的完整性。在改革、开放、搞活崭新环境中，对青少年的保护，必须动员全社会各方面的力量，共同做好这项工作；同时还要发挥青少年自我保护的能动作用，组成一个完整的保护体系。这个体系由五个方面组成，即：国家机关、家庭、学校、社会和青少年自我保护，相互联系，互为作用。国家机关保护，主要是强调国家机关要充分运用宪法和法律赋予的权力，保障青少年的合法权益，为青少年创造健康成长的条件，打击侵害青少年的不法行为，并做好违法犯罪青少年的矫治工作。家庭保护，主要是明确父母或监护人对青少年的监护、教育和扶养的义务，保护他们的身心健康，同时强调父母或监护人要以良好的言行影响和教育青少年子女或被监护人，正确处理青少年子女或被监护人发生的不良言行。学校保护，主要是明确学校和教师对在校中小学生的保护责任，要求关心学生的身心健康，加强对学生进行生活指导，培养学生自理能力，尊重学生的人格，维护学生的人身权利，正确对待差生，妥善处理学生中发生的问题，做到既教书、又育人。社会保护，主要是明确各行各业在保护青少年健康成长中应负的责任，共同优化青少年的生活环境，为青少年提供良好的丰富多彩的服务，加强对各类精神产品和文娱体育活动场所的管理。青少年自我保护，主要是规定青少年的行为准则，明确青少年对自己的合法权益和健康成长有自我保护的权利和自我教育的责任。发挥青少年自我保护的能动作用，提高青少年抵制不良影响的能力，并赋予青少年组织在保护青少年健康成长方面的任务、责任与权力。这样就形成了以青少年生活的环境为线索多层次的较为完整的保护体系。

五是保护措施的有效性。为使保护青少年健康成长的工作落到实处，《条例》总结、吸收了青少年教育、保护工作中的经验，规定了一些组织和行政性的保护措施。主要有以下三项：（1）规定了对侵害青少年的不法行为进行检举、控告的办法及处理的程序和罚则。如处理程序规定，对违反本条例的行为人，有工作单位（学校）的，由所属单位管辖；单位或单位负责人违反本条例的，由其上级主管机关管辖；需要给予行政处罚的，移送行为发生地公安机关处理。没有工作单位或既无工作单位又无本市户口的行为人，由行为发生地的公安派出所管辖。需要行业整顿、吊销营业执照或处以相应罚款、没收的，由工商行政管理部门管辖。对上述管辖规定，在执行中有争议的，由同级青少年保护委员会协调处理。（2）对违法犯罪的青少年，条例规定了不同于成年人的讯问、审查、审理的组织和方式，进行矫治的机构、矫治的条件，以及期满后的安置原则。如：青少年自身行为不轨，则主要进行批评教育，如不服父母或监护人管教，有违法犯罪可能的，送工读学校短训班，进行预防性教育保护；已经违法犯罪的，根据情节轻重，分别送工读学校或少管所进行矫治。公安机关、检察院和法院对违法犯罪青少年将分别组织专门的预审组、起诉组、合议庭，采取适合青少年特点的方式方法讯问、审查和审理。违法或犯罪青少年在羁押期间应同成年人犯分押分管。（3）规定本市各级人民政府设立青少年保护委员会，主管条例的实施工作。考虑到目前正处在机构改革当中，在政府中增设实体性的青少年保护委员会有一定的困难，故提出建立不脱产的青少年保护委员会，吸收有关方面的负责同志参加，定期讨论有关条例的实施工作。委员会下设办公室，主管日常工作。

我国未成年人刑事诉讼立法初探

(1986年)

张　航

未成年人犯罪活动的严重性把未成年人刑事诉讼活动提上了议事日程。犯罪低龄化成为世界性的问题。我国未成年人犯罪的严重性和长期性在客观上决定了未成年人刑事诉讼成为整个刑事诉讼活动的重要组成部分，应当引起足够的重视。

党和国家对待违法犯罪青少年的历来方针是教育、挽救和改造。这在刑事法规中得到了体现。刑法对未成年人的刑事责任年龄、适用的刑罚以及从轻、减轻和免除处罚等都作了规定。在刑事诉讼立法方面，法律规定了审理形式、辩护权等内容。“十四岁以上不满十六岁未成年人犯罪的案件，一律不公开审理。十六岁以上不满十八岁未成年人犯罪的案件，一般也不公开审理。”（《刑事诉讼法》第一百一十一条）。“被告人是聋、哑或者未成年人而没有委托辩护人的，人民法院应当为他指定辩护人。”（《刑事诉讼法》第二十七条）。刑事诉讼法第十条还规定“对于不满十八岁的未成年人犯罪的案件，在讯问和审判时，可以通知被告人的法定代理人到场。”这些规定为正确处理未成年人刑事案件，保护未成年人被告人的合法权利提供了重要的法律保障。

我认为，在探讨未成年人刑事诉讼立法时，应当考虑以下几方面的问题。

(一) 审理机关专门化

未成年人在诉讼中与成年人有不同的特点，其审理宗旨也有区别，因而有必要建立专门机构，专门办理未成年人刑事案件。

有了专门机构，再选任具有办理未成年人案件实际经验、具有教育学、心理学等方面知识的司法人员担任审判员、检察员和侦查人员，专门办理未成年人案件，就有利于提高办案效果。根据人民法院组织法第二条精神，我们应当在适当的时候建立专门法院。从长远看，建立专门的少年法院是有必要的。鉴于目前人力、财力等各方面条件不具备，可以采取在普通法院内设立少年法庭的做法，也可以指定专门的审判员、检察员和侦查员从事未成年人刑事案件的审理工作。

人民陪审制度是我国刑事诉讼法专门机关与群众相结合基本原则的体现。刑事诉讼法第一百零五条规定“基层人民法院、中级人民法院审判的第一审案件，除自诉案件和其他轻微的刑事案件可以由审判员一人独任审判外，应当由审判员一人，人民陪审员二人组成合议庭进行。”人民陪审制度在未成年人刑事案件的审理中具有特别的意义。因为未成年人犯罪直接反映了社会的问题，对未成年人的教育、挽救和改造也有待于社会的努力，人民陪审员办理案件，可以直接反映群众的意见，从案件中吸取经验教训，进行广泛的法制宣传。所以，法律应当明确规定，办理未成年人案件，要坚持人民陪审制度，由热心青少年工作，了解未成年人特点或与未成年人有关的单位、学校、街道的代表担任陪审员，充分听取他们的意见。这样，就能更好地分析案件情况，找出适当的处置方法。如果是未成年人所在地的代表担任陪审员，参加审理，还有助于消除未成年人的思想顾虑，使审理顺利进行。案件结束后，可以进一步地动员社会力量，加强对未成年人的教育改造，并改进本单位、本地区存在的问题，达到预防犯罪、消除犯罪的目的。

(二)全面调查

调查是司法机关为查清案件事实进行的专门活动，属于侦查活动的范围。借助各种调查手段，侦查机关、检察机关和法院就能收集足以证明案件事实的证据材料，确定案件事实，作出正确的判决。

我国刑事诉讼法第三十二条规定“审判人员、检察人员、侦查人员必须依照法定程序，收集能够证实被告有罪或无罪、犯罪情节轻重的各种证据。”这里指出了一般刑事诉讼案件的调查范围。刑事诉讼的证明对象是必须查明的与定罪量刑有关的案件事实，调查范围也取决于证明对应的内容，就一般刑事案件来讲，调查范围主要指与犯罪行为本身和与社会危害性有关的一系列要件和情况。

在未成年人犯罪中，客观外界的影响占有重要地位。未成年人可塑性大，引导不正，容易走上犯罪道路，如采取适当的方式给予教育帮助，消除产生犯罪的原因和条件，也容易改造他们成为社会所需要的人。未成年人犯罪，自己应当承担一部分责任，但社会也要承担一部分责任，对未成年人应当采用较轻的处理手段。由于对未成年人犯罪所采取的刑事政策与成年人不同，因而在诉讼调查活动中，调查范围也应与一般的调查范围有区别。不仅要调查和收集有关犯罪行为事实的证据材料，还应调查与未成年人犯罪有关的犯罪原因、所处的社会环境、家庭情况、个人经历、表现情况、社会关系等等，把这些情况作为未成年人刑事案件的证明对象。综合考虑这些因素，全面分析未成年人产生犯罪的原因，主观恶性程度等，才能正确确定对未成年人的处理方法，更好地达到教育、挽救、改造犯罪少年的目的。通过调查，调查人员还可以总结导致未成年人犯罪的客观条件，作出书面报告，进行司法建议，提供有关单位和学校、部门参考，改进工作，消除产生犯罪的原因和条件。

《苏俄刑诉法典》第三百九十二条规定，调查未成年人犯罪案件的时候，尤其要注意查明：（1）未成年人的年龄（出生年、月、日），（2）未成年人的生活条件和教育条件，促成未成年人犯罪的原因和条件，（3）有无成年的教唆者和其他共犯。《日本少年法》第九条规定，调查必须尽可能地对于少年、保护人、关系人的品行、经历、素质、环境等，从医学、心理学、教育学及其他专门知识，特别要灵活运用少年鉴别所的鉴别结果努力进行调查。这些规定可以作为我们立法的参考。

调查活动的重要方式是讯问未成年被告人。刑诉法第三十二条规定“严禁用刑讯逼供和以威胁、引诱、欺骗以及其他非法的方法收集证据。”未成年人易受暗示，理解能力差，因此在讯问时，应当特别注意方法。要严禁刑讯逼供、严禁暗示、诱供等，要用未成年人能理解的通俗的语言进行。对于进行刑讯逼供、诱供等严重侵害未成年人合法利益的行为，刑法应作出相应的规定，给予从重处罚。

(三) 严格掌握强制措施的使用

强制措施是司法机关为保证刑事诉讼顺利进行而对被告人、嫌疑人采取的限制人身自由的方法，包括拘传、取保候审、监视居住、拘留和逮捕。

逮捕是最严厉的强制措施。是暂时限制被告人、嫌疑人人身自由，予以羁押的方法。我国刑诉法第四十条规定了逮捕的条件："对主要犯罪事实已经查清，可能判处徒刑以上刑罚的人犯，采取取保候审、监视居住等方法，尚不足以防止发生社会危险性而有逮捕必要的，应依法逮捕。"由此可见，逮捕有三个条件：一是犯罪人的主要犯罪事实已经查清，二是可能判处徒刑以上的刑罚，三是采取其他强制措施还不能防止社会危险性，因而有逮捕必要的，三者缺一不可。逮捕措施在刑事诉讼活动中应用广泛，为保证诉讼活动的顺利进行发挥了很大的作用。但是，在实践中，也有掌握不严格的情况，一些地方只满足前两个条件而忽视第三个条件，对只要查清主要犯罪事实和可能判处徒刑的被告就一律逮捕，对未成年人也不例外。这样，就在一定程度上侵害了被告人、嫌疑人的人身权利，造成不利后果。

对未成年人使用逮捕应当慎重，严格依法办事。这种强制完全限制人身自由，未成年人正处于身心发育的重要阶段，若使用不当，过重、过于严厉地处理问题，就会对未成年人今后的成长打下深刻的烙印，产生不良的消极作用，使他们失去自尊心、自信心，加深对社会的反抗情绪。如果在羁押期间与成年犯一起关押，一些成年犯还可能对他们实行教唆，传授犯罪手段，使他们堕落成为惯犯、累犯。

所以，对未成年人实行逮捕应当严格掌握。在已经具备前两个条件时，还应当充分考虑第三个条件，尽可能地采用取保候审、监视居住的方法。对没有社会危险性的未成年人，其父母、所在单位、学校和街道等都可担任保证人，保证未成年被告不逃避或不妨碍侦查、起诉和审判，并随传随到。监视居住除由当地公安派出所执行外，也可交由被告所在单位执行。为了严格使用逮捕措施，对于未成年人的诉讼活动，在立法上可以作出强调规定，明确指出，对未成年人应尽量使用其他强制措施，逮捕只是在不得已的情况下使用。对必须实行捕逮的未成年人，一定要与成年犯隔离羁押。在未成年人被羁押期间，尽量加快办案速度，羁押期限应短于成年犯。人民检察院应加强对未成年人实行逮捕措施的监督，出现违法情况，立即纠正。在诉讼活动中，当已捕的未成年人社会危险性消除时，应当改变强制措施，予以释放。

(四) 不公开审理

对刑事案件实行公开审理，是一切国家诉讼活动的通例。但是，对未成年人刑事案件、阴私案件以及泄露国家机密的案件一般不公开审理，这在法律上也作出了规定。我国刑诉法第一百一十一条规定"14岁以上不满16岁未成年人犯罪的案件，一律不公开审理，16岁以上不满18岁未成年人犯罪的案件，一般也不公开审理。”未成年人案件的不公开审理是指人民法院审判未成年人案件时，除诉讼参与人、未成年人近亲属以及有关人员外，其他人员不得参加旁听。这是为了消除未成年人在法庭上的紧张恐惧心理，缓和法庭气氛，保护未成年人名誉，使其精神上不受创伤，以利今后改造而规定的。同时，也保证法院能顺利进行法庭调查和判决案件，这在实践中是可行的。

(五)保障辩护权

辩护权是刑事被告人及合法代理人、辩护人的权利的总和。依靠这些权利，被告人及其法定代理人和辩护人可以说明被告人无罪或罪轻的情况，维护其人身权利、财产权利和其他合法权利，帮助法庭确定案件真实情况，对被告人作出正确的处理。

未成年人的辩护权由于未成年人本身的特点的局限而具有十分重要的意义。他们不具备完全的行为能力，认识问题不全面，法律知识缺乏，因而在行使辩护权时，必须有辩护人和法定代理人帮助。根据刑诉法规定，从侦查阶段起，被告人可以为自己辩护，享有辩护权，其法定代理人可以到场，对侵害未成年人合法利益的行为提出控告。在法庭审理阶段，被告人还可以得到辩护人的帮助。

辩护人参加诉讼活动是未成年人享有辩护权的重要保障和重要因素。对于未成年人案件，必须有辩护人参加，“被告是聋、哑或未成年人而没有委托辩护人的，人民法院应当为他指定辩护人”（刑诉法第二十七条）。《苏俄刑诉法典》第五十条规定：对于必须有辩护人参加的案件，包括未成年人案件，刑事被告人拒绝辩护人，侦查员、检察长和法院不一定准许。如果他们认为刑事被告人本人不能充分行使他所享有的辩护权，辩护人可以继续参加诉讼。未成年被告人的辩护人最好由律师担任，因为他们熟悉法律，并且尽可能地要求他们具备有未成年人特点方面的知识，以更好地保护未成年人的利益。《苏联和各加盟共和国刑事诉讼立法纲要》第二十二条还规定，对于不满18岁的人犯罪的案件，从告知控诉时起，必须有辩护人参加。

我认为，未成年人诉讼活动是一种特殊的诉讼活动，辩护人在被告的辩护权中占有重要位置，作为未成年人的辩护人，除享有一般辩护人所享有的的权利以外，立法还应对辩护人的资格、必要性和权利作出特别的规定。未成年人刑事案件必须有辩护人参加，而不受未成年人及法定代理人意志的限制；其辩护人最好由律师担任；在提出控诉后，即在检察院移送案件，法院受理案件之后，辩护人就进入诉讼，这样，辩护人就会有充足的时间了解未成年人的犯罪事实、犯罪原因和条件、社会关系等情况，更好地提供辩护意见，保护未成年被告的合法权利。

“法定代理人是指被代理人的父母、养父母、监护人和负有保护责任的机关、团体的代表”（刑诉法第五十八条）。一般地说，法定代理人与未成年人关系密切，不仅了解未成年人的心理、行为、社会关系等情况，而且本身对未成年人影响极大。未成年人的利益直接关系到他们的利益，法律将法定代理人作为诉讼参与人之一，让他们参与诉讼活动，对于保护未成年人利益，帮助行使辩护权具有重要意义。诉讼法规定，在讯问和审判未成年人时，可以通知被告人的法定代理人参加。对该条应当理解为，只有当法定代理人参与诉讼对于未成年人的利益可能造成不利，施加压力，有碍案件的调查时，才不通知法定代理人参加。除此之外，都应当通知法定代理人到场。为了发挥法定代理人的作用，法定代理人可以发表自己的看法，提供有关未成年人情况的证据，提出申请和申请回避，提出上诉等。对于法定代理人的权利，特别是辩护权，法律应作出补充规定。

（六）体现教育、挽救、改造的方针

教育、挽救、改造犯罪青少年的方针也应当成为未成年人刑事诉讼活动的基本方针，加以法律化，在诉讼程序中体现出来，指导诉讼活动。无论是在侦查阶段、起诉阶段，还是在审判阶段和执行过程中，侦查人员、检察人员和审判人员都要对未成年人进行思想教育，不能仅仅查明犯罪事实，要帮助他们提高思想认识和政治觉悟，痛改前非。执行人员不仅要做耐心细致的思想工作，还要帮助他们解决具体困难，学习文化、技术，成为社会需要的人。公诉人、辩护人和法定代理人在与未成年人的接触中，也应当把教育未成年人的工作作为一项必须的内容。对犯罪未成年人的处理，应当严格掌握界限，对于有轻微违法行为的人，送交有关机关、单位和基层组织帮助教育或送工读学校学习；对于危害行为轻微，尚不够刑事处分的，分别情况给予治安处罚或送劳动教养；人民检察院和人民法院还可以根据刑法第三十二条的规定，对犯罪情节轻微不需要判处刑罚的未成年人，予以训诫或责令具结悔过、赔礼道歉或交主管部门作行政处分；对于必须判处刑罚的未成年人，应尽可能使用缓刑。在执行过程中，要根据他们的表现情况，进行减刑、假释等。对已经作出处理或交付执行的未成年人，司法机关应建立定期回访制度，了解未成年人的表现情况，与有关单位、组织配合，共同教育、改造未成年人。

试析“少年犯合议庭”的设立和审判

（1986年）

李成仁　杨传书　张正富　左　燕　张竞模

我院于1984年底从刑庭的5个合议庭中，选择了一个合议庭，挑选了一名具有一定审判经验，懂得心理学、犯罪学等方面基础知识，热心审判少年犯案件的审判员，同两名人民陪审员一起，组成“少年犯合议庭”，集中审理未成年人犯罪案件，在少年犯审判制度和方法的改革上作了初步的探索和尝试。

一年多来，“少年犯合议庭”共审结少年犯罪案件17件，其中盗窃7件，强奸5件（含奸淫幼女2件），抢劫2件，流氓、诈骗、伤害各1件。被告25名，均为男性，平均年龄17岁。判处结果：管制1人、拘役5人（内宣告缓刑2人）、有期徒刑五年以下16人（内宣告缓刑6人），计占88%；有期徒刑五年以上七年以下3人，占12%。从被告的

身份来看，学生7人，无业6人，计占64%；工人、临时工7人，个体户2人，计占36%。从家庭结构看，父母双全且在沪工作的12人，占48%；家庭缺损的5人，家庭欠佳（父母一方或双方在外地工作，或被判刑，或长期闹离婚）的8人，计占52%。

“少年犯合议庭”在审理这些少年犯罪案件时，以教育感化为主，旨在教会少年犯分清是非、辨明罪错，促其自我认识，自我发现，唤起悔罪良知，从而告别旧我，走向新岸，做一个对社会有用之人，以预防和减少社会犯罪率，维护社会治安，争取社会治安的根本好转。在审判实践中，“少年犯合议庭”采取了一系列不同于审理成年犯的方式方法，也就是“五个注重”。

（一）阅卷、调查注重搞清导致少年犯罪的具体原因，为有针对性地进行思想感化工作作好准备。阅卷时注意三点：（1）注意少年犯在案发后的最初一次供述，从中分析犯罪原因。在一般情况下，少年犯羁押前的第一次供述比较坦率，对于案情事实的交代相对完整，所讲的犯罪原因也比较真实。这是因为，他们尚未受到成年犯、同监犯的不良影响，还不懂得成年犯那套避重就轻、推卸罪责等对付审讯的办法。（2）注意少年犯最初一次失足的起因和过程。少年犯第一次失足与其以后的犯罪有着直接的联系，因此，抓住导致他们第一次失足的因素，可以从中找到由好变坏的演变过程和转折点，分析出主观恶性大小，中毒程度深浅。（3）注意对少年犯影响最大、毒害最深的客观环境。这种客观环境多种多样，错综复杂，诸如破裂的、残缺不全的、对孩子过分溺爱或施以打骂，使其缺少温暖的家庭结构，别扭的，紧张的，歧视的师生关系或不正常的同学关系，交际场所中吃喝玩乐思想的散布和引诱，社会渣滓的教唆腐蚀，淫秽书刊的污染毒害，等等。这就要求审判人员通过仔细阅卷，从诸种环境中发现导致少年犯罪的主要环境，为彻底查清他们的犯罪根源作准备。明确阅卷要求，跳出一般阅卷范围，扩大阅卷视野，这是审理好少年犯案件的第一步。

在仔细阅卷的基础上，走出机关，广泛深入地开展调查研究。社会调查主要面向少年犯生活的场所，求学的学校，工作的单位，采取上门走访、通信、开座谈会、请到法院谈话等方式，听取和了解家长、亲戚、邻居、里弄干部、民警、老师、师傅、领导、同事、同学、好友、法定代理人等各方面的反映和意见。在调查中，不仅仅局限于了解少年犯干了什么，犯罪行为的表面现象和犯罪的一般动机，而是深究其为什么这么干和怎么会这么干。对于以下三个方面内容必须调查清楚：（1）少年犯的成长过程、道德品质、智力结构、个性特征、身心状况。（2）少年犯的家庭结构、其在家庭中的地位和遭遇、与家庭成员的感情和关系、家长的管教方法。（3）少年犯在里弄、学校、工厂的各种表现、师生关系、同学关系、朋友交往关系。这些看来似乎与案件事实无关，但对研究少年犯生理和心理上的缺陷，挖掘他们各自不同的罪错原因，有的放矢地帮助他们提高认识，汲取教训，认罪悔改，具有重要作用。例如，合议庭审理张××、方××、黄××、沈××抢劫案件时，经过广泛深入的调查，发现4名少年犯处在不同的客观环境，导致犯罪的原因也有所不同。方××从小由祖母带大，父亲在外地工作，母亲与他缺乏感情，经常挨打，17年中逃夜历史累计有6、7年。张××从小丧父，与方是好友，有吃的总不忘掉方。沈××为人老实，但很贪玩，上课经常迟到，老师不让他进教室，他自甘乐得，每天背着书包上街游荡，到下课时间回家，蒙骗父母。黄××的父母只要求儿子按时做好家务，别无他求。4人经常在公园游玩，有次看到年龄稍大的青年向年幼的学生“讨钱”，于是张××想到方××吃饭问题，便提出行抢；方××对此颇为感激，愿意动手；沈××、黄××则乐于相助，4个刚满17岁的少年就这样开始走上犯罪道路。审判人员掌握了这些情况后，因人而异进行教育，对张××着重指出，应该怎样帮助朋友，使其明确到实施抢劫的方法不仅不能帮助朋友，反而会害人害己；对方××除指出其经常逃夜的错误外，着重教育他应懂得朋友的哪些帮助可以接受，哪些帮助不能接受；对沈××、黄××则重点教育他们要分清是非，辨明罪错，指出盲目跟从的危害性。经过审判人员的教育开导，4名少年犯表示认罪服罪，目前在改造中和社会上表现都比较好。

（二）审理中注重启发式、疏导式教育方法。大部分少年犯被捕前，在家庭、学校、社会上是“不受欢迎的人”，遭受冷遇，处境孤立，自我意识、自我评价很低，不少人对理想、抱负、未来的憧憬悲观失望，失去上进的勇气，认为自己是“多余的人”，“被抛弃的人”，以致产生强烈的逆反心理。表现为对其同伙以外的所有人都冷漠、怀疑、反感、对立，尤其是对法院和审判人员具有恐惧、疑虑和反抗心理。不扫除这种心理障碍，将直接影响审判效果，影响对少年犯的教育、改造、挽救。针对这一情况，合议庭在审理少年犯案件的预备庭中，采取了“近距离”谈话法，即不象对成年犯那样“坐堂问案”，而是在法庭里放上一张桌子，审判员与被告面对面地“交谈”。提问方法也不采取正襟危坐的审问式，而是注意语气平和，进行启发、疏导、逐步消除少年犯的种种惧怕、疑虑、以至对立情绪，缩短他们与审判员的心理距离，促使他们讲清犯罪事实，接受教育和审判。如少年犯喻××奸淫幼女和少女各一名，他在公安预审时全部供认，而在检察机关审问时，则推翻了奸淫幼女犯罪事实。起诉书指控他“交代态度不诚”。在法院的预备庭中，喻态度蛮横，口称：“我讲过了，不讲了”。审判人员感到对待这样的少年犯，采取象审成年犯那样，用事实、证据迫使他认罪的方法，作用不大。于是，先不审问其犯罪事实，而是与其交谈家庭和日常生活情况，回忆童年往事，稳定思想情绪，促使其转变态度后，再逐步接触犯罪事实，讲清刑法的有关规定，指出犯罪性质和危害，并耐心地帮助其分析犯罪的主客观原因。经过审判人员的启发教育和疏导，终于使喻××明白了利害关系，从蛮横变得平静，从拒不开口到侃侃而谈，从犯罪原因讲到作案经过，并讲了他所以推翻奸淫幼女的犯罪事实，是害怕被判重刑的真实思想。

（三）审理中注重选择“感化点”。鉴于少年具有易感性，合议庭在做少年犯思想转化工作时，全力寻找教育的“感化点”。就是避开他们最敏感、最忌讳、最讨厌、最触心境的话题，选择最能激发他们对美好往事回忆，最能引起他们感情共鸣，最能使他们感动，折服，最能唤发他们尚未泯灭的良知的事例，在适当的时机，采用他们较能接受的方式教育感化他们。感化点选准与否，对于能否收到预期的效果，至关重要。因此，审判人员选择感化点时，根据少年犯的不同经历和不同个性特点，因人而异。对原来功课较好，担任班干部，曾有一定志向的少年犯，就把他们失足前的闪光表现作为感化点，引导他们回忆往昔，对照眼前，唤起他们的荣辱感；对家庭破碎、父母歧视、从小辍学、缺少温暖的少年犯，就把同情他们的不幸遭遇，作为教育感化的起点，先与之沟通感情，然后再开导他们明白，家庭环境虽然不能选择，但人生道路是可以由自己选择的，悲观失望，自暴自弃是没有志气的表现，以唤发其自尊自重和社会的责任感；对一些家庭长辈或兄姐中有因公牺牲或先进人物的少年犯，就选择亲属中能打动他们心灵的先进事迹作为感化点，引导他们用亲人的先进思想同自己损人利己的思想行为相对照，使之痛心疾首，决心悔改，以激发他们的羞耻感；对倍受家庭关怀的少年犯，则把父爱或母爱作为感化点，促使他们回忆父母的养育之恩，以唤起他们的内疚感。如审理少年犯葛××盗窃案件时，虽然他的神态表明似有难言之隐，但就是不愿与审判人员对话。审判员按照事先选定的感化点，问："你想妈妈吗？"答："我因偷了东西，妈妈打我，可我还想妈妈。"问："你知道你妈妈现在对你的态度怎样？"答："我不知道。"问："你妈妈在拾垃圾，准备积攒点钱将来给你盖房子，期望你改造好，成家立业，给她一点精神安慰，而你给你妈妈留下些什么呢？"葛××顿时泪如雨下。由于选择了"母爱"作为感化点，对葛××触动很深，引起他对母亲一片爱子之心的种种回忆，从内心感到愧对体弱多病的母亲。从而促使他决心彻底悔罪，争取从宽处理，早日同母亲团聚。葛××不仅供述了起诉书指控的犯罪事实，而且主动补充交代了3次盗窃价值计800多元的罪行，经查证均属实。法院判处其一年六个月有期徒刑。他从少管所写信给审判长说："你对我这个失足者的教育帮助，使我感到了温暖，也看到了希望。我要努力成为一个对社会有用的人，用自己的双手和智慧去创造自己的未来。不久后你将听到我的好消息，我决不会使你失望。"他不仅改造表现很好，而且认真学习文化，补考初中文凭，在普法考试中，他取得了98分的优良成绩。

（四）对少年犯的处罚注重实效。刑罚的目的，是惩罚其罪，教育其人，对少年犯更应该强调矫治与感化，达到教育改造的目的。因为少年犯绝少有成年犯那种对社会的不满和反抗意识，多数人犯罪出于无知、好奇或一时冲动等，初犯、偶犯多，与成年犯相比，容易接受教育改造。据此，"少年犯合议庭"在适用刑罚时注重处罚的实际效果，根据少年犯的罪行轻重、主观恶性大小和改造需要，适用什么刑罚能达到改造目的就适用什么刑罚。在量刑时注意好两个运用，一是根据刑法第十四条第三款规定，正确运用从轻处罚和减轻处罚原则。对个别罪行严重，情节恶劣，恶习较深的少年犯，只适用从轻处罚原则；对大多数偶尔失足，罪行较轻，或者犯罪性质虽然较为严重，但情节一般，悔罪表现较好的少年犯，一般适用减轻处罚原则，并在量刑幅度内掌握就低不就高，宜轻不宜重。二是注意运用多种刑罚手段进行处罚。除必须判处徒刑的以外，凡是符合拘役、缓刑、管制条件的，都判处拘役、缓刑和管制，使他们不致于落入犯罪群体，以避免"交叉感染"，染上新的恶习。

（五）判决后注重做好少年犯家长思想工作以及回访考察工作。鉴于大部分少年犯罪与家庭环境有关，而这些少年犯中判处缓刑、管制的仍在家中生活，送少管所改造的，最终也要回到家庭等原因，合议庭特别注意对少年犯家长做思想工作，先后同25名少年犯的父母及其他亲属进行了五十多人次的交谈。一方面帮助他们提高认识，讲清法院处罚其孩子是出于挽救的道理，消除其不满情绪；另一方面帮助他们总结教训，明确教育孩子的正确途径和科学方法，发动他们配合有关部门，共同担起教育挽救其子女的责任。在进行具体工作时，注意因人而异，有的放矢。例如，有的干部或科技人员虽然平时对子女管教甚严，但只训斥不疏导，致使子女与之离情离心，孩子在外面干了坏事，家长往往也不知道，对这一类“恨铁不成钢”的家长，就同他们一起研究如何掌握孩子的心理特征，如何同孩子沟通思想以及正确的教育方法；有的家长文化很低，只管子女衣食，不管思想，或者虽有教育子女的能力，但忙于闹离婚等，完全不顾子女的生活和思想，对这一类家长，主要是教育他们明确做家长的责任，深刻汲取教训。

同时，“少年犯合议庭”还注意对判决后少年犯的帮教工作，除了对判处缓刑和管制的进行定期回访考察以外，对服刑犯也经常进行回访考察。在考察中，审判人员对改造表现较好的少年犯予以鼓励，并指出进一步改造的方向；对改造表现尚好或一般的，则教育他们加紧改造，不要辜负政府和家长对他们的期望，继续做好思想转化的巩固工作。这种做法不仅受到少管所的赞赏，也使一些少年犯十分感激，先后有11人写信给审判员汇报自己的改造情况，有的在信中说：“法院确实没有把我们当犯人看待，而是当孩子看待，除了爸爸妈妈以外，希望你们经常来看我。”

“少年犯合议庭”采用上述方法审理少年犯案件，收到了较好的社会效果。据回访调查表明，这些少年犯，无论是在少管所服刑的，还是在管制、缓刑考察期间继续求学或工作的，都能认罪服法，接受改造。已判决的25名少年犯中，至今没有发现一个重新犯罪。

对于“少年犯合议庭”的设立和审判，我们有以下三点建议：

一、上下左右要配套成龙。教育挽救失足少年，是一个社会系统工程，就司法机关内部来说，应当形成一个教育改造少年犯的完整工作体系，使矫治少年犯的工作互相衔接,环环相扣,相辅相成，取得更好效果。因此，我们认为，二审法院似也应设置“少年犯合议庭”，专门审理少年犯上诉案件，同一审配套；基层公、检、法、司似应当组织专门力量，根据少年犯的特点开展预审、起诉和辩护工作，同法院的审判相配套；有条件的看守所最好将少年犯同成年犯分开羁押，以免受到不良影响和腐蚀教唆。

二、改变现行开庭审判形式，采取新的符合少年犯心理特征的审判形式。目前，“少年犯合议庭”碰到的主要问题之一，就是正式开庭的形式不能突破，同审判成年犯没有区别，效果不好。如居高临下的审判台，让少年犯站在被告栏里，身后由法警押着，等等。这种形式形成的气氛超过了一些少年犯的心理承受能力，造成他们过度紧张，有的甚至答非所问，妨碍庭审的进行。为此，建议改变目前“三堂会审”的法庭形式，在比较和谐的气氛下进行，如让少年犯坐着受审，法警坐在一旁，等等。

三、建议立法机关对刑事诉讼法个别条款作适当修改补充。刑事诉讼法第一百十一条规定，少年犯案件不公开审理。第一百二十一条规定，宣告判决一律公开进行。公开宣判的规定，显然包括未成年人犯罪案件在内。我们认为，从保护少年的角度和有利于他们日后的改造出发，对少年犯判决也不宜公开进行。

论我国少年司法体制的创建

（1987年3月）

夏　吉　先

人口年龄段的犯罪问题，是犯罪学和刑法学必须研究的极其重要的问题。犯罪学需要把老年犯罪、中年犯罪、青年犯罪以及少年犯罪分别作为研究对象。这种按年龄分段分别对犯罪主体进行研究是必不可少的，而在分段研究中，少年段乃是最基础的一段。因此，应该把研究的重点放在少年段上。我国少年段人口数字庞大，随着现时犯罪低龄化趋势的发展，对少年犯罪的司法处理无疑是一个迫切需要进行研究的课题。

一、少年犯罪的形成结构与一般犯罪形成结构的异同

任何犯罪的形成结构，都是一个综合的结构，系由纵向、横向两方面因素交合而成。其横向因素又由犯罪的客观原因、犯罪的客观条件、犯罪的主观原因和犯罪的主观条件相互交合而成。其纵向因素，则由人的物质需要动机和精神需要动机，通过与横向因素的交合作用后，产生出犯罪的动机。犯罪动机推动人实施犯罪行为，侵犯社会客体和对象，产生出犯罪结果。这就是一般犯罪的形成结构。

少年犯罪的形成结构，与一般犯罪的形成结构，从构成要件的能动过程来看，是完全一样的。但是，在同样需要的构成要件和需要的能动过程中，因少年的生理条件，心理因素与成年人相比还是处在未成熟阶段，即处在相对的低级层次阶段，因此，少年犯罪结构的形成与一般犯罪结构的形成，又有着重大的层次上的区别。我们需要高度重视对这种区别的研究。其层次上的区别主要表现在：

（一）从形成犯罪的横向因素上看：（1）犯罪的主观原因与其自身知识的贫乏、不成型的思想意识观念、对社会的无知幼稚、独立意识的萌发与自我独立条件还不成熟的矛盾等等，有着密切的关系。（2）犯罪的主观条件与其自身的生理发展阶段密切相关。他们的各种生活学习环境和条件，都只能随其家庭和所处的小社会环境的安排和制约，自身还不具备改造环境的行为能力。往往模仿好的则好，模仿坏的则坏。（3）正因上述犯罪客观原因和客观条件，对少年犯罪形成的作用，较之成年人犯罪的形成就大得多。少年犯罪的形成，其主观原因、主观条件与客观原因、客观条件所起的作用相比较，往往是客观原因和客观条件起着决定性作用。

（二）从形成犯罪的纵向因素上看：少年阶段在人生的各种需要上，都是从“0”开始向着1·2·3·4·5……的数列，不断增多、增强和发展的。尤其是衣食的质和量的需求、娱乐活动的数量和质量的需求、性意识的萌发和强烈求知的欲望、以及人际交往的需求等等，表现得更为突出。这四大供与求的矛盾，如果处理得不好，一旦受

到犯罪横向交合因素的作用，就可能产生犯罪的动机。加之人的少年阶段，其情绪的特征，既是丰富多采而又变化多端，且自身又缺乏一致性和控制性，自然属性较之成年人所占成分更多一些。因此，在少年阶段，感情与理智相比，感情往往比理智起的作用更大。

上述表明，少年犯罪的形成结构与一般犯罪的形成结构，既有相同的结构要件，又有不同的结构层次。因此，处理少年罪错的问题，既是一个与成人相同的问题，又是一个与成人不同的问题，不能“一锅煮”。

二、我国对少年犯进行司法处理的早期探索

我国早在五十年代对少年罪错的司法处理就开始探索了。那时，尽管还没有可能把少年犯罪与一般犯罪从形成结构上加以考察，认识它们之间的相同之处和不同之处，从而奠定对少年犯罪区别于一般犯罪（即成年人犯罪）的司法处理的理论基石。但是，那时，我国在理论上和司法实践上都认识到了：少年“理解自己行为性质与社会危害的能力”与成年人是有差别的。基于这种认识，我国法学理论界和司法战线相结合，就少年罪错的司法处理问题，作了广泛的调查研究和大量的司法实践，积累了相当丰富的经验和统计资料，这主要表现在：

（一）对少年犯应受处理的责任年龄的探索。我们知道，少年与少年犯是两个不同的概念。少年是人口的年龄概念，少年犯是犯罪年龄段上划分出来的概念。当时，少年犯刑事责任年龄的上限为未满18周岁的这一认识，我国法学理论界和司法战线都基本一致。但其下限就不尽相同了。归纳起来有下列5种意见：

第一种意见，下限为13岁。如1955年时，司法部对广东省司法厅关于少年送管教是否要经法院判决等问题的批复，规定：13周岁以上未满18周岁的少年犯了罪可以称为少年犯。

第二种意见，下限为12周岁。如1953年10月以前，上海各法院都大体依据前中央人民政府法制委员会“关于未成年人刑事责任问题的解释”精神，对不满12岁的行为人不处罚。

第三种意见，下限为11周岁。如1953年10月上海市少年犯管教所成立后，就对11岁的少年犯宋××进行了收管。

第四种意见，下限为不满10周岁。如当时北京市高级人民法院对196名少年犯进行抽样调查，其中最小的仅10岁。

第五种意见，下限为9周岁。如天津市高级人民法院当时对处理的756名少年犯所作的年龄分类为：9岁至11岁、12岁至14岁、15岁至18岁三部分。其中9岁至11岁的少年犯13人。上海市中级人民法院也对9岁的少年犯作过处理。

少年犯刑事责任年龄下限的五种不同意见，都是各以其犯罪的不同事实为根据、以不同的理由而提出来的，没有搞一刀切的情况。

（二）对少年犯罪名问题的探索。少年的犯罪行为是纷繁复杂的，其行为的性质和轻重程度也千差万别。有些行为也很难确切命名，因此分类也是很难的，全国各地多不

一致。有些地区给了确定的罪名和分类。有的地区为了确切表述其犯罪事实，而没有勉强定罪名，就直接按照“罪行”而作出相应的处理。

（三）对少年犯处理方式问题的探索。当时各地司法机关创造了丰富的经验。其中最具有理论价值和实践意义的经验是把少年犯按照年龄段细分为若干个档次。如天津市高级人民法院就把处理的756名少年犯按照年龄段分为9岁至11岁、12岁至14岁、15岁至18岁三个档次，进行归纳分类。当时，司法部门通过处理大量案件，根据不同的年龄档次和形成罪错的不同原因，提出了许多不同的微观原则。这些处理少年罪错的微观原则总括起来主要是：

（1）因年仅9岁，对犯罪尚无认识，故责令其家长领回管教。

（2）年为10岁，因屡次行窃，或因其家长无法管教，故送入儿童教养院学习3个月，后交其家长领回。

（3）有猥亵行为，由于年幼顽皮，故予免刑处分。

（4）年11岁，因一贯窃盗经教不改，故予以不定期的强制教育。

（5）究其原因：因家长放纵；因后果系由被告与被害人双方所造成；因父母双亡生活无着；因自原籍逃出无家可归。故分别情况：训诫其家长；责令家长或学校领回；送入孤儿院收容及遣送回籍。

（6）因流氓行为，曾经强制教育不知悔改，分别情节：一年至二年半或不定期的强制教育；强制在监劳动。

（7）虽年仅12岁，可自7岁起至被捕，连续偷窃约百次，情节严重，处徒刑二年。

（8）因系在校学生；因年幼无知；因犯罪后能坦白悔过；因被迫流浪情有可原；因行为不够判刑条件或罪行不甚严重，并能主动向政府自首；因被引诱，事出被动。均不判刑，而予以免刑处分，给予警告、批评教育，或责令家长领回、遣送回籍等。

（9）因家长溺爱；因父母均有工作，疏于管教；因纵容子女和流氓坏分子接近染成恶习；因受了旧社会腐化堕落思想毒害，好逸恶劳；因不安心生活和学习，贪图享受。均应分别情况，给予处理。

（10）因受家长虐待逃亡在外；因父母早亡，无家可归，衣食无着，到处流浪而造成犯罪；因家庭环境影响或思想反动而犯了严重的反革命罪行，应受刑罚惩罚。

根据上述微观原则，当时采用的处理方式有很多种。其中最主要的有7种，由轻到重排列，大致是：予家长以训诫处分；责令家长或学校领回管教；送孤儿院收容；遣送回籍；强制教育；强制在监劳动（劳动改造）；徒刑。

我国50年代对少年犯所作司法处理的几种探索，不仅为中华人民共和国刑法关于未成年犯法律条文的制定提供了宝贵的经验，而且为80年代的今天，我们将进行的少年司法制度的探索，奠定了良好的基础。

今天，作为对少年司法制度系统探索的任务，不仅要在50年代探索的刑事责任年龄、罪错名称和处理原则、方法上进一步的深入进行，而且更为重要的，要为建立我国专门少年司法制度的必要性和现实可能性，作出科学的论证和实践的摸索。

三、我国少年司法体制的建立与我国防治分权体制的构想

笔者曾在另文中论道：我国在犯罪治理上，最好实行惩治体制与防治体制相结合的双轨制。换句话说，在职权划分范围上，最好实行分权制。因为，我国对社会治安治理的总的方针，是综合治理。但没有"分治"，就谈不上"合治"。笼统地谈"合治"，就只能是不着实处的空的"合治"，而不着实处的空的"合治"，实际上就会流于不治。我们要实现真正的"合治"，就必须首先实现真正的"分治"。"分治"是"合治"的基础，"合治"是"分治"的高级层次。"合治"不能代替"分治"，"分治"更不能代替"合治"。就社会治安治理中的惩治体制来说，自古至今自中至外，都是比较完善的；然而，在资本主义社会及其以前的剥削制度社会，既不可能建立起"防治"体制，当然也就谈不上防治体制的权力分治问题。我国社会主义制度本身奠定了建立防治体制的经济、政治和社会历史使命的基础，因而我们有必要建立防治体制，也有可能建立起防治体制。我国分权惩治体制的建立和完善，为分权防治体制的建立，将提供丰富的经验。这就是象纵向分权惩治犯罪那样，进行纵向分权防治犯罪；象横向分权惩治犯罪那样，实行横向分权防治犯罪。

防治犯罪是一个总的概念，防治体制也是一个总的概念。如果从犯罪主体的年龄段来划分，即要防治老年人犯罪，防治中年人犯罪，防治青年人犯罪，防治少年人犯罪。笔者认为在诸种防治对象中，首先需要着力防治的是少年人犯罪，这是防治的最基础的层次。建立与之相适应的少年司法体制，就是防治体制中最基础的环节和最基础的体制。如果把这个体制建立好了，防治体制的基础也就打好了。因此，我国首先要从纵向和横向权力分治着手，建立好少年司法体制。

（一）建立专门少年司法体制的必要性

1．少年犯罪与成年犯罪，是既相同又不相同的犯罪。从相同面看，一种司法制度既可以适用于成年人犯罪，又可以适用于少年犯罪。我国解放三十多年来，就基本上是这样的。但从不同面看，也即是说从少年犯罪形成的自身特点来看，适应成年犯的司法制度，就不可能完全适用于少年犯了。要使司法制度更能适合少年的特点，就不得不建立起专门的少年司法制度。

2．少年犯罪问题，在世界范围和在我国都不是一时能解决的问题，必须从战略上考虑。建立专门的少年司法体制，是战略任务得以战术落实的一种保障。

3．成年少年合一的司法制度难以肩负少年犯罪防治工作的重任。现今的检察院、法院对检察审理大宗和大量的成年犯罪案件都忙得团团转，还有多少功夫专门顾及对少年的预防犯罪工作呢？如果预防工作不能真正落实，减少少年犯罪，将只能是一句空话。

4．预防少年犯罪的工作，虽是靠各方面去做，但也需要起纽带作用和协调作用的机构。专门履行少年司法职能的机构对家庭、学校和社会做防治工作更能起到纽带作用，发挥其协调的职能。它自然具有联系广、情况熟、有时间、有力量等优点，并且还具有一定的权威性。

（二）建立专门少年司法制度的现实可能性

1．我们具有对少年犯进行司法处理的早期的丰富经验的积累。五十年代除了对前面所提及的问题进行了重点探索外，还对法院处理过的少年犯的关押问题等，提出了许多宝贵的意见。例如，当时对少年犯应进行单独关管这一法律意识已十分强烈。这对于所有少年犯实行单独管教的司法制度的建立和完善，无疑起了倡导的作用。

2．党和国家对解决青少年违法犯罪问题的重视、相当一批专家学者对这一问题开展了大量研究，为创建少年司法体制创造了条件。

3．科学地引进外国少年司法制度建立的某些经验为我所用，这是当前法律文化引进和交流不应忽视的一个重要问题。世界上许多国家都结合本国的实际情况，建立了内容不完全相同、形式也不尽相一致的少年司法制度。我们今天要科学引进国外某些国家少年司法制度的某些经验为我所用，但不是照搬照套，而是要与我们的经验交融一体创造出具有中国特色的少年司法制度来。要引进首先就必须研究外国的少年司法制度，只有吸取到人家这方面法律科学的精华之处，才能做到真正为我所用。笔者认为少年司法制度的法律精华所在，就是少年违法犯罪的形成较之成年违法犯罪的形成，具有其自身的特殊性的状况。不同内容和不同形式的少年司法制度，都在于不同程度地反映和适应这种特殊性的状况，我们要根据我国的实际情况逐步解决这一问题。

四、我国少年司法制度在现今司法实践中的萌生

要建立具有我国特色的少年司法制度，除了科学引进外国少年司法制度的好的经验之外，还必须根据我国司法实践的具体情况进行艰苦的探索，笔者综合一些地方的经验，认为少年司法制度较之成年司法制度，应有五个方面的不同：

（一）审理机构的不同。例如上海长宁区人民法院的试点，是在刑事法庭专门组织了一个审理未成年人犯罪的合议庭。这个合议庭对审判人员作了适当的选择，要求具有一定的业务水平、工作耐心，还要有一定的心理学常识。除法院而外，侦查（包括预审）、起诉和改造机关也应设置与处理成年人犯罪案件不同的办案机构，机构的成员都应挑选对少年犯较有研究的人员来组成。

（二）审理任务的不同。成年犯的审判任务，基本上就是对罪行的审判，定好了罪，量好了刑，就基本上算完成了审判的任务，而对少年犯的审理，除了查明犯罪事实外，要花很大精力帮助少年犯挖掘犯罪的思想动机、犯罪根源和演变过程，认清所犯罪行的危害。同时还必须注意研究造成他们犯罪的社会原因、家庭原因，提出预防再犯的建议措施，并参与一定的预防工作。

（三）审理方式的不同。审理方式设计的总的指导思想，就是始终要注意少年犯的自身特点。上海市长宁区法院审理少年犯的合议庭的审理方法是不急于追查犯罪事实，而先从犯罪起因、作案经过，以及思想变化过程谈起，以消除对立情绪。而且在审判形式上，除正式开庭外，其它审判活动中，都变“长距离”的方式为“短距离”方式，即不象对成人犯那样“坐堂问案”，而是一张桌子，同少年犯面对面坐着。在提问时，采用谈心的方式和口气，注意启发和引导，以消除他们对法院的恐惧、疑虑和逆反心理，

缩短少年犯与审理人员之间的心理距离，解除疑虑和逆反心理。而且在审理中，还要找出他们在家庭、学校和社会的行为上的闪光点，启发、引导他们如何明辨是非，而学会走光明的路。总之，这种审理是完全有更丰富更美好的创造的。

（四）处理方法上的不同。我国刑法对我国未成年犯的处刑也采取了“四分制”。有些国家还规定对少年犯不记前科。处理方法上，更多的是采用教育或行政的方法。我国在50年代关于少年犯处理方法的探索中，和《中华人民共和国治安管理处罚条例》的规定中，都有着我们研究少年犯罪和少年错误行为处理方法的许多法律依据和经验。

（五）监禁场所的不同。我国在50年代关于少年犯的监管就提出了应该与成年犯区别的问题。少年司法制度的建立，首先就应该要求做到这一点。这不仅为了避免成年犯的教唆和影响，而且有利于顺利完成少年犯审理的各项矫正任务。

青少年犯罪综合治理需要有一个总体法

（1984年）

徐　建

青少年犯罪综合治理，是我们党在社会主义条件下提出来的，关于预防和减少青少年犯罪的战略方针和根本措施。几年来，综合治理在实践方面创造和积累了许多好的、行之有效的经验，理论上也作了一些论证和研讨，但立法的研究和有关青少年犯罪综合治理总法规的制定工作却是一个尚未引起普遍关心和足够重视的薄弱环节。我们从实际中深切地感到，把综合治理的丰富经验条理化、规范化，上升为一个总法律，已成为一个十分迫切的问题。好的经验上升为法律，就使没有任何约束力的东西，变成国家权力保证其实施的、人人必须遵循的东西；就使个别地区创造的具有一般意义的综合治理经验，在各地得到普遍地推行、贯彻和实施；使科学的思想、建议、办法具体化，变成实际的行动，显示出物质的力量。

严厉打击刑事犯罪显示出刑事法律的强大威力

违法犯罪青少年是青少年中极少的一部分，据有关部门的统计，在我国只占同龄青少年的万分之几。在这万分之几的违法犯罪青少年中，严重刑事犯罪分子又是很小的一部分。这部分人不仅对社会具有很大的危害性，而且是害群之马，对青少年具有严重的毒害、腐蚀作用。因此，青少年犯罪综合治理首先就要治理这一部分人，而对付这部分人的直接有效办法就是运用刑法。

在法律体系中，刑法是唯一以规定犯罪与刑罚为基本内容的法律。与犯罪现象作斗争必须运用刑法和刑罚，这是历史上统治阶级的传统经验。我们是社会主义国家，虽然从阶级本质上来说是与历史上的剥削阶级根本不同的，但我们与危害人民、危害社会主义社会的刑事犯罪作斗争，也绝不能放弃刑法这个重要的武器，因为这个武器意味着我们对于犯罪分子掌握着生杀予夺大权。青少年犯罪综合治理的内容是多方面的，但对付犯罪分子头一条就是要掌握、运用对犯罪分子的生杀予夺大权。没有这一条，犯罪分子就会无所畏惧；没有这一条，我们对犯罪分子的破坏、捣乱就没有有力的制止力量或制裁力量，人民的利益就没有切实的保障；没有这一条，教育、感化、挽救就成为空头说教，良好的愿望就成为软弱可欺，综合治理的其它措施就可能事倍功半，甚至是白费力气，这方面的教训是很多的。

去年以来，遵照中央的指导精神，依法从重从快打击严重的刑事犯罪分子，已经显示出刑法的强大威力，尤其是党和国家针对当前刑事犯罪分子活动嚣张的情况，通过《关于严惩严重危害社会治安的犯罪分子的决定》、《关于处理逃跑或者重新犯罪的劳改犯和劳教人员的决定》等，给打击严重的刑事犯罪分子又增添了新的有力的法律武器。据有关部门统计，由于坚决执行了依法从重从快的指示精神，严厉打击了刑事犯罪分子，去年9月份全国刑事案件下降40％以上，10月份除个别省市外，继续下降，社会治安开始明显好转，许多犯罪分子向公安机关投案自首。毛泽东同志说过，“不同质的矛盾，只有用不同质的方法才能解决”。犯罪这种性质的矛盾，就要用刑法和刑罚这样性质的方法来解决。通俗地说，是“一物降一物”。刑事法律在综合治理中显示其威力和重要性，但综合治理不能只有刑事法律，还要有其他各种措施的法律，更加需要有一个综合治理的总体法。

综合治理立法是具有客观现实依据的社会需要

严厉打击刑事犯罪分子是揭露罪行、调查证实、审理处置的过程，实际上也是不断发现青少年犯罪各种问题的过程。各种各样的案件极其具体地揭示出青少年犯罪形成、实施、蔓延、恶化过程中多方面的情况和原因因素，其中包括我们工作中的缺点、漏洞、问题等。例如，在打击刑事犯罪当中，性方面的犯罪占有相当的数量，揭露和审理这类案件发现，黄色书刊、手抄本、图片对青少年的腐蚀毒害极为严重。某地统计：58名青少年罪犯中有46名看过黄色淫诲读物，占79％，其中24人是直接从看黄色淫诲书开始堕落的，占58名青少年罪犯的41.4％。上海某工读学校统计，看过黄色书刊的男的占61％，女的占83％。全国许多地方的材料都说明这是一个普遍存在的问题。严厉打击严重刑事犯罪的斗争，尖锐地提出查禁黄色书刊问题；制作、复制、贩卖黄色书刊、图片、录音带、录像带的人员惩处问题；传播黄色书刊人员的追究问题，等等。这些问题引起了各方面的重视，认识到这是综合治理的一个薄弱环节，是青少年犯罪综合治理中当前急待解决的问题，需要赶快跟上相应的有力措施。又如从一些严重破坏和重大杀人案件中发现，我们在枪支、弹药、雷管、炸药、毒品的管理上存在不少漏洞和问题。有一个犯罪分子四次进入某矿的雷管、炸药仓库，窃取雷管三千多枚竟一直无人发觉。这就说明综合治理的各种措施中需要严格和健全枪支、弹药、毒品等管理制度，堵塞各种漏洞。再如流氓殴斗和一些杀人、伤害案件中，不少犯罪分子平时制作或收藏土枪、火器、三角刮刀等凶器。还有赌博、酗酒、公共场所的风气和治安管理问题，家庭和学校教育问题，新老流氓、盗窃犯教唆或传授犯罪技术和反侦破、反改造问题，对累犯、惯犯打击不力的问题，等等。斗争的实际提出这样众多的有关综合治理的方方面面的问题，迫切要求采取多方面的有针对性的综合治理措施，这就有力地推动着青少年犯罪综合治理的发展。严厉打击刑事犯罪如果没有这些问题的解决，没有其他措施的支持、配合、衔接，所取得的成绩得不到巩固，更难以扩大和发展。

青少年犯罪综合治理的实践创造了许多经验、措施、办法，来针对性的解决前面所提出的各种问题，其中值得重视并带有共同趋势性的经验就是，把某方面的情况、问题集中起来，加以研究，总结这方面的有效经验，提出较系统、完整的处理原则和意见，形成某一专门问题的法律规范。近年来，各省、市以多种形式（通告、布告、管理办法、决定、守则……）制定颁布的一些法律规范性文件明显地反映出这种趋势。例如查禁、收缴黄色书刊的决定，禁止赌博的通知，收缴武器、凶器的通告，维护社会秩序的布告，溜冰场守则等等。这一些规定的执行在各地取得明显的效果，据北京、天津、上海等六个城市统计，发布收缴武器、凶器通告后，即收缴土枪、匕首、刮刀等凶器31800多件，由此可见这些法律规范的有效性和针对性。事实证明，综合治理各项措施的法律规范化不是那一个人的主观想象，而是具有客观现实依据的社会需要，它反映综合治理要求立法的迫切性和必然趋势。而严厉打击刑事犯罪分子加速了综合治理其他措施法律规范化的进程，并在推动着综合治理总体立法的诞生。

青少年犯罪综合治理的整体性需要制定综合治理法

青少年犯罪与一般刑事犯罪一样，是阶级社会特有的、不可避免的社会现象。青少年犯罪是一定社会的各种问题、矛盾、关系失调、漏洞的综合反映，涉及各行各业、各个方面，关系到青少年生理发育、道德素养、政治品德、学习、工作、物质生活、文化精神要求、恋爱婚姻、家庭生活、心理发展等等众多的原因、条件和相关因素。这当中虽有主次、轻重、直接或间接等差别，但总的来说确确实实是一个“综合症”。青少年犯罪综合治理，正是针对其综合症的性质和特点，所采取的科学对策。“综合”二字体现了治理青少年犯罪的整体性和在整体内部各因素的辩证关联性，这是综合治理科学性、有效性的集中表现。

综合治理的整体性要求研究和解决各项措施在综合治理中的作用、地位问题，各项措施、各种方法、各个部分的协调、结合问题，各个方面、各个部门的相互联系、支持、配合问题，不同情况下如何根据特点适应变化的问题，不同地区、不同时间、不同系统的重点、关键问题，当然还有权威的统率机构、指挥机构问题，等等。但是综合治理各项措施分别形成的单行法律性规范，无力承担、也无法解决上述整体性问题。因为个别措施的法律性规范虽然能有效地解决某些问题，但它毕竟只是个别问题或综合治理的某个局部的规定，它不可能作全局性问题的规定，也无权作全局性问题的规定。为了处理和解决综合治理整体性问题，就需要有统观全局、统盘考虑、高于各项具体措施规定的、统率各项措施和各个局部的综合治理总体法，这对于综合治理各项措施的全面落实将起到指导和保证的作用。

综合治理整体性需要有一个综合治理总体法规，还由于许多具体问题没有整体性的考虑和规定是难以解决好的。例如违法犯罪青少年受过处理，回到社会以后的就业出路问题。地区有这样的青年希望早点安排落实，这样有事做、有人管、经济有来源，免得再出事。工厂接收单位则怕管不了、怕带坏别人、怕背包袱，不肯要。劳改部门呼吁要体现政策，对真正改过自新的失足者要给以照顾，及时安排工作。劳动人事部门则强调择优录取，进过公安局的人，质不优就无法及时录取。因此，为了正确解决这个问题，就必须根据党和国家的有关政策和规定，从青少年犯罪综合治理的整体要求考虑，作出各方面都必须遵守的统一规定。否则各有各的理，各有各的利，综合治理的任何一条具体措施都很难落实。类似的问题在实际当中是经常能碰到的，公安部门要对某些场所进行治安风气的整顿，而商业部门认为这影响营业收入、影响利润指标的完成；学校指责某些书刊传播了不良影响，有的甚至起了教唆犯的作用，而文艺出版部门认为这是文化艺术遗产，很受群众欢迎等等。这都说明现实迫切需要有一个符合我国国情的、能体现综合治理整体性要求的法律规范。

我在1982年发表的《大中城市青少年犯罪综合治理体制探讨》一文中，曾经有过这样两段文字：“青少年犯罪综合治理不仅需要理论上的探索，而且需要行政的权威和革命的实践。为此，没有一个具有研讨和行政双重性质的权威机构是不行的。”“这个机构的组织落实及长期的、有成效的工作，是青少年犯罪综合治理的关键和核心。”我过去认为我国已有的省市青教办在某些方面具有这种机构的雏型。但是近二年来，有些省市原来按中央指示建立起来的青少年教育领导小组办公室，正在无声无息中被取消了。因此，我感到更有重复加以强调的必要。上面提到青少年犯罪综合治理的整体性迫切需要有一个综合治理的法规，这个法规的权威性和是否能够维护综合治理的整体性，在一定程度上取决于这个机构的权威性。因为一个法律的贯彻执行程度除了法律自身的内容外，还要看贯彻执行法律的机构。综合治理是一个涉及面广、关系到四化建设所需要的安定和安全环境，以及青少年一代健康成长的大问题。没有权威性的机构，就没有力量维护综合治理的整体性，就无法承担综合治理的大任。从这个角度来说，需要综合治理法规，也就是需要这一法规作出建立一个能够维护整体性的有权威的综合治理机构的规定。

列宁说：“意志如果是国家的，就应该表现为政权机关所制定的法律，否则，意志二个字只是毫无意义的空气震动而已。”毛泽东同志在制定中华人民共和国宪法时说过：“一个团体要有一个章程，一个国家也要有一个章程，宪法就是一个总章程，是根本大法。”有了宪法“使全国人民有一条清楚的轨道，使全国人民感到有一条清楚的明确的和正确的道路可走，就可以提高全国人民的积极性。”这几段话十分亲切，对我们思考制定青少年犯罪综合治理法律很有启发，具有直接的指导意义。

青少年犯罪综合治理是件大事，应该有一个章程。作为我们党和国家预防和减少青少年犯罪的根本方针和战略措施，如何具体实施也应该表现为政权机构制定的法律。总结我们自己的经验，独创一个具有中国特色的、符合中国国情的青少年犯罪综合治理法，已经提到了争取我国社会治安根本好转的议事日程。有了这样一个法规，就使大家有了标准，有所依据，有了行动的轨道。青少年犯罪综合治理法规的制定和颁布必将引起各行各业、人民群众、广大青少年对综合治理的重视，有助于明确各自的职责和应该遵循的规范，进一步提高综合治理的效率和水平，促进综合治理各项措施的落实。

五、方法论

青少年犯罪研究的战略任务

（1982年1月）

张　黎　群

青少年犯罪问题的研究要在一个总的战略思想指导下进行，为一个总的目标服务。这个目标就是要把青少年培养成为社会主义的一代新人。违法犯罪青少年虽然在整个青少年中是很小的一部分，但这部分人跟我们的培养目标距离最远，因此，怎样把他们教育、挽救、培养成为社会主义的新人，任务是特别艰巨的。青少年犯罪问题的研究应该在这样的思想指导下，为培养社会主义一代新人这个总目标服务，作出自己的特殊贡献。

青少年是革命事业的接班人，是祖国未来的希望。要使青少年们把无产阶级革命事业千秋万代传下去，把红旗一代一代地扛到底，我们就必须抓紧抓好对他们的教育培养，使他们成为共产主义一代新人。这是一个极其重要的战略任务。我们党历来关怀青少年一代的成长，非常重视对青少年问题的研究。在毛泽东思想宝库中，就有许多关于青少年问题的论述。我们要在新的历史条件下，对新出现的问题，其中包括青少年违法犯罪的新情况开展科学地、有成效地研究，丰富和发展马克思主义关于青少年问题的经验。1980年中央批准中国社会科学院成立了青少年研究所，这正是党在新的历史时期开展青少年问题研究，从组织上所采取的重要措施，是具有战略意义的部署。这标志着把青少年问题的研究正式纳入国家科研机构的一项工作，并作为当代社会科学的一个重要课题来抓。今年以来，连续召开了几个地方性的关于青少年研究的会议。各级领导和各方面的同志们，都十分关心，表现出极大的热情，可以说，一个青少年研究热正在全国兴起，这反映了我们党和整个社会对青年一代的高度重视和热情关怀。

青少年犯罪问题的研究，有其特殊的对象和范围，但它还是整个青少年研究的一个有机的组成部分。我们的研究，应该有一个全局观点。乔木同志在中国社会科学院青少年研究所成立时，曾明确定出研究所五个方面的研究课题，即：当代青年的现状和特点；当代青年的培养目标；对青少年的各项政策；青少年犯罪问题和怎样对青少年进行共产主义道德教育；各国青少年问题比较研究。这就是说，青少年犯罪问题的研究应该与培养、教育青少年一代联系起来，放在青少年问题的总视野中来考察和分析，而不能与青少年总的研究割裂开来，孤立进行。

当前我国青少年犯罪确实是一个严重的问题，但是，在看到青少年犯罪问题严重性的同时，必须全面地看到，我国青少年主流是好的，他们从小就受到党的教育而逐步成长起来的，是承袭我国青少年革命传统的。1976年“四五”运动，青年们以自己的热血和生命来捍卫革命，这就是明证。这个主流要看准，不能有丝毫动摇。

然而也应当看到，当代青年是成长于十年的动乱岁月，他们是在马列主义被严重歪曲，人们思想被严重干扰的情况下，被历史推上接班人地位的，因而在思想觉悟、知识水平和实际经验方面都是极不适应的，这是一个现实。青少年违法犯罪也是这个历史现实中的一个特殊反映。我们的国家一方面化费很大的人力、物力培养祖国有用的人才，同时，却有一批青少年沦为罪犯进行破坏，人数虽少，危害很大，形成一个十分尖锐的矛盾。这说明青少年的教育非常迫切，刻不容缓，任务艰巨，难度很大。如何治理青少年犯罪已成为法学、青年学、社会学等学科必须研究、必须回答、必须解释的一个重大问题。

精神创伤要用精神来治疗。现在解决青少年问题的关键还是要用共产主义精神来塑造社会主义新人。只有加强共产主义思想的宣传和教育，才能抵制资产阶级和各种非无产阶级思想的腐蚀。青少年犯罪研究是探索安邦治国的大计，决非一件小事。我们要拿出献身精神，为发展科学事业，为一代新人的健康成长、不畏艰苦、努力探索，作出贡献。

当代青年应该是什么形象？我看，我们培养的青年一代是这样的：（一）立志气，定抱负；（二）有学问、有知识、有技术；（三）站在时代前头，当中流砥柱；（四）继承和发扬中国文明；（五）搞好集体主义的同志关系；（六）锻练身体，体格健美；（七）热爱中国共产党。

一切理论工作者，社会科学工作者，尤其是搞青少年研究的同志们，要到青少年中去，同他们交朋友。要真正了解青少年，了解他们的想法和愿望，了解他们对社会问题的看法，只有与他们息息相通，才能及时摸准他们的脉搏。

现在，在整个青少年问题的研究中，青少年犯罪的研究是走在前列的，其中最主要的一条经验就是理论联系实际。我们许多同志取得了一批成果，因为，青少年犯罪本身就是一个现实的社会问题。脱离实际的、经院式的研究是不行的，历史上我们没有、也不可能有现成的经验和解决问题的办法。因此，我们只有在大量事实和丰富实践的基础上，经过分析、综合，“去粗取精，去伪存真，由此及彼，由表及里”，使研究逐步深化，才能探索出治理青少年犯罪的科学经验，才能寻求各种有效的办法。这样，既可回答现实问题，也能推进理论发展。我们还要继续提倡搞青少年犯罪研究的同志既要掌握各有关知识领域，还要特别注意到青少年中间去，到实际当中去，搞几个调查研究年。要干好一件事贵在有坚定明确的奋斗目标和不屈不挠的实践精神，我们的研究工作必须要有这点精神。

我们的研究要深化，不能一直只限于一般地罗列和分析情况，一般地提建议和方案。对于青少年犯罪研究的各个环节和相关因素，我们还要逐步一一摸透它们之间的辩证关系。这样才能对真正解决问题起重大作用。我们虽然不是决策部门，但研究工作非常重要，我们肩负着参谋的重任。因此，必须再接再励，努力提高研究的水平。

青少年犯罪关系到千家万户，一人犯罪全家不安，邻里不安，青少年的犯罪决不能再任其继续上升了，即使是维持现状也是不行的，我们要尽一切可能使它尽快地降下来。能降到何程度，这要通过科学的研究，提出明确的办法和要求来。怎样贯彻党提出的综合治理的方针，探索教育、改造、挽救的途径，制定最有效的预防措施，也都需要在深入细致调查的基础上，进行严肃认真、实事求是的科学研究才能逐步得到解决。我们要的是科学态度。

研究青少年犯罪，政法学院有着特别优越的条件。第一，政法学院与公、检、法具有密切联系；第二，政法学院本身就有许多青年学生；第三，有一批专业教师，有一支较强的理论和研究力量。所以，政法学院搞青少年犯罪问题研究，最能出成果，而且也是教学与科研相结合，理论联系实际的好机会。华东、北京、西北、西南四个政法学院，如果成为四个研究青少年犯罪的中心，这个作用无疑是很大的。

我们这个时代的特点之一，就是自然科学和社会科学的理论都面临着一个大发展。新的情况，新的问题都是在现实的实践中产生的，现实中的重大问题得到了回答和解决，理论工作就向前推进了一步。现在，加强对青少年犯罪问题的研究，非常迫切，刻不容缓，对青少年进行教育，其重要性又是以往任何历史时期所不可比拟的。我们把希望都寄托在青年一代身上，我们就值得为他们花大气力。"十年树木，百年树人"，我们在大量实践的基础上，探索出治理青少年犯罪的科学理论，就不仅是为"四化"创造良好的社会环境作出了贡献，而且是为培养未来作为社会栋梁的一代作出了贡献，那意义是深远的。

关于研究青少年犯罪的方法

（1982年10月）

张　黎　群

首先，我认为搞社会科学的人，首先要解决屁股坐在哪一边的问题，也就是说首先要明确青少年犯罪研究工作中的指导思想。马列主义、毛泽东思想的辩证唯物主义与历史唯物主义不仅是我们研究青少年犯罪领域中的科学方法论，也是我们研究青少年犯罪领域中的基本思想。我们观察青少年犯罪这一社会现象一定要站在这一立场上，否则就会产生极大的问题。对这个指导思想一点儿都离不得，也伪不得。

譬如说，如何观察当前情况下的青少年犯罪增多的现象？这里有许多问题值得探讨。是不是由于社会主义制度造成的呢？如果说社会主义制度本身不产生犯罪，那么怎样从理论上阐明现实中青少年犯罪分子的产生与存在？目前，我国的确存在青少年犯罪增多这一现象，它是特定历史条件下的产物。那么是否可以消灭呢？还是一种永久的、必然的、不能消灭的现象呢？这里既有一个指导思想问题，还有一个科学的方法论问题。有时两者同时兼存，有时则以单一因素发挥作用。如果你的指导思想有问题，那么你就会按照你的有问题的指导思想去搜集材料，按"需"所取，对材料进行歪曲性的加工，结果就会出现很大的问题，把我们的社会看得很黑暗，看得与资本主义制度无多大的区别，这样，就会犯极大的错误。有的人指导思想似乎没有问题，然而缺乏辩证唯物论，结果死死地陷入于一点，陷入形而上学之中，同样得不到正确的结论。例如，目前的青少年犯罪，的确是一个十分严重的社会现象，否定严重性的存在不是马克思主义的态度。但是，如果不看到这一现象是特定的历史条件下的产物，是一种“可治的”短暂的现象，如果不从国际比较学的观点去分析问题，那么我们就会丧失信心，得不出社会主义制度优越的结论。因此，观察社会问题离不开指导思想和方法论。

再如，有关青少年犯罪与阶级斗争的关系，同样有许多学问值得我们研究，青少年犯罪究竟是一种什么样的社会现象?与阶级斗争有何关系?青少年犯罪是不是属于阶级斗争的范畴之内的？如果属于，那么其理论依据是什么?如果不是,那又为什么？这是一个如何正确理解我国青少年犯罪的性质的重要问题。性质搞错了，对青少年犯罪者的处置也会搞错。左不得，右不得。左了就容易犯扩大化了的错误，这种倾向在我们司法战线上根深蒂固地存在；而右了，就容易轻敌麻痹。显然这两种倾向都是错误的。因此，必须坚持以马列主义、毛泽东思想为指针，坚持四项基本原则。青少年犯罪是我国当前的一个严重的社会问题。而且对这个问题的研究又处于起始阶段。因此，怎样用马列主义的立场、观点、方法去分析，观察这一复杂的社会现象，就成为我们理论工作者和实际工作的首先需要解决的问题。

其次，想谈几个具体问题。

（1）进一步加强青少年犯罪研究中的理论问题研究。

青少年犯罪是一个复杂的社会问题，在开展青少年犯罪的研究过程中，必然地会遇到一些重大的理论问题。因此，怎样用马列主义、毛泽东思想去观察、分析、研究这些理论，就成为青少年犯罪研究工作中的一个很重要的任务。在不久前召开的“中国青少年犯罪研究学术讨论会”上，就很多理论问题开展了有益的讨论。代表们各抒己见，争论得甚是热烈。例如，以社会主义制度与青少年犯罪的关系来说，大致有以下三种意见；

第一种意见认为，社会主义制度本身是不会直接产生犯罪的。青少年犯罪是一些不符合社会主义方向的问题或工作上的失误等原因造成的。正因为违背了社会主义方向才使青少年犯罪率大幅度上升。青少年犯罪与社会主义制度本身无关。

第二种意见认为，社会主义制度与社会主义社会是两个不同的概念，社会主义制度本身不会产生犯罪，但在社会主义社会里，还存在着犯罪现象，这是难免的。

第三种意见认为，没有一种抽象的社会主义制度，社会主义制度存在于社会主义社会中，社会主义制度还不是十全十美的，在政治、经济、文化等方面，还存在着许多不完善的地方。在生产关系、分配制度、人与人之间的关系等方面，都存在着前进中的问题。一些具体的制度，比如教育制度、干部制度、劳动管理制度、工资制度等，都还存在或多或少的弊病。这些都可能在人们的思想上，造成不良的影响，甚至导致犯罪。所以，不能笼统地说社会主义制度与青少年犯罪无关。我们国家当前进行的机构改革，实际上也是革制度中弊病的命。

再如，在青少年犯罪与阶级斗争的关系方面，也持有三种不同的意见。

第一种意见认为青少年犯罪是阶级斗争的反映。在我国现阶段，阶级斗争还在一定范围内存在，主要在犯罪这个问题上反映出来。青少年犯罪中的政治案件、反革命暴力案件是阶级斗争的集中反映；盗窃、诈骗和其他侵犯财产的重大案件具有明显的剥削属性，是剥削阶级腐蚀和无产阶级反腐蚀斗争的反映；伤害、杀人、强奸等侵犯人身权利案件具有剥削阶级压迫劳动人民的“旧社会的痕迹”；抢夺、抢劫等案件兼有上述阶级剥削、压迫的痕迹。青少年犯罪同样具有反社会性、违法性、危害性，其阶级斗争的属性是明显的、本质的。

第二种意见认为，我国当前青少年犯罪完全不是阶级斗争的反映。它除了阶级矛盾以外，主要还有：生产关系与生产力既相适应又不完全相适应的矛盾；社会经济、政治、文化发展中失误和挫折引起的矛盾；人口增长与经济发展以及各种事业发展之间的矛盾；意识形态领域中无产阶级思想与封建主义、资本主义思想以及小生产者思想之间的矛盾；法制建设与民主建设的现有水平与社会主义事业发展的需要尚不完全适应的矛盾；家庭结构与社会对家庭的要求之间的矛盾；以及其它种种人民内部矛盾。如果我们对当前青少年犯罪问题不能作出比较全面的认识，则可能会导致对策与措施的偏颇或错误，从而不利于问题的解决。

第三种意见认为，阶级斗争在青少年身上的反映，具体表现为一切剥削阶级腐朽思想意识、生活方式等各种毒素对青少年一代的侵蚀，这的确是青少年犯罪的一个原因。但是，这并不是唯一的原因，不能将阶级斗争视为青少年犯罪的性质。

此外还就开放政策和青少年犯罪的关系问题；国内搞活经济、农村生产责任制与青少年犯罪的关系问题，进行了热烈的讨论。

在这次讨论会上，争论是相当激烈的。在有些问题上，通过批评和自我批评还取得了比较一致的看法。例如，在第一个问题上，取得的比较共同的看法是：社会主义制度本身不会产生青少年犯罪的；但是，当社会主义制度的优越性被破坏以后，就会产生各种社会问题包括青少年犯罪问题。

同志们感到，要搞青少年犯罪研究，就必须正视这些问题，研究这些问题。有些代表形象地说：“青少年犯罪研究工作已经在敲社会科学理论的大门”。对于这些重大理论问题，虽然作了热烈的讨论，但是，迄今为止，还没有出现全面的、精辟的论述这些问题的好文章。因此，青少年犯罪的理论研究工作，还必须向深度进军。

（2）慎重地开展社会科学的科学实验。

自然科学的发展离不开科学实验，社会科学的发展同样也离不开科学实验。我们不应该将科学实验的意义理解的很窄，认为只有实验室的实验才是科学的实验。社会科学同样应该有科学实验，它是宏观的，放到社会中的实验。我们认为在青少年犯罪的研究中，同样需要开展科学实验。

应该承认，由于十年浩劫，我国的法制建设还很不完善，正处于建设、发展之中。为了加速我国的法制建设，我们还要有意识地将一些设想拿到一些部门、单位中实验，认真地总结经验，然后再大面积的推广。

有关这方面的工作，我们现在不是做得多了，而是太少了。有些即使已经做了，而且还搞出了一点成果，但是，由于种种原因，推广起来相当困难，因此，有关领导部门应该认真地抓一抓这方面的工作。

在这次讨论上，我们看到有不少同志已经搞了点社会实验，在摸索这方面的经验，并显示出它的生命力来。例如：辽宁省青少年教育办公室唐俊杰同志的《保外帮教工作初探》一文引起了与会同志很大兴趣。同志们认为"保外帮教"是社会科学领域中进行科学实验的大胆尝试和探索，它将司法制度和社会力量牢牢地结合在一起，是群众性的帮教工作的一个新发展。整个实验表明：一、保外帮教措施对于教育挽救被劳动教养的失足青少年有着特殊的作用；二、"保外帮教"可以使劳动教养逐步走向社会化；三、"保外帮教"工作的经验对于做好后进、劣迹青少年的转化工作具有普遍意义；四、"保外帮教"工作是一个值得推广的好形式。这种探索性的研究，由于有积极的社会效果，引起了比较大的反响。

当然，社会科学实验与自然科学实验是不一样的，社会科学实验的政策性十分强，所涉及的面很广，反映的问题也十分敏感和复杂。因此，我们在提倡社会主义科学实验的同时，又要慎重地开展，不要盲目行动，草率从事，为此提出以下几个注意事项。

（一）我们的民主是社会主义的民主，是党领导下的人民民主而不是资产阶级民主，不是资产阶级自由化；我们的法制是社会主义法制，不是资本主义法制。因此，我们的社会实验必须以坚持四项基本原则为前提，应该在党的领导下进行。

（二）应该积极地贯彻党的"综合治理"方针，认真地、妥善地协调各个方面的关系。

（三）应该有一个设计得比较好的科学实验的方案和实施步骤。而且，要随时密切注视实验进程中出现的新情况，及时地进行修正，保证实验过程的顺利进行。

（四）鉴于目前社会上不正之风盛行，因此要绝对防止不正之风的干扰。

我想，只要我们真正地按照科学规律去办事，慎重地开展科学实验，那么，我们一定会对青少年犯罪研究作出贡献的。

（3）加强社会科学研究的基础训练。

在当前研究青少年犯罪的队伍中，有相当一部分的同志是来自司法战线和工、青、妇等实践工作部门。这部分同志时代责任感强，革命热情高，看到了当前青少年犯罪现象的严重性，出自于无产阶级的阶级感情，不辞辛苦地战斗在第一线，不少调查报告就是出于这些同志之手。搞实践的同志主动地参加到理论研究的队伍之中，这的确是一种可喜的现象。但是应该看到这部分同志未曾受过专业训练，而社会科学研究与实际工作是有较大的不同的。社会科学研究是有它自己一套规律和方法的，如果只靠搞实际工作的本领搞社会科学的研究那是远远不够的。

另外，即使对不少社会科学工作者来说，由于十年浩劫的影响，对世界社会科学发展的趋势了解也是不很够的，对如何运用现代社会科学的方法去研究社会现象，掌握得也并不是很好的。因此，加强社会科学研究的基础训练，使自己有一个比较扎实的基本功，是当前进一步提高青少年犯罪研究水平的一个相当重要的任务。

一般来说，在实际研究工作中，应该注意以下几个问题。

（一）应该学会选题，开始搞研究的同志往往在选题上会感到困难。由于情况吃得不透，整个面的基本情况掌握不多，或者出于急于搞出成果的心理，往往把题目搞的太大。例如，目前有不少同志研究的题目是"青少年犯罪的原因、特点及其对策"。这类题目几乎把青少年犯罪研究的最主要的内容都包括进去了。这样的题目要不要呢？当然要，而且还相当重要。但是，对于初进科学研究大门的同志来说，这类的题目还是以少为宜。为什么？因为这类题目不容易搞得很深很透，容易变成泛泛之谈，使人看后乏味，而且对本人来说还容易养成一种不求甚解的学风。因此，开始搞研究，研究的题目要小一点。最好就某一问题的某个侧面或一个点进行深入细致的研究。

（二）要将典型调查与社会化调查结合起来。很多同志的行文和论证方式变得相当的简单，甚至有些“公式化”了。往往是提出一个观点，然后找一、二个例子进行解释。搞调查也是只重视典型调查，以为只要搞一、二个典型例子来说明就足足可以了。这种典型调查需要不需要呢？当然需要的。典型调查是我党调查研究的传统方式，可以将事物最本质的、最有倾向性的特点反映出来，从而使你的论据更充分，更有说服力。但是，只有典型调查还是不够的，它有不少不足之处。列宁同志指出：“在社会现象方面，没有比胡乱抽出一些个别事实和玩弄实例更普遍更站不住脚的方法了。罗列一般例子是毫不费劲的，但这是没有任何意义的或者完全起相反的作用。因为在具体的历史条件下，一切事情都有它个别的情况。如果从事实的全部总和，从事实的联系去掌握事实，那末事实不仅是‘胜于雄辩的东西’而且是证据确凿的东西。如果不是从全部总和，不是从联系中去掌握事实，而是片断的和随便排出来的，那么事实就只能是一种儿戏，或者甚至连儿戏也不如”。可见，如果只有典型调查没有社会化调查，将会带来很大的局限性。

（三）要掌握现代统计科学，将定性研究与定量研究结合起来。

马克思说过，科学只有当它能够利用数学的时候，才达到完善的地步。自然科学离不开数学，这是毫无疑义的。而社会科学同样也离不开数学。在第二次世界大战后，由于电子计算机的推广应用，世界上社会科学领域中的统计学得到了充分的发展，而且也扩展到犯罪领域的研究之中。但是，十年浩劫使我国的自然科学和社会科学受到了严重的摧残，在统计方法上的研究和应用比较落后。例如，在这次南宁会议中，有一个课题，即我国当前青少年犯罪的发展趋势有三种不同的意见。第一种意见认为，青少年犯罪问题日趋严重，短期内解决不了这一问题；第二种意见认为，青少年犯罪目前已经达到了顶峰，今后将缓慢地下降；第三种意见认为，鉴于目前青少年犯罪的统计水平，青少年犯罪在整个刑事犯罪中的比例不一定那么高。这三种意见争论相当热烈，但谁也说服不了谁。为什么？原因之一就是缺乏大量的统计材料，只凭语言文字的描叙，说服不了人。

再如，在讨论中有些代表提出了如下的值得探讨的理论问题：青少年犯罪在社会的整个刑事犯罪中占多大比例才算是正常的？低年龄化到底是不是一个趋势？是偶发现象，还是有规律性？要改正这些问题，同样离不开大量的数字统计。

目前已经有了不少的调查报告，但是，就这些调查报告的方法来看，还是比较陈旧的，绝大多数停留在百分比水平，而且有些百分比用得并不恰当。举一个简单的例子，在1000个青少年犯罪者中有900人被教育过来，那么，这时用一个90％是相当可信的，但是，如果5个青少年犯罪者，有4个被教育过来，这时用80％就不太能说明问题了。为什么？因为样本太小，可变范围太大，再增加一人就是100％，减少一个便是60％，这时用百分比就很不确切了。这仅仅是一个简单的例子，然而即使是这么一个简单的例子，有很多同志也照样犯错误。这说明我们的基本功太差，要将青少年犯罪作为一门科学来研究，就一定要练好基本功，努力掌握近代科学发展的技术。

（4）加强学科之间的协作，共同创建我国自己的青少年犯罪学。

当代科学发展有两个特点。一是愈来愈精细，出现了很多分支，开辟了新的领域。以犯罪科学来说，根据某些学者的分类，已经不下几十种。二是学科之间的相互渗透，相互交叉的趋势增强，出现了不少"边缘学科"或"中间学科"。从某种意义来说，青少年犯罪学就是当代科学发展的自然产物。它既是作为犯罪科学的一门新的分支领域而受到了人们的注意，同时又具有"边缘学科"的意义。

为什么青少年犯罪学具有这样的特点呢？这是由青少年犯罪学研究对象的特殊性决定的。青少年犯罪学研究的对象是犯罪的人，而且主要是研究18岁以下的未成年人和18岁——25岁的青年人，这就必定要认真注意这一年龄阶段的身心发展特点。无论是在研究青少年犯罪的原因，特点，或是依法惩处上，或是在教育、感化、挽救时，如果忽视了这一年龄阶段的身心发展的特点，就必然达不到科学探讨的目的。因此，尽管可以说，构成青少年犯罪学的基础是刑法学，然而它不能离开心理学或犯罪心理学。

青少年犯罪是一种社会现象，因此，要解决青少年犯罪问题，就必须从社会的整体来考虑。要从政治、法律、经济、文化、教育、舆论等各个方面同时进行考虑，制订出与犯罪现象作斗争的措施——预防犯罪。这就一定要有社会学家的参加，就一定要有犯罪社会学家、犯罪社会心理学家或法律社会学家的参加。

一些青少年为什么犯罪？原因之一是与道德沦丧有关。他们没有起码的道德观念，没有明确的道德标准，不具备正确判断和评价道德的能力。因此，研究青少年犯罪就一定要有伦理学家参加，不仅研究者本身要有较好的伦理学知识，而且要对青少年普遍深入地进行道德教育，这也是预防犯罪的重要手段之一。

鉴于篇幅有限，不再一一论述其它学科在创建青少年犯罪学中的重要性了。实践表明，青少年犯罪问题的解决，只靠公、检、法，只靠司法机关，是无论如何不够的，而创建青少年犯罪学，只靠法学一家，也是不够的。创建青少年犯罪学需要多方面的、多学科的齐心协力进行综合性的研究。为此，我想提出以下几点提起注意：

第一、共同遵循"三不主义"——不打棍子，不抓辫子，不扣帽子，努力贯彻毛泽东同志提出的"双百方针"，发扬科学民主，既有各抒己见，又有批评和自我批评。这种民主探讨精神是协作的基础。

第二，要认真吸取历史教训。象意大利龙勃罗梭代表的刑事人类学派，只从纯生理角度研究犯罪是不行的；象比利时凯特勃为代表的刑事社会学派完全用社会学的方法来研究犯罪，同样也是不行的。只靠一家，包打不了天下。

第三，综合性研究的理论基础只能是马列主义、毛泽东思想，只能是党的四项基本则。在这个问题上，哪一门学科都不能"超越"，不能"突破"，否则就会犯重大的错误。

有组织有目的地研究青少年违法犯罪问题

（1981年）

谢昌逵

青少年犯罪问题的科学研究，十分重要。为了有组织有目的地开展青少年犯罪问题的科学研究，我们起草了一个规划草案，这里对规划作几点说明。

一、研究工作的现状与发展趋势

三中全会以后，党中央在拨乱反正，实现工作重点转移的时候，就十分重视治理青少年的违法犯罪问题，作了多次的指示，发出了〔1979〕58号文件。全党动手，有关方面密切配合，改变受到林彪、“四人帮”严重破坏的社会风气，成为全党的重要任务之一，解决青少年违法犯罪问题又是其中最重要的方面。可以这么说，对青少年违法犯罪的综合治理，是拨乱反正的重要内容。实际工作的这种发展，必然推动对它的理论研究。两年多来，首先是做实际工作的同志，主要是公、检、法和共青团的同志，开始了对青少年犯罪问题的调查和研究。接着，有些高等学校法律系、社会系、心理系和政法学院的师生，一些社会科学院和生理、心理、伦理、教育等科研单位的研究人员也投入研究工作。两年来研究工作的成绩是很大的。从广度来看，全国各省、市都开展了研究工作，不仅是法学界，包括生理、心理、伦理、教育、哲学、经济等许多学科的同志也开始参加进来了。研究的方面也从一般情况的调查进展到了对青少年违法犯罪问题的各个环节，象制定青少年法规也提上了日程，对外交流也有了良好的开端。从深度来看，已经进入到了一些重要的专题研究，如犯罪的新形态、青少年违法犯罪的司法制度、劳改学、团伙问题、女青年犯罪的特殊规律等。有的在研究战略预测、综合治理的理论与方案这样重要的方面。研究中提出了一些值得进一步深入的论点，研究方法也在开始采用现代化的手段，社会调查在开始采用电子计算机这种现代化的技术。更为重要的是，有了一批从事这项研究的志愿兵，有的地方，如华东政法学院建立了青少年犯罪研究室。正是在两年来研究工作不断发展的基础上，提出了从全局出发进行通盘考虑的要求，因而经过酝酿产生了这个规划会议。

由中央五个部门召开专门的会议讨论青少年违法犯罪的研究问题，这还是第一次。从研究工作的发展趋势看，召开这样的规划会有重要的意义，标志着青少年违法犯罪问题的科学研究工作进入了新的阶段。这就是：在党和政府的领导与支持下，组织起来，有计划有目的地开展研究，努力提高科学水平，更好地为现实服务这样的新阶段。它的主要标志是：

（1）在继续发展志愿兵的基础上，要求组织起一支从事青少年犯罪理论研究的专业队伍。应该更好地发动、组织高等学校法律系、社会系、心理系、教育系，教育、生理、心理、伦理等研究机构，特别是政法学院的师生和研究人员参加这项工作。这些同志与公、检、法、共青团等实际部门的同志与广大分散的业余研究的力量紧密协作，就可以增加研究的专业知识，担负起主攻的任务，提高研究的学术水平，达到综合研究的目的。

（2）要将已有的力量组织起来有计划地开展研究，明确每项研究工作的目的，从工作的需要出发组织研究课题。大家感到，作调查，写论文，不只是为了拿去讨论和发表，重要的是接受实践的检验，推动工作的进展。特别是青少年违法犯罪问题是个极其尖锐的现实问题，迫切要求理论研究为现实服务。

（3）要有经常的科研组织和协调工作。要有规划、有部署、有争鸣、有实验，要建立科学研究的资料，要开展对外的学术交流。对一个复杂的社会问题开展综合研究，离开了科研规划与组织工作，是不可想象的。

青少年违法犯罪问题科学研究的这种新的发展趋势，反映了党中央提出的综合治理的客观需要，也反映了青少年违法犯罪问题科学研究本身的规律。青少年违法犯罪突出起来，对我们来说，还是一个新情况。彭真同志在今年五月治安座谈会上的讲话中就说："现在出现一个新的情况，就是绝大多数扰乱社会治安分子的家庭出身、阶级成分同过去有很大不同。过去主要是剥削阶级分子和旧社会的渣滓；现在主要是发生在人民内部，绝大多数是青少年、青年工人和学生，是基本群众（工人、农民、知识分子、干部）的子弟，是新社会长大的。"彭冲同志在会上也作了三点指示，第二点就是要求加强调查研究，他说："变化的客观形势，迫切需要我们深入实际，深入调查研究，研究新情况、新问题，找出一些规律性的东西来。比如摸出青少年'轻生'、犯罪的规律，主动地做青少年的工作；摸出间谍特务分子勾引的新趋向、新规律，牢牢控制他们的活动。又比如，对外，怎样加强对他们的好影响，减少他们对我们的坏影响？对内，怎样把各项管理工作跟上，真正做到管而不死，活而不乱？找出规律性的东西，我们就能把工作做在前头，就能争取工作的主动。"党中央提出的综合治理的要求，提出的研究新情况，掌握规律，争取主动的要求，向我们提出了十分艰巨的任务。在资本主义社会，一些发达的国家如美国，对青少年违法犯罪问题早在100年前就开始注意了，时至今日，面对日益增加的青少年犯罪问题仍然无能为力。美国新泽西州众议员罗迪诺就说："对犯罪问题我们没有做应该做的事，实在是我们不知道究竟该怎么办？"我们的社会制度与西方社会有本质的不同，为解决青少年违法犯罪问题提供了优越条件。50年代在这方面曾有很好的成效。因此，在战略上，我们有减少甚至最后消灭青少年违法犯罪的雄心壮志。我们的理想就是实现最美好的共产主义社会。但是，在战术上，却不能将解决问题看得那么容易。青少年违法犯罪问题，既是严重的社会问题，又是复杂的社会现象。经过十年动乱之后，处在拨乱反正、继往开来这样巨大社会变动中的青少年，其本身的发展变化也是复杂多样的。社会的大变动与青少年的大变化两者之间，又互为因果，紧密联系在一起。不论是考查社会与青少年违法犯罪有关的诸种因素，或者寻找引起青少年违法犯罪的主观原因，都是非常错综复杂的。两者结合起来，进行综合治理，更是规模巨大的社会系统工程，对它的研究绝不是某一两人的努力所能及的。如果研究工作继续停留在分散的状况，独自摸索，不仅容易重复，而且很难提高。为了提高研究的学术水平，为了对综合治理提出科学的建议，组织起来有计划有目的开展研究就是党和人民提出的要求，势在必行的事情了。

二、研究规划的基本设想

制定一项科研规划，也是一门科学。我们研究所刚刚成立，还缺乏制定规划的经验。但是，青少年违法犯罪问题的科学研究既然已经发展到了组织起来有计划进行研究的阶段，制定规划就成了首先要解决的问题。科学研究的规划，是对这项科研工作的一种较长时期的总方向、大目标、主要步骤和主要措施的设想蓝图，它要反映对研究对象的有系统的认识，从研究对象的历史和现状出发，观察它的发展趋势，按照组成它的各种因素各自的地位和作用，进行安排、组织、协调，设计出一个整体研究的最佳方案。根据其他方面做研究规划的经验，规划时应该注意些什么呢？1.要从全面考虑，具有一盘棋思想。要将组成青少年违法犯罪问题的全部因素及其相互关系，以及它与其他事物的关系通盘加以考虑，进行科学的分工和有效的合作，统一行动，服从全局，避免重复和浪费力量。2.要在所有因素中分清主次、抓住重点，保证研究力量用到最关键最需要的地方。3.要注意基础研究、应用研究与发展研究之间的最佳的比例关系。提高规划的科学性与有效性。4.最重要的是，应注意研究工作与实际工作的密切关系，使研究成果最终落实到工作中去。根据以上这些原则，青少年违法犯罪问题的研究规划，它的基本设想应该是怎样的呢？下面作一些说明：

我们的规划，是否应该分成这样三个主要方面：一、目前以青少年违法犯罪的原因，和违法犯罪青少年的转化（包括劳改劳教）这两个方面为研究的重点。二、在这两个重点研究的基础上，扩大到全过程，研究综合治理的理论与方案，在近期提出初步的设想。三、与此同时，进行预防和减少青少年违法犯罪问题的战略研究。也就是从减少引起青少年违法犯罪的社会因素、培养全面发展的社会主义新人这个特殊的角度出发，在实现现代化的过程中，如何协调物质生产与精神文明的关系，建立社会主义的生活方式、道德观念以及人与人之间的同志关系，作出预测，提出发展战略的建议。下面就这三个方面，分别作一些说明。

一、犯罪原因与违法犯罪青少年转化的研究

犯罪原因又是犯罪问题的起点，直接关系到预防。违法犯罪青少年的转化是犯罪的治疗，直接关系到最后处理。这两个方面是青少年违法犯罪全过程的起点与终点，抓住了两头，将两头摸清楚了，全过程就比较好解决了。不仅如此，将两者作为重点，还有以下的理由。

对我国青少年违法犯罪原因的探讨，已经有了各种不同的说法，归纳起来有：(1)阶级的原因。青少年犯罪的原因，不能脱离社会主义条件下犯罪原因的总的基本分析。犯罪是有阶级存在的社会的特有现象。只要阶级斗争存在，旧社会痕迹存在，青少年犯罪就会继续存在下去。有的同志认为犯罪青少年已经形成社会的一个新阶层——新游民层、流氓层，与解放前的游民层有某些类似之处。（2）经济的原因。生产力不够发

达，财富不丰富，与人口众多、需求量大形成尖锐冲突；对这些不甚丰富的财富，人们之间的实际分配、占有、物质关系中还有某些不合理现象。以上两种情况的统一，是当前青少年违法犯罪的决定性终极原因。（3）生理心理的原因。抛开了人的生理、心理的因素，单纯从社会阶级根源上去寻找原因是片面的。青少年的犯罪行为，是在外部环境消极因素影响下，通过青少年的一定心理活动形成的。（4）社会动乱的原因。由于林彪、“四人帮”的严重干扰破坏，以及他们的反动思想的影响，破坏了国民经济，也把良好的党风、民风和社会风气破坏了，使广大青少年深受其毒害。这是当前青少年违法犯罪情况如此严重的根本原因。（5）综合性的原因。对青少年犯罪原因的研究，不应将各种现象孤立起来考察，不应停留在一条一条抽象的因果关系上。有的同志将原因列为如下的简单公式：犯罪＝具有同一危害性质的内外因素结合之和。此外，还有分析家庭、学校、社会上的因素作为原因的。

在研究中出现这么多的说法，说明研究在深入，出现了争鸣的局面。国外研究中对犯罪原因的说法就更多，有“精神贫困论”、“社会反向论”、“家庭解体论”、“个性放荡论”、“司法纵容论”、“色情渲染论”等等。第六次联合国预防犯罪及罪犯待遇大会的文件，则认为发展中国家的社会经济改革，加速进行的都市化、工业化、重视经济发展，导致损害传统的社会控制力量，特别是家庭的能力，是引起青少年犯罪的一个重要因素，也可以说为“社会失调论”。

对青少年违法犯罪原因的这些分析，都有一定的理由。但是，对于彭真同志所说我国的新情况，从过去的主要是剥削阶级分子、旧社会渣滓，变为现在的主要发生在人民内部，绝大多数是青少年，是基本群众的子弟违法犯罪这样的新情况，已有的原因分析，不能说已经得出了全面的、实事求是的科学结论。应该充分估计到犯罪原因研究的难度，需要下功夫继续展开理论的讨论，总结实践的经验。同时原因的研究还有这样的重要地位，就是它直接关系到应用研究、基础研究和发展研究三个方面。从应用的角度看，只有违法犯罪的原因弄准确、弄清楚了，预防才能建立在科学的基础之上。而预防犯罪，是解决犯罪问题的最根本的措施。犯罪原因的研究，可以直接建立犯罪预防的理论与原则；可以制定预防条例与法令，由国家颁布施行；可以广泛宣传预防犯罪的普及知识以造成强大的家庭、学校和社会的正面教育力量来防止青少年犯罪，应该象遍及全国的卫生防疫那样预防青少年违法犯罪；也只有在原因研究的基础上，才能提出切实的综合治理方案。从基础研究的角度看，犯罪原因的研究，是建立犯罪学的基础。龙勃罗梭建立犯罪学，就是从犯罪的原因与预防开始的。犯罪学在外国本来是社会学的一个分支，因为50年代社会学受到了批判，犯罪学也被否定了，青少年犯罪学更是空白。现在是建立这个基础理论的时候了。从发展研究的角度来看，犯罪原因的消长，各种原因的变化发展及其相互关系的探讨，是犯罪趋势预测的最重要的根据。而青少年犯罪趋势预测，又是社会未来学或社会预测研究的组成部分。与发展研究有关的，还有十分重要的青少年犯罪新形态及其原因的研究。青少年犯罪新形态的发现，产生这种新形态的原因分析，意味着青少年犯罪有新发展变化，这种变化与当前的社会变化和社会心理发展趋向有重大的关系，是提出新的预防对策的重要依据。对于引起青少年犯罪的潜在因素的分析，也是发展研究的重要方面，都是具有战略意义的研究工作。

以上是谈犯罪原因研究的重要性。下面再谈犯罪青少年的转化和劳改劳教的研究。现在的情况是，青少年违法犯罪的比例大增，成了公、检、法部门的主要工作对象。而违法犯罪到什么程度，层次怎样分，建立怎样的机构进行处理，我们虽然有了不少设施，总的来看还缺乏健全的青少年违法犯罪的司法制度。多数劳教劳改干部，面对新情况，对教育感化的理论与方法还不熟不懂。可以看得出来，面对整个青少年违法犯罪问题，我们还没有完全掌握主动权，以致有些可以及时转化的违法青少年没有转化，劳教劳改人员中有相当比例的重犯、惯犯。这中间的确存在着争夺战，如何争取主动，不只是公、检、法部门当前急待解决的重要课题，全社会都应动员起来加强综合治理。因此，对这方面的研究，在理论或实践上都是十分迫切的事情。

另一方面，教育感化失足青少年，我们有党优良的传统，有自己鲜明的特色。社会主义制度在这方面具有很大的优越性。我们的经济基础与意识形态，决定了人们的关系是同志间互助合作的关系，与资本主义社会尔虞我诈激烈争夺的本质有原则的区别，治病救人是我们优良传统中的重要部分，50年代有人形容我们的社会是不沉的湖。正因为有这个优良传统，如何教育感化违法犯罪青少年，群众中有丰富的创造，有许多感人至深的故事，出现了不少特殊的教育家。由家庭、学校、街道、派出所等组成的“帮教小组”，办得有成效的“工读学校”等，已经在外国引起了普遍的注意，不少国家要来参观学习。对于这些特产，不能让它“墙里开花墙外红”。使这些行之有效的先进经验，成为普遍的财富，培养出成千上万的特殊教育家，变被动为主动就有希望了。最近彭真同志又指示，办改造要象办学校一样，把吃、穿、住、学习、文化娱乐搞好。在8月份中央政法委员会召开的改进改造工作座谈会上，有同志提出：现在的改造工作，要当作青年工作来做。会上也建议加强劳改、劳教的研究。

为此，要对这些先进经验进行理论的总结，因为人们只有理解了才能掌握它。首先，要对教育感化进行理论的探讨：（1）要对教育感化的方针作出科学的解释，从青少年违法犯罪的原因与性质，从社会主义制度对教育感化所提供的条件，从教育、心理、生理等基本原理以及我国教育感化的实践等各个方面来说明教育感化的必要与可能。（2）要总结违法犯罪青少年思想转化的规律；要摸清他们的犯罪哲学，即伦理观点；要探讨这些腐朽的伦理观点的性质、产生的原因、存在与发展的条件；要研究从哪些观点入手打开他们的顽固头脑，一步一步提高他们的思想，直到树立新的人生观；要总结什么是教育者应有的态度以及教育感化的具体方法；要考查促进思想转化必不可少的客观条件；要纠正哪些引起相反效果的错误思想与做法。（3）研究教育感化的各项政策，特别是给出路的政策。

其次，在理论探讨的基础上，总结制定出适合我国情况和适合青少年特点的处理青少年违法犯罪的一套健全的司法制度：（1）对现有关于处理青少年违法犯罪的司法制度加以总结，探讨其优缺点。（2）从轻到重对违法犯罪青少年按照生理、心理等特点分出不同的层次，以便区别对待。联合国有关文件中，分了三个层次：需要照料和保护的儿童和青少年；其实际表现已背离正道而被认为无法管束的儿童和青少年；未能在接受所有保护和预防措施以后产生良好反应或从中获得教益因而已经危及他们本人和社会的儿童之青少年。为了防微杜渐，日本对“虞犯少年”，即有犯罪之虞的少年，美国对少年逃学、离家出走、与道德败坏者来往等类行为，埃及对少年儿童流宿街头、耍把戏讨钱、不服父母管教等行为，都放在青少年法规的视野之内，由相应的司法制度与程序进行处理。在我国，从工作发展的趋势来看，建立健全青少年违法犯罪司法制度势在必行。已有的行之有效的经验需要总结上升为制度，没有规定但群众要求加强管理的应该明确规定，虽有措施但相互关系还不十分清楚的也应条理化，从轻微到严重应该逐级建立怎样的相应处理机构也应吸收国内外的经验加以健全。在建立这种司法制度时，如何考虑我国青少年生理、心理特点与特殊的社会环境，如何保持发扬我国制度的优良传统，加强社会教养，正确处理教育与惩办的关系等等，都是重要的研究课题。（3）青少年违法犯罪的审判制度与程序问题，即由谁来决定违法犯罪属于哪一级，如何处理，要不要设青少年法庭等，也相应要有研究。第三，有了理论体系与司法制度以后，培训能够胜任教育感化的干部队伍，是司法制度能否贯彻的关键。理论工作者应编写出教育感化违法犯罪青少年的手册，即对原则与方法作通俗易懂的解释，供公安、司法、劳教干部、教育工作、青年工作者使用，普及教育感化的知识，逐步改变目前不熟不懂的状况。应该选拔普通学校、工读学校、劳改劳教所以及社会上的特殊教育家，加上教育、心理等各方面的理论工作者组成编写小组，着手这方面的工作。

二、综合治理的理论与实施方案的研究

早在建国初期，在解决青少年违法犯罪和加强道德教育的时候，党就提出了打总体战的要求，发展到现在叫综合治理。大家一致认为，综合治理反映了社会主义制度的本质的要求，是解决青少年违法犯罪问题的唯一正确的途径，在实施中也积累了丰富的经验。现在的问题是，对综合治理方针的理论探讨和经验总结，与工作发展的需要很不适应。上海市委要求上海社会科学院提出综合治理的方案，社会科学院将这个任务交给了新批准建立的青少年研究所。可见这是现实中急待解决的课题。

制定综合治理的方案，需要明确综合治理的理论。只有对综合治理的本质、规律有了认识，提出的措施才能抓住要害。探讨综合治理的理论的文章，看到的还不多。在前年河南省委召开的青少年教育工作会议上，我对综合治理曾就个人的初步体会谈了一些看法，认为它应包括面向全体青少年，动员整个社会的力量，从加强思想教育与解决实际问题两个方面着手，认识综合治理的必要性，掌握综合治理的规律性，发挥综合治理的优越性这些内容。全社会的力量动员起来，向全体青少年加强共产主义道德教育，象人人种牛痘一样增强青少年的免疫力，做好预防工作，同时又积极解决青少年遇到的各种实际问题，改善他们所处的社会环境，减少引起违法犯罪的条件。全社会动员起来共同工作的时候，关键是要掌握综合治理的规律性与发挥它的优越性。这里所说的规律性，是指整个工作辩证发展的规律。某个方面的工作，如教育、文化、宣传等某个业务部门的工作，要明确自己的职责，从培养教育青少年的目标出发加强和协调本部门工作各方面的关系。这还不够，各个方面的工作，又是相互联系的，互为影响的，要将每项工作与整个形势的发展综合起来，考查它对社会的进步作用，同时仔细研究它是否对青少年的健康成长带来了某种消极的影响。如果确实是消极因素，就要综合各种力量认真解决，不作简单地肯定与否定，而是对具体的情况进行具体的分析，在矛盾中前进，螺旋形发展。自觉掌握整个工作的这种辩证发展的规律，就是掌握了综合治理的规律。

正如彭冲同志所说的，对外，怎样加强我们对他们的好影响，减少他们对我们的坏影响。对怎样把各项管理工作跟上，真正做到管而不死，活而不乱。首先要肯定对外开放，肯定当前国内经济政策对提高生产、实现四化的积极作用，但是各项管理工作要跟上，以缩小它的消极的方面。这就是综合治理的基本的规律。所谓综合治理的优越性，并不是说我们的社会不会出现矛盾、出现犯罪，而在于能够依靠制度的优越性去解决它。因为我们有共同的目标，出现了问题与矛盾不是互相指责、互相拆台，而是互相配合、协调一致。立法机关、政府部门和人民团体，为了人民的利益在一起商议，自觉地调整工作中不适应形势发展的部分，这种综合治理的优越性，本质上就是我们社会制度的优越性。日本治理青少年犯罪问题的具体措施多得很，但是，资本主义制度决定了他们的各垄断集团之间、各政治派别之间，以及各企业之间，不可能从根本上协调一致，对青少年违法犯罪问题只能在某种程度上起缓冲作用，犯罪率不可避免要持续上升。因此，自觉掌握综合治理的规律，充分发挥制度的优越性，对社会问题实行综合的解决，这应该是综合治理理论的主要内容，它是建立在对社会主义制度的本质的认识，建立在辨证唯物主义的理论基础上的。

根据这样的理论，制定综合治理的方案，应考虑到现实的情况与今后的发展，考虑到实际可能与客观的需要，包括建立青少年违法犯罪的各种预防制度，建立处理违法犯罪的各种符合青少年特点的司法制度，建立青少年的各种法规，明确各部门在培养青少年健康成长方面所应承担的职责，更重要的是对犯罪原因进行辩证的、科学的分析，找出诸因素中的主要矛盾，用普遍联系、相互作用的方法综合各方面的力量认真解决。新矛盾出现了,继续综合解决。

对综合治理的理论与实施方案的研究，作为规划的又一个重要方面，争取在近期内有所突破，对全国、一个地区、一个单位如何实行综合治理，都应提出科学的建议。

三、以减少和消灭青少年违法犯罪为目标的社会发展战略研究

我国国情与经济、社会发展战略的研究，已经受到党中央和科学工作者的重视。在关于我国发展战略的讨论中，有一种意见认为，不应单纯以国民生产总值作为战略目标，因为它没有包括城乡广大妇女的家务劳动；未包括对人的生存与发展极为重要的闲暇时间；也未分析环境污染和生态破坏的因素，这些因素对人类的物质生活和未来的发展影响极大，更未涉及人的教育程度、营养状况和寿命长度等，而这些条件对社会主义新人本身的发展具有重要的意义。这种意见认为，确定人民生活水平的指标，应同时包括物质享受、文化提高、个性发展、精神生活愉快等等。这里提到了社会主义新人本身的发展，当然是指青少年的健康成长，也就包括了青少年的违法犯罪问题。关于经济、社会发展的战略研究，是整个学术界的事情。但是，任何一种发展战略，它是否合理，在这种发展中成长起来的青少年有没有违法犯罪，应该是最过硬的检验。因此，以减少和消灭青少年违法犯罪为出发点，对经济、社会的发展提出自己的要求，不能不是一项重要的发展研究。

发达的资本主义国家，生产的高度发展与伦理道德的失调，已经作为社会问题的中心，由物质的贫困转为精神的贫困。第三世界国家，60年代以来纷纷调整政策，把发展的重点由重工业转向农业、轻工业，注意解决人民的生活问题。不少国家主要以私人经济为基础，依靠市场调节，实行开放政策，先后采取发展初级产品出口的战略，发展进口替代工业和出口加工工业的战略，将高速度增长国民生产总值并赶上发达国家为奋斗目标，结果适得其反。鉴于这些发展战略的失败，有人主张在制定和执行发展战略时，不应只考虑经济问题，而且应当包括社会问题，把着眼点放在满足社会大多数人的基本要求和社会的健康发展上。国际的这些经验，有重要的借鉴意义，其中一个重大的问题是如何做到物质生产与精神文明协调发展。我国正在为实现现代化而奋斗，党中央提出了物质文明与精神文明并重的战略，具有深远的意义。这个问题是一个世界性的问题，在实践上肯定会提出许多难题。青少年是社会的一面镜子，是极其敏感的荧光屏。当这些社会难题还在潜伏状态，就可能在青少年身上反映出来，造成影响。由于社会的这种急剧变动，现代社会机构日趋复杂，如何适应社会的变动，成人尚且需要探索，青年面对自身心理生理变化就已经不平静了，如何跨入社会不能不是一个比先辈更为复杂的过程。社会如何作用于青少年，青少年如何反作用于社会，社会与青少年之间相互适应与否的矛盾，是青少年科学研究的对象，自然也是青少年违法犯罪问题科学研究的对象，不过更侧重于研究他们之间的消极的方面。对社会与青少年之间的现实矛盾的考察，有助于解决预防、转化等现实问题的研究。从这个现实出发，抓住种种苗头，作出长远的预测，就带有战略研究的性质。拿教育工作来说，日本的教育事业对推动日本经济的发展起了重大的作用。到了今天，日本成了学历社会，许多学习不好的青少年从小就丧失信心，脆弱的自杀，不能自抑的违法犯罪。日本的社会学家称之为“被教育腐蚀了青少年”。这不能不对教育的发展提出了战略挑战。应该承认，我国的教育改革对实现现代化的重要作用，但是，日益加剧的竞争对青少年的消极一面的影响，也出现了值得注意的苗头。这就是一个发展难题，可以从各方面进行研究，从青少年违法犯罪的角度去探讨也是不可缺少的方面。又如，什么是青年就业的合理的方向，如何从长远的影响看劳动就业制度的改革，也是很有研究价值的课题。总之，从青少年违法犯罪问题出发，进行战略发展的研究，是大有可为，而且非常必要的。我们有党所领导的社会主义制度，有马列主义、毛泽东思想作为理论基础。它的优势在于能组织全社会的力量、动员全体人民为了共同的利益实现社会的改造。充分发挥这个优势，同时实现物质文明和精神文明，必然会造就出一代新人；一代新人的出现，也就成了检验两个文明是否实现的主要标志。因此，我们的奋斗目标不仅是两个文明的实现，而应该是：一个具有高度物质文明和精神文明的社会，和一代全面发展的社会主义新人同时出现在世界的东方。

三、方法与措施

青少年违法犯罪问题的研究方法，也应该成为研究规划的重要部分。在社会科学的研究中，方法占有新的重要地位。只有研究方法的突破，才能使研究有较大的进展。由于对我们的经验总结不够，对新的方法了解不多，这里只能谈几点粗浅的看法。

一、在马列主义、毛泽东思想的指导下，运用各学科的专业知识进行综合性的研究，坚持理论联系实际，坚持解放思想、百家争鸣，使青少年违法犯罪问题的科学研究进一步活跃起来，争取有一个更大的发展。

青少年违法犯罪问题是一个尖锐的社会问题，不仅涉及到青少年自身的生理、心理、伦理等因素，而且涉及到文化教育的内容、经济结构的变革、以及整个社会政治制度，它的研究首先要在马列主义、毛泽东思想的指导之下进行。西方的研究，经验丰富，有许多可以借鉴的地方。但是，由于缺乏总体理论的指导，往往从局部提出一些论点，宣扬一阵，很快碰壁，不得不另找出路。我们在研究中，应该自觉发挥自己的优势，用马列主义、毛泽东思想挂帅，指导整个研究，特别是解决面临的重大理论课题：如，剥削阶级作为阶级已经消灭，阶级斗争仍在一定范围内继续存在的情况下，如何理解青少年违法犯罪问题的性质，认为犯罪青少年已经形成社会的一个新阶层——与旧游民层有某些类似之处的新游民层，或者认为它与阶级斗争毫无关系这样两种观点都已有出现，应该作出科学的答复与分析。又如，社会主义制度与青少年违法犯罪的关系，引起了广泛的重视，东西方都在议论。又如，综合治理的理论也涉及到政治制度、政治体制、社会发展的战略等等。总之，青少年违法犯罪问题的解决，必须依靠马列主义、毛泽东思想的基本原理与我国违法犯罪分子中以青少年为主这个新的情况相结合，找出它的特殊规律才有可能。

其次，还要在马列主义、毛泽东思想的指导下，运用各学科的专业知识进行综合性的研究。长期以来，在“左”的影响下，心理学被看作是资产阶级的，生理因素被认为是否定人的社会性、阶级性，犯罪原因的解释完全是以阶级斗争为纲。在三中全会解放思想的号召之下，这些学科重新活跃起来，并且投入了对青少年犯罪的研究，受到了欢迎。问题是，只是从各自的角度进行研究，生理、心理、伦理等学科之间、他们与整个社会之间的内在联系，综合研究很不够。而综合研究已经成为科学研究的重要的趋势，应该加强联合，共同攻下青少年违法犯罪问题。

在马列主义、毛泽东思想指导之下，运用各门学科的专业知识进行研究时，要坚持理论联系实际。原则不是研究的出发点，而是它的最终结果。已有的专业知识中，有许多与青少年犯罪有关的论点，如阶级斗争、内因外因、心理上的“断乳”即危险期等等，正确的做法不是拿一些拼凑的材料再去印证它，而是通过大量调查研究，进行科学抽象去获得结论。现象的罗列是造成一般化的主要原因，科学的抽象，才能符合真理的认识。往往也有这种情况，抽象的结果会得到新的发现。是否因为不符合权威就不承认它呢？真理往往是在少数人手中，应该允许争鸣。由于我们的研究刚开始，许多问题尚待探索，更要解放思想，在争鸣中有所前进，有所发现。有了不同认识，应该在马列主义基础上，在调查研究中逐步统一。

二、运用系统工程的科学方法，强调整体观念、一盘棋思想，统一组织力量，实行分工协调，研究中不凭直观感觉、粗略估计，克服差不多先生的作风，坚持用可靠的科学的数据说明问题。

青少年违法犯罪问题是一个复杂的社会问题，它包括现状、特点、原因、预防、转化、处理、立法等等许多方面，而每一个方面又可以看作一个系统。综合治理更是一个复杂庞大的系统。系统工程的方法，就是通过对系统的分析和计算，从整体上处理好各相关因素之间的关系，组织管理好各类系统的技术和方法，以求达到最好的效果。我们面临的最大问题，是庞大的系统与有限的研究力量之间的矛盾。为了以有限的力量取得最好的效果，只有用系统工程的科学方法，才能找出各因素之间的关系，分清他们的主次，强调系统性和全局性。我们规划的基本设想，就是按这个原理设计的。规划以原因与转化为重点，因为他们是两个重要的系统，应集中力量争取短期内有所突破。建议组成两个较大的研究组，制定自己更具体的研究规划。然后又根据原因与转化两个问题本身所包括的各个系统，选出重点组成研究小组。如转化问题可分教育感化理论与原则研究小组，司法制度草案研究小组，违法犯罪青少年思想转化规律研究小组、教育感化手册编写小组等等。每个组由哪些单位与同志参加，就要本着一盘棋思想出人出力，理论工作者与公、检、法、共青团组织密切配合开展工作。原因研究、综合治理的研究都按同样方法处理。只有这样，才能体现有组织、有计划、有目的地研究的发展趋势。

系统工程的科学方法，一个重要内容是找出各相关因素之间的比例关系，在定性的同时要定量。大如国民经济农、轻、重的比例关系，怎样才能不致失调；小如犯罪原因，社会因素与生理、心理诸因素的比例，社会因素中政治、经济、文化、意识形态等诸因素的比例，应该用数据说话。比例数据的大小将影响到定性，即问题的性质达到了怎样的程度。譬如，美国最近统计，青少年犯罪年龄的高峰期是16岁，根据美国民族生理的特点，说明犯罪与青春期生理变化关系很大。又如青少年违法犯罪中男女性别所占比例消长的情况，对犯罪原因也能作出某些说明。但是，同样是青春期，50年代与十年动乱之后犯罪率大不一样，有同志对三十年来的犯罪率作出统计，探讨社会变动与青少年犯罪之间的关系。可是，在西方，在和平环境中犯罪率也在上升，不能不深入探讨。这些问题的研究，都需要运用现代化技术手段做好社会调查。在青少年犯罪研究中，已有少数同志对电子计算机的统计方法作了初步尝试，有不少问题尚待认真总结经验。但是，方法的更新，肯定会带来研究的突破。应该有领导有计划的推广这个方法。

三、科学实验的方法。在先进技术还不能普及的情况下，在马列主义和各种专业知识指导下开展社会调查，仍然是我们的主要手段。华东政法学院成立了青少年违法犯罪研究室，他们认为，没有8千个案例的分析，难于得出科学的结论。这种严格的科学态度应该提倡。

有了一定的研究成果，还应该先做社会实验，在实际部门的配合下，在某个条件具备的地方试用一段，接受实践的检验。这也就是毛泽东同志提倡的蹲点的方法。我们研究中一些重要的方案、建议，如预防犯罪的条例、司法制度的草案、青少年法庭的设置等等，都应该经过社会实践，加深认识，反复修改，力求符合实际的需要然后做出结论。

四、比较研究的方法。不同地区、不同类型的青少年可以比较研究。与外国的比较研究也很重要。在起草青少年法规的时候，借鉴外国的经验，起了很重要的作用。

方法问题关系很大。这些是主要的方法，其他的方法还有很多，就不一一列举了。

规划确定以后，如何落实这个规划，要有得力的措施。从目前情况看，提出六个加强，也就是六个措施。

一、加强研究力量。为了解决任务与力量之间的矛盾，还要继续发动业余研究的力量。不能小看这些分散的自发的研究人员的作用。毛泽东同志曾举例反复说明，创新学派的都是学问不足的青年人，而且是学问比较少的，被人看不起的。但是，经常的主要的工作还是要靠专业研究的队伍。现在我们已经有了一支志愿兵，志同道合走到一起来了。这是一支革命的队伍。听说许多高等学校的法律系、社会系、哲学系、教育系、心理系的师生希望研究这个问题，应该通过各种途径广泛发动更多的各个学科的同志参加。

二、加强科研组织。有许多同志建议，由召开这次会议的几个单位，加上教育部、司法部，共同发起筹备成立青少年违法犯罪问题研究会。还应该逐步建立专门的研究机构，青少年所应设立专门的研究室，北京、上海、天津、沈阳、武汉、广州、西安等地应该有联络网点，建议由司法部推广华东政法学院的经验，请几个主要的政法学院成立青少年违法犯罪研究室。有了专门的机构，就可以不断规划，积累资料，互通情报，交流经验，督促检查，加强与实际部门的联系，采取各种措施落实研究的规划。

三、加强内外交流。学术问题只有按照学术研究的规律，只有采取讨论的办法，批评的方法，说理的方法，才能真正发展正确的意见，克服错误的意见，推动研究工作不断前进。我们应该积极组织学术交流，举办学术讨论会，在争鸣中推动研究的发展。在条件允许的时候，办一些小型的内部刊物，交流信息，交流资料，交流动态，经常起到科研组织的作用。对外交流也很重要，应该承认国外这方面的研究比我们早，有许多成果是应该借鉴的。我们对外交流现在虽然已经开始，有组织有计划地开展对外交流还不够。有不少国家的学者要来考察我国的青少年违法犯罪问题，我们也应组织力量出国访问，争取与国际上的研究机构取得联系。目前，青少年违法犯罪的研究已是国际上的热门，这方面也不能闭关自守。

四、加强科研培训。这里说的科研培训，是说担任一定研究课题的同志，在经过一段调查研究和分散自学以后，可以集中起来，进行认真的讨论，在讨论时，可以请与研究课题有关的专家学者做学术报告，请有关的实际工作部门的同志来系统介绍情况和提出对研究的要求，请科研情报单位介绍国外的情况。对于社会科学的研究，对于综合性的研究，这样做可以互相启发、互相提高，有很大的好处。据说牛津大学有举办午餐会的传统，著名科学家，一边吃饭，一边聊天，在交谈中往往会得到重大的启发而打开研究的思路，取得重大的突破。借鉴这个经验应组织起我们的科研培训。对于那些分散研究的年轻同志，也可以选拔优秀的集中一段时间，办这方面的讲习班。

五、加强资料工作。在研究中，不能事事都要自己去做调查，对于已有的资料，应该进行科学的整理。应该争取逐步建立起现代化的资料处理技术，公安部门、司法部门可以考虑设资料中心，供研究人员借阅。对保密与科研的关系，要从我国违法犯罪主要是内部矛盾、是青少年的刑事犯罪，而主要不是敌我矛盾这样的新情况出发，提出一个合理的方案，请中央批准执行。对于现有资料的整理，青少年保护法起草小组计划要汇编几本资料书，包括我国法律、法令中有关青少年的条文汇编、重要案例汇编、外国青少年违法犯罪研究资料汇编、现有的论文、调查报告资料汇编。以后将继续进行资料的汇编工作。

六、加强党的领导。加强党的领导，是推动研究工作，明确研究方向，提高研究质量，增强理论与实际的联系的根本保证。青少年违法犯罪的综合治理，全党是非常关心的，只要我们努力工作，相信能得到各级党委的重视与支持，加强党的领导，将研究工作推向新的阶段。

关于青少年犯罪研究方法的几点意见

（1984年）

廖满堂

我国青少年犯罪研究工作是从1979年开始的。五年多来，广大专业和业余研究工作者深入实际，调查研究，先后写出了许多符合我国国情的研究论文和调查报告。这些成果不仅极大地丰富了青少年犯罪研究的内容，而且为创建我国自己的青少年犯罪学奠定了基础。

但是，我们应该看到，研究工作还只是刚刚起步，还有许多问题需要进行比较系统的深入的研究。总结我国近几年的一些研究成果，我们会发现，不少选题往往偏大偏全，论证肤浅，缺乏一定的理论深度。有的行文和论证方式也十分简单，存在着"模式化"、"公式化"状况。同时，由于在研究领域缺乏对宏观与微观的探讨，致使有的文章不能把问题同系统性和整体性有机地结合起来，这是我们在今后的研究工作中，必须引起重视的一个问题。

如何使我们的研究工作取得新的进展呢？笔者认为：今后，我国青少年犯罪的研究应该本着在马克思主义基本原理指导下，建立一个信息传递快、实力强、能量大的高效能研究系统。在此基础上，中央有关部门应着重从宏观与微观、理论与实际等重大问题上做出相应的决策，并采取多种形式，多种手段，多种途径对其决策做出部署。使其研究工作与统一性、整体性、有效性有机地结合起来，争取在短时期内使我国的青少年犯罪研究工作能有新的突破。

首先，建立一个高效能的信息反馈系统。不管从哪个角度讲，青少年犯罪研究的理论性与实践性都是很强的。要真正能够在短期内拿出一定成果，创立具有我国特色的《青少年犯罪学》，就必须要有一个信息传递快（即中央有关部门根据我国特点，结合国外经验及时提出研究计划、方案和课题，并迅速传递到各研究网络中去）、实力强、能量大（在各研究网络中要有一批业务素质好、具有一定研究水平的人材），处理及时（中央有关部门要能及时将若干成果进行系统处理，包括召开讨论会，学术报告会，组织资料汇编，从而形成系统的有一定价值的理论）的高效能信息反馈系统。在图（一）中，我们可以更清楚地看到整个研究的信息反馈过程。

图（二）结果表明，青少年犯罪研究是一个有机的运动的整体，并不是单个的、自我的独立于这个运动过程之外的任何个人的活动。相反，任何个人的研究活动都将被纳入这种运动过程之中。任何一个环节也都是整个运动过程不可缺少的组成部分，它使研究工作形成一个自上而下，又自下而上的完整的运动体系。我们不能设想在抽掉任何一个环节后而能使运动存在的可能。相反，我们应该重视和加强每一环节的运动过程，使我们的研究工作不致于在某一机制上发生障碍。但是，在所有环节中，国家研究部门却

研 究 的 信 息 反 馈 过 程

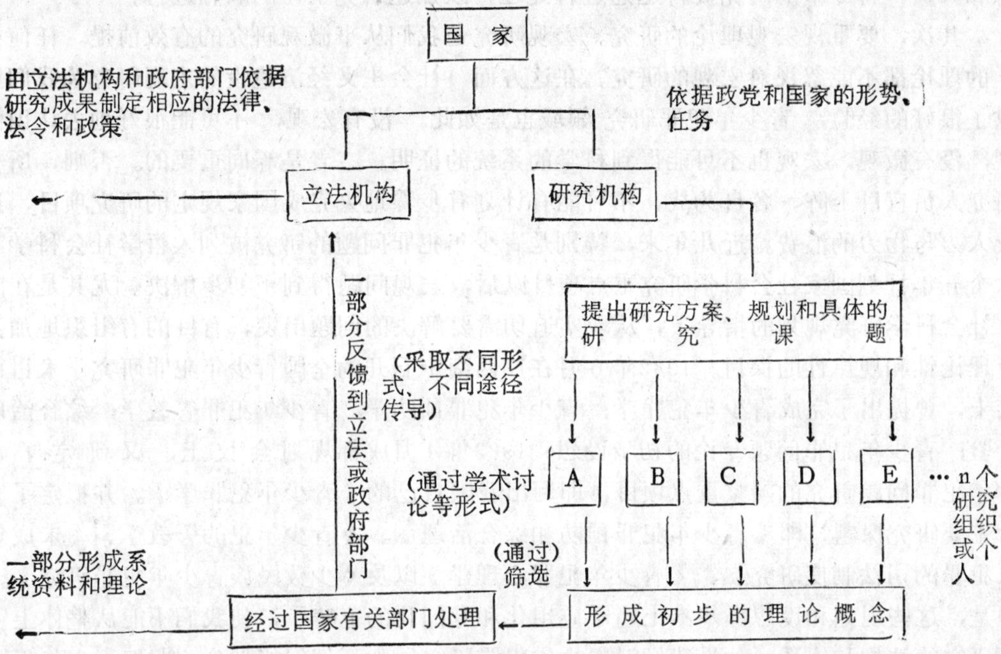

图（一）

关 于 研 究 的 部 门 的 划 分

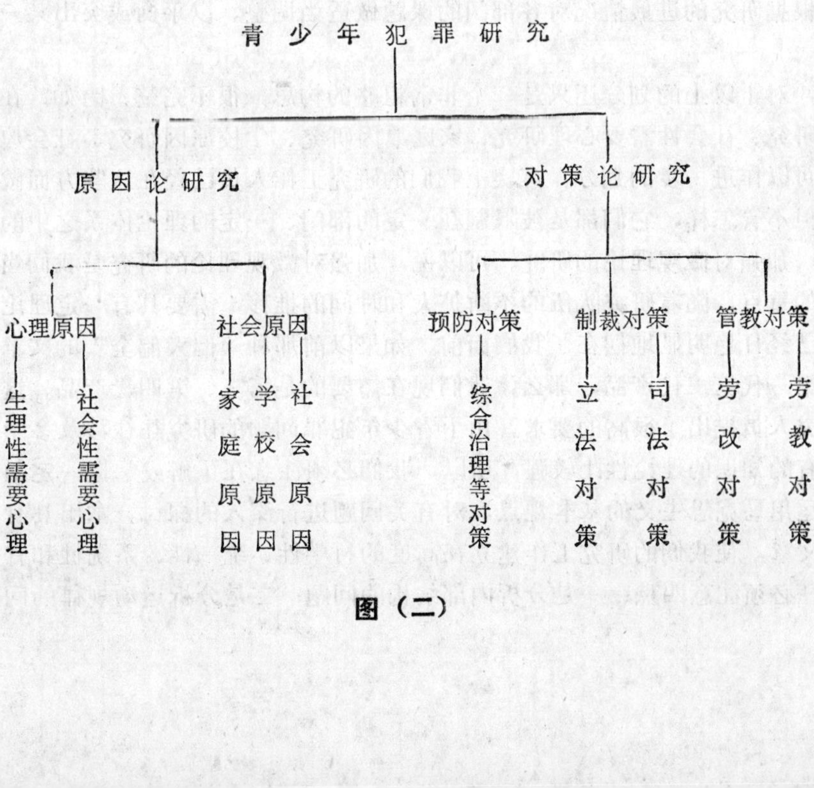

图（二）

起着非常重要的作用，它是确定研究方向，加速信息运转，形成系统理论的核心机构。所以，它必须在总的方针和规划确定的前提下，灵活地及时地把研究课题传给各研究组织和人员，将零星的研究资料迅速进行处理，以加速研究工作的顺利进行。

其次，要重视宏观理论的研究。宏观研究是我们从事微观研究的有效前提。任何科学的理论都不能忽视对宏观的研究。在这方面，社会主义经济建设的宏观研究为我们提供了很好的经验，青少年犯罪研究领域也是如此。没有宏观，不可能很好地去认识微观；没有微观，宏观也不可能得到科学的系统的证明。二者是等同重要的。否则，所有研究人员盲目上阵，各自为战，不可能有计划有步骤地去完成国家规定的研究项目，造成人力与物力的浪费。近几年来，特别是青少年犯罪问题的研究被列入哲学社会科学第六个五年计划国家社会科学研究重点项目以后，宏观问题得到了初步解决。尤其是在国家社会科学研究规划的指导下，从现实迫切需要解决的问题出发，有目的有组织地加强了理论性和规律性的探讨。1982年6月在广西南宁召开的全国青少年犯罪研究学术讨论会上，曾提出了完成青少年犯罪学；青少年犯罪预防学；青少年犯罪管教学；综合治理经验；青少年犯罪问题专论的初步设想；1983年4月成都规划会议上，又确定了青少年犯罪问题研究的国家重点项目，即写出我国自己的《青少年犯罪学》。并拟定了五个主要研究课题，即《青少年犯罪预防和综合治理》、《青少年犯的管教》、《未成年人犯罪的司法制度研究》、《青少年犯罪心理学》以及《少数民族青少年犯罪研究》。但是，这些规划和设想都基本上趋于应用化和专门化的范畴了，使我们不能从整体上了解研究的结构和体系。如果我们对青少年犯罪研究做如下部门的划分，即把青少年犯罪研究分为原因论研究和对策论研究两大类，再把原因论研究分为心理原因研究和社会原因研究，把对策论研究分为预防对策研究、制裁对策研究和管教对策研究等等。那么，我们就可以看到，以上的种种规划和设想是被统统包括在这个部门或体系之中的。这就不仅使我们对青少年犯罪研究工作有一个宏观的理论框架的了解，更重要的是它能够使国家研究部门根据研究的进展情况对各部门的课题做适当调整。以平衡或突出某一时期的某一重点。

当然，对于以上的划分还只是一个非常粗略的构思，很不完整。比如，在对生理性需要心理研究、社会性需要心理研究、家庭原因研究、学校原因研究、社会原因研究等方面，还可以作进一步的划分。事实上我们的研究工作人员已经在这些方面做了许多有益探讨，但不管怎样，它们都是被限制在一定的部门、一定的理论体系之中的。

第三，加强对微观理论的研究。可以说，加强对微观理论的研究是我们当前和今后一个时期的重点。随着研究队伍的不断扩大和时间的推移，需要具有一定理论深度的论著的要求已经日趋明显地摆在了我们面前。如果以前那种"偏大偏全"的文章是我们研究领域的第一代第二代产品，那么，我们现在需要的是第三、第四代产品。这就给我们每一个研究人员提出了很高的要求。由于青少年犯罪问题的研究往往涉及多学科、多部门，并且有的知识的理论性比较强，所以，我们必须注意在了解或掌握一定知识的基础上，然后运用马克思主义的基本观点，对有关问题进行深入的探讨。拿出具有一定份量和价值的文章，使我们的研究工作建立在高度的科学性、统一性、系统性和有效性上。

这里，必须注意四点：一是分析内部结构的问题；二是分析运动规律的问题；三是分析表现形式的问题；四是分析因果联系的问题。所谓内部结构，就是我们在分析某一具体因子时，它内部究竟有哪些层次，结构如何？只有搞清楚了这个问题，我们才能比较有力地进行论证。比如我们在研究青少年犯罪的家庭原因中，其中选定了溺爱对青少年的不良影响，我们就要首先考察它所具有的结构，经过分析，我们会发现，凡是溺爱型家庭，在研究的主体（青少年）之外，有一个来自祖父或祖母、父亲或母亲等家庭成员的血亲包围层；有与血亲包围层相交错的精神的、物质的、金钱的包围层，这样一个相互交错、相互影响的包围层里，就形成了一个导致青少年犯罪的有效的外间传感层次。

所谓运动规律，就是各种因子之间的内在的必然的联系。在一般情况下，这种联系不断重复出现，并且决定事物必然向某种趋向发展。我们的任务就是要去揭示这种规律性，去反映出它的必然联系，从而使我们对这种规律能真正认识、了解和掌握。

所谓表现形式问题，即某种因子在不同时间、不同的环境对研究主体影响的不同形式。我们在研究时对其表现形式要注意全面观察和了解，不能抓其一点，大发议论，否则是不具有说服力的。

关于因果联系问题，这是我们在研究时必须要予以阐明的一个问题，不然，不可能找出真正的动因或依据。所谓因果联系，就是原因和结果的关系。我们只有真正找到了这种原因和结果的关系，我们的研究才具有一定的科学的价值。

加强定量分析
提高青少年犯罪研究的科学性

（1983年1月）

天津社科院 周 路

定性分析和定量分析的结合已是科学研究的有效方法之一。对青少年犯罪问题的研究，除了要以马克思主义、毛泽东思想为指导搞好定性分析以外，同时还要注意对这一社会现象的存在和发展状况、程度以及变化趋势等，运用统计方法进行度量和计算。青少年犯罪研究中的这种定量分析，应引起我们的充分注意。

定量分析的重要性

马克思认为，一门科学，只有在能应用数学时，才算达到了真正完善的地步。这充分说明了定量分析在科学研究中的地位和作用。在革命实际中，革命导师依靠科学的定量分析，为制定革命的路线、方针、政策提供了科学依据，有力地推动了革命事业的发展。毛泽东同志曾经指出：“对情况和问题一定要注意到它们的数量方面，要有基本的数量分析。”他还曾批评一些同志“不懂得决定事物质量的数量界限，一切都是胸中无数，结果就不能不犯错误。”（《党委会工作方法》、《毛泽东选集》第4卷，第1370

页），我们进行的犯罪研究关系到社会主义法制建设，关系到社会的安定和四化大业的实现，因此，提高犯罪研究的科学性、加强青少年犯罪研究中的定量分析是非常重要的。这是我国“青少年犯罪学”发展的需要，也是为党和政府进行科学决策提供科学依据的需要。

在犯罪研究中，只有进行定量分析才能更充分、更深刻地认识事物的本质。比如，我们最初看到社会上有青少年犯罪这一社会现象时，并不一定认识到这是当前一个严重的社会问题。但是，后来经过了对青少年犯罪事实进行的一系列定量分析，我们才发现十年动乱后，青少年犯罪率明显升高，在刑事犯罪中的比重大大上升，同时又会发现它所波及范围广、造成危害之大。这一切方面的确切统计数字，以及这些数字与建国以来情况的比较，我们才较深切地认识到这一问题的严重性，这时的认识就更鲜明，更具体，更准确了。

在犯罪研究中，只有进行定量分析才能把握不同质事物的数量界限。青少年犯罪与其他事物一样都有一定的限度，量的变化超过了这个限度，此事物就变成了彼事物。在辩证唯物主义哲学中，这种区别不同事物的数量界限叫做“度”。搞好定量分析、把握住“度”，是很重要的。我们在分析犯罪者的年龄构成时，特别对“14岁、“18岁”、“25岁（或28岁）”这三个年岁予以准确的统计，因为根据宪法、刑法和一般习惯，这三个年龄分别是区别儿童与少年，少年与青年，青年与壮年的界限。不重视这三个界限，不做准确的统计，就不能正确区分不同的犯罪者，就不能做到区别对待。

在犯罪研究中，只有进行定量分析才能正确认识犯罪现象之间的联系和相互影响。青少年犯罪中的各种现象都不是孤立的，分别对这些现象进行定量分析，就能发现这种联系。比如，几年前许多地区的青少年犯罪中，都是学生犯罪的比重最大。后来学生犯罪的比重大大下降了。这是否说明青少年犯罪问题好转了呢？通过对青少年犯罪总体和罪犯身份和职业的定量分析，会发现青少年犯罪的总的情况并无明显变化，其中青年工人在犯罪者中的比重明显上升，由此我们认识到学生比重下降和工人比重上升这二者之间有一定的联系。实际情况正是这样，由于学校教育质量提高，由于大量学生通过“顶替”的途径当了工人，由于工厂企业思想政治工作的薄弱等等，造成了学生和工人犯罪比重上的变化。

可见，在犯罪研究中，只有搞好定量分析，才能更好地进行定性分析，才能正确认识社会治安的形势，才能正确认识影响犯罪的各种原因以及它们的特点和规律。因此，忽视定量分析的重要性，或把定性分析和定量分析割裂开来，都是片面的。

不重视定量分析的若干表现

在青少年犯罪问题研究中，影响犯罪研究科学性，在定量分析问题上的表现有如下种种：

（1）不注意进行数量统计。有些研究青少年犯罪现实状况的报告和文章，往往满足于抽象的思维推理，忽视了问题的数量变化和数量关系，使本来应该是充实、生动、具体的内容，给人以无力、空泛的印象。

（2）统计中责任心不强。定量分析要靠数字事实说话，而有的同志对统计数字缺乏认真态度。或在收集统计资料时粗心大意，漏报、错报；或在进行计算时马马虎虎，以致统计数字屡见错误。

（3）以“实用主义”态度对待统计，以主观随意性对待统计数量的客观性。其表现一是对统计数字片面选择，不利于我观点的数字不用。二是通过数字游戏千方百计使数字唯我所用。真可谓“数字不会说谎，但说谎者利用数字”。

（4）统计分析概念不清。比如在统计“重新犯罪率”这一指标的时候，一些同志的做法是在所捕人犯中，计算那些曾有犯罪历史的人所占的比重；另一些同志做法不同，是在曾有犯罪历史的人之中，计算有多少人又有新的犯罪行为。前者是以所捕人犯罪作总体（作分母），后者是以社会上有前科劣迹的人作总体（作分母）。二者的计算方法，计算结果是不同的。正确的方法显然是后一种，因为“重新犯罪率”这一相对指标是一种“强度分析量数”，表示有犯罪历史的人又重新犯罪的程度。而第一种方法计算的是“结构相对量数”，其结果是在所捕人犯中有犯罪历史的人所占的比重。这就如同“青少年犯罪率”和“青少年犯罪在全部刑事犯罪中的比重”一样，两种概念不能混淆。

（5）选择统计指标不当。一个事物可以从不同的侧面，用不同的方法进行多方面的统计。这样我们就必需根据要说明的问题，选择适当的、确切的统计指标来进行统计分析。比如我们在分析犯罪原因时，往往希望了解何种身份、职业或何种年龄的青少年犯罪者较多，选择什么统计指标能说明这个问题呢？有人选择的统计指标是不同身份、职业或不同年龄的青少年犯罪者的绝对数量。我们认为这种指标是不妥的，因为这种指标虽能反映犯罪者的身份、职业结构和年龄结构，但对于研究犯罪原因却意义不大。这里应该选择相对指标来说明。应该掌握不同身份、职业或不同年龄的人口基数，从而计算出相应身份职业或相应年龄的犯罪者的比率。如果某地区14—18岁未成年人犯罪的绝对数量并不突出，但相对数量却高于其它年龄组的犯罪比率，那就应对14—18岁年龄组的未成年人犯罪引起充分注意。

（6）对数字的统计处理不当。对一些绝对数量很小的数字，就不宜进行动态相对数和比较相对数的统计计算。比如一个城市中三年发生的“爆炸案”分别是一件、三件、二件，由于绝对数的量值很小，就不宜得出这个城市发生的爆炸案件，第二年是第一年的300%，第三年又比第二年下降33%的结论。这是因为相对指标把现象的绝对水平抽象化了，掩盖了现象间绝对量上的实际差别，给人以误解或错觉。在这种情况下，应主要使用总量指标的绝对数。

（7）片面孤立地使用统计数字。每一个统计数字总是一定时间和空间中一定现象的数量反映，并和当时当地的某些因素相联系。因此在使用统计数字时应该注意此数字的时、空规定性和其它有关的背景。比如，研究某地区建国以来青少年犯罪的历史情况时，就要注意这一地区的行政区划在建国以来是否有过变化，如果有变化，即意味着统计范围有所不同，在进行历史情况的比较研究时，就要充分注意这个因素。如果仅仅拘泥于表面数字的分析，孤立地使用数字，就会使研究误入歧途。

（8）数量统计不规范。这里有两种情况，一是缺乏规范，比如青少年犯罪研究，下限是14岁，但上限却无统一标准，有人以25岁为限，有人以28岁、30岁为限。没有统一的规范，同样影响统计的准确性、可比性。另一种情况是有规范不予执行。比如统计发案率时，我们应该按照立案标准的有关规定去统计发案数，但目前有的地区和单位自行修订标准，应该立案的不予立案，这就影响了统计发案率的准确性。

（9）定量分析简单化。目前我们在犯罪研究中使用的定量分析方法还比较简单。一般来说只是用一些绝对数、平均数、百分比等，面对犯罪现象的复杂多样，随着犯罪研究的逐步深入，只用这几种量数是很不够的。实际上，在社会统计中，还有很多统计量数和数学模式可以在犯罪研究中得到运用，在这方面还有待我们进一步探索。

（10）说明总体的统计数字缺乏总体代表性。事物的全局和局部是一般和个别的关系，二者既有联系又有区别。当我们因某些原因不能对全局进行统计分析，而需要用局部统计分析来说明全局时，必须注意局部的统计分析对于总体是否有代表性。如果我们想了解一个大城市的青少年犯罪情况，那么仅仅对这个城市中的一个工厂或一条街道的青少年犯罪情况进行调查统计，那是远远不够的。我们可以随机抽样，然后运用统计方法，对总体加以适当推论。举一个简单例子：为了解某市青少年犯罪的情况，而客观条件不允许全面普查，那么我们可以随机取样1000—2000人做调查，然后运用统计方法，通过这部分人估计全市青少年犯罪的发案率，但要指出这种估计在多大范围内是可靠的。正确的方法应该是运用科学抽样方法和社会统计方法，这样才不会犯以偏概全的错误。以上几种情况有的是研究者的研究思想、研究态度不够端正，有的是因研究者缺乏科学的统计知识，还有的是由于我国对于犯罪的研究起步较晚、水平不高所造成的。

当前解决非科学定量分析的问题已经到了迫在眉睫的地步。

努力提高定量分析的科研能力

青少年犯罪研究队伍是一支年轻的队伍，任重而道远。不断提高这支队伍的思想水平和业务素质是非常必要的。这支队伍的专业训练，包括提高定量分析能力这一重要内容。

提高定量分析能力，应该学习和掌握一些社会统计学知识。

社会统计的方法一般分为两大部分。第一部分是"叙述统计"，另一部分是"推论统计"。"推论统计"是根据部分调查的实际资料，推论出调查对象总体的数量特征。我们掌握了社会统计中这些方法，就能在犯罪研究中正确地进行定量的分析，并克服定量分析中的简单化倾向，从而对青少年犯罪问题进行深入的、多角度、多层次的定量分析。

电子计算机的出现和使用，使大规模的社会调查中的大量复杂的统计分析成为可能，社会统计学中，对计算机的使用方法也做了介绍。

要搞好犯罪研究中的定量分析，还应该加强调查研究、改进调查方法。

要搞好犯罪研究中的定量分析，必须注意和定性分析结合起来，要在定性分析的指导下进行定量分析。我们知道，定量分析具有本身固有的局限性。虽然它能使我们认识某一社会事物的数量特点和数量规律，在一定程度上帮助我们加深对事物质的理解，但这并不能代替对事物的质进行定性分析。社会现象的质是由社会现象本身的内部矛盾性所决定的，这种内部矛盾性当然不能用数理统计、概率论来解释。因为在犯罪调查中，很多现象和情况是不能用数字来表示的。这样，我们在调查研究中就不能只记录数字不记录情况，只有把数量性资料和非数量性资料结合起来，数字才有意义；只有把定量分析和定性分析结合起来，对事物的认识才全面、深刻。我们还应该注意，定量分析必须在定性分析的指导下才能进行。比如研究青少年犯罪原因，我们必须在马克思主义理论指导下，根据辩证唯物主义和历史唯物主义的立场、观点、方法设计犯罪原因的变量和进行统计分析。

青少年犯罪研究的定量分析，研究人员的认真、严肃的态度无疑是极重要的。定量分析的真实性，直接影响犯罪研究的科学性，影响党和政府对策、措施的正确性。我们应该强调，统计的客观性、准确性是犯罪研究中定量分析的生命。

关于犯罪原因方法论的研究

（1985年11月）

赤　光

一、关于犯罪和犯罪概念的用法

研究犯罪原因，首先必须弄清楚犯罪这个概念究竟指的是什么？否则，研究者都各自依自己的理解去探索犯罪的原因，势必不可能在“同一律”的前提下探讨所激烈争论的问题。

对犯罪概念的用法，实际上有两种：广义的和狭义的。从广义上讲，犯罪作为一种社会问题，可称之为社会的犯罪现象；从狭义上讲，犯罪作为一种个人的特殊行为，可称之为个体的犯罪行为。

这种分法是有其科学根据的，因为，它反映了犯罪本身的两重性，即社会性和个体性。所谓“犯罪的社会性”，就是说“犯罪是一种社会现象”。犯罪之所以具有社会性，一方面是因为它只有在人类社会中才是可能的，而且只是把社会成员划分为阶级（或阶层）的情况下所固有的；另一方面是因为某些行为之所以被确定为犯罪行为，不是根据某些行为的自然和生物所固有的特征，而是根据这种行为对社会的危害性（它的社会意义）决定的。所谓“犯罪的个体性”，就是说“犯罪是许多个人犯罪行为的有机总和”。犯罪之所以具有个体性，一方面是因为个人是社会的存在物，也是犯罪现象得以存在的客体，没有个体的犯罪行为，犯罪现象也就不存在了；另一方面是因为个体的犯罪行为则是千差万别的，有其个性特点，正是这种差异，显示了犯罪行为的多样性和具体性的特征。

在探讨犯罪原因的时候，就应首先说明是在讲社会犯罪现象产生的原因，还是讲个人犯罪行为形成的原因。否则，对犯罪原因的争论，就会在违反“同一律”的情况下，打乱仗，争不出个名堂来。

其次，我们必须看到，犯罪原因的层次性。从社会犯罪现象产生的原因来说，有很多层次，它应包括：人类社会产生犯罪现象的原因；资本主义社会存在犯罪现象的原因；社会主义社会存在犯罪现象的原因；某种社会在一定历史时期犯罪现象上升或下降的原因以及某些年龄阶段的人（如青少年）犯罪率增多的原因等等。从个体犯罪行为形成的原因来说，也包括着许多层次，比如：成年人犯罪的原因；未成年犯是怎样走向犯罪道路的？青少年犯罪意识与心理形成的过程以及各因素等等。从社会犯罪现象来考察，产生犯罪的根本原因在于社会内部，生理的和心理的因素起不了多少作用。从个体犯罪行为来考察，形成犯罪行为的原因在于个人的主观因素，社会因素只是作为形成犯罪意识和心理的环境条件而已。

社会犯罪现象和个体犯罪行为之间的关系是很密切的，但又不完全等同。社会的犯罪现象寓于个体犯罪行为之中，个体犯罪行为是社会犯罪现象的组成部分。从犯罪原因角度看，社会犯罪现象产生的原因决定着总会有些人走上犯罪道路；究竟哪个人犯罪，则又是由犯罪者本人的生理的、心理的、个性特征以及政治思想、道德观、人生观和世界观决定的。

第三，犯罪原因内部，也是有不同结构的。原因是同结果相联系而存在的概念。研究青少年犯罪的原因，就是探讨青少年犯罪与有关事物现象之间的特殊的依存关系。这种因果关系由于其联系的性质、关联程度以及多种复杂的不同情况，就呈现出复杂的内在结构。例如：根源、条件、相关因素等等；原因又有直接原因和间接原因、主要原因和次要原因、内部原因和外部原因、决定原因和关联原因等等。不从理论上剖析原因复杂的内在结构，不弄清犯罪原因各个不同结构的区别、联系、地位和作用，就无法科学地、准确地阐述青少年犯罪的原因。

所谓根源，如同木之根、水之源，一般是指事物产生的根本原因。在研究犯罪原因时，常以根源来说明社会犯罪现象产生和发展的原因，并不用它来解释个体犯罪行为形成的原因。所以，在探讨社会犯罪现象是怎样产生以及为什么会存在犯罪现象时，大多数马克思主义犯罪学家都是从社会矛盾和阶级关系等方面去分析原因，一般不去从生理和心理方面去找原因的。青少年犯罪与青少年的生理、心理特点固然有关联，但它不是社会犯罪现象发生的原因，只是犯罪青少年出现各种犯罪行为的自身条件和基础。

原因，是指直接引起另一个或一些现象产生的具体事物和各种因素。犯罪原因，就是指引起人们犯罪行为的事物和因素。比如一些错误的思想观念、反社会心理以及异常的个性特征等，常常是青少年犯罪的直接因素，从而构成青少年犯罪的原因。有些因素不能直接引起青少年犯罪，只是某些青少年在实施犯罪过程中起着一定的作用，这些因素只能看作是条件，而不能当成原因。比如，某些青年可能利用我们有些单位管理制度上的漏洞去作案犯罪，但不能反过来说，因为管理制度不严，青少年犯才去作案。可见，管理制度上的漏洞只是实施犯罪的条件，而不是形成犯罪行为的原因。

所谓条件，有广义和狭义之分。从广义上讲，是指制约事物存在和发展变化的诸因素，既包括主要条件和次要条件、内部条件和外部条件，等等；从狭义上讲，条件是相对于根据而言的，主要是指制约事物存在与发展、变化的外部因素。犯罪学上运用条件概念，一般是从狭义上讲的，从而同原因区别开来。比如现金管理混乱，可能使犯罪分子贪污或盗窃、抢劫。这里的金钱，只是犯罪的条件，而不能说金钱本身是贪污、盗窃和抢劫的原因。

因素，是指构成某一事物的要素或成分，当然，也是决定事物发展和变化的条件。从这个意义上讲，它同原因、条件有雷同之处。在犯罪原因的研究中，一般不直接使用因素概念，而是使用相关因素这个更准确的概念。犯罪原因上的相关因素，主要是指与犯罪有联系的一些因素。比如，有一个时期，我们对犯罪分子打击不力而使犯罪现象在一段时间里有所增加。显然，打击不力并不是产生犯罪的原因，也不是引起犯罪的条件，而是犯罪现象在一定时间内升降的相关因素。

由此可见，只有把根源、原因、条件和相关因素进行必要地和正确地区分研究，我们才能分清主次，抓住要害，从而找到犯罪的真正原因，有效地预防、惩治和减少犯罪。

当然，根源、原因、条件和相关因素并不是一成不变的，在某种情况下是原因，在另一种情况可能只是一个条件。因此，在一定条件下，原因、条件和相关因素可能会发生相互转化，我们要对具体情况作具体分析。根源、原因、条件和相互因素之间的联系非常密切，根源是社会犯罪现象的根本原因，影响着原因、条件和相关因素；原因是引起个体犯罪行为的直接动因，它在根源、条件和相关因素的作用下，对犯罪现象和行为的发生起着决定的作用；条件是犯罪现象和行为出现的客观因素，制约着原因和结果的联系；相关因素是造成犯罪的一种可能性，只有在同根源、原因和条件相结合的情况下才能同犯罪现象和行为联系起来。

二、关于犯罪原因的一元论和多元论

犯罪现象和犯罪行为究竟是由唯一原因产生的？还是由几种甚至是数不清的原因产生的呢？在众多的引起犯罪的因素中，是不是存在主要的或决定性的因素呢？回答这个问题，必须涉及到哲学上的方法论，即是用一元论的观点解释犯罪原因还是用多元论的观点解释犯罪的原因。

一元论和多元论，是两种认识世界的方法。一元论认为，世界只有一种本原；多元论认为，世界是由许多本原构成的。由于对本原性质的回答，各自又分成唯物论与唯心论两派。唯物主义的一元论认为这种本原是物质，唯心主义的一元论却把这种本原归结为精神；唯物主义的多元论，有中国的“五行说”，唯心主义的多元论有法国莱布尼茨的“单子论”。

马克思主义者坚持唯物主义的一元论，认为世界不论多么千差万别，总是有一种本原起着决定的作用。那么，这种认识论方法，是否适用于解释犯罪现象的原因呢？有的学者由于因素论的出现，对于用一元论方法解释犯罪原因产生了怀疑，他们认为，随着一系列新的科学成就的出现，似乎有利于犯罪原因的多元论解释。其实，这种看法是站不住脚的。

所谓因素论，实际上是一种平列的多因素论。龙勃罗梭在1893年提出了16种“犯罪因素”，认为主要的有4种：物理因素、生物因素、心理因素和社会因素。后来，他的学生菲利又列举了20多种因素，并在此基础上提出了“三要素论”，认为体质的因素，地理的因素和社会的因素是引起犯罪的原因。后来，坚持因素论的资产阶级社会学家和犯罪学家，不仅力图增加所研究的引起犯罪原因的数量，而且还企图在这些因素之间建立某种等级，以显示其对引起犯罪的某种重要性。对这种努力，连资产阶级学者也认为是徒劳的。美国的犯罪学家P·马凯韦尔公正地指出：“某些人认为，犯罪在某种程度上是由这种因素产生的，在某种程度上是由另一种因素产生的，在某种程度上是由第三种因素产生的。但是，没有一位机械专家会说，汽车的速度在某种程度上取决于汽化器，在某种程度上取决于点火系统，在某种程度上取决于汽油。”（转引自《违法行为的原因》，1982年，第61页）可见，他是反对多因素论的，力图用一元论的方法来全面揭露犯罪的原因。但是，由于他在哲学观点上是实证主义，因而，未能真正找到犯罪的根本原因。后来，一些资产阶级犯罪学家也企图摆脱因素论的困境，极力寻找引起犯罪的主要原因，形成许许多多的原因论，而绝大多数学者主要把社会心理现象看作引起犯罪的根本原因。他们这种唯心主义的一元论观点，又陷入了“单一因素决定论”的泥潭。

彻底批判“因素论”的是马克思主义者格瓦·普列汉诺夫。他在论述历史科学和社会科学的这种方法时写道：“不管因素论在当时是怎样合法、有用，在今天却经不住批判。它肢解了社会的人的活动，将活动的各个不同的方面与表现，转化为一些特殊的力量，好象这些力量决定着社会的历史运动。”然而，社会科学的成就一定要“以社会生活的综合观点”来代替因素论。（《普列汉诺夫哲学著作选集》，第2卷，第266—267页）

这里所说：“肢解了社会的人的活动”，就是说，“因素论”把各种与犯罪有关的因素看成平列的、恒常的、孤立地发生作用，不区别这些因素中的主要与次要、原因与条件、必然联系与偶然联系对犯罪的作用，没有揭示它们之间的相互联系，而是把各种因素看作是具有同等价值而被折衷地混合在一起。把这些人为夸大了的因素视作引起犯罪的原因，势必会得出犯罪“永恒论”的悲观结论。

这里所说的“‘以社会生活的综合观点’，来代替因素论”，就是说以马克思主义的唯物史观来代替多因素论。恩格斯曾经指出：“唯物史观是以一定历史时期的物质经济生活条件来说明一切历史事变和观点、一切政治、哲学和宗教的。”（《马克思恩格斯选集》，第2卷，第537页）犯罪作为一种社会现象，作为人类一种特殊的行为，它的产生原因，只能从当时社会的物质经济生活条件中去寻求答案。社会科学的新成就，无论是信息论、系统论和控制论，都越来越证明历史唯物主义一元论观点的正确。

当然，我们运用历史唯物主义一元论观点分析犯罪原因，并不意味着主张把犯罪原因的复杂结构简单化。正如列宁指出：“决定论思想确定人类行为的必然性，推翻所谓意志自由的荒唐的神话，但丝毫不消灭人的理性、人的良心以及对人的行为的评价。恰巧相反，只有根据决定论的观点，才能做出严格正确的评价，而不致把一切都任意推到自由意志的身上。”（《列宁选集》第1卷，第26页）同样，历史唯物主义一元论肯定犯罪存在主要或决定性原因，摈弃“因素论”观点，并不排斥在唯物主义一元论观点指导下，认真探究引起犯罪的各种因素，善于在各种因素中区别出主要因素来，找到在原因和后果的相互作用中起决定性作用的因素。犯罪原因论的研究任务，就是要揭示所显露出来的各种因素之间的相互联系的内容，揭示它们相互起作用的"机制"，从而找到犯罪的原因，为预防犯罪、惩治犯罪和改造罪犯提供科学依据。

三、关于引起犯罪的生物因素与社会因素

个体的犯罪行为究竟是由什么引起的？是生物因素还是社会因素？这是一个长期争论不休的问题。在我国青少年犯罪研究中，也存在这种争论，夸大生物因素的倾向是存在的，否认生物因素的倾向也是存在的。

马克思主义并不否认人们行为中的生物因素。马克思认为人是社会关系的总和，也是一种社会动物。因此，在引起人们行为（包括犯罪行为）各种因素中，无疑是存在着生物因素的，比如，人的某些需要：吃饭、穿衣、休息、生儿育女等等。尽管在现代社会中人们的需要具有鲜明的社会色彩，它们的内容取决于受教育和社会环境所制约的人们的生活方式、思想、观点和习惯，但是，维持人的机体和延续后代的生物必要性，则是人类发展需要的基础。不会有人怀疑，性别和年龄的差别、个人的身体状况，有时是心理状态的生物性质。

但是，这并不意味着可以把一个人或一代人的生物特性看成是犯罪的原因。因为，个人的自然特性只是人的生存和行为的必要条件，而不是犯罪的原因。我们总不能认为扒手的手是盗窃的原因，或者把手枪、木棍、刀斧等工具当成杀人的原因。正如有的科学家指出的，作为个性特点的侵犯性，当然是暴躁的人身上和恬静的人身上所表现的性质、程度、方式都可能是不同的。但是，用气质特点来解释侵犯性，如同用人们所固有的打架本能来解释战争一样，是毫无科学意义的。所以，马克思说："'特殊的人格'的本质不是人的胡子、血液、抽象的肉体的本性，而是人的**物质特质**……。"（《马克思恩格斯全集》第1卷，第270页）

我们反对夸大生物因素的作用，但不是说要完全否认生物因素的作用。应该承认，在青少年罪犯中，有相当数量的人在心理和体质方面有这样或那样的异常情况，如颅——脑创伤、脑膜炎、智力缺陷等，特别是在未成年罪犯中占相当的比例。据苏联有关方面的统计，在未成年罪犯的教养所中，有百分之四十的儿童有大脑器官的损坏、性格上的变态心理或其它等等原因。有的犯罪学家认为，对性成熟规律的破坏，比如性早熟、加速或遏制性的发育，常常伴有神经——心理机制的损害，它能助长不利于社会习性的出现。有的研究者认为，青少年犯罪常常发生在强烈的感情冲动的背景下，基于强烈的愿望、极强的满足需求的渴望。对性犯罪来说，这是很有代表性的。引起犯罪行为生物因素之所以起一定的作用，是因为人们行为的动机是带有综合性的，是由各种心理反映所构成的。心理感受的内容不仅包括对社会影响的反作用，还包括由于生物机体状况而产生的心境。所以，我们在研究青少年犯罪行为的原因时，不能只重视社会因素而不注意生物因素。

还应该指出，社会的积极因素的影响如果减弱，人们的心理生理特征偏离规范就越多；人们的社会道德沦丧，心理生理特点的作用就特别明显，忽视人的生物因素或心理

生理特点，我们就不能解释为什么在同样的社会集团中消极的社会因素会有不同的作用。了解社会环境的哪种条件是某种行为的前奏固然很重要，但是，知道哪些人在不同社会条件的影响下究竟有哪些内在心理生理的变化，以及这些变化是怎样影响人的行为举止的性质也是很重要的。不这样做，就不可能合情合理的量刑，也不可能有目的地改正和重新教育犯罪分子。

总之，引起犯罪行为，社会因素起着主导的作用，但生物因素也起着一定的作用，夸大生物因素的作用是不对的，否认生物因素的作用也是不对的。

四、关于犯罪行为的内因和外因

在研究青少年犯罪原因时，常常碰到内因和外因的关系问题，并且由于对内因和外因的不同理解而争论不休。这个问题能否正确地解决，不仅关系到能否科学地论述犯罪原因；而且直接影响犯罪原因的研究是否正确地坚持马克思主义基本原理的问题，因此，正确回答内因和外因的关系，不能不是研究犯罪原因方法论的一个重要课题。

辩证唯物主义认为，事物发展变化的根本原因在于事物内部的矛盾运动。外因对于加速或延缓事物发展的进程，局部改变事物发展的面貌，起着重要的作用，甚至可以对事物的发展能否实现起着决定性的作用。但是，外因只是变化的条件，内因才是变化的根据。内因决定事物发展的基本趋势和方向，外因只有通过内因才能对事物的发展起作用。内因和外因是相对的，在一定条件下可以互相转化。在一定时间、一定场合为外因，在另一时间、另一场合可以转化为内因，反之亦然。

那么，引起犯罪的内因和外因指的是什么呢？在这个问题上存在着不同看法：一种认为内因是主观的或者说是精神方面的，外因是客观的或者说是物质的。这种看法实际上把客观物质条件等同于外因，把主观精神的东西等同于内因。这显然是一种误解。在哲学意义上，客观、物质是标志事物存在的范畴，它与主观、精神相对峙，而不是与内外因相对峙，它们是属于唯物论或本体论意义上说的。内因和外因是指事物发展变化的动力源泉，可以说是客观的、物质的，也可以是主观的、精神的，它们是属于辩证法范畴。由此可见，内因既不等同于主观和精神的东西，外因也不能与客观和物质划等号。如果把内因误认为是主观的、精神的东西，外因误认为是客观的、物质的东西，又以物质决定精神为由从而得出外因决定内因的结论，显然，在理论上是荒谬的，在实践上也是有害的。

还有一种看法，把内因归结为"行为人本身内部的因素"；外因被说成是"行为人本身以外的因素"。这种单纯以犯罪者本人为划分内外因的说法，是不全面的，因为它在犯罪原因中排斥了社会犯罪现象产生原因中的内外因关系。由于犯罪的概念包括两个方面的涵义，因此，必须分清是讲的社会犯罪现象原因中的内外因关系呢，还是讲的是个体犯罪行为形成的内外因关系，否则，把产生犯罪现象的内因说成是形成犯罪行为的内因，或者把形成犯罪行为的外因说成产生犯罪现象的外因，就会出现理论上的混乱。比如，林彪、江青反革命集团的毒害，对社会犯罪现象来说，这是内因，而对个体犯罪行为来说，则是外因；再比如，侥幸心理是个体犯罪行为形成的内因，对社会犯罪现象，既不是内因，也不是外因，只能是一种相关因素而已。

一般说来，产生社会犯罪现象的内因，主要是指社会内部的矛盾运动，即该社会的生产力和生产关系、经济基础和上层建筑的矛盾运动。也就是说，该社会在物质生活和精神生活方面错综复杂的矛盾运动。比如，“四人帮”的破坏、剥削阶级残余势力的毒害、旧的思想道德的影响等，是社会主义社会中青少年犯罪现象得以存在的根本原因，而外来的资产阶级腐朽的生活方式、思想和文化对本国的影响等外在因素，则是次要的原因。

形成犯罪行为的内因，也有些不同看法，一种认为，个人的犯罪行为形成的内因主要是心理、意识因素和生物、生理因素；一种认为，应包括三个方面：生物性、心理特征和意识形态；还有一种看法，认为是欲求与人的不良素质的综合。这些看法，难免有企图把犯罪的产生同阶级斗争割裂开来之嫌，常常被说成是“超阶级、纯粹的‘生理现象’和‘自然现象’的荒谬理论”。同时，也往往被一些“坚持存在决定意识”原理的同志指问：“心理和个性”又是由什么决定的？于是，在原因论的研究领域又导致一场18世纪发生过的人和环境关系的争论之中。

那么，到底人们成长的内在矛盾是什么呢？旧唯物主义者说，人是环境和教育的产物，然而，环境又是人造就的，教育者必须首先受教育。那么，教育者又是怎样成长起来的呢？又得说是环境和教育的产物……这样循环下去，看来似乎无法解决。马克思主义的实践论解决了这个矛盾，认为人是在实践中成长起来的。也就是说，人的社会实践（即生产斗争、政治斗争和科学实验）决定着人们成长的方向和过程。在社会实践中产生的各种矛盾（包括生理的、心理的和意识的）是人们成长的内部矛盾。这种矛盾的斗争和解决，就是个人行为形成的根本原因。比如，一个青年，在他步入人生之初，首先同自己的父母兄妹等人发生联系，受其影响和熏陶；接着就进入学校，同老师、同学生发生联系，受其教育和帮助；毕业后，分配到工作岗位，又与领导、同事发生联系，受其指导和协助。正是在这种连续的社会实践中遇到各种矛盾，如父母过于溺爱或过于苛刻、老师的教育方法不当、同学中的坏行为、领导的某些偏见、同事的相互嫉妒；等等，都会给他们解决人生问题带来挫折，从而形成某些错误的思想意识和道德、观念。如果再遇有适当的条件（如坏朋友的教唆），就会形成犯罪意识，从而走上犯罪道路。

概括地说，个人的意识（含括犯罪意识）是人们在各自的素质（生理素质、心理机制等）基础上，在特定的物质生活和文化教育的环境中，从事特定的某些实践活动，与他人相互联系、相互作用、相互影响，经过内心的斗争，最后的自我选择而逐渐形成的。由此可见，个人的社会实践活动，是使社会环境影响因素与犯罪个体意识之间相互联系的桥梁。

如何认识犯罪原因

（1985年）

甘肃省社会科学院　赵　可

当前，在我国犯罪学界，对青少年犯罪的原因问题进行了重点研究，但对原因的解释并不完全一致。在分析犯罪原因的问题上，既存在着许多一致的认识，也还存在着许多分歧和不同观点。总之，对这个问题的全面深刻的认识和合乎逻辑的论证与研究还很不够。我们的研究成果距离党中央提出的“综合治理”要求还有极大的距离。每个研究青少年犯罪问题的同志和实际工作者都懂得，研究犯罪原因直接关系到综合治理的政策方针，关系到预防犯罪、重新教育犯罪者，也关系到我们国家司法制度、教育制度、法律政策以及劳改、劳教等制度的改革问题。只有真正掌握了青少年犯罪的原因，上述改革才更适合于我国的实际，才更有利于有效地同犯罪作斗争，使绝大部分迷入歧途的犯罪青少年重新回到四化建设的正常轨道上来，才能使我们的社会保持安定的局面，发挥每个青少年在建设社会主义物质文明和精神文明中的作用。换句话说，正确地认识犯罪原因是我们综合治理犯罪的出发点。

但是如何认识犯罪原因，特别是青少年犯罪的原因，并不是很容易的。根据国内外资料，目前有说服力的、合乎逻辑的、比较完善的和符合实际的解释犯罪原因，特别是解释现阶段青少年犯罪原因的那种理论，还没有出现。当然由于各国的社会制度、经济发展、地理环境、民族特点、生活风俗、习惯、方式以及历史状况和现实状况有着很大差别，所以，就不可能有一种完全同一的解释和包罗万象的理论，这是符合实际情况的。但是毕竟犯罪，特别是当前世界各国出现的严重危及社会安全的青少年犯罪，作为一种普遍的社会现象，还是有许多共同之处的。在资本主义国家中由于青少年犯罪的发展更加严重，所以研究青少年犯罪的理论和观点出现的也比较早，流派也很多，争论也比较激烈。不管资本主义国家有多少个犯罪学流派，有多少种解释犯罪的理论和观点，其总的发展是从生物学，经过心理学，向社会学发展的趋向，目前资本主义国家中主要是社会学观点和社会心理学观点占优势。但是总的来讲，目前生物学观点、心理学观点、精神分析观点和社会学观点是同时并存的。

在我们国家，近几年来对青少年犯罪原因也作了很多研究，这种研究更倾向于反映我们中国的特点，犯罪学界对青少年犯罪原因的解释也是经历一个从感性认识逐步向理性认识发展和升华的过程，从对表面现象的认识逐步发展到对犯罪的规律性的认识，但我们的这个认识过程迄今还没有完成，还在继续深入发展。然而目前又出现一种倾向，认为犯罪原因已经搞清楚了，或者说再继续讨论这个问题没有多大意义或者没有必要了。这种倾向是极有害的，是值得我们深思的。

当然，在我们的研究过程中，也出现过一些很不能令人满意的解释，例如，用生物学观点来解释青少年犯罪，片面的袭用遗传学、病源学的某些观点，结果并不能对绝大多数青少年犯罪者作出具有说服力的解释，反而使我们陷入一种迷惘状态；有的人坚持阶级斗争的观点，即用阶级斗争理论解释青少年犯罪，这虽说是一种解释犯罪原因的理论，而且也能解释特定环境的特定犯罪现象，但用于解释一般的青少年犯罪，就出现了概念化、局限性，对实际上制止和预防青少年犯罪并不能提出合乎现实的措施来。如果我们仅仅根据这种理论去制定我们的法律政策，用这种理论作指导去教育和挽救犯罪青少年，不会收到什么显著的效果。有的同志注重于"环境决定论"，诚然环境，特别是不良的家庭环境、犯罪小环境（例如，青少年犯罪团伙）以及那些纪律松弛、自由化盛行、思想工作薄弱、工作死气沉沉、领导作风不正、道德风尚败坏的环境对青少年个人的思想意识、道德品质、性格特点以及群体心理的形成产生着极有害的影响，这无疑是正确的。但是，如果只认为犯罪是由环境决定的，那么这种认识就具有绝对化和片面性的倾向。恩格斯曾说过，"环境决定人，人也改变环境"。这就是说人与社会环境是相互作用的和相互影响的，这是辩证唯物主义的认识论。如果只把个人看作环境的消极客体，而忽视了人对环境积极影响的一面，就不可能找到犯罪的原因。这种理论不仅不能解释社会主义社会存在犯罪原因的问题，甚至也不能正确解释资本主义社会存在犯罪原因的问题。还有其他一些理论。但是所有这些理论对犯罪现象和与此相联系的其他现象的内在规律性仍然没有做出完全令人信服的科学结论。

我们在分析犯罪原因时，不仅要弄清采取犯罪决定的直接因果关系，即犯罪的直接原因，而且要追溯引起这种犯罪现象的根源。所以解释犯罪原因决不能只满足于直接的因果关系的联系，还必须考虑各种影响的间接因果关系的联系，以及各种有利于犯罪的可能性条件。例如，一个少年犯了盗窃罪，我们不仅要查明他进行盗窃的直接原因（例如，满足自己生活的需要，受某人的唆使等），而且要查明他进行盗窃的思想根源，也就是根本原因。这样，我们研究犯罪就不仅同无数个人，无数具体的犯罪事实和犯罪行为打交道，而且要同更广泛的社会关系和社会联系打交道，即同人与人、人与社会的各种复杂的关系和联系打交道，其中包括社会政治、经济、文化、教育、法律、道德，以及社会组织，家庭、集体和各种非官方的团体等。所以，研究犯罪原因不仅要涉及个人的具体状况，例如出身、性别、年龄、职业、性格、立场、信仰、文化程度、健康状况、道德品质以及其社会交往的关系、范围等，而且要涉及与此相关的社会的各个方面。可见，犯罪是一种复杂的社会现象。基于这样的认识，我们有必要通过以下的分析来认识犯罪的原因，从而明确犯罪原因的概念。

（一）犯罪是一种社会现象。这是我们认识犯罪问题的基本出发点。尽管犯罪是无数个犯罪者个人的各种犯罪行为形成的，但既然它不是一种纯粹的个人现象，而是一种社会现象，它就必然同整个社会有着紧密的联系，也就是说，它必然同社会的物质生活过程和精神生活过程有着紧密的联系，因此，也就不能离开社会而孤立地考察它。所以，犯罪并不是个别犯罪事实的简单总和，而是许多人的多种犯罪行为的更大总和，也是这种行为和行为方式的总和。然而，也不能把这种总和仅仅理解为犯罪行为和行为方式的总和，而应当把它理解为它同社会环境相互作用的关系的总和。由此可见，犯罪作为一种社会现象，主要是由社会原因决定的，从而我们就可以得出合乎规律的结论，犯罪是人类社会发展到一定阶段才有的一种社会现象，是私有制社会的产物，是人类历史长河中一定社会阶段存在的一种社会现象，从人类历史发展的总体上说，它是一种暂时的社会现象，而不是永恒的社会现象。由此我们才能随着历史的发展和社会进步提出消灭和根除这种社会现象的理想和计划。所以把犯罪只解释为个人生理本能的表现或只局限于个人的范围内，无论在实践上，无论在理论上，都是毫无意义的。在社会主义社会中，由于社会的物质文明和精神文明的发展水平所限，虽然还存在犯罪现象，而且还不能很快根除犯罪现象，但是社会主义在创造消灭犯罪现象的各种条件，因为它消灭了私有制，消灭了人剥削人的现象，它在不断向共产主义发展，所以社会主义制度本身并不是产生犯罪的根源。

（二）犯罪作为一种社会现象，具有不同于其他社会现象的十分稳定的特点，例如，破坏法律规范，具有社会危害性等。所以，它不是孤立的、与社会无关的现象，而是同其他社会现象是紧密联系在一起的。

（三）犯罪类型多种多样，原因千差万别。因而犯罪类型和犯罪原因的性质也不一样，例如，反革命罪和盗窃罪是两种不同类型的犯罪，其犯罪原因的性质根本不同。

（四）既然犯罪是一种极复杂的社会现象，而每一种社会现象又处于同其他现象的辩证的相互联系中，因此在研究犯罪原因时，应当考虑各种社会现象之间的辩证的相互联系。任何犯罪原因都处在各种现象的总和之中。基于这种认识，我们可以断定，在一定的外界环境影响下，受到影响的客体内部可能发生变化，这种变化就具有独立的和十分重要的作用。一个人作出的某种犯罪决定是受其犯罪意识和犯罪心理支配的，因此不良的社会心理和心理过程是犯罪和犯罪行为的直接的和最接近的原因。然而犯罪意识和犯罪心理的形成又受个人的某种需要、情感、希望、利益、价值观、立场等的驱使，而归根结底这些现象又受各种社会因素的制约。因此犯罪者个人的主观因素不可能是由唯一的原因产生的，而是多种原因相互作用的结果。例如我们在研究某个图财杀人者时，首先要搞清他杀人犯罪的主观因素，他杀人的动机不是报复，不是某种纠纷引起的，更不是过失引起的，而是为了获取受害者的钱财而杀人灭口，企图隐瞒罪行才实施故意杀人的犯罪行为。因而这种犯罪行为的直接原因是贪图钱财，以满足自己的需要。那么我们决不能认为犯罪者的主观因素仅仅是贪图钱财这种需要决定的，而应当把它看作是多种原因，例如不良家庭环境、社会环境的影响，社会化缺陷，已形成的个人不良道德品质等等相互作用和相互影响的结果。

（五）犯罪是个人干的事，它表现为一定的人的行动，而这种行动又是个人有意识追求自己的某种目的的结果。虽然一个人作出犯罪行为是由客观条件决定的，但是，作为一个有理性的人，他有鉴别客观必然性的能力，也就是说，一个人对自己的行为有选择和控制的能力。列宁说过，承认人的行为是由社会历史条件决定的，并不排除人在选择自己行为时的相对独立性，并不否认人的自由，因而也不否认他对自己行为的责任。马克思主义对社会决定论的理解，既没有否认人的理性，又没有消灭人的良心。所以，犯罪的综合原因的本质，既具有或应当具有客观性，也具有主观性。十年动乱使我国的经济、政治、思想、文化、法律、道德、教育等遭到严重破坏，封建的和资产阶级的污泥浊水浸染了我们的社会环境，毒害了一代青少年纯洁的心灵，造成青少年犯罪恶性发展的趋势。然而，犯罪者也仅是极少数。这说明尽管客观因素是主导因素，但必须把犯罪作为客观因素和主观因素之间的相互作用来考察。只有客观方面和人的主观方面相互影响、相互作用才能导致犯罪。因此，在解释犯罪原因问题时，只是简单地寻找导致犯罪的因素和条件，并不是科学的，应当寻找各种因素和现象之间的本质联系，因此，把犯罪原因的理论简单化，是不能真正解释各种犯罪现象的。在资本主义条件下，剥削制度作为犯罪的根本原因有着其特殊的作用，但是也不能排除形成犯罪中个人主观因素的作用。

每个人的生活环境，社会化过程，受教育的程度，和社会的交往关系，性格特点，地理环境（城市和农村，大城市和中小城市，沿海地区和内地等），信息来源以及生理特点、个人气质等都是不同的，因此形成其犯罪主观因素的条件也是不同的，所以犯罪类型，犯罪行为的选择和行为方式也有着极大的差别。有的人只进行单一的犯罪行为，例如盗窃；有的人进行多种类型的犯罪，例如既实施抢劫犯罪，又实施强奸和流氓犯罪，即所谓混合类型的犯罪；有的人只是偶然犯罪，而有的人则是累犯。

（六）我们应当从社会现象的总和中，划分出能表达犯罪的一定的实质性联系，这种联系就是犯罪的真正原因。例如，物质需要和精神文化需要得到满足是每个人都有的一种欲望，但是由于每个人的经济状况、社会地位、道德水平、文化修养和政治思想觉悟不同，他们表现出的满足欲望的要求、目标和行为方式也不同，最终得到满足的程度和结果也就不一样。我们在研究犯罪原因时，决不能笼统地说，有这种欲望就必然导致犯罪。这种推断是根本不合逻辑的。如果一个人本身就具有满足这种欲望的条件和合理手段，或者他使用合理手段经过自己艰苦努力有可能满足这种欲望，那么这与犯罪是毫无关系的。如果一个人本身缺乏满足自己欲望的条件和合理手段，而通过非法手段来满足自己的欲望，那么这种欲望与这种行为方式的结合就必然导致犯罪。

（七）犯罪是采取了决定的个人行动的结果。个人在一定的社会中存在、生活和劳动，因此，确定犯罪的原因还必须注意社会性质和社会制度的性质。要考虑社会制度在解决该制度内部矛盾时所采取的手段范围、内容和特点。例如，人剥削人和由此产生的后果：贫困、失业、道德败坏、失望、反社会立场、贪婪地追逐利润、为生存而进行的最残酷的竞争等，是剥削阶级中犯罪的主要原因。这些原因就相应地构成了这个社会的原则性特征。然而，这些矛盾在剥削制度内部是不能克服的。这些现象同社会主义是格格不入的，因为社会主义的实质在于没有剥削。但在社会主义还存在这些现象的残余及其影响，所以社会主义还存在着犯罪，然而，社会主义制度本身能够克服这些矛盾。所以，基于超社会的和不依赖于社会制度性质的犯罪原因是不存在的。

综上所述，犯罪原因与犯罪本身之间存在着一种内在的合乎规律的联系。所以犯罪原因的概念应当是一种社会的物质现象和思想意识现象、社会方面的现象和个人方面的现象相联系的社会表现和个人表现之总和。

可见，犯罪原因的概念包含着多种相互联系和相互依赖的现象，这些现象的特殊消极作用就从不同方面影响着一个人作出反社会行为的决定，而形成这样决定的基础，即作为起作用的条件又是多种个别现象。所以，任何一种犯罪行为，在这个基础上都有某种现象作为唯一的原因。

犯罪学对犯罪原因的认识，一方面是在通过分析具体犯罪行为的基础上获得的，另一方面又是在通过分析犯罪行为总和的基础上获得的。

在第一种概念的意义上讲，是把犯罪作为一个整体或犯罪现象（盗窃、抢劫、强奸、杀人等）之总和来考察的，目的在于查明犯罪的综合原因和犯罪行为合乎规律的性质；从第二种概念的意义上讲，是从具体犯罪行为的原因、条件等角度出发来考察犯罪的。然而犯罪原因的概念是从每个具体犯罪行为的原因、条件中抽象和概括起来的，因此它包含了具体犯罪行为的原因和条件。

在这种情况下，犯罪学不能只满足于外因的简单总和（如，失去双亲、父母离婚、生活困难、没有工作、环境不良等），它应当通过对各种因素的量的分析，逐步深入到对这些因素对人的意识产生影响的质的分析，也应当接受和运用其他学科研究的成果，如伦理学、经济学、人口学，遗传学、医学、社会学、社会心理学、教育学、心理学等。因此，犯罪学必须从对各种因素的表面分析过渡到对这些因素的内部矛盾性的分析。同时，应当说明包含在综合原因中的那些已经暴露出来的因素和条件对产生犯罪行为的消极影响。只有这样，才能确定构成犯罪原因的各种物质的和精神的、社会的和个人的现象的状况。

我们不仅要研究一个人犯罪的主观因素，而且要研究与引起个人意识或内在立场方面的主观现象相联系的因果关系的一切纽带。个人作出犯罪决定，首先同他的主观因素有直接关系，但是外部复杂的现象对形成个人的犯罪决定却产生着重大影响，而这种外部现象总是以主观上改造过的形式参与犯罪决定。我们要把这两方面的研究紧密结合起来，因为只有个人的主观上的消极成分和这些或那些外部状况相互作用，相互影响，相互交织在一起，才能导致一个人采取犯罪决定。但是个人的主观因素和客观因素都具有相对独立性，决不能把它们混为一谈。

犯罪的条件，尽管不具有直接导致犯罪决定的性质，但是它们却使一个人采取犯罪决定有了可能。例如父母不关心孩子的生活和活动方式，这并不是决定孩子进行盗窃的直接原因，但是它却使孩子作出犯罪决定产生了可能，因为孩子可以对父母隐瞒盗窃的东西。这种决定是由于父母不能控制孩子的追求并允许他的过分追求的发展的结果。所以在研究犯罪中，区分原因和条件是必要的，这对采取正确的预防犯罪措施是有益的。

弄清犯罪原因的概念是很复杂的问题。只要我们从我国的客观现实出发用马克思主义的基本原理作指导，运用与犯罪有关的各种学科的研究成果，进行具体分析和研究，一定会取得更大的成绩。研究犯罪的原因不是我们的最终目的，我们的目的是通过研究犯罪原因，找出预防犯罪和最终消灭犯罪的正确途径。

系统规律对研究青少年违法犯罪原因的意义

（1983年3月）

马晶淼

在研究青少年违法犯罪原因中强调要素的系统性和整体性是十分重要的。所谓系统，就是事物内部相互联系、相互制约和具有特定因果关系的有机整体。系统的中心是强调整体，强调整体是由相互联系和相互制约的各个部分所组成的。在系统论中，事物的辩证联系就是系统论的主要特征，事物的整体性就是系统论的实质和核心。因此，系统规律也就是反映事物整体的内部相互作用的规律。系统科学认为，世界上任何一个整体，都是一个系统，一个体系。社会是各种体系中最复杂的体系。它不仅包含着积极的上进的因素，而且也包含着消极的落后的因素，同时，还包含着违法犯罪这种破坏性的特殊的因素。所以各种因素（要素）又是组成系统整体的不可缺少的部分。从系统论的辩证联系来看，系统和要素都处在运动变化之中，系统和要素之间，要素和要素之间，以及各个因素在系统中的地位和作用都不是固定不变的，而且随着条件的变化而变化。青少年违法犯罪行为这一社会现象，也必然随着社会体系和体系要素的变化而变化。并且受着社会体系和体系要素的作用和制约。由于青少年违法犯罪行为的危害程度、范围是十分广泛的，它与社会体系诸要素和社会生活条件的联系又是多方面的，所以它同社会体系又必然有一种因果关系。因为，因果关系只有在各种现象发生相互联系和相互作用的情况下，才能产生和存在。恩格斯说“相互作用是事物的真正的终极原因”。如果我们在研究青少年违法犯罪原因时，忽略了它同周围有关因素的相互联系和相互作用，也就不可能揭示出青少年违法犯罪的本质特征和“终极原因”。列宁还指出“要认真正确地认识事物，就必须把握、研究它的一切方面、一切联系和‘中介’，我们决不会完全地做到这一点，但是，全面性的要求可以使我们防止错误和防止僵化。”

事物是复杂的，它的客观性总是孕育在普遍性之中，因此，任何系统也不是孤立存在的，它又必然同周围环境发生着有机的联系。“由许多小系统相互联系、相互制约组成大系统。又由许多大系统相互联系、相互制约组成更大的系统；反过来，大系统中有小系统，小系统中有更小的系统，形成了纵横交错的具有多层次的网络”。这一特点也决定了因果关系的复杂性。有些因素在一定时间和空间可以是内因，在另外的时间和空间又可能是外因，有些因素可以是内因，又可以是外因；有些因素也可能逐渐消失，有些因素也可能增加；有些因素可能是主要的，有些因素可能是次要的等等，这些情况在社会体系中的变化尤为明显，由此影响青少年违法犯罪的原因也呈现出“纵横交错”的现象。不可否认，林彪、“四人帮”、“文化大革命”的毒害是青少年违法犯罪的原因，但是，这不是唯一原因，也不是“终极原因”，而且随着时间和空间的变化，这一原因也在变化，在当地当时是主要原因，而时过境迁之后已经不是主要原因了。我们都把资产阶级的外来影响看成是青少年违法犯罪的主要原因，这也是片面的，从系统论的观点来看，它处于外界环境的因素。在因果联系中是一种外因联系，外因总是通过内因起作用，只有外因，没有内因，或者外因不能转化为内因，那么多么主要的外因都是没有什么意义的。之所以说，有的因素既是外因又是内因，这不仅是指大系统与小系统的相互联系，而且也指不同因素的相互转化。比如：“利己主义思想”，对于违法犯罪青少年个体来说是一种不良的内在因素，而对于社会意识来说，又是外在因素。所以把原因因素看成是一成不变的也是错误的。

按照辩证唯物主义的观点，我们还可以把系统的内部结构看作是物质运动和发展的各种层次等级。这也是系统论的一个重要原则。这一原则说明事物的纵深联系。高层次包括低层次，低层次组成高层次；高层次是低层次的整体，低层次是高层次的组成部分。从一种层次等级转化为另一种层次等级，就意味着现象发生了质的变化，这也就是事物现象的本质原因。所以“无论是个别的违法行为，还是违法犯罪的总和，都不是静止的、僵化的现象，而是在空间和时间上正在发展的过程……。单个违法行为的进程表现在，它从原因逐渐发展为后果，从人的主观意图逐渐发展到侵犯客体的客观损害。我们要把完全不同的内容放在违法行为变化的概念下面来认识。这里指的是整个违法行为在某个时期数量和质量指标的变化（下降或者上升，结构的变化等）。”（《违法行为的原因》,库德里亚夫采夫著,群众出版社出版，下同）当然，两种层次等级，事物的量和质不能等同，也不能简单转化。也就是说个人的违法犯罪行为并不等于整个社会的违法犯罪现象，不能把前者简单归结为后者。我们只能“用个人行动的等级来研究单个具体的违法行为的结构、具体违法者的个性及其违法行为的原因；用普遍的等级来研究在社会中或在某个地方发生的反社会行为的状态、结构和趋势，研究体现这些现象的人的总情况和这种普遍的社会现象的社会原因。”可见，在研究青少年违法犯罪中，对于“个人违法行为的直接原因，应当到违法行为主体的个人特点及其所处的具体环境中去找。相反，整个违法行为的原因，要到现实情况的另一种更高的等级中去找，即到这个社会所特有的社会、经济、心理现象和过程中去找。”这是一方面，当然另一方面，个人等级和社会等级又是彼此相互联系的，不是与世隔绝的。不可否认，在人的生活中，青少年的违法犯罪也是如此，可能会出现许多偶然的情况，形成人的某些行为动机。这也是不能忽视的。但是，只有那些与社会、团体、阶级等有普遍联系和代表性的事件才具有原因的意义。显然，林彪、“四人帮”的出现不是偶然的，而是我国社会矛盾发展的产物，在一段时间内就是我国青少年违法犯罪急剧增加的主要原因，因此，它具有代表性和决定性的意义。而社会人口增长的因素决不是青少年违法犯罪的原因。但是，在这里有一点是必须注意的，那就是关于“条件”概念的问题。有些因素可能不是“原因”，但可能是“条件”。从一定意义上来讲，条件加原因就构成了某种后果的“完全的原因”。某个青少年之所以走上了违法犯罪的道路，其原因可能是家庭教育不当。但是仅仅这一点是不够的，还可能是由于学校教育问题，周围环境影响的问题，坏伙伴教唆的问题，个人私欲不能满足的问题等等。可见，产生作用的不只是一种因素或条件，而是各种条件综合影响的结果，当然每个条件影响作用的程度是不一样的，也不会是等同的。

在因果关系中，我们常常把影响后果的条件分为伴随发生的条件、必要条件和充足条件。所谓伴随发生的条件，主要是指对发生的后果不起直接影响的作用。比如某一个少年因抢劫曾将一个老太太杀死，当分析他犯罪原因的时候，我们发现这个少年从小就非常蛮横，有一次他在跟同学打架时竟将人家的耳朵咬了下来。还有一次竟用铁锹一下子打死一条狗，可见这个人具有残忍的特点。这特点虽然不是抢劫杀人的直接条件，但却是助长产生这种后果的条件。在因果关系中，必要条件具有重要的意义，也就是说，没有它，某种现象就不可能产生。比如，在上述案件中，犯罪青少年为了满足自己吃喝玩乐的欲望，为了窃取大量钱财，为了显示能耐、阔气等便产生了抢劫的犯罪动机。这些都是他违法犯罪的必要条件，再加上他错误的思想观念，恶劣的道德品质等，这一切必要条件的总和最后又形成了充足的条件，当某种行为具备了充足条件的时候，因素的等级就会发生质的变化，成为直接产生后果的原因。一般来说，人的某种动机的形成，就是事物的“原因等级”。不区别主要现象和次要现象，原因和条件，必然事件和偶然事件的这种观念是所谓‘因素论’的基础。一些资产阶级犯罪学家就是从“因素论”的观点出发，把人口稠密、居民构成、贫困、人种、体型、内分泌腺、住宅条件、黄色书刊等等，看作是青少年违法犯罪的一系列原因，这当然是错误的。这些因素虽然其中有的也很重要，甚至是一些主要条件，但都无助于深刻分析青少年违法犯罪的因果关系，甚至掩盖和抹煞了真正违法犯罪的原因。“因素”或者一般条件，只能说明对事物的发展或结果具有一定的影响，不能揭露事物发展或结果的实质。当然，我们不能否认“因素”和“条件”的作用，它们对于事物的发展进行初步地、一般地判断是必要的，但是科学的分析在于回答作用和影响的是什么，以及怎样作用和影响的，这才是正确的原因观。

体系的各要素是相互作用的，而且是相互依存、相互联系的。这不仅表示出事物因果关系的内容，也表示出事物关系的一定形式。因为在每一种复杂程度不同的体系中，因果关系的相互作用是多方面的，有内部联系，有外部联系，有单向联系，有双向联系，有正向联系，也有逆向联系等。这对分析研究青少年违法犯罪——条件和原因也是十分重要的。

有人指出，“在社会生活领域中因果关系的独一无二的特点是，这种因果关系在大多数场合下是通过人们的意识发生的，特别是通过人们行为的目的和动机的形式反映出来的。客观现实在人们意识中的反映，导致出现所谓认识对象。”据此，我们认为在系统的整体性中，必然包含着因果关系的“逆向联系”，而且这种“逆向联系”，在任何体系、任何领域中都不象在社会生活中那样复杂和多样化。青少年违法犯罪的原因也是如此。比如：阶级原因、家庭原因、学校原因、环境原因、社会意识、个性特征等最后发展形成为青少年违法犯罪的“完全原因”，这个过程，正如我们前边已经说过的并不是简单的平列和组合，而是一种能动的相互作用的过程或状态。有纵的，也有横的，家庭影响到青少年的个性，而家庭又会受到学校的影响，学校又会受到周围环境的影响，家庭、学校又会受到阶级意识、社会意识的影响。反之也是如此（如下页图示）。

从图示中，可以看到青少年违法犯罪的全过程，是正向反应的过程，也可以是逆向反应的过程。其主要特点是：（一）青少年违法犯罪的原因是一个有机的体系；（二）青少年违法犯罪原因的形成有一个过程；（三）青少年违法犯罪的核心是自身社会道

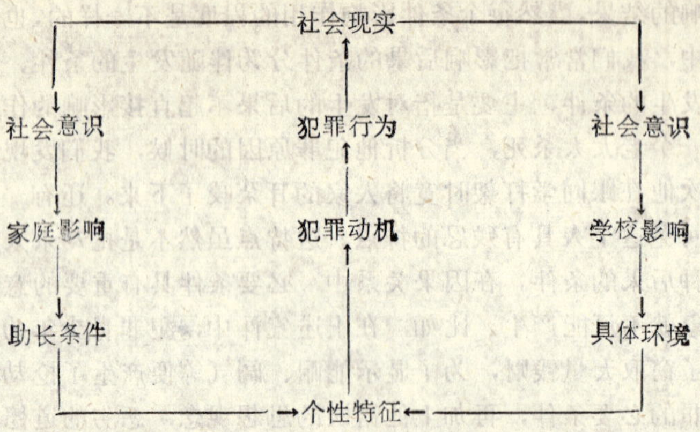

德、意识形态、法制观念及其个性心理特征的统一。我们知道，社会存在决定社会意识，但是社会意识形成以后，又有相对的独立性，而且对社会存在产生反作用。同样，人也决不会做命运的奴隶，决不做社会条件影响的消极客体；人自己在一定的社会范围内创造自己的生活条件，并且形成自己的个性特征。而个性特征的形成又是一个复杂的、充满矛盾的发展过程，也就是说，是为自己以后的发展准备条件，在某种程度上，也可以说自身就是行为的原因。而消极的社会意识就是青少年违法犯罪自身原因的基础；不良的环境，包括不良的家庭环境、学校环境和居住环境就是青少年违法犯罪的外界条件。因此，在研究青少年违法犯罪原因中，过分强调外界条件的作用是不正确的。

有一点还要说及的，就是，虽然环境因素或外界条件在青少年违法犯罪原因中是次要的，但是影响和作用的形式上却是复杂的、多样的。我们不能因为环境因素是次要的，就忽视了它的形式的复杂性和多样性，就忽视了对环境因素的研究。同时，我们也不能把环境因素与主观因素割裂开来。因为这种片面性都是不利于对青少年违法犯罪原因研究的。系统论的观点认为，事物都是处于一定的相互关系中并与环境发生联系的统一整体。把事物看作一个完整的系统来研究，这正是唯物辩证法关于普遍联系原理的具体体现。在科学日益发展和系统化、整体化的今天，割断事物的联系，就看不清事物发展的因果关系；抛开整体，也就不可能揭示事物的本质特征。当然，也就不可能揭示出青少年违法犯罪的真正原因。

对青少年犯罪原因作系统分析的理论构思

（1986年1月）

刘成根　王曙光

对青少年犯罪的研究不能停留在“描述”这个阶段了，而应当尽快地转入科学的分析和“解释”阶段。尽管已有不少人开始了这方面的研究，但往往只是描述性的解释。“解释”在这里的真正含义是“证明”，即犯罪研究应从经验的描述转入科学的证明。

一、从"是什么"，"到为什么"*

现在我们着手研究对青少年犯罪原因进行"解释"的理论设想，这是把青少年犯罪研究推向另一个阶段的尝试。要保证这设想不成为空谈，取决于研究的目的性和科学性两大因素。

先说这个研究的目的性。

我们不只一次地听到人们这样一种说法，目前对青少年犯罪原因的研究还仅仅停留在对现象的描述的水平上。除了用于描述犯罪现象的百分比的数据而外，似乎不需要作专门的研究，凭经验也能说出几条原因来，如"十年动乱"的影响，家庭残缺、教子无方，学校、社会教育方面的缺陷，黄色、淫秽小说和录像的影响以及个人生理、心理发展的缺陷和不平衡等。这种描述性研究在最初的犯罪原因探讨中是非常需要的，但是要突破而不是停留在这个阶段，就要从说明"是什么"的经验研究阶段进入回答"为什么"的分析和解释阶段。尽管有的研究中以描述的方式来回答"为什么"的问题，但不能说是已经得到了严格的证明。为什么导致犯罪的原因一定是这些因素而不是别的？这些因素与犯罪有多大程度的相关？是否具有统计意义？控制某些因素是否就能改变某种行为的变量等等，靠描述是无法说清楚的。

这个关系可由下列方式表达出来：

假设〔1〕：犯罪青少年中大多数存在不良家庭教育问题。

· 为什么有缺陷的家庭容易导致犯罪？

· 为什么有缺陷的家庭又没有导致另一部分青少年犯罪？

· 家庭缺陷与犯罪之间的关系有多大程度的必然性？

· 家庭缺陷只有在什么样的情况下才导致青少年犯罪？

假设〔2〕：青少年犯罪与"十年动乱"有关。

· "十年动乱"对青少年的影响基本上是均等的，但又怎样证明对一部分人的影响大于另一部分人？

· 这种影响对青少年犯罪的直接或间接、主要或次要作用的关系是什么？

假设〔3〕：犯罪青少年有心理人格上的缺陷。

· 心理人格缺陷在犯罪青少年和一般青少年中各占的比例是多少？

· 何以证明犯罪青少年有心理人格方面的缺陷？

· 心理人格缺陷必然导致犯罪？还是只有在某些条件下才导致犯罪？这些条件是什么样的？

……等等。

这些"为什么"的问题是客观存在，只有从各个不同学科作出量的分析，才能对经验描述的现象进行证明，仅仅靠经验来推测犯罪原因，或者把那些可能导致犯罪的因素

---

* 对青少年犯罪的研究，一般分为描述、解释和预测三个步骤，本文是针对其中"解释"这个环节而提出的理论设想。

全部罗列出来，不仅不可靠，而且不科学。经验描述仅仅提供了一个线索，要判断其真实性和相关性还必须进行科学的解释分析。

对于这项研究的科学性，我们认为主要应该把握这样一个原则：犯罪研究是跨学科的综合性研究，为了多学科之间协调配合就必须建立一种分析系统。其基本思想是，在马克思关于人的本质的哲学思想的指导下，结合系统论和控制论的科学方法，全面地对青少年犯罪的生理、心理和社会等各方面因素进行系统分析。

二、非规范化行为的解释

还是得从什么是“犯罪”这个基本问题谈起。用专业术语来讲就是要首先弄清“非规范化行为”的基本含义。因为对这个含义的解释涉及到对犯罪原因的研究。

犯罪除了在法律上有它特定的定义而外，从研究的角度来说，犯罪通常是指那些与社会规范相冲突、对立的行为（除患有严重精神疾病者而外），或称非规范化行为和反社会行为。

人的行为方式是社会化过程的产物。人的社会化也就是指人们在一定的社会条件下，通过各种途径和手段使社会规范内化到人的行为中，并实现着由人的自然形态向社会形态的转变，从而成为合格的社会成员的过程。

人的社会化过程是在各种社会规范的制约和个人对这些规范的同化、调节和整合的相互作用下发生的。同时，人的行为同社会规范之间还存在着一个强化与调节的反馈关系，这就构成了人的社会化的完整模式（见图1）。

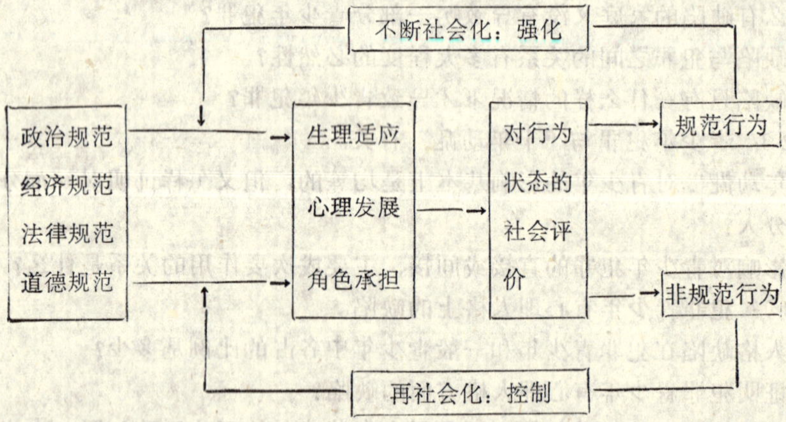

（图1）

一个人要求成为一名合格的社会成员并按照社会规范的准则来发展自己的行为模式，这被认为是规范化的行为。相反，个人的价值准则与社会的价值体系相脱离，行为上表现为与社会规范相冲突、对立，则是非规范化行为。而这种非规范化行为在社会化过程中都可以从质和量两个方面表现出来（见图2）。

青少年犯罪问题的研究，一个最重要的方面就是要说明为什么青少年在社会化过程中会产生与社会规范相冲突、对立的行为，即研究社会化过程中各种因素与青年行为之

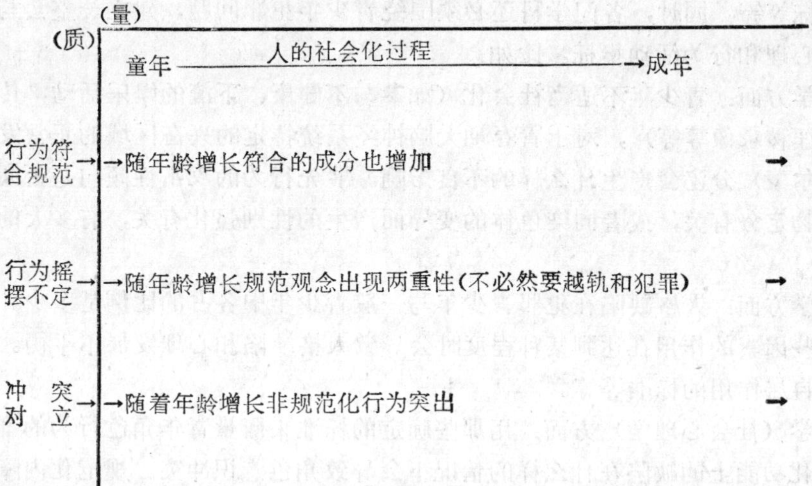

(图2)

间的相互作用的一般规律。而这些因素又广泛地涉及到宏观的社会环境、社会规范和微观的家庭、学校、青年文化群体、局部的人际关系及青年自身的生理、心理等各个方面。因此，这种研究必须是从多方面进行跨学科的研究。对于这一点似乎人们已经意识到了，但是根本的问题在于，这些众多的学科对犯罪原因的探讨怎样才能真正做到合理的配合和系统的研究，而不至于成为大杂烩，各唱各的调子呢？

三、系统分析的理论构思

目前世界上有关犯罪研究的理论是多种多样的，归纳起来主要有四种理论。（1）犯罪的人类学研究；（2）犯罪的社会学研究；（3）犯罪的社会控制机制的研究；(4)犯罪的社会化模式的研究。前面两种单学科的理论研究局限性很大，而后两种是近年来在美国、西德和罗马尼亚等国才兴起的新理论。突出的特点就是多学科的综合性研究。但是他们所共同感到的问题正是多学科之间的配合难以协调。这也正是一个如何进行系统分析和研究的问题。对此我们也进行了理论构思。具体的系统分析过程是如何运用计算机进行数量统计分析的问题，而成功的可能性则在于总体构思是否合理。

信息库和指标体系

对犯罪原因探讨的模糊性，首先是由于缺乏一整套有关青少年生理、心理和行为状况的完整数据和指标。从研究的角度来看，青年是由多种复杂因素构成的社会化系统。任何一个青年问题都不是孤立的，而是同整个系统的有关因素相关联。然而我们更需要知道的是，青年的某一个问题，如犯罪，到底同哪些因素相关，在多大程度上相关，而不能笼统地说有关系或无关系，这就需要对青年社会化系统的各个方面因素建立一系列较为完整的指标体系，以作为分析青年犯罪问题的信息库。如青春期各阶段的生理发育和成熟的指标，人格形成和健康发展的指标，行为规范的各项指标以及道德和法的意识形成的指标等等。同时，各门学科还必须围绕青少年犯罪问题，建立一整套与犯罪有关的生理、心理和行为活动指标。比如：

生理学方面：青少年不适当社会化（如参与不健康、下流的娱乐活动，传阅黄色手抄本和看淫秽录像等等），对于青春期大脑神经系统特定的兴奋区域的正常发育和性激素（性荷尔蒙）分泌会产生什么样的不良影响。早先行为的攻击性倾向是否同某种遗传获得的生物定势有关，或者同染色体的变异而产生的性别强化有关，有多大的统计意义等等。

心理学方面：人格缺陷在犯罪青少年与一般青少年中各占的比例是多少。社会化过程中，哪些因素的作用在达到某种程度时会导致人格缺陷和心理发展不平衡。表明青年不能实现自居作用的标准等等。

社会学（社会心理学）方面：用那些确定的标准来衡量青年角色行为的偏离和冲突。社会化功能上的缺陷在什么样的情况下会导致角色意识冲突。规范化内障碍达到何种程度会表现出越轨行为等等。

人类学方面：犯罪同地域、文化区域、民族文化都有什么样的关系。青年次文化在何种程度中容易导致青年的非规范化行为。外来文化的渗透和冲击在多大程度上与犯罪有关等等。

这些指标只能依靠各门学科进行研究，当这一系列的指标体系建立起来，在研究青少年犯罪原因过程中，就不会出现对有关因素分析的重大遗漏或过分夸大。同时也为下一步的系统分析提供了依据。

四 个 关 系

除了对与青少年犯罪有关的各种因素进行相关性的确定而外，还应对这些因素与犯罪之间的直接与间接、主要与次要的四种关系进行确定。即，在分析某些犯罪原因时，首先应弄清这些因素对于导致犯罪是直接的还是间接的原因。其次在程度上还要弄清楚是主要的还是次要的作用。通过这四个侧面的关系来对诸多的因素进行作用和程度上的划分。其关系如（图3）所示。

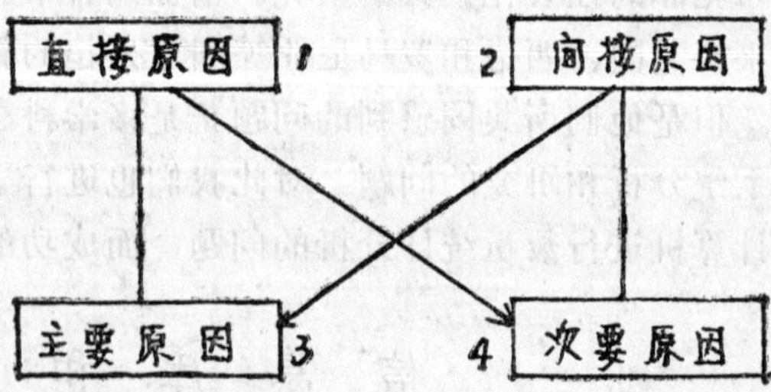

（图3）

1.直接原因，主要指个人心理因素，即直接支配从事犯罪的意识活动。

2.间接原因，主要指宏观社会。社会有缺陷，但不等于直接去引导青少年犯罪，否则不能解释同样社会环境下的青少年有的犯罪而有的不犯罪这一现象。

3.无论是直接原因或间接原因都可能成为主导因素。

4.无论是直接原因或间接原因都可能成为次要因素。

总之，不能简单地把各种原因笼统地看成都有关，这实际上等于没有分析。

输入变量与输出变量

将青少年犯罪有关的生理学、心理学、社会学等学科的研究资料和指标加以收集和整理，被称为系统分析的输入变量。这里强调的是以变量的方式加以输入，即体现为指标和资料的数量化。储存在信息库中一般青年的各项指标作为常规（具有正态分布曲线的常恒值），犯罪青少年的各项指标作为一个参照值，凡是那些低于一般青年常规指标（或低于正常值）的因素，则成为输入变量纳入分析系统。

通过系统分析而获得的（不断反馈而证明的）相关因素被称为输出变量。它所体现的量的指标，既是对犯罪原因的具体确定（包括直接或间接的作用、主要或次要的程度），又可以作为控制犯罪因素的依据。这样对犯罪原因的认识就不再是笼统地罗列现象和简单地描述了。

系统分析模式

有了犯罪原因的多学科指标体系、确立了各种原因的直接、间接与主要、次要的关系，形成了输入和输出的变量系统，最后一个环节就是要建立一个科学的系统分析模式。分析（或称评价和解释）是输入与输出的中间环节，也是整个研究系统中最重要和最复杂的部分。因为结论的可信度在于这个分析的科学性和对种种复杂因素分析的系统性。

整个系统分为两大部分，一是对犯罪青年社会化过程所获得的各项指标，二是对这些指标进行综合分析的反馈过程见（图4）。

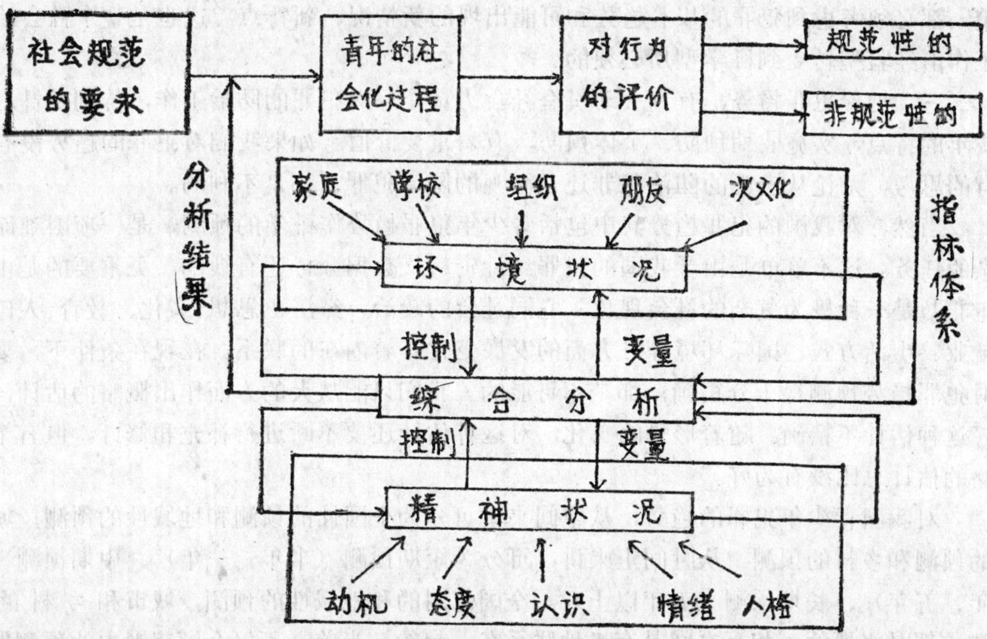

（图4）

我们认为，对青少年犯罪原因的科学解释非采用系统分析的模式不可，只有这种方法才能把多学科的研究综合起来，才能对导致犯罪的种种原因及其直接、间接和主次关系进行证明。当然目前我们也是在理论上进行构思，具体做起来远比这个设想复杂得多，困难得多。但是，犯罪问题的研究发展到今天，迫使我们不得不思考这问题，不得不去做大量复杂的工作。可以肯定地说，谁先建立起这种研究意识，谁能组织多学科的系统分析，谁就能在犯罪问题研究上产生新的突破。

加强对青少年犯罪趋势预测的研究

（1986年5月）

郭　翔

加强对青少年犯罪趋势的预测，是一个值得注意的问题。它至少有以下几个方面的意义：

一、党和国家制定国民经济和社会发展战略，应把总的犯罪趋势及据此建立的预防和控制犯罪的战略考虑进去，力求避免由于经济的发展、社会的变革引起犯罪的增加，而应尽可能地把犯罪率限定在一个正常的幅度内；如果出现某种特殊情况，事先准备了应急措施，可做到“备而无患”。

二、党和国家制定社会防卫战略——预防和控制犯罪战略，以及制定和实施刑事政策，都必须考虑到犯罪的基本趋势和可能出现的新情况、新特点。这也是整个社会治安工作由经验型转变到科学型所必须的。

三、把握犯罪趋势，有利于动员全社会力量作好对犯罪的防治工作，特别是针对青少年的特点，实施早期预防、个体预防，有着重要价值。如果我们对犯罪的趋势没有应有的思考，无论从宏观的防治犯罪还是微观的防治犯罪，都是不利的。

当然，对我国的犯罪趋势其中包括青少年犯罪趋势作科学的预测，是一项困难而复杂的任务。这不单单是由于我国的犯罪统计资料及数据分析还有缺陷，更重要的是由于犯罪乃是一种极为复杂的社会现象，它同社会的政治、经济、思想、文化、教育、人口、就业、生活方式、国际环境等各方面的发展变化有着内在的联系。在现在条件下，要求对犯罪趋势预测得十分精确，那是不可能的。我们只能从大的方面作出概略的估计，尽管这种估计不精确。随着形势的变化，对这种估计还要不断进行补充和修订。但有个概略的估计总比没有为好。

对我国青少年犯罪的趋势，从空间来讲可分为全国性的预测和地域性的预测；城市的预测和乡村的预测。从时间上来讲，可分为短期预测（半年、一年）、中期预测（三年、五年）、长期预测（五年以上）。全国范围的和地域性的预测，城市和乡村的预测，都是必要的，相互之间是有机地联系在一起的。当前，不仅全国范围内的预测做得不够，地域性的预测也做得不够，反过来又影响到全国性的预测，所以对地域性预测适当加以强调，是必要的。短期、中期、长期预测，都是不可少的，相互间也是联系的。从实际工作着眼，短期、中期预测尤其具有迫切性。但长期预测则更具有战略性，“人无远虑，必有近忧”。

根据预测的内容，可分为犯罪率、犯罪类型、犯罪主体、犯罪形态、犯罪手段等方面的趋势预测。犯罪率的预测，是从社会整个形势的发展和国际关系来对社会刑事犯罪率的消长趋势作出预测，对青少年犯罪率的消长趋势作出预测。犯罪类型的预测，即对犯罪类型的变化趋势进行预测，哪些犯罪类型是传统的较稳固的类型；哪些犯罪类型将逐渐减少；哪些犯罪类型将会增多；又会出现些什么新的犯罪类型等等。犯罪主体预测，主要指对犯罪者的职业、年龄、性别及初犯、累犯等方面的发展变化趋势作出预测。如犯罪低龄化的趋势，女青少年犯罪增加的趋势，学生、青工、青农、个体商贩等犯罪的趋势，作出预测。犯罪形态预测，主要是对犯罪团伙、犯罪集团的演变趋势，海外黑社会及国际刑事犯罪分子的渗透并与国内犯罪分子勾结等犯罪形态的趋势，作出预测。犯罪手段预测，主要是指犯罪分子可能运用哪些新的手段实施犯罪，特别是利用新的科学技术进行犯罪，例如利用电子计算机、窃听、化学、生物学、医药学进行犯罪等。所有上述各方面的犯罪趋势，均应分别进行预测。

为了对犯罪趋势作出科学的预测，除了坚持马克思主义的指导外，必须运用各种学科知识和先进手段，对各种有关犯罪的信息资料进行统计和分析，其中包括对我国今后滋生和诱发犯罪的原因、因素、条件进行综合性的研究分析；对违法犯罪个体的变化情况及社会上有可能走向违法犯罪道路的个体进行调查、分析；对我国社会控制犯罪能力进行综合性考察；对经济与社会的发展及引起的各种变革、变化同犯罪之间的联系、关系进行综合性的考察；对国际关系、国际上的犯罪同我国社会刑事犯罪之间的关系、联系进行考察，等等。由此可见，对犯罪趋势的预测，是一个科学而繁重的任务，应当建立国家和地域性的专门研究机构，配备专家和专门工作人员，利用先进技术，收取、储存各种有关信息资料，并进行科学的分析。单靠现有的政策性研究机构，单靠手工业的工作方式和经验型的工作方法，单靠零散的材料和逻辑的推理，是难以胜任预测任务的。

由于各种条件的限制，对我国青少年犯罪的趋势，我们尚难以作出科学的预测。作为抛砖引玉，只能就与青少年犯罪趋势有关系的几个问题，谈点粗浅看法。

第一，经济与社会的发展对青少年犯罪的影响。我国正进行伟大的社会主义物质文明和精神文明的建设，实行了对外开放、对内搞活经济等一系列的方针、政策。经济与社会的发展，必然提高人民群众的生活素质，增强整个社会的预防与控制犯罪的能力，促进社会的安定团结，这是一方面。但另一方面，也要考虑到由于经济发展和社会的变革可能发生的对青少年犯罪的影响。比如，人际关系的变化，人们的观念系列（包括世界观、人生观、价值观、伦理观、消费观等）、生活方式的变化等，这些今后势必还将处在不断变化之中。随着经济与社会的发展，随着人们视野的开阔和国内外社会信息的迅速交流，我们不能要求人际关系、人们的观念系列、生活方式处于凝固不变的状态。这些变化积极方面会推动社会发展，消极方面可能对青少年犯罪发生影响。

第二，大众传播与青少年犯罪的关系。我们现在不是生活在一个闭塞、禁锢的环境里。报刊、广播、电影、电视、录音、录像这些大众传播的工具，在迅猛的发展，对人们的思想和行为发生重大影响。特别是电视、录像设备，将来会逐渐普及每个单位、村庄甚至家庭。大众传播，特别是现代的大众传播工具的普及，积极一方面是主要的，但也不可避免地存在着消极的东西，并对青少年犯罪发生影响。无视或否认这种影响，将来是要吃亏的。

第三，我国家庭的稳固性及家教传统也遇到某种程度的挑战。家庭是预防犯罪的重要防线。西方国家青少年犯罪剧增同他们的家庭解体有关。我国的犯罪率的控制，得利于家庭的相对稳定和家教的讲究。然而，由于国内外的因素，我们国家的传统家庭和家庭教育也遇到挑战。这是一种值得警惕的兆头。美国60年代发生的"性解放"潮流，使美国人民付出沉重的代价，其中包括性病的蔓延，以及离婚子女、非婚生子女犯罪率的增高等。这种腐朽的东西，会通过各种渠道、方式影响我们的家庭，影响青少年健康成长，并向我们的传统的伦理道德挑战。对此，我们决不可漠然置之，而应清醒地保持头脑，从战略高度采取科学而有力的对策。

第四，关于犯罪类型、犯罪主体、犯罪形态、犯罪手段方面的趋势，也应引起注意。除了传统性的犯罪类型以外，某些方面的犯罪类型如性犯罪和财产性的犯罪可能增多起来。在犯罪主体方面，犯罪低龄化趋势，女青少年犯罪增加的趋势，均须加以研究，并拟定相应的对策。至于犯罪形态集团化、犯罪手段现代化的趋势以及跨国间的犯罪活动，亦须加以探讨和预测，制订可靠的防范方案。

总之，社会在发展，犯罪在变化。我们的思想不能凝固，而应预测未来。党中央提出，社会科学研究部门和政法机关，要认真探求青少年犯罪规律，为预防青少年违法犯罪作出贡献。我们希望党和政府的有关部门，重视对我国青少年犯罪趋势的研究，下大功夫，切实把握住我国青少年犯罪的变化趋势，在此基础上，制定和实施科学的社会防卫战略，以保证社会主义现代化建设的顺利进行。

中国青少年犯罪研究的现状与展望

（1986年5月）

郭　翔

我国青少年犯罪研究，大体从1979年下半年兴起，虽然起步较晚，但发展很快。当前，青少年犯罪研究不仅是我国社会科学特别是法学的一个重要研究领域，而且是一个十分活跃的研究领域。我国的青少年犯罪研究以其理论与实际紧密结合的特色，受到了党和政府及社会各方面的重视。

一、我国青少年犯罪研究的兴起及其历史背景

有的同志曾经指出，犯罪学作为一门科学的发展，在世界上已有一百余年的历史

了。但在我国，由于中华人民共和国成立后的十几年间，社会刑事犯罪率很低，加以其他原因，犯罪学的研究基本上处于停滞状态，至于青少年犯罪的研究，则几乎完全是个空白。

从1979年下半年以来，青少年犯罪研究才从我国兴起，并得到迅速的发展。全国成立了专门的研究学术机构——中国青少年犯罪研究学会；一些省市（例如天津市、湖北省、福建省、江苏省、四川省等）也成立了省市一级的青少年犯罪研究团体。中国政法大学、华东政法学院、西南政法学院、西北政法学院都相继成立了青少年犯罪研究室（所），配置人员，专门从事青少年犯罪的研究工作。国家在国民经济与社会发展的规划中，将青少年犯罪研究问题，列为哲学、社会科学的重点项目。近几年来，召开了一系列全国性的、区域性的及省、市范围内的关于青少年犯罪问题的专题学术讨论会；报刊上发表了一些有关青少年犯罪的调查报告和专题论文；出版社出版了一些关于青少年犯罪的书籍。同时，开展了与外国学者的学术交流，翻译介绍了外国学者研究青少年犯罪的书籍、资料。从1979年下半年到现在。虽然只有短短七年，但我国的青少年犯罪研究事业却得到了空前的发展，其历史背景主要是：

第一，青少年犯罪已经成为我国一个突出的社会问题。

从1966年夏季开始的十年内乱，使我国的社会秩序遭到极大的破坏。从70年代中期以后，青少年犯罪便大幅度上升。出现了一个前所未有的高峰期。在1976年10月，我国结束了长达十年之久的“文化大革命”，使国家的政治生活走上了健康发展的轨道。但作为十年内乱后遗症之一的青少年犯罪，仍是需要加以解决的问题。现实生活向我们提出了加强青少年犯罪研究的课题。

第二，为了加快我国社会主义现代化建设的步伐，我们实行了对外开放、对内搞活和改革经济体制等一系列方针政策。由于国内和国际的因素，我国青少年犯罪必然会出现一些新情况新问题。世界上有些国家在发展中由于规划不周和其他原因导致青少年犯罪的增加的情况，也引起了我们的注意。为此，就有必要对我国青少年犯罪的发展变化规律进行探讨，并对青少年犯罪的趋势作出预测，据此建立我国预防和控制犯罪的战略。

第三，青少年犯罪的发生和存在，不仅危害社会治安，干扰我国现代化建设的进行，而且影响青少年一代的健康成长。因而解决青少年犯罪具有重要性和迫切性，是全国人民的意愿。同时，青少年犯罪又是一个复杂的问题，只有开展深入的研究，才能使治理对策建筑在科学基础之上。

第四，发展国民经济和健全社会主义法制是我国当前和今后的重大任务。与此相联系，制定我国青少年保护法和各项有关青少年法规，不仅需要，而且势在必行。青少年法的基本宗旨是保护青少年健康成长，保障青少年的合法权益，预防青少年犯罪。为了使青少年法的各项内容具有高度科学性，必须开展对青少年犯罪问题的深入研究。

第五，青少年犯罪不仅仅是一国的问题，而且是一个世界性的问题，为了广泛地开展国际间的学术交流，与各国学者探讨我们共同关心的问题，也需要我国加强对青少年犯罪的研究。

第六，党和政府要求社会科学要回答社会主义现代化建设中提出的重大理论问题和实际问题。并为繁荣科学事业制定和坚持了“百花齐放、百家争鸣”的方针。党和国家十分关心青少年一代的健康成长，重视与支持青少年犯罪的研究。这就为我国学者开展青少年犯罪研究工作创造了良好的条件。

正是在上述背景下，我国青少年犯罪研究才能够迅速开展起来，并出现一些新的学科——青少年犯罪学，青少年犯罪心理学，青少年法学，等等，这些学科虽然还处在初创阶段，但已引起多方面的关注，并正在我国社会科学园地里茁壮成长。

二、我国青少年犯罪研究的概况和特点

我国青少年犯罪研究的发展，可以分为三个阶段。

第一阶段：1979年下半年到1980年，属于起步阶段。

鉴于我国青少年犯罪已成为一个突出的社会问题，党中央于1979年8月发出专门文件，提醒全党要重视和解决青少年违法犯罪问题。这时，公安政法部门，青少年教育部门以及有关社会团体开始对青少年犯罪的情况、特点、危害和治理措施进行调查，写出一些调查报告和个案分析。有一些学者也开始着手探讨青少年犯罪问题。这是我国青少年犯罪研究的起步阶段。

1980年3月，共青团中央发起召开了“青少年保护法座谈会”。参加会议的有高等学校、社会科学研究部门、青少年教育部门、刑事司法部门的专家、学者、干部60余人，对我国青少年犯罪的现状和发展趋势进行了探讨，并着重就制定我国青少年保护法的必要性、依据、宗旨、任务、内容等问题，进行了热烈的讨论。会后，成立了中华人民共和国青少年保护法起草小组，开展了广泛的调查研究工作。从此，我国逐步过渡到有组织有计划的研究阶段。

第二阶段：1981—1984年，为有组织有计划的研究阶段。

1981年8月，中国社会科学院青少年研究所、团中央、公安部、司法部、最高人民法院、最高人民检察院联合在青岛召开了全国青少年犯罪研究规划会议，拟定了一百个研究题目，要求法学工作者、社会学工作者、教育工作者、心理学工作者、政法公安干警对青少年犯罪问题进行广泛深入的调查研究，并收集、储存信息资料，为政府制定决策提供参考。

为了推动全国的研究工作，1982年6月，在广西南宁市召开了全国青少年犯罪研究学术讨论会，到会专家、学者、干部170余人，提交论文200余篇。在法学研究中，就青少年犯罪问题召开这样大规模的全国性的学术讨论会，在我国还是首次。在这次会议上，经过酝酿，正式成立了中国青少年犯罪研究学会，作为全国性的民间学术团体，其任务是组织、联络、协调各方面各地方的研究力量，开展对青少年犯罪的研究工作。学会总部设在北京，我国著名法学家、全国人民代表大会法律委员会副主任张友渔被推举为学会顾问。我国著名青少年教育家张黎群担任会长，著名法学教授曹漫之担任副会长，公安部、最高人民检察院、最高人民法院、团中央、总工会及四所政法学院都有一名常务理事，各省、市、自治区有1－3名理事，进入学会领导机构，并负责本系统、本地区的青少年犯罪研究的协调工作。

1982年8月，中国青少年犯罪研究学会常务理事会议决定，要对青少年犯罪的原因问题，综合治理问题，未成年犯罪的特点和预防战略，青少年犯的矫治问题，组织力量进行专门性的科学研究，并写出《中国青少年犯罪学》、《青少年犯罪心理学》、《青少年犯管教学》、《少年司法制度》等论著。1984年，这些项目被列为国家经济与社会发展规划哲学、社会科学研究的重点项目。

在此期间，中国青少年犯罪研究学会在有关方面的支持下，分别召开了华东、华北、西北、西南地区的青少年犯罪研究学术讨论会，一些省、市也都召开了省市范围内的学术讨论会，使得青少年犯罪研究在全国范围内广泛而深入的开展起来。

第三阶段：1985年到现在，为深入探求我国青少年犯罪规律和综合治理的理论体系与工作体系阶段。

1983年夏，我国开展了依法严厉打击严重刑事犯罪活动，并相应加强了社会治安综合治理的其他措施，使得刑事犯罪发案率大幅度下降。1981年和1982年每年发生刑事犯罪案件80万起上下；1983年，则下降到51.4万起；1985年为54.2万起，虽然比1981年和1982年为少，但比1984年又略有回升。其中，青少年作案的约占60%—70%；未成年作案的约占20%左右，并且出现了犯罪低龄化趋势。这说明，解决青少年犯罪问题，是一项长期而复杂的任务。

为此，就需要认真探求我国青少年违法犯罪的规律。同时，我国创造了综合治理的丰富经验，也需要系统化、理论化，并建立起科学的综合治理工作体系。为了完成这些重大的研究任务，中国法学会正组织专家撰写《中国社会治安综合治理学》，中国法学会会长王仲方担任主编。这一巨著的核心内容是探讨和预防青少年犯罪的问题。中国青少年犯罪研究学会拟组织力量对我国青少年犯罪规律进行深入的研究，这标志着我国青少年犯罪研究将达到一个新的水平。

以上，是我国青少年犯罪研究的发展概况。我国近几年青少年犯罪研究工作的主要特点有：

第一，党和国家重视。一方面，将青少年犯罪及其治理研究列为国家经济与社会发展规划中的哲学社会科学研究的重点项目，另一方面，成立了不同方面、不同层次的研究机构和学术团体。在1985年，经国务院批准，司法部成立了预防犯罪和劳动改造研究所，现在一边筹建，一边工作。所以，今后我国青少年犯罪研究工作一定会有较大的发展。

第二，坚持了理论与实际相结合，研究工作者、实际工作者相结合的原则。同时，各学科的专家参加，运用哲学、法学、社会学、心理学、生理学、教育学、伦理学等多种学科知识，进行综合性的研究，促使研究工作不断深入。

第三，开展广泛的国际间的学术交流，参考与借鉴外国学者的研究成果，吸取对我们有价值的东西。在司法部、中国法学会、中国青少年犯罪研究学会和有关部门的组织指导下，这些活动越来越广泛，越来越活跃。例如，1980年8月，我国派出代表团参加了在委内瑞拉首都加拉加斯召开的联合国第六届预防犯罪和罪犯待遇大会；1984年5月，我国派出代表和专家观察员参加联合国在北京召开的《青少年、犯罪与司法》专题专家会议，这次会议讨论了《联合国少年司法最低限度标准规则》（即《北京规则》）；

1985年，我国派出代表团参加了在意大利米兰召开的联合国第七届预防犯罪和罪犯待遇大会；1985年，我国派出代表参加了在北京召开的中国——联合国亚洲及太平洋区域预防犯罪与罪犯待遇研究所联合司法讨论会，着重讨论了刑事司法体系在预防与控制犯罪中的地位与作用。中国法学会、中国青少年犯罪研究学会、中国社会科学院、北京大学、中国政法大学、西南政法学院、华东政法学院、西北政法学院、中国人民公安大学，以及我国刑事司法部门，这几年均接待了许多外国学者，就青少年犯罪问题进行了学术交流。我国还翻译介绍了国际社会关于青少年犯罪的研究资料。这些交流活动，不仅促进了我国与各国人民之间的友谊，而且增进了我国学者同世界各国学者的相互了解，有助于我们开展比较研究。

三、我国青少年犯罪研究的展望

鉴于解决我国青少年犯罪问题的重要性和长期性，预计，今后我国青少年犯罪研究将有一个较大的发展。

第一，将对一些重大课题继续深入进行研究。例如：我国社会产生犯罪的根源问题；青少年犯罪趋势问题；青少年犯罪类型的变化问题；青少年犯罪低龄化问题；经济与社会的发展和青少年犯罪的关系问题；大众传播与青少年犯罪的关系问题；我国家庭结构的变化趋势与青少年犯罪的关系问题；文化环境与青少年犯罪的关系问题；综合治理社会治安的理论体系与工作体系问题；青少年犯罪的预防战略问题；青少年犯罪的教育挽救问题；重新犯罪率的控制问题等等，这些课题，均拟组织力量进行攻关性的研究，力求取得高水平的科研成果，为我国和国际社会治理青少年犯罪作出贡献。

第二，起草青少年保护法和有关青少年法规问题。

我国宪法、选举法、民法、民事诉讼法、刑法、刑事诉讼法、婚姻法、继承法、教育法等法律，都有关于青少年法律地位和合法权益的规定。保护青少年健康成长是我国一个重要的立法原则。但是，我国至今尚未制定出专门的青少年法规。根据法制建设的需要，为了用法律手段保护青少年健康成长，保障青少年合法权益，预防青少年违法犯罪，我国将陆续制定《中华人民共和国青少年保护法》，以及有关未成年案件的审理、处置、矫正的专门法规。制定具有中国特色的青少年法规体系，不仅是重要的立法任务，而且是重要的科研任务，我国青少年犯罪研究工作将为此项法制建设作出贡献。

第三，建立少年司法制度，培训专门人员。

随着我国青少年法规的制定，我国的少年司法制度必然要完备起来，需要大量有专门知识的人员。我国的研究机构和高等政法院校将拟定规划，担负起培训少年司法体系专门人员的任务。

第四，大学法律系和高等政法院校，根据国家教育计划，将开设青少年犯罪学或青少年法学课程，这就需要在研究的基础上，编写一套完整的具有科学体系的教材，以适应法律教学的需要。

第五，更加广泛的开展国际间的学术交流，例如，有计划地邀请外国专家来我国讲学，派出我国学者到外国讲学；同外国学者就某个或某几个项目开展合作性研究；参加双边或多边的国际学术会议；更多地翻译介绍外国学者的论著，并向外国介绍我国学者的论著，等等。通过这些学术交流活动，进一步增强我国和各国人民的友谊和相互了解，促进我国和国际上青少年犯罪研究事业的发展。我们过去已经初步奠定了国际学术交流的基础。随着国际间的学术交流进一步扩大，我们应该为此种交流积极作出必要的准备。

第 五 部 分

青少年犯罪研究学术团体简介

中国青少年犯罪研究学会

中国青少年犯罪研究学会经中国社会科学院和中共中央宣传部批准，于1982年6月在广西南宁市召开的全国第一次青少年犯罪研究学术讨论会上正式宣告成立。中国社会科学院青少年研究所所长张黎群被推举为会长，华东政法学院副院长曹漫之教授为副会长。1987年1月初，经学会常务理事扩大会议讨论通过，张友渔、廖井丹、王仲方、王照华、刘实、费路路为名誉会长，张黎群、曹漫之为会长，魏久明为常务副会长，谢昌逵、郭翔、徐建、张少侠、邓又天为副会长。后又增补戴宜生为副会长。

中国青少年犯罪研究学会是中国共产党领导下的群众性学术团体，挂靠在中国社会科学院。其宗旨和任务是：团结、联络、组织、协调从事青少年犯罪研究的专家、学者、公安政法干警及其他方面的研究力量，在马克思列宁主义、毛泽东思想指导下，综合运用哲学、经济学、政治学、法学、社会学、伦理学、教育学、生理学、心理学等多种学科知识，对我国青少年犯罪规律进行深入探讨，逐步形成具有我国特色的关于青少年犯罪问题的理论体系，为党和国家治理青少年犯罪的决策提供科学的参考性依据，并有计划地组织国内外的学术交流，推动我国社会科学研究事业向前发展。

中国青少年犯罪研究学会的成立反映了党和人民的需要，并且经过了充分的酝酿和准备。由于十年内乱之后青少年犯罪成为我国一个突出的社会问题，引起了社会各界的密切关注。1979年8月，党中央发出专门文件，提请全党重视解决青少年违法犯罪问题。1980年3月，在全国人大常委会法制委员会的支持下，由团中央发起在北京召开了“制定青少年保护法座谈会”。与会代表呼吁要加强对青少年犯罪问题的研究，抓紧制定《中华人民共和国青少年保护法》，用法律手段保护青少年健康成长，保障青少年的合法权益，抵制社会上的消极因素对青少年的腐蚀影响，预防青少年违法犯罪。会议决定成立《中华人民共和国青少年保护法》起草小组，在团中央领导下进行有关青少年保护法的起草工作。为了开展有组织有计划的研究工作，1981年8月，由中国社会科学院青少年研究所、共青团中央宣传部、公安部三局、最高人民检察院研究室、最高人民法院研究室、司法部研究室共同发起在山东省青岛市召开了“全国青少年犯罪研究规划会议”。会议决定在1982年召开全国青少年犯罪研究学术讨论会，并筹备成立中国青少年犯罪研究学会。青岛会议后，成立了以张黎群为组长的中国青少年犯罪研究学会筹备组，并拟定了学会章程草案。

经中国社会科学院批准，1982年6年在广西南宁市召开了全国首次青少年犯罪研究学术讨论会，到会代表170余人，提交论文200余篇。这是建国以来关于青少年犯罪问题的第一次学术盛会。张黎群、曹漫之主持了这次会议，中共中央宣传部特委派顾问廖井丹同志到会祝贺，并作了长篇讲话。在这次大会上，正式选举产生了中国青少年犯罪研究学会常务理事会，原则通过了《中国青少年犯罪研究学会章程》。张黎群、曹漫之任中国青少年犯罪研究学会正副会长，李景先任秘书长，公安部、最高人民检察院、最高人民法院、司法部、团中央、全国总工会、北京政法学院、西南政法学院、华东政法学院、西北政法学院各出一名常务理事，四所政法学院及中国社会科学院青少年研究所青少年犯罪研究室的常务理事还兼任副秘书长职务。大会以后，经过协商，各省、直辖市、自治区有1—3名理事进入学会理事会；学会并发展会员600余人。中国青少年犯罪研究学会的成立，标志着我国的青少年犯罪研究进入了一个新的阶段。

中国青少年犯罪研究学会成立后，紧紧围绕着探求我国青少年违法犯罪的规律及青少年犯罪学的学科建设，开展了一系列的组织联络工作和学术活动。主要有：

一、1982年8月，中国青少年犯罪研究学会在京召开了第一次常务理事会议。张黎群、曹漫之主持了这次会议。会议经过讨论，决定组织力量对青少年犯罪的原因问题、综合治理问题、未成年犯罪的特点和预防战略问题、青少年罪犯的矫治问题、青少年保护法的制定问题，进行专门性的科学研究，并写出《中国青少年犯罪学》、《青少年犯罪心理学》、《青少年罪犯管教学》、《少年司法制度》等论著。1983年，《中国青少年犯罪学》被列为国家经济与社会发展规划哲学、社会科学研究的重点项目。这次常务理事会还决定办好会刊《青少年犯罪研究》、积极而慎重地在全国发展会员工作，并且特邀我国著名法学家张友渔同志为中国青少年犯罪研究学会顾问。张友渔同志高兴地接受了这一邀请，并说："青少年犯罪研究很重要，我非常赞成这个学会的研究工作"。

二、创办会刊《青少年犯罪研究》，专门刊登有关青少年犯罪研究的成果与信息。截止1986年12月，已出版了54期，发表了300余万字的调查报告、学术论文和翻译文章，成为我国青少年犯罪研究领域一个重要的学术园地，受到公安政法干警、青少年教育工作者和社会科学研究工作者的欢迎。

三、有组织有计划地开展关于青少年犯罪问题的调查研究工作。其中主要有关于北京、湖北青少年犯罪现状的调查；同有关方面合作进行的青少年犯罪原因调查；关于"保外帮教"的调查；关于北京和天津流失生情况的调查；关于"严打"后新押青少年罪犯思想状况调查。在学会理事的参加下，各地也从实际情况和需要出发进行了地方性的调查，如农村青少年犯罪的调查，开放城市青少年犯罪的调查，特区青少年犯罪的调查，民族自治区域青少年犯罪的调查，以及女青少年犯罪的调查，犯罪低龄化的调查，学生犯罪调查，青工犯罪调查，各种犯罪类型的调查等。有的调查采取了先进的方法，并运用电子计算机进行统计分析。这些调查为建立我国青少年犯罪学的理论体系收集了大量资料，对我们探索青少年违法犯罪的规律提供了可贵的数据。

四、组织撰写《中国青少年犯罪学》，指导和支持有关方面编辑出版了一批有关青少年犯罪研究的专业书籍，为形成我国关于青少年犯罪问题的理论体系奠定了初步基础。《中国青少年犯罪学》由曹漫之同志担任主编。这部书已经列入国家"六·五"规划重点项目。经过编委和撰稿人的努力，已于1986年下半年统稿定稿，交群众出版社出版。以《中国青少年犯罪学》为中心，还编写出版了一些子项目，如《青少年犯罪心理学》、《青少年犯罪综合治理对策学》、《青少年犯罪综合治理概论》等学术专著。中国青少年犯罪研究学会成立以来，我国编印出版了一批关于青少年犯罪问题的图书资料。其中主要有：1983年9月《青少年犯罪研究》编辑部编印的《青少年犯罪研究文集》（上、中、下三册），收录文章112篇，计70万字；1984年6月编印的《青少年犯罪研究文集》（上、下两册），收录文章108篇，计65万字；1986年2月编印的《青少年犯罪研究资料》（上、下两辑），收录文章47篇，计32万字。华东政法学院青少年犯罪研究室等单位组织编写的《青少年犯罪学》,1986年由上海社会科学出版社出版。中国政法大学青少年犯罪研究室与湖北省青少年犯罪研究会等单位编印的《综合治理的理论与实践》、《团伙犯罪研究》、《外国犯罪研究资料专辑》（一、二、三辑）、《华北地区首届青少年犯罪研究学术讨论会论文集》、《综合治理在中国》（广西人民出版社出版）等书籍，约260余万字。西北政法学院青少年犯罪研究室编印的《青少年犯罪研究资料选辑》（第一、第二辑）、《西北地区青少年犯罪研究文集》等书籍，约计100余万字。一些省市的青少年犯罪研究学会也陆续编了一些有关青少年犯罪研究的书籍。这些丰硕的成果，反映出我国青少年犯罪研究空前的活跃。

五、组织召开学术会议，坚持“双百”方针，坚持理论与实际相结合的原则，有力地促进了青少年犯罪研究向广度和深度发展。

为了配合严厉打击严重刑事犯罪活动的斗争，有效地开展综合治理工作，中国青少年犯罪研究学会于1984年4月在贵州省贵阳市召开了“全国青少年犯罪团伙学术讨论会”，到会50余名专家、学者和实际部门的同志，提交论文40余篇。与会代表就我国当时出现的青少年犯罪团伙的特征、类型、性质、危害、产生原因及认定与处理标准等问题进行了热烈的讨论，并对如何正确地执行《刑法》和刑事政策提出了建设性意见，引起中央和地方公安政法部门的重视。会长张黎群对这次会议的召开给予关怀和支持；副会长曹漫之发表了书面讲话，并对会议的组织领导问题给予指导与安排。中国法学会常务副会长王仲方出席并指导了这次会议。

中国青少年犯罪研究学会各大区的常务理事、副秘书长及理事，在中国青少年犯罪研究学会的关怀与指导之下，与有关方面合作，分别召开了华东、华北、西北、西南等一系列区域性的学术讨论会，推动了各地青少年犯罪研究工作的发展，促进了社会治安的综合治理。

六、指导与支持成立地方性的青少年犯罪研究学术团体，使青少年犯罪研究的组织协调工作向网络化发展。据统计，截止到1986年12月，全国成立地方性青少年犯罪研究学会的省、直辖市、自治区有：天津、福建、江苏、江西、湖北、四川、甘肃、青海、新疆等。安徽、山东、河北、陕西等省正酝酿筹备成立省一级的青少年犯罪研究学会。已经成立的省、直辖市、自治区一级青少年犯罪研究学会，有的挂靠在公安政法部门，有的挂靠在法学会，有的挂靠在社会科学研究机构。这些学会在当地党委和政府的领导下，广泛地开展了学术研究和学术交流活动。这些学会和中国青少年犯罪研究学会在业务上保持密切的联系。

七、开展对外学术交流活动。1982年9月，学会常务理事魏久明、副秘书长郭翔、邵道生参加了司法部组织的同美国专家就青少年犯罪问题的学术座谈；1983年10月至11月，会长张黎群率中国青年研究工作者代表团赴日本考察了日本的青少年犯罪和少年司法制度；1985年副会长曹漫之教授应邀赴日本讲学并考察了日本的社会刑事犯罪；1984年5月，副秘书长徐建、郭翔及中国社会科学院青少年研究所青少年犯罪研究室主任赤光作为中华人民共和国专家观察员参加了联合国在北京召开的“青少年、犯罪与司法”专题专家会议；1985年12月，副秘书长郭翔作为特邀代表参加了联合国亚洲及远东地区预防犯罪和罪犯待遇研究所和中国政府联合召开的刑事司法讨论会；1986年5月下旬至6月上旬，副秘书长郭翔、理事王洛生参加中国法学会专家代表团赴美国圣迭戈大学参加了中美两国学者关于青少年犯罪问题的首次双边学术会议。此外，学会会长、副会长、常务理事、秘书长、副秘书长、理事及工作人员都多次参加了同美国、加拿大、日本、西德、罗马尼亚等国访华团体就青少年犯罪问题的学术座谈活动。上述这些对外学术交流活动，不仅增强了我国人民同外国人民之间的友谊和了解，而且促进了青少年犯罪问题的比较研究。

中国青少年犯罪研究学会1986年的主要工作及活动有：

一、1986年4月，中国青少年犯罪研究学会（华东片）与江苏省法学会联合在无锡市召开了“开放城市青少年犯罪动向和对策科学讨论会”。

二、1986年7月，曹漫之教授主持召开《中国青少年犯罪学》第二次编委会，研究了该书的统稿、定稿和出版事宜。

三、1986年9月，会长张黎群、副秘书长郭翔随同著名社会活动家费路路，应中共河南省委的邀请，参加了河南省平顶山培德学校（即姚孟劳教所）的命名典礼大会，并考察了一些地方的劳改、劳教和社会帮教工作，同省委、省人民政府就青少年犯罪的综合治理问题举行了座谈。并且商定，由河南省作东道主，由中国青少年犯罪研究学会发起、组织召开全国第二次青少年犯罪研究学术讨论会，着重就“七・五”期间我国青少年犯罪趋势和控制战略进行探讨，会议期间拟同时举办1979年以来全国青少年犯罪研究成果展览，并对河南省有关青少年犯罪的治理问题开展专家咨询活动。

四、1986年10月，学会决定编辑我国第一部《中国青少年犯罪研究年鉴》，组成了以张黎群为主任委员，以魏久明、郭翔为副主任委员的《中国青少年犯罪研究年鉴》编委会，并且聘请张友渔、王仲方、曹漫之、何建章、费路路、姚伦、梁国庆、王怀安、顾启良等同志为编委会顾问。同时确定以《青少年犯罪研究》编辑部和中国政法大学青少年犯罪研究室的人员为主组成《中国青少年犯罪研究年鉴》编辑部，负责《年鉴》的组稿工作。这部《中国青少年犯罪研究年鉴》的主要任务，是把1979年以来我国青少年犯罪研究领域里重要研究成果和学术活动汇集起来，载入史册。

五、1986年12月，中国青少年犯罪研究学会与全国政协法制组、北京市政协法制组共同发起在京召开了“两劳”人员重返社会安置帮教座谈会和报告会，并且联名发出关于做好“两劳”人员重返社会安置、帮教工作的《倡议书》，在社会上引起了很大反响。会长张黎群和全国政协法制组副组长李文杰、王悦尘、北京市政协常务委员费路路主持了这两次会议。著名社会活动家曾志等老大姐和司法部、北京市的领导应邀参加了会议，并讲了话。这两次会议，体现了青少年犯罪的研究工作和治理工作的结合，为我国青少年犯罪研究的方向开创出一条新的路子。

六、为了适应形势发展的需要，学会与中国社会科学院有关领导协商，决定在1987年1月初召开常务理事扩大会议，讨论通过学会领导机构调整方案及学会1987年工作规划。

（秦　吉）

附录1:

中国青少年犯罪研究学会章程

(1982年6月中国青少年犯罪研究学会成立大会原则通过)

第一条 中国青少年犯罪研究学会是在中国共产党领导下的群众性学术团体。

第二条 本会的指导思想是马克思列宁主义毛泽东思想,在"百花齐放、百家争鸣"的方针下,坚持从我国的实际出发,贯彻理论联系实际的原则,主要通过社会调查、实验研究、观察、统计等方法,进行青少年犯罪问题的理论研究,组织学术交流,吸收外国科学研究的成果。

第三条 本会的宗旨是研究青少年犯罪的规律,创建中国的青少年犯罪学;为党和国家预防和治理青少年犯罪提供科学依据;为维护安定团结,建设社会主义的物质文明和精神文明服务。

第四条 本会的工作:

一、召开中国青少年犯罪问题学术报告会、座谈会和讨论会。

二、由理事会协调全国青少年犯罪问题研究课题,有计划地开展社会调查和研究,提出调查报告和研究成果。

三、组织国内外青少年犯罪问题学术交流活动。

四、编辑出版会刊《青少年犯罪研究》,向出版部门推荐青少年犯罪研究的著作和译著。

五、发展会员。

第五条 会员:

凡是积极从事青少年犯罪问题研究以及邻近学科的研究工作者和实际工作者,具有一定的工作能力和实践经验的公安政法干警、教育工作者等,承认本会章程,志愿研究青少年犯罪,经本人申请,会员二人介绍或所属单位推荐,经常务理事会同意,都可以成为会员。同一单位有三人以上参加本会者,可为团体会员。

第六条 会员的权力和义务:

一、参加本会活动;

二、有选举权和被选举权;

三、对会务提出建议和批评;

四、积极完成理事会所委托的各项工作任务;

五、遵守本会章程和执行本会决议。

第七条 组织机构:

一、本会最高权力机关是全国会员代表大会。会员代表大会每四年召开一次，内容是审查理事会的工作报告，修订本会章程，选举新的理事会。必要时，会员代表大会可以提前或延期召开。

二、在会员代表大会闭会期间，理事会是本会最高领导机构。理事会每二年召开一次。理事会闭会期间，由常务理事会领导会务工作。常务理事会由会长一人、副会长若干人、秘书长一人、副秘书长若干人、常务理事若干人组成。

三、本会将邀请德高望重的学者和社会知名人士若干人担任顾问或名誉会长。

第八条　本会章程自学会成立大会通过之日起生效。章程的修改需经会员代表大会或理事会三分之二以上多数通过。

附录2：

中国青少年犯罪研究学会理事会名单

一、1982年—1986年中国青少年犯罪研究学会顾问、会长、副会长、秘书长、副秘书长、常务理事、理事名单

顾　　问：张友渔

会　　长：张黎群

副 会 长：曹漫之

秘 书 长：李景先

副秘书长：邓又天　徐　建　张少侠　郭　翔　邵道生

常务理事：张黎群　曹漫之　李景先　邓又天　徐　建　张少侠　郭　翔　雷　迅(女)辛　波　徐汉民　鲁风仪　魏久明　李双寿　唐俊杰　张仲绛

理事(常务理事除外)：王洛生　刘瑞峰　范国慧(女)　韩述之　王凌青　金志坤　杨若何　商志安　厉　田　谢松山　包　力　崔德义　杨文林　刘光焱　王滨如　刘孟宽　苗利洲　赵　可　李　温　李沙玲　司的克·买买提　张裔炯　刘敬先　林　江　戈　平　赵树民　房树杰　陈炎生　邱　健　陈剑森　沈忠俊　张　镇　邵玉华（女）　刘尚锋　郭辅轩　许前程　翁鑫水　杨　凡　严喜强　何直允　朱一士　王碧茹(女)　曲　加

二、1987年1月常务理事扩大会议讨论通过的学会名誉会长、会长、副会长、秘书长、副秘书长及部分常务理事、理事名单

名誉会长：张友渔　廖井丹　王仲方　刘　实　王照华　费路路

会　　长：张黎群　曹漫之

常务副会长：魏久明

副 会 长：谢昌逵　郭　翔　徐　建　张少侠　邓又天　戴宜生(1987年7月增补)

秘 书 长：肖约之(1987年7月调整担任)

副秘书长：单光鼐　赤　光　邵道生　张潘仕　白　岚(女)　张　荆　彭恒文　王金锐　刘成根(女)　许前程　张桐生

常务理事(新增补)：谢昌逵　戴宜生　肖约之　单光鼐　赤　光　张潘仕　白　岚(女)　张　荆　彭恒文　王金锐　刘成根(女)许前程　张桐生　曲　啸　马晶淼　张玲元　王洛生　杨若何　康树华　王明迪

理事(新增补)：周　路　任　昕(女)　皮艺军　储槐植　杨星华　孙世光　王喜文　康惠农

附录3：

中国青少年犯罪研究学会领导人介绍

张友渔

张　友　渔

张友渔，男，中国当代法学家、新闻学家、国际问题专家，中国青少年犯罪研究学会名誉会长。山西灵石人。1923年毕业于山西第一师范学校，继入国立法政大学法律系。1927年加入中国共产党。1930年底赴日本留学，“九一八”事变后，因反对日本侵略中国被驱逐。回国后在北平任《世界日报》总主笔，并任燕京大学、中国大学、民国大学、中法大学、北平大学法商学院教授，讲授宪法学、劳动法学、新闻学和日本问题。在此期间，在党的领导下从事文化统战工作，创办《世界论坛》杂志和《时代文化》杂志（后改为《文化动向》）。“七七”事变后，离北平去济南、开封等地，做党的工作，先后任中共山东联络局书记、中共豫鲁联络局书记。1939年春去重庆，作

为中国救国会领导人之一从事民主宪政运动。1941年春，去香港，任《华商报》总主笔。1943年在重庆，任中共南方局文委秘书长、《新华日报》社论委员会委员，中共重庆工作委员会候补委员兼政策研究副主任、《新华日报》代总编辑、生活书店总编辑。抗日战争胜利后，任中共代表团顾问，参加国共谈判。1946年，任中共四川省委副书记兼宣传部长、《新华日报》社长。1947年任晋冀鲁豫边区政府副主席兼秘书长、1948年4月任中共中央华北局秘书长。中华人民共和国成立后，历任中共北京市委副书记、书记处书记、北京市人民政府常务副市长、中国科学院哲学社会科学部副主任兼法学研究所所长、中国政治法律学会副会长、中国社会科学院副院长、中国法学会会长、中国政治学会会长、中国法学会名誉会长、中国青少年犯罪研究学会顾问、名誉会长，第一、二、三届全国人民代表大会代表兼法案委员会副主任，全国人民代表大会常务委员会法律委员会副主任，第六届全国人民代表大会常务委员会委员兼法律委员会副主任，第一、二、三、四、五届中国人民政治协商会议全国委员会常务委员。1982年任宪法修改委员会副秘书长，参与1982年宪法的起草工作。1978年中国共产党第十一届三中全会以来，还参加了中国多项重要法律制定工作。他对法学、新闻学、国际问题都有精湛研究，对宪法学造诣尤深，对中国的马克思主义法学理论建设卓有建树，主张法学研究必须坚持以马克思列宁主义、毛泽东思想为指导，运用历史唯物主义的立场、观点和方法，从中国的实际情况出发，批判地继承古今中外法律史遗产中一切有用的东西，为社会主义现代化建设服务。主要著作有：《中国宪政论》、《五五宪草批判》、《中国如何实行宪政》、《法学基本知识讲话》、《关于社会主义法制的若干问题》、《学习新宪法》、《报人生涯三十年》、《新闻之理论与现实》、《日本新闻发达史》、《东京统治者》、《二十六年来的日苏关系》、《建设战后新日本》、《日本国力再估计》等。他还担任《中国大百科全书》总编辑委员会副主任和《中国法学》编辑委员会主任、《辞海》编委会委员、法学分科编委主任。

张友渔同志关心与支持我国青少年犯罪研究工作。1982年8月，他应邀担任中国青少年犯罪研究学会顾问，说“青少年犯罪研究很重要，我非常赞成这个学会的工作。”当《青少年犯罪研究》创刊后，他题写了刊名。1983年，他写了“读《青少年犯罪研究》文章，指出，《青少年犯罪研究》是各个学科、各个部门交流工作经验，进行学术研究的园地。”“这一刊物，对搞好青少年犯罪的防治与综合治理工作发挥了积极的作用。”并祝愿这个刊物将在预防青少年犯罪和挽救失足青少年方面作出更多的有益贡献。他一贯对我国青少年犯罪研究人员的研究工作给予支持，对他们的学术成果给以肯定，为他们的书籍题词、作序，勉励他们在科学研究工作中作出更大成绩。1986年11月，他应邀担任《中国青少年犯罪研究年鉴》编委会顾问，对编辑出版这部巨书表示关注与支持，并写了《序言》。1987年1月，在中国青少年犯罪研究学会常务理事扩大会议上，他被推选为中国青少年犯罪研究学会名誉会长。

（韩延龙　钟　燕）

廖井丹

廖井丹

廖井丹，男，中共中央宣传部顾问，中国青少年犯罪研究学会名誉会长。1914年出生于四川省长寿县。自幼在农村读书6年。1926年在重庆就读时，发生英帝国主义军舰炮轰万县所制造的震动全国的“万县惨案，”廖井丹同志在学校革命教师的带领下，参加学生反帝爱国运动。1927年国民党反动军阀镇压工农商学示威集会，制造死伤近千人的“3·31”大惨案，廖井丹同志转入四川省涪陵新妙镇共产党人创办的师范读书，不久革命师生遭逮捕，学校被查封，廖井丹同志又转到重庆读书。

1930年在成都西南大学读书，参加共产主义青年团，开展革命活动。不久，学校校长、教育长（均系共产党员）被国民党反动军阀枪杀，大批革命师生被逮捕和杀害。廖井丹同志1931年调到北平，在反帝大同盟工作直至1933年。之后返回四川，开始给四川、北平和上海的进步报刊撰稿。1935年在四川江津等地组织《红军之友社》，后遭到国民党反动派破坏。1936年回到北平，参加北平作家协会，年底被派往太原军政训练班学习。

1937年5月加入中国共产党，到山西祁县的军士训练第二团做政治工作，任该团地下党支部书记。抗日战争爆发后，山西青年抗敌决死队第二总队，(年底成立第二纵队）成立后，廖井丹同志任大队政治主任、总队政治主任、纵队政治部副主任、主任。在此期间，曾到延安学习和工作约半年。

1939年底发生国民党第一次反共高潮，即所谓“晋西事变，”亦称“十二月事变”。山西当局准备向日投降，并向新军大举进攻。决死队第二纵队等部首当其冲，同敌人激战兼旬，后撤向晋西北，配合晋西北新军，扫除晋西北旧军。决死第二纵队等部由晋西北军区委任组成第八军分区，廖井丹同志任分区政治部主任。1940年底转地方工作，任《抗战日报》社长，兼晋西区党委宣传部副部长。1945年在东北工作期间，先后任《东北日报》副社长、社长、曾兼任新华社东北总分社社长。

1949年春入关，在汉口任《长江日报》社长，兼任华中局宣传部副部长。当年冬季调到重庆，任中共西南局宣传部副部长，一度兼任重庆《新华日报》社长。西南军政委员会成立后，兼任文委秘书长、新闻出版局局长。1955年起，任中共成都市委第一书记，后任四川省委书记。廖井丹同志在“文化大革命”期间曾受到冲击。1972年起任中共成都市委书记。1974年任中共渡口市第一书记，兼攀枝花钢铁公司党委第一书记。1977年起任中宣部副部长、顾问。廖井丹同志曾先后当选为全国人民代表大会第一届、第二届代表、全国政治协商会议第五届、第六届委员，中共第八次全国代表大会代表。

在1982年6月全国青少年犯罪研究学术讨论会暨中国青少年犯罪研究学会成立大会上，廖井丹同志代表中共中央宣传部赴会祝贺，并发表了重要讲话。1986年正值学会在新的历史条件下进一步开展研究工作和继续办好《青少年犯罪研究》会刊的时候，廖井丹同志给予很大的关怀和支持。1987年1月在中国青少年犯罪研究学会常务理事扩大会议上，廖井丹同志被推举为学会名誉会长。

王仲方

王仲方，男，安徽省芜湖市人。青年时期赴延安，投身中国革命事业，毕业于延安抗日军政大学。50年代，任中华人民共和国公安部办公厅副主任、罗瑞卿部长政治秘书。60年代，任中共青海省委常委、省委秘书长、省委政法领导小组组长。“文化大革命”中，身陷囹圄，遭受严重迫害。70年代后期起，先后担任中国社会科学院副秘书长兼法学研究所所长，中共中央宣传部办公厅主任、机关党委书记，中华人民共和国对外文化联络委员会副主任，中国法学会常务副会长等职。现任中国法学会会长、党组书记，中国青少年犯罪研究学会名誉会长。

王仲方

王仲方同志长期在政法部门从事政策法律理论研究工作。参与了50年代到60年代公安政法战线上的重要斗争，参与撰写过一系列有关公安政法工作的文件、报告、讲话和文章，并致力于法理学、刑法学及社会治安综合治理的理论研究。近几年来，发表的文章、讲话有40余篇，近30万字。他担任主编的《中国社会治安综合治理研究》一书，已经全国哲学社会科学规划会议确定为“七五”期间国家重点研究课题之一。这部大约100万字的著作，将对新时期的社会治安综合治理工作进行认真的探索，以期提出一套符合我国国情的、具有较高理论水平和应用价值的综合治理社会治安、为现代化建设创造良好的社会环境的系统理论和方法。王仲方同志的主要论著有：《论中国法学研究规划》(1979)、《人民民主专政学说的新发展》(1983)、《要把宪法作为全民的必修课》(1983)、《当前我国法学战线的形势和任务》(1983)、《我国法学研究事业在蓬勃发展》(1984)、《中国律师在社会发展中的作用》(1985)、《中外经济合作的法律保障》(1986)、《加强青少年犯罪研究，促进社会长治久安》(1986)、《我国法学研究的新局面与新发展》(1986)等。

王仲方同志在推动全国或地区性的、各法学学科的学术研究工作方面，做了大量的组织工作。他认为法学学术团体的主要任务就是发挥其团结法学研究工作者、法学教育工作者和法律工作者的优势，集中力量开展理论与实际相结合的法学研究和学术交流活动，用科学研究的成果来为发展社会主义民主、加强社会主义法制和社会主义现代化建设事业服务。他对法学会工作的性质、方法、规律等，发表过许多意见，介绍了一些地方好的作法和经验，促进了各地法学会工作的开展。在组织、推动法学界人士参加法制宣传和普及法律常识的工作方面，王仲方同志也做了许多工作。

王仲方同志积极组织、推动、参加中外法学界、法律界之间的学术交流与友好往来。他多次支持或发起中外法律界、法学界联合召开学术讨论会；重视了解国外法学动态；向国外法律界、法学界以及企业界介绍、宣传我国加强法制建设的事实与成就，回答他们关心的法律问题，解除他们对我国某些法律的疑虑。这些工作扩大了我国法学界在国际上的影响，加强了我国在国际法学界的地位和作用，增进了我国法学家与外国法学家的友谊与合作。

王仲方同志关心年轻一代法学人才的培养与成长。他通过演讲、推荐论文、平等探讨学术问题等方式，热情支持、帮助法律大学生、留学生尽快地成长。

王仲方同志一贯关心与支持青少年犯罪研究工作。1984年4月，他参加并指导了由中国青少年犯罪研究学会在贵阳召开的全国青少年犯罪团伙问题学术讨论会，1984年9月，参加并指导了在北戴河召开的华北地区首届青少年犯罪研究学术讨论会。在这两次学术会议上，他都作了指导性发言，提出对青少年犯罪问题要开展有组织的攻关性研究，力争有新的突破，为党和国家治理青少年犯罪提供科学依据和参考性意见。在他的倡导和发起之下，1986年5月下旬至6月上旬，派出中国法学会专家代表团，赴美国参加中美两国学者关于青少年犯罪问题的第一次双边学术会议，推动了青少年犯罪研究领域的对外学术交流。

王仲方同志还担任北京大学兼职教授、公安部咨询委员会委员、《中国法律年鉴》编辑委员会主任委员、中国人民对外友好协会理事、中国国际文化交流中心理事、中国法律咨询中心理事长、《民主与法制》杂志社社务委员会名誉主任、中国青少年犯罪研究学会名誉会长、《中国青少年犯罪研究年鉴》编委会顾问等职。他还是亚洲和太平洋地区法律协会中国理事、美国最大的法律组织——全美律师协会的名誉会员、法国比较法学会会员。

（毕 岸）

刘 实

刘 实

刘实，男，原名蔺善达、刘载。现任中国人民政治协商会议全国委员会委员，全国职工思想政治工作研究会副会长，中国青少年犯罪研究学会名誉会长。

刘实生于1924年，辽宁省辽中县都户镇人。父亲曾是东北军军官。“九·一八”事变后，随父辗转于关内；1939年流亡至四川，在罗江县（现为德阳市罗江县）的国立第六中学四分校读书，受共产党员教师和进步教师影响，参加抗日救亡运动，担任学生会主席和剧团负责人，办过宣传抗日救国的壁报。1941年初，反动政府打算逮捕进步学生，刘实闻讯离开该校，到了重庆。

1942年初，刘实在重庆与中共中央南方局青年组刘光、朱语今、张黎群、黎智等建立联系。当时由于国民党推行消极抗日、积极反共政策，使党的组织受到破坏，党员被迫转移和隐蔽，党与工人的联系受到很大影响。刘实决心不再升学，便进入重庆新基铁工厂当学徒，随后又到上川公司机械厂、民生公司机械厂等工厂做车工，在工人中交朋友，建立接受共产党领导的进步工人据点，组织工人为维护自己的权益和反对国民党独裁统治的斗争。1945年2月，曾参加反对特务抢杀工人胡世合的斗争，在党的领导下，组织机械厂等单位的请愿游行和罢工斗争。1945年9月至10月间，在中共中央南方局青年组领导下，建立了重庆机械工人和重庆印刷工人的民主工作队，系党领导下的进步工人群众组织，刘实担任总队长。1941年后，党在重庆停止发展党员，1945年恢复发展党员工作后，刘实是首先被发展的党员之一。在抗日战争胜利后，刘实参加组织合理遣散斗争，培训骨干，按照党组织的要求把这些骨干分到各地开展工作。

1945年底，刘实被南方局派往武汉从事地下党的重建工作。1947年下半年，刘实担任地下党湖北工作委员会委员、武汉市工作委员会书记。1948年，刘实担任武汉市委委员兼工委书记。1949年5月武汉市解放后，刘实任武汉市总工会和青年团武汉市委青工部部长，后又任市总工会宣传部部长、副主席。

1955年，刘实调全国总工会任组织部长、教育部副部长等职。1956年至1966年，兼共青团中央委员。1970年，调新疆工作，曾任自治区革委会宣传组组长、自治区党委宣传部副部长，1972年兼任新疆日报社的负责人。

1979年初，刘实调回全国总工会工作。1981年10月起，任全国总工会书记处书记，兼任全国职工教育管理委员会副主任等职。1985年底，刘实退居二线，担任全国政协委员，全国职工思想政治工作研究会副会长。刘实同志关心和支持我国青少年犯罪研究事业。1987年1月，在中国青少年犯罪研究学会常务理事扩大会议上，刘实被推选为中国青少年犯罪研究学会名誉会长。

（范　妍）

王　照　华

王　照　华

王照华，男，现任中国老龄问题全国委员会主任，中国青少年犯罪研究学会名誉会长。

王照华1938年春参加山东西区人民抗敌自卫团（八路军山东纵队第六支队的前身），成为一名游击战士。在老战士的带领下，进行抗日救国的宣传鼓动工作。同年5月，被派到山东军政干部学校（抗日军政大学一分校的前身）学习。毕业后被分配到中共苏鲁豫皖边区省委青年部工作，在敌后沂蒙山区的农村里，对青年进行抗日宣传及组织工作。1938年10月，任中共沂水县委青年部长、青年救国团副团长。1939年春天，率领沂水县青年救国团的代表团参加了苏鲁豫皖边区青年代表大会，被选为边区青年联合救国会执行委员。不久，日寇对沂蒙山区进行大扫荡，他到沂水五区依汶庄、孙祖一带组织和参加反扫荡工作。之后他被调回山东省青联工作，在沂南、费北、淄博等地进行战时动员和对敌斗争工作。

1940年秋天，王照华参加了在山东费县北部青驼寺举行的省参议会，和工、农、青、妇等各团体参加的联合大会，被选为山东青年联合救国会委员。

为了发动山东青年直接同日寇进行武装斗争，党组织了青年抗日先锋队这一武装组织，他被选为“青抗先”总队长。“青抗先”的队伍不断壮大，遍布山东抗日根据地，配合主力不断打击敌人。1940年冬，他由山东省各界救国联合会派遣与同当时在山东的八路军一一五师民运部共同组成联合会工作团，到山东滨海地区（今江苏省干于县）参加开辟抗日根据地的工作。在敌后根据地，为了更有效地动员群众参加抗日斗争，他带领一批男青年，与山东省妇联领导的姐妹剧团共同组建了联合剧团，在1941年10月19日鲁迅先生逝世日正式成立，演出过《黄河大合唱》和活报剧等。

1942年春天，党为了培养青年骨干力量，在山东建立了毛泽东青年干部学校山东分校（校长肖华），王照华担任秘书科长，参加学校的行政管理工作。同年夏天，他被组织分配到滨海地区先后担任地区青联的部长、副主任和主任等职务，组织青年参军参战，参加减租减息的群众运动。1944年，他到山东分局高级党校学习，参加了伟大的整风运动。1945年日寇无条件投降，他又投身到同敌占区接近的边缘地区，发动反奸、反霸的群众斗争，使长期在敌人压迫下的人民及早觉醒，组织起来形成人民的钢铁长城。1946年，随着根据地的不断扩大，大批新解放地区的知识青年要求学习。他被分配到滨海地区的滨北中学担任党的支部书记，带领学生一面学习，一面参加各种实际斗争。在国民党反动派发动全面内战后，这批青年分赴各条战线，成为骨干力量。之后，他回到中共华东局青委、山东省青联机关工作，为迎接新的大城市的解放，他在山东益都抵家庄开办青年干部训练班，为接管城市进行干部的准备工作。1947年，他在华东支前政治部青年科担任试办建立新民主主义青年团的工作。

1948年12月，王照华调到中央青委工作。1949年春节过后，他到北京参加了中国新民主主义青年团代表大会的筹备工作。1949年到1953年，他担任团中央研究室秘书、办公厅副主任、组织部副部长等职务。1953年底，他到北京市工作，担任团市委第二书记、第一书记，组织青年参加第一个五年计划的建设，领导开展青年班、组和青年突击队、青年突击手等竞赛活动，发挥青年的突击作用。

1960年，王照华调到团中央任书记处书记，分管国际联络工作和国内统战工作，并任全国青联副主席，多次参加国际性的青年会议。他历任全国政协第三、四、五届委员，四届常务委员。1975年，他曾任航天部第五研究院革委会主任、党委副书记、书记，参加了领导人造卫星的研制和试验发射工作。

1978年，王照华被中央指派领导了中国共产主义青年团第十次全国代表大会的筹备工作。之后，他被调到中共中央组织部工作，历任秘书长、副部长等职。1986年，他任中国老龄问题全国委员会主任。他一贯重视对青少年的教育工作，支持青少年犯罪研究事业。1987年1月，在中国青少年犯罪研究学会常务理事扩大会议上，他被推选为中国青少年犯罪研究学会名誉会长。

（范　妍）

费路路

费　路　路

费路路，女，著名社会活动家，中国青少年犯罪研究学会名誉会长，中国人民政治协商会议北京市委员会常务委员，北京市司法局原顾问，北京市关心青少年教育协会副会长，北京市第四特邀律师事务所主任律师，全国青年思想教育研究中心研究报告员。

费路路1913年生于北京。早在青年时期，她就追求进步。抗日战争时期，她在中国共产党地下组织的领导下，从事革命活动。1946年因地下组织被敌人破坏而转移到晋察冀解放区，先后担任察哈尔省立医院副院长、联合国救济总署英文秘书等职务。1948年被选为华北区临时政府人民代表。1949年初随人民解放军进入解放后的天津市，担任天津市高级人民法院审判员。1957年调任北京市高级人民法院审判员。当年，因发表“法律面前人人平等”的言论而被错划为“右派”；“文革”中又遭受到迫害。党的十一届三中全会后，获得彻底平反，恢复名誉。费路路虽然蒙受长达20余年的不白之冤，但她仍对党和社会主义保持着坚定的信念，并在力所能及的条件下为社会作些有益的工作，如在家里举办英语学习班，义务为一些年轻人辅导英语。1982年创办燕京高等外语学校，为社会培养出了一批批外语人才。

鉴于十年内乱后我国青少年犯罪大幅度增加，成为一个严重的社会问题，费路路深感不安，主动地投入到综合治理社会治安的伟大社会工程之中。她先后深入到北京市几所工读学校，给失足的孩子送书、送温暖，以博大的慈母之爱，感化这些走过邪路的孩子们的心灵；同他们谈心，谈教训，谈理想，谈前途，鼓励他们认真悔过，痛改前非，向昨天告别。费路路还和高士其、孙敬修、吴运铎等社会知名人士一起，深入到北京市的劳改、劳教、少管等场所，慰问干警，看望失足青少年。费路路的节假日几乎都是在这些场所度过的。随着她的影响的不断扩大，她的活动范围也不断扩大。她应邀赴河北省唐山少管所、秦皇岛劳教所、河北省第一劳改总队等单位做报告，开展教育、挽救失足青少年的活动。她的谆谆教诲，感动了多少“浪子”！有些正在服刑的青少年罪犯含着眼泪给她写信，说如不好好改造，“对不起政府，对不起费奶奶。”

1986年3月10日，费路路和革命老前辈曾志、林月琴、于若木、王定国大姐，在北京接见了河南省平顶山市姚孟劳教所的干警和七名即将解教的学员。她们象慈母一样教育这些失足而又有悔改的孩子。费路路对他们说：“过去的事就让它过去吧！一切全靠自己今后的努力。”希望他们“更加严格地要求自己，重返社会以后，要重新谱写历史的新篇章。”这五位在全国享有很高声誉的老大姐在接见会上呼吁“全社会都来关心失足青少年！”这次被称为“特殊的会见”的消息，经中央电视台、中央人民广播电台、《人民日报》、《中国法制报》、《中国青年报》播发以后，在全国引起强烈反响。1986年4月至5月间，费路路和这几位大姐又应中共浙江省委书记王芳、中共上海市委书记芮杏文的邀请，赴这两个地方考察了工读、少管、劳改及社会帮教工作。1986年9月，费路路和中国青少年犯罪研究学会会长张黎群、副秘书长、中国政法大学青少年犯罪研究室主任郭翔应中共河南省委的邀请，考察了劳改、劳教和社会治安的综合治理工作。1986年12月，在费路路的倡导和提议下，全国政协法制组、北京市政协法制组、中国青少年犯罪研究学会联合发起召开了“两劳”人员重返社会安置帮教座谈会。司法部、北京市人民政府的领导同志和一些著名的社会活动家、在安置帮教失足青少年做出突出成绩的企业家出席了会议，并发表了讲话，指出认真安置、帮教好重返社会的“两劳”人员，对于维护社会的安定、预防犯罪都具有重大意义，呼吁社会各方面主动做好这项工作。在座谈会上，三个单位还联名发出做好“两劳”人员重返社会安置、帮教工作的《倡议书》。之后，三个单位又联合举行了安置、帮教重返社会人员的经验报告会。这两次会议在社会上产生了广泛的积极影响。

费路路谢绝了住在国外的亲友要她到国外安度晚年的邀请，不顾七十多岁的高龄，常年累月地投入到教育挽救失足青少年的社会活动之中。她应聘担任了北京、天津、上海、河南、河北等省市的工读学校及劳改、劳教、少管单位办的特殊学校的名誉校长、董事、顾问、校外辅导员等职。她和曾志、林月琴、王定国、于若木、郝治平、邓六金、朱端绶、杨纯大姐及其他一些社会知名人士一起，为教育挽救失足青少年倾注了自己满腔的心血。费路路的活动得到党和政府的关心与支持，也赢得了工读学校的教育工作者、劳改、劳教、少管单位广大干警的尊敬，赢得了许多失足青少年的敬仰与信任。党和政府给费路路以很高的荣誉，先后评她为北京市和全国的“三八”红旗手，北京市政协的先进工作者。她的感人事迹，为《人民日报》、《中国法制报》、《中国妇女》等报刊和有关书籍广泛传播。这位以教育挽救失足青少年而闻名国内外的社会活动家曾经说过：“生命的价值，全在于有用。人到了老年，往往被他人认为无用。而老年人本身，则愈要证明自己之有用，从而证明自己的存在价值。”费路路正是这样“证明了自己的存在价值”。

费路路关心与支持我国的青少年犯罪研究事业。她多次参加中国青少年犯罪研究学会和其他方面组织的学术活动。她自己在调查研究的基础上，先后撰写发表了《家庭教育是综合治理的重要一环》、《青少年性罪错与家庭教育》、《工读学生失足原因调查》、《对北京市少管人员解管后安置情况的调查报告》、《特殊教育的艺术》等文章，受到有关方面的好评。费路路从自己的活动中深深体会到，我国的预防和治理青少年犯罪的工作，必须有理论的指导。她不断呼吁，中央有关部门应进一步重视与加强对青少年犯罪的研究工作，在人力、物力、财力和设施、手段等方面支持这项工作。1987年初，在中国青少年犯罪研究学会召开的常务理事扩大会议上，费路路被推举为中国青少年犯罪研究学会的名誉会长。现在她正在为研究与治理我国青少年犯罪的活动，做出更多的贡献！

（周逸飞）

张黎群

张黎群

张黎群，男，中共党员，我国著名青少年教育家，新闻学家，中国青少年犯罪研究学会会长，中国孔子基金会副会长，北京实验大学常务副董事长。

张黎群1918年5月5日出生于四川省蒲江县中兴场。在青少年求学时代，就追求进步，倾向革命。1936年参加革命，1938年加入中国共产党。先后在延安就学于陕北公学、马列学院，系统地学习马克思列宁主义理论和中国革命知识。

张黎群参加革命后，服从组织调配，兢兢业业为党工作。适应革命任务的需要，根据党的安排，他从事过党务、青运、宣教、新闻、工业、农业和基建工作。但以做青年工作的时间为最长。抗日战争和解放战争时期，张黎群历任党的支部书记、区委书记、县委书记、中心县委青年部长、组织部长、中共中央南方局宣传部、青年组工作人员等参与领导大后方青年运动；历任成都《战时学生旬刊》总编辑，重庆《新华日报》、华中《新华日报》、华东《大众日报》、山东《新潍坊报》主任、主编、副总编辑等职。抗日战争时期，他在周恩来同志担任书记的重庆中共中央南方局任职；抗日战争胜利后，他又随周恩来同志率领的中共中央代表团赴南京从事革命活动。张黎群在周恩来同志直接领导下进行革命工作多年，所受教诲，铭感至深。

中华人民共和国成立后，张黎群先后从事党的青年、教育、新闻、工业企业的领导工作。历任共青团中央委员、常委，《中国青年报》社社长兼总编辑，北京师范大学兼职教授，党的第八次全国代表大会代表，全国记协常委、全国青联常委等职。1957年"反右"运动中受到错误批判，1958年下放任县委书记，两年后调任中共中央工业部办公厅副主任、中共中央西南局办公厅副主任、办公室主任。后又下放任地委副书记。"文革"初期，报刊公开点名批判其著作、文章；接着，张黎群被停止党籍，身陷囹圄监督劳动达八年之久。1978年获得彻底平反，推翻了从1957年到"文革"期间强加在他身上的一切错误结论。

粉碎"四人帮"后，张黎群开始分配工作，先后任中共重庆市委委员、四川维尼纶厂建设现场党委书记兼指挥长；厂建成后任书记兼厂长，后调任浙江大学副校长、党委第二书记，协助钱三强校长（兼）工作。1980年下半年，国务院批准中国社会科学院建立青少年研究所，张黎群奉中央调令赴北京任该所所长、党组书记。1983年调任中共中央纪律检查委员会教育室主任，1986年离休。他身体健壮，斗志犹旺，以其主要精力从事我国青少年犯罪研究的学术和科研组织领导工作，并从事有关文化教育的社会活动和著述活动。

张黎群是党内笔耕勤奋的老干部之一。参加革命以后，他以工作任务为对象，做什么，写什么，几十年间，从未中断过写作著述，发表的文章累计数百篇。他所选题材广泛，形式多样，或论文，或散文、杂文，或诗歌，或政论，着力讴歌党领导的革命工作，抒发共产党人所具有的高尚革命情操。

张黎群是八十年代以来我国青少年研究事业的开拓者。他在主持中国社会科学院青少年研究所工作之初，即根据党和国家的需要，遵照中央负责同志的指示，确定青少年研究的五大课题：大中学生德育研究；青年待业与就业研究；青少年犯罪研究；中国青年运动史研究；国际青年问题研究。其中，青少年犯罪研究又是重点的重点。张黎群反复宣传开展青少年问题研究的重要性和迫切性，以期把这项关系到祖国未来的青少年成长问题纳入科学研究的轨道。在青少年研究所内，他亲自指导组建青少年犯罪研究室、青少年德育研究室、青少年劳动就业研究室、青年运动史研究室、国际青年问题研究室，并领导创办了《青少年犯罪研究》，充实加强《青年研究》编辑力量。为了引起全社会对青少年犯罪研究的重视，张黎群于1981年3月在杭州主持召开了“全国青少年问题研究座谈会”，这是一次把我国青少年问题纳入科学研究轨道的动员会。从此，我国青少年研究在全国范围内逐渐开展起来，并很快出现了空前的繁荣局面。他撰写的《青年研究的方向与方法》一书，对促进我国青少年研究工作，产生了积极的影响。

张黎群为了组织和推动我国的青少年犯罪研究，进行了一系列开拓性的工作：1981年8月，他主持召开了“全国青少年犯罪研究规划会议”。1982年12月，他领导成立了中国青少年犯罪研究学会筹备组。1982年6月，他主持召开了“全国首次青少年犯罪研究学术讨论会暨中国青少年犯罪研究学会成立大会”，在这次学术盛会上，他被推举为中国青少年犯罪研究学会会长。1982年8月，他和学会副会长曹漫之同志主持召开了中国青少年犯罪研究学会第一次常务理事会，讨论决定了有关开展青少年犯罪学的学科建设、学会组织建设等一系列重大事项。根据张黎群的提议，学会决定组织力量编写《中国青少年犯罪学》、《青少年犯罪心理学》等学术著作。1983年3月，全国哲学、社会科学“六五”规划部分学科会议在四川省成都市召开，张黎群主持了青年学科的规划分组会。会议将《中国青少年犯罪学》列入了国家重点项目。张黎群还支持与指导一些地方成立省、市一级的青少年研究机构和青少年犯罪研究学术团体，开展广泛而深入的研究工作。在张黎群的组织与推动下，以中国青少年犯罪研究学会的成立为标志，我国青少年犯罪研究进入了一个新的阶段。

为了使我国的青少年犯罪研究沿着健康的道路发展，张黎群在讲话和文章中反复阐明了加强青少年犯罪研究的必要性和重要性，开展青少年犯罪研究的指导思想及所应遵循的原则。他指出，青少年犯罪问题的研究，虽有其特殊的对象和范围，但它还是整个青少年研究的一个有机组成部分。因此，应当把青少年问题的研究同教育、培养青少年一代联系起来。我们决不可孤立地去研究青少年犯罪问题，当作一个纯学术的问题，而应明确它的研究方向是为促进社会秩序好转和长治久安服务，为青少年一代的健康成长服务，为社会主义物质文明建设和精神文明建设服务。他指出，遵照党中央关于“加强对青少年违法犯罪问题的研究，探求青少年违法犯罪的规律，更好地指导预防违法犯罪的工作”的指示，我们研究工作的出发点和着眼点，在于运用马克思列宁主义、毛泽东思想的原理，综合运用哲学、社会学、法学、伦理学、教育学、生理学、心理学以及其他现代科学知识，在深入调查研究的基础上，努力探求我国青少年违法犯罪的规律，以便使治理青少年犯罪的工作建筑在科学的基础之上。张黎群认为，青少年犯罪研究是一项艰巨复杂而又十分重要的工作，必须有科学的态度和方法，必须贯彻理论与实际相结合的原则，坚持“百花齐放、百家争鸣”的方针，并且需要有一支专业理论工作者和实际工作者相结合的研究队伍，要培养出一批高水平的专家。张黎群提出，北京、华东、西南、西北四所政法院校在教学与科研方面有着显著的优势，应当逐步成为四个犯罪研究中心。张黎群多次强调，我国青少年犯罪研究必须在党的领导下进行，必须取得公安政法部门和其他有关方面的指导与支持，必须与教育、挽救失足青少年的社会活动家结合，努力参加社会治安的综合治理，并且积极创造条件开展国际间的学术交流。张黎群所发表的《努力探求青少年违法犯罪规律》、《青少年犯罪研究的战略任务》、《综合治理青少年犯罪的理想境界与战略目标》、《学会的研究方向和工作方法》等文章，及在全国和地方召开的青少年犯罪问题学术讨论会上的讲话，对我国青少年犯罪研究事业的发展起了有益的促进作用。

张黎群非常重视在青少年犯罪研究工作中贯彻理论与实际相结合的原则。他不仅指导了有关犯罪的大规模调查工作，而且亲自参加社会治安的综合治理工作。他多次到劳改、劳教、少管单位考察，并做报告。1986年9月，他和著名社会活动家费路路应中共河南省委的邀请，参加了河南省平顶山市姚孟劳改所举办的培德学校的开学典礼，并且考察了河南省的劳改、劳教、社会帮教工作。在河南省第一监狱，他提出在办特殊学校中，要注意全面提高教育改造质量，要有适合特殊对象的一套教材。这些意见，引起了监狱领导的重视。在同省党政领导座谈时，他提出学会拟于1987年在河南省召开全国第二次青少年犯罪研究学术讨论会，邀请国内专家对河南省有关治理青少年犯罪的问题开展咨询活动。鉴于近几年“两劳”人员重返社会增多的情况，为了有效地预防他们重新犯罪，张黎群代表中国青少年犯罪研究学会参加和主持了由全国政协法制组、北京市政协法制组、中国青少年犯罪研究学会联合召开的“两劳”人员重返社会安置、帮教座谈会和经验报告会，三个单位联名发出《倡议书》，呼吁全社会都要关心、做好“两劳”人员重返社会后的安置、帮教工作。这两次会议，在社会上产生了广泛的积极影响。

为了使中国青少年犯罪研究学会的工作适应社会发展的需要，张黎群经过与中国社会科学院及有关方面协商，于1987年1月主持召开了中国青少年犯罪研究学会常务理事扩大会议，调整充实了学会领导机构，规划了学会今后的工作任务。为了把我国1979年以来青少年犯罪研究的重要成果和活动资料汇集起来，载入史册，张黎群领导主持了《中国青少年犯罪研究年鉴》的编纂工作，并担任编委会的主任委员。我国第一部关于青少年犯罪研究《年鉴》的问世，将以雄辩的事实说明，在我国社会科学研究史上，青少年犯罪研究的空白时代已经结束。

（郑 石）

曹漫之

曹 漫 之

曹漫之，男，中国青少年犯罪研究学会会长，法学家、社会活动家。山东省荣城县人。青少时期就参加革命，曾任中共胶东荣城县特支书记、县委书记、胶东特委书记、八路军胶东北海区行政督察专员公署专员、胶东行政主任公署主任、中国人民解放军胶东区支前司令部司令员。中华人民共和国成立后，历任中国人民解放军上海市军事管制委员会政务委员会副主任、上海市人民政府第一副秘书长、民政局长、区政委员会主任等。1952年开始，主要从事高等教育和哲学、社会科学研究的组织领导工作，先后担任复旦大学教授，华东政法学院教授，上海市哲学、社会科学联合会副秘书长、秘书长，上海市政协常委兼法制研究委员会副主任，华东政法学院副院长，上海市法学会副会长，《法学》杂志主编等。现在是上海社会学学会会长，上海犯罪学学会会长，中国社会学学会顾问，华东政法学院青少年犯罪研究所名誉所长。1982年6月，中国青少年犯罪研究学会成立，当选为副会长；1987年1月当选为会长。

曹漫之教授长期从事法学、社会学的研究和科学组织领导工作，对经济、历史、美学问题也有研究。1979年以后，他在上海致力于青少年犯罪问题研究的宣传、组织、领导工作，亲自与上海市公安局的领导一起，组织进行系统的青少年犯罪问题的社会调查，组建了我国第一个以马列主义、毛泽东思想为指导、专门从事青少年犯罪问题研究的专门机构——华东政法学院青少年犯罪研究室，创办了专业期刊，组织各方面力量进行上海市青少年保护法的立法起草工作。1982年，他配合中国社会科学院青少年研究所所长张黎群同志，为建立中国青少年犯罪研究学会作了大量工作，被选为学会副会长。他在青少年犯罪研究方面的许多文章、讲话中提出，要建立具有中国特色的青少年犯罪学，把中国预防、减少、治理青少年犯罪的经验上升为理论；主张我国犯罪学和青少年犯罪学的理论和经验应当进入国际讲坛，为世界犯罪学、青少年犯罪学的发展作出贡献。1983年，他接受学会的委托，亲自承担了国家哲学、社会科学六五规划重点科研项目《中国青少年犯罪学》的主编，在全体编委的共同努力下，1986年已完成该书的撰写、修订工作，由群众出版社出版。他主编的重要著作还有《〈唐律疏义〉译注》等。

(华燕政法学院青少年犯罪研究所)

魏久明

魏久明，男，生于1933年。江西省安义县人，汉族。青少年研究专家，业务职称编审。中国青少年犯罪学会常务副会长。

魏久明于1949年7月参加革命，后长期从事青年和宣传教育工作。参加工作后不久，曾到农村参加剿匪反霸，土地改革，当过连指导员、土改工作队长。后任团县委组织部长、团地委办公室主任、团省委宣传部副部长、秘书长。1959年至1965年期间，担任过《中国青年报》驻江西记者站站长，1965年至1968年担任《江西青年》杂志、《少年先锋》杂志总编辑。1978年调共青团中央工作，任宣传部副部长、部长。1983年担任《中国青年》杂志总编辑。

魏久明在团中央宣传部工作期间，曾对青少年违法犯罪问题作过广泛的调查研究。1979年，参与中宣部、公安部、团中央等八单位《关于提请全党重视解决青少年违法犯罪问题的报告》文件起草工作。1980年3月，团中央在北京首次召开有各届代表参加的"制定青少年保护法座谈会",他在会上全面介绍了我国青少年犯罪的历史演变和现状,分析了犯罪产生的原因，并提出了对犯罪预防治理的建议。1980年8月25日至9月5日，联合国在委内瑞拉首都加拉加斯召开了第六届预防犯罪和罪犯待遇大会，我国政府第一次派代表团参加这类国际会议。魏久明是代表团成员，并以中国政府代表身份参加大会第一委员会关于《少年犯罪审判和司法：少年犯罪行为前后》专题的讨论。魏久明起草的关于我国防治青少年犯罪问题的发言稿在大会宣读后，引起很大反响。1981年，魏久明在《一个值得重视的社会问题》一文中，提出社会主义时期青少年犯罪原因除阶级斗争因素外，与"社会进步和青少年健康成长平衡发展"有关，这方面"比例失调"，青少年犯罪率会增长。1982年在《青少年犯罪预防战略》一文中，提出"三线预防"的构想，强调要做好纵向的预防工作。1984年，在《把握趋势，主动预防》一文中讲到预防犯罪具体实施方案时，提出要把早期教育和预防当成预防青少年犯罪的重点，把家庭当作预防青少年犯罪的中心，把抓好业余生活当作预防青少年犯罪的关键。1985年，发表《共青团与青少年犯罪的综合治理》文章，总结了共青团组织在预防青少年犯罪的基本作法和经验。

近年来，魏久明撰写和发表的有关青少年犯罪研究的论文和文章有20多篇，共21万多字。其中三篇在美国、加拿大、日本转载。发表。并魏久明还参加了和美国、意大利、日本和罗马尼亚等国研究犯罪问题的专家进行过学术交流活动。

1982年6月，在中国青少年犯罪研究学会成立大会上，他被推选为常务理事。1987年1月，在中国青少年犯罪研究学会常务理事扩大会议上，魏久明被推选为常务副会长。

（下　步）

谢　昌　逵

谢昌逵，男，生于1928年，青少年研究专家，中国青少年犯罪研究学会副会长。

谢昌逵青年时代就读于燕京大学新闻系，1949年参加北平青年工作委员会工作。1950年调团中央参加筹办《中国青年报》。1979年到团中央研究室工作，开始调查研究青少年犯罪问题。1980年团中央研究室主办中国青少年法规座谈会，会后成立中华人民共和国青少年保护法起草小组，谢昌逵同志参加小组工作并任负责人。1981年成立中国社会科学院青少年研究所，谢昌逵从团中央调到该所工作任《青年研究》主编。在1981年8月由青少年研究所、团中央宣传部、公安部三局、最高人民检察院研究室、最高人民法院研究室和司法部研究室共同召开的全国青少年犯罪研究规划会议上，作关于有组织有目的地研究青少年违法犯罪问题的规划说明报告。在此期间，曾就综合治理、道德教育、建立青少年法规等写过论文。1981年12月，根据青岛规划会议精神，谢昌逵负责组织北京政法学院、华东政法学院、北京大学法律系、中国人民大学法律系研究青少年犯罪的同志，编辑了一套《青少年犯罪研究资料》，共四辑，合计140万字。这是我国第一次编辑出版比较系统的青少年犯罪研究书籍。1983年和1985年，谢昌逵同志曾赴日本考察，撰写发表过关于日本少年司法制度的文章。1985年青少年研究所与社会学研究所合并，谢昌逵同志到社会学研究所工作，任青少年研究室主任，并被选为社会学研究所学术委员会委员。1987年1月，在中国青少年犯罪研究会常务理事扩大会议上，他被推选为副会长。

谢昌逵同志曾任中国婚姻家庭研究会副会长，现任常务理事。曾创办《青年研究》、《婚姻与家庭》杂志，并任两杂志第一任主编，写有关于青少年问题及婚姻家庭方面的一批论文。 （景 堂）

郭 翔

郭翔，男，中国青少年犯罪研究学会副会长，中国政法大学青少年犯罪研究室主任，校科研职称评审委员会委员，副研究员，兼职律师，《青少年犯罪研究》杂志主编，北京市关心青少年教育协会常务理事。

郭翔于1933年8月出生在山东省成武县刘土城村。1950年11月在山东省成武县师范学校读书时加入新民主主义青年团，1950年12月参加中国人民解放军，1955年考入北京政法学院法律系学习，1956年3月加入中国共产党，1959年8月以优等生资格留校任教，担任法律系和政治理论教育系本科生中共党史课程的主讲教师，1962年至1963年曾在中国人民大学历史系进修中共党史专业。“文化大革命”中北京政法学院被撤销，郭翔调至交通部科学研究院工作，后又调至交通部政治部组织部工作。1979年10月，回到复办后的北京政法学院，以主要精力从事青少年犯罪的研究工作。1980年3月参加团中央召开的“青少年保护法座谈会”，并应邀参加《中华人民共和国青少年保护法》起草小组，参与一至六稿的草拟工作。1981年3月，他应邀参加“全国青少年研究座谈会”，并受委托起草全国青少年犯罪研究规划。1981年8月，参加“全国青少年犯罪研究规划会议”，讨论制定了我国第一个青少年犯罪研究规划。1981年12月，他作为北京政法学院的代表参加中国青少年犯罪研究学会筹备组。1982年6月，在中国青少年犯罪研究学会成立大会上，他被推选为常务理事兼副秘书长。1982年9月，他担任北京政法学院青少年犯罪研究室主任(1983年后为中国政法大学青少年犯罪研究室主任)。1986年，担任《青少年犯罪研究》主编。1987年1月，在中国青少年犯罪研究学会常务理事扩大会议上，他被推选为学会副会长。

郭翔是我国较早从事青少年犯罪研究的学者之一。他先后撰写发表了《论青少年团伙犯罪》(1981年)、《我国有关青少年法规概述》(1981年)、《论流氓团伙犯罪》(1984年)、《论对青少年犯罪的综合治理》(1984年)、《综合治理与犯罪趋势预测》(1986年)、《加强对青少年犯罪趋势的预测》(1986年)、《关于青少年犯罪类型的研究》（1986年）等具有较高学术价值的论文。他参加主编的有关青少年犯罪的专业书籍有：《团伙犯罪研究》（1984年）、《综合治理的理论与实践》（1984年）、《华北地区首届青少年犯罪研究学术讨论会论文集》（1984年）、《综合治理在中国》（1985年）、《外国犯罪研究资料专辑》（一、二、三辑）、《北京市首届青少年犯罪学术讨论会刊》（1986年）、《青少年法学概论》（1987年）、《青少年法学参考资料》（1987年）等；并担任国家"六五"规划重点项目《中国青少年犯罪学》编委，承担《类型篇》有关章节的撰稿工作；担任国家"七五"规划重点项目《中国社会治安综合治理研究》的编委及撰稿任务。从1980年起，他在报刊上发表的关于青少年犯罪的学术论文有30余万字；主编的专业书籍约300万字。

郭翔在研究工作中始终坚持理论联系实际的原则。他先后深入到广东、湖北、北京、河北、河南等劳改、劳教少管单位进行调查研究，广泛地参加全国性的和地方性的学术会议。郭翔多次参加由司法部、中国法学会、中国青少年犯罪研究学会等单位组织的对外学术座谈，向美国、加拿大、联邦德国、日本、意大利等访华的外国专家介绍我国青少年犯罪研究的成就。1984年5月，他应邀作为中华人民共和国专家观察员，参加了联合国在北京召开的"青少年、犯罪与司法"专题专家会议。1985年12月，他作为特邀代表参加了联合国亚洲及远东区域预防犯罪和罪犯待遇研究所同中国政府在北京联合召开的"刑事司法讨论会"，承担了会议向联合国报告中的政策性建议部分的草拟工作。1986年5月下旬至6月上旬，他作为中国法学会专家代表团成员，赴美国圣迭戈大学参加了中美两国学者关于青少年犯罪问题的首届双边学术会议，并提交了学术论文。

郭翔在中国青少年犯罪研究学会的指导下，主持召开了"华北地区理事扩大会议"（1983年）、"华北地区首届青少年犯罪研究学术讨论会"（1984年），促进了华北地区青少年犯罪研究工作的开展。近几年来，他还应邀到一些省、市、自治区有关单位进行讲学活动，并参加社会治安的综合治理活动。

郭翔发表的其他著述有：《从彭德怀同志冤案到刘少奇同志冤案》（1980年），《外国青少年犯罪趋势及特征》（1985年）；参加主编《滥用职权违法犯罪资料汇编》（1981年）、《中学法律课程教学参考资料》（1982年）、《人民调解在中国》（1986年）、大型法律工具书《中国企业管理法律知识手册》（工人出版社1986年9月第一版）。

（晓　炜）

徐　建

徐建，男，中国青少年犯罪研究学会副会长，华东政法学院青少年犯罪研究所副所长、副教授，浙江省宁波市人。1934年出生于山东省烟台市，后随父母辗转于武汉、重庆、宁波等地。中学毕业后先后就读于上海复旦大学、华东政法学院。1954年大学毕业，在华东政法学院担任刑法、刑事侦察学教学工作，编写教材并讲授《刑事侦察学》。华东政法学院撤销后，转到上海社会科学院哲学研究所，从事哲学、自然辩证法的研究工作，发表过《科学技术革命》等论文，并与人合译发表《辩证唯物主义与自然科学》一书。十年动乱以后，在上海市科学技术委员会从事政策研究工作。1979年华东政法学院恢复，继续从事刑事侦察学的教学，讲授《刑侦原理》、《青少年犯罪学》，以后在领导支持下，集中力量专职从事青少年犯罪问题的研究，任青少年犯罪研究室副主任、《青少年犯罪问题》杂志主编、上海犯罪学会理事等。

党的十一届三中全会以后，我国法学、社会科学出现了兴旺发达的新局面，他是在中央正确路线指引下，比较早就利用其原有的专业基础开始对我国青少年犯罪中一些较迫切的实际问题进行多侧面研究的学者之一。1980年曾发表《青少年犯罪问题研讨》、《一个事关未来的社会问题》等论文；1981年发表《略论青少年犯罪新形态》、《青少年违法犯罪趋势预测》、《刑事侦察中的青少年犯罪预防》、《青少年犯罪及其立法原则探讨》、《赌博心里析》（获《青年一代》杂志好稿奖）等论文或文章。1982年，中国青少年犯罪研究学会成立以后，先后发表的主要文章有《青少年犯罪的几个问题》（获上海市高等学校哲学社会科学论文奖）、《大中城市青少年犯罪综合治理体制研讨》、《我国青少年犯罪的现状和综合治理战略》、《开放城市的青少年犯罪治理的特点和战略》（获华东地区青少年犯罪科学讨论会优秀论文奖）、《我国农村青少年犯罪的几个问题》、《试论建国以来我国青少年犯罪的发展变化》、《试论新技术革命与青少年犯罪》、《青少年犯罪团伙发展的趋势》（获上海市哲学社会科学优秀论文奖）、《关于制定青少年犯罪综合治理法的论证和建议》、《我国少年司法制度的基本做法和经验》、《论资本主义犯罪学的现状和危机》等。他参加或主编的著作有：《中国青少年犯罪学》、《青少年犯罪学》、《上海青少年保护条例立法纪实》、《上海青少年保护条例讲话》等。此外，他还翻译和编辑了不少国内外青少年犯罪研究的有关资料。

他重视理论联系实际，关心各方面的协作。经常与实际部门一起组织青少年犯罪的基础社会调查或专题社会调查，掌握第一手的研究资料。1981年接受中国社会科学院青少年研究所委托参加起草了我国第一个全国青少年犯罪研究规划，并拟定研究参考课题100个。1982年参加中国青少年犯罪研究学会的筹备工作，在当年六月召开的成立大会上，他被选为学会常务理事兼副秘书长。1983年参加我国哲学社会科学"六五"规划重点科研项目——中国青少年犯罪学的撰写工作。几年来，他在中国青少年犯罪研究学会会长、副会长领导下，与华东地区的理事们一起，依靠有关省市的支持，组织了华东地区的"农村青少年犯罪科学讨论会"、"开放城市青少年犯罪动向和对策科学讨论会"等学术会议。1985年底，上海市人大法制委员会领导起草《上海市青少年保护条例》，该《条例》于1987年通过试行。他任起草办公室副主任，直接参加我国第一部综合性的地方青少年法规的起草工作。　　（东　硕）

张　少　侠

张少侠，男，中国青少年犯罪研究学会副会长，西北政法学院法学研究所副所长兼西北政法学院青少年犯罪研究室主任，副研究员。

张少侠1927年3月生，陕西省韩城市人。1948年入延安大学韩城分校，1949年5月调陕甘宁边区公安厅工作。1950年至1954年任陕北公安部科员，1954年秋调陕西省公安厅任副科长、科长。1973 年任韩城矿务局下峪口煤矿政治处主任，党委副书记；1976 年调任韩城矿务局保卫处副处长；1979 年调任西北政法学院科研处副处长、处长兼青少年犯罪研究室主任；1986年调任西北政法学院法学研究所副所长。

张少侠同志是西北地区青少年犯罪研究发起人之一，曾任中国青少年犯罪研究学会常务理事、副秘书长，现任中国青少年犯罪研究学会常务理事、副会长，陕西省法学会青少年犯罪研究会总干事。南安市法学会常务理事，陕西省心理学会理事。

1982年以来，张少侠先后主持召开过西北地区青少年犯罪研究学术讨论会三次，负责召开中国青少年犯罪研究学会理事西北片会三次，发展了一批会员，加强了西北五省区的横向协作，促进了西北地区青少年犯罪研究工作的开展。他经手编辑、出版的资料和专著有：《青少年犯罪研究资料汇编》上、下两集；《西北地区青少年犯罪研究文集》一册；《发生在你身边的事情》，1958年陕西人民出版社出版；《青少年犯罪向我们提出的问题》，1983年群众出版社出版；《弱女鉴》，1984年群众出版社出版；《中华人民共和国法律图解》一、二册，1986年陕西教育出版社出版；《青少年罪犯的改造》，1986年陕西未来出版社出版；《公民法律实用手册》，1986年陕西人民出版社出版；《青少年犯罪比较》，1987年兰州大学出版社出版；《经济法律词典》，1987年陕西师范大学出版社出版。

张少侠撰写的论文有：《论当前我国青少年犯罪的特点》（1982年），《论社会治安综合治理的责任制》1984年，《深圳特区青少年犯罪调查》（1985年），《西安市自强路社会调查窥视》、《西安市四十八中法制教育出色》、《我国帮教工作的理论与实践》(1987年)。

张少侠是西北五省区法学学术研究协作的积极推动者。自1986年以来，他联系沟通西北五省区法学界的相互联系与协作，协商组成西北五省区法学学术协作委员会，被推选为秘书长。在他主持下，先后召开了两次协作委员会议，研究确定协作项目与规划，促进了法学研究，并已取得了一批研究成果。1987年9月又与甘、青、宁、新的法学界同仁集资在嘉峪关市召开了西北五省区法学学术讨论会，会议规模达百余人，讨论中心是政治体制改革与法制建设。这次会议进一步促进西北五省区法学研究的横向协作，推动西北五省区法学研究的开展。

（安　平）

邓　又　天

邓又天，男，中国青少年犯罪研究学会副会长，西南政法学院教授，硕士研究生指导教师。四川省南充县人。1922年出生，1938年入党，四川大学法律系毕业；1953年毕业于中央政法干部学校第一期。入党后，在小学、中学、大学学习期间，从事党的学生运动等革命工作。1949年被敌人逮捕入狱，屡受酷刑、活埋，但他铁骨铮铮，志坚不屈。新中国成立以来，曾任四川南充人民法院院长、西南政法学院工会副主席、刑法教研室主任兼青少年犯罪研究室主任、讲师、副教授、中国青少年犯罪研究学会常务理事、副秘书长、重庆市法学会常务理事等职。1955年至1956年期间，参加全国人大常委会法律室主持的《中华人民共和国刑法》起草工作。1957年参加司法部召开的全国刑法教学经验交流会议。

邓又天同志现兼任中国法学会刑法学研究会干事，四川省法学会副会长及刑法学会名誉干事长，四川省高等学校教师高级职务评审委员，重庆市社联理事，重庆市人民政府法律顾问，西南政法学院学术委员、学位委员、教师高级职务评审委员、刑法学科教材编审主任委员等职。从1979年以来，一直是刑法硕士研究生的指导教师，讲授《刑法学》等课程。

邓又天同志在西南政法学院担任教学工作三十多年期间，讲授过的课程有：《中华人民共和国刑法》、《我国现行法律》、《刑法学》、《外国刑法专题》等。听课对象有本科学生、研究生，县级公、检、法、司负责同志、司法部主办的全国大专院校刑法教师、国家教委在西南师范大学主办的西南地区各大专院校处、部委以上的负责同志等。他在教学中，坚持以马列主义、毛泽东思想为指导的刑法学理论，联系实际，教书育人，一直受到学生好评。

邓又天同志在教学中，编写过的教材有：《中华人民共和国刑法》、《我国现行法律》、《人民司法》等课程讲义、提纲、案例、论文选等，发给本科、专科、干训学生、研究生等作为教材及参考之用。同时，还撰写教育部、司法部主办的全国各大学法学教材《刑法学》的部分章节（法律出版社已出版）、主编并撰写（部分）国家“六五”规划重点科研项目专著《劳动改造罪犯的理论与实践》（法律出版社出版）。他合写的书还有《中华人民共和国刑法知识讲话》（获四川省1984年优秀科研论著二等奖，1979年《人民司法》刊载，《人民日报》部分转载）。他撰写的文章有《论我国刑法中的类推》（获重庆市优秀科研奖）、《论反革命罪的特征》、《西方国家刑罚制度中的缓刑与假释》等二十余篇，均系全国、省级刊物刊载，有的文章为其他报刊转载或摘要转载。

邓又天同志撰写了关于青少年犯罪的文章近十篇，如：《坚持综合治理的方针，加强青少年犯罪研究》（西南政法学院校庆三十周年《学术论文集》）、《改造青少年犯罪，必须惩罚与教育相结合》（《青少年犯罪研究》1984年第4期）、《综合治理是减少和预防青少年犯罪的有效对策》（《青少年犯罪问题》1984年第1期）等。

邓又天于1982年6月被选为中国青少年犯罪研究学会常务理事兼副秘书长。他在西南政法学院党委领导下，主持筹备成立了青少年犯罪研究室。为了传达、贯彻中国青少年犯罪研究学会1982年6月南宁会议及1982年8月北京常务理事会议的精神，在有关省、市的支持下，邓又天同志于1983年2月在重庆主持召开了中国青少年犯罪研究学会西南片理事扩大会议。在会上，进行了青少年犯罪学术交流，传达了南宁会议、常务理事会议精神，成立了中国青少年犯罪研究学会西南片联络小组（邓又天同志任组长），讨论了西南地区青少年犯罪问题学术研究规划。这次会议，对推动西南地区，特别是重庆市青少年犯罪研究工作起了一定作用。

邓又天同志是我国刑法学界和青少年犯罪研究领域著名的学者。1987年1月，他被推举为中国青少年犯罪研究学会副会长。他不仅自己以勤奋的精神进行教学与科研活动，而且还发现、培养了一些年轻研究人员，为我国青少年犯罪研究事业作出了可贵的贡献。

（含　章）

戴宜生

戴宜生，男，中国青少年犯罪研究学会副会长。1928年生，四川省重庆市人。1944年由重庆南开中学考入昆明西南联大经济学系。1946年联大复校乃转入北京清华大学，1948年毕业于清华大学经济学系。同年加入中国共产党。1948年至1949年在重庆大学经济学系任助教。1949年底起，先后在重庆市军管会、重庆市公安局工作。1951年初奉调随人民解放军进藏部队行军西藏，先后在西藏自治区公安厅等单位工作。1978年调到公安部工作，现任公安部公共安全研究所代理所长。

戴宜生调到公安部工作后，负责编译有关国外治安和警察部门的资料，以供领导和有关部门参考。1983 年评定为副编审。公安部公共安全研究所成立后，他曾组织召开"中国刑事犯罪趋势预测研究讨论会"邀集中央有关部门同志和专家学者就我国今后的犯罪趋势、预测研究的重要意义、内容、方法进行了探讨。他领导公共安全研究所编译了一些外国警察体制资料，并设计出我国公安指标体系，为建立我国的公安统计制度奠定了基础。1987年４月，戴宜生出席了在河南省平顶山市召开的中国青少年犯罪研究学会第二届学术讨论会，在会上作了"当前我国青少年犯罪的趋势及特点"的重要发言，受到与会同志好评。会后他将发言整理成文，在《青少年犯罪研究》1987年第10期上发表。在1987年７月召开的中国青少年犯罪研究学会常务理事会议上，他被增补为常务理事、副会长。　　　　（京　恭）

天津市青少年犯罪研究学会

在中共天津市委政法委员会、中国青少年犯罪研究学会和天津市社联及有关单位的大力支持下，经报请中共天津市委政法委员会和市人民政府批准，于1983年7月6日正式成立了天津市青少年犯罪研究学会。大会经过民主协商和充分酝酿讨论通过了《天津市青少年犯罪研究学会章程》，选举了由天津市社会科学院、南开大学以及本市公、检、法、司、教育等单位共15人组成的理事会，会长为陶毅民、副会长为杨若何（兼秘书长）、赵玉衡。同时，会议还决定建立学会秘书处，挂靠在市公安局，作为学会的具体办事机构，并配备专职干部一名，负责组织、协调和规划学会的各项活动。

一、适应社会治安形势需要，召开了四届学术讨论会

学会成立以后，紧密围绕党在新的历史时期的工作重点，适应社会治安形势的需要，先后召开了四次全市性的学术讨论会，研究青少年犯罪出现的新情况、新变化，探索犯罪规律，寻找诱发犯罪的各种主、客观因素，提出了许多有新意、有创建、针对性

强的建议和治理对策，为综合治理青少年犯罪作出了贡献。特别是1983年11月与市委宣传部、市委政法委、团市委联合召开的第二届研讨会，不仅市委副书记、市长李瑞环同志亲临会场作了重要讲话，而且会后市委办公厅还向各单位转发了此次会议的总结报告，有力地推动了天津市青少年犯罪的综合治理工作。

天津市青少年犯罪研究学会成立四年来，学会会员向各届讨论会递交的论文和调查报告共计200余篇，其中在各种刊物上登载的有56篇，6篇参加了“1985年天津市哲学社会科学优秀成果评奖”活动，有两篇获三等奖。这些调查报告和学术论文为形成具有中国特色的青少年犯罪学的理论体系作出了贡献。

二、积极参加或承担全国性和全市性的调查研究任务

1984年，为完成国家哲学社会科学“六五”规划中的重点研究项目——《中国青少年犯罪学》一书的编撰工作，中国社会科学院青少年研究所、司法部政研室和国家统计局联合在全国六省市进行了青少年犯罪问题的大规模调查，学会承担了天津地区的调查任务。

首先，学会派员摸清了天津市一个监狱、四个劳改队和一个少管所各中队在押犯人情况；其次，根据摸底情况，从中抽取六百五十名犯人进行问卷调查；第三，从劳改局现存十几万张犯人卡片中，抽取九千张，逐一进行统计登记；第四提供解放以来天津市历年发案的各种数据；第五，编写16个典型案例；第六，对调查结果进行简单分析，并在此基础上撰写出具有天津特色和大城市特点的调查报告。

同时，学会的研究活动更加注重与现实密切结合，与政府决策密切结合，积极支持、组织会员参加市委、市政府的有关调研活动。

1983年底，天津市政府为了系统地了解天津市刑事犯罪的基本状况，掌握犯罪规律，研究犯罪原因以便有针对性地治理犯罪问题，组织有关单位的一些同志，运用多种方法，对我市犯罪状况进行了调查研究，取得了许多基本数据，撰写了一批论文和调查报告，为政府决策提供了科学依据。学会有六名会员参加了此次调查。

从1983年至1986年，市委、市政府每年都制定社会科学若干重点项目。学会组织骨干会员积极参加了这次活动，先后承担了五项重点课题，撰写了五篇论文和调查报告，它们是《家庭教育与青少年犯罪的综合治理》、《天津市青少年的重新犯罪问题》、《天津市青少年犯罪的趋势预测》、《天津的社会秩序和青少年犯罪的综合治理》、《“七五”期间天津市少年犯罪的趋势及治理对策》。这些文章的资料翔实、论据充分、观点明确、措施得当，对综合治理青少年犯罪起到了积极作用。

三、积极开展国内外学术交流活动

学会成立以后，共进行了两次对外的学术交流活动。第一次是在1984年2月23日，美国科学院中美学者交流委员会“人类学—社会学家访华代表团”到津。该团成员犯罪研究学者A· 威尔逊博士(女)和华裔美国人王士元与学会和南开大学社会学系的部分

研究人员一起，就两国的青少年犯罪及其研究方面的问题进行了座谈。学会有9名同志参加了座谈会，他们向美国客人介绍了我党的综合治理社会治安的方针、少年犯管理、工读学校教育及天津市青少年犯罪研究等方面的情况，受到了美国学者的称赞。同时，他们也就美国青少年犯罪及其研究的情况向我们作了介绍。

1984年8月4日，学会与市政府法制办公室、市法学会和法制心理专业委员会联合举办学术报告会，邀请美国华盛顿天主教大学"青少年发展研究中心"主任李哲夫教授，作《美国少年犯罪的资料与研究》的学术报告会。

同时，学会还积极组织会员参加了两次全国性、区域性的学术会议。一次是1984年4月中国青少年犯罪研究学会在贵阳召开的"团伙问题讨论会"，另一次是同年9月在北戴河召开的"华北地区学术讨论会"。学会共有9位会员参加，提交了10篇论文和调查报告。

四、学术研究向系统化发展

最近两年，学会的研究活动在多年积累的成果基础上，又向理论化、系统化迈进了一步，先后编辑完成和发行了两部专著。第一部是周路、杨若何、胡汝泉编写的《青少年犯罪综合治理对策学》，该书系统论述了综合治理青少年犯罪的一些理论和实践问题。内容涉及综合治理的一般理论、历史沿革，党政机关、厂矿企业、社会团体以及家庭、学校在综合治理中的作用，综合治理的组织机构等问题，即将由群众出版社出版。这是我国第一部系统论述综合治理青少年犯罪问题的专著，也是我学会多年研究成果的集中体现。第二部是学会副秘书长谷绍强同志编写的《普及法律常识读本》，该书对"中华人民共和国宪法"，"中华人民共和国刑法"等八法一例进行了讲解，内容生动、充实，深入浅出，通俗易懂，适于广大职工、学生和其他初学者学习使用，有力地配合了天津市法制教育工作的开展。到1986年为止，该书已连续再版四次发行16万册，受到了广大读者的欢迎。

五、扩大研究队伍，创办《青少年犯罪研究通讯》

1985年下半年，南开区成立了"区青少年犯罪研究学会"。该学会共有会员67名，作为市学会的团体会员，使天津市青少年犯罪研究学会的会员人数由建会初期的70名第二届年会期间的101名，增加到现在的200名。其中达到大专以上文化程度的，由1984年的50名，增加到现在的87名（两项均含南开区学会会员）。绝大部分会员是在实际工作部门从事调研工作的同志，他们既有一定的理论水平，又有许多宝贵的实践经验，具有比较优越的从事应用研究的条件。他们能够从实践中去捕捉新问题，及时加以研究；还能将研究成果很快转化为工作实际，把研究与应用有机地结合起来，提高了文章的实际应用价值。

为适应学术研究活动的发展，1985年学会秘书处又增配了两名专职干部，积极筹备《青少年犯罪研究通讯》的创办工作。该刊由学会理事、副秘书长孔令志同志任主编，现已出刊第一期。

六、建立信息中心，提供咨询服务，学会活动面向全社会

1985年年中，学会开始着手进行信息中心的建设，并组织了咨询活动。现已在市公安局五处、六处，市劳改局、少管所、工读学校等单位建立了信息小组或信息站，定期或不定期地提供有关青少年犯罪方面的信息资料，及时掌握犯罪动向，调整研究方向，保证了研究活动的顺利开展。在充分掌握信息资料和多年研究成果的基础上，向各方面提供青少年教育和法律咨询服务，如帮助南开区东南角街建立了由街道、派出所和中学联合发起的"关心青少年教育委员会"、"三结合教育网"和"家长夜校"等，开创了社会帮教的新途径；再如，先后在几所中学开办了"加强青少年教育预防违法犯罪"的讲座，内容涉及家长如何教育子女，家庭教育失当的种种表现，青少年在社会化过程中应当注意的问题，学校应如何结合学生特点进行法制教育和道德品质教育，如何避免少年产生各种越轨行为等等。咨询活动产生了实际的社会效益，也给学会活动带来了生机。

（王建强）

江苏省法学会青少年犯罪研究会

江苏省法学会青少年犯罪研究会是经中共江苏省委政法委员会（1983年3月29日批文）和省委宣传部（1983年5月27日批文）批准筹建的。筹备组由戈平任组长，赵树民任副组长。筹建期间，省委政法委员会于1983年6月8日给各市政法委员会、省直各有关单位、南京大学、苏州大学、省公安学校等发了《为成立江苏省青少年犯罪研究会推荐理事人选事》的通知。筹备组作了大量的工作，在边筹建、边发展会员，积极组织开展本省青少年犯罪的研究活动的基础上，经过两年多时间的充分酝酿和认真的准备，于1985年11月17日至19日在南京市召开了成立大会，同时举行了学术讨论会。

省法学会会长姚远，常务副会长戈平等参加了会议，省法学会副会长林希昭代表省法学会在成立大会的开幕会上讲了话。省委政法委员会副书记秦杰到会祝贺，并就重视和加强青少年犯罪研究问题讲了话。秦杰指出：青少年犯罪问题，不仅是个学术问题，而且是个现实问题。对青少年犯罪问题作比较深入的调查和研究，使青少年犯罪的状况有所好转，使其得到有效预防和控制。社会治安才能有所好转，除了打击之外，还要靠综合治理。青少年犯罪问题是综合治理中的关键问题，抓综合治理，就应抓好如何预防和减少青少年犯罪问题。省法学会青少年犯罪研究会成立之后，要依靠政法各部门组织各种力量对青少年犯罪问题进行深入的研究，取得切实的成果。

会上经过民主讨论，选出29名干事组成第一届干事会，并召开了第一届第一次干事会，选举裴锡章（省公安厅副厅长，省法学会副会长）为总干事，王翔、戴福康、朱岩、朱国强为副总干事，杨成元、顾兆生为正、副秘书长。

总干事会确定，江苏省今后青少年犯罪研究的重点，应围绕经济体制改革、开放、搞活后，青少年犯罪活动的情况、变化、特点、趋势和社会治安综合治理及其对策这两方面的问题进行调查研究。干事会还规定了每月一次的总干事例会，学习，传达省法学会的工作要求，交流各地研究信息、动态，总结近期工作，研究下一步工作安排。

江苏省青少年犯罪研究会成立以来，主要活动有：

一、参加筹备由江苏省法学会、中国青少年犯罪研究学会（华东片理事会）联合召开的“华东地区开放城市青少年犯罪动向和对策科学讨论会”。讨论会于1986年4月12日至16日在江苏省无锡市举行。会议评选出的十篇优秀论文中。有江苏省《发生在宾馆内的违法犯罪》和《开放城市女青少年性犯罪的变化及原因》两篇。

二、编印《青少年犯罪研究专辑》一册，在无锡会议上作了交流。

三、积极向领导部门提供青少年犯罪新动向，为决策服务。为根据1986年1—5月江苏省查获的违法犯罪成员中青少年的比例大幅度上升的情况，作了调查研究，向省法学会理事会和省委政法委员会写了《当前青少年犯罪情况和一个值得注意的问题》的报告，1986年7月省委召开全省政法会议时，该报告由会议秘书处印发给会议代表。

四、了解各地青少年犯罪研究的动态和课题研究落实情况，进行了横向联系。

五、召开年会。1986年12月10日至12日会冈省社会科学院法学研究所青少年犯罪研究课题组在句容县召开了首届年会暨课题讨论会。年会从各地报来的研究成果中选出四十多篇论文在会上进行了交流，并分三个课题：（一）青少年犯罪的情况、规律、趋势、预测；（二）当前各类青少年犯罪的新情况、新特点及原因探讨；（三）青少年犯罪的综合治理及立法研究，进行了讨论。会上还特邀上海市长宁区人民法院李成仁副院长作了《关于建立少年犯合议庭》的学术报告。江苏省委政法委员会秘书长张寿柏同志专程到会庆贺并讲了话，充分肯定了江苏青少年犯罪研究会成立一年来的工作所起的作用，希望在新的一年里再接再厉为两个文明建设，为法制建设，为预防和最大限度地减少江苏省青少年犯罪作更大贡献。省法学会常务副会长戈平同志提出要进一步针对当前开放、搞活、改革中出现的问题和将会出现的问题进行预测研究，并就解决这些问题，在法律化、制度化方面下功夫。

（戴福康）

苏州市法学会青少年犯罪研究会

苏州市青少年犯罪研究会于1986年10月成立。它是江苏省、地市一级法学会中第一个成立的青少年犯罪研究会。10月21日至22日在苏州市召开了成立大会。出席会议有市、县、区的代表近60人。市委政法委、市法学会领导人到会讲了话。省政法委、省法学会派员到会祝贺。会上进行了学术交流，对苏州市“严打”以来的青少年犯罪情况和特点作了探讨，并对论文作者颁发了奖品。成立大会还邀请联合国预防和控制犯罪委员会中国委员武汉教授，中国青少年犯罪研究学会副秘书长徐建作了学术报告。

成立大会经过民主选举产生了有28人组成的干事会。干事会选出常务干事9人，推举杨炳双（苏州市公安局副局长、市法学会副会长）为总干事；王诚培（苏州大学法学院副教授）、土伟明（市公安局办公室主任、省法学会青少年犯罪研究会干事）、顾曾安（市公安局政治处副主任）为副总干事；洪源（市公安局科长）为秘书长。干事会还聘请高其鑫（江苏省公安厅咨询小组成员）、柯洪才（市公安局局长）、姚汉良（市公安局副局长）三人为研究会顾问。

（戴福康）

常州市法学会青少年犯罪研究会

江苏省常州市法学会青少年犯罪研究会于1986年11月29日举行了成立大会。参加成立大会的会员84人。常州市党政领导、政法部门领导同志和工、青、妇等有关部门领导出席了成立大会。提交大会的论文和调查报告13篇。会上经过民主选举，选出研究会干事21人，苏杰（常州市人民检察院检察长）为总干事，奚鸿庆（市检察院副检察长）、郭兴中（市中级人民法院副院长）、刘持平（市公安局副局长）、曾泽培（共青团常州市委研究室主任）、宣玉兴（市教育局中教科）五人为副总干事，曹金生（市检察院办公室副主任）为秘书长，曹卫国（市公安局办公室副主任）、李乐平（市检察院调研员）为正、副秘书长。

（戴福康）

南通市法学会青少年犯罪研究会

南通市法学会于1987年1月5日至8日在南通县环本农场举行首届年会，并同时成立青少年犯罪研究会、刑法、刑诉法学研究会和民法、民诉法学研究会。中国法学会顾问曹海波、省法学会会长姚远、副会长戈平、王毓华、省法学会青少年犯罪研究会副总干事戴福康应邀参加了会议。在青少年犯罪研究会成立大会上，省公安厅咨询组成员、南通市法学会名誉会长顾克英，市法学会专职副会长钱钧就青少年犯罪研究的指导思想，必须坚持四项基本原则和贯彻双百方针等问题讲了话。会上选出36位同志为市法学会青少年犯罪研究会干事，组成干事会，并选举孙惠生（南通市公安局副局长、市法学会常务理事）为总干事，严志华（原南通市公安局局长、市法学会常务理事）、徐路遥（团市委办公室主任，市法学会常务理事）、俞焕煌（市委政法委员会巡视员、市综合治理办公室副主任）、姜之泉（市公安局副科长，省法学会青少年犯罪研究会干事）为副总干事，姜之泉兼秘书长，张布（市司法局宣传科副科长），徐尔铸（市青少年俱乐部主任）为副秘书长。

（戴福康）

镇江市法学会青少年犯罪研究会

镇江市法学会在1986年组织力量对镇江市大、中、小学生违法犯罪情况作了调查研究，并于1986年9月由市委政法委主持召开了青少年学生违法犯罪问题的研讨会。省委政法委员会书记秦杰同志和镇江市高市长到会讲了话。为进一步推动和组织开展青少年犯罪问题研究，1987年3月成立了青少年犯罪研究会。研究会的干事会有26名干事组成，并选出总干事、副总干事和正、副秘书长各一人。

总 干 事：任致远（市公安局副局长、市法学会副会长）。

副总干事：朱祖荣（市公安局政策法律研究室副主任）。

秘 书 长：丁浩北（市公安局治安科干部）。

副秘书长：蔡富生（市司法局教育科干部）。

（戴福康）

江西省青少年犯罪研究学会

江西省对青少年犯罪的学术研究在1981年就开展起来了。当时在江西省法学会常务副会长邱健同志的支持下，进行了一些调查、研究和学术讨论活动，并着手进行江西省青少年犯罪研究学会的筹建工作。1985年3月15日，经中共江西省委政法委员会批准，江西省青少年犯罪研究学会在南昌市成立。它隶属于江西省法学会领导，现有会员54名。第一届会员代表大会通过了《江西省青少年犯罪研究学会章程》，并选举产生了由22名理事（常务理事15人）组成的第一届理事会，会长由邱健（江西省法学会常务副会长）担任；副会长有杨希林（江西省公安厅副厅长）、桂水金（共青团江西省委员会副书记）、张涛（江西省文学艺术联合会副主席）、冬国英（江西省妇女联合会法律顾问领导小组副组长）、高敏（江西省劳改局副局长）。赖道治（江西省公安厅政策法律研究室副主任）为秘书长；副秘书长有舒国华（共青团江西省委宣传部副部长）、傅介民（江西省劳改局《新生报》总编）、毛本楹（江西省法学会副秘书长）、杜林（江西省教育厅普教处副处长）、杨娟华（江西省司法厅研究室副主任）、刘义任（江西省高级人民法院研究室副主任）、丁文华（江西大学法律系教师）和邓文定（中共江西省委政法委办公室副主任）为常务理事。办事机构设在江西省公安厅政策法律研究室。

学会成立以来，积极开展工作，组织和推动会员开展调查研究和学术活动，收到了较好的社会效果。一是组织有关研究人员和实际工作者，围绕“改革、开放、搞活”后社会治安和青少年犯罪的新情况、新特点进行了广泛、深入地调查研究，写出专题论文和调查报告33篇。二是组织参加各类学术讨论活动。1985年5月19日至25日，江西省五位代表携带论文和调查报告参加了在安徽黄山市举行的“华东地区农村青少年犯罪问题学术讨论会”，有三位代表在大会上作了发言，受到与会者的好评。1986年4月12日至16日，学会派出6位代表出席由中国青少年犯罪研究学会（华东片）和江苏省法学会在无锡市召开的“华东地区开放城市青少年犯罪动向和对策科学讨论会”，带去论文和调查报告七篇，有两位代表在大会上宣读了论文和调查报告，其中一位代表的调查报告获得优秀奖。三是创办了《江西省青少年犯罪研究学会会刊》（不定期），现已出刊三期（共印4500册，内部赠发）。很受读者特别是教育界的欢迎，大家认为这是一份对青少年学生进行法制宣传教育的好资料，不少单位要求将《会刊》公开发行。四是在调查研究的基础上，组织力量起草了《江西省青少年教育、保护条例》（草案），待修改后报江西省人大法制委员会审议。五是配合有关部门做好青少年的法制宣传教育工作。学会除组织力量到工厂、学校、劳改劳教场所对青少年进行法制宣传、教育工作外，还组织力量编写一本具有地方特色的《青少年犯罪学纲要》。

江西省青少年犯罪研究学会将继续遵循学会章程，建立、健全组织机构，积极发展会员；针对综合治理和青少年犯罪的新情况、新特点，有计划、有步骤地开展专题调查研究；组织学术交流、编写论著、办好会刊，为综合治理青少年犯罪问题献计献策。

（罗建林）

福建省法学会青少年犯罪问题研究会

福建省法学会青少年犯罪问题研究会于1983年7月成立。研究会设立干事会作为领导机构。第一届干事会有8名成员，总干事由福建省社会科学院哲学研究所副所长沈忠俊担任；副总干事由福建省高级人民法院研究室的罗道燮和厦门大学法律系讲师易荣华担任；干事有福建省公安厅办公室的陈坤清、福州市公安局马尾分局的王赞坚、福州市人民检察院办公室的刘杰、华侨大学马列主义教研室的康玉琛、福建省政法干校的柳朝智等担任。1985年在福建省第三次青少年犯罪问题研讨会上又增加了3名干事（福州市公安局调研室的黄天全、泉州市委政法办的陈炳辉和福建公安专科学校的倪小宇）。在1986年12月召开的“青少年犯罪防治与精神文明建设研讨会”上，对青少年犯罪问题研究会干事会进行调整，由福建省高级人民法院研究室的罗道燮担任总干事；由厦门大学法学院讲师易荣华和福建省政法管理干部学院的柳朝智担任副总干事；由福建省公安厅政策法律研究室的陈坤清、福州市公安局的视察员黄天全、泉州市司法局办公室副主任陈炳辉、福州市人民检察院研究室的刘学羽、龙岩地区公安处的马腾宙担任干事。

福建省法学会青少年犯罪问题研究会自成立以来，共组织举办了四次学术研讨会，《青少年犯罪问题论文集》。该书共收集了福建省第二次青少年犯罪问题研讨会上交流的23篇论文和调查报告，从一个侧面反映我省当时青少年犯罪问题研究的广度和深度，并为以后的深入研究打下一个基础。该论文集的问世，是我省广大从事法律实际工作者，宣传工作者和社会科学研究工作者团结协作，开展多学科综合研究的一个成果，是我省第一本关于青少年犯罪问题研究的业务用书。

该论文集由福建省社会科学院哲学研究所副所长沈忠俊、福建省高级人民法院研究室罗道燮和福建省政法干校柳朝智审稿，并由沈忠俊审定。

（杨新华）

湖北省青少年犯罪研究会

湖北省青少年犯罪研究会的前身是湖北省社会学学会青少年犯罪研究小组。该组最初成立于1981年。经过三年多的组织准备与学术准备，湖北省青少年犯罪研究队伍不断发展与壮大，经湖北省哲学、社会科学联合会批准，于1984年10月20日在武汉市正式成立了湖北省青少年犯罪研究会。研究会的负责人是：

顾　　问：郭辅轩

名誉会长：刘宏源

会　　长：刘丙申

常务副会长：许前程

副 会 长：康惠农　罗　晶　于　真　龚维臣

理　　事：许德琦　吴再德　彭　斌　朱　斌　程家潢　刘安求　郑昌济　孙玉川　董明生

秘 书 长：孙业宏

副秘书长：廖传银　黄正斌

湖北省青少年犯罪研究会成立两年多来，组织会员开展了一系列的学术研究和交流活动，并取得了一定的成绩。尤其是在综合治理社会治安与预防青少年犯罪方面，提出了一些有价值的咨询与建议，获得了湖北省及武汉市党政领导机关与实际工作部门的重视与好评。两年多来所进行的主要学术活动及成果如下：

一、组织了一支有一定研究水平的青少年犯罪研究队伍。近年来，湖北省涌现了一批有志于从事青少年犯罪问题研究，并在研究中取得了一定成果的“志愿兵”。他们主要集中在湖北省和武汉市的社会科学部门，政法工作部门，大专院校教学部门，各学术团体，以及共青团和教育系统。青少年犯罪研究会将这批同志团结与组织了起来。现全省已有会员近二百人。

二、组织了两个专题研究。一个是青少年犯管教问题研究，已完成六万字的科研报告，报送中国青少年犯罪研究学会。另一个课题是经济犯罪状况调查与对策研究，已出了一批成果。目前这一课题的研究在湖北省委政法委员会的大力支持与公安、检察、法院、司法、劳改各部门的积极配合下，正继续深入进行。

三、抓了三个试点：（1）由湖北省青少年犯罪研究会武汉市青山区分会协同教育部门在该区的一个小学进行法制课教育试点，并编写了一本小学法制课试用课本。（2）在武汉市武昌区工读学校办工读教育试点，已取得了一定的经验和成果，省市一些单位曾先后在该校开过多次现场会，特别是近两年来同武警湖北省总队某部联合搞共建文明单位活动，成效十分显著，不少报刊和电台、电视台多次进行了宣传报道。1986年11月武警湖北省总队在该校召开了全省经验交流会。（3）同武汉市武昌区政法委员会商定，在武昌区的粮道街进行综合治理小区试验，目前这一工作已开始进行。

四、与有关学会合作，先后开了四次青少年犯罪问题学术讨论会。

五、组织了五次有关青少年犯罪问题的社会调查。（1）三类青年（先进青年、中间状态青年、犯罪青年）闲暇时间调查。（2）一个解放以来没有青少年犯罪的社区典型调查。（3）武汉监狱青少年罪犯抽样调查。（4）湖北省少年犯管教所少年犯罪调查。（5）湖北省荆州地区“土流子”危害社会治安情况调查。上述调查研究成果，曾分别在《人民日报》、《青年研究》、《青少年犯罪研究》、《湖北日报》、《长江日报》、《湖北省社联通讯》、《青少年犯罪问题》等中央和省市报刊上发表过。其中许前程撰写的《请看一个解放以来没有青少年犯罪的社区》调查报告，曾于1984年12月经湖北省社会科学优秀成果评审委员会评为全省社会科研优秀成果三等奖。

除了上述五次社会调查以外，还参加了在中央武汉市委直接领导下，由武汉市社会科研所具体负责组织的武汉市青少年犯罪状况的大型调查，研究会理事许德琦，吴再德同志和一些会员参加了调查工作。由许德琦同志执笔，写成的十万多字的《武汉市青少年犯罪状况调查报告》，受到了武汉市党政领导机关的重视，得到了学术界的好评。

六、编写了六本有关青少年犯罪研究的书籍。其中《湖北省青少年教育与犯罪防治论文选》一书，集中反映了湖北省近几年来青少年犯罪研究的学术水平与成果。另外五本书是研究会同中国政法大学青少年犯罪研究室、湖北省公安厅政策法律研究室、武汉市社会科研所社会学研究室合作负责编辑出版的，郭翔、许前程担任主编。这五本书是：《综合治理的理论与实践》、《团伙犯罪研究》、《外国犯罪研究资料专辑》（一、二、三辑）、《综合治理在中国》（上、下册）、《人民调解在中国》。这些研究青少年犯罪问题的书籍与资料，受到了社会的欢迎。其中《综合治理在中国》（广西人民出版社出版）、《人民调解在中国》（华中师范大学出版社出版）两本书还参加了与外国法学界的学术交流。

除了上述书籍以外，湖北省青少年犯罪研究会的会员还撰写了大量的论文与调查报告。据不完全统计，论文和调查报告在一千篇以上，字数在五百万字以上。其中有些是学术水平较高的优秀论文。例如许前程同志撰写的《综合治理系统工程总体设想》论文荣获1986年湖北省法学研究优秀成果奖。康惠农同志撰写的《帮教工作初探》曾于1984年被评为湖北省法学研究优秀成果奖。

湖北省青少年犯罪研究会开展学术活动的主要经验可概括为以下几点：

一、主动争取党政领导机关、社会科学研究单位和实际工作部门的大力支持。

二、既注意密切保持与省社联、社科院和中国青少年犯罪研究学会的直线联系，同时，还十分注意加强与兄弟省市、兄弟学会、实际工作部门，大专院校教学部门等单位的横向联系。特别是同中国政法大学青少年犯罪研究室与犯罪心理学教研室的密切合作，是卓有成效的。

三、坚持四项基本原则，坚持“百花齐放，百家争鸣”的方针，坚持理论联系实际，坚持学会工作与实际工作部门相结合。在研究工作中，既注意基础理论的研究与提高，亦注重应用研究，着眼于实际问题的解决，努力为两个文明建设服务。这也是学会工作所以得到实际工作部门的欢迎与支持的重要原因。

由于做到了以上几点，因此，湖北省青少年犯罪研究学术活动，比较活跃，并且取得了较为显著的成果。

（郭　艳）

附：

湖北省青少年犯罪研究会章程

（1984年10月24日全体会员大会通过）

第一条：湖北省青少年犯罪研究会是党领导下的群众性学术团体，隶属于湖北省哲学、社会科学联合会，挂靠在湖北省社会学学会。

第二条：本会的指导思想是马克思列宁主义、毛泽东思想，贯彻党的“百花齐放、百家争鸣”的方针，坚持从我国的实际出发，贯彻理论联系实际的原则，主要通过社会调查、实验研究、观察、统计等方法，进行青少年犯罪问题的理论探讨，吸收国内外的科研成果，组织学术和信息交流。

第三条：本会的宗旨是研究青少年保护和青少年犯罪产生与发展的特点、规律，提出对青少年犯罪综合治理的方案和对策，创造具有中国特色的青少年犯罪学，为维护安定团结，实现社会治安的根本好转，建设社会主义的物质文明和精神文明服务。

第四条：凡有志于从事青少年犯罪问题科学研究的理论工作者和实际工作者，承认本会章程，经本人申请，由会员一人介绍，经研究会理事会批准，既可成为本会会员。会员每年交纳会员费一元。

第五条：本会会员在学会内有选举权和被选举权。有义务积极参加学会举办的各种活动并完成学会交给的工作任务，经常向学会提供情况和研究成果，会员可优先得到学会的各种资料，有权对学会工作提出建议或批评。会员如连续二年不参加学会活动，即认为自行离会。

第六条：本会的领导机构是理事会。理事会由会员代表大会选举产生，每届任期两年。

本研究会设会长一人，副会长若干人，秘书长一人，副秘书长若干人。副会长中设常务副会长二人。

第七条：本会聘请知名人士和有关专家学者为顾问或名誉会长。

第八条：为了开展青少年犯罪学研究，本会可根据实际情况按地区或系统下设分会或小组。负责组织各地区、系统的研究工作。

各分会或小组定期向学会报告工作情况。

第九条：本会会刊为《青少年犯罪研究通讯》。

湖南省法学会青少年犯罪研究会

湖南省法学会青少年犯罪研究会于1986年12月成立。学会由省公安厅副厅长张树海任会长，省公安厅副厅长李贻衡、四处处长李友南为副会长，省公安厅政策法律研究室调研员文雪仇为秘书长、三处治安二科科长周蒲初为副秘书长。会上印发和宣读了8篇青少年犯罪研究论文，进行了学术交流。代表们还充分研究讨论了1987年开展学术研究活动的课题和方法，并采取自报的方式，把研究课题任务落实到了单位或个人。

这次会议，既是湖南省关于青少年犯罪研究的一次学术盛会，也是建国以来湖南省第一次建立青少年犯罪研究团体的会议。湖南省法学会青少年犯罪研究会为省法学会的学科研究会，是由会员组成的全省性研究青少年犯罪的群众性学术团体。本会《章程》规定，它的宗旨和任务是：团结和组织全省政法、教育、科研、人民团体、其他机关工作人员和公民，坚持四项基本原则，坚持“百花齐放、百家争鸣”方针，坚持理论联系实际，深入开展青少年犯罪学术研究，并把研究成果适时地运用到青少年犯罪对策中去，为教育好青少年一代，预防和减少犯罪案件的发生，促进社会主义物质文明和精神文明建设服务。

湖南省法学会青少年犯罪研究会的成立，标志着湖南省对青少年犯罪学术研究工作，有了一个好的开端，它将在各级党委和政府领导下，在社会各界支持下，团结全省有志从事这方面研究的同志，共同努力，团结一致，深入探讨湖南省青少年违法犯罪的规律，为党和政府治理青少年犯罪献计献策，以丰硕的新成果，为繁荣法学研究和社会治安的综合治理作出新贡献。

（周蒲初）

附：

湖南省法学会青少年犯罪研究会章程

（1986年12月25日第一次会员大会通过）

第一章　宗　旨

第一条　本会为湖南省法学会的学科研究会，属全省性研究青少年犯罪的群众性学术团体。

第二条　本会宗旨是：团结和组织全省政法、教育、研究、人民团体和其他机关工作人员，坚持四项基本原则，坚持“百花齐放，百家争鸣”方针，坚持理论联系实际，深入开展青少年犯罪学术研究，并把研究成果适时运用到青少年犯罪对策中去，为教育好青少年一代，预防和减少犯罪案件的发生，促进物质文明和精神文明建设服务。

第二章　任　　务

第三条　本会在省法学会领导下，主要实施以下任务：

一、组织、推动政法、教育、研究、人民团体和其他机关工作人员，进行青少年犯罪学术研究，为上级机关和有关单位提供信息、建议和咨询服务；

二、召开青少年犯罪学术讨论会，向有关单位推荐学术研究成果；

三、为法学刊物或其他刊物提供学术论文和研究资料，积极参加对青少年的法制宣传教育活动；

四、积极开展同兄弟省、直辖市、自治区青少年犯罪研究界的学术交流活动。

第三章　会　　员

第四条　本会会员、分个人会员和团体会员：

凡赞成本会章程，对青少年犯罪具有一定研究能力的本省政法、教育、科研、人民团体、其他机关工作人员和公民，由本人先向省法学会填表申请，由省法学会会员一人介绍，经常务理事会批准，成为省法学会会员后，再向本会报名登记，即为本会个人会员。

凡赞成本会章程的本省各地、州、市青少年犯罪研究会，向省法学会提出申请，经省法学会常务理事会批准，再向本会报名登记，即为本会团体会员。

第五条　本会会员享有以下权利：

一、选举权和被选举权；

二、参加本会组织的学术研究活动；

三、对本会日常工作提出建议与批评；

四、获得本会编印的有关资料；

第六条　本会会员应尽以下义务：

一、遵守本会章程，执行本会决议；

二、积极开展调查研究，提交学术论文或调查研究报告；

三、完成本会委托的有关研究任务；

第七条　个人会员和团体会员自愿退会时，经书面通知本会即为退会。

第四章　组　织　机　构

第八条　会员代表大会。它是本会最高权力机关。代表由会员民主选举产生。代表大会每四年举行一次，必要时由它的常务理事会决定可以提前或延期举行。会员代表大会的职权是：

一、制定或修改本会章程；

二、听取和审查本会会务工作报告；

三、讨论并决定本会重大会务；

四、选举本会理事。

第九条　理事会。由会员代表大会选出理事组成。理事会会议每年召开一次，必要时由本会常务理事会决定可以提前或延期召开。理事会在会员代表大会闭会期间讨论、决定本会会务。理事任期四年，可以连选连任。

理事会选举会长、副会长、秘书长组成常务理事会。常务理事会在理事会闭会期间主持本会日常工作。

第五章　会　址

第十条　本会会址设在湖南省公安厅。

新疆青少年犯罪研究学会

经新疆维吾尔族自治区党委宣传部审查批准，新疆维吾尔族自治区青少年犯罪研究学会，于1984年9月28日，在乌鲁木齐市成立。

在1984年9月26日至28日召开的全自治区青少年犯罪研究首次代表大会暨学术讨论会上，进行了学术交流、讨论通过了学会章程、选举产生了21人组成的理事会、名誉会长、正、副会长、秘书长、常务理事。

名誉会长：司的克·买买提（新疆政法管理干部学院院长、自治区法学会会长、中国青少年犯罪研究学会理事）。

会长：连振华（新疆社会科学院哲学、法学研究所副所长）。

副会长：买买提·肉孜（新疆政法管理干部学院公安业务教研室主任）。

张伟春（新疆维吾尔自治区检察院研究室研究员）。

秘书长：万开锋（新疆政法管理干部学院公安业务教研室讲师）。

副秘书长：杨新易（乌鲁木齐市司法局副局长）。

屠养和（新疆大学法律系教师）。

常务理事：杨征、彭玉泉、王伟凡、蒋新泉。

新疆青少年犯罪研究学会成立以前，青少年犯罪研究工作，由新疆法学会代管。1982年，新疆法学会抓了这项工作，于同年3月，选派杜荫桐、张伟春、万开锋、屠养和、贾无尘、查保成、张芝雯等七位同志代表新疆，参加了在西安召开的西北地区青少年犯罪研究学术讨论会。同年6月，我区又选派张伟春、万开锋、杨新易、屠养和、贾无尘等五同志，代表新疆，出席了在广西南宁召开的全国青少年犯罪研究学术讨论会暨全国青少年犯罪研究学会成立大会。

新疆代表回来后向有关领导和单位传达了这些会议的精神，从而促进了新疆青少年犯罪研究工作的开展，推动了新疆青少年犯罪研究学会的筹备工作。

新疆青少年犯罪研究学会成立以后，在青少年犯罪研究方面，有较大进展。几年来，学会会员先后撰写和在报刊上发表了数十篇研究论文，有些成果具有较高的水平和学术价值，如连振华、万开锋合写的《试论青少年犯罪成因》，张伟春写的《少年犯罪初探》，司的克·买买提、杨征合写的《新疆维吾尔自治区青少年犯罪情况调查》，杨新易、贾无尘合写的《审判青少年犯罪案件几个问题的探讨》等，都受到了好评，产生了积极的影响。今后新疆的青少年犯罪研究力求深刻和系统，研究成果拟向专著的方向发展。

（万开锋）

四川省青少年犯罪研究学会

四川省青少年犯罪研究学会于1984年由四川省社会科学院青少年研究所（现为社会学研究所）发起，有四川省公安厅、四川省高级人民法院、四川省人民检察院、四川省司法厅、四川省劳改局、共青团四川省委等单位参加，经中共四川省委政法委员会、四川省哲学社会科学联合会、四川省社会科学院批准，在1985年11月正式成立。中共四川省委政法委员会书记、省委常委白尚武任名誉会长，中国青少年犯罪研究学会会长张黎群、著名社会活动家、北京市政协常务委员费路路任顾问，四川省社会科学院院长刘茂才任会长，中共四川省委政法委员会副书记李玉龙、中共四川省委政法委员会研究室主任伍烈光、四川省社会科学院青少年研究所所长刘成根任副会长。常务理事为刘茂才、李玉龙、伍烈光、刘成根、刘述哲、冯思平、朱钦芦、邓又天、王曙光、南山。

1985年11月在四川省灌县召开成立大会暨第一次学术讨论会，全省各地代表六十余人参加。张黎群、费路路、白尚武等领导同志出席大会并作重要讲话，中国青少年犯罪研究学会副秘书长、中国政法大学青少年犯罪研究室主任郭翔来信祝贺。会议期间，中共四川省委第一书记杨汝岱专程到会看望全体代表，并作有关指示。四川人民广播电台对会议作了报道。

第一次学术讨论会是对四川省历年关于青少年犯罪研究成果的总结和检阅，并有效地协调了各地区、各单位之间的横向联系和信息交流。会议着重讨论了青少年犯罪原因问题，特别注意研究导致青少年犯罪行为的主观因素与客观环境之间的辩证关系。代表们在充分学术民主的气氛下，以马克思主义基本原理为指导，从我国、我省实际情况出发，并借鉴、参考国外有关理论及方法，展开了激烈的讨论，使研究更加深化，对四川省青少年犯罪预防、改造及综合治理起了积极的影响。会后，经学会第一次常务理事会讨论决定，以四川省社会科学院青少年研究所为主体，组织、协调各会员单位进一步开展研究工作、会员发展工作以及研究成果的检验、评比工作。

1985年以来，学会副会长刘成根代表学会在省内作关于青少年犯罪问题的专题报告百余场（次），受到领导机关和有关单位重视与好评，对领导决策和实际工作起了重要的参考作用。同时也与罗马尼亚、日本等国的学者开展了双边学术讨论和交流。

1986年7月，学会委托常务理事南山组织省理想教育演出报告团、赴四川新康石棉矿对在押罪犯进行社会教育。参加单位有共青团四川省委、四川省川剧学校共一百余人，其中包括在国内外有一定影响的优秀中、青年文艺工作者。这是四川省首次有省级文艺团体参加，将理想教育和文艺演出结合起来的对罪犯进行教育、感化的试验，整个活动为期九天，收到了比较好的效果和有研究价值的数据，为有关部门所注意。四川法制报派记者随行报道，四川劳改法学研究通讯刊登有关消息。

1986年11月，四川省社会科学院青少年研究所在成都科技大学召开学术讨论会，论证自学会成立以来的各研究课题。本次讨论会对青少年犯罪问题进行了全方位的探讨，在整体思考、社会历史原因的反思，青年亚文化群体、青年文化鉴赏、不同文化背景的差异、学校教育及生理发育等问题上作了研究和论证。省内公、检、法、劳改部门，共青团四川省委、四川大学、成都科技大学的有关专家、教授和研究人员参加了讨论，并就以上课题的各种观点展开激烈的论辩和磋商，被认为是有成效的开拓性学术讨论会。

今后，四川省青少年犯罪研究学会拟进一步发挥其积极作用，在理论研究上集中优势解决有特色的重点课题，在实际工作中当好参谋和助手，并组织各下属研究会，以建立多层次的网络性研究实体，为我国社会治安的综合治理，为青少年犯罪问题的理论研究作出应有的贡献。

（南　山）

第六部分

学术会议和学术活动

一、国内学术会议和学术活动

青少年保护法座谈会

1980年3月20日至25日，共青团中央在北京召开了“青少年保护法座谈会”。参加会议的有：人大常委会法制委员会、最高人民检察院、最高人民法院、司法部、教育部、全国总工会、全国妇联、中国社会科学院法学研究所、中国人民大学、北京大学、北京政法学院、北京师范大学、复旦大学、华东政法学院以及京、津、沪共青团组织、公检法部门的负责人、工作人员和有关社会科学工作者，共60余人。法制委员会副主任陶希晋、团中央书记胡启立到会讲了话。会议第一阶段，着重分析研究了我国当前青少年犯罪的情况、特点和原因，讨论了对青少年进行思想教育、道德教育以及在党委领导下组织各方力量进行综合治理的经验和问题。第二阶段，讨论了加强青少年教育和解决青少年犯罪问题的对策，研究了制定青少年法规或条例的客观依据、指导思想、基本内容等问题，并介绍了外国有关青少年立法、司法的情况。大家一致认为，座谈会讨论的问题很重要，提出制定有关青少年保护法规，体现了党、国家和社会各方面对青少年一代的关心和爱护。

会议认为，青少年是我们的希望，是祖国的未来。按照德、智、体全面发展的要求，把我国青少年培养成为有社会主义觉悟的、掌握现代文化科学知识的一代新人，是全党在新时期的战略任务，也是全党人民的共同心愿。我国当前刑事犯罪大量增加，而刑事案件中，青少年犯罪所占比例明显上升，已达70—80%。青少年犯罪已经严重破坏了社会秩序，影响了安定团结，干扰了社会主义现代化建设，引起了广大群众的深切关注。

会议认为，对青少年犯罪的调查研究，已经有了良好的开端。为了更好地提出对策，对这一新课题的研究还需要大大加强。首先是要通过周密系统的调查，占有第一手材料，在马列主义、毛泽东思想指导下，运用社会学、法学、伦理学、教育学、心理学知识，作深入的、系统的、科学的研究和探讨，掌握其固有的规律，为确保青少年的健康成长提供理论的指导。

大家指出，青少年违法犯罪，既是一个严重的社会问题，又是一个复杂的社会现象；决不单是一个社会治安或经济问题，也不单是一个教育问题。正如中央在去年五十八号文件中指出的：绝不能就事论事，孤立地去对待。要统一组织宣教，而需要综合治理。为了充分发挥社会主义制度的优越性，有的同志建议，在中央和地方都设立“青少年保护委员会”，作为政府的一个部门。中央一级由副总理挂帅，协调宣传、教育、劳动、政法、人民团体等各部门有关青年的工作，研究和提出教育保护青少年的方针、政策、措施。

为了改造社会风气，促进青少年的健康成长，在加强思想教育的同时，还应发挥法制的作用，制定有关青少年的法规。

法是体现统治阶级意志，由国家制定必须强制执行的人们行为规范。法律应体现党和人民的这种意志，对于青少年的基本行为准则，对于社会各方面在保护青少年成长所应尽的基本义务，对于根据青少年基本特点去预防和处理青少年犯罪问题，都应作出明确的规定。我国有环境保护法、森林保护法，在国家生活中，青少年比自然环境和森林不是更为重要吗？现有的刑法及其他法规，虽有关于青少年教育保护的某些条款，但是没有专门的青少年法规。世界上不少国家，不论政治制度如何，都有青少年法。根据我国社会主义法制必须日趋完备的要求，需要制定青少年的单项法规。有了保护青少年的专门法，不仅可以保证宪法及其他法律中关于青少年的条款得到更好的实施，而且能补充其不足，更加符合青少年的特点，为培养社会主义新人做出积极贡献。由于全党当前对解决青少年问题十分重视，做了大量的工作，又积累了丰富的经验，已为制定青少年法规创造了更好的条件，现在是着手进行这项工作的时候了。

制定青少年法规的指导思想应该是：以马列主义、毛泽东思想为指针，从我国的实际情形出发，以已有的经验为基础，着眼于保护广大青少年的健康成长，教育、挽救、改造违法犯罪的青少年，以便把我国广大青少年培养成为社会主义的一代新人。青少年法的基本内容，应符合综合治理的要求，明确提倡什么，禁止什么。如规定一定年龄以下的青少年不准抽烟、不准喝酒、不准看色情电影、书刊等。在立法的步骤上，有的同志建议，可以先仿照党内生活准则的形式，针对青少年中当前急需解决的问题搞出一个条例，依法定程序颁布施行，然后逐步完善，制定我国的青少年法。

会议除建议成立全国性的青少年科学研究机构外，还通过了“关于建立青少年保护法起草小组的建议”，建议由团中央同人大常委会法制委员会、司法部等单位共同筹备，并商借有关人员，尽快组成起草小组，开始起草工作。

全国青少年犯罪研究规划会议

全国青少年犯罪研究规划会议于1981年8月在青岛举行。中国社会科学院青少年研究所所长张黎群主持了这次会议。会议的中心议题是讨论制定全国青少年犯罪的研究规划。来自全国公安政法部门、社会科学研究机构、政法院校的理论工作者和热心从事青少年犯罪的实际工作者80余人出席了会议。这次在我国青少年犯罪研究史上具有深远影响的会议，是由中国社会科学院青少年研究所、公安部三局、最高人民检察院研究室、最高人民法院研究室、司法部研究室、共青团中央联合发起召开的，充分体现了我国青少年犯罪研究工作的理论与实际相结合、专业研究工作者和实际工作者相结合的精神。

会议召开之前，经过了比较充分的酝酿和准备。1981年3月，在杭州召开的“全国青少年问题研究座谈会”，讨论了青少年犯罪研究和制定青少年保护法问题。为了开展有组织有计划的研究工作，以适应治理犯罪的需要，会议委托北京政法学院郭翔、华东政法学院徐建分别起草《青少年犯罪研究的规划》。中国社会科学院青少年研究所在两个规划初稿的基础上，由谢昌逵负责组织一个小组起草一份全国性的青少年犯罪研究规划草案。在广泛征求意见后，提交青岛规划会议讨论。会议经过热烈的讨论，通过了全国青少年犯罪研究规划，确定将需要研究的一百个题目印发全国，以期使我国青少年犯罪研究出现一个新的局面。这次规划会还提出如下建议：

第一、积极筹备成立中国青少年犯罪研究学会，组织、联络全国的专家和从事青少年犯罪研究的实际工作者，开展有组织有计划的研究工作。

第二、建议尽快召开全国青少年犯罪研究学术讨论会，交流成果和信息，促使我国青少年犯罪研究向广度和深度发展。

第三、编辑出版四本关于青少年犯罪研究的书籍，即：《青少年法规摘编及其研究》、《青少年犯罪研究论文选》、《调查报告与典型案例剖析》、《外国青少年犯罪研究资料》。这四本书共计140万字，已于1981年12月问世，成为我国第一次系统编辑出版的青少年犯罪研究业务书籍。

第四、建议创办《青少年犯罪研究》刊物，成为及时交流研究成果的学术园地。

第五、建议设立全国性的和区域性的青少年犯罪研究资料与信息中心，收集、储存各种有关青少年犯罪的资料。

第六、建议在北京政法学院、华东政法学院、西南政法学院、西北政法学院设立青少年犯罪研究机构，并逐步形成所在大区的犯罪研究中心。

经过五年的努力，青岛会议所制定的全国青少年犯罪研究规划及提出的建议，基本都已实现。

（庆 九）

全国首届青少年犯罪研究学术讨论会

（1982年6月）

（一）

全国首届青少年犯罪研究学术讨论会暨中国青少年犯罪研究学会成立大会于1982年6月11日至17日在广西南宁市召开。这是建国以来第一次召开这样的学术盛会。中国社会科学院青少年研究所、最高人民检察院、最高人民法院、公安部、司法部、教育部、共青团中央、全国总工会联合筹备了这次会议。华东、北京、西南、西北四所政法学院也参加了这次会议的筹备工作。参加会议的有来自中央和27个省、直辖市、自治区的180余名代表，提交大会200余篇调查报告和论文。中共中央宣传部顾问廖井丹、共青团中央书记高占祥、广西壮族自治区党委书记肖寒、区人民政府副主席罗立斌和史清盛等领导同志出席了会议并讲了话。

这次会议是经中国社会科学院党组批准召开的。中国社会科学院青少年研究所所长、中国青少年犯罪研究学会筹备组组长张黎群和华东政法学院副院长曹漫之教授主持了会议。会前，张黎群和筹备组的同志听取了中宣部顾问廖井丹、公安部部长赵苍壁、最高人民法院副院长王怀安等领导同志关于青少年犯罪的谈话精神。廖井丹代表中宣部在大会上就青少年教育和青少年犯罪问题作了长篇讲话，强调指出：青少年占我国人口总数一半以上，青少年研究，包括青少年犯罪研究，无论对社会安定或四化建设都有重大战略意义。他讲了四个问题：一、要从历史的特殊条件考察青年；二、要引导青年正确地了解我国国情；三、要坚持用共产主义思想教育青少年；四、要总结教育青少年和挽救失足青少年的经验。

这次学术讨论会，在我国的法制建设中，就青少年犯罪问题召开全国性的学术讨论会，还是首次；而且，将青少年问题作为我国社会科学领域中的一个重要的现实问题，进行这么大规模的研究和探讨，这也是一次首创，对我国今后的青少年犯罪研究与治理必将发生深远的影响。

这次学术讨论会的指导思想十分明确，坚持以马列主义、毛泽东思想为指针，坚持四项基本原则。青少年犯罪是我国当前的一个严重的社会问题，而且对这个问题的研究又处于起始阶段。因此，怎样用马列主义的立场观点方法去分析、观察这一复杂的社会现象，就成为我们理论工作者和实际工作者的迫切需要解决的问题。这次讨论会，要求用战略眼光来看，采取战略措施，探索出解决我国社会主义社会中青少年犯罪问题的有效方法和途径；并形成一整套的马克思主义理论与实际相结合的科学体系，建立我国自己的青少年犯罪学。讨论紧紧围绕着三个专题进行，一是怎么看：即研究我国青少年犯罪的性质原因、现状和特点；二是怎么办：即怎样贯彻党提出的综合治理的方针，探索教育、改造、挽救违法青少年的途径以及预防犯罪的最有效的方法；三是今后怎么深入开展研究、怎样组织科研队伍。

（二）

在第一个专题中，会议着重分析探讨青少年犯罪的原因，热烈地讨论了以下四个问题：

（1）社会主义制度与青少年犯罪的关系问题。大致有三种意见。一种意见认为，社会主义制度本身是不会直接产生犯罪的。青少年犯罪是一些不符合社会主义方向的问题或工作上的失误等原因所造成的，因为违背了社会主义方向才使青少年犯罪率大幅度上升，青少年犯罪与社会主义制度本身无关。

第二种意见认为，社会主义制度与社会主义社会是两个不同的概念，社会主义制度本身不会产生犯罪，但在社会主义社会里，还存在着犯罪现象，这是难免的。

第三种意见认为，没有一种抽象的社会主义制度，社会主义制度存在于社会主义社会之中。社会主义制度还不是十全十美的，在政治、经济、文化等方面，还存在着许多不完善的地方；在生产关系、分配制度、人与人之间的关系等方面，都存在前进中矛盾的问题；一些具体的制度，比如教育制度、干部制度、劳动管理制度、工资制度等，都还存在或多或少的弊病，这些都可能在人们的思想上造成不良的影响，甚至导致犯罪，所以，不能笼统地说社会主义制度与青少年犯罪无关。我们国家当前进行的机构改革，实际上也是革制度弊病的命。

通过激烈争鸣、批评和自我批评，在关于这一问题上取得了比较共同的看法：即社会主义制度本身是不会产生青少年犯罪的，但是，当社会主义制度的优越性被破坏以后，就会产生各种社会问题，包括青少年犯罪问题。而且，社会主义制度的建立并不等于社会主义制度的完善。某些具体制度不可避免地还存在某种弊病、弊端，因而同社会犯罪包括青少年犯罪有这样那样的关系。但不能由此而怀疑社会主义制度的优越性。

（2）青少年犯罪与阶级斗争的关系。讨论中也提出了三种不同的意见。

第一种意见认为青少年犯罪是阶级斗争的反映。在我国现阶段，阶级斗争在一定范围内存在，主要在犯罪这个问题上反映出来。青少年犯罪中的政治案件、反革命暴力案件是阶级斗争的集中反映；盗窃、诈骗和其他侵犯财产的重大案件具有明显的剥削属性，是剥削阶级腐蚀和无产阶级反腐蚀斗争的反映；伤害、杀人、强奸等侵犯人身权利案件具有剥削阶级压迫劳动人民的“旧社会的痕迹”；抢夺、抢劫等案件兼有上述阶级剥削、压迫的痕迹。青少年犯罪同样具有反社会性、违法性、危害性，其阶级斗争的属性是明显的、本质的。

第二种意见认为，我国当前青少年犯罪固然不能说不是阶级斗争的反映，但，它决不仅仅是阶级斗争的反映，同时还是我国建立人民共和国以来社会中存在的许多矛盾的综合反映。这些矛盾除阶级矛盾以外，主要还有：生产关系与生产力既相适应又不完全相适应的矛盾，社会经济、政治、文化发展中失误和挫折引起的矛盾，人口增长与经济发展以及各种事业发展之间的矛盾，意识形态领域中无产阶级思想与封建主义、资本主义思想以及小生产者思想之间的矛盾，法制建设与民主建设的现有水平与社会主义事业发展的需要尚不完全适应的矛盾，家庭结构与社会对家庭的要求之间的矛盾，以及其它种种人民内部矛盾等等。如果我们对当前青少年犯罪问题不能作出比较全面的、认识，很可能会导致对策与措施的偏颇或错误，从而不利于问题的解决。诸如此类的社会矛盾和社会问题都和青少年犯罪的发生有联系。

第三种意见认为，阶级斗争在青少年身上的反映，具体表现为一切剥削阶级腐朽思想意识、生活方式各种毒素对青少年一代的侵蚀，这的确是青少年犯罪的一个原因，但是，这并不是唯一的原因，不能将阶级斗争作为青少年犯罪的性质。青少年犯罪还有其他各种社会问题、是社会矛盾的反映。

此外，会议还就开放政策和青少年犯罪的关系问题，国内搞活经济、农村生产责任制与青少年犯罪的关系问题，进行了热烈的讨论。

在第一阶段的专题讨论中，关于我国当前青少年犯罪的发展趋势问题同样有三种不同的意见。第一种意见认为，青少年犯罪问题日趋严重，短期内解决不了这一问题；第二种意见认为，青少年犯罪目前已经到达了顶峰，今后将缓慢地下降；第三种意见认为，鉴于目前青少年犯罪的统计水平，青少年犯罪在占整个刑事犯罪的比例不一定那么高。

此外，在讨论中有些代表提出了如下的值得探讨的理论问题：青少年犯罪在社会的整个刑事犯罪中占多大比例才算是正常的？低年龄化到底是不是一个趋势？是偶发现象，还是有规律性？对犯罪青少年怎样区分两类不同性质的矛盾？这种区分在实践上和理论上有什么意义？等等。

总之，有关对青少年犯罪一系列问题的讨论，使代表感到青少年犯罪这一敏感的社会问题在敲理论的大门，有许多重大问题亟待理论工作者和实际工作者的共同努力、互相配合，作出明确的回答。

在提交会议的调查报告和论文中，比较好地、多方面地探讨了我国当前青少年犯罪的特点。有的代表从总体上论述了我国青少年犯罪的特点；有的则从一省一市的解放30年来青少年犯罪的历史变化探讨其规律；有的则分别从中学生、大学生、青年工人、青年农民、边疆少数民族、女青少年犯罪、团伙犯罪等等不同专题探讨青少年犯罪的特点。

（三）

在第二个专题怎么办的大会发言和专题讨论中，提出了不少命题新、有创造性的见解。

上海是1981年青少年犯罪出现下降的大城市。上海市公安局和上海市青少年教育办公室的两篇题为《关于上海青少年犯罪问题的初探》和《谈谈对青少年违法犯罪综合治理的三个问题》的论文引起了代表们的重视。上海市的代表提出了如下治理青少年犯罪的建议：一、要使我们的社会环境更有利于青少年的健康成长；二、要向青少年提供健康有益、丰富多采的精神食粮；三、学校、家庭、社会要给青少年以良好的教育；四、要为青少年提供必要的场地和设施，活跃文化娱乐体育活动；五、要做好违法犯罪青少年的帮教工作；六、研究制订保护青少年的法律法令。上海市的代表提出，控制和降低青少年犯罪有三个值得注意的因素：一、尽力消除一些直接间接地诱发、导致青少年犯罪的因素；二、努力减少或改变容易引起青少年违法犯罪的条件；三、抓住青少年在生活道路上的几个重要问题，即学习、就业、婚姻和家庭教育，积极主动地加强教育管理。

华东政法学院的代表提出了《大中城市青少年犯罪综合治理体制探讨》的初步想法：第一，把握和控制青少年犯罪高发区、高发点；第二，建立起以学校为主的家庭、学校、社会三结合的青少年教育管理体制；第三，形成社会各个行业之间真正有效的治理青少年犯罪的强大社会联合力量；第四，发展经济，使都市化建设更加合理化、科学化，让青少年的特长、兴趣与爱好都得到充分的发挥，促使他们健康成长；第五，制定青少年法规，并加强对违法青少年的教育感化工作。特别是建立一个具有研讨和行政双重性质的权威机构作为大中城市青少年犯罪综合治理体制的指挥中心，是十分关键的问题。当前国家及省市的机构调整中要加强大中城市的青少年教育办公室这类机构，不能减并或削弱。

辽宁省的代表就保外帮教问题作了发言，引起了代表们的强烈兴趣。大家认为，保外帮教是社会科学领域中进行科学试验的大胆尝试和探索，它将司法制度和社会力量牢牢地结合在一起，是群众性的帮教工作的一个新发展。其价值在于：1、保外帮教措施对于教育挽救被劳动教养的失足青少年有着特殊的作用；2、保外帮教可以使劳动教养逐步走向社会化；3、保外帮教工作的经验对于做好后进、劣迹青少年的转化工作具有普遍意义；4、保外帮教工作是一个值得推广的好形式。

怎样正确运用法律武器处理青少年犯罪问题，是当前司法战线中存在的一个值得注意的问题。人民法院在审判青少年犯罪时要注意下列几个问题：明确打击重点；区别对待；严格区分两个界限；坚持实事求是，正确定罪量刑；做好减刑假释工作；加强法制宣传，预防和减少犯罪。

在关于如何对待刑满释放和解除劳教、强劳、少教的青少年犯罪者的问题，有很多篇调查报告指出：将这批人组织起来，加强管理和教育，给予生活出路是一个非常重要的问题。许多地区的社会治安不好，累犯率高与这部分人安置不好有很大的关系。因此建议：1、凡是捕前有工作单位的应由原单位接收，实行考察制度；2、凡是捕前没有工作单位的应由街道进行管理，将他们组织起来，根据实际情况，因地制宜，采取多种形式，例如：生产合作工场、劳动服务队、临时工、个体经营等等；3、表现好的，分配工作不歧视；4、国家招工对这部分人要有一定的指标。

（四）

在第三个专题今后怎么办的问题上，大会做了两件工作。

一、经中共中央宣传部和中国社会科学院党组批准，并经大会讨论决定，成立了中国青少年犯罪研究学会。全体代表审议并通过了学会常务理事会成员人选。一致推举中国社会科学院青少年研究所所长张黎群任会长，华东政法学院副院长曹漫之教授任副会长，中国社会科学院青少年研究所所负责人李景先任秘书长；并且组成了一个年富力强的实干的副秘书长班子，他们是：西南政法学院刑法教研室主任、副教授邓又天，华东政法学院青少年犯罪研究室副主任徐建，西北政法学院科研处副处长张少侠，北京政法学院青少年犯罪研究室主任郭翔，中国社会科学院青少年研究所青少年犯罪研究室负责人邵道生。常务理事会由会长、副会长、秘书长、副秘书长和公安部、最高人民法院、最高人民检察院、司法部、团中央、全国总工会的常务理事组成。学会理事，将由学会与各有关部门、省、直辖市、自治区协商确定。待适当时机，召开全国会员代表大会，通过民主程序产生理事会和常务理事会。会议还讨论并原则通过了《中国青少年犯罪学会章程》，建议常务理事会进一步修改后予以实施。

二、落实了今后怎么干的设想。学会今后要生产精神产品，生产根治青少年犯罪问题的理论武器，要写出五本书，逐步形成具有我国特色的社会主义的青少年犯罪学的理论体系，并据此建立治理青少年犯罪的工作体系。这五本书是：

（1）《青少年犯罪学》；

（2）《青少年犯罪预防学》；

（3）《青少年管教学》；

（4）《综合治理经验及理论》；

（5）《青少年犯罪问题专论》。

此外，还要办好会刊《青少年犯罪研究》，并与有关领导部门研究，起草《青少年保护法》。

（五）

与会代表一致认为，这次讨论会内容丰富，开得成功，达到了预定的目的。大家对这次学术论会讨有以下体会：

第一，搞社会科学研究，一定要理论联系实际。只有这样做，才能有旺盛的生命力。在党将青少年问题正式作为社会科学研究的一个领域之后，更应该如此。外国也有青年心理学、犯罪学，但是，那是外国货，不能适应中国的国情。对外国的东西，只能作为借鉴，抄不得，搬不得。研究中国的青少年问题，只能到中国的青少年实际中去。从1981年在青岛召开的全国青少年犯罪科研规划会议到今天的南宁会议，各方面的有志于这项事业的人士，认识到了时代的需要、时代的责任。在各级党委的领导下，深入到实践中去，因而涌现出相当一批适合于中国国情的调查报告和论文，并且达到一定的深度、广度，有些已经在实践工作中起到了作用。代表们认为，对社会科学的学术水平怎样来评价？必须用实践这个标准。学术水平的高低并不在于提出一大堆谁也不懂的名词来，只要你能真正地认识实际中存在问题的客观规律性，能较好地解决它，这就是学术水平。为什么在青少年犯罪研究处于刚刚起步走的时候就能出现这么多的论文和调查报告，原因就在于理论联系了实际，因而有了生命力。

第二，只要社会科学工作者真正地有解决社会问题的愿望，实践部门是欢迎我们去的。这次大会有了一个很大的突破，这就是公、检、法、司等部门不仅自己研究问题，提出了水平较高的论文和调查报告，而且把很多宝贵的数字、资料都向研究人员敞开了。说明他们真诚地希望理论工作者下去，欢迎他们下去，这一点是过去所没有的。这次大会，从某种意义上来说是理论工作者和实践工作者成功的结合。

第三，这次大会努力贯彻党中央提出并坚持的“双百方针”（百花齐放，百家争鸣），提倡“三不主义”，即“不打棍子，不抓辫子，不扣帽子，”发扬学术民主。因此，整个大会是在热烈探讨、争论、批评和自我批评的气氛中进行的。在大会的发言中，采取组织指定发言和自由发言结合的方式，在最后的一天大会安排中，留出了半天的大会自由发言，就某些问题进行了比较深入的讨论，得出了比较明确的结论，代表们都很满意。代表们认为，搞学术研究就需要这种民主探讨精神。

第四，这次大会还清楚地告诉人们，青少年犯罪问题是个社会问题，解决社会问题需要社会各方面的力量互相配合，一齐行动才行。青少年犯罪问题的解决，只靠公、检、法机关，是无论如何不够的。党中央提出的综合治理方针就是基于这一根本点而形成的。这次大会也体现了综合治理的精神，参加大会的代表涉及到社会的各个方面：公、检、法、司、共青团、工会、妇联、社会科学院所、政法院系和新闻单位等等，所涉及到的学科有法学、哲学、伦理学、教育学、心理学、社会学、精神病学等等。其面之大，其代表之广泛是前所未有的。这充分反映了当代社会科学综合性的发展趋势。搞青少年犯罪研究就是需要这种多方面的、多学科的齐心协力进行综合研究。

对这次学术讨论会，不少新闻出版单位都很重视。中央电视台播发了会议的消息，新华社南宁分社也发出了电稿，《中国法制报》、《光明日报》、《中国青年报》均在头版显著位置较为详细地刊登了这次学术讨论会的内容。这也表明青少年犯罪问题引起了全社会的重视。

全国首届青少年犯罪研究学术讨论会的胜利召开和中国青少年犯罪研究学会的正式成立，标志着我国的青少年犯罪研究将进入一个新的阶段。

（《青少年犯罪研究》编辑部供稿）

中国青少年犯罪研究学会第一次常务理事会议

(1982年8月)

1982年8月20日至21日，中国青少年犯罪研究学会第一次常务理事会在北京举行。会议由会长张黎群、副会长曹漫之主持。会议期间，张黎群、曹漫之就青少年犯罪研究学会的有关问题向全国人大法制委员会副主任、中国社会科学院顾问张友渔作了汇报和请示。张友渔说："青少年犯罪研究很重要，我非常赞成这个学会的研究工作，今后需要我做什么，尽管提好了。"常务理事们对张友渔同志热心支持青少年犯罪研究学会的工作非常高兴。会议讨论了以下几个议题，并作出了相应的决定。

一、关于进一步加强学会的组织建设

会议认为，为了更好地推动我国的青少年犯罪研究工作，一定要将学会的组织建设工作搞好。

（一）增补常务理事

请中国法学会、全国妇联各推荐一名常务理事，东北地区、中南地区各一名常务理事的产生从该地区的理事中推选。

（二）各省、市理事的产生

1、原则上每省、市1名。

2、考虑到地区的特殊性，下列省、市可适当增加名额：

北京2名、上海2名、天津1名、四川2名（给重庆市、成都市），辽宁、福建、河南、湖南、山东、陕西、江苏各1名（给省会）。

3、理事的条件如下：

（1）坚决拥护四项基本原则；

（2）热心从事青少年犯罪研究工作；

（3）有比较丰富的工作经验，或有一定的研究成果；

（4）有一定的组织能力，能联系、协调本地区的研究工作。

4、各省、市的理事产生后，学会委托北京、华东、西南、西北四个政法学院分片召开理事会，确定本地区的具体工作任务。

（三）关于发展会员的问题

1、按照会章要求的条件，积极、稳妥、逐步发展会员。

2、第一批会员以参加1981青岛会议、1982南宁会议中的合适人员为基础，并注意吸收各地区青少年犯罪研究的骨干。

（四）关于各省、市建立青少年犯罪研究组织的问题

1、由各省、市根据具体情况自己决定。

2、地方性的学会与中国青少年犯罪研究学会不是领导与被领导的隶属关系。但全国学会可以指导地方学会的工作，并在业务上应加强联系。

二、关于学会今后工作重点的问题

会议讨论了南宁会议以后青少年犯罪研究的情况：会后许多省、市代表向党委作了汇报，不少地区已将青少年犯罪的研究放到公安、司法工作的重要议事日程上来。继华东、西北政法学院之后，西南政法学院和北京政法学院也成立了青少年犯罪研究室。会议认为，当前青少年犯罪研究工作的形势是好的。为使青少年犯罪研究更有成效，一致认为，学会应是务实的机构，研究工作必须坚持理论联系实际，今后的研究工作应该向深度进军。具体措施如下：

（一）今后学会活动的重点应放在专题研究上。搞专题调查、专题讨论。着重讨论两个内容：（1）综合治理的经验和理论探讨；（2）未成年人犯罪的特点及其预防。

（二）建议有关部门能给予担任常务理事的同志每年1——2个月的时间，结合本职工作搞专题调查研究。

（三）为了确保重点项目，《中国青少年犯罪学》由中国青少年犯罪研究学会副会长曹漫之教授负责主编。其余四本书（《青少年犯罪预防学》、《青少年犯罪管教学》、《综合治理经验》、《青少年犯罪研究论文集》）欢迎有关单位积极承担编写。

三、关于会刊问题

（一）会议决定，原来由青少年研究所青少年犯罪研究室主办的《青少年犯罪研究通讯》，自1983年起改为中国青少年犯罪研究学会的会刊，改名为《青少年犯罪研究》。

四、关于青少年保护法的制订问题

会议认为，青少年保护法的制定是一个很重要的问题。为此建议团中央会同全国总工会、全国妇联抓青少年保护法的研究制订工作。

五、加强国内、国外青少年犯罪研究的资料收集工作，尽快地建立资料研究中心。

全国青少年犯罪团伙专题学术讨论会

（1984年4月）

由中国青少年犯罪研究学会召开的全国青少年犯罪团伙专题学术讨论会，于4月22日至27日在贵州省贵阳市举行。这是继1982年6月广西南宁会议之后的又一次重要的学术会议。到会的有中国法学会、公安部、最高人民检察院、最高人民法院、司法部、中国社会科学院青少年研究所、华东政法学院、西南政法学院、中国政法大学、中国人民大学，以及北京、天津、上海、广州、武汉等13个省市的专家、学者、教授和实际工作者五十余人。会议由中国法学会副会长王仲方、中国青少年犯罪研究学会副会长曹漫之（因故未能出席，对会议的具体安排写有书面意见）、最高人民检察院王桂五、贵州省人民检察院高启真等同志组成领导小组。中国社会科学院青少年研究所青少年犯罪研究室主任赤光和与会的中国青少年犯罪研究学会副秘书长邵道生、邓又天、徐建、郭翔受该会会长张黎群、副会长曹漫之的委托，组织了这次会议。贵州省政法委员会书记朱迪及省公安厅厅长张有儒、省最高人民检察院检察长李玲、高级人民法院院长谢锦汉、司法厅厅长王基伦、省社会科学院副院长王瑞迎等同志出席了会议的开幕式和闭幕式。会议期间，贵州省人大常委会主任吴实、副主任曾宪辉看望了与会代表。讨论会共收到论文和调查报告近四十篇。

一、会议召开的背景

陈丕显同志在中国法学会第一届理事会第二次会议上的讲话中指出，为了实现社会治安的根本好转，按照中央的重大决策，我们正在严厉打击刑事犯罪活动。这场斗争“需要法学家用马克思主义的立场、观点和方法认真加以研究，从理论与实践的结合上给予科学的有充分说服力的回答。这不仅对实际工作是一种有力的支持，也是法学研究本身的一个发展”。这次全国青少年犯罪团伙专题学术讨论会，就是按照这一指导思想召开的。

这次大会强调指出：严厉打击严重刑事犯罪活动，的确是政治领域中一场严重的敌我斗争，中央的这次战略决策是完全正确的。这场斗争确是关系到四化建设的顺利进行，关系到人民群众生命财产的安全，关系到社会治安和社会风气的根本好转的大问题。目前，这场斗争正在深入、健康地发展下去。

但是，这场斗争也向我们提出了一系列重要的理论问题和实际问题。例如：为什么会出现那么多的青少年犯罪团伙？它的形成原因是什么？它的表现特点如何？怎样在司法实践上对青少年流氓犯罪团伙进行正确认定和处理？青少年犯罪团伙的发展趋势怎样？我们应该采取哪些对策？等等。这都是一些新问题，需要法学家们去研究，需要青少年犯罪研究工作者去探讨，需要广大的公检法司等部门的实际工作者去讨论。这些问题解决了。我们的法学理论就会得到进一步的丰富，司法实践就会更好地为实现党的总任务服务。

为了更好地严厉地集中打击刑事犯罪分子，彭真同志提出加一个“准”字。怎样贯彻中央对打击刑事犯罪的这个新的精神，将上述问题研究讨论一下，弄个明白，也是非常必要的。最高人民检察院负责起草了一个《关于怎样认定和处理流氓集团的意见》，曾发给代表，征求了修改意见。这个文件于1984年5月26日以最高人民法院、最高人民检察院和公安部三个单位名义下发各地执行。我们的法学研究、青少年犯罪研究就是要紧密地为现实服务。离开了这一点，它就没有生命力。

因此，全体与会同志一致认为，这次青少年犯罪团伙专题学术讨论很重要，选题准，开得及时，会议的指导思想是正确的。

二、研究青少年犯罪团伙具有现实意义

众所周知，在我国的刑法理论和刑法中，没有犯罪团伙这一概念。在我国《刑法》的总则和分则的有关条文中，将一般共同犯罪和犯罪集团视作为共同犯罪的二种基本形式。因此，这次学术讨论中，一个重要的问题是：青少年犯罪团伙这一概念能不能成立？经过争论，在这个问题上取得了较为一致的看法：即犯罪团伙这一概念的出现不是偶然的，它是我国社会现象中的一种现实的反映。认真地研究这一现象有重要的现实意义。

(一) 通过对青少年犯罪团伙的发生、发展的研究，使人们进一步认清，青少年犯罪团伙的大量出现是特定历史条件下的产物，是有它的必然性的。

不少同志认为，七十年代以来，我国青少年犯罪大幅度上升，成为整个刑事犯罪的主要组成部分。其中，结伙性犯罪又占很大比重，出现了大量不同组织程度的青少年违法犯罪群体。正是对青少年犯罪的这种新情况、新特点，政法公安战线的实际工作者提出了“犯罪团伙”这一在我国刑法和刑法理论中所没有的新概念。许多青少年犯罪研究工作者、犯罪心理学者对犯罪团伙现象作了较为详细的研究，认为这一概念与“犯罪集团”和“一般共同犯罪”相比，更能体现现阶段青少年结伙共同犯罪的特点。因此，犯罪团伙这一概念的出现，是与十年动乱之后青少年犯罪成为我国犯罪现象的主体这一特定的历史条件分不开的，它来自实际斗争，并为实际斗争所需要。那种因为在我国刑法理论或刑法中没有这一概念而认为这一概念是没有多大意义的、应该停止使用或者干脆取消的观点是片面的。

同志们认真地分析了青少年犯罪团伙出现的社会原因，归纳起来有以下几点：

第一，十年内乱中帮派组织横行的严重破坏，对现在20岁左右青年（当时处于少年时期）的心灵造成了短时间难以愈合的创伤。这是大量青少年犯罪团伙出现的社会历史背景。

第二，随着对外开放政策的执行，外来腐朽文化大量侵入，和国内资产阶级自由化思潮的泛滥，落后的封建意识死灰复燃，造成严重的精神污染，这是青少年犯罪团伙大量出现的思想基础。

第三，粉碎“四人帮”以后，百废待兴，此时为满足广大青少年正常发展所需要的各种社会条件与整个社会可能满足之间形成了较大的矛盾。因此，使较大批量的青少年涌入社会，而社会却缺乏将如此众多的青少年组织起来的相应措施。鉴于青少年这段时期特定的心理特点，因而在社会上出现了较多的不良群体。这是青少年犯罪团伙大量出现的客观条件。

第四，这几年来，由于阶级斗争观念薄弱，对新时期严重刑事犯罪的社会危害性认识不足，对犯罪分子打击不力、改造罪犯质量下降，致使累犯、惯犯大量增加，这是青少年犯罪团伙大量出现的重要原因。

鉴于上述这些原因，青少年犯罪团伙的大量出现决不是偶然的。

（二）通过对青少年犯罪团伙的发生、发展规律的研究，使人们进一步认清预防青少年犯罪团伙的重要性，从整个社会预防上寻找措施和途径。

许多同志指出，青少年犯罪团伙在我国有一个发展过程。十年动乱刚结束之际，并没有那么多的犯罪团伙出现，而且就其犯罪的性质、手段来说，也没有发展到这几年那样的残暴和疯狂。因此，作为一个历史的经验教训，是值得记取的。

就现有的青少年犯罪团伙的形成和组织形式来看，正如上海代表所指出的，既有临时纠合、共同犯罪的突发性犯罪团伙，也有聚散无常、流动不定的松散性犯罪团伙，还有一种是经常纠集在一起、共同犯罪作案、时间长、作案大、次数多、组织严密、危害严重的犯罪集团。不同类型的犯罪团伙有不同的发生发展规律，了解不同类型的犯罪团伙特点有助于对他们的预防和惩处。

（三）通过对青少年犯罪团伙的趋势性研究，我们可以及时了解其动向，找出有针对性的对策，有助于我们对未来犯罪的预防和控制。

有的同志探讨了我国青少年犯罪团伙出现的新的变化趋势：

第一，组织程度提高，隐蔽性加强。犯罪分子在集中打击后，更加懂得活动隐蔽和组织严密在逃避制裁、反侦破中的价值。在现实斗争中，将出现过去少见的组织严密、活动隐蔽、危险性很大的犯罪集团，有行动纲领目标，内部有铁的惩处纪律，还有严密分别控制成员的层次结构。

第二，团伙罪行趋向严重，经济型、淫乱型，暴力型犯罪将增多。根据当前青少年犯罪的发展特点，大量盗窃国家和集体的财物将成为一部分青少年犯罪团伙的主要目标，盗窃集团是需要我们重点加以对付的。鉴于当前流氓、强奸等性犯罪有增无减，虽经打击，下降不甚明显，因此，与青少年犯罪团伙中的性犯罪进行斗争，要有长期的战略思想考虑和措施准备。此外，诸如劫机，爆炸、驾车行凶等严重暴力犯罪。也是迫切需要注意的。

第三，犯罪团伙会更多地利用现代科学技术，包括利用社会科学知识来进行犯罪。近年来青少年犯罪团伙运用现代科学技术的案例已不少见，如利用现成的现代化交通工具、通讯设备、录音、录相机等，到应用各种专业科学知识如摄影、翻拍技术、堕胎、避孕的医学技术和知识，制造炸药，组装定时炸弹，制造火枪火炮，运用麻醉剂、迷幻药等等。

第四，青少年犯罪团伙会更加注意拉入掌握一定权力的干部子女、有靠山和较多门路的高干子女、女青少年进行合伙犯罪。青少年犯罪团伙有掌握一定权力的干部或高干子女参加，就能够突破金钱、暴力无法突破的管理、监督、限制和防御系统；能够走通金钱无法通过道路，达到一般手段无法达到的领域；能够不费力气、不冒风险使用或取得在我们社会中个人无法支配与占有的各种物质设施和条件；甚至能够在罪行暴露后，逍遥法外，无人过问、无人敢问。女青少年参加的青少年犯罪团伙中很少不具有大量性犯罪、性淫乱活动的。性方面混乱加速团伙成员的无耻、堕落，助长吃喝玩乐，导致抢劫、偷盗、殴斗、伤害、杀人等各种案件的发生，使团伙犯罪性质更趋严重和多样。

第五，团伙的反社会倾向、反革命倾向增加。

青少年团伙中一部分累犯、惯犯由于多次受到专政机关打击，具有对专政机关和现社会的不满和仇恨。而团伙成员由于犯罪与广大人民群众的直接利害冲突，经常受到刑事惩罚的镇慑，使累犯、惯犯的反社会情绪、反革命的思想倾向在团伙内部极易传播和相互感染。今后，随着国外反动影响向国内渗透的渠道增加，可能要增加青少年犯罪团伙的反社会的倾向、反革命倾向。

（四）通过对青少年犯罪团伙的特点和规律之研究，可以不断地丰富符合我国自己国情的犯罪学、犯罪心理学和刑法学等法学学科的理论体系。

鉴于众所周知的原因，我国的法制建设是不够完善的，我们的法学学科是不健全的，还有不少新的法学学科尚需我们去建立。创建我国自己的犯罪学和犯罪心理学体系，只能走到自己的司法实践中去，一个专题一个专题地调查研究，一个经验一个经验地认真总结。许多同志反映，这次学术讨论会内容充实、很新鲜，认真地将其去粗取精，对发展我国的新学科将是很有益处的。

三、对青少年犯罪团伙概念的争论

在这次学术讨论会中，围绕着青少年犯罪团伙的概念进行了一场有益的、认真的争论。归纳起来，有以下的几个问题。

（一）对中央〔1983〕31号文件指出的“流氓团伙”的理解。

中央〔1983〕31号文件指出：“这些流氓团伙分子，是新的历史条件下产生的新的社会渣滓、黑社会分子。他们以杀人越货、强奸妇女、劫机劫船、放火爆炸等残酷手段来残害无辜群众，他们仇恨社会主义，对社会治安危害极大。我们一定要认识流氓团伙的性质，决不能小看了他们的破坏作用。在这场斗争中，必须坚决予以摧毁。对流氓团伙分子要一网打尽，对流氓头子要坚决杀掉。”

与会同志一致认为，中央的这些指示是完全正确的。在文件中，中央指出，包括流氓犯罪团伙在内的严重刑事犯罪就是敌我矛盾。因此，公安政法部门在捕、杀一大批、集中打击、统一行动和怕混淆两类矛盾这些根本问题上思想得到了解放，从而取得了第一战役的重大胜利。

一些同志指出，中央在这里指出的“流氓团伙”是一个政治性概念。它包括了以流氓犯罪为主体的所有严重刑事犯罪分子。它实质上指的就是这几年来对社会危害最大的犯罪集团。因此，它不是严格意义上的刑法学上的“流氓”含义。在犯罪学的体系中，流氓团伙是一个含义要更广泛的概念，其中包括具有轻微违法犯罪的流氓违法团伙，而在犯罪团伙中，诚如后面有的同志所指出的，又包括犯罪集团和属于一般共同犯罪性质的犯罪团伙。有的同志认为，似乎这样理解中央指示精神更为妥切一点。

（二）对犯罪团伙的几种不同观点。

在讨论中，代表们就青少年犯罪团伙的概念进行了热烈的争论，归纳起来有如下六种观点：

第一种观点认为青少年犯罪团伙是一般共同犯罪。这一观点只见于个别文章中的引用，并未见有人专门论述。在这一次讨论会中，没有人赞同这一观点。显然，这一观点是低估了青少年犯罪团伙的性质及其对社会的危害性。

第二种观点认为青少年犯罪团伙就是犯罪集团。这种观点认为，犯罪集团具有的基本特征，犯罪团伙一般都具有。犯罪团伙的基本特征主要有以下几个方面：一是从组织形式上看，均是三人以上有组织、有领导的共同故意犯罪，而且在实施犯罪以前一般都有通谋；二是从犯罪的连续性看，往往都是数人纠集在一起，连续多次犯一罪或数罪，具有犯罪的长期性和连续性；三是从对社会的危害性看，实施犯罪的人通常是社会上最危险的分子。手段毒辣狡诈，凶狠残暴，破坏性大，对社会的危害严重；四是只有这样理解才能更好地贯彻中央制订的关于依法“从重从快，一网打尽”的方针。这一观点认为，尽管有的犯罪团伙比较松散，成员也不固定，还有的成员是受蒙蔽参加的，但这些并非本质特征，他们的本质特征主要是有组织、有领导、有预谋的共同故意犯罪。流氓团伙也是这样，破坏公共秩序，对社会上非特定的许多人造成威胁。至于他们的组织松散一点，成员不固定，没有明确的计划和分工，以及作案的偶发性、盲目性大等等，那是非本质特征，不能因此为否定它是流氓犯罪集团。

第三种观点认为犯罪团伙是新形势下出现的一种特殊的有组织的共同犯罪形式，它是共同犯罪中有组织犯罪的一个分支，认为有组织的共同犯罪应包括两个概念，一个是犯罪集团，一个是犯罪团伙。理由是，犯罪集团在刑法理论上，被普遍认为是有严密的组织、严密的计划、严格的纪律，有集团头子、骨干和一般成员，活动隐蔽，有一套逃避打击的经验，而犯罪团伙组织分散，犯罪多无预谋，无固定目标，没有严格的纪律，团伙成员的违法犯罪活动不受其他成员的约束，只要干坏事，其它成员都支持，犯罪活动也不那么隐蔽，也没有逃避打击的经验。如果把犯罪团伙都作为犯罪集团，在我们社会主义国家，出现的犯罪集团将成千上万，这与社会主义制度不相符合，而且也会出现量刑过重，对改造罪犯不利的情况。

与此观点相接近的还有一种说法，认为犯罪团伙既不同于犯罪集团，也不同于一般共同犯罪，它是介于犯罪集团和一般共同犯罪之间的有组织的犯罪。

第四种观点认为"犯罪团伙"不是独立的一种共同犯罪形式，也不是一类罪的罪名。而是分属于犯罪集团、聚众犯罪和一般共同犯罪。实践中对所谓团伙性犯罪案件有三种情况，第一种是共同犯罪人有较严密的组织形式，犯罪一般有预谋和分工，已具备犯罪集团的基本特征；第二种是在为首分子的策划下，纠集多人犯罪，但其结合缺乏稳定性，这种情况实际上是刑法规定的聚众犯罪；第三种是以一二个犯罪分子为主，随时纠合他人共同作案，其结合具有明显的临时搭伙性质。因此应按刑法中对犯罪集团聚众犯罪和一般共同犯罪的有关条款进行定罪量刑。

第五种观点认为，犯罪团伙这一概念是与青少年犯罪相联系的，它与犯罪集团和一般其他共同犯罪相比，更能体现现阶段青少年结伙共同犯罪的特点。它是属于交叉概念。

第六种观点，个别同志认为，犯罪团伙这一概念不是很科学的，今后应该停止使用，但是，团伙犯罪这一概念可以使用。

四、对青少年犯罪团伙的惩处

与会同志们在讨论中，一致拥护中共〔1983〕31号文件的精神和全国人大常委会1983年9月2日通过的《关于严惩严重危害社会治安的犯罪分子的决定》，对犯罪团伙一定要依法"从重从快，一网打尽"；一致热烈赞扬这场严厉打击刑事犯罪分子活动所取得的伟大成绩。

与会同志一致认为，尽管对青少年犯罪团伙有各种不同的理解，并作了不同的探讨，但是，鉴于目前刑法中有关共同犯罪的基本形式只有"一般共同犯罪"和"犯罪集团"二种，因此，一致同意在确定罪名及法律文书中，不宜再使用"犯罪团伙"这个概念，应当根据犯罪的实际情况分别使用犯罪集团和一般共同犯罪。问题是如何认定"犯罪集团"，尤其是如何认定"流氓犯罪集团"。根据与会同志的反映，目前在这个问题的理解和掌握不够一致，在一定程度上影响着对中央指示的正确贯彻执行。为了更加"准"地打击严重刑事犯罪分子，大家就如下问题发表了看法：

（一）关于对犯罪集团的认定。

大家指出，在五十年代和六十年代，对犯罪集团的理解，它一般必须具备有组织、有计划、有目的、有纲领、有行动等基本特征。由于客观情况已经发生了巨大变化，完全机械地按照这些特征来认定犯罪集团不利于惩治严重刑事犯罪分子，应该根据目前的社会治安形势和审判实践经验，制订出一些新的、符合犯罪集团的基本特征的条条。

上海市长宁区人民法院在《关于审理团伙犯罪案件的初探》一文中，认为构成犯罪集团必须具备的基本特征有如下六条：

1．共同犯罪比较明显。

2．有预谋地进行犯罪活动，作案前，对如何实施犯罪，集团间事先经过一定范围一定程度的策划或有共同的侵犯目标。有的策划比较周密；有的则不那么周密。

3．有明显的首要分子。在作案成员中，至少要有一名起组织主导作用的为首分子。所谓首要分子，有的是在犯罪活动中自然形成的；有的是集团其他成员公认的。

4．犯罪集团的基本成员相对稳定。

5．犯罪集团成员在作案时有一定的分工。

6．实施了严重破坏社会治安秩序的刑事犯罪活动，对社会具有极大的危害性。具有作案时间长、犯罪次数多，有一定的持续性和连续性，甚至犯有多种罪行的特点。

最高人民法院的代表在文章中指出：只是符合犯罪集团基本特征的，就定为犯罪集团；不符合的或一时还难以区分的，就以一般共同犯罪来认定。这些基本特征如下：

1．人数众多（三人以上），其主要成员固定或基本固定。

2．犯罪目的明确，即是为经常地共同地进行一种或数种犯罪活动而纠集在一起的。

3．有明显的首要分子，有的首要分子在纠集开始时就是领导者或组织者，但也有的首要分子是在纠集过程中自然形成的。

4．有事先预谋和比较明确的犯罪计划，其犯罪行为严重地危害了社会。

（二）关于对流氓犯罪集团的认定。

在当前的司法实践中，比较难掌握的就是青少年流氓犯罪集团的的认定问题。有的同志说："流氓犯罪集团是个大口袋，什么都可以往里装。"显然，一定要有明确的涵义。

四川省公安厅法律研究室的同志认为，流氓犯罪集团，是指三人以上，以犯罪为目的纠集在一起，有为首分子和骨干，有组织有通谋地多次进行聚众斗殴，寻衅滋事，侮辱妇女，或者进行其他流氓犯罪活动，破坏公共秩序，情节恶劣的。也有虽然只实施了一次流氓犯罪活动，但情节严重，危害较大的。

上海市公安局的代表认为，流氓犯罪集团"一般是指三人以上，纠合在一起，结伙进行流氓犯罪活动，严重破坏社会治安的犯罪群体。"他们根据上海市的情况大致分为五类：（1）恶霸型；（2）淫乱型；（3）殴斗型；（4）摧残型；（5）综合型。

不少同志还指出了在认定流氓犯罪集团时的几个政策界限：

上海公安局代表指出以下四条政策界限：

一是把三五成伙欺侮群众，情节一般，同一贯打骂欺压群众，公开侮辱调戏妇女，横行不法，为非作歹，称王逞霸的流氓犯罪集团区别开来；

二是把因群众纠纷临时纠集同学、同事、亲友打架、殴斗，同流氓寻衅滋事，大搞打砸抢或聚众殴斗，严重危害社会治安的流氓犯罪集团区别开来；

三是把流氓行为、道德作风问题同结伙猥亵奸淫妇女的流氓犯罪集团区别开来；

四是把沾染一般流氓习气的青少年，在里弄、学校结伙哄闹、打架、欺侮或抢夺小同学的少量钱物，或互相之间动作不轨的，同流氓犯罪集团区别开来。

贵州省检察院钟仁伟同志结合贵州省的情况提出了在惩处流氓犯罪集团要注意“四个区别”：

一是要把以玩弄异性，满足淫欲为目的的犯罪行为，同在恋爱过程中发生的越轨行为区别开来；

二是把流氓犯罪集团中的惯犯和偶犯区别开来，把用色相勾引他人，特别是勾引外国人的，同偶尔与他人和外国人交往中发生的不正当行为者区别开来；

三是要把流氓犯罪集团中的流氓分子同被猥亵、诱骗上当的受害者区别开来；

四是要把流氓犯罪活动同少数民族中因某些风俗习惯而出现的不正常男女关系区别开来。

公安部的同志在论文中提出，如下的违法犯罪行为，可算一般共同犯罪行为，可按一般共同犯罪处理，不以犯罪集团论处：

1．为报私仇，临时纠集一伙人寻衅殴斗后自行解散，平时无其他共同违法犯罪活动的；

2．因民事纠纷，双方聚众械斗的；

3．经常聚赌，互有输赢，不是合伙套取其他赌徒钱财的；

4．二人以上的犯盗窃、诈骗、抢劫、强奸、流氓等罪，作案前无其他共同违法犯罪活动，作案后自行解散的。

（三）关于对青少年犯罪集团的惩处原则

讨论中，大家就如何惩处青少年犯罪集团提出了各自的观点：

贵州省公安厅的同志根据公安实践提出了“一窝端而不一锅煮”原则。具体讲来，对每一个犯罪团伙，不管其成员多少，都要一个不拉地通通触动，不使一人漏网。这就是“一窝端”。在一窝端掉的前提下，逐个查清每一个团伙成员的罪错程度，在团伙犯罪活动中的地位与作用，以及认罪、认错态度和有无悔改、立功表现等，根据各人的不同情况，有区别地加以处置，充分体现党的政策。这就是“不一锅煮”。

最高人民检察院的代表提出：在研究处理青少年流氓犯罪集团时，要根据法律的规定和中央政策精神准确认定流氓犯罪集团，并根据每一个集团成员所处的地位、作用、犯罪事实，分清罪责，区别对待。要严惩首犯、主犯、教唆犯，又要贯彻对一般违法犯罪青少年教育、挽救、改造的方针。

北京市公安局的同志指出：我们同犯罪团伙的斗争要坚决贯彻中央依法“从重从快，一网打尽”的指示精神，对犯罪团伙的头子、骨干该杀的要坚决杀掉，该重判的要坚决重判，绝不心慈手软；对其他成员也都应根据其罪责，分别给予必要的刑事处罚或行政处理，不使一人漏网。但是，不应把“一网打尽”理解为对犯罪团伙成员全部捕判；不应把“对犯罪团伙头子、骨干该杀的要坚决杀掉”理解为一律杀掉；也不应把“严厉打击”理解为不再坚持党对违法犯罪青少年“着眼于教育、挽救和改造”的方针以及坦白、自首、立功可以从宽处理的政策。

一些同志指出，在惩处不满18周岁的未成年人时还要注意我国刑法上的规定：即（1）已满14岁不满16岁的人，犯有严重破坏社会秩序罪，应当负刑事责任，但“不适用死刑”。（2）已满16岁不满18岁的人犯罪，应当从轻或减轻处罚。如果“所犯罪行特别严重，可以判处死刑缓期二年执行。”在惩处青少年犯罪集团时也要贯彻这一精神。

五　两个值得注意的问题

在这次青少年犯罪团伙专题学术讨论中，还有两个问题引起了参加会议者的重视。这就是劳改劳教场所中的犯罪团伙问题和干部子女犯罪团伙问题。

（一）劳改劳教场所中的犯罪团伙问题

在这次学术讨论中，这些劳改、劳教工作单位的代表提供的文章说明：劳改劳教场所的犯罪团伙除具有社会上一般犯罪团伙的特点外，还有自身特殊的表现形式和破坏作用，已经成为当前罪犯反改造活动的重要形式和突出表现。代表们就劳改、劳教场所犯罪团伙的特点、形成原因等方面作了探讨。犯罪团伙的特点可简单归纳如下：

（1）政治上的反动性：有强烈的反党、反社会主义和反人民民主专政的意识，反革命目的明确，有的公开组织反革命小集团。（2）对改造工作的破坏性和腐蚀性：犯罪团伙头子聚众闹事，打架斗殴。威胁同犯，敲诈勒索传授犯罪伎俩，无所不为。实际上就是牢头、狱霸和教唆犯，是狱内混乱的根源。（3）行为的诡秘性和欺骗性：这类人涉世深，具有一整套与我专政机关斗争的本领，因而善于伪装，不易为管教干部识破。（4）手段的残忍性和疯狂性：这批家伙多是恶习深、心肠狠的亡命之徒，疯狂而玩命，气焰十分嚣张。鉴于上述特点，大家指出，从劳改劳教场所的情况来看一般都是犯罪集团，必须从重从快惩处。

劳改劳教场所犯罪团伙产生的原因归纳如下：（1）这是社会上犯罪势力和黑社会组织向改造场所渗透的结果，是特殊形式阶级斗争的一种必然反映；（2）这是罪犯在狱内重新犯罪、拉帮结伙以满足其无法抑制的资产阶级世界观恶性发展的必然结果；（3）这是对贯彻执行“教育、挽救、改造”方针的认识片面所致，忽视对犯罪团伙的打击；（4）这是管理和教育方法上的一些漏洞：如“以烂仔治烂仔”，“以区划片，集中收容，社会上的帮伙没有拆散”等等。

大家还呼吁：我国的立法工作不甚健全，有关劳改劳教工作的立法方面还存在若干问题，诸如对打击劳改劳教场所被改造对象的重新犯罪活动还没有明确的规定，希望有关立法单位予以注意和考虑。

（二）干部子女的犯罪团伙问题

在当前青少年犯罪的特点中，干部子女的犯罪团伙问题是一个不可忽视的问题。当然，干部子女犯罪人数少，然而后果严重，一般有如下的特点：（1）用金钱、地位诱惑，具有欺骗性。社会上的流氓分子也正是以他们为靠山，彼此狼狈为奸。（2）依仗权势，胡作非为，具有疯狂性。他们胆大妄为，无视国法，更蔑视法的权威性。（3）思想颓废，玩世不恭，具有报复性。与一般犯罪分子相比，他们受的精神污染更重，对社会的危害更大。

干部子女犯罪团伙形成的原因有很多：他们依仗“特权”，有更多的机会接触“剧毒品”，有更多的“条件”如房子和经济优势去搞犯罪活动；这类犯罪分子的家长往往是采取姑息纵容态度，有的甚至包庇其子女犯罪；社会（包括单位、街道甚至执法机关）往往惧怕其父母之权势，造成无人过问、无人追究，无人制止。

为了防止干部子女犯罪，大家提出以下几点建议：（1）建议把领导干部子女的教育问题，列为整党的内容之一；（2）要抓好部队大院的管理，尤其是不要让自己的子女享受父母一辈的权利，包括住房的清退工作，（3）抓紧对有劣迹干部子女的帮教工作，改变目前无人敢问的情况，（4）认真在某些机关某些领导干部子女中查禁淫秽物品的工作。

这次专题学术讨论会，讨论的问题虽然是青少年犯罪团伙问题，但是涉及的面是广泛的，提出的问题也是有深度的。整个会议开得比较好。但是，诚如王仲方同志所指出的那样，这些问题“当然不是一次贵阳会议就可以解决的。应该将问题继续研究下去。”在会议最后，会议领导小组强调这是一次学术讨论会，会议发言不带有指令性，讨论中同志们的发言及材料，若与现行法律与政策不相符合者，要坚决执行现行法律与政策。

（《青少年犯罪研究》编辑部供稿）

“两劳”人员重返社会安置帮教座谈会

（1986年12月）

为了推进社会治安的综合治理，将青少年犯罪研究的结果转化为实践，全国政协法制组、北京市政协法制组、中国青少年犯罪研究学会于1986年12月8日在北京联合召开了“两劳”人员重返社会安置、帮教座谈会。到会的有司法部、北京市人民政府、全国政协法制组的领导以及专家、学者、知名人士、企业家、新闻记者等一百余人。这是体现研究工作者与实际工作相结合的一次别开生面的盛会。中国青少年犯罪研究学会会长张黎群，著名社会活动家曾志、费路路，全国政协法制组副组长王悦尘，司法部部长邹瑜、副部长顾启良，中宣部调研员曲啸，对社会帮教工作做出突出成绩的企业家马胜利、张成山、林其昆、师回喜，河南省司法厅厅长赵立文都在会上发了言，强调对“两劳”人员重返社会以后，家庭、单位、街道、学校、邻里及社会各方面都不要歧视他们，不要嫌弃他们，而应继续给以帮助教育，关心、解决他们的升学、就业、恋爱、婚姻等学习、工作和生活问题，使他们体会到社会的温暖，巩固他们在劳改和劳教场所取得教育改造成果，预防他们重新犯罪。大家认为，“两劳”人员释放和解教后，有个适应社会的问题。他们过去给社会给群众造成过危害，受到国家法律的惩处是应该的。群众对他们过去的违法犯罪行为有所痛恨，是可以理解的。在社会主义社会，正义总要褒扬，而邪恶总是要受针贬。这是天经地义的事。“两劳”人员由于自己过去的所作所为，给人们留下了不好的印象。他们在人们心目中的形象是不好的。因此，“两劳”人员重返社会以后，要继续走自新之路，要用实际行动冲刷人们过去的印象；要相信，只要自己切实变好了，由一个过去危害社会的人真正变为一个对社会有益的人，人们会改变过去的不良看法的。这有一个过程，即自己适应社会的过程。要过好这个适应期。绝不可认为人们对自己还留有旧的印象，而产生对立情绪或悲观情绪，更不可又滑向邪路。这是一方面。另一方面，对于重返社会的“两劳”人员，社会必须很好地容纳他们，帮助他们适应正常的社会生活。无数的正反两方面的经验都证明，这两个方面如果做好了，那么就会大大地降低重新犯罪率，就会大大减少社会不安定的因素。

马胜利等企业家在会上介绍了他们安置、帮教失足青少年的成功经验。这些企业以对社会负责的精神，既讲企业的经济效益，又讲企业的社会效益；既讲发展物质文明建设，又讲精神文明建设。他们吸收了一批失足青少年到企业工作，采取不歧视、不排斥的政策，在安排工作、劳保福利、工资待遇方面一视同仁，这些失足青少年深受感动，绝大多数表现是好的和比较好的，除少数人以外，绝大多数都未再发生违法犯罪行为。有的过去犯盗窃罪的人，竟然在车间管钱管物，未发生任何差错，受到群众的信任。这些颇具眼光的企业家们认为，失足青少年中有的是人才，只是思想歪了，路走邪了。如果走上正路，他们照样可以为社会贡献自己的聪明才智。现在厂长有权开除工人，有个别害群之马，除名是可以的。但是，高明的企业家，有本事的厂长，不是开除人越多越好，而在于能够依靠绝大多数职工，把有毛病的人拉回来。如果大家都从本单位的局部利益考虑，把"两劳"人员统统推给社会，这是最简单地办法，但也是不负责任的办法。这些人如果在社会上走投无路，又会违法犯罪，干出对社会有害的事情，对企业也可能造成危害。

与会代表认为，"两劳"人员的安置，不光是企事业单位要管，街道和社会其他方面也要管。要广开就业门路。"两劳"人员申请个体经营，有关部门要给予支持，同时要进行教育与管理，引导他们进行正当的经营。会议发出的《倡仪书》建议城市街道和农村乡镇应创造条件建立"重返社会人员培训中心"形成接茬帮教的制度。

于若木大姐因在外地、未能参加座谈会，专门给会议写信，表示祝贺与支持。她在信中明确提出："对已经改过自新者就应给以出路，参加正常的社会生活和就业"。并希望通过这次座谈会"向社会呼吁，全社会都来关心失足青少年，不歧视，不排斥，帮助妥善安置，这是社会安定的需要。"王定国（老红军、谢觉哉夫人）、邓六金（老红军、曾三夫人）、郝治平（罗瑞卿夫人）、杨纯、朱端绶（全国政协委员）大姐都出席了座谈会，表示了对这项综合治理工作的关心。

这次座谈会主要由费路路和中国青少年犯罪研究学会会长张黎群、副秘书长郭翔反复酝酿之后，在取得全国政协法制组和北京市政协法制组及经中央和北京有关单位的同志支持下召开的。张黎群在会上发表的题为《综合治理青少年犯罪的理想境界与战略目标》讲话中指出，三个单位联合举行"两劳"人员重返社会安置、帮教座谈会，是一个全社会人士关心与解决青少年犯罪问题的缩影，反映了人民政府的事人民帮、人民国家的事人民办的风气。费路路在讲话中提到，"两劳"人员重返社会的安置、帮教工作以及其他综合治理工作都需要理论的指导。她呼吁有关方面要进一步关心与加强青少年犯罪研究，希望中国青少年犯罪研究学会作出更大贡献。

接着，1986年12月10日，中国青少年犯罪研究学会又与全国政协法制组、北京市政协法制组联合召开了安置、帮教失足青少年经验报告会。到会的北京市的经理、厂长、党委书记1000余人，大家饶有兴味地听了马胜利等企业家关于安置、帮教失足青少年的经验。

这两次会议，在社会上产生了广泛的影响，促进了青少年犯罪研究工作和社会治安

的综合治理工作，并且促进了科学研究与实际工作的结合，开创了理论研究的新模式。

（协 芝）

中国青少年犯罪研究学会华北地区理事会议

（1983年1月）

中国青少年犯罪研究学会华北地区理事会议于1983年1月4日至6日在北京万年青宾馆举行。华北五省、市、自治区共有8名理事，除1位同志因病缺席请假外，其余7名理事全部出席了会议。在京的部分常务理事和有关方面的同志约20余人也应邀出席了会议。中国青少年犯罪研究学会会长、中国社会科学院青少年研究所所长张黎群同志，副会长、华东政法学院副院长曹漫之同志，秘书长、青少年研究所副所长李景先同志，北京政法学院副院长朱奇武教授到会祝贺，并讲了话。学会领导同志着重指出，国家已把青少年犯罪的研究列为第六个五年计划的社会科学研究重点项目；1984年联合国将在我国召开研究青少年犯罪的专题专家会议。我们必须从战略的高度来认识青少年犯罪研究工作的重要性，要同心协力为这门新的学科作出贡献。与会同志听后受到很大鼓舞，深感自己责任重大。会议期间，青少年研究所青少年犯罪研究室负责人赤光同志向大家传达了全国哲学、社会科学规划座谈会的精神，学会副秘书长、青少年研究所青少年犯罪研究室负责人邵道生同志介绍了近几年来全国开展青少年犯罪研究的情况，青少年研究所党组成员《青年研究》主编谢昌逵同志应邀介绍了他不久前访问日本时所了解的日本青少年犯罪情况和处置少年违法犯罪的司法制度。

学会副秘书长、北京政法学院青少年犯罪研究室主任郭翔同志受学会常务理事会委托主持了这次会议。会议的主要议题是：学习、贯彻全国哲学、社会科学规划座谈会精神，研究、商定今后华北地区青少年犯罪研究重点方向和重点课题。会议分两个阶段进行。第一阶段，交流华北地区各省、市、自治区青少年犯罪情况，分析一年来青少年犯罪的形势，新的特点和新的动向，从中发现需要研究解决的重点课题。第二阶段，着重领会和贯彻全国哲学、社会科学规划座谈会精神，讨论、落实今后的研究任务，并商讨了发展学会会员和召开华北地区首届青少年犯罪研究学术讨论会事宜。与会理事和应邀代表开动脑筋，畅所欲言，各抒己见，集思广益，共同努力，使会议获得了圆满的结果。

（一）

会议通过讨论，进一步明确了研究青少年犯罪的方向和指导思想。党中央要求，社会科学研究必须回答社会主义现代化建设中提出的理论问题和实际问题。青少年犯罪研究作为一门与现实紧密联系的新的学科，必须面向实际，坚持理论联系实际、科学研究为实践服务，为四化服务的方针。在研究方向上，既要重视基础理论的研究，也要重视应用的研究，而且要把两者紧密结合起来。在选题上，一定要从实际出发，从最迫切需要解决的问题入手，使青少年犯罪的研究工作为实现社会风气和社会治安状况的根本好转作出贡献。当前，一些城市和地方青工犯罪、待业青年犯罪，强奸、轮奸、流氓犯罪，以及由内部矛盾激化引起的重大案件比较突出，急待进行深入的系统的研究，给以理论的说明，提出切实可行的、科学的对策措施。

根据上述指导思想，会议初步拟定了今后华北五省、市、自治区青少年犯罪研究的重点课题。

北京市：（1）性犯罪的研究；（2）待业青年犯罪的研究；（3）大学生犯罪的研究；（4）青少年政治性犯罪的研究；（5）违法犯罪小团伙的活动规律及其对同龄青少年的毒害；（6）工厂如何实行综合治理的研究；（7）工读教育改革的研究。

天津市：（1）青工犯罪的研究；（2）人民内部激化引起的重大案件的研究；（3）社会帮教的研究；（4）流失生违法犯罪的研究；（5）32年来天津市青少年违法犯罪的变化规律的研究。

河北省：（1）农村实行责任制后，青少年违法犯罪趋向的研究；（2）中小城市青工犯罪上升原因的研究；（3）邯郸钢铁公司家属区实行综合治理的经验；（4）秦皇岛市一条街实行综合治理的经验；（5）秦皇岛市劳教所感化教育研究。

山西省：（1）省第二监狱改造青年罪犯的经验；（2）少管所感化教育的研究；（3）解决在押青少年犯的管教问题。

内蒙古：(1)呼和浩特市青少年犯罪上升的原因；(2)呼和浩特市学生犯罪大幅度下降的原因；(3)盗窃枪枝弹药案件分析；(4)从包头抢劫案看青少年犯罪的新动向。

会议要求，五省、市、自治区抓紧完成大部分研究专题，以便为华北地区首届青少年犯罪研究学术讨论会做好充分准备。

此外，与会同志认为，还有一些重要的理论性较强的专题和具有实际应用价值的专题，如社会主义犯罪根源问题，青少年犯罪与阶级斗争的关系问题，青少年犯罪分子中的两类矛盾问题，感化教育与专政的关系问题，违法犯罪青少年转化的心理学问题，劳改一劳教场所如何避免“交叉感染”问题，思想品德教育与文化技术教育的关系问题，严格管理与感化教育的关系问题，犯罪的低年龄化趋势问题，以及犯罪统计的科学性和规范性问题，等等，都需要进一步进行研究，给以科学的说明。由于这些问题同实际工作有着密切的联系，所以研究得好，对实际工作将有重要的指导作用。会议希望华北地区从事理论工作和从事实际工作的同志能够在上述专题的研究上作出贡献。

（二）

为了推动华北五省、市、自治区青少年犯罪研究工作，会议商定，宜在适当时机召开华北地区首届青少年犯罪研究学术讨论会，会议地点，大家建议在秦皇岛市或北戴河举行，会议期间可组织代表参观综合治理搞得好的秦皇岛市一条街和感化教育搞得好的秦皇岛市劳教所。为了开好这次讨论会，请河北省理事厉田同志向河北省委和有关部门汇报中国青少年犯罪研究学会华北地区理事会的建议，以求得大力支持。

会议希望华北五省、市、自治区青少年犯罪研究工作能够尽快取得较大的进展，以迎接华北地区首届青少年犯罪研究学术讨论会的召开。

（三）

会议还就发展学会会员及各省、市、自治区是否成立青少年犯罪研究的学术组织（团体）问题，进行了讨论。

中国青少年犯罪研究学会是在中国共产党领导下的群众性的学术组织，凡是承认学会并有志于从事青少年犯罪研究工作的同志，本人提出申请经所在单位组织同意，可以吸收为会员。

会议认为，发展会员要面向公、检、法、司，青年团，妇联，教育部门，政法院校，社会科学研究单位的人员。近几年来，华北五省、市、自治区涌现出不少热心研究青少年犯罪的同志，有的还做出了喜人的成果，他们应当成为重点的发展对象。1982年8月召开的中国青少年犯罪研究学会第一次常务理事会议确定，在发展会员中，要实行"积极、稳妥、逐步发展的方针"，"第一批会员以参加青岛会议、南宁会议中的积极分子为基础，"注意"吸收各地区青少年犯罪研究的骨干"。华北地区发展会员工作中，应当认真贯彻上述精神。会议商定，华北地区五省、市、自治区发展会员事宜，由该省、市、自治区理事负责。请将首批会员的申请登记表（一式二份）填好后，于1983年2月底以前寄至北京政法学院青少年犯罪研究室郭翔同志处，转报学会常务理事会审批。首批会员被批准后，即由学会通知理事转告会员本人的所在单位组织。

为了便于会员开展活动，建议在会员多的单位或几个相近的单位，可成立会员小组，民主选举正副组长，根据学会要求和理事安排，开展学术活动。

关于各省、市、自治区是否成立研究青少年犯罪的学术组织（团体）问题，根据中国青少年犯罪研究学会第一次常务理事会议精神，由各、省、自治区根据情况自己决定。

（四）

会议认为，解决青少年犯罪问题，要在党委领导下，动员社会各方面力量，实行"综合治理"。这是近几年来我国从实践中总结出来的一项根本经验。同样，开展青少年犯罪的研究，也要在党的领导下，依靠各有关部门及专业工作者和实际工作者互相配合进行多学科的"综合研究"。一些地方的经验证明，凡是党委重视，主要负责同志亲自过问，有关部门积极支持，专业研究工作者和实际工作者密切配合的地区，那里的研究工作就有声有色，研究的成果也易于在实际工作中发生效用。为此，会议要求，各位理事在会后要主动向省、市、自治区党委主管负责同志、政法委员会、宣传部和其他有关领导部门汇报此次华北地区理事会议情况，争取领导与支持；并在党的领导下，根据研究工作的需要，采取自愿原则，实行社会科学工作者和实际工作者相结合的办法，充分发挥会员的作用。请有关部门在资料上和时间上给搞研究的同志创造一定的条件。

鉴于华北五省、市、区的8名理事都是担任现职的同志，根据中国青少年犯罪研究学会第一次常务理事会议精神，华北地区理事会议建议有关部门能给予担任理事的同志每年1—2个月的时间，结合本职工作，开展研究和进行组织、协调工作。

全国哲学、社会科学规划座谈会强调指出，今后社会科学研究将有一个重大的发展，发展的重点在地方。会议认为，这个精神同样适用于青少年犯罪的研究。会议希望各省、市、自治区在制定哲学、社会科学研究规划中，应把青少年犯罪的研究列为重要项目，并在人力和经费上给以保证。

会议高度赞扬了中国社会科学院青少年研究所，中国青少年犯罪研究学会和中央有关部门在推动全国开展青少年犯罪研究方面所起的积极作用。会议认为，学会委任北京、华东、西北、西南政法学院具体承担所在地区省、市、自治区的青少年犯罪研究的协调工作是必要的，可行的。根据华北地区的情况，会议建议司法部和北京政法学院党委适当充实和加强北京政法学院青少年犯罪研究室的力量，以适应工作的需要。会议相信，在党的十二大精神鼓舞下，在中国青少年犯罪研究学会的指导之下，在各省、市、自治区党委和有关部门的领导与支持下，在广大会员和有志于从事青少年犯罪研究工作的同志们的努力之下，华北地区青少年犯罪研究工作一定会开创一个新的局面，并以丰硕的成果，迎接华北地区首届青少年犯罪研究学术讨论会的召开。

（中国政法大学青少年犯罪研究室供稿）

华北地区首届青少年犯罪研究学术讨论会

（1984年9月20日）

华北地区首届青少年犯罪研究学术讨论会于1984年9月11日至15日在北戴河东山宾馆举行。来自北京、天津、河北、山西、内蒙的代表和部分外省市的特邀代表，以及最高人民法院、最高人民检察院、公安部，司法部、团中央、中国法学会、中国社会科学院青少年研究所、法学研究所、北京大学、中国人民大学、中国政法大学等单位的同志约100人出席了会议，其中有专家、学者、教授、实际工作者，热心从事青少年犯罪研究的同志和中国青少年犯罪研究学会的部分理事、常务理事。《光明日报》、《中国法制报》、《河北法制报》也派记者参加了会议。中国法学会常务副会长、党组书记王仲方，著名社会活动家、北京市司法局顾问费路路，《中国青年》杂志总编、学会常务理事魏久明，中国社会科学院青少年研究所党组成员、《青年研究》主编谢昌逵，最高人民法院研究室研究员、学会常务理事雷迅，河北省法学会副会长王志道，河北省司法厅副厅长袁司理，山西省高级人民法院顾问谷震等同志应邀作为大会顾问，参加并指导了会议。由学会副秘书长、中国政法大学青少年犯罪研究室主任郭翔和中国社会科学院青少年研究所青少年犯罪研究室主任赤光，华北五省市、区的学会理事（或领队）厉田、王洛生、刘瑞峰、杨若何、谢松山、张庆录等同志组成的会议领导小组，具体组织领导了会议。

华北地区专门召开关于青少年犯罪问题的学术讨论会还是第一次，得到了有关单位和领导的重视和支持。中国青少年犯罪研究学会会长张黎群，学会秘书长、青少年研究所所长李景先同志指导了会议的筹备工作。中共河北省委副书记高占祥，省人民政府顾问、省委政法委员会书记王东宁同志对会议在北戴河召开表示关切，高占祥同志还亲自写信祝贺。中共河北省委政法委员会，省司法厅，公安厅，省社联，省团委，中共秦皇岛市委、市人民政府、市司法局、市劳教所对会议给予极大的支持；秦皇岛市委副书记武克、市人民政府顾问武学文等同志参加了会议的开幕式。学会副秘书长、西北政法学院科研处处长张少侠作为外地特邀代表，参加了开幕式并讲了话。中国法学会副会长曹海波同志也写信对这次讨论会表示祝贺。

会议收到论文40余篇。其中既有学术性较强的文章，又有专题性的研究论文和调查报告。与会代表在大会发言和小组讨论中，紧紧围绕“严打”以来青少年犯罪的新情况、新特点、新动向和应采取的对策进行了广泛而热烈的讨论。

(一)

会议首先研究讨论了近几年来青少年犯罪的演变规律。十年内乱后，我国社会刑事犯罪曾一度大幅度上升，出现了前所未有的青少年犯罪高峰期。华北地区和全国其他地区一样，青少年犯罪也成为一个突出的社会问题。经过几年的综合治理，特别是去年八月以来开展的严厉打击严重刑事犯罪活动，不仅遏止住青少年犯罪高峰期的发展，而且促使刑事发案率不断下降，社会治安有了明显好转。河北省的青少年犯罪成员在全部青少年中所占的比例，已由“严打”前的1‰下降到4‱。天津市在校学生、待业青年、青年工人、青年农民的犯罪普遍下降，其中青工犯罪下降最多。当前，华北地区青少年犯罪总的趋势是在起伏中继续下降。但是，性犯罪、暴力犯罪、女性青少年犯罪、未满十六岁的低龄少年犯罪下降的不明显，有些地方还在上升。北京市今年4月份以来，重大案件逐月上升，而且暴力犯罪所侵害的对象是社会上不特定的个人，危害大、影响坏。河北省1984年上半年发生的青少年强奸案件竟占全部青少年刑事案件的44%。代表们指出，当前青少年犯罪还出现一些新的特点：

（1）一些刑事案件带有浓厚的政治色彩。那些犯罪意识较深的刑事犯罪分子，不断滋长反社会意识和反社会倾向，对党和社会主义制度不满，对严厉打击严重刑事犯罪活动不满，在进行刑事犯罪的同时兼进行反革命破坏活动，甚至组成反革命集团。刑事犯罪与政治性犯罪交织在一起。

（2）流氓团伙在受到沉重打击后，多数已土崩瓦解，现在一般表现为单个作案，但也有的犯罪团伙出现重新聚拢或向犯罪集团演变的动向。

（3）作案手段有新的变化，往往由明火执仗转向隐蔽作案，入室作案，蒙面作案，使用剧毒品、麻醉品和骗术作案，而且有的作案后消灭痕迹，犯罪手段趋向现代化。

（4）犯罪低龄化的趋势日益明显，十多岁的孩子，就杀人、抢劫、强奸。河北省未满十六岁的少年作案，今年上半年比去年同期上升了1.3%。保定市今年2月破获的一个9人盗窃团伙，年龄七岁至十五岁的就有6人。

代表们指出，经过“严打”以后，青少年犯罪不会再象前几年那样大幅度上升，但也不会急剧下降到一个正常幅度内，总的趋势是在起伏中下降。预计在今后相当长的一个时期内，社会刑事犯罪的主角仍然是犯罪青少年。随着社会的发展和形势的变化，青少年犯罪的类型、内容、形式、手段也会有相应的变化，性犯罪、暴力犯罪、吸毒、贩毒、走私、卖淫活动，与港澳黑社会和国际上犯罪分子相勾结的犯罪，在某些地方、某些时候会有所发展。犯罪低龄化的趋势可能继续下去，一些地方的农村和小城镇的犯罪可能突出起来，等等。

代表们对当前青少年犯罪特点的分析和对犯罪趋势的预测，为理论研究和司法实践，提供了有参考价值的信息和工作依据。

(二)

会议认为，综合治理是实现社会治安根本好转的战略方针，是解决青少年犯罪的基本对策。严厉打击是综合治理的重要一环，在特殊情况下甚至是首要的一环，是前提，但毕竟不是综合治理的全部。综合治理应包括打击犯罪、预防犯罪、挽救失足青少年和改造犯罪这三个主要环节。三个环节缺一不可，不能偏废。三个环节互相联结，相辅相成，才能完整体现综合治理精神。代表们指出，社会治安问题，青少年犯罪问题，是多方面因素造成的，实际上，是一种社会"综合症"。犯罪的发生和变化，犯罪的存在和后果，无不具有社会性、"综合性"。社会问题必须靠全社会的力量来解决。我们有优越的社会主义制度，有党的统一领导，广大人民群众在根本上是一致的。这就决定了我们不仅能统一意志、统一步伐进行社会主义现代化建设，而且能统一意志、统一步伐解决包括犯罪问题在内的各种社会问题。

代表们认为，综合治理青少年犯罪问题不仅是一个战略方针，而且是一项社会系统工程，必须依靠国家政权的力量，社会团体的力量，人民群众的力量。这三种力量汇合一起，互相配合、互相补充，各负其责，协调一致，才能综合治理落到实处。同志们指出，社会团体的力量和人民群众的力量，潜力很大，其对综合治理的作用不可低估，需要进一步加以研究和挖掘。大家总结了近几年贯彻综合治理方针的经验和教训，指出当前关键问题是体制不健全，从中央到地方没有建立起完整的科学的强有力的综合治理体制。比如计划生育，这是关系到国计民生的大事，但如果不建立起各级计划生育委员会和办公室，这项工作就难以做好。实践证明，综合治理不是目前哪个行政部门、司法部门或社会团体所能单独包揽实行的。不仅各种力量之间需要协调，就是每种力量内部也需要协调。因此，必须在各级建立起有权威的统筹机构，调动、协调各方面的力量进行综合治理。这个机构要有职有权，有财力、物力、人力保证，要有收集、贮存、利用综合治理信息的手段和组织，要有计划的开展综合治理的各项有关的研究工作，要引进各方面的专家作为自己的智囊团，参与决策。这个机构不是代替各个部门的工作，而是进行协调、联络，把多种力量、各个部门纳入综合治理之中。为此，这个机构的性质、地位、任务、职权范围要有相应的立法予以保证。代表们认为，应对综合治理的体制问题和立法问题进行深入的研究，并在研究的基础上向党中央提出专门的建议。代表们指出，我们党提出综合治理社会治安的方针后，近几年在贯彻这个方针中积累了丰富的经验，有许多新的创造；一些研究工作者和实际工作者从理论与实践的结合上对综合治理进行了广泛深入的研究与探讨。大家相信，经过努力，我们不仅建立起完整的综合治理的理论体系，而且能在科学的基础上建立起完整的综合治理的工作体系，从而切实把握解决社会主义社会的犯罪问题，包括青少年犯罪问题的主动权。

(三)

会议对预防青少年犯罪在综合治理中的战略地位进行了研究和讨论，并提出一些有价值的见解的建议。

由于青少年犯罪是一个世界性的问题，许多国家的政府和学者在对策研究中，十分重视对预防战略的研究；联合国每隔五年召开一次预防犯罪和罪犯待遇大会，其中一个重要议程就是讨论、交流预防犯罪的经验和问题。我们是社会主义国家，我们不仅能够运用国家政权的力量，依靠法律及时、准确地惩办犯罪，而且能采取各种有力措施，保护青少年健康成长，预防、控制、减少犯罪。任何对预防犯罪战略地位和作用的忽视都是不对的。

代表们指出，打击犯罪对于预防犯罪有着巨大的作用。这种作用主要表现为：

（1）制止犯罪分子继续进行犯罪活动，包括教唆他人犯罪和传授犯罪方法的犯罪，达到特殊预防的效用。

（2）震慑犯罪，警戒社会上不稳定分子加入犯罪队伍，达到一般预防的效用。

（3）加强、扩大了法制宣传和教育，增强了人们的法制观念和预防犯罪的能力。

（4）鼓舞人民同犯罪作斗争的意志，调动和形成预防犯罪的积极力量。因此，绝不能把打击犯罪同预防犯罪割裂开来，对立起来，而应看到其中的内在联系，使打击犯罪收到"杀一儆百"的效果。代表们指出，在充分认识和发挥打击犯罪对预防犯罪效用的同时，决不可忽略或贬低其它方面的犯罪预防。

1．根据青少年成长的规律，必须抓好两个年龄段的教育。第一段是3—6岁学龄前的教育，有意识地使孩子养成讲礼貌、爱祖国、守纪律的好习惯。"三岁养成的习惯，六十岁也难改"，是有一定道理的。第二段是13—16岁少年成长时期的教育。这个年龄段一般是青春前期，是青少年成长的最佳年龄，也是国际上公认的"危险年龄"，因为青少年堕落到违法犯罪常常发生在这个年龄段。要针对这一年龄段少年的特点，进行系列的生动的道德规范、纪律规范、法律规范的教育，使之不仅养成良好的遵守社会规范的习惯，而且要树立这种观念，具备必要的社会规范知识结构。有的代表建议，可由教育部门、共青团和公检法司联合举办正式的系列的法制教育展览，让每个少年都去参观，用生动的事例、数据具体形象的使他们知道什么算是犯罪，犯罪的发展过程、表现、危害及法律是怎样制裁的，使他们看了之后留下深刻印象，终生难忘，从而扫除法盲，提高预防和抵制犯罪的能力。抓好这两个关键年龄段的教育，比青少年走上违法犯罪道路后再进行教育挽救改造，要主动得多、容易得多、有效得多。从预防犯罪的战略考虑，对青少年的教育必须抓早抓小，并且在内容和形式方面要有所突破。

2．把家庭作为预防犯罪的中心。近几年的调查材料说明，青少年犯罪的许多因素是和家庭的生活、抚养、教育、影响分不开的；青少年走上犯罪道路，不少是从家庭走向社会的。家庭的娇惯、教唆、遗弃以及家庭本身不幸（如离婚、丧偶、不和、病残、贫困等），都会使青少年健康成长得不到保障。美国一个调查报告指出，他们国家少年犯罪原因，与家庭有关系的占60～70%。苏联的调查材料讲，在苏联有三分之一的家庭不健全；青少年犯罪的第一个原因是家庭问题。我国历来有良好的家教传统。有的外国学者认为，十年内乱后中国青少年犯罪率仍然低于世界上一些主要国家，其中一个原因是得利于中国的家教严的传统。这是我们中华民族的优势。要加强对家庭在预防犯罪方面的研究，采取措施，制定制度，做出法律规定。在犯罪发生的萌芽时期，就首先在家庭范围内解决，把家庭建成预防犯罪的第一道防线。这方面无论在理论上和实践上都有许多文章可做。如果我国的千千万万个家庭都成为预防犯罪的中心单元，犯罪率就一定会得到控制和减少。

3．把丰富青少年的业余活动作为预防犯罪的关键。大量事实表明，一些青少年受腐蚀利诱，染上不良习惯，走上违法犯罪道路，一般都是在业余时间进行的。从一定意义上说，不良的业余生活是青少年犯罪的孳生地。要预防青少年犯罪，就要把青少年业余生活管好。可是目前青少年活动阵地甚少，业余活动单调、乏味。天津青年宫，全市青年轮流去一次需要五至七年，北京还没有青年宫。如果不把青少年的业余生活搞得丰富多采，青少年犯罪是根本堵不住的。要切实改变单位、学校、家庭对青少年业余生活“三不管”的状态，建议恢复和建立业余活动管理机构，增加设施，因地制宜，因陋就简，使青少年业余生活丰富多采，以保护其健康成长，清除犯罪的孳生地。

4．城市街道、居委会要把待业青年、解除劳改劳教人员、其他社会闲散人员的管理、教育、安置作为预防犯罪的基础工作来抓。北京东城区朝阳门街道党委和办事处，重视综合治理，抓预防、抓帮教、抓教育，减少了犯罪率。他们的经验值得研究，值得推广。如果我们所有的城市街道和居委会都把预防犯罪、控制犯罪纳入自己的视线和工作范围，筑起坚强的“防线”，那么青少年犯罪率就一定能够控制得住。现在各大中城市每年都有一批初中生上不了高中，高中生上不了大学；每年都有解除劳改、劳教的人员回到社会上来。此外，还有一些有学不上、有工不做或染有劣迹的人。这些人如管理教育得不好，就很难使社会犯罪率得以控制。加强城市街道、居委会预防犯罪的工作，是一项重要的基础工作，具有迫切的意义。

5．把控制性犯罪和暴力犯罪发案率作为预防犯罪的两项重点工作来抓。调查材料表明，一些重大、恶性案件往往是由内部矛盾激化引起的。笼统地否认内部矛盾激化导致犯罪是不恰当的，而且势必放松我们的预防工作。暴力犯罪往往带有突发性，但也不是没有先兆，不是不可认识、不可预防、不可控制。我们绝不能得出在暴力犯罪发生前就无能为力、束手无策的结论。代表们指出，由于地下手抄本和黄色录相、照片、画报、书刊和其它淫秽制品的流传，由于西方“性解放”潮流的渗透，由于新、老教唆犯的教唆，一些处于无知和性成熟、性旺盛的青少年经不住诱惑腐蚀，陷入性犯罪的泥坑。性犯罪往往又引起或加剧盗窃犯罪、抢劫犯罪、流氓斗殴犯罪、凶杀伤害犯罪。所以，性犯罪和暴力犯罪是两种危害性较大的犯罪，必须加强预防，予以控制。代表们建议，对青少年应进行适当的生理卫生教育（包括性知识、性道德教育），要打破禁锢主义和神秘主义。同时，要坚决抵制“性解放”思潮的冲击，严厉查禁黄色制品的流传，以健康有益的活动、文娱生活吸引青少年。这是预防性犯罪的重要一环。

会议认为，预防犯罪工作要系列化、制度化、要完善预防犯罪的工作体制，并且作为综合治理体制的重要组成部分，我们的研究工作要为建立科学的预防犯罪的工作体系作出贡献。

（四）

代表们在论文中和发言中指出，坚定不移地贯彻党的教育、感化、挽救违法犯罪青少年的方针，把他们由一个危害社会的人改造成为对社会主义建设有用之材，是综合治理的一项重要内容，具有深远的历史意义。随着严厉打击的开展，这项工作就更加显得重要。代表们认真研究了秦皇岛市劳教所和其它劳改、劳教、少管单位的经验，并且到秦皇岛市劳教所进行实地参观，深深感到这项改造人、教育人的工作既艰巨复杂又光荣伟大。1981年8月，彭真委员长视察参观了秦皇岛市劳教所，提出了对待失足青少年“要象父母对待孩子，象医生对待病人，象老师对待学生”那样的指示。实践证明，党的劳教工作方针是完全正确的。代表们认为，秦皇岛市劳教所在教育、感化、挽救失足青少年的工作中，创造了全国第一流的经验，值得推广和学习。大家相信，过去我们有丰富的改造战争罪犯和其他反革命分子、刑事犯罪分子的成功经验，近几年又创造了改造青少年犯罪的经验，认真总结这些经验，不断改革劳改、劳教、少管工作，就一定能把绝大多数青少年违法犯罪分子挽救过来，避免他们重新犯罪或教唆、腐蚀别的青少年犯罪。

（五）

代表们认为，为了探索青少年犯罪的规律，为党和政府制订科学对策，加强青少年犯罪研究工作很重要。华北地区不少实际工作者和理论工作者在研究青少年犯罪方面作出了可喜的成绩。这次讨论会实际上是对近几年研究成果的检阅、交流。也是对今后的研究工作一次推动。

会议指出，研究青少年犯罪必须坚持马克思主义的立场、观点、方法，坚持辩证唯物主义和历史唯物主义的指导。要使我们的研究工作取得高质量的成果，必须面向实际，贯彻理论联系实际的方针，从实际出发，深入调查研究，综合运用多学科的知识，把丰富的实践经验上升为理论。同时，还要了解外国的犯罪情况和动向，批判地吸收外国学者的研究成果，既不能照抄照搬，也不能拒绝了解，而是需在了解的基础上，该批判的批判，该借鉴的借鉴，该吸收的吸收。只有进行纵向的和横向的比较研究，才能推动研究工作的深入，有助于探索、把握我国青少年犯罪的规律，建立我国青少年犯罪学的理论体系，从而使我们的对策建立在更加科学、更加自觉的基础之上。代表们指出，在研究工作和学术讨论中，必须在坚持四项基本原则的前提下，贯彻“双百”方针，要继续肃清“左”的流毒，克服思想僵化和教条主义倾向，沟通信息，进一步做到研究工作者和实际工作者相结合，把我们的研究工作不断引向深入。

会议认为，青少年犯罪是一个很有前途的研究领域，应象研究自然科学那样，进行有组织的专题性的攻关研究。自然科学的研究在某方面有了突破，就会促使生产有新的发展。如果在青少年犯罪研究上有某些突破，也一定会对解决犯罪问题作出贡献。会议建议，各省、市、区和有条件的单位，可以而且应该组织力量进行攻关性的研究，力争有所进展，有所突破。

会议初步商定了今后的重点研究课题。主要有：

1、性犯罪（主要是强奸犯罪）原因和治理对策的研究，主要探讨其产生规律和有哪些行之有效的办法控制和减少性犯罪的发案率，以及对性犯罪者实行惩处和矫治问题。

2、重大案件、恶性案件的发案规律、特征及预防的研究。

3、青少年犯罪低龄化的研究，犯罪高发"年龄期"的研究。

4、小城镇青少年犯罪预测和对策的研究。随着小城镇的兴起和蓬勃发展，必然会出现一些新的社会问题，其中包括青少年犯罪问题。这项研究工作对于预防和控制小城镇青少年犯罪具有重要的价值。

5、劳改、劳教、少管的改革试验和研究。

6、犯罪的国际化、现代化趋向的研究。

7、预防犯罪战略和体制研究。

8、综合治理体制和立法研究。

会议领导小组建议，各省、市、区有关单位和与会代表，根据实际需要和条件，可以选定一个或若干重点研究课题，会后即着手进行研究工作。

为了及时交流研究成果和信息，华北地区在适当时期拟召开一、二次专题性的学术讨论会，要求对某些专题研究讨论得更深一些力争能有新的突破。特别是对预防犯罪的研究和教育、挽救感化犯罪青少年的研究，应在理论与实践的结合上，取得较大进展，以便为党和政府决策及时提供参考。

（六）

关于学会的组织问题，根据中国青少年犯罪研究学会第一次常务理事会决议和与会代表的建议，会议提出以下意见。

第一、积极慎重的在华北五省、市、区发展全国学会的会员工作。具体由所在省、市、区的理事负责，要严格掌握条件，由本人提出申请，经所在单位组织同意后再由理事签署意见报学会审批。

第二、受学会委托，中国政法大学青少年犯罪研究室和学会副秘书长郭翔同志负责华北地区青少年犯罪研究的协调工作。为了进一步推动华北地区青少年犯罪研究工作的开展，有的同志建议，参照其他地区的经验，似可成立中国青少年犯罪研究学会华北联络组，并由中国政法大学青少年犯罪研究室负责联络组的日常工作。此项提议，待全国学会决定。

第三、会议讨论了成立省一级青少年犯罪研究学会问题，大家一致认为，有必要，有好处。华北地区正式成立省、市一级青少年犯罪研究学会的有天津市。在会议期间，河北省酝酿成立青少年犯罪研究学会筹备组，河北省有关领导部门和省社联对筹备工作表示关心和支持。根据全国学会第一次常务理事会决定精神，各省市是否成立青少年犯罪研究学会，由各省市自己决定。省市一级青少年犯罪研究学会和全国学会不是隶属关系，但在业务上应保持密切联系。

会议收到的40余篇论文，经研究，拟出华北地区首届青少年犯罪研究学术讨论会《论文集》。

会议希望，这次讨论会后，在中国青少年犯罪研究学会的关心之下，在各省、市、区有关单位领导和同志们的支持之下，在与会代表和一切热心于青少年犯罪研究工作的同志们的努力之下，华北地区青少年犯罪研究工作必定进一步开展起来。让我们以丰硕的成果，迎接下届华北地区专题性的青少年犯罪学术讨论会的召开。

（中国政法大学青少年犯罪研究室供稿）

中国青少年犯罪研究学会华东地区第二次理事扩大会议

（1984年12月）

中国青少年犯罪研究学会华东地区第二次理事扩大会于1984年12月21日至28日在上海大沪饭店举行，来自华东6省1市的理事和代表30余人出席了会议。曹漫之同志因病委托学会常务理事兼副秘书长徐建与学会理事邱健、陈剑森同志共同主持会议。21日至23日是工作性质的汇报、交流、讨论；24日至28日进行编写《青少年犯罪学》一书的专题讨论。

华东政法学院犯罪学教研室主任、联合国预防和控制犯罪委员会委员武汉同志所作的题为《国外青少年犯罪情况和预防战略》的报告，深受欢迎和赞扬。

会议汇报和交流了华东各省（市）从第一次理事扩大会以来，尤其是“严打”以来的青少年犯罪情况、动向和工作经验，着重研究了1985年华东地区青少年犯罪问题的研究方向和重点项目，以及如何加强联系、协作等问题，还对全国青少年犯罪学会的工作提出建议。

会议的大部分时间集中讨论了《青少年犯罪学》的结构体系，如何体现《青少年犯罪学》的中国社会主义特点，并详细地逐章逐节讨论了具体内容和文字结构等。为了探索科学的结论，曾就有的章节展开了激烈的学术争论。

会议认为，华东各省（市）从1983年8月开展依法严厉打击严重的刑事犯罪活动以来，社会治安明显好转，青少年犯罪普遍有较大幅度下降。上海市1984年1—10月与1983年同期比，一般案件下降38.9%，重大案件下降42.5%。福州市25岁以下的青少年犯罪1984年1—11月比1983年同期下降47%。这是近一年多来青少年犯罪的基本形势。

但是，大家在交流情况和讨论中认为，由于严重危害社会治安的潜在因素仍旧存在，打击没有消除这些因素；有些地区，包括一些小城镇经济没有发展，就业、就学困难；农村实行责任制以后，发生了许多深刻的变化，社会治安工作的改革和青少年教育、管理都还没有适应，跟不上形势发展的要求；综合治理方针没有得到重视和全面贯彻落实等原因，“严打”以来取得的成果还不稳定，青少年犯罪问题还未根本好转，表现在：

一、社会治安中的重点——青少年犯罪在整个刑事犯罪中仍占过高的比例，有的省、市至今仍高达80%左右。

二、发案情况不断出现非常规的起落，上海1984年就出现3月、8月、11月3次发案数明显回升，由于及时采取有力措施才得到控制。

三、有些地区、有些类型的案件下降一直不明显，甚至还在上升。福建出现三多：农村青少年犯罪、青工犯罪增多，流氓、强奸、凶杀、抢劫案件增多，初犯、偶犯增多。安徽农村中强奸、抢劫、盗窃案件增多。上海、浙江的农村青少年犯罪也呈增加趋势，浙江省宁波市农村犯罪占全市犯罪总数的83%。江苏省青少年反革命案件比过去有所增加。

四、出现一些值得注意的动向。安徽北湖农场调查，“严打”中进来的罪犯情绪抵触，不认罪服罪的情况相当严重，其中大部分定刑正确的也不服刑。浙江省温州少管所逃跑现象最近又重新抬头。

有的同志分析当前犯罪的状况是：明显好转，不够稳定，情况复杂，案件略升。大家认为是切合实际的。

会议热烈讨论了华东地区在1985年中青少年犯罪研究的方向，一致同意把沿海开放城市的青少年犯罪的情况、动向、对策的调查研究，作为华东地区今年的重点协作项目。鉴于我国农村这几年发生了巨大的变化，而华东各省（市）农村青少年犯罪大都有上升的趋势，与会同志一致同意要组织力量进行农村青少年犯罪的调查研究，会议结束以后即着手安排。

（曾　合）

华东地区农村青少年犯罪科学讨论会

（1985年5月）

中国青少年犯罪研究学会（华东片）与安徽省法学会于1985年5月19日至25日在安徽黄山市召开华东地区农村青少年犯罪问题科学讨论会，来自华东各省、市的代表五十余人参加了会议，大会收到了各类论文和调查报告六十多篇，这是我国首次召开的研究农村青少年犯罪问题的专题科学讨论会。

负责组织和领导这次会议的有中国青少年犯罪研究学会副会长曹漫之教授，中国青少年犯罪研究学会常务理事兼副秘书长、华东政法学院青少年犯罪研究室副主任徐建，安徽省司法厅副厅长、安徽省法学会副会长徐晓东，中国青少年犯罪研究学会理事、江西省青少年犯罪研究学会会长邱健，中国青少年犯罪研究学会理事、山东省司法厅副厅长刘敬先，中国青少年犯罪研究学会理事、江苏省法学会副会长戈平，安徽省法学会秘书长张以约。会议正式召开时曹漫之教授因健康原因未能出席会议。中国青少年犯罪研究学会会长张黎群同志因事不能出席会议，对这次学术会议的召开表示关心和支持。

中国安徽省委政法委员会副书记张建民参加了开幕式并讲了话。会议还邀请联合国预防和控制犯罪委员会中国委员武汉和中国青少年犯罪研究学会常务理事兼副秘书长、中国政法大学青少年犯罪研究室主任郭翔分别介绍了国外学者对青少年犯罪问题的看法和华北地区青少年犯罪的动向。

会议是在作了充分准备、进行了大量调查研究工作的基础上召开的，直接参加调查研究的同志有几百人，不少调查报告和论文是许多同志辛勤劳动的结果，聚集着集体的智慧。会议开得生动活泼，除有各省、市推荐的代表作学术交流外，还安排较多时间采用分组或全体会议的形式，让来自华东各省、市的专家、学者自由发言，开展了认真的学术交流和问题讨论。会上大家争相发言，学术气氛浓郁，与会代表反映，这次会议开得好，收获大，印象深。有的代表说，通过讨论，开阔了眼界、加深了对一些问题的理解。

会议首先讨论了农村青少年犯罪的状况和近期趋势。与会代表一致认为，我国社会治安的形势在中央一系列正确方针政策指引下，取得了巨大成果。严厉打击严重刑事犯罪活动的斗争在取得社会治安明显好转方面起到了扭转形势的关键作用，目前农村治安形势良好，改革顺利进行，经济发展，农民生活改善，但是，不少同志认为农村青少年犯罪有上升发展的趋势，需更警惕和重视。在新的形势下，农村出现了一些值得严重注意的新情况和新动向：一是农村青少年犯罪在整个刑事犯罪中占得比例比较高，近几年持续上升；二是当前农村青少年犯罪的绝对数在有些地区和某些类型犯罪中也有增加；三是农村青少年犯罪的统计欠准确，存在着人为控制、压低的情况；四是农村青少年犯罪在近期内有可能出现一次较大幅度的上升；五是农村青少年犯罪出现了一些新特点和新类型。

会议集中讨论的另一个中心是关于我国农村青少年犯罪出现新的变化趋势的原因和有关因素。在探讨农村青少年犯罪有增多趋势的原因时，与会代表集中提出的一个问题就是不良信息下乡，影响和腐蚀农村青少年的问题，各省市都以大量调查材料说明农村开放，搞活经济以后，国外和国内城市的不良影响随着大量有用信息一起带到农村，农村青少年首当其冲，思想受到污染和侵蚀，其中对农村青少年影响最大的是电视、录像、书刊、电影、小报、流行歌曲、舞会等；另外，西方生活方式、高档消费品和发财致富对青少年的诱惑，农村封建残余死灰复燃（尤其突出的是婚姻问题）；农村关系多元化，利害关系变得切身直接，矛盾增多处理不妥且易激化等等都对农村青少年犯罪带来十分严重的影响。加上目前实行生产责任制后，农村治保、调解、帮教组织薄弱，跟不上农村的发展，许多环节失控，基础工作和起点工作无人抓，因此，农村青少年犯罪在今后一段时期内还可能将是一个多发期。

会议最后集中讨论了如何预防、减少和治理农村青少年犯罪的问题。许多同志认为，防治农村青少年犯罪，关键在县一级，县委思想落实、组织落实、措施落实，农村青少年犯罪完全有把握可以减少和控制；另外，根据农村青少年犯罪主要是以农村集镇为中心的广阔地带的犯罪，真正发生在广阔乡村的青少年犯罪实际上数量不多，因此，要有效地减少、预防和控制农村青少年犯罪，就需要建立以农村集镇为中心的农村青少年犯罪综合治理体系；如果能解决好以农村集镇为中心的社会治安，也就能从根本上保证农村治安根本好转。会上还讨论了如何抓好农村社会治安的基础工作、打击与防范如何并行不悖、精神文明建设与物质文明建设如何同步发展，以及如何加强农村青少年犯罪问题的研究等问题。

（华青文）

华东地区开放城市青少年犯罪动向和对策科学讨论会

（1986年4月）

中国青少年犯罪研究学会（华东片）和江苏省法学会联合召开的“华东地区开放城市青少年犯罪动向和对策科学讨论会”，于1986年4月12日至16日在江苏省无锡市召开。出席这次科学讨论会的有来自华东六省一市政法实际部门、大专院校、科研单位的学者、专家，还邀请了最高人民检察院研究室、北京大学、中国政法大学、西北政法学院、广东的代表共81人，代表的面较广，有公、检、法、司部门的同志，共青团、文教战线上的同志，也有政法教育工作者、法学科研工作的领导者、组织者。大会收到了各类论文和调查报告计61篇，约50余万字。

会议由中国青少年犯罪研究学会副秘书长、华东政法学院青少年犯罪研究室副主任徐建、中国青少年犯罪研究学会理事、江苏省法学会副会长戈平主持，出席讨论会的有中国法学会副会长曹海波，中共上海市委常委、政法委员会书记石祝三，江苏省政法委员会副书记秦杰，江苏省政府顾问委员会委员、省法学会会长姚远，华东政法学院院长兼党委书记史焕章，江苏省司法厅副厅长李福佑，福建省司法厅副厅长陈剑森，浙江省法学会副会长陈明，上海市法学会副会长、党组书记陈天池，山东政法管理干部学院党委副书记、省法学会副会长徐济怀，安徽省法学会副会长张以约等。石祝三、史焕章同志在开幕式上作了重要讲话，曹海波、姚远同志为会议作了总结。

会议还邀请了北京大学法律系副教授康树华和中国青少年犯罪研究学会副秘书长、中国政法大学青少年犯罪研究室主任郭翔分别就国外青少年犯罪和中国青少年犯罪研究学会的工作进行了介绍。中国青少年犯罪研究学会副秘书长、西北政法学院青少年犯罪研究室主任张少侠同志也应邀出席了会议，并提交了论文，参加了讨论。

中国青少年犯罪研究学会会长张黎群对这次学术会议的召开表示关切，委托郭翔同志转达：中国青少年犯罪研究学会在理顺各方面的关系后，将积极开展全国性的学术活动。这几年地区性的学术会议召开，表明青少年犯罪研究有旺盛的生命力，同时有助于全国学会今后开展工作。张黎群预祝这次重要的学术会议取得圆满的成功。

这次科学讨论会是在对外进一步开放、对内进一步搞活和实行全面改革的社会背景下召开的。会议着重研究开放城市青少年犯罪的动向、特点、原因和治理对策、探讨预防和减少城市青少年犯罪，以保证和促进城市经济体制改革的健康发展。会议围绕当前开放城市青少年违法犯罪的新情况、新问题，通过大会交流、阅读文稿、小组讨论、自由答辩等形式，进行了认真探讨，最后会议经过全体代表无记名投票，评选出10篇优秀论文，并发给了证书和奖品。

会议集中讨论了以下几个问题：

大家认为，随着开放、搞活和改革的深入进行，开放城市青少年犯罪出现了值得研究的新特点和新动向，主要有：年龄构成中小年龄违法犯罪有所增加；犯罪手段更狡猾、更隐蔽，有向技术作案、知识犯罪、计划犯罪发展的趋势；青少年犯罪数量增加，尤其是大案、恶性案件占的比重上升；罪犯活动范围扩大、涉外案件、异地作案增多；犯罪的诱发因素增多；“两劳”释放人员的重新犯罪比较突出；……对这些新特点和新动向研究的意义，不仅仅反映在开放城市这个特定的区域范围，而且对于全国范围内指导我们的工作，加强预防、治理青少年犯罪，都有特殊的意义。

在谈到开放城市青少年犯罪发展变化的原因时，许多同志认为，原因研究应该跳出就犯罪论犯罪的狭小范围，从全国、全世界更大的系统范围内来探讨，从开放、搞活和改革的深远和总体性的影响和作用来研究。如果我们将开放城市青少年犯罪原因放置于特定的历史背景下进行研究，不难发现，开放城市青少年犯罪新的特点和动向以及其原因，是开放城市经济结构、文化结构、社会环境结构等变化的必然反映，因此，预防和控制开放以后青少年犯罪的增加和危害，深入研究新形势下社会经济结构和环境结构的变化，研究青少年犯罪的社会诱发因素和犯罪条件的新变化就显得十分重要和必要。

会议着重探讨了开放、搞活和改革新形势下青少年犯罪的防治对策问题。大家认为，目前所进行的全面改革，实际上是社会主义制度的自我完善过程，改革必然为预防和减少青少年犯罪开辟广阔的前景，只要我们坚持走改革之路，不断完善各项制度和法律，努力加强我们的工作，就一定能有效地防治青少年犯罪。许多与会代表分别就宏观和微观、全局和局部范围的防治青少年犯罪的对策提出了具体建议和意见，其中对建立防治青少年犯罪的领导机构网络；制定青少年保护法；加强基层基础建设；加强家庭、学校和社会的有机联系等，许多代表发表了很好的意见。

根据开放城市青少年犯罪变化的情况，会议还专门讨论了如何加强华东地区青少年犯罪研究的问题。许多同志在分析我国青少年犯罪研究的形势后指出，我们面前是一个大有作为的科学研究领域，如果我们的研究工作能有所进展，有所突破，其成果不仅对我国有现实意义，而且具有国际意义。为了使青少年犯罪研究深入实际、争取为社会所重视和承认，需要我们把研究工作引向深入、开拓新局面。会议对如何拟定科研规划、确定重大研究课题，加强理论部门和实际部门的协作研究等进行了充分讨论。

（华青文）

西北地区首届青少年犯罪研究学术讨论会

（1982年4月）

1982年4月1日至4日，西北政法学院科研处组织召开了西北五省（区）首次青少年犯罪研究学术讨论会。会议由西北政法学院科研处处长张少侠同志主持，出席会议的代表有陕、甘、宁、青、新五省（区）和陕西师范大学、第四军医大学和西北政法学院等单位的53名同志。中国社会科学院青少年研究所所长张黎群等同志到会指导，并做了《建设社会主义精神文明，向资产阶级思想做斗争——从青少年犯罪谈起》的讲话。

在这次讨论会上，代表们就青少年的心理、生理特点、犯罪成因及犯罪预防等问题展开了热烈地讨论，强调对青少年犯罪必须坚持"综合治理"，并对加强西北地区青少年犯罪研究的横向联系与协作问题进行了磋商，代表们一致建议敦促各省（区）成立青少年犯罪研究学会，设立西北五省（区）青少年犯罪研究联络点，具体工作由西北政法学院青少年犯罪研究室担任。这次会议共收到论文57篇，会后择优汇集成册，成为西北地区青少年犯罪研究的第一本资料。

这次会议在西北五省（区）引起强烈反响。同年，新疆、青海二省（区）即分别成立了青少年犯罪研究会，甘肃、宁夏、陕西三省（区）也分别在法学会中设了青少年犯罪研究小组，从事青少年犯罪研究的人员在各省（区）都有了较大发展。这对西北地区青少年犯罪的治理与预防工作起了很大的推动作用，从而引起了社会的普遍关注。

（席雁高）

西北地区第二次青少年犯罪学术讨论会

（1983年3月）

1983年3月21日至23日，西北政法学院青少年犯罪研究室受全国青少年犯罪研究学会的委托，在西安组织召开了第二次西北五省（区）青少年犯罪学术讨论会，中国青少年犯罪研究学会副秘书长、西北政法学院青少年犯罪研究室主任张少侠同志主持了这次会议，参加会议的代表共23人。

在这次会议上，与会代表认真学习了全国哲学社会科学研究规划会议的重要文件。会议期间，代表们就青少年犯罪问题的发展及原因和少数民族地区青少年犯罪问题展开了认真而热烈的讨论，一致认为：青少年犯罪研究作为社会科学的重要项目已列入了国家的"六五"计划，西北地区的研究工作者必须适应新形势的要求，要突出应用研究，重视基础理论的探讨，早日拿出自己的科研成果，为青少年犯罪的综合治理做出自己的贡献。

经过充分协商、讨论确定：

1． 组织西北五省（区）从事青少年犯罪研究的同志编写出版一套《青少年犯罪研究丛书》，组成了7人编辑委员会，由张少侠同志任主编，李少铃同志任副主编。

2． 协商确定了《丛书》的初定名称：即《中国古代青少年教育故事新编》、《陕甘宁边区青少年教育史话》、《我国青少年犯罪的发展成因》、《中外青少年犯罪比较研究》、《违法青少年的帮教》、《青少年罪犯的改造》、《民族地区青少年犯罪的特点及预防》、《劳动教养制度及实践》、《综合治理的理论与实践》、《青少年法规比较》等10本。写作的具体要求是：联系实际，短小精悍，面向基层，利于普及，通俗易懂，饶有特色。

3．会议还确定1983年度的研究重点课题有三：一是综合治理的理论与实践；二是未成年人犯罪及其预防；三是劳改、劳教制度改革。

4．会议还决定在西北五省（区）发展会员100名。

（席雁高）

西北地区第三次青少年犯罪研究学术讨论会

（1984年12月）

1984年12月10日至13日，西北地区第三次青少年犯罪研究学术讨论会在西安举行。新疆、宁夏、甘肃、陕西四省（区）和西北政法学院的代表及北京、武汉市的特邀代表共33人出席了会议（青海代表请假）。中国政法大学青少年犯罪研究室主任、中国青少年犯罪研究会副秘书长郭翔、北京大学法学副教授康树华同志应邀到会指导。会议由中国青少年犯罪学会副秘书长、西北政法学院科研处处长张少侠同志主持。陕西省政法委员会书记李森桂、省顾问委员会常委杨沛琛同志代表陕西省委和省政府到会指导并发表了讲话。

会议在党的十一届三中全会精神的指导下，以综合治理为中心议题，较为广泛地研究了城市经济体制改革全面铺开的新形势下的青少年犯罪问题。会议开的活跃、热烈，畅所欲言，基本达到了预期的目的。

（一）

会议认为，从1983年8月开始的严厉打击严重刑事犯罪活动的斗争，一年多来取得了重大胜利，社会治安明显好转。对此必须充分加以肯定。综合治理青少年犯罪问题是必须长期坚持的战略方针，是我们国家长治之策，久安之计。“严打”是综合治理的必不可少的首要一环。在刑事犯罪猖獗的情况下，依法严厉打击严重刑事犯罪活动是完全必要的，正确的。同时，代表们一致认为打击只能是治理的一种手段，而综合治理的核心是预防和减少犯罪，并使犯罪分子改造成为对国家、社会有用的建设者。青少年犯罪有其特殊性。青少年犯罪是多方面因素造成的，涉及社会面很广。严厉打击在短时期内可以迫使犯罪率下降，但如果只强调打击，或只强调“严刑重科”而放松综合治理的其他环节，放松预防犯罪的其他措施，从长远看很可能留下更多的隐患。不少代表认为，对青少年犯罪在打击的同时，应着重强调教育、感化、改造的六字方针。代表们建议：加快制定青少年法规，试办少年法庭，改革劳改劳教办法，进行青少年失足者和青少年犯罪的特殊教育实验。有的代表还提出，对青少年罪犯在审判和改造过程中，必须坚持以理服人，坚持严格管理和教育感化相结合，实行社会主义人道主义，以有利于青少年罪犯的认罪服法。司法实际工作部门的同志摆了不少这方面的典型事例，充分指出了综合治理和感化教育的重要性。

如何加强和推进对青少年犯罪的综合治理？与会代表认为：综合治理青少年犯罪不

仅是一个战略方针，而且是一项社会系统工程，必须在党的统一领导下，发动社会各方面力量，互相配合，各负其责，协调一致地落实综合治理。要从整个社会着眼，要面向全体青少年，从小抓起，不能头痛医头，足痛医足。具体建议是：

1. 综合治理要立法。通过立法把综合治理变为国家意志。要法定社会各方面的责任，诸如家庭、学校、企事业单位、交通部门、社会文化娱乐场所、公检法司等，都应依法规定明确的保护青少年法律条文。国家依法检查落实综合治理工作。象经济管理一样，实行责任制，有奖有罚，对玩忽职守造成严重后果者要追究法律责任，以至于刑事责任。

2. 从中央到地方应建立各级权威性综合治理统筹机构。要象抓计划生育工作那样，上上下下的组织要落实，条条块块的责任要落实，大大小小单位的具体措施要落实。目前，综合治理的主要问题是，喊的多，做的少。许多青少年教育办公室、帮教小组，以至治保会等群众自治组织徒具虚名。因此，与会代表说，综合治理贵在落实，各方责任不落实，综合治理也将成为一句空话。

3. 要有一支综合治理的专业化队伍。各级党政部门要舍得在这方面投入人才，挑选一批有知识、有经验、热爱青少年、有献身精神的同志专门从事对青少年犯罪的综合治理工作。要保证这方面工作开展的必要经费。要从舆论和待遇上提高综合治理工作者的社会地位。要与社会科学工作者一视同仁，对其成绩突出者也应予以奖励。

代表们一致认为，要建立我国综合治理青少年犯罪的体制和理论体系，在实践上积极推进综合治理，以保证国家长治久安，保障青少年代代健康成长。

（二）

在城市经济体制改革全面铺开的新形势下，青少年犯罪出现了新情况、新特点和新动向。与会代表在讨论中一致认为，实行城市经济体制改革和扩大对外开放政策必然推动国民经济更大飞跃，这是世界新技术革命的历史必然。事实证明，改革给国民经济、政治文化各个方面带来了一派生机。与此同时，也确实出现了一些新问题。比如：商品生产发展了，市场经济活跃了，人们之间的交往频繁了，随之也将引起人们观念形态上的一系列变化，中国传统的道德观念、家庭结构以及人生价值观念淡薄了，失控了，乃至破裂了，而社会主义新的系统化的道德观念和人生价值观念还未形成。在这个新旧观念交替的变革时期，在青少年中不可避免地会产生一定的思想混乱，也必然因此而诱发派生新的不良行为和违法犯罪。各地代表列举大量事实论证了改革以来青少年犯罪出现的新情况，新动向。经过分析讨论，普遍认为，经济犯罪和性犯罪有上升趋势，集团性犯罪受国外和港台黑社会组织的影响，犯罪活动的组织严密性、反社会性及残暴凶狠性较前有所发展，利用现代化新技术手段的智力型犯罪也将较前增多；农村青少年刑事犯罪的迅速增长，犯罪进一步低龄化的趋向，都是值得严重注意的问题。

会议认为，不能因为极少数青少年在改革中发生的新的犯罪情况，而否定改革、开放的政策。代表们说：改革、开放必然带来新的问题，任何变革都需付出代价，如同巨浪奔腾必然带起泥沙泛起一样。关于经济繁荣与青少年犯罪的关系问题，代表们在讨论中有不尽相同的两种意见：

一部分同志认为，经济发展了，精神文明也相应有所提高。在一定时期内，青少年犯罪出现上述情况，以至犯罪率有些上升，这是不足为怪的。但绝不能认为经济繁荣必然引起犯罪增多。应该说，正常的趋势将是减少的。我们是社会主义制度，有中国共产党的坚强领导，不应该也不可能出现资本主义社会那种经济与犯罪同步增长的悲剧。当然这需要在建设高度物质文明的同时，大力加强精神文明建设，积极推进对青少年犯罪的综合治理，切实做到防患于未然。

另一部分同志则认为，经济越发展，商品交易范围越广泛，“金钱万能”、唯利是图的思想及醉生梦死的腐朽生活方式必然抬头。一些企图不劳而获者，为了发财享乐，就会见利忘义，不择手段，坑害他人，危害国家和集体利益。个别不法分子见钱眼开，就会沆瀣一气，铤而走险。一些挣钱无门的人也可能发生反社会行为。这是经济发展的副产品，如同战争也会牺牲一些好同志一样。持这种观点的同志强调说，绝不能因为犯罪有所增多，就不敢坚持搞活经济、对外开放政策了。他们认为，重要的问题是要采取强有力的行之有效的防范措施。

（三）

会议认为，在城市经济改革全面铺开的同时，大力加强对新形势下青少年犯罪问题的调查研究，尽快制定相应对策，把青少年犯罪减少到最低限度，这是刻不容缓的具有十分重要意义的大事。为此，与会代表建议：组织力量对开放城市的青少年犯罪情况进行一次摸底调查。西北政法学院和华东政法学院两个学院的青少年犯罪研究室，打算在寒假期间，联合调查开放城市青少年犯罪情况。会议要求各省（区）学会在本省选定重点城市，也普遍地进行一次这方面专题调查。

有些小报大肆刊登所谓“秘史”、“奇案”，内容低级趣味，只管赚钱（每张小报零售二角五分），不讲社会效果，流毒甚广，有关部门应当采取措施。另外，营业性舞会在西安、兰州等地盛行，漏洞弊端太多，也应加以控制和管理。

（四）

关于学会的工作和组织问题，与会代表提了以下建议和意见：

1． 敦促陕西、宁夏尽快成立省级学会。各省学会要积极慎重地发展会员，广泛深入地开展青少年犯罪研究工作。

2． 会议建议成立西北五省地区性学会组织，以便加强领导。同时与会代表一致要求：全国学会应加强对各地学会的领导和指导，加强与各地学会的资料信息交流，促使全国青少年犯罪研究工作向网络性、系统性发展，尽早拿出具有我国特色的青少年犯罪学。

3． 会议初步商定1985年西北地区的重点研究课题是：

（1）城市经济体制改革中青少年犯罪预测和对策的研究。拟于1985年7月左右由新疆青少年犯罪研究学会负责筹办召开这个专题讨论的学术会。

（2）性犯罪原因、特点及其对策的研究。

（3）劳改、劳教、少管的改革试验和研究。

（4）青少年罪犯保护处分的试验和研究。

（5）综合治理的理论与实践的研究。

（6）少数民族青少年犯罪特点的研究。

（7）新疆、青海在押的京津沪青少年罪犯改造情况及其思想状况的调查研究。

（8）青少年犯罪低龄化的研究和犯罪高发“年龄期”的研究。

会议要求各省学会会员要以改革精神，加快青少年犯罪研究的步伐。专题研究，求新求深，力争能有新的突破。

（席雁高）

北京市首届青少年犯罪研究学术讨论会
（1986年12月）

为了贯彻党中央《关于社会主义精神文明建设指导方针的决议》精神，促进社会治安的综合治理，北京市关心青少年教育协会于1986年12月17日至19日举行了青少年犯罪研究首届学术讨论会。这次学术讨论会，从北京市的实际情况出发，确立三个中心议题：1.低龄化犯罪趋势的预防；2.重新犯罪的预防；3.重大刑事犯罪案件的预防与控制。出席会议的专家、学者、领导干部、文艺工作者、公安政法干警计70余人，提交学术论文和调查报告20余篇。会议安排了大会发言和小组讨论，两种形式交错进行，围绕上述三个议题，展开了热烈的讨论。

与会同志指出，低龄化犯罪趋势是个客观存在，值得重视。但对犯罪低龄化趋势的概念，及低龄化趋势的定性定量分析，尚感缺乏。大家一致认为，促使低龄化犯罪趋势的因素很多，要有针对性的实行早期干预或早期预防，即我们预防犯罪的工作要提前。如果忽视犯罪低龄化的发展趋势，将会是一种失误。关于重新犯罪的预防，与会代表指出，由于在市委、市人民政府的领导下，全市重视“两劳”人员的安置和帮教工作，重新犯罪率还是比较低的。但是，重新犯罪的预防，仍是个值得高度重视的问题。特别是那些被注销户口而在外地服刑或劳教期满后，有些倒流回来，成为无户口的“黑人”。这些人是潜在的不安定因素。要正视这个问题，制定科学的对策。与会代表强烈指出，一些不健康的小报、低级庸俗的书刊、宣扬凶杀及色情的录像，曾一度在本市泛滥，严重地危害了青少年的身心健康。这些东西虽已经严厉查禁，但禁而不绝，一些个体书摊专门向青少年出售这些垃圾。大家呼吁，要制定《青少年保护条例》，并采取其他措施，抵制和消除这些精神污染，文艺家要给孩子多创作些健康的作品。有的代表提出，为了使治理犯罪决策实现科学化和民主化，应考虑设立“青少年犯罪对策中心”，作为市综合治理领导机构所属的研究、咨询性实体。北京市有关领导黎光、安林、刘涌、郭步岳及协会领导魏相如、费路路、周平、王洛生等出席了会议。中国青少年犯罪研究学会会长张黎群应邀出席会议并讲了话。

（京　研）

天津市历届青少年犯罪学术会议
(1980－1986年)

在天津市委、市政府的亲自指导和热情关怀下，天津市于1980—1986年先后召开8次有关青少年犯罪问题的学术会议。1980年召开的“天津市青少年教育讨论会”和1981年召开的“天津市青少年犯罪研究讨论会”这两次会议，由于资料不全，故从略不予介绍，下面仅就以后的6次学术会议做一介绍。

一、天津市第二次青少年教育讨论会

1982年3月23日至24日，中共天津市委青少年教育办公室、市社联和团市委联合召开第二次青少年教育讨论会。参加会议的有天津市大专院校、科研单位的理论工作者和公、检、法、教育、团市委、政协、新闻以及工交企业单位从事青少年教育工作的同志共70多人。市委青少年教育领导小组副组长、市委宣传部副部长牟闵，市社联副主任、市委宣传部副部长沈其朋同志分别到会讲话。市社联副主任、法学会理事长、高级人民法院院长陈阜，团市委书记赵耀民，市社联副主任兼秘书长、市社会科学院副院长吴雨等同志出席了大会。中国社会科学院青少年研究所邵道生同志专程来津参加会议，并作了《关于当前全国对青少年犯罪问题研究的情况》的报告。

会议围绕着青少年犯罪出现的各种新情况、新特点开展了讨论，对比较严重的青年职工犯罪、人民内部矛盾激化犯罪、杀人犯罪、少女犯罪，以及如何按照中央文件精神开展青少年教育、预防和治理青少年犯罪等问题进行了深入的研究探讨。共交流论文和调查报告23篇。同时，会议一致提议建立天津市青年研究会，并推举由团市委、市公安局、教育局、市社会科学院、河西区司法局、工读学校等单位有关同志组成了青少年犯罪问题研究推动组。会后，根据会议精神，推动组积极筹备建立“天津市青少年犯罪研究学会”。

二、天津市青少年犯罪研究学会首次学术讨论会

1983年7月6日至9日，天津市青少年犯罪研究学会召开成立大会和首届学术讨论会。会议由学会副会长赵玉衡同志主持，陶毅民会长致开幕词，杨若何副会长兼秘书长作了学会筹备工作及今后开展学术活动的报告。中国青少年犯罪研究学会会长张黎群同志专程到会表示祝贺，并讲了话。市委政法委、市委宣传部、市社联、市社会科学院以及公、检、法、司、工、青、妇等部门的负责同志出席了会议。学会共有79名会员参加了会议，并向大会提交了44篇论文和调查报告。会议紧密围绕青少年犯罪的综合治理问题开展了广泛深入的研讨活动，提请社会注意六个方面的情况：（一）青少年犯罪仍是一个严重的社会问题，犯罪比重和比率依然很高；（二）青少年犯罪中的强奸罪和伤害罪明显上升；（三）团伙犯罪突出；（四）由人民内部矛盾激化引起的刑事案件突出；（五）青年工人、待业青年、青年农民犯罪比重较大；（六）重新犯罪问题突出。针对

以上情况，会议提出了七项治理和预防措施，引起了有关部门的关注。

三、1983年天津市青少年犯罪研讨会

经市委领导同志批准，天津市青少年犯罪研究学会与中共天津市委宣传部、市委政法委、团市委于1983年11月联合召开了“天津市青少年犯罪问题研讨会”暨青少年犯罪研究学会第二次学术讨论会。会议由市委宣传部副部长杜立同志主持，中国青少年犯罪研究学会副秘书长邵道生同志到会作了报告。会上交流各种论文和调查报告十七篇。会议认为：天津市目前正处于青少年犯罪的高峰期。其特点是：（一）发案大幅度上升；（二）团伙犯罪多、持械犯罪多、混合型犯罪多；（三）犯罪比重最大的是青年职工，犯罪人数上升最快的是青年农民，犯罪比率最高的是待业青年和流失学生。会议结束时，市委书记、市长李瑞环同志做了《关于开展青少年犯罪问题研究工作的几点意见》的重要讲话。

会后，市委办公厅〔1984〕11号文件转发了此次会议报请市委批转的《关于青少年犯罪问题讨论会的情况报告》，要求各部门、各单位都要把这项工作列入自己的议事日程，作为一件重要事情来抓。

四、天津市犯罪问题综合治理研讨会

天津市人民政府于1984年6月21日至23日召开了犯罪问题综合治理研讨会，会上交流了这次调研的成果。这次会议受到有关方面的高度重视，全国政协副主席、著名社会学家费孝通参加了会议，并做了长篇讲话，指出犯罪问题研究是社会学研究的重要内容，指出社会学研究对于市政府工作决策化的意义。会上，副市长吴振同志、市委政法委副书记陈以毅同志就加强社会治安综合治理问题讲了话。天津市政府秘书长鲁学政同志对这次犯罪调查作了全面总结。会议结束前，中共天津市委书记、市长李瑞环同志根据这次调查获得的丰富资料和数据，分十个问题边讲调研成果，边部署综合治理工作。他讲了十点意见，包括加强青少年思想教育工作搞好普法教育、加强科学文化教育抓紧少年期教育、丰富青少年业余文化生活、关心职工家庭生活、做好“八小时”以外的管理工作、堵塞企业漏洞减少“内盗”、整顿和加强农村基层保卫组织、改革劳改劳教工作减少重新犯罪等等。与会同志一致认为，这次会议的召开具有两个方面的意义，一是在“严打”过程中，将综合治理工作纳入各级领导议事日程，这是具有战略眼光的做法，二是实现了政府工作与社会科学研究相结合，把科研成果直接转化为工作、转化为政策，这对领导机关的决策科学化有着重要意义。会议结束后编选了主要论文、调查报告和案例分析，由天津人民出版社出版，书名为《天津犯罪问题调查研究文集》。

五、天津市青少年犯罪研究学会第三次学术讨论会

1984年12月25日至27日，天津市青少年犯罪研究学会召开了第三届学术讨论会。市委政法委副书记王永臣、市委宣传部副部长杜立、市社联副主任许行同志到会并讲了话。会议由青少年犯罪研究学会副会长杨若何、赵玉衡主持，学会会长陶毅民同志作了《天津市青少年犯罪研究学会第一届理事会1984年度工作情况总结报告》，学会全体会员及有关部门的同志149人参加了会议，会上共交流论文和调查报告38篇。分别就“严打”活动前后青少年犯罪出现的变化情况、综合治理的体制、杀人案件、报复案件、性犯罪案件、少年犯罪、农民犯罪、女性犯罪、待业青年犯罪等问题进行了广泛的研究探讨。

六、天津市青少年犯罪研究学会第四次学术讨论会

1986年9月22日至23日，天津市青少年犯罪研究学会第四届学术讨论会召开。137位会员和专家学者参加了会议。市委常委、政法委副书记陈以毅同志到会讲了话。天津市委顾问委员会委员、政法界的一些老同志桑仁政、陈阜、吴联云等也出席了会议。会议分别由学会副会长杨若何、赵玉衡同志主持，学会会长陶毅民同志作了工作报告。中国青少年犯罪研究学会副秘书长、中国社会科学院副研究员邵道生同志作了《大变革时期的青少年犯罪问题》的学术报告；中国青少年犯罪研究学会副秘书长、中国政法大学青少年犯罪研究室主任郭翔同志作了访美学术报告，介绍了美国青少年犯罪及治理方面的情况，受到了与会同志的热烈欢迎。大会共交流论文和调查报告36篇。会议的主要议题是：青少年犯罪的发展趋势；少年犯罪的预防及综合治理；综合治理的理论与实践；帮教工作的新形式、新方法等。根据会议精神，学会责成副秘书长孔令志同志主编了《青少年犯罪研究通讯》，现已出刊第一期。

（周　路）

江苏省法学会青少年犯罪研究会首届年会

（1986年12月20日）

（一）

江苏省法学会青少年犯罪研究会首届年会于1986年12月10—12日在句容暨南农场青少年管教所和省社科院法学所青少年犯罪研究课题研讨会联合举行。出席会议的代表有：省法学会青少年犯罪研究会干事18人（11名干事请假），苏州、常州两市法学会青少年犯罪研究会副总干事、秘书长，以及省社会科学院法学所所长、青少年犯罪研究课题组成员和论文作者等，共65人。会议特邀上海市长宁区人民法院副院长李成仁同志到会作了关于建立少年犯合议庭工作情况的学术报告。中共江苏省委政法委员会秘书长张寿柏同志在闭幕会上讲了话。省法学会常务副会长戈平同志出席了会议，对1987年青少年犯罪研究工作的重点提出了建议，要针对当前开放、搞活、政治、经济体制改革中出现的和将会出现的问题进行预测研究，并就解决这些问题，在法律化、制度化方面下功夫。

一年来，省青少年犯罪研究会和省法学所汇集了上半年我省的研究成果，编印了《青少年犯罪专辑》、镇江市法学会主办的镇江法学通讯还专门出了一期青少年犯罪研讨会的专辑提交年会。这次年会从各地报来的研究成果中选出40多篇论文在会上进行了交流，并分三个专题（1、青少年犯罪的情况、规律、趋势、预测；2、当前各类青少年犯罪的新情况、新特点及原因探讨；3、关于青少年犯罪的综合治理的工作经验，问题及青少年教育、保护的立法问题）进行了研讨。提交年会的论文密切联系实际、从我省的实际出发，在研究的深度上都普遍有了提高，不少论文勇于探索，有开拓精神，有新意。

(二)

会议集中研究探讨了下列三个问题：

一、对我省青少年犯罪升降变化规律性的探讨

提交会议的这方面论文有："我省建省以来青少年犯罪概况"，"我省未成年人犯罪情况"、"我省近十年（1977年—1986年）青少年违法犯罪浅析"，"常州市近七年（1979年—1985年）青少年犯罪情况的剖析"和"徐州市近三年（严打后三年）打击处理各类罪犯的情况"等。从大量统计数据表明，我省青少年犯罪在50年代是不太显著的，特别是未成年人犯罪，在50年代更是不多的，在罪犯中占的比例也是很低的。当时，未成年人犯罪占判刑罪犯的比例还不到1％。显著的增多是从1979年开始的。从统计数据资料的曲线中表明，从建省以来到文化大革命前，整个判刑罪犯的情况是起伏中下降，总趋势是下降，下降幅度大。下降中有起伏，起伏的情况是：上升的时间少、下降的时间多，上升以后很快就下降，下降的幅度大，下降的速度快。但未成年人犯罪的情况却不同，从50年代到70年代，呈现出一个起伏中缓慢上升的趋势。未成年人犯罪的占判刑罪犯总数的比率是逐步上升的，50、60年代占的比例不到1％，到了70年代则超过1％。70年代末期开始直线上升，1979年超过3％，1980年接近6％，1981年超过8％。1982年稍有下降，1983年又超过9％，1984年有下降，1985年和1986年又有上升。从1979年起到1986年，青少年犯罪出现一个高峰。和过去出现的起伏相比较，明显的不同在于：上升的幅度大，速度快，持续的时间长；下降的幅度小，时间短。从1979年到1983年几乎是直线上升；1984年下降一些，1985年又回升。会议分析了这一客观实际情况，并对青少年犯罪的升降变化作了规律性的探讨，认为影响升降变化的因素不是单一的阶级矛盾和阶级斗争的因素，不是单一的决定于社会制度，而是一个众多的复合的因素。研究青少年犯罪升降变化规律必须联系政治、经济、社会风气、政策措施，公、检、法、劳改等各部门工作质量，青少年的生理、心理发育，社会化的过程等，进行多方面的综合性研究。近几年的对青少年犯罪的研究，为规律性的研究提供了大量基础资料。会议中有的同志还提出了当前发展社会主义商品经济与犯罪的关系，生产力发展、生产关系方面的变革与犯罪有无规律性联系；总之，要全方位的来认识青少年犯罪的规律性。研究规律，是为了掌握规律，指导当前的工作，预测问题的趋势。这在当前开放搞活、全面改革的新形势下，更显得重要和迫切。

二、对当前各类青少年犯罪中出现的新动向进行了探讨

开放、搞活以来，我省城乡的青少年犯罪，出现了一些新情况，诸如农村青少年犯罪增多，犯罪年龄低龄化，学生犯罪增多，特别是初中生中的双差生和流失生犯罪增多，从学习差品德差发展成流失生，再堕落为犯罪。大学生犯罪也较前增多。还有个体户犯罪，乡镇企业内的青少年犯罪，宾馆内的犯罪，经济犯罪，流窜犯罪，部队中战士犯罪，两劳人员释放后的重新犯罪，矛盾激化的犯罪，女青少年犯罪等等。会议对出现这些犯罪中的新情况的原因、特点作了探讨，参加会议的同志，还在他们调查研究的基础上提出了有关我省青少年犯罪三个地带的社会心理机制问题。根据社会发达的程度及经济发展的进程，呈现三个地带，即城区、农村及农村与城区结合部。这三个地带的经济、政治、社会发展都有其特殊的一面。各地青少年犯罪中出现的新问题与这三个地带的特殊有其相关的联系。这些论据对研究青少年犯罪的新动向又深入了一步。

三、对综合治理工作和教育保护青少年立法问题的探讨

从目前情况看，少管所、劳改劳教部门对贯彻“六字”方针是较认真的（当然，有的限于客观条件在贯彻执行上也还有差距），而其他环节、其他部门贯彻执行的情况很不平衡。有的重视，有的不太重视，有的不重视（这与综合治理工作没有法律化，制度化有一定关系）。大家一致认为，综合治理工作必须切实落实到每个环节，每个工作中，必须把贯彻“六字”方针从改造部门向前推广，推广到审判环节，推广到预审环节，推广到羁押看守环节；再向前推广到企业、学校、家庭。既要从改造环节向前个环节推广，也还要从改造环节向后环节推广。

常熟市公安局的同志根据实践经验，写出了“关于对青少年犯羁押期间贯彻教育、感化、挽救方针的探讨；”苏州市公安局的同志写出了“浅谈审讯活动中对青少年犯的教育、改造之对策”；审判环节，我省尚无成熟的经验，会上引进了上海市长宁区法院少年犯合议庭的经验；改造环节上省劳改局的同志和少年管教所的同志写出了不少有质量的论文，提出了青少年犯改造社会化的问题，对青少年罪犯的道德品质教育问题（培养青少年犯树立起比法制心理更高一层次的道德心理）接茬帮教问题，刑释解教人员的安置就业问题。常州市妇联的同志提出了一个“家风”问题，有好家风，才有好民风。每个家长都要做一名合格家长；要举办家长学校、家长训练班。常州市花园中学老师针对学校教育、管理工作中追求升学率、高考率和向钱看的弊端，提出了一个“校风”、“师德”和小学、初中、高中教材在内容深度的衔接上严重失调问题，这也是双差生增多的一个原因。无锡市公安局的同志根据对中学生违法犯罪的调查，鉴于中学生流失生较严重的情况，提出了办一些不同于正常中学的特别中学（起名为副中学），专门培养四种对象（流失生、低能生、大年龄留级生和受过各种处罚的学生），采用专门的学制（要长些）、专门的师资（要强些），专门的教材（要浅近）和教育方法。在这种学校里毕业的学生，比一般的高中毕业的程度要低些，比初中高，故名“副中”。有的同志提出要多办一些工读学校，作为对一些初次失足或劣迹少年的一个中间处理、教育环节，要重教、而不要重罚。镇江市建公司同志提出了加强职工法制教育的问题，特别对流动性大、分散作业的职工要改变概念性的、走过场的法制教育，要进行有针对性的紧密结合青少年的特点和他们的工作、生活环境讲究实效的法制教育。上述许多同志的建议实际上已具体地初步构成了一个综合治理青少年犯罪的较完整的序列。

为了保证各个环节、各个部门协调地做好青少年教育、感化、挽救工作，必须要有个法，把各个环节的职责、要求加以法律化、制度化。南通市委党校的同志写出了《制定青少年教育保护法的初步设想》。据悉，上海市人大常委会将在近期内通过上海市的青少年教育保护条例，这对我省制订青少年教育保护法规将是一个推动和借鉴。

（三）

会议对1987年研究会的工作和研究要点作了讨论。初步拟定在1987年除举行一次全省性年会外，召开一些专题研讨会，暂定三个专题：（1）规律性研究；（2）在开放、全面改革的新形势下，城乡犯罪的新动向研究；（3）综合治理和立法研究。各市法学会青少年犯罪研究会根据各地情况确定具体的研究课题，省研究会将根据各地确定的课题进行协调和重点分工。专题研讨会也可采取以市为主进行。为了加强信息交流和横向联系，经商定省研究会和各市研究会，每月进行一次联系（书面或人来人往）。

（江苏省法学会青少年犯罪研究会）

福建省第一次青少年犯罪问题研讨会

（1983年7月）

福建省第一次青少年犯罪问题研讨会是由福建省法学会主办的，于1983年7月1日至5日在福建省武夷山召开，与会的有福建省公、检、法、司机关干部，有工会、共青团、妇联和教育厅、厦门大学法律系以及省社会科学院从事青少年研究的同志共65人。中国青少年犯罪研究会副秘书长、华东政法学院青少年犯罪研究室副主任徐健同志，中国法学会研究部副主任陈为典同志莅临指导。会议共收到论文65份，印发交流其中的40份。

这次会议由福建省法学会副会长，中国青少年犯罪研究会理事李道明同志主持。会议主要围绕着当前福建省青少年违法犯罪现状、特点、性质和原因，总结其规律，以及如何贯彻执行中央提出的综合治理的方针，探索教育、感化、挽救违法青少年的途径以及预防犯罪的最有效的方法等问题进行探讨。

这次研讨会的主要收获：

一是摸清青少年犯罪的现状。对1982年至1983年福建省抓获的青少年罪犯进行了全面的调查，并做出了详尽的统计。

二是总结青少年犯罪的特点。会议总结了当前青少年犯罪的种种特点，努力探索青少年特有的违法犯罪活动的规律。

三是探讨了青少年犯罪主客观原因。

四是提出防治青少年犯罪的建议和措施。

（杨新华）

福建省第二次青少年犯罪问题研讨会

（1984年8月）

福建省第二次青少年犯罪问题研讨会由福建省法学会青少年犯罪问题研究会主办，于1984年8月22日至25日在龙岩市福建省第一监狱召开。与会的有公、检、法、司、人大常委会、党委、教育部门以及省总工会、省社会科学院、省妇联、团省委的代表共35人。会议由青少年犯罪问题研究会总干事沈忠俊、干事柳朝智等同志主持。

会议共收到论文30多篇，印发交流其中的25篇。这些论文的内容可分为几类：打击严重刑事犯罪分子后青少年犯罪的特点和原因的探讨；对外开放以来对青少年犯罪的影响；从青少年生理、心理的特点探讨青少年犯罪的特点和原因；农村实行生产责任制后青少年犯罪的特点和原因；中小学生违法犯罪的原因及教育制度缺陷的分析；从少管所调查的情况分析青少年犯罪的原因；提出制订《青少年保护法》的建议。

这次会议的主要成果：

一是探讨了对外开放与青少年犯罪的关系。

二是分析"严打"后青少年犯罪的趋势及原因。发现"严打"后，青少年犯罪出现了新的趋势：①青少年犯罪中经济型犯罪增多，暴力型犯罪减少。②犯罪年龄有低龄化趋势，中学生违法犯罪有所上升。③流氓团伙被击溃后，过去那种成群结伙，招摇过市的活动方式一变成为分散、隐蔽的单独作案。

三是提出制订《青少年保护条例》的建议。会议探讨了制订青少年保护法规的必要性和可能性以及迫切性。

四是编辑出版了福建省第一本关于青少年犯罪问题研究的资料用书——《福建省青少年犯罪问题论文集》。

（杨新华）

福建省第三次青少年犯罪问题研讨会

（1985年8月）

福建省第三次青少年犯罪问题研讨会于1985年8月12日至15日在邵武市召开。这次会议由福建省法学会青少年犯罪问题研究会主办，与会的我省公、检、法、司、法学教学、科研等部门以及外省的代表共50人。北京大学法律系副教授康树华、杭州大学法律系刑法教研室主任刘灿璞、江苏省社会科学院法学研究所刑法研究室主任戴福康、江西省公安厅政策研究室赖道治等同志莅临指导。这次研讨会由青少年犯罪问题研究会总干事沈忠俊同志主持。

这次研讨会的中心议题是：探讨当前我省青少年犯罪的新情况、新问题、新特点及其发展趋势和对策。会议共交流论文31篇。

这次会议的主要成果有：

一是探讨了当前青少年犯罪的新情况、新特点、新问题及其发展趋势。在"严打"后有相当一段时间刑事案件发案率有明显下降，但青少年犯罪率却在上升。盗窃、抢劫、诈骗案件增多；初犯、偶犯增多；农村青少年犯罪的比重增多，并出现了犯罪年龄低龄化，犯罪动机"享乐化"，犯罪手段"现代化"的趋势。青少年犯罪原有的纠合性、盲目性、凶残性、突发性、综合性、连续性、反复性等特点，仍然比较明显，在某些方面还有所发展。

二是探讨了青少年犯罪的主要原因。

三是提出综合治理的措施和建议。综合治理青少年犯罪要全面贯彻“打、防、改”的方针。

（杨新华）

福建省青少年犯罪防治与精神文明建设研讨会

（1986年12月）

福建省青少年犯罪防治与精神文明建设研讨会由福建省法学会、教育学会、家庭教育研究和少先队工作学会联合举办，于1986年12月3日至6日在永安市召开。与会的有政法各部门、教学、科研等单位代表66人。会议分别由省法学会秘书长罗时润、省教育学会秘书长胡华、省家庭教育研究会秘书长董灵光和省少先队工作学会秘书长翁卡主持。

这次会议的中心议题是：探讨防治青少年犯罪的措施与办法，结合精神文明建设，搞好青少年犯罪的综合治理。

这次会议共收论文43篇，内容大体上可分为：青少年犯罪现状的分析；青少年犯罪原因的探讨及其治理措施；从分析青少年犯罪的特点探讨治理的措施；加强对中小学生的教育与中小学生犯罪的防治；家庭教育与青少年犯罪的关系；青少年犯罪的防治措施与办法。

会议针对中小学生犯罪的特点，提出了防治的对策：(1)社会情势的矫正和社会环境的净化，是预防学生犯罪的重要前提；(2)社会、学校、家庭“三位一体”为中心，社会各方面的、多层次的横向配合教育，儿童少年工作协调委员会的多形式的指导协调，是预防学生犯罪的客观要件；(3)形成以共产主义教育为核心，以社会主义教育、道德教育、纪律教育、法制教育、心理教育为主导的综合教育体系，是预防学生犯罪的思想基础；(4)打、教、防，多渠道的调节手段，是综合治理学生犯罪的重要环节；(5)宏观的决策和引导与微观的矫治和管理相结合，是预防学生犯罪的重要途径；(6)工读学校的建立、少年法的制定和少年法庭的成立等辅助措施的配套，是教育、感化、挽救学生犯罪的重要步骤。

（杨新华）

湖北省青少年教育与犯罪防治学术讨论会

（1982年11月）

湖北省青少年教育与犯罪防治学术讨论会，在省社联的具体指导下，由省社会学学会、法学学会、教育学学会联合举办，于11月13日至18日在武昌召开。

参加这次学术讨论会的，有理论工作者与实际工作部门代表140人，收到论文104篇。这是一次多学科、多部门联合攻关的学术讨论会。这次讨论会集中探讨了如何以共产主义思想和科学文化知识培养教育年轻一代，使他们走上成才之路；如何有效动员、科学协调各方面力量抓好青少年教育及犯罪防治工作；如何集聚科研力量，组织起来协同攻关，搞好青少年教育及犯罪防治问题的科学研究，使这方面的实际工作能置于科学的基础之上。讨论会收到学术论文、调查报告、经验总结104篇。涉及到社会学、法学、教育学、伦理学、人才学、心理学、生理学、医学、精神病学等广阔领域和公、检、法、司、教、工、农、青、妇等部门的实际工作，内容十分丰富。现将这次会议的讨论与交流情况综述如下：

一、提高了对青少年教育与犯罪防治工作的重要性、迫切性的认识。我国当前人口构成年轻化，国民平均年龄只26岁，是世界上人口构成最年轻的国家。职工队伍的年轻化，更为突出，武汉市1970年以后进厂的青工占职工人数70%以上。这就迫切要求我们把思想教育工作重点放在青少年一代身上。

二、认识到青少年犯罪防治与青少年教育的密切关系。讨论会围绕我省青少年实际，从大量的数据和典型案例出发，着眼于青少年的教育，把青少年犯罪、过失等作为教育失当与社会失调的后果来看待，寻找我们教育的薄弱环节，作为对青少年整个教育工程的信息反馈，探索教育在综合治理中的作用和方法，把教育贯穿到防、治的全过程中。向大会提交的论文中就有从他们的两重性，可塑性和社会制度优越性论证了这种可能，并有20%的机率数据。这就开阔了眼界，既看到青少年犯罪的防治，更重要的还要看到教育。只有青少年普遍充分地受到思想教育，才能为持久的降低犯罪率创造条件。

三、正确认识当代青少年的主流和特点，同时也清醒地看到青少年中存在的问题。去年，据武汉市统计，青少年犯罪人数占青少年总数的0.2%。即1000名青少年有2人，绝大多数是好的。构成主流的大多数人的特点是什么？许多调查报告和材料证明，他们是在特殊历史条件下成长起来的。他们饱经磨难，经过时代的风雨，大部分人思想活跃，能思考、不盲从、讲实际、反空谈，成为80年代承先启后的一代。伴随着这些特点又有片面偏激、缺乏理想、只重实惠、信心不足等弱点交织在一起。后进层则缺乏社会规范的教养，文化素质差，组织纪律性不强，法制观念淡薄，较普遍地缺乏共产主义思想与道德情操。我们既不能满足于主流是好的，不着力教育，又不能只看到犯罪的严重性，而缺乏信心。

四、青少年犯罪与社会主义制度优越性没有得到充分发挥有关系，社会主义制度是能够减少犯罪到最低程度。代表们通过对50年代我党洗涤旧社会的污泥浊水的回忆，对比“文革”前全国青少年犯罪率只占1.99‱，即10000名青少年中，犯罪不到2名。经过动乱，1981年增加到0.12%，而同期资本主义国家青少年犯罪率，日本为1.5%，法国为2.54%，英国为3.66%，美国为4.58%。说明社会主义制度较之资本主义制度更能控制与防止犯罪。只要我们正确执行社会主义政策，全党全国都重视青少年的教育问题，用科学的方法教育青少年一代，是可以把犯罪率降低到很小程度的。

五、讨论会对我省近年来青少年刑事犯罪案件的特点和原因进行了探讨。1981年我省青少年刑事案犯人数占全部刑事案犯人数80%(城市)和60%(农村)。其特点是恶性案件多；团伙作案多；三劳(劳教、强劳、劳改)人员重新犯罪多；犯罪年龄起点低等。今年在职青工犯罪增加，形成目前二个青年犯罪就有一个青工的状况。女青年犯罪现象日益严重，从事流氓、诈骗和盗窃占女刑事犯中74.3%，已发生女学生卖淫现象。会议提议在武汉市建立一所女子工读学校。

对于青少年犯罪的原因，代表们从阶级、历史、认识根源，青少年生理、心理特点，政治、经济、文化各种因素，社会、家庭、学校、街道、单位等各方面寻找了原因。

……

八、会议探讨了一些对青少年进行思想工作的原则与规律。认为施教者必须掌握五个基本要素、十个特性。

五个基本要素是：(1)马列主义、毛泽东思想基本原理；(2)青少年的基本情况；(3)各年龄阶段生理、心理特点；(4)社会学、教育学、法学、人才学、伦理学的基本知识；(5)做青少年工作的基本技能。

十个特性是：吻合性、层次性、真实性、表率性、疏导性、感化性、激励性、养成性、先行性和长期性。

讨论会还就湖北省青少年教育与犯罪防治中的薄弱环节和青少年犯罪原因中内外因的主次关系问题展开了深入的讨论。

（真奇执笔）

湖北、湖南两省青少年犯罪研究学术讨论会

1986年8月24日至28日，湖北和湖南两省法学会在湖南省大庸市召开了青少年犯罪研究学术讨论会。会议由湖南省法学会副会长赵建中和湖北省法学会副会长边征民主持。参加会议的代表共40人，讨论会收到论文和调查报告34篇。其中，有的调查分析了当前青少年犯罪的特点、原因及发展趋势，并提出了防治对策；有的探讨了团伙犯罪、女性犯罪与少年犯罪等问题；还有的从宏观方面探讨了综合治理青少年犯罪问题的科学体系。

在讨论会上，代表们从宏观和微观两个方面就防治青少年犯罪问题，提出了许多有价值的建议，得到了有关方面的重视。

一、必须建立综合治理青少年犯罪的科学体制。与会代表认为，当前综合治理工作中存在的主要问题是缺乏一个科学体制，组织、领导以及具体措施均不落实。因此，建立青少年犯罪综合治理的科学体制是十分必要的。有的代表提出建立国家机关、政法部门、社会、学校、家庭五方面力量密切配合的防治体制，明确规定各方面力量的防治职责、任务、手段、措施、办法等，五方面的力量各负其责、互相配合、互相呼应，形成立体防治网络体系。也有的代表从治标与治本的关系考虑，提出预防、惩罚、改造三道工程紧相连的防治体制，明确规定预防、惩罚、改造的各种力量、方针、政策、手段、措施等。三道工程道道衔接，环环相扣，确保防治工作的落实。

二、必须建立和健全防治青少年犯罪的指挥协调系统。与会代表认为，如果没有一个有权威的指挥协调系统，综合治理的科学体制也无法建立。关于指挥系统职权、任务，一些代表提出它必须有权负责发动、组织、协调、督促各方面的防治力量，开展工

作。这个指挥机构的名称和牵头部门，与会代表有多种意见。有的提出由各级人民政府牵头，也有的提出由各级党委政法委员会牵头。一致意见是这个指挥机构一定要有权威，而且有得力的办事机构，并且集行政领导和科研于一身。

三、尽快制定青少年保护法。在全国性青少年保护法规尚未制定以前，条件成熟的省、市、自治区，也可先制定地方的青少年保护法规。

四、青少年犯罪防治要实行责任承包制。建议在城乡逐层逐片全面实行青少年犯罪防治承包责任制，把防治青少年犯罪的工作纳入各级党政领导机关、城乡各行各业、各社会团体、工厂、企业、学校、社区街道，以至每一个家庭的职责范围，充分调动全社会成员的积极性，形成齐抓共管，群防群治的局面。关键在落实，必须职责明确，任务具体，措施有力，奖罚分明。与会代表认为，如果能够做到象抓计划生育那样扎扎实实抓综合治理，那么，毫无疑问青少年犯罪防治工作一定会开创新局面。

五、应该加强青少年犯罪研究。与会代表一致认为，近几年来，青少年犯罪研究获得了一批很有价值的学术研究成果，在推动青少年犯罪的防治工作方面，起到了积极的作用。但是，当前青少年犯罪研究工作的现状，与两个文明建设的实际需要还很不适应，存在较大的差距，应该大力加强。

上述建议，引起了两省有关方面的重视。

（胡白安）

二、对外学术交流

在第六届联合国预防犯罪和罪犯待遇大会上的发言

（1980年8月26日于加拉加斯）

中国代表团团长　谢邦治

尊敬的主席先生，尊敬的代表们：

我们中国代表团第一次参加联合国召开的预防犯罪和罪犯待遇大会。我们祝贺大会的胜利召开，并借此机会，向东道国委内瑞拉政府为大会所作的努力表示感谢，对何塞·吉列尔莫·安杜埃萨先生① 当选为本届大会主席表示祝贺。我们愿意通过这次大会增进与会国之间的了解，学习各国的经验，探讨共同关心的问题，促进刑事司法领域里的国际合作。

主席先生，在本项议程下，中国代表团愿意就我国的犯罪趋势和预防犯罪的战略问题作一简要的介绍。

中华人民共和国建国以来，总的来说，社会秩序是良好的，人民生活安定，刑事犯

① 何塞·吉列尔莫·安杜埃萨是当时委内瑞拉司法部长。本届大会在委内瑞拉召开，按国际惯例，东道国的高级官员任会议主席。——编者

罪率比较低。自1950年到文化大革命前的1965年，全国(台湾省除外，下同)平均每年发生各种刑事案件29万起，按人口平均，发案率为4.5‱。

众所周知，我国解放前是半封建半殖民地的国家。1949年建国时，我们接收的是一个千疮百孔的“烂摊子”，特别是一些大中城市，如上海、天津、北京、广州、南京、重庆、沈阳等，不仅政治性破坏案件层出不穷，而且流氓、盗匪横行，烟馆、妓院、赌场林立，刑事犯罪活动猖獗，社会秩序十分混乱，1950年全国发生各种刑事案件五十余万起，按当时人口平均，发案率为9.3‱。

为了巩固新生的人民政权，保障人民的安全，并为进行大规模经济建设建立安定的社会秩序，我国政府充分发动和依靠群众，进行了剿匪反霸、土地改革、镇压反革命等社会改造运动，胜利地完成了民主革命遗留的任务。依法惩办了一批严重危害国家和人民的匪首、恶霸、惯盗惯窃和其他刑事犯罪分子，取缔了妓院，查封了赌场，禁绝了鸦片的祸害。经过一年多时间的努力，社会秩序迅速稳定下来，刑事案件大幅度下降。1952年全国刑事案件就下降到24万起。以后，我们又顺利地进行了对农业、手工业和资本主义工商业的社会主义改造，消灭了剥削制度，实现了生产资料的社会主义公有制和按劳分配的原则，发展了社会主义经济，建立了工业化的基础。中国人民得以安居乐业，社会风气焕然一新，这充分显示了我国社会主义制度的优越性。

文化大革命十年浩劫，林彪、“四人帮”严重破坏了我国的政治、经济、文化、教育以及社会道德风尚，特别是广大青少年深受其害。反映在社会秩序上，刑事犯罪有所上升。根据粉碎“四人帮”后1977年到1979年的统计，全国每年平均发生各种刑事案件57万余起，多时达到63万余起，按人口平均，发案率为6.5‱。在这些案件中，偷盗少量公共财物或个人财物，以及犯罪情节较轻的一般刑事案件占90%以上，凶杀、抢劫、强奸、纵火等重大案件占7%；至于政治性破坏案件为数很少。在作案成员中，25岁以下的青少年较前增多，但以犯罪为职业的惯犯是很少的。那种专搞恐怖活动的和制造贩卖鸦片、大麻等毒品的组织，在我国是不存在的。

这十多年来，我国刑事犯罪之所以增多，原因是多方面的，但最主要的是林彪、“四人帮”的破坏造成的。这是在极其特殊的情况下产生的一种极不正常的现象。我们估计，要在各个领域彻底肃清林彪、“四人帮”的流毒和影响，从各个方面消除产生犯罪的因素，还需要有一个过程。目前，我国工作着重点已转移到社会主义现代化建设上来，整个政治形势，是安定团结的。在政治、经济、文化、教育以至社会生活的各个领域，正在调整、变革中前进。我国实行的对外开放的政策，这是一项积极的正确的政策，但也会带来某些消极影响，如西方的生活方式对我国少数青少年的腐蚀等，这在社会治安方面也会有所反映。最近我们发现境内外极少数犯罪分子，互相勾结，进行走私、贩毒等犯罪活动，以致造成国内盗窃和倒卖金银、珠宝、文物的案件有所增多，就说明了这一点。因此，我们预计，刑事犯罪会逐步减少，但在最近几年内，发案率下降的速度可能不会很快。要有效地预防和控制犯罪，有待于我们做更多的艰苦的工作。

预防犯罪，降低刑事犯罪的发案率，保障社会秩序和人民生命财产的安全，历来深受我国政府的重视。为此，曾采取了一系列政策和措施，并取得了显著的效果。我国的犯罪率比较低，是与此分不开的。根据我国的实际情况，我们预防犯罪的战略主要是：

在国务院和各级人民政府领导下，坚持实行依靠广大人民群众与公安、司法机关专门工作相结合的方针，广泛地开展道德教育和法制教育，正确运用法律，惩办极少数严重危害社会的犯罪分子，教育挽救大多数有一般违法行为和走到犯罪边缘的人，以有效地维护社会秩序，保障人民的合法权益。据此，采取如下基本措施：

一、加强宣传教育工作，树立良好的社会道德风尚。在我国，主要是通过报刊、广播、电视等舆论工具，采取多种形式，经常地、广泛地向广大人民群众进行社会主义道德品质和法制的宣传教育，大力表扬和鼓励维护社会秩序、尊重社会公德的好人好事；厂矿、企业、机关、学校和农村人民公社，也都在本单位进行此项宣传教育工作，以不断提高人民群众的道德风尚和遵纪守法观念，勇于同各种违法犯罪行为作斗争。

鉴于当前青少年犯罪较前有所增多，我国许多省、市、自治区自上而下地建立了青少年教育组织，吸收宣传、教育、文化、劳动、政法、财政等部门以及工会、妇女、青年等群众团体参加，按照各自的职责范围，分工负责，互相配合，综合治理，共同加强对青少年的教育。

对有一般违法行为或走到犯罪边缘的人，依靠社会各方面的力量，对他们进行耐心细致的教育挽救工作。由有关的教师、家长、社会积极分子参加，逐人建立帮助教育小组，在思想上热情帮助，生活上体贴关怀，促使他们向好的方面转变。在一些大中城市还由教育部门建立了工读学校，把有轻微犯罪行为的中学生集中起来进行管教，通过半工半读，一面进行思想教育，学习文化技术知识，一面参加一些力所能及的劳动，学会生产技能，帮助他们改掉恶习。经验证明，这两种办法，对于预防和减少犯罪，都有很好的效果。

二、充分发动和依靠群众，预防犯罪，维护社会秩序。这项工作，在我国是通过群众性的治安保卫委员会和人民调解委员会进行的。这是两个群众自治性质的组织。在城市以街道、工厂、企业为单位建立，在农村以生产大队为单位建立，由群众民主选举产生。治安保卫委员会的任务，主要是向群众进行安全教育和法制教育，团结和带领群众开展防特、防盗、防火、防其他治安灾害事故的“四防”工作，维护公共秩序，并教育有一般违法犯罪行为的人。人民调解委员会的任务，主要是调解民间一般民事纠纷，防止矛盾激化造成犯罪，并通过调解向群众进行政策法令的宣传教育。这两个群众性的组织，扎根于群众之中，同所在地区和单位的群众保持最密切、最广泛的联系，在预防犯罪方面，发挥了重大的作用。

三、严格执行国家法律，保护人民，惩罚犯罪。依法惩罚极少数触犯刑律的人，不仅是为了教育改造他们成为守法的自食其力的劳动者，防止他们继续危害社会，而且可以教育更多的可能犯罪的人，知道法律的尊严，而不敢轻易以身试法，从而有效地预防和减少犯罪。健全社会主义法制与发扬社会主义民主是一致的。法制愈健全，人民的民主权利就愈能得到充分的保障。我们总结了建国30年来的司法实践，并参照其他国家的经验，于1979年7月1日经第五届全国人民代表大会第二次会议讨论通过，颁布了《中华人民共和国刑法》和《中华人民共和国刑事诉讼法》等七个法律。我们还将陆续制订一些有关的法律，使我国的法制逐渐完善，更有效地预防犯罪，保障四个现代化的顺利进行。

主席先生！我们认为，在我国剥削阶级作为阶级已经不再存在，没有剥削的社会主义制度早已确立和巩固，要消除产生犯罪的因素，根本的还是要靠发展经济，发展教育和完备法制。总结我们建国31年来的经验，我们有优越的社会主义制度，人民群众有良好的道德传统，组织程度和觉悟程度也比较高，我们坚定地相信，随着我国社会主义现代化建设事业的顺利发展，人民的物质和文化生活水平的逐步提高，法制建设日趋完善，我们一定可以创造出更加良好、安定的社会秩序。

谢谢您，主席先生！

在第六届联合国预防犯罪和罪犯待遇大会上关于第四项议程少年犯罪问题的发言

（1980年8月26日于加拉加斯）

中国代表团副团长　余海宇

主席先生、尊敬的代表们：

现在，我愿意在本项议程下，简要地介绍我国有关青少年犯罪预防、控制和教育改造方面的方针和作法。

中华人民共和国是发展中的社会主义国家。我国人民经过长期的英勇斗争，建立了新中国；现在，全国人民同心同德建设社会主义现代化强国，都是为了造福于人民，为了青少年一代和子孙后代的幸福。

青少年是我们国家和民族的希望和未来，我国政府历来对青少年的健康成长极为关怀。我国宪法中明文规定："国家特别关怀青少年的健康成长。"我们的宣传、教育、文化和各种福利、服务部门，以及社会的各个方面，都对青少年的培养教育做了大量的工作。我国从事教师和青少年工作的就将近有1000万人。我国有2.1亿青少年在各类学校读书，有4千多万青年在各种业余学校学习。按照德、智、体全面发展的要求，把广大青少年培养成为有理想、有道德、有知识、有健全体魄的一代新人。

我国青少年的面貌总的来说是好的。从50年代到60年代中期，青少年良好的思想品德和道德风尚，受到公众的赞誉。爱祖国、爱人民、爱劳动、爱科学、爱护公共财物成为我国青少年道德风貌的主要标志。文化大革命的十年动乱，我国良好的道德风尚和社会风气被林彪、"四人帮"破坏了，青少年深受毒害，有极少数青少年走上了犯罪的道路。五、六十年代，我国25岁以下的青少年违法犯罪的人数很少，其中18岁以下未成年人犯罪的就更少，青少年中迄今没有吸毒的现象。文化大革命后，青少年犯罪人数有了明显的增加。1979年全国青少年犯罪人数约占全国青少年总人数的5‰，其中18岁以下的未成年人有近1/3。这些案件中，80%是盗窃少量财物的犯罪，其次是打架斗殴、伤害他人，当然也有极少数凶杀、抢劫、强奸等重大案件是青少年干的。青少年犯罪问题，不仅影响安定团结和社会主义现代化建设，而且很不利于年轻一代的健康成长。因此，已引起我国政府、社会各个方面和广大人民群众的关注。我国已经采取了积极的措施来解决这个问题。目前总的趋势是向好的方面发展。

我国对于违法犯罪的青少年，一向贯彻教育、挽救和改造的方针。新中国成立以来，就逐步制定了一系列有关青少年犯罪预防、教育改造、审判和待遇等方面的法律规定，并有一套适合我国特点的行之有效的教育改造的体制和方法。这些在文化大革命中，遭到林彪、“四人帮”的推残和破坏之后，现在有些已经恢复，有些正在恢复。目前虽然还不够完善，但日益走上健全发展的轨道。

我国对青少年犯罪预防、控制和教育改造方面的主要作法是：

第一，我国对于大多数有违法犯罪行为的青少年，着眼于教育、挽救和改造，一般不交人民法院审理判决，而由社会专门的群众组织和学校、家庭进行帮助教育。如1979年，经我国人民法院审理的青少年犯，不到全国青少年犯罪人数的1/5。

我们认为，青少年处于成长时期，可塑性很大。由于他们缺乏辨别是非和抵制邪恶的能力，法制观念不强，加上客观上旧势力、旧思想、旧习惯的坏影响，在他们的成长过程中，犯这样或那样的错误，甚至走上邪路是不足怪的。青少年犯罪，除了他们本身的问题以外，我们的教育工作、社会有关方面和家庭都负有一定的责任。考虑到青少年犯罪的特点和情况，我们对于他们当中的大多数人，不进行刑事处罚，而采取政府收容管教和群众帮助教育相结合的方法进行教育挽救，这样做有利于改造他们。

对于十四岁至不满十八周岁的犯罪情节严重、社会上无法管教的犯罪少年，政府把他们收容放在少年管教所进行管教。少年管教所实行半工半读，生活上一律实行供给制，伙食、被褥和日用品均由国家供给。主、副食品供应，与当地半工半读学生标准相同。过去的材料表明，经过少年管教所教育改造出去的少年，绝大多数都改恶从善，成为社会的有用人才。

对于中学生中一些有盗窃、流氓、打架斗殴等违法犯罪行为，或者长期在外胡作非为，严重违反校规，而学校、家长又都管教不了的，经过学校、家长和街道提名，招生办公室审查同意，送入工读学校学习。工读学校不同于少年管教所，它是学校；孩子是学生，不是犯人。它和普通学校一样，按学生原有学历或实际文化水平编班学习。学校还设有专门的思想教育课，进行政治、伦理、美育、法制等方面内容的教育。并建立学生会，让他们自己管理自己。还建立了青年团、少先队组织，同样评选“身体好、学习好、工作好”的“三好学生”，鼓励他们进步。工读学生经过教育转变后，由学校批准回原学校或转其他学校继续学习，或者参军、升学、工作，都不受歧视。由于工读学校学生在思想、学业等方面都有较快的进步，一些家长都主动把有劣迹行为而又难以管教的少年，送到工读学校学习。这种学校在“救救孩子，造就人才”方面有明显的效果。

青少年的问题涉及到千家万户，我国广大人民群众对有违法犯罪行为的青少年教育改造极为关心。在我国许多城市的街道中，由居民委员会干部、民警、家长和退休的老干部、老工人、老教师组成群众性的“帮助教育小组”、“关心小组”、对有违法行为的青少年进行帮助教育。他们不仅对有违法行为的青少年抓好思想教育，辅导学习文化技术，搞好生活安排，而且对于到了就业年龄的，还帮助安排就业，消除造成这些青少年违法犯罪的各种消极因素和条件，通过耐心的帮助教育，使这些违法的青少年弃旧图新，变消极力量为积极力量。象我国的武汉、沈阳、重庆、哈尔滨、南京等城市，就有11795个“帮助教育小组”，有近60000人参加小组活动，对26719名有违法行为的青少年进行了帮助教育，经过几个月至一年时间的工作，就有21688人停止了违法活动，其中有不少人已经由后进变为先进。

第二，我国对于极少数罪行严重、屡教不改的青少年犯，则依法惩办。按照我国法律规定，对未满14岁以下的儿童，不采取任何强制性的刑事措施：对已满14岁和不满18岁的人犯罪，均采取从轻或减轻处罚。如1979年，我国人民法院审理不满18周岁的未成年犯4954人，仅占全国同龄少年数的 0.47‰。而他们多数人被判为轻刑。

对于被判处徒刑的未成年犯，我们仍然对他们进行教育改造，使他们改邪归正。在服刑期间，他们和成年犯分开教养。一般是半天学习政治文化，半天学习劳动技能，对他们进行法制教育、道德教育和基本的文化知识与生产技能的训练。使他们在刑满释放后，能够升学或安置就业，走上为社会服务的正确道路。

第三，我国对青少年犯罪问题采取了“综合治理”的根本措施，社会各个方面和各有关部门，都抓青少年的教育工作。在各级人民政府统一领导下，组织教育、宣传、文化、政法、劳动等部门和工会、妇女、青年等人民团体，按照各自的职责范围，分工负责，通力合作，做好对青少年的教育工作。如学校教育，坚持既教书，又教人，注意加强对后进学生的帮助教育；宣传部门积极搞好对青少年问题的宣传报道，表彰青少年中的英雄模范人物，供青少年学习；文化部门创作好作品、好歌曲、好电影、好戏剧，丰富青少年的文化生活；政法部门加强对青少年的法制教育，做好违法犯罪青少年的教育改造工作；劳动部门积极为青年就业广开门路，使青年人尽其材，各得其所；工会组织动员老工人加强对青年工人的教育，搞好“传、帮、带”；妇联组织加强对家庭教育的指导，把教育好子女作为开展“五好家庭”活动的一项重要内容；共青团组织在广大青少年中进行树立革命人生观和发扬高尚的革命道德风尚的教育活动，把我国青少年一代培养成为建设社会主义现代化强国的一支英勇突击队。为了统筹兼顾，协调各方面的工作，我国许多省、市、自治区和大中城市，都建立了青少年教育领导小组，下设了专门的办事机构，在街道配备了专职的青少年教育辅导员，积极开辟各种青少年活动阵地，建立各种青少年业余学习、科技、文娱、体育等组织，吸引青少年参加健康有益的活动，把教育寓于青少年各种活动之中，通过社会教育网，来做好青少年教育工作。事实证明，“综合治理”是适合我国实际情况的、积极有效的措施，在培养教育年轻一代，预防和减少青少年犯罪方面发挥了巨大的作用，得到了广大人民群众的拥护和支持。

我国在预防和减少青少年犯罪方面还有许多工作要做。我国社会主义经济建设正在调整、改革中前进，青少年中有些问题的解决，还要有一个过程。但我们正在积极努力做好这方面工作。我们还在讨论制订青少年保护条例，保障青少年的正当的合法权益，保护青少年的健康成长，为把我国建设成为具有高度物质文明和精神文明的社会主义国家而奋斗。

谢谢您，主席先生。

在第七届联合国预防犯罪和罪犯待遇大会亚太地区预备会上关于第一项议题“从发展角度来看犯罪行为和预防犯罪的新方向：未来的挑战”的发言

（1983年7月1日于曼谷）

中国代表团团长　李石生

尊敬的主席先生，尊敬的代表们：

我们中国代表团祝贺联合国第七届预防犯罪和罪犯待遇大会亚太地区预备会议的胜利召开，祝贺达维·朱瑟普①先生当选为会议主席，希望这次会议在您的主持下，获得圆满成功。并愿借此机会，向东道国泰王国政府为会议所作的努力和给予我们的款待，表示衷心感谢。

自加拉加斯会议以来的3年中，国际社会中的许多地区一直动荡不安，经济衰退，道德风尚日见下降，犯罪率继续上升，犯罪形式不断变化。在这种情况下，联合国召开预防犯罪和刑事司法工作会议，交流各国的情况和经验，加强这一领域的国际合作，对预防犯罪无疑是很有裨益的。

主席先生，中国代表团愿意就本届会议第一项议题作一简要的发言。

自加拉加斯会议以来，中国的政治、经济和社会情况，都发生了巨大变化。我们在全国范围内实现和发展了安定团结的政治局面，加强了社会主义民主和法制建设；我国集中力量进行经济建设，1978年以来工农业总产值平均每年以7.3%的速度递增；人民生活提高，心情舒畅，社会治安情况基本是好的。最近结束的第六届全国人民代表大会第一次会议，确立了新的国家领导体制，对于加速四化建设，实现国家长治久安，必将产生深远的影响。

在这种形势下，我们也清醒地看到，我国的社会治安情况还没有根本好转。近几年，我国平均每年发生刑事案件70余万起，发案数占人口总数的7.5‰。这个发案率同世界上大多数国家相比，是相当低的，但同我国50年代和60年代前期的年平均发案率4.5‰相比，显然有了很大增长，对此我们是很不安的。出现这种状况的原因很多，主要是由于从1966年至1976年十年动乱中社会风气和秩序受到相当破坏，其残余影响还不能在短时期内消除；多年积累下来的某些社会问题，一时还未能妥善解决；对内搞活经济以后，我们的经济法制还不健全，管理工作在某些方面还跟不上；随着对外开放，也不可避免地带来一些外来不良风气的影响。一个时期以来，刑事犯罪和走私贩私、贪污、受贿、投机诈骗、盗窃公共财物等经济犯罪有所抬头，某些国际犯罪活动也波及我国。这一情况引起了我国政府的严重关注。近几年来，坚持对社会治安实行综合治理，终于在1982年开始扭转犯罪上升的势头。1982年全国发生的刑事案件比1981年下

① 达维·朱瑟普(Dhawee Chooswp)，泰国内务部劳改局局长。

降15.9%，发案数占人口总数的比例降为7.25‰，可以预测，我国的发案率还将逐步趋于下降。

对社会治安实行综合治理，就是在各级政府的领导下，依靠和动员全社会的力量，组织各部门、各单位在各自的管辖范围内，分工协作，各尽其责，通过思想的、文化的、道德的、政治的、经济的、教育的、行政的、法律的多方面工作，逐步消除犯罪的因素和条件，预防犯罪和减少犯罪。具体地说，主要有以下几个方面：

第一，在大力发展社会主义经济建设的同时，必须搞好社会主义精神文明建设。近几年，我国国民经济经过调整，有计划按比例地向前发展，人民生活明显改善，就业门路日益开阔，5年内安排3800万人就业，促进了社会安定。据1982年统计，待业人员中的犯罪人数比1981年减少17%。但是，光靠经济发展还是不够的，只有同时努力建设社会主义精神文明，才能实现社会风气和社会治安的根本好转。近年来，我国不仅重视全社会的教育、科学、文化事业的发展，提高人们的知识水平，而且在全国人民特别是青少年中，加强政治思想教育，培育有理想、有道德、有文化、守纪律的新型劳动者。在广大群众中普遍开展"五讲四美"（即：讲文明，讲礼貌，讲卫生，讲秩序，讲道德；心灵美，行为美，语言美，环境美）活动，广泛进行法制宣传，从小学到大学开设法制课，教育公民知法守法，尊重社会公德，维护社会秩序。在思想文化领域，纠正各种不良倾向，加强反腐蚀教育，抵制外来不健康的、腐朽没落的思想意识影响，抵制个人主义、自私自利、金钱主义、享乐主义对人们的腐蚀，培养人们毫不利己、专门利人、对社会尽责、为人民服务的献身精神，发展人与人之间的社会主义的新型社会关系。这些措施有效地预防和减少了犯罪。

第二，动员全社会的力量，做好预防犯罪和挽救失足者的工作。

首先，在厂矿、企业和农村的生产组织中，普遍建立与生产责任制相联系的安全责任制，把维护本单位的安全同职工的政治荣誉和经济利益联系起来。这对维护治安起了很好的作用，如河北省已有约90%的厂矿企业建立了安全责任制，据1982年上半年调查，这些单位的发案数比上年同期下降了25.5%，职工犯罪数减少12.9%。

其次，加强基层组织建设。我国城乡普遍建立了居民委员会、村民委员会，下设治安保卫委员会、调解委员会，这些都是群众性的自治组织。对许多民事纠纷的调解，有轻微违法行为青少年的帮助教育，预防犯罪和维护治安秩序等具体工作，都靠他们去做。这些基层组织的成员，思想好，办事公道，群众拥护，威信很高，他们最熟悉情况，能及时地妥善地解决许多民间纠纷，防止许多违法、犯罪行为的发生。这些群众自治组织还发动群众制定乡（街）规民约，群众自己教育自己，自己管理自己，约束、制止违法行为，使正气得到发扬。

再次，教育挽救有一般违法行为和轻微犯罪行为的青少年。我们对有一般违法行为和轻微犯罪行为的青少年，不是采取逮捕惩办的办法，而是进行多种形式的教育、感化、挽救工作，尽量争取他们改邪归正。一是对有一般违法行为的人，由所在基层单位包干负责，就地进行帮助教育。许多地方还组织了有教师、街道干部、家长和民警共同参加的帮教小组：热情、耐心地帮助、教育和挽救失足青少年。据黑龙江省松花江地区十一个县统计，在对4363名违法青少年进行帮教后，已有3606名即83%的人停止违法活动；1982年这个地区刑事案件比1981年下降26.7%。二是办好工读学校，接收有轻微违法犯罪行为的中学生，对他们进行一两年时间的特殊教育。学校的基本指导思想是"挽救孩子，造就人才，立足教育，科学育人"。除组织学生学习文化知识和从事一定的劳动外，还大力加强政治、道德、法制等教育，帮助学生提高觉悟，明辨是非，认识错误，转变思想。我国现有工读学校120所，先后招收学生17000余人，学生经过一段时间的教育，大多数都有明显的进步。三是对有轻微犯罪行为又不够追究刑事责任的以及违反治安管理，屡教不改的人，送劳动教养，实行半天劳动半天教育，着重做思想教育工作。通过上述工作，使许多有轻微违法、犯罪行为的青少年迷途知返，走上了健康成长的道路。

第三，加强专门机关工作，打击犯罪，改造罪犯。我们一方面全力加强全社会预防犯罪的工作，另一方面又强调要及时侦查破案，依法惩办犯罪分子。1982年我国刑事案件破案率为77.4%，其中重大案件破案率为90.6%，并依法从重从快地处罚了严重危害社会治安的犯罪分子，充分发挥了法律和政策震慑、分化瓦解犯罪分子的威力。

我国对罪犯实施法律惩处的最终目的在于教育改造他们中的大多数人，使之成为守法的自食其力的劳动者，这有利于从根本上减少犯罪。我国劳改机关一贯坚持惩罚管制与思想改造相结合、劳动生产与政治教育相结合的方针。近几年来根据大多数青少年罪犯既是害人者、又是受害者的特殊情况，规定了对他们中的绝大多数人，要象父母对待患传染病的孩子、教师对待犯错误的学生、医生对待病人那样，实行教育、感化、挽救。劳改机关十分重视对罪犯进行系统的、正规的政治、文化技术教育；组织罪犯从事劳动生产，促使他们通过劳动实践转变思想，学会生产技能，为刑满后的就业创造条件；保障他们的法定权利，实行文明管理，严禁打骂体罚；在罪犯的衣食住、医疗卫生、安全生产和劳动保护方面，给予切实的保障和人道主义待遇。我国劳改机关还十分重视依靠社会力量和争取罪犯家属的配合，做好罪犯的思想转化工作。通过形式多样而富有教育意义的活动，使罪犯深刻感到受到社会对他们的期望，认识到自己对社会的责任，激发他们积极向上和加速改造的自觉性。

罪犯刑满释放后，还要做好安置工作，以利于进一步维护社会治安，巩固改造成果，并使正在服刑的罪犯看到前途，积极接受改造。我国政府对刑满释放人员一贯坚持"给出路"政策，教育群众对他们不歧视，不嫌弃，切实帮助解决他们的生活困难，给予参加学习、工作、劳动的机会，促使他们走上正路。对刑满释放人员中的青少年，凡符合学龄规定，经考试合格的，可以复学或升学。

由于执行这些正确的政策，我国刑满释放人员重新犯罪率是比较低的，50年代和60年代初为1%—3%，十年动乱后上升到6%—7%，近几年经过努力，又下降到4%—6%。个别地区和单位还取得了更好的成效。例如，山东省威海市近几年对55名刑满释放人员作了妥善安置，没有一人重新犯罪，其中1/3的人还成了生产骨干或先进工作者。北京市海淀区一个街道办的锅炉厂，刑满释放和解除劳教人员占职工总数1/5，9年来没有一人重新犯罪，而且多数成了生产技术骨干。事实证明，只要执行正确的改造政策，曾经是犯罪分子的人，不仅可以不再危害社会，而且可能成为建设社会的积极因素。

综上所述，预防犯罪，减少犯罪，打击犯罪，改造罪犯，这就是我国综合治理社会治安的主要内容，而公安司法机关要把教育人，挽救人，改造人，贯穿于自己工作的全过程。我们还要继续努力，不断提高。我们愿意向世界各国学习，吸取各国的好经验，好方法，进一步充实、完善我们的工作，探索根除社会犯罪的有效途径。

谢谢，主席先生！

在第七届联合国预防犯罪和罪犯待遇大会亚太地区预备会上关于第四项议题“青少年、犯罪与司法”的发言

（1983年7月1日于曼谷）

中国副代表　武　汉 ①

尊敬的主席先生，尊敬的各位代表：

中国代表团愿意在第四项议题下，就我国青少年、犯罪和司法问题，作一简要的介绍。

青少年是一个国家和民族的希望和未来。如何使青少年健康成长，一直是我国政府和广大人民极为关注的问题。去年我国第五届全国人民代表大会第五次会议通过的新宪法第四十六条规定“国家培养青年、少年、儿童在品德、智力、体育等方面全面发展”。我国公布的其他法律、法规和各项条例中，凡是涉及青少年问题时，都从培养、爱护和教育出发，制订了相应的保护性条文。长期以来，在国家和人民的培养教育下，在我国的革命传统和共产主义道德熏陶下，我国青少年正在茁壮成长。青年农民在农村广阔天地中发挥他们的聪明才干，成为农村建设和农业经济的主力军。工交企业和各行各业的青年人朝气蓬勃地投入工业现代化的建设，成为各条战线的骨干力量。科学技术，文教卫生，文艺体育等战线上的青年人，热气腾腾，人才辈出。青少年学生在德育、智育、体育三方面，刻苦锻炼，涌现出大批三好学生。当前，一个在职青年的学习热潮正在全国掀起，参加各类业余学校学习的学生达2.07亿人。精神文明建设热潮正在全国深入展开，榜样的力量是无穷的，我国政府表扬的10名英雄模范人物正激励着全国青少年奋发上进。我国广大青年在社会主义建设事业中所发挥的巨大作用和表现出来的朝气蓬勃，奋发向上的精神面貌，是当前我国青少年一代的主流。

主席先生：

现在介绍一下我国青少年犯罪和司法问题。众所周知，20世纪50年代至60年代，在国际社会不断爆发严重的青少年犯罪的同时，我国青少年的思想品德受到了公众的赞誉，青少年犯罪率很低。据1965年北京、上海、天津等六大城市的统计，青少年犯罪总人数2257人，仅占当时全部刑事犯罪总人数的10%。但在十年动乱之后，我国青少年犯罪

① 武汉是上海华东政法学院刑事侦查教研室主任，在1982年5月联合国经济及社会理事会春季常会上当选为联合国预防和控制犯罪委员会委员。

逐渐增长，最严重的是1979年，同样是这六大城市，青少年犯罪总人数达28902人，占刑事犯罪总人数的70%。虽然我国青少年犯罪率与世界上各国青少年犯罪率相比还是很低的，近几年来又呈明显下降趋势，但仍不能不引起我国政府和广大人民的严重关切。

当前我国青少年犯罪的特点是：一、绝大多数是普通刑事犯罪，犯罪的青少年基本上都是在十年动乱中成长起来的，是劳动人民的子女，他们一般缺乏社会主义文化和道德修养。二、1979年以来，我国实行对外开放和对内搞活经济的政策，取得了很好的效果，这已成为我们长期不变的一项根本政策。但是一些外来不健康的风气，在少数缺乏社会主义教育的青少年中起着不良的影响，由此也滋生出一些新的犯罪。三、青少年入世未深，缺乏判断能力，容易受各种腐朽的剥削阶级思想腐蚀，容易受坏人的唆使和诱惑，走上犯罪的道路。以上三点也是我国制定青少年刑事司法政策的客观依据。

我国是发展中的社会主义国家，我们进行社会主义物质文明建设的同时，重视加强社会主义精神文明建设。我们有条件把预防和控制犯罪，挽救失足者列入各级政府的工作规划，在各级政府领导下，组织和依靠全社会力量，开展"综合治理"，打击犯罪，改造罪犯，挽救失足者和预防犯罪。经过几年的不懈努力，取得了明显的效果。1982年我国青少年犯罪比1981年减少了8%。以上海为例，青少年犯罪1981年比1980年下降了23%，1982年又下降28.7%，其中各级学生和待业青年犯罪率各下降30%左右，在校中学生犯罪率下降58%，未满16岁的下降34.6%，16至18岁的下降38%，犯罪低龄化问题在我国不少地区已经开始得到控制。上述情况表明，我国对青少年犯罪现行的刑事司法政策和制度是有效的。

对有违法犯罪行为的青少年，我国采取以下具体刑事司法措施：

(一)动员全社会的力量，教育挽救犯有轻微罪行的青少年。这是我国对犯罪青少年刑事司法政策的核心。挽救失足青少年是我们的出发点。对于他们，我们不应歧视、抛弃或者轻易惩罚。而是要象父母对待子女，医生对待病人，老师对待学生那样，满腔热忱地从各方面做好他们的思想转化工作。由家庭、街道、单位三个方面的力量结合起来，并有刑事司法人员参加，定专人、定对象、定任务，组织帮助教育，负责对失足者进行管理、教育和挽救。哪里有失足者，就在哪里组织帮助，及时地进行有针对性的感化教育。几年来实践证明，成功率一般可达到60%以上，有的达到80%以上，个别突出的达到100%。这是一场动员千千万万群众参加的深得人心的社会教育运动，不仅挽救了失足者，改变了社会风貌，而且激发着广大人民群众的社会责任感，加深了刑事司法干部与群众之间的联系和合作。

(二)举办工读学校，教育挽救犯有轻微罪行的在校中学生。根据国务院的决定，对犯有轻微罪行不能继续留在原来学校读书的13至18岁的中学生送入集中住宿、集中管理的特殊教育的半工半读学校。他们是学生，是孩子，有轻微罪行，但还不是罪犯。因此，对他们坚持正面教育，热情关怀，严格要求，启发诱导，促使他们认识错误，转变思想，争取进步。在学校里，他们每天半天上课读书，半天参加力所能及的生产劳动。并加强对他们的法制教育、道德教育，经常组织社会力量进行宣传、启发和辅导，组织已结业的工读学生回校进行现身说法，允许他们有较多次数和较为方便的家长探望，也允许他们请假回家探亲，并组织他们参加体育活动和文化娱乐活动。在全社会的支持协助下，经过一至二年的感化教育，他们中的绝大多数表现较好，转化明显，结业后有的回原来学校继续升学，有的考取技术学校或大专院校，有的在社会上就业，有的已成为先进工作者或生产骨干。1982年全国办有工读学校122所，几年来结业离校9422人，其中重犯率为2%—5%。

(三)对罪行轻微可以不追究刑事责任的和违反治安管理、屡教不改的违法青年实施劳动教养。

根据我国人大常委会批准的国务院关于劳动教养问题的决定，对符合上述条件的青年实施的劳动教养，这是强制性教育改造的行政措施，也是对他们安置就业的一种办法，根本不同于判刑劳动改造。劳动教养的期限为一至三年。在管理教育方面，采取劳动生产和政治教育相结合的方针。帮助他们建立爱国守法和劳动光荣的观念，学习生产技术，养成劳动习惯。劳动教养所的管理制度及各种待遇也优于劳动改造队。期满后一般地回原单位继续上学或安排就业。

(四)对少数触犯刑律依法判刑的犯罪青少年，采取劳动改造方法进行教育和改造。

对触犯刑律依法判刑的青年罪犯，按照中华人民共和国劳动改造条例，分别性质和情节，分设监狱和劳动改造队。对绝大多数刑事罪犯，放在劳动改造队进行监管和改造；对重大刑事犯，则放在监狱进行监管和改造。劳改机关实行惩罚管制与思想改造相结合、劳动生产与政治教育相结合的方针。根据劳改条例第二十六条规定，对他们进行政治教育、法纪教育、认罪守法教育、时事教育、劳动技术教育和文化教育，并组织他们开展体育活动。第二十七条规定要重视培训和使用他们的生产技能，以培养他们的生产劳动习惯和业务专长。第二十八条规定可以采取生产竞赛的办法，提高生产效率和接受改造的积极性。对于生活保健、劳动条件、劳动保护、医疗卫生、被服、日用品等，都在第五十至五十三条作出与劳动人民生活水准基本相等的明确规定。对犯人与其社会关系的联系，如接见、通讯，都在第五十六至五十九条作出有利于罪犯本人的明确规定。在这些人刑满后，由劳动部门通过各种形式，尽可能安置他们就业，不加歧视。

对少数触犯刑律的年满14岁未满18岁的少年犯，则专设少年犯管教所，给予半工半读的教育改造。配备专职教师，以教育挽救为主，辅以适量的劳动生产。少年犯管教所的管理制度，生活待遇，文体活动等，均优于关押成年犯的劳改场所。少年犯期满释放回家，继续升学或由劳动部门安排就业。

由此可见，我国对犯罪青少年，根据法律的规定，分别不同情况，本着有利于挽救犯罪青少年的原则，制定了从帮教、工读学校、劳动教养到判刑改造等一整套的刑事司法制度。

由于我们对社会治安实行综合治理，对青少年犯罪采取正确的司法政策，当前我国青少年犯罪趋势已开始下降，治安情况明显好转。但青少年犯罪仍然是一个严重的问题，我们必须认真对待。现在，建设社会主义物质文明和精神文明已经载入我国的新宪法，整顿治安、预防犯罪已经列入国家第六个五年计划，社会主义民主与法制正在日益加强，经济在调整中稳步发展，各方面的管理和教育得到加强，某些滋生犯罪的因素和条件正在逐渐消除，犯罪率下降的趋势已经出现，加以我们已经具备了几年的实践经验，广大人民群众已经发动起来，预防和减少青少年犯罪，是完全能够做到的。对此，我们充满了信心。

我的发言完了，谢谢主席先生。

在联合国区域间"青少年、犯罪与司法"专题会议开幕式上的讲话

（1984年5月14日于北京）

中华人民共和国司法部长　邹　瑜

主席先生：

联合国区域间"青少年、犯罪与司法"专题会议今天在北京开幕，我荣幸地代表中华人民共和国政府、代表中华人民共和国司法界和法律教育界同人热烈地欢迎来自世界各大洲的诸位尊敬的专家和观察员，热烈地欢迎为这次会议而专程到北京来的联合国预防犯罪和刑事司法处处长敷田稔先生和联合国其他官员。我为联合国选择在我国首都北京举行这样一次重要的会议而感到高兴。

完全有理由相信在青少年犯罪和司法的领域里，诸位专家能够以自己的渊博的知识和丰富的经验对这次会议和为明年在意大利米兰召开的联合国第七届预防犯罪和罪犯待遇大会作出积极的贡献。

主席先生：

青年约占世界总人口的30%，他们是建设和平、幸福、美好的人类社会的生机蓬勃的力量，代表着人类社会的未来和希望，无论在经济、文化建设和国际交往中，青年都占有重要的地位。

但是，正象各位专家所熟知的，由于许多国家经济危机导致的失业率上升，由于不健康的精神生活的影响，伦理道德堕落，色情文化泛滥，恐怖暴力行为滋长，在许多地方已成为社会公害。青少年往往容易成为上述社会问题的牺牲者，其中一部分人走上犯罪的道路。当前青少年犯罪已成为世界一个严重的社会问题。当然，各国的具体情况不同，特别是各国的社会制度不同，问题的严重性也有差异，预防和处理青少年违法犯罪的政策和措施也应当有所不同。但青少年违法犯罪的存在，使许多国家社会秩序受到损害，使包括广大青少年在内的人民生活乃至民主权利受到破坏。这就不能不引起世界各国的政治家、社会活动家、法律工作者、教育工作者以及社会学家、心理学家、犯罪学家的密切关注。各国政府都在致力于改善这种状况。

主席先生：

联合国多年来十分关心预防犯罪和罪犯待遇问题，在组织世界各国交流经验，研究彼此共同适用的方法和原则上发挥了积极的作用。即将召开的联合国第七届预防犯罪和罪犯待遇大会又把"青少年、犯罪与司法"问题作为重要议题，我国司法界完全支持这一行动。

主席先生：

近年来，我国积极参加了联合国在司法领域组织的活动，并同联合国建立了良好的关系。我国政府派代表团参加了1980年在加拉加斯举行的联合国第六届预防犯罪和罪犯待遇大会。我国的一名专家被推选为“预防和控制犯罪委员会”的委员。现在，联合国又在我国召开区域间“青少年、犯罪与司法”专题会议，这使我们特别感到荣幸，也必将增进我们与各国代表间的友谊和交往。

主席先生：

中华人民共和国是一个社会主义国家，又是一个发展中国家，我国法律制度是具有中国特色的社会主义法律制度。正如大家所知道的，在预防和处理青少年犯罪方面，我们采取了一些适合我国实际情况的办法。当前我国政府和人民正在为把我国建设成为高度文明高度民主的社会主义现代化强国而努力。这就是说在建设高度社会主义物质文明的同时，建设高度的社会主义精神文明，建设社会主义民主和法制。主席先生，我想着重指出，我国正在发动全社会的力量来建设社会主义文明单位，把五讲(讲文明、讲礼貌、讲卫生、讲秩序、讲道德)、四美(心灵美、语言美、行为美、环境美)三热爱(热爱中国共产党、热爱祖国、热爱社会主义)的活动推向社会的各个角落。我国建设社会主义精神文明的一个重要目标就是要把我国公民教育成为有理想、有道德、有文化、守纪律的公民，这是预防犯罪的根本措施。我还要特别指出我国社会主义民主和法制建设的新发展。1979年以来，我国通过和颁布了刑法、刑事诉讼法和大批法律、法规。特别是我国全国人民代表大会1982年庄严地通过了一部新的宪法，使我国法制建设进入了一个新的发展阶段。我国各级司法机构正日臻完善，法制教育和研究工作有较大的发展，各级政府大力进行法制宣传。我们在预防和处理青少年犯罪方面，既有不尽完善之处，也有比较成功的经验。例如，我们对失足青少年实行“三个象”，即象父母对待子女一样，象医生对待病人一样，象教师对待学生一样，着眼于教育、感化、挽救。我们通过文化、技术教育和生产劳动，把失足青少年改造成为对社会主义建设有用的人才。我们采用社会帮教小组、工读学校、劳动教养等多种形式，教育改造一些有轻微违法犯罪行为的青少年。我国的国家领导人、社会活动家、作家和艺术家到少年犯管教所、劳动教养所、工读学校去访问、作讲演和进行艺术表演，让失足青少年感到社会的温暖。同时为青少年提供科技文化教育的多种渠道和为其开辟广阔的生活道路，所有这些，对于预防青少年犯罪起了重大的作用。我们对违法青少年主要是教育，只对极少数罪行严重、确实需要定罪判刑的青少年，才严格按照司法程序予以刑事惩罚。我们认为，综合治理的方针是争取社会治安根本好转的有效政策。

主席先生：

各国社会制度的不同，并不妨碍我们交流经验、取长补短，为解决青少年犯罪问题作出各自的贡献。

这次区域间“青少年、犯罪与司法”专题会议在北京召开，对我国司法工作的改进将是一个推动。我对专家们有两点建议和希望：一是请大家看看我们对青少年罪犯的教育、感化、挽救工作，并作出你们的评价，批评我们工作中的缺点，提出宝贵的改进意见。二是把你们成功的经验和高明的见解在会内会外介绍出来。这次会议，中国有各方面的观察员列席会议，我希望他们抱着虚心学习专家们的有益经验与知识的态度参加会议，发展与各国司法界专家们的友谊。

最后，祝会议圆满成功！

祝专家们、联合国官员们在北京过得愉快，身体健康！

谢谢！

在第七届联合国预防犯罪和罪犯待遇大会上关于议题一"从发展角度看犯罪行为和预防犯罪的新领域：未来的挑战"的发言

（1985年8月26日于米兰）

中国代表团团长　邹　瑜

主席先生：

首先，请允许我代表中国代表团祝贺本届大会的召开，并借此机会，向大会的东道国意大利政府为大会所作的努力表示感谢，对您，主席先生的当选表示热烈祝贺。我们愿意通过这次大会进一步增进与会国之间的相互了解和友谊，学习各国的好经验，探讨共同关心的问题，进一步促进刑事司法领域的国际联系和合作。

联合国和各国预防犯罪研究机构提供的资料说明，犯罪问题已成为许多国家的严重社会问题，在有的国家，传统性犯罪有增无已，新类型的犯罪正以多种形式出现。尽管各国由于社会制度和具体情况不同，问题的严重程度也各有差异，但是，犯罪现象正在严重威胁着人类当前和未来的幸福。各国政府和人民，有责任也有权利关心预防犯罪问题并采取相应的措施。我国正是秉着这样的宗旨而积极地支持和参与联合国许多有关预防犯罪的有意义的活动，以期造福于人类。

我们的议题——从发展角度看犯罪行为和预防犯罪的新领域——是一个范围广泛而又意义深远的课题，它不是一个单纯的犯罪学或刑法学的课题，而是一切社会活动家、经济活动家，特别是政治家们所面临的必须解决的课题。当世界人民正致力于维护和平、发展经济、建立新的国际经济秩序以提高人民生活水平的今天，任何造福于人民的发展计划，都不能不把对发展有消极影响的犯罪问题纳入视野，并作出有力的反应。正如我们议题的副题所指出的，我们共同的任务是迎接"未来的挑战"，在我和我的同事看来，也许这不仅是未来的挑战，而且在一定意义上也是"今天的挑战"。

主席先生，请允许我利用这个机会就我国在解决这一任务中所作的努力，特别是预防犯罪的战略问题，作一简要的介绍。

我国正在争取实现一个宏伟的发展目标，就是到本世纪末使工农业产值翻两番，把我国建设成为一个高度文明、高度民主的社会主义现代化国家，为世界和平和人类幸福作出更大的贡献。为此，我国正在坚定地实行对内搞活经济、对外开放的政策，正在进行规模巨大、内容深刻的经济体制改革。最近几年来，我国经济持续地、稳定地、协调地向前发展，社会秩序安定，人民生活有了显著的提高，取得了可喜的成果。

我国的刑事发案率已从1982年的从按人口平均7‱下降为5‱，即从每年平均发案70多万起减少为不超过50万起。这些刑事案件中，绝大部分是轻微的盗窃犯罪和其他犯罪；杀人、抢劫、强奸、纵火、投毒等重大案件只是少数。我国的实践说明，把物质文明建设与精神文明建设结合起来的、符合于自己国家实际情况的经济发展，不但不会导致犯罪的增长，而且会有助于减少犯罪。

我国在发展过程中，也出现过个别劫持飞机的事件，以及走私、制造、传播淫秽物品等新的犯罪。虽然为数不多，我国对此十分重视，正在积极地加以预防。

我们认为，尽管我国的刑事发案率相对比较低，但是，作为一个社会主义国家，我们不能满足于现有的成就，人民也希望我们把预防犯罪工作做得更好。我们清醒地估计到，犯罪现象的产生有着复杂的原因，为了进一步预防和控制犯罪，还要付出重大的努力。

主席先生，中国在预防犯罪的实践中，逐步形成一个行之有效的战略，就是综合治理的方针。我们认为，犯罪是一个社会问题，预防犯罪是整个社会，包括国家机关、人民团体、企事业单位、学校、家庭以至全体公民的共同任务，而不仅是司法机关和警察部门的工作。因此，我们的做法是在政府的统一领导下，实行司法机关和广大人民群众相结合，既依法惩罚犯罪，又动员全社会的力量，采取行政的、文化的、教育的、经济的以及伦理道德的等等措施，进行综合治理。

一、全面开展法制宣传教育，把法律交给人民，增强人民的法制观念

在我国工作着重点转移到现代化建设以后，社会主义民主与法制的建设有了新的发展。在短短的几年内，就制定了涉及国家政治生活、经济生活和社会生活各个领域的法律、法规1300多个，现在我国的法律虽然还不够完备，但在重要的基本的方面，已经做到了有法可依。

我们在全体人民中广泛地开展了法制宣传教育，把法律交给十亿人民，使人人知法、守法，提高法制观念，养成依法办事的习惯，积极地维护法律，同违法行为作斗争。法律一旦为群众所掌握，就会产生巨大的物质力量。凡是法制宣传教育工作做得好的地方，社会治安就好。例如我国辽宁省本溪市是法制宣传教育的先进城市，1984年刑事发案率比1983年下降了54%。广东省的潮州市，对101所中学和484所小学的学生系统地经常地进行法制教育，收到良好效果。在全市共计18万余名学生中，1983和1984年两年里，只发现偷窃3宗，其中有两名学生是在听法制教育课后，自动送还赃物，未受处分，全市没有一名在校学生因犯罪而被逮捕。到目前为止，全国已有27个省、自治区、直辖市的政府做出了决议，进一步部署了法制宣传教育工作。实践证明，法制宣传教育是预防犯罪、减少犯罪的一项有效措施。

最近，我国决定，从现在起，争取用5年左右的时间有计划地、比较系统地向全国人民进行宪法、刑法、刑事诉讼法、民事诉讼法(试行)、婚姻法、继承法、经济合同法、兵役法、专利法、税法、治安管理处罚条例以及与群众生活有密切联系的其他法律常识，如交通规则、消防条例、环境保护法等法律常识教育。使他们增强法制观念，履行公民的义务，维护公民的权益。我国政府还强调，普及法律常识的对象，第一个重点是干部，特别是各级领导干部。要求他们带动广大群众学法、用法、守法。第二个重点是青少年。我国政府规定全国大、中、小学都要开设法制课。湖北省沙市在这方面做出了榜样。那里已经有一支专门的、胜任的法制师资队伍，有联系实际的教材，有一套有效的教学方法。他们采用学校——社会——家庭三结合的方式使法制课发挥重大作用，使在校学生基本上没有犯罪现象。加强对青少年的法制教育，不仅仅为了预防犯罪、减少犯罪，更主要的是有利于促进一代新人的健康成长。

二、加强精神文明建设，评选文明单位

我国在进行物质文明建设的同时，十分注意精神文明的建设，从城市到农村，从工厂到学校，从军队到地方，广泛地进行理想与纪律的教育，和引导群众学习英雄模范人物，提倡文明礼貌，鼓励人人做有理想、有道德、有文化、有纪律的公民。据不完全的统计，全国已经评选出2078万个“文明家庭”和大批文明村、文明街道、文明工厂、文明学校。有的县，一年内很少或者没有发生刑事案件。河北省满城县在开展上述活动以后，1984年，全县的重大刑事案件比上一年下降了53.7%。这是我国预防犯罪、减少犯罪的一个新经验。

三、充分发挥基层治安保卫组织和人民调解组织在维护社会治安中的作用

我国的预防犯罪工作是紧紧地依靠广大人民的。遍及城乡基层的、群众性的、自治的“治安保卫委员会”和“人民调解委员会”，在预防犯罪中起着重大的作用。治安保卫委员会的主要任务是，发动群众协助人民政府维护社会治安，对有轻微违法行为的人和刑满释放人员进行帮教等预防犯罪工作。

调解委员会的主要任务是宣传社会主义法制，调解一般民事纠纷，防止矛盾激化，预防和减少犯罪。据不完全的统计，截止1984年底，全国共建立人民调解委员会93.9万多个，共有人民调解委员457.6万余人。1984年全年共调解各类民间纠纷647万多件，使7600多件濒于激化的纷纠化险为夷，在预防犯罪方面发挥了重要的作用。人民调解委员会的设置，是根据居住地区和人口情况，从方便人民群众出发来确定的。在农村以村民委员会为单位，在城市以居民委员会为单位(一般为500户左右)建立调解委员会。工厂、矿山、学校和其他企事业单位，则根据规模大小和实际需要设置。

治安保卫委员会和调解委员会是公安、司法部门联系人民群众的桥梁和纽带。由于它扎根于群众之中，在预防犯罪中能够起到国家专门机关所起不到的作用。

四、把劳改场所办成改造人、造就人的特殊学校，最大限度地减少重新犯罪率

30多年来，我们成功地改造了一大批日本战犯、伪满战犯和国民党战犯，完成了对历史反革命分子和旧社会渣滓的改造任务。许多日本战犯在经过改造释放回国后，积极从事中日友好活动。清朝末代皇帝爱新觉罗·溥仪先生在监管人员的耐心教育下，思想感情有了根本的转变。出狱后，担任了国家公职，1964年被推选为中国人民政治协商会议第四届全国委员会委员，直到他去世以前，他和全体中国人民一道，过着自豪的愉快的生活。

在进入经济建设的新时期以后，我们针对犯罪的新情况、新特点，进一步发展和完善了改造罪犯的方针政策，及时提出了依法严厉惩办严重犯罪的同时，对罪犯特别是青少年罪犯实行“教育、感化、挽救”的方针；要求从事改造工作的人员，要象父母对待孩子，老师对待学生，医生对待病人那样认真、耐心、细致地做好他们的思想转化工作。

“我们的监狱不是过去的监狱，我们的监狱其实是学校，也是工厂，或者是农场。”这是我国已故的毛泽东主席早在1960年就提出的办好监狱的指导思想。我们正在把监狱办成为改造人、造就人的特殊学校，在这样的学校里我们在对罪犯执行刑罚的同时，对他们进行系统的、正规的政治、文化、职业技术教育，以便把罪犯改造成遵纪守法的公民和造就成对社会主义建设的有用之才。他们的学历和技术等级得到教育部门和劳动部门的承认，许多人为企业、事业单位所录用，重新走上国家建设的岗位。山东省潍坊劳改支队先后有630名罪犯参加了全省机械工人初级技术考核，及格率达90%以上，总成绩列潍坊市第一名。前不久，广东省300余名罪犯参加了高等教育的自学考试，在社会上引起了积极的反响。

我们把劳改场所办成特殊学校，不仅改造了罪犯的思想，矫正了恶习，而且使他们学到了文化知识和劳动技能，为刑满回到社会就业创造了有利的条件，大大降低了重新犯罪率。我国经过改造的罪犯刑满释放后的重新犯罪率约为6%—7%。大多数刑满释放人员都能奉公守法，有不少人拾金不昧，舍己救人，有的当上了先进工作者、劳动模范，有的当上了企业的厂长、经理、工程师、技术员。

为了适应形势发展的需要，我国将逐步地把全国的劳改场所都办成改造人、造就人的特殊学校，这是我国劳改工作机关的一个战略目标，也是我国法制建设的一个新发展。

主席先生，当前我国正进行的全面经济体制改革，有利地推动了社会主义经济的发展。我国政府千方百计地提高广大人民的物质、文化生活水平，从1979年以来的6年间成功地解决了4000多万城镇人口的就业问题。这也为减少犯罪、预防犯罪，创了一个良好的条件。我国的社会治安虽然总的说来是良好的，但是在预防犯罪的领域里还有大量的工作要做。我国正在逐步将最新的科学技术方法运用于预防犯罪工作。总之，我们既要总结自己的经验，又要吸取国际上有益的东西，才能把我国预防犯罪的工作做得更好，为国际预防犯罪事业作出贡献。因此，我们期待着与各国刑事司法工作者加强联系，互相学习，交流经验，进一步促进刑事司法领域的国际合作。

谢谢主席先生。

关于赴美参加青少年犯罪问题双边学术会议的报告（节录）

（1986年6月）

中国法学会专家代表团

从1986年5月26日至6月2日，由烟台大学副校长杨春洗教授（团长）、北京市关心青少年教育学会副会长王洛生、司法部预防犯罪与劳动改造研究所副所长项钟恩、中国政法大学青少年犯罪研究室主任郭翔、中国法学会研究部调研处处长甘功仁和华东政法学院教师陈锦亚（兼翻译）六位同志组成的中国法学会专家代表团，在美国圣迭戈大学法学院同美方六位专家举行了双边学术会议。会议的中心议题是青少年犯罪及其治理问题。会前，双方都做了大量准备工作；会议期间，双方代表宣读了自己的论文，进行了初步讨论，交换了学术资料；中方代表参观了圣迭戈高级中学、青少年法院、青少年监管中心、社会教养设施，同法官、教师、社会工作者、学生、违法犯罪少年进行了座谈；并应邀访问了墨西哥提华纳城的家庭法院、少年监狱。会议期间双方还就今后的学术交流问题交换了意见。

这次会议时间虽短，但组织得比较紧凑，内容比较丰富，洛杉矶时报、当地电视台都作了报道，会议全过程进行了录相。美方代表都是一些知名的教授、专家，他们是：圣迭戈大学法学院院长克朗兹教授(东道主)、明尼苏达大学法学院贝利·费尔德教授、波士顿大学法学院圣福德·福克斯教授、圣迭戈大学法学院约翰·罗奇教授、加州召尔塔研究所罗伯特·罗斯博士、华盛顿城市政策研究协会多纳·斯克雷姆博士、南加州法律中心查尔斯·怀特布来德教授等，此外还有墨西哥、美国的一些著名法学家、人文学家和教授听了双方的论文报告。在会议期间，圣迭戈市市长会见了中方代表团的全体成员并合影留念，向中方代表团成员增送了市徽和会见的证书。在双方共同努力下，会议取得了圆满的成功。

一、中国治理青少年犯罪的经验引起美方代表的很大兴趣

党的十一届三中全会以来，我国法学界扩大了国际间的学术交流。但中美两国专家就青少年犯罪问题举行双边学术会议，还是首次。我们代表团正式向会议提出了5篇中英文本的论文，属于数据和政策性口径问题均以过去公开公布过的资料和有关规定为依据。这5篇论文是：

《中国青少年犯罪和治理对策》（杨春洗）；

《论我国青少年犯罪预防》（王洛生）；

《我国对青少年犯罪的审理与处罚》（甘功仁）；

《论我国对违法犯罪少年的教育与挽救》（项钟愚）；

《我国青少年犯罪研究的现状与展望》（郭翔）。

上述论文注意贯彻的中心思想是，社会主义中国的青少年犯罪，在“文化大革命”十年动乱之后虽然成为一个不容忽视的社会问题，但与世界上许多国家比较，相对来说我国的青少年犯罪率还是很低的；而且，基于社会主义制度的优越性，我国对青少年犯罪是能够加以控制和治理的。美方代表对于我们提交的论文给以很高的评价。主持会议的克朗兹院长当即说中国几位专家的论文非常好，尽管美国和中国的社会制度、法律、文化不同，但美国可以从中国学到许多有益的东西，并表示愿意就一些共同关心的问题进行深入的探讨。

美方代表对中国治理青少年犯罪的经验和做法表示赞赏，突出的有以下几点：

第一，对中国的早期干预，如社会帮教、工读教育、人民调解，给予很高的评价。克朗兹院长讲，中国把犯错误的学生送到工读学校，发现小小的违法倾向，就抓紧教育挽救，避免犯大罪，经过劳动和学习，可以升学，可以就业，这是很明智的做法。上诉法院华莱斯法官讲，他去年访问中国的最重要的体会是两点，一是人民调解，二是对犯罪青少年的教育挽救。他说，中国人很聪明，分布在广大城乡的人民调解委员会，把许多民间的矛盾和纠纷通过非诉讼程序加以解决，避免和减少了犯罪，这是了不起的经验。圣迭戈市法律中心调解规划协会负责人霍尔斯特姆曾经访问过中国，她说在中国学习了调解制度，正在圣迭戈市主持调解工作的试验。如果获得成就，要归功于中国。

第二，称赞中国家庭的稳固，认为中国稳固的家庭起到了减少青少年犯罪的中心作用。相比之下，美国的家庭大约有50％以上解体，这是青少年犯罪增加的重要因素。有的提出，在美国需要强化家庭关系，但又无能为力。

第三，称赞中国的劳改制度，认为中国能把大多数罪犯改造成为对社会有益的人，重新犯罪率很低，这是惊人的奇迹。他们说，中国人不是把犯人关进监狱完事，而是把这些设施办成工厂，办成学校，值得美国人学习。

第四，赞赏中国强调个人对社会的责任、个人同国家集体的关系和个人应尽的法律义务。罗伯特·罗斯博士认为，美国人更多地考虑的是个人，很少考虑个人对社会的责任，这使他感到遗憾。

第五，对中国的综合治理，即动员社会力量，广泛组织公众参与，采取非刑事司法方法与刑事司法措施相结合的办法，预防与控制青少年犯罪，表示很大的兴趣。

美方代表对中国治理青少年犯罪的经验和做法表示关心，是可以理解的。这和美国青少年犯罪日益严重，而他们又找不到解决的出路有密切关系。我们代表团刚到圣迭戈市，美方几位教授就风趣地说："美国青少年犯罪严重，我们是请中国专家给美国开药方的。"

二、美国青少年犯罪日趋严重，有些方面值得我们注意

在会议内外，美国代表并不隐讳美国青少年犯罪的严重情况。多纳·圣克雷姆博士在发言中讲到，美国现有10—18岁的青少年 3200 万人，每年约有4％左右的人因违法犯罪而在青少年法院受审。圣迭戈市青少年监管中心负责人介绍，该市 10—17 岁的青少年有21.3万人，约有 8％ 的人即 15000 到 16000 人违法犯罪。

美国青少年犯罪案件最多的是侵犯财产的盗窃和抢劫犯罪。此外是性犯罪(强奸)、暴力犯罪(凶杀、伤害)等。美方代表讲，他们最感棘手的是青少年吸毒和逃学。据加里福尼亚州调查材料，初中一年级学生就有 1/3 的人吸过毒(一次或一次以上)；到初三，就有3/4的人吸过毒，吸毒成隐的占青少年的 1/4 之多。吸毒不仅长了贩毒犯罪，而且导致了抢劫、盗窃、卖淫等犯罪活动。

美国法律规定，每个学生必须读书到18岁。但许多学生对学习感到厌烦，又为社会上形形色色的东西所吸引，经常完不成作业，有 20％ 的学生逃学，流浪街头，称之为"街头不良少年"。在美国逃学是违法的，并且可能构成"身份罪"(即指少年儿童的违反青少年法规的行为)。同时，越来越多的孩子离家出走，流浪社会，据统计，美国大约有100万儿童逃夜。其中有许多孩子长期逃夜，甚至组成"逃夜集团"。由于生活无着，便去偷、抢、贩毒、卖淫等，进行各种违法犯罪活动。

据美方代表讲，在青少年案件中，17岁作案的较多，约占同龄人的15％。青少年重新犯罪率很高，约有50％以上的受过司法处理的少年重新犯罪。有些成人案件，从小就有犯罪纪录。美国专家讲，近5年来，美国的青少年犯罪呈现逐步增加的趋势，感到是个很严重的问题。

关于青少年犯罪的原因，明尼苏达大学法学院费尔德教授说："中国追求的对不良青少年进行道德教育，改造的目标与美国明显不同，他们对教育自己的人民颇具信心。而在我们国家里，无论成年人或青少年都过于强调个人主义和个人权利，都没有稳定的文化价值观"。美方代表还认为，家庭不稳定，家庭对孩子的虐待，包括性虐待，是孩子逃学、逃夜，走向违法犯罪重要原因。在逃夜儿童中，约有50％是出自不稳定家庭或离婚后重新组合的家庭中的孩子。几位专家都谈到，美国的家庭失去防止青少年犯罪的中心作用。

美国最著名的人文学家、纽约大学教授阿金斯基博士在会上发表了演说，他特别强调文化环境对青少年成长的影响。他说，中美两国各有各的文化，他对世界50个国家的调查发现，各国的孩子之间有惊人的相似之处，他提出了"空房文化"和"犯罪帮伙文化"的概念。空房文化，即父亲或母亲在外工作，不在家，孩子在家里会遇到各种各样的问题，这种文化环境对孩子成长非常不利。他说，空房文化在某些国家还是个潜在问题，但将来会成为一个严重的问题。因此，要完善文化环境，减少不良文化对少年身心健康的影响。

在讨论中，我方代表提出宣扬暴力、色情的电影、电视同青少年犯罪的关系问题，请美国专家谈谈这方面的见解。几位教授都认为大众传播媒介对青少年犯罪有影响，特别是色情、暴力镜头，对孩子的心灵有伤害。有的孩子还模仿电影、电视的情节与镜头去犯罪。但这个问题在美国有很大争论。克朗兹院长讲，现在有两种截然不同的见解：一种认为没有影响；一种认为有影响。他说，新闻自由是美国宪法规定了的，如果取消新闻自由，将会引起很大恐慌。

美国是发达的资本主义国家，是超级大国，由于其制度决定，日益陷入青少年犯罪的困扰之中。我国的青少年犯罪与美国的青少年犯罪不尽相同。但是，我们认为美国所面临的有关青少年犯罪的某些问题，例如逃学、逃夜、吸毒、卖淫、以及宣扬性解放，大量的家庭解体等现象，严重地影响了青少年健康成长。这些问题都是值得我们注意的，应当引以为戒。

三、美国的青少年立法、青少年司法制度和"矫正"制度，值得我们深入研究

美国是世界上最早制定青少年法和建立青少年司法制度的国家，他们在青少年司法制度和法律措施方面比较完善，有些措施取得了一些经验，这些方面是值得我们认真研究和借鉴的，在这次会议上，美方几位教授着重介绍了美国的青少年司法制度及其发展演变趋势。因为各州都有立法权，所制定的青少年法律不完全相同，因此，在美国没有统一的青少年司法制度。但各州的青少年司法制度也有许多相同之处。

按照美国有关的法律规定，18岁以下的青少年案件，一般由专门的青少年法院审理。青少年法院除管辖青少年案件外，还管辖家庭虐待、遗弃或未照管好孩子的案件。青少年法院审理青少年案件时，不设陪审团，不公开审判，对少年被告的材料保密，不得公布，也不准照相。青少年被告有请律师（或由法院指定）辩护的权利、询问证人的权利、"沉默权"即不作回答的权利。青少年法院根据案件的性质、危害严重程度及被告有无前科记录等情节作出判决。青少年法院违法犯罪对青少年的处置方式灵活多样，有警告、监管、非正式监管、关押等。据统计，在审理的案件中，大约有80％的人不判刑，仅仅20%的人判处监管或关押。判处关押的犯罪少年，一般州规定关到满十八岁时即须释放。

关于青少年法院的地位和作用问题，现在美国法律界有很大争论。在这次会议上，几位教授之间也有不同意见。明尼苏达大学法学院费尔德教授主张，犯重罪的青少年案件应由普通刑事法庭(成人法院)审理，并应按照“罪刑相当”原则和“在法律面前人人平等”的原则判刑，反对过于宽容，认为过于宽容会出现惯犯。有的认为审理青少年案件应有陪审团参加，以限制法官的“自由裁量权”，确保青少年被告的权利。据介绍，美国联邦最高法院越来越重视对青少年案件是否采取宽容的办法；立法者越来越介入青少年犯罪。当前，美国的青少年法院有向成年人法院靠拢的趋向。但有的专家认为，青少年法院的作用不容否定，主张继续保留青少年法院，反对将青少年案件送交普通法院审理。美国法律界关于青少年法院的争论还在继续之中。

美国对青少年的“矫正”设施分为公立(政府管理)和私立两类。凡判监管或关押的青少年被告，一般送往少年拘留所、教养院、训练所或少年监狱进行监禁和矫正，或送往私立教养机构矫正。美国的矫正机构，强调监管，轻视教育。我们参观圣迭戈市青少年监管中心，见到被监管的青少年有的在监舍里睡大觉，有的大声呼叫。虽然其物质设施比我国优越，但教育挽救工作很差。

在会议上，罗伯特·罗斯博士反复强调，青少年司法制度不仅应重视罪行，而且更重要的是重视犯罪人，重视对犯罪人的改造。他提出三个问题：1. 犯罪者能不能改造。他说，美国人认为改造罪犯的思想是侵犯人权，他不同意此类观点。2. 改造的方法。3.改造的效果。他希望就这三个问题进行深入探讨。他说，美国的公立设施矫正的效果很差，相对来说私立教养设施矫正效果较好。原因是私立机构不怕人们说改造罪犯的思想是侵犯人权。罗伯特·罗斯非常赞赏中国的监狱制度所采取的劳动改造与思想教育相结合的办法，主张美国应学习中国的经验，改进矫正制度。

四、美国学校的早期干预和教育保护措施

为了使我们了解美国学校的早期干预、教育防范性措施，东道主专门安排参观了圣迭戈市高级中学，同师生进行了交谈。为了防范青少年犯罪，美国学校的早期干预和教育保护性措施有：

1. 实行教师指导员制度。教师指导员类似我国中学的班主任或辅导员。圣迭戈和加州的中学平均400个学生设一个指导员，负责对孩子进行个别辅导和咨询，从逃学到自杀都要管。

2. 经常进行不吸毒教育、性知识教育。该校的做法是，在初中一年级，集中5天时间进行上述教育，方式多种多样，可以正面讲吸毒和乱搞两性关系的危害，也可以回答学生提出的问题，或对问题进行讨论。学校当局说，初中一年级正是12—13岁的孩子，必须及时进行教育；如果到初中二年级进行教育，就晚了。性知识的教育，早在小学五六年级就进行了，不过是初步的，温和的。加州法律规定，父亲要配合学校对孩子进行性知识教育。但有的家长借口没有时间或没有兴趣或其他原因而未能很好履行责任，这就加重了学校进行性教育的责任。到八年级要用8、9天的时间再次进行性教育。到十年级还要进行性教育。在八年级，是男女分班进行；十年级，男女合班进行。教育的目的是使学生认识到吸毒的危害，乱搞两性关系的危害，从而减少这些不良行为。

3． 为生孩子的女生提供帮助，使其继续就读。由于性解放的影响，中学生乱搞两性关系的现象十分严重，有的15、16岁的女生已是生了两个孩子的母亲。可是州法律规定，学生在校读书必须达18岁。为了使不满18岁而生了孩子的女生继续就读，学校每年补贴该生2800美元，请人照管幼儿，给学生提供交通便利，并给幼儿每年补贴200美元。条件是该生必须保证继续在校读书。据介绍加州有3000多所中学，其中有53所学校可以提供这种帮助。他们认为，如果不提供这种帮助，生了孩子的学生可能流浪街头，情况会更糟。

4． 建立报到卡片制度，防止学生逃学。一旦逃学，学校尽量在逃学一小时内将其找回，避免发生意外。寻找逃学学生时，学校一方面和家长取得联系，另一方面和警察取得联系。必要时，可以请求警察协助。如学生提出保证到校，警察可以不采取措施。如果经常逃学，警察可以非正式拘留，也可以正式拘留，直至提交青少年法院处理。我们曾同过去因逃学被处理过的一名学生谈话，他过去同校外不良青少年有交往，几次逃学，后经老师教育，他认识到逃学不对，并中断了和坏朋友的联系，安心在校读书了。

鉴于家庭解体而失去防止青少年犯罪的中心作用，美国十分重视学校这道防线的作用。据学校当局讲，这种早期干预、教育保护性措施，对避免和减少学生犯罪是有效的措施。

五、美方代表对我国青少年犯罪感兴趣的一些问题

会议内外，美方代表向我方代表经常提到一些问题，我方代表都在论文中或平时交谈中一一作了回答，美方代表感到满意。有些问题，他们还希望作进一步探讨。这些问题主要是：

1． 世界上一些国家，随着经济与社会的发展，青少年犯罪也在增加。中国正在实行对外开放政策，发展国民经济。中国的经济与社会发展会不会导致青少年犯罪增加？中国预备采取哪些措施防止青少年犯罪的增加？

2． 中国对犯罪人员的改造是从什么阶段开始的？是从判刑后开始，还是从逮捕拘留就开始了？对改造好的有哪些奖励措施？其中哪些措施是效果显著的？

3． 青少年被告的权利有哪些？这些权利能不能得到保障？中国的律师在审理青少年案件中起什么作用？律师从什么时候介入案件的？

4． 中国是不是正在考虑制定青少年法？现在正处在什么阶段？中国是不是考虑成立少年法院？现在青少年案件是什么法院审理的？同审理成年人案件有何区别？

5． 中国的离婚率有多高？离婚家庭孩子的犯罪率是不是比正常家庭孩子的犯罪率要高？中国家庭有没有虐待孩子的案件？这类案件是如何处理的？

6． 美国是多民族、多种族国家。某些地方存在着民族歧视和种族歧视。法院审理案件时，被告往往回答说，我不是白人，意即法院不能公正审判。中国也是多民族国家，少数民族中的人犯罪，中国是如何审理的？

7． 对违法犯罪青少年，教育改造好的标准是什么？如何衡量和检验？

美方代表提的这些问题，都和青少年犯罪有关系。有些问题属于对中国情况不了解；有些问题属于感兴趣，想深入探讨。

六、双方就今后加强联系与合作交换了意见

在会议进行中，按原定议程，双方今后的联系与合作进行了讨论。美方提出：

——这次第一次会议非常成功，期待着举行第二次乃至第三次关于青少年犯罪问题的讨论会；

——建议第二次会议在1987年5月底至6月初在北京或烟台举行，一半在北京，一半在烟台；

——圣迭戈大学有与烟台大学建立校际联系的愿望；

——希望今后双方互派留学生、互派教师、学者访问，就共同关心的问题进一步探讨；

——今后要加强交流与合作，发展双方的联系。

我方代表团团长根据行前中国法学会会长王仲方、副会长朱剑明同志和司法部有关领导同志的指示精神，表示原则上同意美方的建议，明年在双方方便的时间和地点将邀请美方派相应的代表团来中国举行第二会议，具体时间与地点等事宜，将通过通信落实。

美方提出希望在下次会议和今后学术交流中进一步讨论的问题有：

1． 对青少年犯罪的早期干预、社会帮教和调解制度问题。

2． 教育和处罚的关系问题。

3． 关于青少年司法制度问题。

4． 青少年团伙犯罪问题。

5． 律师在青少年案件中的作用问题。

有的美方代表提出，建议讨论《联合国少年司法最低限度标准规则》（即《北京规则》）问题。

我们认为，总的来看，这次会议是成功的，是有收获的，不仅增进了中美两国人民之间的友谊和相互了解，也增进和发展了两国法学界的相互了解。美国人民和法学界人士对我们比较友好，所到之处，都受到热诚的接待；法学界人士在探讨问题时，态度是诚恳的，愿意加深相互之间的了解。

经过这次会议，使我们进一步体会到青少年犯罪问题不只是一个国家的问题，而是带有世界性的问题，我们一面需要进一步加强对我国青少年犯罪和治理对策的研究，认真总结我们的成功经验，诸如综合治理、早期预防、对犯罪青少年教育挽救以及人民调解制度等措施。这些问题已经引起国外法学界的普遍重视，并在许多方面加强对我国这些经验的研究和借鉴。另一方面，要进一步了解外国青少年犯罪的情况和治理对策，扩大与加强国际间的学术交流。这对繁荣我们的法学，发展和完善我国预防与控制青少年犯罪的理论体系与工作制度有重要意义。

为了适应研究工作和学术交流工作的需要，我们感到建立专门的青少年犯罪研究机构，配置专家和工作人员，利用先进手段收集和储存各种有关青少年犯罪信息资料，对国内外的青少年犯罪进行深入研究是十分必要的。

第 七 部 分

教学与研究机构简介

公安部公共安全研究所

公共安全研究所于1986年6月3日正式成立，直属公安部领导。研究所编制80人，代理所长戴宜生。所址：北京市东长安街14号。

研究所承担的主要任务及研究方向是：一、根据我国公安工作的实际需要，探讨和研究新时期社会治安和公安工作面临的新课题，如现阶段公安机关的职能，新形势下犯罪趋势及对策，如何加强治安管理和公安业务建设，以及预防和控制青少年犯罪等，并在调查研究的基础上寻求解决这些问题的途径和为领导决策提供咨询。二、研究国外社会治安、警察制度、警察工作、警察研究、预防犯罪等情况，为改革和提高我国公安工作提供一些可供借鉴的参考材料。

建所以来，编译了一些国外警察体制和机构、社会治安状况以及警方和学术界有关警察管理、预防犯罪、警察研究情况的资料，成立了由有关专家组成的课研小组，就“改进公安统计工作”开展了专题研究。经过一年多的努力，设计出了公安统计指标体系、指标分类目录、主要指标解释、统计表、登记报告表、登记术语及代码、公安统计管理细则等一整套较为规范、科学的公安统计制度方案，并于1987年8月经专家评审委员会评审通过。

（仪　松）

司法部预防犯罪与劳动改造研究所

经国务院批准，司法部预防犯罪与劳动改造研究所，于1984年9月成立，属司法部领导下的科学研究机构。主要任务是研究预防犯罪和劳动改造，具体包括以下三个方面：（一）研究我国的社会犯罪，特别是青少年犯罪问题，比较研究世界主要国家的犯罪问题，研究我国综合治理社会治安、预防和减少犯罪的对策；（二）研究劳改、劳教工作的方针、政策、法律、制度，研究提高改造质量、预防和减少重新犯罪的对策；（三）研究我国社会主义犯罪学和社会主义劳动改造学。

研究所设两个研究室，按业务范围分为犯罪及对策研究室和劳改劳教政策、法律、制度研究室；还设有图书资料与编辑室和办公室，图书资料与编辑室负责搜集、储存各类资料和编辑刊物、书籍，办公室负责日常的行政事务。

所里现有研究人员主要由两部分人员组成，一是从实际部门抽调的长期从事劳改劳教的实际工作者，一是从政法院校抽调的理论工作者。在两个研究室中，有专业研究人员10名，其中，从事20年以上劳改劳教实际工作的2人，法学专业研究生5人，大学生3人。

研究所成立之后，本着边组建边工作的原则，在司法部领导下，于1986年3月召开了预防犯罪与劳动改造科研工作座谈会。在北京、上海、天津、广东、山东、浙江、四川、陕西、湖北、辽宁、吉林、新疆、云南、湖南等15个省、市、自治区，开展了“提高改造质量”和“预防重新犯罪”两个科研课题的调查研究。在调查的基础上，于同年12月召开了科研讨论会，参加调查研究的各省、市、自治区的有关人员交流了科研成果，围绕提高改造质量，减少重新违法犯罪问题进行了讨论。研究所还计划陆续编辑出版《犯罪与改造研究丛书》，为理论工作者和实际工作者提供有关研究资料。今年首批组织翻译了《实证派犯罪学》、《各国矫正制度》和《日本犯罪白皮书》三本外国专著和资料，预计于1987年上半年出版。

（郭建安）

中国政法大学青少年犯罪研究室

中国政法大学青少年犯罪研究室的前身为北京政法学院青少年犯罪研究室。现有专职研究人员7人，工作人员2人，兼职研究人员8人。在专职和兼职研究人员中，具有副研究员、副教授以上职称的9人。郭翔任研究室主任。

中国政法大学青少年犯罪研究室是我国较早成立的专业机构之一。1979年8月中共中央发出关于提请全党重视解决青少年违法犯罪问题的指示以后，北京政法学院一些教师就着手开始研究青少年犯罪问题。1980年3月，郭翔等应邀参加了团中央召开的“青少年保护法座谈会”，并参加会后成立的《中华人民共和国青少年保护法》起草小组，参与青少年保护法的起草工作。1980年4月，北京政法学院成立了青少年犯罪研究组，对国内外青少年犯罪问题和青少年法规问题开展了广泛的研究，编印了大批研究资料，并撰写了论文。1981年3月，郭翔应邀参加“全国青少年问题研究座谈会”，受会议委托起草全国青少年犯罪研究的规划。1981年8月，中央六部门在青岛召开了“全国青少年犯罪研究规划会议”，建议北京、华东、西南、西北四所政法学院成立青少年犯罪研究机构。1981年12月，郭翔作为北京政法学院的代表参加中国青少年犯罪研究学会筹备组。1982年6月，中国青少年犯罪研究学会正式宣告成立，郭翔被推选为常务理事兼副秘书长。1982年9月，经上级批准，北京政法学院青少年犯罪研究室正式成立，郭翔任主任，罗大华任副主任。1983年5月中国政法大学以北京政法学院为基础成立后，北京政法学院青少年犯罪研究室便转为中国政法大学青少年犯罪研究室。

中国政法大学青少年犯罪研究室成立以来，组织研究人员在调查研究的基础上，撰写发表了约60万字的学术论文和调查报告。其中《论青少年团伙犯罪》、《论我国青少年犯罪高峰期》、《论对青少年犯罪的综合治理》、《我国有关青少年法规概述》、《加强对青少年犯罪趋势的预测》等专题论文，都具有较高的学术水平。中国政法大学青少年犯罪研究室还与湖北省青少年犯罪研究会等单位合作，编辑了一批业务书籍，如《团伙犯罪研究》（40万字）、《综合治理的理论与实践》（35万字）、《综合治理在中国》（33万字）、《外国犯罪研究资料专辑》（100万字），并且与北京大学法律系、中国社会科学院法学研究所的专家合作，撰写《青少年法学概论》（36万余字）学术专著、编辑《青少年法学参考资料》（60万字）。郭翔等还承担了国家“六·五”规划重点研究项目《中国青少年犯罪学》、国家"七·五"规划重点项目《中国社会治安综合治理研究》的撰稿任务。中国政法大学青少年犯罪研究室以其丰硕的研究成果为我国青少年犯罪研究事业作出了自己的贡献。

中国政法大学青少年犯罪研究室受中国青少年犯罪研究学会的委托，负责华北地区青少年犯罪研究的联络和协调工作。先后组织召开了"中国青少年犯罪研究学会华北片理事扩大会议"、"华北地区首届青少年犯罪研究学术讨论会"。1986年起，参加中国青少年犯罪研究学会主办的《青少年犯罪研究》杂志编辑工作，并参加《中国青少年犯罪研究年鉴》的组稿和编务工作。中国政法大学青少年犯罪研究室在中国青少年犯罪研究学会的指导下，还承办了其他学术工作。

中国政法大学青少年犯罪研究室的研究人员，多次参加了司法部、中国法学会、中国青少年犯罪研究学会、中国政法大学、中国对外友好协会等单位主办的对外学术交流活动，参加了联合国在北京召开的"青少年犯罪与司法"专题会议。1986年5月下旬至6月上旬，郭翔赴美国参加了中美两国学者关于青少年犯罪问题的首次学术会议，并赴墨西哥考察了少年司法工作。适应我国对外开放的需要，中国政法大学青少年犯罪研究室的研究人员比较出色地完成了对外学术交流和学术座谈任务，受到有关部门的好评。

中国政法大学青少年犯罪研究室根据1984年原教育部规定的高等政法院校的课程设置方案，为本校法律系应届毕业生开设了"青少年法学"课程。一些研究人员还应外单位邀请开设专题讲座及讲学活动，并且参加社会治安综合治理的活动，和一些研究机构、学术团体、公安政法部门开展了广泛的业务联系。

（郑　石）

西南政法学院青少年犯罪研究室

西南政法学院青少年犯罪研究室成立于1980年9月。研究室主任由西南政法学院刑法教研室主任、副教授、中国青少年犯罪研究学会副秘书长邓又天兼任。1985年底，西南政法学院法律系法制心理学教研室成立，青少年犯罪研究室主任由法制心理学教研室主任鲁正新兼任。该室原有教师兼研究人员6人，其他教研室兼职研究人员5人，现有教师兼研究人员8人，其他教研室兼职研究人员7人。自该室成立以来，一直担负着西南政法学院犯罪心理学课程的讲授任务。

青少年犯罪研究室成立后，由于学院领导的重视和重庆市公、检、法、司等部门的大力支持，青少年犯罪研究室的研究工作得到了顺利地开展。

1981年底，该室联合重庆市法学学会、重庆市哲学学会、重庆市心理学学会，共同召开了一次青少年犯罪研究学术讨论会，中心议题是"青少年犯罪的综合治理"。这次讨论会有200多人出席。重庆市委政法委员会书记、市委宣传部副部长、西南政法学院院长、市团委书记、市社联负责人出席了会议，四川省社科院还派专人出席了大会。大会宣读、讨论了论文和调查报告10余篇，事后，重庆市科协还将讨论会的论文和调查报告印成了专辑。这次讨论会，对于推动重庆市司法实际部门和科研单位从事青少年犯罪的调查研究工作起到了一定的作用。这次会议，还向与会同志提出了5个方面的研究课题，供从事青少年犯罪研究的工作者参考。这5个方面的研究课题是：（1）青少年犯罪原因的研究；（2）违法犯罪青少年的转化的研究；（3）综合治理的研究；（4）青少年犯罪问题的战略研究；（5）有关青少年立法的研究。

1982年，我室编写了《犯罪心理学专题讲授提纲》，供我院本科学生选修犯罪心理学课程之用；对重庆市部分区乡的青少年盗窃犯罪和抢劫犯罪的问题进行了一些调查研究；对监所罪犯改造的问题进行了一些调查；还应重庆市人民广播电台的邀请，对青少年犯罪的综合治理问题进行了一些法制宣传。

为了传达和贯彻中国青少年犯罪研究学会南宁会议及常务理事会议精神，西南地区于1983年2月份，在重庆市公安局召开了中国青少年犯罪研究学会西南片理事扩大会议。这次扩大会议，除西藏的一名理事因公请假外，云、贵、川和重庆市的理事均出席了会议，西南政法学院党委书记兼院长胡光、中国社科院青少所青少年犯罪研究室负责人赤光、重庆市公安局、市社联的负责人参加了会议，出席会议的还有重庆市公、检、法、司、青教办的同志，以及西南政法学院青少年犯罪研究室的同志，共35人。扩大会议传达了1982年召开的哲学、社会科学全国规划会议的基本精神和中国青少年犯罪研究学会第一次常务理事会关于学会今后工作重点的问题，并研究决定于1983年底举行一次40人左右的青少年犯罪专题讨论会。会议还决定建立地方青少年犯罪研究的联络组织——中国青少年犯罪研究学会西南片联络小组。联络小组由学会副秘书长邓又天、学会西南片的理事和恭平同志组成。联络小组的主要任务是：（1）传达和落实学会的学术研究计划；（2）安排西南片学术研究计划，汇集研究成果，组织学术交流；（3）发展会员。联络小组暂设在西南政法学院青少年犯罪研究室。

为了集中力量加强对重庆市青少年犯罪的研究工作，1983年7月，经重庆市社联批准，将原中国青少年犯罪问题研究会重庆小组与重庆市青年研究学会青少年犯罪问题研究小组合并为重庆市青年研究学会青少年犯罪研究会。中国青少年犯罪研究学会在重庆的会员集体参加了重庆市青年研究学会青少年犯罪研究会。研究会成立了领导小组，组长邓又天、副组长郭天才（现已去世）、王陆飞、刘小秋，成员有陈开荷、赵长青、鲁正新等。至此，西南政法学院青少年犯罪研究室与重庆市青年研究单位和青少年犯罪研究单位进一步加强了联系和合作，使青少年犯罪的调查研究工作有了较大的发展。

1984年6月，由西南政法学院青少年犯罪研究室和重庆市青年研究学会青少年犯罪研究会共同召开了一次青少年犯罪的原因和治理的学术讨论会。会上宣读和讨论了论文11篇。

1985年，学院青少年犯罪研究室编写了教材《犯罪心理学》，供学院本科各专业同学学习《犯罪心理学》课程之用。

1986年7月，在四川乐山召开了一次西南地区青少年犯罪低龄化问题的专题讨论会。

（黄允恒）

西北政法学院青少年犯罪研究室

西北政法学院青少年犯罪研究室于1982年9月经该院党委批准成立，研究室主任由科研处处长张少侠同志兼任。目前有专职研究人员3人，兼职研究人员32人（其中教授1人，副教授11人，讲师20人）。1986年7月编入西北政法学院法学研究所，并以团体会员身份参加了陕西省法学会。

西北政法学院青少年犯罪研究室自成立以来，主要做了以下几件事：

一、协助中国青少年犯罪研究会发展了一批会员。计陕西25名，甘肃15名，宁夏15名，青海15名，新疆15名，共85名；还有200名研究人员尚未取得会员身份。

二、举办了三次西北五省（区）青少年犯罪研究学术讨论会，共收到论文150余篇，起到了西北片的组织和联络作用；

三、积极参与了中国社会科学院青少年所主持的六省、市青少年犯罪原因问题调查，完成了调查任务；

四、请陕西省、西安市的有关单位合作对该地区的青少年犯罪问题，进行了专题调查，并参与了《西安市青少年保护法》的起草和陕西省社会治安综合治理方案的研讨，同时给陕西省公安工作提供了一些咨询意见；

五、1984年4月组织9名科研人员对深圳特区青少年犯罪问题进行了考察，写出了三份考察报告（其中一份发表在本院学报；另两份在广东地区开放城市青少年犯罪动向和对策科学讨论会上使用）；

六、督促甘、青、新三省（区）分别成立了各该地区的青少年犯罪研究会，强化了各该地区的研究工作；

七、组织编写了《青少年犯罪研究丛书》，预计10本，其中《中国古代家教文选》、《青少年犯罪向我们提出的问题》（获陕西省社会科学院优秀科研奖）、《青少年罪犯的改造》、《弱女鉴》等已先后由群众出版社、未来出版社正式出版，发行全国。

八、汇集、印刷了《青少年犯罪研究资料》(上、下集)、《西北地区青少年犯罪研究文集》，为会员和有关研究青少年犯罪的同志提供了一定的条件，传递了信息。

当前，研究室主要抓以下几项工作：（1）进一步加强研究室本身的建设；（2）继续抓好青少年犯罪研究丛书的编写与出版工作；（3）敦促陕西、宁夏两省（区）尽快成立青少年犯罪研究会；（4）强化西北五省（区）青少年犯罪研究的横向联系和协作；（5）积极筹备召开西北五省（区）第四次青少年犯罪研究学术讨论会。

华东政法学院青少年犯罪研究所

华东政法学院青少年犯罪研究所是经司法部批准，于1986年10月正式成立的，是国内第一个专门研究青少年犯罪的研究机构，研究所以科研为主，兼负科研、教学双重任务，为研究生、本科生开设有关课程，并负责有关青少年犯罪研究方面的论文和社会调查的咨询、指导。

青少年犯罪研究所是在原青少年犯罪研究室的基础上筹建的。1981年以来，全体研究人员和兄弟地区、部门的同志合作，组织了“华东地区农村青少年犯罪理论研讨会”、“华东地区开放城市青少年犯罪动向和对策研讨会”等省（市）以上的青少年犯罪学术讨论会七次，出版了《青少年犯罪学》专著一本、《青少年犯罪研究资料》四辑，在联合国预防和控制犯罪委员会专家会议上发表论文二篇，国内刊物上发表论文近百篇，总计200万字，另外还有一百余篇调查报告，其中在省（市）和省（市）以上范围获奖的论文7篇，约8万字。另外，还参加全国六五规划青少年犯罪重点项目的研究工作，参加制定全国青少年犯罪研究规划和起草上海市青少年教育保护条例等重大活动。研究所还编辑出版学术性刊物《青少年犯罪问题》。

青少年犯罪研究所现有专职和本院兼职教授、副教授8名，还有一些在青少年犯罪研究中已显露头角的中青年研究人员。研究所名誉所长曹漫之教授，所长史焕章院长兼任，副所长徐建副教授。研究所已与美国、日本、西德、英国等地有专业学术交流，还将聘请国内外著名学者、专家任兼职研究员，以开展广泛的学术交流，共同探讨青少年犯罪的重大理论问题和有效对策。

青少年犯罪研究所坚持以马列主义、毛泽东思想为指导，广泛研究当今世界各国的青少年犯罪及其动向、对策，重点研究我国开放、搞活和改革以后青少年犯罪的理论问题和实际问题。目前，《青少年犯罪和青少年立法》已被列入国家哲学社会科学七五规划重点科研项目，《青少年犯罪预防和综合治理》已被列入司法部“七五”重点科研项目，这些项目的完成，不仅理论上有开拓、深化的特殊价值，并且在实际工作中具有现实指导作用。研究所还在积极与各方面加强联系和合作，开展学术交流和科学攻关，为推进我国青少年犯罪学的发展，减少、预防和治理青少年犯罪，保证青少年一代健康成长作出更大的贡献。

（徐　文）

华东政法学院犯罪学系

华东政法学院犯罪学系是我国第一个，也是我国目前唯一的一个犯罪学系。从犯罪防治的现实和科学发展的趋势上看，犯罪学学科在我国大有发展前途。

在我国，犯罪学近年来也得到了长足的发展。目前，全国上下许多理论研究部门、公检法司等司法实际部门，犯罪研究十分活跃，全国许多法律院系、公安学校、警察学校都开设了犯罪学课程。考虑到犯罪学专业的特点，本专业对考生的要求是，除应符合文科专业一般条件外，还特别要求考生具有较高的政治觉悟，较多的社会经验，较强的写作能力，较好的身体素质，并较为了解理化知识。

根据犯罪学专业的特点和要求，目前犯罪学专业的主要课程有：1．专业课。从社会、生理、心理等各方面综合研究犯罪表现、犯罪原因和犯罪防治等问题的犯罪学，针对近年来青少年犯罪现象增多而专门研究青少年犯罪的青少年犯罪学，研究外国犯罪情况的外国犯罪学，研究犯罪与社会关系的犯罪社会学，研究犯罪人心理的犯罪心理学，研究如何侦察破案的刑事侦察学，研究如何利用犯罪现场中犯罪留下的脚印、指纹、弹痕等痕迹来揭露犯罪的刑事科学技术学，研究如何通过身体检验以进行司法，鉴定的法医学，研究对犯罪进行诉讼和对罪犯定罪量刑的刑事诉讼法学和刑法学，研究对罪犯进行娇治的犯罪改造学，研究全社会各部门、各地区以及全体人民同罪犯作斗争的犯罪综合治理学。2．专业基础课。如法学基础理论、法律制度史、刑事思想史、法律逻辑学、犯罪统计学、电脑学，以及比较犯罪学。3．基础课。如哲学、政治经济学、中国革命史、汉语、外国语、体育等。犯罪学专业学制四年。

（金其高）

山东省劳改局犯罪研究所

1985年9月，经山东省编制委员会〔1985〕130号文件批准正式成立。编制8人，副所长祝效民。

1986年，按照司法部的部署，在全省组织和进行了提高改造质量和预防重新犯罪两项课题的抽样调查研究。写出《关于对一九八二年刑释解教人员情况的调查报告》、《一九八二年刑释解教少年的抽样调查报告》、《反改造尖子的情况调查》、《关于“几进宫”劳教人员情况的调查报告》、《关于对短刑犯改造情况的调查》和《关于对累犯、惯犯情况的调查》6篇调查报告。在省以上刊物发表论文3篇，调查报告1篇，即：《综合教育是提高改造质量的有效方法》（《劳改劳教理论研究》86.1）、《浅谈劳改生产中的安全问题》（《劳改劳教理论研究》86．6）、《发挥整体优势，提高改造质量》（《犯罪与改造研究》86．4）和《关于对一九八二年刑释解教人员重新犯罪情况的调查》（《山东法学》86．3）。

目前，已在山东的潍坊、青岛、泰山、聊城4个劳改支队和山东省监狱及山东省第一劳动教养所建立了基层理论研究专职机构。

（王宝安）

第 八 部 分

学术刊物和专业书籍

一、学 术 刊 物

《青少年犯罪研究》杂志

《青少年犯罪研究》(月刊)系中国青少年犯罪研究学会会刊。1982年由中国社会科学院正式批准创刊，1986年12月经国家出版局批准，并在北京市文化局进行了出版登记。它是我国唯一专门刊登青少年犯罪研究成果与学术信息的全国性专业学术期刊。中国青少年犯罪研究学会副会长郭翔现任主编。

《青少年犯罪研究》的宗旨和主要任务是：在马克思列宁主义、毛泽东思想指导下，坚持四项基本原则，坚持“百花齐放、百家争鸣”的方针，为预防青少年违法犯罪，综合治理社会治安，促进社会主义物质文明建设和精神文明建设服务。

《青少年犯罪研究》向全国29个省、市、自治区(台湾省除外)发行。创刊以来共出版54期，发表关于青少年犯罪问题的研究论文和调查报告等方面的文章计570篇，约348万余字，以其理论与实践相结合和科学性、资料性、实用性的显著特色，受到各级党政领导机关、公安政法部门、企业事业单位、文化教育部门、社会科学研究机构、工青妇群众组织以及关心青少年成长的各界读者的重视与欢迎，为党和国家以及有关部门制定加强青少年教育、预防和治理青少年违法犯罪的政策、法律提供了理论根据。

《青少年犯罪研究》的主要栏日有：犯罪动向与趋势，犯罪预防研究，综合治理研究，犯罪心理学研究，犯罪社会学研究，犯罪原因探讨，法制教育研究，社会帮教研究，劳改劳教研究，少管工作研究，工读教育研究，青少年立法研究，典型案例剖析，国外青少年犯罪研究，对外学术交流，研究动态，学会工作等。

《青少年犯罪研究》1982年由中国社会科学院青少年研究所青少年犯罪研究室负责编辑；1983年至1985年由《青少年犯罪研究》编辑部编辑，中国社会科学出版社出版；1986年，中国政法大学青少年犯罪研究室的同志参加编辑工作，1986年12月，经国家出版局特批、北京市文化局登记，登记证为京文出内字第0047号。

《青少年犯罪研究》历任主编、副主编为：

主编：邵道生(1982～1983)

赤　光(1984～1985)

副主编：张潘仕(1983—1985)

从1986年起编辑部主要组成人员为：

主编：郭翔

第一副主编：马晶淼

副主编：张潘仕　白　岚　皮艺军

《青少年犯罪研究》的读者对象主要为：党政领导干部、公检法司人员、工青妇干部、思想政治工作者、教育工作者、安全保卫干部、社会科学研究人员、政法院校师生。

《青少年犯罪研究》编辑部现在通讯地址：北京市东直门外西八间房，北京市8536信箱。

(新正)

《青少年犯罪问题》杂志

《青少年犯罪问题》是上海市出版局登记批准的专业学术性刊物，1982年由华东政法学院青少年犯罪研究室创刊；1986年10月，司法部批准成立华东政法学院青少年犯罪研究所，该刊由研究所负责编辑出版，已与10多个省、市、自治区的理论部门和实际部门建立了工作联系，聘请了热心于青少年犯罪研究、并有一定研究能力和组织能力的同志100名为本刊特邀通讯员。徐建副教授任总编。

《青少年犯罪问题》的办刊宗旨是：用马克思主义为武器，以研究我国青少年犯罪这一迫切问题为己任，坚持理论联系实际，实行“双百”方针，围绕着青少年犯罪问题进行多学科、多层次、多方面的综合性研究，使该刊既有较高的理论性，又具有一定的应用价值，是我国广大教学、科研人员和政法战线上的实际工作者，相互交流青少年犯罪情况、经验、研究成果，探讨理论问题和实际问题的阵地；是为读者提供青少年犯罪动向和特点，青少年犯罪研究最新信息，国内外防治青少年犯罪的方法和经验的材料；也是党和国家以及有关部门预防和治理青少年犯罪问题制定法律、政策以及相应对策的参谋。

《青少年犯罪问题》原为季刊，1984年改为双月刊，迄今已出26期，近200万字。主要内容围绕着科学地调查、分析、研究青少年犯罪的原因、现状、特点、类型、规律，有针对性地提出预防和治理青少年犯罪的具体建议和实施方案。栏目丰富，主要有：青少年犯罪原因和条件；青少年犯罪产生、发展、变化的规律；青少年犯罪预防和综合治理；青少年犯罪心理；青少年法；违法犯罪青少年的教育、感化与改造；案例剖析等。为了适应开放、搞活和改革后的青少年犯罪的新情况、新特点，该刊从1986年起在原有栏目上又有了充实和调整，增加信息量，抓好倾向性、重点性问题的研究，增辟了开放、搞活新形势下青少年犯罪新动向和新类型研究、上海青少年保护条例问答、青少年法制宣传辅导材料等新栏目。

本刊发行范围和主要对象是：政法实际部门工作者，法学、社会学、犯罪学理论工作者以及有关人员。　　(徐文)

二、专业书籍

《国外保护青少年法规与资料选编》　康树华主编。北京大学法律系国外法学研究室集体编译，群众出版社出版(1981年2月第一版)。共31万字。

该书是我国最早以介绍国外青少年法规为内容的译著。全书共分两大部分。第一部分主要是法规，共选编了美国、日本、英国、联邦德国、苏联、罗马尼亚、匈牙利、民主德国、古巴、埃及等十个国家的青少年法典、条例、规则。作者还专门撰文对这些法规进行了分析。作者还把国外保护少青年法规，按其内容大致分成了三大类。

第一类是关于处理青少年违法犯罪的立法。这类法规名称不一，如：《少年法》、《少年犯罪法》、《儿童法》、《家庭法院法》、《教养院法》，等等。

第二类是青少年法规的内容基本上由两部分构成：对全体少年儿童的福利和对特殊儿童(如孤儿、有生理缺陷的、违法犯罪的或可能犯罪的少年儿童）的特殊保护，以及对危害青少年身心健康成长的违法犯罪行为的处置等等。

第三类是关于规定青少年的权利与义务以及国家、社会对青少年的政策与责任的立法。

本书的第二部分是国外青少年犯罪有关资料选编。收入了日本、苏联一些法学家撰写的文章，比较系统地介绍了一些国家特别是日本的少年司法制度。这些法规及对法规的分析和有关资料无疑对我国的青少年犯罪研究和制定青少年法规有重要参考价值。　　(王伟凡)

《青少年违法犯罪心理分析》　罗大华等编著，1981年7月由知识出版社出版。作者还有林崇德、林正吾、徐应隆、迟滨光。

本书阐述了犯罪研究与心理学的关系。介绍了青少年的心理特征，分析了青少年违法犯罪行为，青少年刑事案犯的心理特点及他们在审讯中的心理表现，并为如何预防青少年犯罪，如何教育改造违法犯罪青少年提供了理论依据。

本书虽然还称不上青少年犯罪心理学的系统专著，但可以说是十年动乱以后最早研究违法犯罪青少年的心理，从心理学角度探讨青少年违法犯罪的预测和预防以及为教育改造违法犯罪青少年提供心理科学依据和方法的一本书。

编著本书前，作者们曾在1980年9、10月间在北京心理学会为公安、司法和保卫干部、中学教师、青年工作者举办的“青少年犯罪和司法心理学讲习班”上讲过有关内容，后来根据出版要求，对讲稿作了修改补充而编成此书。

该书出版后受到好评。1982年第3期《百科知识》刊登了吴宁的《漫步心理学书林》一文。吴宁在简介了《青少年违法犯罪心理分析》一书的主要内容后认为：“在我国，对于解决青少年犯罪问题，各级党政领导和广大群众都极为关注。知识出版社出版本书，无疑是一件很有意义的事。”“由于犯罪心理学涉及到社会制度、阶级关系和道德法律等许多错综复杂的因素，长期在我国被视为禁区，作者著书的精神和勇气首先就是可嘉的。”“难能可贵的是，作者并不因袭西方或苏联心理学界的某一流派，而提出了自己的见解。书中的各种分析和阐述都是以调查资料和统计字数为依据的。这些资料和数字来自于搜集，也来自于作者们亲自到监狱、劳教所、少管所、工读学校进行的调查。全书读来，使人感到生动、可信，既符合国情又切中时弊。”吴宁认为，虽然本书在理论上尚待充实，但仍不失为一本供公安、司法人员，青少年和心理学工作者，中、小学教师和家长们参考的有价值的书。”　　(范欣华)

《青少年犯罪向我们提出的问题》　张少侠、赵建学、葛文编。群众出版社1981年7月第一版。全书近13万字，是一本形象、生动地探求青少年违法犯罪的原因及教育挽救失足青少年的通讯式读物。全书文章共分七类：一、热血暖心，浪子回头；二、知错改过，弃旧图新；三、他们犯罪，责任属谁；四、年幼无知，上当违法；五、骗子得逞，发人深思；六、掉以轻心，给贼方便；七、凶犯落网，依法制裁等类文章，篇首均有编者按语，启发读者深思。

（新 正）

《我国青少年犯罪及其预防》 北京政法学院刑法教研室编著，群众出版社1981年8月出版。全书10万多字。主要内容有：当前我国青少年违法犯罪的情况及其特点，我国青少年违法犯罪的原因，减少和预防青少年违法犯罪的基本措施，对违法犯罪青少年教育改造的基本经验。本书是较早出版的一本关于青少年犯罪问题的著作，有一定的参考价值。

（郑新石）

《青少年犯罪研究资料选辑》（一、二辑） 西北政法学院科研处和西北政法学院青少年犯罪研究室于1981年11月编印。全书共收入文章、资料80余篇，总计约70万字。第一辑主要内容为对我国青少年犯罪现状、特点和原因研究的文章，比较集中地反映了当时我国青少年犯罪研究起步阶段所取得的学术成果。第二辑主要内容为介绍外国青少年犯罪的概况和演变趋势，以及治理对策的学术文章，包括一些国家的青少年法规。对于借鉴与参考，开展比较研究，都有一定价值。这两本《选辑》的问世，促进了我国青少年犯罪研究工作和治理工作的发展，受到读者的好评。其所中选文章，至今还有其科学价值和现实价值，说明编者当时是处于我国青少年犯罪研究领域比较领先的地位。 （希伯文）

《青少年犯罪研究资料汇编第一辑——青少年法规摘编及其研究》 由中国社会科学院青少年研究所、北京政法学院、华东政法学院、北京大学法律系和中国人民大学法律系等单位在收集、提供、以及在起草青少年保护法过程中所积累的大量材料的基础上编辑而成的《青少年犯罪研究资料汇编》，近140多万字，分为4辑，1981年12月印出。参加这套资料编辑工作的有（以姓氏笔划为序）：力康泰（中国人民大学法律系）、马晶淼（北京政法学院）、徐建（华东政法学院）、郭翔（北京政法学院）、储愧植（北京大学法律系）、谢昌逵（中国社会科学院青少年研究所）等同志。第一辑共分三部分，第一部分是革命导师和我国领导人关于教育、保护青少年，关于青少年犯罪问题的论述；第二部分收集整理了我国历来法律、法令、条例和我国党和政府的决定、指示、批复中关于教育保护青少年和处理青少年犯罪问题的有关部分。第三部分是几篇制定我国青少年法规的探讨性文章，其中包括团中央召开的青少年保护法座谈会纪要。

（新 正）

《青少年犯罪研究资料汇编第二辑——论文选》 这是由中国社会科学院青少年研究所会同北京政法学院、中国人民大学、北京大学、华东政法学院等单位研究青少年犯罪问题的专家学者编辑的一套我国较早汇集青少年犯罪研究材料的资料书中的一本，也是这套资料书的主要部分。1981年12月印出。其所收论文所研究的范围，涉及到了青少年犯罪的历史与现状、特点、原因、心理分析、犯罪处理、教育转化、预防与综合治理、科学研究等各个方面，基本上反映了我国当时青少年犯罪研究的状况和水平。这些论文或作出了比较全面的概括和阐述，或者提出了新问题、新见解，不仅有助于开拓视野，也能为进一步研究提供参考。本书的最后收录了中国社会科学院青少年研究所、最高人民法院研究室、最高人民检察院研究室、公安部三局、团中央宣传部联合召开的青少年违法犯罪问题科研规划会上讨论制定的研究规划及其说明，以及关于建立青少年犯罪学的文章。这对于了解当时的研究现状、发展趋势、重点课题和推动今后研究的深入发展有一定帮助。全书37万字，收辑文章49篇。

（志 强）

《青少年犯罪研究资料汇编第三辑——调查报告与案例》 中国社会科学院青少年研究所会同北京政法学院、中国人民大学、北京大学、华东政法学院等单位研究青少年犯罪问题的专家学者编辑的一本资料书，其目的是为研究青少年犯罪问题、进行法制教育和法制宣传提供素材。所收材料均系第一手资料。1981年12月印出。全书按青少年犯罪的不同角度分类，即：一般概况的调查和有代表性的特写，青少年犯罪团伙，大学生犯罪问题，外来腐朽生活的影响问题，先进青年堕落为犯罪的问题，犯罪低龄化问题，婚姻与犯罪问题，矛盾激化引起犯罪的问题，家庭、学校与社会环境和犯罪问题，犯罪青少年的改造与转化问题等，共计82个材料。

（志 强）

《青少年犯罪研究资料汇编第四辑——外

国青少年犯罪资料》 这是由中国社会科学院青少年研究所会同北京政法学院、中国人民大学、北京大学、华东政法学院等单位研究青少年犯罪问题的专家学者编辑的一本资料书。1982年12月印出，近40万字，收录论文44篇。全书共分4组。第一组为介绍性文章，即介绍国外青少年犯罪及其研究的现状、历史、处置办法等。第二组文章选录了联合国第六届预防犯罪和罪犯待遇大会有关青少年犯罪的两个文件、联合国有关青少年犯罪的三个决议。第三组文章较为系统地收录了美国、日本、苏联三个不同类型国家的青少年犯罪的情况、特征、原因、对策、司法改革等方面的新资料。第四组文章为世界其他各国关于青少年犯罪、立法、处置等内容。本书的末尾附录了一份有关国外青少年犯罪及对策的文章分类索引，其中包括本辑未收入的文章目录，供研究查阅参考。 （志 强）

《西北地区青少年犯罪研究文集》 由西北政法学院科研处和西北政法学院青少年犯罪研究室于1982年5月编印。全书收录调查报告和学术论文及典型案例剖析45篇，约计30万字。其中内容，主要为西北五省、区于1982年4月在西安召开的西北第一次学术座谈会上提交的文章，包括本省、区"文革"后青少年犯罪发展、演变的概况，青少年犯罪出现的新特点，青少年犯罪的原因，青少年犯的教育改造，以及如何预防青少年犯罪。基本上反映了西北地区理论工作者和实际工作者对青少年犯罪研究的成果和水平。当时，在我国一个大区范围内就青少年犯罪问题进行学术交流，并且收到一批有质量的文章，反映出以西北政法学院为中心，青少年犯罪研究在西北地区得到了广泛的开展。中国社会科学院青少年研究所所长、中国青少年犯罪研究学会筹备组组长张黎群专程赴西安参加了这次学术会议，并在会上做了关于青少年犯罪研究的报告。他提出，要把青少年犯罪研究同抵制剥削阶级腐朽思想的影响和建设社会主义精神文明联系起来，希望我们的理论工作者在这个关系到青少年健康成长和国家前途的重大问题上，深入进行研究，作出自己的贡献。这篇对青少年犯罪研究具有指导性的文章，也收入在《文集》之内。

（希伯文）

《外国少年司法制度与日本保护青少年条例选》 康树华主编，由北京大学法律系国外法学研究室集体编译。北京大学出版社出版（1982年6月第一版）。共27万字。该书是我国第一部以介绍外国少年司法制度为内容的译著。书中第一部分选编了介绍苏联、美国、日本、加拿大、马来西亚、泰国、南斯拉夫、瑞典、匈牙利、捷克斯洛伐克、意大利等国的少年司法制度的文章21篇。系统地介绍了这些国家少年司法制度建立和实行情况，详尽地论述了少年法院的司法审判原则、组织机构和诉讼程序，并对少年案件的审理和处遇做了具体的解释。本书的第二部分选编了日本部分都、道、县制定的青少年条例及有关论文。该书在我国借鉴国外立法成果建立具有中国特色的少年司法制度的过程中将有较大的参考价值。

（王伟凡）

《关于青少年犯罪的几个问题》 程荣斌、力康泰、阴家宝编著，中国人民大学出版社1982年12月第1版。全书9.6万字，分为七题：1.青少年犯罪的历史变化；2.青少年犯罪的特点；3.青少年违法犯罪的原因；4.对青少年犯罪问题的方针政策；5.对青少年犯罪案件的审理；6.对违法犯罪青少年的管理与教育改造；7.对青少年犯罪的预防。

（志 强）

《湖北省青少年教育与犯罪防治论文选》 系学术讨论会论文集，选编小组组长为郭辅轩，成员有于真、许前程、许德琦、严武、肖秀详、张郧、罗晶。1982年12月由湖北省哲学、社会科学联合会作为业务用书编印。

1982年11月13日至18日，经湖北省社联批准，由湖北省社会学学会、法学会和教育学会，联合在武昌召开了湖北省首届青少年教育与犯罪防治学术讨论会，到会的代表共140人，会议收到论文、调查报告和综合治理的经验材料共104篇。该书选编了其中的48篇，全书共27万字。从所选编之论文和调查报告的内容来看，既有关于用共产主义精神教育青少年，将青少年培养成为有远大的革命理想、有共产主义高尚的道德品质，有文化知识，遵纪守法的一代新人和社会主义现代化建设的有用之才的论述及经验概括；还有大量的关于青少年违法犯罪原因的探讨，综合治理的实施方案与建议、帮教挽救失足青少年及改造青少年罪犯与劳动教养人员的典型经验。内容涉及到社会科学的许多领域和实际工作的各个方面，可以说既有广度，又有一定的深度。集中反映了党的十一届三中全会以来，湖北省青少年犯罪研究的学术水平与丰硕成果，对于推动湖北省青少年教育与犯罪防治工作的开展，特别是对于推动青少年犯罪研究在全省范围内的广泛开展，起到了积极作用。该书编印出版后，受到了湖北省社会各界的欢迎与好评。湖北省社联成立5周年时，曾作为重要学术成果被展出过。

（鄂　艳）

《当今的青少年犯罪问题》　田森著，四川人民出版社1983年5月出版。由陈翰笙、高占祥作序。该书是作者从1980年夏至1982年春末，先后用了一年半的时间在广东、福建、新疆、上海、北京等地调查青少年犯罪情况的基础上写成的一部著作。全书9.9万字，分为10章。主要内容有：青少年犯罪的严重性，当前我国青少年犯罪的特点，青少年犯罪不是社会主义制度的产物，青少年犯罪的外因和内因，违法犯罪青少年的心理特征，教育是预防犯罪的重要手段，改造失足青少年的艺术，加强对青少年犯罪的治理等。

（志　强）

《犯罪心理学》　系我国第一部正式出版发行的犯罪心理学专著，罗大华主编。中国心理学会理事长潘菽教授、社会学家雷洁琼亲自为该书写了序言。书中各章的执笔人分别为：毛树林、方波、王小转、皮艺军、邓维鸾、许龙、迟滨光、何为民、林崇清、张效文、罗大华、徐应隆、曹智、黄允恒、鲁正新。该书有一支由理论工作者和实际工作者，犯罪学的研究人员和心理学的研究人员组成的作者队伍。作者们从我国的国情出发，在大量调查研究和司法实践的基础上，运用心理学的原理，并有分析地借鉴国外犯罪心理学的理论知识，深入探索犯罪产生的原因和犯罪心理形成发展变化的规律，力求反映司法实际工作的丰富经验，为探明犯罪活动中的心理学问题和打击预防犯罪，提供科学的理论依据。全书分为上下两编，37万字，共计16章（修订本）：上编主要包括犯罪心理学的研究对象和方法、研究犯罪心理的指导思想、犯罪心理形成的原因、犯罪心理的形成和发展变化及其规律、不同情境中的犯罪心理、反革命犯、暴力犯和财产犯等不同犯罪人的心理。该书还以专章分别就违法犯罪青少年的心理特征和变态心理进行了论述。下编主要包括犯罪预测和预防、侦查心理、审讯心理、审判心理、证言和供词心理和罪犯改造心理。

该书1982年内部发行，1983年6月由群众出版社正式出版。为进一步完善犯罪心理学的学科体系，作者对全书在结构和内容上进行了较大的修改和补充，于1986年9月出版了修订本。1987年6月第5次印刷，至今发行量已达36、2万册。1985年11月被列为北京市十大畅销书之一。该书曾获"六五"期间北京市哲学社会科学优秀成果奖，并成为政法院系、司法武警干部进修班、业余法律大学、司法学校和政法干部管理学院普遍使用的一本教材。

（艺　军）

《青少年犯罪研究文集》（上、中、下）　《青少年犯罪研究》编辑部于1983年9月编印，计70余万字。上册包括"理论研究"、"青少年犯罪与思想教育"、"青少年犯罪与综合治理"三个方面的文章，共30余篇；中册包括"调查报告"、"犯罪社会学"、"青少年犯罪与司法"三个方面的文章，共40篇；下册包括"犯罪与精神病学"、"犯罪心理学研究"、"问题研究"和"案例分析"等四个方面的文章，共42篇。该书汇集了1981年8月全国青少年犯罪研究规划会议和1982年6月中国青少年犯罪研究学会成立以来关于青少年犯罪问题的主要研究成果。

（攸　磊）

《青少年犯罪问题调查论文集》　谷迎春主编，浙江省社会科学研究所1983年10月编印。全书共选录了31篇文章，约20余万字。主要内容，为：关于浙江省青少年犯罪基本情况分析、原因探讨、综合治理的研究、教育挽救失足青少年的经验总结等。文章和调查报告均坚持了从浙江省的实际出发，坚持理论与实际结合的原则，因此，言之有物，论之有据。其中，《家庭与青少年犯罪》、《女性杀人犯罪的特点和原因》、《女青少年性罪错初探》、《关于犯罪青少年人生观的调查》、《论青少年偏离团伙的特点及其对策》、《青少年犯罪的恶性期初探》等文章，都有相当的学术水平和参考价值。这本《文集》对于我们进一步开展青少年犯罪研究和社会治安的综合治理工作，都有一定参考作用。反映出浙江省理论工作者和从事实际工作的同志，对我国的青少年犯罪研究事业作出了自己的贡献。

（陈　迎）

《团伙犯罪研究》　郭翔、许前程主编，中国政法大学青少年犯罪研究室、湖北省公安厅政策法律研究室、武汉市社会科学研究所社会学研究室、湖北省青少年犯罪研究室等单位于1984年6月编印。全书一共收录了调查报告和学术论文60余篇，计40余万字，比较集中地反映了实际工作者和社会科学工作者对团伙犯罪研究的成果，具有很高的学术价值和参考价值。其主要内容有：关于犯罪团伙的性质、特点、类型及其社会危害性的分析论述；关于团伙犯罪形成的原因和演变规律的论述；关于团伙犯罪的行为特征和心理特征的分析论述；关于犯罪团伙的组织结构、各类成员在团伙犯罪中的地位和作用的论述；关于犯罪团伙和共同犯罪及犯罪集团的关系的分析；关于对犯罪团伙适用法律问题的论述；关于打击团伙犯罪的方针和刑事政策；关于预防团伙犯罪的综合治理措施等等，都提出了许多新的见解，反映了我国学者对团伙犯罪研究的广度和深度，对发展和丰富刑法学和犯罪学的内容，有着不可忽视的作用，对贯彻党和国家关于彻底摧毁犯罪团伙的决策，也有重要作用。

（吴　景）

《综合治理的理论与实践》　郭翔、许前程主编，1984年6月出版。该书由中国政法大学青少年犯罪研究室、湖北省公安厅政策法律研究室、武汉市社会科学研究所社会学研究室、湖北省青少年犯罪研究会等单位联合组成的编辑小组负责编辑。参加编辑工作的除郭翔、许前程同志外，还有马晶森、许德琦、吴再德等同志。该书收录了党的十二大以来研究工作者和实际工作者关于综合治理的重要学术文章及调查报告、典型经验等计31篇，30余万字。主要包括以下几个方面的内容：对综合治理方针的理论探讨；综合治理和严厉打击严重刑事犯罪活动的关系；教育保护青少年健康成长、预防青少年犯罪；教育、挽救、改造违法犯罪青少年，以及家庭、街道、村镇、工矿企事业单位开展综合治理的成功经验总结等。这本书的内容基本上反映了近几年来对综合治理方针研究的成果，从理论和实践的结合上回答了有关综合治理的问题，对实际工作和理论工作都具有一定的参考价值。

（周　飞）

《青少年违法犯罪问题初探》　许华应著，吉林人民出版社1984年6月出版。全书16.6万字，分为14章。主要内容有：一个必须重视的社会问题，青少年违法犯罪的社会历史根源，青少年违法犯罪的具体条件和环境影响，青少年违法犯罪的主观因素，青少年时期的生理和心理特征、违法犯罪青少年的个性结构特征，青少年违法犯罪的年龄、形式和性质特征，青少年违法犯罪的动机，违法犯罪的心理演变过程，违法犯罪转化的心理过程，对一般违法犯罪青少年的改造教育方法，青少年违法犯罪预防，综合治理，一般违法青少年能否成才的问题。

（志　强）

《青少年犯罪的综合治理》　由孙汝亭、陈颖达、刘汉青、齐贤编写，黑龙江省公安干校1984年6月印出。本书共分十一章，对青少年犯罪的现状、原因及综合治理的心理依据、综合治理的科学化等作了论述，约计15万余字。这本书的特点，在于力图应用心理学的理论对青少年犯罪问题作些规律性的探讨，并从心理学的角度论述综合治理的科学根据，以及贯彻综合治理方针时，家庭、学校及社会各个方面所应遵循的理论与方法。作者在该书《后记》中指出，青少年犯罪问题是一个复杂的社会现象。它关系到每个家庭、学校，每个司法工作人员、家长　青少年工作者，以至青少年本身。在综合治理中，许多单位和部门、帮教组织的工作人员、教师和家长，在治理青少年犯罪中取得了许多成功的经验。但是，也有一些同志的做法缺乏科学性和实效性。科学发展到今天，我们没有理由使用比现代科学更落后的方法去改造青少年犯罪者。本书通过对青少年生理的、心理的、教育的因素阐述了青少年犯罪的原因，提出了矫正的依据、方法和途径，可供青少年教育工作者参考，也可作为公安政法院校的选用教材。

（司　琦）

《华北地区首届青少年犯罪研究学术讨论会论文集》　华北地区首届青少年犯罪研究学术讨论会秘书处1984年10月编印。参加编辑和审稿工作的有：郭翔、厉田、王洛生、刘瑞峰、杨若何、林惠、王耀钦等同志。本书共收录文章60余篇，计60余万字。主要内容包括：1983年8月开展严厉打击严重刑事犯罪活动以后青少年犯罪出现的新动向、新特点、新动向的分析，综合治理的理论和实践的探讨，犯罪预防战略，以及对违法青少年“教育、感化、挽救”方针的探讨等。

（钟尚国）

《青少年犯罪心理学》　罗大华、石起才主编，1984年10月由江西省心理学会法制心理专业委员会印行，经修改后将由中国政法大学出版社正式出版。参加该书编写的还有马晶森、王小转、皮艺军、贾谊成、曹智等。江西省心理学会副理事长、江西省法学会副会长邱健审阅了此书。

全书共12章，26万字。该书阐明了青少年犯罪心理学的对象、任务和方法，探讨了青少年犯罪心理形成的原因及其规律，分析了违法犯罪青少年的心理特征，青少年反革命犯罪、财产犯罪、性犯罪、杀人犯罪以及团伙犯罪的心理特点和行为特征，研究了青少年变态心理、精神病与犯罪的关系，对青少年犯罪的预测和预防以及青少年犯的教育改造问题，也从心理学的角度做了探讨。

该书以马列主义、毛泽东思想的有关原理，特别是以辩证唯物主义和历史唯物主义方法论作指导，运用普通心理学、社会心理学、儿童发展心理学、教育心理学、变态心理学等理论原则，对青少年犯罪的各个方面作了系统的分析和论证。编著者注意从我国青少年犯罪的实际出发，大量运用我国的事实材料，并注意吸收外国的有关理论观点和资料。因此，该书符合我国国情，理论与实践结合得较好。编著者在撰写时尽量做到深入浅出，在保证科学性的前提下，通俗易懂，雅俗共赏。

一些心理学工作者反映，这本专著的心理学理论运用得正确，与青少年犯罪问题结合得较好，形成了青少年犯罪心理学的学科体系，克服了“心理学概念加青少年犯罪例子”这一弊病。一些法学工作者认为，这本专著把青少年犯罪心理学和青少年犯罪学这两门有密切联系的学科真正区分了开来，令人相信青少年犯罪心理学确是一门有自己特色的独立学科。一些公安、司法人员和青少年工作者认为，这本专著不是外国同类书籍的翻版，它把心理学的理论和我国青少年犯罪的实际较好地结合起来，具有我国的特色，称得上是我国社会主义的青少年犯罪心理学。阅读这本专著后，有助于做好青少年违法犯罪的预测预防和教育改造违法犯罪青少年的工作，也有助于做好青少年违法犯罪条件的审理工作，对一般青少年工作者和家长也有所启发和帮助。

总之，该书的编著者对建立具有我国特色的青少年犯罪心理学学科体系作了有价值的尝试。

（范欣华）

《青少年犯罪问题论文集》 沈忠俊、罗道燮、柳朝智编，福建省法学会青少年犯罪问题研究会于1984年11月印出。该书共收录文章25篇，约计18万字。这本《文集》是福建省哲学、社会科学“六·五”规划重点项目的一部分。从事理论工作和从事实际工作的人员结合起来，对福建省青少年犯罪的现状、特点、趋势、原因和治理对策进行了认真的探讨，特别是对开放、搞活的形势下发生的青少年犯罪的新情况、新动向，进行了研究分析。这本书集中反映了这些科学研究的成果。其中《福州市打击刑事犯罪后青少年犯罪的特点和趋向》、《试论经济改革和对外开放中心青少年“盗”和“性”犯罪的动向》、《经济特区青少年犯罪的特点及其预防》、《青少年性犯罪初探》，以及《略论专业户帮教失足青少年》、《试论对青少年犯实行感化教育的必要与可能》等文章，有着一定的学术价值和应用价值。福建省的青少年犯罪研究一直比较活跃。《文集》的问世，不仅促进了研究工作的进一步开展，而且对社会治安的综合治理工作提出了科学的论证和依据。

（闵　纪）

《未成年人的违法犯罪与防治》 袁作喜、冯锐编著，福建人民出版社1984年12月出版。全书8万字，主要内容有：我国未成年人违法犯罪的概况、未成年违法犯罪的原因、当前未成年人违法犯罪活动的特点和规律以及综合治理、预防未成年人违法犯罪、教育挽救违法犯罪未成年人等。作者在本书中力图运用马列主义、毛泽东思想的原理，对我国未成年人违法犯罪的有关问题及我国防治未成年人违法犯罪的经验、措施进行扼要的阐述，具有一定的学术价值和实际参考价值。中国社会科学院法学研究所研究员李光灿同志指导了本书的撰写。

（中　发）

《外国犯罪研究资料专辑》（一、二、三辑） 郭翔、许前程主编，中国政法大学青少年犯罪研究室、湖北省公安厅研究室、武汉市社会科学研究所社会学研究室、湖北省青少年犯罪研究会于1984年12月编印。这套书比较系统地收集了已经翻译介绍来的美、日、英、法、意、联邦德国、苏、印等世界主要国家近几年来的犯罪资料和研究文章，共计100万字。第一辑主要内容为：外国犯罪的概况、特点、动向及犯罪类型、犯罪形态、犯罪原因分析等。第二辑主要内容为：刑事司法制度、治理对策研究、联合国关于犯罪趋势和预防犯罪战略的研究报告、联合国预防犯罪和罪犯待遇大会的文件等。第三辑主要内容为：犯罪学专论，包括美国学者V佛·克斯所著《犯罪学概论》(赵可译)等。这一套书对我们开阔眼界，增长知识，广泛了解国际社会犯罪状况及治理对策、研究信息、学术成果、犯罪学理论，进行比较研究，为建立我国犯罪学的理论体系和防治犯罪的工作体系，均有重要参考价值。随着我国对外开放的进一步扩大，随着国际交往的增多和现代科学技术的迅猛发展，犯罪趋向、犯罪研究、犯罪治理越来越具有国际性质。这套书对我们借鉴与参考，提供了丰富的内容，其学术价值和参考价值也越来越为从事研究工作的人们所瞩目。

(钟 青)

《社会治安综合治理调查研究报告选辑》 中国法学研究部于1985年2月编印。这是一本反映我国各地关于贯彻综合治理方针的成果经验和有研究成果的书籍。书中共收录文章30余篇，约计25万字。其中，有关于地区性的综合调查文章，有关于社会某个方面贯彻综合治理的文章，有关于重新犯罪问题综合治理的文章，也有对综合治理进行理论上探讨的文章。1982年11月，陈丕显同志在中国法学会第一届理事会第二次会议上的讲话，高度评价了我国对社会治安实行综合治理的方针，并且指出："对于综合治理的方针及其实践中的经验和问题，进行全面的、深刻的、系统的研究，取得高质量的研究成果，是一件很有意义的事情，搞好了，对法学理论研究也是一个突破。"为此，中国法学会于1984年10月召开了社会治安综合治理学术讨论会，全国各地100多位学者、专家参加会议，提交了大量的调查报告和学术论文。其中有些文章总结了综合治理的新经验，提出了新见解，对我们理解与贯彻综合治理方针都有一定的参考价值，对形成我国关于社会治安综合治理的理论体系提供了丰富材料。

(范 选)

《通俗犯罪心理学》 罗大华主编，1985年5月由《首都公安》编辑部编印。出版发行。该书的执笔人分别为：罗大华、马晶淼、迟滨光、曹智、皮艺军。全书由罗大华、曹智统编定稿。该书是继《犯罪心理学》(罗大华主编)一书出版之后为适应广大干警的工作性质和掌握普通心理学的水平，进一步推广犯罪心理学在司法实际工作中的应用，而编写的一本犯罪心理学通俗读物。该书力图做到联系公安政法工作的实际，深入浅出地阐释犯罪心理学的原理和方法，分析犯罪心理产生的原因和演化规律，剖析不同犯罪人及其在不同情境和处遇中的心理特点。全书共14．7万字，分为10章，主要包括：犯罪心理学研究对象、原则和方法的概述、犯罪心理形成和发展变化的规律、初犯、累犯和惯犯心理、不同罪名犯罪人的心理、团伙犯罪心理、违法犯罪青少年在年龄、个性、认识、情感、意志及行为方面的特征、侦查活动中的心理学问题、审讯中的心理活动和心理学的审讯方法概述、证言心理。本书在最后一章对罪犯改造心理进行了分析。该书既可以作为干警和司法机关实际工作者自学心理学的入门书，又可以作为公安、警察、劳改、法律等中等专业学校的教学参考书。

(艺 军)

《四川省青少年犯罪个案研究文集》 四川省社会科学院青少年研究所、四川省公安厅研究室、四川省劳改局合编，1985年5月印，约13万字，收录综合性研究文章一篇，个案研究文章20篇。这是四川省社会科学院青少年研究所、四川省公安厅研究室和四川省劳改局于1984年10月在中共四川省委政法委员会直接领导下，组织研究人员在省内采用问卷调查、个案调查和整理历史资料的基础上产生的研究成果。本书的特点是紧密联系刑事犯罪案例，以丰富的材料，对影响青少年犯罪的多因素及动态、复杂系统，从不同的角度进行研究探讨。书末还收录了三篇对青少年犯罪研究具有一定理论价值的文章和一篇关于国外犯罪研究的文章。

(新 正)

《天津市犯罪问题调查文集》 王辉任主编，徐承敏、周路、牛树春为副主编。天津人民出版社1985年6月出版，全书收入文章和调查报告40篇，26万多字。

1983年8月，全国范围内开展了严厉打击严重刑事犯罪的活动。天津市人民政府为了有效地解决犯罪问题，为了使政府部门确定的犯罪对策科学化，特别是为了搞好对广大青少年的教育工作，决定开展天津市解放以来规模最大的一次犯罪调查。这个调查由天津市政府办公厅主持，组织了20多名实际工作者和理论工作者参加。天津社会科学院社会学所参加了调查的具体组织工作。本书即为这次历时10个月的大型犯罪调查的具体成果。

本文集共包括3个部份内容，第一部份是领导同志讲话，共5篇；第二部份是本次调查的系列调查报告，共24篇；第三部份是有关专家、学者撰写的论文，共11篇。全书最后有一个附录，发表了这次调查中进行抽样调查所使用的调查问卷。

该书观点鲜明，材料翔实，有系统、有深度，是社会科学研究与政府工作紧密结合的生动体现，受到各有关方面的重视和好评。

（吴　伟）

《犯罪心理学》　西南政法学院青少年犯罪研究室鲁正新、黄允恒、邓维鸾编写。1985年5月印出，约23万字，计15章，主要内容有：绪论，犯罪心理的形成与犯罪心理结构，故意犯罪心理，过失犯罪心理，反革命犯罪心理，暴力犯罪心理，财产犯罪心理，团伙犯罪心理，青少年犯罪心理，初犯、累犯、惯犯的心理，变态心理，预审心理，罪犯改造心理，犯罪的预测与预防。

（志　强）

《法制心理学》　方强著，陕西省大中院校教材交流调剂中心1985年印出，约34万字，分总论、分论两篇，计13章。主要内容有：法制、法律活动与法制心理学，法制心理学的方法论基础，法制心理学研究方法，立法心理学，犯罪心理学，侦查心理学，预审心理学，刑罚心理学，刑事审判心理学，罪犯教育改造心理学，被害者心理学，法律宣传心理学，民事诉讼心理学。书末收有附录三篇：一、我国先秦时期与秦汉时期有关犯罪心理及法制心理问题的论述；二、西方犯罪心理研究的历史沿革与发展趋势；三、苏联犯罪心理研究情况简介。

（新　正）

《联合国预防犯罪领域活动概况及有关文件选编》　司法部外事司副司长张燕玲编，法律出版社1985年8月出版。全书近20万字，主要内容包括联合国关于预防犯罪和罪犯待遇第一届至第六届大会的有关决议、专题报告和带有国际公约性的国际文书。这些文件主要反映了关于青少年犯罪、狱政管理、跨国犯罪以及有关国际刑事政策等方面的内容。本书还选录了我国代表在有关国际会议上的正式发言以及联合国1984年5月在北京召开的“青少年、犯罪与司法”专题专家会议材料。编入本书的联合国文件，均选自联合国秘书处编制的报告。根据联合国宪章，中文为联合国正式语之一。所以本书收入的联合国文件的中文本，一律保持原样，编者未作任何校订。没有中文本的文件，编者则根据英文或法文译成中文。本书收入的文件均为全文，编者只对个别报告中非实质性内容作了某些删节。

第二次世界大战以来，由于世界各地区犯罪率特别是青少年犯罪率的增长，新的犯罪形式不断出现，因而预防犯罪问题引起了国际社会的普遍关注，并且这一问题也成为联合国司法活动的一个重要方面。我国自1980年派出代表团参加联合国第六届预防犯罪和罪犯待遇大会以来，逐步扩大了这一领域的对外联系，参加了一些联合国关于预防犯罪问题的活动。我国综合治理犯罪的经验，引起国际社会的极大兴趣。而我们对国际社会关于犯罪研究及预防犯罪的活动也应有必要的了解，以便借鉴与参考。本书的出版，有助于我们开阔眼界，进一步促进对外的学术交流。

（师　文）

《国外青少年犯罪及其对策》　康树华、赵可著。北京大学出版社出版1985年8月第一版。约30万字。全书共分19章。该书较全面地具体介绍和评述了美、英、法、苏、日、德等25个国家有关青少年犯罪的基本情况和特征，并运用比较研究的方法对资本主义国家的青少年犯罪原因及采取的措施，进行了分析和批判。如在分析犯罪原因时，作者一方面介绍了外国犯罪学专家提出的“精神贫困论”、“社会反向论”、“家庭解体论”、“个性放荡论”、“司法纵容论”、“色情渲染论”等不同观点，另一方面又指出这些观点的片面性，掩盖了资本主义制度造成青少年犯罪这一实质性等问题。

作者在书中指出：青少年犯罪研究及预防，是多学科、多层次、多方面的综合，治理青少年犯罪既要考虑到社会环境及青少年的生理、心理特点，更要采取因人而异有针对性的措施。同时，还要将已经成熟了的措施法律化、制度化，以为全社会提供一个共同遵循的行为规范。为此，作者比较详细地分析了80多年来青少年法规产生与发展的历史，并把国外青少年法规按内容分为四大类型。从这些青少年法规的发展趋势中，作者着重指出：青少年法规从单纯的司法预防逐步演变为广泛的社会预防，这是当今世界上青少年法规发展的规律。与此同时，书中指出：青少年法规与一般法规相比，有不同的审理对象、调查方法、审理机关、审理方式以及处罚方法。同时，法规一般都明文规定了报刊、广播等宣传工具，不得刊登有关违法犯罪青少年的姓名、职业、住址、容貌等影响他们回归社会的材料。作者认为，青少年法规同刑法比较既有相同点，也有相异之处，青少年法规既规定了实体法的内容，又规定了程序法及其它有关法律方面的内容，而刑法一般只规定实体内容，程序问题由诉讼法规定。作者指出，这是一个法律文件只规定一方面内容传统立法观念的突破，是立法领域一项重大的创举，它必将对各国的刑事立法及其它立法产生重大影响。

该书的一些评论、分析见解独到、行文上详略得当、逻辑性强、脉络清楚、资料新而广。是一个观察和了解青少年犯罪及治理状况的窗口，对加强我国的国外法学研究、加强综合治理，预防青少年犯罪具有重大的现实意义。

（王伟凡）

《上海市社会治安综合治理调查报告选》 上海市法学会于1985年8月编印。徐盼秋任主编，苏惠渔任副主编。全书收录文章24篇，约计19万字。这本书是上海市政法系统12个单位的同志经过一年多的调查结晶。它综述了全市多年来治安管理、预防犯罪、惩处罪犯、改造罪犯的基本情况资料和数据，为进一步搞好综合治理提供了实践经验的依据。其中，《上海地区工读学校的调查》、《从青少年犯罪的新情况谈加强中小学生法制教育的必要性》、《不健全家庭与未成年人违法犯罪关系的情况调查》、《未成年女性违法犯罪的现状与特征》、《关于不良社交与团伙形成关系的研究》等等调查文章，对研究青少年犯罪的演变规律及预防、矫正措施，具有一定价值。

（秦　艳）

《青少年犯罪心理学》 邵道生、方强、林秉贤、邱国梁、鲁正新、毛树林、曲啸编著。1985年10月上海人民出版社出版。全书共分四编计32万多字。主要内容：青少年犯罪心理学的对象、任务、研究方法，青少年心理学的对象、任务、研究方法，青少年心理发展的特征，青少年犯罪心理的形成、类型、特征及治理对策等。

《青少年犯罪心理学》是全国哲学社会科学“六五”规划重点项目，青少年犯罪学研究的一个分课题，是中国社会科学院原青少年研究所的重点课题之一。

（李伟巍）

《综合治理在中国》 郭翔、许前程主编，广西人民出版社于1985年12月出版。全书共选文章35篇约计33万余字。这些文章，对我国综合治理的理论依据、实践基础，综合治理的概念，综合治理的主要目标和基本环节，综合治理的实施力量，综合治理的信息，综合治理的体制，综合治理的立法，以及社会各方面在综合治理的地位和作用，都分别作比较系统、深刻的论述。书中所选文章学术水平较高，理论性较强。对具有我国特色的综合治理社会治安的问题，以紧紧围绕解决青少年犯罪问题为中心，从各个侧面进行了理论与实际结合的研究，因而具有较高的科学价值和参考价值。书中所反映的见解和理论，不仅推动了我国关于社会治安综合治理工作的开展，而且为形成综合治理的理论体系奠定了一定基础，并且实际上形成了初具规模的理论构架。一些研究工作者和实际工作者，对此书给予很好的评价，成为他们有益的业务参考书。

（鲁　雁）

《青少年犯罪学》 主编：华东政法学院徐建，全书约20万字，1986年2月上海社会科学院出版社出版。全书分十四章，系统地阐述了我国青少年犯罪的状况、原因、以及如何预防、治理等问题。主要内容有：我国青少年犯罪的历史变化和当前特点；青少年的生理心理特点与青少年犯罪；青少年犯罪原因；青少年教育保护与立法；违法犯罪青少年的教育、改造；青少年犯罪预防和综合治理；青少年犯罪预测；各国青少年犯罪的状况和理论研究简介等等。

这本书是集体研究的科学成果，参加撰稿的有华东地区各省市研究青少年犯罪问题的理论工作者和实际工作者。全书的体系和写作大纲经中国青少年犯罪研究学会华东地区的理事们集体讨论、修改过，学会副会长曹漫之教授亲自主持、领导写作大纲的讨论。作者在大量社会调查的基础上，以马列主义、毛泽东思想为指导，从我国的实际出发，集中反映了党的十一届三中全会以来，我国有关实际部门和法学界、社会学界、犯罪学界在这个领域中创造的丰富经验和研究成果，同时注意介绍和借鉴国外的理论研究流派和对策措施，提出了一些有价值的理论见解，例如青少年犯罪的原因层次结构理论，关于制定我国青少年法的构想和立法理论原则；关于城市和农村青少年犯罪预防和综合治理的不同特点、具体方法；教育、改造违法犯罪青少年的方法；我国青少年犯罪的发展变化和预测方法等，不仅具有理论探索的意义，而且对实际工作也有一定的指导作用和参考价值。

（徐　文）

《青少年犯罪研究资料(1、2、3、4)》 中国青少年犯罪研究学会青少年犯罪研究编辑部编，1986年2月内部印出，35万字，收集调查报告、犯罪类型研究、犯罪社会学研究、犯罪原因探讨、法制心理研究、劳改劳教工作探讨、综合治理探讨、他们为什么犯罪等方面的文章近50篇。该书的显著特色是所收集的文章大多短小精悍、资料性强。

（志　强）

《河南省青少年犯罪研究文集》 河南省法学会于1986年5月编印。张镇主编，郭浩善、焦政简、黄范等参加审定。《文集》主要收录了河南省有关部门的同志和法学会会员近年来撰写的调查报告和学术论文。主要内容有：关于河南省青少年犯罪基本概况的分析，关于女青少年犯罪的调查，关于大学生犯罪、青工犯罪、干部子女犯罪、中学生犯罪的调查分析，关于青少年性犯罪、抢劫犯罪的调查分析，关于犯罪预防、工读教育、劳改工作、劳教工作、少管工作及综合治理工作的研究报告等。本书基本上反映了河南省社会科学工作者和实际部门的同志关于青少年犯罪研究的成果，其中关于青少年犯罪的特点、演变规律、综合治理等的研究，在理论与实践的结合上给以论述，有一定学术水平，对河南省治理青少年犯罪有着参考价值。这部《青少年犯罪研究文集》的问世，说明青少年犯罪问题已经引起河南省党政领导和社会各界的重视。一些文章的作者表示，河南省地处祖国的中州大地，青少年犯罪研究起步较晚，应以此书为起点，在青少年犯罪研究方面，从本省的实际出发，进一步探讨青少年犯罪规律性的东西，从而为社会治安的进一步好转服务。

（宇　九）

《青少年法学》 康树华著，北京大学出版社出版(1986年6月第一版)，共22万字。

该书第一次提出并科学地阐述了“青少年法学”这一概念。指出：青少年法学是一门致力于对青少年犯罪现象进行系统的整理、分类，找出特征，研究原因，从而确定青少年犯罪动向，探索青少年犯罪规律和寻求预防青少年犯罪对策的科学。随着“青少年法学”这一概念的提出，使“青少年法学”成为法学领域里一门独立的、自成体系的新兴学科。早在1984年原国家教育部已将其确定为高等政法院校课程之一，该书则成为必读的教学参考书。

《青少年法学》这一专著共为三部分。

第一部分：青少年犯罪论，共分五章，分别论述了青少年犯罪的概念，青少年犯罪概况及其基本特征，青少年犯罪原因，青少年犯罪预测，青少年犯罪预防。

第二、综合治理论共四章，分别论述了社会治安综合治理方针，青少年犯罪预防，关于未成年人犯罪案件的审理，关于未成年人犯罪案件的处罚，对违法青少年的教育改造。

第三篇，青少年立法论共三章，分别论述了青少年立法的产生与发展，国外青少年法规类型及其特征，我国制定与完备青少年法规的必要性。

从《青少年法学》这一专著内容的概括介绍中，可以清楚地看出：这一专著，既有理论研究，又着眼于实践，理论与实践相结合。与其说这是一部从理论上探讨有关青少年犯罪一系列问题的专著，还不如说这是一部着重点在于服务现实的著作。因此，我们说这是一部具有很强的应用性和针对性的专著。换句话说，《青少年法学》这一专著针对青少年违法犯罪提出的一系列问题，进行了分析研究，并介绍和提出了相应的措施和对策。所以，《青少年法学》是法学领域里新兴的一门应用性很强的学科，它无论对在校学习的学生也好，或者是对从事青少年教育、政法工作，以及其他社会学科研究和实际工作的工作人员也好，都是一部很有参考价值的著作。

（王伟凡）

《社会治安综合治理》 武汉市社会治安综合治理委员会办公室、武汉市法学会于1986年8月印出，何家寿、彭庆生等编。本书收录了中央和地方关于综合治理的文件摘要、领导讲话，武汉市党政部门、企事业单位关于贯彻综合治理的经验，理论工作者和实际工作者关于综合治理的研究文章，全书近十五万字。由于本书所选文章涉及到综合治理的理论和实践的各个方面，因而具有一定的参考价值。理论来源于实践，反过来又对实践起指导作用。武汉市在贯彻综合治理方针方面，创造出许多经验；市委不断总结和推广了这些先进经验。因而从上到下，社会各方面越来越重视社会治安的综合治理，并且把自己的工作注意纳入到综合治理之中。随着综合治理方针在实践中的贯彻，人们对这一方针的正确性、科学性、有效性及其丰富的内容也越加有了清晰的认识。一些从事理论工作和实际工作的同志对综合治理方针从理论上与实践的结合上予以探讨。这本书就是武汉市贯彻综合治理经验，并且把经验逐步上升为理论的结晶。书中所选文章提出并论证建立“综合治理学”的问题。

（吴　文）

《对劳改犯逃跑的预测和预防》 曹中友著，群众出版社1986年8月第1版。全书10.5万字，分为7章。作者在深入调查研究，占有大量材料的基础上，从心理学的角度对罪犯逃跑现象及其规律进行了揭示，从理论与实践相结合的原则出发，探讨和论述了罪犯逃跑的预测和预防问题，对劳改理论研究工作者和劳改工作干警进一步研究防止犯罪脱逃的理论和措施，进一步提高劳改工作质量，具有重要的实用价值。

（新　正）

《中国青少年犯罪学概论》 马洁、怀义、罗锋、然冀、仲园合著。1986年10月北京燕山出版社出版。全书共分8章，25万字。主要内容有：青少年犯罪学的研究对象，青少年犯罪的特点、原因、预防、综合治理，未成年人犯罪的特殊审判处理，违法犯罪青少年的教育改造，少年立法等。

（时向洁）

《青少年犯罪综合治理概论》 系国家“六·五”规划哲学、社会科学研究重点项目《中国青少年犯罪学》的项目之一，谷迎春主编，群众出版社1986年12月出版。全书共分9章，近20万字。这部学术专著对综合治理的科学概念、综合治理的社会基础、综合治理的理论依据，总体预防、打击犯罪、教育改造犯罪青少年、妥善安置释放人员等在综合治理中的地位，以及大中城市在综合治理中的战略地位，城市与农村乡镇实施综合治理的构想等，均做了较为系统的论述，具有一定的学术价值和实际应用价值。参加本书撰稿的有谷迎春、余明阳、张纹邦、周伟新、郑以斌、童平宇、莫志琪等。作者在该书的《前言》中指出，从战略上为论证、深化、系统化综合治理的方针服务，是该书的宗旨所在。但综合治理是政策性、现实性很强的一个方针，对这样的问题进行理论研究，有一定难度。因此，作者力求在撰写时，把理论探索与方针政策相对地区分开来，并希望读者在阅读本书时，也把理论与政策相对地区别开来。作者在《前言》中还指出，“青少年犯罪问题及其综合治理都是四化建设时期出现的新问题，人们的经验积累不系统，理论的准备不充分，在这种情况下，产生某些认识上的分歧以至激烈的争论，这是不足为怪的，这是好事情。”希望读者把这本书当作“引玉之砖”。本书在立论和论述方面，颇多独到新颖之处，可供研究与实际工作之参考。

（景　平）

《青少年违法犯罪的原因和对策》 1986年年底北京燕山出版社出版。该书是由北京大学法律系周密、康树华和储槐植三位副教授为主编和部分教员与研究生合写的。共分三篇，十三章，35万字。

该书是北京市哲学社会科学“六五”规划重点科研项目之一。经过1984年的准备，1985年的调查、撰写和1986年的集体讨论和反复修改，在专家鉴定会上，一致认为本书材料丰富、立论有据，在原因分析方面提出了一些新的思想，在防治对策上，总结实践经验，归纳出的综合治理系统工程，都具有一定的理论价值和应用价值。

第一篇《绪论》的主要内容是青少年犯罪论。在这一篇中，作者着重论证了青少年犯罪概念、青少年犯罪概况及其基本特征等等问题。

第二篇《青少年违法犯罪原因的立体模型》是根据“社会原因(二维)加个体原因(三维)并附加作用场”这一基本构想来展开的。本书的一个新观点是把犯罪原因同社会结构的最深层次即生产力因素联系起来。这是在宏观探索犯罪规律中不可缺少的一条途径。在生产关系方面本篇简要地论述了发展商品经济同犯罪率变动的关系。这对预测犯罪是至关重要的。在横向结构的社会原因中专门讨论了青少年亚文化群同青少年违法犯罪的关系。在分别论述纵向结构和横向结构之后，简要地分析了社会原因的内部关系。

第三篇《青少年违法犯罪的对策》由六章组成，全面论述了综合治理青少年违法犯罪的系统工程，即多层次、多方面、多渠道、多方式、多种办法的综合治理措施。根据依法治国的精神，使综合治理青少年犯罪的系统工程法律化和制度化，该书还提出了制定地方性的和全国性青少年保护法的几点建议。

（白　达）

《中外少年司法制度》 康树华、戴㟴云著，法律出版社1986年12月出版，共32万字。

该书分两篇。第一编为中国少年司法制度，共分四章，分别阐述中国法律中关于少年犯罪问